Die Todesopfer des DDR-Grenzregimes an der innerdeutschen Grenze 1949–1989

Studien des Forschungsverbundes
SED-Staat
an der Freien Universität Berlin

Herausgegeben von Klaus Schroeder
und Jochen Staadt

Band 24

Zu Qualitätssicherung und Peer Review
der vorliegenden Publikation

Die Qualität der in dieser Reihe
erscheinenden Arbeiten wird vor der
Publikation durch beide Herausgeber der
Reihe geprüft.

Notes on the quality assurance and peer
review of this publication

Prior to publication, the quality of the
work published in this series is
reviewed by both editors of the series.

Klaus Schroeder / Jochen Staadt (Hrsg.)

Die Todesopfer des DDR-Grenzregimes an der innerdeutschen Grenze 1949–1989

**Ein biografisches Handbuch
2., bearbeitete Auflage**

Bibliografische Information der Deutschen Nationalbibliothek
Die Deutsche Nationalbibliothek verzeichnet diese Publikation
in der Deutschen Nationalbibliografie; detaillierte bibliografische
Daten sind im Internet über http://dnb.d-nb.de abrufbar.

Umschlagabbildungen:
Vorderseite: Der durchschossene Sozialversicherungsausweis von
Fred Woitke, getötet bei einem Fluchtversuch am 21. April 1973 am
DDR-Grenzübergang Marienborn. Bildquelle: BStU
Rückseite: Bildquelle: BStU

Gedruckt auf alterungsbeständigem, säurefreiem Papier.
Druck und Bindung: CPI books GmbH, Leck

ISSN 0946-9052
ISBN 978-3-631-74981-4 (Print)
E-ISBN 978-3-631-74983-8 (E-PDF)
E-ISBN 978-3-631-74982-1 (EPUB)
E-ISBN 978-3-631-74984-5 (MOBI)
DOI 10.3726/13548

© Peter Lang GmbH
Internationaler Verlag der Wissenschaften
Berlin 2018
2., bearbeitete Auflage
Alle Rechte vorbehalten.

Peter Lang – Berlin · Bern · Bruxelles · New York ·
Oxford · Warszawa · Wien

Das Werk einschließlich aller seiner Teile ist urheberrechtlich
geschützt. Jede Verwertung außerhalb der engen Grenzen des
Urheberrechtsgesetzes ist ohne Zustimmung des Verlages
unzulässig und strafbar. Das gilt insbesondere für
Vervielfältigungen, Übersetzungen, Mikroverfilmungen und die
Einspeicherung und Verarbeitung in elektronischen Systemen.

Diese Publikation wurde begutachtet.

www.peterlang.com

Inhaltsverzeichnis

Vorwort 7

Einleitung 9

Biografien der Todesopfer im innerdeutschen Grenzgebiet 1949–1989 31
Personen, die bei Grenzüberquerungen von Grenzpolizisten erschossen wurden; Einwohner im grenznahen Raum, die 1952 wegen der Zwangsaussiedlung Suizid begingen; Personen, die bei Fluchtversuchen aus der DDR ums Leben kamen; Personen, die ohne Fluchtabsicht an der innerdeutschen Grenze durch Schusswaffenanwendung, Minenauslösung oder Sperranlagen ums Leben kamen; DDR-Grenzwachen und sowjetische Soldaten, die bei Fahnenfluchtversuchen im Grenzraum ums Leben kamen oder sich nach dem Scheitern ihres Fluchtversuchs das Leben nahmen; Zollbeamte, die von DDR-Grenzwachen erschossen wurden; im DDR-Sperrgebiet festgenommene DDR-Flüchtlinge und Bundesbürger, die in der Haft Suizid begingen; Personen, die seit einem Fluchtversuch vermisst sind.

Todesfälle in Ausübung des Grenzdienstes 449
DDR-Grenzpolizisten und Grenzsoldaten, die von US-Grenzpatrouillen, Beamten des Bundesgrenzschutzes oder von bewaffneten Zivilpersonen erschossen wurden; DDR-Grenzpolizisten und Grenzsoldaten, die von Fahnenflüchtigen erschossen wurden; DDR-Grenzpolizisten und Grenzsoldaten, die von eigenen Kameraden irrtümlich als Flüchtlinge erschossen wurden.

Todesfälle im kausalen Zusammenhang des DDR-Grenzregimes 501
Deserteure aus der sowjetischen Armee (GSSD) oder der Nationalen Volksarmee, die auf ihrem Fluchtweg zur innerdeutschen Grenze erschossen wurden; DDR-Bürger und Volkspolizisten, die im Vorfeld des Grenzgebiets durch bewaffnete Fahnenflüchtige oder durch Fluchtwillige getötet wurden; DDR-Grenzpolizisten, die wegen geplanter oder realisierter Fahnenfluchten zum Tode verurteilt und hingerichtet wurden; Suizide nach Minenverletzung.

Suizide in den Grenztruppen 529
Suizide aus Angst vor Bestrafung; Suizide wegen der Zumutungen des Dienstes in den Grenztruppen; Selbsttötungen wegen Schikanen durch Vorgesetzte oder Kameraden; Selbsttötungen von Grenzpolizisten und Grenzsoldaten mit anderem dienstlichen Hintergrund.

Weitere Todes- und Verdachtsfälle 581
Leichenfunde im Grenzgebiet einschließlich Grenzgewässer, Personalien bekannt, Todesursache ohne erkennbaren Bezug zum DDR-Grenzregime; nicht identifizierte Leichen im innerdeutschen Grenzraum einschließlich Grenzgewässern, deren ursächlicher Zusammenhang mit dem DDR-Grenzregime zweifelhaft blieb bzw. nicht aufklärbar war; Todesfälle nach Verletzungen durch Minen oder Schusswaffen, die zu einem erheblich späteren Zeitpunkt eintraten, möglicherweise aber Spätfolgen

der Verletzungen waren; Suizide von Westdeutschen im Grenzgebiet; Autounfälle in Grenzübergangsstellen mit Todesfolgen; Herzinfarkte an Grenzübergängen; Personen, die nach abgelehnten Ausreiseanträgen Suizid begingen; DDR-Grenzpolizisten und Grenzsoldaten, die durch Schusswaffenmissbrauch, fahrlässigen Schusswaffengebrauch, bei Minenunfällen und bei Arbeiten an Grenzsperranlagen ums Leben kamen; DDR-Grenzpolizisten und Grenzsoldaten, die bei der Ausbildung für den Grenzdienst oder in Ausführung von dienstlichen Aufgaben im räumlichen Umfeld der Grenze ums Leben kamen; Suizide in den Grenztruppen, die nicht nachweisbar in dienstlichem Zusammenhang stehen.

Anhang 637
Chronologische Übersicht über die Todesopfer; alphabetisches Register zu den Todesopfern; ausgewählte Literatur; Abkürzungsverzeichnis; Danksagung.

Alphabetisches Register der 327 Todesopfer 659

Alphabetisches Register der untersuchten Verdachts- und Zweifelsfälle 663

Ausgewählte Literatur 665

Abkürzungsverzeichnis 679

Danksagung 681

Vorwort

Dieses Handbuch soll zur Erinnerung an die Todesopfer des DDR-Grenzregimes an der innerdeutschen Landgrenze beitragen. Viele der überwiegend jungen Flüchtlinge aus der DDR entschieden sich bewusst für den gefahrvollen Weg in die Freiheit und gegen die SED-Diktatur, die ihnen eine selbstbestimmte Zukunft verwehrte. Ihnen gebührt ein ehrendes Gedenken.

Die Berliner Mauer ist bis heute in der Weltöffentlichkeit das Symbol der deutschen Teilung. Die 1961 erfolgte Abriegelung der innerstädtischen Grenze in Berlin vollendete aber nur, was schon lange vorher an der Westgrenze der DDR begonnen hatte: Die Teilung der Nation durch die Abschottung der DDR von der Bundesrepublik und die Eingliederung Ostdeutschlands in das sowjetische Imperium. Die Aufteilung Deutschlands erfolgte unmittelbar nach der Zerschlagung der nationalsozialistischen Herrschaft am Ende des Zweiten Weltkriegs. Die Verhältnisse an den durch die Siegermächte vereinbarten Demarkationslinien zwischen den neu gebildeten vier Zonen bzw. vier Berliner Sektoren entwickelten sich bald nach Kriegsende vollkommen unterschiedlich. Während die Grenzen zwischen den drei westlichen Zonen und Sektoren weitgehend durchlässig blieben, versuchte die sowjetische Besatzungsmacht, die Demarkationslinie ihrer Besatzungszone und den grenzüberschreitenden Personen- und Warenverkehr möglichst umfassend zu kontrollieren und einzuschränken. Zur Überwachung ihrer Zonengrenze ordnete die sowjetische Militäradministration 1947 die Aufstellung einer deutschen Grenzpolizei an.

Die sowjetische Besatzungsmacht und seit Gründung der DDR im Jahr 1949 auch die SED-Führung trugen die Verantwortung für das im Laufe der Jahrzehnte ausgebaute System der Grenzsicherung, das nur unter Lebensgefahr zu überwinden war. Es trennte nicht nur Familien und Freunde, sondern führte auch zu unzähligen Verletzten und Todesopfern. Das Grenzregime des SED-Staates symbolisierte gleichermaßen die fehlende Legitimation der herrschenden Kommunisten und den inhumanen Charakter ihrer sozialistischen Diktatur.

Während Zahl und Umstände der Todesfälle an der Berliner Mauer durch ein 2009 abgeschlossenes Forschungsprojekt des Potsdamer Zentrums für Zeithistorische Forschung und der Stiftung Berliner Mauer wissenschaftlich untersucht und publiziert wurden, existierte zu den Todesopfern an der innerdeutschen Grenze keine vergleichbare Studie. Der Forschungsverbund SED-Staat an der Freien Universität Berlin schlug dem Beauftragten der Bundesregierung für Kultur und Medien Bernd Neumann im Jahr 2006 eine wissenschaftliche Untersuchung der tödlichen Vorfälle an der innerdeutschen Grenze vor und bat um Unterstützung dieses Vorhabens. Da die Finanzierung eines solchen Forschungsprojekts sowohl in die Verantwortung des Bundes als auch der Länder fällt, ersuchte der Forschungsverbund SED-Staat alle Bundesländer ebenfalls um Beihilfe. Nach einem zeitaufwendigen Abstimmungsverfahren erklärten sich die Länder Hessen, Niedersachsen und Sachsen-Anhalt dazu bereit, ein Forschungs- und Dokumentationsprojekt zu den Todesopfern an der innerdeutschen Grenze gemeinsam mit dem Beauftragten der Bundesregierung für Kultur und Medien zu unterstützen. Die Herausgeber danken für die Finanzierung der Forschungen zu diesem Handbuch insbesondere Staatsminister Bernd Neumann und seiner Amtsnachfolgerin Staatsministerin Prof. Monika Grütters, der damals zuständigen niedersächsischen Ministerin für Wissenschaft und Kultur Prof. Dr. Johanna Wanka, ihrer Amtsnachfolgerin Dr. Gabriele Heinen-Kljajić sowie den Ministerpräsidenten Volker Bouffier und Reiner Haseloff.

Die in diesem Band enthaltenen Forschungsergebnisse über die Todesopfer an der fast 1.400 km langen innerdeutschen Grenze sind das Ergebnis von wissenschaftlichen Recherchen des Forschungsverbundes SED-Staat an der Freien Universität Berlin. Von September 2012 bis Januar 2017 untersuchte ein Wissenschaftlerteam des Forschungsverbundes alle Todesfälle an der ehemaligen deutsch-deutschen Grenze und recherchierte biografische Angaben zu den Personen, die dem DDR-Grenzregime seit Gründung des SED-Staates bis zum Mauerfall im Jahr 1989 zum Opfer fielen. Eine wissenschaftliche Studie über die bei Fluchtversuchen über die Ostsee und an den Grenzen anderer Ostblockstaaten ums Leben gekommenen DDR-Flüchtlinge steht noch aus.

Berlin, 31 März 2017   Klaus Schroeder/Jochen Staadt (Projektleitung)

Einleitung

Mehr als vier Millionen Menschen verließen zwischen 1949 und 1989 die DDR, weil sie mit den politischen Verhältnissen und den Lebensbedingungen in diesem Staat nicht einverstanden waren. Das SED-Regime war zu keinem Zeitpunkt durch die Zustimmung einer Mehrheit der ihm unterworfenen Bevölkerung legitimiert. Die SED hat weder auf Länderebene in der Sowjetischen Besatzungszone und Groß-Berlin noch am Ende der deutschen Teilung in der noch existierenden DDR als SED/PDS in freien Wahlen eine absolute Mehrheit errungen. Für die Mehrheit der DDR-Bürger blieb vielmehr die Bundesrepublik in politischer, kultureller und vor allem wirtschaftlicher Hinsicht der positiv besetzte Vergleichsmaßstab gegenüber den Verhältnissen im SED-Staat. Mit diesem Handbuch soll an die Todesopfer des DDR-Grenzregimes, ihre Beweggründe und ihre Lebensgeschichten erinnert werden.

Schon unmittelbar nach der Aufteilung Deutschlands in Zonen begann die sowjetische Besatzungsmacht mit der Kontrolle ihrer Westgrenze. Bereits vor der Gründung der beiden deutschen Staaten stellte die sowjetische Militäradministration in der SBZ eine deutsche Grenzpolizei auf, in der über 10 000 Männer ihren Dienst verrichteten. Die Verantwortlichen in der DDR definierten ihr Grenzregime als die „Gesamtheit der spezifischen Rechtsnormen des Staates zur Regulierung der Verhältnisse an der Staatsgrenze sowie des Verkehrs und der Kommunikation über sie und das darauf begründete Tätigwerden der zur Sicherung eingesetzten/handelnden Staatsorgane und gesellschaftlichen Kräfte".[1] Das „Tätigwerden" zur Grenzsicherung umfasste:

- Die Überwachung der Staatsgrenze und des davor befindlichen Sperrgebiets durch polizeiliche und militärische Einheiten
- Die Bestimmungen und Befehle zur Schusswaffenanwendung gegen „Grenzverletzer"
- Die Kontrolle und Überwachung des eingesetzten polizeilichen und militärischen Personals durch die SED und ihren Staatssicherheitsdienst
- Der Ausbau und die Unterhaltung von Sicherungsanlagen, Minenfeldern und Selbstschussanlagen
- Die Überwachung und Kontrolle der Grenzübergangsstellen, der Ein- und Ausreisen und des Transitverkehrs
- Die Überwachung und Kontrolle der im Grenzgebiet wohnenden und/oder arbeitenen Bevölkerung inklusive der Einreisen in das Grenzgebiet
- Die Überwachung von Personen außerhalb des Grenzgebietes, die bei den Sicherheitsbehörden unter Fluchtverdacht gerieten
- Die Anwendung der Strafjustiz und institutioneller Diskriminierungen gegen DDR-Bürger, die Fluchtversuche unternommen, solche geplant oder Ausreiseanträge gestellt hatten

---

1 Siehe Suckut, Siegfried (Hrsg.): Wörterbuch der Staatssicherheit. Definitionen zur „politisch-operativen Arbeit". Berlin 1996, S. 152 f.

Zur Entwicklung des DDR-Grenzregimes

Nach der Staatsgründung verdichtete die DDR die Sicherung der Grenze, indem sie die Personalstärke der Grenzpolizei stetig erhöhte.[2] Im Jahr 1952 errichtete der SED-Staat ein fünf Kilometer breites Sperrgebiet mit einem 500 Meter tiefen Schutzstreifen. Mehr als 8 000 Bürger wurden 1952 im Rahmen der „Aktion Ungeziefer" als „politisch Unzuverlässige" gezwungen, ihre Häuser und Höfe im Grenzgebiet zu verlassen.[3] Außerdem wurde mit dem Aufbau eines ca. 1,5 Meter hohen Stacheldrahtzaunes an der innerdeutschen Grenze begonnen. Nach DDR-Statistiken flohen 1952 insgesamt 185 778 Menschen über die innerdeutsche Grenze in den Westen. Während im bürokratischen Sprachgebrauch des Regimes bis dahin von „illegalen Verzügen nach Westdeutschland" die Rede war, spricht die Statistik für das III. Quartal 1952 von „republikflüchtigen Personen". Besonders beunruhigend für das SED-Regime war die hohe Zahl der 1952 geflüchteten Arbeiter, deren Anteil bei 36,5 Prozent der Flüchtlinge lag. Die soziale Zusammensetzung der bei Fluchtversuchen festgenommenen Personen blieb über alle Jahre relativ konstant. So registrierte die Volkspolizei 1982 unter den bei Fluchtversuchen Festgenommenen 36,8 Prozent Facharbeiter, 19,4 Prozent ungelernte Arbeiter, 6,4 Prozent Schüler und Studenten, 2,1 Prozent Akademiker sowie 1,1 Prozent medizinisches Personal. Zu 44,5 Prozent handelte es sich dabei um DDR-Bürger im Alter zwischen 18 und 25 und zu 31,8 Prozent im Alter zwischen 25 und 35 Jahren.

Bis in die frühen 1950er Jahre gehörte es zum Alltag an der Zonengrenze, dass sich Einwohner des Grenzraums das Recht auf einen „kleinen Grenzverkehr" nahmen, um auf der anderen Seite der Grenze Lebensmittel und andere Waren zu kaufen oder zu tauschen sowie Verwandte oder Freunde zu besuchen. Auch wohnten im DDR-Grenzgebiet noch Personen, die einer Erwerbstätigkeit auf der Westseite nachgingen. Die Thüringische Grenzpolizei erfasste bereits zwischen Dezember 1946 und Oktober 1947 insgesamt 146 872 „illegale Grenzübertritte".[4] Bei der überwiegenden Zahl der Todesfälle an der innerdeutschen Grenze handelte es sich in den ersten Jahren nach Gründung der DDR überwiegend um „Grenzgänger", die aus unterschiedlichen Gründen ohne Interzonenpässe die Demarkationslinie zwischen Ost- und Westdeutschland überquerten. Aus den Berichten der Deutschen Grenzpolizei an die sowjetische Kontrollkommission in Wünsdorf gehen für das IV Quartal 1951 und die ersten drei Quartale 1952 die Größenordnungen dieses Grenzverkehrs und die damit verbundenen Risiken für die Betroffenen hervor. So nahm die Deutsche Grenzpolizei (DGP) der DDR im IV. Quartal 1951 insgesamt 30 070 Personen vorläufig fest, davon 7 407 „aus der Westzone". Weiterhin beschlagnahmte die DGP Lebensmittel im Wert von 208 706,84 DM, Industriewaren im Wert von 211 616, 99 DM und Valuta in Höhe

---

2 Vgl. Beschluss des Politbüros des SED-Zentralkomitees vom 30. September 1952, TOP 6: Erhöhung des Stellenplanes der Hauptverwaltung Deutsche Grenzpolizei. SAPMO-BArch, DY30/IV 2/2/235.
3 Bennewitz, Inge: Das DDR-Grenzregime und seine Folgen. Die Maßnahmen im Hinterland. In: Deutscher Bundestag (Hrsg.): Materialien der Enquete-Kommission „Überwindung und Folgen der SED-Diktatur im Prozeß der Deutschen Einheit", 13. Wahlperiode des Deutschen Bundestages, Bd. 8. Baden-Baden 1999, S. 707–752.
4 Angaben nach Grafe, Roman: Die Grenze durch Deutschland. Eine Chronik von 1945–1990. Berlin 2002, S. 19.

von 705 538,65 DM. DDR-Grenzpolizisten gaben 2 134 Schüsse aus ihren Karabinern ab, davon waren 1 693 Warnschüsse. Mit Pistolen schossen DDR-Grenzpolizisten 282 mal, wobei die Zahl der Warnschüsse mit 162 angegeben ist. Zwei Personen kamen durch die Schusswaffenanwendung im IV. Quartal 1951 ums Leben, acht erlitten Verletzungen. Die für das IV. Quartal 1951 genannten Zahlenangaben finden sich in ähnlicher Größenordnung auch in den Quartalsbericht für 1952. Zwar sanken die Schusswaffenanwendungen auf 687 Fälle, jedoch erhöhte sich die Zahl der erschossenen „Grenzverletzer" drastisch auf 19 und der durch Schusswaffenanwendung Verletzten bis zum Ende des III. Quartals 1952 auf 42. Zur Bewachung der DDR-Grenze kamen zu diesem Zeitpunkt in der DGP 1 149 Offiziere, 3 591 Unteroffiziere und 16 163 Mannschaftsdienstgrade zum Einsatz.[5]

Nach Abstimmung mit der sowjetischen Besatzungsmacht und entsprechenden Beschlüssen der SED-Führung übernahm die Deutsche Grenzpolizei 1955 die alleinige Verantwortung für die Bewachung der DDR-Grenze und begann damit, die innerdeutsche Grenze auch teilweise militärisch gegen die eigene Bevölkerung abzusichern.[6] Dennoch blieb das Sperrgebiet weiterhin durchlässig. Für das Jahr 1956 wies die Statistik der Hauptverwaltung der Deutschen Volkspolizei 316 028 Flüchtlinge aus. Mit dem Bau der Mauer im August 1961 endete für die DDR-Bürger die letzte Möglichkeit, relativ gefahrlos in die Bundesrepublik zu gelangen. Dennoch versuchten Zehntausende auf verschiedenen Wegen, die scharf kontrollierte Grenze zu überwinden. Im Laufe der Jahrzehnte wurden die „Grenzsicherungsanlagen" stetig ausgebaut, sodass es nur etwa 40 000 Menschen (davon rund 5 000 in Berlin) gelang, diesen Todesstreifen zu überwinden. Die meisten Fluchten über die innerdeutsche Grenze nach dem Mauerbau glückten in den ersten Jahren nach der Abriegelung Ost-Berlins. Laut einer Statistik des DDR-Staatssicherheitsdienstes verließen vom 13. August 1961 bis zum 30. April 1965 insgesamt 23 456 Personen „unter Umgehung der gesetzlichen Bestimmungen" die DDR. Zwischen dem 1. Januar 1962 und dem 10. April 1965 gelangten 6 103 Flüchtlinge über die innerdeutsche Grenze, 2 788 über die Berliner Grenzen und 256 über die Ostsee in den Westen. Das MfS meinte 2 716 dieser Fluchten seien mit gefälschten Dokumenten erfolgt.[7] Auch in der Ära der 1969 von der Bundesregierung Brandt/Scheel eingeleiteten Entspannungspolitik verschärfte das SED-Regime fortlaufend die Überwachung und militärische Absicherung der innerdeutschen Grenze.[8] In diese Zeit fällt auch die Aufrüstung der Grenzanlage mit Sprengfallen (Schützenminen, SM 70), die sich ausschließlich gegen Flüchtlinge richteten.

---

5   MfS, Hauptverwaltung Deutsche Grenzpolizei: Berichtsbögen der HVDGP. BArch Freiburg, DVH 27/130244.
6   Siehe zur Militarisierung der Deutschen Grenzpolizei Lapp, Peter Joachim: Grenzregime der DDR. Aachen 2013, 16–33.
7   MfS, ZAIG: Menschenhandel, Abwerbe- und Schleusungsmethoden mittels gefälschter Auslandspässe, westberliner und westdeutscher Ausweispapiere [und andere Dokumente zu Fluchten und Fahnenfluchten bis 1966]. BStU, ZA, MfS ZAIG 4605.
8   Vgl. u. a. Beschluss des Politbüros des Zentralkomitees der SED vom 23. Januar 1973: Bericht über die Durchführung des Beschlusses des Politbüros über Maßnahmen zur Erhöhung der Sicherheit und Ordnung an der Staatsgrenze zur BRD und der Direktive des Sekretariats des ZK zur weiteren Arbeit im Grenzgebiet an der Staatsgrenze zur BRD und zu Westberlin sowie Schlussfolgerungen für eine wirkungsvolle Grenzsicherung. SAPMO-BArch, DY 30/J IV 2/2/1431.

Die politische Verantwortung für die Verminung der Grenze und die Schusswaffenanwendung im Grenzgebiet lag in den Händen der SED-Führung, die durch ihre Entscheidungen zwischen 1949 bis 1989 die Grundsätze des DDR-Grenzregimes festlegte. So befasste sich das SED-Politbüro am 6. Juli 1971 mit „Maßnahmen zur Erhöhung der Sicherheit und Ordnung an der Staatsgrenze zur BRD" und beklagte, dass die „mögliche Anwendung der Aufenthaltsbeschränkung (Aussiedlung) politisch labiler und asozialer Menschen" aus dem Grenzgebiet von den dortigen Gemeindeverwaltungen „so gut wie nicht angewandt" werde. „Die Lage an der Staatsgrenze" sei „immer noch durch eine hohe Anzahl der Versuche von Grenzdurchbrüchen charakterisiert, wobei die Methoden der Grenzverletzer ständig gefährlicher und raffinierter werden." Deswegen seien weitere Maßnahmen zur „Erhöhung der Sicherheit und Ordnung an der Staatsgrenze" zu ergreifen. Diese Maßnahmen bestanden u.a. in einer Neufestlegung des Schutzstreifens. Dort sollten „der Aufenthalt sowie die Bewegung von Personen und technischen Mitteln außerhalb geschlossener Ortschaften ständig unter Kontrolle" sein. Möglichst wenige Ortschaften, Industriebetriebe und -anlagen sollten im Schutzstreifen verbleiben. Vor allem aber sei der „Schutzstreifen [...] unter Berücksichtigung der Lage an der Staatsgrenze, der Hauptrichtungen in der Grenzsicherung und der Geländebedingungen pionier- und signaltechnisch auf der Grundlage der dafür geplanten finanziellen und materiellen Mittel wirksamer auszubauen. [...] Die Anstrengungen müssen zielstrebiger auf die Entwicklung und Errichtung solcher Sperren und signaltechnischer Anlagen konzentriert werden, die eine hohe Stabilität und Sperrfähigkeit sowie eine geringe Störanfälligkeit besitzen und einen geringen Wartungsaufwand erfordern. Zur wirksamen Unterstützung der Grenzsicherungsmaßnahmen sind die Sperranlagen entsprechend den Erfordernissen durch Schützenminen zu verstärken."[9]

Das Schicksal der Opfer des DDR-Grenzregimes an der ehemaligen innerdeutschen Grenze war bislang noch nicht grundlegend erforscht. Zu den Todesopfern an der innerstädtischen Berliner Grenze liegen für den gleichen Zeitraum inzwischen zwei wissenschaftliche Untersuchungen vor.[10] Die in diesem Band enthaltenen Forschungsergebnisse zu den Opfern des DDR-Grenzregimes an der fast 1 400 Kilometer langen innerdeutschen Grenze sind das Ergebnis von wissenschaftlichen Recherchen des Forschungsverbundes SED-Staat an der Freien Universität Berlin. Von September 2012 bis Januar 2017 untersuchte ein Wissenschaftlerteam des Forschungsverbundes SED-Staat mit finanzieller Unterstützung durch die Beauftragte der Bundesregierung für Kultur und Medien sowie die Bundesländer Sachsen-Anhalt, Niedersachsen und Hessen alle Todesfälle an der ehemaligen deutsch-deutschen Grenze und recherchierte die biografischen Angaben zu den im Grenzgebiet zwischen 1949 und 1989 ums Leben gekommenen Männern, Frauen und Kindern. Für die Untersuchung wurde die Gründung der DDR am 7. Oktober 1949 als zeitlicher Ausgangspunkt gewählt, da trotz fortbestehender direkter Kontrolle der Deutschen Grenzpolizei durch sowjetische

---

9 Politbüro des ZK der SED; Schulz, H. (Protokoll): Protokoll Nr. 3/71 der Sitzung des Politbüros des Zentralkomitees am 6. Juli 1971 (Arbeitsprotokoll). SAPMO-BArch, IPA, J IV 2/2A/1524.
10 Vgl. Hertle, Hans-Hermann/Nooke, Maria: Die Todesopfer an der Berliner Mauer 1961–1989. Ein biographisches Handbuch. Berlin 2009 sowie Sälter, Gerhard/Dietrich, Johanna/Kuhn,Fabian: Die vergessenen Toten. Todesopfer des DDR-Grenzregimes in Berlin von der Teilung bis zum Mauerbau (1948–1961). Berlin 2016.

Berater mit der staatlichen Konstituierung der DDR die politische und polizeiliche Verantwortung für die Überwachung der innerdeutschen Grenze durch den SED-Staat und seine Institutionen wahrgenommen wurde.

Forschungsstand

Zu tödlichen Zwischenfällen an der innerdeutschen Landgrenze liegen bislang vor allem regionalhistorische Darstellungen, Dokumentationen zu ausgewählten Todesfällen und Studien zur Strafverfolgung nach der Wiedervereinigung vor, die sich gegen die Verantwortlichen für Tötungs- und Körperverletzungsdelikte richteten.[11] Dieses Handbuch rekonstruiert in Anlehnung an die Berliner Untersuchung über „Die Todesopfer an der Berliner Mauer 1961–1989"[12] die Biografien und Schicksale der Menschen, die zwischen 1949 und 1989 an der DDR-Westgrenze um Leben kamen. Die tödlich endenden Fluchtversuche von DDR-Bürgern über die Ostsee und am Eisernen Vorhang in anderen Ostblockstaaten liegen außerhalb des Untersuchungsfeldes und fanden deswegen keine Berücksichtigung bei den Recherchen im Rahmen dieses Forschungsprojektes.[13]

Die wissenschaftlichen Veröffentlichungen zu den Toten an der Ost-Berliner Grenze (Hertle/Nooke, Sälter u. a.) bzw. der sächsischen Grenze (Gülzau) enthalten in ihren Einleitungen eine „Definition des Begriffs ‚Todesopfer an der Berliner Mauer'" (Hertle/Nooke) bzw. eine „verbindliche Definition des Begriffs ‚Grenzopfer'" (Gülzau). Jan Gülzau übernimmt von Hertle/Nooke geografisch modifiziert die Kriterien bzw. Fallgruppen „getötete und verunglückte/suizidierte Flüchtlinge", „getötete und verunglückte Menschen ohne Fluchtabsicht" bzw. „im Dienst getötete Angehörige der

---

11 Siehe hierzu die ausgewählte Literatur im Anhang.
12 Hertle, Hans-Hermann/Nooke, Maria: Die Todesopfer an der Berliner Mauer 1961–1989. Ein biographisches Handbuch. Berlin 2009.
13 Die Ausstellung „Über die Ostsee in die Freiheit" spricht von mindestens 189 Menschen, die auf der Flucht über die Ostsee aus der SBZ/DDR ums Leben kamen. Siehe: http://www.ostseefluchten.de/html/set/set1.htm (zuletzt abgerufen am 20. Februar 2017). Stefan Appelius weist in seinem in Kürze erscheinende Begleitband zu diesem Handbuch über den „Fluchtweg Bulgarien" auf die unvollständige Zahlenangabe des bulgarischen Verteidigungsministers Dimitar Ludschev hin, der auf eine parlamentarische Anfrage im Jahr 1992 die Größenordnung der Todesopfer an den bulgarischen Grenzen zur Türkei, zu Griechenland und dem damaligen Jugoslawien mit mindestens 339 Fällen bezifferte. Diese Zahlenangabe enthält keine Hinweise auf die Nationalität der Toten. Die tschechische Internetseite https://www.ustrcr.cz/uvod/dokumentace-usmrcenych-statni-hranice/usmrceni-statni-hranice-portrety/ bietet eine Auswahl von 80 Biografien getöteter Flüchtlinge, darunter auch einige Todesfälle von DDR-Bürgern. Stefan Karner spricht in seiner Studie über die ČSSR-Grenze zu Bayern und Österreich für die Zeit von 1945 bis 1989 von 390 getöteten Zivilisten (darunter 280 Flüchtlinge) und 648 getöteten Grenzsoldaten. Eine Aufschlüsselung der Todesopfer nach Nationalitäten enthält die Studie nicht. Siehe Karner, Stefan: Halt! Tragödien am Eisernen Vorhang. Die Verschlussakten. Wien 2013, S. 30. Auch verlässliche Zahlenangaben zu den bei Fluchtversuchen in Rumänien getöteten Menschen sind bislang nicht veröffentlicht worden. Vgl. Appelius, Stefan: Fluchtweg Rumänien unter: http://www.appelius.de/tod_in_rumanien.html. Das gleiche gilt für die ungarische Grenz zu Österreich. Auch zu den dort ums Leben gekommenen Flüchtlingen liegen bislang keine wissenschaftlich fundierten Zahlenangaben vor.

Grenzschutzorgane" mit der nachvollziehbaren Begründung, dass es perspektivisch nur so möglich sei, eine Gesamtzahl aller Todesopfer des DDR-Grenzregimes benennen zu können: „Es muss ein Fluchthintergrund oder aber ein zeitlicher und räumlicher Zusammenhang des Todes mit dem Grenzregime an der Mauer gegeben sein." (Hertle/ Nooke) „Entweder ist der Fluchthintergrund offensichtlich, oder aber es besteht ein zumindest enger zeitlicher und räumlicher Zusammenhang des zu Tode gekommenen mit dem Grenzregime der DDR." (Gülzau).[14] Sälter/Dietrich/Kuhn schließen sich dem im Prinzip an. Sie benennen als Kriterien für die Aufnahme eines Falles in ihren Band „einen evidenten Fluchthintergrund", einen räumlichen und kausalen engen Bezug zum Grenzregime sowie einen nachweisbaren Zusammenhang des Todesfalls mit einer Grenzüberquerung. Hans-Hermann Hertle und Maria Nooke haben für ihre Untersuchung der Todesfälle an der Berliner Grenze die folgenden fünf Fallgruppen gebildet:

- „Flüchtlinge, die beim Versuch, die Berliner Mauer zu überwinden, von Angehörigen der bewaffneten Organe der DDR erschossen wurden bzw. an den Folgen der dabei erlittenen Verletzungen gestorben sind;
- Flüchtlinge, die beim Versuch, die Berliner Mauer zu überwinden, tödlich verunglückten oder sich angesichts des Scheiterns ihres Fluchtvorhabens das Leben nahmen bzw. an den Folgen der dabei erlittenen Verletzungen gestorben sind;
- Menschen aus Ost und West, die an der Berliner Mauer von Angehörigen der bewaffneten Organe der DDR erschossen wurden bzw. an den Folgen der dabei erlittenen Verletzungen gestorben sind;
- Menschen aus Ost und West, die an der Berliner Mauer durch Handeln oder Unterlassen der bewaffneten Organe der DDR verunglückten bzw. an den Folgen der dabei erlittenen Verletzungen gestorben sind;
- Angehörige der Grenztruppen, die während ihres Dienstes an der Berliner Mauer getötet wurden bzw. an den Folgen der dabei erlittenen Verletzungen gestorben sind."[15]

Da sich das DDR-Grenzregime an der innerdeutschen Landgrenze hinsichtlich der in verschiedenen Etappen erfolgten Verschärfungen der Abriegelung des Grenzraums, seiner in 40 Jahren mehrfach veränderten räumlichen Dimension sowie insbesondere durch den Einsatz von Erdminen und Sprengfallen (SM 70) erheblich von den Gegebenheiten an der Berliner Grenze unterschied,[16] erwies sich im Laufe der Untersuchung eine vertiefende Ausdifferenzierung der für das Berliner Handbuch gebildeten Fallgruppen als notwendig. Die nachstehende Konkretisierung und Erweiterung der Kategorien zur Aufnahme in das biografische Handbuch wahrt die Vergleichbarkeit der Forschungsergebnisse zu der Grenze um Ost-Berlin mit den Todesopfern an der DDR-Westgrenze unter Berücksichtigung der Besonderheiten des Grenzregimes an der innerdeutschen Landgrenze. Letzteres betrifft unter anderem die Suizide im Kontext der Zwangsaussiedlungen, die durch Minen und Spreng-

---

14 Vgl. Gülzau, Jan: Grenzopfer an der sächsisch-bayerischen und sächsisch-tschechischen Grenze 1947–1989. Dresden 2012.
15 Hertle, Hans-Hermann/Nooke, Maria: Die Todesopfer an der Berliner Mauer 1961–1989. Ein biografisches Handbuch. Berlin 2009, S. 15.
16 Vgl. exemplarisch Lapp, Peter Joachim: Grenzregime der DDR. Aachen 2013. Siehe auch die Literaturauswahl zum Thema im Anhang.

fallen verursachten Todesfälle, Suizide von Bürgern beider deutschen Staaten nach Festnahmen im Grenzgebiet, Todesfälle von DDR-Grenzern nach Konfrontationen mit amerikanischen Patrouillen, Zoll- oder BGS-Beamten, Hinrichtungen von DDR-Grenzpolizisten wegen angeblicher Fahnenflucht- oder Spionageabsichten sowie Todesfälle im Vorfeld des Grenzraums, die sich im Zusammenhang mit Fluchtvorhaben oder Fahnenfluchten ereignet haben.

Schließlich stellte sich bei der vorläufigen Erfassung von 203 Suiziden in den DDR-Grenztruppen heraus, dass mehr als zwanzig Prozent dieser Selbsttötungen mit dienstlichen Problemlagen zusammenhingen. Deswegen enthält dieses Handbuch als eigene Fallgruppe Biografien der Grenzpolizisten und Soldaten, die sich aus Verzweiflung über die Zumutungen des Grenzdienstes oder aus Angst vor Bestrafungen nach geringfügigen Vergehen im Grenzdienst das Leben nahmen. Entgegen der früheren westdeutschen Wahrnehmung dienten zahlreiche junge Männer nur mit Widerwillen in den DDR-Grenztruppen. Aus diversen Statistiken des MfS geht für die Zeit vom Mauerbau 1961 bis zum Mauerfall 1989 eine Zahl von 1 933 geglückten Fahnenfluchten aus den Grenztruppen hervor. Etwa dreimal höher lag die Zahl der im Vorfeld verhinderten Fahnenfluchten.[17]

Stichproben in den Meldungen der MfS-Hauptabteilung I legen nahe, dass in den späten 1980er Jahren zwischen zwei und neun verdeckte Abversetzungen täglich angeordnet wurden. So sorgte der Staatssicherheitsdienst 1985 dafür, dass insgesamt 850 für die Grenztruppen gemusterte Soldaten wegen „Fahnenfluchtäußerungen" und anderer Unsicherheitsmomente nicht an der Grenze zum Einsatz kamen und 535 Soldaten aus grenzsichernden Einheiten abgezogen wurden. Zusammengenommen fehlten den Grenztruppen demnach 1 385 Soldaten, im Vorjahr waren es 1 150, und im folgenden Jahr 1986 erhöhte sich die Zahl der nicht eingesetzten bzw. abgezogenen Grenzsoldaten auf 1 506.[18] Im Laufe der Recherchen der Forschungsgruppe in den einschlägigen MfS- und Grenztruppenüberlieferungen fanden sich zahlreiche Hinweise

---

17 Nach einer Statistik der MfS-Hauptabteilung I, Abteilung Äußere Abwehr desertierten zwischen dem 1. Januar 1950 und dem 30. Juni 1987 insgesamt 10 756 Soldaten der Nationalen Volksarmee, der Grenztruppen und anderer bewaffneten Einheiten, darunter befanden sich 543 Offiziere und 1 445 Unteroffiziere. Die überwiegende Zahl der Fahnenfluchten erfolgte vor dem Mauerbau, bis zum 31. Juli 1961 zählte das MfS 8 278 Deserteure. Siehe: MfS, HA I, Abteilung Äußere Abwehr: Bericht vom 24. Juli 1987 über eine Beratung zwischen der HA IX und der HA I zur Durchsetzung der Befehle 11/87 des Genossen Minister im Verantwortungsbereich der Hauptabteilung I. BStU, ZA, MfS HA I Nr. 15340.

18 MfS, HA I beim Kommando der Grenztruppen; Nieter (Oberst, stellv. Leiter der HA I): Einschätzung der politisch-operativen Lage an der Staatsgrenze und in den Grenzgebieten zur BRD und Berlin (West) sowie an der Seegrenze der DDR und zur Wirksamkeit der politisch-operativen Arbeit und ihrer Führung und Leitung für den Zeitraum 1.10. bis 31.12. 85. BStU, ZA, MfS, HA I Nr. 16713. Vgl. generell hierzu Wenzke, Rüdiger (Hrsg.): Staatsfeinde in Uniform? Widerständiges Verhalten und politische Verfolgung in der NVA. Militärgeschichte der DDR, Bd. 9. Berlin 2005 sowie Sälter, Gerhard: Grenzpolizisten. Konformität, Verweigerung und Repression in der Grenzpolizei und den Grenztruppen der DDR 1952 bis 1965. Berlin 2009. Vgl. auch Eisenfeld, Bernd: Formen widerständigen Verhaltens in der Nationalen Volksarmee und bei den Grenztruppen, in: Neubert, Erhart / Eisenfeld, Bernd (Hrsg.): Macht Ohnmacht Gegenmacht. Grundfragen zur politischen Gegnerschaft in der DDR. Bremen 2001.

auf die Verweigerung des Schusswaffengebrauchs durch junge Grenzsoldaten.[19] Aufgrund der täglichen Vergatterung zur Schusswaffenanwendung gegen Flüchtlinge, des militärischen Drills, der Abwesenheit von Familie und Freunden, des Fehlens von Zuwendung und Liebe, der Hänseleien und der Nichtanerkennung im Kameradenkreis sowie der Herabsetzungen durch Vorgesetzte empfanden einige Grenzsoldaten ihre Lage als derart ausweglos, dass sie ihrem Leben ein Ende setzten. Auch diese überwiegend 18- bis 21-Jährigen sind nach Auffassung der Herausgeber dieses Handbuchs Opfer des DDR-Grenzregimes.[20]

Fallgruppen für das biografische Handbuch

A) Todesfälle im innerdeutschen Grenzgebiet 1949–1989
   1. Zivilpersonen, die nach 1949 ohne Interzonenpass oder Aufenthaltsgenehmigung die innerdeutsche Demarkationslinie überquerten und als „illegale Grenzgänger" von Streifen der Deutschen Grenzpolizei erschossen wurden;
   2. Einwohner im grenznahen Raum, die im Zusammenhang mit der 1952 von der DDR-Regierung angeordneten Zwangsaussiedlung aus dem Grenzsperrgebiet Suizid begingen;
   3. Zivilisten, die bei Fluchtversuchen aus der DDR ums Leben kamen;
   4. Personen, die ohne Fluchtabsicht an der innerdeutschen Grenze durch Schusswaffenanwendung, Minenauslösung oder Sperranlagen ums Leben kamen;
   5. DDR-Grenzpolizisten und Grenzsoldaten, die bei Fahnenfluchtversuchen ums Leben kamen oder sich nach dem Scheitern ihres Fluchtversuchs das Leben nahmen;
   6. Zollbeamte, die von DDR-Grenzwachen erschossen wurden;
   7. Im DDR-Sperrgebiet festgenommene DDR-Flüchtlinge und Bundesbürger, die in der Haft Suizid begingen;
   8. Deserteure aus der sowjetischen Armee (GSSD), die im Grenzgebiet erschossen wurden;
   9. Personen, die seit einem Fluchtversuch vermisst sind.

B) Todesfälle in Ausübung des Grenzdienstes
   1. DDR-Grenzpolizisten und Grenzsoldaten, die bei Konfrontationen mit amerikanischen Grenzpatrouillen, Beamten des Bundesgrenzschutzes sowie beim Versuch der Kontrolle oder Festnahme von bewaffneten Zivilpersonen erschossen wurden;
   2. DDR-Grenzpolizisten und Grenzsoldaten, die von Fahnenflüchtigen erschossen wurden;
   3. DDR-Grenzpolizisten und Grenzsoldaten, die von eigenen Kameraden irrtümlich als Flüchtlinge erschossen wurden.

C) Todesfälle im kausalen Zusammenhang des DDR-Grenzregimes innerhalb und außerhalb des räumlichen Umfelds der innerdeutschen Grenze

---

19 Vgl. u. a. MfS, HA I, GK Nord, Abwehr /UA GAR-7: Abschlußbericht vom 28.07.1987 über Unklarheiten zur Anwendung der Schußwaffe. BStU, ZA, MfS, HA I Nr. 14.196.
20 Vgl. zur Diskussion über den Begriff der Opfer des SED-Regimes die zusammenfassende Darstellung in: Borbe, Ansgar: Die Zahl der Opfer des SED-Regimes. Erfurt 2010.

1. Deserteure aus der sowjetischen Armee (GSSD) oder der Nationalen Volksarmee, die auf ihrem Fluchtweg zur innerdeutschen Grenze erschossen wurden;
2. DDR-Bürger und Volkspolizisten, die im Vorfeld des Grenzgebiets durch bewaffnete Fahnenflüchtige oder durch Fluchtwillige getötet wurden;
3. DDR-Grenzpolizisten, die wegen geplanter oder realisierter Fahnenfluchten zum Tode verurteilt und hingerichtet wurden;
4. Suizide nach Minenverletzung.

D) Selbsttötungen von Grenzpolizisten und Grenzsoldaten, die nach den vorliegenden Überlieferungen wegen der Zumutungen des Dienstes in den Grenztruppen oder aus Angst vor Bestrafungen erfolgten.

E) Weitere Todes- und Verdachtsfälle, die im Anhang erläutert werden:
1. Leichenfunde im Grenzgebiet einschließlich Grenzgewässer, Personalien bekannt, Todesursache ohne erkennbaren Bezug zum DDR-Grenzregime;
2. Nicht identifizierte Leichen im innerdeutschen Grenzraum einschließlich Grenzgewässern, deren ursächlicher Zusammenhang mit dem DDR-Grenzregime zweifelhaft blieb bzw. nicht aufklärbar war;
3. Todesfälle nach Verletzungen durch Minen oder Schusswaffen, die zu einem erheblich späteren Zeitpunkt eintraten, möglicherweise aber Spätfolgen der Verletzungen waren;
4. Suizide von Westdeutschen im Grenzgebiet;
5. Autounfälle in Grenzübergangsstellen mit Todesfolgen;
6. Herzinfarkte an Grenzübergängen;
7. Personen, die nach abgelehnten Ausreiseanträgen Suizid begingen;
8. DDR-Grenzpolizisten und Grenzsoldaten, die durch Schusswaffenmissbrauch, fahrlässigen Schusswaffengebrauch, bei Minenunfällen und bei Arbeiten an Grenzsperranlagen ums Leben kamen; DDR-Grenzpolizisten und Grenzsoldaten, die bei der Ausbildung für den Grenzdienst oder in Ausführung von dienstlichen Aufgaben im räumlichen Umfeld der Grenze ums Leben kamen;
9. Suizide in den Grenztruppen, die nicht nachweisbar in dienstlichem Zusammenhang stehen.

Verlauf der Untersuchung

Insgesamt mussten 1 492 Verdachtsfälle, zu denen es in unterschiedlichen Archiven und durch Zeitzeugen Hinweise auf Todesumstände im Kontext des DDR-Grenzregimes gab, überprüft werden. Die Gesamtzahl der Verdachtsfälle beruhte auf:

- Angaben der Berliner Staatsanwaltschaft, die auf Ermittlungen der Zentralen Ermittlungsstelle Regierungs- und Vereinigungskriminalität (ZERV) beruhten. Demnach starben an der DDR-Grenze 128 und in Berlin 109 Menschen durch Gewaltakte der DDR-Grenzsicherungskräfte, 33 Personen kamen laut ZERV an der innerdeutschen Grenze durch Erd- oder Splitterminen ums Leben.[21] In diesen

---

21 Die ZERV spricht in ihrem letzten Jahresbericht aus dem Jahr 2000 von 421 erwiesenen Todesopfern an der gesamten innerdeutschen Grenze. Diese Zahl enthält auch von der ZERV festgestellte Todesfälle bei Fluchtversuchen über die Ostsee. Die wissenschaftliche Ausstellung „Über die Ostsee in die Freiheit" spricht von mindestens 189 Menschen,

Zahlenangaben sind nur diejenigen Fälle enthalten, die auf strafrechtlich relevantes Handeln oder Unterlassen von Befehlshabern und DDR-Grenzwachen beruhen. Grenzgänger und Flüchtlinge, die durch Unfälle ums Leben kamen oder in Grenzgewässern ertranken sind darin nicht berücksichtigt;[22]
- Angaben aus einer digitalisierte Überlieferung der DDR-Grenztruppen zu Grenzzwischenfällen, die das Bundesarchiv Koblenz dem Forschungsteam zugänglich machte. Diese Datenbank enthält in kodierter Form Grenzzwischenfälle aller Art;
- Angaben aus der von Gerhard Schätzlein nach Recherchen in den Überlieferungen der DDR-Grenztruppen (Bundesarchiv Freiburg) angelegten fall- und namensbezogenen Datenbank über Grenzzwischenfälle, die Gerhard Schätzlein dem Forschungsteam zur Auswertung überlassen hat;
- Ergebnissen der Auswertung einschlägiger Sekundärliteratur durch das Forschungsteam;
- Angaben der Arbeitsgemeinschaft 13. August, die Jahr für Jahr wachsende Zahlenangaben zu den Opfern des DDR-Grenzregimes herausbringt. Ihre letzte „vorläufige Bilanz" vom August 2016 beziffert die Zahl der an der innerdeutschen Grenze vom Kriegsende 1945 bis zum 13. August 1961 um Leben gekommenen Personen auf 387 und für die Zeit vom 13. August 1961 bis zum 9. November 1989 auf 393;[23]
- Hinweisen von Zeitzeugen, Standes- und Bürgermeisterämtern, Archivaren, Grenzmuseen und Opferverbänden.

Im Verlauf der Recherchen wurden zunächst sämtliche unnatürliche Todesfälle an der DDR-Grenze aus dem ausgewerteten Archivgut und aus den Sekundärquellen erfasst. Ergänzend erfolgten Nachfragen bei Angehörigen der Todesopfer, bei Standes- und Bürgermeisterämtern, Einwohnermeldeämtern, Krankenhäusern, Friedhofsverwaltungen, regionalen Archiven und Grenzlandmuseen, um die im Schriftgut überlieferten Informationen zu überprüfen und zu ergänzen. Die Ergebnisse der Recherchevorgänge

---

die auf der Flucht über die Ostsee aus der SBZ/DDR ums Leben kamen. Siehe: http://www.ostseefluchten.de/html/set/set1.htm (zuletzt abgerufen am 20. Februar 2017).
22 Vgl. die Auswertung von Zahlenangaben zu Todesopfern an der DDR-Grenze von Hertle, Hans-Hermann und Sälter, Gerhard in: Die Todesopfer an Mauer und Grenze. Probleme einer Bilanz des DDR-Grenzregimes. Deutschland Archiv 4/2006, S. 667–676; Vgl auch die zusammenfassenden Hinweise zu den unterschiedlichen Zahlenangaben in: Borbe, Ansgar: Die Zahl der Opfer des SED-Regimes. Dort insbesondere das Kapitel: Wegen Flucht getötete, Erfurt 2010, S. 32–34.
23 Vgl. Hildebrandt, Alexandra (Text und Zusammenstellung): 1 841 Todesopfer – Keine Endbilanz. Neue Zahl der ermittelten Todesopfer des Grenzregimes der Sowjetischen Besatzungszone/DDR/Der Sozialistischen Einheitspartei Deutschlands, das 174. Pressecommuniqué Mauermuseum – Museum Haus am Checkpoint Charlie, 13. August 2016. Unter den namentlich und zum Teil anonymisiert aufgeführten 780 Todesopfern befinden sich jedoch nach genauerer Überprüfung u. a. Personen, die Fluchtversuche verletzt überlebt haben, Suizidfälle von Grenzsoldaten, die in keinem dienstlichen Zusammenhang stehen, Unfälle und Schußwaffenunfälle im Grenzdienst, Abschüsse westalliierter Flugzeuge durch sowjetische Streitkräfte, Unfälle und 106 Herzinfarkte an Grenzübergangsstellen. Siehe hierzu auch die kritischen Anmerkungen von Hertle und Sälter in: Deutschland Archiv 4/2006, S. 672 ff. sowie von Hertle und Nooke in: Die Todesopfer an der Berliner Mauer 1961–1989, S. 12 f. Der Forschungsverbund SED-Staat bat Frau Hildebrandt zweimal schriftlich um einen Meinungsaustausch über ihre Erhebung. Dem entsprach Frau Hildebrandt nicht.

wurden in die Arbeitsdatenbanken des Forschungsprojektes zur Verifizierung bzw. Falsifikation der Verdachtsfälle eingespeist. Folgende Provenienzen berücksichtigte das Forschungsteam bei seinen Recherchen:
- historische Überlieferungen aus der DDR: Grenzpolizei, Grenztruppen, Militärstaatsanwaltschaft, Volkspolizei, Staatssicherheit, Justiz, Strafvollzug, SED-Führung, SED-Parteiapparat, Ministerium des Inneren, Ministerium für Auswärtige Angelegenheiten;
- historische Überlieferungen aus der Bundesrepublik: Bundesgrenzschutz, Zoll, Bayerische Grenzpolizei, Polizei, Bundesministerium für innerdeutsche Beziehungen, Zentrale Erfassungsstelle der Landesjustizbehörden in Salzgitter (ZESt);
- Zeitgenössische Medienberichterstattung, Sekundärliteratur über die innerdeutsche Grenze.

Hinzu kamen Überlieferungen aus den Ermittlungsunterlagen der 1990er Jahre:
- Zentrale Ermittlungsgruppe für Regierungs- und Vereinigungskriminalität (ZERV);
- Unterlagen der Rechtsprechung (Staatsanwaltschaften der Landesgerichte);
- Prozessberichterstattung, juristische Literatur, persönliche Erinnerungen von Zeitzeugen, weitere Sekundärliteratur.

Nach der Auswertung der einschlägigen Bestände im Bundesarchiv Berlin (Rapporte der Volkspolizei an das MdI, SED-Überlieferungen unterschiedlicher Ebenen) sowie mehrerer Landesarchive wurde im Bundesarchiv Koblenz der Bestand der Zentralen Erfassungsstelle der Landesjustizverwaltungen Salzgitter durchgesehen, der eine personenbezogene Recherche erlaubt. Diese Überlieferung ermöglichte aufgrund der darin häufig enthaltenen umfangreichen Ermittlungsunterlagen neben Angaben zum Tatgeschehen auch die Rekonstruktion der Biografien einiger Todesopfer an der innerdeutschen Grenze. Das Bundesarchiv Koblenz überließ dem Forschungsteam außerdem eine digitalisierte Überlieferung der DDR-Grenztruppen zu Grenzzwischenfällen. Die notwendige Decodierung der entsprechenden Datensätze erfolgte durch die Forschungsgruppe selbst. Die in der überlieferten Datenbank der DDR-Grenztruppen ermittelten Todesfälle von DDR-Flüchtlingen konnten mit bis dato ermittelten Verdachtsfällen abgeglichen oder in weitere Rechercheschritte übernommen werden. Für die Jahrgänge der vor 1926 Geborenen wurde im Bundesarchiv Berlin die NSDAP-Kartei (vormals BDC) im Hinblick auf Geburtsdaten, Geburtsorte, berufliche Ausbildung und Passbilder durchgesehen.

Zu allen namentlich bekannten Todes- und Verdachtsfällen erfolgten parallel zu den laufenden Recherchen Anfragen im Archiv des Bundesbeauftragten für die Stasiunterlagen (BStU), die vielfach weiterführende Informationen insbesondere aus der zentralen und den bezirklichen Untersuchungsabteilungen IX des MfS erbrachten. Es bleibt jedoch wegen der Erschließungslücken beim BStU und den begrenzten Möglichkeiten zur Nutzung von Findhilfsmitteln unsicher, ob sich in den MfS-Unterlagen nicht noch weitere Informationen über Opfer des Grenzregimes befinden, auf die für diese Untersuchung kein Zugriff bestand. Umfangreiche Recherchen konnte das Forschungsteam bei dem BStU in den Überlieferungen der für die Überwachung der Grenztruppen zuständigen Hauptabteilung I des MfS anstellen. Insbesondere das tägliche Meldungsaufkommen dieser Hauptabteilung lieferte zahlreiche Detailinformationen sowohl zu Grenzzwischenfällen aller Art als auch zu Todesfällen in den Grenztruppen.

Die von der Staatsanwaltschaft Berlin und dem Berliner Innensenator ermöglichte Auswertung der in der Polizeihistorischen Sammlung aufbewahrten Retent-Akten aus dem ZERV-Bestand gestaltete sich hingegen aufwendiger als zunächst angenommen. Der Bestand wurde nur vorläufig und teilweise erschlossen im Keller des ehemaligen Flughafens Tempelhof in disparater Form aufbewahrt. Dennoch fanden sich in dieser Überlieferung zu zahlreichen Zwischenfällen an der innerdeutschen Grenze weitergehende Angaben und Daten zu den Biografien von Todesopfern. Inzwischen ist der Bestand in das Berliner Landesarchiv überführt.

Im Landesarchiv Thüringen Hauptstaatsarchiv Weimar (LATh) ergab sich die Möglichkeit der tiefergehenden Arbeit mit dem Bestand der Staatsanwaltschaft Erfurt. Der erst kürzlich in das Archiv aufgenommene und integrierte Bestand erwies sich als umfangreich und ergiebig. Den Zugang zu den für das Projekt relevanten Fällen ergab sich zum einen über die vom Gericht vergebenen Signaturen aus der Sekundärliteratur, zum anderen durch eine Schlagwortrecherche innerhalb des Recherchesystems des LATh in Weimar. Die einzelnen Ermittlungsvorgänge und Verfahrensakten umfassen in Einzelfällen bis zu 60 Bände, die über keine Inhaltsverzeichnisse verfügen. Da in einigen fallbezogenen Überlieferungen auch die Todesumstände anderer Grenzopfer enthalten sind, gestaltete sich die Durchsicht aufwendig und zeitintensiv. Insbesondere die im Zuge staatsanwaltschaftlicher Ermittlungen geführten Vernehmungen von inzwischen verstorbenen Zeugen ergänzten unsere bisherigen Erkenntnisse jedoch um wichtige Teilaspekte. Auch aus den ergangenen Urteilen (Sammlung Marxen/Werle in der Humboldt-Universität zu Berlin) und ihren oftmals sehr weitreichenden Begründungen kamen weitere Gesichtspunkte für die biografischen Darstellungen hinzu. Ergänzende Recherchen erfolgten weiterhin in den relevanten Ermittlungsunterlagen der Staatsanwaltschaften Magdeburg, Brandenburg, Neuruppin und Schwerin.

Mehrwöchige Archivbesuche im Militärarchiv des Bundesarchivs in Freiburg im Breisgau dienten der systematischen Durchsicht der Grenzpolizei- und Grenztruppenüberlieferung (Tagesrapporte, Statistiken, Berichte, Nachweisbücher). Die Arbeit mit den genannten Beständen führte zu dem Ergebnis einer bisher nicht bekannten Zahl von Suiziden, tödlichen Schusswaffenunfällen sowie Minen- und Dienstunfällen in den Grenztruppen. Zu prüfen war und ist weiterhin in jedem Einzelfall, inwieweit diese Todesfälle dem DDR-Grenzregime geschuldet sind. Hierzu konnten schließlich auch bislang nicht zugängliche Unterlagen der DDR-Militärstaatsanwaltschaft eingesehen werden.

Mit dem Regionalhistoriker Gerhard Schätzlein aus Willmars (Franken) konnten ebenso wie mit Joachim Heise (Nordhausen), Rolf Fechner (Heimatverein Travemünde) und den Regionalhistorikerinnen Inge Bennewitz (Dömitz) und Karin Toben gute Arbeitsbeziehungen hergestellt werden. Gerhard Schätzlein überließ dem Forschungsverbund SED-Staat seine umfangreiche Datenbank über Grenzzwischenfälle zur Auswertung. Ein reger Austausch bestand auch mit dem Regionalbeauftragten Nord der UOKG Michael Schulz. Jan Gülzau, der für das Hannah-Arendt-Institut Dresden die Todesopfer an der sächsischen Grenze erforscht hat, konnte ebenfalls zur Zusammenarbeit gewonnen werden. Weiterhin erfolgten ein schriftlicher Erfahrungsaustausch und Expertengespräche mit Wissenschaftlern, die zu der Thematik gearbeitet haben. Dies waren insbesondere die Projektleiter des biografischen Handbuches „Die Todesopfer an der Berliner Mauer 1961–1989", Maria Nooke und Hans-Hermann Hertle, ehemalige Ermittler der ZERV, Journalisten und Autoren einschlägiger Publikationen,

Vertreter der Opferverbände, Mitarbeiter von Gedenk- und Erinnerungsstätten im ehemaligen Grenzgebiet sowie ehemalige Militärs der DDR-Grenztruppen.

Seit der öffentlichen Vorstellung des Forschungsprojekts im August 2012 gingen zahlreiche Anfragen zu Todesfällen an der innerdeutschen Grenze ein, überwiegend von Verwandten und Freunden, aber auch aus Grenzgemeinden und Grenzmuseen. Zumeist konnten diese mit weiterführenden Informationen beantwortet werden. Das galt auch für diverse Anfragen von anderen wissenschaftlichen Einrichtungen und Gedenkstätten zur Identität von Todesopfern. Auf die Pressemitteilung des Forschungsverbundes SED-Staat über den Forschungsstand vom August 2016 meldeten sich Familienangehörige und Bekannte von Todesopfern an der innerdeutschen Grenze. Ebenfalls gingen von Zeitzeugen weitere Hinweise auf Zwischenfälle im Grenzgebiet ein, darunter auch Erinnerungen von pensionierten Zollbeamten, die dort seinerzeit dienstlich eingesetzt waren.

Im Zuge der Durchsicht des Meldungsaufkommens der Volkspolizei, der Grenztruppen und der MfS-Hauptabteilung I stieß das Forschungsteam auf vier bis dahin unbekannte Todesopfer an der Ost-Berliner Grenze, sodass sich die Zahl der nachgewiesenen Todesopfer an der Berliner Mauer auf 140 erhöhte.[24]

Ergebnisse im Einzelnen

Die Überprüfung der insgesamt 1 492 erfassten Verdachtsfälle aus verschiedenen Überlieferungen und Zeitzeugenhinweisen erbrachte Nachweise über 803 Todesfälle (inklusive Todesfälle in den Grenztruppen), die räumlich der innerdeutschen Grenze zugeordnet werden konnten oder sich im Zusammenhang des DDR-Grenzregimes ereigneten. Bei den Verdachtsfällen, die diesen Kriterien nicht entsprachen, handelte es sich um Todesfälle außerhalb des innerdeutschen Grenzgebietes. Darunter befanden sich Flüchtlinge, die bei Fluchtversuchen in der Ostsee und an den Grenzen anderer sozialistischer Staaten ums Leben kamen. Weiterhin waren darunter identifizierte und nicht identifizierte Wasserleichen, die aus Grenzgewässern geborgen worden waren, ohne feststellbaren Fluchthintergrund und ohne dass ein Bezug zum DDR-Grenzregime hergestellt werden konnte. Im Zuge der Überprüfung weiterer Verdachtsfälle, die sich in den Überlieferungen westlicher Dienststellen fanden und auf Beobachtungen des DDR-Grenzraumes durch Zollbeamte, den Bundesgrenzschutz, die Polizei oder auf Aussagen von DDR-Flüchtlingen beruhten, belegten Parallelüberlieferungen der DDR-Seite sowohl Fehlinterpretationen von Schusswaffenanwendungen und Minenexplosionen

---

24 Es handelte sich dabei um die Todesfälle von Peter Grohganz (ertrunken zwischen dem 10. Dezember 1980 und dem 9. Februar 1981 in der Spree), Hans-Joachim Zock (ertrunken zwischen dem 14. und 17. November 1970 in der Spree) Czesław Kukuczka (erschossen im Grenzübergang Bahnhof Friedrichstraße „Tränenpalast" am 29. März 1974). Diese drei Todesopfer hat die Gedenkstätte Bernauer Straße inzwischen in ihre biografische Darstellung der Todesopfer an der Berliner Mauer aufgenommen. Vgl. http://www.chronik-der-mauer.de/todesopfer/ (abgerufen 27. Januar 2017). Das Forschungsteam stieß bei seinen Recherchen auch auf einen vierten Todesfall, der zur weiteren Klärung der Gedenkstätte Bernauer Straße mitgeteilt worden ist. Es handelt sich dabei um einen bislang namentlich nicht bekannten sowjetischen Deserteur, der bei dem Versuch nach West-Berlin zu flüchten am 2. Februar 1979 bei Potsdam von Volkspolizisten erschossen wurde.

wie auch durch Hörensagen übermittelte angebliche Todesfälle, die nicht den Tatsachen entsprachen. Es kam im Minengürtel häufig zu Minenauslösungen durch Wildtiere oder Witterungseinflüsse. Auch von Jägern abgegebene Schüsse fanden als mutmaßliche Schusswaffenanwendung gegen Flüchtlinge Eingang in das Berichtswesen von Zoll und Bundesgrenzschutz. Ferner unternahm die Einsatzkompanie der MfS-Hauptabteilung I Täuschungsmanöver in nicht verminten Grenzabschnitten. Die MfS-Mitarbeiter brachten dort Übungsmunition zur Explosion, anschließend wurde um Hilfe gerufen, ein Sanitätsfahrzeug fuhr zur Grenze und kurz darauf von dort wieder ins Hinterland. Mit der simulierten Minenexplosion sollte der Bevölkerung in grenznahen Ortschaften suggeriert werden, dass die DDR-Grenze in diesem Gebiet doch vermint sei.[25]

Schusswaffengebrauch und Minen

Die meisten Todesfälle an der innerdeutschen Grenze sind der Anwendung von Schusswaffen durch die sowjetische Besatzungsmacht, die DDR-Grenzpolizei und seit 1961 durch die DDR-Grenztruppen geschuldet.[26] Die Anwendung von Schusswaffen durch sowjetische und DDR-Grenzstreifen kostete an der innerdeutschen Grenze mindestens 141 Menschenleben, sieben DDR-Grenzer wurden von westlicher Seite erschossen. Der erste Todesfall durch einen Schusswaffeneinsatz der Deutschen Grenzpolizei ereignete sich am 16. Oktober 1949, acht Tage nach der DDR-Gründung. Grenzpolizisten schossen an diesem Tag auf Karl Sommer aus Thüringen, der für seine Familie in Bayern Lebensmittel besorgt hatte und sich auf dem Rückweg in seine Heimatstadt Hasselbach befand. Karl Sommer erlag den Folgen seiner Schussverletzung noch auf bayerischem Gebiet. Der letzte Todesfall durch eine Schusswaffenanwendung im Grenzgebiet ereignete sich am 25. Januar 1984 nahe Benneckenstein. Ein gemeinsamer Fahndungstrupp des Grenzregiments Halberstadt und der Volkspolizei stieß dort in einem Wald auf den bewaffneten 20-jährigen sowjetischen Deserteur Nikolai Gal, den ein Volkspolizist in Notwehr erschoss.

Das Ausmaß der Verminung des DDR-Grenzgebietes geht aus einer internen Analyse des Kommandeurs der Pioniereinheiten der DDR-Grenztruppen aus dem Jahr 1979 hervor. Diese Analyse enthält folgende Angaben über die seit 1961 errichteten Minensperren:

- 1961: Typ 61 Minen POMS auf ca. 150 km;
- 1962–1965: Minensperren Typ 62 PMD – 6 auf 800 km;
- ab 1966: Minensperren Typ 66 PMN, PMP-71, PPM-2 auf 300 km;
- ab 1970: Minensperren SM-70 Splitterminen auf 470 km.

In den Minensperren der Typen 61, 62 und 66 wurden im Rahmen von Erneuerungsmaßnahmen bis 1979 insgesamt 1 125 000 Minen neu verlegt und 665 000 alte Minen

---

25 Solche Täuschungshandlungen ordnete der Chef der Grenztruppem mit Befehl 80/73 vom 12.10.73 an. Demnach war „zur Verschleierung der eigenen Handlungen in Verantwortlichkeit des Chefs des Stabes bis 30.11.73 ein Plan der Scheinhandlungen zu erarbeiten, zu Bestätigung vorzulegen und an die Verbände herauszugeben."
26 Vgl. zu Zwischenfällen an der Zonengrenze von 1945–1949 den Beitrag von Gerhard Schätzlein im Begleitband I zu dieser Studie: Blutige Grenze. Von den Schwierigkeiten über diese Zeit zu berichten. In: Schroeder, Klaus/Staadt, Jochen (Hrsg.): Die Grenze des Sozialismus in Deutschland – Alltag im Niemandsland. Berlin 2017.

auf 1017, 4 Kilometern geräumt. Seit 1976 wurden ca. 400 000 Minen zusätzlich in solchen Grenzabschnitten neu verlegt, die durch Flüchtlinge überwunden worden waren. Im Jahr 1979 lagen diesem Bericht zufolge noch Erdminen des Typs 62 auf insgesamt 97 Kilometern und Erdminen des Typ 66 auf 291 Kilometern vergraben. Auf insgesamt 383 Kilometern waren die Grenzzäune mit den neuen Splitterminen SM 70 ausgestattet. Zwischen 1962 und 1979 erlitten 101 DDR-Grenzsoldaten Minenverletzungen – wobei in dieser Zahlenangabe MfS-Mitarbeiter und Grenzer, die nur leichte Verletzungen davon trugen, nicht enthalten sind. Nach dieser Aufstellung des Chefs der Pioniertruppen ereigneten sich beim Minenräumen:

- eine tödliche Verletzung,
- 33 schwere Verletzungen (Amputation von Gliedmaßen, Verlust des Augenlichts),
- 67 mittlere und leichte Verletzungen.

Etwa die Hälfte der Verletzungen entstand beim Räumen der Bodenminen PMN.[27] Durch die Explosion von Erdminen, die in eine Bunkeranlage bei Sassnitz eingelagert waren, starben im November 1986 vier weitere Soldaten.[28]

Dem Minister für Nationale Verteidigung der DDR lag am 1. Oktober 1982 eine vom Chef der Grenztruppen, Generalleutnant Klaus-Dieter Baumgarten, unterzeichnete „Konzeption über den derzeitigen Stand und für den weiteren pionier- und signaltechnischen Ausbau der Staatsgrenzen der DDR zur BRD, zu Berlin (West) sowie zur Volksrepublik Polen und ČSSR" vor. Darin hieß es, der Kostenaufwand für einen Kilometer Sperranlagen betrage 152 500 Mark. Insgesamt 447 Kilometer der Grenze seien mit Splitterminen gesichert, deren Kosten für fünf Kilometer auf 376 600 Mark zu veranschlagen seien. Vom 1. Dezember 1974 bis zum 30. Mai 1982 seien durch Wild, Blitzschlag oder Fremdströme 52 794 Splitterminen detoniert. Das entspreche 85,7 Prozent aller an Grenzzäunen montierten Sperranlagen. „Der Anteil der detonierten Minen, ausgelöst durch Grenzverletzer, beträgt 0,3 %." Der Wert der detonierten Minen betrug über 9,5 Millionen Mark. Mit Erdminen (Minensperre 66) waren laut dieser „Konzeption" Baumgartens noch 225,5 Kilometer gesichert. Die Kosten für einen mit Erdminen bestückten Grenzkilometer betrugen 322 400 Mark. „Die Festnahme bzw. das Bergen von Verletzten aus Minensperren 66 ist kompliziert, mit einem hohen Kräfte- und Mittelaufwand verbunden und in der Regel durch den Gegner einsehbar bzw. beeinflußbar." Die Grenzmauer 75 sei „ein kostenintensives Sperrelement, wartungsarm, formschön und besonders in Kfz-gefährdeten Abschnitten wirksam." In Berlin standen davon 1982 bereits 27,2 Kilometer. Die Kosten für einen Kilometer lagen bei 613 700 Mark. Die gegenwärtige Signaltechnik besitze „das technische Niveau vom Ende der 60er Jahre und hat 1982 ihren physischen Verschleiß erreicht". Baumgartens kritisches Fazit: „Die Sperranlagen mit Splitterminen und die Minensperre 66 als ausschließlich eingesetztes vorderes Sperrelement sind sowohl aus politischer

---

27 Grenztruppen der Deutschen Demokratischen Republik, Kommando der Grenztruppen, Chef Pionierwesen: Analyse der Minenverletzungen an der Staatsgrenze der DDR zur BRD vom 27. August 1979. Havemann-Archiv, Bestand Lutz Naumann, Loseblattsammlung. Im Anhang namentliche Liste der Verletzten, Dienstgrade, Tätigkeit nach Verletzung etc.

28 MfS, HA I: Meldung vom 7.11.1986 über eine Detonation von Landminen im Munitionsbunker des Marinepionierbataillons 18 Saßnitz/Rügen/Rostock. BStU, ZA, MfS, HA I Nr. 13329, Bd. 1.

Sicht als auch vom konstruktiven und optischen Aufbau her als unzweckmäßig einzuschätzen. Ihr planmäßiger Abbau ist unter Beachtung des Pkt. (6) dieser Konzeption notwendig."[29] Der Hinweis auf Pkt. 6 meinte die Grenzzäune I und II ohne Minen, aber mit einer neu kombinierten Grenzsicherungsanlage, die eine Grenzsignalzaunanlage (Alarmanlage) enthielt und zum Teil schon erprobt worden war.

Bis zur endgültigen Demontage der Minen 1983/84 kam es zu 36 Todesfällen durch Erd- und Splitterminen; 17 Personen starben durch die Auslösung von Erdminen, vier Marinesoldaten kamen bei einer Minenexplosion in einem Lagerbunker ums Leben, 14 Flüchtlinge und ein Grenzsoldat erlagen den Verletzungen durch die Selbstschussfalle SM 70 (auch Anlage 501 genannt).[30] Bei den ersten beiden durch Erdminen getöteten Personen handelte es sich um die Bundesbürger Erich Janschke (21) und Klaus Körner (23), die aus unbekannten Gründen am 15. November 1962 von Hessen kommend bei Untersuhl versuchten, über die Grenzanlagen in die DDR zu gelangen. Die in der Nähe stationierten DDR-Grenzer vernahmen zwar eine Detonation, meinten jedoch, es handele sich um eine der häufigen Minenauslösungen durch Wildtiere. Die Leichen von Erich Janschke und Klaus Körner wurden erst am 14. Dezember 1962 von den DDR-Grenztruppen entdeckt und geborgen. Bei dem letzten am 22. März 1984 durch eine Sprengfalle SM 70 getöteten Flüchtling handelte es sich um den LPG-Arbeiter Frank Mater (20), der bei Kleintöpfer (Thüringen) versuchte die DDR-Grenze nach Hessen zu überwinden.

327 Todesfälle durch das Grenzregime an der DDR-Westgrenze von 1949 bis 1989

238 Todesopfer im Grenzgebiet nach Fallgruppen

31	Grenzgänger, erschossen von Grenzpolizisten
6	Suizide im Zusammenhang mit Zwangsaussiedlungen aus dem Grenzgebiet
114	Flüchtlinge
42	Todesfälle ohne Fluchthintergrund durch Schusswaffen, Minen oder Unfälle im Grenzraum und in Grenzanlagen
24	Todesfälle von Fahnenflüchtigen, die erschossen wurden, Minen auslösten, ertranken oder nach dem Scheitern ihres Fluchtversuchs Suizid verübten
2	Todesfälle von Zollbeamten, die von DDR-Grenzpolizisten erschossen wurden
11	Suizide nach Festnahmen im Grenzgebiet
3	im Grenzgebiet erschossene sowjetische Deserteure
5	Flüchtlinge, die nach Fluchtversuchen durch Grenzgewässer vermisst blieben

25 Todesfälle in Ausübung des DDR-Grenzdienstes nach Fallgruppen

3	erschossen von amerikanischen Patrouillen
1	erschossen durch Bundesgrenzschutz

---

29 MfS, HA I: Entwicklung der politisch-operativen Lage an der Staatsgrenze im Zusammenhang mit Angriffen aus dem Inneren der DDR. BStU, ZA, MfS, HA I, 13044.

30 Vgl. zur Entwicklung der Splitterminen von 1965 bis zu ihrer Demontage 1983/84 Staadt Jochen: Die DDR-Staatsgrenze West und ihre Bewacher – Schießbefehl, Sprengfallen, Überwachung, Absetzungen, Widerstand, Fahnenfluchten. In: Schroeder, Klaus/Staadt, Jochen (Hrsg.): Die Grenze des Sozialismus in Deutschland – Alltag im Niemandsland. Berlin 2018.

3   erschossen von bewaffneten Zivilisten
9   erschossen von Fahnenflüchtlingen
9   irrtümlich als Flüchtlinge erschossene Grenzsoldaten

21 Todesfälle im kausalen Zusammenhang des DDR-Grenzregimes nach Fallgruppen
2   erschossen bei Fahnenflucht in Richtung Grenzgebiet
6   erschossen von sowjetischen, ČSSR- oder NVA-Deserteuren
2   im Vorfeld von Fluchtversuchen getötete Volkspolizisten
1   von einem betrunkenen Grenzsoldaten erschossener Zivilist
1   Suizid im Krankenhaus nach Minenverletzung
2   im Grenzgebiet festgenommene und in Moskau hingerichtete Zivilisten
8   hingerichtete ehemalige DDR-Grenzpolizisten
1   in Moskau hingerichteter Zollbeamter.

43 Selbsttötungen von Grenzpolizisten und Grenzsoldaten mit dienstlichem Hintergrund

Die 262 Todesfälle der ersten beiden Fallgruppen lassen sich den fünf oben erwähnen Kategorien des biografischen Handbuches über die Todesopfer an der Berliner Mauer 1961 bis 1989 zuordnen. Bei den 21 Todesfällen im kausalen Zusammenhang des DDR Grenzregimes existieren zu den in Moskau und Leipzig Hingerichteten keine vergleichbaren Fälle im Berliner Handbuch. Gleichwohl stehen diese Hinrichtungen in einem unmittelbaren Zusammenhang mit dem DDR-Grenzregime, denn zum einen erfolgten alle Festnahmen der später hingerichteten Personen im Grenzraum zum anderen bezogen sich die Urteilsbegründungen auf den Grenzdienst oder auf versuchte oder erfolgte Fluchten.[31] Insgesamt 43 Suizide in den DDR-Grenztruppen mit dienstlichem Hintergrund, die in einem Kapitel dieses Handbuches enthalten sind, müssen nach Auffassung der Herausgeber dieses biografischen Handbuches ebenfalls zu den Opfern des DDR-Grenzsystems an der innerdeutschen Grenze gerechnet werden. Demnach fielen unter Berücksichtigung der oben aufgeführten Fallgruppen und der Suizide in den Grenztruppen nach jetzigem Stand insgesamt 327 Personen dem DDR Grenzregime an der innerdeutschen Landgrenze zum Opfer.

Das jüngste aus dem Archivgut ermittelte Todesopfer war ein im Juli 1977 im Kofferraum eines Fluchtfahrzeugs erstickter sechs Monate alter Säugling. Das älteste Todesopfer an der innerdeutschen Grenze war ein 81-jähriger Bauer aus dem niedersächsischen Landkreis Lüchow-Dannenberg, der im Juni 1967 irrtümlich in ein Minenfeld geriet. Landminen rissen ihm beide Beine ab. Sein Todeskampf dauerte mehr als drei Stunden. Er verblutete unter den Augen eines DDR-Regimentsarztes, der sich nicht in den verminten Grenzstreifen wagte. Der sozialen Zusammensetzung nach handelt es sich bei den Opfern des DDR-Grenzregimes überwiegend um junge Arbeiter, Bauern und Handwerker. Etwa 50 Prozent davon gehörten zur Altersgruppe zwischen 18 und 25 Jahren, weitere rund 30 Prozent zur Altersgruppe zwischen 25 und 35 Jahren. Auch 19 Kinder und Jugendliche unter 18 Jahren fielen dem DDR-Grenzregime zum Opfer.

---

31 Die Hauptmilitärstaatsanwaltschaft der Russischen Föderation hob zwischen 1999 und 2001 die Todesurteile gegen die 9 in Moskau erschossenen DDR-Grenzpolizisten und den bayerischen Zollbeamten auf und rehabilitierte die Betroffenen als Opfer politischer Unrechtsurteile der stalinistischen Justiz. Siehe Roginskij, Arsenij u. a: „Erschossen in Moskau ...". Die deutschen Opfer des Stalinismus auf dem Moskauer Friedhof Donskoje 1950–1953. Berlin 2008.

Unter den an der innerdeutschen Grenze ums Leben gekommenen Zivilisten lag der Frauenanteil bei etwas über zehn Prozent. Die Auswertung der NSDAP-Kartei für die Jahrgänge der vor 1926 geborenen Todesopfer an der innerdeutschen Grenze widerlegt für diese Gruppe die Behauptung der SED-Propaganda, unter den „Republikflüchtigen" der frühen Jahre hätten sich zahlreiche ehemalige NS-Funktionäre befunden. Unter den 13 festgestellten ehemaligen NSDAP-Mitgliedern befand sich keine Person, die in der Nazi-Partei eine herausgehobene Funktion bekleidet hätte.

Im Zuge der Recherchen im Meldungsaufkommen der Grenztruppen und des MfS stieß das Forschungsteam auch auf 454 Todesfälle in den DDR-Grenztruppen, die in keinem Zusammenhang mit Fahnenfluchten standen. Von diesen namentlich und hinsichtlich der Todesumstände erfassten Grenzsoldaten starben mindestens 111 durch Schusswaffenunfälle, 203 durch Suizide und 88 durch Unfälle im Dienst. Diese Zahlenangaben sind unvollständig, da das Forschungsteam nicht sämtliche Tagesmeldungen der Grenztruppen und nicht alle Meldungen des MfS auswerten konnte, sondern nur die Überlieferungen monatsweise durchgesehen hat, in denen zusätzliche Angaben zu bereits festgestellten gescheiterten Fluchten und unnatürlichen Todesfällen im Grenzraum zu vermuten waren.

Quellenkritische Hinweise

Die Inhalte der ausgewerteten Überlieferungen der SED, der DDR-Grenztruppen, des MfS, der Polizei und der DDR-Justiz bewegen sich, was die Zwischenfälle an der DDR-Grenze betrifft, im Spannungsfeld von sachlicher Präzision und einer ideologisch geprägten Weltsicht, die das Geschehen oft verzerrt bzw. den damals geltenden Vorschriften anpasst. Dies hat auch eine persönlichkeitsrechtliche Dimension, da sich die Angehörigen von Todesopfern zu Recht gegen die Veröffentlichung von Informationen aus dem Privatleben, Diffamierungen und moralischen Herabsetzungen aussprechen. Das Forschungsteam hat die Darstellung von Ereignissen und Personen aus DDR-Überlieferungen anhand von komplementären Überlieferungen aus Unterlagen westlicher Dienststellen sowie aus den Polizei- und Justizakten aus den 1990er Jahren und nach Hinweisen von Verwandten und Zeitzeugen quellenkritisch überprüft. Allerdings können quellenkritische Hinweise in den Biografien nicht nach jedem Satz und jedem Sachverhalt neuerlich erfolgen. Die in den DDR-Überlieferungen vielfach enthaltenen Diffamierungen von Opfern des DDR-Grenzregimes, ihre nachträgliche Kriminalisierung und moralischen Herabsetzungen blieben für die Niederschriften der Biografien dieses Handbuchs ohne Belang.

Die Enquete-Kommission des Deutschen Bundestages (12. Wahlperiode) zur „Aufarbeitung von Geschichte und Folgen der SED-Diktatur in Deutschland" bewertete in ihrem Abschlussbericht grundsätzlich die „Qualität und Aussagefähigkeit von Unterlagen des MfS" folgendermaßen: „Es wäre verfehlt anzunehmen, daß das MfS seine Informationsgewinnung grobschlächtig oder naiv vorgenommen hat. Es ist vielmehr bemüht gewesen, verfälschende Faktoren möglichst auszuschalten, weil diese die Effizienz der eigenen Tätigkeit gefährdeten. Das MfS führte eine permanente Bewertung, Kontrolle und Überprüfung seiner eigenen Informationserhebung durch, betrieb also selbst eine Art ‚Quellenkritik'. Hierzu bestanden Festlegungen in den dienstlichen Bestimmungen zur operativen Arbeit sowie zur Informations- und Auswertungstätigkeit, die in entsprechenden, zur Schulung der hauptamtlichen Mitarbeiter verwendeten Materialien erläutert und bekräftigt wurden. [...] Selbstverständlich sind die im MfS geltenden Normen nicht mit der Praxis gleichzusetzen. Wie in allen Apparaten gab es auch hier Abweichungen und vereinzelt regelrechte Verstöße gegen die geltenden dienstlichen Bestimmungen."[32] Grundsätzlich gilt, dass die Geheimdokumente diktatorischer Systeme von einer eindimensionalen Weltsicht geprägt sind und ein ideologisch verzerrtes Bild der real existierenden Verhältnisse enthalten.

Der britische Historiker Timothy Garton Ash schrieb nach Abschluss seiner vielbeachteten Arbeit über das Ende der deutschen und europäischen Teilung[33] in einem Essay über die SED- und MfS-Unterlagen: „Es stimmt nicht, was so oft behauptet wird: daß diese Akten so korrumpiert seien, daß man auf ihrer Grundlage keine zuverlässige Geschichte schreiben könne. Das Material muß mit besonderer Sorgfalt beurteilt werden. Der Text muß in seinem historischen Umfeld gelesen werden. Die Interpretation bedarf sowohl intellektueller Distanz als auch der grundlegend wichtigen imaginativen Sympathie mit allen beteiligten Männern und Frauen, selbst den Unterdrückern. Aber wenn man diese alten vertrauten Disziplinen nutzt, dann läßt sich Wahrheit finden. Keine absolute Wahrheit mit einem großen ‚W', aber doch eine reale und wichtige Wahrheit."[34]

Eine teilungsbedingt einseitige Sicht auf das Geschehen an der innerdeutschen Grenze lässt sich auch für die bundesdeutsche Überlieferung des Zolls, des Bundesgrenzschutzes, der Polizei und Staatsanwaltschaften feststellen. Oft waren diese Behörden auf Aussagen von Reisenden und Übersiedlern bzw. Flüchtlingen angewiesen, machten aus der Ferne Fehlbeobachtungen oder erlagen der Täuschung von Scheinhandlungen durch die DDR-Grenztruppen. Deshalb war zusätzlich zum Vergleich der DDR mit der westdeutschen Überlieferung die Überprüfung von bundesdeutschen Meldungen über Tote an der innerdeutschen Grenze anhand der Tagesrapporte der Grenzpolizei bzw. der Grenztruppen der DDR erforderlich. Einfache Auflösungen sind aber auch hier selten. Beispielsweise erklärten am 24. August 1965 drei 14-jährige Schüler, die durch die Elbe ans niedersächsische Ufer geschwommen waren, den Zollbeamten aus Lüneburg, dass ein weiterer Junge ertrunken sein könne. Er sei zwar zunächst aus Angst am Ufer zurückgeblieben, kurz darauf habe er es womöglich aber doch probiert. Die Vermutung schien bestätigt, als zwei Tage später beobachtet wurde, wie Angehörige der Grenztruppe unweit jener Stelle, von der aus die Kinder losgeschwommen waren, eine Leiche geborgen wurde. Als ein Mann und eine Frau zum Fundort kamen und die Leiche in Augenschein nahmen, zog der Zoll den Schluss, dass es sich hierbei um die Eltern des vermissten Jungen handeln müsse.[35] Den DDR-Grenzern bot sich offensichtlich ein ganz anderes Bild. In den Tagesmeldungen der Grenztruppen wird festgehalten, dass es sich bei der aus der Elbe geborgenen Leiche um einen vor zwei oder drei Monaten ertrunkenen Mann aus Westdeutschland handeln müsse. In der Geldbörse des Toten wurde zwar kein Ausweis, jedoch Westgeld gefunden. Er war mit einen Arbeitsanzug bekleidet, dessen Kragen die Aufschrift

---

32 Enquete-Kommission des Bundestages „Aufarbeitung von Geschichte und Folgen der SED-Diktatur in Deutschland", Bd. I, S. 636 f.
33 Garton Ash, Timothy: Im Namen Europas. Deutschland und der geteilte Kontinent. Frankfurt am Main 1996.
34 Garton Ash, Timothy: Diktatur und Wahrheit. Die Suche nach Gerechtigkeit und die Politik der Erinnerung. In: Lettre international 40 (1998), S. 16.
35 Zentrale Erfassungsstelle der Landesjustizverwaltungen in Salzgitter: Bericht des Hauptzollamtes Lüneburg vom 22.9.1965. NLA Hannover, Nds. 220 Acc. 12/75 Nr. 8/4.

„Captain" trug.[36] Aus dem Bericht des Hauptzollamtes Lüneburg spricht aber auch einfache Unkenntnis der DDR-Verhältnisse, denn es ist kein Fall überliefert, in dem die Eltern von Todesopfern in das Grenzgebiet gebracht wurden, um sich ein eigenes Bild über den tödlich gescheiterten Fluchtversuch zu machen.

Vielversprechender sind dagegen die Unterlagen der Zentralen Ermittlungsstelle für Regierungs- und Vereinigungskriminalität (ZERV) beim Berliner Polizeipräsidium. Die Ermittler trugen hier Ost- und Westüberlieferungen zusammen und bemühten sich durch die Befragung von Tatzeugen und Beschuldigten das Tatgeschehen möglichst objektiv und unanfechtbar zu rekonstruieren. Die zeitgenössischen Berichte des MfS und der Grenztruppen wurden dabei oft von den Beschuldigten nachträglich in Zweifel gezogen, beispielsweise durch die Aussage, eine absichtliche Fluchtverhinderung nach der Tat fälschlicherweise gegenüber den Vorgesetzten behauptet zu haben, um sich Vorteile zu verschaffen. Tatsächlich sei der Tod des Flüchtlings ein Unfall oder eine unglückliche Verkettung der Umstände gewesen.[37] Inwiefern dies Schutzbehauptungen sind oder die DDR-Überlieferung doch stärker als angenommen die Fiktion „geordneter Abläufe" aus der Sicht ihrer Institutionen vermittelt, war für die ermittelnden Beamten der ZERV oft selbst im Einzelfall kaum zu entscheiden. Abgesehen von der defizitären Erfassung in Verzeichnissen wurde bei der Durchsicht der Akten auch deutlich, dass sich die Fragestellung des Forschungsprojektes von jener der ZERV unterscheidet. Dem Forschungsteam ging es um die Rekonstruktion der Biografien von Todesopfern, die Beamten der ZERV aber hatten den Auftrag, die strafrechtliche Relevanz der Handlungen von Tatbeschuldigten zu klären. Deswegen enthalten ihre Aktenüberlieferungen zahlreiche Angaben über die Tatbeschuldigten und nur wenige über die zu Tode gekommenen Menschen. Die Biografien in diesem Handbuch konzentrieren sich auf das Leben, die Fluchtmotive und schließlich den gescheiterten Fluchtversuch der Todesopfer. Auf die Aussagen und die Biografien der Tatbeschuldigten gehen die Darstellungen nur insoweit ein, als sie den Tathergang und den weiteren juristischen Umgang mit den Tätern darzustellen versuchen. Durch diese Schwerpunktsetzung soll der Charakter des Gedenkens an die Opfer des DDR-Grenzregimes gewahrt bleiben.

Eine weitere Problematik ergab sich bei der Berücksichtigung der Erinnerungen von Familienangehörigen. Diese waren durch das Fluchtgeschehen gleich zweifach betroffen. Zum einen mussten sie den Verlust eines nahen Menschen verkraften, ohne einen Rahmen für ihre Trauer zu haben, denn vielfach wurden sie nach den Zwischenfällen an der Grenze selbst vom Staatssicherheitsdienst vernommen und observiert. Das MfS machte den Hinterbliebenen oft genaue Vorgaben hinsichtlich des Ablaufs der Beerdigung. Nicht selten ordnete die Stasi auch noch an, wann die Beerdigung stattzufinden hatte. Es gab strenge Auflagen für den Inhalt der Todesanzeigen, die nie den tatsächlichen Sachverhalt der Todesumstände enthalten durften. Gelder aus Lebensversicherungen wurden nicht ausgezahlt, Eigentum der Todesopfer nicht vollständig der den Familien übergeben. Familienangehörige sahen sich also vielfachen Schikanen und Sanktionen ausgesetzt. Zum anderen sollten sie akzeptieren, dass der Ehemann, der eigene Vater oder Sohn unvermittelt die Familie verlassen wollte, um

---

36 Grenztruppen der DDR/Abteilg. Operativ: Tagesmeldung Nr. 239/65, 25.8.1965 bis 26.8.1965. BArch Freiburg, DVH 32/112591.
37 Siehe beispielsweise die Biografien von Hans-Georg Lemme und Hans-Joachim Damm in diesem Band.

in der Bundesrepublik sein Glück zu suchen. Hieraus entstanden Unsicherheiten über die Biografie des Verstorbenen, die sich seit der Öffnung der MfS-Unterlagen mitunter noch verstärkten. Ein Geschehen, welches das MfS als Fluchtversuch qualifizierte, kann in der Erinnerung der Familienangehörigen als Unfall oder Verbrechen überliefert sein. Die Darstellungen in diesem Handbuch berücksichtigen diesen Umstand, indem in einigen Fällen offen gelassen wird, aus welchen Gründen die späteren Todesopfer sich in das Grenzgebiet begaben. Leerstellen in der Überlieferung werden in diesen Fällen benannt und nicht durch implizite Mutmaßungen ausgeglichen.[38]

Editorischer Hinweis

In dem ausgewerteten Quellenmaterial, zumeist unveröffentlichtes Schriftgut, fanden sich immer wieder geringfügige orthografische Fehler. Das galt insbesondere für Eigennamen, die aus den Grenztruppen oder von MfS-Dienststellen phonetisch übermittelt wurden. Diese Fehler wurden in Zitaten entweder stillschweigend korrigiert, oder mit [sic] gekennzeichnet. Abkürzungen in Zitaten – wie etwa „pol.-ideol." (politisch-ideologisch) – sind gleichfalls um der besseren Lesbarkeit willen ausgeschrieben. Dagegen ist die gelegentlich recht eigenwillige Interpunktion belassen worden, um nicht eventuell nachträglich Sinnveränderungen vorzunehmen. Auslassungen und erläuternde Ergänzungen in Zitaten sind in eckige Klammern gesetzt.

Im vorliegenden Band erfolgte eine Initialisierung der Nachnamen Tatbeteiligter, die noch nicht verstorben sind, sofern sie nicht absolute oder relative Personen der Zeitgeschichte sind. Ebenso sind Namen von beteiligten und unbeteiligten Dritten teilanonymisiert, sofern sie nicht absolute oder relative Personen der Zeitgeschichte sind.

Am Ende jedes Eintrages werden die Kürzel der Mitarbeiterinnen und Mitarbeiter aufgeführt, die an den Recherchen beteiligt waren sowie die Autorinnen und Autoren der Biografie. Aufschlüsselung der Recherche- und Autorenhinweise: App.: Stefan Appelius; AN: Andreas Neumann; ES: Enrico Seewald; EZ: Erik Zurth; glz: Jan Gülzau; jk: Jan Kostka; jos.: Jochen Staadt; kt: Karin Toben; LH: Lisa Herbst; MP: Mandy Palme; MS: Mathilde Schäfer; ST: Sophia Trier; St.A.: Steffen Alisch; Sf: Stefan Seefelder; TP: Tilman Peters; US: Uta Schulz.

Das Erstlektorat der Biografien in diesem Band führte Yvonne Maaß aus, das Lektorat des Handbuches Ariane Mohl. Die chronologische Übersicht zu den Todesopfern im Anhang erstellten Conny Rubach und Uta Schulz.

Jochen Staadt, Jan Kostka, unter Mitarbeit von Uta Schulz

---

38 Siehe beispielsweise die Biografien von Jürgen Kleesattl und Manfred Hube in diesem Band.

Biografien der Todesopfer im innerdeutschen Grenzgebiet 1949–1989

Karl Sommer

geboren am 25. März 1906 in Steinach
erschossen am 16. Oktober 1949
Ort des Zwischenfalls: Meilschnitz (Bayern)

Karl Gustav Sommer wurde in Steinach, Kreis Sonneberg, in Thüringen geboren. Wie sein Vater erlernte auch er den traditionellen Beruf des Griffelmachers. Heute informiert das Steinacher Schiefermuseum mit einer nachgebauten Griffelmacherhütte über die damals für das Schreiben auf Schiefertafeln unentbehrlichen Griffel. Karl Sommer gehörte der evangelischen Glaubensgemeinschaft an und heiratete im März 1929 seine Frau Frieda. Zuletzt wohnte die Familie mit zwei Kindern im Alter von zwölf und sechzehn Jahren in Haselbach, einer thüringischen Gemeinde im Altenburger Land. Für den 43-Jährigen gehörte es vermutlich zum Alltag, aus der sowjetischen Besatzungszone in die Westzone nach Bayern zu reisen, um dort Glaserzeugnisse gegen stets knappe Lebensmittel zu tauschen.

Am 16. Oktober 1949, nur ein paar Tage nach der DDR-Gründung, fand eine solche Tauschfahrt ein schreckliches Ende. Acht Grenzgänger verabredeten sich für eine Tour am 15. Oktober 1949. Jeder von ihnen trug einen Rucksack, gefüllt mit dem beliebten Thüringer Christbaumschmuck bei sich. Die Gruppe gelangte von Steinach über Mönchröden nach Oeslau. Am Sonntag früh, gegen 2 Uhr, erreichte sie die Grenze östlich der Straße von Meilschnitz nach Effelder. Durch die ihm schon aus Kindertagen vertrauten heimatlichen Gefilde in der Nähe von Steinach überquerte Karl Sommer die innerdeutsche Demarkationslinie von Ost nach West in Richtung des bayerischen Dorfes Meilschnitz. Zu dieser Zeit standen noch keine Warnschilder an der Grenze, Zaun oder Schlagbäume gab es auch noch nicht. Für den gemeinsamen Rückweg verabredeten sich die Grenzgänger für Sonntagmittag, bis dahin sollten alle mitgeführten Waren verkauft oder eingetauscht sein. Gegen 17.30 Uhr entdeckten zwei DDR-Grenzpolizisten des Kommandos Effelder die Gruppe, die bereits auf dem Heimweg in die DDR war, noch auf bayerischem Gebiet und forderten sie auf, sofort stehenzubleiben. Daraufhin suchten die Grenzgänger im Unterholz des Waldes Deckung. Die Grenzpolizisten nahmen ihre Verfolgung auf und gaben nach weiteren Rufen insgesamt vier Warnschüsse ab. Die Grenzgänger versuchten, sich im Wald entlang der Demarkationslinie in Sicherheit zu bringen. Nun schoss einer der Verfolger gezielt in das Unterholz, aus dem er Geräusche vernommen hatte. Unmittelbar danach rief dort jemand um Hilfe. Als der DDR-Grenzpolizist, Wachtmeister L., sich dorthin begab, fand er einen Verletzten, dessen Oberschenkel durchschossen war. Wachtmeister L. leistete Erste Hilfe. Unter den Grenzgängern befand sich auch der Neffe Karl Sommers, der ebenfalls vergeblich versuchte, die Wunde seines Onkels abzudrücken. Der Verletzte verlor unterdessen das Bewusstsein, er hatte bereits viel Blut verloren. Die anderen Grenzgänger aus der Gruppe näherten sich ebenfalls der Unglücksstelle. Von den Grenzpolizisten aufgefordert, den Verletzten auf die Ostseite zu transportieren, hatten sie sich mit Holzknüppeln bewaffnet und forderten Wachtmeister L. drohend auf zu verschwinden. Als dann auch noch zwei bayerische Grenzpolizisten und zwei amerikanische Soldaten herankamen, trat Wachtmeister L. vorsichtshalber einige Schritte zurück. Der nach etwa 20 Minuten eintreffende Arzt stellte bei Karl Sommer noch Lebenszeichen fest. Kurz entschlossen transportierte der Arzt den Verletzten mit seinem Fahrzeug nach Neustadt ins Krankenhaus. Noch auf dem Weg dorthin erlag er jedoch seinen schweren Verletzungen. Die Kugel hatte die große Schlagader des rechten Oberschenkels getroffen und zur Verblutung geführt. Zwei Tage später wurde Sommers Leichnam zur Beerdigung nach Haselbach überführt. Karl Sommer zählt zu den ersten Todesopfern an der innerdeutschen Grenze.

Die in den 1990er Jahren angestrengten Ermittlungen wurden eingestellt, da der damals 17-jährige Schütze bereits verstorben war. Einer der Grenzgänger erinnerte sich in seiner Vernehmung daran, dass es in dieser Zeit „ums nackte Überleben [ging]. Wir waren uns der Gefährlichkeit des illegalen Grenzübertritts bewußt, aber es war die einzige Möglichkeit, nach dem Kriege zu überleben." (Recherche: jk, MP; Autorin: MP)

Quellen:
DGP: Berichte und Meldungen über Schußwaffengebrauch 1949–1953. BArch Freiburg, DVH 27/130291.

Bayerisches Staatsministerium des Innern: Veröffentlichung über kommunistische Gewaltverbrechen an der Demarkationslinie, o. Dt. BArch Koblenz, B 137/6429.

StA bei dem KG Berlin: Ermittlungsverfahren in der Strafsache z. N. Karl Sommer. LAB, D Rep. 120–02, Acc. 8346 Az. 25 Js 33/99.

Otto Machold

geboren am 25. Dezember 1888 in Oelze

erschossen am 23. Oktober 1949

Ort des Zwischenfalls: zwischen Hasenthal und Tettau (Thüringen)

Durch das unwegsame, dichtbewaldete Gelände zwischen Hasenthal am Rennsteig und dem oberfränkischen Tettau führte nur ein Fußpfad, der Tettauer Steg. Am Abend des 22. Oktober 1949 verabschiedete sich der 60-jährige Schuhmachermeister Otto Hermann Edwin Hildebert Machold von seiner Frau Luise und begab sich auf diesen etwa fünf Kilometer langen Weg. Er wollte für seinen Oelzener Handwerksbetrieb Arbeitsmaterialen beschaffen und hatte als Tauschware Christbaumkugeln eingepackt.

Auch der Grenzpolizei war bekannt, dass der Tettauer Steg von Grenzgängern genutzt wurde. Günther T. und Adalbert B. richteten deshalb bei ihrem Streifengang besondere Aufmerksamkeit auf diesen Pfad. Als sie gegen 19 Uhr, von einer Querstraße kommend, einen Mann mit zwei Rucksäcken bemerkten, stand für sie fest, dass hier ein „illegaler Grenzverletzer" unterwegs war. Als sie ihn anriefen, lief Otto Machold weiter in Richtung der Grenze, die nur noch 110 Meter entfernt war. Nach zwei erfolglosen Warnschüssen feuerte Adalbert B. gezielt auf den Flüchtenden. Dann vernahmen sie keine Bewegungen mehr. Die beiden Grenzpolizisten fanden den Mann schließlich im Dickicht auf dem Bauch liegend. Nur mit ihrer Unterstützung konnte er noch aufstehen. „Ihr habt mich getroffen", sagte er. Günther T. tastete den Mann ab, bemerkte aber im Dunkeln die Verletzung des Festgenommenen auf der linken Brustseite nicht. Die Grenzpolizisten feuerten daraufhin Signalpatronen ab, um Hilfe herbeizurufen. Da keine Reaktion folgte, griffen sie Otto Machold unter die Arme und machten sich zu Fuß auf den Weg zurück zum Kommando. Später kam ihnen eine Streife entgegen, die Otto Machold zum Kommando brachte. Dort erst stellte ein Sanitäter fest, dass der Festgenommene einen Brustdurchschuss erlitten hatte. Man brachte ihn nach der Erstversorgung ins Krankenhaus Gräfenthal. Am Morgen des nächsten Tages starb Otto Machold um 6.30 Uhr. Seine Beisetzung erfolgte in seinem Heimatort Oelze.

Der Schütze Adalbert B. ist 1972 verstorben. Das Ermittlungsverfahren der Berliner Staatsanwaltschaft gegen Günther T. wurde 1995 eingestellt, weil dem ehemaligen Grenzpolizisten kein direkter oder bedingter Tötungsvorsatz nachgewiesen werden konnte. Er habe „im Vertrauen auf die Rechtsgültigkeit der damaligen Befehlslage" gehandelt. (Recherche: jk, MP; Autor: jk)

Quellen:
Standesamt Gräfenthal: Sterbefallanzeige Nr. 58/1949. Kreisarchiv Sonneberg.
ZERV: Strafsache wegen Totschlags, z. N. von Otto Machold. LAB, D Rep. 120–02, Acc. 8346, StA KG Berlin, 2 Js 1152/92.

Gerhard Domeyer

geboren am 17. Mai 1928 in Ellrich

erschossen am 31. Oktober 1949

Ort des Zwischenfalls: Ellrich (Thüringen)

Laut einem Bericht der Grenzpolizei waren die Streifen des Kommandos Ellrich-Ziegelei am 31. Oktober 1949 unterbesetzt. Eine Streife musste kurz nach 14 Uhr das Gebiet ihrer Nachbarposten übernehmen, weil diese festgenommene Grenzgänger nach Gudersleben brachten. Zu diesem Zweck teilten die zwei Grenzpolizisten ihr Streifengebiet auf. Volkspolizeianwärter H. übernahm das Gelände des ehemaligen KZ-Außenlagers Ellrich-Juliushütte, das zum Teil im Westen, zum Teil auf DDR-Gebiet lag. Dieses Areal, zu dem das Gelände der Chemiefabrik Juliushütte gehörte, galt als „Schwerpunkt für illegale Grenzgänger". Schon bald bemerkte der Grenzpolizist zwei Männer, die aus Niedersachsen zurückkehrten. Er forderte sie auf stehenzubleiben und gab einen Warnschuss ab, doch sie konnten zurück in den Westen entkommen. Bei zwei Radfahrern hatte er mehr Erfolg. Er nahm sie fest und führte sie über das ehemalige Fabrikgelände ab. Plötzlich bemerkte er 150 Meter entfernt drei Personen auf der Straße Am Burgberg. Er glaubte, dass es sich um die Grenzgänger handele, die zuvor geflüchtet waren. Der Volkspolizist rief ihnen zu, sie sollen stehen bleiben, pfiff auf seiner Signalpfeife und gab schließlich einen gezielten Schuss ab. Doch wieder schienen sie zu entkommen und hinter einem Bretterzaun Schutz zu finden. Er wollte mit den festgenommenen Radfahrern schon weitergehen, da hörte er jemand rufen, ein Mensch sei angeschossen worden. H. lief zur Straße hinüber und fand dort den 21-jährigen Gerhard Willy Domeyer sterbend auf dem Boden vor. Der ledige Sattler stammte aus Ellrich. Ein herbeigerufener Arzt konnte nur noch seinen Tod feststellen. Er war nach einem Brustdurchschuss verblutet.

In Horst Grundlachs Buch *Die deutsch-deutsche Grenze 1945–1990* heißt es, Gerhard Domeyer aus Ellrich habe mit zwei Freunden einen Ausflug über die Grenze unternommen. Da die beiden Freunde bei der SAG Wismut arbeiteten, wollten sie sich auf keinen Fall von der Grenzpolizei festnehmen lassen. Ein Besuch in der Bundesrepublik hätte sie leicht der Spionage verdächtig gemacht. Deshalb seien sie fortgelaufen, als der Grenzpolizist sie aufforderte stehenzubleiben.

Gerhard Domeyer wurde in Ellrich beerdigt. Der Schütze H. musste sich vor dem Kommandeur der Grenzbereitschaft Ellrich verantworten. Es widersprach der Dienstanweisung, sich von seinem Kameraden zu trennen, auch hatte er es unterlassen, vorschriftsmäßig einen Warnschuss abzugeben. Außerdem lag eine Gefährdung von Zivilpersonen vor, da H. seinen Schuss in Richtung bewohnter Häuser abgegeben hatte. Trotz dieses Fehlverhaltens folgten keine strafrechtlichen Konsequenzen für den Schützen. (Recherche: jk, MP, St.A.; Autor: jk)

Quellen:

Ministerium des Innern, Landesbehörde der V.P., Abt. Grepo: Tötung eines illegalen Grenzgängers durch Schußwaffengebrauch beim Kdo. Ellrich-Ziegelei, Kdtr. Gudersleben, Grenzpolizeibereitschaft Ellrich. Weimar, 3.11.1949. BArch Freiburg, DVH 27/130291.

Standesamt Ellrich: Sterbefall Nr. 50/1949. Kreisarchiv Nordhausen.

Mitteilung der Stadtverwaltung Ellrich, Abt. Standesamt vom 19.04.2016.

Gundlach, Horst: Die deutsch-deutsche Grenze 1945–1990. Eine Dokumentation der Ereignisse im Südharz. Bad Langensalza 2014, S. 68 f.

Kurt Zimmermann

geboren am 14. Januar 1913 in Hohendorf

erschossen am 8. Dezember 1949

Ort des Zwischenfalls: zwischen Großensee (Thüringen) und Hönebach (Hessen)

Der Kraftfahrzeugmeister Kurt Zimmermann arbeitete während des Zweiten Weltkriegs für die Adam Opel AG in Rüsselsheim. In der Nachkriegszeit lebte er wieder mit seiner Frau und zwei kleinen Kindern in Zeulenroda (Thüringen). Dort fand er zumindest zeitweise Beschäftigung in einer Buchdruckerei. Mit dieser Tätigkeit war er aber unzufrieden. Deswegen bewarb er sich erfolgreich bei seinem früheren Arbeitgeber Opel-Rüsselsheim. Die Opel-Werke sagten ihm eine Einstellung in seiner alten Stellung als Abnahmeingenieur zu. Da er aber keinen Interzonenpass besaß, wollte er im Dezember 1949 die innerdeutsche Grenze heimlich überschreiten. Wie seine Tochter Ingrid 1971 gegenüber dem Hessischen Landeskriminalamt aussagte, führte ihn dabei ein Schleuser.

Der 21-jährige Grenzpolizist Emil Günter K., der seit dem Frühjahr 1949 der Deutschen Volkspolizei angehörte, war am 8. Dezember 1949 gemeinsam mit seinem Postenführer als Grenzstreife im Gebiet zwischen Großensee (Thüringen) und Hönebach (Hessen) im Einsatz. Nachdem er sich von seinem Postenführer getrennt hatte, entdeckte er gegen 15.30 Uhr von der Hauptstraße zwischen Hönebach und Großensee aus, in einer Entfernung von etwa 150 Metern, eine Person, die sich im Laufschritt in Richtung Grenze bewegte. Wie Emil Günter K. 1997 vor dem Landgericht Mühlhausen aussagte, habe er dem Mann zugerufen stehenzubleiben und anschließend einen Warnschuss abgegeben. Doch der Flüchtende sei sogar noch schneller und in gebückter Haltung weitergelaufen. K. lud seinen Karabiner nach und gab stehend einen zweiten Schuss ab, der den Flüchtenden von hinten traf. Als der Grenzpolizist den zu Boden gestürzten Mann erreichte, soll dieser noch gestöhnt haben, „jetzt hast Du mich erschossen", bevor er seinen Verletzungen erlag. Zimmermanns Sterbeurkunde enthält zur Todesursache die Angabe: „Tangentialschuß des Brustkorbes".

Die damals siebenjährige Tochter Zimmermanns erinnerte sich später, dass die Familie noch am Nachmittag durch den Schleuser vom Tod ihres Vaters erfuhr. Dieser habe berichtet, es sei unerwartet auf Zimmermann und ihn geschossen worden. Eine zweite Kugel sei nur knapp an seinem Kopf vorbeigeflogen. Die Leiche ihres Vaters wurde nach der Erinnerung seiner Tochter zur Familie gebracht. An eine augenscheinliche Verletzung konnte sie sich nicht erinnern. Die Beisetzung fand am 13. Dezember 1949 im thüringischen Pöllwitz statt, dem Heimatort der Eltern Zimmermanns. Da er bis dahin den Unterhalt der Familie bestritten hatte, kämpften die Hinterbliebenen mit erheblichen finanziellen Problemen. Nachdem die Nachricht über Zimmermanns Tod die Adam Opel AG erreicht hatte, drückte die Firma den Angehörigen ihre Anteilnahme aus. In dem Beileidsschreiben heißt es, Kurt Zimmermann sei „nicht nur ein hervorragender Fachmann auf seinem Gebiet, sondern ein ebenso hervorragender Mensch" gewesen und habe in den Opel-Werken viele Freunde gehabt.

Emil Günter K. verteidigte sich 1997 in einem Verfahren vor dem Landgericht Mühlhausen mit der Behauptung, er habe den flüchtenden Kurt Zimmermann nicht töten wollen, sondern unmittelbar vor dessen Füße gezielt. Er gab vor Gericht an, er habe bei einem seiner ersten Einsätze an der Grenze auf einen Grenzgänger nicht gezielt geschossen, sondern lediglich einen Warnschuss abgegeben und habe deswegen von seinen Vorgesetzten eine Rüge erhalten und den Befehl, illegale Grenzüberschreitungen unbedingt zu verhindern, gegebenenfalls auch durch einen gezielten Schuss. Emil Günter K. schied im Frühjahr 1950 auf eigenen Wunsch aus dem Grenzpolizeidienst aus, weil ihn der Tod Kurt Zimmermanns nach eigenen Angaben „psychisch stark belastete". Im Mai 1997 verurteilte ihn das Landgericht Mühlhausen wegen Totschlags zu einer Bewährungsstrafe von einem Jahr und drei Monaten. Außerdem musste er 1 200 DM an den Arbeitskreis Grenzinformation e. V. in Bad Sooden-Allendorf zahlen. (Recherche: MP, St.A.; Redaktion: jos.)

Quellen:

Kommando der DGP, Abteilung Operativ: GB: Berichte und Meldungen über den Schusswaffengebrauch 1949–1953. BArch Freiburg, Pt 7664.

StA Erfurt: Ermittlungsverfahren wegen Totschlags, ThHStA Weimar, StA Erfurt 9568–9576.

StA Erfurt: Anklage vom 29. Juli 1996; LG Mühlhausen: Urteil vom 6. Mai 1997, 570 Js 96501/96–1 Ks. Sammlung Marxen/Werle, Humboldt-Universität Berlin.

Emil Rakau

geboren am 22. Juni 1905 in Königsberg/Ostpreußen
(heute: Kaliningrad, Russland)

erschossen am 10. Dezember 1949

Ort des Zwischenfalls: Bischhagen (Thüringen)

Emil Rakau kam in Königsberg (heute: Kaliningrad) in Ostpreußen zur Welt. Zuletzt lebte er zusammen mit seiner Ehefrau Gertrud im hessischen Weißenborn. Vermutlich unternahm er regelmäßig die zu dieser Zeit üblichen Grenzübertritte, um Schwarzmarktgeschäfte zu machen. Am späten Nachmittag des 10. Dezember 1949 entdeckte ihn ein sowjetischer Posten vom Grenzkommando Bischhagen nach der Grenzüberquerung von West nach Ost und nahm ihn fest. Anschließend wurde der 44-Jährige zur sowjetischen Dienststelle nach Bischhagen abgeführt. Dort gelang es ihm ohne Werkzeug, den Fensterrahmen herauszubrechen und aus dem Haftraum zu entkommen. Dies bemerkte allerdings ein Wachposten, der mehrere Schüsse auf den Flüchtenden abgab. Emil Rakau erlag noch am Ort des Geschehens seinen Verletzungen. Sein Sterbeeintrag weist als Todesursache „9 Steckschüsse" aus. (Recherche: MP, US; Autorin: MP)

Quellen:

DGP: Berichte und Meldungen über Schußwaffengebrauch 1949–1953. BArch Freiburg, DVH 27/130291.

Verwaltungsgemeinschaft Leinetal, Standesamt Bodenrode-Westhausen: Sterbeeintrag Emil Rakau.

Otto Kirchberg

geboren am 14. Oktober 1903 in Druxberge

verstorben nach Schussverletzung am 23. Dezember 1949

Ort des Zwischenfalls: Walbeck, nahe Seggerde (Sachsen-Anhalt)

Der Arbeiter Hermann Otto Kirchberg wurde am 14. Oktober 1903 in Druxberge, einem Ortsteil der Gemeinde Eilsleben, im Landkreis Börde geboren. Vermutlich überquerte er kurz vor dem Weihnachtsfest 1949 die DDR-Grenze, um Lebensmittel oder Geschenke im Westen zu besorgen. Das war zu dieser Zeit üblich und gehörte zum Alltag im Grenzgebiet.

In den Nachmittagsstunden des 21. Dezember 1949 befand sich Otto Kirchberg auf dem Rückweg über die Grenze von West nach Ost. Er war mit einem Fahrrad unterwegs. Eine Grenzstreife entdeckte den 46-Jährigen nahe Walbeck, im Bereich der Kommandantur Seggerde, und forderte ihn auf stehenzubleiben. Vielleicht dachte Otto Kirchberg in diesem Moment, dass er der Festnahme entgehen könnte, wenn er nur schnell genug mit dem Rad fahren würde. Bis zu seinem Heimatort hatte er noch etwa 30 Kilometer zurückzulegen. Die Grenzposten reagierten darauf mit einem Warnschuss, dem ein gezielter Schuss folgte. Otto Kirchberg wurde durch einen Steckschuss in der Leistengegend verletzt. Nachdem er unter schwerem Schock sogleich ins Kreiskrankenhaus Gardelegen überführt wurde, erlag er zwei Tage später, in den Nachmittagsstunden des 23. Dezember 1949, seiner Verletzung.

Erst zwei Jahre zuvor, im März 1947, hatten Otto Kirchberg und seine Frau Frieda geheiratet. Das junge Paar verlebte nur zwei gemeinsame Weihnachtsfeste. Über das traurige Schicksal ihres Ehemannes sprach die Witwe nicht.

Die Ermittlungen der Staatsanwaltschaft in den 1990er Jahren ergaben keine weiterführenden Erkenntnisse. Die für den Tod Otto Kirchbergs verantwortlichen Grenzposten konnten nicht ermittelt werden, sodass das Verfahren eingestellt wurde. (Recherche: jk, LH, MP, US; Autorin: MP)

Quellen:

Standesamt Gardelegen: Sterbeurkunde Nr. 306 vom 24. 12. 1949.

Grenzpolizei Sachsen-Anhalt, Landesregierung Sachsen-Anhalt, MdI, Landesbehörde der Volkspolizei, Abteilung Grenze: Besonderes Vorkommnis im Bereich der Grenzbereitschaft Gardelegen (Schusswaffengebrauch in Ausübung des Dienstes). LASA, MD, Rep. K 14, Nr. 236, Bl. 172.

ZERV: Auswertung „Tote an der innerdeutschen Grenze". LAB D Rep. 120–02, Acc. 8346, Az. 27/2 Js 135/93.

Gespräch Lisa Herbst mit Günther Wagener (Vorsitzender des Heimatvereins Oberes Allertal e. V. Eilsleben) am 20.09.2016.

Joachim Twardowski

geboren am 20. Dezember 1923 in Klein Kottorz,
Oberschlesien (polnisch Kotórz Mały)
erschossen am 2. März 1950
Ort des Zwischenfalls: sächsisch-bayerische Grenze,
Nähe Heinersgrün (Sachsen)

Joachim Twardowski, ein 22-jähriger Flüchtling, stammte aus Kleinkochen, Kreis Oppeln in Oberschlesien, und war von Beruf Tischler. Er lebte kurz vor seinem Tod im Lager Hof-Moschendorf in Bayern. Dort wurde er zuletzt am 1. März 1950 gesehen. Er äußerte die Absicht, zusammen mit einem anderen Lagerbewohner die Grenze in Richtung Osten zu überschreiten.

Tatsächlich beobachteten zwei DDR-Grenzpolizisten Twardowski zusammen mit seinem Begleiter am 2. März an der Straße zwischen Großzöbern und Krebes bei Heinersgrün im Vogtland. Polizeiliche Ermittlungen in den 1990er Jahren ergaben, dass diese beiden VP-Wachtmeister, die gerade einen festgenommenen „Grenzverletzer" zur Volkspolizeiwache Heinersgrün brachten, Twardowski und seinen Begleiter bemerkten, als diese die Straße in Richtung Wald verließen. Nach kurzer Verfolgung blieben beide stehen. Wachtmeister Jörg Schulze forderte sie auf, mit ihm zurück zur Straße zu gehen. Schulze gab gegenüber den Ermittlern in den 1990er Jahren an, es sei dann zu einem Handgemenge zwischen ihm und den beiden Männern gekommen, in dessen Verlauf er zu Boden ging. Er sei in die Nase gebissen und gewürgt worden. Schließlich habe er sich befreien können und nach seinem am Boden liegenden Karabiner gegriffen und ihn entsichert. Beim Aufstehen sei er ausgerutscht und ein Schuss habe sich gelöst, der Twardowski in den Kopf traf. Laut Tagesrapport der DDR-Grenzpolizei vom 4. März 1950 muß Schulz damals angegeben haben, dass die Schussabgabe auf Twardowski gezielt aus vier bis sechs Metern Entfernung erfolgt sei. Zur Diskrepanz zwischen seinen damaligen Einlassungen und den Aussagen bei der polizeilichen Vernehmung in den 1990er Jahren erklärte Schulz, er habe unmittelbar nach dem Geschehen „peinlichen Befragungen" aus dem Weg gehen wollen und deswegen den Anschein eines vorschriftsmäßigen Handelns vorgespiegelt. Genaueres über die tatsächlichen Abläufe wird sich nicht mehr ergründen lassen. Die Ermittler akzeptierten die Darstellung von Schulze und gingen von Notwehr aus, da er selbst lebensgefährlich bedroht worden sei. Nach Angaben der Bayerischen Grenzpolizei erfolgte die Bestattung von Joachim Twardowski in Großzöbern. (Recherche: St.A., TP; Redaktion: jos.)

Quellen:

Staatsanwaltschaft Berlin: Ermittlungsverfahren wegen Totschlag. LAB, D Rep. 120-02, Acc. 8346, Az. 27 Js 16/98.

Gülzau, Jan: Grenzopfer an der sächsisch-bayerischen und sächsisch-tschechischen Grenze in den Jahren 1947–1989. Dresden 2012, S. 20 f.

Johannes Simon

geboren am 23. März 1923 in Schönau (Uder)
gestorben am 5. März 1950 an den Folgen einer Schussverletzung vom 31. Januar 1950
Ort des Zwischenfalls: bei Arenshausen (Thüringen)

Der Kraftfahrer Johannes Simon, ein 26-jähriger Familienvater, besuchte nach dem Feierabend am 31. Januar 1950 eine Gastwirtschaft in Arenshausen. Dort sprach ihn ein junger Mann an und fragte, ob er ihn zum Bahnhof ins nahe gelegene Uder mitnehmen könne. Johannes Simon machte sich gegen 22 Uhr mit seinem Lkw Ford V8 auf den Heimweg nach Schönau (Uder) und nahm den jungen Mann als Beifahrer mit. Dieser hieß Walter U. und kam aus Frankfurt am Main. Er hatte ohne gültige Papiere unbemerkt die Grenze überschritten und wollte zu seinen Eltern nach Delitzsch. Um den Kontrollen der DDR-Grenzpolizei zu entgehen, hatte man ihm geraten, nicht in Arenshausen, sondern erst von Uder aus mit der Bahn zu fahren. Für Johannes Simon war es nichts Ungewöhnliches, jemanden mitzunehmen, die Zigaretten die ihm Walter U. als Dank gab, nahm er gern an.

Gut einen Kilometer hinter dem Ortsausgang von Arenshausen führten die Grenzpolizisten Wachtmeister S. und Joachim F. vom Kommando Rustenfelde zwei Frauen ab, die ebenfalls von der Bundesrepublik aus die Grenze ohne Interzonenausweis überschritten hatten. Als den Grenzpolizisten der Lkw von Johannes Simon entgegenkam, hob einer von ihnen die Hand zum Haltesignal, um das Fahrzeug zu kontrollieren – doch der Wagen fuhr einfach weiter. Daraufhin gab Wachtmeister Joachim F. zuerst einen Warnschuss ab und feuerte anschließend in Richtung des Führerhauses. Ein Schuss traf Johannes Simon in das rechte Gesäß. Blut lief an seinem Bein herab. Er brachte den Lkw nach 20 Metern zum Stehen. Gegenüber den herbeigeeilten Grenzpolizisten klagte er über starke Schmerzen und wollte nach Hause gebracht werden.

Während Wachtmeister S. die festgenommenen Frauen zur Kommandantur nach Arenshausen abführte, stieg Joachim F. zu Simon ins Fahrerhaus und steuerte den Wagen nach Schönau (Uder). Frau Simon wird die Männer erschrocken empfangen haben, als sie ihren Ehemann in die Wohnung hinauftrugen, vielleicht wurde das ein Jahr alte Kind wach. Sofort holte man einen Arzt herbei. Dieser legte zunächst einen Notverband an. Der Verletzte klagte weiterhin über einen brennenden Schmerz in der rechten Gesäßhälfte. Außerdem konnte er das rechte Bein im Hüft- und Kniegelenk nicht bewegen. Der Arzt überwies ihn ins Krankenhaus nach Heilbad Heiligenstadt. Zuvor noch vernahmen Grenzpolizisten den Verletzten. Er erklärte ihnen, er habe versucht zu bremsen, doch es sei ihm nicht gleich gelungen, auf der schneeglatten Straße zum Stehen zu kommen. Dies bestätigte 1993 auch Walter U. gegenüber den Ermittlern der ZERV.

Die Ärzte im Krankenhaus stuften die Oberschenkelschussverletzung zunächst als nicht lebensgefährlich ein, doch es entwickelten sich Komplikationen. Am Sonntag, dem 5. März 1950, starb Johannes Simon nach langer Leidenszeit an Wundstarrkrampf, Lungenentzündung und Herzschwäche im Krankenhaus Heiligenstadt. (Recherche: jk, MP; Autor: jk)

Quellen:
Kommando der DGP/Abteilung Operativ: Berichte über Schußwaffengebrauch 1950–1953. BArch Freiburg, DVH 27/130292.

Staatsanwaltschaft bei dem Landgericht Erfurt. Handakten zur Strafsache 560 Js 11060/93 Totschlag. ThHStA Weimar, Freistaat Thüringen, StA Erfurt 2919.
ZERV: Auswertung „Tote an der innerdeutschen Grenze". LAB, D Rep. 120–02, Acc. 8346, StA II LG Berlin 2 Js 214/93.

Irmgard Stark

geboren am 26. März 1928 in Herrenbreitungen
erschossen am 16. März 1950
Ort des Zwischenfalls: Blockhaus Mäusewand bei Dorndorf (Thüringen)

Bildquelle: Georg Joachim Schilling-Werra

Irmgard Wilhelmine Schilling kam am 26. März 1928 in Herrenbreitungen (Landkreis Schmalkalden-Meiningen) zur Welt. Sie heiratete am 1. Oktober 1949 den Werkzeugschlosser Fred Stark und zog nach Schmalkalden. Gemeinsam hatten sie einen Sohn.

In der Nacht vom 16. auf den 17. März 1950 schlossen sich die 21-jährige Irmgard Stark und ihr Ehemann einer Gruppe von Grenzgängern an, um in den Westen zu flüchten. In der Nähe von Dorndorf (Krayenberggemeinde) entdeckte eine Streife der Grenzpolizei Oberzella gegen 22.30 Uhr die Grenzgänger. Laut einem Bericht der Hauptverwaltung der Deutschen Volkspolizei machten die beiden Grenzposten Wachtmeister Manfred K. und Herbert B. „entgegen der Instruktion, ohne einen Warnschuß abzugeben, sofort von der Schußwaffe Gebrauch". Irmgard Stark erlitt einen tödlichen Lungendurchschuss. Sie erlag noch an Ort und Stelle den Folgen dieser Verletzung. Ein weiterer Schuss verletzte den 29-jährigen Herbert K. aus Hessen schwer. Nachdem am 17. März gegen 3 Uhr morgens eine Spezialkommission der Volkspolizei Meiningen die Ermittlungen aufgenommen hatte, kam es zur vorläufigen Festnahme der beiden beteiligten Grenzpolizisten wegen des Verdachts der Fahrlässigkeit. Das Ermittlungsergebnis ist nicht überliefert.

Irmgard Starks Ehemann hielt das Geschehen zwei Wochen später in einem Gedächtnisprotokoll fest. In der Nähe des Blockhauses Mäusewand bei Dorndorf seien sofort nach ihrer Entdeckung durch die Grenzpolizisten mehrere Schüsse gefallen. „Meine Frau Irmgard, die neben mir an einem kleinen Abhang Schutz gesucht hatte, wurde von einer Kugel in den Rücken getroffen. Sie schrie auf, und im nächsten Augenblick standen 2 DDR-Grenzsoldaten vor uns, die ihre Gewehre und Taschenlampen auf uns gerichtet hielten." Fred Stark riss sein Hemd in Streifen, um die Verletzung zu verbinden, doch ein Grenzpolizist drängte ihn zur Seite. „Ich konnte meiner Frau, die weinend und stöhnend immer wieder meinen Namen rief, nicht mehr helfen." Die beiden Grenzpolizisten hätten tatenlos den Tod von Irmgard Stark abgewartet und Fred Stark anschließend zur Vernehmung in eine Grenzstation bei Dorndorf geführt. Die Leiche seiner Frau brachten Grenzpolizisten in das örtliche Spritzenhaus der Feuerwehr. Ihre Beisetzung fand am 21. März 1950 in Schmalkalden statt. In der Traueranzeige, die in der Zeitung *Thüringer Volk* am 20. März erschien, teilen die Familienmitglieder mit: „Durch tragisches Schicksal wurde am 16.3.1950 meine über alles geliebte Frau, die herzensgute Mutti ihres einzigen Söhnchens, unsere liebe Tochter, meine einzige Schwester, unsere liebe Schwiegertochter u. Schwägerin Frau Irmgard Stark geb. Schilling kurz vor ihrem 22. Geburtstag jäh aus dem Leben gerissen."

Irmgard Starks Bruder, Georg J. Schilling-Werra, hatte den Namen des vermeintlichen Schützen Manfred K. in Dorndorf in Erfahrung gebracht. Nach seiner Flucht in die Bundesrepublik meldete er 1984 den Vorfall der Zentralen Erfassungsstelle in Salzgitter. Im August 1990 nahm die Staatsanwaltschaft Suhl Ermittlungen gegen Manfred K. auf. Bei seiner Vernehmung im Februar 1991 erinnerte sich Manfred K., dass er und ein weiterer Posten am 16. März 1950 bei der Festnahme einer Gruppe von Grenzgängern je einen Warnschuss abgegeben hätten. Es handelte sich um etwa 20 Personen, die nach Lebensmitteleinkäufen im Westen gegen Mitternacht nach Thüringen zurückkehren wollten. Einer der Grenzgänger habe seine Frau vermisst. Als man sie nach kurzer Suche fand, war sie bereits tot. Ihr Oberkörper war blutdurchtränkt. „Es hob auch noch jemand den Arm der Frau an, der jedoch gleich wieder zum Körper förmlich zurückfiel." Manfred K. führte die Verletzung von Irmgard Stark auf einen Querschläger zurück. Eine Kugel müsse durch einen Baum abgefälscht worden sein.

Die Staatsanwaltschaft Suhl stellte die Ermittlungen gegen Manfred K. im April 1991 wieder ein. Die Urheberschaft des tödlichen Schusses sei nicht zu ermitteln. Ebenfalls blieben der zweite Posten und der Verbleib der damaligen Untersuchungsakten ungeklärt. Darüber hinaus sah der Staatsanwalt keinen Grund, eine Unterbrechung der Verjährungszeit für Mord oder Totschlag anzuerkennen, die nach dem 1950 geltenden Strafgesetzbuch 20 Jahre betrug.

Fred Stark, der mit seinem dreijährigen Sohn 1951 in die Bundesrepublik geflüchtet war, lebte zu diesem Zeitpunkt bereits nicht mehr. Georg J. Schilling-Werra setzte sich jedoch für eine Wiederaufnahme der Strafverfolgung ein. Der Tod seiner Schwester ist Gegenstand seines Romans „Eines Tages werde ich dich töten" (1993) sowie des Hör- und Theaterspiels „Heimlich nach Deutschland" (1994). (Recherche: jk, MP; Autor: jk)

Quellen:

HA Kriminalpolizei, Abt. G: Morgenrapport, Mo. 20. März 1950. Berlin, 20.3.1950. BArch Berlin, DO 1/27805.

HV DVP HA Grenzpolizei an die Leitung der HA K, im Hause: Morgenmeldung. Berlin, 23.3.1950. BArch Berlin, DO 1/27805.

ZESt: Tötungshandlung (Schußwaffengebrauch) z. N. Irmgard Stark, AR-ZE 699/84. BArch Koblenz, B 197/27103.

Staatsanwaltschaft bei dem Bezirksgericht Suhl/Sitz Meiningen: Klärung der Umstände des Todes von Irmgard Stark. Beiakten zur Sache 560 Js 96 122/95. Akte 223–399/90. ThStA Meiningen, BStU Suhl, 4892.

Traueranzeige Irmgard Stark. In: *Thüringer Volk*, 20.03.1950.

Grenzt ans Lächerliche. In: *Der Spiegel*, Nr. 19, 1991, S. 28–31, hier S. 31.

Taktisch klug und richtig. Die Todesgrenze der Deutschen (II): Protokolle über Schießbefehl und Republikflucht. In: *Der Spiegel*, Nr. 27, 1991, S. 52–71, hier S. 59.

DDR-Grenzer erschossen junge Frau – Täter frei. In: *Bild*-Zeitung, 19.04.1991.

Filmer, Werner/Schwan, Heribert: Opfer der Mauer. Die geheimen Protokolle des Todes. München 1991, S. 158.

Schätzlein, Gerhardt/Rösch, Bärbel/Albert, Reinhold: Grenzerfahrungen Bayern–Thüringen 1945 bis 1971. Hildburghausen 2001, S. 60.

Rudolf Marquard

geboren am 30. Oktober 1916 in Hamburg

erschossen am 30. März 1950

Ort des Zwischenfalls: Testorf (Mecklenburg-Vorpommern)

Der gebürtige Hamburger Rudolf Wilhelm Marquard diente während des Zweiten Weltkrieges in der Wehrmacht. Seine Frau verließ mit ihren beiden Kindern nach den verheerenden Bombenangriffen vom Juli und August 1943 die Stadt und zog zu ihren Eltern nach Kleinsaubernitz in Sachsen. Rudolf Marquard begab sich 1945 nach seiner Entlassung aus der britischen Kriegsgefangenschaft zu seiner Familie nach Sachsen. Dort erhielt der gelernte Kaufmann im Kreis Bautzen eine Neulehrerstelle. Im Jahr 1948 kam das fünfte Kind der Eheleute Marquard zur Welt.

Rudolf Marquard konnte sich jedoch mit dem stalinistischen Machtapparat und der politischen Ordnung nicht anfreunden. Aufgrund seiner besonderen Bemühungen um schwächere Schüler soll es zu Denunziationen des eigenwilligen Lehrers durch einige Kolleginnen und Kollegen gekommen sein. Vermutlich führten unter anderem auch diese Probleme am Arbeitsplatz zur Ablehnung seiner Anträge auf einen Reisepass. Um seine Eltern in Hamburg trotzdem besuchen zu können, überquerte Rudolf Marquard illegal die Grenze. Im Frühjahr 1950 machte er sich erneut auf den Weg nach Hamburg. Da er dort nicht eintraf und seine Eltern über mehrere Wochen kein Lebenszeichen von ihm erhielten, benachrichtigten sie die Familie ihres Sohnes in Kleinsaubernitz. Eine Freundin der Familie aus der Gegend um Zarrentin konnte schließlich in Erfahrung bringen, dass DDR-Grenzpolizisten Rudolf Marquard am 30. März 1950 an der innerdeutschen Grenze bei Testorf erschossen hatten. Die Landesbehörde der Volkspolizei Mecklenburg veröffentlichte in einem Informationsblatt am 15. Mai 1950 folgende Suchanzeige: „Unbekannter Toter. Am 31.3.50 wurde an der Demarkationslinie bei Zarrentin, Kr. Hagenow, eine unbekannte männliche Leiche aufgefunden. Bei der Leiche wurde ein halber alter Ausweis ohne Paßbild auf den Namen Rudolf Marquard, geb. 3.10.16 in Hamburg, vorgefunden. Personenbeschreibung: Etwa 34 Jahre alt, etwa 1,78 m groß, schlanke Gestalt, mittelbl. Haar, rechts gescheitelt. Goldzahn: 5 oben rechts. Schuhgröße: 43–44. Narbe am linken Unterschenkel. Bekleidung: Blaugrauer Anzug, dunkelblauer Mantel, blaue Baskenmütze, blaugrau kariertes Sporthemd, graue Wollsocken, schwarze hohe Schnürschuhe, Strickjacke dunkelblau mit grauer Einfassung. Wo wird beschriebene Person vermisst?"

Die Witwe und ihre fünf Kinder überstanden die schwere Zeit nach dem Verlust des Ehemannes und Vaters nur dank der Hilfe von Angehörigen und Freunden. Da sie keine Sterbeurkunde ihres Mannes vorweisen konnte, verwehrte man der alleinerziehenden Mutter die staatliche Unterstützung. Zudem verweigerten ihr die

DDR-Behörden die nötigen Dokumente für eine Reise zu ihren Schwiegereltern nach Hamburg. Auf eine erneute Anfrage zur Klärung des Falles an den Rat der Stadt Zarrentin erhielt sie im Mai 1954 schlicht die Angaben zum Todesdatum, dem Datum der Beerdigung sowie den Verweis, weitere Auskünfte könnten nicht erteilt werden. Durch Bemühungen der Familienangehörigen in Hamburg gelang es schließlich doch, Näheres über die Todesumstände zu erfahren.

Durch die Schussverletzung, die Rudolf Marquard in den frühen Morgenstunden des 30. März 1950 im Grenzbereich nahe Zarrentin erlitt, hatte er nach starkem Blutverlust das Bewusstsein verloren. Die Grenzposten hielten eine medizinische Versorgung nicht mehr für nötig und kümmerten sich nicht um den Sterbenden. Der genaue Todeszeitpunkt Marquards konnte später nicht mehr festgestellt werden. Die Grenzpolizei überführte den Toten im Morgengrauen des Unglückstages in die Leichenhalle von Zarrentin. Das Begräbnisregister der evangelisch-lutherischen Kirchengemeinde Zarrentins enthält als Todesursache den Eintrag „Lungenschuss". Am 5. April 1950 – zu diesem Zeitpunkt warteten die Eltern in Hamburg vermutlich noch auf den Besuch ihres Sohnes und die Familie in Kleinsaubernitz auf seine Rückkehr – wurde Rudolf Marquard auf dem Friedhof in Zarrentin beerdigt. Den Strafverfolgungsbehörden gelang es nach der Wiedervereinigung nicht, den Namen des DDR-Grenzpolizisten zu ermitteln, der seinerzeit den tödlichen Schuss auf Rudolf Marquard abgab. (Recherche: jk, MP; Autorin: MP)

Quellen:
StA bei dem KG Berlin: Strafsache gegen Unbekannt. LAB, D Rep. 120–02, Acc. 8346, Az. 2 Js 419/92.
Landesbehörde der VP Mecklenburg/Abteilung K/Dezernat F: Informationsblatt der Volkspolizei für das Land Mecklenburg. 5. Jahrg., Nr. 9, Schwerin, 15.5.1950. LHASn, 6.11–13, 126.

Erich Schmiedel

geboren am 19. November 1905 in Leipzig

erschossen am 1. April 1950

Ort des Zwischenfalls: Straße von Morsleben nach Helmstedt (Sachsen-Anhalt)

Erich Schmiedel, geboren in Leipzig, lebte in Halle an der Saale. Seit 1939 war er verheiratet. Der gelernte Maurer war seit Beginn des Jahres 1950 als Fuhrunternehmer tätig. Als Fahrer eines mit Möbeln und Waren beladenen Lastwagens wollte sich Erich Schmiedel an der innerdeutschen Grenze einer Kontrolle durch DDR-Grenzpolizisten entziehen. Er fuhr mit seinem Lkw gegen Mittag des 1. April 1950 auf der Straße zwischen Morsleben und Helmstedt, als ihn zwei DDR-Grenzpolizisten stoppten, um das Fahrzeug zu kontrollieren. Nach damaligen Aufzeichnungen der Deutschen Grenzpolizei habe der Besitzer des Lkw den Volkspolizei-Wachtmeister E. angegriffen, ihm den Karabiner in einem Handgemenge entrissen und mit einem Handkantenschlag gegen die Halsschlagader zu Boden gestreckt. Dann sei „der Täter [...] sofort mit seinem entwendeten Karabiner in Deckung" gegangen, „während VP-Wm. S. einen Zielschuss – der zunächst verfehlte – auf ihn abgab. [Der] Täter wollte das Feuer erwidern, hatte aber Ladehemmung. Der nächste aus 10 m Entfernung abgegebene Zielschuss traf den Täter tödlich."

In den 1990er Jahren stellte der Todesschütze gegenüber Ermittlern das damalige Geschehen anders dar. Schmiedel habe ihm zunächst Geld angeboten, um der Kontrolle zu entgehen, worauf er sich nicht einließ. Stattdessen habe er seinen Karabiner umgehängt und sei auf das Hinterrad gestiegen, dabei habe der Fahrer die Waffe ergriffen und blitzschnell entladen. Dann habe er nach dem anderen Posten gefragt, sei zu diesem gelaufen und habe dessen Karabiner entwendet. Anschließend sei er etwa 50 bis 60 Meter auf ein weitgehend freies Feld gelaufen. Der entwaffnete Polizist warnte seinen Kollegen S., der inzwischen seine Waffe wieder geladen hatte. Nachdem die Posten von Schmiedel beschossen wurden, will S. einen Warnschuss und sodann einen Zielschuss auf einen Birkenstrauch abgeben haben, hinter dem er den Geflüchteten vermutete. Er selbst habe in diesem Moment ungedeckt gestanden und in Notwehr gehandelt. Erich Schmiedel starb an einem Kopfschuss. Hernach sei festgestellt worden, dass sich auf dem Lkw Weidenkörbe mit Waren wie Rasierklingen, Seife und Ähnliches befunden habe. Die Ermittlungsbehörden kamen in den 1990er Jahren zu dem Schluss, Wachtmeister S. habe aus Notwehr gehandelt und stellten das Verfahren gegen ihn ein. (Recherche: St.A., MP, US; Redaktion: jos.)

Quellen:
Kommando der DGP, Abteilung Operativ: Tagesrapporte der Hauptabteilung Grenzpolizei besondere Vorkommnisse betr. März–Juli 1950. In: ZERV: Staatsanwaltschaftliche Ermittlungen zum Todesfall Schmiedel, Erich. LAB, D Rep. 120–02, Acc. 8346, Az. 27 Js 160/94.

Kommando der DGP/Abteilg. Operativ: Berichts- und Meldewesen 1950–1952. BArch Freiburg, DVH 27/130554.

Sterbeurkunde Nr. 12/1950 Erich Schmiedel. Verbandsgemeinde Flechtingen, Standesamt, Auskunft vom 6.10.2016.

Gerhard Graf

geboren am 26. Oktober 1919 in Wittenberg

erschossen am 4. April 1950

Ort des Zwischenfalls: bei Lichtentanne, südöstlich von Probstzella (Thüringen)

Über Gerhard Graf liegen nur spärliche Informationen vor. Aus der NSDAP-Mitgliederkartei geht hervor, dass der Schlosser Gerhard Graf am 12. Oktober 1938 die Aufnahme in die NSDAP beantragte. Er gehörte der Ortsgruppe Kleinleipisch an. Der Tagesrapport der Deutschen Grenzpolizei vom 5. April 1950 meldete seinen Tod. Der Streifenposten Horst Szagarucz vom Grenzkommando Lehesten stellte demnach am 4. April 1950 gegen 11.20 Uhr einen „Grenzverletzer" und nahm ihn bei dem Versuch, die Demarkationslinie von Ost nach West mit dem Fahrrad zu überqueren, fest. Als er den Mann zum Grenzkommando abführen wollte, riss dieser sich los und ergriff mit dem Fahrrad die Flucht. Da er angeblich weder auf Warnrufe noch auf einen Warnschuss des Grenzpolizisten reagierte, feuerte der Posten gezielt auf den Flüchtenden. Ein Schuss traf den 30-jährigen Gerhard Graf in den linken Oberschenkel, er starb kurz darauf nach starkem Blutverlust.

In Roman Grafes Buch „Die Grenze durch Deutschland. Eine Chronik von 1945 bis 1990" findet sich folgende Darstellung über Grafs Beisetzung: „Auf dem Friedhof Lichtentanne wird Gerhard Graf in aller Frühe mit Gebet und Bibelwort beerdigt. Eine Ansprache hält der Pfarrer nicht. Der Tote soll rasch unter die Erde, noch bevor seine Frau Erika und die beiden Kinder eintreffen." (Recherche: MP, Sf, St.A.; Redaktion: jos.)

Quellen:
DGP: Tagesrapporte März bis Juli 1950. BArch Freiburg, DVH 27/130324.

Kommando der DGP/Abteilg. Operativ, Berichts- und Meldewesen 1950–1952. BArch Freiburg, DVH 27/130554.

NSDAP-Reichskartei: Der Schlosser Gerhard Graf beantragte am 12.10.1938 die Aufnahme in die NSDAP. Er gehörte der Ortsgruppe Kleinleipisch an, BArch Berlin, RK 3100/G0139.

Grafe, Roman: Die Grenze durch Deutschland. Eine Chronik von 1945 bis 1990. München 2008, S. 29.

Ida Fuß

geboren am 7. Mai 1932 in Langwinden

versehentlich erschossen am 18. April 1950 in Langwinden (Thüringen)

Am 18. April 1950 gegen 9.10 Uhr verließen die VP-Anwärter Schm. und S. vom Kommando Zitters, Kommandantur Katzenstein, Grenzbrigade Dermbach, ihren Streifendienst um sich zu der 27-jährigen Ida Elisabeth Fuß zu begeben, die im elterlichen Bauernhof in Langwinden an der thüringisch-hessischen Grenze wohnte. Die nur aus drei Bauernhöfen bestehende Ortschaft gehörte zur Gemeinde Motzlar. Ida Fuß bat den Grenzpolizisten Schm., ihrem Bruder die Haare zu schneiden. Schm. und Ida Fuß saßen nebeneinander auf einer Bank als Schm. durch das Fenster eine sowjetische Streife auf das Haus zukommen sah. Er stand daraufhin sofort auf und ergriff seinen Karabiner. Dabei löste sich aus der ungesicherten Waffe ein Schuss, der Ida Fuß in die Brust traf. Sie erlitt einen Herzdurchschuss, der sie augenblicklich tötete.

In Langwinden wohnten Anfang der 1970er Jahre noch drei Familien. Am 8. August 1972 umstellten Volkspolizisten den Ort und zwangen zwei Familien sofort nach Motzlar umzuziehen. Die dritte Familie verließ im November 1972 Langwinden nach dem Bescheid, dass sie „zur Gewährleistung der Sicherheit im Grenzgebiet" ebenfalls umgesiedelt werde. Danach sprengten DDR-Grenztruppen die Gebäude und machten die Ortschaft dem Erdboden gleich. Eine vom Rhönklub 1994 errichtete Gedenktafel erinnert heute am früheren Standort an den niedergerissenen Ort. (Recherchen: MP; Autor: jos.)

Quellen:

DGP: Tagesrapporte März–Juli 1950. BArch Freiburg DVH 27/130324.

Kommando der DGP/Abteilg. Operativ, Berichts- und Meldewesen 1950–1952: Tod der Ida Elisabeth Fuß in Langwinden durch fahrlässigen Schußwaffengebrauch, GB Dermbach. BArch Freiburg DVH 27/130554.

Bundesstiftung zur Aufarbeitung der SED-Diktatur (Hrsg.): Orte des Erinnerns. Gedenkzeichen, Gedenkstätten und Museen zur Berliner Mauer und innerdeutschen Grenze. Berlin 2011, S. 207.

Oskar Fertig

geboren am 10. Januar 1905 in Wilhelmshaven

erschossen am 9. Juni 1950

Ort des Zwischenfalls: Gemarkung Hohengandern (Thüringen)

Der im Wilhelmshavener Stadtteil Bant aufgewachsene Kaufmann Oskar Johannes Fertig eröffnete 1927 in Friedrichroda einen Drogerie- und Süßwarengroßhandel. Im Juli 1937 heiratete er die im gleichen Ort wohnende Hildegard Ißleib.

Eine Doppelstreife des Grenzpolizei-Kommandos Rustenfelde entdeckte am 9. Juni 1950 gegen 16 Uhr in der Gemarkung Hohengandern einen Mann, der sich in Richtung der hessischen Grenze bewegte. Die Volkspolizeiwachtmeister nahmen seine Verfolgung auf und versuchten, ihn durch Pfeifsignale und einen Warnschuss vor der Demarkationslinie zu stoppen. Da der Mann die Grenze schon fast erreicht hatte, befahl der Postenführer, gezielt auf ihn zu schießen. Ein Geschoss traf den Flüchtenden in den Rücken. Als die vier Grenzpolizisten den auf freiem Feld zusammengebrochenen Mann erreichten, lebte er wahrscheinlich schon nicht mehr. Es handelte sich um den Drogisten Oskar Fertig aus Friedrichroda. Sein Totenschein enthält die Eintragung: „Schußverletzung Lungendurchschuß, Tod durch Verbluten, beim illegalen Grenzübertritt erschossen".

Oskar Fertig befand sich am Nachmittag des 9. Juni 1950 vermutlich auf dem Weg zu seiner Mutter nach Wilhelmshaven. Da er keinen Interzonenpaß besaß, versuchte er, bei Hohengandern im thüringischen Eichsfeld ohne Genehmigung über die Grenze zu kommen. Die nach der Wiedervereinigung aufgenommenen Ermittlungen zum Todesfall blieben ergebnislos, da sich keine Hinweise auf die Personalien der vier an dem Zwischenfall beteiligten Grenzpolizeiwachtmeister fanden. (Recherche: MP, US; Autor: jos.)

Quellen:

Kommando der DGP/Abteilung Operativ: Tod des Grenzverletzers Feroig [sic!], geb. 10.1.05, nach Schußwaffengebrauch, Kdo. Rustenfelde. Berichts- und Meldewesen 1950–1952. BArch Freiburg, DVH 27/130554.

MDI/HVDVP: Tagesrapporte. BArch Berlin, DO 1/27805.

ZERV: Auswertung Todesopfer an der innerdeutschen Grenze. LAB, D Rep. 120–02 Acc. 8346, Az. 27 Js 64/94.

Standesamt Hanstein-Rusteberg: Sterberegister des Standesamtes Kirchgandern, Nr. 26/1950.

Landratsamt Gotha, Kreisarchiv: Auskunft vom 13.06.2016 zum Todesfall Oskar Fertig.

Stadt- und Kurbibliothek Friedrichroda, Stadtarchiv: Auskunft vom 30.08.2016 zum Personenstand Hildegard und Oskar Fertig.

Horst Henniger

geboren am 3. April 1925 in Nordhausen

erschossen am 22. Juni 1950

Ort des Zwischenfalls: nahe dem Wiedigshof
bei Walkenried (Niedersachsen)

Im Zweiten Weltkrieg diente Horst Henniger bei der Kriegsmarine. Im Mai 1944 wurde er Vater einer Tochter, deren Mutter er bald nach dem Krieg im Dezember 1945 in Viöl (Nordfriesland) heiratete. Hernach lebte der Kühlerbauer im thüringischen Nordhausen. Beim niedersächsischen Zoll war er als „gewerbsmäßiger Grenzgänger" bekannt. Er überquerte etwa zweimal wöchentlich die Grenze mit Handelsgütern. Der Zollgrenzdienst auf der westlichen Seite schritt gegen den Warenschmuggel nicht ein. Auf der Ostseite nahm die Volkspolizei solche Grenzgänger in der Regel kurz fest und beschlagnahmte das Schmuggelgut.

Am Morgen des 22. Juni 1950 befand sich Horst Henniger mit seinem Freund Heinz S. und seinem Bekannten Otto M. in der Nähe des Schlagbaums Wiedigshof auf einer Schmuggeltour durch das innerdeutsche Grenzgebiet. Die drei Männer waren auf Fahrrädern unterwegs. Über den Ablauf des Geschehens gab es später unterschiedliche Darstellungen. Nach amtlichen Meldungen der Volkspolizei und des niedersächsischen Zollgrenzdienstes befanden sich Horst Henniger und seine Begleiter auf dem Rückweg von Bad Sachsa nach Gudersleben (DDR), als sie eine Streife der DDR-Grenzpolizei entdeckte. Die drei Männer versteckten sich auf der westlichen Seite für etwa zehn Minuten in einer Senke. Als sie die Deckung verließen, schoss Volkspolizei-Wachtmeister Karl-Ernst Kaiser mit seinem Karabiner aus etwa 200 Metern Entfernung über die Grenze hinweg und traf Horst Henniger in den Rücken. Die Kugel durchschlug sein Herz, Henniger verstarb noch, bevor die in der Nähe postierten niedersächsischen Zöllner am Ort des Geschehens eintrafen. Die Leiche Hennigers wurde zwei Tage später in Braunschweig obduziert und am 26. Juni 1950 in Nordhausen beigesetzt.

In einem Bericht der Volkspolizei wurde die Tat als Unfall dargestellt: Wachtmeister Kaiser habe einen Warnschuss auf die „Grenzverletzer" abgeben wollen, beim Durchladen des Karabiners hätte sich versehentlich ein Schuss gelöst, der Getroffene sei noch einige Meter weitergelaufen und dann auf westlichem Gebiet zusammengebrochen. Im März 1993 sprach der Schütze während seiner Vernehmung ebenfalls von einem Unfall; er habe sich ein Fahrrad von einem Arbeiter geliehen, um näher an die Männer heranzukommen. Beim Anhalten sei der Tragriemen des Karabiners abgerutscht und der Lauf des Gewehrs auf dem Boden aufgeschlagen. Als er die Waffe wieder hochnahm, habe sich versehentlich ein Schuss aus der bereits durchgeladenen Waffe gelöst. Er habe zuvor keinen Warnschuss abgegeben, da sich die drei Männer auf westlichem Gebiet befanden. Auf Nachfrage behauptete er, der Sicherungshebel des Karabiners habe sich möglicherweise gelöst, als er zuvor beim Beobachten der „Grenzgänger" im Gebüsch lag oder als das Gewehr zu Boden fiel. Die kriminalpolizeilichen Ermittler hielten einen solchen Ablauf für höchst unwahrscheinlich. Auch sein damaliger Postenführer G., der ebenfalls zur Sache vernommen wurde, hält die Version seines früheren Kollegen Kaiser für unglaubwürdig. Unmittelbar nach der Schussabgabe, die er nicht selbst sehen konnte, habe der Schütze gerufen: „Ich bin ein Mörder, ich bringe mich jetzt um." Die beiden Begleiter Hennigers sagten 1993 aus, sie hätten genau gesehen, wie der Volkspolizist mit seinem Karabiner auf sie gezielt habe.

Die Staatsanwaltschaft Erfurt ermittelte unmittelbar nach der Tat im Jahr 1950 wegen fahrlässiger Tötung gegen den Todesschützen. Im Zuge einer Überprüfung schlug die Staatsanwaltschaft Mühlhausen das Verfahren nieder. In der Begründung hieß es, der Volkspolizist habe pflichtgemäß in Ausübung seines Dienstes gehandelt. Der Beschuldigte blieb nach eigenen Angaben 1950 zwei bis drei Wochen im Arrest, anschließend sei er versetzt und 1972 im Range eines Leutnants aus dem Dienst entlassen worden. Nach der Wiedervereinigung eröffnete die Staatsanwaltschaft Erfurt das Verfahren gegen den Todesschützen erneut. Da die Verjährung für dieses Delikt jedoch bereits eingetreten war, wurde das Verfahren wegen Totschlags 1998 eingestellt. (Recherche: jk, MP, St.A.; Autor: jos.)

Quellen:

Oberfinanzdirektion Hannover: Wichtige Vorkommnisse an der Grenze – Grenzverletzung durch Ostzonenpolizei, begangen durch Erschießen eines auf britischem Zonengebiet befindlichen Grenzgängers im Bereich des Zollgrenzkommissars Walkenried. NLA Hannover, Nds. 220 Acc. 2009/015, Nr. 27.

Deutsche Grenzpolizei: Quartalsberichte 1949–1950. Grenzpolizei Land Thüringen. BArch Freiburg, DVH 27/130252.

Deutsche Volkspolizei Abt. G an den Generalinspekteur der Volkspolizei Seifert: Betr.: Meldung besonderer Vorkommnisse Nr. 152/50 vom 23. Juni 1950. In: Kommando der DGP, Abt. Operativ: Tagesrapporte der Hauptabteilung Grenzpolizei besondere Vorkommnisse betr., März–Juli 1950. Deutsches Militärarchiv, Pt 7695. Enthalten in StA beim KG Berlin, Ermittlungsakte gg. G., Horst z. N. Schröder, Horst, 27 Js 85/94. LAB, D Rep. 120–02 ZERV.

Staatsanwaltschaft Erfurt: Ermittlungsverfahren. StA Erfurt, Signatur 27/2 /Js 993/92. Sammlung Marxen/Werle, Humboldt-Universität Berlin.

Staatsanwaltschaft Erfurt: Einstellungsverfügung der Staatsanwaltschaft Erfurt zum Fall Henniger. StA Erfurt, 510 Js 10315/98. Sammlung Marxen/Werle, Humboldt-Universität Berlin.

Standesamt Walkenried: Sterbeeintrag Horst Henniger, Auskunft vom 19.01.2017.

Paul Höhle

geboren am 3. Februar 1911 in Dortmund

erschossen am 3. Juli 1950

Ort des Zwischenfalls: bei Hötensleben (Sachsen-Anhalt)

Paul Höhle stammte aus Dortmund. Zuletzt lebte der Arbeiter gemeinsam mit seiner Frau in Hornhausen, einem Ortsteil von Oschersleben, unweit der innerdeutschen Grenze. Die nach Gründung der DDR weiter zunehmende Grenzbewachung machte die bis dahin alltäglichen Wege über die grüne Grenze, um Lebensmittel und andere Dinge von westlicher Seite zu besorgen, immer gefährlicher.

Paul Höhle und seine beiden Begleiter versuchten am 3. Juli 1950 erneut ihr Glück und machten sich mit ihren Rädern von Hornhausen auf den Weg über die Grenze. Am späten Nachmittag gegen 17.30 Uhr – die Männer waren bereits auf dem Rückweg und hatten die Grenze ein zweites Mal überquert – entdeckten Streifenposten der Grenzbereitschaft Osterwieck die drei Radfahrer. Die Grenzposten forderten sie auf anzuhalten. Paul Höhle kehrte daraufhin um und versuchte, zurück über die Grenze zu entkommen. Daraufhin gab Wachtmeister H., aus der Hüfte feuernd, einen Warnschuss ab. Der Schuss traf Paul Höhle von hinten und durchschlug sein Herz. Ein in den 1990er Jahren angestrengtes Ermittlungsverfahren gegen den Todesschützen wurde eingestellt, da dieser bereits verstorben war. (Recherche: jk, MP, US; Autorin: MP)

Quellen:

DGP: Tagesrapporte März–Juli 1950. BArch Freiburg, DVH 27/130324.

DGP/Kommando DGP/Abteilg. Operativ: Berichts- und Meldewesen 1950–1952. BArch Freiburg, DVH 27/130554.

LBdVP Sachsen-Anhalt – Abt. K – Dezernat A: Tageskurzbericht Nr. 127/50 für die Zeit vom 4.7. bis 5.7.1950. Halle/S., 5.6.1950. LASA Mgb., K 14, Nr. 144.

StA bei dem KG Berlin: Ermittlungsverfahren wegen Totschlags. LAB, D Rep. 120–02, Acc. 8346, Az. 27 Js 82/94.

Standesamt Dortmund: Geburtseintrag Paul Höhle. Standesamt Dortmund, Auskunft vom 22.02.2016.

Einwohnermeldeamt Oschersleben: Meldeeintrag Paul Höhle.

Standesamt Hötensleben: Sterbeurkunde Nr. 28/1950. Standesamt Verbandsgemeinde Obere Aller in Eilsleben.

Helmut Gill

geboren am 29. November 1931 in Sonnenberg,
Kreis Angerapp (heute: Pawlowo, Russland)

ertrunken am 17. oder 18. Juli 1950, geborgen aus der Elbe am 19. Juli 1950

Ort des Geschehens: Elbe bei Neu Bleckede
(1950: Mecklenburg-Vorpommern, heute: Niedersachsen)

Die Familie Gill flüchtete vor den Kriegshandlungen aus Ostpreußen und ließ sich in dem Dorf Preten (Kreis Hagenow) als Neubauern nieder. Der 1931 geborene Sohn Helmut Walter Gill folgte als junger Erwachsener einer der Kampagnen der Wismut AG, die mit günstigen Arbeitsbedingungen und guter Entlohnung warben. Er zog nach Johanngeorgenstadt, um als Bergmann im Uranabbau zu arbeiten. Dort lernte er auch vermutlich den vier Jahre älteren Bruno Fischer aus Quastenberg kennen. Gemeinsam mit ihm fuhr Helmut Gill am 14. Juli 1950 nach Preten. Nach einem Aufenthalt in Gills Elternhaus begaben sich die beiden jungen Männer am 17. oder 18. Juli 1950 gemeinsam an das etwa zehn Kilometer entfernte Elbufer. Von dort aus versuchten sie, schwimmend die Elbe zu überqueren, um in die Bundesrepublik zu flüchten, doch beide ertranken. Am Nachmittag des 19. Juli barg die Volkspolizei die Leiche des 18-jährigen Helmut Gill am Elbufer der Gemeinde Neu Bleckede. Zwei Tage später wurde auch die Leiche von Bruno Fischer geborgen. (Recherche: jk, MP, US; Autor: jk)

Vgl. die Biografie von Bruno Fischer

Quellen:

DGP: Tagesrapporte Juli–Oktober 1950. BArch Freiburg, DVH 27/130325.

HV Deutsche Volkspolizei, Hpt. Abt. G, Abt. K: Morgenmeldung. Berlin, 3.8.1950. BArch Berlin, DO 1/27806.

Sterbebuch Neuhaus/Elbe: Eintrag Nr. 58 vom 25.07.1950. Standesamt Amt Neuhaus.

Mitteilung des Kreisarchives Aue vom 11.01.2017.

Bruno Fischer

geboren am 28. November 1927 in Neustrelitz

ertrunken in der Elbe am 17. oder 18. Juli 1950, geborgen am 21. Juli 1950

Ort des Geschehens: Elbe bei Neu-Wendischthun
(1950: Mecklenburg-Vorpommern, heute: Ortsteil von Bleckede, Niedersachsen)

Die Bereitschaft der DDR-Grenzpolizei in Eldena meldete am 21. Juli 1950 den Fund einer Wasserleiche am Elbufer durch Grenzpolizisten des Kommandos Neu-Wendischthun. Bei dem Toten handelte es sich um den Bauarbeiter Bruno Karl-Heinz Fischer aus Quastenberg. Erste Ermittlungen ergaben, dass Fischer zusammen mit dem bereits tot aus der Elbe geborgenen Helmut Gill, dessen Eltern in Preten, Kreis Hagenow, aufsuchte und sich von dort aus mit Gill auf den Weg zur Elbe machte. Beim Versuch, „illegal" die Elbe zu überqueren, seien Fischer und Gill am 17. oder 18. Juli 1950 ertrunken. Den Sterbebucheintrag für Bruno Fischer veranlasste die Kreispolizei Hagenow am 22. Juli 1950. (Recherche: LH, MP, US; Autor: jos.)

Vgl. die Biografie von Helmut Gill.

Quellen:

HV Deutsche Volkspolizei, Hauptabteilung G an den Generalinspekteur der Volkspolizei Willi Seifert: Meldung besonderer Vorkommnisse Nr. 178/50. Berlin, 24.7.1950. In: Deutsches Militärarchiv, Kommando der DGP, Abt. Operativ: Tagesrapporte der Hauptabteilung Grenzpolizei besondere Vorkommnisse betr. Juli–Oktober 1950. Pt 7696. Eingesehen in: LAB, D Rep. 120–02, Acc. 8346, Az. KG Berlin 27/Js/108/94.

DGP: Tagesrapporte Juli–Oktober 1950. BArch Freiburg, DVH 27/130325.

Standesamt Neustrelitz: Geburtenregister. Auskunft vom 03.05.2016.

Amt Neuhaus: Sterbebucheintrag 57/1950. Auskunft vom 11.05.2016.

SB Meldestelle, Amt Stargarder Land: Auskünfte vom 04.04. und 13.09.2016.

Erich Bartsch

geboren am 25. September 1902 in Rohrberg

erschossen am 6. August 1950

Ort des Zwischenfalls: Seebenau (Sachsen-Anhalt)

Joachim Ernst Erich Bartsch kam als Sohn von Emma Helena Bartsch und dem Zuckermeister August Bartsch in Rohrberg, einer kleinen Gemeinde im Altmarkkreis Salzwedel, in Sachsen-Anhalt, zur Welt. Die Familie gehörte der evangelischen Glaubensgemeinschaft an. Erich Bartsch erlernte wie sein Vater den Beruf des Bäckers.

In den frühen Abendstunden des 6. August 1950 fuhr Erich Bartsch mit dem Fahrrad von West nach Ost über die innerdeutsche Grenze. An diesem Sonntag war es gegen 19 Uhr noch sommerlich warm. Bartsch befand sich auf dem Rückweg aus Niedersachsen und wollte zurück in die Altmark. In der Nähe des Grenzkommandos Seebenau entdeckte ein Grenzpolizist den Radfahrer und gab Warnschüsse ab. Erich Bartsch, für den die Grenzpassage zu dieser Zeit vermutlich nichts Ungewöhnliches war, winkte nur ab und nahm weder die Aufforderung anzuhalten noch die Warnschüsse ernst. Nun zielte der Grenzpolizist direkt auf den Radfahrer. Der Schuss verletzte Erich Bartsch schwer, er verblutete noch am Ort des Geschehens. (Recherchen: jk, MP, US; Autorin: MP)

Quellen:

DGP: Tagesrapporte Juli – Oktober 1950, BArch Freiburg, DVH 27/130325.

Standesamt Rohrberg: Geburtsurkunde Nr. 37/1902. Verbandsgemeinde Beetzendorf-Diesdorf, Auskunft vom 8. April 2016.

Stadtarchiv Salzwedel: Sterbeurkunde Nr. 26/1950, Auskunft vom 05.04.2016.

Günter Lippmann

geboren am 14. Dezember 1930 in Plauen

angeschossen am 16. August 1950, gestorben am 20. August 1950

Ort des Zwischenfalls: Grenzkommando Oebisfelde (Sachsen-Anhalt)

Günter Lippmann kam am 14. Dezember 1930 in Jössnitz, einem Stadtteil von Plauen, im sächsischen Vogtland als Sohn eines Buchbinders zur Welt. Er gehörte der evangelischen Kirche an und erlernte den Beruf eines Vulkaniseurs. Im Jahr 1950 lebte er in einer kleinen Gemeinde nahe Hamm in Westfalen. Vermutlich hatte er die DDR verlassen, um einer Bestrafung wegen eines Einbruchs zu entgehen. Seit dem 17. März 1950 fahndete die Volkspolizei wegen eines Einbruchdiebstahls im vogtländischen Reichenbach nach Lippmann.

Am Nachmittag des 16. August 1950 nahmen DDR-Grenzposten Günter Lippmann fest, als er versuchte, zwischen Niedersachsen und Sachsen-Anhalt in die DDR zu gelangen. Wahrscheinlich wollte er zu seinen Eltern, die im thüringischen Reichenbach wohnten. Die Grenzpolizisten führten den jungen Mann zur Kommandantur in Oebisfelde ab und stellten dort fest, dass er seit fünf Monaten zur Fahndung ausgeschrieben war. Unterdessen gelang es Günter Lippmann, die Fenstergitter des Verwahrraumes aufzustemmen und hinaus in den Garten der Kommandantur zu springen. Ein Wachposten bemerkte den Fluchtversuch und nahm sofort die Verfolgung des Flüchtenden auf, der jedoch trotz der Halt-Rufe des Postens nicht stehenblieb. Als Lippmann bereits die Gartenmauer erreicht und erklommen hatte, gab sein Verfolger einen gezielten Schuss auf ihn ab, der den Flüchtenden traf. Dennoch setzte Lippmann mit letzter Kraft seine Flucht fort. Nach etwa 150 Metern musste er erschöpft aufgeben und sich erneut festnehmen lassen. Kurze Zeit später stellte ein herbeigerufener Arzt eine schwere Unterleibsverletzung fest und ordnete an, Lippmann in das Hilfskrankenhaus Oebisfelde zu bringen.

Wegen der schweren Verletzung und des starken Blutverlustes verlegte man ihn von dort in das Kreiskrankenhaus nach Gardelegen. Trotz einer Blutspende durch einen Polizisten der Grenzbereitschaft Gardelegen konnte Lippmann dort nicht mehr gerettet werden. Das Geschoss hatte seine Leber zerrissen. Nach qualvollen vier Tagen starb der 19-Jährige in den Morgenstunden des 20. August 1950.

Im Zuge der staatsanwaltschaftlichen Ermittlungen in den 1990er Jahren wurde die tödliche Schussabgabe auf Lippmann als fahrlässige Tötung bewertet. Der beschuldigte ehemalige Volkspolizei-Wachtmeister Sch. sagte aus, er habe einen ungezielten Schuss aus der Hüfte heraus in Richtung der Gartenmauer abgegeben. Das Geschoss sei dann von der Mauer abgeprallt und habe Lippmann als Querschläger getroffen. Die Einstellung des Verfahrens erfolgte mit der Begründung, dass Wachtmeister Sch. die Schusswaffe nicht in erster Linie zur Verhinderung einer Flucht nach Westdeutschland angewandt habe, sondern primär zur Festnahme eines flüchtigen Gefangenen, nach dem „wegen eines Eigentumsdeliktes gefahndet worden war. In einem solchen Fall muß eine fahrlässige Tötung anläßlich des Schußwaffeneinsatzes zur Festnahme erst recht gerechtfertigt sein." (Recherche: LH, MP; Autorin: MP)

Quellen:

LBDVP Sachsen-Anhalt, Grepo: Spitzenmeldung vom 17.8.1950, in: DGP-Berichte und Meldungen über Schußwaffengebrauch 1949–1953, BArch Freiburg, DVH 27/130291.

ZERV/Staatsanwaltschaft Berlin: Aufstellung Todesfälle an der innerdeutschen Grenze. LAB, D Rep. 120–02, Acc. 8346, Az. 27/2 Js 1182/92.

Standesamt Gardelegen: Todesanzeige und Sterbebucheintrag Günter Lippmanns, Auskunft vom 09.09.2016.

Werner Heise

geboren am 6. September 1926 in Ahlsdorf
Schusswaffenverletzung mit Todesfolge am 1. September 1950
Ort des Zwischenfalls: bei Mihla (Thüringen)

Werner Otto Max Heise kam in Ahlsdorf im Mansfelder Gebirgskreis zur Welt und wuchs auch dort auf. Er absolvierte eine Ausbildung zum Bankkaufmann und war in seinem Heimatort als Sparkassenangestellter tätig.

Im Tagesrapport der Deutschen Grenzpolizei ist für den 1. September 1950 im Bereich der Grenzbereitschaft Mihla die „Verletzung eines Grenzgängers durch Schusswaffengebrauch" vermerkt. Demnach kehrte Werner Heise in der Nacht gegen 4.40 Uhr aus dem Westen über die hessisch-thüringische Grenze in die DDR zurück. Um nach Ahlsdorf zu gelangen, hatte er noch eine Wegstrecke von etwa 130 Kilometern zurückzulegen. Er befand sich bereits auf dem Hoheitsgebiet der DDR, als Grenzpolizisten ihn entdeckten und mit Rufen und Warnschüssen zum Stehenbleiben aufforderten. Als Werner Heise nicht reagierte, schossen sie gezielt auf ihn und trafen den 23-Jährigen am Oberarm und in der Bauchgegend. Man brachte den Verletzten nach Heiligenstadt in das dortige Krankenhaus. Die lebenserhaltenden Maßnahmen der Ärzte scheiterten. Werner Heise erlag fünf Tage vor seinem 24. Geburtstag gegen 8 Uhr infolge starker innerer Blutungen einem Herzstillstand. (Recherche: MP, US; Autorin: MP)

Quellen:
DGP: Tagesrapporte Juli–Oktober 1950, BArch Freiburg, DVH 27/130325.
Standesamt Hergisdorf: Geburtseintrag, Nr. 97/1926. Verbandsgemeinde Mansfelder Grund-Helbra.
Standesamt Heiligenstadt: Sterbebucheintrag, Nr. 193/1950. Stadtarchiv Heiligenstadt.

Erwin Vogt

geboren am 17. April 1920 in Breslau
erschossen am 3. September 1950
Ort des Zwischenfalls: Waldweg von Fuhrbach
nach Sonnenstein/Wehnde auf der Höhe „Wehnder Hütte" (Thüringen)

Erwin Vogt kam am 17. April 1920 in Breslau auf die Welt. Er zog als Vertriebener im März 1948 in das ostwestfälische Herzebrock-Clarholz und heiratete dort im November 1949 seine Frau Irmgard, mit der er eine Tochter und einen Sohn hatte. Vogts Mutter lebte in Oberthau, Kreis Merseburg, in Sachsen-Anhalt. Am frühen Morgen des 3. September 1950 überquerte Erwin Vogt mit dem Fahrrad die grüne Grenze zwischen Niedersachsen und Thüringen, um seine Mutter in der DDR zu besuchen. Zu dieser Zeit existierten im Bereich des Grenzkommandos Jützenbach weder Grenzzäune noch Grenzsicherungsanlagen. Lediglich bewaffnete Grenzpolizisten patrouillierten im Grenzbereich, um gegen „illegale Grenzgänger" vorzugehen. Erwin Vogt fuhr auf einem Weg, der von Fuhrbach bei Duderstadt im Landkreis Göttingen nach Sonnenstein/Wehnde im thüringischen Eichsfeld führte. Nach etwa vier Kilometern auf DDR-Gebiet traf er gegen 5.45 Uhr an einer Weggabelung plötzlich auf zwei DDR-Grenzpolizisten, die eine am Vorabend im Grenzgebiet festgenommene Frau ins nahe gelegene Wehnde bringen sollten. Als Vogt an der Gruppe vorbeifuhr, rief einer der Polizisten: „Halt! Stehenbleiben! Grenzpolizei!" Da er dem nicht Folge leistete und seine Fahrt beschleunigte, luden die beiden Volkspolizisten ihre Karabiner durch und gaben Warnschüsse ab. Nachdem der Flüchtende dennoch weiterfuhr, zielte Herbert O. nach eigenen Angaben freihändig auf den Hinterreifen des inzwischen ca. 150 Meter entfernten Fahrrads. Die Kugel traf Erwin Vogt in den Rücken. Herbert O. (Jg. 1929), schilderte seinen Vorgesetzten das weitere Geschehen seinerzeit folgendermaßen: „Der Radfahrer zuckte zusammen und bediente nicht mehr die Pedale. Er fuhr noch ein Stück ca. 20 mtr. und bog dann nach links in den Waldrand ein. Hier stürzte er vom Rad und blieb reglos liegen." Er sei sofort zu dem Mann gelaufen und habe eine Schußverletzung mit starken Blutungen festgestellt. „Von der Stelle, wo der Radfahrer getroffen wurde, bis zu diesem Punkt, wo er vom Rad stürzte, war eine gut sichtbare Blutspur festzustellen." Der Schütze rannte zu dem Getroffenen, nahm dessen Fahrrad und fuhr damit in seine Dienststelle, um Hilfe zu holen.

Erwin Vogt, der seine Frau, eine zweijährige Tochter und einen dreijährigen Sohn hinterließ, wurde in dem kleinen niedersächsischen Grenzdorf Brochthausen beigesetzt. Laut einem Artikel der Illustrierten *Stern* stimmte der dortige Gemeindedirektor zunächst einer Beerdigung in seinem Dorf nicht zu, da er „keinen Mord decken" wollte. „Der Leichenwagen fährt wieder über die Grenze in die Ostzone. Hier wird ein Grab geschaufelt für Erwin Vogt. Da meldet sich die Mutter und bittet, dem Sohn ein Grab in der Westzone zu geben, damit seine Frau und seine beiden Kinder zur Beerdigung kommen können. Als Toter fährt Erwin Vogt zum zweiten Mal über die Grenze, die er lebend nicht überschreiten durfte."

Das Landgericht Mühlhausen verurteilte im April 2000 den früheren DDR-Grenzpolizisten Artur Herbert O. in erster Instanz wegen Körperverletzung mit Todesfolge zu einer Freiheitsstrafe von zehn Monaten auf Bewährung. Der Bundesgerichtshof hob das Urteil im Dezember 2000 auf und sprach den Angeklagten frei, da Zweifel an der Rechtswidrigkeit der Tat bestünden. (Recherche: jk, MP, St.A.; Autor: jos.)

Quellen:

Volkspolizei-Grenzbereitschaft Ellrich; Instrukteur K.: Abschrift/Bericht vom 8. September 1950 betr.: Schußwaffengebrauch mit tödlichem Ausgang. ThStA Weimar StA Erfurt 10086.

Staatsanwaltschaft Erfurt: Ermittlungsverfahren wegen Totschlags Gegen Wolfgang H. und Otto H. StA Erfurt 520 Js 96136/97, zuvor 27/2 Js 983/92 StA Berlin, Einstellung nach § 170, Abs. 2 am 21.1. 1998.ThHStA Weimar, StA Erfurt 10086-1091.

Staatsanwaltschaft Erfurt: Ermittlungsverfahren wegen Totschlags, 520Js 96136/97-1 Ks. Sammlung Marxen/Werle, Humboldt-Universität Berlin.

Ein Toter reist durchs Niemandsland. *Der Stern*, Heft 40, 3. Jahrg., 01.10.1950.

Auszüge der BGH-Entscheidung vom 01.01.2000 sind abgedruckt in: *Neue Justiz*, 3/2001, S. 152.

Paul Gullasch

geboren am 16. März 1902 in Lübbenau
gestorben an den Folgen einer Schussverletzung am 24. September 1950
Ort des Zwischenfalls: nördlich von Schierke (Sachsen-Anhalt)

Am Nachmittag des 23. September 1950 kontrollierten die Grenzpolizisten Huldreich H. und Oberwachtmeister A. die Grenze im Abschnitt Schierke. Gegen 17.50 Uhr beobachteten sie, wie eine Frau und ein Mann von Westen her über die Grenze kamen. Die Grenzgänger bemerkten ebenfalls die Anwesenheit der Grenzpolizisten und trennten sich. Huldreich H. wollte die Frau festnehmen, doch in dem felsigen Gelände verlor er sie aus den Augen. Der 20-jährige A. dagegen konnte sich der männlichen Person nähern. Als er ihn aus einer Entfernung von 100 Metern aufforderte stehenzubleiben, versuchte der Grenzgänger zu entkommen.

Es handelte sich um den Schuhmacher Paul Albert Gullasch aus Elbingerode. Der 48-Jährige war der Kommandantur der DDR-Grenzpolizei in Benneckenstein bereits mehrfach als Grenzgänger aufgefallen. Vielleicht nutzte er die Nähe zu Braunlage in Niedersachsen für Einkäufe, möglicherweise betätigte er sich auch als Grenzführer. Jetzt, am Nachmittag des 23. September 1950, rannte er bergauf in einen Nadelwald hinein, um seiner Festnahme zu entgehen. Laut einem Bericht der Grenzpolizei feuerte Oberwachtmeister A. daraufhin mit seinem Karabiner einen Warnschuss ab. Weil der Flüchtende nicht stehenblieb, schoss er anschließend viermal gezielt auf ihn. Paul Gullasch brach von einem Bauchschuss getroffen zusammen. Nachdem die beiden Grenzpolizisten ihm einen Notverband angelegt hatten, wurde Gullasch mit einem Fahrzeug ins Grenzkommando gebracht. Von dort überführte ihn ein Arzt aus Schierke in das Kreiskrankenhaus Wernigerode. Der Verletzte war bereits bewusstlos, als der Mediziner dort eintraf. Noch in den Nachtstunden, am 24. September 1950 um 0.30 Uhr, verstarb Paul Gullasch. Er hinterließ seine Frau Anna, mit der er seit 1942 verheiratet war, und einen gemeinsamen Sohn.

Der ehemalige Oberwachtmeister A. der Grenzpolizei erklärte 1992 auf Fragen der Ermittler zum Tathergang, er habe lediglich ungezielte Warnschüsse seitwärts des Flüchtenden abgegeben. Einer davon müsse Gullasch als Querschläger getroffen haben. Die Staatsanwaltschaft Magdeburg stellte am 6. Juli 2000 das Verfahren gegen A. wegen Totschlags ein. Weder aus gerichtsmedizinischer noch aus ballistischer Sicht war die Aussage, dass Paul Gullasch von einem Querschläger getroffen worden sei, nicht zu widerlegen. (Recherche: jk, St.A.; Autor: jk)

Quellen:

LDVP Weimar an die HVDVP, Einsatzstab Berlin: Ergänzungsbericht vom 26. September 1950. BArch Freiburg, DVH 27/130292.

Staatsanwaltschaft Magdeburg: Einstellungsverfügung vom 06.07.2000. StA Magdeburg, 33 Js 45746/95.

ZERV: Auswertung Tote an der innerdeutschen Grenze. LAB, D Rep. 120–02, Acc. 8346, 2 Js 240/92.

Auskunft des Standesamtes Lübbenau/Spreewald vom 01.08.2016.

Sterbeurkunde Nr. 545. Wernigerode, 30.12.1950. Stadtarchiv Wernigerode.

Herbert Muhs

geboren am 27. November 1929 in Lübeck

erschossen am 25. September 1950

Ort des Zwischenfalls: Trave bei Dummersdorf, Lübeck (Schleswig-Holstein)

Bildquelle: privat O.M.

Herbert Walter Theodor Muhs wuchs in Dummersdorf, einem Ortsteil von Lübeck, westlich der Trave auf. Gegenüber dem Dummersdorfer Ufer mit seiner Steilküste liegt das östliche Selmsdorfer Ufer. Eine Landzunge trennt dort die Große von der Kleinen Holzwiek. Das östliche Ufer lag damals nur 300 bis 400 Meter vom westlichen Ufer entfernt. Die Kinder aus der näheren Umgebung kamen häufig zum Spielen und Baden.

Nachdem der Vater von Herbert Muhs die Familie verlassen hatte, kümmerte sich seine Mutter allein um ihre sechs Kinder. Herbert half ihr als Drittältester so gut er konnte und sorgte für seine jüngeren Geschwister. Am Montag, dem 25. September 1950, trafen sich Herbert und sein elf Jahre jüngerer Bruder Ingo mit einem befreundeten Brüderpaar und aßen mit deren Familie zu Mittag. Anschließend machten sich die Jungen auf den Weg zum Dummersdorfer Ufer. Herbert Muhs hatte ein Einmannschlauchboot aus ehemaligen Luftwaffenbeständen auf den Gepäckträger seines Fahrrades geschnürt. Er hatte schon einige Male zuvor die Trave überquert, um auf der Ostseite bei Bauernhöfen in Selmsdorf oder Schönberg etwas Essbares zu besorgen. Das verkaufte er dann im Westen oder tauschte es gegen andere Waren ein. An der Trave bliesen die Jungs das Schlauchboot auf. Als das Boot für die Überfahrt bereit war, äußerte Herbert Muhs gegenüber den Anderen, dass er Angst habe und eigentlich nicht mehr „rüber" wolle. Aber der Gedanke an die Notlage der Familie muss dann doch sein mulmiges Gefühl überwogen haben. Sein Bruder und seine Freunde vereinbarten, vom westlichen Ufer aus die Überfahrt zu beobachten und ihn im Falle einer Gefahr durch lautes Pfeifen zu warnen. Herbert Muhs stieg in das etwa 1,50 Meter lange Schlauchboot. Als Paddel dienten ihm zwei entsprechend zurechtgesägte kurze Bretter. Für den geplanten Transport der Nahrungsmittel nahm er einen Sack mit. Am mecklenburgischen östlichen Ufer angekommen, zog er das Boot an Land und versteckte es im Buschwerk. Dann bewegte er sich vorsichtig in Richtung des nahe gelegenen Waldes. Nach nur wenigen Schritten sah er vier Uniformierte, die aus dem Wald direkt auf ihn zukamen. Sein Bruder Ingo und seine Freunde beobachteten vom westlichen Traveufer aus, wie er plötzlich umkehrte, das Schlauchboot ergriff und zurück zum Ufer rannte. Dabei verlor er seine Pudelmütze, die beiden Holzpaddel und der Sack fielen aus dem Boot. Am Wasser angekommen, warf er sich sofort der Länge nach ins Boot und paddelte mit den Händen los. Die ihn verfolgenden Grenzposten eröffneten augenblicklich das Feuer auf das Schlauchboot. Die Jugendlichen am westlichen Ufer warfen sich flach auf den Boden, um nicht getroffen zu werden. Herbert Muhs hatte sich, mit beiden Händen paddelnd, schon ein gutes Stück vom Ufer entfernt, als einer der Grenzposten niederkniete und gezielt auf ihn schoss. Von diesem Moment an rührte sich Herbert Muhs nicht mehr. Das Schlauchboot drehte leicht ab und trieb in Richtung Kleine Holzwiek. Durch die Schüsse aufmerksam geworden, beobachteten Arbeiter von einem Bergungsschiff aus das Geschehen. Sie befanden sich vor Ort, um mit schwerem Gerät ein im Krieg gesunkenes U-Boot zu heben. Vom Bergungsschiff aus steuerte dann eine kleine Barkasse mit einem Ruderboot im Schlepp langsam an das treibende Schlauchboot heran. An die Grenzposten gerichtet, die sie für sowjetische Soldaten hielten, rief die Bootsbesatzung: „Hallo Posten, hier getroffen, Kamerad tot!" Doch vom östlichen Ufer erfolgte keine Reaktion, die DDR-Grenzpolizisten hatten sich bereits wieder in den Wald zurückgezogen. Die Barkasse schleppte das Schlauchboot zum Dummersdorfer Ufer. Den dort wartenden Freunden und dem Bruder von Herbert Muhs bot sich ein schrecklicher Anblick. Ingo Muhs sagte später aus: „Er lag auf dem Bauch, der Länge nach im Boot, Kopf und Füße lagen auf dem Wulst. Im Boot war alles voller Blut." Während kurz darauf ein Boot der Wasserschutzpolizei aus Schlutup und ein Arzt aus Dummersdorf eintrafen, eilte Ingo Muhs nach Hause, um seiner Mutter die schreckliche Nachricht zu überbringen. Wie die ärztliche Untersuchung der Leiche ergab, hatte das tödliche Geschoss Herbert Muhs in den Rücken getroffen und zu schweren inneren Verletzungen geführt.

Die *Lübecker Nachrichten* berichteten tags darauf, Augenzeugen hätten durch ein Fernglas beobachtet, dass sich die Grenzposten nach der Einstellung des Feuers zunächst Zigaretten anzündeten und dann im Wald verschwanden. Im Familien- und Freundeskreis von Herbert Muhs vermutete man, dass die DDR-Grenzer im Wald auf der Lauer lagen und ihn dort erwarteten, denn durch eine frühere Festnahme wusste die DDR-Grenzpolizei von seinen heimlichen Einkaufsfahrten über die Trave.

Die Erfassungsstelle der Landesjustizverwaltungen in Salzgitter registrierte den Todesfall erst im Oktober 1994 nach einer Anzeige aus dem Familienkreis. Die danach angestrengten staatsanwaltschaftlichen Ermittlungen liefen trotz intensiver Bemühungen ins Leere. Zeugenaufrufe in Presse und Fernsehen erbrachten keine weiterführenden Hinweise über die tatbeteiligten Grenzpolizisten. (Recherche: MP, US; Autorin: MP)

Quellen:
StA II bei dem LG Berlin: Ermittlungsverfahren wegen Totschlags z. N. Herbert Muhs, 27/2 Js 383/91. LAB, D Rep. 120-02 ZERV.
Sterbeeintrag Herbert Muhs im Sterberegister III 61/1950. Archiv Hansestadt Lübeck.
Zeitzeugengespräche Mandy Palme mit O.M. (Schwester) am 02.11.2016 und am 16. November 2016.
Filmer, Werner/Schwan, Heribert: Opfer der Mauer. Die geheimen Protokolle des Todes. München 1991, S. 159.

Gerhard Oelze

geboren am 26. Juni 1920 in Magdeburg
erschossen am 27. Oktober 1950
Ort des Zwischenfalls: Walbeck, nahe Schwanefeld (Sachsen-Anhalt)

In der Mittagszeit des 27. Oktober 1950 traten die beiden Radsportler Gerhard Oelze und Gerhard Zöffzig ihren Rückweg über die Grenze zwischen Sachsen-Anhalt und Niedersachsen an. Schon oft waren sie im Westen, um dem Radrennsport nachzugehen und an Radrennen teilzunehmen. Diesmal wollten sie allerdings nur Ersatzteile für ihre Räder und ein paar Lebensmittel besorgen. Nach erfolgreichen Einkäufen hatten sie ihre Rucksäcke vollgepackt und ihre Fahrräder mit Kisten beladen. Ein reger Schmuggelverkehr über die grüne Grenze gehörte zur damaligen Normalität. Die sowjetischen und deutschen Grenzposten ignorierten lange die „illegalen" Grenzgänger oder sprachen allenfalls geringe Strafen aus. Diese Situation änderte sich jedoch nach der DDR-Gründung, die früher geduldeten Grenzübertritte wurden zunehmend riskanter. Auf der Westseite begegneten die Radfahrer einem Posten, der sie darauf hinwies, dass auf ostdeutscher Seite neue, möglicherweise strenger kontrollierende Grenzposten ihren Dienst aufgenommen hätten. Nach diesem Hinweis stiegen die jungen Männer von ihren Rädern und schoben sie entlang des Feldweges in Richtung Beendorf. Nachdem sie ein Waldstück durchquert hatten, beobachteten sie die Gegend und hielten Ausschau nach Grenzposten.

Gegen 13.30 Uhr entdeckten die Grenzpolizisten des Kommandos Walbeck die beiden Radfahrer und forderten sie auf stehenzubleiben. Da sie dem nicht Folge leisteten, gaben die Grenzer mehrere Warnschüsse ab. Daraufhin schwangen sich die beiden Radfahrer wieder auf ihre Sättel und fuhren entlang eines schmalen Feldweges in Richtung Beendorf. Berichten der Volkspolizei zufolge erhöhten die beiden ihre Geschwindigkeit und versuchten, „in wilder Flucht" zu entkommen. Die Grenzpolizisten eilten ihnen zu Fuß hinterher und gaben weitere Warnschüsse ab.

Bei einer Vernehmung in den 1990er Jahren verwies einer der damals beteiligten Posten auf die „Instruktionen für die Grenzpolizeiorgane zum Schutz der Grenze und der Demarkationslinie der SBZ Deutschlands". Er habe gemäß der Schusswaffengebrauchsbestimmung gehandelt. Da auf dem Nachbarabschnitt der Grenze keine weiteren Grenzstreifen auftauchten, habe er aus etwa 450 Metern Entfernung einen gezielten Schuss „ohne Visiereinstellung etwa einen Meter vor das Vorderrad des vorausfahrenden" Gerhard Oelze abgegeben. Dabei habe er darauf vertraut, „den Radfahrer jedenfalls aus dieser Entfernung nicht mehr tödlich zu treffen". Die Kugel traf jedoch. Von hinten getroffen stürzte der 24-jährige Gerhard Oelze vom Rad und blieb bewegungslos liegen. Gerhard Zöffzig fuhr weiter und entkam. Einer der Grenzpolizisten kümmerte sich um den Verletzten, während der andere einen Arzt aus Beendorf herbeiholte. Gerhard Oelze erlag noch am Unglücksort seinen schweren Verletzungen. Als der Arzt nach 20 Minuten eintraf, stellte er fest, dass Gerhard Oelze an inneren Verletzungen verblutet war. Man brachte den Toten nach Beendorf in die Leichenhalle des Friedhofs. Am 2. November 1950 gaben ihm seine Angehörigen und Freunde auf dem Magdeburger Westfriedhof das letzte Geleit. Der Radsportler hinterließ seine Verlobte. Seine Mutter reichte wiederholt eine Todesanzeige für ihren Sohn ein. Sie erhielt die Anzeige jedoch mehrfach zurück, das Wort „Grenze" sollte im Text nicht auftauchen.

Das Landgericht Magdeburg sprach den Todesschützen am 25. Januar 1995 frei. In der Begründung des Freispruches hieß es, für den damals 19-jährigen Volkspolizei-Wachtmeister Josef K., der erst seit einigen Monaten an der innerdeutschen Grenze seinen Dienst verrichtete, entfalle zwar grundsätzlich die rechtfertigende Wirkung der damals gültigen Schusswaffengebrauchsbestimmung. Jedoch habe eine objektiv erkennbare Gefahrenlage vorgelegen, weil sich die beiden Radfahrer anders verhalten hätten als die übrigen Grenzgänger. Da sie sich von West nach Ost bewegten, habe ihr Verhalten bei den Grenzpolizisten die begründete Vermutung ausgelöst, „dass ihre Flucht auch anders hätte motiviert sein können. Insoweit stehen der rechtfertigenden Wirkung der Schusswaffengebrauchsbestimmung für diesen konkreten Fall keine durchgreifenden Bedenken entgegen". Es liege jedoch eine „fahrlässige Tötung im Rahmen der Grenzsicherung" vor. (Recherche: MP, TP, US; Autorin: MP)

Quellen:

DGP: Berichte und Meldungen über Schußwaffengebrauch 1949–1953, BArch Freiburg, DVH 27/130291.

LG Magdeburg: Urteil vom 29.3.1995, 32 Js 39753/93. Staatsanwaltschaft Magdeburg.

LG Magdeburg: Urteil vom 25.1.1995, 22 Ks 33 Js 39753/93 (5/94). In: Deutsch-Deutsche Rechtszeitschrift. München 1995, S. 380 f.

Standesamt Magdeburg-Altstadt, Geburtseintrag Nr. 1897/1920, Gerhard Oelze. Standesamt Magdeburg, Auskunft vom 26.10.2016.

Standesamt Beendorf: Sterbeurkunde Nr. 16/1950, Gerhard Oelze. Verbandsgemeinde Flechtingen, Standesamt, Auskunft vom 22.09.2016.

Filmer, Werner/Schwan, Heribert: Opfer der Mauer. Die geheimen Protokolle des Todes. München 1991, S. 160.

Schätzlein, Gerhard: Flucht aus der DDR von 1950 bis 1989. Mellrichstadt 2015, S. 25.

Anneliese Walter

geboren am 19. April 1920 in Quedlinburg

gestorben nach Schussverletzung am 28. Oktober 1950

Ort des Zwischenfalls: an der ehemaligen Bahnlinie zwischen Wasserleben (Sachsen-Anhalt) und Vienenburg (Niedersachsen)

Die 29-jährige Anneliese Marie Martha Walter lebte mit ihrem Ehemann, dem Maschinenschlosser Alfred Hermann Gustav Walter, und der gemeinsamen Tochter in Westerhausen, das heute ein Ortsteil von Thale ist. Alfred Walter hatte dort nach dem Krieg als Gleisbauarbeiter bei der Deutschen Reichsbahn Arbeit gefunden.

Bevor die Grenzüberwachung 1952 verstärkt wurde, erlaubte die Nähe zu Niedersachsen den Harzbewohnern noch Familienbesuche und Einkäufe in der Bundesrepublik. Um nicht in die Kontrollen der DDR-Grenzpolizei zu geraten, mussten die Wege dorthin jedoch in der Dunkelheit zurückgelegt werden. In der Nacht vom 26. zum 27. Oktober 1950 machte sich Anneliese Walter auf den Weg in das gut 40 Kilometer entfernt liegende Vienenburg.

Die Rückkehr trat sie am 28. Oktober in den frühen Morgenstunden an. Die Temperaturen sanken auf den Gefrierpunkt, der Boden war schneebedeckt. Diesmal hatte sie sich vier weiteren Grenzgängern angeschlossen, mit denen sie gegen 4 Uhr nahe der stillgelegten Bahnstrecke nach Wasserleben die Grenze passierte. Hinter sich konnten sie noch die Lichter von Vienenburg sehen. Als ihnen wenige Augenblicke später von zwei Posten der DDR-Grenzpolizei aus etwa 200 Metern Entfernung zugerufen wurde, sie sollten stehenbleiben, und kurz darauf ein Warnschuss krachte, versuchten sie, wieder über die Grenze in den Westen zurückzulaufen.

Die Grenzpolizisten Oberwachtmeister Manfred S. und Wachtmeister Franz M. hatten kurz zuvor eine Gruppe von neun Grenzgängern gestellt. Nun zeichneten sich im Schnee fünf weitere Personen ab, die die Grenze überquert haben mussten. Um ihre Flucht zu stoppen, gab Manfred S. einen gezielten Schuss auf die Gruppe ab. Das Geschoss verletzte zunächst Frieda Leuschner aus Quedlinburg und traf dann die hinter ihr gehende Anneliese Walter in den Bauch. Beide Frauen stürzten zu Boden, ihre Wunden bluteten stark. Manfred S. lief zur Kommandantur Lüttgenrode, um Meldung zu erstatten und einen Krankenwagen anzufordern. Während Wachtmeister M. Erste Hilfe leistete, nutzten die bereits gestellten Grenzgänger die Gelegenheit und ergriffen die Flucht. Nach 4.30 Uhr brachte ein Krankenwagen Anneliese Walter und Frieda Leuschner in das Krankenhaus Osterwieck. Frau Walter starb noch am gleichen Tag um 9.15 Uhr. Frieda Leuschner musste noch vier Wochen im Krankenhaus bleiben, bis ihre Verletzung, ein Hüftdurchschuss, verheilt war. Sie sagte 1992 gegenüber den Ermittlern der ZERV aus, dass sie weder einen „Halt"-Ruf der Grenzpolizisten noch einen Warnschuss gehört habe.

Zwei Monate nach dem Tod seiner Ehefrau wandte sich Alfred Walter mit einem Brief an den Präsidenten der DDR Wilhelm Pieck und bat um finanzielle Unterstützung. „Leider ist es mir unmöglich die Bestattungskosten zu tragen, denn ich selber kann mir diese Ausgaben nicht erlauben, zumal ich bei der Reichsbahn als Gleisbauarbeiter beschäftigt bin und noch meine Tochter zu ernähren habe." Zu dieser Zeit untersuchte die Mordkommission der Magdeburger Volkspolizei noch den Vorfall. Da die Mordkommission dem Schützen kein vorsätzliches oder fahrlässiges Verhalten vorwerfen konnte, stellte die Staatsanwaltschaft Magdeburg am 8. Februar 1951 das Strafverfahren gegen Manfred S. wieder ein. Auf der Grundlage dieses Beschlusses lehnte die Hauptverwaltung der Deutschen Volkspolizei am 16. April 1951 die von Alfred Walter erbetene Unterstützung ab. Sie teilte dem Witwer mit, „daß die Grenzpolizisten in Ausübung ihres Dienstes rechtmäßig handelten und die Schuld einwandfrei auf Seiten Ihrer Frau liegt".

Alfred Walter starb im Februar 1989 in Quedlinburg. Als 1993 der Schütze als Beschuldigter von der Polizei vernommen wurde, beteuerte Manfred S., nur einen Warnschuss abgegeben zu haben, und zeigte sich überrascht, dass aufgrund seines Schusswaffengebrauchs eine Frau getötet und eine weitere schwer verletzt worden war. (Recherche: jk; Autor: jk)

Quellen:

Kommando der DGP/Abt. Operativ: Berichte über Schußwaffengebrauch 1950–1953. BArch Freiburg, DVH 27/130292.

Anklageschrift an das Landgericht Halle/Große Jugendkammer gegen den Rentner Hans Manfred S. In: StA Erfurt 520 Js 96136/97 wg. Totschlag [Fall Erwin Vogt] zuvor 27/2 Js 983/92 StA Berlin. ThHStA Weimar, StA Erfurt 10087.

Filmer, Werner/Schwan, Heribert: Opfer der Mauer. Die geheimen Protokolle des Todes. München 1991, S. 161.

ZERV: Auswertung „Tote an der innerdeutschen Grenze". LAB, D Rep. 120–02, Acc. 8346, 2 Js 1117/92.

Richard Hillebrand

geboren am 31. Januar 1901 in Hohengandern
erschossen am 28. Januar 1951
Ort des Zwischenfalls: Rimbach/Arenshausen
(Thüringen)

Bildquelle: Privat,
Familie Lieven / Schülke

Richard Hillebrand lebte 50 Jahre in seinem Heimatdorf, dem thüringischen Hohengandern, einer kleinen Gemeinde im Eichsfeld. Er arbeitete bei der Reichsbahn und in der Nachkriegszeit als Schlosser im Bahnausbesserungswerk Göttingen. Mit seiner Frau Agnes hatte er drei Kinder. Bis Mitte 1950 besaß Richard Hillebrand wie auch andere Pendler aus der Gegend Passierscheine, die ihnen die tägliche Heimkehr von ihren Arbeitsstätten im Westen gestatteten. Als diese Passierscheine durch die DDR abgeschafft wurden, kamen die Pendler in der Regel nur noch am Wochenende illegal nach Hause. Wie Ermittler in den 1990er Jahren feststellten, versuchte Richard Hillebrand, am Abend des 28. Januar 1951 zusammen mit seinem Bruder Robert und Andreas Klöppner von der Ostseite aus in den Westen zu gelangen. An diesem Sonntagabend herrschte trübes Wetter. Die drei Männer liefen von Hohengandern nach Allendorf und bogen von der Straße auf einen Feldweg in Richtung Grenze ein. Vom Bahnhof Eichenberg auf der hessischen Seite wollten sie dann nach Göttingen fahren, um rechtzeitig am Montag zur Arbeit zu kommen. Gegen 18.20 Uhr fielen sie in der Feldmark einer Streife der DDR-Grenzpolizei auf, die sie zum Stehenbleiben aufforderte. Dem kamen die drei Männer nicht nach, sondern ergriffen in verschiedene Richtungen die Flucht. Robert Hillebrand erinnerte sich an den Zuruf seines Bruders, er solle sich „hinschmeißen". In diesem Moment fiel der erste Schuss. Richard Hillebrand wurde von zwei Kugeln getroffen. Der ortsansässige Arzt konnte nur noch seinen Tod durch einen Herztreffer feststellen. Richard Hillebrand starb drei Tage vor seinem 50. Geburtstag. Andreas Klöppner wurde im Grenzraum und Robert Hillebrand später in seiner Wohnung festgenommen.

Agnes Hillebrand schilderte später, wie sie am 28. Januar 1951 vom Tod ihres Mannes erfuhr, als sie gegen 20 Uhr ihre Wohnung verließ, um eine Nachbarin zu besuchen. Auf der Straße sei ihr in der Dunkelheit eine weinende Frau entgegengekommen. „Sie rief mir entgegen: ‚Eben haben sie Hillebrand's Richard erschossen!' Es war eine Frau S., die sehr erschrocken war, als sie mich erkannte. Ich wurde ohnmächtig, und man brachte mich in [...] die Wohnung meiner Schwägerin, die in der Nähe war. Als ich mich etwas erholt hatte, wollte ich zu meinem Mann. Bekannte und Nachbarn, die sich eingefunden hatten, begleiteten mich an den Tatort. Eine Gruppe Volkspolizisten hielt uns aber mit vorgehaltenen Waffen zurück. All' mein Reden half nichts, wir mussten zurückkehren. Die VOPO sagte mir, dass ich meinen Mann noch bekäme, aber erst müsste die Mordkommission dagewesen sein."

Nachdem die Witwe die Grenzpolizei in der Öffentlichkeit des Mordes beschuldigte, hörte sie von einem bei der Kriminalpolizei beschäftigten Bekannten unter dem Siegel der Verschwiegenheit, dass ihre Verhaftung bevorstand und ihre Kinder in ein Heim eingewiesen werden sollten. Daraufhin flüchtete sie Hals über Kopf mit ihren neun und zehn Jahre alten Töchtern und ihrem dreijährigen Sohn in den Westen. Im Aufnahmelager Friedland hielt sich A. Hillebrand mit ihren drei Kindern ca. 8 Monate auf. In diesem Zeitraum befragte sie ein Journalist über den Vorfall des 28. Januar 1951. Er berichtete danach in der Zeitung unter der Schlagzeile: „Ein Mord wird belohnt. Ein Volkspolizist spielt Schicksal. Er erschoß aus Willkür einen Vater. Für den Mord wurde er befördert." Frau Hillebrand erstattete im März 1962 bei der Staatsanwaltschaft in Braunschweig Anzeige gegen Unbekannt wegen der Erschießung ihres Mannes.

Die Ermittlungsbehörden in Westdeutschland kannten seit 1953 den Namen der Todesschützen. Es handelte sich um den späteren Major der DDR-Grenztruppen Willi Vogler. Ermittlungen gegen einen weiteren Verdächtigen namens Dölle wurden aufgrund von Zeugenaussagen nicht weiter verfolgt. Ein in den Westen geflüchteter ehemaliger DDR-Grenzpolizist sagte 1953 im Aufnahmelager Göttingen aus, Vogler habe ihm das Geschehen vom 28. Januar 1951 folgendermaßen geschildert: „Als Hillebrand auf den ersten Anruf nicht sofort stehengeblieben sei, habe er unverzüglich geschossen und habe ihn in den linken Unterarm getroffen. Dabei sei Hillebrand hingefallen und er selbst sei unverzüglich auf Hillebrand zugelaufen und hätte ihn anschließend mit der Pistole erschossen. Den ersten Schuß habe er mit dem Karabiner abgegeben. Warum V. nun anschließend H. erschossen hat, weiß ich nicht. V. hat darüber nichts erwähnt. Er erwähnte nur noch, daß er Hillebrand nach dem ersten Schuß mit dem Fuß umgedreht habe und danach den Pistolenschuß abgegeben habe." Zu seiner Strafverfolgung Voglers kam es nach der Wiedervereinigung nicht, er war 1992 verstorben. (Recherche: jk, MP, St.A., TP; Autor: jos.)

Quellen:

Deutsche Volkspolizei: Meldung vom 29.01.1951, zit. nach Filmer, Werner; Schwan, Heribert: Opfer der Mauer. Die geheimen Protokolle des Todes. München 1991, S. 161.

ZESt: Strafsache wegen Totschlags: ZESt AR-ZE 49/62. BArch Koblenz, B 197/171.

Staatsanwaltschaft bei dem Landgericht II Berlin: Ermittlungsverfahren wegen Totschlags. LAB, D Rep. 120-02, Acc. 8346, Az. 2 Js 76/93.

ZERV: Auswertung der „Toten der Grenze", StA LG Berlin, Schlußvermerk vom 1.9.1995. LAB, D Rep. 120-02, Acc. 8346, Az. 2 Js 76/93.

Angaben zum damaligen Geschehen von Frank Lieven (Enkel), übermittelt am 25. April 2017 im Namen der Töchter Margarethe Lieven und Barbara Schülke.

Harry Krause

geboren am 9. September 1940 Neuhof, Krs.
Deutsch Krone (heute Nowy Dwór, Polen)

erschossen am 31. Januar 1951

Ort des Zwischenfalls: Goldensee bei Groß
Thurow (Mecklenburg-Vorpommern)

Bildquelle: Familie Krause

Der Chef des Grenzkommandos Groß Thurow hatte den Einwohnern des Dorfes versichert, die Aufgabe der Grenzpolizei sei es, „Agenten, Schieber und sonstige illegale Grenzgänger" zu ergreifen. Dabei müsse notfalls auch von der Schusswaffe Gebrauch gemacht werden. Als ein Grenzpolizist jedoch einen zehnjährigen Jungen erschoss, verschlechterte sich das Verhältnis der Dorfbewohner zur Grenzpolizei in Groß Thurow schlagartig.

Harry war das jüngste von vier Kindern der Familie Krause, die vor den Kampfhandlungen im Zweiten Weltkrieg nach Groß Thurow geflohen war. Die Familie wohnte unweit des Goldensees auf einem Bauernhof. Im Winter war es üblich, auf dem See Schlittschuh zu laufen, obwohl das gegenüberliegende Ufer bereits zur Bundesrepublik gehörte. Auch von dort, vom Gut Goldensee, kamen die Kinder aufs Eis – man spielte miteinander, versorgte sich mit Süßigkeiten. All dies tolerierte die Grenzpolizei.

Am letzten Januartag des Jahres 1951 überquerten der ältere Bruder von Harry Krause und dessen Freund Helmut den zugefrorenen Goldensee. Sie wollten auf der bundesdeutschen Seite an Bekannte Lebensmittel verkaufen. Der zehnjährige Harry, der als lustiger, sympathischer Junge beschrieben wird, folgte ihnen unbemerkt auf seinen Schlittschuhen. Als er sich dem westlichen Ufer näherte, fiel plötzlich ein Schuss. Der Junge brach getroffen zusammen.

Harry Krause (vorn 2. von rechts) im Kreis seiner Familie
Quelle: Familie Krause

Nach den Unterlagen der Grenzpolizei bemerkten gegen 15 Uhr zwei Grenzpolizei-Wachtmeister den Jungen, den sie für einen Jugendlichen hielten. Aus einem Abstand von 900 Metern wähnten sie ihn 30 bis 40 Meter vom westlichen Ufer entfernt. Nach einem Bericht des Staatssicherheitsdienstes habe nun einer von ihnen, der 18-jährige Grenzpolizist Otto R., der seit einem halben Jahr im Dienst des Kommandos Groß Thurow stand, seinen Karabiner vom Rücken genommen und sei, die entsicherte Waffe in Hüfthöhe, zum Ufer gelaufen, um einen Warnschuss abzugeben. Dabei habe sich versehentlich ein Schuss gelöst. Otto R. und sein Kollege hätten beobachtet, wie der „Grenzgänger" – der zehnjährige Harry Krause – noch 15 Meter weiter gelaufen, dann aber weinend zusammengebrochen sei. Daraufhin habe ihn jemand vom westlichen Ufer an Land gezogen. Die beiden Grenzpolizisten gaben weiterhin an, dass sie glaubten, die Person sei gestolpert und deshalb gestürzt. Dass eine Kugel aus so großer Entfernung getroffen haben könnte, zogen sie erst gar nicht in Erwägung und setzten ihren Streifenweg fort. Unterdessen hatten Kinder, die das Geschehen beobachteten, Harry Krauses Vater Bescheid gegeben. Sofort machte sich dieser auf den Weg zur anderen Seite der Grenze. Die Rückkehr muss ihn viel Kraft gekostet haben: Hinter sich, im Schlitten, zog er die Leiche seines Jungen, eingepackt in Decken. Die Bewohner des Dorfes kamen ihnen entgegen, sie waren traurig und wütend zugleich über diese Tat. Wachtmeister Otto R. hatte den kleinen Harry Krause tödlich getroffen. Gegen 20 Uhr traf die Mordkommission der Polizei aus Schwerin in Groß Thurow ein. Sie nahm die Aussagen der beiden Grenzpolizisten auf, überprüfte diese jedoch nicht, weil es für eine Rekonstruktion des Vorgangs schon zu dunkel war. Ein Arzt aus Schlagsdorf untersuchte die Leiche und vermutete einen Herzsteckschuss als Todesursache. Als Harry Krause im nahen Roggendorf bestattet wurde, standen die Kinder aus Groß Thurow um den hellen Sarg und nahmen Abschied von ihrem Freund. Auf den Grabstein ließen die Eltern gravieren: „Dem Auge fern, dem Herzen ewig nah". Die offizielle Version, dass sich der tödliche Schuss auf Harry Krause nur versehentlich gelöste habe, mochte im Ort niemand so recht glauben.

*Harry Krauses nicht mehr erhaltenes Grab mit der
Inschrift: „Dem Auge so fern, dem Herzen so nah"
Quelle: Familie Krause*

Zwei Monate nach dem Vorfall wandte sich ein Staatssekretär des DDR-Innenministeriums, von Berichten über die negative Stimmungslage in Groß Thurow und Umgebung alarmiert, an den Chef der Deutschen Volkspolizei und an den stellvertretenden DDR-Innenminister Karl Maron, denen er den Todesfall sowie das aus seiner Sicht unverständliche Verhalten des Grenzpolizeikommandos Groß Thurow beschrieb: „[...] von unserer Seite aus ist nichts geschehen. Es wurde nicht einmal mit Familie Krause gesprochen. Bei der Beisetzung hätte die westliche Polizei einen Kranz geschickt, [während] seitens unserer Volkspolizei aber nicht einmal eine Erklärung über den bedauerlichen Vorfall abgegeben worden ist. Ich bitte diese Angelegenheit zu überprüfen, insbesondere auch in der Richtung, dass bei solch einem Vorfall die Volkspolizei dann auch den Mut haben muss, mit den betreffenden Leuten zu sprechen."

Tatsächlich war Otto R. lediglich disziplinarisch mit Arrest bestraft worden. Die Hauptverwaltung der Deutschen Volkspolizei selbst wandte sich im August 1951 an die Oberstaatsanwaltschaft in Schwerin mit der Bitte, eine Hauptverhandlung zum Fall Krause einzuberufen: „1) damit der Bevölkerung gezeigt wird, daß Verfahren, an denen VP-Angehörige beteiligt sind, ordnungsgemäß zu Ende geführt werden und der feindseligen Haltung eines Teiles der Bevölkerung von Thurow-Horst damit entgegengetreten wird, 2) damit dem VP-Wm. R[...] die seelische Bedrückung genommen wird, einen Menschen getötet zu haben." Doch die Staatsanwaltschaft lehnte ab. Das Verfahren sei bereits nach § 170 der Strafprozessordnung eingestellt worden. „Es liegt keine strafbare Handlung vor, sondern eine Verkettung unglücklicher Umstände, also ein Unglücksfall." Nachdem der Plan einer Einwohnerversammlung, bei der die Staatsanwaltschaft und die Volkspolizei zu dem Fall Stellung nehmen sollten, fallengelassen worden war – inzwischen war es November und die Stimmung vor Ort hatte sich beruhigt – kam es zu einer individuellen „Aussprache" mit den Eltern von Harry Krause. Nach zweieinhalbstündigem Gespräch am 17. November 1951 sei man, so heißt es in einem Bericht der Grenzbereitschaft Schönberg, „im guten Einvernehmen" auseinandergegangen. Je ein Vertreter der Staatsanwaltschaft, der Volkspolizei und der Grenzpolizei hätten dem Vater, welcher der Justiz vorwarf, den Tod seines Kindes vertuschen zu wollen, die Einstellung des Verfahrens begründet. Tatsächlich, so erinnerte sich die Schwester von Harry Krause, bot man den Eltern Schweigegeld an, was der Vater ablehnte. 1952 wurde die Familie Krause aus Groß Thurow zwangsausgesiedelt. Ihr wurde sogar die Möglichkeit genommen, das Grab ihres Jungen zu pflegen.

1995 stellte die Staatsanwaltschaft des Landgerichts Berlin das Ermittlungsverfahren gegen Otto R. ein. Ihm konnte kein vorsätzliches Tötungsdelikt nachgewiesen werden. Eine Tat aus Fahrlässigkeit unterlag zu diesem Zeitpunkt bereits der Verfolgungsverjährung. Seit dem 31. Januar 2016, dem 65. Todestag von Harry Krause, erinnert ein von Götz Schallenberg entworfenes Erinnerungszeichen an der Alten Schule in Groß Thurow an das Schicksal des Jungen. (Recherche: jk; Autor: jk)

Quellen:

Kommando der DGP/Abt. Operativ: Berichte über Schußwaffengebrauch 1950–1953. BArch Freiburg, DVH, 27/130292.

Staatsanwaltschaft II bei dem Landgericht Berlin: Vfg. Berlin 22.11.1995. LAB, D Rep. 120–02, Acc. 8346, StA II LG Berlin 27/2 Js 112/93.

Koop, Volker: „Den Gegner vernichten". Die Grenzsicherung der DDR. Bonn 1996, S. 340 f.

Pingel-Schliemann, Sandra: „Ihr könnt doch nicht auf mich schießen!" Die Grenze zwischen Lübecker Bucht und Elbe 1945 bis 1989. Schwerin 2013, S. 226.

Stippekohl, Siv: Der Tod eines Jungen an der Grenze. 31.01.2016. https://www.ndr.de/kultur/geschichte/goldensee100_page-1.html (Zugriff am 10.10.2016).

Erich Sperschneider

geboren am 2. Januar 1923 in Forschengereuth

verblutet nach Schussverletzung am 25. Februar 1951

Ort des Zwischenfalls: bayerisch-thüringische Grenze
nordöstlich von Meilschnitz (Bayern)

Erich Sperschneider wuchs in Mengersgereuth in Thüringen auf und erlernte nach dem Besuch der Volksschule den Beruf eines Feinmechanikers. Er trat am 1. September 1941 der NSDAP-Ortsgruppe Mengersgereuth bei und diente dann in der Wehrmacht als Fallschirmjäger. Bei Kriegsende geriet er für kurze Zeit in amerikanische Gefangenschaft, konnte aber schon im Juni 1945 wieder nach Hause zurückkehren. Er arbeitete zunächst in einer Schmuckwerkstatt. Nachdem sein alter Betrieb, der nun VEB Feinmechanik Sonneberg hieß, die Produktion wiederaufgenommen hatte, kehrte er an seine frühere Arbeitsstätte zurück. Nach seiner Heirat im Jahr 1947 wohnte er im Haus seiner Schwiegereltern. Aus der Ehe gingen zwei Kinder hervor.

In der Region fehlte es bis Mitte der 1950er Jahre an Lebensmitteln und anderen Waren des täglichen Bedarfs. Viele dort lebende Menschen versuchten deshalb, an westdeutsche Produkte zu kommen. Sie überquerten bei Dunkelheit die sogenannte grüne Grenze, um sich jenseits der Demarkationslinie Lebensmittel bzw. Konsumgüter zu besorgen. Dabei halfen ihnen meist westdeutsche Verwandte oder Bekannte. Im

Gegenzug brachten die Grenzgänger DDR-Produkte (hauptsächlich Spielzeug) in die Bundesrepublik, um an die „harte Währung" DM zu kommen. Bis 1951 war dieser „Grenzverkehr" gang und gäbe. Nachdem sich der Tod Erich Sperschneiders herumgesprochen hatte, ging er in dieser Grenzgegend drastisch zurück.

Die Grenze war, wie sich Sperschneiders Bruder Mylius erinnerte, zu diesem Zeitpunkt weder markiert noch durch einen Zaun gesichert, den Grenzverlauf konnte man nur anhand des Kontrollweges der Grenzpolizisten erkennen. Sperschneiders Elternhaus lag ca. zwei Kilometer von der Grenze entfernt. Über freie Felder bzw. durch Waldstücke gelangte man direkt zum bayerischen Meilschnitz. Dort wohnten Sperschneiders Großeltern, die die beiden Brüder häufig besuchten. Insbesondere Erich ging häufig über die Grenze. Er galt als gutmütig und hilfsbereit. So besorgte er für das örtliche Krankenhaus westliche Arzneimittel und führte immer wieder Grenzgänge für ein bloßes Dankeschön aus. Mylius und Erich Sperschneider gerieten einmal in eine Kontrolle durch westdeutsche Polizisten, die sie aber nach Aufnahme ihrer Personalien wieder freiließen. DDR-Grenzpolizisten gaben bis dahin in der Gegend vereinzelt Warnschüsse ab, um Grenzgänger zu stellen. Deshalb waren diese zwar sehr aufmerksam, sahen aber in ihrem privaten „Interzonenhandel" kein größeres Risiko.

Am Abend des 24. Februar 1951 bat Mylius Sperschneider seinen Bruder Erich, ihm von „drüben" Apfelsinen für seine kranke einjährige Tochter mitzubringen. Erich brach gegen 18.30 Uhr zu seinen Großeltern auf und wurde bereits zwei Stunden später zurückerwartet. Doch gegen Mitternacht erhielt seine Familie die telefonische Nachricht, Erich liege angeschossen im Sonneberger Krankenhaus. Sein Bruder und die Eltern fuhren mit dem Auto des Nachbarn sofort dorthin. Nach der Erinnerung von Mylius Sperschneider wachte sein Bruder Erich gegen 4 Uhr aus der Narkose auf und schilderte, geschwächt durch den Blutverlust und die Amputation seines linken Unterschenkels, mit stockender Stimme den Vorfall. Demnach befand er sich zusammen mit zwei Männern und einer Frau auf dem Heimweg, als Grenzpolizisten sie aufforderten stehenzubleiben. Obwohl er der Aufforderung Folge leistete, fiel plötzlich ein Schuss, der ihn in beide Beine traf. Er habe zuvor keinen Warnschuss gehört. Das Geschoss durchschlug Sperschneiders rechte Wade und zerfetzte sein linkes Fußgelenk. Einer seiner Begleiter band die Verletzung notdürftig ab. Erst nach zwei Stunden transportierte die Grenzpolizei den Verletzten in einem offenen Geländewagen ab. Um Sperschneiders Leben zu retten, amputierten ihm die Ärzte im Sonneberger Krankenhaus sein linkes Bein unterhalb des Knies. Er erlag dennoch am folgenden Tag seinen Verletzungen.

Leitung und Belegschaft der Firma, für die er tätig gewesen war, veröffentlichten am 1. März 1951 folgende Traueranzeige: „Plötzlich und unerwartet wurde unser Arbeitskollege, der Feinmechaniker Erich Sperschneider, im Alter von 28 Jahren aus unserer Mitte gerissen. Wir verlieren in ihm einen fleißigen, aufrichtigen und hilfsbereiten Arbeitskollegen und werden sein Andenken stets in Ehren halten." Doch diese ehrende Erinnerung passte den örtlichen SED-Funktionären nicht. Mylius Sperschneider erinnert sich, dass SED-Funktionäre in einer Betriebsversammlung seinen Bruder als „Großschieber" beschimpften und behaupteten, in seiner Wohnung hätte die Volkspolizei größere Mengen Margarine und andere Schmuggelware sichergestellt. Mylius Sperschneider bestreitet das, er kann sich auch nicht daran erinnern, dass es überhaupt jemals eine Hausdurchsuchung bei seinem Bruder gab.

Bei dem letzten Gespräch mit seinen Angehörigen im Krankenhaus Sonneberg nannte Erich Sperschneider den Vornamen eines Grenzpolizisten, den er für den Schützen hielt. Dieser Grenzpolizist mit Vornamen Herbert entfernte sich nach der Schussabgabe rasch. Als Sperschneiders Witwe die Aufklärung des Falls und die Bestrafung des Schützen forderte, drohte ihr der Staatssicherheitsdienst an, sie aus dem Grenzgebiet auszuweisen. Sperschneiders Söhne bemühten sich Anfang der 1990er Jahre vergeblich um eine gerichtliche Rehabilitierung und Entschädigung für den Tod ihres Vaters. Die Ermittler konnten freilich den Täter zweifelsfrei identifizieren. Es handelte sich um den ehemaligen DDR-Grenzpolizisten Hans Gottschalk. Da er 1992 verstarb, kam es zu keiner Anklageerhebung. Erich Sperschneiders Bruder Mylius errichtete nach dem Ende des SED-Regimes am Ort des Zwischenfalls auf dem Grenzstreifen ein Holzkreuz für seinen Bruder. Seit dem Jahr 2002 erinnert an dieser Stelle ein von Erich Sperschneiders Freund Otto Müller gestifteter Gedenkstein an den Todesfall. Auch in der Thüringisch-Fränkischen Begegnungsstätte in Neustadt bei Coburg informiert eine Tafel über das Schicksal Erich Sperschneiders. (Recherche: jk. MP, Sf, St.A.; Redaktion: jos.)

Quellen:

Staatsanwaltschaft bei dem Landgericht Berlin: Ermittlungsverfahren wegen Verdachts auf Totschlag. LAB, D Rep. 120-02, Acc. 8346, Az. 27 Js 134/94.

Staatsanwaltschaft Erfurt: Ermittlungen wegen Verdachts auf Totschlag. 560 Js 10158/93, zuvor 7 Js 7599/92 StA Meiningen. ThHStA Weimar, StA Erfurt 1824.

BDC: Ortsgruppenkartei der NSDAP. BArch Berlin, OK 3200/V0078.

War es Mord oder ein Unfall? Neue Gedenktafel in der Thüringisch-Fränkischen Begegnungsstätte erinnert an ein tragisches Ereignis von 1951. In: *Coburger Tageblatt* vom 05./06.07.2003.

Elsa Grunert

geboren am 29. Juni 1891 in Leipzig

gestorben am 19. März 1951 an den Folgen einer Schussverletzung vom 17. März 1951

Ort des Zwischenfalls: am Gipsberg bei Ellrich (Thüringen)

Elsa Grunert stammte aus Leipzig und lebte später mit ihrem Mann in der kleinen Stadt Kelbra am Fuße des Kyffhäusergebirges. Da ihr Ehemann an Tuberkulose erkrankt war, musste sie des Öfteren die Grenze zur Bundesrepublik überschreiten, um dort für ihn Medikamente zu kaufen. In der Nacht vom 16. auf den 17. März 1951 wollte sie aus dem niedersächsischen Northeim in die DDR zurückkehren. Auf dem Bahnhof Walkenried traf sie mit weiteren Grenzgängern aus dem Raum Eisleben, Nordhausen und Sangerhausen zusammen. Viele von ihnen hatten in der Bundesrepublik für die anstehenden Konfirmationsfeiern Geschenke eingekauft oder Familienangehörige abgeholt.

Es waren etwa 15 bis 20 Personen, die in dieser Nacht die Absicht hatten, von Walkenried aus über die grüne Grenze ins thüringische Ellrich zu gelangen. Die Entfernung zwischen den beiden Nachbarorten beträgt gut vier Kilometer, doch mussten Schleichwege genommen werden, um der Festnahme durch die Grenzpolizei der DDR zu entgehen. Hierfür verließ man sich auf einen Grenzführer, der das Gelände gut kannte. Wurden solche Schleichwege bekannt, bezeichnete die

Grenzpolizei sie als „besondere Schwerpunkte" und kontrollierte sie bei Streifengängen eingehend.

Um 2.45 Uhr brach die Gruppe mit ihrem Grenzführer auf. Dieser wählte eine Route südlich von Walkenried, die durch ein bewaldetes Gebiet an einem Gipsberg entlang nach Ellrich führte. Elsa Grunert traf in Walkenried ihre Bekannte Elli E. aus einem Nachbarort, die Schokolade und Apfelsinen eingekauft hatte. Ineinander eingehakt gingen sie die schmalen Trampelpfade entlang, auf denen man in der Dunkelheit kaum etwas erkennen konnte. Der Himmel war verhangen, zudem fiel ein leichter Sprühregen. Als die Gruppe sich bereits 300 Meter auf DDR-Gebiet befand, hörte man plötzlich einen Grenzposten „Halt! Stehenbleiben!" rufen. Eine Taschenlampe blitzte auf, dann fiel ein Schuss. Getroffen sackte Elsa Grunert zusammen. Sie verlor sofort das Bewusstsein, die Kugel hatte ihren Kopf durchschlagen.

Die Grenzpolizisten Wachtmeister Gerhard M. und Oberwachtmeister Helmar H. hatten auf ihrem Streifengang die Fußpfade am Gipsberg aufgesucht und sich in einer Höhle untergestellt. Gegen 3.50 Uhr konnten sie so ein Paar, das die Grenze vom Westen her passiert hatte, überraschen und festnehmen. Kurz darauf vernahm Oberwachtmeister H. erneut Geräusche. Während Gerhard M. die Festgenommenen bewachte, verbarg sich H. hinter Nadelbäumen, um die nachkommenden Grenzgänger zu stellen. Als ihm die Schrittgeräusche nahe genug erschienen und er seine Taschenlampe aufblitzen ließ, sah er jedoch, dass ein Mann sofort ins Unterholz sprang und zu entkommen versuchte. Da der Flüchtende auch nach einem Warnschuss in die Luft nicht stehenblieb, lud H. seinen Karabiner erneut durch und feuerte gezielt in die Richtung des Mannes. Dann erst vernahm er Frauenstimmen aus der Dunkelheit, die ihm zuriefen, jemand sei getroffen worden.

Elli E. schilderte später in ihrer Vernehmung, an der Spitze der Gruppe sei der ortskundige Grenzführer gelaufen, Elsa Grunert und sie selbst seien in der Mitte des Trupps gegangen. „Ohne vorher etwas gesehen zu haben, hörte ich plötzlich, wie vermutlich ein Grenzposten rief: ,Halt! Stehenbleiben!'. Zugleich blitzte eine Taschenlampe auf und danach fiel ein Schuß. Im selben Augenblick fiel Frau Grunert, die sich bei mir eingehakt hatte, zu Boden. Ich war zuerst der Ansicht, dass Frau Grunert infolge eines Schreckens einen Herzanfall bekomme hatte." Nach etwa einer Minute sei ein zweiter Schuss gefallen, der dem flüchtenden Grenzführer galt.

Helmar H. hielt für den Warnschuss die Mündung seines Karabiners nach oben. Er rechnete offenbar nicht damit, dass in dem nach Westen hin aufsteigenden Gelände noch weitere Grenzgänger unterwegs waren. Als er bei den Frauen, die sich um Elsa Grunert kümmerten, ankam, stellte er im Licht der Taschenlampe fest, dass er eine von ihnen mit seinem Warnschuss schwer verletzt hatte. Sofort wurde aus Ellrich ein Arzt herbeigerufen. Dieser lieferte Frau Grunert um 5.45 Uhr in das Ilfelder Stadtkrankenhaus ein. Doch die Kopfverletzung war so gravierend, dass ihr nicht mehr geholfen werden konnte. Sie starb zwei Tage später am 19. März 1951 morgens um 3 Uhr.

Nach der Tat untersuchte die Mordkommission der Volkspolizei-Landesbehörde den Vorfall. Sie kam am 21. März 1951 zu dem Schluss, dass Helmut H. nicht fahrlässig gehandelt habe, sondern der Tod Elsa Grunerts einem „unglücklichen Zufall" geschuldet war. Am 21. Februar 1995 stellte auch die Staatsanwaltschaft beim Landgericht Berlin das Ermittlungsverfahren gegen Helmut H. ein, da er entsprechend der damaligen Schusswaffenbestimmungen der Grenzpolizei gehandelt habe. (Recherche: jk, jos., MP; Autor: jk)

Quellen:
DGP: Berichte und Meldungen über Schusswaffengebrauch 1949–1953. BArch Freiburg, DVH 27/130291.
Kommando der DGP/Abt. Operativ: Berichte über Schußwaffengebrauch 1950–1953. BArch Freiburg, DVH 27/130292.
ZERV: Ermittlungsverfahren gegen Helmut H. LAB, D Rep. 120-02, Acc. 8346, StA II LG Berlin 27/2 Js 1179/92.

Paul Tippach

geboren am 28. Oktober 1909 in Großburschla
nach Schusswaffenanwendung
verblutet am 7. April 1951
Ort des Zwischenfalls: Großburschla (Thüringen)

Bildquelle: Privat, Renate Ruhlandt

Der Ort Großburschla ist aufgrund seiner Grenzlage zwischen Thüringen und Hessen durch eine besondere Geschichte geprägt. Hessisches Gebiet umgab Großburschla weitgehend, sodass die Ortschaft bis 1952 von der DDR aus nur über eine etwa fünf Kilometer lange, durch das hessische Dorf Wanfried-Heldra führende „neutrale" Straße zu erreichen war. Das brachte für die Bewohner alltägliche Erschwernisse und Probleme mit sich. Die DDR-Grenzpolizei behelligte die Ortsansässigen immer öfter wegen tatsächlicher oder vermeintlicher Verstöße gegen die Ordnung im Grenzgebiet. Auch der in Großburschla ansässige selbständige Schneidermeister Johann Georg Paul Tippach hatte sich schon mehrfach über Schikanen der Grenzpolizei beschwert. Der ehemalige Sozialdemokrat gehörte seit der Zwangsvereinigung von SPD und KPD der örtlichen SED-Parteileitung an. Aufgrund seines ausgeprägten Gerechtigkeitssinns war Paul Tippach für viele Bewohner im Ort ein wichtiger Ansprechpartner. Der angesehene Schneidermeister war über Großburschla hinaus bekannt und bildete in seinem Betrieb mehrere Schneiderlehrlinge aus. Auch seiner ältesten Tochter brachte er das Handwerk nahe. In seiner Freizeit war Paul Tippach ein begeisterter Turner. Sein Lieblingsgerät war das Reck. Außerdem ging er gerne zum Angeln. Nach seiner Rückkehr aus Stalingrad im Jahre 1945 wurde ihm aufgrund einer Erfrierung der rechte Vorderfuß abgenommen. Trotzdem ging er weiterhin seiner sportlichen Leidenschaft nach und turnte am Reck.

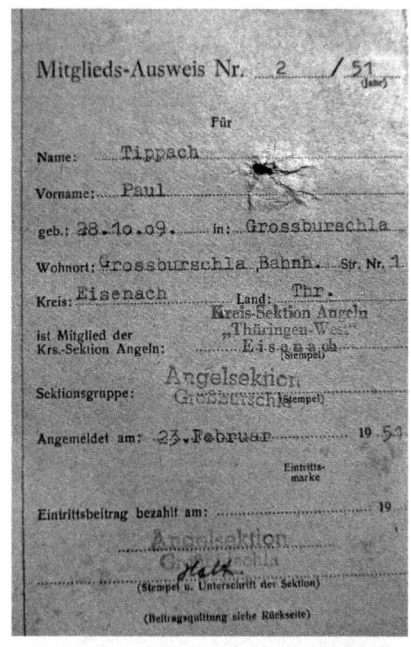

*Das tödliche Geschoss durchschlug
Paul Tippachs Anglerausweis.
Foto: Privat, Renate Ruhlandt*

Am Samstagvormittag, dem 7. April 1951, kontrollierte ein Volkspolizist einen Mann, der im hessischen Nachbarort Heldra Lebensmittel eingekauft hatte, und nahm ihn fest. Paul Tippach, der dazukam, klopfte dem Volkspolizisten auf die Schulter und sagte: „Laß doch den Mann frei, wir brauchen keine Schlagbäume." Wenige Stunden danach erhielt der Schneidermeister eine Vorladung zur Grenzpolizeiwache in Großburschla. In der Annahme, dort ein klärendes Gespräch führen zu können, begab er sich dorthin. Zu einer Klärung kam es jedoch nicht, stattdessen setzte die Volkspolizei den Schneidermeister fest.

Am Abend des 7. April 1951 suchte seine Frau Erna das Revier auf. Sie benötigte Geld, um Handwerker im neuen Eigenheim bezahlen zu können und wollte ihren Mann daher sprechen. Als Paul Tippach seiner Frau die Brieftasche übergeben wollte, fiel ein Schuss. Er wurde an der linken Schulter getroffen und stürzte zu Boden. Stöhnend stieß er hervor: „Jungs, was habt ihr getan, ihr habt mich totgeschossen." Seine im fünften Monat schwangere Frau rannte aus dem Wachgebäude und rief um Hilfe. Dann kehrte sie um und wollte zu ihrem Mann zurück. Die Grenzpolizisten ließen sie jedoch nicht mehr zu ihm. Ein herbeigeholter Arzt durfte den Verletzten nicht behandeln, man wies ihn aus der Wache.

Frau Tippach hörte später von anderen Dorfbewohnern, ihr Mann sei von Volkspolizisten verbunden worden, aufgrund des hohen Blutverlustes aber gegen 21 Uhr auf der Wache verstorben. Um den Toten unbemerkt über hessisches Gebiet nach Eisenach zu bringen, setzte man ihn zwischen zwei Volkspolizisten auf die Ladefläche eines Lastwagens und tat so, als handele es sich um einen Lebenden in Polizeigewahrsam. Frau Tippach durfte nach einigem Hin und Her den Leichnam ihres Mannes vor der Bestattung in Großburschla noch einmal sehen. Der damalige Dorfarzt vertrat ihr gegenüber die Auffassung, ihr Mann hätte durch lebenserhaltende Maßnahmen gerettet werden können, nämlich durch das Abbinden der durch den Karabinerschuss verletzten Schlagader.

> **Freitag, den 19. April 1951**
>
> ## Großburschla protestierte stumm
>
> (WR) Gestern nachmittag um 14 Uhr wurde der von der Volkspolizei ermordete Schneidermeister Paul Tippach unter außerordentlich starker Beteiligung der Bevölkerung auf dem Friedhof in Großburschla beigesetzt.
> Die Leiche wurde am Vormittag mit einem Lieferwagen von Eisenach nach Großburschla transportiert und passierte die Grenzkontrollstelle Feldmühle an der neutralen Straße um 12.10 Uhr. Der unbekränzte Sarg wurde vom Bürgermeister von Großburschla, Hollerbuhl, und dem Schwager des Ermordeten, Germerodt, begleitet. Vierzig Minuten später fuhren mehrere höhere Offiziere der Volkspolizei gleichfalls nach Großburschla. An der Beerdigung, die von vier Beamten und einer Beamtin des Staatssicherheitsdienstes scharf überwacht wurde, nahmen etwa 800 Personen aus Großburschla und anderen Orten der sowjetischen Besatzungszone unter stummem Protest teil.
> Zur Zeit läßt die SED Parteifunktionäre aus den Nachbarorten den Tatort besichtigen und vertritt dabei den Standpunkt, daß der Volkspolizist Willi Ludwig den Tippach in treuer Pflichterfüllung auf der Flucht zu Recht erschossen habe.

Bericht über die Beerdigung Paul Tippachs,
Werra-Rundschau 19. April 1951.

Paul Tippach wurde wenige Tage später in seiner Heimatgemeinde Großburschla unter reger Anteilnahme der Bewohner beigesetzt. Der Tod des Schneidermeisters löste in der Gemeinde große Aufregung aus. Mehrere SED-Mitglieder erklärten unter Protest ihren Austritt aus der Partei. Eine anderslautende Darstellung der Todesumstände Paul Tippachs enthielt die damalige Vorkommnismeldung der Deutschen Volkspolizei, die vermutlich auf der Selbstrechtfertigung von tatbeteiligten Volkspolizisten beruht. Demnach erfolgte Tippachs Festnahme wegen Widerstandes gegen die Staatsgewalt. Paul Tippach habe zuvor einem „illegalen Grenzgänger" nach erfolgter Festnahme durch die Volkspolizei zur Flucht verholfen. Der „rechtmäßige Gebrauch der Schußwaffe" sei erfolgt, da Paul Tippach während seiner Inhaftierung im Clubraum des Grenzpolizeikommandos unter Bedrohung seines Bewachers versucht habe, durch das Fenster zu entkommen. (Recherche: MP, US; Autorin: MP)

Quellen:
StA Erfurt: Ermittlungsverfahren wegen Totschlags, 501 Js 17182/92. LATh -HstA Weimar, StA Erfurt 1024–1026.
Standesamt Treffurt: Sterbeurkunde Großburschla, Nr. 7, 12.04.1951. Auskunft vom 12.01.2016.
Taubert, Klaus: Ungesühntes DDR-Verbrechen. Tod an der Werra. 05.04.2011. http://www.spiegel.de/einestages/ungesuehntes-ddr-verbrechen-a-947110.html (Zugriff: 17.10.2016).
Gespräch von Renate Ruhlandt, Paul Tippachs Tochter, mit Mandy Palme am 17.10.2016.

August Kratzin

geboren am 13. Oktober 1897 in Osterwieck

erschossen am 6. Juni 1951

Ort des Zwischenfalls:
bei Stapelburg (Sachsen-Anhalt)

Bildquelle: Privat, Ilona Kratzin

Hildegard Richter war am 6. Juni 1951 mit der Bahn von Ilberstadt nach Osterwieck gefahren und von dort aus noch einmal gut zehn Kilometer nach Stapelburg gelaufen. Sie wollte zur Hochzeitsfeier ihres Bruders ins niedersächsische Testorf. Am Ortsrand von Stapelburg erkundigte sie sich bei Karl August Kratzin nach dem Weg zur Grenze und erklärte ihm den Grund ihrer Reise. Der 53-jährige Schmied wohnte mit seiner Ehefrau und seinem jugendlichen Sohn in unmittelbarer Grenznähe. Er hatte selbst schon mehrmals das Eckertal durchquert – Bad Harzburg auf der Westseite lag nur neun Kilometer entfernt – und kannte das Grenzgebiet gut. Außerdem war es nicht ungewöhnlich, dass Menschen nach Stapelburg kamen, um von hier aus in die Bundesrepublik zu gelangen. Er entschloss sich, Hildegard Richter den Weg zu zeigen, um sie nicht der Gefahr auszusetzen, von der Grenzpolizei entdeckt zu werden.

Bis zu den Wegen, auf denen die Grenzstreifen patrouillierten, waren es nur wenige Minuten. Er nahm sein Fahrrad und erklärte, dass er mal nachsehen wollte, doch an der Grenze war zu dieser Zeit kein Durchkommen, das erkannte er sofort. Zurückgekehrt, vertröstete er die junge Frau auf die Nacht, dann ginge es vielleicht. Sie war unschlüssig, da sie mit ihrem Aufenthalt im Dorf bei Dunkelheit unweigerlich Verdacht erregen würde. Kratzin bot ihr an, in seinem Garten zu bleiben. Er versprach ihr auch, sie in der Nacht bis zur Grenze zu führen. Hildegard Richter bedankte sich, sie würde sich erkenntlich zeigen. Kratzin war einverstanden.

Gegen 22 Uhr brachen sie auf. Hildegard Richter und August Kratzin überquerten ein Feld, an das sich ein Wald anschloss, um zum Grenzfluss Ecker zu gelangen. Laut dem Schlussbericht der Grenzkommandantur Lüttgenrode hatte sie bereits zu diesem Zeitpunkt der Volkspolizei-Hauptwachtmeister Günter P. bemerkt und folgte ihnen unbemerkt in den Wald hinein. Als dieser schließlich Hildegard Richter und August Kratzin aufforderte stehenzubleiben, folgte Frau Richter dem Befehl, während Kratzin den Hauptwachtmeister Günter P. zu überzeugen versucht habe, ihn gehen zu lassen. Schließlich hätte er selbst ja gar nicht vorgehabt, die Grenze zu überqueren. Als der

Grenzer darauf nicht eingegangen sei, habe Kratzin plötzlich die Flucht ergriffen. In ihrer polizeilichen Vernehmung schilderte Hildegard Richter, was dann geschah: „Ich hörte Schießen, weiß aber auch nicht, wieviel Schüsse gefallen sind. Wie mir noch erinnerlich ist, sagte ich nach dem ersten Schuß, nicht schießen. Darauf hörte ich nochmaliges Schießen. Ich nehme an, daß der Mann vom ersten Schuß nicht getroffen wurde. Nachdem das Schießen vorbei war, ging ich mit dem Posten aus dem Wald heraus. Am Rande des Waldes lag der Mann schwerverletzt und stöhnte." August Kratzin erlitt einen Bauchdurchschuss mit Verletzungen der inneren Organe. Laut dem Schlussbericht der Grenzkommandantur eilten, von Günter P. alarmiert, weitere Grenzpolizisten herbei. Der Verletzte wurde verbunden und ins Krankenhaus Osterwieck überführt. Doch dort konnte ihm nicht mehr geholfen werden. Er starb noch am selben Tag gegen 24 Uhr.

Da August Kratzin in Stapelburg beliebt war, reagierten die Einwohner des Dorfes empört. Die Journalistin Rosi Schwarz berichtete am 6. Juni 1991 in der *Goslarschen Zeitung*: „Wütende Jugendliche [...] rotten sich zusammen und bewaffneten sich mit Knüppeln. ‚Wir wollte den Grenzpolizisten, der geschossen hatte totschlagen', erzählt ein Stapelburger, der auch mit dabei war. Da die Wut und der Zorn der jungen Leute nicht zu bremsen war, wurde ein Einsatzkommando angefordert. Fast alle wurden während der unerbittlichen Verfolgungsjagd gefasst, verhaftet und in der Grenzkommandostelle Lüttgenrode eingesperrt." Der Stapelburger Ortspfarrer Franz Grosse dokumentierte die Tat im Kirchenbuch: „August Kratzin starb an einem Bauchdurchschuß an der irrsinnigen Grenze, 300 Meter von seinem Haus entfernt, von deutscher Volkspolizei erschossen, als er einer Frau beim Grenzübertritt helfen wollte."

Eine nach dem Vorfall eingesetzte Untersuchungskommission entschied, dass der Schütze Günter P. in rechtmäßiger Dienstführung gehandelt habe. Die Oberstaatsanwaltschaft Magdeburg stellte am 17. Juli 1951 ihre Ermittlungen zum „Schußwaffengebrauch mit tödlichem Ausgang" ein. Anfang der 1990er Jahre untersuchte auch die Zentrale Ermittlungsstelle für Regierungs- und Vereinigungskriminalität den Vorfall. Weil der Schütze jedoch bereits 1985 verstorben war, stellte die Staatsanwaltschaft Berlin das Ermittlungsverfahren 1993 wieder ein. (Recherche: jk, St.A.; Autor: jk)

Quellen:

Kommando der DGP/Abt. Operativ: Berichte über Schußwaffengebrauch 1950–1953. BArch Freiburg, DVH 27/130292.

Volkspolizei-Grenzbereitschaft Osterwieck: Quartalsbericht für die Zeit vom 1.4.51–30.6.51. Osterwieck, 4.7.1951. In: Kommando der DGP, Abt. Operativ, Quartalsberichte der Grenzpolizeibereitschaften 1951. BArch Freiburg, DVH 27/130259.

Schwarz, Rosi: Der unaufgeklärte Tod des August Kratzin. In: *Goslarsche Zeitung*, Regionalteil Wernigerode, 06.06.1991.

„Taktisch klug und richtig". Die Todesgrenze der Deutschen (II): Protokolle über Schießbefehl und Republikflucht. In: *Der Spiegel*, Heft 27, 1991, S. 52–71, hier S. 57.

Unterlagen aus dem Privatbesitz der Familie Kratzin.

Ernst Riedel

geboren am 8. Juni 1913 in Schönau (heute Sněžná OT Kraslice, Tschechien)

gestorben am 10. Juni 1951 an den Folgen einer Schussverletzung vom Tage zuvor

Ort des Zwischenfalls: zwischen Gassenreuth und Posseck (Sachsen)

Was den damals 38-jährigen Ernst Riedel im Einzelnen dazu bewog, am 9. Juni 1951 den Grenzübertritt an der innerdeutsche Grenze zwischen Gassenreuth und Possek in westliche Richtung zu wagen, lässt sich nicht mehr rekonstruieren. Es wird wohl etwas mit jenem wertvollen, von den ermittelnden Polizisten später auf rund 1 000 DM taxierten Saxofon zu tun gehabt haben, das Riedel bei sich trug, als sich dessen Weg mit dem der Grenzstreife kreuzte. War es sein eigenes? Oder entstammte es einer „strafbaren Handlung", wie in der diesbezüglichen Polizeimeldung gemutmaßt wird? In dem Fall stünde Riedels gescheiterter Grenzübertritt eher mit Hehlerei und Warenschmuggel im Zusammenhang als mit einem Fluchtversuch aus der DDR.

Die Unterlagen der Grenzpolizei sprechen hinsichtlich des Tathergangs eine deutliche Sprache. So wurde der zuletzt in Brunndöbra (heute zu Klingenthal gehörig) wohnende 38-Jährige von einer Streife der Grenzpolizei, bestehend aus den beiden Volkspolizisten B. und O. vom nahe gelegenen Kommando Posseck, im Grenzgebiet entdeckt. Auf mehrmalige Anrufe, stehenzubleiben, habe Riedel nicht reagiert, auch soll dieser die von jedem Polizisten abgegebenen drei Warnschüsse ignoriert haben. Stattdessen warf Riedel das bereits erwähnte Saxofon weg, um schneller laufen zu können. Vom Gewicht des Instruments befreit, mochte er wohl darauf gehofft haben, seine Verfolger abschütteln und über die nahe Grenze entkommen zu können. Doch die beiden Grenzpolizisten waren schneller – O.s letzter Karabinerschuss traf den Flüchtenden. Ein alarmierter Arzt wies Riedel zwar noch ins zuständige Krankenhaus ein, doch überlebte er die anschließende Nacht nicht mehr. Ernst Riedel starb kurz nach Mitternacht, am 10. Juni 1951, an den Folgen seiner schweren Schussverletzung. (Recherche: glz; Autor: glz)

Quellen:

Bericht der Bayerischen Grenzpolizeistelle Hof/Saale an das Bayerische Grenzpolizeikommissariat Hof/Saale vom 14.3.1950. BayHStA, Präsidium der Bayerischen Grenzpolizei 1367.

Hauptverwaltung der Deutschen Grenzpolizei/Hauptabteilung Deutsche Grenzpolizei: Meldung besonderer Vorkommnisse Nr. 137/51. BArch Freiburg, DVH 27/130328.

Kommando der DGP/Abteilung Operativ, VP.-Grenzbereitschaft Gefell: Vierteljahresbericht über die Tätigkeit der VP-Grenzbereitschaft Gefell für die Zeit vom 1.4.1951–30.6.1951. Gefell, 4.7.1951. BArch Freiburg, DVH 27/130260.

Martin David

geboren am 25. November 1909 in Saalsdorf

erschossen am 15. Juni 1951

Ort des Zwischenfalls: Gehrendorf (Sachsen-Anhalt)

Martin David kam in Saalsdorf im Kreis Helmstedt zur Welt. Er heiratete 1934 und zog mit seiner Frau Gertrud nach Altena bei Helmstedt. Dort lebten auch seine Eltern, die auf einem Gut arbeiteten. Auf diesem Gut fand der damals 35-Jährige eine Anstellung als Landarbeiter. In den folgenden vier Jahren wechselten Gertrud und Martin David mehrfach ihre Arbeitsstellen in der Landwirtschaft und mussten deshalb auch des Öfteren umziehen. Zuletzt wohnten sie in Lockstedt. Das Ehepaar hatte drei Kinder. Martin David diente seit Kriegsbeginn in der Wehrmacht und kehrte erst drei Jahre nach Kriegsende aus der britischen Kriegsgefangenschaft zurück. Seine Ehefrau war in der Zwischenzeit mit den Kindern von Lockstedt (Schleswig-Holstein) nach Gardelegen (Sachsen-Anhalt) gezogen. Dort fand Martin David Arbeit als Friseur im örtlichen Friseursalon Müller. Er unterstützte seine Eltern in Altena so gut er konnte und besuchte sie häufig in der britischen Zone. Obwohl die DDR-Grenzpolizei 1951 immer häufiger von der Schusswaffe Gebrauch machte, fühlte sich Martin David sicher, da ihn Grenzpolizisten beim Überqueren der Zonengrenze schon mehrfach kontrolliert und ihn stets passieren gelassen hatten – bis zu jenem verhängnisvollen 15. Juni 1951.

Es war ein lauer Sommerabend, als Martin David gegen 18.30 Uhr Gardelegen verließ und sich mit dem Fahrrad auf den Weg zu seinen Eltern nach Altena machte. Gegen 20 Uhr entdeckte ihn eine Streife des Kommandos Gehrendorf. Trotz mehrmaliger Aufforderungen zum Stehenbleiben und der Abgabe von zwei Warnschüssen blieb Martin David nach Aussagen der beiden Grenzpolizisten nicht stehen. Deswegen hätten sie aus etwa 500 Meter Entfernung gezielt auf ihn geschossen. Ein Geschoss durchschlug Davids oberen Hüftknochen, seine Wirbelsäule, den rechten Oberarm und verletzte einen Lungenflügel. Der vermutliche Todesschütze, Wachtmeister Gerhard F., sagte später einem Zeugen, er habe nur auf das Fahrrad des Flüchtenden gezielt. Nach den Schüssen liefen die beiden Grenzer zu der Stelle, an der Martin David vom Fahrrad gestürzt war. Dort trafen gleichzeitig noch zwei Polizisten der Nachbarstreife ein. Ein vorbeifahrender Kübelwagen brachte David ins Krankenhaus nach Oebisfelde wo er gegen 20.30 Uhr seinen Verletzungen erlag.

Seine Ehefrau erhielt am nächsten Tag von einem Ortsansässigen Die Todesnachricht. Wie sie einige Jahre später nach ihrer Flucht aus der DDR gegenüber der Staatsanwaltschaft in Helmstedt aussagte, eilte sie daraufhin zur Grenzbereitschaft in Gardelegen. Dort bestätigte man ihr den Tod ihres Mannes. Nach dieser Auskunft begab sie sich in das Krankenhaus, um die Leiche ihres Mannes zu sehen und suchte danach die Unglücksstelle an der Grenze auf. Gegenüber der Staatsanwaltschaft in Helmstedt beklagte Gertrud David später, dass die Grenzposten auf ihren Mann schossen obwohl er bereits kurz vor der Grenze umgekehrt war und wieder zurück in Richtung Gehrendorf gefahren sei, nachdem ihn die Streife angerufen hatte. . So habe sie es von Grenzpolizisten aus Oebisfelde erfahren. Martin David befand sich etwa 500 Meter vom Grenzfluss Aller und nur 50 Meter von der Straße Gehrendorf – Lockstedt entfernt, als die Grenzsoldaten ihre „Warnschüsse" abgaben. Weiter berichtete die Witwe, die Grenzstreife hätte ihren Mann für einen Schieber gehalten und sei darüber erstaunt gewesen, dass sie bei ihm keine Schmuggelware fand. Gertrud David erhielt einen Totenschein, der als Todesursache „auf der Flucht erschossen" angab. Martin David wurde am 16. Juni 1951 in Gardelegen zu Grabe getragen. Seine Witwe zog einige Jahre später mit den Kindern von Gardelegen nach Magdeburg, um sich den andauernden behördlichen Schikanen zu entziehen. Als sich diese auch dort fortsetzten, flüchtete sie im Juni 1960 mit ihren Kindern über West-Berlin nach Helmstedt.

Die Staatsanwaltschaft Magdeburg reichte 1998 Anklage gegen den Todesschützen Gerhard F. ein. Das Landgericht Magdeburg sprach ihn 2001 von dem Vorwurf des Totschlags frei. (Recherchen: St.A., jk, MP, TP; Autorin: MP)

Quellen:
ZESt: Ermittlungsverfahren (AR-ZE 1153/66 HA). BArch Koblenz, B 197/6099.
Staatsanwaltschaft Magdeburg: Ermittlungsverfahren 654 Js 49926/97.
Landgericht Magdeburg: Urteil 15.11.2002, 22 Ks 652 Js 49926/97 (16/98). Sammlung Marxen/ Werle, Humboldt-Universität zu Berlin.
Filmer, Werner/Schwan, Heribert: Opfer der Mauer. Die geheimen Protokolle des Todes. München 1991, S. 162.

Leopold Rudolf

geboren am 20. März 1931 in Gelsendorf, Galizien
(heute: Sahirne, Ukraine)

Suizid am 20. Juni 1951

Ort des Zwischenfalls: Amtsgericht Wittenberge (Brandenburg)

Eine Streife der Grenzpolizei verhaftete am 17. Juni 1951 den Schlosserlehrling Leopold Heinrich Rudolf aus Wustrau (Gemeinde Fehrbellin). Nach drei Tagen im Gewahrsam der Grenzpolizei überführte man ihn in das Amtsgerichtsgefängnis nach Wittenberge. In einem unbeobachteten Moment nahm sich Leopold Rudolf dort kurz nach seiner Einlieferung das Leben. Mit einem Gürtel stranguliert, fand man ihn um 16.45 Uhr in seiner Zelle. Ein herbeigerufener Arzt konnte nur noch den Tod des 20-Jährigen feststellen. (Recherche: jk, US; Autor: jk)

Quellen:
Volkspolizei-Kreisamt Westprignitz, Abt. K, Kommissariat C 1 an die Landesbehörde der Volkspolizei Brandenburg, Abt. K, Dez. C 1 Potsdam: Monatsbericht der Arbeitsgruppe C 1 a. für Juni 1951. Perleberg, den 2.7.1951. BLHA, Rep. 203, Nr. 123.
Standesamt Wittenberge: Sterbebucheintrag Nr. 246 vom 22.06.1951. Stadtarchiv Wittenberge.

Dora Scheibel

geboren am 11. August 1930 in Rühlow

verblutet nach Schussverletzung am 8. Juli 1951

Ort des Zwischenfalls: 600 Meter nördlich
der Grenze bei Helmstedt (Sachsen-Anhalt)

Am 8. Juli 1951 gegen 6.10 Uhr bemerkten eine DDR-Grenzpolizeistreife mehrere Personen, die sich zur Grenze in Richtung Helmstedt bewegten. Sie versuchten nach eigenen Angaben durch Rufe und zwei Warnschüsse die Gruppe aufzuhalten, bevor sie gezielt schossen. Eine Kugel traf die 20-jährige Dora Charlotte Scheibel aus Neuruppin in den Rücken. Die junge Hausgehilfin befand sich mit ihrem Verlobten und einer 17-jährigen Freundin auf dem Weg nach Hameln, um dort nach Arbeit zu suchen. Es gelang ihrem Verlobten und der Freundin noch, die Verletzte auf westdeutsches Gebiet zu tragen, wo ihr Beamte des Zollgrenzdienstes Erste Hilfe leisteten. Doch auf dem Transport in das Helmstedter Krankenhaus erlag sie ihren Verletzungen.

Einer zeitgenössischen Pressemeldung zufolge baten Dora Scheibels Eltern um die Beisetzung ihrer Tochter in Helmstedt, da ihnen die Mittel für eine Überführung der Toten nach Neuruppin fehlten. Die Staatsanwaltschaft Berlin stellte am 13. Mai 1997 die nach der Wiedervereinigung gegen die beteiligten Grenzpolizisten eingeleiteten Ermittlungen wegen Totschlags ein, da sich aus dem Grenzpolizeibericht über den Vorfall kein bedingter Tötungsvorsatz herleiten lasse. (Recherche: jk, US, St.A.; Redaktion: jos.)

Quellen:

Hauptzollamt Zonengrenze Braunschweig-Ost: Mitteilung an die Oberfinanzdirektion Hannover, Besonderer Vorfall an der Grenze bei Helmstedt. Braunschweig, 13.7.1951. NLA Hannover, Nds. 220, Acc 2009/015, Nr. 28.

Kommando der DGP/Abteilung Operativ. Vierteljahresbericht über die Tätigkeit des KPP Marienborn für die Zeit vom 1.7.51–30.9.1951. Marienborn, 3.10.1951. BArch Freiburg, DVH 27/130259.

StA II beim LG Berlin: Verfügung, Berlin, 13.5.1997. In: ZERV: Auswertung der „Toten der Grenze". LAB, D Rep. 120–02, Acc. 8346, Az. 27 Js 136/94.

Stadt Neuruppin: Meldekarte Dora Scheibel. Kreisarchiv Ostprignitz-Ruppin, Mitteilung vom 12.10.2016.

Egon Zelsmann

geboren am 14. August 1930 in Gößnitz

erschossen am 29. Juli 1951

Ort des Zwischenfalls: Grenzgebiet bei Mendhausen (Thüringen)

Den Berichten der DDR-Grenzpolizei ist über die Todesumstände von Egon Zelsmann zu entnehmen, dass er am 29. Juli 1951 gegen 13.40 Uhr die Grenze zwischen Bayern und Thüringen im Bereich des Kommandos Mendhausen ostwärts passierte. Eine DDR-Grenzstreife sah ihn aus westlicher Richtung kommend. Als sie ihn festnehmen wollte, habe er die Flucht ergriffen. Weil er nach Anrufen anzuhalten und einem Warnschuss immer noch weitergelaufen sei, gab Oberwachtmeister Hans R. aus etwa 400 Metern Entfernung drei gezielte Schüsse aus seinem Karabiner auf ihn ab. Der letzte Schuss traf Egon Zelsmann tödlich.

Der 20-jährige Zelsmann hatte zehn Monate zuvor geheiratet. Im 165 Kilometer entfernten Crimmitschau erwartete seine Frau ihr erstes Kind. Als der Schütze 1995 zu der Tat vernommen wurde, erklärte er, er habe auf die Beine gezielt. Dass er Egon Zelsmann trotzdem tödlich traf, habe ihm damals schwer zu schaffen gemacht. Weil ihm kein Tötungsvorsatz nachgewiesen werden konnte, stellte die Staatsanwaltschaft in Berlin das Verfahren ein. (Recherche: jk, LH, MP, St.A.; Autor: jk)

Quellen:

Kommando der DGP/Abteilung Operativ: HV Deutsche Volkspolizei/Hpt.-Abtlg. Grenzpolizei: Viertel Jahresbericht über die Tätigkeit der Grenzpolizei in der Zeit vom 1.7.1951 bis 30.9.1951. Berlin, 16.10.1951. BArch Freiburg, DVH 27/130246.

DGP: Tagesrapporte, Juni–August 1951. BArch Freiburg, DVH 27/130328.

Standesamt Gößnitz: Geburtseintrag, 14.08.1930. Stadt Gößnitz.

Standesamt Mendhausen: Sterbebucheintrag Nr. 4. Mendhausen, 31.07.1951. Standesamt der Stadt Römhild.

ZERV: Ermittlungsunterlagen. LAB, D Rep. 120–02, Acc. 8346, Az. 27 Js 131/94.

Schwester Sigrada (Maria Witte)

geboren am 21. September 1899 in Meggen
(Lennestadt)
tot aufgefunden am 10. August 1951
Ort des Zwischenfalls: bei Hötensleben
(Sachsen-Anhalt)

*Bildquelle: Generalrat
der Franziskanerinnen*

Ordensschwester Sigrada wartete bereits seit fünf Wochen darauf, dass ihr der beantragte Interzonenpass von der Kreispolizei ausgehändigt würde. Die 51-jährige Franziskanerin betreute den Kindergarten im damaligen Katholischen Waisen- und Erziehungshaus Oschersleben. Sie hatte sich mit 24 Jahren entschieden, dem Weg ihres Glaubens zu folgen und ihre Weihen im Mutterhaus der Armen Franziskanerinnen in Olpe (Nordrhein-Westfalen) empfangen.

Noch am Morgen des 8. August 1951 hatte sie zum wiederholten Male bei der Kreispolizei in Oschersleben gefragt, ob der Interzonenpass nun für sie bereitliege. Aber auch diesmal war alle Mühe umsonst. Am kommenden Sonntag, dem 12. August 1951, würde ihr Vater seinen 80. Geburtstag feiern. Die Zeit drängte, denn bis in ihre Heimat, ins westfälische Meggen (Lennestadt), war noch eine weite Reise zurückzulegen. Die Oberin des Hauses in Oschersleben hatte die Schwestern bereits mehrfach vor unerlaubten Grenzübertritten gewarnt, doch sie wollte Schwester Sigrada, die bereits seit 20 Jahren in ihrem Hause diente, die Freude der Heimreise auch nicht verwehren.

Am 8. August 1951 fuhr sie um 13.20 Uhr mit der Bahn von Oschersleben nach Hötensleben. Das Wetter war angenehm, ein wolkiger kühler Sommertag. In Hötensleben wollte Sigrada zunächst eine ihr bekannte Familie besuchen. Im Waisenhaus waren ihre Reisepläne bekannt. Um wie viel größer war die Bestürzung, als am 11. August morgens die Kriminalpolizei Oschersleben beim katholischen Pfarramt anrief und mitteilte, dass Schwester Sigrada bei Hötensleben tot aufgefunden worden sei und man ihre Tasche auf der Polizeiwache abholen solle.

Die Leiche der Ordensschwester wurde laut einem Bericht des Katholischen Waisenhauses am Freitag den 10. August von einem Schäfer gefunden, weil dessen Hund die Tote bemerkt hatte. „Es sei dann auch der russische Kommandant gekommen, habe einen Arzt geholt. Zwei Kinder unseres Waisenhauses, die z. Zt. zur Erholung in Hötensleben weilen, haben unsere Schwester erkannt und sind weinend zur katholischen Krankenschwester in Hötensleben gelaufen; die hat dann am Abend noch dafür gesorgt, daß die Leiche in Hötensleben in die Leichenhalle überführt wurde." Zwei hinzugezogene Ärzte konnten keine Todesursache feststellen. Die Polizei selbst ging laut einer Tageskurzmeldung vom 10. August zunächst von einem Mord aus.

Schwester Sigrada mit ihren Kindern 1943 in Oschersleben.
Bildquelle: Generalrat der Franziskanerinnen von der ewigen Anbetung e. V. Olpe

Am 11. August wurden die sterblichen Überreste von Schwester Sigrada nach Oschersleben überführt und in der Leichenhalle des Friedhofes aufgebahrt. Dort wurde auch die Obduktion durchgeführt. „Von unserer Seite", heißt es in dem Bericht des Waisenhauses, „durfte niemand dabei sein". Nach der Freigabe der Leiche durften eine Schwester des Waisenhauses, der Kaplan und ein Hausarzt in der Leichenhalle mit dem Magdeburger Gerichtsarzt sprechen, der ihnen erklärte, Schwester Sigrada habe einen Herzschlag erlitten. Ein Bluterguss am Oberarm könne auf eine versuchte Gewalttat hinweisen. Schwester Sigrada wurde am Nachmittag des 13. August unter großer Anteilnahme aus dem kirchlichen Umfeld und der Stadt auf dem Friedhof von Oschersleben beigesetzt. Hunderte Trauergäste gaben ihr das letzte Geleit, darunter viele ehemalige Kindergartenkinder Sigradas sowie deren Eltern. Kaplan Kluge, der im Waisenhaus wohnte und täglich mit den Ordensschwestern zu tun hatte, sagte in seiner Trauerrede:

„27 Jahre Dienst am Kind und davon 20 Jahre allein hier in Oschersleben. Welch eine Opferkraft setzt das voraus. Aber sie hat Tag für Tag unverdrossen ihre Pflicht getan, und das hätte sie niemals tun können, ohne die besondere Gnadenkraft des Herrn. [...] Sie, die mit Leib und Seele im Kindergarten daheim war, mußte es erleben, daß in der Zeit des Nationalsozialismus immer neue Besichtigungen kamen, Bespitzelungen, Verdächtigungen und schließlich die brutale Schließung ihres Kindergartens. Welch eine Bitterkeit! Noch neulich sagte sie zu mir in Erinnerung daran: ‚Ein zweites Mal könnte ich das nicht mehr ertragen!' Und daneben noch die Sorgen um ihre größeren Kinder, deren Lebensgang sie wie eine Mutter verfolgte. Wie hatte sie da oft über verirrte Menschenkinder bittere Sorgen empfunden! Und wie hatte sie gerade gelitten unter allen Bedrängnissen der Zeit! Sie vertrat furchtlos ihre Meinung auch vor Andersdenkenden, und so gilt das Wort des Evangeliums heute vor ihr in besonderer Weise: ‚Jeder, der mich vor den Menschen bekennt, wird der Menschensohn bekennen vor den Engeln Gottes!'"

Mit den Worten „dieses tragische Dunkel, das nun ihr Sterben umgibt" deutete Kaplan Kluge nur an, was viele Bürger in Oschersleben dachten, die weder an einen natürlichen Tod der Ordensschwester noch an eine wahrheitsgemäße Aufklärung durch die Volkspolizei glaubten. Die bereits erwähnten zwei Waisenhauskinder, die in Hötensleben Ferien verlebten, waren aufgeregt nach Hause gekommen, nachdem sie die Leiche ihrer Kinderschwester Sigrada an der Grenze erkannt hatten. Sie berichteten von einem Loch in der Schläfe, erinnerte sich ein Angehöriger ihrer damaligen Gastfamilie. „Wir konnten damals ja nichts sagen. Doch ein Herzinfarkt war das sicher nicht." Ein weiterer Zeitzeuge, der Hötenslebener Günther Drewes, berichtete 2007 einem Journalisten der Wochenzeitung *Tag des Herrn*, dass er als Elfjähriger beim Spielen mit Freunden auf dem Gelände der Hötenslebener Kippe einen Schuss gehört habe. Gleich darauf seien er und die anderen Kinder hingelaufen und hätten „eine Frau in Ordenstracht entdeckt, die blutüberströmt am Boden lag" und sowjetische Soldaten, die sie wegscheuchten. Doch für diese Zeugenaussagen finden sich in der ohnehin bruchstückhaften historischen Überlieferung keine Belege.

Seit Juli 2007 erinnert ein Gedenkkreuz an Schwester Sigrada. Das drei Meter hohe Holzkreuz mit einem Gedenkstein steht nahe der Hötenslebener Mühle, wo man ihre Leiche fand. Das Erinnerungszeichen verweist nicht allein auf die ungeklärten Todesumstände der Ordensschwester, es soll auch, wie der Initiator des Projekts Jürgen Wolke, Küster der Hildesheimer Basilika St. Godehard, erklärt, „das soziale Wirken von Schwester Sigrada in ihrem Orden würdigen". (Recherche: jk; Autor: jk)

Quellen:

Das Material zu diesem Beitrag stellte uns freundlicherweise Achim Walther, 1. Vorsitzender des Grenzdenkmalvereins Hötensleben e. V., zur Verfügung. Eine Schilderung des Falles bietet auch sein gemeinsam mit Joachim Bittner verfasstes Buch „Heringsbahn. Die innerdeutsche Grenze bei Hötensleben, Offleben und Schöningen zwischen 1945 und 1952", Halle/Saale 2011.

Gegen das Vergessen. Gedenkstätte in Hötensleben erinnert an eine Ordensfrau, die 1951 an der innerdeutschen Grenze starb. In: *Tag des Herrn. Katholische Wochenzeitung für das Erzbistum Berlin und die Bistümer Dresden-Meißen, Erfurt, Görlitz und Magdeburg*. 57. Jahrg., Ausgabe 31, 2007. http://www.tdh-online.de/archiv_1996_bis_2007/artikel/3360.php (Zugriff: 04.02.2016).

Aus dem Archiv von Achim Walther:

Chronik des Hauses 1949 bis 1979. Katholisches Waisen- und Erziehungshaus Oschersleben.

Bericht zum Tode der ehrw. Schw. Sigrada. Beilage zur Chronik des Hauses 1949 bis 1979. Katholisches Waisen- und Erziehungshaus Oschersleben.

Grabrede zum Tode von Schwester Sigrada, gehalten von Vikar Kluge, Oschersleben.

Dr. Höroldt/Landeshauptarchiv Sachsen-Anhalt an Godehard Vagedes/Ministerium des Innern. Magdeburg, 29.04.2010.

Hans-Peter Klefken an Achim Walther. Gelsenkirchen, 02.12.2011.

Walther, Achim: Aussage des Zeitzeugen Günter Drewes. Hötensleben, 22.09.2006.

Walther, Achim; Bittner, Joachim: Heringsbahn. Die innerdeutsche Grenze bei Hötensleben, Offleben und Schöningen zwischen 1945 und 1952. Halle/Saale 2011, S. 217–219.

Schoof, Ronny: Initiator Wolke. Keine Anklage, sondern Erinnerung. In: *Volksstimme Oschersleben* vom 18.07.2007.

Helmut Eichel

geboren am 8. Februar 1922 in Steinbach

nach Schusswaffenverletzung gestorben am 15. November 1951

Ort des Zwischenfalls: Rhön bei Kaltennordheim (Thüringen)

Helmut Gustav Karl Eichel kam als Sohn eines Fabrikarbeiters und einer Hausfrau in Steinbach (Kreis Bad-Salzungen), einem alten Bergdorf im Wartburgkreis Thüringens, zur Welt. Der verheiratete Werkzeugmacher begab sich in den frühen Abendstunden des 15. November 1951 gemeinsam mit einem Bekannten auf den Weg in Richtung der thüringisch-hessischen Grenze. Sie hatten einen mit 20 000 Pfeifeneinsätzen gefüllten Rucksack dabei. Vermutlich wollten sie das Buntmetall im Westen gegen andere Arbeitsmaterialien oder Werkzeug tauschen. Von Steinbach aus ins süd-westliche Kaltennordheim hatten die beiden Männer etwa 40 Kilometer zurückzulegen. Gegen 17.30 Uhr trafen sie auf eine Streife der Grenzpolizei, die sie festnahm. Die beiden Männer mussten ihre Personalausweise abgeben und nach Aufforderung der Grenzpolizisten in einem Abstand von etwa fünf bis sieben Metern vor diesen herlaufen. Helmut Eichel, der sich zwischen seinem Bekannten und den Volkspolizisten befand, blieb plötzlich stehen und griff den hinter ihm laufenden Oberwachtmeister an. Nach einem kurzen Handgemenge ließ er von ihm ab und rannte in Richtung eines Waldstücks davon. Daraufhin brachte der Oberwachtmeister seinen Karabiner in Anschlag und feuerte zwei Schüsse in Richtung des Flüchtenden ab. Diese verfehlten jedoch ihr Ziel. Der dritte Schuss aber traf Helmut Eichel in der rechten Gesäßhälfte. Er stürzte zu Boden. Sein Bekannter und die Polizisten eilten zu ihm und verbanden die Wunde notdürftig. Einer der Grenzpolizisten holte aus dem nahe gelegenen Kaltennordheim Hilfe herbei. Der 29-jährige Helmut Eichel verblutete auf dem Weg ins Krankenhaus aufgrund innerer Gefäßzerreißungen. (Recherche: MP, US; Autorin: MP)

Quellen:

DGP: Kommando der DGP/Abteilg. Operativ, Berichts- und Meldewesen 1950–1952. BArch Freiburg, DVH 27/130554.

Standesamt (Bauamt und Bürgerservice) Stadt Kaltennordheim: Sterbeurkunde Helmut Eichel, Nr. 34/1951, Auskunft vom 12.05.2016.

Standesamt Bad-Liebenstein: Heiratsurkunde, Auskunft vom 07.07.2016.

Karl Hoffmann

geboren am 28. Januar 1907 in Geschwenda

erschossen am 14. Dezember 1951

Ort des Zwischenfalls: Glasehäuserwald bei Neuendorf nahe Teistungen (Thüringen)

Erich Karl Hans Hoffmann kam im thüringischen Geschwenda zur Welt und lebte dort bis zu seinem Tode. Wie sein Vater erlernte er den Beruf des Glasbläsers. Im Alter von 23 Jahren heiratete er die gleichaltrige Fabrikarbeiterin Lilli Margarete Jenny Müller, die ebenfalls aus Geschwenda stammte und wie er der evangelischen Kirche angehörte.

Für den 14. Dezember 1951, einem Freitagabend, verabredeten sich sieben Personen, um zwischen Ellrich und Worbis gemeinsam die thüringisch-niedersächsische

Grenze zu überqueren. Vermutlich wollten sie sich auf der Westseite Waren besorgen oder Tauschgeschäfte machen. Von seinem Heimatort Geschwenda aus hatte Karl Hoffmann bereits eine längere Wegstrecke von etwa 130 Kilometern ins Grenzgebiet zurückgelegt. Trotz einiger Sonnenstunden lagen die Temperaturen in dieser Gegend tagsüber um den Gefrierpunkt. Als die Grenzgänger sich gegen 19 Uhr auf den Weg über die Grenze machten, herrschte bereits Nachtfrost. Sie liefen im Abstand von etwa 15 Metern hintereinander, als sie im Gebiet des Glasehäuserwaldes auf eine Sonderstreife des Grenzkommandos Neuendorf trafen. Als sich die Gruppe annäherte, trat Hauptwachtmeister B. plötzlich aus dem Wald und rief „Halt! Stehenbleiben!" In diesem Moment stoben die Grenzgänger in verschiedene Richtungen auseinander. Die beiden Grenzpolizisten nahmen die Verfolgung der Flüchtenden auf, Hauptwachtmeister B. rief den Davonlaufenden mehrfach zu, sie sollten stehenbleiben und gab aus seiner Pistole einen Warnschuss ab. Kurz darauf stolperte er auf dem gefrorenen Ackerboden und stürzte. Dabei löste sich nach seinen Angaben ein weiterer Schuss aus der entsicherten Waffe. Das Geschoss traf Karl Hoffmann aus einer Entfernung von etwa 45 Metern und durchschlug sein Herz. Er starb auf der Stelle.

Die Grenzbereitschaft Ellrich vermerkte am Folgetag in einer Information an die Hauptverwaltung Deutsche Volkspolizei, Karl Hoffmann sei seit 1948 als Grenzgänger bekannt gewesen. (Recherche: jk, MP, Sf, US; Autoren: MP, jos.)

Quellen:
DGP: Berichte und Meldungen über Schußwaffengebrauch 1949–1953. BArch Freiburg, DVH 27/130291.
DGP: Vierteljahresbericht über die Tätigkeit der VP-Grenzbereitschaft Ellrich für die Zeit vom 1.10.–31.12.1951, Ellrich, 3.1.1952. BArch Freiburg, DVH 27/130262.
Standesamt Arnstadt: Geburtsurkunde Nr. 10/1907, 01.02.1907.
Sekretariat des Bürgermeisters von Geschwenda: Mitteilung vom 05.08.2016 über im Ort lebende Verwandte.
Standesamt Geschwenda: Heiratseintrag Nr. 4/1930. Kreisarchiv Ilm-Kreis.

Walter Brumbi

geboren am 10. September 1909 in Quedlinburg

erschossen am 12. Februar 1952

Ort des Zwischenfalls: Lüttgenrode (Sachsen-Anhalt)

Über Walter Otto Brumbi liegen nur wenige biografische Angaben vor. Er lebte in Wuppertal-Elberfeld, war Tischler, verheiratet und hatte ein Kind. Die Grenzpolizei fahndete nach dem 42-Jährigen, weil ihm Diebstahl und Schleusungen vorgeworfen wurden. Besser überliefert ist dagegen das Geschehen, das zu seinem Tod führte, vor allem weil die Ermittler 45 Jahre nach der Tat die an dem Zwischenfall beteiligten Grenzpolizisten B. und D. noch vernehmen konnten.

Die beiden ehemaligen Grenzpolizisten gaben 1997 an, dass sie in der Nacht vom 11. zum 12. Februar 1952 als Fußstreife im Grenzabschnitt Lüttgenrode eingesetzt waren. Als sie aus einem Waldstück traten, entdeckten sie auf einem Feld eine Gruppe von Menschen, die augenscheinlich auf dem Weg zur etwa noch einen Kilometer entfernten Grenze der Bundesrepublik waren. Nachdem sie vorschriftsmäßig „Halt! Stehenbleiben, Deutsche Grenzpolizei" gerufen hätten, habe sich ein

Mann aus der Gruppe abgesondert und sei auf die Grenze zugelaufen. Aus der Gruppe heraus sei ihnen zugerufen worden: „Schnappen sie lieber den, denn der nimmt das Geld von uns, und nicht uns." Nach einer kurzen Verfolgung, bei der die Grenzpolizisten dem Flüchtenden androhten, von der Waffe Gebrauch zu machen und drei Warnschüsse sowie ein gezielter Schuss abfeuerten, habe sich der Mann auf den Boden geworfen und gerufen: „Bleibt ihr stehen, oder ich schieße selbst zurück." Die Grenzpolizisten seien daraufhin in Deckung gegangen und hätten aus ihren Karabinern gezielt in seine Richtung gefeuert. Dann warteten sie etwa zehn Minuten, doch der Verfolgte regte sich nicht mehr, er war tot. Ein Geschoss hatte seinen Oberkörper durchschlagen. Eine Waffe wurde bei ihm nicht gefunden. Das Ermittlungsverfahren gegen die beiden Grenzpolizisten B. und D. wurde 1997 mit einem Verweis auf eine Notwehrsituation eingestellt. Die Beschuldigten mussten annehmen, dass ihr Gegenüber tatsächlich bewaffnet war und wie angedroht das Feuer auf sie hätte eröffnen können. (Recherche: jk, US; Autor: jk)

Quellen:
Kommando der DGP, Abt. Organisation und Nachweisführung: Nachweisbuch über besondere Vorkommnisse 1952. BArch Freiburg, DVH 27/134521.
ZERV: Strafsache wegen Totschlags. LAB, D Rep. 120-02, Acc. 8346, StA KG Berlin 2 Js 966/92.
Kreisarchiv Landkreis Harz: Sterbeeintrag Walter Brumbi, Auskunft vom 13.12.2016.

Edmund Korschin

geboren am 5. November 1916 in Augeszd (Böhmen)
gestorben an den Folgen einer Schussverletzung am 3. März 1952
Ort des Zwischenfalls: hessisch-thüringische Grenze bei Buttlar (Thüringen)

In der Nacht vom 23. zum 24. Februar 1952 hielt sich der 35-jährige Edmund Korschin im Grenzbereich auf. Eine Streife des Zollgrenzdienstes griff ihn auf. Bei der Überführung zur Dienststelle und der Frage nach seinem Ausweis riss sich Edmund Korschin los und ergriff die Flucht. Die Zollbeamten gaben mehrere Schüsse ab, die Korschin jedoch nicht trafen.

In den Mittagsstunden des 24. Februar 1952 nahm eine Streife der Deutschen Grenzpolizei des Kommandos Buttlar Korschin auf DDR-Gebiet fest. Auf dem Weg zum Grenzkommando Pferdsdorf soll der Festgenommene nach Angaben der beiden Grenzpolizisten geäußert haben, er wolle zurück in seine Heimat Böhmen. Wenige Augenblicke später habe sich Korschin losgerissen und sei entlang eines Waldweges zurück in Richtung Grenze gelaufen. Den hinterhereilenden Volkspolizisten gelang es nicht, ihn einzuholen. Sie riefen ihm mehrmals zu, er solle stehenbleiben und gaben vier Warnschüssen ab, bevor ein Verfolger gezielt schoss. Korschin blieb abrupt stehen und setzte sich an den Wegesrand. Die Volkspolizisten stellten fest, dass ihn ein Streifschuss an der linken Hüfte verletzt hatte. Eine erste Hilfeleistung durch die Grenzer soll Korschin verweigert haben. Nach kurzer Zeit sprang er wieder auf und lief erneut in Richtung Grenze. Die Volkspolizisten nahmen abermals die Verfolgung auf. Trotz Halt-Rufen und einem weiteren Warnschuss setzte Edmund Korschin seine Flucht fort. Er befand sich mittlerweile etwa 100 Meter von der Demarkationslinie entfernt, als ihn ein gezielter Schuss traf und schwer verletzte. Die Grenzpolizisten leisteten nun Erste Hilfe und verbanden die Schussverletzung in der Bauchgegend notdürftig. Im Krankenhaus Vacha stellten die Ärzte bei Korschin eine schwere Darmverletzung fest. Nach einer Notoperation bestanden für Edmund Korschin nach Meinung der Ärzte Überlebenschancen.

Edmund Korschin kam 1916 im österreich-ungarischen Augeszd (Böhmen) zur Welt. Der gläubige Katholik lebte nach dem Ende des Zweiten Weltkriegs in Michelsrombach, einer kleinen beschaulichen Gemeinde im hessischen Landkreis Fulda. Er verdiente dort als Sattler für sich, seine Frau und die gemeinsamen beiden Kinder den Lebensunterhalt. Am Tag des Zwischenfalls wollte Edmund Korschin eigentlich seine Eltern besuchen. Deren Wohnort Neukirchen, nordwestlich von Michelsrombach gelegen, konnte er mit dem Rad in etwa zwei Stunden erreichen. Mit einem Damenfahrrad machte er sich auf den Weg. Da er bei seinen Eltern auch manchmal übernachtete, wunderte sich seine Ehefrau zunächst nicht sonderlich, dass er am Abend nicht zu Hause eintraf. Nachdem sie ein Polizeibeamter über den Grenzzwischenfall informierte, machte sie sich auf den Weg in das Krankenhaus nach Vacha, um ihren Mann zu besuchen. Es sollte ihre letzte Begegnung sein. Edmund Korschin erkundigte sich nach den beiden Kindern. Auf die Frage seiner Frau, was denn eigentlich passiert sei, entgegnete er nur, dass ein junger Kerl auf ihn geschossen habe. Eine Woche nach dem Vorfall, am 3. März 1952, starb Edmund Korschin im Krankenhaus. Das DDR-Grenzkommando Oechsen bezeichnete in einer Stellungnahme zu dem Grenzzwischenfall die gezielten Schüsse auf Korschin als „rechtmäßig". Am 6. März 1952 wurde Edmund Korschins Leiche ins hessische Michelsrombach überführt.

Die in den 1990er Jahren wegen des Todesfalls aufgenommenen kriminalpolizeilichen Ermittlungen erbrachten einige Anhaltspunkte für das Verhalten Korschins bei seiner Festnahme. Edmund Korschin kehrte nach dem Krieg aus einer kurzen amerikanischen Gefangenschaft in seine Heimat zurück. In Babitz (Sudetenland) nahmen ihn sowjetische Soldaten fest. Nach einigen Wochen in sowjetischem Gewahrsam kam er wieder frei. Fortan trieb ihn die Angst um, die Sudetendeutschen könnten nach Sibirien verschleppt werden. Auch nach dem Neuanfang in Osthessen liess ihn die Erinnerung an Gefangenschaft und Einkerkerung nicht los. Die traumatischen Gefangenschafts- und Hafterlebnisse erklären möglicherweise Korschins Fluchtversuch nach seiner Festnahme durch DDR-Grenzpolizisten. Aus Angst vor einem erneuten Freiheitentzug geriet er in Panik und versuchte, sich der Festnahme zu entziehen. Vermutlich hatte sich Edmund Korschin auf dem Weg zu seinen Eltern aus Versehen ins Grenzgebiet verirrt und nicht absichtlich die Demarkationslinie überquert. (Recherche: jk, MP; Autorin: MP)

Quellen:

Kommando der DGP, Abt. Organisation und Nachweisführung: Nachweisbuch über besondere Vorkommnisse 1952. BArch Freiburg, DVH 27/134521.

StA bei dem KG Berlin: Ermittlungsverfahren gegen Unbekannt wegen Verdacht des versuchten Totschlags. LAB, D Rep. 120-02 LAB, Acc. 8346, Az. 2 Js 967/92.

Günter Anderson

geboren am 25. Mai 1922 in Kolberg
(heute Kołobrzeg, Polen)
gestorben an den Folgen einer Schussverletzung
am 13. März 1952
Ort des Zwischenfalls: bei Gefell (Thüringen)

*Bildquelle: Universitätsarchiv Jena,
Studentenakte*

Günter Anderson kam am 25. Mai 1922 in Kolberg (heute: Kołobrzeg, Polen) auf die Welt. Nach dem Besuch der Volksschule erlernte er den Beruf eines Kaufmanns. Im Mai 1939, als 17-Jähriger, zog ihn die Wehrmacht nach einer kurzen Arbeitsdienstzeit ein. Als die deutschen Streitkräfte 1945 kapitulierten, waren seine Eltern bereits verstorben und sein einziger Bruder als Soldat gefallen. Er selbst geriet in amerikanische Kriegsgefangenschaft und zog nach seiner Rückkehr aus Frankreich im Mai 1948 nach Rostock. Dort arbeitete er zunächst als Transportarbeiter. Im Oktober 1948 ergriff er die Chance, an der Arbeiter- und Bauernfakultät Rostock sein Abitur nachzuholen. In diesem Jahr trat er auch in die SED ein. Wie es in einer Einschätzung der Partei heißt, arbeitete er im Parteiaktiv der Arbeiter- und Bauernfakultät mit, jedoch ohne besonders hervorzutreten, „da er durch seine fachliche Arbeit zu sehr beansprucht war". Nach vier Semestern Vorstudium bewarb er sich im Oktober 1950 mit seinem Reifezeugnis an der Rechtswissenschaftlichen Fakultät der Friedrich-Schiller-Universität Jena. Als Berufsziel strebte er eine Tätigkeit als Verwaltungsjurist oder Rechtsanwalt an. In Jena lernte er die Dolmetscherin und Lehrerin Luzie B. kennen, welche er am 31. März 1951 heiratete. Zu seinem Bekanntenkreis gehörten auch die Brüder Alfred und Eberhard M., die ebenfalls in Jena studierten und der Parteigruppe der SED an der Universität angehörten.

Am 12. März 1952 gegen 15.50 Uhr bemerkte eine Grenzpolizeistreife aus Gefell drei Männer im Grenzgebiet. Es handelte sich um Günter Anderson sowie Alfred und Eberhard M. Die Grenzpolizisten versuchten gemeinsam mit einer sowjetischen Streife, die als Grenzverletzer bezeichneten Männer zu stellen. Doch Günter Anderson eröffnete mit seinem amerikanischen Revolver das Feuer. Er warnte die Posten, indem er zweimal in den Boden schoss. „Daraufhin", so heißt es in der Tagesmeldung der Grenzpolizei, „ergriffen die Grenzverletzer die Flucht."

Als es den Posten gelungen war, die Fliehenden bis auf fünf Meter einzuholen, habe sich Günter Anderson umgedreht und drei Schüsse auf den Sergeanten der sowjetischen Streife abgegeben, ohne ihn zu treffen. Die Verfolger erwiderten daraufhin das Feuer. Bei diesem Schusswechsel brach Anderson zusammen, ein gezielter Schuss hatte ihn in den Unterleib getroffen. Er stürzte zu Boden und versuchte, sich selbst zu erschießen, was jedoch verhindert werden konnte. Nachdem die Grenzposten auch Alfred und Eberhard M. festgenommen hatten, brachte man Günter Anderson in das Stadtkrankenhaus Schleiz. Volkspolizisten bewachten sein Krankenlager.

Was Günter Anderson und die Gebrüder M. veranlasste, sich Waffen zu beschaffen, und weshalb sie versuchten, über die thüringisch-bayerische Grenze in den Westen zu gelangen, bleibt ungewiss. Ihre Motive sind den Überlieferungen der Grenzpolizei und des Staatssicherheitsdienstes nicht zu entnehmen.

Günter Anderson erlag seinen Verletzungen am Morgen des 13. März 1952 im Krankenhaus Schleiz. Alfred und Eberhard M. erhielten zunächst sechsmonatige Zuchthausstrafen wegen illegalen Waffenbesitzes. Ein Revisionsgericht erhöhte die Strafe auf ein Jahr und acht Monate. (Recherche: jk, jos, US; Autor: jk)

Quellen:

Kommando der DGP, Abt. Organisation und Nachweisführung: Nachweisbuch über besondere Vorkommnisse 1952. BArch Freiburg, DVH 27/134521.

HV Deutsche Volkspolizei/Hpt.-Abtlg. Grenzpolizei: Meldung besonderer Vorkommnisse Nr. 62/52 für die Zeit vom 12.3.1952 06.00 Uhr bis 13.3.1952 06.00 Uhr. Berlin, 13.3.1952. BArch Freiburg, DVH 27/130329.

HV Deutsche Volkspolizei/Hpt.-Abtlg. Grenzpolizei: Meldung besonderer Vorkommnisse Nr. 63/52 für die Zeit vom 13.3.1952 06.00 Uhr bis 14.3.1952 06.00 Uhr. Berlin, 14.3.1952. BArch Freiburg, DVH 27/130329.

Friedrich-Schiller-Universität Jena: Studentenakte Anderson, Günter. Universitätsarchiv Jena, STA Nr. 19340.

Strafnachrichten zu Alfred Mundt. BStU, ZA, SK 22 und JAK.

MfS BV Gera. BStU, Ast. Gera, AG 156/56.

Mitteilungen des Standesamtes Jena vom 23.03.2016.

Hans-Joachim Damm

geboren am 22. Juni 1930 in Seifhennersdorf

erschossen am 13. März 1952

Ort des Zwischenfalls: bei Drösede (Sachsen-Anhalt)

Die beiden Geschwister Hans-Joachim und Karl Damm entschlossen sich zur Flucht in die Bundesrepublik, weil sie mit der politischen Entwicklung in der DDR nicht einverstanden waren und wegen ihrer bürgerlichen Herkunft benachteiligt wurden. Hans-Joachim Damm arbeitete als Industriekaufmann beim VEB Glashütter Uhrenbetriebe (vorm. A. Lange und Söhne). Aufgrund einer Erkrankung war er linksseitig armamputiert.

Um Fluchtmöglichkeiten zu erkunden, fuhr Karl Damm Anfang März 1952 nach Arendsee. Dort beschrieb ihm ein Bauer den Weg durch das Harper Moor nach Niedersachsen. Er teilte sein neu erworbenes Wissen seinem Bruder mit, den die Arbeit noch in Glashütte band: „harpe aussteigen, dann feldweg geradeaus bis querweg. diesen 50 m gehen und rechts abbiegen. wieder geradeaus bis über die landstraße. vorsicht am pfahl ist schon die grenze." Karl Damm gelangte anhand dieser Beschreibung sicher nach Niedersachsen. Als sich sein Bruder wenige Tage später, am 13. März 1952, mit Karte und Kompass auf den gleichen Weg begab, entdeckte ihn jedoch gegen 7.30 Uhr eine Streife der DDR-Grenzwache Gollensdorf. Aus Überlieferungen der Grenzpolizei geht hervor, dass Postenführer Erwin W. daraufhin versucht habe, Hans-Joachim Damm den Weg abzuschneiden, während sein Posten den Flüchtling verfolgte. Als Hans-Joachim Damm seine Verfolger bemerkte und in eine Schonung zu entkommen versuchte, gab Erwin W. nach erfolglosen Warnrufen und einem Warnschuss aus etwa 50 Metern einen gezielten Schuss auf den Flüchtenden ab. Hans-Joachim Damm erlitt eine Schussverletzung im rechten Oberschenkel, die Kugel zerriss dabei die Hauptschlagader. Den beiden Grenzpolizisten gelang es nicht, die Blutung zu stillen. Nur eine Viertelstunde später versagte der Kreislauf des 21-Jährigen.

Hans-Joachim Damm fand auf dem Stadtfriedhof Arendsee seine letzte Ruhestätte. Auf dem Stein der Anfang der 1980er Jahre geräumten Grabstelle stand: „Hier ruht von seinen Lieben unvergessen fern der Heimat unser lieber Sohn und Bruder Hans-Joachim Damm *22.6.1930 †13.3.1952."

Gegen Erwin W. ermittelte die Staatsanwaltschaft bereits unmittelbar nach der Tat wegen des Verdachts der fahrlässigen Tötung. Das Bezirksgericht Halle stellte das Verfahren jedoch wieder ein. Als ihn 1992 die Berliner Kriminalpolizei vernahm, gab er an, dass er seinerzeit den Tatablauf wahrheitswidrig geschildert habe. Aus Angst vor Repressalien habe er seinem damaligen Vorgesetzten eine gezielte Schussabgabe gemeldet, obwohl er den Flüchtenden nicht direkt ins Visier nahm. Da für eine vorsätzliche Tötung keine hinreichenden Beweise vorlagen, stellte auch die Staatsanwaltschaft II beim Landgericht Berlin am 10. Oktober 1995 das Ermittlungsverfahren gegen Erwin W. ein. (Recherchen: jk, jos., MP; Autor: jk)

Quellen:

HV Deutsche Volkspolizei/Hpt.-Abtlg. Grenzpolizei: Meldung besonderer Vorkommnisse Nr. 63/52 für die Zeit vom 13.3.1952 06.00 Uhr bis 14.3.1952 06.00 Uhr. Berlin, 14.3.1952 und Meldung besonderer Vorkommnisse Nr. 64/52 für die Zeit vom 14.3.1952 06.00 Uhr bis 15.3.1952 06.00 Uhr. Berlin, 15.3.1952. BArch Freiburg, DVH 27/130329.

VPGB Salzwedel: Ergänzungsbericht. Salzwedel, 14.3.1952. BArch Freiburg, DVH 27/130291.

Staatsanwaltschaft II bei dem Landgericht Berlin: Verfügung im Verfahren 27/2 Js 981/92. Berlin, 10.10.1995. Privatbesitz Karl Damm.

Westermann, Thomas: Ein Fluchtversuch mit tödlichem Ausgang nahe Seehausen. Der Fall Hans-Joachim Damm. 21.01.2014. http://www.az-online.de/altmark/seehausen/fall-hans-joachim-damm-3323884.html (Zugriff am 5.1.2016).

Stadt Arendsee, Abteilung Friedhofswesen, Mitteilung vom 07.07.2016.

Briefliche Mitteilung von Karl Damm, Dortmund, 28.11.2016.

Oskar Roschlan

geboren am 23. Februar 1892 in Sonneberg
erschossen am 11. April 1952
Ort des Zwischenfalls: nahe Gundersleben (Thüringen)

Der 60-jährige Oskar Roschlan kehrte in den frühen Morgenstunden des 11. April 1952 aus der niedersächsischen Grenzstadt Walkenried über die innerdeutsche Demarkationslinie in die DDR zurück. Er wollte in Walkenried auf der Post ein Paket seines in Westdeutschland lebenden Bruders abholen. Der Bruder hatte versprochen, für Roschlans Sohn Kleidungsstücke für die anstehende Konfirmation zu schicken. Das Paket war aber noch nicht angekommen.

Erwin K. war mit dem Soldaten Fredi A. auf freiwilliger Grenzstreife, als Roschlan aus westlicher Richtung kommend die Demarkationslinie überquerte. Fredi A. sagte bei der Vernehmung durch die Grenzkommandantur Gundersleben am 11. April 1952 unmittelbar nach dem Zwischenfall aus, der „Demarkations-Linienverletzer" sei von ihnen gegen 4.15 Uhr nahe der Straße nach Gundersleben am Waldrand entdeckt worden. Sie selbst hätten sich am Rande eines Feldwegs auf den Boden gelegt. Als der Mann sich geduckt habe, hätten sie vermutet, dass er sie entdeckt habe. Sie hätten ihm befohlen stehenzubleiben und sich als Volkspolizisten zu erkennen gegeben. Daraufhin sei der Mann in Richtung Demarkationslinie gelaufen. Oberwachtmeister K. habe dann einen Warnschuss und gleich darauf einen Zielschuss abgegeben, der den Flüchtenden etwa 15 Meter vor der Demarkationslinie niederstreckte. Der Grenzpolizei-Vertragsarzt Dr. Werner Stehl aus Ellrich traf gegen 5.30 Uhr auf Veranlassung der Kommandantur Gundersleben am Ort des Geschehens in der Nähe des Lindenhains ein. Er stellte den Tod des Mannes fest. Nach Angaben des Arztes war Roschlan links hinter dem Ohr getroffen worden. Das Geschoss hatte die vordere linke Schädelhälfte bis zum oberen Stirnbein etwa handtellergroß abgesprengt. Der Tod sei durch diese Verletzung sofort eingetreten.

Am 11. April 1952 gegen 17.20 Uhr wurde Roschlans Ehefrau vom Tod ihres Mannes in Kenntnis gesetzt. Der Untersuchungsführer der Volkspolizei, Oberkommissar Mohr, hielt in seinem Schlussbericht vom 11. April 1952 fest, dass der Todesschütze Erwin K. „unbefugt von seiner Schußwaffe Gebrauch" gemacht habe. Mohr schlug vor, gegen Erwin K. eine Disziplinarstrafe der Volkspolizei zu verhängen. Volkspolizeirat Gabel von der gleichen Kommandantur forderte in seiner Stellungnahme sogar eine harte Disziplinarstrafe gegen die beiden beteiligten Grenzer. Der Erstbericht von Oberkommissar Mohr wurde nachträglich abgeändert. Am 9. Mai 1952 ist in der geänderten Fassung von einem vorschriftsmäßigen Verhalten der Streife die Rede, es liege kein Verschulden von Oberwachtmeister Erwin K. vor.

In seiner Vernehmung am 2. März 1994 sagte K. den Ermittlern der ZERV, er habe nicht die Absicht gehabt, den Flüchtenden zu erschießen. Er sei ein guter Schütze gewesen, aber in der Dunkelheit sei es kaum möglich gewesen, gezielt auf die Beine zu schießen. Er habe auf den Körper des Flüchtenden gezielt. K. erklärte weiter, festgenommene „Grenzverletzer" seien damals nicht mit drastischen Strafen belegt worden. Deswegen habe er annehmen müssen, dass es sich bei dem Flüchtenden um einen Kriminellen gehandelt habe. Als die Posten den tödlich verletzten Oskar Roschlan erreichten, habe dieser noch geröchelt. Sein Streifenkollege Fredi A. habe geschrieen: „Mensch, jetzt hast Du ihn totgeschossen." K. sagte weiter aus: „Damit wir nicht von Zöllnern beobachtet werden konnten, trugen wir den Toten etwas weiter ins Hinterland." Kräfte aus der Kommandantur Ellrich hätten ihn dann dort abgeholt. Am Ende der Vernehmung erklärte K.: „Ich hatte durch diese Aktion keinen einzigen Vorteil. Lediglich den Nachteil, daß mich das Geschehen bis heute belastet."

In der Sterbeurkunde Oskar Roschlans, ausgestellt von der Stadtverwaltung Sonneberg, wurde als Todesursache eingetragen: „Kopfschuß durch Grenzangehörige in Ausführung des Dienstes".

Erwin K. erhielt 1997 vom Landgericht Mühlhausen wegen Totschlags eine Bewährungsstrafe von einem Jahr und sechs Monaten. (Recherche: St.A., jk, MP, jos.; Autoren: St.A., jos.)

Quellen:

Kommando der DGP, Abt. Organisation und Nachweisführung: Nachweisbuch über besondere Vorkommnisse 1952. BArch Freiburg, DVH 27/134521.

Staatsanwaltschaft Erfurt: Ermittlungsverfahren, 560 Js 98547/95–1 Ks. Sammlung Marxen/ Werle, Humboldt Universität zu Berlin.

ZERV: Ermittlungsunterlagen zum Todesfall Oskar, Erich, Max Roschlan. LAB, D Rep. 120–02, Acc. 8346, Az. 2 Js 216/92.

Staatsanwaltschaft Erfurt: Ermittlungsverfahren wegen Totschlags, 560 Js 98547/95. ThHStA Weimar, StA Erfurt 9017–9022.

Gundlach, Horst: Die deutsch-deutsche Grenze 1945–1990. Eine Dokumentation der Ereignisse im Südharz. Bad Langensalza 2014, S. 92.

Erna Miosga

geboren am 10. Dezember 1896 in Breslau (heute: Wrocław, Polen)

erschossen am 16. Mai 1952

Ort des Zwischenfalls: Wiedersberg (Sachsen)

Nach ihrer Heirat mit Paul Robert Miosga zog sie in den 50 Kilometer südöstlich liegenden Ort Brieg (Brzeg). Ihr Ehemann starb 1933, sie wurde 1946 aus ihrer niederschlesischen Heimat vertrieben. Nach Zwischenstationen in Freital (Sachsen) und Kohlgrub (Bayern) zog die kinderlose Witwe Ende April 1947 nach München. Bevor sie in der Stadt eine Wohnung fand, kam sie zunächst im Flüchtlingslager München-Dachau unter. Ihren Lebensunterhalt verdiente sie sich als Näherin.

Am 16. Mai 1952 überquerte die 55-Jährige die Grenze zwischen Bayern und Sachsen. Bei Wiedersberg (Vogtland) wurde sie vom Oberwachtmeister der DDR-Grenzpolizei Erich I. bemerkt. Er forderte sie auf, sofort stehenzubleiben. Laut einer Tagesmeldung der Grenzpolizei habe sie weder auf die mehrmaligen Halt-Rufe des Grenzpolizisten, noch auf drei Warnschüsse reagiert. Daraufhin gab Erich I. einen gezielten Schuss auf die Frau ab, der sie unterhalb des rechten Schulterblattes traf und tödlich verletzte.

Der Grund, weshalb Erna Miosga am 16. Mai 1952 in die DDR aufbrach, bleibt ungewiss. Das Einwohnermeldeamt in München führte sie als „nach unbekannt" verzogen. Der ehemalige Grenzpolizist Erich I. zeigte sich Anfang der 1990er Jahre zu keiner Aussage bereit, als ihn Ermittlungsbeamte vernahmen. Es existiert weder ein Obduktionsprotokoll noch eine Sterbeurkunde für Erna Miosga, auch ihr Begräbnisort ist nicht überliefert. Da zudem noch die Schreibweise ihres Namens in den

Berichten der Volkspolizei leicht abweicht – dort heißt sie Erna Mioske – befand die Staatsanwaltschaft bei dem Landgericht Berlin 1997, dass ein beweiskräftiger Tatnachweis gegen Erich I. nicht möglich sei und stellte das Verfahren ein. (Recherche: jk, TP; Autor: jk)

Quellen:

Kommissariatsleiter Guckenberger/Bayerische Grenzpolizei, Grenzpolizeikommissariat Hof/Saale an das Präsidium der Bayer. Grenzpolizei München: Veröffentlichung der kommunistischen Gewaltverbrechen an der Demarkationslinie. Hof, 28.1.1963., BayHStA München, Präsidium der Bayer. Grenzpolizei, 74.

ZERV: Strafsache wegen Totschlags. LAB, D Rep. 120-02, Acc. 8346, StA KG Berlin 27 Js 971/92.

Gülzau, Jan: Grenzopfer an der sächsisch-bayerischen und sächsisch-tschechischen Grenze in den Jahren 1947–1989. Dresden 2012, S. 22–24.

Martin Stehr

geboren am 2. November 1933 in Neu Gallin

gestorben am 16. Mai 1952 an einem Herzschlag nach Beschuss

Ort des Zwischenfalls: zwischen Leisterförde (Mecklenburg-Vorpommern) und Langenlehsten, Ortsteil Fortkrug (Schleswig-Holstein)

Der Gärtnergeselle Martin Willi Wilhelm Stehr wurde 1933 in Neu Gallin (Kreis Hagenow) geboren und wohnte im nahe gelegenen Leisterförde. Es ist gut möglich, dass er wie andere Bewohner der Grenzregion Besorgungen in den westlichen Nachbardörfern erledigte, auch als dies ohne Interzonenpass nicht mehr erlaubt war und die Grenzsicherung der DDR ausgebaut wurde. So lag Langenlehsten in Schleswig-Holstein nur zwei Kilometer von Leisterförde entfernt und war über eine Straße erreichbar.

Am 16. Mai 1952 überschritt Martin Stehr gemeinsam mit einer Frau zur Mittagszeit die Grenze, um von Leisterförde nach Langenlehsten zu gelangen. Angehörige einer Grenzstreife wollten dies verhindern und feuerten zwei Warnschüsse ab, um die Grenzgänger zur Umkehr zu zwingen. Martin Stehr und seine Begleiterin konnten zwar unverletzt auf westliches Gebiet gelangen, doch die Schüsse und die Todesgefahr erschreckten den 18-Jährigen so sehr, dass er einen Herzstillstand erlitt und 200 Meter von der Grenze entfernt zusammenbrach. Bauern, die auf einem Feld arbeiteten, beobachteten den Vorfall. Man brachte den Toten nach Langenlehsten, wo ein Arzt die Todesursache feststellte.

Das Dorf Neu Gallin, der Geburtsort von Martin Stehr, in dem auch seine Eltern lebten, wurde 1976 im Rahmen des Grenzausbaus abgerissen. Bei Leisterförde erinnert heute ein Freilicht-Grenzmuseum an die deutsche Teilung. (Recherche: jk, US; Autor: jk)

Quellen:

Hauptabteilung Deutsche Grenzpolizei: Meldung besonderer Vorkommnisse Nr. 114/52 für die Zeit vom 16.5.52, 06.00 Uhr, bis 17.5.52, 06.00 Uhr. Berlin, 17. Mai 1952. BArch Freiburg, DVH 27/130329.

Standesamt Gudow: Sterbeeintrag Nr. 11 vom 19.05.1952. Amt Lauenburgische Seen, Abt. Standesamt.

Manfred Seifert

geboren am 25. Dezember 1931 in Königsberg (Ostpreußen,
heute: Kaliningrad, Russland)

erschossen am 21. Mai 1952

Ort des Zwischenfalls: Waldstück zwischen Schwanefeld und Beendorf, ca. 100 bis 200 Meter von der innerdeutschen Grenze entfernt (Sachsen-Anhalt)

Manfred Seifert lebte nach dem Krieg zunächst in Berlin-Weißensee. Er besuchte bis zu seinem 14. Lebensjahr die Volksschule in Weißensee und machte danach eine Lehre als Bäcker. Nachdem er an Tuberkulose erkrankt war, musste er die Ausbildung abbrechen. Er wechselte zur Reichsbahn, bis er auch hier wegen seiner Krankheit ausscheiden musste. Seit 1948 erhielt er monatlich 50 DM vom Sozialamt. Im September 1951 klagte der Generalstaatsanwalt von Groß-Berlin Manfred Seifert wegen Widerstands gegen die Staatsgewalt an, da er nach einem Wirtshausbesuch auf dem Heimweg eine DDR-Fahne vor einem Konsumladen abgerissen hatte. Als die von einem Nachtwächter verständigte Volkspolizei ihn festnehmen wollte, widersetzte er sich. Nach seiner Entlassung aus der U-Haft zog Manfred Seifert im Januar 1952 nach Düsseldorf. Dort kam er in einem Übernachtungsheim unter. Seine Eltern blieben weiterhin in Ost-Berlin.

Am 22. Mai 1952, vier Monate nach seinem Umzug in den Westen, machte er sich ohne Interzonenpass mit dem Fahrrad in der Nähe von Helmstedt auf den Weg über die innerdeutsche Grenze in die DDR. Er wurde dabei von einer Streife der DDR-Grenzpolizei gegen 14.30 Uhr entdeckt und erschossen. Die Hauptabteilung Deutsche Grenzpolizei Berlin berichtete über den Zwischenfall noch am gleichen Tag und behauptete, der Getötete habe sich „trotz mehrmaliger Anrufe und eines Warnschusses nicht der Grenzstreife" gestellt. Die Mordkommission Magdeburg sei verständigt worden. Manfred Seifert starb an einem Bauch- bzw. Brustdurchschuss. Nach einem Bericht des Leiters der Hauptabteilung Deutsche Grenzpolizei sollte „die Beerdigung des erschossenen Grenzverletzers [...] ursprünglich in Beendorf stattfinden. Als bekannt wurde, daß die Leiche zum Wohnort der Eltern nach Berlin (demokratischer Sektor) überführt wird, kam es am 24.5.1952, gegen 15 Uhr, zur Ansammlung von etwa 500 Personen. Die Ansammlung erfolgte auf Betreiben des Ortspfarrers Georg Meier aus Beendorf. Der Pfarrer hielt eine Sargpredigt, die hart an der Grenze von Provokationen lag. Er forderte auf[,] für den zu beten, der den Schuß abgegeben hat und für dessen Kameraden. Vom Bürgermeister war der Pfarrer dahingehend verständigt worden, diese Feier nicht durchzuführen. Trotzdem wurde die Feier vom Ortspfarrer veranstaltet."

40 Jahre nach Seiferts Tod befragten kriminalpolizeiliche Ermittler zwei Frauen, denen Manfred Seifert am 22. Mai 1952 kurz hinter der Grenze begegnet war. Die beiden früheren Waldarbeiterinnen sagten aus, sie seien damals – begleitet von einer weiteren Kollegin – auf dem Weg nach Beendorf gewesen. Der Mann mit dem Fahrrad habe nach dem Weg in Richtung Magdeburg beziehungsweise Berlin gefragt. Er wolle dort jemanden besuchen. Er habe sich auch nach Polizeistreifen erkundigt. Nachdem der Radfahrer seinen Weg fortgesetzt habe, sei er nach etwa 150 Metern durch einen Schuss aus der Waffe eines DDR-Grenzpolizisten der Wache Schwanefeld getötet worden. Einen Warnruf hatte keine der beiden Zeuginnen gehört, eine will aber selbst noch „Nicht schießen[!]" gerufen haben, als sie einen Grenzpolizisten das

Gewehr heben sah. Der Getroffene sei sofort tot gewesen. Die Entfernung zwischen dem Schützen und dem Todesopfer hätte nur 20 bis 30 Meter betragen. Es seien zwei Grenzer beteiligt gewesen. Der Schütze – den Zeuginnen als „ganz Scharfer" bekannt – hätte einen Hund dabei gehabt. Auf Vorhaltungen der Frauen habe er immer wieder erklärt, er hätte den Mann nicht töten wollen. Noch in derselben Nacht sei das gesamte Grenzkommando Schwanefeld ausgetauscht worden. Letzteres bestätigen auch andere Überlieferungen.

Als Schütze wurde seinerzeit im Schriftgut der Deutschen Grenzpolizei ein VP-Wachtmeister Kümmling angegeben, ein Zeuge erinnerte sich 1993 dagegen, ein Grenzpolizist namens Horst Lumme sei der Täter gewesen. Da die Suche nach beiden Verdächtigten ergebnislos blieb, stellten die Ermittlungsbehörden das Verfahren am 11. August 1994 ein. (Recherche: jk, jos., St.A.; Redaktion jos.)

Quellen:

Kommando der DGP, Abt. Organisation und Nachweisführung, Nachweisbuch über besondere Vorkommnisse 1952, Signatur: BArch Freiburg, DVH 27/134521.

HV Deutsche Volkspolizei/Hpt.-Abtlg. Grenzpolizei: Meldung besonderer Vorkommnisse Nr. 118/52 für die Zeit vom 21.5.1952, 06.00 Uhr bis 22.5.1952, 06.00 Uhr. Berlin, 22.5.1952. BArch Freiburg, DVH 27/130329.

HV Deutsche Volkspolizei/Hpt.-Abtlg. Grenzpolizei: Meldung besonderer Vorkommnisse Nr. 121/52 für die Zeit vom 24.5.1952, 06.00 Uhr bis 25.5.1952, 06.00 Uhr. Berlin, 25.5.1952. BArch Freiburg, DVH 27/130329.

Der Generalstaatsanwalt Groß-Berlin: Anklageschrift gegen Paul Emil Tornow und Manfred Seifert. BStU, ZA, MfS ASt 35 m Js 846/51.

ZERV: Ermittlungen wegen Totschlags z. N. von Seifert, Manfred. LAB, D Rep. 120–02; Acc. 8346, 2 Js969/92.

Käthe Arndt

geboren am 22. Februar 1903 in Danzig (heute: Gdańsk, Polen)

verunglückt auf dem Weg über die Grenze am 31. Mai 1952, geborgen am 19. Juni 1952

Ort des Zwischenfalls: Lappwald bei Schwanefeld (Sachsen-Anhalt)

Käthe Makowski heiratete 20-jährig am 25. Oktober 1923 in Danzig Walter Karl Arndt. Sie stammte aus einer Arbeiterfamilie und war laut Adressbuch der Stadt Danzig von 1924 nun die Gattin eines „Kunstschlossermeisters". 1925 gebar sie eine Tochter, der vier weitere Kinder folgten. Die Lebensverhältnisse der Familie blieben ärmlich. 1927 stand Walter Arndt denn auch nur noch als „Schlosser" im Adressbuch, und die Familie wohnte in der Danziger Hundegasse 63. Das Haus beherbergte zehn Mietparteien und war, wie auch das Haus Bischofstal 29, in das sie 1934 zogen, eine Mietskaserne, in der Maschinisten, Werftarbeiter, Böttcher, Monteure und Dreher lebten. Seit 1938 enthält das Danziger Adressbuch keine Eintragung mehr zu Käthe Arndts Familie. Im gleichen Jahr steht sie erstmals im Magdeburger Adressbuch. Die neue Anschrift lautete: Danziger Dorf 63.

Dass eine Familie aus der Danziger Hundegasse ins Danziger Dorf nach Magdeburg zog, war kein Zufall. 1936 vereinbarte die Stadt Magdeburg mit dem Arbeitsamt Danzig und dem Reichsarbeitsministerium die Umsiedlung von langjährigen Arbeitslosen, die man in den Industriebetrieben der Elbestadt brauchte. Für sie baute die Stadt eine drei Straßenzüge umfassende Vorstadtsiedlung, in deren Haus Nr. 63, seit 1951 Wenddorfer Weg, die Arndts zogen. 1940 kam ihre jüngste Tochter dort zur Welt.

15 Minuten Fußweg vom Wohnhaus der Familie Arndt entfernt, in der Uchtdorfer Straße, lebte Marianne Rogge mit ihrer Tochter. Die beiden Frauen, Käthe Arndt war inzwischen 49 Jahre alt, Marianne Rogge 47, machten sich Ende Mai 1952 auf den Weg in Richtung Helmstedt, wo sie möglicherweise Alltagsgüter, an denen es im kriegszerstörten Magdeburg mangelte, erwerben wollten. Um die Streifen der DDR-Grenzpolizei zu umgehen, gingen die beiden Frauen des Nachts durch den unwegsamen, weitestgehend unbesiedelten Lappwald. Käthe Arndt und Marianne Rogge waren nur noch 350 Meter von der niedersächsischen Grenze entfernt, als sie in der Dunkelheit einen Steilhang übersahen. Sie stürzten mehrere Meter tief in ein Wasserloch, verloren das Bewusstsein und ertranken. Erst am Abend des 19. Juni 1952 entdeckte eine Streife der Grenzpolizei die Leichen der beiden Frauen. „Vermutlich handelt es sich um illegale Grenzgänger", hält der Rapport der Volkspolizei fest. Das Sterberegister der Gemeinde Beendorf vermerkt den 31. Mai 1952 als das wahrscheinliche Todesdatum von Käthe Arndt und Marianne Rogge. Walter Arndt überlebte seine Ehefrau nur um ein Jahr. Er verstarb am 17. Juni 1953 in Magdeburg. (Recherche: jk, US; Autor: jk)

Vgl. die Biografie von Marianne Rogge.

Quellen:

Landesbehörde der Volkspolizei Sachsen-Anhalt – Operativstab: Rapport Nr. 151/52 für die Zeit vom 19.6.52, 05 Uhr, bis 20.6.52, 05 Uhr. Halle, 20.6.1952. LASA Mgb., K 14, Nr. 46.

Hauptabteilung Deutsche Grenzpolizei: Meldung besonderer Vorkommnisse Nr. 145/52 für die Zeit vom 20.6.1952, 06.00 Uhr, bis 21.6.1952, 06.00 Uhr. Berlin, 21.6.1952. BArch Freiburg, DVH 27/130330.

Stadtarchiv Magdeburg, Abteilung Personenstandswesen: Auskunft vom 16.03.2016.

Standesamt Beendorf: Sterbeeintrag Nr. 5 vom 21.06.1952. Verbandsgemeinde Flechtingen, Standesamt.

Roeder, Heidi: Nationalsozialistischer Wohn- und Siedlungsbau. Dokumentationen der Gutachten des Stadtplanungsamtes. Hrsg. vom Stadtplanungsamt Magdeburg, Heft 43/II, 1995, S. 12–34.

Marianne Rogge

geboren am 10. März 1905 in Groß Santersleben

verunglückt auf dem Weg über die Grenze am 31. Mai 1952, geborgen am 19. Juni 1952

Ort des Zwischenfalls: Lappwald bei Schwanefeld (Sachsen-Anhalt)

Die aus Groß Santersleben stammende Marianne Pilz schloss am 24. Februar 1934 mit dem Kaufmann Hermann Rogge in Magdeburg die Ehe. Ihre Tochter kam 1944 in Gera zur Welt. Am 14. März 1945 fiel ihr Ehemann im Krieg. Mutter und Tochter lebten 1952 im Uchtdorfer Weg am Stadtrand von Magdeburg. Mit Käthe Arndt, die nur wenige Fußminuten entfernt wohnte, machte sich die 47-Jährige Ende Mai 1952 auf den Weg in Richtung Helmstedt, wo sie möglicherweise Alltagsgüter, an denen es im kriegszerstörten Magdeburg mangelte, erwerben wollten. Um die Streifen der DDR-Grenzpolizei zu umgehen, durchquerten die beiden Frauen des Nachts den unwegsamen, weitestgehend unbesiedelten Lappwald. Die Grenze nach Niedersachsen lag nur noch 350 Meter entfernt, als sie in der Dunkelheit einen Steilhang übersahen.

Beide Frauen stürzten mehrere Meter tief in ein Wasserloch, verloren das Bewusstsein und ertranken. Erst am Abend des 19. Juni 1952 entdeckte eine Streife der Grenzpolizei ihre Leichen. „Vermutlich handelt es sich um illegale Grenzgänger", hält der Rapport der Volkspolizei fest. Das Sterberegister der Gemeinde Beendorf vermerkt den 31. Mai 1952 als ihr wahrscheinliches Todesdatum. (Recherche: jk, US; Autor: jk)

Vgl. die Biografie von Käthe Arndt.

Quellen:

Landesbehörde der Volkspolizei Sachsen-Anhalt – Operativstab: Rapport Nr. 151/52 für die Zeit vom 19.6.52 05 Uhr bis 20.6.52 05 Uhr. Halle, 20.6.1952. LASA Mgb., K 14, Nr. 46.

Hauptabteilung Deutsche Grenzpolizei: Meldung besonderer Vorkommnisse Nr. 145/52 für die Zeit vom 20.6.1952, 06.00 Uhr, bis 21.6.1952, 06.00 Uhr. Berlin, 21.6.1952. BArch Freiburg, DVH 27/130330.

Stadtarchiv Magdeburg, Abteilung Personenstandswesen: Auskunft vom 09.06.2016.

Standesamt Beendorf: Sterbeeintrag Nr. 5 vom 21.06.1952. Verbandsgemeinde Flechtingen, Standesamt.

Anna Luther

geboren am 15. November 1899 in Blatterndorf

Suizid am 5. Juni 1952

Ort des Geschehens: Effelder (Thüringen)

Die DDR-Regierung ordnete am 26. Mai 1952 „Maßnahmen an der Grenze" gegen „politisch unzuverlässige" Anwohner und ihre Familien an. Unter dem Vorgangsnamen „Aktion Ungeziefer" organisierte die SED mit ihren Sicherheitsorganen die Zwangsaussiedlung von 3 056 Familien mit 10 141 Personen. Durch die Aussiedlung waren 13 557 Hektar landwirtschaftliche Nutzfläche freigeworden, durch Flucht weitere 3 477 Hektar. Bis zum 30. Juni 1952 flohen 1 591 Familien mit 5 480 Personen vor der Zwangsaussiedlung in den Westen.

Am 6. Juni 1952 meldete die Grenzpolizeibrigade Köppelsdorf der Hauptverwaltung der Deutschen Grenzpolizei in Berlin ein „besonderes Vorkommnis" in Effelder: „Auf Grund der Umsiedlung verübte am 5.6.52 gegen 16.00 Uhr Selbstmord durch Erhängen: Frau Selma Luther". Bei dem Vornamen der Toten lag ein Übermittlungsfehler vor. Sie hieß tatsächlich Anna Luther und stammte aus einer alteingesessenen Effelder Familie. Sie kam kurz vor der Jahrhundertwende als Anna Greiner in Blatterndorf zur Welt. Die damals noch eigenständige Ortschaft gehört seit ihrer Eingemeindung im Jahr 1923 zu Effelder. Anna Greiner heiratete im Juni 1921 Arno Luther, mit dem sie eine gemeinsame Tochter hatte. Diese war zum Todeszeitpunkt ihrer Mutter bereits volljährig. Das Standesamt Sonneberg beurkundete den Todesfall als „Tod durch Erhängen" ohne weitere Angaben zu den Gründen des Suizids. (Recherche: jk, US; Autor: jos.)

Quellen:

Hauptabteilung Deutsche Grenzpolizei: Meldung besonderer Vorkommnisse Nr. 132/52 für die Zeit vom 5.6.1952, 06.00 Uhr, bis 6.6.1952, 06.00 Uhr. Berlin, 6.6.1952. BArch Freiburg, DVH 27/130330.

Kreisarchiv Sonneberg: Auskunft zum Todesfall Anna Luther vom 26.07.2016.

Stadtarchiv Sonneberg: Auskunft vom 06.10.2016 zur Vermählung von Anna Luther.

Kaspar Obkirchner

geboren am 17. Mai 1906 in Forstseeon

Suizid in der Nacht vom 6. auf den 7. Juni 1952

Ort des Geschehens: Hirschberg an der Saale (Thüringen)

Am 7. Juni 1952 meldete die Grenzpolizei aus Schleiz der Hauptverwaltung der Deutschen Grenzpolizei in Berlin: „Das Ehepaar Obkirchner aus Hirschberg, welches zur Aussiedelung vorgesehen war, beging in der Nacht vom 6.6. zum 7.6.52 Selbstmord durch Erschießen mit einer Pistole P 38. Der Täter schoß seiner Frau einen Schuß durch die Brust und durch die Schläfe, daraufhin verübte er Selbstmord durch einen Schläfenschuß. Bei anschließender Hausdurchsuchung wurden Briefe an amerikanische Offiziere gefunden. Das Material wurde dem MfS Schleiz übergeben."

Kaspar Obkirchner kam am 17. Mai 1906 in der nahe bei München gelegenen Ortschaft Forstseeon als Sohn von Kaspar Obkirchner und seiner Frau Elisabeth zur Welt. Er wohnte nach dem Krieg mit seiner Frau in Hirschberg und arbeitete dort als Lkw-Fahrer. Das Ehepaar entschied sich aus Angst vor der Zwangsumsiedlung für den Freitod. Kaspar Obkirchner erschoss seine Frau Klara und sich selbst in ihrer Gartenlaube am Marktacker in Hirschberg. Wie die DDR-Grenzpolizei berichtete, gingen unter den zur Aussiedlung vorgesehenen Familien in mehreren Kreisen Gerüchte um, man werde in die Sowjetunion gebracht oder in das ehemalige Konzentrationslager Buchenwald eingeliefert. (Recherche: jos., US; Autor: jos.)

Quellen:

HVDVP – Operativstab: Rapport Nr. 160 für die Zeit vom 7.6.1952 06.00 Uhr bis 8.6.1952 06.00 Uhr. BArch Freiburg, DVH/27/130334.

Standesamt Gefell: Auskunft vom 24.05.2016 über die standesamtliche Eintragung zu Kaspar Obkirchner.

Klara Obkirchner

geboren am 5. Oktober 1906 in Gefell

Suizid in der Nacht vom 6. auf den 7. Juni 1952

Ort des Geschehens: Hirschberg an der Saale (Thüringen)

Am 7. Juni 1952 meldete die Grenzpolizei aus Schleiz der Hauptverwaltung der Deutschen Grenzpolizei in Berlin: „Das Ehepaar Obkirchner aus Hirschberg, welches zur Aussiedelung vorgesehen war, beging in der Nacht vom 6.6. zum 7.6.52 Selbstmord durch Erschießen mit einer Pistole P 38. Der Täter schoß seiner Frau einen Schuß durch die Brust und durch die Schläfe, daraufhin verübte er Selbstmord durch einen Schläfenschuß. Bei anschließender Hausdurchsuchung wurden Briefe an amerikanische Offiziere gefunden. Das Material wurde dem MfS Schleiz übergeben."

Klara Linna Obkirchner kam am 5. Oktober 1906 in Gefell als Tochter von Johann Gustav Friedrich Schmidt und seiner Frau Johanna Karoline Wilhelmine Elisabeth Schmidt zur Welt. Sie lebte nach dem Krieg mit ihrem Mann im nahe gelegenen vogtländischen Hirschberg. Das Ehepaar schied aus Angst vor der Zwangsumsiedlung in seiner Gartenlaube am Marktacker von Hirschberg aus dem Leben. Wie die DDR-Grenzpolizei berichtete, gingen unter den zur Aussiedlung vorgesehenen Familien Gerüchte um, sie würden in die Sowjetunion gebracht oder in das ehemalige Konzentrationslager Buchenwald eingeliefert. (Recherche: jos., US; Autor: jos.)

Quellen:
HVDVP – Operativstab: Rapport Nr. 160 für die Zeit vom 7.6.1952 06.00 Uhr bis 8.6.1952 06.00 Uhr. BArch Freiburg, DVH/27/130334.
Standesamt Gefell: Auskunft vom 24.05.2016 über die standesamtliche Eintragung zu Klara Linna Obkirchner.

Hildegard Rüger

geboren am 31. Oktober 1920 in Weidhausen
Suizid am 6. Juni 1952
Ort des Zwischenfalls: Sonneberg (Thüringen)

Bildquelle: Neue Presse Coburg, Ausgabe Neustadt, 27. April 1990

Gemäß Regierungsverordnung vom 26. Mai 1952 „über Maßnahmen an der Grenze" war im Rahmen der „Aktion Ungeziefer" die Zwangsaussiedlung von Bürgern mit ihren Familien vorgesehen, die als „politisch unzuverlässig" eingeschätzt wurden. Die SED und ihre Sicherheitsorgane hatten 3 056 Familien mit 10 141 Personen benannt, die zwangsweise aus dem DDR-Grenzgebiet zu entfernen waren. Durch die Aussiedlung waren 13 556 Hektar landwirtschaftliche Nutzfläche freigeworden, durch Flucht 3 476 Hektar. Bis zum 30. Juni 1952 flüchteten 1 591 Familien mit 5 480 Personen, die zur Zwangsaussiedlung vorgesehen waren, in den Westen.

Bildquelle: Neue Presse Coburg, Ausgabe Neustadt, 27. April 1990

In der Nacht des 5. Juni 1952 fuhr vor zahlreichen Häusern in Sonneberg die Volkspolizei mit Lastwagen vor. Gemäß Regierungsverordnung vom 26. Mai 1952 „über Maßnahmen an der Grenze" sollten etwa 300 Familien aus der Stadt und dem Kreisgebiet zwangsweise ausgesiedelt werden. Während vor mehreren Häusern schon die Verladearbeiten begonnen hatten, ertönte plötzlich die Feuersirene. Aus den Fenstern der Wohnung von Werner und Hildegard Rüger quoll Rauch. Als Feuerwehrleute die verschlossene Wohnungstür aufbrachen, strömte ihnen Gasgeruch entgegen. In der Küche fanden die Feuerwehrmänner Werner und Hildegard Rüger sowie deren 12-jährigen Sohn Manfred mit aufgeschnittenen Pulsadern vor. Die Hähne des Gasherds waren geöffnet. Die Familie hatte sich aus Verzweiflung und Angst vor der Zwangsumsiedlung das Leben genommen. Werner Rüger hatte zuvor gegenüber seinem Bruder Günter die Befürchtung geäußert, die Familie werde nach Russland gebracht.

Die SED-Bezirkszeitung *Freies Wort* machte wenig später in der gleichen Ausgabe und auf der gleichen Seite, auf der die Todesanzeige für die Familie Rüger erschien, „Lügenparolen" westlicher „Hetzsender" für deren Tod verantwortlich: „Diese Lügenparolen verbreiteten in diesen Tagen viele Menschen. Sie wurden dadurch unbewußt zu Handlangern der angloamerikanischen Kriegstreiber und trugen dazu bei, daß in Sonneberg eine geachtete Familie diesem Mordanschlag zum Opfer gefallen ist. Diese Familie würde heute noch unter den Lebenden weilen, wenn sie nicht durch gewissenlose Hetzer mutlos gemacht worden wäre."

Quelle:
Neue Presse Coburg, Ausgabe
Neustadt, 27.04.1990;
abgedruckt in: Gerbergasse 18.
Thüringer Vierteljahresschrift
für Zeitgeschichte und Politik,
Ausgabe 2/2015, S. 9.

Werner Rüger, der aus amerikanischer Kriegsgefangenschaft zurückgekehrt war, hatte ebenso wie seine Frau Hildegard, sein Bruder Günter und dessen Frau Rosemarie in der elterlichen „Familienpension Rüger" gearbeitet. Die Pension verfügte über 24 Zimmer und 42 Gästebetten. Auch Günter und Rosemarie Rüger wurden in dieser Nacht zwangsweise ausgesiedelt. Günter Rüger berichtete 1990 der *Neuen Presse Coburg*, wie

am Abend des 4. Juni 1952 mehrere SED-Funktionäre in der Pension erschienen und der Familie mitteilten, dass sie „aus Gründen der eigenen Sicherheit" am kommenden Tag ihre Wohnungen zu verlassen hätten. Wohin sie gebracht werden sollten, wurde ihnen nicht mitgeteilt. (Recherche: jos.; Autor: jos.)
Stadtverwaltung Sonneberg: Stadtarchiv, Auskunft vom 20.4.2017.

Manfred Rüger
geboren am 22. März 1940 in Sonneberg
gestorben am 6. Juni 1952
Ort des Zwischenfalls: Sonneberg (Thüringen)

Bildquelle: Neue Presse Coburg, Ausgabe Neustadt, 27. April 1990

Für Angaben zum Todesfall siehe die obige Biografie von Hildegard Rüger.

Weitere Quellen:
Erhart Neubert erinnert sich an seinen Schulfreund unter: http://aufbruch-89.de/film/13655
Stadtarchiv Sonneberg: Sterbeeintrag Manfred Rüger, Auskunft vom 19.9.2016.

Werner Rüger
geboren am 17. August 1913 in Sonneberg
Suizid am 6. Juni 1952
Ort des Zwischenfalls: Sonneberg (Thüringen)

Bildquelle: Neue Presse Coburg, Ausgabe Neustadt, 27. April 1990

Für Angaben zum Todesfall siehe die obige Biografie von Hildegard Rüger.

Herbert Fischer

geboren am 3. Oktober 1920 in Wörlsdorf
erschossen am 9. Juni 1952
Ort des Zwischenfalls: bei Liebau (Thüringen)

Bildquelle: Sportclub Hassenberg
www.sc1930schassenberg.de

Herbert Bruno Fischer kam im bayerischen Wörlsdorf, in der heutigen Gemeinde Sonnefeld, zur Welt. Im Prinzenhof, dem landwirtschaftlichen Betrieb seiner Eltern Rosa und Heinrich, half Herbert Fischer schon frühzeitig mit und unterstützte die Familie. Als „Prinz" spielte er bereits als Jugendlicher beim Sportclub Hassenberg als Mittelläufer und entwickelte sein Fußballtalent weiter. Im Jahre 1937/38 feierte er mit seiner Mannschaft den Aufstieg in die Bezirksliga. Nach seiner Einberufung zum Kriegsdienst kam Fischer mit einer schweren Kriegsverwundung zu Genesung nach Freudenstadt in den Schwarzwald. Während eines weiteren militärischen Einsatzes im Protektorat Böhmen und Mähren lernte er seine spätere Frau Juliane aus dem Sudetenland kennen. Nach seiner Entlassung aus der englischen Gefangenschaft im April 1945 kehrte er in seine Heimat zurück und unterstützte seinen Vater auf dem elterlichen Hof. Seine Mutter sollte er nicht mehr wiedersehen, sie war bereits verstorben. Auf dem Prinzenhof der Fischers fanden einige heimatvertriebene Familien eine Bleibe, so auch Juliane seit 1945. Das junge Paar heiratete an Silvester 1947, im Januar 1949 wurde der Sohn Ralph geboren. Im Jahre 1948 wurde Herbert Fischer in den Wörlsdorfer Gemeinderat gewählt. Er arbeitete mit großem Engagement in der Gemeindevertretung mit, wo man seine Aufrichtigkeit und Sachlichkeit schätzte. Als Maschinist bediente er bei der Freiwilligen Feuerwehr Wörlsdorf die Feuerspritze.

Im Zuge der „Aktion Ungeziefer" ordnete die SED-Führung im Jahre 1952 die Zwangsaussiedlung von mehr als 10 000 Menschen aus ihren Heimatorten im unmittelbaren Grenzgebiet an. Zu den betroffenen Orten zählte auch Liebau, das direkt an der thüringisch-bayerischen Grenze lag. Heute erinnert nur noch ein Gedenkstein an das Dorf, aus dem Anfang Juni 1952 nahezu die gesamte Dorfbevölkerung in den Westen flüchtete. Am 8. Juni, eine Woche nach den Pfingstfeiertagen, besetzte die Volkspolizei den Ort. Einen Tag später, in den Abendstunden des 9. Juni 1952, machte sich Herbert Fischer gemeinsam mit seinem Freund Willi R. auf den Rückweg von einem Kirchweihfest aus dem bayerischen Schwärzdorf in Richtung Liebau. Zu später Stunde, gegen 3.30 Uhr, befanden sich die beiden gerade 100 Meter von der Ortschaft entfernt, als sie auf zwei DDR-Grenzpolizisten des Kommandos Oerlsdorf trafen. Sie wurden angehalten und aufgefordert, zum Kommando mitzukommen. Die beiden Freunde weigerten sich jedoch, dem Befehl Folge zu leisten. Herbert Fischer sei mit einem der Grenzpolizisten wegen seines zwangsumgesiedelten Onkels und Paten in Streit geraten. Der Wachtmeister B. wollte Verstärkung herbeirufen.

Herbert Fischer, links im Bild, stehend, mit der Aufstiegsmannschaft von 1937/38.
Bildquelle: Sportclub Hassenberg www.sc1930schassenberg.de

Als er sich für einen Moment abwandte und mit der Signalpfeife nach hinten Alarm gab, entriss ihm Fischer den Karabiner und rannte in Richtung Grenze. Mehrere nach dem Alarmsignal herbeigeeilte Grenzpolizisten nahmen die Verfolgung auf. Herbert Fischer fand zunächst Deckung in einem Getreidefeld, das nur etwa 150 Meter von der Demarkationslinie entfernt lag. Er soll dann, wie die Tagesmeldung der Grenzpolizei angibt, aus dem Feld heraus das Feuer auf seine Verfolger eröffnet haben, als sie ihn einkreisten. In diesem Feuergefecht erlitt der 32-Jährige tödliche Schussverletzungen. Die spätere Untersuchung führte zum Ergebnis, dass Fischer vier Schüsse aus dem Karabiner abgab, ohne einen seiner Verfolger zu treffen, die Grenzpolizisten feuerten insgesamt 46 Schüsse auf ihn ab. Herbert Fischer wurde in seinen Heimatort Wörlsdorf überführt und am 22. Juni 1952 unter großer Anteilnahme der Bevölkerung und seiner Sportkameraden zu Grabe getragen. (Recherche: jk, jos., MP, St.A.; Autorin: MP)

Quellen:

NVA, GT, Abteilg. Operativ: Tagesrapporte besondere Vorkommnisse betreffend Juni 1952–August 1952. BArch Freiburg, DVH 27/130330.

Grenzpolizeikommissariat Coburg, Vetter/Grenzpolizeikommissariat Coburg an das Präsidium der Bayerischen Grenzpolizei München: Veröffentlichung der kommunistischen Gewaltverbrechen an der Demarkationslinie. Coburg, 26.2.1963, BayHstA München, Präsidium der Bayer. Grenzpolizei, 74.

Bortfeldt, Florian-Michael: Grenzerinnerungen. http://www.grenzerinnerungen.de/aktion-ungeziefer/liebau (Zugriff am 10.03.2016).

Weiß, Hans-Jörgen: Nostalgie-Porträt: Herbert Fischer. SCH-ECHO, SC Hassenberg, 17/99.

Gerhard Palzer

geboren am 22. November 1925 in Podersam
(heute: Podbořany, Tschechische Republik)

erschossen am 29. Juli 1952

Ort des Zwischenfalls: Straße zwischen Willmars (Bayern) und Stedtlingen (Thüringen)

Bildquelle: Gerhard Schätzlein u. a.

Gerhard Palzer wohnte mit seiner Verlobten in Nordheim vor der Rhön. Der 29. Juli 1952 war sein letzter Arbeitstag vor dem Sommerurlaub. Er trat seinen Streifendienst um 13 Uhr in der Zollgrenzstation Willmars gemeinsam mit einem Kollegen an. Aufgrund akuten Personalmangels teilten sich die beiden Beamten den Kontrollabschnitt auf. Gerhard Palzer patrouillierte allein nördlich von Willmars. Gegen 16.40 Uhr hatte er seinen Beobachtungspunkt erreicht: eine Wegsperre, die sich an der Straße nach Stedtlingen befand. Was sich in den nächsten Minuten an der bayerischen Grenze, zwischen Kiefernhochwald, Kornfeldern und dem abgeholzten Kontrollstreifen auf der Ostseite zutrug, ist unterschiedlich überliefert. Nach der Tagesmeldung der Grenzpolizei der DDR habe Gerhard Palzer den Zehn-Meter-Kontrollstreifen überschritten und vier dort postierte DDR-Grenzpolizisten des Kommandos Stedtlingen in ein Gespräch verwickelt und ihnen amerikanische Zigaretten angeboten. Als die Grenzpolizisten versucht hätten, den Zollassistenten festzunehmen, habe er geschossen und sei nach einem Handgemenge zurück zur Demarkationslinie gelaufen. „Hierauf wurden von unseren Grenzpolizisten insgesamt 2 Karabiner- und 3 Pistolenschüsse abgegeben, wodurch der Zöllner durch Kopfschuß tödlich verletzt wurde."

Die von der bayerischen Kriminalpolizei vorgenommene Rekonstruktion des Todesfalls stützte sich auf Zeugenaussagen und Tatortuntersuchungen. Demnach versuchten DDR-Grenzpolizisten, Palzer auf bayerischem Gebiet festzunehmen. Als er sich nach einem Handgemenge losriss, sollen diese das Feuer eröffnet haben. Aus den am Tatort aufgefundenen Spuren schlossen die bayerischen Ermittler, dass DDR-Grenzpolizisten die Grenze überquerten und Palzer verfolgten. Zwei Patronenhülsen aus DDR-Karabinern lagen 17 Meter von der Grenze entfernt auf westlichem Gebiet.

Die Hintergründe, weshalb Gerhard Palzer am 29. Juli 1952 sterben musste, blieben bis ins Jahr 2016 ungeklärt. Indizien weisen wohl auf eine geplante Verschleppung des Zollbeamten in die DDR hin, andererseits kursierten auch Spekulationen über einen privaten Racheakt von DDR-Grenzpolizisten, weil der 26-jährige Zollassistent ihnen den Kontakt mit bayerischen Mädchen verwehrt hätte. Aus MfS-Unterlagen und DDR-Gerichtsakten über den damaligen Kommandeur der MfS-Operativgruppe Meiningen, Oberkommissar Robert Stumpf, geht jedoch hervor, was sich tatsächlich am 29. Juli 1952 an der bayerischen Grenze zu Thüringen ereignete und warum es geschah.

Im Juli 1952 nahm die MfS-Operativgruppe Meiningen neun Grenzpolizisten des Grenzkommandos Hermannsfeld und Stedtlingen fest. Der Staatssicherheitsdienst bezichtigte die Männer, eine „Widerstandsgruppe" gebildet und Kontakte zu westlichen

Dienststellen unterhalten zu haben. Der Chef der MfS-Operativgruppe Meiningen, Oberkommissar Robert Stumpf, und seine Leute erpressten unter Schlägen und Misshandlungen schriftliche „Geständnisse" von den festgenommenen Grenzpolizisten. Einer der Festgenommenen musste einen Brief an einen ihm bekannten westdeutschen Zollbeamten namens Josef W. aufsetzen und ihn zum Schlagbaum an der Straße zwischen Willmars und Stedtlingen bestellen. Der mit der zuständigen sowjetischen Dienststelle in Hermannsfeld abgestimmte Plan der MfS-Operativgruppe Meiningen sah vor, diesen Zollbeamten als Agentenführer festzunehmen und anzuklagen. „Das Ganze [sollte] als Schauprozeß aufgebauscht" werden, „als abschreckendes Beispiel", erinnerte sich später ein Grenzpolizist des Kommandos Stedtlingen. Robert Stumpf beauftragte vier „der besten Grenzpolizisten", sich am „Schlagbaum Wilmars" zu postieren und den Zollbeamten Josef W. bei seinem Erscheinen festzunehmen. Sie sollten dabei nur im Notfall von der Schusswaffe Gebrauch machen, da das primäre Interesse in der Festnahme des Agentenführers bestehe.

Gerd Palzer 1952.
Bildquelle: Schätzlein u. a.

Bereits am Vormittag des 28. Juli 1952 warteten die vier Grenzpolizisten vergeblich auf den Zöllner und fragten Bauern, die auf bayerischer Seite Korn mähten, wo denn die Kollegen vom Zoll seien, man habe sich verabredet. MfS-Oberkommissar Stumpf begab sich persönlich zur Grenze und wies die Posten an, am folgenden Tag erneut zum Einsatzort auszurücken und auf das Erscheinen von Josef W. zu warteten. Doch an diesem Dienstag, dem 29. Juli 1952, patrouillierte nördlich von Willmars der Zollassistent Gerhard Palzer alleine. Er hatte seinen Streifendienst um 13 Uhr in der Zollgrenzstation Willmars angetreten und erreichte gegen 16.40 Uhr seinen Beobachtungspunkt vor dem Schlagbaum an der Straße nach Stedtlingen. Dort traf er mit den wartenden DDR-Grenzpolizisten zusammen.

Nach Zeugenangaben begannen Palzer und die drei Grenzpolizisten zunächst ein Gespräch am Schlagbaum. Plötzlich kam es zu einer körperlichen Auseinandersetzung. Dabei versuchten die Grenzpolizisten, den Zollassistenten, den sie offenbar irrtümlich für die festzunehmende Person hielten, über die Grenze zu zerren. Palzer konnte sich losreißen und versuchte zu flüchten. Nach MfS-Unterlagen eröffneten die DDR-Grenzpolizisten daraufhin das Feuer und trafen Palzer am rechten Kniegelenk. Palzer stürzte kurz zu Boden und setzte dann seine Flucht in Richtung eines nahe gelegenen Getreidefeldes fort. Kurz bevor er dieses erreichte, traf ihn ein zweiter tödlicher Schuss im Genick. Er brach 78 Meter von der Grenze entfernt am Rande des Kornfelds auf bayerischem Gebiet zusammen. Bauern beobachteten, wie sich die drei Grenzpolizisten zunächst in ein Waldstück zurückzogen, sich dann aber nach einigen Minuten über die Grenze zum Kornfeld begaben, den Toten an den Füßen packten und über die Grenze schleiften. Einer der Volkspolizisten kehrte danach zum vorherigen Liegeplatz des Erschossenen zurück und holte vermutlich die Pistole des Getöteten. In der Tagesmeldung der Grenzpolizei der DDR heißt es hierzu, es seien zwei Karabiner- und drei Pistolenschüsse abgegeben worden. In den MfS-Unterlagen wird der Geschehensablauf nach der Feuereinstellung folgendermaßen geschildert: „Der im selben Augenblick eintreffende Offizier der Op.-Gruppe [Robert Stumpf] ordnete an, den Verwundeten auf das Gebiet der DDR zu tragen, um ihm Erste Hilfe zu leisten. Inzwischen war der Zöllner jedoch verstorben, sodass er wieder auf westliches Gebiet zurückgetragen wurde." MfS-Unterlagen zufolge befahl Stumpf dann seinem Kraftfahrer, aus Palzers Pistole einen Schuss abzugeben, um später vortäuschen zu können, der Zollbeamte habe zuerst geschossen und die DDR-Grenzpolizisten hätten daraufhin das Feuer erwidert.

Durch die Bauern alarmiert, trafen Beamte des Zollgrenzdienstes und der Bayerischen Grenzpolizei am Tatort ein. Etwas später erschienen auch die amerikanische Border Police, die Kriminalpolizei und der Amtsarzt. Ein sowjetischer Major und der Stabschef des DDR-Grenzpolizeikommandos nahmen das erste Untersuchungsergebnis entgegen, behaupteten jedoch, Gerhard Palzer habe seine Schussverletzung auf dem Gebiet der DDR erlitten und sich danach noch auf Bundesgebiet zurückgeschleppt. Ein Bauernfuhrwerk brachte den Leichnam Palzers schließlich nach Willmars, wo er in der alten Dorfkirche aufgebahrt wurde.

Vor dem Bezirksgericht Suhl widerriefen die festgenommenen und der Spionage bezichtigten Grenzpolizisten am 11. November 1952 die von Stumpf und anderen MfS-Mitarbeitern erpressten Geständnisse. Das Gericht distanzierte sich ausdrücklich von den Vernehmungsmethoden der MfS-Leute. Es entschied, sich ausschließlich auf die im Gerichtssaal gemachten Aussagen zu stützen, da in den MfS-Vernehmungsprotokollen Geständnisse enthalten seien, die „nur unter Druck und aus Angst vor weiteren Schlägen und Mißhandlungen" zustande kamen. Das Gericht beschloss zudem, es werde „durch begründeten Beschluß gem. § 4 StPO wegen der Unzulässigkeit derartiger Vernehmungsmethoden Kritik an den Untersuchungsorganen üben". Der Gerichtsvorsitzende Oberrichter Jäschke reichte diese Beschwerde förmlich bei dem Minister für Staatssicherheit Wilhelm Zaisser in Berlin ein. Zaisser ordnete umgehend die Festnahme Stumpfs wegen Gefangenenmisshandlung und Verletzung der demokratischen Gesetzlichkeit an. Nach 21 Tagen Untersuchungshaft stieß der Staatssicherheitsdienst Robert Stumpf „aus seinen Reihen aus". Als Ergebnis der Untersuchung hielten die MfS-Unterlagen außerdem fest, Stumpf habe „an der D.-Linie eine Provokation hervorgerufen, bei der ein westlicher Zöllner auf westlichem Gebiet erschossen wurde".

Die von der sowjetischen Besatzungsmacht und dem MfS beabsichtigte Entführung des Zollbeamten Josef W. ist kein Einzelfall. Am 2. Januar 1952 brachte das MfS den Leiter der Dienststelle des Bundesgrenzschutzes in Hof, Julius Zürner, in seine Gewalt und übergab ihn der Besatzungsmacht. Ein Sowjetisches Militärtribunal (SMT Nr. 48240) verurteilte Zürner wegen „Spionage und Mitgliedschaft in einer konterrevolutionären Organisation" zum Tod. Am 8. Juli 1952 wurde Julius Zürner in Moskau erschossen.

Unweit der DDR-Grenze bei Willmars errichtete der Freistaat Bayern am 15. November 1953 einen Gedenkstein für Gerhard Palzer. Seit 1996 ist der Stein Teil des Friedensweges entlang der ehemaligen thüringisch-bayerischen Grenze. Eine Tafel informiert dort über den Vorfall, bei dem Gerhard Palzer sein Leben lassen musste.

Im November 1953 wurde an der Straße zwischen Willmars und Stedtlingen ein Gedenkstein zur Erinnerung an Gerhard Palzer eingeweiht. Seine Inschrift lautet: „Gerd Palzer / Zollgrenzassistent / † 29. Juli 1952 / in treuer / Pflichterfüllung".
Foto aus dem im Quellenverzeichnis erwähnten Buch „Grenzerfahrungen" von Gerhard Schätzlein u. a.

Nach der Wiedervereinigung konnte die Kriminalpolizei drei der damals beteiligten DDR-Grenzpolizisten ausfindig machen. Bei der polizeilichen Vernehmung verweigerte Heinz S., der nach MfS-Unterlagen den tödlichen Schuss auf Palzer abgab, die Aussage. Von den weiteren am Einsatz beteiligten Grenzpolizisten war einer verstorben, die Identität der anderen konnte nicht mehr ermittelt werden. (Recherche: jk, jos., TP; Autor: jos.)

Quellen:

MfS, Operativgruppe Meiningen: Einschätzung des Robert St[...], 13.6.1961. BStU, MfS, BV Suhl, AIM 399/72.

MfS, Operativgruppe Meiningen: Beurteilung des GI „Nora". BStU, MfS, AIM 14259/84.

Bayer. Grenzpolizei, Grenzpolizeikommissariat Bad Neustadt/Saale an das Präsidium der Bayer. Grenzpolizei: Veröffentlichung der kommunistischen Gewaltverbrechen an der Demarkationslinie (DL). Bad Neustadt/Saale, 16.1.1963. BayHStA München, Präsidium der Bayer. Grenzpolizei, 74.

ZESt: Stolz/Grenzjägereiinspektor an die Bayer. Landesgrenzpolizeidirektion: Besonderes Vorkommnis an der Zonengrenze. Bad Neustadt/Saale, 31.7.52. ZESt II AR-ZE 385/62 HA. BArch Koblenz, B 197/475.

StA beim KG Berlin: Strafsache gegen Schl[...], Heinz wegen Totschlags. LAB, D Rep. 120-02, Acc. 8346, StA Berlin, 2 Js 120/91.

Schätzlein, Gerhard/Rösch, Bärbel/Albert, Reinhold: Grenzerfahrungen Bayern – Thüringen 1945 bis 1971. Hildburghausen 1999.

Ullrich, Maren: Geteilte Ansichten. Erinnerungslandschaft deutsch-deutsche Grenze. Berlin 2006, S. 86 f.

Roginskij, Arsenij u. a. (Hrsg.): „Erschossen in Moskau ...". Die deutschen Opfer des Stalinismus auf dem Moskauer Friedhof Donskoje 1950–1953. Berlin 2008, S. 458.

Vinzenz Mikysa

geboren am 24. Januar 1905 in Langwasser

gestorben an den Folgen einer Schussverletzung am 28. August 1952

Ort des Zwischenfalls: Straße zwischen Hoppenstedt und Rhoden (Sachsen-Anhalt)

Der 47-jährige Vinzenz Mikysa lebte mit seiner Frau und seinem Sohn in Rhoden. Wahrscheinlich arbeitete er im Hoppenstedter Kalksteinbruch. In den späten Abendstunden des 27. August 1952 kontrollierte der Leiter des Grenzkommandos Rhoden (heute ein Ortsteil von Osterwieck), Hauptwachtmeister Otto M., gemeinsam mit Oberwachtmeister Gerhard T. die Gaststätten in Hoppenstedt (Osterwieck). Als sie gegen 23 Uhr auf ihren Fahrrädern zurück nach Rhoden fuhren, bemerkten sie 500 Meter vom Ortsausgang Hoppenstedt entfernt mehrere Personen in einem Mohnfeld, darunter befand sich auch Vinzenz Mikysa. Die beiden Grenzpolizisten vermuteten, dass es sich um Grenzgänger auf dem Weg zu der knapp drei Kilometer entfernten Demarkationslinie zu Niedersachsen handelte. Laut einer Tagesmeldung des Kommandos der Grenzpolizei reagierte die Gruppe auf Anrufe, sofort stehenzubleiben und auf einen abgegebenen Warnschuss nicht. Sie versuchte vielmehr, in Richtung Grenze zu entkommen. Daraufhin gab Hauptwachtmeister Otto M. aus seiner Pistole zwei gezielte Schüsse ab, die Vinzenz Mikysa trafen. Er brach sofort zusammen, die anderen Personen konnten in der Dunkelheit entkommen. Schwerverletzt durch einen Bauchschuss wurde Mikysa ins Krankenhaus Osterwieck eingeliefert. Als seine Frau ihn dort besuchte, klagte er: „Warum haben die gleich auf mich geschossen?" Einen Tag später, am 28. August 1952, erlag er seinen Verletzungen.

Hauptwachtmeister Otto M. wurde bereits am 30. August 1952 aus Rhoden versetzt und betätigte sich bis 1989 als inoffizieller Mitarbeiter des MfS im Bereich der Grenzsicherung. Die Staatsanwaltschaft Berlin stellte ein gegen ihn eröffnetes Ermittlungsverfahren am 6. September 1994 mit der Begründung ein, dass er nicht gegen die 1952 geltenden Schusswaffenbestimmungen verstoßen habe. (Recherche: jk, jos.; Autor: jk)

Quellen:

MfS, Hauptverwaltung Deutsche Grenzpolizei: Meldung besonderer Vorkommnisse Nr. 205/52 für die Zeit vom 28.8.1952, 06.00 Uhr, bis 29.8.1952, 06.00 Uhr. Berlin, 29.8.1952. BArch Freiburg, DVH 27/130330.

ZERV: Ermittlungen gegen Unbekannt z. N. Vinzenz Mikysa. LAB, D Rep. 120-02, Acc. 8346, StA II KG Berlin 2 Js 967/92.

Siegfried Neumann

geboren am 14. November 1933 in Großvichtach

erschossen am 2. Oktober 1952

Ort des Zwischenfalls: bei Spechtsbrunn (Thüringen)

In der Nacht vom 1. zum 2. Oktober 1952 kehrten eine Frau und drei Männer aus Bayern nach Thüringen zurück. Sie hatten hauptsächlich Lebensmittel und Haushaltswaren eingekauft und wollten über den Grenzort Spechtsbrunn (Landkreis Sonneberg) wieder ihre Heimatorte erreichen.

Gegen Mitternacht bemerkte eine Grenzstreife des Kommandos Neuenbau die Gruppe, die sich bereits wieder auf thüringischem Gebiet befand. Oberwachtmeister H. und der Grenzpolizeianwärter G. warteten ab, bis sie nähergekommen war und forderten die Frau und die drei Männer schließlich laut auf, sofort stehenzubleiben. Doch die vier Personen flüchteten ins dichte Unterholz. In der Dunkelheit konnten die Grenzpolizisten nur noch die Geräusche von Schritten und brechenden Zweigen wahrnehmen. Um die Flüchtenden nicht entkommen zu lassen, gab G. nach einem Warnschuss einen gezielten Schuss in Richtung der Davonlaufenden ab. Als danach nur noch zwei Personen weiterliefen und in der Dunkelheit verschwanden, begannen die Grenzpolizisten, vorsichtig das Unterholz abzusuchen. Sie entdeckten den Einkauf der Grenzgänger verstreut auf dem Boden. Für die beiden Posten war das schlicht „Schieberware". Dann spürten sie im Dickicht die 24-jährige Carola G. auf, die in dem etwa zehn Kilometer entfernten Ort Lichte wohnte. Sie war unverletzt. In ihrem Rucksack transportierte sie Wolle, Bücklinge und einen Fuchspelz. Doch die vierte Person aus der Gruppe blieb verschwunden. In der Dunkelheit erschien es den Posten aussichtslos weiterzusuchen.

Am nächsten Morgen fanden sie die Leiche eines jungen Mannes, die zunächst nicht identifiziert werden konnte, weil sich keine Ausweispapiere bei dem Toten fanden. Die Karabinerkugel hatte ihn ins Herz getroffen. Er trug die Kleidung eines Bergarbeiters der Wismut AG und führte in seinem Rucksack Palmin, Heringe und Nägel mit sich. Erst am folgenden Tag wurde der Tote von seiner Mutter identifiziert, die sich, wahrscheinlich beunruhigt über das Ausbleiben ihres Sohnes, bei der Grenzpolizei gemeldet hatte. Das Todesopfer hieß Siegfried Neumann, war 18 Jahre alt und hatte als Bergarbeiter in Piesau (Landkreis Saalfeld-Rudolstadt) gelebt. Schmerzlich musste die Mutter nun erkennen, wie berechtigt ihre Angst und auch ihre Ermahnungen waren, mit denen sie ihren Sohn schon mehrfach vor den gefährlichen Grenzübertritten hatte abhalten wollen.

Die Beamten der ZERV versuchten in den 1990er Jahren vergeblich, den Schützen und seinen Kollegen zu ermitteln. Die Berliner Staatsanwaltschaft stellte deswegen 1994 das Ermittlungsverfahren ein. Anlässlich des Rennsteigkirchentages wurde 2009 auf der Schildwiese zwischen Spechtsbrunn und Steinbach am Wald ein Mahnmal eingeweiht, das an die „Opfer von Mauer und Stacheldraht" erinnert. Eine Tafel führt chronologisch geordnet die Namen von zwölf Männern auf, die in diesem Grenzabschnitt getötet wurden, darunter Siegfried Neumann an dritter Stelle. (Recherche: jk; Autor: jk)

Quellen:

Kommando der DGP/Abteilung Operativ: Meldungen besonderer Vorkommnisse, 1952. BArch Freiburg, DVH 27/130331.

Grafe, Roman: Die Grenze durch Deutschland. Eine Chronik von 1945 bis 1990. München 2002, S. 58.

ZERV: Auswertung der „Toten der Grenze". LAB, D Rep. 120–02, Acc. 8346, StA beim LG Berlin, 2 Js 316/91.

Karl Raß

geboren am 29. Mai 1912 in Berlin-Pankow

tödlich verunglückt am 9. Oktober 1952 bei Grenzkontrolle

Ort des Zwischenfalls: Interzonenstraße am Grenzübergang Juchhöh (Thüringen)

Karl Raß lebte mit seiner Frau Magdalena in München. Am 9. Oktober 1952 machte er sich mit seinem Motorrad auf den Weg, um seine Eltern in Mühlenbeck bei Berlin zu besuchen. Er passierte gegen 19 Uhr die DDR-Grenzkontrolle am Übergang Juchhöh bei Hirschberg. Kurz hinter dem Grenzübergang stellte er fest, dass der Tank seines Motorrads nicht mehr genügend Benzin enthielt, um damit bis nach Mühlenbeck zu kommen. Er kehrte deshalb mit der Absicht um, an einer nahe gelegenen Tankstelle auf der Westseite den Tank aufzufüllen. Am Schlagbaum der Übergangsstelle Juchhöh forderten ihn die dort postierten DDR-Grenzpolizisten durch Handzeichen auf, sofort anzuhalten. Karl Raß wollte keine weitere Zeit verlieren und gab Gas. Er schmiegte sich mit seinem Oberkörper flach auf das Motorrad und versuchte, unter dem geschlossenen Schlagbaum hindurchzufahren. Dabei prallte er mit dem Kopf gegen den Schlagbaum und stürzte von seinem Motorrad. Der herbeigerufene Vertragsarzt der Grenzkommandantur Hirschberg konnte bei seinem Eintreffen nur noch den Tod von Karl Raß in Folge eines schweren Schädelbasisbruchs feststellen. (Recherche: jk, US; Autor: jos.)

Quellen:

Kommando der DGP/Abteilung Operativ: Meldung besonderer Vorkommnisse Nr. 240/52 für die Zeit vom 10.10.1952, 06.00 Uhr, bis 11.10.1952, 06.00 Uhr. BArch Freiburg, DVH 27/130331.

Standesamtes Gefell: Auskunft vom 09.06.2016.

Elsbeth Jurkowsky

geboren am 28. März 1928 in Schneidemühl
erschossen am 27. November 1952
Ort des Zwischenfalls: Straße von Pötenitz in Richtung Priwall
(Mecklenburg-Vorpommern)

Eine Stunde nach Mitternacht, am 27. November 1952, standen vier DDR-Grenzposten und zwei sowjetische Soldaten rauchend an der durch einen Graben unterbrochenen Straße von Pötenitz zum Priwall. Eine Person mit Hund näherte sich. Wenig später fielen Schüsse.

Ein Tagesrapport der Deutschen Grenzpolizei hielt den Zwischenfall folgendermaßen fest: „Am 27.11.1952 gegen 1.15 Uhr wurde auf der Straße Pötenitz – Priwall, ca. 600 m südlich der Ostsee, unmittelbar am 10-m-Kontrollstreifen, Kdo.-Bereich Pötenitz, Kdtr. Dassow, GPB Schönberg, durch rechtmäßigen Schußwaffengebrauch tödlich verletzt: Elsbeth Jurkowski [sic], geb. 28.3.28 in Schneidemühl. wohnhaft Kalkhorst Krs. Grevesmühl." In dem Rapport heißt es weiter, dass die Posten, die Gefreiten Wichert und Schützler, gegen 1.15 Uhr eine Person mit Hund entdeckt hätten, die sich in Richtung Grenze bewegte. Aus einer Entfernung von acht Metern sei die Person angerufen worden. Sie sei daraufhin mit schnellen Schritten auf den Postenführer zugegangen und habe die rechte Hand mit einem Schlagwerkzeug drohend erhoben. Angeblich habe es sich um eine Pflugschar gehandelt, an der mit einer Kette ein Fuchseisen befestigt gewesen sei. Postenführer Wichert habe daraufhin einen Warnschuss aus seinem Karabiner abgegeben. Die Person habe gerufen: „Geht weg, ihr Schweinehunde!" Daraufhin habe der Grenzpolizist Schützler einen gezielten Schuss abgegeben, der aber nicht getroffen habe. Die Person sei weiter auf den Postenführer zugegangen, der nun ebenfalls gezielt auf sie schoss. Die Person brach tödlich getroffen zusammen. Ihr Hund wurde ebenfalls erschossen. Laut Tagesrapport der Deutschen Grenzpolizei angeblich, „um zu verhindern, daß er mit eventuellem Material nach dem Westen entkommen konnte". Erst beim Nähertreten erkannten die Posten, dass es sich um eine Frau handelte.

Der Totenschein weist Elsbeth Margret Jurkowsky als ledig und ohne Beruf aus und vermerkt einen „Unfall mit Todesfolge" als Todesursache. Der tödliche Schuss traf Elsbeth Jurkowsky in den Hals. Ein damals bei der Grenzpolizei tätiger Zeuge sagte 1994 gegenüber den Ermittlern der ZERV aus, es habe sich bei Frau Jurkowsky um eine geistig verwirrte Person gehandelt. Ein anderer Zeuge aus der Nachbarschaft erinnerte sich, dass Elsbeth Jurkowsky von kräftiger Statur war, sich meist im Haus aufhielt, aber wenn sie „ihren Rappel" bekam und das Haus verließ, Unverständliches äußerte und kaum zu halten gewesen sei. Ihr Vater Paul war der Schmied in Kalkhorst.

Den Ermittlern gelang es 1994, den beteiligten Posten Gerhard Schützler zu finden. Er sagte aus, sein Postenführer Wichert habe damals zwei Schüsse aus der Hüfte abgegeben. Nach dem ersten Warnschuss habe er nachgeladen und dann mit dem zweiten Schuss die Frau getroffen. Er selbst habe nicht geschossen. Die beiden Grenzer hatten sich zuvor entgegen den Vorschriften mit zwei Kollegen und einer sowjetischen Streife unterhalten. Als sich die Person aus der Dunkelheit näherte, befürchteten sie eine Kontrolle durch Vorgesetzte. Die beiden anderen DDR-Grenzer und die sowjetischen Soldaten versteckten sich in den nahe gelegenen Dünen. Nach den Schüssen eilten sie

von dort zum Ort des Geschehens. Postenführer Wichert habe dann auch den Schäferhund der Frau erschossen. Er und Wichert hätten eine Belobigung und eine Prämie von 30 Mark erhalten. Schützler betonte, dass sein Postenführer hinterher mehrfach geäußert habe, dass er die Frau nicht erschießen wollte. Das Ermittlungsverfahren wurde 1994 eingestellt. Die Aussage von Gerhard Schützler, sein Postenführer habe in Notwehr gehandelt, sei glaubhaft. Wichert selbst konnte nicht ermittelt werden.
(Recherche: jos., MP; Autor: jos.)

Quelle:
StA beim KG Berlin: Ermittlungen wegen Verdachts des Totschlags, ‚LAB, D Rep. 120–02 LAB, Acc. 8346, Az. 27 Js 157/94. Darin enthalten: Tagesrapporte der Hauptabteilung Grenzpolizei: Besondere Vorkommnisse betr. November–Dezember 1952.

Wilhelm Grehsmann

geboren am 27. Mai 1892 in Testorf
erschossen am 19. Dezember 1952

Ort des Zwischenfalls: Testorf, Ortsteil von Zarrentin (Mecklenburg-Vorpommern)

Wilhelm Grehsmann lebte auf einem Bauernhof in Testorf bei Zarrentin, der seiner Familie seit mehreren Generationen gehörte. Sein Vater hatte die Stellung eines Dorfschulzen inne. Als Wilhelm Grehsmann am 18. Juli 1919 heiratete, zog auch seine Braut, die 22-jährige Frieda Möller mit auf den Hof. Nach der Teilung Deutschlands lag das Dorf unmittelbar im Grenzgebiet. Gegenüber dem Hof der Grehsmanns bezog ein Kommando der DDR-Grenzpolizei Quartier.

Am Nachmittag des 19. Dezember 1952 arbeitete der inzwischen 60 Jahre alt gewordene Wilhelm Grehsmann im Garten an seiner Kartoffelmiete, einer Vorrichtung zur Einlagerung von Kartoffeln. Die Schüsse, die vom Gelände des Grenzkommandos herüberhallten, hielten ihn nicht von seinen Aufgaben ab – die Grenzpolizisten schossen hier öfter mit ihren Kleinkalibergewehren auf Rebhühner oder machten Zielübungen mit Streichholzschachteln, die sie auf Pfähle stellten. An diesem Tag jedoch verfehlte bei den Schießübungen eine Kugel ihr Ziel und traf den Landwirt unterhalb des rechten Schulterblattes. Er brach zusammen, eine Schlagader war verletzt und führte innerhalb kurzer Zeit zur inneren Verblutung. Familienmitglieder trugen ihn ins Haus, doch sie konnten ihm nicht mehr helfen. Der aus Zarrentin herbeigerufene Arzt stellte wenig später den Tod von Wilhelm Grehsmann fest. Die der Tat verdächtigen Grenzpolizisten kamen zunächst in Arrest. Das Strafmaß für den dann als Schützen identifizierten Leutnant der Grenzpolizei geht aus den Überlieferungen nicht hervor.
(Recherche: jk, MP; Autor: jk)

Quellen:
Standesamt Zarrentin: Geburtseintrag Nr. 41, 28.05.1892.

Standesamt Zarrentin: Eheschließungsmeldung Nr. 13, 18.07.1919.

Standesamt Zarrentin: Sterbeeintrag Nr. 39, 24.12.1952.

BDVP Schwerin Op.-Stab an die HDVP Berlin Op.-Stab: Vorkommnisse im Bereich der D-Linie. Schwerin, 20.12.1952. LHASn, 7.12–1, Nr. 13.

Kommando der Deutschen Grenzpolizei: Tagesrapporte, November–Dezember 1952. BArch Freiburg, DVH 27/130332.

Kurt Löber

geboren am 18. April 1920 in Gera
erschossen am 24. Dezember 1952
Ort des Zwischenfalls: Grenze zwischen Thüringen und Bayern, Waldstück ca. 3,5 Kilometer westlich von Brennersgrün, Kreis Lobenstein (Thüringen)

Der in Gera geborene Alfred Kurt Löber war von Beruf Maschinenschlosser. Seit 1939 gehörte er der NSDAP an. Im Jahre 1943 heiratete er. Kurz vor Beendigung des Krieges kehrte er nach einer Verwundung aus einem Lazarett in Küstritz nach Hause zurück. Er arbeitete dann etwa drei Jahre als Kraftfahrer in Gera, kurzzeitig auch beim dortigen Landratsamt. Im Sommer 1948 zog er nach Frankfurt am Main, wo er eine Beschäftigung im Bahnausbesserungswerk erhielt. Nebenbei bezog er ein zusätzliches Einkommen als Teilhaber eines Lebensmittelgeschäfts. Im April 1952 kehrte Kurt Löber nach Thüringen zurück, fand aber in Gera keine Arbeitsstelle. Seine Frau beklagte „Heimlichkeiten" seinerseits, da er sie nicht genügend über seine „Geschäfte" informierte, zu denen auch Schmuggeltouren über die innerdeutsche Grenze gehörten. Seit dem Sommer 1952 soll er nach Angaben seiner Frau dreimal seine Schwester in West-Berlin besucht haben, zumindest behauptete er das. Am 20. Dezember verließ Löber mit der gleichen Begründung das Haus. Tatsächlich versuchte er aber, zusammen mit dem 13-jährigen Dietmar S. und einem dritten Mann die Grenze nach Bayern zu überschreiten. Beim Grenzübertritt entdeckten DDR-Grenzpolizisten Löber und Dietmar S., denen aber die Flucht gelang. In Bayern trennten sich beide für drei Tage, Löber fuhr weiter nach Bamberg. Für den 23. Dezember verabredeten sie den gemeinsamen Rückweg über die Grenze.

Ermittlungen nach dem Ende der DDR ergaben, dass der Gefreite Helmut Br. und sein Posten Berhard B. vom DDR-Grenzpolizeikommando Brennersgrün am 24. Dezember 1952 gegen 8 Uhr im Schnee eine Skispur und eine Fußspur entdeckten, die aus Bayern über die innerdeutsche Grenze verliefen. Nach längerer Verfolgung der Spuren durch das Sperrgebiet sahen sie die Verursacher der Spur vor sich. Es handelte sich um Kurt Löber und den 13-jährigen Dietmar S., die in einer Waldschneise auf Skiern und zu Fuß unterwegs waren und Schmuggelwaren mitführten. Die Grenzpolizisten forderten sie auf stehenzubleiben. Während Dietmar S. dieser Aufforderung sofort nachkam, versuchte Löber, ins dichte Unterholz zu entkommen. Nach mehreren Warnschüssen schoss einer der Polizisten aus einer Entfernung von etwa 100 Metern gezielt mit seinem Karabiner auf Löber. Die Kugel traf den Flüchtenden im Bereich der Wirbelsäule in den Rücken und führte zu seinem sofortigen Tod. Die DDR-Grenzpolizei bezeichnete Löber hernach als „ständigen Schieber". In seinem Rucksack und weiteren mitgeführten Taschen befanden sich 110 Tafeln Schokolade, 1 200 amerikanische Zigaretten und andere Genussmittel sowie Kleidungsstücke. Außerdem trug Löber sowohl einen DDR- als auch einen westdeutschen Personalausweis bei sich.

Die damals durchgeführte Untersuchung des VP-Kreisamtes Lobenstein kam zu dem Ergebnis, dass die beteiligten Grenzpolizisten „rechtmäßig in der Anwendung der Schußwaffe gemäß Instruktionen der Deutschen Grenzpolizei" gehandelt hätten. Da Löber auf Skiern unterwegs war, habe seine Flucht nicht mit anderen Mitteln verhindert werden können.

Der Schütze Bernhard B. verstarb 1974. Das Ermittlungsverfahren gegen seinen Postenführer, das die Staatsanwaltschaft bei dem Landesgericht Berlin führte, wurde

1994 eingestellt, da seine Aussage, mit dem Befehl, Bernhard B. solle gezielt schießen, „keinesfalls einen tödlichen Zielschuß gemeint zu haben", nicht zu widerlegen war. (Recherche: AS, jk, jos., Sf, St.A.; Redaktion: jos.)

Quellen:

Kommando der DGP, Sekretariat des Kommandeurs, Allgemeine Dienstangelegenheiten: Handakte des Chefs der DGP mit Meldungen 1953-54. In: Staatsanwaltschaft II bei dem LG Berlin: Einstellungsbeschluß vom 26.10.1994. LAB, D Rep. 120-02, Acc. 8346, Az. 27/2 Js 314/92.

Mitteilung von Frau Löber, o. D. BArch Koblenz, B209/534.

Bayerisches Staatsministerium des Innern: Kommunistische Gewaltverbrechen an der Demarkationslinie. BArch Koblenz, B/137/6429.

NSDAP-Mitgliedskartei. BArch Berlin, OK 3200/N0055.

StA beim LG Berlin: Auswertung der „Toten der Grenze". LAB, D Rep. 120-02, Acc. 8346, Az. 2 Js 314/92.

Günter Porzuckowiak

geboren am 23. Juli 1936 in Berlin

erschossen am 10. April 1953

Ort des Zwischenfalls: Hohnsleben, nahe Sommersdorf (Sachsen-Anhalt)

Der gebürtige Berliner Günter Porzuckowiak wohnte in der Stadtmitte, nördlich der Spree. Er arbeitete bei der Reichsbahn in der Friedrichstraße. Aus welchen Gründen sich der 17-Jährige entschloss, mit einem Freund die innerdeutsche Grenze von Ost nach West bei Hohnsleben zu überqueren, geht aus den vorliegenden Überlieferungen nicht hervor. Vermutlich befürchtete er, wenn er nach West-Berlin flüchten würde von den dortigen Behörden als Minderjähriger in den Ostsektor zurückgeschickt zu werden.

In den frühen Abendstunden des 10. April 1953 erreichten Günter Porzuckowiak und sein Begleiter das Grenzgebiet nahe Sommersdorf. Südlich des Braunkohletagebaus bei Harbke bewegten sie sich bei 12 °C und klarem Himmel zügig auf die Grenze zu. An dem sonnigen Nachmittag hatten allerdings auch die Grenzposten auf ihrem Beobachtungsstand eine gute Sicht. Plötzlich hörten sie aus dem rückwärtigen Grenzbereich Signalschüsse. Sie kletterten vom Wachturm und entdeckten kurz darauf zwei Männer, die sich schnell in Richtung Grenze bewegten. Sogleich nahmen sie deren Verfolgung auf. Nach Warnrufen der Posten kehrten die beiden Männer um und liefen zunächst zurück ins Landesinnere. Plötzlich aber änderten sie die Richtung und begannen, wieder auf die Grenze zuzulaufen. Nach zwei Warnschüssen gaben ihre Verfolger aus etwa 300 Metern Entfernung zwei gezielte Schüsse auf sie ab. Die beiden Flüchtenden fielen zwei Meter vor dem Grenzkontrollstreifen zu Boden. Als sich die Grenzposten näherten, sprang einer der am Boden Liegenden plötzlich auf und rannte entlang des Grenzzauns in Richtung Hohnsleben. Nachdem ein auf ihn abgegebener Schuss sein Ziel verfehlt und eine Ladehemmung die Waffe des zweiten Grenzpolizisten blockiert hatte, gelang es dem Flüchtenden, über den Kontrollstreifen in die Bundesrepublik zu entkommen. Die zweite nach den ersten Zielschüssen niedergestürzte Person lag regungslos am Boden. Es handelte sich um Günter Porzuckowiak, der bereits nicht mehr lebte, als die Grenzpolizisten ihn erreichten.

Auf der anderen Seite der Grenze hatte man die Schüsse vernommen. Dort trafen kurz darauf etwa 30 uniformierte Personen ein, die im Halbkreis in etwa 150 Meter Entfernung in Stellung gingen und das Geschehen hinter der Grenze beobachteten. Die DDR-Grenzer machten auch ein auf sie gerichtetes Maschinengewehr auf westlicher Seite aus. Zur Sicherung des Geländes setzte das Kommando Sommersdorf daraufhin eine weitere Gruppe von DDR-Grenzpolizisten in Marsch, die sich am Ort des Geschehens postierte. Laut Tagesmeldung der Deutschen Grenzpolizei fertigten ihre Einsatzkräfte wegen der starken Präsenz auf der westlichen Seite keine Tatortaufnahmen an. Nach der Leichenschau und der Ausstellung des Totenscheins durch die Vertragsärztin der Kommandantur Wefensleben überführte die Grenzpolizei den Toten in das Oscherslebener Leichenhaus. Wie sich herausstellte, führte Günter Porzuckowiak alle wichtigen Personaldokumente bei sich, darunter seinen Sozialversicherungsausweis, eine Steuerkarte und ein Arbeitsbuch.

Die zuständige Staatsanwältin hielt den Schusswaffengebrauch für gerechtfertigt und sah von einer Vernehmung der Grenzposten und der Einleitung eines Ermittlungsverfahrens ab. Im Zuge der staatsanwaltschaftlichen Untersuchungen in den 1990er Jahren konnten die damals beteiligten Grenzposten ermittelt und befragt werden. Das Verfahren wurde jedoch wegen mangelnden Tatverdachts eingestellt, da nicht abschließend geklärt werden konnte, wer von den Grenzposten den tödlichen Schuss abgegeben hatte. (Recherche: jk, MP, US; Autorin: MP)

Quellen:

DGP: Berichte und Meldungen über Schußwaffengebrauch 1949–1953. BArch Freiburg, DVH 27/130291.

DGP: Tagesrapporte März–April 1953. BArch Freiburg, DVH 27/130366.

Bundesgrenzschutzdirektion Mitte: Grenzlagebericht BMI. HStAM, Best. 610, Nr. 243.

StA II bei dem LG Berlin: Ermittlungsverfahren wegen Totschlags z. N. Günter Porzuckowiak. LAB, D Rep. 120-02, Acc. 8346, Az. 2 Js 1181/92.

Standesamt Eilsleben: Auskünfte vom 16.02.2016 und 29.03.2016.

Standesamt Friedrichshain-Kreuzberg von Berlin: Auskunft vom 14.03.2016.

Franz Richter

geboren am 1. April 1920 in Nieder-Ebersdorf (heute: Dolní Habartice, Tschechien)

erschossen am 25. Mai 1953

Ort des Zwischenfalls: Werra bei Göringen (Thüringen)

Franz Richter und seine Familie fanden nach dem Krieg und ihrer Vertreibung aus dem Sudetenland zunächst in Eisenach eine neue Heimat. Nach einiger Zeit aber zog es die Familie weiter nach Wiesbaden. Als gelernter Gärtner eröffnete Franz Richter zusammen mit einem Freund einen Gemüsegroßhandel, in dem auch seine Mutter und seine Frau mitarbeiteten.

Dieser Freund war Anfang der 1950er Jahre in den Westen geflüchtet. Seine Frau war in der DDR geblieben, sollte aber später nachkommen. Ein Grenzübertritt zurück in die DDR, um seine Frau zu holen, war riskant. „Republikflüchtlingen" drohte in der Regel die Inhaftierung. Um dem Freund dies zu ersparen, bot Franz Richter als Bundesbürger seine Hilfe an. So fuhren die beiden Freunde am 25. Mai 1953 nach Herleshausen zur Grenze. Der Ort liegt gegenüber von Lauchröden in Thüringen.

Am Nachmittag schwamm Franz Richter durch die Werra, um sich in der DDR mit der Frau seines Freundes zu treffen und ihre baldige Flucht zu besprechen. Die beiden Freunde hatten einen Fluchtweg über West-Berlin vorgesehen und die dafür nötigen finanziellen Mittel besorgt.

Nach dem Gespräch mit der Frau seines Freundes begab sich Franz Richter auf den Rückweg in die Bundesrepublik. Als er bereits in der Werra in Richtung Westufer schwamm, entdeckte ihn eine sowjetische Grenzstreife und eröffnete das Feuer. Vielleicht waren ihm die Soldaten, als er ins Wasser stieg, aufgrund seiner Kurzsichtigkeit entgangen. Eine Schulfreundin erinnerte sich an „Franzl", der sehr kurzsichtig gewesen sei und deshalb starke Brillengläser tragen musste.

Nach den Schüssen trieb der tödlich Getroffene ans westdeutsche Ufer. Da er keine Papiere bei sich trug, hielt man ihn für einen Flüchtling und übergab die Leiche den DDR-Behörden. Nachdem seine Mutter von dem Unglück erfahren und auf die Rückführung des Leichnams bestanden hatte, wurde ihr eine Urne zugeschickt mit dem Vermerk, dass die unbekannte Person nicht identifiziert werden konnte und einem Herzschlag erlegen sei. Dem damals geheim gehaltenen Sektionsbericht des Instituts für gerichtliche Medizin Jena ist jedoch die tatsächliche Todesursache zu entnehmen. Franz Richter wurde durch einen Schuss in den Rücken getroffen, der einen Halswirbelbruch verursachte. Seine Leiche wurde am 30. Mai 1953 in Eisenach eingeäschert und am 6. August 1953 in Wiesbaden auf dem Südfriedhof beigesetzt. Seine Mutter, seine Ehefrau, seine beiden Kinder und zahlreiche Freunde gaben ihm dort das letzte Geleit.

Die in den 1990er Jahren geführten Ermittlungen wurden eingestellt, da der Name des sowjetischen Soldaten, der Franz Richter erschossen hat, nicht ermittelt werden konnte. Zudem unterlag der Schütze nicht der deutschen Gerichtsbarkeit – weder zum Zeitpunkt des Geschehens noch zur Zeit der Ermittlungen. (Recherche: jk, MP; Autorin: MP)

Quellen:

Polizeipräsident Kassel: Besondere Vorkommnisse an der Zonengrenze 1953–1959. HStAM Best. 401, Nr. 13/6.

Staatsanwaltschaft II bei dem Landgericht Berlin: Ermittlungsverfahren wegen Totschlags. LAB, D Rep. 120-02, Acc. 8346, Az. 27 Js 215/94.

Walter Uhl

geboren am 30. Januar 1913 in Voigtsgrün

erschossen am 1. Juni 1953

Ort des Zwischenfalls: Rambach, Kreis Eschwege (Hessen), Nähe „Mäusemühle"

Der hessische Zollgrenzassistent Walter Uhl stammte aus dem Sudetenland. Verwandte von ihm wohnten in der DDR. Einer Anwohnerin im Grenzgebiet erzählte Uhl, er sei früher „Wachtmeister" im Osten gewesen. Sie hatte gesehen, dass Uhl keine Berührungsängste gegenüber den DDR-Grenzern hatte und häufiger mit ihnen sprach. „Er war den Vopos und überhaupt der DDR und den Einrichtungen dort nicht feindlich eingestellt, im Gegenteil, er sprach immer gut davon und versuchte, manches zu entschuldigen." Obwohl das Verhältnis zwischen den Grenzern aus Ost und West in den frühen 1950er Jahren an diesem Grenzabschnitt noch nicht so feindselig wie später war, galten auf beiden Seiten strikte Anweisungen, nicht mit der „anderen Seite" zu sprechen. Walter Uhl nahm das nicht so ernst. Wegen Zuwiderhandlung gegen diese Anordnung war er mehrfach verwarnt worden, da er sich häufiger am Schlagbaum nahe der „Mäusemühle" mit Volkspolizisten unterhalten hatte.

„Auf dem Schlagbaum an der Mäusemühle als die Vopos rüberkamen. Der Schuppen ist schon Ostzone." Auf der Rückseite dieser Aufnahme von Bundesgrenzschützern aus dem Nachlass von Hans Hopp (2. v. links) findet sich die obige Bildlegende. Das Foto wurde nach Auffassung des BGS-Experten Thomas Hoppe im Sommer 1953 aufgenommen. Es findet sich auf der Internetseite: www.bundesgrenzschutz-online.de (Das Online-Portal für ehemalige Angehörige des BGS und eine historische Dokumentation des Bundesgrenzschutzes in Bild, Film und Zeitung aus privaten Besitzen.

Bildquelle: Hans Hopp.

Am 1. Juni 1953 ging Walter Uhl mit einem Diensthund an der hessisch-thüringischen Grenze in der Nähe von Rambach auf Streife. Eine Stunde später, gegen 11.30 Uhr, erreichte er die „Mäusemühle" und unterhielt sich mit einer Anwohnerin. Anschließend begab er sich auf die frühere Straße von Großburschla (Thüringen) nach Rambach (Hessen) bis zum Grenzschlagbaum. Den Anwohnern und auch den Grenzern beider Seiten war bekannt, dass man auf der etwa 250 Meter langen Straße bis zur Grenze viermal die hier im Zickzack verlaufende innerdeutsche Grenze überquerte. Deshalb galt dieses Straßenstück informell als „neutrales Territorium". Die westlichen Zollbeamten hatten dennoch Weisung, diesen Weg zu meiden. Als Walter Uhl am Schlagbaum ankam, stellte er sein Gewehr ab und ruhte sich aus. Plötzlich wurde er von einer DDR-Grenzstreife angerufen, die ihn mit vorgehaltener Waffe aufforderte, er solle stehenbleiben und die Hände hochnehmen, er werde wegen „Grenzverletzung" festgenommen. Darüber, ob der Schlagbaum schon auf DDR-Gebiet stand oder nicht, gab es unterschiedliche Auffassungen. Nach einem kurzen Wortwechsel griff Uhl zu seiner Waffe, woraufhin beide DDR-Polizisten je einen Schuss auf ihn abgaben, ohne ihn zu treffen. Uhl, der selbst nicht geschossen hatte, floh nun in ein nahe gelegenes Kornfeld und befand sich schon etwa zehn Meter auf hessischen Boden, als die beiden DDR-Grenzer erneut auf ihn schossen. Einer der beiden abgegebenen Schüsse traf ihn am Arm, der zweite durchschlug seinen Kopf und führte zum sofortigen Tod. Walter Uhl hinterließ eine Frau und ein kleines Kind.

Ein pensionierter Zollbeamter, der damals in der Gegend eingesetzt war, sagte 1992 aus: „Soweit ich weiß, gab es keine Bestimmung oder einen Erlaß einer vorgesetzten Dienststelle, der dem Zollbeamten damals verboten hätte, diesen Weg zu benutzen. Im Übrigen war das Verhältnis zwischen den Volkspolizisten und den Zollbeamten an der Grenze damals noch recht gut. Man kannte sich zumindest vom Sehen und es gab auch Verkehr von der Bundesrepublik nach der DDR. So erinnere ich mich, daß Volkspolizisten in Zivil Kirmesveranstaltungen im Grenzgebiet aufgesucht haben. Dies war zwar offiziell auch von DDR-Seite nicht erlaubt, es wurde sich aber nicht daran gehalten. Die Grenze war ja noch offen. Es bestand damals auch zwischen den VoPo's und uns noch nicht das Feindbild, das sich dann erst in den sechziger, siebziger Jahren in der Phase des ‚kalten Krieges' entwickelte. Aus diesem Grunde finde ich diese Tat umso verwerflicher."

Die Schützen wurden nach dem Zwischenfall zwar von MfS-Mitarbeitern befragt, strafrechtliche Konsequenzen hatte ihr Handeln in der DDR jedoch nicht. Nach der Wiedervereinigung konnte das Landgericht Mühlhausen 1997 nicht mehr feststellen, wer den tödlichen Schuss auf Uhl abgegeben hatte. Postenführer Hans Webs, angeblich „ein linientreuer Politoffizier der Staatssicherheit", ist 1984 verstorben. Sein Posten Manfred E. wurde wegen Totschlags zu einer Bewährungsstrafe von einem Jahr und sechs Monaten verurteilt, da er den Tod Uhls „zumindest billigend in Kauf genommen" habe. (Recherche: jk, MP, St.A.; Redaktion: jos.)

Quellen:

Staatsanwaltschaft Erfurt: Anklage wegen Totschlags vom 27.03.1997 und Urteil des LG Mühlhausen vom 26.02.1997, 570 Js 98574/95–1Ks. Sammlung Marxen/Werle, Humboldt-Universität Berlin.

Staatsanwaltschaft Erfurt: Ermittlungsverfahren wegen Totschlags, 570 Js 98574/95. ThHStA Weimar, StA Erfurt 9051; 9052; 9053.

Werra-Rundschau vom 02.06.1953, 05.06.1953 und 03.12.1992.

E-Mail von Thomas Hoppe (bundesgrenzschutz-online.de 2013–2017) an Jochen Staadt vom 16.05.2015.

Werner Thiemann

geboren am 13. November 1935 in Altenweddingen

gestorben an den Folgen einer Schussverletzung am 8. August 1953

Ort des Zwischenfalls: bei Ohrsleben (Sachsen-Anhalt)

Der 17-jährige Werner Thiemann arbeitete als Melker in einem landwirtschaftlichen Betrieb in Altenweddingen (Landkreis Börde). Mit Harry H., einem befreundeten Kollegen, der wie Thiemann die Politik der SED ablehnte, hatte er schon vor mehreren Monaten den Entschluss gefasst, die DDR zu verlassen. Am 6. August 1953 wollten sie ihre Fluchtabsichten verwirklichen. Ohne genau zu wissen, was sie im Grenzgebiet erwarten würde, gingen sie in Richtung Bundesrepublik. Sie hofften darauf, an einem Grenzfluss leicht das westliche Ufer erreichen zu können. Am 7. August kamen sie im Bereich des Grenzkommandos Ohrsleben (Ortsteil von Hötensleben) an. Gegen 6.10 Uhr liefen sie einen Feldweg an der ehemaligen Bahnstrecke nach Jerxheim (Niedersachsen) entlang. Die Grenzpolizisten Kurt S. und Edwin G. hielten sie zunächst für Arbeiter. Doch als sie die schweren Taschen sahen, die die beiden Männer trugen, vermuteten die Grenzer, dass es sich um Flüchtlinge oder illegale Grenzgänger handelte. Der Gefreite Kurt S. befahl seinem Posten Edwin G., den Männern, die nun über ein Rübenfeld in Richtung der Sperranlagen liefen, den Weg abzuschneiden und sie festzunehmen.

Als die Flüchtlinge den Grenzpolizisten bemerkten, ließen sie ihr Gepäck fallen und versuchten, ins Hinterland zu entkommen. Kurt S. rief ihnen aus einer Entfernung von etwa 320 Metern zu, sie sollten stehenbleiben, betätigte seine Signalpfeife und gab zwei Warnschüsse ab. Da die Flüchtlinge dennoch weiterliefen, feuerte er gezielt auf einen von ihnen, der daraufhin getroffen zusammenbrach. Der andere lief weiter und versuchte zu entkommen. Auch auf diesen schoss Kurt S. gezielt, bis der Flüchtende zusammenbrach und auf dem Feld liegenblieb. Danach verständigten die beiden Posten durch Signalschüsse das Grenzkommando. Im Rübenfeld fanden sie und zwei herbeigeeilte sowjetische Soldaten die beiden Verletzten. Werner Thiemann hatte einen Hüftdurchschuss mit Verletzungen in Darm und Leber erlitten. Er konnte vor Schmerzen nur noch wimmern. Seinen Freund Harry hatten die Kugeln unterhalb des Knies und im Oberschenkel getroffen. Nach etwa einer Stunde, gegen 7.20 Uhr, traf ein Arzt aus Hötensleben, eine weitere Stunde später ein Krankenwagen bei den Verletzten ein. Dieser transportierte sie nach Haldenleben ins St. Salvator-Krankenhaus.

Harry H. und Werner Thiemann lagen im selben Krankenzimmer. Die Mutter von Harry H. erfuhr als Erste von dem Zwischenfall und besuchte am 8. August 1953 ihren Sohn im Krankenhaus Halberstadt. Noch am Abend berichtete sie Thiemanns Mutter Lisbeth, die im gleichen Haus wohnte, dass es um ihren „Jungen sehr schlecht stehen würde". Als Frau Thiemann am 9. August im Krankenhaus eintraf, eröffnete man ihr, dass ihr Sohn bereits am Abend zuvor, gegen 21 Uhr, gestorben war.

Die Beinverletzungen von Harry H. verheilten wieder. Auf Anraten anderer Patienten hatte er einer von den Ärzten beabsichtigten Amputation nicht zugestimmt. Nach drei Wochen stationärer Behandlung konnte er wieder in Altenweddingen seiner Arbeit nachgehen. Ein gerichtliches Nachspiel hatte sein Fluchtversuch nicht.

In einer „Stellungnahme zur Schuldfrage" schrieb die DDR-Grenzpolizeikommandantur, dass Kurt S. „rechtmäßig von der Schußwaffe Gebrauch gemacht hat. Sein Verhalten war wachsam, taktisch richtig und in Übereinstimmung mit den Instruktionen der DGP" (Deutsche Grenzpolizei). Beide Grenzposten erhielten auf Befehl des Leiters der Hauptverwaltung Deutsche Grenzpolizei eine Prämie von 50 Mark für „gute Wachsamkeit und taktisch einwandfreies Verhalten". Das Landgericht Magdeburg verurteilte Kurt S. am 6. April 1998 wegen Totschlags zu einer einjährigen Bewährungsstrafe. 1992 hatte er bei einer Vernehmung die Schussabgabe bestätigt. Zum damaligen Zeitpunkt sei er von der Rechtmäßigkeit seiner Handlungen ausgegangen, „gleichwohl tue ihm die Angelegenheit jetzt leid und sein Gewissen sei entsprechend belastet", heißt es in einem Bericht der Zentralen Erfassungsstelle Regierungs- und Vereinigungskriminalität.

Sein damaliger Posten Edwin G., der nicht geschossen hatte, erhielt 1953 in der DDR „wegen Kriegs- und Boykotthetze" eine Gefängnisstrafe von drei Jahren und sieben Monaten. Nach eigener Aussage wurden ihm kritische Äußerungen über die Behandlung der Sudetendeutschen in der Tschechoslowakei nach 1945 und der Besitz eines bei ihm aufgefundenen Propagandaflugblatts aus dem Westen vorgeworfen. Nach seiner Haftentlassung verließ er die DDR. (Recherche: jos., MP, St.A.; Autor: jk)

Quellen:

Grenzpolizeikommandantur Dedeleben: Meldung vom 8. August 1953. In: MfS: Strafsache vom 12. August 1954 gegen Edwin G. [...] aus Dörfeles, CSR. BStU, ZA, AU 247/54.

ZERV: Auswertung der „Toten der Grenze". LAB, D Rep. 120-02, Acc. 8346, 2 Js 191/92.

ZERV: Ermittlungsverfahren wegen Totschlags z. N. von Werner Thiemann. LAB, D Rep. 120-02, Acc. 8346, StA LG Berlin 2 Js 191/92.

Staatsanwaltschaft Magdeburg: Ermittlungsunterlagen und Anklageschrift gegen Kurt S., 33 Js 20023/95.

Landgericht Magdeburg: Urteil vom 06.04.1998 gegen Kurt S., 21 Ks 17/95.

Siegfried Tittmann

geboren am 15. Februar 1933 in Wansleben am See

Suizid nach gescheitertem Fluchtversuch am 6. März 1954

Ort des Zwischenfalls: bei Wenigentaft (Thüringen)

Am 8. März 1954 berichtete eine Tagesmeldung der DDR-Grenzpolizei über einen außerordentlichen Fall. Ein Streit unter Grenzpolizisten eskalierte zu einer Schießerei und zu einem Fluchtversuch, der schließlich tödlich endete. Der aus dem Mansfelder Land stammende Kurt Siegfried Tittmann – der Bericht selbst verwendet die falsche Schreibweise „Dittmann" – hatte, bevor er zur Grenzpolizei ging, wie sein Vater als Bergmann gearbeitet. Am 6. März 1954, einem Samstag mit freundlichem und mildem Wetter, legten die beiden Grenzpolizisten Siegfried Tittmann und Waldemar Estel auf ihrem Streifengang vor einem Konsum-Geschäft in Wenigentaft (Ortsteil von Buttlar) eine Pause ein und kauften sich Zigaretten und mehrere Flaschen Bier. Noch im Ort tranken die beiden 21 und 22 Jahre alten Männer je zwei Bierflaschen aus. Als Siegfried Tittmann eine dritte Flasche öffnete, hatte Waldemar Estel genug und steckte seine Bierflasche in eine Tasche. Darüber kam es zum Streit. Tittmann forderte Estel immer wieder auf, mit ihm weiterzutrinken, bis Estel schließlich seine Flasche an einem Stein zerschlug. Daraufhin zog Tittmann seinen FDJ-Ausweis hervor und zerriss ihn vor den Augen Estels. Der überzeugte FDJler wies seinen Kameraden nun mit heftigen Worten zurecht. Tittmann reagierte auf Estels Belehrung ungewöhnlich heftig. Wutentbrand lud er seinen Karabiner durch und begann auf Estel zu schießen. Estel ging in Deckung und feuerte zurück. Am Ortsausgang von Wenigentaft kam es so zu einem Feuergefecht, bei dem die in ihrem Garten arbeitende Elisabeth Sch. in den Oberschenkel getroffen wurde.

Von den Schreien der Frau aufgeschreckt, stellten Estel und Tittmann das Feuer ein und liefen auseinander. Während Estel das Grenzpolizei-Kommando alarmierte, entfernte sich Tittmann in Richtung der Grenze nach Hessen. Doch ehe er dort anlangte, entdeckte ihn ein vom Kommando ausgesandter Suchtrupp der Grenzpolizei, der das dichtbewaldete Grenzgebiet durchkämmte. Als die Verfolger Tittmann einkreisten, muss er für sich keinen Ausweg mehr gesehen haben. Er richtete die Waffe gegen sich selbst. Siegfried Tittmann erlag noch am gleichen Nachmittag im Krankenhaus Vacha den Folgen seiner Schussverletzung. „Der Schuss soll", heißt es in einem Bericht des hessischen Bundesgrenzschutzes, „eine anschließende Schießerei unter den

Grenzsoldaten ausgelöst haben". Waldemar Estel selbst lebte nur noch zwei Jahre. Am 3. September 1956 starb er im Grenzdienst, niedergeschossen von einem spanischen Luftwaffenoffizier in Zivil, der sich seiner Festnahme im DDR-Grenzgebiet entziehen wollte. (Recherche: jk, MP; Autor: jk)
Siehe ergänzend zu diesem Fall die Biografie von Waldemar Estel.

Quellen:

HV Deutsche Grenzpolizei: Meldung-Nr. 55/54 über den Stand der Grenzsicherung der DDR für die Zeit vom 7.3.54, 18.00 Uhr bis 8.3.54, 18.00 Uhr. Berlin, 8.3.1954. BArch Freiburg, DVH 27/130342.

Bundesgrenzschutzdirektion Mitte: Grenzlageberichte Bundesminister des Innern 1954. HStAM, Best. 610, Nr. 244.

Standesamt Seegebiet Mansfelder Land, OT Röblingen am See: Geburtenregistereintrag Nr. 11. Wanzleben am See, 18.2.1933.

Standesamt Vacha: Sterbebucheintrag Nr. 51. Vacha, 20. Juli 1954.

Ernst Paatz

geboren am 3. März 1923 in Halle/Saale

erschossen am 16. Mai 1954

Ort des Zwischenfalls: Ramoldsreuth (Sachsen); die Ortschaft existiert nicht mehr, sie liegt heute auf dem Grund eines Stausees, der seit 1964 das Wasser des Feilebachs aufnimmt.

Obgleich der Bundesbürger Ernst Paatz gebürtiger Hallenser war, hatte der 31-Jährige seiner Geburtsstadt an der Saale schon vor längerer Zeit den Rücken gekehrt. Zu welchem Zeitpunkt dies der Fall war, geht aus Paatz' Biografie nicht hervor. Diese lässt sich nur noch bruchstückhaft anhand der wenigen Gegenstände rekonstruieren, die bei dem Toten gefunden wurden; darunter ein Ausweis der Bundesrepublik Deutschland, der als Wohnsitz Berg bei Ravensburg angab. Im Einwohnermeldeamt der Gemeinde Berg sind gleichwohl keinerlei Unterlagen zu Ernst Paatz überliefert. Ein Messer der Luftwaffe, das er bei sich trug, könnte darauf hindeuten, dass er als Angehöriger der deutschen Luftstreitkräfte im Zweiten Weltkrieg gekämpft hat – gesichert ist dies jedoch nicht. Fest steht indes, dass Paatz bald nach Kriegsende in der französischen Fremdenlegion diente. Danach ging er einer nicht näher bekannten Beschäftigung in Westdeutschland nach. Sein Arbeitsverhältnis endete im Februar 1954, also etwa drei Monate vor jener verhängnisvollen Nacht im Mai, als er mit Bescheinigungen über frühere Beschäftigungen und einer Namensliste von DDR-Bürgern über die Grenze nach Ostdeutschland wollte.

Kurz nach Mitternacht, am 16. Mai 1954 gegen 1 Uhr in der Früh am Ortsausgang Ramoldsreuth, entdeckte ihn wenige Kilometer landeinwärts auf dem Gebiet der DDR eine sowjetische Grenzstreife und nahm ihn fest. Der sowjetische Soldat und sein Gefangener befanden sich bereits auf dem Weg zur zuständigen Kommandantur Großzöbern, als Paatz eine Gelegenheit zur Flucht ergriff. Laut Meldung der Grenzpolizeibereitschaft Plauen habe der Rotarmist daraufhin zunächst zwei Warnschüsse in die Luft abgegeben. Doch als Paatz in ein nahe gelegenes Waldstück zu entkommen drohte, schoss der Soldat gezielt auf den Flüchtenden und tötete ihn durch eine MPi-Salve. Der Leichnam von Ernst Paatz wurde anschließend ins Leichenschauhaus

Plauen gebracht; über eine etwaige Rückführung des Toten in die Bundesrepublik ist nichts bekannt. (Recherche: glz; Autor: glz)

Quelle:
Grenzpolizeibereitschaft Plauen: Spitzenmeldung vom 16.5.1964 zum Schußwaffengebrauch mit tödlichem Ausgang. BArch Freiburg, DVH 27/135185.

Robert Michalak

geboren am 30. April 1905 in Halberstadt
erschossen am 17. Mai 1955
Ort des Zwischenfalls: Barenberg bei Elend (Sachsen-Anhalt)

Der zehnjährige Wolfgang W. aus Elend sah beim gemeinsamen Spielen mit seinem Zwillingsbruder plötzlich auf: Vor ihnen stand ein Mann, 50 Jahre alt, sonnengebräunt, drahtiger Körper, bartstopplig und mit Filzstiefeln bekleidet. Der Junge wusste, dass es einer der Arbeiter aus Halberstadt war, die für die Forstwirtschaft Garagen bauten. Der Mann fragte, ob er eine Leiter bekommen könne, die am Schuppen neben ihrem Wohnhaus hing. Er wolle einen Baum fällen. Später, es war nach 15 Uhr, hörte der Junge aufgeregtes Rufen. Jemand habe im Haus einen Koffer gestohlen! Wolfgang W. blickte zum Haus. Das Fenster zum Zimmer der Haushälterin stand offen. Am Schuppen fehlte die Leiter. Dann stürmte die Haushälterin heraus, rief ihm zu, er solle sofort die Polizei holen, und lief dem flüchtenden Arbeiter hinterher.

Robert Michalak war in Halberstadt zur Welt gekommen und hatte Stellmacher gelernt. 1941 wurde er zur Wehrmacht eingezogen und im darauffolgenden Jahr bei einem Jagdfliegerangriff in Frankreich so schwer verwundet, dass ihn die Wehrmacht als kriegsdienstuntauglich ausmusterte. Ein Jahr später starb seine Frau, so war er 1942 mit zwei Töchtern allein auf sich gestellt. 1947 heiratete er erneut und gründete mit der Hausgehilfin Gerda M. wieder eine Familie. 1949 kam ein Sohn, ein Jahr später eine Tochter zur Welt. Die Hoch- und Tiefbau-Firma Müller und Starke in Halberstadt stellte Robert Michalak in den 1950er Jahren ein. Der Betrieb schickte ihn im Mai 1955 auf eine Baustelle nach Elend im Harz. Robert Michalak bezog dort ein Quartier und kam am Wochenende nach Hause zurück. Am Dienstag, dem 17. Mai 1955, entwendete er stark angetrunken den Koffer aus einem Wohnhaus und floh durch ein Waldgebiet in Richtung Schierke, um der aufgebrachten Haushälterin und den herbeigerufenen Grenzpolizisten zu entkommen. Den gestohlenen Koffer warf er bald beiseite, um besser voranzukommen. Vielleicht wusste er nicht einmal, dass dieser hauptsächlich Wäsche enthielt.

Das Elendstal zwischen Elend und Schierke gehörte zum Grenzgebiet der DDR. Die Grenzpolizei am Ort war zu dieser Zeit in ehemaligen Pensionen untergebracht. Nachdem der zehnjährige Wolfgang W. den Diebstahl gemeldet hatte, stellte der diensthabende Leutnant R. sofort eine Alarmgruppe der Grenzpolizei zusammen und gab den Befehl auszuschwärmen, um die Gegend nach dem Dieb abzusuchen. Ein Urlauber wies den Grenzpolizisten den Weg. Robert Michalak war den steilen, steinigen Fußpfad zum Barenberg hinaufgelaufen. Wäre sein Ziel die Grenze zu Niedersachsen gewesen, so hätte er abbiegen und noch eine Entfernung von vier Kilometern zurücklegen müssen. Über das weitere Geschehen gibt eine Tagesmeldung der Grenzpolizei folgendermaßen Auskunft: Eine „verdächtige Person" war am Barenberg gesichtet und zum Stehenbleiben aufgefordert worden. „Trotz der Aufforderung und Abgabe von 3 Warnschüssen flüchtete die Person weiterhin in Richtung Grenze. Durch den Gefr. D[...] von der Alarmgruppe wurde ein Zielschuß abgegeben, der die Person verletzte. Diese lief jedoch weiter und stürzte hierbei eine 6 Meter tiefe Felsenklippe hinunter. Der Leiter der Alarmgruppe Genosse Ltn. R[...] begab sich zur Absturzstelle und leistete erste Hilfe, da sie durch Oberschenkeldurchschuß verletzt war. Nach ca. 10 Minuten verstarb die Person. Der Vertragsarzt der VP stellte als Todesursache Schädelgrundbruch und Wirbelsäulenbruch fest."

Der Staatsanwalt des Kreises Wernigerode mag sich gewundert haben, als er am 18. Mai 1955 die Angaben der Grenzpolizei mit den Obduktionsergebnissen verglich. Die Obduktion ergab als Todesursache einen Durchschuss des rechten Oberschenkels, der beide Blutgefäße zerrissen hatte. Der Staatsanwalt schrieb in seinem Bericht: „Eine Verblutung bei einer Verletzung des Oberschenkelgefäßbandes kann ohne weiteres bereits in 8 bis 10 Minuten eintreten. [...] Insbesondere konnte ein Schädelbruch oder eine Wirbelsäulenverletzung evtl. als Sturzfolge ausgeschlossen werden."

Am gleichen Tag klingelten zwei Grenzpolizisten an der Wohnungstür von Frau Michalak. Sie erklärten der ahnungslosen Frau, dass ihr Mann bei dem Versuch, die Grenze zu überschreiten, einen Oberschenkeldurchschuss erlitten hatte, jedoch weiterzulaufen versuchte und dabei gestürzt sei und sich das Genick gebrochen habe. Als Frau Michalak nach dem genauen Ablauf und den Umständen des Todes fragte, schwiegen die Uniformierten. So blieb sie mit ihren Fragen, dem sechsjährigen Sohn und der einjährigen Tochter zurück.

Der Gefreite D., der geschossen hatte, konnte nicht mehr juristisch zur Verantwortung gezogen werden, er starb 1994. Das Ermittlungsverfahren der Staatsanwaltschaft II beim Landgericht Berlin wegen Totschlags wurde eingestellt. (Recherche: jk, jos.; Autor: jk)

Quellen:
MfS: Ermittlung gegen Robert Michalak wegen Diebstahls. BStU, MfS, ZA, A SKS 90158.
ZERV: Ermittlungsverfahren wegen Totschlags. LAB, D Rep. 120–02, Acc. 8346, StA LG Berlin 27 Js 253/94.

Helgard Stothut

geboren am 10. Juni 1931 in Heinrichswerder (heute: Dychlino, Polen)

Suizid am 21. Juni 1955

Ort des Zwischenfalls: Grenzkontrollpunkt Marienborn (Sachsen-Anhalt)

Eine Streife des Grenzkommandos Harbke nahm am Morgen des 21. Juni 1955 die ledige Verkäuferin Helgard Edith Stothut aus Hamm (Westf.) bei dem Versuch fest, illegal von der Bundesrepublik über die Grenze in die DDR zu gelangen. Da sie wegen Wirtschaftsvergehen und Unterschlagung im Fahndungsbuch stand, brachte die Grenzpolizei die 24-Jährige in einen Haftraum des Grenzkontrollpunktes Marienborn. Im Waschraum des Gebäudes erhängte sich Helgard Stothut am selben Tag mit dem Gürtel ihres Mantels. Als man sie dort gegen 13.50 Uhr entdeckte, kam jede Hilfe zu spät. (Recherche: jk, US; Autor: jk)

Quellen:
HV Deutsche Grenzpolizei: Meldung-Nr. 146/55 über den Stand der Grenzsicherung der DDR für die Zeit vom 21.6.55, 18.00 Uhr, bis 22.6.55, 18.00 Uhr. O.U., 22.6.1955. BArch Freiburg, DVH 27/130350.
Standesamt Obere Aller: Sterbebucheintrag Nr. 3, 1955. Marienborn, 22.6.1955.

Adolf Kohlus

geboren am 29. März 1937 in Mühlhausen
erschossen am 27. Oktober 1955
Ort des Zwischenfalls: Pferdeberg bei Arenshausen (Thüringen)

Der gelernte Tischler Adolf Kohlus trat im März 1955 in die Deutsche Grenzpolizei ein. Obwohl sein Vater, der vor 1933 KPD-Mitglied und nach dem Krieg SED-Mitglied war, ihn im Sinne der Partei erzogen hatte, galt der junge Polizist bei seinen Vorgesetzten als weltanschaulich wenig gefestigt. Ihnen war aufgefallen, dass er versuchte, „allein im Klubraum zu sein und dort Westsender, insbesondere Tanzmusik zu hören. Hinweise von Genossen tat er damit ab, dass Musik international sei und man diese demzufolge hören könne. Beim Ausgang versuchte er, in den Tanzlokalen westliche Tänze aufzuführen und musste deswegen von seinen Vorgesetzten „zur Rede gestellt werden". In einer Gaststätte erzählte er einem Kameraden, dass er auch lieber im Westen leben möchte.

Am 27. Oktober 1955 wollte der 18-jährige Adolf Kohlus beim Verpflegungsdienst seiner Einheit einen ganzen Kasten Bier kaufen, um seinen Kameraden einen auszugeben. Er bekam aber nur zwei Flaschen. Eine davon trank er selbst, die andere gab er seinem Postenführer Gerhard Sch., mit dem er sich gut verstand. Am Abend gingen die beiden im sogenannten „Gänsebachtal" auf Grenzstreife. Während des Dienstes erzählte Kohlus seinem Postenführer, dass seine Freundin, die er vor Kurzem in Mühlhausen kennengelernt hatte, im Westen sei. Gegen 23 Uhr meldete sich Kohlus laut Tagesrapport der Grenzpolizei bei Gerhard Sch. zum Austreten ab und machte die Bemerkung: „Heute ist die beste Zeit zur Desertion!" Der Postenführer nahm diese Äußerung zunächst nicht ernst. Plötzlich sah er, wie sein Posten in Richtung Grenze lief. Gerhard Sch. nahm die Verfolgung auf und befahl ihm stehenzubleiben. Kohlus rannte jedoch unbeirrt weiter. Er war nur noch wenige Schritte vom Gebiet der Bundesrepublik entfernt, als Postenführer Sch. niederkniete und aus der Hüfte mit seiner Maschinenpistole eine Salve von 24 Schüssen auf den vier bis sieben Meter entfernten Adolf Kohlus abfeuerte. Dieser erlitt zwei Durchschüsse im Bereich des Nierenbeckens sowie einen Streifschuss an der linken Brustseite und brach auf dem Zehn-Meter-Kontrollstreifen zusammen. Gerhard Sch. legte dem Schwerverletzten einen Notverband an und gab Signalschüsse ab, um die Nachbarposten zu alarmieren. Adolf Kohlus erlag jedoch kurze Zeit später seinen Bauchverletzungen.

Am Tag nach dem Zwischenfall informierten zwei Offiziere der Deutschen Grenzpolizei die Familie über den Tod von Adolf Kohlus. Seine damals 15-jährige Schwester durfte vor der Erdbestattung ihren Bruder im Sarg sehen. Nach ihrer Erinnerung soll er wie ein 40-Jähriger ausgesehen haben, der Körper war noch blutverschmiert. Durch das offene Leichenhemd konnte sie eine Schussverletzung am Bauch sehen. Den kriminalpolizeilichen Ermittlern berichtete sie 1995, ihr Bruder habe eigentlich keinen Grund gehabt, in den Westen zu fliehen, denn das Mädchen, in das er sich verliebt hatte, habe damals noch in Mühlhausen gewohnt. Dagegen sagte ein ehemaliger Grenzpolizist aus seiner Einheit den Ermittlern, Kohlus habe ihm am Tag des Zwischenfalls einen Brief von seiner Freundin gezeigt, aus dem hervorging, dass sie in den Westen „abgehauen" sei. Er habe Kohlus an diesem Tag noch davor gewarnt, während des Streifendienstes zu desertieren, da er mit Postenführer Gerhard Sch., dem besten Schützen des Kommandos, zum Dienst eingeteilt war. Dem Zeugen war es unerklärlich, warum Kohlus während des Streifengangs zu fliehen versuchte, wo es doch gefahrlos am nächsten Tage möglich gewesen wäre – Kohlus müsse irgendwie „durchgedreht" sein. Er hatte am Tag darauf frei und hätte gefahrlos die Grenze passieren können, da jeder in der Einheit wusste, wo die Posten gerade Streife gingen und an der Grenze noch kein Sicherungszaun stand.

Der Todesschütze Gerhard Sch. wurde unmittelbar nach der Tat ausgezeichnet. Er erhielt eine Armbanduhr mit Gravur: „Gewidmet für vorbildliche Leistungen – Chef der deutschen Grenzpolizei, Generalmajor Jadmann". Die Staatsanwaltschaft Erfurt stellte 1998 das Ermittlungsverfahren gegen Sch. wieder ein, da der Vorwurf des Totschlags nicht nachzuweisen sei. (Recherche: jk, St.A.; Redaktion: jos.)

Quellen:

DGP Tagesrapporte Oktober–November 1955: BArch Freiburg, DVH 27/130354.

Bezirksbehörde Deutsche Volkspolizei Erfurt Operativstab: Tagesrapport Nr. 249 für die Zeit vom 28.10.55, 08.00 Uhr, bis 29.10.55, 08.00 Uhr. ThHStA Weimar:, BdVP Erfurt 20, Nr. 085.

StA Erfurt: Ermittlungsverfahren wg. Totschlag. ThHStA Weimar, StA Erfurt, 9771, 9772.

Staatsanwaltschaft Erfurt: Einstellungsverfügung vom 3.3.1998, Az. 510 JS 96302/96. In: Sammlung Marxen/Werle, Humboldt Universität Berlin.

Max Grübner

geboren am 9. Mai 1911 in Lengefeld

erschossen am 9. November 1955

Ort des Zwischenfalls: bayerisch-thüringische Grenze bei Steinbach (Thüringen)

Bildquelle: Privat Gerhard Grübner

Max Grübner kam im thüringischen Lengefeld, Kreis Weimar, als drittes Kind einer Stellmacherfamilie zur Welt. Er wuchs zusammen mit zwei Brüdern auf. Nach der Volksschule besuchte er die Handelsschule und erlernte in Weimar den Beruf eines Kaufmanns. 1936 heiratete Grübner und betrieb zusammen mit seiner Frau ein Lebensmittelgeschäft sowie eine Kohlenhandlung in Blankenhain. Das Ehepaar hatte vier Kinder und galt als gut situiert. Während des Zweiten Weltkriegs diente Grübner für einige Jahre in der Wehrmacht. Nach dem Krieg verstieß er angeblich mehrmals gegen DDR-Wirtschaftsgesetze. Er erhielt zunächst eine Geldstrafe von 25 000 Mark und wegen weiterer Verstöße im Jahr 1952 eine dreijährige Zuchthausstrafe. Außerdem ordnete das Gericht an, sein Vermögen einzuziehen. Nachdem er die Hälfte seiner Strafe verbüßt hatte, kam er auf Bewährung frei. Die Familie durfte zwar weiterhin in ihrem Haus wohnen, musste dafür fortan aber Miete zahlen. Grübner arbeitete zunächst als Bauhelfer und später als Kellner bei der Mitropa in Erfurt. Dort stand er in gutem Ansehen und erhielt mehrmals Geldprämien als Bestarbeiter. Im Spätherbst 1955 – die Bewährungsfrist der Haftstrafe war noch nicht abgelaufen – ermittelte die Erfurter Polizei wieder gegen Grübner. Ihm wurde vorgeworfen, gemeinsam mit anderen Mitropa-Mitarbeitern gegen Bewirtschaftungsgesetze verstoßen zu haben. Grübner entzog sich den Ermittlungen und tauchte unter. Als er seine Frau letztmalig am 2. November 1955 traf, weihte er sie in sein Vorhaben ein, die DDR zu verlassen, um nicht wieder ins Gefängnis zu müssen. Seine 18-jährige Tochter Waltraut lebte bereits bei einem Onkel in Heiligenhaus bei Düsseldorf, Grübner hätte dort vorübergehend Aufnahme finden können.

Bereits am 6. November 1955 erhielt das Grenzkommando Lichtentanne von Anwohnern die Information, dass sich im Bereich der thüringisch-bayerischen Grenze eine „ortsfremde Person" aufhalte, die unter anderem vergeblich versucht habe, einen Schäfer als Grenzführer anzuwerben. Der Mann suche „in dem unübersichtlichen und dichtbewaldeten Gebiet nach einer günstigen Möglichkeit, die Grenze überschreiten zu können". Später sei er noch einmal von Waldarbeitern gesehen worden. Nachdem Fahndungsmaßnahmen der Grenzpolizei erfolglos blieben, ordnete das Grenzkommando „verstärkten Grenzdienst" an, da der Fluchtversuch eines „Wirtschaftsverbrechers" zu erwarten sei. Der Mann trage vermutlich einen Lodenmantel und einen Hut.

Am Vormittag des 9. November luden Forstarbeiter in unmittelbarer Nähe der Grenze Langholz auf. Durch die verschärfte Grenzsicherung herrschte bei der Grenzpolizei eine angespannte Personalsituation. Deswegen bewachte, entgegen den sonstigen Gepflogenheiten, nur ein Grenzsoldat die Waldarbeiter. Gegen 10.40 Uhr waren die Stämme aufgeladen und die Fuhrwerke machten sich auf den Rückweg in Richtung Lichtentanne. Plötzlich bemerkte der Wachposten Uwe G., der hinter dem zweiten Anhänger herging, einen Mann, der aus dem Unterholz links des Weges hervortrat und zwischen zwei Fahrzeugen hindurch die Böschung hinunter in Richtung Grenze rannte. Seine Kleidung deutete auf den Gesuchten hin. Ulrich G. rief den Mann an und forderte ihn auf, sofort stehenzubleiben. Dann gab er zwei Warnschüsse ab. Da der Angerufene nicht reagierte und sich dem Zehn-Meter-Kontrollstreifen unmittelbar an der Grenze näherte, schoss Ulrich G. aus etwa 60 Metern Entfernung gezielt auf den Mann. Durch einen Schuss in den Kopf getroffen, brach der Flüchtende unmittelbar an der Grenze zusammen. Er kroch noch einige Meter auf DDR-Gebiet zurück, bevor er an den Folgen des Kopftreffers verstarb. Ulrich G. rief Verstärkung herbei. Auch auf bayerischer Seite erschienen nach den Schüssen Zollbeamte. Da ein Markierungsstein fehlte, war der genaue Grenzverlauf unklar. Beide Seiten gingen jedoch davon aus, dass der Angeschossene auf westdeutschem Boden liege. Die bayerische Polizei barg deshalb die Leiche. Es handelte sich dabei, wie aus den mitgeführten Papieren hervorging, um Max Grübner. Seine Beisetzung fand am 13. November 1955 im bayerischen Ludwigsstadt unter großer Anteilnahme der Bevölkerung statt. Nach einem zeitgenössischen Pressebericht „fanden der evangelische Geistliche und der Bürgermeister von Ludwigsstadt bittere und anklagende Worte gegen ein Regime, daß es gestatte, daß Deutsche auf Deutsche schießen, wenn sie sich mitten in deutschen Landen bewegen".

Max Grübner mit Freunden aus Blankenhain
Foto: Privat Gerhard Grübner

Die DDR-Seite hielt die Anwendung der Schusswaffe dagegen für rechtmäßig. Ulrich G. erhielt eine Prämie von 100 Mark, eine Urkunde sowie eine Spange der FDJ. Nach Einschaltung des Vermessungsamts Kronach stellten die westdeutschen Behörden im Dezember 1955 fest, dass Grübners Leiche tatsächlich noch auf thüringischem

Boden gelegen hatte. Nach der Wiedervereinigung musste sich Ulrich G., der bis 1989 als Major in der Nationalen Volksarmee diente, vor dem Landgericht Gera für seine Tat verantworten. Er machte geltend, bei der Schussabgabe auf die Beine des Flüchtenden gezielt zu haben. Das Landgericht verurteilte ihn 1994 wegen Totschlags zu einer Bewährungsstrafe von einem Jahr. (Recherche: ES, jk, St.A. US; Redaktion: jos.)

Quellen:

Grenzbereitschaft Dittrichshütte: Abschlußbericht vom 14. November 1955 über die Tötung eines illegalen Grenzverletzers in rechtmäßiger Anwendung der Schußwaffe. BArch Freiburg, DVH 27/130562.

Aussage des Bruders von Max Grübner bei Bayerische Landespolizei Ludwigstadt am 13. November 1955. Sammlung Marxen/Werle, Humboldt Universität Berlin, 27 Js 295/94.

Mitteilung des Zollassistenten Georg Kauper an den Zollgrenzkommissar in Ludwigstadt vom 9. November 1955 und Bericht des Regierungsrats Rahner vom Hauptzollamt Coburg an den Bundesminister der Finanzen vom 20. November 1955. PAAA, B 12, 210.

Bayerisches Staatsministerium des Innern: Veröffentlichung über kommunistische Gewaltverbrechen an der Demarkationslinie. BArch Koblenz, B/137/6429.

Anklage der Staatsanwaltschaft Erfurt vom 28. März 1994 und Urteil des Landgerichts Gera vom 22. November 1994, Js 96284/94. Sammlung Marxen/Werle, Humboldt Universität Berlin.

Gespräche und E-Mailwechsel von Uta Schulz mit Gerhard Grübner, dem Sohn von Max Grübner, 2016/17.

Harry Moll

geboren am 24. September 1934 in Jarmstorf, 1950 eingemeindet nach Gadebusch

ertrunken bei Fluchtversuch durch die Elbe am 20. April 1956

Fundort der Leiche: Elbufer bei Drethem (Niedersachsen)

Mit einem Fernschreiben an alle Dienststellen des Bezirks leitete die Volkspolizeibezirksdirektion Schwerin am 18. April 1956 eine Eilfahndung nach Harry Heinrich Willi Moll ein. Der 19-Jährige, der als Gefreiter bei der Kasernierten Volkspolizei in Schwerin diente, setzte an diesem Tag seinen Entschluss zur Fahnenflucht in die Tat um und schlug sich bis zur Elbe durch. Er stieg vermutlich bei Lenzen in den Fluss, um schwimmend das Westufer zu erreichen. Am 20. April 1956 wurde am Elbufer bei Drethem eine Wasserleiche geborgen. Es handelte sich, wie aus mitgeführten Papieren hervorging, um Harry Moll. Nach Angaben der niedersächsischen Kriminalpolizei starb er während des Fluchtversuchs an Unterkühlung und Kreislaufversagen. Am 21. April 1956 brachte die niedersächsische Polizei Molls Sarg an die Anlegestelle Wootz, um sie mit der Elbfähre nach Lenzen auf der DDR-Seite zu überführen. Dort übernahmen ein Staatsanwalt und MfS-Mitarbeiter aus Schwerin den Sarg. (Recherche: jos., MP, US; Autor: jos.)

Quellen:

DGP: Tagesrapporte vom April 1956. BArch Freiburg, DVH 27/130360.

Grenzlandmuseum Schnackenburg: Liste „Opfer an der Grenze zur DDR im Landkreis Lüchow-Dannenberg von 1945 bis 1989".

Amt Gadebusch, Standesamt, Fachbereich II: Auskunft vom 10.05.2016 über Geburts- und Strebedaten von Harry Heinrich Willi Moll.

Hermann Hartmann

geboren am 20. Mai 1925 in Frankenheim
getötet durch versehentliche Auslösung eines Signalgerätes am 25. April 1956
Ort des Zwischenfalls: Straße zwischen Unterweid (Thüringen)
und Kleinfischbach, Rhön (Hessen)

Am Mittwoch, dem 25. April 1956, begaben sich 13 Arbeiter des Wasserwirtschaftsamtes Meiningen ohne vorherige Anmeldung beim Grenzkommando Unterweid gegen 7 Uhr von Unterweid aus in den 500-Meter-Schutzstreifen, um einen Wassergraben zu legen. Erst wenige Tage zuvor hatte die Brigade eine Information über die Meldepflicht von Arbeiten im Schutzstreifen erhalten und diese Auflage vermutlich ignoriert. An der Straße zum hessischen Kleinfischbach entdeckten die Arbeiter am Schlagbaum des 500-Meter-Schutzstreifens ein Signalgerät. Hermann Hartmann ging zu dem Schlagbaum, um festzustellen, ob es ausgeschaltet war. Dabei beugte sich der 34-Jährige direkt über den Trichter und löste das Signalgerät versehentlich mit seiner Schaufel aus. Die herausschießende Leuchtkugel traf ihn ins linke Auge und trat am Hinterkopf wieder heraus. Hermann Hartmann war auf der Stelle tot.

Sofort nach Bekanntwerden des tödlichen Zwischenfalls fuhr der zuständige Kommandeur der Grenzpolizei aus Kaltennordheim gemeinsam mit dem sowjetischen Berater der Truppe zur Unfallstelle. Die Morduntersuchungskommission Meiningen gab Hermann Hartmann die Schuld an dem Unfall, da er fahrlässig gehandelt habe. Die Ermittlungen ergaben auch, dass zwei in der Gegend eingesetzte Grenzpolizisten den Auftrag hatten, das Signalgerät bereits gegen 06.30 Uhr einzuziehen. Auf ihrem Weg dorthin fanden sie jedoch zahlreiche durch westliche Propagandaballons verstreute Flugblätter, die sie pflichtgemäß als Hetzschriften einsammeln mussten. Dadurch verzögerte sich die vorgesehene Abschaltung des Signalgerätes am Schlagbaum. (Recherche: jk, MP; Autor: jos.)

Quellen:
DGP, Abteilung Operativ: Tagesrapporte April 1956. BArch Freiburg, DVH 27/130360.

Günter Kerski

geboren am 19. November 1935 in Osterode
ertrunken am 20. Juni 1956, aus der Elbe geborgen am 30. Juni 1956
Ort des Zwischenfalls: nahe Dömitz (Mecklenburg-Vorpommern)

Günter Kerski kam am 16. April 1956 zur Deutschen Grenzpolizei und wurde als Posten dem Kommando Wilkenstorf (Kommandantur Dömitz) der Grenzbereitschaft Grabow zugeteilt. Kerski war Mitglied der FDJ und der SED. Er wohnte in Wittenberge, nur 40 Kilometer entfernt vom Standort des Kommandos, bei seinen Eltern. Mit ihnen war er aus seinem Geburtsort, dem Harzstädtchen Osterode, dorthin gezogen.

Am Abend des 20. Juni 1956, gegen 21.30 Uhr, kehrte ein Lastkraftwagen mit einigen Grenzpolizisten auf der Ladefläche von einer Kulturfahrt zurück. Unter ihnen befand sich auch Günter Kerski, der während der Fahrt in fröhlicher Runde mit seinen Kollegen dem Alkohol zugesprochen hatte. An jenem Abend wurde er letztmalig gegen 22 Uhr im Waschraum des Kommandos gesehen.

Als kurze Zeit später sein Fehlen festgestellt wurde, kam sogleich der Verdacht einer Desertion auf. Das Kommando löste Alarm aus und setzte mehrere Suchgruppen in Marsch. Man fand auf dem Elbdeich ein Handtuch Günter Kerskis, sonst aber keine Spur. Zehn Tage später, am 30. Juni 1956, trieb in der Elbe bei Strachau eine Wasserleiche. Sie wurde unweit von Dömitz geborgen und als Günter Kerski identifiziert. Die Grenzpolizei stellte in ihren internen Meldungen Kerskis Tod nun als Unfall und Folge des Alkoholgenusses auf der Rückfahrt von dem Kulturausflug dar. Doch vielleicht fühlte sich der 20-Jährige den Anforderungen und dem Druck in der Grenzpolizei, der er erst seit knapp zwei Monaten angehörte, nicht gewachsen oder sehnte sich nach einem Neuanfang in seiner ursprünglichen Heimat im westlichen Harz. (Recherche: jk, MP, TP; Autorin: MP)

Quellen:

DGP: Tagesrapporte Juni 1956. BArch Freiburg, DVH 27/130362.

MfS: Karteikarte Günter Kerski. BStU, MfS, HA I/Abw. GKN-VSH.

MfS: Desertionen 1956. BStU, MfS, HA I, Nr. 16543, Bd. 1.

Erich Bebensee

geboren am 29. Januar 1924 in Kiel

erschossen am 23. Juli 1956

Ort des Zwischenfalls: Schlutuper Wiek bei Selmsdorf (Mecklenburg-Vorpommern an der Grenze zu Schleswig-Holstein)

Erich Christian Friedrich Bebensee kam in Kiel zur Welt. Anfang der 1950er Jahre trennte er sich von seiner ersten Frau und zog in die DDR. Der Landwirt hatte drei Stiefkinder, einen leiblichen Sohn mit seiner Ehefrau und nach seinem Umzug in die DDR einen weiteren Sohn mit einer Ortsansässigen im thüringischen Altenburger Land.

Vielleicht wollte der 32-Jährige am 23. Juli 1956 nur seine Familienangehörigen in der Bundesrepublik besuchen und fasste deshalb den Entschluss, in den frühen Morgenstunden bei der Ortschaft Selmsdorf über die Grenze zu gelangen. Kurz bevor er diese erreichte, begegnete er einem Traktorfahrer, dem er sich gutgläubig anvertraute und den er nach dem günstigsten Grenzübergang fragte. Der Traktorist zeigte dies sogleich dem Grenzkommando an, woraufhin zwei alarmierte Volkspolizisten Bebensee im Grenzgebiet entdeckten und seine Verfolgung aufnahmen. Als er nicht stehenblieb und in Richtung Lübeck-Schlutup zur Grenze lief, gaben sie aus etwa 150 Metern Entfernung mehrere Schüsse auf ihn ab.

Auf der Westseite vernahm der Zollassistent Hans M., der sich gegen 6.40 Uhr auf seinem Streifendienst befand, die Schüsse und begab sich mit seinem Fahrrad zum Gemeindehaus von Schlutup. Von dort aus konnte er mit seinem Fernglas das Geschehen gut beobachten. Als der Flüchtende bereits den Zehn-Meter-Kontrollstreifen erreicht hatte, versuchten ihm zwei weitere DDR-Grenzpolizisten, die von einem Beobachtungsturm herbeigeeilt kamen, den Weg abzuschneiden. Seine Verfolger im Blick, blieb Erich Bebensee plötzlich stehen, entkleidete sich und sprang ins Wasser der Schlutuper Wiek. Als die Grenzer das Ufer erreichten, gaben sie weitere Schüsse aus Karabinern und einer Maschinenpistole auf den Flüchtenden ab. Der rief in Richtung eines gerade auslaufenden westdeutschen Fischkutters um Hilfe. Zollassistent

M. konnte noch erkennen, wie neben dem schwimmenden Flüchtling die Kugeln ins Wasser einschlugen, dann versank der Mann in der Schlutuper Wiek. Er befand sich in diesem Moment bereits etwa 50 Meter auf westdeutschem Hoheitsgebiet, da die innerdeutsche Grenze entlang des östlichen Ufers der Schlutuper Wiek verlief und das Gewässer selbst somit nicht mehr zur DDR gehörte. Der Zollassistent M. konnte zudem beobachten, wie sich zwei Volkspolizisten entkleideten und ins Wasser stiegen. Sie bargen wenig später einen leblosen Körper und brachten ihn ans Ufer. Gegen 7.30 Uhr erschienen dort mehrere Grenzpolizeioffiziere. Einer von ihnen protokollierte offenbar den Vorfall. Danach packten vier Polizisten den am Boden liegenden leblosen Körper an Armen und Beinen und trugen ihn in ein nahegelegenes Fabrikgebäude. Wie sich später herausstellte, war der tödliche Schuss in den Nacken des Flüchtenden eingedrungen und an der Kinnspitze wieder ausgetreten. Die Bestattung von Erich Bebensee erfolgte in Selmsdorf. (Recherche: MP, ES, jos.; Autorin: MP)

Quellen:

Innenminister des Landes Schleswig-Holstein an Bundesminister des Innern, 26.5.1956: Schußabgabe auf das Gebiet der Bundesrepublik durch Volkspolizisten und vermutliche Tötung eines Menschen an der Zonengrenze bei Lübeck-Schlutup. Auswärtiges Amt, PAAA B 12210.

Staatsanwaltschaft bei dem Kammergericht Berlin: Ermittlungsverfahren wegen Totschlags. LAB, D Rep. 120–02, Acc. 8346, Az. 27/2 Js 156/91.

Reginald Lehmann

geboren am 10. März 1930 in Riesa

erschossen am 27. Juli 1956

Ort des Zwischenfalls: bei Ilsenburg (Sachsen-Anhalt)

Reginald Albert Lehmann wurde am 10. März 1930 im sächsischen Riesa geboren. Dort lernte er im Jahre 1950 auch seine zukünftige Frau kennen. Zu dieser Zeit war er bei der Wismut AG im Uranbergbau beschäftigt. Anschließend arbeitete er kurzzeitig in einem Stahlwerk in Riesa und fand dann eine Anstellung bei der Gesellschaft für Sport und Technik (GST). Nach der Hochzeit im Dezember 1954 bezog das Ehepaar seine erste gemeinsame Wohnung in Riesa. Seit 1956 war Reginald Lehmann als Kraftfahrer bei der Kasernierten Volkspolizei, in der Dienststelle Zeithain, tätig.

Im Juli 1956 besuchte die Ehefrau Lehmanns einen Lehrgang. Am Freitag, dem 27. Juli, kam sie gegen 17 Uhr nach Hause und wunderte sich, dass ihr Mann noch nicht da war. In der Wohnung fand sie lediglich seine Uniform, die über einem Stuhl hing. Sie machte sich auf den Weg zu ihren Eltern, vielleicht war dort auch ihr Mann. Gerade in der elterlichen Wohnung eingetroffen, klingelten zwei Offiziere an der Tür. Ohne Umschweife teilte man ihr mit, dass ihr Mann tot sei, er habe versucht, Fahnenflucht in die Bundesrepublik zu begehen. An dem Grenzfluss Ecker sei er von Grenzposten entdeckt und aufgefordert worden stehenzubleiben. Da er den Befehl ignoriert habe, sei er erschossen worden. Frau Lehmann konnte sich nicht erklären, warum ihr Ehemann überhaupt in den Westen wollte. Nie hatte er darüber ein Wort verloren, dass er mit ihrer Ehe oder seiner Arbeit bei der Kasernierten Volkspolizei unzufrieden sei, und nun sollte er plötzlich aus dem Nichts heraus eine spontane Entscheidung zur Flucht getroffen haben? Frau Lehmann vermutete, dass es vielleicht doch Ärger auf der Arbeit gab. Vielleicht hatte er vor, seine zwei Schwestern, die im Rheinland lebten, zu besuchen. Allerdings beschränkte sich der Kontakt zu dieser Westverwandtschaft auf

Geburtstags- und Weihnachtskarten. Auch Reginald Lehmanns Eltern konnten sich nicht erklären, was ihren Sohn zum Fluchtversuch in die Bundesrepublik bewogen haben soll. Fluchtabsichten hatte er auch ihnen gegenüber nicht geäußert.

Als Frau Lehmann am Abend des Unglückstages in ihre Wohnung zurückkehrte, stellte sie fest, dass der gute gestreifte Anzug, ein Koffer und Unterwäsche ihres Mannes fehlten, außerdem sein Ausweis, sein Führerschein, sein Fahrlehrschein, der Dienstausweis, ein FDJ- und ein Parteidokument. Hatte Reginald Lehmann vielleicht doch insgeheim seine Flucht sorgfältig vorbereitet? Einen Abschiedsbrief an seine Ehefrau, der Licht ins Dunkel hätte bringen können, hinterließ er nicht.

Die Wachposten im Abschnitt Maitzenkopf bis großes Maitzental bemerkten am 27. Juli 1956, gegen 20 Uhr, eine männliche Person, die sich in hohem Tempo in Richtung Grenze zwischen Sachsen-Anhalt und Niedersachsen bewegte. Die Grenzposten nahmen seine Verfolgung auf und stellten ihn. Sie führten den Mann entlang des Grenzweges am Stacheldrahtzaun ab. Der Postenführer ging hinter ihm, seine Maschinenpistole im Hüftanschlag. Plötzlich sprang der Festgenommene in ein durch Unwetter ausgespültes Erdloch und kroch unter dem Stacheldrahtzaun hindurch. In gebückter Haltung bewegte er sich dann weiter auf den noch etwa zwei Meter entfernten Grenzfluss Ecker zu. Dann fiel ein gezielter Schuss, der den Mann in den Rücken traf. Er sackte kurz zusammen, versuchte aber dennoch, sich weiter fortzubewegen. Einer der Posten sah, wie der noch vorwärts Taumelnde stürzte und mit dem Kopf gegen einen Baumstumpf schlug. Das Postenpaar erreichte den Verletzten, zog ihn zurück auf den Grenzweg und verband ihn notdürftig. Mit Hilfe weiterer herbeigeeilter Grenzpolizisten wurde eine behelfsmäßige Trage angefertigt und der Verletzte abtransportiert. Reginald Lehmann überlebte diesen Transport nicht. Gegen 21 Uhr hörte sein Puls auf zu schlagen.

Die am 30. Juli 1956 durchgeführte Sektion des Leichnams im Gustav-Rückert-Krankenhaus in Magdeburg ergab als Todesursache eine „innere und äußere Verblutung durch Gefäßzerreißung" durch einen „Durchschuss von hinten nach vorn". Ein Fernschreiben an die Grenzbereitschaft Halberstadt enthielt die Mitteilung, die Witwe und die Eltern Reginald Lehmanns hätten der Verbrennung seiner Leiche zugestimmt. Während der staatsanwaltschaftlichen Ermittlungen in den 1990er Jahren erklärte die Witwe jedoch, dass sie niemals ihr Einverständnis dafür gegeben habe. Zudem sei sie danach auch gar nicht gefragt worden. Nach der Urnenüberführung veranlasste die Witwe die Beisetzung ihres Mannes in Riesa.

Etwa vier Wochen nach dem Grenzzwischenfall wurde der Schütze für sein Verhalten ausgezeichnet. Er bekam eine Armbanduhr mit gravierter Widmung des Chefs der Deutschen Grenzpolizei und erhielt die Auszeichnung „Vorbildlicher Postenführer". Der Schusswaffeneinsatz sei in Übereinstimmung mit den Schusswaffengebrauchsbestimmungen erfolgt und somit gerechtfertigt gewesen. Die Aussagen des damaligen Postenführers während der Untersuchungen in den 1950er Jahren unterschieden sich nicht wesentlich von seiner Schilderung während der staatsanwaltschaftlichen Ermittlungen in den 1990er Jahren. Zudem räumte der Beschuldigte nun ein, die von ihm zunächst festgenommene Person in den Rücken geschossen zu haben, betonte jedoch, dass er lediglich einen Warnschuss abgeben wollte. Auch nach Vorhalt des Widerspruchs zum Untersuchungsbericht, nach dem es sich um einen gezielten Hüftschuss handelte, blieb er dabei, dass er nur einen Warnschuss hätte abgeben wollte, der dann zufällig getroffen habe. Der Beschuldigte erklärte weiter, er habe die Person nicht töten wollen, aus heutiger Sicht tue es ihm leid. Das Landgericht Magdeburg

verurteilte den Schützen im Jahre 1998 zu einer Bewährungsstrafe von einem Jahr.
(Recherche: jk, MP, St.A., US; Autorin: MP)

Quellen:

DGP/Kommando der DGP/Abt. Organisation und Nachweisführung: Nachweisbuch über besondere Vorkommnisse 1955/56. Rapport/FS-Nr. 197/56. BArch Freiburg, DVH 27/134518.

StA I bei dem LG Berlin: Auswertung Tote an der innerdeutschen Grenze. LAB, D Rep. 120-02, Acc. 8346, Az. 27 Js 138/95.

StA Magdeburg: Ermittlungsverfahren z. N. Reginald Lehmann. StA Magdeburg 650 Js 3197/98.

StA Magdeburg: Anklageschrift vom 2.3.1998, 650 Js 3197/98. Urteil des LG Magdeburg vom 7.12.1998, 22 Ks 650 Js 3197/98 (8/98). Sammlung Marxen/Werle, Humboldt-Universität zu Berlin.

Maria Ahrens

geboren am 26. August 1867 in Lieps

angeschossen am 28. März 1957, verstorben am 3. April 1957

Ort des Zwischenfalls: Schwanheide, nahe Grabow (Mecklenburg-Vorpommern)

Der Grenzpolizist Fritz M. befand sich am 28. März 1957 mit einem Kameraden auf dem Kontrollturm in Pieperkaten im Grenzdienst. Um zu sehen, ob seine Waffe in Ordnung ist, lud er sie mehrmals durch, denn bei vorherigen Schießübungen waren gelegentlich Ladehemmungen aufgetreten. Während dieser Waffenüberprüfung sah er eine Frau in einiger Entfernung über das Feld laufen. Dennoch hielt er seine Waffe in ihre Richtung. Die 89-Jährige befand sich auf dem Weg von ihrem Heimatort Schwanheide-Ausbau nach Pieperkaten. Sie durchlief das offene flache Gelände im Grenzbereich, als sich plötzlich ein Schuss aus der Waffe des Grenzpostens Fritz M. löste, der Maria Ahrens traf.

Später sagte Fritz M. aus, er habe nicht bedacht, dass sein Karabiner geladen war. Er habe die Waffe auf den Fensterrand des Wachturms gelegt und in Richtung des Weges gezielt, auf dem sich Maria Ahrens befand. Als die Waffe mit dem Kolben an seiner Schulter lag, sei er zufällig an den Abzug gekommen, sodass ein Schuss fiel. Erst in diesem Moment habe er bemerkt, dass die Frau direkt in der Schusslinie stand. Das Geschoss traf Maria Ahrens in den Oberkörper. Sie stürzte sofort zu Boden.

Fritz M. hatte zunächst angenommen, die Frau sei nicht getroffen worden, sondern sei durch den Schreck lediglich umgefallen. Gemeinsam mit seinem Kameraden eilte er zur gestürzten Frau. Sie konnten keine äußeren Verletzungen feststellen und trugen sie zum Wachturm. Daraufhin verständigten sie das Grenzkommando Nostorf. Gegen 17 Uhr erreichte der zwischenzeitlich verständigte Enkel von Maria Ahrens den Unglücksort und brachte seine Großmutter zusammen mit einem Gefreiten des Kommandos in ihre Wohnung nach Schwanheide-Ausbau. Auch ihm waren keine Verletzungen aufgefallen, sodass er meinte, seine Großmutter hätte einen Schlaganfall erlitten. Er legte sie in die Stube auf das Sofa. Erst am Morgen des Folgetages stellten Angehörige die Schussverletzung fest. Nachdem die Wunde verbunden war, verständigte die Familie die Grenzbrigade in Wittenburg. Diese veranlasste die Überführung der verletzten Frau in das Krankenhaus nach Boizenburg. Dort stellten die Ärzte einen rechtsseitigen Lungendurchschuss festst. Die 89-jährige Maria Ahrens starb am 3. April 1957 gegen 15 Uhr an den Folgen ihrer Schussverletzung im Boizenburger Krankenhaus.

Nach Abschluss der Ermittlungen erhob die Militärstaatsanwaltschaft Ende Mai 1957 Anklage wegen fahrlässiger Tötung gegen den Grenzpolizisten Fritz M. Er erhielt eine Gefängnisstrafe von zwölf Monaten. In der Urteilsbegründung hieß es, der Angeklagte „gestand unumwunden seine Handlungsweise ein und gab auch zu erkennen, daß er bereits Lehren aus dieser Tat gezogen hat". Da er kurz nach der Tat zweimal wegen vorbildlicher Dienstdurchführung belobigt wurde, blieb Fritz M. im Dienst bei der Deutschen Grenzpolizei. (Recherche: MP; Autorin: MP)

Quelle:
MStA der DDR: Strafsache wegen fahrlässiger Tötung. BArch Freiburg, DVW, 13/7674.

Ditmar Pietsch

geboren am 16. April 1935 in Schwiebus (heute Świebodzin, Polen)
beim Fluchtversuch ertrunken am 26. Juni 1957, aus der Elbe geborgen am 1. Juli 1957
Ort des Zwischenfalls: Elbe bei Amt Neuhaus, OT Vockfey (Mecklenburg Vorpommern, heute Niedersachsen)

Eine willkommene Ablenkung vom eintönigen Wachdienst an der innerdeutschen Demarkationslinie bot sich den Grenzpolizisten des Kommandos Vockfey als sie am 25. Juni 1957 Ausgang zu einem Tanzabend in der Gastwirtschaft Schnitter in Neuhaus/Elbe erhielten. Einige von ihnen waren gegen 23 Uhr so stark alkoholisiert, dass es zu Raufereien und lautstarkem Streit mit anderen Lokalbesuchern kam. Der Leiter des Grenzpolizeikommandos Vockfey musste eingreifen und gemeinsam mit einem Kraftfahrer vier der Grenzpolizisten zurück zur Dienststelle bringen.

Die Zurückgeführten waren über das vorzeitig beendete Tanzvergnügen empört und wollten sich die aus ihrer Sicht willkürliche Behandlung nicht gefallen lassen. Nachdem sie sich vor ihren Kameraden beklagt hatten, verließen sie wieder das Gelände. Unter ihnen war auch der Gefreite Ditmar Pietsch. Der 22-Jährige diente bereits seit dem 15. Juli 1952 bei der Grenzpolizei. Er hatte sich auf eigenen Wunsch nach Neuhaus/Elbe versetzen lassen, nur 13 Kilometer von seinem Elternhaus in Garlitz entfernt. Der Dienst als Hundeführer gefiel ihm so gut, dass er sich für längere Zeit bei der Grenzpolizei verpflichten wollte.

Nachdem die vier Grenzpolizisten die Kaserne verlassen hatten, trennten sie sich. Zwei von ihnen kehrten wieder zurück, die anderen zwei, Ditmar Pietsch und Werner N., gingen jedoch weiter bis ins Elbvorgelände. Ihre Abwesenheit wurde bald bemerkt. Gegen Mitternacht begann ein Suchtrupp, die Gegend zu durchstreifen, doch die beiden Gesuchten blieben spurlos verschwunden. Sie hatten sich bis zur Morgendämmerung in einem Gebüsch versteckt. Dann zogen sie ihre Uniformen aus, liefen hinunter zur Elbe und begannen, zum jenseitigen Ufer hinüberzuschwimmen. Ein Zollbeamter der Grenzaufsichtsstelle Drethem in Niedersachsen entdeckte und beobachtete die beiden Flüchtlinge in der Elbe. Er sah, wie sie sich dem westlichen Ufer näherten. Plötzlich trieb die Strömung einen der Schwimmer ab, sodass er aus dem Blickfeld des Zollbeamten geriet. Gemeinsam mit dem anderen Flüchtling Werner N., der bei ihm an Land ging, suchte der Zöllner anschließend das Ufer ab. Doch Ditmar Pietsch blieb verschwunden.

Ditmar Pietschs Vater versicherte noch am Tag der Flucht bei seiner Vernehmung, sein Sohn könne nicht vorgehabt haben, in die Bundesrepublik zu fliehen. Er müsse wohl betrunken gewesen sein. Möglicherweise habe ihn Werner N. auch überredet.

Noch am gleichen Tag fuhr der Vater mit dem Ziel, Ditmar Pietsch zur Rückkehr in die DDR zu bewegen, über die Grenze nach Lauenburg. Doch von der dortigen Polizei musste er erfahren, dass sein Sohn noch vermisst wurde. Nach einem Gespräch mit dem Zollbeamten, der die Flucht beobachtet hatte, kehrte er voller Ungewissheit in die DDR zurück.

Am 1. Juli 1957 entdeckten Beamte der westdeutschen Grenzaufsichtsstelle Walmsburg die Leiche von Ditmar Pietsch. Die Strömung hatte ihn etwa fünf Kilometer mitgerissen, dann hatte er sich in einem Fischernetz verfangen und war ertrunken. Der Tote wurde der Wasserschutzpolizei Dömitz übergeben und in die DDR überführt. (Recherche: jk, MP; Autor: jk)

Quellen:

MfS, HA I: Nachweisbuch Fahnenfluchten 1955–1959. BStU, MfS, HA I, 5511.

Oberfinanzdirektion Hannover: Wichtige Grenznachrichten Juni 1957. NLA Hannover, Nds. 220, Acc. 144/95, Nr. 51.

Kommando der DGP/Abteilung Organisation und Nachweisführung: Besondere Vorkommnisse/ Juni 1957. BArch Freiburg, DVH 27/134574.

Gemeinde Amt Neuhaus: Sterbeeintrag Ditmar Pietsch, Auskunft vom 7.11.2016.

Folker Centner

geboren am 28. Januar 1933 in Spremberg

Selbsttötung während eines Fluchtversuchs am 23. Juli 1957

Ort des Zwischenfalls: südlich des Bahnhofs Gutenfürst (Sachsen)

Der in Spremberg geborene Albert-Clemens Günther Folker Centner hatte bereits einige Ortswechsel und Veränderungen in seinem Leben erfahren, bevor er sich mit 24 Jahren 1957 freiwillig zum Dienst in der Nationalen Volksarmee verpflichtete. Die fünfköpfige Familie Centner war von Spremberg aus in den Großraum Dresden gezogen. Nach der Trennung der Eltern blieb Folker Centner bei der Mutter in Zaschendorf (Ortsteil von Schönfeld-Weißig). Bevor er 1957 eine militärische Laufbahn als Offiziersschüler an der Infanterieschule Plauen begann, arbeitete er in einem Jugendwerkhof im thüringischen Römhild als Lehrausbilder.

Am 22. Juli 1957 hatte Folker Centner in der Infanterieschule bis 23 Uhr Dienst. Anschließend verließ er, mit einer Armeepistole bewaffnet, das Gelände und begab sich auf direktem Weg in das 20 Kilometer entfernte Gutenfürst an der Grenze zu Bayern. Dort kam er gegen 4 Uhr morgens an. Der Bahnhof Gutenfürst war ein Kontrollpassierpunkt der Grenzpolizei. Wahrscheinlich wollte er im Sperrgebiet nicht als Armeeangehöriger auffallen und brach auf der Suche nach Zivilkleidung in ein Haus südlich des Bahnhofs ein. Wie groß muss seine Bestürzung gewesen sein, als er feststellte, dass dessen Bewohner ebenfalls ein Grenzpolizist war. In der Garderobe hing die Uniform des Grenzpolizei-Gefreiten F., der zum Kommando Stöckigt gehörte. Zudem klingelte in diesem Moment der Wecker von Frau F., die in der Frühe nach Plauen aufbrechen wollte. Der Schreck und die Furcht, entdeckt und verhaftet zu werden, versetzten Folker Centner derart in Panik, dass er seine Waffe gegen sich selbst richtete und den Abzug betätigte. Frau F. eilte nach dem Schuss in die Küche und fand gegen 4.45 Uhr den Toten auf dem Fußboden liegend vor.

Doch vielleicht war die Geschichte noch verwickelter. Die Überlieferungen der DDR-Grenzpolizei enthalten einen ungeklärten Hinweis. Als Frau F. mit ihrem Sohn anschließend das Haus verließ, um den Kontrollpassierpunkt zu verständigen, habe der Sohn eine Person weglaufen sehen. Tatsächlich konnte ein Spürhund der Grenzpolizei eine Spur bis zum Zehn-Meter-Kontrollstreifen an der Grenze verfolgen. Von wem die Spur stammte, ob Folker Centner nicht allein in die Bundesrepublik flüchten wollte und einen Helfer hatte, blieb ungeklärt. Die Grenzbereitschaft Plauen jedenfalls vermutete, es habe sich um einen „Abwerber" aus dem Westen gehandelt. (Recherche: jk, MP; Autor: jk)

Quellen:

Standesamt Spremberg/Welzow: Geburtenbuch, Eintrag Nr. 12/1933.

Grenzbereitschaft Plauen an das Kommando der Deutschen Grenzpolizei – Pätz: Spitzenmeldung. O.U., 23.7.1957. BArch Freiburg, DVH 27/130500.

DGP: Tagesrapporte Juli 1957. BArch Freiburg, DVH 27/130375.

Gülzau, Jan: Grenzopfer an der sächsisch-bayerischen und sächsisch-tschechischen Grenze in den Jahren 1947–1989. Dresden 2012, S. 25 f.

Josef Baudig

geboren am 6. Februar 1938 in Marschwitz

ertrunken am 7. Dezember 1957, aus der Elbe geborgen am 6. August 1958

Ort des Zwischenfalls: Elbe, nahe Dömitz (Mecklenburg-Vorpommern)

Josef Baudig kam am 6. Februar 1938 in Marschwitz (Sachsen) zur Welt und lebte zuletzt in Crimmitschau. Der 19-jährige Gefreite diente als Funker bei der Nationalen Volksarmee. Anfang Dezember 1957 delegierte ihn seine Einheit zu einem Volkstanzkurs nach Schwerin-Mueß. Der Volkstanz gehörte in den 1950er Jahren als Teil des „kulturellen Volksschaffens" zum staatlich geförderten „kulturellen Erbe". Die zum Kurs delegierten jungen Männer und Frauen wohnten in einer Gemeinschaftsunterkunft. Am Abend des 6. Dezember 1957 besorgten sich Baudig und der ebenfalls zum Tanzkurs delegierte Grenzpolizist Eberhard R. eine Flasche Schnaps, die sie vollständig leerten. Dann begaben sie sich in ein „Mädchenzimmer" und sorgten für Aufruhr. Sie warfen sich auf die Betten der jungen Frauen und belästigten sie. Der wegen des Lärms im Schlafraum hinzugekommene Lehrgangsälteste konnte die beiden Angetrunkenen nicht zum Verlassen des Zimmers bewegen. Erst als eine männliche Lehrperson herbeieilte und einschritt, verließen sie den Schlafraum der Frauen. Am nächsten Morgen organisierte das Lehrerkollektiv eine Aussprache, in deren Verlauf Josef Baudig und Eberhard R. vor der gesamten Volkstanzgruppe zu ihrem nächtlichen Vergehen Stellung nehmen mussten. Dann wurde ihr Ausschluss aus dem Kurs verkündet und ihnen die Anweisung erteilt, sich unverzüglich bei ihren Diensteinheiten zurückzumelden. Vermutlich aus Furcht vor weiteren disziplinarischen Konsequenzen entschlossen sich die beiden jungen Männer noch am gleichen Tag zur Fahnenflucht in die Bundesrepublik.

Angehörige der Grenzpolizei Dömitz fanden am 10. Dezember 1957 bei ihrem Streifengang in der Nähe der Elbe einen im Gebüsch versteckten Uniformmantel und in dessen Manteltasche eine Postanweisung mit dem Namen von Josef Baudig. Nun erinnerte sich der Kommandeur der Grenzkompanie Dömitz an eine sonderbare Begegnung am frühen Abend des 7. Dezember 1957, dem Tag nach dem Vorfall im

„Mädchenzimmer". Der Leutnant hatte dienstfrei und befand sich mit seiner Frau auf einem Abendspaziergang. Das Paar begegnete zwei Männern, die darüber diskutierten, wo es zur Elbe gehe und nach dem Weg fragten. Einer von beiden trug eine Uniform, der andere Zivil. Wie sich hernach herausstellte, hatte Eberhard R. seine Polizeiuniform zu Hause abgelegt. Der Leutnant will laut seiner späteren Aussage die Frage nach dem Weg zur Elbe nicht beantwortet haben und mit seiner Frau weitergegangen sein.

Josef Baudig und Eberhard R. gelangten damals schließlich doch ans Elbufer und stiegen in das eiskalte Wasser. Gegen 19 Uhr erreichte Eberhard R. die Ortschaft Kaltenhof in der Bundesrepublik, die unweit des westlichen Ufers lag. Von Josef Baudig fehlte jede Spur. Seine stark skelettierte Leiche wurde am 6. August 1958 – acht Monate später – am Landsatzer Werder bei Hitzacker entdeckt und geborgen. Die Überführung der sterblichen Überreste von Josef Baudig in die DDR sowie die Übergabe der bei ihm aufgefundenen Wertsachen erfolgte am 9. August 1958. (Recherche: jk, MP; Autorin: MP)

Quellen:

DGP: Tagesrapporte August 1958. BArch Freiburg, DVH 27/130388.

DGP: Besondere Vorkommnisse, DGP Grabow, 23.12.1957. BArch Freiburg, DVH 27/134580.

Kommando der DGP/Abteilung Operativ: Operative Sammelmeldung der 1. Grenzbrigade vom 7. bis 8.8.1958, 18.00 Uhr, 9.8.1958. BArch Freiburg, DVH 27/130436.

OFD Hannover: Wichtige Grenznachrichten Dezember 1957 und Wichtige Grenznachrichten August 1958. NLA Hannover, Nds. 220 Acc. 144/95 Nr. 51, Nds. 220 Acc. 144/95 Nr. 157.

BGS: Grenzzwischenfälle. NLA Hannover, Nds. 1150 Acc. 108/92 Nr. 258.

Standesamt Quickborn (Damnatz): Sterbebucheintrag Nr. 19/1958. Standesamt Elbtalaue, Auskunft vom 13.05.2016.

Johann Laska

geboren am 24. Oktober 1925 in Miechowitz (heute: Miechowice, Polen)

Suizid nach Festnahme am 9. Januar 1958

Ort des Zwischenfalls: Grenzkommandantur Creuzburg (Thüringen)

Johann Laskas Familie lebte nach dem Krieg in Bitterfeld. Laska selbst verschlug es nach dem Krieg, bevor er in die DDR kam, zunächst in die französische Fremdenlegion, für die er im Indochinakrieg kämpfte. Seit 1952 lebte er wieder bei seinen Eltern in Bitterfeld, pendelte aber häufig, je nachdem wo er Arbeit als Schlosser fand, zwischen Ost und West. Zuletzt wohnte er in Bergisch-Gladbach.

In Folge einer in Indochina erlittenen Malariaerkrankung verlor er nach dem Genuss alkoholischer Getränke rasch die Selbstkontrolle. Dies wurde ihm zum Verhängnis. Das Landgericht Magdeburg verurteilte ihn wegen Boykotthetze zu einer zweijährigen Haftstrafe, weil er „den Führer des Weltfriedenslagers, Generalissimus Stalin, als größten Verbrecher" beleidigt und angesichts eines Stalin-Bildes ausgerufen habe, das „sei der Führer jener Soldaten, die deutsche Frauen vergewaltigt hätten". Er habe außerdem „Mordhetze" gegen „demokratische Politiker" betrieben und unter Alkohol nach seiner Festnahme in der Polizeiwache Eisleben randaliert. Dabei habe er „unsere führenden Staatsmänner Pieck und Grotewohl als Verbrecher bezeichnet und erklärt, dass diese aufgehängt werden müßten". Außerdem habe er geäußert, dass er in Indochina „bereits gegen Kommunisten gekämpft habe und es jederzeit wieder tun würde".

Johann Laska geriet am 8. Januar 1958 in eine Grenzkontrolle, als er sich aus Bergisch-Gladbach kommend auf dem Weg zu seiner Familie in der DDR befand. Ein Einwohner der Ortschaft Ifta bemerkte in den Abendstunden des 8. Januar eine fremde Person und verständigte daraufhin die Grenzkompanie. Die Angehörigen der Kompanie Ifta und des Grenzabschnitts Creuzburg suchten die Gegend nach dem Fremden ab. Gegen 23.30 Uhr nahmen sie südlich von Ifta Johann Laska, der aus dem Westen über die Grenze gekommen war, fest. Bei der Durchsuchung des Festgenommenen stellten DDR-Grenzpolizisten eine kleine Flasche mit einer unbekannten Flüssigkeit sicher. Anschließend brachten sie Laska zur Kommandantur nach Creuzburg. Die ihm abgenommenen Papiere und die Flasche übernahm der dortige Offizier vom Dienst. Bei der Vernehmung nutzte der 32-Jährige eine günstige Gelegenheit und nahm die ihm abgenommene Flasche unbemerkt wieder an sich. Nach dem Abschluss des Verhörs brachte man ihn in eine Arrestzelle. Gegen 2 Uhr nachts lag Johann Laska tot in seiner Zelle, aufgefunden vom Wachhabenden bei einem Kontrollgang. Eine erste Untersuchung zur Todesursache blieb ergebnislos. Am 10. Januar 1958 wurde die Leiche Johann Laskas obduziert. Laut Sektionsbericht des Gerichtsmedizinischen Instituts Jena trat sein Tod durch Vergiftung ein. Johann Laska hatte das mitgeführte Fläschchen ausgetrunken. Bei der darin enthaltenen braun-gelben Flüssigkeit handelte es sich um ein Schädlingsbekämpfungsmittel. (Recherche: jos., MP; Autorin: MP)

Quellen:

DGP/Kommando der DGP/Abteilg. Operativ: Spitzenmeldungen über besondere Vorkommnisse 1958. BArch Freiburg, DVH 27/130501.

Strafkammer I des Landgerichts Magdeburg: Verfahren wegen Boykotthetze. BStU, Ast. Mgb, MfS, BV Magdeburg, AS I 118/52.

Institut für Rechtsmedizin, Universitätsklinikum Jena: Sektionsbericht Nr. 3, Johann Laska.

Hermann Schübele

geboren am 12. September 1923 in Magdeburg

erschossen am 16. April 1958

Ort des Zwischenfalls: Nostorf, Ortsteil Horst (Mecklenburg-Vorpommern)

Am 13. April 1958 meldete der Lokführer eines aus der Bundesrepublik kommenden Güterzuges am Grenzübergang Schwanheide, dass sich in einem Waggon eine Zivilperson befinde. Zwei Mitarbeiter des DDR-Zolls, die daraufhin den Waggon kontrollieren wollten, konnten gerade noch sehen, wie ein Mann aus dem Zug sprang und fortlief. Sofort wurde Grenzalarm ausgelöst, die Grenze abgeriegelt und ein Fährtenhund eingesetzt. Doch die flüchtige Person blieb unauffindbar. Die Grenzpolizei schrieb den Unbekannten zur Fahndung aus, die Abschnittbevollmächtigten der Volkspolizei in den umliegenden Ortschaften wurden verständigt.

Der Mann, der aus dem Waggon gesprungen war und sich in den nun folgenden drei Tagen im Grenzgebiet des Dreiländerecks Schleswig-Holstein/Niedersachsen/Mecklenburg-Vorpommern aufhielt, hieß Hermann Schübele. Er wurde am 12. September 1923 in der Altstadt von Magdeburg geboren und erlernte den Beruf eines Bäckers. Später verschlug es ihn nach Hamburg, wo er das Leben eines Einzelgängers geführt haben muss. Von dort kommend überquerte er am 13. April 1958 die Grenze zur DDR. Die Tage nach Schübeles Flucht aus dem Güterzug waren von wechselhaftem Wetter geprägt, in den Nächten herrschte noch Bodenfrost, was das Übernachten im Freien wohl schwer erträglich machte. Am 16. April 1958 entdeckte eine Streife der Grenzpolizei den 34-Jährigen um 8.20 Uhr im Bereich des Kommandos Vierkrug. Er sprang mit den Worten „Jetzt habt ihr Schweine mich doch" etwa fünf Meter vor dem Grenzpolizisten Fritz S. aus dem Unterholz einer Kiefernschonung auf und flüchtete durch die Baumreihen. Fritz S. rief dem Flüchtenden zu, er solle stehenbleiben, und gab Warnschüsse in die Luft ab. Als dieser schon 20 bis 30 Meter Abstand gewonnen hatte, schoss der Grenzpolizist gezielt mit seiner Maschinenpistole in die Kiefernschonung.

Hermann Schübele trafen drei Kugeln in Rücken und Unterleib. Er brach sofort zusammen und starb wenige Augenblicke später. Fritz S. unterrichtete über das Grenzmeldenetz seine Vorgesetzten von dem Zwischenfall. Fünf Minuten später trafen ein Offizier und weitere Grenzpolizeiangehörige ein. Die Leiche von Hermann Schübele wurde abtransportiert, die bei ihm gefundene Aktentasche mit einer Bibel, mehreren kirchlichen Büchern und Notizen der Kreisdienststelle des MfS zur Auswertung übergeben. Im Westen vermisste Hermann Schübele niemand, zumindest gingen nach seinem Tod bei der Polizei keine Vermisstenmeldungen ein. Fritz S. erhielt nach der Tat eine Belohnung und schied bald darauf aus dem Grenzdienst aus.

Im Jahr 1997 gelang es dem Landgericht Schwerin nicht, die Gründe für Hermann Schübeles Grenzübertritt im April 1958 aufzuklären. Das Gericht meinte, er habe sich als Spion im Auftrag eines westlichen Geheimdienstes im Grenzgebiet aufgehalten. Fritz S. wurde am 20. November 1997 vor dem Landgericht Schwerin vom Vorwurf des Totschlags freigesprochen. Die faktische Rechtswidrigkeit der 1958 geltenden Befehlslage sei für den Angeklagten nicht offensichtlich gewesen. (Recherche: jk, MP, St.A.; Autor: jk)

Quellen:

Ministerium des Innern/Kommando der Deutschen Grenzpolizei: Meldung Nr. 86/58 für die Zeit vom 13.4., 18.00 Uhr bis 14.4.1958, 18.00 Uhr. O.U., 15.4.1958. BArch Freiburg, DVH 27/130384.

Ministerium des Innern/Kommando der Deutschen Grenzpolizei: Meldung Nr. 88/58 für die Zeit vom 15.4.1958, 18.00 Uhr bis 16.4.1958, 18.00 Uhr. O.U., 17.4.1958. BArch Freiburg, DVH 27/130384.

Staatsanwaltschaft Schwerin: Ermittlungs- und Verfahrensunterlagen wg. Totschlags, z. N. Schübele, Hermann, 191 Js 26776/94. LHASn, Staatsanwaltschaft Schwerin, 8.33–6/2, 3704.

Mitteilung des Stadtarchivs Magdeburg, Abt. Personenstandswesen vom 19.01.2016.

Helmut Hohlstein

geboren am 5. Januar 1937 in Tannenwalde/Ostpreußen
(heute: Tschkalowsk/Kaliningrad, Russland)

ertrunken bei Fluchtversuch in der Nacht vom 22. auf den 23. Mai 1958,
geborgen am 31. Mai 1958

Ort des Geschehens: Wakenitz bei Schattin (Mecklenburg-Vorpommern)

Nach der Flucht aus Ostpreußen wohnte die Familie Hohlstein in Peißen bei Halle. Als 18-Jähriger meldete sich Helmut Hohlstein zur Deutschen Grenzpolizei. Im Frühjahr 1958 diente er als Gefreiter in der Grenzkompanie Schattin. Am 22. Mai hatte er dienstfrei. Er suchte eine Gaststätte auf und kehrte gegen 18.30 Uhr wieder in die

Unterkunft zurück. Am späten Abend verschwand der Gefreite unter Mitnahme seiner Maschinenpistole aus der Kaserne. Bei Tagesanbruch begann im Grenzgebiet entlang der Wakenitz die Suche nach dem Fahnenflüchtigen. Ein Suchtrupp der Grenzpolizei entdeckte am 23. Mai 1958 gegen 15 Uhr auf dem Zehn-Meter-Kontrollstreifen eine Fußspur nach Westdeutschland sowie ganz in der Nähe ein Magazin der Maschinenpistole Hohlsteins und seine Tasche. Der Gesuchte selbst blieb unauffindbar.

Am Nachmittag des 31. Mai 1958 erschien ein Beamter der schleswig-holsteinischen Wasserschutzpolizei an der Grenze und teilte dem dort anwesenden stellvertretenden Politoffizier der Grenzkompanie Schattin die Bergung eines ertrunkenen Grenzpolizisten mit. Nach den Papieren, die man bei der Wasserleiche fand, handelte es sich um Helmut Hohlstein. Die Lübecker Kriminalpolizei übergab den Leichnam Hohlsteins am 2. Juni 1958 am Grenzübergang Lübeck-Schlutup Mitarbeitern des Volkspolizeikreisamtes Grevesmühlen. (Recherche: jk, jos., MP; Autor: jos.)

Quellen:

Kommando der DGP/Abteilung Operativ: Operativer Diensthabender der 1. Grenzbrigade an das Kommando DGP Pätz: Operative Sammelmeldung der 1. Grenzbrigade für die Zeit vom 30.5.–31.5.58. 31.5.1958. BArch Freiburg, DVH 27/130437.

DGP: Tagesrapporte Mai 1958 und Juni 1958. BArch Freiburg, DVH 27/130385 und DVH 27/130386.

MfS: Karteieintrag zu Helmut Hohlstein. BStU, ZA, MfS, VSH Karteikarte.

MfS, HA I: Nachweisbuch Fahnenfluchten 1955–1959. BStU, ZA, MfS, HA I – 5511.

Kurt Ebert

geboren am 9. Dezember 1934 in Gräfenthal

gestorben an den Folgen einer Schussverletzung am 12. Juli 1958

Ort des Zwischenfalls: Straße zwischen Buchbach und Gräfenthal, Nähe Buchbacher Mühle (Thüringen)

Kurt Ebert war gebürtiger Gräfenthaler und arbeitete als Brenner in der dortigen Porzellanfabrik Heinz. Als er Ende 1955 heiratete, war die erste Tochter bereits unterwegs, ein Jahr später wurde sein Sohn geboren. Ebert war ein „Grenzgänger". Nach Angaben seiner Frau verließ er seine Familie während der Ehe viermal, um für mehrere Wochen in den Westen zu gehen. Über die Gründe wollte er angeblich nicht sprechen. Von 1953 bis 1957 saß er wegen „ungesetzlichen Grenzübertritts" zweimal vier Monate und einmal sogar acht Monate in Haft, alle drei Male im Gefängnis Untermaßfeld und jeweils nach Urteilen des Kreisgerichts Neuhaus. Trotz der häufigen Ausfälle durch Westaufenthalte und Haftstrafen behielt er seinen Arbeitsplatz.

Nach Informationen der DDR-Grenzpolizei war Ebert seit Ende Mai 1958 erneut „republikflüchtig". Er wohnte danach in Mannheim. Von einer Verwandten hatten die DDR-Behörden angeblich erfahren, dass Ebert sich am 12. oder 13. Juli mit seiner Frau an der Grenze Nähe Buchbachmühle treffen wollte, um sie mit in die Bundesrepublik zu nehmen. Daraufhin leitete die Grenzpolizei eine sogenannte Grenzoperation zur Festnahme von Ebert ein. Grenzpolizisten entdeckten den 24-Jährigen am Nachmittag des 12. Juli auf DDR-Gebiet, nachdem er die Grenze von West nach Ost überschritten hatte. Die Ermittlungen in den 1990er Jahren kamen zu dem Ergebnis, dass Kurt Ebert zu fliehen versucht hatte, worauf einer der Grenzposten nach einem Warnschuss gezielt auf ihn schoss. Das Projektil traf Kurt Ebert im Oberschenkel und zerfetzte die Schlagader. Man brachte den Verletzten in das Kreiskrankenhaus Gräfenthal. Da es dort an der nötigen medizinischen Ausstattung mangelte, konnte die Blutung nicht gestoppt werden und Kurt Ebert starb.

Die Volkspolizei ließ Frau Ebert in das Revier rufen und informierte sie, dass ihr Mann mit einer Schussverletzung im Krankenhaus liege. Als sie dort eintraf, teilte ihr eine Krankenschwester mit, dass ihr Mann verstorben sei. Anschließend musste Frau Ebert ihn im Leichenraum identifizieren. Bei Kurt Eberts Bestattung in Gräfenthal durfte nach Informationen der Bayerischen Grenzpolizei niemand an seinem Grab sprechen. Die Bevölkerung sei darüber sehr empört gewesen. Die DDR-Behörden glaubten Eberts Witwe nicht, dass sie nichts über den Grenzübertritt ihres Mannes wußte. MfS-Mitarbeiter drohten ihr an, sie ins Gefängnis zu bringen und ihr die Kinder wegzunehmen, falls sie in der Öffentlichkeit über die Todesumstände spreche. Sie erhielt keinerlei soziale Unterstützung, obwohl sie kurz nach dem Tod ihres Mannes das dritte gemeinsame Kind gebar. In den 1990er Jahren erklärte sie den Ermittlern, sie habe entgegen der Angaben in den DDR-Überlieferungen seinerzeit nicht beabsichtigt, in den Westen zu fliehen. Sie hätte weder ihre Mutter noch ihre Kinder zurücklassen können. Sie hielt auch die Behauptung in den DDR-Akten für falsch, ihr Mann sei von einer nahen Verwandten denunziert worden. Einige Umstände des damaligen Geschehens müssen offen bleiben. Ein gegen den Schützen eingeleitetes Ermittlungsverfahren wurde eingestellt, da seine Aussage, er habe Ebert nur fluchtunfähig schießen wollen, nicht zu widerlegen war. (Recherche: MP, jk, St.A.; Redaktion: jos.)

Quellen:

ZERV: Abschlußbericht des Ermittlungsverfahrens wegen Totschlags z. N. von Kurt Ebert. LAB, D Rep. 120–02, Acc. 8346, Az 27 Js 624/95.

Kommando der DGP/Abteilung Operativ: Spitzenmeldungen über besondere Vorkommnisse 1958. BArch Freiburg, DVH 27/130501.

Präsidium der Bayerischen Grenzpolizei: Schreiben vom 29.7. und 11.8.1958 an das Bayerische Landesamt für Verfassungsschutz. BArch Koblenz, B/137/1481.

Grafe, Roman: Deutsche Gerechtigkeit. Prozesse gegen DDR-Grenzschützen und ihre Befehlsgeber. München 2004, S. 84.

Helmut Schwab

geboren am 25. Mai 1935 in Bobenneukirchen

erschossen am 1. August 1958

Ort des Zwischenfalls: Bobenneukirchen (Sachsen)

Schon den ganzen Tag über hatte eine brütende Hitze über Bobenneukirchen gelegen, und auch jetzt noch, in den frühen Abendstunden des 1. August 1958, war es nicht merklich abgekühlt. In dem Ort unweit der Demarkationslinie und innerhalb der Fünf-Kilometer-Sperrzone war Helmut Schwab aufgewachsen und war als Anwohner zum Aufenthalt im Grenzgebiet berechtigt. Hier hatte er auch eine Anstellung als Oberbuchhalter bei der Bäuerlichen Handelsgenossenschaft gefunden. Der 23-Jährige war ledig, kinderlos und wohnte noch bei seinen Eltern. Das war wegen des damaligen Wohnraummangels in der DDR nichts Ungewöhnliches.

Der 1. August 1958 war ein Freitag und freitagabends bot der lokale Gasthof „Zum Goldenen Löwen" immer Filmvorführungen an. Das war ein beliebter Treffpunkt für die Dorfgemeinschaft, vor allem für die Jüngeren und auch Schwab hatte sich gegen 19.45 Uhr von seinem Elternhaus aus auf den Weg zum Filmabend im „Goldenen Löwen" gemacht. Es sollte das letzte Mal sein, dass ihn seine Angehörigen lebend zu Gesicht bekamen. Denn was weder Schwab noch die übrigen Dorfbewohner wussten: Am gleichen Abend war die Deutsche Grenzpolizei wegen eines vermuteten Grenzdurchbruchs zweier entflohener Häftlinge in Alarmbereitschaft versetzt worden. Die daraufhin eingeleiteten verschärften Sicherungsmaßnahmen betrafen auch Bobenneukirchen und Umgebung. Seit 19 Uhr kamen hier die beiden Grenzpolizisten Lothar W. und Lothar S. als zusätzliche Hinterlandsicherungsposten zum Einsatz.

Gegen 20.30 Uhr brach ein schweres Sommergewitter über Bobenneukirchen herein. Noch während die beiden Polizisten Schutz unter dem Vordach eines ortsansässigen Friseursalons suchten, brach durch das Unwetter die Stromversorgung zusammen. Im „Goldenen Löwen" wurde die Filmvorführung deshalb vorzeitig abgebrochen; die meisten Besucher arrangierten sich rasch mit der neuen Situation. Bei Kerzenschein und alkoholischen Getränken vertrieb man sich die Wartezeit bis der Regen etwas nachließ. So auch Schwab, in dessen Sektionsbericht später eine Blutalkoholkonzentration von 1,86 Promille vermerkt wurde. Zudem nutzte er die Gelegenheit, die ebenfalls anwesende Annelies G. anzusprechen. Beide waren flüchtig miteinander bekannt, und zumindest Schwab war jetzt bestrebt, den Kontakt zu der 18-Jährigen zu vertiefen. Sie zeigte aber Schwabs Avancen gegenüber keinerlei Interesse. Jedoch mochte sie auch dessen Angebot, sie in Anbetracht des Unwetters nach Hause zu begleiten, nicht gänzlich abweisen. In dieser Situation kam ihr die 15 Jahre ältere Anni H. als Anstandsperson gerade recht. Kurz nach 21 Uhr, das Gewitter war inzwischen schwächer geworden, verließen die drei zusammen die Gaststätte. Einen Teil des Heimwegs legte man gemeinsam zurück; an einer Straßenkreuzung trennte sich die Gruppe. Während Annelies G. schnellen Schrittes nach Hause eilte, lief ihr Schwab noch ein kurzes Stück hinterher, erkannte aber wohl bald die Aussichtslosigkeit seiner Bemühungen. Mutmaßlich frustriert von der Zurückweisung und nachweislich unter Alkoholeinfluss stehend, machte Schwab nun keinerlei Anstalten, den Heimweg anzutreten. Statt nach Hause zu gehen, wandte er sich in südliche Richtung zum Ortsausgang nach Burkhardtsgrün. Es war mittlerweile 21.15 Uhr, als die beiden Grenzpolizisten Lothar W. und Lothar S. auf ihn aufmerksam wurden. Von ihrem Unterstand aus riefen sie Schwab an, sich auszuweisen.

Was anschließend passierte, lässt sich nicht mehr genau rekonstruieren. Die erhalten gebliebenen Unterlagen der Deutschen Grenzpolizei liefern keine Einzelheiten zum Tathergang, zugleich machte der mutmaßliche Todesschütze Lothar S. bei seiner Befragung durch die Ermittler in den 1990er Jahren falsche Angaben zum Ablauf des Geschehens. Augenzeugen ließen sich nicht mehr ausfindig machen und der von Lothar S. als Todesschütze beschuldigte Postenführer W. war schon 1981 verstorben. Aus Unterlagen der DDR-Militärstaatsanwaltschaft geht folgender Ablauf des Geschehens hervor: Gegen 22.15 Uhr befand sich das Postenpaar am Ortsausgang in Bobenneukirchen vor einem Friseurladen. Die Posten erhielten beim Ausrücken den Hinweis, ein entflohener Häftling könne versuchen, in ihrem Postenbereich über die Grenze zu gelangen. Als Helmut Schwab die Straße entlang lief, rief ihn einer der Posten an: „Halt! Stehenbleiben, Ausweiskontrolle!" Schwab reagierte nicht und setzte seinen Weg in Richtung Ortsausgang fort. Auch nach einem zweiten Haltruf blieb er nicht stehen, sondern lief noch schneller weiter. Daraufhin gaben die Grenzpolizisten drei Warnschüsse ab, woraufhin Schwab stehenblieb und nach zweimaliger Aufforderung die Hände hob. Als Lothar W. begann, den Festgenommenen zu durchsuchen, drehte sich dieser um und stieß dem Soldaten plötzlich mit dem rechten Knie in den Unterleib. Dann rannte er davon. Postenführer W. nahm seinen Karabiner in Hüftanschlag und schoss aus etwa vier Metern Entfernung auf den Flüchtenden. Helmut Schwab ging von einem Schuss getroffen in die Knie, neigte seinen Kopf vorn über und fasste sich mit beiden Händen an den Hals. Der Postenführer lief zu dem Verletzten und zog ihn zur rechten Straßenseite auf die ansteigende Böschung. Unterdessen eilte Grenzpolizist S. zum örtlichen Abschnittsbevollmächtigten, der fernmündlich das Kommando benachrichtigte. Postenführer W. versuchte vergebens, die Halsschlagader des Verletzten abzudrücken. Helmut Schwab stöhnte, W. gab ihm aus seiner Feldflasche zu trinken. Dann registrierte W., dass Helmut Schwab sich langsam streckte und verstarb. Zwischenzeitlich versammelten sich einige Bürger. Einer von ihnen beschimpfte den Postenführer und versetzte ihm einen Schlag vor die Brust, sodass er in den Graben fiel.

Der damals in die Ermittlungen einbezogene Kriminalpolizist aus Oelsnitz konnte sich in den 1990er Jahren an Aussagen über eine körperliche Attacke Schwabs gegen einen Grenzpolizisten nicht mehr erinnern. Bei der Rekonstruktion des Tathergangs sei lediglich davon die Rede gewesen, Schwab habe einen „Haken geschlagen". Wie auch immer sich der 23-Jährige in jener Situation konkret verhielt, es wurde ihm zum Verhängnis. Der Sektionsbericht nennt als Todesursache: „Verblutung nach Durchschuss der vorderen Halsweichteile in Höhe des Zungenbeines und Zerreißung der großen Halsgefäße". Vertuschen ließ sich der Vorfall nicht, hatte sich das Ganze doch auf offener Straße inmitten Bobenneukirchens zugetragen; entsprechend rasch war eine größere Menschenmenge am Tatort zusammengekommen, darunter auch Familienangehörige Schwabs. Die amtlichen Stellen bemühten sich in der Folgezeit, an der alleinigen Schuld des Toten keinerlei Zweifel aufkommen zulassen. Seinem Vater gegenüber erklärte man zunächst, Schwab hätte einem der beiden Posten in den Bauch getreten – der Fußabdruck hätte sich auch im Nachhinein noch deutlich abgezeichnet. Der angegriffene Polizist habe also in Notwehr geschossen. Gegenüber der Familie wurde diese Darstellung später zumindest dahingehend revidiert, dass nicht länger von einem tätlichen Angriff Schwabs die Rede war, wohl aber von verdächtigen Bewegungen, welche er ständig gemacht haben soll.

Nicht nur gegenüber der Familie, auch in der Öffentlichkeit wurde Schwabs Schuld an dem Zwischenfall betont. Wohl zur Beruhigung der Dorfbewohner, von denen nicht wenige den Leichnam Schwabs an jenem Abend gesehen hatten, berief die SED-Kreisleitung tags darauf, am 2. August 1958, eine Einwohnerversammlung in Bobenneukirchen ein, um der örtlichen Bevölkerung „die schlechte Handlungsweise des Schwabs" zu erläutern. Seine Beisetzung fand drei Tage später statt.

Strafrechtliche Konsequenzen hatte der Vorfall für das involvierte Postenpaar zu DDR-Zeiten nicht. Schon 24 Stunden nach der Tat bestätigten die Militärstaatsanwaltschaft und die Mordkommission „die Richtigkeit der Handlungsweise des Postenpaares". Nach einem kurzen Urlaub wurden die beiden Grenzpolizisten in eine andere Grenzkompanie versetzt. Ende der 1990er Jahre verzichtete die Berliner Staatsanwaltschaft auf eine Anklageerhebung gegen den mutmaßlichen Todesschützen Lothar S., da ihr eine genaue Rekonstruktion des Tathergangs nicht mehr möglich schien. (Recherche: glz, MP; Autor: glz)

Quellen:
Kommando der Deutschen Grenzpolizei: Tagesmeldung Nr. 177/58 vom 4.8.1958. BArch Freiburg, DVH 27/130388.
4. Grenzbrigade Rudolstadt: Ergänzungsmeldung zum Schußwaffengebrauch im Dienst mit tödlichem Ausgang. BArch Freiburg, DVH 27/135187.
StA Berlin bei dem Landgericht Berlin: Zeugenvernehmung von Manfred D. StA Berlin, 27 Js 94/95, Bd. II.
MStA: Fahrlässige Tötung durch Schußwaffengebrauch, BArch Freiburg, DVW 13/7489.
Landratsamt Oelsnitz: Geburts- und Sterbeurkunde Erich Helmut Schwab.

Willy Soßdorf

geboren am 13. Februar 1935
in Völkershausen, heute Ortsteil Vacha

erschossen in der Nacht vom 20. zum 21. Dezember 1958, aus der Werra geborgen am 25. März 1959

Ort des Zwischenfalls:
Werra bei Philippsthal (Hessen)

Bildquelle: Privat Ilse und Herbert Gerlach

Willy Soßdorf wuchs als Arbeiterkind im westlichen Wartburgkreis Thüringens auf. Er war der Zweitjüngste von insgesamt neun Geschwistern. Die Familie lebte in Völkershausen, einem Ortsteil von Vacha, südlich der Werra. Der Gasthof Sachsenheim, den die Familie bewohnte, lag in direkter Grenznähe. Im Zuge des Ausbaus der Grenzanlagen ordneten die DDR-Behörden 1952 die Zwangsaussiedlung der Familie an. Einige Verwandte Soßdorfs verließen die DDR bereits 1951. Hierzu gehörte auch Herbert Gerlach, einer seiner Neffen, der oft seine Sommerferien bei seinen Verwandten in der alten Heimat verbrachte. Er erinnert sich an die täglichen Gänge zur Polizeiwache, die er wegen der Meldepflicht sogar als Achtjähriger in seinen Ferien wahrnehmen musste. Sein Onkel Willy schenkte ihm damals einen selbst gebastelten Dolch aus Messing.

Willy Soßdorf arbeitete als Bergmann in Merkers, knapp zehn Kilometer von seinem letzten Heimatort Oberzella entfernt. Als Grenzpolizeihelfer war er an der örtlichen Grenzüberwachung beteiligt. Für seine guten Arbeitsleistungen erhielt er am 19. Dezember 1958 eine Geldprämie. Der unerwartete Mehrverdienst mag ihn veranlasst haben, am 20. Dezember nach der Arbeit in ein Wirtshaus einzukehren, um die Prämie zu feiern. Vielleicht wollte er sich aber auch für sein nächtliches Vorhaben noch Mut antrinken. Spätere Ermittlungen ergaben, dass Willy Soßdorf nach dem

Gaststättenbesuch nicht in sein Elternhaus zurückkehrte, sondern lediglich sein Fahrrad und seine Tasche vor dem Haus abstellte und sich dann zu Fuß in Richtung Werra aufmachte. Der Fluss führte Hochwasser, aber für eine Dezembernacht herrschten im Freien mit etwa 10 °C ungewöhnlich milde Temperaturen. Gegen 2 Uhr traf Willy Soßdorf in der Nähe einer Notbrücke über die Werra auf eine Grenzstreife. Da die Polizisten ihn kannten, ließen sie ihn passieren, obwohl er sich nicht ausweisen konnte. In einer Meldung der Grenzkompanie Oberzella heißt es, Willy Soßdorf sei zum Zeitpunkt der Kontrolle angetrunken gewesen. Kurz nach der Begegnung mit Soßdorf überprüften die beiden Grenzpolizisten eine Signalanlage am Ufer der Werra. Plötzlich vernahmen sie Geräusche vom Fluss her und entdeckten einen Schwimmer im Fluss. Sie riefen „Halt!", und einer von ihnen gab nach eigenen Angaben einen Warnschuss ab, als die Person bereits unter der Werrabrücke hindurchgeschwommen war. Eine auf der westdeutschen Seite eingesetzte Streife des Bundesgrenzschutzes vernahm hingegen in dieser Nacht auf der östlichen Seite des Flussufers Kommandorufe und mehrere Schüsse. Nach Tagesanbruch entdeckten DDR-Grenzpolizisten bei der Untersuchung des Zehn-Meter-Kontrollstreifens am Flussufer Fuß- und Rutschspuren an der Uferböschung.

Bildquelle: Privat Ilse und Herbert Gerlach

Die DDR-Grenzpolizei nahm offenbar an, Soßdorf sei die Flucht geglückt, denn auf seiner Einwohnerkarteikarte findet sich ein handschriftlicher Vermerk mit dem Hinweis, er sei am 20. Dezember 1958 illegal nach Westdeutschland verzogen. Über drei Monate nach seinem Verschwinden fand man am 25. März 1959 am Wehr des Wasserkraftwerkes des Kaliwerkes Hattorf in Philippsthal eine männliche Leiche, bei der es sich um die sterblichen Überreste Willy Soßdorfs handelte. Die in Philippsthal ausgestellte Sterbeurkunde enthält die handschriftliche Bemerkung „Tod durch Ertrinken wahrscheinlich. Verwesungszustand der Leiche ermöglicht durch Inspektion keine genaue Todesursache. Fragliche postmortale Verletzung linke Augenbraue". Die staatsanwaltlich angeordnete Obduktion der Leiche Willy Soßdorfs ergab jedoch als Todesursache einen Kopfschuss. Anwohner eines nahe dem Ufer gelegenen Hauses wollen in der besagten Nacht die Rufe „Nicht schießen!" vernommen haben, dann Schüsse und ein Klatschen, als falle ein Körper ins Wasser.

Nach dem Fund der Leiche Willy Soßdorfs vermutete die Kriminalpolizei in Bad Hersfeld einen Zusammenhang mit einem zweiten Todesfall. Anfang Januar 1959 war ganz in der Nähe die 19-jährige Christa Nennstiel aus Dorndorf (Rhön) tot aus der Werra geborgen worden. Augenzeugen wollen Christa Nennstiel und Willy Soßdorf in Vacha am Abend des 20. Dezember 1958 noch in einer Gaststätte zusammen gesehen haben. Das Paar sei nach einem Streitgespräch mit einem Volkspolizisten abrupt aufgebrochen. In einem Artikel der *Bild*-Zeitung vom 28. März 1959, der auf Angaben von Bürgern aus Vacha beruht, wird über eine gemeinsame Flucht von Christa Nennstiel und Willy Soßdorf spekuliert. Ob jedoch diese Version des Geschehens zutraf, bleibt bis heute ungeklärt. (Recherche: AS, jk, jos., MP, US; Autorin: MP)

Quellen:

Kommando der DGP/Abteilung Operativ: Meldung Nr. 295/58 in der Zeit vom 19.12.1958, 18.00 Uhr, bis 21.12.1958, 18.00 Uhr. O.U., 22.12.1958. BArch Freiburg, DVH 27/130392.

Standesamt Vacha: Geburtsurkunde Willy Soßdorf. Auskunft vom 10.05.2016.

Marktgemeinde Philippsthal (Werra): Sterbeeintrag Willy Soßdorf. Auskunft vom 10.05.2016.

Landratsamt Wartburgkreis: Meldekarte Willy Soßdorf. Kreisarchiv, Auskunft vom 06.05.2016.

Böckel, Herbert: Grenz-Erfahrungen. Der kalte Kleinkrieg an einer heißen Grenze. Berichte und Erlebnisse eines „West-Grenzers". Fulda 2009, S. 81–84.

Tragödie an der Zonengrenze. In: *Bild*-Zeitung, 28.03.1959.

Gespräch von Ilse und Herbert Gerlach mit Mandy Palme am 29.06.2016.

Telefonat von Uta Schulz mit Günter Hermes, Ortschronist von Vacha, am 23.06.2016.

Karl Korte

geboren am 22. September 1922 in Garßen

erschossen am 13. Januar 1959

Ort des Zwischenfalls: Salzwedel (Sachsen-Anhalt)

Nach der Meldung über einen Grenzdurchbruch mit einem Fahrzeug, der sich am 12. Januar 1959 ereignet hatte, führte die Grenzpolizei im Raum Hoyersburg – Salzwedel – Grabenstedt auf Anordnung der Grenzbrigade Magdeburg verstärkte Fahrzeugkontrollen durch. Grenzpolizisten kontrollierten am Stadtrand Salzwedels alle ein- und ausfahrenden Personen und Fahrzeuge. Am 13. Januar 1959, gegen 9.35 Uhr fuhr Karl Korte mit seinem Laster auf der Braunschweiger Straße in Richtung Stadtausgang. Er transportierte Möbel der Möbelfabrik Salzwedel. Als das Fahrzeug in der Braunschweiger Straße eine Kurve passierte, hob Unteroffizier G. den rechten Arm und forderte den Fahrer des etwa 150 Meter entfernten Lkw damit zum Anhalten auf. Der Fahrer reagierte nicht und fuhr mit unverminderter Geschwindigkeit weiter. Unteroffizier G. sprang an den Straßenrand und ließ das Fahrzeug durchfahren. Nun hob der 20 Meter hinter dem Unteroffizier postierte Soldat S. ebenfalls den Arm und signalisierte dem Fahrer anzuhalten. Doch wiederum reagierte der nicht und fuhr weiter. Daraufhin feuerte Unteroffizier G. zwei einzelne Warnschüsse ab. Das Fahrzeug hielt dennoch nicht an. Als es den 20 Meter entfernten dritten Sicherungsposten, besetzt mit dem Grenzpolizisten W., passierte, gab dieser einen gezielten Schuss auf den Wagen ab. Das Geschoss durchschlug die Plane des Lasters, das Führerhaus und traf den Kopf des Fahrers. Der Lkw fuhr nach etwa 100 Metern in einen Acker und kam dort zum Stehen. Die Grenzpolizisten eilten zum Fahrzeug. Als sie die Tür öffneten, stellten sie fest, dass der Fahrer Karl Korte nicht mehr lebte.

Wegen des Verdachts der Tötung leitete der Militärstaatsanwalt von Magdeburg ein Ermittlungsverfahren gegen Unbekannt ein. Auch das Büro der SED-Kreisleitung befasste sich mit dem Todesfall und kam zu dem Ergebnis, „daß die Grenzpolizisten nach den Befehlen und Anweisungen zu recht gehandelt haben; wer die Deutsche Grenzpolizei oder Volkspolizei nicht als Organ unserer Arbeiter- und Bauern-Macht respektiert, kann kein anderes Ergebnis erwarten."

Der im Kreis Celle in Niedersachsen geborene Karl Willi Heinrich Korte gehörte der SED an, hielt aber mit Kritik nicht hinter dem Berg. Eine nach seinem Tod verfasste Ergänzungsmeldung der Deutschen Grenzpolizei enthält eine politisch negative Einschätzung über ihn. Karl Korte sei „kein demokratischer Bürger [gewesen]. Von 1950 bis 1951 war er Kraftfahrer beim FDGB. Nach seiner Entlassung wurde er selbst Kraftfahrunternehmer." Wiederholt habe er Funktionäre der Partei als Bonzen bezeichnet. „Bei den Wahlen mußte er mehrfach aufgefordert werden, seine Pflicht als Bürger der DDR zu erfüllen."

Kortes Frau Irmgard wandte sich am 15. Januar 1959 mit einer Eingabe direkt an den Vorsitzenden des Staatsrates Walter Ulbricht. Zum Sachverhalt schrieb sie, der Lkw ihres Mannes sei weit entfernt von der Grenze gewesen und zudem in Richtung DDR gefahren. Sie bat den Vorsitzenden des Staatsrates um eine Untersuchung des Vorganges. Sie sei der Auffassung, dass die Grenzpolizisten keine Veranlassung gehabt hätten, auf ihren Mann zu schießen und dass demzufolge „die staatlichen Organe für ihre materielle Versorgung aufkommen müssten". Sie sei nicht in der Lage, das gemeinsame Fuhrgeschäft alleine weiterzuführen. Frau Korte erhielt daraufhin die Zusicherung, die Kreissparkasse werde die Rückzahlung eines fälligen Kredits stunden. Darüber hinaus kam es zu keiner Anerkennung ihrer Forderung. Bei einer mit ihr am 4. März 1959 geführten „Aussprache" in der SED-Kreisleitung Salzwedel habe sie schließlich eingesehen, dass nach den vorliegenden Berichten über den Hergang des Zwischenfalls, der zum Tode ihres Mannes geführt habe, die Grenzpolizisten pflichtgemäß gehandelt hätten und deswegen keine staatliche Versorgung für sie in Frage komme.

Die durch das SED-Zentralkomitee veranlasste Untersuchung des Vorfalls kam zu einem etwas anderen Ergebnis und endete mit Disziplinarstrafen für mehrere Offiziere der Deutschen Grenzpolizei. Der Chef der Abteilung für Sicherheitsfragen im SED-Zentralkomitee, Walter Borning, hielt am 20. März 1959 in seinem Bericht über einen „Schusswaffengebrauch mit tödlichem Ausgang" fest, die Untersuchung der Volkspolizei habe ergeben, dass die Grenzpolizisten in Salzwedel weisungsgemäß gehandelt hätten. Der Befehl des Kommandeurs der Deutschen Grenzpolizei vom

3. Dezember 1958 über die Anwendung der Schusswaffe nur bei Lebensgefahr – dieser Befehl untersagt ausdrücklich den Schusswaffengebrauch auf Fahrzeuge – war den Unteroffizieren und Soldaten in Salzwedel nicht bekannt. Überprüfungen ergaben, dass der Stabschef der Grenzbereitschaft Salzwedel diesen Befehl ohne jegliche Veranlassung zu den Akten gelegt hatte und dass sowohl die Grenzbrigade Magdeburg als auch das Kommando der Deutschen Grenzpolizei die Durchführung des Befehls nicht kontrolliert hatten. „Vom Kommandeur der Deutschen Grenzpolizei wurden die dafür verantwortlichen Offiziere disziplinarisch bestraft." Die ZERV stellte 1996 ihre Ermittlung zum Todesfall Karl Korte ein, da alle seinerzeit beteiligten Grenzpolizisten bestritten, den tödlichen Schuss abgegeben zu haben und für keinen von ihnen ein konkreter Tatnachweis möglich war. (Recherche: MK, MP; Autor: jos.)

Quellen:

Abteilung Sicherheit des SED-Zentralkomitees; Borning, Walter: Eingabe von Frau Irmgard Korte vom 15. Januar 1959 und weitere Dokumente zum Todesfall Karl Korte, darunter Schusswaffengebrauch mit tödlichem Ausgang, Bericht vom 20. März 1959. SAPMO, BArch Berlin, DY 30 IV 2/12/74.

DGP: Ergänzungsmeldung vom 13.1.1959 zum Todesfall Karl Korte. In: ZERV: Ermittlungsverfahren wegen Totschlags. StA – 27 Js 167/94 -. LAB, D Rep. 120–02 ZERV.

Militärstaatsanwalt Magdeburg: Ermittlungsverfahren gegen unbekannt nach § 212 StGB. In: ZERV: Ermittlungsverfahren wegen Totschlags. LAB, D Rep. 120–02, Acc. 8346, Az. 27 Js 167/94. LAB, D Rep. 120–02 ZERV.

Hans-Joachim Pfleger

geboren am 22. Mai 1938 in Leipzig

ertrunken in der Nacht vom 13. zum 14. November 1959, geborgen am 10. Januar 1960

Ort des Zwischenfalls: Lübeck-Schlutup,
Trave (Mecklenburg-Vorpommern/Schleswig-Holstein)

Hans-Joachim Pfleger wohnte zuletzt in Palingen, einem Ortsteil der mecklenburgischen Gemeinde Lüdersdorf. Dort arbeitete er als Traktorist in der Landwirtschaftlichen Produktionsgenossenschaft „Frohe Zukunft". In der Freizeit unterstützte er als freiwilliger Helfer die Volkspolizei. Seit dem 4. Oktober 1958 war Hans-Joachim Pfleger mit seiner Frau Marga verheiratet. Etwa ein Jahr später, am 13. November 1959, verschwand er spurlos. Anwohner sahen ihn leicht angetrunken an jenem Abend noch in seinem Heimatort.

Zwei Monate später, am 10. Januar 1960, wurde aus der nahe gelegenen Trave bei Lübeck-Schlutup eine Wasserleiche geborgen. Sie lag am Ufer, nur zehn Meter hinter der Grenze auf westdeutschem Gebiet. Einen Tag später teilte die Lübecker Kriminalpolizei der LPG in Palingen mit, dass es sich bei dem Toten um Hans-Joachim Pfleger handelte. Alle Vermutungen gingen von einem Unglücksfall aus, da die Leiche keine äußere Gewalteinwirkung aufwies. Die DDR-Grenzpolizei schloss den Vorgang mit der Meldung ab, der 21-Jährige sei bei einem Fluchtversuch durch die Trave ertrunken. Sollte sich der junge Mann spontan zu einer Flucht in die Bundesrepublik entschlossen haben? Am Abend des 13. November 1959 zeigte das Thermometer in der Gegend von Lüdersdorf 8 °C. an. Die Trave hatte demnach vermutlich eine Temperatur von nur 3 bis 4 °C.

Frau Pfleger brachte im Juli 1960 einen Sohn zur Welt, der seinen Vater nicht mehr kennenlernen konnte. (Recherche: MP; Autorin: MP)

Quellen:
MdI/HVDVP: Meldungen der Grenztruppen, o. D., BArch Berlin 11/1318. In: ZERV, Vorermittlungen.
Standesamt Grevesmühlen: Sterbeurkunde o. D. Stadtarchiv Lübeck, Auskunft vom 14.12.2015.

Gustav Schröder

geboren am 5. November 1925 in Kotzenau, Krs. Liegnitz
(heute Chocianów, Polen)
ertrunken in der Elbe kurz vor oder am 13. Juni 1960
Ort des Geschehens: Elbe bei Boizenburg
(Niedersachsen/Mecklenburg-Vorpommern)

Warum Gustav Schröder im Juni 1960 durch die Elbe in die Bundesrepublik gelangen wollte, ist nicht überliefert. Die Volkspolizei vermutete einen illegalen Grenzübertritt. Am westlichen Elbufer gegenüber Boizenburg barg der niedersächsische Zollgrenzdienst am 13. Juni 1960 eine Wasserleiche. Es handelte sich um Gustav Schröder aus Lübtheen im Kreis Hagenow. Am selben Tag um 12.45 Uhr übergaben westdeutsche Zollbeamte Mitarbeitern der DDR-Wasserschutz-Inspektion Dömitz die sterblichen Überreste des 34-Jährigen, der zuletzt bei der Bau-Union Schwerin in der Außenstelle Boizenburg beschäftigt war. (Recherche: jk, MP, US; Autor: jos.)

Quellen:
Bezirksbehörde der Volkspolizei/Operativstab Schwerin: Rapport Nr. 162/60 für die Zeit vom 14.6. – 08.00 bis 15.6. – 08.00 Uhr. LHASn, 7.12-1, Z 55/1990(4), 160.
VP Wasserschutz-Inspektion Dömitz: Berichtswesen 1960. LHASn, 7.12-1, Nr. 323.
Standesamt Boizenburg/Elbe: Auskunft vom 5. Oktober 2016.

Siegfried Rau

geboren am 29. Februar 1944 in Freiberg
ums Leben gekommen bei einem Fluchtversuch am 2. Oktober 1961
Ort des Zwischenfalls: Grenzübergangsstelle Juchhöh (Thüringen)

Die Jugendlichen Edwin R. (Jg. 45), Klaus-Dieter L. (Jg. 44), Klaus S. (Jg. 43), Annelore Sch. (Jg. 46) und Siegfried Rau kannten sich aus einem Jugendwerkhof bzw. aus einem Jugenddurchgangsheim im Kreis Gera. Sie wollten gemeinsam in den Westen flüchten. Um ihren Fluchtplan umzusetzen, stahlen sie einen Barkas-Kleintransporter des VEB Deutsche Spedition Gera und fuhren mit diesem am 2. Oktober 1961 zum Grenzübergang Juchhöh. Hier durchbrachen sie mit dem Lieferwagen um 5.55 Uhr den heruntergelassenen Schlagbaum des Grenzübergangs. Der Wagen geriet dabei ins Schleudern und prallte gegen einen parkenden West-Berliner Reisebus. Siegfried Rau (17) kam bei dem Aufprall ums Leben. Annelore Sch. erlitt schwere Verletzungen. Klaus-Dieter L. hatte sich noch kurz vor der Abfahrt von dem Vorhaben zurückgezogen.

Der Staatssicherheitsdienst meldete an seine Zentrale in Berlin, der 17-jährige „vorbestrafte" Edwin R. habe den Grenzdurchbruch mit drei weiteren „sich umhertreibenden und wegen krimineller Verbrechen angefallenen 16–18 jährigen Jugendlichen" versucht. Sie seien dem Einfluss „westlicher Hetzsender" und „von Schund- und

Schmutzliteratur" erlegen. Am Grenzkontrollpunkt Juchhöh habe Edwin R. die Haltesignale eines Volkspolizisten ignoriert und sei mit etwa 100 Stundenkilometern durch den Schlagbaum gerast. Das Fahrzeug sei dann auf einen Reisebus geprallt und nach 50 Metern zum Stehen gekommen. „Durch diese Zusammenstöße wurden ein Jugendlicher tödlich, ein weiterer schwer und 25 westdeutsche Gäste leicht verletzt." Auf der Westseite meldete das Grenzkommissariat Hof den Vorfall dem Präsidium der Bayerischen Grenzpolizei in München und teilte mit, im Krankenhaus Schleiz seien vermutlich zwei der namentlich nicht bekannten Unfallopfer ihren Verletzungen erlegen.

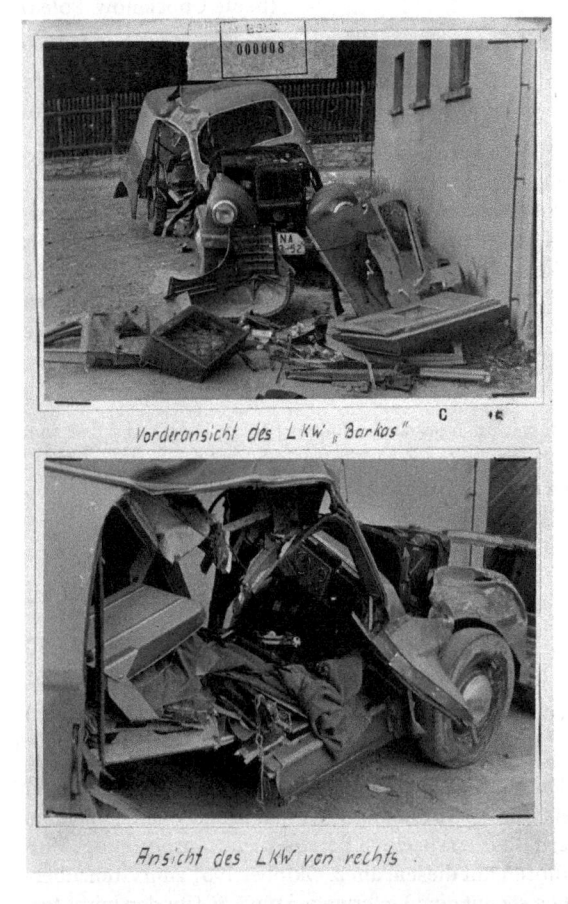

Die Grenztruppen machten aus dem Kleintransporter einen LKW.
Quelle: BStU

Gegen die überlebenden Jugendlichen erhob die Staatsanwaltschaft Gera Anklage. In dem Strafantrag hieß es: „Die Bonner Ultras versuchten bereits seit langer Zeit durch den organisierten Menschenhandel die Volkswirtschaft der DDR zu schädigen. Für ihr schändliches Handwerk ist ihnen jedes Mittel recht. Durch die von der Regierung der DDR an der Staatsgrenze getroffenen Schutzsicherungsmaßnahmen vom 13.8.61 wurde den westlichen Imperialisten und Militaristen ein erheblicher Schlag versetzt." Nun werde durch hetzerische Radio- und Fernsehsendungen versucht, „auf die Herzen und Hirne der Bürger der DDR einzuwirken". Das zeige besonders bei jungen und ungefestigten Menschen Wirkung und habe bei den Angeklagten dazu geführt, dass sie versuchten, die DDR illegal zu verlassen. „Die 4 Beschuldigten sind hemmungslose Menschen, die trotz vieler Mühe der Erziehungsberechtigten und sonstigen fortschrittlichen Bürgern [sic!] der Gesellschaft keinerlei Anstrengungen machten, ein ordentliches Leben zu führen." Stattdessen „schenkten die Beschuldigten dem Gegner Gehör und verübten damit Verrat an der DDR". Edwin R., der Fahrer des Wagens, erhielt eine zehnjährige Haftstrafe. Das Bezirksgericht Gera verurteilte weiterhin Klaus S. zu sechs Jahren und Klaus-Dieter L. zu drei Jahren Haft. Annelore Sch. wurde freigesprochen und zur Besserung in einen Jugendwerkhof eingewiesen.

Das Bezirksgericht Gera hob 1991 die gegen Edwin R., Klaus S. und Klaus-Dieter L. ergangenen Urteile als rechtsstaatswidrig auf. Edwin R., der 1961 dem Urteil schriftlich widersprach, musste die Strafe von Oktober 1961 bis September 1970 verbüßen. (Recherche: jk, jos., US; Autor: jos.)

Quellen:

MfS, BV Gera: Schlußbericht über einen gewaltsamen Grenzdurchbruch an der Staatsgrenze West am Kontrollpunkt Juchhöh. BStU, Ast. Gera, MfS, BV Gera AU 80/61 [8 Bände Untersuchungsakten].

MfS, ZAIG: Bericht. BStU, ZA, MfS, ZAIG Nr. 10707.

Standesamt Gefell: Auskunft vom 09.06.2016.

Kommissariatsleiter Guckenberger/Bayerische Grenzpolizei, Grenzpolizeikommissariat Hof/ Saale an das Präsidium der Bayer. Grenzpolizei München: Veröffentlichung der kommunistischen Gewaltverbrechen an der Demarkationslinie. Hof, 28.1.1963, BayHStA München, Präsidium der Bayer. Grenzpolizei, 74.

Kurt Lichtenstein

geboren am 1. Dezember 1911 in Berlin

erschossen am 12. Oktober 1961

Ort des Zwischenfalls: zwischen Zicherie und Kaiserwinkel, Gemarkung Jahrstedt (heute Landesgrenze zwischen Sachsen-Anhalt und Niedersachsen)

Bildquelle: Rainer Zunder

Der Journalist Kurt Lichtenstein hatte eine lupenreine kommunistische Funktionärsbiografie – bis es in den frühen 1950er Jahren zum Bruch mit der KPD kam. In den Mittagsstunden des 12. Oktober 1961 parkte Lichtenstein seinen Ford Taunus auf einem Feldweg unmittelbar vor der DDR-Grenze. Dann stapfte er über den Grenzstreifen und ging auf eine Landarbeiterbrigade zu, die unmittelbar hinter der DDR-Grenze einen Kartoffelacker aberntete. Für die *Westfälische Rundschau* wollte er die auf dem Feld arbeitenden Leute interviewen. Lichtenstein konnte sich gar nicht vorstellen, dass an der Grenze auf ihn geschossen würde.

Kurt Lichtenstein wuchs als Sohn eines jüdischen Schuhmachers im Berliner Bezirk Prenzlauer Berg auf. Er erhielt nach der Volksschule eine Freistelle auf einer weiterführenden Schule, die er jedoch aus Geldmangel nicht abschließen konnte. Er trug als Hilfsarbeiter zum Unterhalt seiner Familie bei. Schon früh engagierte er sich politisch in der Deutsch-Jüdischen Jugendgemeinschaft und der Gewerkschaftsjugend. Ende der 1920er Jahre wechselte er zum Kommunistischen Jugendverband und trat im November 1931 der KPD bei. Er hatte den Beruf eines Werkzeugmachers erlernt und besuchte von 1931 bis 1933 Kurse für Zeitungswissenschaften an der Deutschen Hochschule für Politik (DHfP).

Nach Hitlers Machtantritt tauchte Lichtenstein unter und emigrierte in die Sowjetunion. Dort arbeitete er in den Automobilwerken „Josef Stalin" und erhielt an diversen Einrichtungen der Kommunistischen Internationale Politschulungen. Im Jahr 1934 kehrte er als Instrukteur des Kommunistischen Jugendverbandes nach Deutschland zurück, um im Saarland – zu diesem Zeitpunkt noch Mandatsgebiet des Völkerbundes – gegen die Rückgliederung des Saargebietes in das Deutsche Reich zu agitieren. In dieser Zeit gehörte er der KPD-Funktionärsgruppe um Herbert Wehner und Erich Honecker an. Nach der für die NSDAP erfolgreichen Saarabstimmung – 90,5 Prozent der Saarländer votierten für „Heim ins Reich" – schickte die KPD Lichtenstein nach Frankreich, wo er für mehrere kommunistische Organisationen arbeitete. Im Oktober 1936 zog er im Auftrag der KPD in den Spanischen Bürgerkrieg. Dort kam er als Politkommissar im Thälmannbataillon zum Einsatz, nach einer Verwundung als Propagandist für die deutschsprachige Zeitung der Internationalen Brigaden und als Agitator im republikanischen Radiosender „29,8". Nach dem Sieg der Franco-Truppen verbrachte er fast zwei Jahre in französischen Internierungslagern bis ihm 1941 die Flucht nach Toulouse gelang. Er schrieb nun Flugblätter, die deutsche Soldaten zur Desertion aufriefen, und kämpfte zeitweise auch in der Résistance gegen die Wehrmacht.

Da er fließend Französisch sprach, schickte ihn die KPD 1944 getarnt als „Fremdarbeiter" zur illegalen Arbeit nach Deutschland zurück. Er arbeitete unter dem Namen Jules Bardier als Werkzeugmacher in einer Suhler Waffenfabrik. Die Amerikaner verhafteten Lichtenstein nach ihrem Einmarsch und übergaben ihn der französischen Armee, da sie glaubten, er sei ein französischer Faschist. Auf Intervention des Zentralkomitees der Kommunistischen Partei Frankreichs wurde er freigelassen. Er arbeitete dann für die KPD im Ruhrgebiet, unter anderem als Chefredakteur mehrerer Zeitungen, die der KPD nahestanden. Von 1947 bis 1950 saß er als KPD-Abgeordneter im Landtag von Nordrhein-Westfalen. Im Laufe des Jahres 1950 geriet Lichtenstein gemeinsam mit dem ehemaligen zweiten Vorsitzenden der KPD und Bundestagsabgeordneten Kurt Müller in eine „Säuberungswelle" wegen „parteifeindlicher Tätigkeit". Während Müller 1950 in die DDR gelockt und zu 25 Jahren Zwangsarbeit in der Sowjetunion verurteilt wurde, kam Lichtenstein glimpflich davon. Er stritt noch drei Jahre in der KPD gegen die falschen Beschuldigungen, ehe die Parteiführung ihn und seine Frau 1953 aus der Partei ausschlossen.

*Gefälschter Ausweis für Kurt Lichtenstein während seiner Untergrundarbeit
in der Résistance.
Bildquelle: Rainer Zunder: Erschossen in Zicherie*

Drei Jahre später zog Kurt Lichtenstein seine bittere politische Bilanz: „Dem Kampf gegen Unfreiheit und Unterdrückung, gegen Konzentrationslager und Geheime Staatspolizei habe ich mehr als zwölf Jahre meines Lebens geopfert. Ich war zutiefst davon überzeugt, daß nur der Faschismus solcher verabscheuungswürdigen Verbrechen fähig sei. Weil ich heute weiß, daß gleiche Verbrechen in der sogenannten DDR verübt werden, dort also verübt werden, wo die SED die Staatsgewalt ausübt, halte ich es für meine Pflicht, mich auch dagegen aufzulehnen und meine Stimme auch dagegen zu erheben. [...] Ich war überzeugt, insbesondere nach 1945, daß die KPD eine Politik entwickeln und durchführen würde, die von den Interessen des Deutschen Volkes ausgeht und die den nationalen Belangen Deutschlands entspricht. [...] In Wirklichkeit hat die SED, gestützt auf die Bajonette der ‚Roten Armee', in der Zone ein Regime des Terrors, der Willkür und der Unterdrückung errichtet."

Nach einigen mühevollen Jahren, in denen sich Lichtenstein als Hilfsarbeiter, Fahrer, Waschmaschinenvertreter und freier Journalist durchschlug, um seine Familie mit zwei kleinen Töchtern zu ernähren, erhielt er 1958 eine Festanstellung bei der *Westfälischen Rundschau* als Redakteur. Im gleichen Jahr trat er der SPD bei. Im Oktober 1961 befand sich Kurt Lichtenstein mit seinem neu erworbenen roten Ford Taunus auf einer Reportagereise entlang der innerdeutschen Grenze. Er wollte darüber schreiben, wie es nach dem Berliner Mauerbau dort aussah, wo Deutschlands Landschaften durch die DDR-Grenze zerteilt waren, und wollte das Leben an der Grenze durch Interviews und Fotografien dokumentieren. Als er am Mittag des 12. Oktober 1961 auf einem befestigten Weg südlich des niedersächsischen Dorfes Zicherie entlang fuhr, sah er unmittelbar hinter der Grenze eine überwiegend aus Frauen bestehende Landwirtschaftsbrigade bei der Kartoffelernte. Erntemaschinen schleuderten die Kartoffeln aus der Erde, und die Frauen lasen sie per Hand auf. Kurt Lichtenstein hielt an, stieg aus und ging auf die LPG-Kolonne zu. Die zur Bewachung der Erntearbeiten in einer getarnten Stellung am Waldrand eingesetzten beiden DDR-Grenzpolizisten konnte er nicht sehen. Er befand sich bereits ein gutes Stück auf DDR-Gebiet, als mehrere Landarbeiterinnen ihn durch Zurufe auf die Grenzpolizisten, aufmerksam machten. Nun sah auch Lichtenstein die Grenzpolizisten aus dem Wald herauskommen. Er kehrte um und lief in Richtung der Grenze zurück.

Was dann geschah, ist durch ein Telegramm der DDR-Grenzbereitschaft Gardelegen überliefert. Diese meldete unter der Chiffre „friedrich dora die 94" die „Festnahme eines Grenzverletzers West – DDR unter Anwendung der Schußwaffe". Der Mann habe die Grenze überquert und sich etwa 40 Meter auf DDR-Gebiet begeben, um im 500-Meter-Streifen arbeitende Bauern der LPG Böckwitz bei der Kartoffelernte zu fotografieren. Der zur Bewachung der Bauern eingesetzte Postenführer Gefreiter Peter Sticklies und sein Posten Werner Schmidt eilten herbei und forderten den Mann auf, stehenzubleiben. Der Postenführer feuerte sogleich Warnschüsse aus seiner MPi ab. Daraufhin versuchte der Mann, wieder in den Westen zu laufen. Sticklies gab mit seiner MPi zwei Feuerstöße ab – später ist in den Stasi-Unterlagen von insgesamt 22 Schüssen die Rede – und Schmidt aus seinem Karabiner drei Schüsse. Der Mann stürzte kurz vor dem westdeutschen Gebiet zu Boden. Die beiden Posten liefen zu ihm und stellten Treffer am Schienbein und eine Handbreit unter dem Herzen fest. Sie schleiften den Verletzten vom Grenzstreifen zurück. Mehrere Bauern eilten zu Hilfe. In einer Ergänzungsmeldung teilte „friedrich dora die 94" kurz darauf den Namen des Schwerverletzten mit. Man hatte in seiner Kleidung eine Gästekarte Nummer 1 175, die ihn zur Teilnahme an Plenarsitzungen des Deutschen Bundestages berechtigte, sowie einen Presseausweis gefunden. Die MPi-Salve des Postenführers hatte auch die Windschutzscheibe des auf der westlichen Seite geparkten Ford Taunus zerschossen. Der Meldung ist weiter zu entnehmen, dass der Kompanieführer, als er am Ereignisort eintraf, Befehl gab, den Verletzten in den nahe gelegenen Wald zu bringen, damit „von westlicher Seite keine Personen diesen Vorgang beobachten konnten". Kurz danach trafen mehrere Zollbeamte und BGS-Mitarbeiter am Ort des Geschehens ein.

Eine Liste in den Stasi-Unterlagen enthält 43 Namen von Bauern und Bäuerinnen der LPG, die zum Zeitpunkt des Geschehens im 500-Meter-Streifen arbeiteten. Heinz Schnöckel aus der LPG „Karl Marx" Typ II Jahrstedt sagte gegenüber der Volkspolizei am 12. Oktober 1961 aus, er sei zu dem Verletzten geeilt, um zu helfen. Der Postenführer habe ihm zunächst durch Zeichen zu verstehen gegeben, dass er stehenbleiben solle. Die beiden Grenzer hätten den Verletzten mehrere Meter zurückgeschleift und ihn dann herangewinkt, um Erste Hilfe zu leisten. Es sei von seinem Traktor ein Sanitätskasten geholt worden, da die Grenzer nur kleine Verbandspäckchen bei sich hatten. „Die Person sagte zu uns, daß sie Schmerzen in der Bauchgegend hat, klagte auch über Schmerzen im Bein. Nachdem wir das Hemd hoch genommen hatten, konnten wir sehen, dass sich unterhalb der Rippen ein Einschuß befand. Diese Wunde wurde von uns sofort verbunden. Ich stellte weiterhin fest, daß das Bein auch angeschossen war, denn es fiel immer wieder zur Seite und die Person schrie, wenn wir das Bein bewegten. Die Person sagte mehrere Male, laßt mich nicht sterben." Dann sei ein Offizier der Deutschen Grenzpolizei erschienen und habe alles Weitere veranlasst. Der Landwirt Gustav Lemke sagte aus, er habe gesehen, dass die Person nach den Schüssen noch auf dem „K 10" zusammenbrach und auf dem Rand des Grabens liegenblieb. „Der Posten der DGP begab sich sofort zu dem Verwundeten und schleifte ihn über den K 10." Lemke, der ebenfalls zu dem Verletzten eilte, sagte auch, „daß wir die verletzte Person noch weiter vom K 10 weggetragen haben". Nachdem die Wunden verbunden waren, habe er sich zu den Erntemaschinen begeben. „Ich habe auch noch gesehen, daß die verwundete Person von der DGP dann in Richtung Wald gebracht wurde."

Bildquelle: Bundesministerium für Gesamtdeutsche Fragen.

Der Posten Werner Karlheinz Schmidt sagte hernach in einer Vernehmung durch die Volkspolizei, er habe einen gezielten Schuss aus seinem Karabiner abgegeben und dann vom Waldrand aus den Postenführer gesichert, als dieser sich zu dem Verletzten begab. „Der Postenführer zog den Verletzten aus dem Graben und schleppte ihn ca. 5 m in unser Gebiet und verband ihn." Zwei Zöllner hätten von westlicher Seite den Vorfall beobachtet und seien zu ihrem Fahrzeug geeilt. Auch mehrere Zivilpersonen seien erschienen. Eine Frau habe den Postenführer aufgefordert, den Verletzten herüberzubringen, man sei in ein paar Minuten im Krankenhaus.

Postenführer Peter Willi Sticklies erklärte am Abend des 12. Oktober 1961 gegenüber der Volkspolizei, er habe zur Warnung mehrere Salven in die Luft abgegeben und, als der Fliehende nicht stehenblieb, gezielt aus seiner MPi gefeuert. „Mein Posten gab ebenfalls zwei gezielte Schüsse ab, die jedoch nicht trafen. Bei mir war es die letzte Salve, die getroffen hat. Der Grenzverletzer ließ die Kamera fallen und brach zusammen, direkt am Ende des K 10. Ich lief dann zu dem Verletzten und zog ihn vom Streifen herunter ca. 5-6 m auf unser Gebiet." Dann habe er Erste Hilfe geleistet. Einige Minuten später seien drei Traktoristen gekommen und hätten ihm geholfen. Die Frauen habe er vorher aufgefordert, die Arbeit einzustellen und das Feld zu verlassen. Sticklies sagte auch, die Frau auf der westlichen Seite habe gerufen: „Bringt doch den Mann rüber". Sie habe ein Auto und könne ihn in wenigen Minuten ins Krankenhaus bringen. Sie habe auch gerufen, „ob ich denn kein Herz im Leibe hätte, wenn ich ein anständiger Deutscher wäre, dann würde ich ihn rüberbringen und selbst drüben bleiben". Ein gutgekleideter Herr habe gerufen, er solle rüberkommen, er würde ihm alles geben, was er wolle. Er habe geantwortet, „daß unser Krankenwagen auch bald kommt". Sticklies sagte weiter aus, dass auf dem Acker noch einige Frauen von der LPG waren, „die alles mit angesehen hatten".

Bei der Frau, die von westlicher Seite das Geschehen beobachtet hatte, handelte es sich um Marie-Luise Schilling, die mit ihrer Familie eine Ausflugsfahrt im Grenzgebiet machte. Sie sagte am Tag nach dem Zwischenfall aus: „Ich sah einen Mann mit hocherhobenen Armen vom Zehnmeterstreifen in einen Graben stürzen. Ich kann nicht beschreiben, ob er gegangen oder gelaufen ist. Mir schien es, als flog er vom Zehnmeterstreifen in den Graben auf dem umgepflügten Streifen und flog von dort förmlich in den Graben. [...] Zum selben Zeitpunkt, als der Mann von dem Zehnmeterstreifen in den Graben stürzte, schoß ein Uniformierter im Laufen auf den Mann. [...] Die Einschläge lagen dicht vor dem Mann im Erdreich. Ich konnte das Aufspritzen der Erde erkennen. Der Uniformierte hatte die Waffe an der rechten Hüfte."

Aufnamen des Staatssicherheitsdienstes vom Ereignisort. Darauf ist deutlich zu sehen, dass Kurt Lichtenstein schon fast den Straßenrand auf westlicher Seite erreicht hatte. Er fiel, nachdem er getroffen wurde, offenbar in den Straßengraben, nur etwa einen Meter von westlichem Gebiet entfernt. Er galt bei den DDR-Institutionen nun als „Provokateur".
Bildquelle: BStU

Sie hätten sich etwas später zu der Stelle gewagt, an der sie den Mann zuletzt gesehen hatten. Man hatte ihn bereits über den Zehn-Meter-Streifen geschleift. „Dann hörten wir ihn laut und wiederholt schreien: ‚Helft mir, mein Bauch, mein Bauch!' Er versuchte, sich zu bewegen. Der Vopo drehte ihn auf die rechte Seite, die linke Hüfte war voller Blut, das konnten wir von der Straße aus sehen. Der Treckerfahrer deutete uns durch entsprechende Handbewegungen an, daß der Mann am Bauch und an der linken Hüfte schwer verletzt sein mußte. Wir riefen dem Vopo zu, er solle doch vernünftig sein und uns den Verletzten übergeben, damit wir ihm sofort ärztliche Hilfe zuteil werden lassen können. Seine Antwort war, er habe schon einen Krankenwagen bestellt."

Trauerfeier für Kurt Lichtenstein am 26. Oktober 1961 auf dem Dortmunder Hauptfriedhof. Links im Bild Gertrud Lichtenstein mit den beiden Töchtern, rechts Greta und Herbert Wehner.

Bildquelle: Rainer Zunder: Erschossen in Zicherie

Der Unteroffizier Begner, Feldscher [Sanitäter] bei der Grenzkompanie, übergab am 13. Oktober 1961 seinem Kommandeur einen „Bericht über den Provokateur Lichtenstein, Kurt". Demnach leistete er als Sanitäter um 13.15 Uhr am Ort des Geschehens „vorärztliche Hilfe". Nach einer Stunde und fünf Minuten traf das Sanitätsfahrzeug der Grenztruppen vor Ort ein und brachte den Verletzten nach Krätze in das dortige Krankenhaus. Dort erhielt er eine Beruhigungsspritze und zwei Kreislaufspritzen, die aber nicht mehr anschlugen. Gegen 17.50 Uhr trat der Tod ein. Eine Überführung in das Krankenhaus Gardelegen unterblieb, da der Verletzte den Transport nicht überstanden hätte. Der Kompaniechef selbst bestätigte in seiner Stellungnahme vom gleichen Tag, dass er nach dem Eintreffen vor Ort die beiden Posten zurückbeorderte und selbst weiter Erste Hilfe leistete. Er legte den Verletzten dann gemeinsam mit seinem Kraftfahrer auf eine Decke und schleppte ihn mit Unterstützung von zwei Grenzsoldaten in den etwa 100 Meter entfernten Wald. Der Verletzte habe ihm, während er den Verband anlegte, auf die Frage, was er denn hinter der Grenze wollte, geantwortet, „daß er die Arbeiten an der Kartoffelerntemaschine filmen wollte". Im Übergabeprotokoll ist jedoch von einer Schmalfilmkamera „Rolleiflex" mit Film die Rede.

Der Tod von Kurt Lichtenstein fand in der deutschen und internationalen Öffentlichkeit große Beachtung. An seiner Beerdigung nahmen unter anderem der Bundesminister für gesamtdeutsche Fragen Ernst Lemmer, der stellvertretende SPD-Vorsitzende Herbert Wehner und der Bundesvorsitzende der IG Metall Otto Brenner teil.

Nach dem Ende der DDR kam es zu Ermittlungen gegen die beiden Grenzposten, die gezielt auf Kurt Lichtenstein geschossen hatten. Das Landgericht Stendal sprach sie am 10. September 1997 aus rechtlichen und tatsächlichen Gründen vom Vorwurf des Totschlags frei. Sie hätten ohne Tötungsvorsatz und nicht schuldhaft gehandelt. Sie seien „weder juristisch vorgebildet, noch mit einer rechtstaatlichen Rechts- und Werteordnung oder gar dem internationalen Recht vertraut" gewesen. Bei Sticklies habe es sich „um einen durch Elternhaus und gesellschaftliches Umfeld indoktrinierten Angehörigen eines totalitären Staates" gehandelt, „der keine akademische Ausbildung genossen hatte", bei Schmidt um „einen allenfalls normalbegabten und politisch desinteressierten Menschen".

An der Kreisstraße 85 südlich von Zicherie erinnert heute ein Holzkreuz und eine Informationstafel an Kurt Lichtenstein, den hier die tödlichen Schüsse trafen. Die kleine Gedenkstätte ist Teil des Grenzlehrpfades Böckwitz-Zicherie. (Recherchen: ES, MP, TP, jk, jos.; Autor: jos.)

Quellen:

MfS, ZAIG: Telegramme und Berichte über den Schußwaffengebrauch mit Todesfolge Kurt Lichtensteins. BStU, ZA, MfS ZAIG Nr. 10707.

SPD-Pressedienst vom 13.10.1961, Ruchlose Tat. PAAA, B 12, 210A.

Bundesministerium für Gesamtdeutsche Fragen (Hrsg.): Mitten in Deutschland – Mitten im 20. Jahrhundert. Die Zonengrenze. Bonn und Berlin 1965, S. 35 f.

Filmer, Werner/Schwan, Heribert: Opfer der Mauer. Die geheimen Protokolle des Todes. München 1991, S. 167.

Rainer Zunder: Erschossen in Zicherie. Vom Leben und Sterben des Journalisten Kurt Lichtenstein. Berlin 1994.

Marxen, Klaus/Werle, Gerhard: Gewalttaten an der deutsch-deutschen Grenze. Berlin 2002, S. 317 ff.

Grafe, Roman: Deutsche Gerechtigkeit. Prozesse gegen DDR-Grenzschützer und ihre Befehlsgeber. München 2004, S. 204.

Thies, Heinrich: Weit ist der Weg nach Zicherie. Die Geschichte eines geteilten Dorfes an der deutsch-deutschen Grenze. Hamburg 2005.

Ullrich, Maren: Geteilte Ansichten. Erinnerungslandschaft deutsch-deutsche Grenze. Berlin 2006, S. 89–94.

Winter, Jens: Kurt Lichtenstein: †12.10.1961 – Tragischer Tod eines Grenzgängers. Brome 2011.

Abel, Werner/Hilbert, Enrico: „Sie werden nicht durchkommen". Deutsche an der Seite der Spanischen Republik und der sozialen Revolution, Bd. 1. Lich 2015, S. 312.

Kurt Schumacher

geboren am 27. Januar 1942 in Gorschenmühle (heute: Goryszewo, Polen)
vermutlich ertrunken im Oktober 1961, geborgen am 30. April 1962
Ort des Zwischenfalls: Mödlich (Brandenburg)

Kurt Schumachers Familie flüchtete im Februar 1945 nach Schrepkow, in die Ostprignitz. Drei Brüder lebten später in der Bundesrepublik. Sein Bruder Edmund erinnert sich an Kurt Schumacher als einen strebsamen Jungen, der im Familien- und Freundeskreis sehr gemocht wurde. Von 1956 bis 1958 absolvierte er eine Ausbildung zum Elektromaschinenschlosser in Velhin (Kyritz). Als die Familie Ende der 1950er Jahre nach Wittenberge zog, arbeitete Kurt Schumacher dort als Geselle.

Im Herbst 1961 verschwand Kurt Schumacher spurlos. Der 20-Jährige unternahm im Oktober 1961 einen Fluchtversuch über die Elbe. Sein Bruder Edmund wurde im Februar 1962 in seinem Betrieb von zwei Zivilpolizisten aufgesucht und zu seinem Bruder befragt. Doch er wusste – wie alle anderen Familienangehörigen Kurt Schumachers – nichts über dessen Verbleib. Schließlich konfrontierte man Edmund Schumacher im Frühjahr 1962 auf einer Polizeidienststelle mit Ausweispapieren und Zeugnissen seines Bruders Kurt, dessen Leiche man nun, Monate später, geborgen hatte. Er sollte deren Echtheit bestätigen. Kurt Schumacher hatte die Unterlagen für seine Flucht durch die Elbe wasserdicht verpackt, sie waren noch gut erhalten.

Der Sarg mit Kurt Schumachers sterblichen Überresten wurde nach Wittenberge überführt. Dort fand Mitte Mai 1962 unter großer Anteilnahme die Beisetzung statt. Auch aus Kyritz reisten zahlreiche Freunde und Bekannte nach Wittenberge an, um Kurt Schumacher das letzte Geleit zu geben. Bis heute glaubt Edmund Schumacher nicht an den Tod seines Bruders durch Ertrinken. Im Oktober ist die Elbe noch nicht sehr kalt, und Kurt Schuhmacher war ein guter Schwimmer. (Recherche: MP; Autorin: MP)

Quellen:
Tagesmeldung Nr. 122/62–1.5.1962 bis 2.5.1962 + Nr. 124/62–3.5.1962 bis 4.5.1962, Grenztruppen der DDR/Abteilg. Operativ, BArch Freiburg, DVH 32/112566.
Telefonat Mandy Palme mit Edmund Schumacher am 10.12.2014.

Rudolf Gerstendörfer

geboren am 14. September 1925 in Kosel (heute: Kozly u České Lípy, Tschechische Republik)
ertrunken nach dem 8. Januar 1962, geborgen am 30. März 1962
Ort des Zwischenfalls: Werra bei Vacha (Thüringen)

Rudolf Gerstendörfer wuchs im Dorf Kosel auf, das im böhmischen Teil der damaligen Tschechoslowakei lag. Nach dem Kriegsende musste der gelernte Schneider seine Heimat verlassen und zog nach Kambachsmühle (Krayenberggemeinde). Er heiratete 1950 Elisabeth Janich, gemeinsam bekamen sie zwei Töchter und zwei Söhne. In Vacha arbeitete er in einem Getreide- und Silolager der Bäuerlichen Handelsgenossenschaft. Beliebt war sein Akkordeonspiel: Auf Dorffesten saß er mit anderen Musikern gemeinsam auf dem Umzugswagen und spielte auf.

Wegen eines Asthmaleidens bekam Rudolf Gerstendörfer von seiner Schwester, die in der Bundesrepublik lebte, regelmäßig ein Medikament zugeschickt. Am 8. Januar 1962 beabsichtigte der 36-Jährige, bei Vacha die Werra zu durchschwimmen, um zu seiner Schwester zu gelangen. Doch im Westen kam er nie an. Erst im Frühjahr 1962 trieb das Hochwasser die Leiche von Rudolf Gerstendörfer an die Oberfläche der Werra, wo sie am Nachmittag des 30. März von der Volkspolizei in der Nähe von Vacha geborgen wurde. (Recherche: jk, MP, US; Autor: jk)

Quellen:

Grenztruppen der DDR/Abteilg. Operativ: Tagesmeldung Nr. 89/62, 29.3.1962–30.3.1962. BArch Freiburg, DVH 32/112564.

BArch Berlin, Bestand Document Center, OK 3200/F0056.

Standesamt Vacha: Sterbebucheintrag Nr. 15. Vacha, 15.04.1962.

Verwaltungsgemeinschaft Krayenberggemeinde: Mitteilung vom 22.07.2016.

Mitteilungen von Anneliese Reuter, Bad Salzungen, vom 21. und 22.09.2016.

Walter Greiner

geboren am 21. September 1939 in Falken

ertrunken vermutlich am 22. Februar 1962, aus der Werra geborgen am 31. März 1962

Ort des Zwischenfalls: Werra bei Laubach (Niedersachsen)

Paul Walter Greiner kam am 21. September 1939 in Falken (Thüringen) als Sohn von Emma und Walter Greiner zur Welt. Nach dem Besuch der Schule begann er eine Lehre als Maurer, die er jedoch nicht abschloss, da er gemeinsam mit zwei Freunden 1961 in die Bundesrepublik flüchtete. Nach der Befragung durch eine amerikanische Dienststelle in Eschwege meldete er sich jedoch nicht wie vorgesehen im Aufnahmelager Gießen, sondern kehrte freiwillig in die DDR zurück. Dort verbüßte der 22-jährige wegen Republikflucht eine einjährige Zuchthausstrafe.

Walter Greiner wohnte zuletzt in seinem Geburtsort Falken bei Treffurt. Dort wurde er letztmalig am 22. Februar 1962 gesehen. Bei eisigen Temperaturen versuchte er, ein zweites Mal in den Westen zu gelangen und stieg in die Werra. Am 31. März 1962 entdeckten Baggerarbeiter in der Werra oberhalb des Staudamms „Letzter Heller" bei Laubach eine Leiche. Dabei handelte es sich um Walter Greiner. Seine sterblichen Überreste wurden am 4. April 1962 über den Grenzübergang Wartha in die DDR überführt. Greiners Angehörigen mussten den Toten, der wegen der langen Liegezeit im Wasser kaum mehr zu erkennen war, in Eisenach identifizieren. (Recherche: jos., ST, US; Autorin: MP)

Quellen:

HVDVP: Rapport Nr. 102, 11.4.1962, 00.40 Uhr bis 12.4.1962, 00.40 Uhr. BArch Berlin, DO 1/2.3/22000.

Standesamt Laubach: Sterbeerstbuch 1958–1972, Eintragung 2/1962. Stadtarchiv Hannoversch Münden.

Telefonat von Uta Schulz mit Falk Hunstock, Ortsteilbürgermeister von Falken, am 15.07. 2016.

Auskunft des Standesamtes Treffurt vom 19.07.2016.

Klaus Kühne

geboren am 28. Juni 1938 in Wolmirstedt,
OT Glindenberg

Tod in der Elbe
vermutlich am 20. März 1962

Ort des Zwischenfalls: Elbe bei
Lütkenwisch (Brandenburg)

Bildquelle: Privat H. Kühne

Als Klaus Kühne 1938 in Glindenberg zur Welt kam, waren seine Eltern jungverheiratet. Sein Vater arbeitete als Schlosser, die Mutter in der Landwirtschaft. Zwei Jahre später bekamen sie einen weiteren Sohn. Kurz nachdem Klaus Kühne 1952 die Volksschule beendet hatte, zog die Familie ins nahe gelegene Magdeburg. Sie wohnte in der Karl-Marx-Straße 227, in einem der wenigen erhaltenen gebliebenen Häuser der im Krieg fast völlig zerstörten Altstadtmagistrale. Die Mutter engagierte sich für den Wiederaufbau und arbeitete im Rat des Bezirkes in der Kaderabteilung. Klaus Kühne begann mit 14 Jahren eine Ausbildung als Elektromonteur im VEB Starkstrom-Anlagenbau Magdeburg. Nach Ausbildungsende arbeitete er in seinem Lehrbetrieb weiter, daneben weist seine Meldekartei auch Aufenthalte in Dessau und Coswig aus. Am 29. August 1960 nahm er ein Studium der Elektrotechnik an der Ingenieurschule für Schwermaschinenbau in Magdeburg auf. Der vielseitig interessierte junge Mann spielte Gitarre, fotografierte und lernte autodidaktisch Englisch. Bei der Gesellschaft für Sport und Technik (GST) trainierte er das Sporttauchen. Dort freundete er sich mit Hans-Peter Mielau an, der Meeresforscher werden wollte und sich auf ein Studium der Biologie vorbereitete. Die beiden Freunde nannten sich bald „Gerry" und „Robby".

Oft fuhr Klaus Kühne nach West-Berlin, um etwas einzukaufen und wahrscheinlich auch, weil er die Atmosphäre einer offenen Stadt mochte. Er sehnte sich danach, in Gewässern zu tauchen, die fern vom Barleber See oder dem Stechlinsee lagen. Dass ihm diese Möglichkeiten nach dem 13. August 1961 verwehrt bleiben sollten, enttäuschte ihn sehr. Gemeinsam mit Hans-Peter Mielau, der an seiner Hochschule in Konflikte geraten war, verabredete er, die DDR heimlich zu verlassen. Das Sporttauchen schien ihnen dafür einen Weg zu öffnen. Ihr Plan war es, nördlich von Wittenberge die Elbe stromabwärts zu tauchen, um das niedersächsische Ufer zu erreichen. Gemeinsam trainierten sie in der Elbe bei Glindenberg, wo die Großeltern Klaus Kühnes lebten. Der Fluss war so verschmutzt, dass man unter Wasser kaum etwas sehen konnte. Nach einigen Zweifeln drängte Kühne am 13. März 1962 in einem Eilbrief an „Robby": „Verdammt, schon Mitte März und noch immer nichts unternommen, hätten die Sache längst erledigen können."

Klaus Kühne beim Tauchsport.
Foto: Privat H. Kühne

Für Klaus Kühnes Mutter kam es völlig unerwartet, dass ihr Sohn am Abend des 19. März 1962 ausblieb. Von seinen Fluchtplänen wusste sie nichts. Es war ein Montag, ihr Sohn hätte in der Ingenieurschule sein müssen. Doch als sie sich dort erkundigte, teilte man ihr mit, dass er nicht zum Unterricht erschienen war. Ihr nächster Weg führte sie zur Polizei, um eine Vermisstenanzeige aufzugeben. Die Tagesmeldung der Bezirksbehörde der Volkspolizei vom 22. März 1962 vermutet bereits eine Flucht in den Westen: „Da K. in der Schule eine Auseinandersetzung hatte und stark kritisiert wurde, besteht der Verdacht, daß er die DDR mit seiner Taucherausrüstung auf dem Wasserwege illegal verlassen hat. Welche Wasserstraße benutzt wurde[,] ist noch nicht bekannt." Zu dieser Zeit suchten bereits DDR-Grenzboote mit an Stangen befestigten Trossen den Elbgrund nach einer Leiche ab. Der Tagesrapport der Grenztruppen vom 20. März 1962 enthält die Meldung, gegen 3.30 Uhr habe die Besatzung eines am linken Elbufer direkt an der Grenze zu Niedersachsen eingesetzten Sicherungsbootes beobachtet, wie eine männliche Person vom Ufer aus ins Wasser sprang. Nach der Abgabe von Warn- und Zielschüssen sei diese nicht wieder aufgetaucht. Der „Abschlußbericht" vom 9. April 1962 beschreibt ausführlicher, dass der Mann vom Ufer sofort ins Wasser sprang, als er mit einem Scheinwerfer vom Boot aus angeleuchtet wurde. „Nach der Flucht der Person in das Wasser legte unser Boot ebenfalls von Land ab. Ca. 20 m vom Ufer entfernt tauchte die Person nach ca. 1. Minute auf. Hierauf wurden unverzüglich 6 Schuß aus der MPi abgefeuert. Entfernung von der Person 30 Meter. Beim zweiten Mal auftauchen, wurde wiederum die Schußwaffe auf eine Entfernung von 50 m angewandt. Beim dritten Mal des Auftauchens wurde durch den Bootsführer aus der Pistole ein Schuß abgefeuert. Hierbei wurde die Person vermutlich getötet."

Der Bootsführer Hans-Jürgen T. wurde 1995 von den Ermittlern der ZERV vernommen. Hierbei erklärte er, dass der Schusswaffengebrauch zu seiner Dienstpflicht gehört und er keine Möglichkeit gesehen habe, den Taucher im Wasser auf andere Weise aufzuhalten. Da er den Abstand zwischen dem Flüchtling und den Einschlagsstellen der Kugeln auf der Wasseroberfläche gesehen habe, schloss er jedoch aus, dass sein Kamerad oder er selbst ihn getroffen hätte. Am nächsten Morgen fand eine Grenzstreife gut 600 Meter vom Ort des Zwischenfalls entfernt Teile einer Taucherausrüstung am Ufer. Es handelte sich um Schwimmflossen, Taucherbrille, einen Tauchergürtel mit Gewichten und eine Tube Gummilösung. Die weitere Suche ergab, dass der Flüchtling zwischen Cumlosen und Müggendorf ins Wasser gestiegen sein musste. Dort, am östlichen Ufer der Elbe, fand man einen Rucksack mit Bekleidungsstücken und weiteren Ausrüstungsgegenständen.

Klaus Kühne mit seiner Gitarre.
Foto: Privat H. Kühne

Dass an diesem Abend zwei Taucher versucht hatten, nach Niedersachsen zu gelangen, wurde den Grenztruppen erst am 22. März bekannt. Die Besatzung des Sicherungsbootes hatte nur eine Person bemerkt. Wahrscheinlich zog, nachdem Hans-Peter Mielau nicht zum Seminar in der Universität erschienen war, der Staatssicherheitsdienst eine Verbindung zwischen den beiden Vermisstenfällen aus Magdeburg. MfS-Mitarbeiter unterrichteten die Eltern von Klaus Kühne und Hans-Peter Mielau, dass nur einer der beiden jungen Männer das westliche Ufer erreicht haben könne, da der andere durch Schusswaffengebrauch schwer verletzt worden sei. Die Zeit des bangen Wartens endete mit dem Fund der Leiche von Hans-Peter Mielau am 26. Mai 1962 nördlich von Schnackenburg. Die Obduktion des mit einem vollständigen Taucheranzug bekleideten Toten ergab keine Spuren von Schussverletzungen. Mielau war höchstwahrscheinlich ertrunken. Da der Flüchtling, auf den geschossen worden war, bereits Teile seiner Ausrüstung abgelegt hatte, muss es sich bei ihm um Klaus Kühne gehandelt haben. Wie ihre Flucht in der Nacht vom 19. auf den 20. März genau verlief und warum sich die beiden Freunde voneinander trennten, lässt sich aus den vorliegenden Überlieferungen nicht mehr rekonstruieren. Möglicherweise zwangen technische Schwierigkeiten Klaus Kühne ans linksseitige Ufer, vielleicht glaubte er, bereits das westdeutsche Ufer erreicht zu haben und legte deshalb Taucherflossen und Brille zu früh ab. Klaus Kühnes Schicksal bleibt aber vor allem deswegen unklar, weil man seine Leiche nie gefunden hat. Auch als die Ermittler in den 1990er Jahren Obduktionsprotokolle von geborgenen Wasserleichen überprüften, konnten sie keinen Zusammenhang mit dem Verschwinden von Klaus Kühne feststellen.

Da keine MfS-Unterlagen zu Kühnes Fall überliefert sind, fehlen die Aufzeichnungen des damaligen DDR-Ermittlungsorgans. Irritierend ist eine Tagesmeldung der Volkspolizei vom 13. April 1962. Darin heißt es, dass bei der Leiche des durch Schüsse tödlich verletzten Kühne ein Brief Hans-Peter Mielaus gefunden worden sei, aus dem hervorgehe, dass beide gemeinsam die Elbe durchschwimmen wollten. Dies ist die einzige Meldung, in der von einer Leiche Klaus Kühnes die Rede ist. Da darin aber weder der Ort noch das Datum ihres Auffindens Erwähnung finden, ist ihr Aussagewert gering – vielleicht basiert sie auf einem Missverständnis. Im April legte ein Beauftragter der NVA den Eltern von Klaus Kühne und Hans-Peter Mielau die aufgefundenen Teile der Taucherausrüstung vor. Wie sich herausstellte, gehörte die Taucherbrille Hans-Peter Mielau. Doch weder die Flossen noch den Tauchergürtel oder die Gummilösung konnten die Eltern einem der beiden Freunde zuordnen.

Der Rat des Bezirkes kündigte das Arbeitsverhältnis mit Frau Kühne zum 31. März 1962. Sie fand im VEB Baukombinat der Stadt Magdeburg eine neue Arbeitsstelle als Sachbearbeiterin für Erwachsenenqualifizierung. Hatte sich die Familie zunächst mit den Auskünften der DDR-Behörden abzufinden, so unternahm sie nach dem Ende der DDR mehrere Versuche, Gewissheit über das Schicksal Klaus Kühnes zu erlangen. Als alle Nachforschungen ergebnislos blieben, legte das Amtsgericht Magdeburg im Jahr 1999 das Todesdatum von Klaus Kühne auf den 20. März 1962 fest. (Recherche: jk, jos.; Autor: jk)

Quellen:

Nebenkartei der Meldekartei von Klaus Kühne. Stadtarchiv Magdeburg, Rep. 51/ 7.152.

Bezirksbehörde Deutsche Volkspolizei Magdeburg/Operativ-Stab: Rapport Nr. 69/62 für die Zeit vom 21.3.62, 05.00 Uhr, bis 22.3.62, 05.00 Uhr. Magdeburg, 22.3.62. LASA Mgb. M 24, Nr. 734.

HV Deutsche Volkspolizei Operativstab: Rapport Nr. 103 für die Zeit vom 12.4.1962, 04.00 Uhr, bis 13.4.1962, 4.00 Uhr. Berlin, 13.4.1962. BArch Berlin, DO 1 88392.

MfS, BV Magdeburg: Vorschlag zur Verpflichtung. BStU, Ast. Mgd., MfS, BV Magdeburg, AIM 1916/85.

V-ERMV Strafsache gegen Unbekannt wegen Totschlags (z. N. Hans-Peter Mielau), AR-ZE 219/62. BArch Koblenz, B 197/317–319.

ZERV: Strafsache gegen Unbekannt wegen Totschlags. LAB, D Rep. 120–02, Acc. 8346, StA LG Berlin 2 Js 372/91.

Die Geschichte von Klaus K., der in die Freiheit tauchen wollte. In: *B.Z.*, 12.08.2010.

Hans-Peter Mielau

geboren am 24. Januar 1943
in Königsberg (heute Kaliningrad, Russland)
ertrunken am 20. März 1962,
aus der Elbe geborgen am 26. Mai 1962
Ort des Zwischenfalls: Elbe bei Lütkenwisch (Brandenburg)

Bildquelle: Universitätsarchiv Greifswald, Studentenakte

Als Hans-Peter Mielau 24. Januar 1943 zur Welt kam, diente sein Vater, ein gelernter Schlosser, in der Wehrmacht. Die Mutter kümmerte sich als Hausfrau um die beiden Söhne Hans-Peter und seinen fünf Jahre älteren Bruder Günter. Im Jahr 1944 floh die Familie vor den Kriegshandlungen nach Behnsdorf (Sachsen-Anhalt) und zog 1948 weiter nach Magdeburg. Im Jahr darauf kam Hans-Peter Mielau in die Schule. Aufgrund seiner guten Leistungen konnte er 1957 auf die Erweiterte Oberschule wechseln und sich im polytechnischen Unterricht auf den Schlosserberuf vorbereiten. Doch seine Interessen lagen auf einem anderen Gebiet. In der Abschlussbeurteilung der Magdeburger Geschwister-Scholl-Schule heißt es: Seitdem „er einmal an der See gewesen war und Tauchen gelernt hatte, ist er fest entschlossen, Meeresforscher zu werden". Hans-Peter Mielau gehörte seit 1957 der Tauchsportgruppe in der Gesellschaft für Sport und Technik (GST) Magdeburg an. Er qualifizierte sich im Verein zum Gruppenleiter und Ausbilder. Die Oberschule unterstützte die Absicht ihres „besonders originellen und geistig lebendigen Schülers", Hydrobiologie zu studieren und Meeresforscher zu werden: „Da Hans-Peter voller Abenteuerlust ist und auch geistig die Fähigkeiten zu wissenschaftlichem Arbeiten hat, scheint dieser Berufswunsch durchaus gemäß zu sein."

An seinem 18. Geburtstag unterschrieb Hans-Peter Mielau seine Bewerbungsunterlagen für das Studium an seiner Wunschhochschule, der Ernst-Moritz-Arndt-Universität in Greifswald. Nachdem er im September 1961 einen Speziallehrgang der GST-Sektion Tauchsport in Arkona (Insel Rügen) absolviert hatte, konnte er im Oktober sein Studium an der Greifswalder Fakultät für Mathematik und Naturwissenschaft mit dem Berufsziel des Diplom-Biologen aufnehmen. Wegen seines Studiums beantragte die Universität seine Freistellung vom Grundwehrdienst bis 1966.

In Greifswald wohnte Hans-Peter Mielau zusammen mit drei weiteren Biologiestudenten in einem Internatszimmer. Die jungen Männer genossen ihr Studentenleben auf eine Weise, an der man im Prorektorat und in der Hochschulgruppenleitung bald Anstoß nahm. Sie dekorierten ihr Zimmer mit rund 50 Bildern zum Teil westlicher Herkunft und weigerten sich, diese von den Wänden und Möbeln wieder abzunehmen und einen „ausgeliehenen" Tisch aus dem Clubraum dorthin wieder zurückzustellen. Laut einer internen Beurteilung erfolgte deswegen als „disziplinarische Maßnahme" die Umquartierung „in ein weniger ansprechendes Internat der Universität". Eine in Salzgitter wohnende Tante von Hans-Peter Mielau berichtete der dortigen Zentralen Erfassungsstelle der Landesjustizverwaltungen von einem weiteren Rückschlag, der die zuvor positive Einstellung ihres Neffen zur DDR so sehr beeinträchtigt habe, dass er schließlich „an allen Organen und Institutionen etwas auszusetzen" hatte. Nachdem er mit einem Artikel für die Zeitschrift des westdeutschen Sporttaucherverbandes einen mit 5 000 DM dotierten Wettbewerb gewonnen hatte, ließ er sich für das Preisgeld eine neue Taucherausrüstung zuschicken. Doch der DDR-Zoll beschlagnahmte das Paket. In einer Vernehmung beschuldigte ihn danach die Volkspolizei in Rostock, Verbindung zu feindlichen Organen aufgenommen zu haben. Unter dem Eindruck dieser Erfahrungen äußerte er im Gespräch mit seinem Bruder, er wolle „lieber ein kurzes schönes Leben, als so weiterzuleben wie bisher".

An den Wochenenden fuhr Hans-Peter Mielau oft von Greifswald nach Magdeburg zurück. Zuweilen dachte die Mutter, der 19-Jährige hätte Heimweh. Doch als er am 17. März 1962 seine Eltern besuchte, geschah das aus einem anderen Grund. Mit Klaus Kühne, einem Freund aus der Magdeburger GST-Tauchgruppe, hatte er früher schon über einen möglichen Tauchgang durch die Elbe gesprochen, um auf diesem Weg die DDR zu verlassen. Nun drängte der Freund ihn mit einem Brief zur Verwirklichung der Pläne: „Verdammt, schon Mitte März und noch immer nichts unternommen, hätten die Sache längst erledigen können." Als Hans-Peter Mielau am frühen Nachmittag des 19. März sein Elternhaus verließ, glaubte die Mutter, er werde wieder nach Greifswald zurückkehren. Stattdessen fuhr er jedoch mit Klaus Kühne von Magdeburg aus in Richtung Wittenberge. In der Nacht vom 19. zum 20. März stiegen sie nördlich von Wittenberge mit teilweise selbstgefertigten Tauchausrüstungen (Froschmannanzüge) in die Elbe und tauchten flussabwärts in Richtung des niedersächsischen Schnackenburg. Hans-Peter Mielau trug für seine Zukunft im Westen in einer gegen Wasser isolierten Brotbüchse unter anderem sein letztes Schulzeugnis, Studienunterlagen und seinen Tauchpass bei sich. Möglicherweise glaubte sich Klaus Kühne zu früh im Westen oder es entwickelten sich Komplikationen während des Tauchgangs, jedenfalls stieg er gegenüber von Jagel (Gemeinde Lanz) ans westliche Elbufer, das an dieser Stelle noch zur DDR gehörte. Dort bemerkte ihn gegen 3 Uhr die Besatzung eines Streifenbootes der DDR-Grenztruppe. Vom Licht des Suchscheinwerfers erfasst, ließ er sich sofort ins Wasser fallen, ohne seine Ausrüstung wieder anlegen zu können. Mehrmals musste er auftauchen, um Luft zu holen. Die Grenzer feuerten so lange auf ihn, bis er unter der Wasseroberfläche blieb. Der niedersächsische Zoll beobachtete am 20. März, wie DDR-Grenzboote mit an Stangen befestigten Trossen den Elbgrund absuchten.

Die Leiche von Klaus Kühne wurde niemals geborgen. Seine Mutter entschloss sich 1999, ihren Sohn für tot erklären zu lassen.

Hans-Peter Mielaus ahnungslose Mutter wurde am 24. März von einem Mitarbeiter des Staatssicherheitsdienstes aufgesucht. Dieser eröffnete ihr, dass ihr Sohn mit Klaus Kühne in der Nähe von Wittenberge die Elbe durchschwimmen wollte. „Einer von beiden könne aber nur durchgekommen sein, der andere müsse schwer verletzt worden sein", habe der MfS-Mitarbeiter ihr erklärt. Ihre Hoffnung, Hans-Peter Mielau könnte die Flucht gelungen sein, wurde zerstört, als am 26. Mai 1962 ein Fischer am niedersächsischen Elbufer am Holtorfer Haken nördlich von Schnackenburg eine Leiche fand. Die mitgeführten Papiere wiesen den Toten als Hans-Peter Mielau aus.

Beamte der Kriminalpolizei Uelzen und ein Mediziner nahmen vor Ort die Leichenschau vor. Der Tote war mit einem vollständigen Taucheranzug bekleidet, vor dem Gesicht trug er eine Taucherbrille, das Mundstück hatte sich vom Mund der Leiche gelöst. Da durch Ermittlungen bekannt war, dass auf einen Flüchtling geschossen worden war, wurde die Ausrüstung auf Schusseinwirkung überprüft, doch die Geräte und Verbindungsschläuche waren unbeschädigt. Lediglich die Sauerstoffflaschen waren leer. Auch an der Leiche selbst wurde nach der Entkleidung keine Schussverletzung festgestellt. Die Obduktion, die am 29. Mai in Dannenberg vorgenommen wurde, konnte nicht klären, weshalb der ausgebildete Taucher zu Tode kam. „Das Ergebnis der Leichenöffnung spricht nicht gegen die Annahme eines Todes durch Ertrinken", heißt es im Bericht des Amtsgerichts Lüchow.

Noch am gleichen Tag wurden die sterblichen Überreste Hans-Peter Mielaus zur Grenzübergangstelle Marienborn überführt, wo die Mutter auf den Sarg wartete. Seine Beisetzung fand in Magdeburg statt. Es sei befremdlich gewesen, berichtete die Mutter später, dass zwar die früheren Schul- und Arbeitskollegen ihrem Sohn das letzte Geleit gaben, aber niemand aus der Universität Greifswald. (Recherche: jk, jos., St.A.; Autor: jk)

Quellen:

Studentenakte Hans-Peter Mielau. Universitätsarchiv Greifswald.

HV Deutsche Volkspolizei Operativstab: Rapport Nr. 103 für die Zeit vom 12.4.1962, 04.00 Uhr, bis 13.4.1962, 4.00 Uhr. Berlin, 13.4.1962. BArch Berlin, DO 1/2.3/88392.

Berichte der Zentralen Erfassungsstelle der Landesjustizverwaltungen in Salzgitter über Gewaltakte der Nationalen Volksarmee und der Grenzpolizei der DDR, 1962–1964. NLA Hannover, Nds. 220, Acc. 23/73 Nr. 2.

Zentrale Erfassungsstelle der Landesjustizverwaltungen in Salzgitter: V-ERMV Strafsache gegen Unbekannt wegen Totschlags (z. N. Hans-Peter Mielau), AR-ZE 219/62. BArch Koblenz, B 197/317–319.

Die Geschichte von Klaus K., der in die Freiheit tauchen wollte. In: *Berliner Zeitung*, 12.08.2010.

Georg Fleischer

geboren am 13. November 1932
in Mahlsdorf/Salzwedel

erschossen am 28. März 1962

Ort des Zwischenfalls: Oebisfelde-Weferlingen, Ortsteil Buchhorst (Sachsen-Anhalt)

Bildquelle: Privat, Familie Fleischer

Am 27. März 1962 erhielt Oberleutnant Georg Fleischer in seiner Wohnung einen Telefonanruf, der ihn stark aufwühlte. Er lief auf den Hof des Hauses und nahm sein Dienstfahrrad. Seine Ehefrau eilte ihm nach. Er hatte seine Dienstwaffe vergessen. Als sie ihm die Pistole übergab, wusste sie nicht, dass sie ihren Ehemann das letzte Mal lebend sieht.

Georg Fleischer diente fast sein ganzes Arbeitsleben lang an der Grenze, zunächst bei der Grenzpolizei, dann bei den Grenztruppen. Nachdem er die Schule mit der 8. Klasse abgeschlossen hatte, arbeitete er zunächst in der Landwirtschaft, bevor er sich 1950 für den Dienst in der Grenzpolizei meldete. Er kam in der Grenzkommandantur Jübar bei Salzwedel zum Einsatz, 30 Kilometer von seinem Heimatort Mahlsdorf entfernt. Das MfS trat an den erst 17-Jährigen heran und warb um seine Mitarbeit. Georg Fleischer unterschrieb auch eine Verpflichtungserklärung, aber der Staatssicherheitsdienst hob die Verbindung 1957 wieder auf, weil Georg Fleischer die ihm erteilten Aufträge nur nachlässig erfüllte und konspirativen Treffen aus dem Weg ging.

Bei der Grenzpolizei machte Georg Fleischer jedoch Karriere. Er wurde 1953 zum Unteroffizier befördert, absolvierte im Ausbildungsjahr 1953/54 einen Offiziersanwärter-Lehrgang in Sondershausen, rückte 1954 zum Unterleutnant und 1957 zum Leutnant auf. Am 7. Oktober 1959 verlieh ihm der Minister des Innern Karl Maron die Medaille „Für treue Dienste" in Silber. Schon 15 Monate später übernahm er im Rang eines Oberleutnants die Kompanie Oebisfelde. Aus seiner Ehe gingen zwei Söhne hervor. Georg Fleischer spielte in seiner Freizeit Fußball und war aktiver Leichtathlet.

Sportsfreunde, Georg Fleischer, unten 3. von links
Foto: Privat, Familie Fleischer

Da Oberleutnant Fleischer am 27. März 1962 nicht zum Dienst in der Grenzkompanie erschien, wurde Grenzalarm ausgelöst. Man vermutete, er wolle sich in den Westen absetzen, weil er sich für ein geringfügiges Dienstvergehen verantworten sollte. Dies musste unbedingt verhindert werden, denn als Kompaniechef hätte Georg Fleischer den westdeutschen Behörden brisante Informationen liefern können. Während eine Nacht mit frostigem, unbeständigem Wetter anbrach, gingen die Soldaten der Grenzkompanie Oebisfelde zur verstärkten Grenzsicherung über, um die Fahnenflucht ihres Kommandeurs zu verhindern. Doch erst am folgenden Abend gegen 19.30 Uhr näherte sich Georg Fleischer bei Oebisfelde-Weferlingen (OT Buchhorst) den Grenzanlagen.

Laut einem Bericht des Kommandos der Grenztruppen sei er auf die getarnten Posten Gefreiter P. und Soldat N. gestoßen. Als sie ihn aufforderten, die Parole zu nennen, habe er aus seiner Dienstpistole zweimal auf die Posten geschossen. Diese erwiderten sofort das Feuer. Georg Fleischer sei nach dem ersten Feuerstoß zusammengebrochen. Er habe sich mit dem Oberkörper nochmals aufgerichtet, um weitere Schüsse abzugeben. Nachdem beide Posten weitere gezielte Schüsse abgefeuert hatten, habe sich Georg Fleischer nicht mehr gerührt. Er verstarb noch am Tatort.

Den Vorfall untersuchte in den 1990er Jahren die Zentrale Ermittlungsstelle für Regierungs- und Vereinigungskriminalität (ZERV). Das Ermittlungsverfahren gegen die Schützen wurde jedoch wieder eingestellt, da ihre Schussabgabe aus einer Notwehrsituation erfolgt sei. (Recherche: MK, MP, MS, St.A.; Autor: jk)

Quellen:
Kommando der Grenztruppen, Der Chef: Bericht über das Notzuchtverbrechen und die versuchte Fahnenflucht unter Anwendung der Schusswaffe des ehemaligen Oberleutnant Georg

Fleischer, Kompaniechef der 6. Grenzkompanie des II. Bataillons des 23. Grenzregiments der 5. Grenzbrigade. 28.3.1962. BArch Berlin, DY IV 2/12/75.

MfS Verwaltung/Bezirksverwaltung I/12: Personal-Vorgang, GI „Maus". BStU, MfS, ZA, AIM 700/57.

MfS: E.I. über den Fahnenfluchtversuch des Oberleutnant Fleischer, Kompaniechef der Kompanie Oebisfelde, GB Gardelegen am 28.3.62, vom 29.3.62. BStU, ZA, MfS, ZAIG, Nr. 570.

Grenzschutzabt. II/8: Erschießung eines Kompaniechefs der NVA, Kdo. Grenze durch Angehörige der GT. 21.5.1962. NLA Hannover, Nds. 1150, Acc. 108/92, Nr. 1.

ZERV: Strafsache wegen Totschlags z. N. Georg Fleischer. LAB, D Rep. 120–02, Acc. 8346, StA KG Berlin 27/2 Js 282/91.

Herbert Bergmann

geboren am 6. Januar 1939 in Boizenburg/Elbe

angeblich ertrunken am 27. Mai 1962

Ort des Zwischenfalls: Fluss Maurine nahe Kleinfeld/Schönberg (Mecklenburg-Vorpommern)

Vor der Einberufung zur NVA in Eggesin im Jahre 1956 war Herbert Bergmann in der Elbe-Werft Boizenburg zunächst als Arbeiter, später als Brenner im Schiffsbau tätig. Von 1959 bis 1961 diente er als Stabsgefreiter der Grenzpolizei. Nach dem Einweisungslehrgang in Perleberg wurde er als Postenführer zur Kompanie Nostorf, Kreis Hagenow, versetzt. Mit den Grenzsicherungsanlagen und der Bewachung der Grenze kannte er sich dort also gut aus. Seine Dienstdurchführung wurde von der Kompanie als gut bewertet. Er führte sämtliche Befehle widerspruchslos aus und beteiligte sich rege an der militärischen Ausbildung und der politischen Schulung. In der Zeit von Oktober 1956 bis Januar 1962 wurde Herbert Bergmann insgesamt siebenmal belobigt und prämiert. Im Nachhinein ermittelte das MfS jedoch, dass Herbert Bergmann vier Fahnenfluchten und einen Grenzdurchbruch von zwei Grabenarbeitern unterstützt haben soll.

Nach seiner Entlassung aus den Grenztruppen lebte Herbert Bergmann einige Zeit im Hause seiner Eltern in Boizenburg. Da er in der Heimat keine Arbeit fand, flüchtete er am 1. oder 2. Mai 1962 durch die ihm bekannten Grenzanlagen bei Nostorf in die Bundesrepublik. Offenbar wurden seine Erwartungen im Westen so enttäuscht, dass er sich schon einige Tage später schon zur Rückkehr in die DDR entschloss. In den MfS-Unterlagen wird behauptet, Herbert Bergmann sei in Lübeck von geflüchteten DDR-Bürgern als Denunziant bezichtigt und zusammengeschlagen worden. Bei seiner Rückkehr in die DDR am 10. Mai 1962 im Abschnitt des Grenzregiments Schönberg wurde der 23-Jährige durch Angehörige des MfS festgenommen. Daraufhin soll er aus dem Aufnahmeheim Grevesmühlen erneut geflüchtet sein – in unbekannte Richtung.

Die Familie erhielt am 27. Mai 1962 von „Männern in Zivil" lediglich die knappe Mitteilung, Herbert Bergmann sei von zwei Anglern tot aufgefunden und seine Leiche aus der Maurine bei Kleinfeld/Schönberg geborgen worden. Den Eltern wurde eine um 13.25 Uhr stehengebliebene Armbanduhr übergeben. Nach der Beisetzung im Heimatort Boizenburg fuhr Bergmanns Vater nach Schönberg, um die Sterbeurkunde abzuholen. Er suchte auch die Stelle auf, an der sein Sohn angeblich ums Leben gekommen sein sollte. Wieder zu Hause angekommen, sagte er zu seiner Frau, dass es nicht möglich sei, „in einem solchen flachen Bach zu ertrinken". Diese Auffassung teilten auch Anwohner der Gegend, in der die Angler den Toten in der Maurine aufgefunden hatten. Dies ließe eine weitere Überlieferung als Todesursache Herbert Bergmanns nachvollziehbar erscheinen: Nach der Festnahme durch das MfS bei seiner Rückkehr in die DDR soll er beim Transport zur MfS-Kreisdienststelle Hagenow aus dem fahrenden Wagen gesprungen und dabei tödlich verunglückt sein. Der tatsächliche Hergang konnte auch von den Ermittlungsbehörden nach dem Ende der DDR nicht geklärt werden. (Recherche: MP; Autorin: MP)

Quellen:

Grenztruppen der DDR: Tagesmeldung Nr. 131/62. BArch Freiburg, DVH 32/112566.

MfS: Bericht der KD-Bützow. BStU, MfS, BV Swn 1096/63.

Staatsanwaltschaft II beim LG Berlin: Ermittlungsverfahren. LAB, C Rep. 120-02, Acc. 8346, Az. 27 AR 185/95.

Manfred Schorlies

geboren am 11. November 1942 in Königsberg/Ostpreußen
(heute: Kaliningrad, Russland)

ertrunken am 31. Mai 1962

Ort des Zwischenfalls: Elbe bei Vierkrug, Boizenburg/Elbe
(Mecklenburg-Vorpommern)

„Was würdest du tun, wenn ich abhaue", fragte Manfred Schorlies einen Kameraden aus der Kompanie Vierkrug während des Postendienstes, woraufhin dieser antwortete, „ich würde von der Schußwaffe Gebrauch machen". Der Soldat hielt die Frage für einen Scherz und meldete die Unterredung nicht den Diensthabenden. Manfred Schorlies gehörte nämlich zur FDJ-Leitung in der Kompanie Vierkrug. Er galt bei seinen Vorgesetzten als so zuverlässig, dass sie ihn mehrfach für eine Offizierslaufbahn zu gewinnen versuchten. In dienstlichen Beurteilungen wird er als gebildet und redegewandt charakterisiert. Er gehörte seit dem 9. November 1961 der NVA, Kommando Grenze, an und diente seit Dezember 1961 im Grenzbataillon Wittenburg.

Nach der Flucht aus Ostpreußen lebte Manfred Schorlies bei seiner Mutter, die als Krankenschwester arbeitete. Sein Vater, ein Arbeiter, wird in den vorliegenden Überlieferungen nicht erwähnt. Er ist vermutlich im Krieg gefallen. Manfred Schorlies schloss die Schule nach der Mittleren Reife ab und erlernte in der VEB Mathias-Thesen-Werft Wismar den Beruf eines Lichtbogenschweißers. Zwei seiner Onkel und Tanten wohnten in Gelsenkirchen und Hamburg. Dorthin kam er als 13-Jähriger für drei Wochen zu Besuch.

Am 31. März 1962 nahm Manfred Schorlies in der Kaserne des Bataillons an einer Besprechung der FDJ-Sekretäre teil, von der er am Nachmittag zu seiner Einheit nach Vierkrug zurückkehrte. Auf der Stube gab er seinen Kameraden eine Flasche Schnaps aus. Danach klagte er über Kopfschmerzen und bat den Soldaten N. darum, mit ihm etwas Luft schnappen zu gehen. Die beiden begaben sich zum Elbufer. Auf dem Weg sprach N. über die FDJ-Sekretärsbesprechung und berichtete, man habe ihn dort aufgefordert, der SED beizutreten. Er äußerte, dass man sich das gut überlegen müsse. Schorlies fragte dann N., ob die Boote des Zolls und des Wasserschutzes auch nachts fahren würden, was dieser bejahte. Dann gingen sie in Richtung Kaserne zurück. Dort spielten sie mit anderen Soldaten Fußball und begaben sich, als es dämmerte, zurück auf ihre Stube. Mit den Zimmerkameraden spielten sie anschließend Skat, wobei sie weiter Schnaps tranken. Gegen 22 Uhr verließ der 19-jährige Schorlies dann die Stube. Am nächsten Morgen stellte der diensthabende Unteroffizier fest, dass Schorlies fehlte. Die Suche in der Umgebung blieb zunächst erfolglos, erst am Nachmittag fand der Stabschef des Bataillons am Elbufer die Dienstjacke, ein Paar Turnschuhe und ein Taschentuch von Manfred Schorlies.

Die wegen der Desertion eingeschalteten MfS-Ermittler vermuteten, die Westverwandtschaft in Gelsenkirchen habe Schorlies zur Flucht ermuntert, zumal ein Kamerad aussagte, Schorlies rechne mit einer Erbschaft im Westen. Ein Geheiminformant „Christa" des MfS hatte zuvor schon berichtet, Schorlies habe mit anderen Soldaten westliche Sender gehört. Außerdem meinte das MfS, die Versuche, ihn zum Offiziersdienst zu überreden, hätten die „Absicht des Schorlies fahnenflüchtig zu werden beschleunigt".

Nach der Fahnenflucht erfolgte in der Kaserne eine Alkoholkontrolle. Es wurden in den Spinden der Soldaten 120 Flaschen mit Alkohol gefunden, 100 leere Flaschen fand man in der Abfallgrube. Die Grenzkompanie Vierkrug war nach Auffassung des MfS nicht genügend abgesichert. In einem MfS-Untersuchungsbericht ist sogar von einem „Brachliegen des IM-Netzes" die Rede, da dort nur ein Offizier und zwei Soldaten inoffiziell für die Stasi arbeiteten. Zudem sei der Kompaniechef unfähig, gegen ihn habe es bereits ein Parteiverfahren gegeben.

Beamte des Bundesgrenzschutzes und der Wasserschutzpolizei bargen am 31. Mai 1962 die Leiche von Manfred Schorlies in Höhe Lauenburg – Hohnstorf aus der Elbe. Der Tote wurde am 5. Juni 1962 von einem westdeutschen Beerdigungsinstitut in die DDR überführt. Erst am 28. Juni 1962 hob das Volkspolizeikreisamt Wismar die Fahndung nach Manfred Schorlies auf und teilte der Grenztruppe per Fernschreiben mit, „daß Schorlies als Wasserleiche geborgen wurde". (Recherche: jos., MP; Autor: jos.)

Quellen:
BGS: Grenzlageberichte 1962, LASch Abt. 560/137.

MfS, HA I, Operativgruppe – Wittenburg, III. Grenzbataillon: Bericht über die erfolgte Fahnenflucht des Soldaten Schorlies, Manfred. BStU, ZA, MfS, AP 9822/63.

Joachim Weinhold

geboren am 11. Juni 1931 in Berlin

gestorben nach Schussverletzung am 10. Juli 1962

Ort des Zwischenfalls: an der Bahnlinie zwischen Helmstedt (Niedersachsen) und Marienborn (Sachsen-Anhalt), in der Nähe des Blockstellwerks Harbke

Bildquelle: Universitätsarchiv FUB

Joachim Weinhold hatte lange überlegt, ob er diese Reise antreten sollte. Eine Freundin aus seinen Studienjahren an der Freien Universität Berlin hatte ihn eingeladen, nach Berlin zu kommen. Er war schon so oft aus dieser Stadt fortgereist, und jedes Mal hatte er sich vielleicht vorgenommen, nicht so bald zurückzukehren.

Tatsächlich bargen die bisherigen Lebenserfahrungen, die der 31-jährige Student der Betriebswirtschaftslehre in der geteilten Stadt machen musste, Probleme, die er nicht bewältigen konnte. Sechs Jahre nachdem Joachim Weinhold am 11. Juni 1931 in Berlin-Wilmersdorf zur Welt kam, wies man seine Mutter, Margarete Weinhold, in eine Heil- und Pflegeanstalt für psychisch Erkrankte ein. Sie soll an Schizophrenie gelitten haben. Die letzte Nachricht von ihr kam aus einer Nervenheilanstalt in Landsberg an der Warthe (Gorzów Wielkopolski), seitdem galt sie als verschollen. 1949 starb auch sein Vater, Karl Weinhold, der zuvor erneut geheiratet hatte. Bei seiner Stiefmutter, Ella Weinhold, wuchs Joachim auf. Er galt als äußerst intelligent und fleißig. Die Abiturprüfungen bestand er 1951 mit „sehr gut". Anschließend arbeitete er beim Berliner Finanzamt als Verwaltungsangestellter. Die Laufbahn als Beamtenanwärter brach er jedoch 1955 ab, um Betriebswirtschaftslehre an der Freien Universität Berlin zu studieren. Das Studium finanzierte er selbst mit Studentenjobs und gelegentlichen Stipendien. An der Universität machte er durch politisch links orientierte Äußerungen auf sich aufmerksam. Eine Kommilitonin erinnerte sich: „Er konnte den Mund nicht halten und sagte manchmal etwas ‚sehr Rotes'. Mit gewissen Professoren hatte er deshalb Schwierigkeiten." Doch zuweilen waren seine Mitstudenten irritiert: Joachim Weinhold, der zu den besten Studenten gehörte, konnte plötzlich sehr unruhig sein, Prüfungsangst zeigen und sich wegen seiner politischen Haltung verfolgt fühlen. Fragen quälten ihn: Hatte der Tod seines Vaters politische Gründe? Was war aus seiner Mutter geworden? Nervenzusammenbrüche folgten, das Studium musste er unterbrechen. Unvermittelt fuhr er in die Bundesrepublik, reiste scheinbar ziellos umher und brach schließlich gemeinsam mit einem Freund nach England auf.

Zurückgekehrt entschied er sich nach acht Semestern an der Freien Universität Berlin für einen Universitätswechsel. Im Sommersemester 1960 immatrikulierte er sich an der Georg-August-Universität in Göttingen. Ein Semester lang arbeitete er als wissenschaftlicher Assistent bei Professor Wilhelm Hasenack. Seine Studienleistungen hatte er bereits erfüllt, doch die Diplomprüfungen verschob er, weil sich im Dezember 1961 sein Gesundheitszustand zu verschlechtern begann. Wieder trat eine nervliche Überspannung auf, von der er sich bei seiner Stiefmutter in West-Berlin erholen wollte. Erst im Mai 1962 kehrte er nach Göttingen zurück und mietete in Groß Ellershausen eine Wohnung. Ein Arzt verschrieb ihm Beruhigungstabletten und Bäder. Die Arbeit für eine Gartenbaufirma versprach einen Ausgleich zum Studium.

Als eine ehemalige Studienfreundin ankündigte, am 7. Juli 1962 nach Berlin reisen zu wollen, erklärte er sich zunächst zu einem Treffen bereit. Später müssen ihm Zweifel gekommen sein. Er sagte wegen Geldmangels die Fahrt nach Berlin ab, auch wolle er nicht seine neue Arbeit bei der Gartenbaufirma gefährden. „So leid es mir tut: Zu der angegebenen Zeit kann ich nicht in Berlin sein. [...] Ich wünsche Dir viel Spaß in Berlin. Von einem Besuch des Ostsektors würde ich abraten. Auch unmittelbar an der Grenze ist es sehr gefährlich", schrieb er der ehemaligen Kommilitonin Ingrun J. Doch die Ruhelosigkeit blieb. Am Abend des 6. Juli suchte er Kleidung und Unterlagen für eine längere Reise zusammen. Offen bleibt, was er eigentlich vorhatte. Er hatte sich weder bei der Studienfreundin noch bei der Stiefmutter angekündigt. Drängte es ihn vielleicht, die Rätsel seiner Familiengeschichte zu lösen? Später fand sich in seinen Reiseunterlagen ein Zettel mit der Adresse eines Verwandten väterlicherseits, der in Bernburg an der Saale lebte.

Mit einem Koffer und einer Aktentasche reiste Joachim Weinhold am 7. Juli frühmorgens um 6.20 Uhr von Groß Ellershausen ab. Er hatte eine Fahrkarte nach Berlin gelöst. Nach dem Grenzübergang Marienborn folgte als nächster Halt in der DDR die Bezirksstadt Magdeburg. Spontan verließ er hier den Zug und bat bei einer Dienststelle der Volkspolizei um Aufnahme in die DDR. Doch solch ein Anliegen musste der Ordnung halber an einer Grenzübergangsstelle vorgebracht und bearbeitet werden. Deshalb schickte man ihn zurück nach Marienborn. Dort vernahm ihn ein Ermittler des Staatssicherheitsdienstes. Weinhold erklärte, er wolle in die DDR übersiedeln, weil er Schwierigkeiten mit seinen Universitätsdozenten habe. Nicht verborgen blieb, „daß sein Nervenzustand nicht in Ordnung war", wie es in dem Vernehmungsprotokoll heißt. Auf Nachfrage gab Weinhold zu, dass er in nervenärztlicher Behandlung war. Das besiegelte die Ablehnung seines Übersiedlungswunsches. Da „kein operatives Interesse vorlag", wurde er am 8. Juli 1962 um 13.45 Uhr „konspirativ" mit einem Interzonenzug in die Bundesrepublik abgeschoben.

Joachim Weinhold verließ den Zug in Helmstedt und übernachtete in einer Unterkunft der Zonenrandbetreuung. Am 9. Juli war er früh wieder auf den Beinen. Vielleicht wichen nun alle Ängste, aber auch das Wissen um die Gefahren des Grenzgebietes einem trotzigen Wagemut. Er wollte unbedingt in die DDR. Gegen

4 Uhr morgens versteckte er sich in einem Militärzug der West-Alliierten, der kurz darauf nach Berlin abfuhr. Etwa 40 Meter hinter den Grenzzäunen sprang er mit seinem Gepäck vom Zug. Das bemerkten zwei DDR-Grenzer, die den Mann aus dem Militärzug vermutlich für einen Spion oder feindlichen Eindringling hielten. Als Weinhold nach einem Anruf und einem Warnschuss versuchte, in Richtung Westgrenze zurück zu laufen, schoss der Grenzsoldat Hans-Peter V. mit seinem Karabiner gezielt auf den Flüchtenden. Eine Kugel durchschlug Joachim Weinholds Körper. Bei der späteren Obduktion stellte sich heraus, dass sie ihn im Rücken traf, mehrere innere Organe verletzte und aus dem Bauch wieder austrat. Der Verletzte wurde zunächst zur Poliklinik in Harbke gebracht und nach der Erstversorgung wegen der schweren Verletzung in das Kreiskrankenhaus Neindorf/Oschersleben überführt. Dort stellte der behandelnde Arzt neben der Schusswunde auch eine Bauchfellentzündung (Peritonitis) fest. Joachim Weinhold war benommen, auf Fragen antwortete er nur noch unter großer Anstrengung. Am nächsten Abend um 19.10 Uhr hörte sein Herz auf zu schlagen.

Zwei Wochen später teilte der Staatsanwalt des Bezirkes Magdeburg Frau Weinhold den Tod ihres Stiefsohnes mit. Er sei „bei dem unter Mißbrauch eines alliierten Militärzuges vorgenommenen gewaltsamen Eindringen in die Deutsche Demokratische Republik ums Leben gekommen". Mit der Post bekam sie seinen Koffer und die Aktentasche zugesandt. Die Urne mit seiner Asche wurde auf einem Friedhof in Berlin-Neukölln beigesetzt.

Im November 1995 klagte die Staatsanwaltschaft Magdeburg den Todesschützen Hans-Peter V. an. Auf Beschluss des Landgerichts Magdeburg vom 27. März 1997 wurde das Verfahren jedoch wieder eingestellt. Der Schütze habe entsprechend seiner Befehlslage und der seit 1961 gültigen DDR-Schusswaffengebrauchsbestimmung gehandelt. Das Oberlandesgericht Naumburg wies die Beschwerde der Staatsanwaltschaft gegen den Einstellungsbeschluss mit der Begründung ab, die DDR-Bestimmung entspreche „grundsätzlich den Bestimmungen der Bundesrepublik für den Schusswaffengebrauch im Grenzdienst" (§11 UZwG). Hans Peter V. habe geglaubt, nur durch die Anwendung der Schusswaffe könne ein Verbrechen verhindert werden. (Recherche: jk, jos., MP, St.A.; Autor: jk)

Quellen:

MfS, BV Magdeburg: Information zu Joachim Weinhold. BStU, ZA, MfS-SdM, Nr. 1935, Teil 1.

Studentenakte von Joachim Weinhold. Universitätsarchiv der Freien Universität Berlin, 15866.

Staatsanwaltschaft Magdeburg: Verfahren wg. Totschlags, 33 Js 8263/95.

Staatsanwaltschaft Magdeburg: Anklage vom 13.11.1995, 33 Js 8263/95; Landgericht Magdeburg: Beschluss Nichteröffnung des Hauptverfahrens vom 27.03.1997, 22 Ks 33Js 8263/95 (30/95); OLG Naumburg: Verwerfung der Beschwerde vom 1.09.1998, 1 Ws109/97. Sammlung Marxen/Werle, Humboldt-Universität Berlin.

Filmer, Werner/Schwan, Heribert: Opfer der Mauer. Die geheimen Protokolle des Todes. München 1991, S. 169.

Peter Reisch

geboren am 26. Februar 1943 in Sierpc (Polen)
angeschossen am 5. Juni 1962, seiner Kopfverletzung erlegen am 13. Juli 1962
Ort des Zwischenfalls: zwischen Schierke (Sachsen-Anhalt)
und Bad Harzburg (Niedersachsen)

Die Grenzanlagen zwischen Schierke und Bad Harzburg waren 500 Meter breit. Zwischen zwei Sperrzäunen stieg das dicht bewaldete, von Gräben durchzogene Gelände um 200 Meter an. Bis hierhin war Peter Reisch am 5. Juni 1962 vorgedrungen. Es war kurz nach 18.30 Uhr an einem bewölkten kühlen Vorsommerabend. Als er Grenzsoldaten kommen hörte, versuchte er, sich in einem Gebüsch zu verbergen. Drei Monate zuvor war er aus der Bundesrepublik zurückgekehrt und hatte sich in Egeln angemeldet, wo seine Mutter und ein Onkel wohnten. Im Westen, in den er durch die bis zum 13. August 1961 offene Berliner Grenze gelangt war, hatte er als Kraftfahrer gearbeitet. Weil er mit einem größeren Betrag für einen von ihm verursachten Arbeitsunfall aufkommen sollte, zog er die Rückkehr in die DDR vor. Ausgestattet mit einem vorläufigen Personalausweis (PM 12) begann er, als Landarbeiter in einer LPG in Egeln zu arbeiten. Doch er sprach immer öfter davon, wieder in den Westen zu wollen. Vielleicht fühlte sich der 19-Jährige in seiner Familie nicht mehr heimisch. Mit dem Stiefvater soll es mehrmals Auseinandersetzungen gegeben haben.

Die Grenzposten Unterfeldwebel H. und Unteroffizier V. waren gerade auf dem Heimweg von einem Streifengang, als sie im Unterholz Geräusche wahrnahmen. Sie entdeckten den 21-jährigen Reisch und befahlen ihm aufzustehen. Dieser hob die Arme, ging einige Schritte rückwärts, drehte sich dann plötzlich um und begann wegzulaufen. Von Halt-Rufen und Warnschüssen alarmiert, eilte eine zweite Streife herbei. Peter Reisch lief genau auf den als Streifenführer eingesetzten Stabsgefreiten Fritz Ha. und den Soldaten S. zu. Die Männer waren nur zehn Meter voneinander entfernt, dann schlug der Flüchtling plötzlich einen Haken und rannte fast parallel zur Grenze auf ein Waldstück zu. Unterfeldwebel H. forderte Fritz Ha. durch Zurufe mehrmals auf, von seiner Waffe Gebrauch zu machen. Nach einem Warnschuss feuerte Ha. aus einer Entfernung von etwa 120 Metern gezielt auf die rechte Schulter des Flüchtenden. Peter Reisch brach, in den Hinterkopf getroffen, sofort zusammen. Er blutete und verlor das Bewusstsein. Um ihn zu transportieren, stand nur ein Beiwagenkrad zur Verfügung, mit dem er durch unwegsames Gelände zunächst zur Grenzkompanie Schierke gebracht wurde.

Im Krankenhaus Wernigerode konnte sein Zustand zunächst stabilisiert werden. Die Mutter und der Onkel fanden ihn mit verbundenem Kopf und ansprechbar vor. Wie schlecht es um ihn stand, hatte man ihnen nicht gesagt. Vom Pflegepersonal erfuhr der Onkel, dass Peter Reisch eine offene Fraktur am rechten Hinterkopf hatte. Sieben Tage später stellte die Polizei das Ermittlungsverfahren gegen den Schwerverletzten ein, weil dieser in absehbarer Zeit nicht mehr vernehmungsfähig sein würde. Am 12. Juli muss sich die Verletzung so sehr verschlimmert haben, dass man Peter Reisch in die Medizinische Akademie nach Magdeburg überführte. Die Ärzte diagnostizierten dort eine Entzündung im verletzten Bereich des Gehirns (Hirnabszess). Einen Tag später starb Peter Reisch.

Fritz Ha. wurde vom Bataillonskommandeur für seine vorbildliche Pflichterfüllung gelobt, doch ihm war klar, dass der Flüchtling weder ein Agent noch ein Verbrecher war. In der Kompanie verbreitete sich bald die Nachricht vom Tod Peter Reischs. Fritz

Ha. fühlte sich in seiner Uniform nicht mehr wohl. Am 3. Februar 1963 gelang ihm die Fahnenflucht in die Bundesrepublik.

Die Zentrale Erfassungsstelle der Landesjustizverwaltungen in Salzgitter hatte bereits Vorermittlungen zu dem Zwischenfall aufgenommen. Aufgrund der Aussagen von geflüchteten DDR-Grenzern und weiteren Informationen wurde Fritz Ha. überführt und am 29. März 1963 verhaftet. Er hatte seine Tat während des Aufnahmeverfahrens im Westen verschwiegen. Am 11. Oktober 1963 wurde er im ersten bundesdeutschen Gerichtsverfahren gegen einen DDR-Grenzsoldaten wegen versuchten Totschlags zu 15 Monaten Gefängnis verurteilt. (Recherche: St.A., jk, TP, jos.; Autor: jk)

Quellen:
Bericht über die Festnahme eines Grenzverletzers unter Anwendung der Schusswaffe im Abschnitt der 7./II. GRgt.-20. o. D. BArch Berlin, DY 30 IV 2/12/76.
MdI: Rapport. BArch Berlin, DO 1/2.3 22001.

Gert Könenkamp

geboren am 21. September 1946 in Schwerin

ertrunken am 5. August 1962, aus der Elbe geborgen am 10. August 1962

Ort des Zwischenfalls: Elbe bei Darchau (Niedersachsen)

Die vier Jugendlichen Hermann B., Gert Könenkamp, Rainer M. und Johannes R. hatten nicht mit der frühen Morgensonne gerechnet, als sie am 5. August 1962 gegen 1 Uhr von Neuhaus aus in Richtung Elbe aufgebrochen waren. Sie kamen aus Schwerin und wollten aus unterschiedlichen Gründen die DDR verlassen. Der 16-jährige Johannes R. lehnte die politische Orientierung des Schulunterrichts ab und plante, in der Bundesrepublik sein Abitur abzulegen. Hermann B. stand der sozialistischen Entwicklung der DDR skeptisch gegenüber. Seine Geschwister lebten in Hamburg. Auch Rainer M., dessen Vater in Hessen lebte, war mit den politischen Verhältnissen in der DDR unzufrieden. „Gert war ähnlich gesinnt", erinnerte sich Rainer M.: „Gert war Feuer und Flamme. Er entschloß sich sofort mit uns in den Westen zu flüchten." Gert Könenkamp wollte eigentlich erst die Schule abschließen, bevor er versuchen würde, zu seinem Vater nach Hamburg zu gelangen, den er seit zwei Jahren nicht mehr gesehen hatte. Er wohnte bei seinen Großeltern und war mit 15 Jahren der Jüngste unter den Freunden, die beschlossen hatten, in den Sommerferien über die Elbe zu schwimmen.

Johannes R., der schon seit einiger Zeit in Neuhaus bei Darchau lebte, empfing die drei Freunde, die am 4. August 1962 mit der Bahn nach Neuhaus kamen. Sie besprachen noch einmal ihr Vorhaben und warteten in einem Gasthaus den Einbruch der Dunkelheit ab. Querfeldein laufend mussten sie zunächst den Fluss Krainke durchschwimmen, um nicht beim Betreten des Sperrgebietes von den Wachtposten kontrolliert zu werden. Hier wurde sich Rainer M. der schwimmerischen Herausforderung bewusst, die eine Überquerung der Elbe für ihn bedeutet hätte, und kehrte um. Die anderen drei Freunde gelangten auf einem Feldweg bis zum Elbdeich bei Darchau. In der Morgendämmerung betraten sie die Deichkrone; da hörten sie plötzlich jemanden pfeifen. Zwei Grenzsoldaten hatten sie bemerkt. Nun muss alles ganz schnell gegangen sein. Die Soldaten waren gut 200 Meter entfernt, sodass die Freunde hoffen konnten, noch rechtzeitig ins Wasser zu kommen. Johannes R. lief auf der vor ihnen liegenden Buhne entlang, zog sich aus und tauchte in die Elbe. Da begannen die Soldaten bereits, aus ihren Maschinenpistolen zu schießen. Hermann B. und Gert Könenkamp sprangen neben dem Buhnenkopf ins Wasser. Dabei muss sich Gert Könenkamp an einem Stein am Elbufer äußerst schmerzhaft im Gesicht verletzt haben. Bedroht von den in das Wasser schießenden Soldaten, kehrte Hermann B. an Land zurück, wo er festgenommen wurde. Dem stark blutenden Gert Könenkamp fehlte hierfür die Kraft. Seinem Freund hatte er noch zugerufen, dass er Hilfe braucht. Doch dieser wurde aufgefordert, an Land zu kommen. Die Tagesmeldung der Grenztruppen bemerkt zu Gert Könenkamp, „es wurde beobachtet, daß er unterging". Johannes R. erreichte das niedersächsische Ufer.

Weil Johannes R. nicht angeben konnte, was mit seinen Freunden geschehen war, startete der Zoll eine Suchaktion. Gegen 8 Uhr bot sich den Beamten ein unheimliches Bild: Von zwei Booten der Grenztruppe aus wurde die Elbe mit Totenangeln durchkämmt. Erst fünf Tage später bargen Fischer die Leiche von Gert Könenkamp bei Radegast (Niedersachsen). Im Städtischen Krankenhaus in Lüneburg musste der Vater seinen Sohn identifizieren. Die gerichtsmedizinische Untersuchung der Leiche ergab, dass Gert Könenkamp ertrunken war; die Schüsse der Grenzsoldaten hatten ihn nicht getroffen. Er wurde am 20. August 1962 auf dem Ohlsdorfer Friedhof in Hamburg beigesetzt.

Der festgenommene Hermann B. wurde nach Schwerin überführt, vernommen und am nächsten Tag seinem Vater übergeben. Anfang September 1962 verurteilte ihn das Kreisgericht Schwerin wegen Verstoßes gegen das Passgesetz zu einer zweijährigen Bewährungsstrafe. Auch Rainer M. vernahm das MfS. Von einer Anklage vor Gericht wurde jedoch abgesehen. (Recherche: jk, jos., MP, TP; Autor: jk)

Quellen:

MdI: Rapport Nr. 218 für die Zeit vom 5.8.1962, 4.00 Uhr bis 6.8.1962, 4.00 Uhr. BArch Berlin, DO1/2.3 4150.

VPK Schwerin Abt. K; MfS, BV Schwerin: Ermittlungsverfahren gegen Johannes R. wegen Abwerbung gem. § 21 (2) StEG. BStU, Ast. Swn, MfS, BV Schwerin, ASt 19/83.

ZESt: Strafsache gegen Unbekannt wegen versuchten und vollendeten Totschlags, AR–ZE 657/62. BArch Koblenz, B 197/723.

ZERV: Strafsache z. N. Richter, Burkert, Könenkamp wg. vers. Totschlags. LAB, C Rep. 120–02, Acc. 8346, Az. 2 Js 297/91.

Filmer, Werner/Schwan, Heribert: Opfer der Mauer. Die geheimen Protokolle des Todes. München 1991, S. 170.

Koop, Volker: „Den Gegner vernichten". Die Grenzsicherung der DDR. Bonn 1996, S. 344 f.

Pingel-Schliemann, Sandra: „Ihr könnt doch nicht auf mich schießen!" Die Grenze zwischen Lübecker Bucht und Elbe zwischen 1945 und 1989. Schwerin 2014, S. 227.

Hans-Joachim Jankowiak

geboren am 11. Mai 1942 in Unseburg

gestorben nach Schussverletzung am 13. August 1962

Ort des Zwischenfalls: unterhalb der Ruine Brandenburg bei Lauchröden/Werra ca. 300 m westlich von Göringen, Krs. Eisenach (Thüringen)

Der Bergmannssohn Hans-Joachim Jankowiak aus Osterweddingen, Kreis Wanzleben, arbeitete 1962 als Hilfsarbeiter im Stalldienst des Zirkus „Probst". Dort lernte er den 17-jährigen Klaus-Jürgen R. kennen, der – wie schon zwei seiner Brüder vor ihm – ebenfalls in die Bundesrepublik flüchten wollte. Als der Zirkus in Erfurt gastierte, berichtete R. am 11. August 1962 seinem Arbeitskollegen Jankowiak während eines Spaziergangs von seinem Vorhaben, dieser schloss sich spontan an. Die jungen Männer machten sich nach einem Mittagessen sofort zu Fuß in Richtung Grenze auf. Ihr Ziel war die Gegend um Göringen bei Eisenach. Sie hofften, sich in dem dortigen bewaldeten Gebiet besser verstecken zu können, um die Grenze unbemerkt zu überschreiten.

Am übernächsten Morgen kamen sie gegen 8 Uhr in dem Dorf Göringen an, das nur noch einige hundert Meter von der innerdeutschen Grenze entfernt lag. Dort wurden sie von einer älteren Bäuerin entdeckt, die mehrere Männer zu Hilfe rief, unter denen sich auch der Ortspolizist befand. Die beiden jungen Männer flohen, bevor die Verfolger sie erreichen konnten. Diese informierten daraufhin telefonisch das Grenzregiment in Eisenach. Von dort aus wurde Grenzalarm ausgelöst. Die beiden Flüchtlinge verbargen sich in einer Mulde in der Nähe der Burgruine Brandenburg, während bereits mehrere Postenpaare die Gegend durchstreiften. Als sich ihnen zwei Grenzsoldaten näherten, sprang Jankowski plötzlich auf und lief in Richtung der nicht mehr weit entfernten Grenze. Die beiden Verfolger bemerkten den Flüchtling, riefen ihn an und gaben Warnschüsse ab. Klaus-Jürgen R. kam aus seinem Versteck hervor und ließ sich festnehmen. Jankowiak hingegen rannte zunächst zurück in den Wald und versuchte dann etwa 100 Meter weiter erneut in Richtung Grenze zu gelangen. Die Soldaten riefen ihn wiederum an und gaben Warnschüsse ab, doch Jankowiak blieb nicht stehen. Der 21-jährige Postenführer, der Gefreite Norbert H., verfolgte ihn und gab, nachdem er bis auf 25 Meter an den Flüchtenden herangekommen war, nach nochmaliger Warnung mit seiner auf Dauerfeuer eingestellten Kalaschnikow eine Salve von mindestens vier Schüssen auf Jankowiak ab. Dieser hatte gerade den ersten von zwei Maschendrahtzäunen überwunden und die Grenzlinie fast erreicht.

Nach eigenen Angaben will der Postenführer auf die Beine des Flüchtlings gezielt haben. Hans-Joachim Jankowiak wurde jedoch von einer Kugel in den Bauch getroffen und starb wenige Minuten später, gegen 11.10 Uhr, an inneren Blutungen. Die Militärstaatsanwaltschaft der DDR leitete kein Ermittlungsverfahren gegen den Schützen Norbert H. ein, der zu dieser Zeit unter dem Decknamen „Heinz Krause" inoffiziell für den Staatssicherheitsdienst arbeitete. Er erhielt eine Belobigung und eine Prämie von 30 Mark. Der festgenommene Mitflüchtling Klaus-Jürgen R. wurde mehrere Tage vom Staatssicherheitsdienst vernommen und danach vom Bezirksgericht Erfurt zu zwei Jahren und sechs Monaten Zuchthaus verurteilt.

Im Frühjahr 2000 verurteilte das Landgericht Mühlhausen den Todesschützen Norbert H. zu einer Bewährungsstrafe von einem Jahr und drei Monaten. Der Bundesgerichtshof verwarf eine von H. angestrebte Revision des Urteils. (Recherchen: jk, jos., MS, MP, St.A.; Redaktion: jos.)

Quellen:
Kommando der Grenztruppen: Tagesmeldung (Nr. 225/62), zit. nach Filmer, Werner/Schwan, Heribert: Opfer der Mauer. München 1991, S. 171.

Bezirksgericht Erfurt: Gerichtsakten zum Verfahren gegen Klaus-Jürgen R. BStU, MfS ASt Ib 440/62, Bd. I.

MfS, HA I: MfS-Unterlagen zu Norbert H. alias „Dieter Krause". Norbert H., Kompanie Lauchröden, verpflichtete sich demnach am 5. September 1961 handschriftlich als GI zur Zusammenarbeit mit dem MfS. BStU, ZA, MfS, AIM 13439.

StA II bei dem LG Berlin: Auswertung der „Toten an der Grenze", LAB, D Rep. 120-02, Acc. 8346, Az. 2 Js 333/91.

StA Erfurt: Anklage vom 13. November 1998 wegen Totschlags, Az. 520 Js 96104/97; zuvor StA Berlin Az. 27/2 Js 333/91; LG Mühlhausen: Urteil vom 15.03.2000, Az. 520 Js 96104/97-1, 2StR 337/00. ThHStA Weimar, StA Erfurt 9904 bis 9914.

Neue Justiz, 3/2001, S. 152.

Werner Dobrick

geboren am 27. April 1942 in Marienwerder
beim Fluchtversuch ertrunken
am 28. August 1962
Ort des Zwischenfalls: Pötenitzer Wiek
(Mecklenburg-Vorpommern)

Bildquelle: Privat, Dieter Dobrick

Werner Dobrick war das jüngste von vier Geschwistern. Nach Krieg und Vertreibung wohnte die Familie in Gägelow, nahe Wismar. Ein Bruder Dobricks lebte seit 1955 in der Bundesrepublik. Werner Dobrick hatte einen ruhigen Charakter, er war gesellig und verbrachte gerne Zeit mit seinen Freunden. Einer seiner Brüder erinnert sich an ihn als einen wohlüberlegt handelnden Menschen, der die Dinge und seine Vorhaben sehr genau durchdacht ahbe. Nach einer Tischlerlehre wurde Werner Dobrick zum Junglehrer am Lehrerbildungsinstitut in Neukloster ausgebildet. Er kam 1960 als Volksschullehrer nach Pötenitz. Dort setzte ihn der damalige Schulleiter massiv unter Druck, „eine Verpflichtung [zu] unterschreiben, daß er jeglichen Kontakt mit seinem in der Bundesrepublik lebenden Bruder [...] unterbindet und zu jeder Zeit, wenn es die DDR fordere, auch bereit sei, auf seinen Bruder zu schießen".

*Werner Dobrick (rechts) mit seinen Brüdern Dieter (sitzend)
und Gert (links).*
Bildquelle: Privat, Dieter Dobrick

Beim Kommando der Grenztruppen ging in den frühen Morgenstunden des 29. August 1962 eine Meldung über einen Grenzdurchbruch südwestlich von Pötenitz ein. Demnach hatten Grenzer an einer unbewachten Stelle eine Kriechspur durch den Zehn-Meter-Kontrollstreifen bis zur Pötenitzer Wiek entdeckt. Sie stammte vom 20-jährigen Werner Dobrick, der das westliche Ufer jedoch nicht erreichte. Zeitzeugen erinnern sich daran, dass er nicht alleine geflüchtet sei, sondern in Begleitung einer jungen Kollegin aus seiner Schule. Sie habe hingegen das westdeutsche Ufer erreichen können.

Nach der Bergung seiner Leiche vernahm der Staatssicherheitsdienst die Eltern, ohne sie über den Tod ihres Sohnes zu informieren. Später hieß es, er sei bei einem Sportunfall ertrunken. Trotz des Vermerks „Tod durch Ertrinken" auf der vom Standesamt Dassow am 10. September 1962 ausgestellten Sterbeurkunde und der vom MfS verbreiteten Desinformation, Werner Dobrick sei bei einem Badeunfall ums Leben gekommen, vermuteten Verwandte und Bekannte einen gescheiterten Fluchtversuch. Da Werner Dobrick ein ausgebildeter Rettungsschwimmer war, glaubte man, er sei bei einem gescheiterten Fluchtversuch im Wasser erschossen worden. Die Leiche Werner Dobricks wurde in seinen Heimatort Gägelow/Proseken überführt. Seine Angehörigen durften ihn nicht noch einmal sehen. Als die Trauergemeinde zur Grabstelle kam, hatte man den mit Nägeln und Schrauben verschlossenen Sarg bereits ins Grab gelassen. Das ungeklärte Schicksal des jüngsten Sohnes grämte seinen Vater zutiefst. Er verstarb ein Jahr später im Alter von 60 Jahren.

Die staatsanwaltschaftlichen Ermittlungen in den 1990er Jahren brachten keine neuen Erkenntnisse über Werner Dobricks Todesursache. Da die von seinen Angehörigen vermutete Schussverletzung nicht nachgewiesen werden konnte, wurde das gegen Unbekannt geführte Ermittlungsverfahren eingestellt. Unter welchen Umständen der ausgebildete Rettungsschwimmer ums Leben kam, ist bis heute ungeklärt. (Recherche: MP; Autorin: MP)

Quellen:

ZESt: Strafsache gegen Unbekannt wegen Totschlags AR-ZE 1098/62. BArch Koblenz, B 197/1106.

StA bei dem LG Berlin: Ermittlungsverfahren gegen Unbekannt. LAB, C Rep. 120–02, Acc. 8346, Az. 2 Js 75/90.

Filmer, Werner/Schwan, Heribert: Opfer der Mauer. Die geheimen Protokolle des Todes. München 1991, S. 175.

Telefonat Dieter Dobrick (Bruder) mit Mandy Palme am 04.12.2015.

Lothar Heller

geboren am 17. Januar 1941 in Merkwitz, Ortsteil von Oschatz

ertrunken beim Fluchtversuch Anfang Oktober 1962,
aus der Elbe geborgen am 30. April 1963

Ort des Zwischenfalls: Elbe bei Lütkenwisch, Landkreis Prignitz (Brandenburg)

Am frühen Morgen des 30. April 1963 bemerkte der niedersächsische Zollassistent Heinz G. vom Elbufer bei Schnackenburg aus drei Grenzsoldaten, die auf dem gegenüberliegenden DDR-Ufer Posten standen. Als er auf seinem Kontrollgang drei Stunden später, um 9.35 Uhr, wieder an die gleiche Stelle zurückkehrte, sah er schon von Weitem, dass ein Lkw der Grenztruppen und ein Pkw hinzugekommen waren. Nun standen neben elf Soldaten auch drei Zivilisten am östlichen Elbufer. Zu ihnen gehörte vermutlich ein Mediziner. Dieser machte sich, so die Aussage von Heinz G., „mit einem weißen Oberhemd und einem Messer in der Hand [...], fortlaufend in gebückter Stellung an der Erde zu schaffen". Heinz G. vermutete richtig, dass dort eine Leiche angespült worden war. Er rief Verstärkung herbei. Kurz nach 10.15 Uhr fuhren zwei Zollmotorboote so nah wie möglich an den Fundort heran, um das Geschehen zu verfolgen. Die Zollangehörigen beobachteten, wie vier Grenzsoldaten die Leiche eines Mannes in einer Decke zum Lkw trugen und anschließend noch ein Paar Stiefel und weitere Kleidungsstücke darin verstauten. Dann fuhren das Zivilfahrzeug und der Lkw über den Elbdeich in Richtung Lanz (Prignitz) davon.

Nach der Bergung wurde die Wasserleiche zur Obduktion in die Medizinische Fakultät der Universität Rostock gebracht. Auch in der DDR wussten die Sicherheitsorgane zunächst nicht, um wen es sich handelte. Die einzigen Hinweise zur Identifizierung waren ein in der Kleidung eingesticktes „LH", der Zahnstatus sowie einige Ausrüstungs- und Bekleidungsstücke. Die Obduktion ergab keine eindeutigen Hinweise auf einen gewaltsamen Tod, da die Leiche nach der langen Liegezeit von etwa sieben Monaten im Wasser zu sehr verändert war, um zu einem sicheren Urteil zu kommen. Die Gerichtsmediziner gingen davon aus, dass der Mann ertrunken war, wobei sie auch eine Unterkühlung als Todesursache für möglich hielten.

Am 1. Mai 1963 legten Kriminalpolizisten Annemarie Heller in Oschatz eine Armbanduhr und ein Stück Bekleidungsstoff vor und fragten, ob diese Fundstücke ihrem Sohn Lothar Heller gehörten, den sie bereits seit dem 2. Oktober 1962 vermisste. Am 3. Mai 1963 erhielt Frau Heller Gewissheit über das Schicksal ihres Sohnes. Ein Schreiben der Volkspolizei informierte sie darüber, dass man seine Leiche aus der Elbe geborgen und bereits zur Einäscherung nach Schwerin überführt hatte. Noch am gleichen Tag fuhr Frau Heller nach Schwerin, um die sterblichen Überreste ihres Sohnes zu sehen und Abschied zu nehmen, doch das wurde ihr nicht gestattet. Dies mag am desolaten Zustand der Leiche gelegen haben, nährte jedoch bei Familienangehörigen auch das Misstrauen gegenüber der amtlichen Auskunft, Lothar Heller sei ertrunken und nicht bei seinem Fluchtversuch erschossen worden.

Der 21-Jährige hatte sich selbst einen Taucheranzug gefertigt und war mit diesem in die Elbe gestiegen. Vielleicht wählte er Wittenberge als Ausgangsort seiner Flucht, weil dort die Elbe noch nicht durch Grenzzäune abgesperrt war, und unterschätzte die Gefährlichkeit seines Vorhabens, im Oktober durch den kalten Fluss zu schwimmen. Am zweiten Pfingstfeiertag des Jahres 1963 fand auf dem Friedhof in Oschatz die Urnenbeisetzung Lothar Hellers statt. Im September 1963 informierte ein Verwandter Lothar Hellers den „Untersuchungsausschuß Freiheitlicher Juristen" in West-Berlin über den Todesfall. Dadurch gelangte die Information auch zum Bundesministerium für gesamtdeutsche Fragen und zur Erfassungsstelle Salzgitter der Landesjustizverwaltungen. Mehrere fahnenflüchtige DDR-Grenzsoldaten wurden von den bundesdeutschen Ermittlungsbehörden zu dem Vorfall befragt. Sie berichteten, dass man in den an der Elbe stationierten Grenzkompanien über einen Taucher gesprochen habe, auf den Anfang Oktober 1962 von einem Streifenboot aus MPi-Salven abgefeuert worden seien. Der nördlich von Cumlosen gesichtete Mann sei nach den Schüssen nicht wieder aufgetaucht. Diese Aussagen konnten die Ermittlungsbehörden jedoch keinem konkreten Fluchtfall zuordnen. Das zuletzt zuständige Kammergericht Berlin stellte das Ermittlungsverfahren zum Tod von Lothar Heller 1998 ergebnislos ein. (Recherche: jk, LH, St.A.; Autor: jk)

Quellen:

Standesamt Merkwitz: Geburtenbuch 1947, Eintrag Nr. 2. Stadtverwaltung Oschatz.

Bundesministerium für gesamtdeutsche Fragen/innerdeutsche Beziehungen: Besondere Vorkommnisse (Zwischenfälle) an der Grenze zur DDR (Demarkationslinie) und im Raum Berlin – Erfassung der Todesfälle. BArch Koblenz, B 137/6429.

Oberfinanzdirektion Hannover: Berichte der Zentralen Erfassungsstelle der Landesjustizverwaltungen in Salzgitter über Gewaltakte der Nationalen Volksarmee und der Grenzpolizei der DDR. NLA Hannover, Nds. 220, Acc. 23/73, Nr. 2.

ZESt: Handakten zu der Strafsache wegen versuchten und vollendeten Totschlags, AR-ZE 237/63. BArch Koblenz, B 197/1376.
ZESt: V-Ermittlungsverfahren gegen Unbekannt wegen des Verdachts des Totschlags z. N. Lothar Heller, AR-ZE 859/63. BArch Koblenz, B 197/1983.
ZERV: Ermittlungsunterlagen. LAB, D Rep. 120–02, Acc. 8346, StA KG Berlin 2 Js 296/91.

Erich Janschke

geboren am 19. Juni 1941 in Dankmarshausen
getötet durch Minenexplosion am 15. November 1962, geborgen am 14. Dezember 1962
Ort des Zwischenfalls: Minenfeld 21 zwischen Obersuhl (Hessen)
und Untersuhl (Thüringen), 150 Meter südlich der Straße Obersuhl – Untersuhl

Zwei junge DDR-Bürger konnten sich Anfang der 1960er Jahre nicht zwischen dem Leben in Ost- oder Westdeutschland entscheiden und pendelten unstet zwischen der DDR und der Bundesrepublik. Am 15. November 1962 starben sie in einem Minenfeld auf dem Weg von West nach Ost. Ihre Leichen wurden erst einen Monat später gefunden.

Erich Janschke wuchs in Dankmarshausen, einer kleinen Gemeinde bei Eisenach, zusammen mit zwei Geschwistern auf. Er war nach Angaben seiner Schwester „ein richtiger Zugvogel", der es nirgends lange aushalten konnte. Ende der 1950er Jahre sei er erstmals in die Bundesrepublik gezogen, später aber wieder in die DDR zurückgekommen. 1960 verließ er erneut die DDR in Richtung Westen, wo er eine Zeitlang in Ehringen an der Werra lebte und dort in einem Kalibergwerk arbeitete. Außerdem wohnte und arbeitete er auch zeitweise bei seinem Bruder Heinz im emsländischen Rietberg.

Niemand weiß, warum Klaus Körner und Erich Janschke am Abend des 15. November 1962 versuchten, durch die streng bewachten und verminten Grenzanlagen in die DDR zurückzukommen. Sicher ist, dass die beiden jungen Männer die Grenze etwa 150 Meter südlich der Straße von Obersuhl in Hessen nach Untersuhl in Thüringen überquerten. Sie durchkrochen zwei Drahtzäune, gelangten ins Minenfeld und lösten dort mindestens eine Mine des Typs POMS 2 aus, die sie tödlich verletzte. DDR-Grenzer nahmen zwar eine Detonation wahr, konnten aber wegen des starken Bewuchses das Gelände nicht einsehen. Man vermutete, ein Wildschwein habe die Detonation ausgelöst. Erst am 14. Dezember 1962 fanden Angehörige des Pionierzuges vom 2. Grenzregiment Eisenach bei Instandsetzungsarbeiten an der Drahtsperre die bereits stark verwesten Toten. Bei der Leiche des 21-jährigen Erich Janschke wurden ein DDR-Arbeitsbuch und mehrere Bescheinigungen westdeutscher Arbeitsvermittlungen gefunden.

Die Angehörigen wurden im Dezember 1962 durch den damaligen Dorfpolizisten und zwei Kriminalbeamte zu Hause darüber informiert, dass Erich Janschke beim Grenzübertritt aus dem Westen im Bereich von Untersuhl auf eine Mine getreten und tödlich verletzt worden war. Diese Information sollte auf Weisung der Behörden „nicht im Dorf herumgetragen" werden. Die Schwester Erich Janschkes berichtete 1992 den Ermittlungsbehörden, ihr Vater sei damals auf eigene Faust zum Eisenacher Friedhof gefahren, um sicherzugehen, dass es sich bei dem Toten tatsächlich um seinen Sohn handele. Er überredete den Friedhofswärter, ihn ins Leichenschauhaus zu lassen. Als der Vater zurück nach Hause kam, erzählte er seiner Familie, „daß Erich in zwei

Hälften gerissen und in einen Leichenverwesungszustand übergegangen war". Er habe ihn aber zweifelsfrei identifizieren können. Die Behörden ließen den Leichnam ohne Rücksprache mit den Angehörigen verbrennen, die Familie erhielt lediglich die Urne zugeschickt. Die Kosten dafür mussten sie ebenso wenig tragen wie die der Beisetzung in Dankmarshausen.

Der Chef der DDR-Grenztruppen befahl in Auswertung des Vorfalls unter anderem, in Zukunft die Ursache aller wahrgenommenen Minendetonationen eindeutig festzustellen. Darüber hinaus teilte der stellvertretende DDR-Verteidigungsminister Admiral Waldemar Verner dem ZK-Sekretär für Sicherheitsfragen Erich Honecker in einem Schreiben vom 18. Dezember 1962 mit, „daß wir gegenwärtig in Zusammenarbeit mit dem Ministerium für Landwirtschaft, Erfassung und Forstwirtschaft überprüfen, wie wir auf eine zweckmäßigere Art das Problem der Unkrautvernichtung zur Verbesserung des Schußfeldes, der Sicherung der Sperren und des Kontrollstreifens lösen können".

Das Landgericht Mühlhausen sprach den Angeklagten Karl L., seit 1962 Leiter des Pionierdienstes der 11. Grenzbrigade, in dieser Sache am 12. April 2001 vom Vorwurf des Totschlags frei, da die Getöteten „die Explosionsgefahr bei Überqueren des Minenfeldes bewußt in Kauf genommen haben, so daß der Tatbestand des Totschlags unter dem Gesichtspunkt der eigenverantwortlichen Selbstgefährdung entfällt". (Recherche: jk, MP, St.A.; Redaktion: jos.)

Vgl. auch die Biografie von Klaus Körner.

Quellen:

MdI, Stab: Rapport Nr. 350 für die Zeit vom 15.12.1962, 4.00 Uhr, bis zum 16.12.1962, 4.00 Uhr, Lage der Staatsgrenze West – versuchte Grenzdurchbrüche. BArch Berlin, DO1/2.3 4152.

Filmer, Werner/Schwan, Heribert: Opfer der Mauer. Die geheimen Protokolle des Todes. München 1991, S. 175.

StA Erfurt: Strafverfahren gg. Karl L[...], Erwin K[...] und Erich H[...] wegen Totschlags, 510 Js 4661/98, Bd. I a. ThHStA Weimar, Freistaat Thüringen, StA Erfurt 11576.

StA Erfurt: Anklage wg. Totschlags vom 05.04.2000; LG Meiningen: Urteil vom 21.04.2001. Az. 510 Js 4661/98–1 K. Sammlung Marxen/Werle, Humboldt-Universität Berlin

Klaus Körner

geboren am 21. Juli 1939 in Arnstadt

getötet durch Minenexplosion am 15. November 1962,
geborgen am 14. Dezember 1962

Ort des Zwischenfalls: Minenfeld 21 zwischen Obersuhl (Hessen) und Untersuhl (Thüringen), 150 Meter südlich der Straße – Obersuhl und Untersuhl

Zwei junge DDR-Bürger konnten sich Anfang der 1960er Jahre nicht zwischen dem Leben in Ost- und Westdeutschland entscheiden und pendelten unstet zwischen der DDR und der Bundesrepublik. Am 15. November 1962 starben sie in einem Minenfeld auf dem Weg von West nach Ost. Ihre Leichen wurden erst einen Monat später gefunden.

Der in Thüringen geborene Klaus Körner flüchtete 1956 als 17-Jähriger nach West-Berlin, doch seine Mutter holte ihn zurück in die DDR. Ende März 1961 floh er erneut nach West-Berlin und dann bis Februar 1962 in die Bundesrepublik. Anschließend kehrte er für ein halbes Jahr in die DDR zurück, lebte aber seit Sommer 1962 wiederum in der Bundesrepublik. Offensichtlich faszinierte ihn das Leben im Westen, es gelang ihm jedoch nicht, dort Fuß zu fassen. Von Ende Juni bis zum 12. September 1962 war er in einem Obdachlosenheim in Bremerhaven gemeldet, die dortigen Behörden registrierten ihn danach als „unbekannt verzogen".

Es ist nicht bekannt, warum Klaus Körner und Erich Janschke am Abend des 15. November 1962 versuchten, durch die streng bewachten und verminten Grenzanlagen zurück in die DDR zu gelangen. Sicher ist, dass die beiden jungen Männer die Grenze etwa 150 Meter südlich der Straße von Obersuhl in Hessen nach Untersuhl in Thüringen überquerten. Sie durchkrochen zwei Drahtzäune, gelangten ins Minenfeld und lösten dort mindestens eine Mine des Typs POMS 2 aus, die sie tödlich verletzte. DDR-Grenzer nahmen zwar eine Detonation wahr, konnten aber wegen des starken Bewuchses das Gelände nicht einsehen. Man vermutete, ein Wildschwein habe die Detonation ausgelöst. Erst am 14. Dezember 1962 entdeckten Pioniere des 2. Grenzregiments Eisenach bei Instandsetzungsarbeiten an den Grenzzäunen zwei bereits stark verweste Leichen. Bei einem Toten fand man einen westdeutschen Personalausweis, eine Lohnabrechnung und eine von der Zolldienststelle Helmstedt ausgestellte ältere Bescheinigung über die Einziehung eines Personalausweises, ausgestellt auf Klaus Körner.

Der Chef der Grenztruppen ordnete nach dem Vorfall an, in Zukunft sei die Ursache aller wahrgenommenen Minendetonationen eindeutig festzustellen. Darüber hinaus teilte der stellvertretende DDR-Verteidigungsminister Admiral Waldemar Verner dem ZK-Sekretär für Sicherheitsfragen Erich Honecker in einem Schreiben vom 18. Dezember 1962 mit, „daß wir gegenwärtig in Zusammenarbeit mit dem Ministerium für Landwirtschaft, Erfassung und Forstwirtschaft überprüfen, wie wir auf eine zweckmäßigere Art das Problem der Unkrautvernichtung zur Verbesserung des Schußfeldes, der Sicherung der Sperren und des Kontrollstreifens lösen können".

Das Landgericht Mühlhausen sprach den für die Minenverlegung zuständigen Grenzoffizier Karl L., seit 1962 Chef des Pionierdienstes der 11. Grenzbrigade, in dieser Sache am 12. April 2001 vom Vorwurf des Totschlags frei, da die Getöteten „die Explosionsgefahr bei Überqueren des Minenfeldes bewußt in Kauf genommen haben, so daß der Tatbestand des Totschlags unter dem Gesichtspunkt der eigenverantwortlichen Selbstgefährdung entfällt". (Recherche: jk, MP, St.A.; Redaktion: jos.)

Siehe auch die Biografie von Erich Janschke.

Quellen:

MdI: Rapport Nr. 350 für die Zeit vom 15.12.1962, 4.00 Uhr, bis zum 16.12.1962, 4.00 Uhr: Lage der Staatsgrenze West – versuchte Grenzdurchbrüche. BArch Berlin, DO1/2.3 4152.

Filmer, Werner/Schwan, Heribert: Opfer der Mauer. Die geheimen Protokolle des Todes. München 1991, S. 175.

StA Erfurt: Anklage wg. Totschlag vom 05.04.2000; LG Meiningen: Urteil vom 12.04.2001, Az. 510 Js 4661/98-1 Ks. Sammlung Marxen/Werle, Humboldt Universität Berlin. .

StA Erfurt: Strafverfahren gg. Karl L[...], Erwin K[...] und Erich H[...] wegen Totschlags, Az. 510 Js 4661/98, Bd. I a. ThHStA Weimar, StA Erfurt 11576.

Peter Hecht

geboren am 17. Mai 1937 in Hamburg
nach Fluchtversuch erfroren in der Nacht vom 23. auf den 24. Dezember 1962
Ort des Zwischenfalls: Wittenberge (Brandenburg)

Peter Paul Hecht zog mit 21 Jahren von Hamburg nach Mainz und arbeitete als Reproduktionsfotograf in einem Frankfurter Druckereibetrieb. Ein Jahr später heiratete er eine ehemalige DDR-Bürgerin, die aus Aschersleben stammte. Kurz nach der Vermählung im Jahr 1959 entschloss sich das junge Paar, in die Heimat der Ehefrau nach Aschersleben in die DDR zu ziehen. Die Ehe wurde jedoch später geschieden, und so zog Peter Hecht im November 1961 nach Erfurt. Dort fand er in der Druckerei „Fortschritt" eine Beschäftigung als Reproduktionsfotograf und Unterkunft im betriebseigenen Wohnheim. Wahrscheinlich hielt ihn aber nichts mehr in der DDR. Er berichtete einem Mitbewohner von seinem vergeblichen Versuch, beim Staatsrat der DDR die Genehmigung zur Übersiedlung nach Jugoslawien zu erwirken. Sein Übersiedlungsantrag traf auf Ablehnung. Es gibt Hinweise darauf, dass Peter Hecht fortan von der Staatssicherheit bedrängt wurde. Daraufhin entwickelte er einen Fluchtplan und kündigte seinen Eltern brieflich an, dass er am 24. Dezember 1962 in der Gegend um Schnackenburg wieder in die Bundesrepublik zurückkehren werde.

In der Nacht vom 23. auf den 24. Dezember 1962 herrschte starker Frost, die Temperaturen sanken bis auf minus 20°C. Peter Hecht, der in der Dunkelheit am Ortsrand von Wittenberge ans Elbufer trat, hatte sich gegen die Kälte gewappnet. Unter seiner Oberbekleidung trug er einen Trainingsanzug sowie mehrere Unterhosen und Unterhemden. Sein Vorhaben war dennoch so waghalsig wie verzweifelt. Er wollte den in Wittenberge noch nicht durch Grenzanlagen gesicherten Zugang zur Elbe nutzen, um schwimmend das weit entfernte flussaufwärts liegende niedersächsische Ufer zu erreichen. Wenn alles glückte, würde er Weihnachten bei seiner Familie in Hamburg verbringen können. Am Elbufer zog er über seine Kleidung einen selbstgefertigten Schwimmanzug aus Gummi, den er mit Gummilösung abdichtete. Seinen Personalausweis, eine Landkarte und persönliche Unterlagen verpackte er wasserdicht in Folie. Dann stieg er in das eiskalte Wasser und schwamm mit der Strömung.

Er war erst kurze Zeit im Wasser, als der selbst hergestellte Schutzanzug am Bein aufplatzte. Sofort drang eiskaltes Wasser in den Gummianzug ein. Peter Hecht brach sein Vorhaben ab und kehrte zurück an Land. Bis in Bauchhöhe durchnässt, erreichte er eine Kleingartenanlage am Ortsrand von Wittenberge. Doch in der Winternacht hielt sich hier niemand auf, der dem völlig Unterkühlten hätte helfen können. Peter Hecht ist in jener Nacht erfroren. Um 6 Uhr am 24. Dezember 1962 entdeckte man seine Leiche 400 Meter vom Elbufer entfernt. Seine letzte Ruhestätte fand der 25-Jährige auf dem Friedhof in Perleberg. (Recherche: jk, MP; Autor: jk)

Quellen:

MdI/Stab: Rapport Nr. 359 für die Zeit vom 24.12.1962, 4.00 Uhr bis zum 25.12.1962: Lage an der Staatsgrenze West – versuchter Grenzdurchbruch. BArch Berlin, SAPMO DO1/2.3 4152.

Bezirksbehörde der Deutschen Volkspolizei (BdVP) Schwerin: Rapport Nr. 303/62 für die Zeit vom 24.12.1962, 08.00 Uhr bis 27.12.1962, 8.00 Uhr. LHASn, 7.12–1, Z 55/1990 (4), 158.

ZESt: Ermittlungsunterlagen, AR-ZE 1225/71. BArch Koblenz, B 197/11262.

Helmut Breuer

geboren am 4. Juni 1944 in Niederberzdorf (heute: Dolní Suchá, Tschechien)

erschossen am 20. Januar 1963

Ort des Zwischenfalls: nahe Gothmann (Mecklenburg-Vorpommern)

In einer der kältesten Nächte des Winters 1962/63 verabredeten sich sieben junge Arbeiter der Elbe-Werft Boizenburg an der Bahlener Konsum-Gaststätte „Harders". Sie waren entschlossen, an diesem Abend die Flucht über die zugefrorene Elbe in den Westen zu wagen. Auf diesem Weg war in den ersten Januarwochen 1963 bereits 23 jungen Leuten die Flucht im Raum Boizenburg geglückt. Das Thema war Tagesgespräch unter den Werftarbeitern, die erfolgreichen Fluchten motivierten die Arbeiter zu weiteren Versuchen. Erste Absprachen zur Flucht trafen die sieben jungen Männer am 16. Januar 1963. Am 19. Januar gegen 19.30 Uhr verließen sie die Gastwirtschaft „Harders" und bewegten sich etwa 800 Meter auf der Straße in Richtung Gülze. Auf einem Feldweg marschierten sie weiter in Richtung Soltow. Sie wussten, dass die Ablösung der Grenzposten um 22 Uhr erfolgte und wollten diesen Umstand nutzen. Am Waldrand südlich von Bahlen verließen sie den Feldweg und liefen querfeldein in Richtung Radegast. Auf dem Weg mussten sie einen kleinen vereisten Bach überqueren. Helmut Breuer brach bis zu den Knien ein und setzte die Flucht dann bei minus 20° C mit nasser Kleidung fort. Bei Erreichen des Sudedeiches trennte sich die Gruppe. Vier von ihnen tarnten sich mit weißen Bettlaken und Lappen, die sie um ihre Schuhe wickelten. So konnten sie sich in der Schneelandschaft ungesehen und relativ zügig fortbewegen. Während diesen vier die Flucht gelang, bewegten sich die anderen drei nur langsam kriechend vorwärts und verloren den Anschluss an die Gruppe. Etwa 800 Meter südöstlich von Gothmann wurden die drei – vermutlich aufgrund fehlender Tarnung – gegen 21.15 Uhr von den Grenzposten aus einer Entfernung von 70 bis 80 Metern entdeckt, sogleich mit Scheinwerfern erfasst und zum Aufstehen angerufen. Als sie auf den Anruf sowie auf einen Warnschuss nicht reagierten, schoss ein Grenzposten, der auf sie zulief, einen Feuerstoß aus seiner MPi in die Luft und eröffnete sodann aus einer Entfernung von 40 bis 50 Metern gezielt das Feuer. Er traf Helmut Breuer. Nach dem Aufschrei des Verletzten sprangen seine beiden Begleiter auf und hoben die Hände. Als einer der beiden dem Verwundeten zu helfen versuchte, unterband das ein Grenzsoldat, mit der Drohung, auch auf ihn zu schießen, wenn er sich hinunterbeuge. Der Verletzte habe laut gestöhnt, dass er nicht mehr richtig sprechen könne. Unter Schmerzen stieß er aus, dass er keine Luft mehr bekomme. Da das Grenzmeldenetz in diesem Abschnitt nicht einsatzbereit und der Postenführer nicht mit einer Leuchtpistole ausgerüstet war, brachte die Streife die beiden Festgenommenen zur Grenzkompanie Gothmann. Der Verletzte blieb unversorgt liegen. Gegen 22 Uhr traf schließlich Hilfe ein. Dann endlich transportierten Grenzsoldaten Helmut Breuer auf einem Stahlbett in Richtung Gothmann. Ein Rettungswagen brachte ihn gegen 23 Uhr in das Krankenhaus nach Boizenburg. Dort kam er noch in ansprechbarem Zustand an, erlag jedoch trotz entsprechender Behandlung am 20. Januar 1963, gegen 3.55 Uhr, seinen Verletzungen. Die behandelnden Ärzte stellten Einschüsse in der rechten vorderen Achsel zwischen der siebten und achten Rippe sowie links auf gleicher Höhe fest. Seine Füße steckten in den nassen Schuhen, waren geschwollen und hart wie Eis. Über den Kniescheiben fanden sich blauschwarze Hautveränderungen durch Erfrierung. Nach der Obduktion wurde schließlich als Todesursache des 18-Jährigen eine Verblutung in der Brusthöhle infolge einer Leber- und Zwerchfelldurchbohrung nach Durchschuss der Brust- und Bauchhöhle festgestellt.

Helmut Breuer und seine beiden Freunde Helmar B. und Helmut S. kannten sich seit ihrer gemeinsamen Lehrzeit auf der Elbewerft Boizenburg, wo sie ab 1958 eine Ausbildung als Schweißer und Schiffbauer absolvierten. Sie bewohnten das Internat in Boizenburg und verbrachten neben der Arbeits- und Schulzeit auch ihre Freizeit miteinander. Nach der dreijährigen Lehrzeit bezogen sie ihre Zimmer in einem Boizenburger Ledigenheim. Nach der Festnahme und den ersten Verhören der Freunde Helmut Breuers wurden sie zum Untersuchungsgefängnis der Staatssicherheit nach Schwerin gebracht, wo sie bis zur Urteilsverkündung in Einzelhaft saßen. Das Kreisgericht Hagenow verurteilte die beiden Jugendlichen zu 15 Monaten Haft und erließ ein Aufenthaltsverbot für den Grenzkreis. Die „ausgezeichnete Handlung" der Grenzposten wurde sofort in allen Einheiten ausgewertet. Der Postenführer und der Posten wurden mit je 100 Mark prämiert.

Später erinnerten sich die beiden Freunde Helmut Breuers, wie sie damals abgeführt wurden: „Je weiter wir gingen, umso leiser wurde sein Wimmern, bis es letztlich aufgrund der Entfernung nicht mehr zu hören war." Im Rückblick bewerteten sie den spontanen Entschluss zur Flucht als „jugendlichen Leichtsinn". Da man sie allerdings schon festgenommen hatte und sie auf dem Boden lagen, sei es nur schwer verständlich, warum die Grenzposten gezielt auf sie schossen: „Die hätten ja nicht gleich schießen müssen oder brauchen."

Ein Ermittlungsverfahren gegen den Todesschützen wurde in den frühen 1990er Jahren eingestellt, da er bereits verstorben war. (Recherche: jk, jos., MP, US; Autorin: MP)

Quellen:

Grenztruppen der DDR/Abteilg. Operativ: Tagesmeldung Nr. 20/63–18.1.1963 bis 19.1.1963. BArch Freiburg, DVH 32/112573.

MfS, ZAIG: Eilinformation über einen verhinderten Grenzdurchbruch mit tödlichem Ausgang für einen Grenzverletzer im Raum Gothmann/Hagenow/Schwerin am 19.1.63. BStU, ZA, MfS, ZAIG 696.

MfS: Re-Kass-Handakten zu der Strafsache gegen Breuer u. a. BStU, MfS, ASt I a 31/63, Bd. I.

Hauptzollamt Lüneburg: Bericht an Oberfinanzdirektion Hannover, Lüneburg, 18.2.1963. NLA Hannover, Nds. 220, Acc. 23/73, Nr. 2.

StA II bei dem LG Berlin: Ermittlungsverfahren wegen Verdacht des Totschlags z. N. Helmut Breuer. LAB, D Rep. 120–02, Acc. 8346, Az. 2 Js 53/92.

Institut für Gerichtliche Medizin der Universität Rostock: Sektionsprotokoll vom 5.6.1963. Kreisarchiv Ludwigslust-Parchim, Auskunft vom 22. Juli 2016.

Kreisarchiv Ludwigslust-Parchim: Auskunft vom 22.7.2016 zur Todesursache von Helmut Breuer.

Standesamt Boizenburg/Elbe: Auskunft vom 9.11.2016 über den Strebeintrag von Helmut Breuer.

Filmer, Werner/Schwan, Heribert: Opfer der Mauer. Die geheimen Protokolle des Todes. München 1991, S. 178.

Kufeke, Kay: „… dass es keinem Bürger möglich wird, sich in das Lager der Imperialisten zu begeben." Die Innerdeutsche Grenze im Kreis Hagenow (1945–1989). Boizenburg/Elbe 2008, S. 38 f.

Rolf Fülleborn

geboren am 1. August 1943 in Dresden
ertrunken am 14. April 1963,
aus der Elbe geborgen am 15. April 1963
Ort des Zwischenfalls: Elbe nahe Lenzen
(Brandenburg)

Bildquelle: Privat, Frank Fülleborn

Bereits als Kind träumte Rolf Fülleborn davon, einmal auf „große Fahrt" zu gehen. Nach dem Abschluss der Grundschule 1958 begann er eine Lehre als Binnenschiffer, die er im Juli 1961 als „Bootsmann" abschloss. Schon vorher bewarb er sich mehrfach bei der Deutschen Seereederei in Rostock als Hochseeschiffer. Im Juli 1961 wurde er „wegen Vielzahl der Bewerber" abgelehnt, er könne aber 1962 nochmals nachfragen.

Rolf Fülleborn versuchte dann, bei der Deutschen Binnenreederei für den Dienst auf einem Schiff im innerdeutschen Verkehr eine Arbeitsstelle zu finden. Nachdem dies ebenfalls abgelehnt wurde, unternahm er am 15. Oktober 1961, wenige Wochen nach dem Bau der Berliner Mauer, seinen ersten Versuch, in die Bundesrepublik zu flüchten. Er schwamm von Wittenberge aus elbabwärts, stieg wegen der Kälte aber nach einiger Zeit aus dem Wasser und ging den Elbdeich entlang in Richtung Grenze. Dort lief er nach eigenen Angaben „im dichten Nebel zwei betrunkenen Grenzsoldaten in die Arme".

Das Kreisgericht Seehausen verurteilte Fülleborn zwei Tage später, am 17. Oktober 1961, zu einem Jahr Haft. Mit seiner „versuchten Republikflucht" habe er laut Urteil in Kauf genommen, zur Bundeswehr eingezogen zu werden: „Er wollte sich unter das Kommando jener Männer stellen, die am 13.2.1945 seiner Heimatstadt Dresden einen Untergang bereitet haben, wie er nur noch durch die Zerstörung der japanischen Städte Hiroshima und Nagasaki übertroffen wurde und wie er in einem dritten Weltkrieg allen Städten im sozialistischen Lager zuteil werden soll. An diesen unvorstellbaren Schreckenstaten wollte der Angeklagte durch seinen Republikverrat mitwirken." Rolf Fülleborn verbüßte seine Strafe zum Teil im Haftarbeitslager „Schwarze Pumpe".

Seine Eltern richteten am 2. Mai 1962 ein „Gesuch um Haftverkürzung" an den Staatsanwalt des Kreises Seehausen, das dieser als „Gnadengesuch" zu den Akten nahm. Am 30. Mai 1962 befürwortete die Staatsanwaltschaft wegen guter Führung die Aussetzung der Reststrafe Fülleborns zur Bewährung. Am 20. Juni 1962 erfolgten seine Haftentlassung sowie die Verhängung einer Einreisesperre für alle DDR-Grenzkreise und ein Berufsverbot für eine weitere Beschäftigung als Binnenschiffer. Knapp zwei Jahre nach seinem ersten gescheiterten Fluchtversuch brach Rolf Fülleborn erneut auf.

Am Morgen des ersten Osterfeiertags, am 14. April 1963, verabschiedete sich der 19-Jährige von seinen Eltern, um, wie er sagte, einen Freund in Karl-Marx-Stadt zu besuchen. Sie ahnten nicht, dass dies ein Abschied für immer sein sollte. Ein westdeutsches Zollboot beobachtete am 15. April 1963 ab 7.50 Uhr bei Elbkilometer 489 zwischen Mödlich und Vietze im Raum Lenzen die Bergung einer männlichen Wasserleiche durch DDR-Grenzsoldaten. Der Tote war laut dem Bericht der Zollbeamten zwischen 20 und 30 Jahre alt und lag „schätzungsweise einige Tage im Wasser. Der Ertrunkene hatte Schwimmflossen an und ein weißes Gerät um die Gürtellinie, an dem auch ein Schnorchel befestigt war. Auf dem Rücken war ein weißer Plastikbeutel befestigt", dem Papiere entnommen wurden. Die Bergung und Untersuchung des Toten dauerten bis etwa 12 Uhr, danach wurde die Leiche im Beiwagen eines Motorrads abtransportiert.

Bei dem geborgenen Toten handelte es sich um Rolf Fülleborn. Man fand bei ihm neben Schwimmausrüstung, Fernglas und Kompass auch eine Fahrkarte von Dresden nach Wittenberge. Wann und wo genau er ins Wasser stieg, konnte jedoch nicht mehr ermittelt werden. Seine Eltern wurden nach eigenen Angaben am Nachmittag des 15. April 1963 über den Todesfall informiert. Fülleborns Tante sagte im Dezember 1963 bei der Kripo in Konstanz aus, ihr Bruder habe die Leiche seines Sohnes am 16. April in Lenzen alleine in Augenschein nehmen können, dieser sei nicht erschossen worden. Der Vater habe auch gesehen, dass bei der Leiche ein Schnorchel, Schwimmflossen und ein Fernglas lagen. Die Leiche wurde dann ohne Wissen der Eltern aus der im Sperrgebiet liegenden Kleinstadt Lenzen nach Wittenberge gebracht und dort am 18. April 1963 noch vor deren Eintreffen beigesetzt. Die Familie erwirkte hernach die Umbettung des Toten auf einen Friedhof seiner Heimatstadt Dresden. Die erneute Grablegung erfolgte dort am 13. August 1963.

Die Mutter Fülleborns wandte sich am 17. Januar 1991 brieflich an die Erfassungsstelle Salzgitter, um Ermittlungen zum Tod ihres Sohnes anzuregen. In diesem Schreiben äußerte sie die Vermutung, dass die harschen Formulierungen des oben zitierten Urteils von 1961 mit dazu beigetragen hätten, dass ihr Sohn erneut versucht habe, in die Bundesrepublik zu flüchten. Schwierigkeiten in seinem neuen Beruf seien ein weiteres mögliches Motiv. Rolf Fülleborns Bruder Frank erinnerte sich bei seiner Zeugenvernehmung durch die Berliner Kriminalpolizei am 22. September 1992 an die Schilderung seines 1977 verstorbenen Vaters über die Identifizierung des Toten am 16. April 1963 in Lenzen. Der Vater habe seinerzeit an der Leiche keine Schussverletzungen festgestellt. Nach ärztlichen Angaben erlag Rolf Fülleborn am Abend des 14. April 1963 beim Durchschwimmen der Elbe einem Herzschlag. Die Zentrale Ermittlungsstelle für Regierungs- und Vereinigungskriminalität fand bei der Untersuchung des Falls in den 1990er Jahren keine Hinweise auf eine Straftat und stellte das Verfahren deshalb ein. (Recherche: St.A., jos., jk; Redaktion: jos.)

Quellen:

MfS, Untersuchungsabteilung: Strafnachricht vom 9.11.61 zu Rolf Fülleborn. BStU, ZA, SK 23.MfS, HA IX: Strafakten über Rolf Fülleborn. BStU, MfS C SKS 37686, Bd. 1 u. 2.

Auszug aus der Kladde „Grenznachrichten" beim ZKom Gartow, Oberfinanzdirektion Hannover, NLA, Nds. Acc. 23/73 Nr. 2.

Bezirksbehörde Deutsche Volkspolizei, Schwerin: Rapport Nr. 88/63 für die Zeit vom 13.4.1963, 08.00 Uhr bis 16.4.1963, 08.00 Uhr. Schwerin, 16.4.1963. LHASn, 7.12–1, Z 55/1990(4), 160.

MfS, HA XX; Kienberg, Paul: Schreiben von Oberstleutnant Paul Kienberg vom 6. Februar 1964 an Abt. V der MfS-Bezirksverwaltung Dresden, betr. OV „Mücke". Dabei handelte es sich um die Fahndung nach dem „Hersteller von Hetzflugblättern", auf denen von einem „Mordbefehl" die Rede war. Die Stasi vermutete, es könne sich um Dresdner Angehörige von zum Tode Verurteilten handeln oder um Verwandte von Personen, die beim „Versuch die Staatsgrenze illegal zu überschreiten ums Leben kamen". Namentlich erwähnt sind die Familien von Rolf Fülleborn und Hartmut Schlegel. Letzterer ertrank am 1. September 1963 bei einem Fluchtversuch über die Ostsee. BStU, ZA, MfS, HA XX, Nr. 7369.

ZERV: Ermittlungsunterlagen zum Todesfall Rolf Fülleborn. LAB, D Rep. 120–02; Acc. 8346. Az. 2 Js 295/91 und 2 Js 295/92.

Schreiben von Frank Fülleborn an den Forschungsverbund SED-Staat vom 24.07.2016.

Paul Hermann

geboren am 31. Juli 1944 in Leschnau, Kreis Ostrowo (heute: Leziona/Polen)

Suizid nach Festnahme am 18. April 1963

Ort des Zwischenfalls: Ludwigslust (Mecklenburg-Vorpommern)

In den späten Abendstunden des 17. April 1963 befand sich die Grenzkompanie Dömitz in Alarmbereitschaft. Es lagen Informationen über ein Fluchtvorhaben von vier Jugendlichen vor, die südöstlich von Dömitz durch die Elbe in die Bundesrepublik flüchten wollten. Einer der Beteiligten hatte die Gruppe verraten und Informationen über den Fluchtplan weitergegeben. Die vier Flüchtlinge trafen gegen 23 Uhr auf zwei Grenzsoldaten der Bootstruppe Dömitz, die als zusätzliche Sicherungsposten an Land patrouillierten. Paul Hermann widersetzte sich der Festnahme, indem er einen der Grenzposten angriff und vergeblich versuchte, ihm die Maschinenpistole zu entreißen. Der Posten stieß Paul Hermann zu Boden und hielt ihn mit der Waffe in Schach. Die anderen Jugendlichen ergaben sich ohne weiteren Widerstand ihrem Schicksal. Ein nach Signalschüssen herbeigeeiltes Kommando der Bootstruppe Dömitz führte sie ab und übergab sie der Volkspolizei, die sie zur Vernehmung in das Volkspolizeikreisamt (VPKA) nach Ludwigslust brachte. Dort sprang Paul Hermann während seiner Vernehmung plötzlich vom Stuhl auf den Tisch und dann durch das geschlossene Fenster des zweiten Stockwerks. Er stürzte auf die Steintreppen vor der Polizeidienststelle und erlag dort wenig später seinen schweren Verletzungen. Ob es sich bei dem Sprung aus dem Fenster um einen erneuten Fluchtversuch oder eine Selbsttötung aus Verzweiflung gehandelt hat, blieb ungeklärt.

Paul Harry Hermann kam in Leschnau, im Kreis Ostrowo in Polen zu Welt. Der 18-Jährige lebte zuletzt mit seiner Mutter in Ludwigslust und absolvierte dort eine Lehre zum Glaser bei der Produktionsgenossenschaft (PGH) „Diamant". Die anderen drei an dem Fluchtversuch Beteiligten waren 16 bis 18 Jahre alt und stammten ebenfalls aus der Dömitzer Umgebung. Einem von ihnen, einem Traktoristen aus Malliß, war bereits einmal die Flucht in den Westen gelungen. Er kehrte aber nach zwei Wochen im Januar 1963 wieder in die DDR zurück. Die Volkspolizei und das MfS hegten deswegen den Verdacht, dass er für westdeutsche Auftraggeber „Abwerbungen" aus der DDR organisiere und die anderen zur Flucht überredet hätte. Während er und ein weiterer beteiligter Jugendlicher in Haft kamen, blieb der vierte unbehelligt, da er das Fluchtvorhaben verraten hatte. (Recherche: jk, MK, MP, US; Autorin: MP)

Quellen:
BdVP Schwerin: Rapport Nr. 91/63 für die Zeit vom 18.4.63, 08.00 Uhr bis 19.4.1963, 08.00 Uhr. Schwerin, 19.4.1963. LHASn, 7.12–1, Z 55/1990(4), 160.
BdVP Schwerin/Abt. Aufklärung und Meldewesen: Einschätzung der Lage für das Grenzgebiet im Jahre 1963. Schwerin, 2.1.1964. LHASn, 7.12–1, Nr. 85.
ZK der SED, Abt. Parteiorgane: Mitteilung an Abteilung Sicherheit mit Bericht der Bezirksleitung Schwerin vom 24.4.1963 über einen gescheiterten Versuch[,] die DDR zu verraten. BArch Berlin, DY 30 IV A 2/12/89.
ZESt: Strafsache gegen Unbekannt wegen Freiheitsberaubung, AR-ZE 577/63. BArch Koblenz, B 197/1726.
Sterbefallanzeige: Kreisarchiv Ludwigslust-Parchim, Auskunft vom 07.10.2016.
Standesamt Ludwigslust: Sterbeeintrag Paul Harry Hermann. Stadtarchiv Ludwigslust, Auskunft vom 19.04.2016.
Lutherisch-evangelische Friedhofsverwaltung Ludwigslust: Bestattungsbuch 1963.

Hans-Ulrich Kilian

geboren am 2. Mai 1944 in Saalfeld
erschossen am 20. Juni 1963
Ort des Zwischenfalls:
Großgeschwendaer Schlucht,
Raum Probstzella (Thüringen)

Bildquelle: Eginhard Velke / Roman Grafe

Die beiden Saalfelder Freunde Wilfried Henschel und Hans-Ulrich Kilian versuchten im Sommer 1963, gemeinsam die Grenze zwischen Thüringen und Bayern zu durchbrechen. Nach der Überwindung des ersten Zauns entdeckte eine Streife die beiden Flüchtlinge. Kilian wurde aus zwei bis drei Metern Entfernung angeschossen und starb im Krankenhaus.

Hans-Ulrich Bernd Kilians Mutter arbeitete als Kellnerin, über seinen Vater ist nichts bekannt. Kilian und sein Freund Eginhard Velke besuchten zusammen die Geschwister-Scholl-Schule. In der Freizeit bastelten beide an Fahrrädern und später an Mopeds oder bauten kleine Motorboote. Ab 1958 ging Hans-Ulrich Kilian in Unterwellenborn zur Schule. Er begann 1960 im VEB Kraftfahrzeuginstandsetzung Saalfeld eine Lehre als Motorenschlosser, die er im Februar 1963 abschloss. Anschließend war er bis zu seinem Fluchtversuch in diesem Beruf tätig.

Der junge Saalfelder Gerd F. erwarb 1960 eine alte Scheune in der Stadt. Eine Gruppe junger Leute, zu der auch Wilfried Henschel und Hans-Ulrich Kilian gehörten, baute sie tagsüber zu einem Wohnhaus aus und feierte dort abends so manches Fest. Kilian war als Judoka und Langläufer aktiv. Seine Freunde beschrieben ihn als groß, gutaussehend, beliebt, lebenslustig, sehr intelligent und aufgeschlossen. Im Freundeskreis war man allgemein unzufrieden mit den herrschenden Verhältnissen, die Jugendlichen wollten vor allem frei leben. Einige verließen die DDR und meldeten sich per Post aus dem Westen. Etwa ein Jahr vor dem Fluchtversuch sprach Hans-Ulrich Kilian nach Angaben seines Mitflüchtlings Wilfried Henschel erstmals davon, ihnen zu folgen. Roman Grafe zitiert Eginhard Velke mit den Worten: „Uli wollte von zuhause weg, er wollte sein eigenes Leben leben. Die andere Welt hat ihn gereizt, die Freiheit. Er hatte auch eine Sehnsucht gehabt nach den Weiten Kanadas."

Wilfried Henschel wollte zunächst in Saalfeld bleiben. Erst als sich mehr und mehr Freunde in den Westen absetzten und es Probleme im Elternhaus gab, ließ er sich von Hans-Ulrich Kilian zu einem Fluchtversuch überreden. Den anderen Freunden sagten die beiden aber nichts. Das MfS befragte nach dem Tod Kilians auch dessen 17-jährige Stiefschwester Hanni D. Diese gab zu, das Vorhaben geahnt zu haben, da sich ihr Bruder einen Kompass beschafft hatte und ein feststehendes Messer bei sich trug. Daraufhin sprach sie die beiden an, als sie ihre Rucksäcke schwarz färbten. Henschel und Kilian offenbarten ihr die Fluchtabsicht und baten, sie nicht zu verraten.

Die beiden Freunde planten zunächst mit der Bahn bis Leutenberg ins Freibad zu fahren. Von dort sollte es abends zu Fuß mit Karte und Kompass zur Grenze gehen. Ein dort möglicherweise vorhandenes Minenfeld wollten sie heil überwinden, indem sie mit einer ausziehbaren Rübenhacke jeweils ein paar Meter vor sich im Boden stocherten, um so die Tretminen auszulösen. Wilfried Henschel erinnerte sich später: „Wir sagten uns: Entweder es klappt oder es klappt nicht. Man rechnet damit, dass man Glück hat. Viele haben es ja geschafft. Viele haben es nicht geschafft, das wussten wir auch. Aber dass es so endet, haben wir nicht gedacht."

Am 19. Juni machten sich die beiden gegen 21 Uhr in Leutenberg auf den Weg. Bis zur Grenze hatten sie einen längeren Fußmarsch zu bewältigen. Nachdem sie die erste Drahtsperre durchschnitten hatten, wurden sie gegen 2 Uhr von einer Streife in der Großgeschwendaer Schlucht entdeckt. Die Flüchtlinge verbargen sich zunächst im Gras. Erst nach mehrmaliger Aufforderung und der Abgabe von Warnschüssen standen sie auf und bewegten sich in Richtung der Grenzer. Plötzlich fiel ein Schuss, der Hans-Ulrich Kilian aus zwei bis drei Metern Entfernung in den Bauch traf. Er stürzte zu Boden und blieb schreiend und röchelnd liegen. Der Schütze Dieter Löbel behauptete später, der Flüchtling hätte, als er auf ihn zukam, ein Messer in der Hand gehalten. Hans-Ulrich Kilian wurde in das Kreiskrankenhaus Gräfenthal eingeliefert, Wilfried Henschel zum Grenzkommando Probstzella abgeführt.

Die Grenztruppen gingen in ihrer Tagesmeldung zunächst davon aus, dass für Kilian keine Lebensgefahr bestand. Dies traf nicht zu. Obwohl nach Auskunft des

Chirurgen gegen 16 Uhr bereits feststand, dass Kilian in den nächsten Stunden sterben würde – das Geschoss hatte Magen, Wirbelsäule und Rückenmark verletzt – versuchten die Ärzte ihn durch eine Notoperation zu retten. Als der Arzt den Schwerverletzten fragte, wie er sich fühle, antwortete dieser laut MfS-Protokoll: „Hoffentlich gehe ich bald drauf, damit diese Quälerei ein Ende hat." Auf weitere Ansprache reagierte er nicht mehr. Gegen 18.30 Uhr versagte sein Kreislauf.

Eginhard Velke berichtete, am 21. oder 22. Juni sei die Nachricht vom Tod seines alten Freundes eingetroffen. Das MfS habe Kilians Mutter gedrängt, ihren Sohn nicht aufbahren zu lassen. Doch sie bestand darauf. Etwa 40 Freunde hätten sich an der ausgebauten Scheune getroffen und seien von dort aus geschlossen zur Trauerfeier gegangen. Sie konnten dort den Toten noch einmal sehen, bevor der Sarg geschlossen wurde. Der Trauerredner sprach von einem tragischen Unglücksfall. Mindestens zehn Stasi-Mitarbeiter beobachteten die Trauerzeremonie und fotografierten die Anwesenden. Das MfS versuchte später herauszufinden, wer das Abspielen des revolutionären russischen Trauerlieds „Unsterbliche Opfer" veranlasst hatte.

Der Staatssicherheitsdienst beschlagnahmte in Kilians Zimmer zwei Schreibhefte, das er als von selbst auf dem Umschlag mit der Aufschrift „Sammel-Album für Schauspieler" versehen hatte. Es enthielt eingeklebte Sammelbildchen von westlichen Schauspielern und Sängern, überwiegend aus den 1950er Jahren, darunter Peter Kraus, Sophia Loren, Horst Buchholz, Anita Ekberg und Cornelia Froboes. Auf das Deckblatt des zweiten Schreibheftes hatte Kilian eine Micky Maus gezeichnet. Auf den Kopf des letzten Blattes schrieb er: „Der schönste Tag in meinem Leben". Darunter befindet sich keine Eintragung.

Der Tod Kilians kam bei abendlichen Treffen seines Freundeskreises immer wieder zur Sprache. Die Jugendlichen veranstalteten eine Trauerfeier für ihren verstorbenen Freund. In der Scheune, in der sie sich oft trafen, hängten sie ein Bild Kilians mit Trauerflor auf. Das MfS beobachtete die Jugendlichen in einem „Operativen Vorgang", der den Decknamen „Ratten" trug. Es setzte einen jugendlichen Informanten auf den Freundeskreis an, der über angebliche Morddrohungen eines jungen Mannes gegen den ihm unbekannten Todesschützen berichtete: „Wenn ich den Kerl erwische, bringe ich ihn um." Im September 1963 wurden vier Freunde Kilians wegen angeblicher Propaganda, Mordhetze, Morddrohung und Verherrlichung des Faschismus zu Haftstrafen zwischen 22 und 34 Monaten verurteilt.

Staatssicherheit und Staatsanwaltschaft stellten im Zuge des Ermittlungsverfahrens gegen Henschel die Flucht noch einmal nach. In Stasiverhören soll der überlebende Flüchtling Wilfried Henschel angeblich zugegeben haben, sie hätten sich wenn nötig auch gewaltsam gegen Grenzsoldaten verteidigt. Im September 1963 verurteilte ihn das Bezirksgericht Gera zu fünf Jahren Gefängnis wegen „versuchter Republikflucht" sowie geplanter Gewalttaten gegen Grenzsicherungskräfte und -anlagen. Die beiden Flüchtlinge hätten ein Feuergefecht zwischen Grenzsicherungskräften beider Seiten auslösen können und damit „unter Umständen einen von den westlichen Ultras seit langem geplanten Krieg." Erst bei der Verlesung der Anklage erfuhr Wilfried Henschel vom Tod seines Freundes. Ein Prozessbericht des Staatssicherheitsdienstes enthält die Information, dass der Staatsanwalt ursprünglich nur dreieinhalb Jahre Haft beantragen wollte. Er erhielt aber vom DDR-Generalstaatsanwalt die schriftliche Weisung, den Strafantrag auf fünf Jahre zu erhöhen. Der Vorsitzende des zuständigen Strafsenats habe bei der Antragstellung „auffällig" den Kopf geschüttelt, trotzdem entsprach das Gericht dem Ersuchen der Staatsanwaltschaft.

Die Mutter Hans-Ulrich Kilians verkraftete den Tod ihres Sohnes nicht und starb mit 51 Jahren. Sein jüngerer Bruder Peter, zur Tatzeit zwölf Jahre alt, musste nach eigenen Angaben als 19-Jähriger wegen Staatsverleumdung für 18 Monate ins Gefängnis: „Ich hatte zur Volkspolizei gesagt: ‚Ihr habt Methoden wie die Nazis'". Peter Kilian erstattete am 5. Juni 1990 beim Kreiskriminalamt in Saalfeld Strafanzeige wegen Mordes an seinem Bruder. Die Ermittlungen übernahm die ZERV nach der Wiedervereinigung. Der Todesschütze Dieter Löbel war schon 1970 verstorben, das Verfahren gegen seinen Postenführer Manfred W. stellte die Staatsanwaltschaft II beim Berliner Landgericht 1992 ein, da er die Schusswaffenanwendung nicht befohlen hatte und „im Vertrauen auf die Rechtsgültigkeit der damaligen Befehlslage handelte, die zumindest nicht ‚offensichtlich' rechtswidrig war". (Recherchen: jk, MP, St.A. US; Redaktion: jos.)

Quellen:

Diese Biografie beruht zu großen Teilen auf: Grafe, Roman: Die Grenze durch Deutschland. Eine Chronik von 1945 bis 1990. München 2002, S. 123 ff., 437 ff.

MfS, BV Gera: Vernehmungsprotokoll von Wilfried H. vom 24.6.1963 und weitere MfS-Unterlagen zum Todesfall Kilian. Enthält auch die beschlagnahmten Hefte von Hans-Ulrich Kilian. BStU, Ast. Gera, MfS BV Gera AUV 2013/63.

Kommando Grenztruppen der NVA: Tagesmeldung Nr. 173/63, zit. nach Filmer, Werner/Schwan, Heribert: Opfer der Mauer. Die geheimen Protokolle des Todes. München 1991, S. 179.

ZESt: Verdacht des vollendeten und versuchten Totschlags und Freiheitsberaubung, – AR-ZE 844/63 -. BArch Koblenz, B 197/1965.

StA II beim LG Berlin: Ermittlungsverfahren wegen Totschlags. LAB, D Rep. 120–02; Acc. 8346, – 27/2 Js 107/90.

StA II bei dem LG Berlin: Auswertung der „Toten der Grenze". LAB, D Rep. 120–02; Acc. 8346, – 2 Js 107/90 -.

Standesamt Saalfeld: Auskunft vom 11.05.2016.

Helmut Kleinert

geboren am 14. August 1939 in Süßwinkel (heute Kątna, Polen)

erschossen am 1. August 1963

Ort des Zwischenfalls: Landstraße zwischen Sorge und Hohegeiß (Sachsen-Anhalt)

Der „Kleinert-Stein" an einem Parkplatz am Ortseingang des Bergdorfes Hohegeiß ist ein Zeugnis der deutschen Teilung in der Harzregion. Die *Braunlager Zeitung* berichtete am 13. August 2011, dass man noch immer Besucher beobachten könne, die „vor dem Gedenkstein stehen bleiben, lesen, was auf ihm steht, und berührt den Ort verlassen". Die Inschrift auf dem schlichten grauen Feldstein lautet:

„Am 1.8.1963 wurde 150 m von hier HELMUT KLEINERT vor dem Überschreiten der Demarkationslinie erschossen."

Zur Mittagszeit des 1. August 1963 wurden auf dem Parkplatz von Hohegeiß etwa 200 Kurgäste, die mit ihren Reisebussen einen Halt einlegten, um von hier aus die Grenzanlagen der DDR zu besichtigen, von Maschinengewehrsalven überrascht. Den Erinnerungen einer Anwohnerin nach, seien die Menschen in Aufregung geraten und zum Teil schreiend in einen der Busse geflüchtet. „Von zwei DDR-Wachtürmen wurde fortwährend geschossen und einige Kugeln flogen sogar nach Hohegeiß hinein und zerschlugen eine Fensterscheibe." Mehrere Grenzsoldaten seien zu sehen gewesen, „die etwas verstreut in unmittelbarer Grenznähe hin und her liefen. Ihre Gewehre hatten sie dabei im Anschlag". Tatsächlich wurde an diesem Tag die Flucht eines Ehepaares in die Bundesrepublik gewaltsam verhindert.

Marlit und Helmut Kleinert hatten sich Anfang 1959 als Kollegen im Muldenthaler Emaillierwerk kennengelernt und am 15. August 1959 geheiratet. Ein Jahr darauf zog das junge Ehepaar nach Quedlinburg, wo Helmut Kleinert bei der Großhandelsgesellschaft für Haushaltswaren zunächst als Kraftfahrer, später dann als Lagerist Arbeit fand. Bald gebar Marlit Kleinert eine Tochter. In Quedlinburg wohnten auch die Eltern und ein Bruder von Helmut Kleinert. Zwei Schwestern und ein weiterer Bruder lebten dagegen in der Bundesrepublik. Bei einer Familienzusammenkunft Ende Juli 1963 zog Marlit Kleinert ihre im Rheinland lebende Schwägerin ins Vertrauen: Helmut und sie würden bald in den Westen flüchten. Beide Ehepartner sahen sich in einer Notlage. Helmut Kleinert hatte über seine Verhältnisse gelebt und ein neues Motorrad über illegale Verkäufe aus dem von ihm geführten Waschmaschinen- und Kühlschranklager finanziert. Nun fürchtete er die für den 1. August angesetzte Inventur. Ins Gefängnis wolle er sich nicht einsperren lassen, erklärte er seiner Frau. Von seiner Arbeit als Kraftfahrer kannte er die Gegend um Sorge, dort werde die Flucht gelingen. Marlit Kleinert erwartete ein weiteres Kind – allein wollte sie nicht zurückbleiben. Um die einjährige Tochter sollten sich zunächst die Großeltern kümmern, später würde sie im Rahmen einer Familienzusammenführung legal ausreisen dürfen, hatte Helmut Kleinert seiner Frau versichert. Ein Neuanfang in der Bundesrepublik schien verlockend, doch die Sorge blieb. Die Schwägerin war entsetzt, als sie dies hörte, und versuchte, ihren Bruder umzustimmen, doch vergeblich. Es gab für ihn kein Zurück mehr.

Seinen Eltern hatte der 23-Jährige die Fluchtpläne verschwiegen und erklärt, Marlits Mutter besuchen zu wollen. Die Familie sah dem Paar hinterher, als es am späten Nachmittag des 31. Juli 1963 auf dem Motorrad von Quedlinburg aus aufbrach. Nachdem sie Königshütte passiert hatten, betraten sie zu Fuß das Sperrgebiet. Mit einer Wanderkarte ausgerüstet versuchten sie des Nachts, einen Weg zur Grenze zu finden, doch sie verliefen sich und kamen früh morgens wieder an der Stelle an, von der aus sie aufgebrochen waren. Der zweite Versuch war erfolgreicher. Gegen 14 Uhr traten sie aus dem Wald heraus und sahen über eine Wiese hinweg schon Hohegeiß. Als sie die 400 Meter bis zu den Grenzanlagen zurücklegen wollten, bemerkte sie eine Kontrollstreife.

Marlit Kleinert ließ sich festnehmen, ihr Ehemann dagegen lief weiter. Während der Postenführer Bruno K. Frau Kleinert abführte, nahm Unteroffizier Ewald S. die Verfolgung auf. Auf Befehl von Bruno K. gab er zunächst Warnschüsse ab und verletzte durch einen weiteren Feuerstoß den Flüchtenden an der Ferse. Auch die Posten eines Beobachtungsturmes bemerkten das Fluchtgeschehen und gaben Warnschüsse ab. Der Soldat Rudolf I. wurde daraufhin von seinem Postenführer beauftragt, Helmut Kleinert zu Fuß den Fluchtweg abzuschneiden. Doch dieser war bald unter dem Sperrzaun hindurchgekrochen und versuchte, sich in einem Gebüsch zu verstecken. Laut einem Bericht der Grenztruppen schossen nun sowohl Ewald. S. als auch Rudolf I. in Richtung des Gebüsches. Da Helmut Kleinert vornübergebeugt kniete oder kroch, konnte ein Projektil so unglücklich in seinen Unterleib eindringen, dass es mehrere innere Organe und das Herz verletzte. Der Getroffene verstarb sofort.

Dies alles geschah vor den Augen von Zollbeamten und den etwa 200 Kurgästen auf der westdeutschen Seite, von denen einige lautstark und empört die DDR-

Grenzsoldaten als „Mörder" beschimpften. Von dieser Öffentlichkeit verunsichert, barg eine Gruppe von Offizieren erst zwei Stunden später, um 16.10 Uhr, die Leiche und ließ sie mit einem Sanitätsfahrzeug ins Hinterland bringen. Zu dieser Zeit wurde Marlit Kleinert bereits zum Volkspolizeikreisamt nach Wernigerode gebracht. Nachdem dort ihre Aussage aufgenommen wurde, forderte man ihren Schwiegervater auf, sie abzuholen. Da die Initiative zur Flucht von ihrem Ehemann ausgegangen war und Frau Kleinert ein Kind erwartete, sah die Polizei von einer Inhaftierung ab. Am 28. Oktober 1963 verurteilte sie das Kreisgericht Quedlinburg zu einer zehnmonatigen Gefängnisstrafe, die zur Bewährung ausgesetzt wurde.

Trotz der Versuche, die Familie zu kriminalisieren, sorgten die Eltern Helmut Kleinerts für eine würdige Bestattung. Obwohl seine Kollegen aus der Großhandelsgesellschaft offiziell nicht an der Trauerfeier teilnehmen durften, gaben ihm etwa 100 Menschen am 8. August 1963 das letzte Geleit. 26 Kränze schmückten sein Grab. Am gleichen Tag fand auch in Hohegeiß eine Trauerfeier statt. Jugendliche hatten zuvor gegenüber dem Tatort ein mit Stacheldraht umwundenes Holzkreuz errichtet. Dort betete der Gemeindepastor gemeinsam mit Hunderten von Trauergästen das Vaterunser. Der Bürgermeister sprach den Verwandten Kleinerts sein Beileid aus und versicherte, dass dessen Name in der Gemeinde unvergessen bleiben werde. Eine kleine Gedenkstätte entstand am Kreuz, an der Besucher noch regelmäßig Blumen niederlegten. Als 1971 das Holz morsch geworden war, setzte man den heute noch vorhandenen Gedenkstein.

Am 6. September 1995 erhob die Staatsanwaltschaft Magdeburg wegen Totschlags an Helmut Kleinert Anklage gegen Ewald S., Rudolf I. und Bruno K., doch bis am 13. April 2000 ein Urteil gesprochen wurde, waren Rudolf I. und Bruno K. bereits verstorben. Ewald S. hatte bei der Hauptverhandlung ausgesagt, dass er nur Warnschüsse abgegeben habe. Weil ihm die konkrete Tat nicht nachgewiesen werden konnte, sprach ihn das Landgericht Magdeburg vom Vorwurf des Totschlags frei. (Recherche: jk, MP, St.A.; Autor: jk)

Quellen:

HA I/Kdo Grenze/7. Brig., Operativgruppe Blankenburg: Auskunftsbericht über die Stimmung unter dem Personenbestand der 10. Kompanie im Grenzregiment 20 nach der Verhinderung eines Grenzdurchbruchs unter Anwendung der Schußwaffe. BStU, ZA, MfS – HA I Nr 5835.

Zentrale in Niedersachsen: Betr.: Grenzlage vom 2.8.1963. BArch Koblenz, B 137/6429.

ZERV: Ermittlungen wg. vers. Totschlag z. N. Kleiner(t). LAB, D Rep. 120–02, Acc. 8346, KG Berlin 2 Js 490/92.

Staatsanwaltschaft Magdeburg: Ermittlungsverfahren z. N. von Helmut Kleinert. StA Magdeburg 33 Js 20908/95.

StA Magdeburg: Anklage vom 06.09.1995, 33 Js 20908/95. LG Magdeburg: Urteil vom 02.05.2000, 21 Ks 33 Js 20908/95. Sammlung Marxen/Werle, Humboldt-Universität zu Berlin.

te: Flüchtender bei Hohegeiß erschossen. In: *Goslarsche Zeitung*, 02.08.1963.

o.A. (dpa): Trauerfeier für Kleinert. In: *FAZ*, 10.08.1963.

Hartmann, Andreas/Künsting, Sabine (Hrsg.): Grenzgeschichten. Berichte aus dem deutschen Niemandsland. Frankfurt am Main 1990, S. 182 f.

Filmer, Werner/Schwan, Heribert: Opfer der Mauer. Die geheimen Protokolle des Todes. München 1991, S. 179.

Ullrich, Maren: Geteilte Ansichten. Erinnerungslandschaft deutsch-deutsche Grenze. Berlin 2006, S. 95–97.

Richter, S.: Der Helmut-Kleinert-Gedenkstein in Hohegeiß. In: *Braunlager Zeitung*, 13.08.2011.
Holitschke, Stefan: Augenzeugenbericht von H. Holitschke: Den 1. August 1963 werde ich nie vergessen. In: *Braunlager Zeitung*, 13.08.2011.

Frieda Klein

geboren am 13. Oktober 1944 in Hage

erschossen am 10. August 1963

Ort des Zwischenfalls: nordwestlich von Gudersleben (Thüringen)

Am Nachmittag des 13. August 1963 fand in Nordhausen eine ungewöhnliche Beerdigung statt. Von Ellrich her kam ein Leichenwagen auf den Friedhof gefahren. Dort wartete bereits ein Angehöriger der Volkspolizei. Er überzeugte sich, dass die Leiche, eine 18 Jahre alte Frau, ordnungsgemäß eingesargt war: Sie trug ein handelsübliches Leichenhemd, ihr Kopf ruhte auf einem Kissen, der Körper war zugedeckt. Dann ordnete er die sofortige Beisetzung an. Vielleicht hatte er sich vorher einen Moment unschlüssig umgesehen, aber es war keine Trauergemeinde anwesend, niemand sollte am Grab Worte des Gedenkens sprechen.

Frieda Klein, geborene Luitjens, war genau ein Jahr zuvor aus Gelsenkirchen gemeinsam mit ihrem Verlobten in die DDR gekommen. Es schien ihr der einzige Ausweg: Sie hatte von ihrem 18-jährigen Verlobten ein Kind erwartet. Doch um heiraten und einen gemeinsamen Haushalt gründen zu können, benötigte die nach damaligem westdeutschem Recht Minderjährige eine Einverständniserklärung der Eltern. Diese waren mit der Verbindung jedoch nicht einverstanden. Frieda Klein fürchtete, mit dem Kind zu Hause abgewiesen, vielleicht sogar in ein Erziehungsheim gebracht zu werden. Die DDR dagegen sprach jungen Menschen bereits mit 18 Jahren die Volljährigkeit zu. Bei Walkenried überschritt Frieda Klein mit ihrem Verlobten die grüne Grenze.

Nach einem zweiwöchigen Aufenthalt in einem Eisenacher Aufnahmeheim erhielt das junge Paar eine Wohnung in Erfurt und heiratete dort. Während ihr Mann Arbeit in seinem Ausbildungsberuf als Bäcker erhielt, gebar Frieda Klein im September 1962 einen Sohn. Doch das Glück währte nur kurz. Nach zwei Monaten verstarb das Kind an einer Blutunverträglichkeit. Der Verlust traf die ebenso ruhige wie empfindsame Frau hart. Überdies fühlte sich das junge Paar in der DDR nicht wohl. Peter Klein wechselte die Arbeitsstellen und fand schließlich eine Anstellung bei den Erfurter Verkehrsbetrieben. Auch seine Frau begann hier als Straßenbahnschaffnerin zu arbeiten. Währenddessen bemühten sich die Ehepartner um eine Rückkehr in die Bundesrepublik. Ein Versuch, bei Heyerode in Thüringen über die Grenze zu flüchten, scheiterte, weil sie im dichten Nebel die Orientierung verloren hatten. Der Antrag auf Rücksiedlung wurde vom Rat der Stadt Erfurt zurückgewiesen. Als Frieda Klein erneut ein Kind erwartete, begann die Zeit zu drängen. Das junge Ehepaar ging davon aus, dass eine Flucht bald unmöglich sein würde. Als sie es erneut wagten, war Frieda Klein bereits im siebten Monat schwanger.

Am Abend des 9. August 1963 fuhren sie mit dem Abendzug nach Nordhausen. Von dort aus querfeldein laufend, versuchten sie zunächst Ellrich zu erreichen, um weiter nach Walkenried zu gelangen. Nur mit einem Kompass ausgerüstet, verfehlten sie jedoch ihr Ziel. Gegen Morgen öffnete sich bei Gudersleben vor ihnen der Wald und gab die Sicht auf die Grenzanlagen frei, die in überraschender Nähe, nur etwa 70

Meter entfernt, verliefen. Nach einigem Suchen fanden sie einen Abschnitt, der von keinem der Wachtürme aus einsehbar war. Als sie jedoch begannen, auf die Grenze zuzulaufen, wurden zwei Grenzsoldaten, die am Waldrand patrouillierten, auf sie aufmerksam. Reinhard E. und Horst H. riefen den beiden zu, sie sollen stehenbleiben. Doch die Flüchtenden zeigten keine Reaktion und kamen der Grenze immer näher. So befahl der Postenführer Warn- und gleich darauf Zielschüsse abzugeben. Die Grenzer feuerten mehr als 40 Schüsse auf die „Grenzverletzer" ab.

Vom Grenzalarm herbeigerufen, bot sich dem stellvertretenden Kommandeur der 3. Grenzkompanie des Grenzregiments Nordhausen ein irritierendes Bild. Postenführer Reinhard E. kniete bei einer auf dem Boden liegenden Frau, weinte und klagte, dass er dies nicht gewollt und doch nur auf die Beine gezielt habe. Sein Kamerad Horst H. bewachte, ebenso schockiert, am Waldrand ihren unverletzt gebliebenen Begleiter. Peter Klein hatte die „Halt!"-Rufe der Grenzsoldaten, die 300 bis 400 Meter entfernt gestanden haben, nicht gehört. Erst als er die Schüsse bemerkte, zog er seine Frau in eine Senke und hob die Hände. Doch die schwangere Frieda Klein war bereits getroffen und durch einen Beckenschuss schwer verletzt worden. Wie wollten die Grenzsoldaten auch bei dieser Entfernung mit Maschinenpistolen gezielt daneben- oder in die Beine schießen? Der stellvertretende Kommandeur hatte nun mehrere Aufgaben: Er beruhigte den Postenführer, setzte eine Meldung über das Geschehen ab und forderte einen Sanitätswagen an, der Frieda Klein ins Krankenhaus nach Ilfeld bringen sollte. Zu diesem Zeitpunkt hatte sie bereits das Bewusstsein verloren. Sie und mit ihr das ungeborene Kind starben noch während des Transportes an inneren Verblutungen.

Stasi-IM „Ellen Rothe" berichtete aus dem Krankenhaus, dass den Soldaten, die mit ihrem Militärfahrzeug die Leiche einer erschossenen, schwangeren Frau im Krankenhaus Ilfeld einlieferten, schiere Empörung entgegenschlug. Der Arzt der Notaufnahme habe die Schützen als „Schweine" bezeichnet, der Chefarzt habe geäußert, dass Deutsche nicht auf Deutsche schießen dürften, und ein weiterer Arzt habe sich geweigert, einen manipulierten Totenschein auszustellen. „Ich kann doch nicht schreiben, das ist ein Unfall." Peter Klein wurde vor dem Kreisgericht Nordhausen wegen versuchten Grenzdurchbruchs zu einer Gefängnisstrafe von einem Jahr und sieben Monaten verurteilt. Die Haftstrafe wurde später zur Bewährung ausgesetzt. Es bedurfte noch diverser Anstrengungen, bis er 1974 wieder in die Bundesrepublik zurückkehren konnte. Die Erinnerungen an den Anblick seiner sterbenden Frau und der Schmerz über seinen Verlust ließen ihn auch dort nicht los. Als er 1992 dem britischen Fernsehen ein Interview zu dem schrecklichen Erlebnis gab, brach Peter Klein in Tränen aus. „Sie hat nichts vom Leben gehabt. Sie war jung, sie hat keinem Menschen was getan, niemandem. Wollte nach Hause, hatte Heimweh."

Reinhard E. und Horst H. erhielten für die Tat, die auf ihren Gewissen lastete, nicht nur die Medaille „Für vorbildlichen Grenzdienst". In Lehrgängen mussten sie Offiziersschüler dazu anhalten, ebenso auf Flüchtlinge zu schießen, wie sie es getan hatten. Das, was sie wohl am liebsten aus ihrem Gedächtnis gestrichen hätten, wurde zur Norm für die „vorbildliche Erfüllung ihres Kampfbefehls" erklärt. Horst H. erklärte 1992 bei seiner polizeilichen Vernehmung: „Wir wurden mehrmals an verschiedenen Orten als Helden und Vorbilder für korrektes Handeln dargestellt. Das fand ich und finde ich noch heute richtig zum Kotzen." Die Staatsanwaltschaft Erfurt stellte am 9. Mai 1995 die Ermittlungen gegen Horst H. ein, da nicht davon ausgegangen werden konnte, dass er mit Tötungsvorsatz auf die Flüchtlinge geschossen habe. Sein ehemaliger Postenführer Reinhard E. verstarb, bevor die Anklage gegen ihn wegen Totschlags verhandelt werden konnte. Ein 1996 eingeleitetes Verfahren gegen den Kompaniechef der 3. Grenzkompanie des Grenzregiments 5 Nordhausen wurde vom Landgericht Dresden wegen Verhandlungsunfähigkeit eingestellt. (Recherche: jk, St.A.; Autor: jk)

Quellen:

NVA, Kommando der Grenztruppen: Festnahme von 2 Grenzverletzern im Abschnitt der 3.GK [...], GR-5 [...] mit tötlicher [sic!] Verletzung eines Grenzverletzers. BArch Freiburg, DVH 32/120949.

ZERV: Ermittlungsunterlagen. LAB, D Rep. 120–02, Acc. 8346, StA beim KG Berlin, 2 Js 215/91.

Staatsanwaltschaft Erfurt: Ermittlungsverfahren wg. Totschlags, 551 Js 96038/95. LATh – HstA Weimar, Freistaat Thüringen, StA Erfurt 8663–8677.

StA Dresden: Anklage vom 08.02.1998, 836 Js 42681/96. LG Dresden: Beschluss vom 10.01.2000, 1Ks 836 Js 42681/96. Sammlung Marxen/Werle, Humboldt-Universität zu Berlin.

Bernhard Simon

geboren am 30. September 1945 in Neurode,
Kreis Glatz (Schlesien, heute Nowa Ruda, Polen)
gestorben am 28. Oktober 1963 an den Folgen einer Minenverletzung
Ort des Zwischenfalls: DDR-Grenze zwischen Ziesau
und „Wirler Spitze" (Niedersachsen)

Die beiden Brüder Bernhard und Siegfried Simon aus Leipzig entschlossen sich gemeinsam zur Flucht aus der DDR. Ihr Leben dort blieb hinter ihren eigenen Vorstellungen zurück und war von mancherlei Hemmnissen begleitet. Ihre Unzufriedenheit über die politischen Verhältnisse hatten sie offen geäußert und deswegen des Öfteren ihre Arbeitsplätze verloren. Siegfried Simon stand zudem die Einberufung in die Nationale Volksarmee (NVA) bevor, der er durch die Flucht entgehen wollte. Da Bernhard Simon, der Jüngere von beiden, nicht alleine zurückbleiben wollte, schloss er sich seinem Bruder an. Die Brüder lebten bei ihrer Mutter, der von ihr geschiedene Vater hatte die DDR schon lange verlassen und wohnte in der Bundesrepublik. Sein genauer Aufenthaltsort war den Brüdern jedoch nicht bekannt.

Ihnen war durchaus bewusst, dass die Grenze stark gesichert und ein Streifen zwischen den Stacheldrahtzäunen vermint war. Von einem Angehörigen der NVA erfuhren sie jedoch, dass es auch minenfreie Grenzabschnitte gab. Am Morgen des 26. Oktober 1963, einem Samstag, fuhren die beiden Jugendlichen von Leipzig aus mit der Bahn nach Arendsee, wo sie in einer Jugendherberge unterkamen. Am Sonntag begannen sie, die Gegend im Zonengrenzgebiet zu erkunden. Am Montag, dem 28. September, fanden sie schließlich eine Stelle an der DDR-Grenze nach Niedersachsen, die ihnen als Fluchtweg geeignet erschien.

Um das Risiko beim Durchqueren des Minenfeldes soweit wie möglich auszuschließen, fertigte Siegfried einen etwa zwei Meter langen Stock, an dessen unterem Ende er einen Nagel anbrachte. Als sie sich am Montag, dem 28. Oktober 1963, entschlossen, die Flucht zu wagen, schlichen sie sich bei Dunkelheit an die erste Stacheldrahtsperre. Nachdem der erste Stacheldraht mit einer Drahtschere durchtrennt war, krochen sie auf das Minenfeld. Siegfried Simon tastete mit dem Stock den Erdboden ab und konnte dadurch Minen orten, denen sie dann auswichen. Kurz vor dem zweiten Stacheldraht hatte er eine weitere Mine ausgemacht, auf die er den Bruder hinwies. Um den zweiten Stacheldraht durchzuschneiden, bat er seinen hinter ihm liegenden Bruder um die Drahtschere. Als Siegfried Simon den letzten Stacheldraht durchtrennt hatte, löste sein Bruder beim näheren Heranrücken eine Erdmine aus. Bernhard Simon klagte, er sei steif und könne sich nicht mehr bewegen. Die Mine hatte ihm das rechte Bein bis zum Oberschenkel abgerissen. Auch in sein linkes Bein und den Unterleib waren Splitter eingedrungen. Siegfried Simon hatte nur leichte Verletzungen erlitten. Er trug seinen schwer verwundeten Bruder in den nahe gelegenen Wald auf das Gebiet der Bundesrepublik. Hier band er ihm beide Beine in Höhe der Oberschenkel mit dem Riemen eines Fotoapparates und mit einem Schal ab, um die Blutung zu stoppen. Danach ließ er seinen Bruder an dieser Stelle zurück und lief in Richtung Nord-Westen, um Hilfe zu holen. Nach etwa zweieinhalb Kilometern erreichte er gegen 20 Uhr die Ortschaft Wirl und traf auf Zollbeamte, die sofort über Funk einen Krankenwagen anforderten und sich mit Siegfried Simon zur Zonengrenze begaben, um dessen verletzten Bruder zu suchen. Doch die Suche gestaltete sich schwierig. Siegfried Simon stand unter Schock und hatte in der Dunkelheit Orientierungsschwierigkeiten. Gegen 20.30 Uhr wurde der schwer Verletzte etwa einen Kilometer westlich der Wirler Spitze gefunden. Inzwischen waren sowohl ein Arzt als auch ein Krankenwagen eingetroffen, der den Verletzten nach der Erstversorgung in das Kreiskrankenhaus nach Dannenberg bringen sollte. Dort war man bereits über Funk und Telefon von den schweren Verletzungen des Flüchtlings unterrichtet. Ein Arzt fuhr dem Krankenwagen entgegen, um eventuell eine Bluttransfusion während des Transportes durchführen zu können. Der Blutverlust des Verletzten war jedoch so groß, dass ihm nicht mehr geholfen werden konnte. Auf der Fahrt zum Krankenhaus, kurz vor Lüchow, hörte das Herz des 18-jährigen Bernhard Simon um 21.25 Uhr auf zu schlagen.

Das DDR-Grenzregiment Salzwedel meldete am 29. Oktober 1963 an das Kommando der Grenztruppen, gegen 11 Uhr hätten sich westlich „der Durchbruchstelle 5 Zivilpersonen (vermutlich Presse) und gegen 15.45 Uhr zwei englische Offiziere" aufgehalten. Die am Zehn-Meter-Kontrollstreifen eingesetzten DDR-Grenzposten seien durch Angehörige des westdeutschen Zollgrenzdienstes „in wüster Weise beschimpft" worden.

Auf Wunsch von Siegfried Simon erfolgte die Beisetzung seines Bruders in der Bundesrepublik. Der Bruder habe zu Lebzeiten geäußert, dass er immer – auch über den Tod hinaus – mit ihm zusammenbleiben wolle. Am Nachmittag des 4. Januar 1964 fand nahe der Stelle, an der am 28. Oktober 1963 eine Erdmine Bernhard Simon tödlich verletzt hatte, eine kleine Gedenkfeier statt. Zur Erinnerung an ihn wurde auf der Westseite ein Eichenholzkreuz errichtet.

Die Staatsanwaltschaft Schwerin ermittelte in den 1990er Jahren den für die Verlegung der tödlichen Minen verantwortlichen Kompaniechef einer Pionierkompanie des Pionierbataillons 8 und klagte ihn an, die Tötung von fluchtwilligen DDR-Bürgern billigend in Kauf genommen zu haben. Der Beschuldigte erklärte, er habe seinerzeit nicht angenommen, dass Menschen die gut bewachten Grenzsperren überwinden und trotz der aufgestellten Warnschilder in die Minenfelder eindringen könnten. Vielmehr habe er – entsprechend der offiziellen Verlautbarung – geglaubt, dass die unter seinem Kommando verlegten Bodenminen (PMD-6) als taktisches Mittel zur Grenzsicherung gegen mögliche militärische Provokationen und Angriffe von westlicher Seite auf das Territorium der DDR dienten. Über verletzte oder gar getötete DDR-Bürger an der Grenze habe er nichts gewusst und wegen des abgeschotteten Lebens in der Kaserne auch die durch westliche Medien verbreitete Kritik an der Minenverlegung im Grenzgebiet nicht mitbekommen. Das Landgericht Schwerin sprach den Beschuldigten im September 2000 vom Vorwurf der vorsätzlichen oder fahrlässigen Tötung frei. Er habe sich 1962 die möglichen Folgen der Minenverlegung nicht bewusst gemacht. „Das war ihm unter Berücksichtigung der zeitlichen Einordnung seines Handelns in das Jahr 1962, seines damaligen Lebens- und Berufskreises und seines gesellschaftlichen Umfeldes nicht möglich und deshalb nicht zuzumuten." (Recherche: jk, MP, St.A., TP; Autorin: MP)

Quellen:

DGP/Kommando der Grenztruppen/Operativer Diensthabender: Tagesmeldung Nr. 302/63 für 27.10.–28.10.63, 29.10.1963 sowie Ergänzungsmeldung Nr. 303/63 für 28.10.–29.10.63, 30.10.1963. BArch Freiburg, DVH 32/112577.

ZGD/BGS: Grenzlage vom 29.10.1963. BArch Koblenz, B 137/6429.

BGS/GSK Nord: Verletzung von Flüchtlingen durch Entstehung von DDR-Minen. Hannover, 13.1.1975. BArch Koblenz, B 369/85.

StA Schwerin: Urteil LG Schwerin vom 21.09.2000, 191 Js 7761/98. LHASn, Staatsanwaltschaft Schwerin, 8.33-6/2, 3730b.

StA II bei dem LG Berlin: Ermittlungsverfahren gegen Unbekannt wegen Totschlags. LAB, D Rep. 120–02, Acc. 8346, Az. 25/2 Js 265/91.

Gespräch Hermann Broer mit Mandy Palme am 24.11.2015.

Filmer, Werner/Schwan, Heribert: Die Opfer der Mauer. Die geheimen Protokolle des Todes. München 1991, S. 182.

Bernd Ickler

geboren am 30. Juni 1945 in Pferdsdorf

getötet durch Minenverletzung am 4. November 1963

Ort des Zwischenfalls: Pferdsdorfer Köpfchen, Abschnitt Hochgrund, südlich der Straße Pferdsdorf (Thüringen) nach Willershausen (Hessen)

Einwohner des hessischen Grenzdorfes Willershausen hörten am 3. November 1963 eine Minendetonation. Am 7. November 1963 informierte eine Frau aus Willershausen die Polizei, sie habe durch einen Brief aus dem benachbarten DDR-Grenzort Pferdsdorf erfahren, dass zwei dort wohnende Jugendliche versucht hätten, über die Grenze zu flüchten. Dabei sei einem von ihnen ein Bein und ein Arm abgerissen worden.

Dem Grenzgebiet bei Pferdsdorf galt seit Frühjahr 1963 die besondere Aufmerksamkeit der Grenztruppen. Drei Jugendlichen aus dem Dorf war dort die Flucht nach Westdeutschland gelungen. Am 3. November 1963 gegen 21.40 Uhr vernahmen zwei Grenzsoldaten im Bereich des Abschnitts Pferdsdorfer Köpfchen Geräusche. Sie meinten, dass sich Personen aus Richtung Pferdsdorf zur Grenze bewegten. Da dichter Nebel herrschte, feuerten sie sieben Leuchtkugeln ab. Nachdem die Gegend in grünes Licht getaucht war, sahen sie im Nebel eine Person, die aus dem Grenzgebiet in Richtung Pferdsdorf rannte. Zehn Minuten später, gegen 21.50 Uhr, detonierte eine Mine im Abschnitt Hochgrund. Als die beiden Posten dort ankamen, bot sich ihnen ein schrecklicher Anblick. Im Minengürtel lag eine schwer verletzte männliche Person. Durch die Leuchtkugeln alarmiert, eilte die Alarmgruppe der Kompanie zur Grenze, auch ein Zug wurde dorthin in Marsch gesetzt. Gegen 22.40 Uhr begab sich Leutnant Welker mit zwei Soldaten in eine minenfreie Gasse, um den Verletzten zu bergen. Aus den Papieren, die er bei sich trug, ging hervor, dass es sich um den 18-jährigen Bernd Ickler aus Pferdsdorf handelte, beschäftigt als Landmaschinenschlosser bei der MTS Mihla. Er wurde mit einer Plane ins Hinterland gebracht, dort durch den Regimentsarzt notdürftig versorgt und dann gegen 23.45 Uhr mit einem Sanitätsfahrzeug in das Kreiskrankenhaus Eisenach überführt. Als sein Begleiter wurde Dieter H. ermittelt und zu Hause festgenommen. Er sagte aus, Ickler habe im Laufe des Abends während einer Tanzveranstaltung im Kulturhaus mit anderen Jugendlichen getrunken und dort lauthals geäußert, er wolle „in den Westen abhauen". Mehrere Jugendliche lehnten es ab, mit ihm zu gehen, nur er sei dazu bereit gewesen.

Bernd Ickler wuchs als Sohn eines Bauern in Pferdsdorf auf, wo er im nahe gelegenen Spichra die Grundschule und hernach die Polytechnische Oberschule in Creutzburg bis zur 10. Klasse besuchte. Er fiel in Russisch durch die Prüfung zur Mittleren Reife und erlernte nach Beendigung der Schule auf der MTS Mihla den Beruf des Landmaschinenschlossers. Angeblich sah man in seinem Elternhaus Westfernsehen. Ickler und sein engerer Freundeskreis mieden die politischen Veranstaltungen der FDJ im Ort. Das MfS ermittelte später, die Jugendlichen seien gegenüber älteren Personen „rechthaberisch und eigenwillig" aufgetreten.

Dieter H. sagte in seiner Vernehmung, sein gleichaltriger Freund Bernd Ickler habe ihm mehrfach gesagt, er habe „die Schnauze voll und wolle abhauen". Sie hätten oft darüber gesprochen, dass es in Westdeutschland „besser ist als hier". Sie hätten außerdem keine Lust gehabt „zur Wehrmacht zu gehen". Dieter H. war bereits ein Jahr zuvor bei einem Fluchtversuch ertappt worden. Er erhielt aber als 17-Jähriger lediglich einen richterlichen Verweis. Bernd Ickler habe ihm am Abend des Fluchtversuchs versichert, er wisse, wo keine Minen liegen. Seine Eltern hatten ein Kleefeld in der Nähe der Grenze. Als sie sich mitten in diesem Feld befanden, stiegen die Leuchtkugeln auf. Er habe dann auch einen Hund bellen gehört und zu seinem Freund gesagt, sie seien entdeckt worden, es habe keinen Zweck mehr weiterzugehen. Der aber antwortete, wenn man schon so weit gekommen sei, müsse man durchhalten. Dieter H. lief zurück nach Hause, sagte seiner Mutter, dass man hinter ihm her sei, legte sich ins Bett und löschte das Licht. Im Dunkeln hörte er Schüsse an der Grenze.

Bernd Ickler erlag am 4. November 1963 gegen 6 Uhr seinen Verletzungen. Sein abgerissenes Bein sowie Kleiderfetzen wurden am Vormittag aus dem Minengürtel geborgen. Der Leiter der Stasi-Operativ-Gruppe Börber meldete zur gleichen Zeit seinen Vorgesetzten nach Eisenach: „Es ist vorgesehen, die Angehörigen des Ickler dahingehend zu beeinflussen, dass die Leiche nach der Freigabe durch den Staatsanwalt in Eisenach eingeäschert wird. Falls die Angehörigen auf einer Bestattung der Leiche in Pferdsdorf bestehen, wird die Leiche erst unmittelbar vor der Beerdigung nach Pferdsdorf gebracht." Stasi-Informanten im Dorf würden die Stimmung unter den Bewohnern erkunden.

Das Bundesministerium für gesamtdeutsche Fragen erhielt am 4. Mai 1964 von der Zentralen Erfassungsstelle Salzgitter eine Mitteilung zum Fall Helmut [sic] Ickler. Es stehe fest, dass dieser „zwar bei einem Minenunfall schwer verletzt wurde, jedoch durch Selbstmord einige Wochen nach dem Unfall ums Leben gekommen ist". Die Staatsanwaltschaft Erfurt klagte den ehemaligen Pionieroffizier der Grenztruppen Karl Einecke im Dezember 1997 an, „einen Menschen getötet zu haben, ohne Mörder zu sein". Einecke hatte durch seine Pioniere das Minenfeld anlegen lassen, in dem Bernd Ickler seine tödlichen Verletzungen erlitt. Es kam jedoch zu keinem Gerichtsverfahren mehr, da der Beschuldigte 1998 verstarb. (Recherche: jk, jos., TP, St.A.; Autor: jos.)

Quellen:

MfS, HA I, Abt. Aufklärung, Uabtlg 11. Brig. Op.-Gr. GR: Minendetonation mit tödlichem Ausgang im Kp. Bereich Pferdsdorf am 3. 11. 1963. BStU, Ast. Eft, MfS, BV Eft, KD Eis 85.

Abteilung Sicherheitsfragen im ZK der SED: Mitteilung an Erich Honecker vom 4. November 1963. SAPMO-BArch, DY 30 IV A 2/12/89.
Zentrale in Hessen: Betr.: Tägl. Grenzlagebericht vom 3.12.1963. Lapo, ZESt, BArch Koblenz, B/137/6429.
Filmer, Werner/Schwan, Heribert: Opfer der Mauer. Die geheimen Protokolle des Todes. München 1991, S. 183.
Staatsanwaltschaft Erfurt: Anklage wegen Totschlag 510 Js 96138/97 Totschlag zuvor 25/2 Js 172/91 StA Berlin. ThHStA Weimar, Freistaat Thüringen, StA Erfurt 9892–9903.
LG Dresden: Einstellungsbeschluß vom 10.01.2000, Az. 1Ks 836 Js 42681/96. In: Sammlung Marxen/Werle, Humboldt Universität Berlin.

Dieter Fürneisen

geboren am 26. Juni 1941 in Jena

getötet durch Minendetonation am 24. November 1963

Ort des Zwischenfalls: 500 Meter westlich von Zopten, Ortsteil von Probstzella (Thüringen)

In Jena sprach man im November 1963 hinter vorgehaltener Hand über den gescheiterten Fluchtversuch eines 22-jährigen Werkzeugmachers aus der Stadt. Es handelte sich um Dieter Walter Otto Fürneisen, der in einem Minenfeld an der Grenze zwischen Thüringen und Bayern auf grauenvolle Weise ums Leben gekommen war.

Dieter Fürneisen wuchs im thüringischen Jena auf. Seine Eltern lebten in Scheidung, eine seiner Schwestern wohnte weiterhin in Jena, die andere jedoch im hessischen Wetzlar. Mit seiner Freundin hatte Dieter Fürneisen eine kleine Tochter. Er arbeitete als Werkzeugmacher, zog Anfang September 1963 nach Gera und kam dort im Wohnheim der Wismut unter. Seine sportliche Leidenschaft galt dem Ringkampf, in Jena gewann er eine Stadtmeisterschaft. Roman Grafe schreibt in seinem Buch *Die Grenze durch Deutschland*, Dieter Fürneisen habe sich Anfang der 1960er Jahre „regelmäßig mit einem Dutzend Gleichaltriger unter der Normaluhr zum Fußball, im Cafe ‚Paradies' oder im ‚Volkshaus' zum Tanzen getroffen". Alle trugen ein Marienkäfer-Abzeichen als Erkennungssymbol – die Jenaer MfS-Kreisdienststelle vermutete „Bandenbildung" und sah eine staatsfeindliche Gruppe am Werk. Die „Gruppe Fürneisen" wurde observiert. Ein Stasi-Spitzel berichtete, Dieter Fürneisen habe eine Vorliebe für heiße Musik und würde danach „unanständig tanzen". Ein Stasi-Mitarbeiter schrieb: „In der ‚Gruppe Fürneisen' werde ‚Radio Luxemburg' gehört, man sah die jungen Leute wüst tanzen, hotten bzw. Rock'n'Roll tanzen". Auch hätten sie sich darüber unterhalten, wie man am besten die Republik verlassen könne.

Seine Schwester Elke wusste nach eigenen Angaben nichts Konkretes über die geplante Flucht, ihr Bruder habe lediglich vage von seiner Absicht gesprochen, die DDR zu verlassen. Ursprünglich wollte er seine kleine Tochter in einem Rucksack mitnehmen und später seine Freundin nachholen. Doch rieten ihm Freunde, erst einmal allein in den Westen zu gehen und die Lage dort zu erkunden. Elke Fürneisen erklärte gegenüber Roman Grafe: „Einen Tag, bevor mein Bruder sich auf den Weg machte, wurde John F. Kennedy ermordet. Da habe ich noch mit Dieter drüber gesprochen, da haben wir noch geweint. Kennedy sollte uns doch von dem Ganzen hier erlösen. Der kam doch nach Berlin, der stand doch an der Mauer und wir haben gejubelt: ‚Mensch, Amerika, hilf uns'. Nach dem Attentat auf Kennedy sahen wir unsere Chance, daß es mal besser geht, dahinfließen. Da wird Dieter gedacht haben: Jetzt ist es ganz vorbei, jetzt dauert es wieder lange, bevor sich was ändert. Jetzt mach ich's. Er hatte sich noch ein Parteiabzeichen besorgt und es sich angesteckt für den Fall, dass man ihn auf dem Weg zur Grenze anhält. Das haben wir dann noch zurückbekommen. Dieter hatte uns davon nichts gesagt. Nur meiner Mutter hinterließ er einen Brief: ‚Liebe Mutti! Ich werde dich immer in Ehren halten. Du warst für mich die Liebste. Dein dich liebender Sohn Dieter.'"

Am Totensonntag, dem 24. November 1963, versuchte Dieter Fürneisen gegen 7.30 Uhr, die DDR-Grenzanlagen etwa einen halben Kilometer westlich von Zopten in Thüringen zu überwinden. Er durchtrennte die Stacheldrahtsperre und geriet unmittelbar danach in ein Minenfeld. Etwa 400 Meter von der Grenze entfernt löste er eine Erdmine aus, die ihm ein Bein abriss. Er schleppte sich dennoch einige Meter weiter, als eine zweite Mine detonierte, die ihm einen Teil des Kopfes und eine Hand abriss und zu seinem sofortigen Tod führte. Laut einer Tagesmeldung des Kommandos Grenztruppen wurden Körperteile und Bekleidungsstücke noch 60 Meter von dem Explosionsort entfernt aufgefunden. Erst mehrere Stunden später gegen 15.15 Uhr bargen Soldaten der Pioniereinheit des Grenzregiments 11 die sterblichen Überreste Dieter Fürneisens und überführten seinen Leichnam in einem versiegelten Sarg in das Volkspolizeikreisamt nach Saalfeld.

Noch am gleichen Tag erfolgten eine Hausdurchsuchung und die Vernehmungen von Mutter und Schwester. Die Todesmitteilung erhielten sie im Nachhinein von der Kriminalpolizei erst einen Tag später. Vier Tage nach der gescheiterten Flucht, am 28. November, fand die Trauerfeier für Dieter Fürneisen auf dem Nordfriedhof in Jena statt. Der versiegelte Sarg durfte nicht geöffnet werden, die Angehörigen konnten den Toten nicht noch einmal sehen. Nach der Zeremonie wurde der Sarg direkt zum Krematorium gebracht und dort verbrannt. Im Sterberegister des Friedhofsamts ist der Sterbefall als „unnatürlicher Tod" eingetragen. Fürneisens Mutter litt nach Angaben ihrer Tochter sehr unter dem Verlust. Es gelang ihr trotz aller Bemühungen nicht, die genauen Todesumstände ihres Sohnes in Erfahrung zu bringen.

Nach der Wiedervereinigung sagte der damalige Oberoffizier Pionierdienste im Grenzregiment 11 Heinz F. den Ermittlern, dass der Regimentskommandeur ihm am 24. November 1963 zunächst untersagt hatte, „den Toten aus der Minensperre zu bergen und ihn entsprechend würdig abzulegen, damit das Geschehen aus der Ortschaft Zopten, in einer Entfernung von 300 m, nicht einsehbar war. Dieser Befehl wurde nicht erteilt und mir wurde das Betreten der Minensperre verboten." Die Bergung dieses Toten erfolgte dann erst Stunden später nach dem Eintreffen des Pionierkommandeurs der Grenzbrigade. Heinz F. erklärte weiter, „daß mich dieses Vorkommnis sehr lange beschäftigte, daß ich mich aus moralischer Sicht als Pionieroffizier der Grenztruppen mitverantwortlich fühlte. In persönlicher Auseinandersetzung mit diesem Vorkommnis stellte ich mir die Frage, wie diese Person unbefugt und ohne Hinderung in das Minenfeld gelangen konnte, da der Sperrabschnitt und die Minenfelder bis zu einem Kilometer Tiefe in das Territorium der DDR hineinführten und sich unmittelbar am Rand des Schutzstreifens befanden. [...] Weiterhin kam ich zu dem Schluß, daß die Anzahl und Menge der vorhandenen Minenfelder und minengesperrten Abschnitte an der gesamten Staatsgrenze der DDR im groben Mißverhältnis zu den vorhandenen Kräften stand, die für deren Sicherung zuständig waren." Ihm sei klargeworden, dass die Verantwortungsträger, „die die Verminung der Staatsgrenze festlegten, beschlossen und befohlen haben, diesen Umstand wissen mußten und vorsätzlich die Verletzung und Tötung in Kauf nahmen".

Des Landgerichts Dresden stellte am 10. Januar 2000 das Verfahren gegen den wegen Totschlags zum Nachteil von Dieter Fürneisen angeklagten Kompaniechef Rudolf B. wegen Verhandlungsunfähigkeit ein. (Recherche: jk, St.A. US; Redaktion: jos.)

Quellen:

Kommando der Grenztruppen: Tagesmeldung 329/63 für 23.11.–24.11.63. BArch Freiburg, DVH 32/112578.

StA Dresden: Anklage wg. Totschlags vom 08.02.1998, Beschluß LG Dresden vom 19.01.2000, – 836 Js 42681/96, 1Ks; Sammlung Marxen/Werle, Humboldt Universität Berlin.

ZERV: Ermittlungen wg. Totschlag. LAB, D Rep. 120–02, Acc. 8346, Az. 2 Js 194/91.

LKA Thüringen: Ermittlungen zum Todesfall Dieter Fürneisen. StA Erfurt: 560 UJs 12353/93. ThHStA Weimar, LKA Thüringen, Nr. 1082.

StA Magdeburg: Fallakten Fürneisen, 26 Js 18/96, 502 Ks 15/97. StA Magdeburg, 653 Js 16982/97.

Stadtarchiv Jena: Meldekarte von Dieter Fürneisen.

Grafe, Roman: Die Grenze durch Deutschland. Eine Chronik von 1945 bis 1990. München 2008, S. 146 ff.

Hans-Werner Piorek

geboren am 3. November 1929 in Dresden

erschossen am 6. Dezember 1963

Ort des Zwischenfalls: ehemaliger Grenzübergang Eichholz-Herrnburg (Mecklenburg-Vorpommern)

Bildquelle: BILD-Zeitung, Ausgabe Hamburg, 07.12.1963

Hans-Werner Piorek wurde am 4. August 1929 in Dresden geboren. Seit seinem 14. Lebensjahr verbrachte er seine Jugend und die ersten Erwachsenenjahre in verschiedenen psychiatrischen Einrichtungen. Seine Eltern hatten sich voneinander getrennt. Während der Vater in Dresden lebte, war seine Mutter nach Hamburg übergesiedelt.

1962 gelang es ihr, den Sohn nachziehen zu lassen und ihm eine Arbeit bei der Bundesbahn zu besorgen.

Am Donnerstag, dem 5. Dezember 1963, versuchte Hans-Werner Piorek abends über den Grenzübergang Lübeck-Schlutup zurück in die DDR zu gelangen, doch die Einreise wurde ihm verwehrt. Man schob den jungen Mann zwei Stunden später wieder nach Lübeck ab. Eine winterlich kalte Nacht mit vereinzelten Niederschlägen folgte. Die Polizei griff den vermeintlichen Stadtstreicher auf. Es war noch dunkel, als Zollbeamte ihn am nächsten Morgen am ehemaligen Grenzübergang Eichholz-Herrnburg bemerkten. Sie übergaben ihn der Lübecker Polizei, die ihn nochmals überprüfte. Kurz nach 7 Uhr erschien er wieder in Eichholz. Diesmal hatte er eine Bescheinigung dabei, dass nichts gegen ihn vorlag. Von seinem Vorhaben, hier und jetzt die Grenze zu überschreiten, ließ er sich trotz Warnungen nicht abbringen.

Angehörige der Grenztruppen der DDR bemerkten Hans-Werner Piorek spätestens, als die westdeutschen Zollbeamten Leuchtkugeln abschossen, um auf den jungen Mann aufmerksam zu machen. Man brachte ihn vom Grenzzaun zu einem DDR-Beobachtungsturm, wo kurz darauf eine sogenannte Alarmgruppe eintraf. Für die Männer der Alarmgruppe schien es naheliegend, dass Piorek ein vom Zoll geschickter Provokateur war, auch wenn dieser beteuerte „kein Spion und kein Verbrecher" zu sein. Weshalb aber würde sonst jemand im Morgengrauen illegal in die DDR eindringen wollen? Sie durchsuchten ihn, brüllten, er solle die Hände hochnehmen. Er hatte mit einer solchen Reaktion nicht gerechnet; erschrocken begann er zu laufen, vielleicht wollte er wieder zurück, vielleicht einfach nur weg, zu lange schon dauerte seine Odyssee an der Grenze, um einen klaren Gedanken fassen oder stehenbleiben zu können, als die Warnschüsse krachten. Der Schütze, ein damals 19-jähriger Grenzsoldat, von Beruf Melker, erklärte 1997 vor dem Landgericht Schwerin, „reflexartig" gehandelt zu haben, als er dann aus seiner Kalaschnikow zwei gezielte Feuerstöße abgab, die den Flüchtenden in Hals und Rücken tödlich trafen. Es war Totschlag, befand das Gericht und verurteilte Heinz B. nach Jugendstrafrecht zu einer zweijährigen Bewährungsstrafe.

Das Leben von Hans-Werner Piorek wäre unauffällig geblieben, wäre er nicht in einen Konflikt mit den Grenzorganen geraten. Die Aufmerksamkeit, die der 34-Jährige nach seinem Tod erhielt, bewegte sich innerhalb der Logik des Grenzregimes, die bestimmte, welche Handlungsweisen und Motive damals als plausibel galten. Auf der einen Seite die Ächtung Pioreks als Provokateur, der nach Kontakt mit dem BGS die Grenze zur DDR überschritten habe und sich anschließend der Festnahme entziehen wollte (ADN: „Provokation an der Staatsgrenze". In: *Berliner Zeitung*, 7.12.1963); auf der anderen Seite die Klage über den ermordeten angeblichen Familienvater, der vorgehabt hätte, Frau und Kind in Mecklenburg zu besuchen („Neuer Vopo-Mord an der Zonengrenze". In: *Der Abend* [Lübeck], 7.12.1963). Beide Versionen offenbaren das Unverständnis gegenüber dem unvermittelten Willen von Hans-Werner Piorek, einen seit elf Jahren geschlossenen Grenzübergang bei Lübeck zu überschreiten, um zurück in seine Heimat zu gelangen. (Recherche: jk, MP, St.A.; Autor: jk)

Quellen:

ADN: Provokation an der Staatsgrenze. In: *Berliner Zeitung*, 07.12.1963.

Neuer Vopo-Mord an der Zonengrenze – 34jähriger Hamburger wollte zu Frau und Kind. In: *Der Abend* (Lübeck), 07.12.1963.

Mord an Überläufer von SED beschönigt. In: *Der Kurier* (Berlin), 07./08.12.1963.

Lütcke, Ernst: Mord mit 40 Kugeln. In: *BILD*-Zeitung, Ausgabe Hamburg, 07.12.1963.

Winterle, GNS beim GSK Küste: Grenzlage vom 6.12.63, 6.12.1963. Ders.: Grenzlage vom 7.12.1963, 7.12.1963. BArch Koblenz, B/137/6429.

Bundespolizeipräsidium Nord: Grenzlagebericht Dezember 1963. LASch, Abt. 560/38.

ZESt an den Generalbundesanwalt, 25.6.65. BArch Koblenz, B 197/2255.

ZERV: Ermittlungsverfahren z. N. Piorek, Werner. LAB, D Rep. 120–02, Acc. 8346, StA KG Berlin 2 Js 86/92.

StA Schwerin: Anklageschrift vom 23.09.1994, 191 JS20962/94. LG Schwerin: Urteil vom 29.05.1997, 33 KLS (48/94). Sammlung Marxen/Werle, Humboldt-Universität zu Berlin.

StA Schwerin: Ermittlungsverfahren z. N. Piorek, Werner, 191 Js 20962/94. LHASn, Staatsanwaltschaft Schwerin, 8.33–6/2, 3700.

Heinz Schlett

geboren am 8. Mai 1950 in Kirchkogel

ertrunken zwischen dem 15. und 17. April 1964,

aus der Elbe geborgen am 25. April 1964

Ort des Zwischenfalls: Elbe bei Lütkenwisch (Brandenburg)

Am 15. April 1964 stellten die Erzieher des Kinderheims in Wittenberge fest, dass zwei ihrer Schüler fehlten. Am 17. April 1964 griff der Abschnittsbevollmächtigte in Gramzow, Kreis Perleberg, einen der beiden Jugendlichen auf. Von dem zweiten, dem 13-jährigen Heinz Willi Schlett, fehlte jede Spur. Gegenüber Mitschülern hatte er kurz vor seinem Verschwinden geäußert, er wolle zu seinem Schwager nach Westdeutschland.

Am 25. April 1964 gegen 19.30 Uhr entdeckten DDR-Grenzsoldaten bei Elbkilometer 472 in der Nähe von Lütkenwisch im Wasser eine männliche Leiche. Da sie keine besonderen Merkmale oder äußeren Verletzungen aufwies und man in der Kleidung keine Gegenstände oder Dokumente vorfand, konnte der irrtümlich auf etwa 20 Jahre geschätzte Tote zunächst nicht identifiziert werden. Die Grenztruppen überführten den Leichnam in das Leichenhaus der nahe gelegenen Ortschaft Lanz. Vier Tage später meldete die Bezirksbehörde der Volkspolizei Schwerin, bei der am 25. April in der Elbe aufgefundenen Wasserleiche handele es sich um den 13-jährigen „Hilfsschüler Heinz Schlott [sic], geb. 08.05.1950 in Kirchkogel, wohnh. Hilfsschulheim Wittenberge". Die gerichtliche Sektion ergab, dass der Tod durch Ertrinken eintrat. (Recherche: MP, US; Autor: jos.)

Quellen:

Bezirksbehörde der Deutschen Volkspolizei (BdVP) Schwerin: Rapport Nr. 97/64 für die Zeit vom 25.04.1964, 8.00 Uhr bis 27.04.1964, 8.00 Uhr sowie Rapport Nr. 100/64 für die Zeit vom 29.04.1964, 8.00 Uhr bis 30.4.1964, 8.00 Uhr. LHASn, 7.12–1, Z 55/1990(4), 164.

Standesamt Güstrow: Auskunft vom 24.11.2016.

Amt Lenzen-Elbtalaue, Standesamt Lenzen: Auskunft vom 02.12.2016.

Stadtarchiv Wittenberge: Auskunft vom 02.01.2017.

Armin Bogun

geboren am 25. August 1943 in Preußisch Mark (Ostpreußen, heute: Przezmark/Polen)
vermisst seit dem 30. April 1964, vermutlich beim Fluchtversuch ums Leben gekommen
Ort des Geschehens: Schaalsee (Mecklenburg-Vorpommern)

Aus einem Eintrag im Hausbuch der Schweriner Seestraße 32 vom 10. Oktober 1948 geht hervor, dass die verwitwete Lina Bogun nach dem Krieg mit drei Söhnen und einer Tochter aus Ostpreußen nach Mecklenburg kam. Ihre Kinder wurden zwischen 1933 und 1943 geboren und besuchten bis auf Armin Bogun die Schule. Armin war mit fünf Jahren der Jüngste in der Familie. Der Vater war im Krieg gefallen.

Zehn Jahre später tauchte sein Name in den Akten der Volkspolizei auf. Armin Bogun hatte die Schule mit der 8. Klasse abgeschlossen und lernte nun Klempner beim VEB (K) Ausbau. Er wohnte noch bei seiner Mutter in Schwerin. Mit drei Freunden fand er beim Angeln im Ostorfer See einen Sprengkörperzünder aus dem Zweiten Weltkrieg. Wahrscheinlich weil sie den Fund nicht gemeldet hatten, wurden die Jugendlichen von der Volkspolizei vorgeladen. Sie sollten wegen des unbefugten Waffenbesitzes vernommen werden.

Als 20-Jähriger hat sich Armin Bogun im Frühjahr 1964 wahrscheinlich gemeinsam mit Ulrich Rast und Georg Zerna zur Flucht aus der DDR entschlossen. Der 1,83 Meter große Mann trug sein rotblondes Haar nach hinten gekämmt. Seine Mutter wohnte inzwischen in Dresden, Armin Bogun arbeitete in Schwerin. Gemeinsam mit seinen beiden Freunden soll er sich am 30. April 1964 auf dem Weg zum Schaalsee gemacht haben, um diesen zu durchschwimmen und so in die Bundesrepublik zu gelangen. Seine Schwester Brigitte erinnerte sich 1993 daran, dass am Abend des 30. April 1964 Kriminalpolizisten ihre Mutter in Dresden aufsuchten und sich nach dem Verbleib ihres Sohnes Armin erkundigten. Seitdem fehlt jede Spur von dem 20-Jährigen. Das Ermittlungsverfahren der Zentralen Ermittlungsstelle Regierungs- und Vereinigungskriminalität (ZERV), das nach der Wiedervereinigung die Schicksale von Armin Bogun, Ulrich Rast und Georg Zerna aufklären sollte, blieb ohne Ergebnis und wurde eingestellt. Armin Bogun starb vermutlich bei dem Versuch, gemeinsam mit Ulrich Rast und Georg Zerna über den Schaalsee in die Bundesrepublik zu schwimmen. (Recherche: jos., LH, St.A.; Autor: jk)

Vgl. die Biografien von Ulrich Rast und Georg Zerna.

Quellen:

MfS: Ermittlungsverfahren zu Armin Bogun und drei anderen wegen Besitz eines Sprengkörperzünders aus Rohrladungen (WK II). BStU, ZA, MfS D SKS 35011.

StA KG Berlin: Ermittlungsverfahren gegen Unbekannt wegen Verdacht des Totschlags. LAB, D Rep. 120–02, Acc. 8346, Az. 27/2 Js 679/92.

Haushaltsliste der Familie Bogun für die Personenstandsaufnahme vom 10.10.1948. Stadtarchiv Schwerin.

Ulrich Rast

geboren am 24. Dezember 1941 in Pokrent
seit dem 30. April 1964 vermisst, vermutlich bei einem Fluchtversuch
über den Schaalsee ums Leben gekommen
Ort des Geschehens: Schaalsee (Mecklenburg-Vorpommern)

Als Lieselotte Rast am 30. April 1964 von der Arbeit in ihre Wohnung zurückkehrte, fand sie dort einen Zettel ihres Sohnes aus erster Ehe. Auf diesem teilte der 22-Jährige mit, dass er mit zwei Freunden in den Westen flüchten wolle. Nach seiner Ankunft würde er sich sofort melden – andernfalls 18 Monate später, hatte er sarkastisch hinzugefügt. Seit dem 30. April 1964 fehlt von Ulrich Rast jede Spur.

Ulrich Rast kam 1941 im mecklenburgischen Pokrent zur Welt. Er besuchte die Oberschule in Gadebusch und wohnte dort in einem der Schule angeschlossenen Internat. Sein Lieblingsfach im Schulunterricht war Geschichte. Rasts Mutter arbeitete als Zugschaffnerin. Mit seinem Vater, der seit der Scheidung der Eltern mit Rasts Bruder in Westdeutschland lebte, konnte er seit dem Mauerbau nur Briefe wechseln. Als er ihn das letzte Mal im Westen besuchte, sagte er ihm, er wolle nach dem Abitur ebenfalls in die Bundesrepublik kommen.

Bereits als 16-jähriger Oberschüler musste Ulrich Rast die unangenehme Erfahrung eines Gefängnisaufenthaltes machen. Die Polizei nahm ihn und drei seiner Freunde wegen unerlaubten Munitionsbesitzes fest und nahm bei seiner Mutter in Pokrent eine Hausdurchsuchung vor. Die vier Jugendlichen hatten in der Nähe des Theodor-Körner-Denkmals bei Lützow Karabinermunition aus dem Zweiten Weltkrieg gefunden und sich dafür selbst eine Abschussvorrichtung gebastelt. Die vier Freunde saßen 23 Tage in Untersuchungshaft, dann stellte das Jugendgericht das Strafverfahren mit der Begründung ein, die U-Haft sei eine ausreichende Erziehungsmaßnahme gewesen.

Ein Freund Ulrich Rasts, der von dem Fluchtvorhaben wusste, informierte Frau Rast eine Woche nach dem Verschwinden ihres Sohnes über dessen Plan, gemeinsam mit Armin Bogun und Georg Zerna durch den Schaalsee in den Westen zu flüchten. Der Kontakt zu Frau Zerna, die ebenfalls ihren Sohn vermisste, war schnell hergestellt. Als die Frauen zusammen die Schweriner Volkspolizei aufsuchten, wusste man dort nichts über den Verbleib ihrer Söhne. Die Polizisten weigerten sich, eine Vermisstenanzeige aufzunehmen. Selbst der Gang zur Bezirksverwaltung der Staatssicherheit blieb erfolglos. Da auch spätere Behördennachfragen keinen Hinweis auf den Verbleib von Ulrich Rast ergaben, musste Lieselotte Rast davon ausgehen, dass ihr Sohn ertrunken war. Sie ließ ihn 1984 für tot erklären.

Im Juli 1964 begann die Zentrale Erfassungsstelle in Salzgitter die vermutlich gescheiterte Flucht zu untersuchen. Ulrich Rasts älterer Bruder, der in Nordrhein-Westfalen lebte, meldete der Kriminalpolizei das Verschwinden seines Bruders, nachdem er durch einen Brief seiner Mutter davon erfahren hatte. Nachfragen ergaben, dass weder bei den Polizeirevieren in Lübeck und Ratzeburg noch beim örtlichen Grenzzollkommissariat Informationen über Rast und seine Mitflüchtlinge vorlagen. Lediglich der Bundesgrenzschutz in Ratzeburg berichtete über einen Hinweis, der auf einen verhinderten Durchbruchsversuch hindeuten könnte. Eine Streife des Bundesgrenzschutzes vernahm nämlich in der Nacht vom 1. zum 2. Mai 1964 im Grenzgebiet 20 Kilometer südlich des Schaalsees Schüsse und sah auf der Ostseite Leuchtkugeln aufsteigen. Anschließend leuchteten DDR-Grenzer mit einem Handscheinwerfer das Gelände ab.

Die Ratzeburger Polizei erhielt auch in der folgenden Zeit keine Hinweise auf Leichenfunde im Schaalsee. Doch teilte sie einschränkend mit, das besage „an sich nichts, denn der See ist mit einem dichten Schilfgürtel versehen, der das Auffinden oder Bemerken" von angelandeten Wasserleichen fast unmöglich mache. Im November 1968 vermerkte der Leiter der Erfassungsstelle in Salzgitter, Staatsanwalt Retemeyer, eine weitere Aufklärung des Sachverhalts sei nicht mehr zu erwarten und stellte die Ermittlungen vorläufig ein. Auch ihre Wiederaufnahme in den 1990er Jahren erbrachte nach Durchsicht der einschlägigen Überlieferungen des Staatssicherheitsdienstes und der Grenztruppen keine Aufklärung des Falls. (Recherche: jk, jos., St.A., US; Autor: jk)

Vgl. die Biografien von Armin Bogun und Georg Zerna.

Quellen:

MfS: Ermittlung gegen Ulrich Rast wegen Munitionsbesitz. BStU, ZA, MfS D SKS 26122.

ZESt: Ermittlungsverfahren gegen Unbekannt wegen Verdachts des Totschlags, AR-ZE 1110/64. BArch Koblenz, B 197/3337.

StA KG Berlin: Ermittlungsverfahren gegen Unbekannt wegen Verdachts des Totschlags. LAB, D Rep. 120-02, Acc. 8346, Az. 27/2 Js 679/92.

Georg Zerna

geboren am 17. April 1942 in Fraustadt (Niederschlesien, heute: Wschowa/Polen)

seit dem 30. April 1964 vermisst, vermutlich bei einem Fluchtversuch über den Schaalsee ums Leben gekommen

Ort des Geschehens: Schaalsee (Mecklenburg-Vorpommern)

Am 10. November 1964 nutzte der Rentner Hermann Palm aus Gadebusch einen Besuch bei seiner in Westdeutschland lebenden Tochter Hildegard Ludwig, um den Bundesgrenzschutz (BGS) um Hilfe bei der Suche nach seinem Enkel Georg Zerna zu bitten. Er schrieb an das BGS-Kommando Küste: „Am 30.4.-5.5.1964 haben drei junge Burschen im Alter von 18-22 Jahren versucht, über die Grenze bei Dutzow Kneese Schaalsee [!] nach Westdeutschland zu gelangen. Haben sich bis heute bei ihren Angehörigen noch nicht gemeldet. Unsere Volkspolizei gibt mir keine Auskunft." Hermann Palm fragte, ob auf westlicher Seite Schüsse gehört oder Leichen geborgen wurden. In seiner Antwort erklärte der BGS, dass zu dem geschilderten Fluchtversuch keine Erkenntnisse vorliegen und Ermittlungen der Kriminalpolizei Lübeck ebenfalls zu keiner Klärung geführt hätten. Zwar habe eine BGS-Streife in der Nacht vom 1. zum 2. Mai 1964 im Grenzgebiet 20 Kilometer südlich des Schaalsees Schüsse vernommen und beobachtet, wie DDR-Grenzer mit einem Handscheinwerfer das Gelände ableuchteten, „ob allerdings diese Beobachtungen mit dem Fluchtversuch der von Ihnen genannten Personen in Verbindung stehen, kann nicht beurteilt werden".

Durch eine Nachricht des in Nordrhein-Westfalen lebenden Bruders von Ulrich Rast hatte die Zentrale Erfassungsstelle in Salzgitter bereits im Juli 1964 von der vermutlich gescheiterten Flucht erfahren und eine Personenbeschreibung der drei Vermissten erhalten. Demnach hatte der 22-jährige Georg Zerna gemeinsam mit dem 20-jährigen Armin Bogun und dem 22-jährigen Ulrich Rast geplant, den Schaalsee zu durchschwimmen. Zerna lebte in Schwerin, war etwa 1,77 Meter groß und hatte dunkelblondes Haar. Als die Ermittler im Oktober 1967 Hildegard Ludwig aufsuchten, erfuhren sie, dass sich Georg Zerna noch nicht wieder bei seiner Familie gemeldet hatte und ihr Vater Hermann Palm inzwischen verstorben sei. Zu dessen Beerdigung sei sie in die DDR gereist und habe bei dieser Gelegenheit ihren Bruder, einen SED-Funktionär, befragt und von ihm gehört, Georg Zerna sei bei einem Fluchtversuch erschossen worden. Er habe versucht, ein Grenzgewässer zu durchschwimmen, als Grenzsoldaten ihn entdeckten. Der Aufforderung zur Umkehr sei er nicht nachgekommen, sodass es zum Schusswaffengebrauch kam. Einen Totenschein oder ein Grab existiere nicht.

Nachdem die Zentrale Erfassungsstelle in Salzgitter in den 1960er Jahren den Sachverhalt nicht weiter aufklären konnte, nahm Anfang der 1990er Jahre die Berliner Staatsanwaltschaft (ZERV) die Ermittlungen wieder auf. Doch trotz der nun möglich gewordenen Recherche in den Überlieferungen des Staatssicherheitsdienstes und der Grenztruppen blieb das Schicksal Zernas ungeklärt. Von den Verwandten lebte nur noch jener Onkel, der seinerzeit den Tod Georg Zernas bestätigt haben soll. Bei seiner Vernehmung im November 1993 verneinte der ehemalige SED-Funktionär jedoch, jemals von der Tötung seines Neffen gesprochen zu haben. Er habe seinerzeit auf Bitte seiner Schwester ihm bekannte Parteifunktionäre nach dem Schicksal seines Neffen befragt, jedoch keine klärende Auskunft erhalten. Das Ermittlungsverfahren wurde daraufhin eingestellt. (Recherche: jk, St.A.; Autor: jk)

Vgl. die Biografien von Armin Bogung und Ulrich Rast.

Quellen:

ZESt: Ermittlungsverfahren gegen Unbekannt wegen Verdachts des Totschlags, AR-ZE 1110/64. BArch Koblenz, B 197/3337.

StA KG Berlin: Ermittlungsverfahren gegen Unbekannt wegen Verdachts des Totschlags. LAB, D Rep. 120–02, Acc. 8346, Az. 27/2 Js 679/92.

Werner Krause

geboren am 27. Juli 1942 in Sorau (heute: Żary/Polen)

erschossen am 10. Juni 1964

Ort des Zwischenfalls: Unterloquitz, Ortsteil Döhlen, Kreis Saalfeld/Saale (Thüringen)

Werner Krause wurde 1942 in Sorau/Niederlausitz geboren. Während sich sein Vater in französischer Kriegsgefangenschaft befand, zog die Mutter mit ihren vier Söhnen nach Seebach bei Eisenach – Werner war der drittjüngste, ein zarter Junge, der aufgrund der Entbehrungen in der Nachkriegszeit ständig kränkelte. Im September 1948 wurde er eingeschult, musste jedoch wegen eines Lungenleidens einen Monat später von der Schule genommen werden. Bis zu seinem 14. Lebensjahr musste er mindestens einmal jährlich mehrere Wochen zur Kur an die Ostsee. Dadurch stabilisierte sich sein Gesundheitszustand. Werner Krause verließ bereits nach dem Abschluss der 7. Klasse die Schule und erlernte den Beruf eines Uhrteilfertigers in der Seebacher Uhrenmaschinenfabrik. 1960 meldete er sich freiwillig für drei Jahre zur NVA, den Wehrdienst leistete er in Gotha und Erfurt.

Am 9. Juni 1964 fuhr Werner Krause zusammen mit dem 17-jährigen Peter T. und dem 19-jährigen Hans Z. in die Gegend von Probstzella, um von dort aus in die Bundesrepublik zu flüchten. Wie es in später angefertigten Stasi-Unterlagen heißt, „verherrlichten alle drei Jugendlichen die Verhältnisse in Westdeutschland und trugen sich seit längerer Zeit mit der Absicht, die DDR illegal zu verlassen". Hans Z. habe die beiden anderen „zum beabsichtigen Grenzdurchbruch" verleitet und behauptet, dass sie „bei Probstzella ohne Gefahr über die Grenze kommen würden". Besondere Vorkehrungen für die Flucht hatten die drei jungen Männer offenbar nicht getroffen. Sie fuhren zunächst mit der Bahn nach Saalfeld und von dort mit dem Taxi weiter nach Kaulsdorf. Dann ging es zu Fuß weiter bis in das ca. zehn bis 15 Kilometer von der Grenze entfernte Dorf Döhlen, wo sie gegen 18 Uhr eintrafen. In einer Flaschenbierhandlung spielten sie mit dem Sohn des Inhabers Karten und tranken Bier. Auf ihre Bitte hin durften sie auf dem Heuboden der nahe gelegenen Scheune übernachten. Gegen Mitternacht wurde der örtliche Abschnittsbevollmächtigte (ABV) der Volkspolizei darüber informiert, dass sich in der Scheune drei Ortsfremde aufhielten, die sich nach dem Weg zur Grenze erkundigt hätten. Daraufhin informierte er die Grenztruppen in Probstzella, die Grenzalarm auslösten.

Eine aus zwei Unteroffizieren und drei Soldaten bestehende Alarmgruppe fuhr nach Döhlen, wo am Ortseingang der ABV auf sie wartete. Die drei Soldaten postierten sich um die Scheune, während der ABV mit den beiden Unteroffizieren die Scheune betrat. Bevor sie die Stiege zum Heuboden hochstiegen, entsicherten sie ihre Waffen. Oben angekommen befahl der ABV den schlafenden Jugendlichen aufzustehen und sich mit dem Gesicht zur Wand zu stellen. Schlaftrunken und noch unter Alkoholeinfluss kamen diese der Aufforderung nach. Der offensichtlich noch angetrunkene Werner Krause rutschte an der Scheunenwand wieder nach unten. Unteroffizier Rudolf R. forderte ihn erneut zum Aufstehen auf, was Krause auch tat. Dabei drehte er sich jedoch um und ging langsam leicht schwankend mit einer Bierflasche in der Hand auf den an der Treppe stehenden R. zu. Dieser befahl ihm stehenzubleiben, trotzdem kam Krause näher. Nach einem Warnschuss in die Decke des Heubodens schoss Rudolf R. mit seiner auf Dauerfeuer gestellten Kalaschnikow auf den ca. drei Meter entfernten Werner Krause. Drei Schüsse trafen diesen in den Bauch, woraufhin das Opfer sofort zu Boden stürzte und laut über ein Brennen in der Bauchgegend klagte. Später wimmerte er nur noch, bis auch das aufhörte.

Am Tag nach dem Verschwinden Werner Krauses meldete seine Mutter ihn bei der Polizei in Ruhla als vermisst. Dort bekam sie die Andeutung zu hören: „Wenn man einen Sohn hat, der drei Jahre in der Armee war und andere dazu verleitet in den Westen zu gehen." Später wurde Krauses Vater über den Tod seines Sohnes unterrichtet und die Leiche des Flüchtlings nach Eisenach überführt. Nach Rücksprache mit einem Mitarbeiter der Leichenhalle durften die Eltern zumindest das Gesicht ihres Sohnes noch einmal sehen. Trauerfeier und Verbrennung fanden zu einem vorher von den Behörden festgesetzten Zeitpunkt statt. Die Urne wurde nach Seebach überführt und beigesetzt. Die Kosten für die Überführung mussten die Eltern tragen.

In Berichten des MfS und der Grenztruppen wird abweichend von der späteren Darstellung des Landgerichts Gera behauptet, Werner Krause habe Unteroffizier R. mit der Bierflasche angegriffen, wodurch sich dieser in einer Notwehrsituation befunden hätte. Der damals 20-jährige Rudolf R., der zum ersten Mal an einem Alarmeinsatz teilgenommen hatte, erhielt „in Anerkennung und Würdigung seiner beispielhaften Dienstdurchführung" die „Medaille für vorbildlichen Grenzdienst". Vom 28. Oktober 1964 bis zum 28. Februar 1990 diente er bei einer Passkontrolleinheit des Staatssicherheitsdienstes.

Das Geraer Landgericht verneinte 1997 eine Notwehrsituation und kam zu dem Ergebnis, R. habe das Verhalten Krauses irrtümlich als Angriff interpretiert. Aber selbst im Fall eines tatsächlichen Angriffs „hätte der Angeklagte die Möglichkeit gehabt, diesen Angriff mit milderen Mitteln abzuwehren. Er hätte mit der Waffe quasi als Kolben auf den Angeklagten einschlagen können, um den Angriff des Geschädigten, der lediglich eine Bierflasche in der Hand hatte, abwehren zu können. [...] Der Angeklagte hätte sogar einen Sprung zur Seite und das Entweichen des Geschädigten hinnehmen müssen. Ihm war nämlich bekannt, dass das Gebäude von Soldaten, die mit Schusswaffen bewaffnet waren, umstellt und Grenzalarm ausgelöst worden war. Es hätte somit gar keine Fluchtmöglichkeit für den Geschädigten bestanden." Dennoch ging das Gericht von einem minderschweren Fall des Totschlags aus und verurteilte Rudolf R. zu einer Jugendstrafe von einem Jahr und sechs Monaten auf Bewährung. (Recherchen: St.A., MP, MS, jos.; Redaktion: jos.)

Quellen:

GK Zschachenmühle, GR Probstzella: Tagesmeldungen 123–182/64, Mai–Juli 1964. BArch Freiburg, DVH 32/112581.

MfS, ZAIG: Einzelinformation über einen verhinderten Grenzdurchbruch unter Anwendung der Schußwaffe mit tödlichem Ausgang für einen der Beteiligten in Döhlen/Saalfeld/Gera am 10. Juni 1964. BStU, ZA, MfS, ZAIG, Nr. 836.

StA Erfurt: Ermittlungsverfahren wegen Totschlags. ThHStA Weimar, StA Erfurt 5239–5246.

StA II beim LG Berlin: Ermittlungsverfahren wegen Totschlags. LAB, D Rep. 120–02; Acc. 8346, 2 Js 229/92.

Grafe, Roman: Die Grenze durch Deutschland. Eine Chronik von 1945 bis 1990. München 2008, S. 153/54.

Peter Müller

geboren am 15. Mai 1944 in Osterode
gestorben durch Minendetonation am 14. Juni 1964
Ort des Zwischenfalls: nahe dem Ortes Elend im Harz (Sachsen-Anhalt)

Peter Müller kam am 15. Mai 1944 in Osterode, Sachsen-Anhalt, zur Welt. Zuletzt wohnte er in Gernrode, einer kleinen Ortschaft im Harz und arbeitete als Kraftfahrer beim VEB Kraftverkehr in Quedlinburg. In Gernrode lebte auch sein drei Jahre älterer Freund Dieter S., mit dem er im Mai 1964 zum ersten Mal über eine mögliche Flucht aus der DDR und einen Neubeginn in der Bundesrepublik sprach. Zwischen Tanne und Elend, einer unübersichtlichen Gegend am Fuße des Brockens, wollten sie ihr Vorhaben umsetzen. Sie packten die nötigsten Dinge zusammen, darunter auch Drahtscheren, um mögliche Sperren überwinden zu können, und dunkle Kleidung, um sich zu tarnen. Am Samstag, dem 13. Juni 1964, gegen Mittag machten sich die beiden mit dem Motorrad von Dieter S. aus ihrem Heimatort Gernrode in Richtung Nordost auf den Weg. Sie kamen bis nach Wernigerode, wo sie wegen einer Reifenpanne das Motorrad auf einem Parkplatz zurückließen. Mit einem Bus fuhren sie weiter, nun in südliche Richtung, bis nach Königshütte. Von dort gingen sie zu Fuß weiter. Bis zum Dorf Elend mussten sie noch knapp sieben Kilometer zurücklegen. Kurz vor der Ortschaft verließen sie die Straße und schlichen im Schutz des Waldes weiter in Richtung Grenze.

Nach etwa drei Kilometern erreichten die beiden Freunde das Grenzsperrgebiet. Vom Waldrand aus konnten sie bereits die erste Drahtsperre in 200 Metern Entfernung sehen, die sie kriechend überwanden. Vorsichtig krochen sie nebeneinander her, bis sie an den ersten Grenzzaun gelangten und den unteren Spanndraht ungefähr um 22 Uhr mit ihren Drahtscheren durchtrennten. Plötzlich hörten sie Geräusche. Unter zwei kleinen Tannen fanden sie ein Versteck, in dem sie bis zur Morgendämmerung bis etwa 4 Uhr verharrten und die patrouillierenden Grenzposten und die Umgebung beobachteten. Dann bewegten sie sich vorsichtig auf die nächste Drahtsperre zu. Hier warteten sie bis etwa 9 Uhr. Als um sie herum alles ruhig zu sein schien, durchtrennten sie auch diese Drahtsperre und krochen nacheinander hindurch. Sie waren nun nur noch zehn Meter vom dritten und letzten Grenzzaun entfernt. Gleichzeitig befanden sie sich im gefährlichsten Teil der Grenzanlage, denn zwischen den beiden Grenzzäunen lag das Minenfeld. Peter Müller kroch als erster auf den Sandstreifen. Er drehte sich noch kurz zu seinem Freund um und raunte ihm zur Beruhigung zu: „Hier liegen keine Minen, die Minenschilder sind nur zur Abschreckung angebracht." Nur Sekunden später detonierte eine Mine des Typs PMD 6, eine sogenannte Antipersonenmine sowjetischer Bauart, die Peter Müller mit seinem Unterarm ausgelöst hatte. Die Wucht der Explosion schleuderte ihn drei Meter weit durch die Luft. Die Druckwelle warf auch Dieter S. zur Seite. Im Schockzustand sprang er auf und schrie seinen Freund panisch an, er solle aufstehen. Doch Peter Müller lebte nicht mehr. Seine linke Brustseite war aufgerissen, der Körper blutüberströmt. Nur wenige Augenblicke später trafen zwei Grenzsoldaten ein, die Dieter S. aufforderten, aus dem verminten Abschnitt herauszukommen und ihn festnahmen. Nach etwa 15 Minuten traf ein Krankenwagen ein. Dieter S. konnte noch sehen, wie die Grenzer versuchten, seinen toten Freund mit einer Hakenstange aus dem Minenabschnitt herauszuziehen. Ihn selbst brachten Grenzsoldaten zur Vernehmung in die Kaserne nach Elend. Die nächste Nacht verbrachte er im Gefängnis in Wernigerode, dann überführte man ihn in das Kreisgefängnis nach Aschersleben. Dort blieb er für drei Monate in Untersuchungshaft. Die DDR-Justiz verhängte gegen ihn wegen „versuchter Republikflucht" eine Gefängnisstrafe von einneinhalb Jahren, die entgegen dem Antrag der Staatsanwaltschaft für zwei Jahre zur Bewährung ausgesetzt wurde. Im Berufungsverfahren bestätigte die höhere Instanz in Halle das Urteil. Nach seiner Entlassung musste sich Dieter S. im Ernteeinsatz bewähren und Aufbaustunden leisten. Im September 1965 gelang ihm gemeinsam mit einem befreundeten Paar im gleichen Grenzgebiet die Flucht in den Westen.

Auf Wunsch seiner Eltern erfolgte Peter Müllers Beisetzung in Quedlinburg. Der Staatssicherheitsdienst versuchte, sowohl eine Trauerfeier als auch die Teilnahme von Müllers Arbeitskollegen zu untersagen. Trotz dieses Verbotes begleiteten die meisten Arbeitskollegen Peter Müller auf seinem letzten Weg. Ein im Ort nicht bekannter Pfarrer nahm die Beisetzungszeremonie vor. Beobachter des Staatssicherheitsdienstes fotografierten alle Anwesenden. Mehrere von ihnen sahen sich in den folgenden Wochen einschüchternden Vernehmungen durch die Stasi ausgesetzt.

Das im Februar 1998 eröffnete Verfahren der Staatsanwaltschaft Dresden gegen den damals für die Minenverlegung verantwortlichen Kompaniechef der 7. Grenzbrigade Rudolf B. wurde wegen dessen Verhandlungsunfähigkeit eingestellt. (Recherche: jos., MP, St.A.; Autorin: MP)

Quellen:

Filmer, Werner/Schwan, Heribert: Opfer der Mauer. Die geheimen Protokolle des Todes. München 1991, S. 184.

NVA: Tagesmeldungen 123–182/64, Mai–Juli 1964. BArch Freiburg, DVH 32/112581.

ZESt: Ermittlungsakte gegen Unbekannt wegen Verdachts des Totschlags z. N. Peter Müller und wegen Freiheitsberaubung z. N. Dieter S. BArch Koblenz, B/197/3058.

Zentrale Befragungsstelle Göttingen: Bericht betr. illegaler Grenzgänger Ost/West. Hier: Dieter S. LAB, D Rep. 120–02, Acc. 8346, Az. 2 Js 159/9.

MfS: Kerblochkartei Dieter S., BStU, MfS.

StA Dresden: Anklageschrift vom 08.02.1998, 836 Js 42681/96. Beschluss LG Dresden vom 10.01.2000, 1 Ks 836 Js 42681/96. Sammlung Marxen/Werle, Humboldt-Universität zu Berlin.

Fritz Zapf

geboren am 26. August 1926 in Wallendorf

erschossen am 7. Juli 1964

Ort des Zwischenfalls: nahe Spechtsbrunn (Thüringen)

Fritz Zapf kam im thüringischen Wallendorf zur Welt. Nach dem Besuch der dortigen Volksschule von 1933 bis 1941 erlernte er den Beruf eines Porzellanformers. Nach dreijähriger Lehrzeit in der damaligen Privatfirma Schaubach-Kunst in Wallendorf wurde er nach Gräfenthal dienstverpflichtet, wo er bis Ende 1944 tätig war. Anschließend wurde er zur Wehrmacht eingezogen. Sein Kriegsdienst endete 1945 in französischer Gefangenschaft, aus der er 1947 in seine Heimat zurückkehrte. Fritz Zapf arbeitete dort zunächst in der Landwirtschaft. Seit dem Jahre 1956 konnte er wieder in seinem erlernten Beruf tätig sein und fand eine Anstellung bei der Firma Fasold und Stauch in Lichte. Er wohnte mit seiner Ehefrau in Piesau bei Neuhaus. In seiner Heimatgemeinde galt er als fleißiger und angenehmer Mitbürger.

Im Jahre 1961 – kurz vor dem Mauerbau – flüchtete Fritz Zapf gemeinsam mit zwei Arbeitskollegen über die thüringisch-bayerische Grenze in die Bundesrepublik. Nach dem Mauerbau wurde das Sperrgebiet an der innerdeutschen Grenze auch auf Zapfs Wohngegend ausgeweitet und die Grenzsicherungsanlagen wurden erheblich ausgebaut. Als Fritz Zapf Ende August 1961 wieder in die DDR zurückkehren wollte, wurde er festgenommen und in das Aufnahmelager Saasa bei Eisenberg gebracht. Von nun an durfte er nicht wieder in seinen Heimatort zurückkehren. Als neuer Wohnort wurde ihm Martinroda bei Ilmenau zugewiesen, wo er jedoch nicht Fuß fassen konnte. Er erhielt keine vernünftige Wohnung und musste die Trennung von seiner Familie verschmerzen. Sämtliche Versuche, zur Familie zurückkehren zu dürfen, wurden ihm verwehrt. Im Herbst 1962 flüchtete er erneut in die Bundesrepublik. Währenddessen unternahm seine Frau alle möglichen Versuche, um doch noch ein gemeinsames Familienleben verwirklichen zu können. So beantragte sie bei führenden Staats- und Parteifunktionären der DDR eine Rückkehrgenehmigung für ihren Mann in seinen Heimatort. Etwa ein Jahr später, Ende 1963, erhielt sie schließlich eine solche Genehmigung aus Berlin und schickte sie sogleich ihrem Mann in der Bundesrepublik zu. In der Hoffnung wieder in seiner Heimat und mit seiner Familie leben zu können, entschloss sich Fritz Zapf im März 1964 zur Rückkehr in die DDR. Nachdem er für vier Monate in einem Aufnahmelager in Schmalkalden untergebracht worden war, teilte man ihm schließlich im Sommer mit, dass er doch nicht in seinen Heimatort zurückkehren dürfe. Das gegen ihn eingeleitete Ermittlungsverfahren wurde unter der Bedingung eingestellt, dass er künftig die sozialistische Gesetzlichkeit einhalten und achten werde. Vermutlich führte die schwierige Situation des langen Hoffens und der Enttäuschung, doch nicht bei seiner Familie leben zu können, zu dem Entschluss, die DDR nun endgültig zu verlassen.

Am 7. Juli 1964 verließ Fritz Zapf seine Arbeitsstelle und kaufte im Konsum Alkohol. Nachdem er diesen getrunken hatte, besuchte er eine Gaststätte und trank weiter. Dort kündigte er laut an, dass er „über die Grenze" wolle. Dies sollte ihm zum Verhängnis werden, denn der Wirt meldete das umgehend der Kriminalpolizei in Neuhaus. Wie schon bei seinen Grenzübertritten in den Jahren 1961 und 1962 wählte Fritz Zapf dieselbe Stelle für seinen Weg von Ost nach West. Am Abend des 7. Juli 1964 näherte er sich südlich von Spechtsbrunn den Grenzsperranlagen. Auf bayerischem Gebiet, nahe Tettau, schlugen gegen 19.30 Uhr Geschosse der DDR-Grenztruppen ein. Fritz Zapf befand sich bereits in der Minensperre, als er von den Grenzposten gestellt wurde. Auf ihre Warnrufe und auf sechs Warnschüsse reagierte er nicht. Daraufhin gab die Streife mehrere gezielte Feuerstöße aus ihren Maschinenpistolen auf den Flüchtenden ab. Fritz Zapf brach mit Treffern im Kopf und in der Brust zusammen. Er erlag seinen Verletzungen kurz nach der Einlieferung in das Krankenhaus Gräfenthal, gegen 22.30 Uhr. Nach der Nachricht über den Tod wurde die Familie von offizieller Seite bedrängt, einer Beisetzung in Lichte/Wallendorf, außerhalb des Sperrgebietes und nicht im Sperrgebiet Piesau, zuzustimmen. Die Angehörigen weigerten sich und bestanden auf die Beisetzung in Piesau. Der Sarg durfte nicht mehr geöffnet werden. So kehrte Fritz Zapf in seine zu Lebzeiten unerreichbare Heimat zurück.

Die Grenzposten Willi K. und Manfred P. erhielten damals das Leistungsabzeichen der Grenztruppen. Im Zuge der staatsanwaltschaftlichen Ermittlungen in den 1990er Jahren wurden sie zu einer Bewährungsstrafe von jeweils elf Monaten verurteilt. (Recherche: jk, MP, St.A.; Autorin: MP)

Quellen:

Bezirksstaatsanwalt Suhl: Handakte Strafsache Zapf. BStU, MfS, A SKS 43954.

Kreisgericht Neuhaus: Strafsache gegen Fritz Zapf: BStU, MfS, B SKS 45360.

MdI: Rapport Nr. 189 für die Zeit vom 7.7.1964, 4.00 Uhr bis zum 8.7.1964, 4.00 Uhr. Vorbereitete und versuchte Grenzdurchbrüche. BArch Berlin, DO 1/2.3/15997.

Zentrale in Bayern: Grenzlageberichte vom 9.7.1964 und 15.7.1964. BArch Koblenz, B 137/6429.

ZESt: Ermittlungsakte, Strafsache gegen Unbekannt wegen Totschlags z. N. Fritz Zapf: ZESt AR-ZE 701/64. BArch Koblenz, B 197/2955.

LKA Thüringen: Ermittlungsverfahren z. N. Fritz Zapf. LATh – HstA Weimar, Landeskriminalamt Thüringen Nr. 1079.

StA Erfurt: Strafverfahren wegen Totschlags, 520 Js 96020/07. LATh – HstA Weimar, StA Erfurt 9832–9845.

StA Magdeburg: Anklageschrift vom 21.07.1997, 653 Js 16982/97. Einstellungsverfügung LG Stendal vom 19.1.1999. Sammlung Marxen/Werle, Humboldt-Universität zu Berlin.

Filmer, Werner/Schwan, Heribert: Opfer der Mauer. Die geheimen Protokolle des Todes. München 1991, S. 185.

Grafe, Roman: Die Grenze durch Deutschland. Eine Chronik von 1945 bis 1990. München 2008, S. 156.

Kurt Windzus

geboren am 21. November 1937 in Tilsit (heute: Sowetsk, Russland)
erschossen am 20. Juli 1964
Ort des Zwischenfalls: bei Schlegel, Kreis Bad Lobenstein (Thüringen)

Der 26-jährige Kurt Windzus aus Neustadt/Orla versuchte im April 1963 erstmals, in die Bundesrepublik zu flüchten. Doch die Sicherheitsorgane in Plauen deckten sein Vorhaben auf und nahmen ihn fest. Am 9. Januar 1964 stand er nach Verbüßung einer Haftstrafe wieder auf dem Holzabladeplatz des VEB Neustädter Möbelwerke. Hier war er bereits vor seinem Fluchtversuch angestellt. An seinem Wunsch, die DDR zu verlassen, hielt er weiterhin fest. Der Arbeit im Möbelwerk brachte er nunmehr kein großes Interesse entgegen. Er werde ohnehin bald woanders sein, sagte Windzus einem Kollegen.

Ähnlich müssen sich auch der 20-jährige Jürgen Rosenberger und der 23-jährige Siegfried Stöckl gefühlt haben. Früh verheiratet, bewältigen die jungen Arbeiter aus Neustadt/Orla ihre familiären Probleme nicht mehr und träumten von einem Neuanfang in der Bundesrepublik. Auch sie hegten schon länger Fluchtpläne. Gemeinsam mit Kurt Windzus wollten sie nun im Sommer 1964 die Flucht wagen.

In der Nacht vom 17. auf den 18. Juli 1964 stahlen Windzus, Rosenberger und Stöckl ein Motorrad mit Beiwagen und fuhren damit in Richtung Bad Lobenstein. Bei Lückenmühle ließen sie das Fahrzeug stehen und wanderten bis Liebschütz. Dort übernachteten sie in einer Scheune. Am nächsten Tag schafften sie es bis Bad Lobenstein, erst am Abend des 20. Juli erreichten sie das unmittelbare Grenzgebiet. Sie ahnten nicht, dass bereits ein Alarmzug die Ankunft der mutmaßlichen „Grenzverletzer" erwartete. Zwei Schüler hatten Windzus, Rosenberger und Stöckl in der Nähe des Dorfes Kießling beobachtet und den stellvertretenden Chef der Grenzkompanie Schlegel über die Ortsfremden informiert. Mehrere Postenpaare riegelten daraufhin den Bereich zwischen Schlegel und Blankenstein ab.

Zunächst hatten die Flüchtenden Glück: Als die drei jungen Männer gegen 18.30 Uhr aus einem Waldstück traten, wurden sie von zwei Grenzern mit einem Diensthund entdeckt. Der Aufforderung, stehenzubleiben, folgte ein Warnschuss. Daraufhin sprang der Wachhund den Schützen an und entriss ihm die Kalaschnikow. Das Tier gehorchte seinem Hundeführer nicht mehr und behielt die Maschinenpistole knurrend im Fang. Auch ließ sich der Hund nicht auf die Flüchtlinge hetzen. Windzus, Rosenberger und Stöckl entkamen deshalb in den Wald. Dort beschlossen sie, es noch einmal an einer anderen Stelle zu versuchen.

Die im Dorschengrund postierenden Grenzer Klaus Dieter T. und Peter R. bemerkten die drei Männer wenig später gegen 19 Uhr. Sie befahlen ihnen, sofort stehenzubleiben und feuerten Warnschüsse ab. Jürgen Rosenberger und Siegfried Stöckl gaben auf, Kurt Windzus jedoch rannte in Richtung der Grenze. Unteroffizier Klaus Dieter T. schrie seinen Posten an, „schieß doch, schieß!". Peter R. gab daraufhin einen gezielten Feuerstoß aus seiner MPi ab. Ein Projektil traf den Flüchtenden, durchschlug Gesäß und Oberschenkel und zerriss die Beinschlagader. Windzus brach schreiend zusammen. Klaus Dieter T. eilte zu dem Verletzten und versuchte, die Wunde abzubinden, doch die Blutung blieb stark. Der Schütze Peter R. erlitt einen Schock, als er die blutende Wunde sah. Zitternd und handlungsunfähig stand er am Ort des

Zwischenfalls, als kurz darauf der Kompaniechef und weitere Angehörige der Alarmgruppe dort eintrafen. Kurt Windzus bat stöhnend um Wasser. Ein Soldat versorgte ihn aus einem nahe gelegenen Bach. Nach etwa 30 Minuten traf das Sanitätsfahrzeug der Kompanie ein und brachte den Verletzten ins Krankenhaus nach Saalburg-Ebersdorf. Dort konnten ihm die Ärzte nicht mehr helfen. Kurt Windzus war während des Transportes verblutet.

Jürgen Rosenberger und Siegfried Stöckl wurden wegen Vergehens nach dem Passgesetz angeklagt. Beide starben noch zu DDR-Zeiten. Peter R. wies, erschüttert über den Tod des Flüchtlings, die Beförderung zurück, mit der er für die Schusswaffenanwendung ausgezeichnet werden sollte. Die ihm verliehenen Schulterklappen eines Gefreiten legte er nicht an. Das Landgericht Gera verurteilte nach dem Ende der DDR Peter R. und Klaus Dieter T. am 7. Oktober 1999 wegen mittäterschaftlich begangenen Totschlags zu einer Bewährungsstrafe von jeweils zwei Jahren. (Recherche: jk, jos., St.A,; Autor: jk)

Quellen:

Kdo. der Grenztruppen: Operative Tagesmeldungen 183–213/64, Juli–Aug. 1964. BArch Freiburg, DVH 32/112582.

Staatsanwaltschaft Magdeburg: Anklageschrift im Verfahren gegen Generalmajor Bär, Kommandeur der 13. bzw. 7. Grenzbrigade wegen mehrfacher Anstiftung zum Totschlag, 21.07.1997. 653 Js16982/97, 502 Ks 15/97.

Staatsanwaltschaft Erfurt: Verfahrensunterlagen zu 510 Js 96019/97 Totschlag. LATh – HstA Weimar, Freistaat Thüringen, StA Erfurt, 9951 bis 9961.

Grafe, Roman: Die Grenze durch Deutschland. Eine Chronik von 1945 bis 1990. München 2008, S. 157.

Karl Matz

geboren am 3. Juli 1915 in Meuselbach

erschossen am 3. August 1964

Ort des Zwischenfalls: Neuenbau, Kreis Sonneberg (Thüringen)

Karl Matz stammte aus einer Meuselbacher Arbeiterfamilie und war nach dem Besuch der Volksschule als Arbeiter tätig. Ab 1936 gehörte er dem Arbeitsdienst und anschließend der Wehrmacht an, zuletzt als Stabsgefreiter. Während des Krieges in Russland wurde er mit der Ostmedaille, dem Kriegsverdienstkreuz und dem Eisernen Kreuz II. Klasse ausgezeichnet. Von 1947 bis 1952 diente er bei der damaligen Grenzpolizei. In anderen Überlieferungen ist von einer Dienstzeit bis 1950 die Rede. Auch über seinen Dienstgrad gibt es unterschiedliche Angaben, er war bei seiner Entlassung entweder Ober- oder Hauptwachtmeister. Überliefert ist auch eine SED-Mitgliedschaft ohne besonderes Engagement für die Parteiarbeit. Nach der Zeit bei der Grenzpolizei arbeitete Matz beim VEB Sternradio Sonneberg und seit 1961 im VEB Elektronische Fabrik Sonneberg. Die Betriebsleitung beurteilte seine Arbeitsleistungen positiv. In seiner Freizeit ging er mit Freunden seinem Hobby, dem Brieftaubensport, nach.

Obwohl Karl Matz SED-Mitglied war, war er mit den Zuständen in der DDR unzufrieden. Ende Dezember 1963 soll Matz nach wiederholtem vergeblichem Warten auf einen Bus die SED-Kreisleitung als „Spitzbuben" bezeichnet und einen Funktionär bedroht haben. Im März 1964 wurde er deshalb wegen „Staatsverleumdung" zu einer siebenmonatigen Freiheitsstrafe auf Bewährung verurteilt.

Am Abend des 2. August 1964 kam es zwischen Matz und dem Bürgermeister seines Wohnortes während einer Tanzveranstaltung zu einem Streit. Auf dem Heimweg soll Matz einen Sekretär der SED-Kreisleitung beschimpft haben. Es gibt unterschiedliche Darstellungen darüber, ob eine Schlägerei stattfand oder es infolge des Eingreifens Dritter bei Verbalinjurien blieb. Das Haus in Neuenbau, Kreis Sonneberg, in dem Matz mit seiner zweiten Frau und ihren beiden Kindern wohnte, war nur ca. 150 Meter von der innerdeutschen Grenze entfernt. Es stand aufgrund der vorangegangenen Ereignisse in dieser Nacht unter besonderer Beobachtung. Um 2.10 Uhr verließ Matz aus ungeklärten Gründen sein Haus und grub im Garten eine dort versteckte Mauser 08 aus dem Zweiten Weltkrieg aus. Als er sich den Beobachtungsposten näherte, forderten diese ihn auf, sofort stehenzubleiben. Sie gaben später an, er habe dem keine Folge geleistet und erklärt, doch wohl sein Haus verlassen zu können. Dann sei er im Dunkeln verschwunden. Daraufhin ließ der Postenführer einen Warnschuss abgeben und den Diensthund von der Leine, der den Gesuchten an einer Böschung stellte. Im Lichtkegel ihrer Stablampe wollen die beiden Grenzer gesehen haben, dass Matz eine Wehrmachtspistole aus seiner Jacke zog und durchlud. Laut Bericht des Postenführers leistete er der Aufforderung, die Waffe fortzuwerfen, keine Folge. Daraufhin befahl der Postenführer, das Feuer zu eröffnen. Matz wurde mehrfach in beide Beine getroffen und schwer verletzt ins Kreiskrankenhaus Sonneberg gebracht. Nach 20 Stunden, gegen 22 Uhr, verstarb Karl Matz an starkem Blutverlust infolge der Schussverletzungen. Vorher bestritt er gegenüber dem behandelnden Arzt noch jede Fluchtabsicht. Er habe mit „einem Hitlerjugendführer abrechnen" wollen. Sowohl der Bürgermeister als auch der Sekretär der SED-Kreisleitung waren vor 1945 ortsbekannte Anhänger des NS-Regimes gewesen. Das MfS und die Staatsanwaltschaft gingen dennoch in ihren Berichten von einem vereitelten Fluchtversuch aus.

Die Obduzenten zählten acht Durchschuss- und zwei Streifschussverletzungen. Als Todesursache vermerkten sie „Kreislaufversagen nach starkem Blutverlust". Nach Ansicht des behandelnden Arztes im Kreiskrankenhaus Sonneberg hätte Matz durch eine Bluttransfusion gerettet werden können. Eine solche sei aber vom Chefarzt des Krankenhauses abgelehnt worden. Neben seiner Frau und den gemeinsamen zwei Kindern hinterließ Karl Matz auch aus erster Ehe zwei Kinder. (Recherche: jk, MS; Redaktion: jos.)

Quellen:

Der Staatsanwalt des Kreises Sonneberg: Staatsverleumdung (§ 20 StEG) des Matz, Karl, Ermittlungen 1963, Urteil vom 9. März 1964. BStU, ZA, MfS, A SKS, Nr. 149.084, Bd. I u. II.

MfS, ZAIG: Einzelinformation über einen verhinderten gewaltsamen Grenzdurchbruch mit tödlichem Ausgang für den Grenzverletzter im Raum Neuenbau/Sonneberg/Suhl am 3.8.1964. BStU, ZA, MfS, ZAIG, Nr. 836.

Volkspolizeikreisamt Abt. K Sonneberg: Verfügung über ein Ermittlungsverfahren gegen Matz wegen Körperverletzung, Verdacht des ungesetzlichen Verlassens der DDR und unberechtigten Waffenbesitzes und weitere Ermittlungsunterlagen. BStU, MfS, BV Suhl, AU GA 66/65, Bd. I bis III.

StA bei dem Bezirksgericht Suhl: Sachakte zu Karl Matz, 223–404/90. ThStA Meiningen, BStA Suhl, 4963.

ZERV: Abschlußbericht zum Todesfall Karl Matz. LAB, D Rep. 120-02, Acc. 8346, StA II LG Berlin, 2 Js 81/91.

Adolf Mahler (geb. Malear)

geboren am 21. August 1943 in Michel-Badel (Rumänien)
getötet durch Minenexplosion am 5. September 1964
Ort des Zwischenfalls: nahe Grenzübergang Hirschberg (Thüringen)

Nach dem Ende des 2. Weltkrieges kam die Familie Malear aus Michel-Badel in Rumänien nach Gera. Dort wuchs Adolf Malear mit dem eingedeutschten Familiennamen Mahler auf. Er arbeitete zuletzt als Hausmeister im Durchgangsheim Gera. Nach Angaben seines Bruders Alexander besuchte er vor der Grenzschließung mehrfach die Bundesrepublik. Als dies nicht mehr möglich war, beschloss der 21-Jährige, die DDR zu verlassen. Sein ein Jahr jüngerer Bruder und sein 17-jähriger Freund Wolfgang K. wollten im Herbst 1964 gemeinsam die Flucht wagen und in der Nähe des Grenzübergangs Hirschberg-Rudolphstein die DDR-Grenzanlagen überwinden.

In der Nacht vom 4. auf den 5. September 1964 stahlen die drei Freunde in Gera einen Trabant, mit dem sie auf der Autobahn über das Hermsdorfer Kreuz in Richtung Nürnberg fuhren. In der Nähe der Autobahnabfahrt Schleiz ging ihnen das Benzin aus. Sie liefen zu Fuß weiter, umgingen einige Ortschaften und schliefen im Wald. Am 5. September gegen 17.30 Uhr erreichten sie den ersten Grenzzaun etwa 300 Meter nördlich der Autobahnbrücke über die Saale. Die dort angebrachten Schilder mit der Aufschrift „Vorsicht, Minen, Lebensgefahr" hielten sie trotz aufkommender Bedenken nicht von ihrem Vorhaben ab.

Adolf Mahler unterkroch mit seinem Bruder den ersten Drahtzaun und versuchte, indem er mit einem Stock den Erdboden vor sich nach Minen abtastete, durch das Minenfeld zu gelangen. Kurz vor dem Erreichen des zweiten Grenzzauns riss ihm eine Erdmine das linke Bein ab. Durch die Explosion alarmiert, eilten Grenzsoldaten herbei und nahmen die beiden anderen Flüchtlinge nach Abgabe mehrerer Warnschüsse fest. Es dauerte eine halbe Stunde, bis Pioniere der Grenztruppen den Schwerverletzten Adolf Mahler aus dem Minengürtel holten. Etwa zehn Minuten später erlag er seinen schweren Verletzungen. Die beiden Überlebenden kamen in U-Haft und erhielten wegen des Fluchtversuchs und des Fahrzeugdiebstahls jeweils einjährige Haftstrafen.

Das Landgericht Stendal stellte im Januar 1999 das Verfahren wegen mehrfacher Anstiftung zum Totschlag gegen den Kommandeur der Grenztruppen Generalmajor Harald Bär wegen Verhandlungsunfähigkeit ein. Die Staatsanwaltschaft Magdeburg hatte Bär unter anderem wegen des Todes von Adolf Mahler angeklagt. (Recherche: jos., St.A., TP; Redaktion: jos.)

Quellen:

Kommando der Grenztruppen: Tagesmeldung (Nr. 249/64). In: Operative Tagesmeldungen 245–275, Sept. 64–Okt. 64. BArch Freiburg, DVH 32/112584.

VPKA Schleiz: Beschuldigtenvernehmungen vom 5. und 6. September 1964. Kopien aus MfS A 18535, in: StA Magdeburg, 653 Js 16982/97.

Zentrale Erfassungsstelle der Landesjustizverwaltungen in Salzgitter: Unter „unbekannt" finden sich in einer Sammelakte Angaben und Zeugenvernehmungen zu einem Fluchtversuch von drei jungen Leuten nahe der im Bau befindlichen Autobahnbrücke nordwestlich von Hof (Sachsenvorwerk) am 5. September 1964. Einer der Flüchtlinge habe eine Mine ausgelöst und sei getötet worden. BArch Koblenz, B 197/3155.

Staatsanwaltschaft Magdeburg: Fallakten Malear, 26 Js 18/96. StA Magdeburg, 653 Js 16982/97. Enthält auch Der Polizeipräsident in Berlin/Dir VB S I 5: Ermittlungen zum Todesfall Mahler, Adolf aus dem Jahr 1991.
StA Magdeburg: Anklageschrift vom 21. Juli 1997 gegen Generalmajor Bär, Az. 653 Js16982/97; LG Stendal: Einstellung des Verfahrens am 19. Januar 1999, Az. 502 Ks 15/97. In: Sammlung Marxen/Werle, Humboldt Universität Berlin.

Rudolf Reuter

geboren am 14. Februar 1946 in Nürnberg

durch Erdmine getötet am 5. Oktober 1964

Ort des Zwischenfalls: zwischen Lübeck (Schleswig-Holstein)

und Palingen (Mecklenburg-Vorpommern)

Die Frage ging dem Vater von Rudolf Jörg Reuter nicht aus dem Kopf: Wie ist es möglich, dass in der Bundesrepublik ein Mensch über Jahre hinweg spurlos verschwindet? Von der Polizei, der Bundeswehr, dem Wehrbeauftragten des Deutschen Bundestages, ja sogar von der Generalstaatsanwaltschaft der DDR erhielt er immer nur die gleiche Antwort: Der Aufenthaltsort seines Sohnes könne nicht ermittelt werden. Unglaubwürdig erschien ihm die Erklärung, der Zeitsoldat Rudolf Reuter habe Fahnenflucht begangen. Hätte er dann nicht wenigstens seinen Eltern ein Lebenszeichen gegeben?

Rudolf Reuter wurde am 14. Februar 1946 als zweites Kind der Eheleute Anna und Ernst Reuter in Nürnberg geboren. Er soll ein eigenwilliger Mensch gewesen sein, der immer wieder etwas Neues ausprobieren wollte, den es in die Ferne zog. Sein Vater riet ihm, zur Bundeswehr zu gehen und hoffte, dass dieser Dienst seinem Sohn eher entsprechen würde als eine betriebliche Ausbildung. Rudolf Reuter verpflichtete sich daraufhin für vier Jahre als Zeitsoldat. Im Januar 1963, er war noch 16 Jahre alt, wurde er zum 2. Flugabwehrbataillon nach Regensburg eingezogen. Zunächst gefiel ihm das Soldatenleben. Doch nach einiger Zeit begann er sich nach Abwechslung zu sehnen, wurden ihm die eintönigen Dienstpflichten zu einer Last. Im September 1964 kam seine Einheit zur Gefechtsausbildung auf den Truppenübungsplatz Todendorf in Schleswig-Holstein. Am 20. September begab sich Reuter von dort aus ins zehn Kilometer entfernte Lütjenburg. Abends um 23.30 Uhr wurde er in einer Gaststätte in Begleitung einer Frau gesehen. Seitdem fehlte von dem 18-Jährigen jede Spur.

Die Militärpolizei schrieb Rudolf Reuter zur Fahndung aus. Seine Eltern glaubten, dass er auf einem Schiff angeheuert hätte, „um seinen Wandertrieb zu befriedigen". Vielleicht aber gaben fünf Mark den Ausschlag für das plötzliche Verschwinden Reuters. Er habe den Spind eines Kameraden eingedrückt und das Geld entwendet, lautete die Anklage, die am 20. Oktober 1964 vor dem Amtsgericht Regensburg als „schwerer Diebstahl" verhandelt werden sollte.

Am späten Nachmittag des 7. April 1965 entdeckten Angehörige des 6. DDR-Grenzregimentes die Leiche eines Mannes in einem verminten Grenzabschnitt bei Palingen. Sie war mit bloßen Augen kaum zu sehen, da sie 80 Meter vom Kolonnenweg entfernt in einer Mulde lag und von Gebüsch verdeckt war. Um den Bergungstrupp in der hereinbrechenden Dämmerung nicht zu gefährden, kam es erst am nächsten Morgen zur Bergung der Leiche aus dem Minenfeld. Als um 8.25 Uhr Offiziere der Staatssicherheit und der Kreisstaatsanwalt von Grevesmühlen den Toten in Augenschein nahmen, bot sich ihnen ein schauderhafter Anblick. Die Leiche hatte bereits seit längerer Zeit im Freien gelegen und war Wettereinwirkungen und Tierfraß ausgesetzt. Die von Splittern zerrissenen Dokumente aus der Gesäßtasche seiner Hose konnten kaum noch entziffert werden. Man meinte, der Name könne „Rudolf Kreuter" lauten und das Geburtsdatum der 17. Februar 1941 sein. Laut eines medizinischen Gutachtens verursachten vermutlich Splitter, die in den Rücken des Opfers eingedrungen waren und innere Organe verletzten, nach kurzer Zeit seinen Tod.

Eine von der 3. Grenzkompanie gemeldete Minendetonation ließ den Schluss zu, dass es am 5. Oktober 1964 gegen 1.40 Uhr zu dem Zwischenfall gekommen sein müsse. Der Kompaniechef nahm damals an, dass Wild die Mine ausgelöst hatte. Da von der DDR-Seite her die Sicht auf das Gelände nur eingeschränkt möglich war und man keine Spuren eines etwaigen Flüchtlings auf dem Sechs-Meter-Kontrollstreifen fand, ließ man es bei dieser Erklärung bewenden. Unbedacht blieb, ob jemand des Nachts von der Bundesrepublik aus den Grenzzaun überstiegen haben und in dem von Gestrüpp überwachsenen Minenfeld zu Schaden gekommen sein könnte. Die sterblichen Überreste Rudolf Reuters wurden nach Grevesmühlen überführt und als „unbekannter Toter" auf dem evangelischen Friedhof bestattet.

Erst die Entdeckung des in DDR-Überlieferungen als „Kreuter" registrierten Leichenfundes ermöglichte es der Zentralen Ermittlungsstelle für Regierungs- und Vereinigungskriminalität im Jahr 1994, 30 Jahre nach Reuters Tod, die ungelöste Vermisstensache aus dem Jahr 1964 aufzuklären. Als Verantwortliche für die Anlage und den Betrieb des östlich von Lübeck angelegten Minenfeldes im Zeitraum von 1963 bis 1969 klagte die Staatsanwaltschaft Schwerin 1998 den Kommandeur des 6. Grenzregimentes Willi A. und die Stabschefs Hans O. und Heinz H. wegen Beihilfe zum Totschlag und schwerer Körperverletzung an. Neben Rudolf Reuter starb in diesem Grenzgebiet 1969 auch der Lübecker Arbeiter Wilhelm Dröger an einer Minenverletzung. Dem DDR-Flüchtling Rainer K. wurde 1964 ein Fuß abgerissen, er konnte jedoch gerettet werden. Nachdem Hans O. als verhandlungsunfähig ausgeschieden war, verurteilte das Landgericht Schwerin im Jahr 2000 Willi A. und Heinz H. zu zweijährigen Bewährungsstrafen. (Recherchen: St.A., jk, MP; Autor: jk)

Quellen:

Grenztruppen der DDR/3. Grenzbrigade/UA Operativ: Berichte über besondere Vorkommnisse und Verletzungen der Staatsgrenze der DDR. Jan.–Nov. 1965. BArch Freiburg, DVH 34/145993.

Staatsanwaltschaft Schwerin: Anklage, 09.08.1999, 191 Js 5647/98; Landgericht Schwerin, Urteil, 20.11.2000, 32Ks (19/00)- 191 Js 36758/98. Sammlung Marxen/Werle, Humboldt-Universität zu Berlin.

Sie legten Minen am Eisernen Vorhang. Ist das Totschlag? Prozess gegen DDR-Grenzer. In: *Hamburger Abendblatt*, 8.8.2000.

Filmer, Werner/Schwan, Heribert: Opfer der Mauer. Die geheimen Protokolle des Todes. München 1991, S. 188 f.

Pingel, Schliemann: „Ihr könnt doch nicht auf mich schießen!" Die Grenze zwischen Lübecker Bucht und Elbe 1945 bis 1989. Schwerin 2013.

Manfred Müller

geboren am 6. März 1948 in Kloddram

ertrunken bei Fluchtversuch am 22. November 1964

Ort des Geschehens: Elbe in Höhe Neu Bleckede, Kreis Hagenow (Mecklenburg-Vorpommern, heute Niedersachsen)

Bildquelle: Karin Toben

In einer eiskalten Novembernacht 1964 riskierten fünf Lehrlinge ihr Leben, um aus der DDR zu flüchten. Es handelte sich um die Zwillingsbrüder Gerhard und Joachim Schwencke aus Vellahn, Hans-Jürgen Schöber aus dem Elbdorf Neu Bleckede, Reinhard Bruhn aus Camin und Manfred Müller aus Kloddram. Alle fünf stammten aus Bauernfamilien im mecklenburgischen Kreis Hagenow. Sie gehörten zu den Nachkriegsjahrgängen 1947 und 1948 und wuchsen in Elternhäusern auf, die ihnen vieles ermöglichten. Alle fünf besuchten nach der Mittelschule im nahe gelegenen Brahlstorf die Maschinen- und Traktorenstation in Jessenitz bei Lübtheen, und gingen dort seit dem 1. September 1964 als Traktoren- und Landmaschinenschlosser in die Lehre. Sie lebten mit 100 anderen jungen Männern in dem der Traktorenstation angeschlossenen Internat, einem ehemaligen gutsherrlichen Schloss. An den Wochenenden kamen sie nach Hause in ihre Dörfer und konnten mit ihren Mopeds durch die Gegend streifen.

Alles hätte seinen „sozialistischen Gang" gehen können, vor den jungen Männern lag ein überschaubares ländliches Leben als Handwerker im System der Landwirtschaftlichen Produktionsgenossenschaften. Doch diese vorgegebene Lebensperspektive gefiel ihnen ebensowenig wie die autoritären Verhältnisse im Internat. Eine nach der Flucht der fünf Freunde von der Jugendhilfe im Rat des Kreises Hagenow angestellte Untersuchung kam zu dem Ergebnis: „Keiner der 5 Jugendlichen bezog eine klare Position zur nationalen Frage Deutschlands. Die Verhältnisse in Westdeutschland kannten sie von der blendenden Oberfläche her; die inneren Zusammenhänge sind ihnen nicht klargeworden." Sie hätten sich nicht in der FDJ engagiert und das Gemeinschaftsleben im Internat abgelehnt. Dort herrsche eine straffe Ordnung und es würden für Vergehen geringfügiger Art oft Strafen verhängt. „Die Methoden der Arbeit mit den Lehrlingen sind jedoch oft unpädagogisch und berücksichtigen nicht die Grundprinzipien des Jugendkommuniqués" der SED, das unter der Losung, „der Jugend Vertrauen und Verantwortung" schenken eine Neuorientierung der Erziehungsarbeit vorsah. Bedenklich sei „vor allem, daß Arbeit als Strafe ausgesprochen wird". Es gebe kaum offene Meinungsäußerungen der Lehrlinge. Sie wagten nicht, Kritik zu üben, „um Unannehmlichkeiten aus dem Weg zu gehen". Auch seien zwei der Fluchtbeteiligten mit der ihnen zugewiesenen Berufsperspektive nicht einverstanden gewesen. In einem Protokoll der Volkspolizei ist gar vom Widerwillen aller fünf Geflüchteten gegen die Berufsausbildung die Rede.

Die fünf Freunde teilten ihren Frust über maßlose Schikanen im Internat und fühlten sich drangsaliert. Reinhard Bruhn, der Sohn eines ehrenamtlichen Bürgermeisters, war nach der Erinnerung von Gerhard und Joachim Schwenke „irgendwie" die treibende Kraft, als sich der Fluchtplan, durch die Elbe zu entkommen, zuspitzte. Es musste schnell gehen, denn der Winter stand vor der Tür. „Wenn, dann jetzt", haben sich die fünf Freunde am Mittwoch, dem 18. November, gesagt. Manfred Müller traf sich an diesem Tag noch mit seiner Freundin Christa, die auch im Internat wohnte, und sagte ihr, er wolle sich verabschieden. Einem Freund gab er kurz danach noch einen Brief an das Mädchen.

Am Sonntag darauf, es war der 22. November, ging es nach dem Schweinebraten am Mittag los. Im Nieselregen bei 8 °C fuhren die Schwencke-Zwillinge mit Reinhard Bruhn und Manfred Müller auf ihren Mopeds eine Stunde durch Wälder und Felder parallel zur Fernstraße 5, immer weiter durchs Sperrgebiet, bis sie die Elbestadt Boizenburg erreichten. Hans-Jürgen Schöber, dessen Elternhaus nur wenige Kilometer entfernt in Neu Bleckede direkt am Deich stand, erwartete die Freunde schon am Hafen. Im Schutz der einbrechenden Dunkelheit fuhren sie auf dem Deich elbaufwärts, bis sie den Hof der Schöbers in Neu Bleckede erreichten. Mit einer Kombizange durchtrennten sie den Stacheldraht des Grenzzauns und liefen durch das mit Gras bewachsene Vorland des Flusses zur Elbe. „Wir waren schwer erschüttert über das viele Wasser, denn außer Hans-Jürgen hatte ja noch niemand die Elbe zuvor gesehen, war ja alles Sperrgebiet", erinnert sich Gerhard Schwenke.

Reinhard Bruhn hatte Tage zuvor unter einem kalten Wasserhahn getestet, wie lange man es ungefähr in einem Fluss bei 8 °C Lufttemperatur aushalten würde – zwanzig Minuten als „das Äußerste" kamen dabei heraus. Hans-Jürgen Schöber zog seine lange Unterhose aus, die anderen ihre Lederjacken an. Manfred Müller trug die Kombizange zur Erinnerung an die Flucht am Körper, auch Papiere und seine Uhr in einer Plastiktüte. Der Deichfuß lag ebenso trocken wie die Wiesen, aber die geschotterten Buhnen, die in regelmäßigen Abständen in die Strommitte ragen und ein wenig Orientierung hätten bieten können, waren überschwemmt. Gemeinsam begannen die fünf Freunde im kalten Wasser Richtung Westen zu schwimmen. „Wir müssen gegen die Strömung anschwimmen", hab' ich noch gesagt", erinnert sich Hans-Jürgen Schöber an diesen Augenblick. Reinhard Bruhn und Manfred Müller schwammen auf Rufweite beieinander. Alle kämpften mit den vollgesogenen Lederjacken, von denen sie sich Schutz vor Auskühlung versprochen hatten. Als nach einer halben Stunde immer noch kein Land in Sicht war, begannen sie, aus Leibeskräften um Hilfe zu rufen. Doch der Fluss trieb sie noch lange Zeit vor sich her. Dann hörten sie aus der Dunkelheit verzweifelte Schreie von Manfred Müller. Ausgerechnet ihn, den sie „Sportskanone" nannten, weil er ein guter Leichtathlet war und sogar eine

Ausbildung als Rettungsschwimmer hatte, verliessen die Kräfte. „Ihr kommt rüber, und ich muss hier versaufen!" Auch nach einem halben Jahrhundert haften in den Erinnerungen der Freunde die Hilferufe. Manfred Müller überlebte die waghalsige Flucht durch die Elbe nicht.

Der Vater von Hans-Jürgen Schöber, Parteisekretär der LPG Typ I „Besseres Leben" in Neu Bleckede, bemerkte in den Abendstunden, dass sein Sohn sich nicht mehr im Haus befand, und entdeckte dann das offene Fenster in seinem Zimmer. Er suchte nach ihm, lief in Richtung Elbe und fand gegen 22 Uhr unweit des Hofs am Deich Kleidungstücke. Auf der westlichen Seite der Elbe sah er zwei Fahrzeuge, die die Elbe ableuchteten und hörte Rufe: „Wo bist Du?"

Ihren Sohn konnte die inzwischen über 90-jährige Elisabeth Müller bis heute nicht beerdigen. Die Elbe hat seinen Leichnam nicht wieder freigegeben. Elisabeth Müller akzeptierte erst 1965 den Tod ihres Sohnes. Sie trug ein Jahr lang schwarz. Jahre später ließ sie auf dem Grab ihres Mannes auf dem Vellahner Friedhof einen schwarzpolierten Gedenkstein zur Erinnerung an ihren Sohn Manfred aufstellen.

Das Referat für Jugendhilfe erwirkte von Bruhns' und Schöbers' Eltern Ermächtigungen, die Rückführungen einzuleiten. Der Vater der Schwencke-Zwillinge verweigerte die Unterschrift, da ihm nicht zugesichert worden war, dass seine Söhne straffrei bleiben und eine Lehrstelle erhalten würden. Hans-Jürgen Schöber kehrte nach einem halben Jahr in die DDR zurück. Die Elektrikerlehre in Stuttgart verlief nicht nach seinen Vorstellungen, da er den Eindruck hatte, sein Lehrmeister würde ihn als billige Arbeitskraft ausnutzen. Er durfte jedoch nicht wieder in sein Elternhaus zurück, sondern bekam nach Monaten im Aufnahmelager Pritzier in Wittenburg eine Arbeit als landwirtschaftlicher Gehilfe zugewiesen. Später arbeitete er als Busfahrer. Nach dem Ende der DDR fuhr er mit Lastwagen im Fernverkehr durch ganz Europa. Reinhard Bruhn erfüllte sich seinen Lebenstraum und fuhr als Binnenschiffer auf Rhein und Donau. Er starb mit 57 Jahren in Duisburg an einem Herzinfarkt. Gerhard und Joachim Schwencke arbeiteten bis zur Rente als Automechaniker in der Nordheide und fanden dort auch ihr privates Glück. (Recherche: kt; Autorin: kt)

Quellen:
VPKA Hagenow: Fahndung nach fünf Jugendlichen und weitere Unterlagen zum Vorgang. BStU, ZA, E-SKS Nr. 39982, drei Bände.
Amt Zarrentin, Standesamt Vellahn: Eintragung Nr. 21/1948.
Gespräch von Karin Toben mit der Mutter Elisabeth Müller, Jg. 1924, am 28.02.2014.
Interviews Karin Toben mit den Brüdern Gerhard und Joachim Schwencke vom 06.02.2014, Interview Karin Toben mit Hans-Jürgen Schöber vom 11.02.2014.
Interview Karin Toben mit Friedhelm Bruhn vom 09.03.2014.

Klaus Iwan

geboren am 25. Dezember 1943 in Ortelsburg (heute: Szczytno, Polen)
ertrunken am 1. April 1965, aus der Sude geborgen am 25. April 1965
Ort des Zwischenfalls: Soltow, Ortsteil von Teldau (Mecklenburg-Vorpommern)

Der Traktorenschlosser Klaus Iwan aus Züsedom hatte sich bei der NVA als Soldat auf Zeit verpflichtet. Am 4. Mai 1963 trat er seinen Wehrdienst im Mot-Schützen-Regiment der 9. Panzerdivision Eggesin an, wo er 1965 den Rang eines Unteroffiziers bekleidete.

Klaus Iwan gehörte der FDJ und der SED an. Für die Woche vom 29. März bis zum 2. April 1965 hatte er sich Urlaub genommen. Er gab an, die Beziehung zu seiner Freundin Brigitte B. klären zu müssen, die in Güstrow wohnte. Seine ersten beiden Urlaubstage verbrachte der 21-Jährige bei seiner Familie in Züsedom, am 31. März schließlich brach er ins 140 Kilometer entfernte Güstrow auf. Wahrscheinlich blieb er für das klärende Gespräch nur kurz bei seiner Freundin, denn bereits am Folgetag um 15 Uhr fanden Angehörige der Grenztruppen Schuhe und Unterbekleidung von Klaus Iwan. Die Kleidungsstücke lagen am Ufer des Elbe-Nebenflusses Sude bei Soltow (Ortsteil von Teldau) im Bereich des Hinweisschildes „500 m-Schutzstreifen". Vermutlich wollte er den Fluss durchschwimmen, um das Elbvorland zu erreichen. Seine Leiche barg man drei Wochen später am 25. April 1965 nur wenig entfernt aus der Sude. Sie hatte sich an den Haltetrossen einer bei Gothmann verankerten Fähre verfangen. Die Untersuchungsabteilung des Ministeriums für Staatssicherheit kam zu dem Schluss, dass Iwan allein wegen seiner Beziehungsprobleme Fahnenflucht begehen wollte. „Anhalte für andere Motivationen fanden sich nicht." Die Leiche von Klaus Iwan wurde zur Erdbestattung freigegeben und nach Züsedom überführt. (Recherche: jk, MP, US; Autor: jk)

Quellen:

Militärstaatsanwalt in Eggesin: Schriftliche Todesanzeige, Sterbebuch Nr. 73/1965. Boizenburg/Elbe, 27.4.1965. Kreisarchiv Ludwigslust-Parchim, Außenstelle Ludwigslust.

MfS, Hauptabteilung IX/7: Bericht zur Todesermittlungssache IWAN, Klaus, geb. 25.12.1943, vom 25.04.1965 in Gothmann, Kreis Hagenow. Berlin, 29.04.1965. BStU, MfS AS 188/66.

Bundespolizeipräsidium Nord: Jährliche Zusammenstellungen der Grenzzwischenfälle und -verletzungen 1962–1975. LASch, Abt. 590/49.

Rudolf Jochmann

geboren am 25. März 1945 in Hermannseifen
(heute: Rudník v Krkonoších, Tschechische Republik)

ertrunken am 17. April 1965, aus der Elbe geborgen am 9. Mai 1965

Ort des Zwischenfalls: Elbe, nahe Gothmann (Mecklenburg-Vorpommern)

Rudolf Jochmann wurde am 25. März 1945 als jüngstes von drei Kindern in Hermannseifen im Sudetenland (heute: Rudník v Krkonoších, Tschechische Republik) geboren. Die Familie wurde 1945 aus ihrem Heimatort vertrieben und fand in Boizenburg, östlich der Elbe eine neue Heimat. Nach der deutschen Teilung lag die Stadt im Sperrgebiet.

Rudolf Jochmann besuchte von 1951 bis 1961 die dortige Schule, die er mit dem Abschluss der Polytechnischen Oberschule (POS) beendete. Anschließend absolvierte er eine Lehre als Elektriker bei der Firma Ehlers in Boizenburg. Sein Vater arbeitete als Verkaufsstellenleiter, seine Mutter war Hausfrau. Im Jahre 1954 zog Rudolf Jochmanns Schwester Christine in die Bundesrepublik. Seinen älteren Bruder Reinhard verwiesen die Behörden nach dem 13. August 1961 für ein Jahr aus Boizenburg und dem Sperrgebiet, da er sich im Kreis seiner Arbeitskollegen kritisch zum FDJ-Aufgebot „Das Vaterland ruft! Schützt die sozialistische Republik!" geäußert hatte. In diesem FDJ-Aufruf vom 16. August 1961 heißt es: „Jeder FDJler ist aufgerufen, sich in dieser Stunde freiwillig zum Ehrendienst in den bewaffneten Kräften der Deutschen Demokratischen Republik zu verpflichten!"

Seit April 1964 arbeitete Rudolf Jochmann in dem ortsansässigen Traditionsunternehmen VEB Fliesenwerke Boizenburg als Elektriker. In seiner Freizeit trainierte und spielte der talentierte Fußballspieler in der Mannschaft des örtlichen Vereins BSG Aufbau Boizenburg. Eine weitere Leidenschaft Rudolf Jochmanns war der Rock'n'Roll. Als Angehöriger eines fünfköpfigen „Elvis-Presley-Clubs" geriet er ins Blickfeld des Staatssicherheitsdienstes, der den Jugendlichen wegen Verbreitung „westlicher Lebensweise und Unkultur" die Weiterführung ihres Fanclubs verbot. Da bereits zwei Jugendliche aus dem Freundeskreis in die Bundesrepublik geflohen waren, befürchteten die örtlichen Stasi-Mitarbeiter weitere „Republikfluchten" aus Jochmanns Clique. Ein inoffizieller Mitarbeiter, der sich im Auftrag der Stasi an die Gruppe heranmachte, kam allerdings zu der Auffassung, die Jugendlichen seien ungefährlich, sodass auf weitere Sanktionen verzichtet wurde.

Im Frühjahr 1965 beschäftigte Rudolf Jochmann freilich ein anderes Problem. Seine Einberufung zum Grundwehrdienst stand bevor. Im Freundeskreis äußerte er offen seine Ablehnung, er wollte nicht zur Nationalen Volksarmee. Auch seine Familie wusste das. Deshalb übergab ihm seine Mutter den von der Post zugestellten Einberufungsbefehl zunächst nicht. Vermutlich im Zusammenhang mit der anstehenden Einberufung holte ein Mitarbeiter des Staatssicherheitsdienstes Rudolf Jochmann Ende März 1965 überraschend von seinem Arbeitsplatz ab, um „einen Sachverhalt zu klären". Worum es in dem Gespräch genau ging, vertraute Rudolf Jochmann seinen Angehörigen nicht an. Er sagte ihnen nur, dass man ihn bedroht und zum Schweigen verpflichtet hatte. Er selbst vermutete nun einen Spitzel in seinem Freundeskreis, was auch zutraf.

Am Ostersamstag, dem 17. April 1965, besuchte der 20-Jährige eine Tanzveranstaltung im örtlichen Clubhaus. Als er von zu Hause wegging, bat ihn seine Mutter, nicht zu spät nach Hause zu kommen, da sie alleine war. Ihr Mann war gerade zur Kur, der ältere Sohn zur NVA eingezogen. Die Mutter muss die Nacht in großer Sorge verbracht haben, denn ihr Sohn Rudolf kehrte nicht heim und blieb auch in den folgenden Tagen spurlos verschwunden. Drei Wochen später, am 9. Mai 1965, gegen Mittag, entdeckten zwei Arbeiter des Wasserstraßenamtes bei Vermessungsarbeiten jenseits des Grenzzauns eine Leiche in der Elbe. Es handelte sich um Rudolf Jochmann, den man etwa 300 Meter nordwestlich von Gothmann aus dem Wasser zog. Die Eltern wussten nichts von etwaigen Fluchtplänen ihres Sohnes. Die Ablehnung des Wehrdienstes und die Bedrängung durch die Stasi könnten zu dem spontanen Entschluss geführt haben, über die nahe gelegene Grenze in den Westen zu flüchten. Von dem bereits zugestellten Einberufungsbefehl wusste Rudolf Jochmann jedenfalls bis zum Tag seines Verschwindens nichts, denn seine Mutter hatte ihm das Schreiben weder ausgehändigt noch mit ihm darüber gesprochen.

Der gerade erst von seiner Kur zurückgekehrte Vater musste in der Leichenhalle seinen toten Sohn identifizieren. Als er den dort anwesenden Amtspersonen, dem Leiter der Mordkommission Hagenow und dem Chefarzt des Boizenburger Krankenhauses die Frage nach den Ursachen einer deutlich sichtbaren Kopfwunde seines Sohnes stellte, erklärte ihm der Arzt, diese sei erst nach Eintreten des Todes entstanden, als die Leiche im Wasser trieb. Der Vater durfte seinen Sohn nicht berühren und musste nach zehn Minuten den Raum verlassen.

Wenig später offenbarte ein damals als Hausmeister im Krankenhaus beschäftigter Freund der Familie den Angehörigen, er habe die Leiche Rudolf Jochmanns in der Sektionshalle mit einer Schusswunde in der Nähe der Leber gesehen. Dieser Hinweis bestärkte Mutmaßungen der Angehörigen über einen gewaltsamen Tod an der Grenze. Doch der befreundete Hausmeister stand den Ermittlern nach dem Ende der DDR nicht mehr als Zeuge zur Verfügung, er ist 1982 gestorben. Die Staatsanwaltschaft lehnte 1994 die Anregung des kriminalpolizeilichen Ermittlers, dem Verdacht einer tödlichen Schussverletzung durch die Exhumierung der Leiche nachzugehen, ab und stellte das Ermittlungsverfahren ein. (Recherche: jk, MP, St.A.; Autorin: MP)

Quellen:

NVA, Kdo. der Grenztruppen, Operativer Diensthabender: Tagesmeldung Nr. 130/65, 8.5.-9.5.1965, BArch Freiburg, DVH 32/112590.

MfS, BV Schwerin: BStU, Ast. Swn, AOP 526/65.

ZERV: Ermittlungsverfahren z. N. Rudolf Jochmann. LAB, D Rep. 120-02, Acc. 8346, Az. 27 AR 519/94.

Krankenhaus Boizenburg/Elbe: Schriftliche Todesanzeige. Boizenburg/Elbe, 10.05.1965. Kreisarchiv Ludwigslust-Parchim, Außenstelle Ludwigslust.

Standesamt Boizenburg/Elbe: Sterbebucheintrag Nr. 82/1965 vom 12.05.1965. Standesamt Boizenburg/Elbe, Auskunft vom 05.03.2015.

Manfred Glotz

geboren am 25. Januar 1942 in Penzig (heute Piensk, Polen)

erschossen am 7. Mai 1965

Ort des Zwischenfalls: etwa 200 Meter südlich der Straße
zwischen Rothesütte (Thüringen) und Hohegeiß (Niedersachsen)

Frau Glotz war vor den Kampfhandlungen des Zweiten Weltkrieges mit ihren vier Kindern aus Niederschlesien nach Pödelist (Sachsen-Anhalt) geflohen. Ihr Ehemann, der Maschinist Paul Glotz, kehrte nicht aus dem Krieg zurück. Um Geld zu verdienen und den Kindern ein warmes Essen zu verschaffen, wusch sie bei den Bauern des Dorfes die Wäsche. Als ihr Sohn Manfred in der Schule ein auffälliges Verhalten zeigte, wurde er nach Naumburg in ein Kinderheim geschickt, wo er zwei Jahre die Hilfsschule besuchte. Später überwies man ihn in das Bezirkskrankenhaus für Psychiatrie und Neurologie in Uchtspringe. Er galt als geheilt, als er mit 18 Jahren entlassen wurde und zur Mutter nach Pödelist zurückkehren konnte. Im Ort war der junge Mann beliebt, da er gern half, doch einer geregelten Beschäftigung nachzugehen fiel ihm schwer. Nie hielt er es der ungelernte Arbeiter länger in einem Betrieb aus – und sobald die Probleme überhandnahmen, zögerten die Betriebe auch nicht, ihm zu kündigen. Schließlich begann er als Rohrleger unter Tage im VEB Kaliwerk Roßleben zu arbeiten.

Am 7. April 1965 hatte sich der 23-Jährige für ein gestohlenes Fahrrad vor dem Kreisgericht Naumburg zu verantworten. Da gegen ihn bereits eine Bewährungsstrafe verhängt war, verurteilte ihn das Gericht zu einer siebenmonatigen Haftstrafe, die er vorerst noch nicht antreten musste. Am Morgen des 30. April 1965, nach der Nachtschicht im Kaliwerk, verabschiedete sich ein Kumpel von ihm, der im selben Wohnheim untergebracht war, mit den Worten, sie würden sich so bald nicht mehr wiedersehen. Udo Sch. wollte in die Bundesrepublik flüchten. Von morgens bis abends schwer arbeiten und trotzdem nie genug Geld haben – das musste anderswo besser sein. Manfred Glotz erklärte sich sofort bereit mitzumachen. Bald danach brachen sie gemeinsam in Richtung Niedersachsen auf. Udo Sch. hatte bei der Grenzpolizei im Harz gedient, doch als sie, mal zu Fuß, mal per Anhalter, die gut 75 Kilometer bewältigt hatten, fand er seinen alten Grenzabschnitt nicht wieder. Sie verirrten sich und gelangten in das waldige Gebiet südlich der ehemaligen Straße von Rothesütte (Thüringen) nach Hohegeiß (Niedersachsen). Hier gab es eine Möglichkeit, sich vor den Grenzsoldaten zu verbergen. Am 4. Mai, kurz vor 14 Uhr, wagten sie den Durchbruch. Sie hatten den doppelten Metallzaun bereits überwunden, als sie von zwei Posten eines etwa 150 Meter entfernten Beobachtungsturmes bemerkt wurden. Die Grenzer begannen, gezielt auf die Flüchtenden zu schießen.

Zwei bundesdeutsche Zollbeamte waren Zeugen des Fluchtversuchs. Sie beobachteten, wie ein Mann nur 30 Meter vor der Demarkationslinie mit einem Bauchschuss zusammenbrach und wie ein zweiter versuchte, ihn vergeblich in Deckung zu ziehen. Dann wurde auch er am Arm getroffen. Eine Alarmgruppe der Grenztruppen eilte hinzu und begann ebenfalls, auf die Flüchtlinge zu schießen. Mehrere Geschosse schlugen auf bundesdeutschem Gebiet ein. Daraufhin luden die Zollbeamten ihre Waffen durch und gaben Warnschüsse ab. Kriechend schaffte es der am rechten Ellenbogen verletzte Udo Sch., die Bundesrepublik zu erreichen. Manfred Glotz blieb am Doppelzaun liegen, schrie vor Schmerzen, rief um Hilfe.

Eine unverzügliche ärztliche Behandlung wäre zwingend notwendig gewesen, doch weil der Grenzzwischenfall vor den Augen von Zeugen auf der Westseite erfolgte, zündeten die DDR-Grenzsoldaten Nebelkerzen, um eine Sichtbehinderung zu schaffen, bevor sie Manfred Glotz bargen. Darüber verging mehr als eine halbe Stunde, in der auf der anderen Seite der Grenzzäune weitere Beamte des Zollgrenzdienstes und etwa 50 Zivilpersonen hinzukamen. Schließlich wurde der Schwerverletzte ins Krankenhaus Ilfeld gebracht. Noch drei Tage dauerte seine Leidenszeit, dann starb Manfred Glotz. Der Bauchschuss hatte ihm Leber und Magen zerrissen.

In den 1990er Jahren ermittelte die Staatsanwaltschaft II beim Landgericht Berlin gegen die Besatzung des Beobachtungsturmes. Doch die Beweisführung erwies sich als unmöglich. Es konnte nicht festgestellt werden, ob ein Tötungsvorsatz bestand und wer von den beiden Soldaten auf dem Beobachtungsturm die tödliche MPi-Salve auf Manfred Glotz abgegeben hatte. Das Ermittlungsergebnis reichte zur Erhebung einer öffentlichen Klage wegen Totschlags nicht aus, weswegen das Verfahren 1998 eingestellt wurde. (Recherche: jk, MS, MP, St.A.; Autor: jk)

Quellen:

MfS: E.I. über einen versuchten Grenzdurchbruch in Benneckenstein/Harz nach Westdeutschland, 6.5.65. BStU, ZA, MfS, ZAIG, Nr. 1159.

Handakte des Staatsanwalts des Kreises Naumburg zur Strafsache gegen Manfred Glotz wegen Diebstahls. BStU, MfS, C SKS 62065.

Auskunft aus dem Strafregister der Staatsanwaltschaft zu Berlin, 14.1.65. Und: Kreisgericht Naumburg: Urteil vom 7.04.65. BStU MfS C SKS 90540.

NVA, Kommando der Grenztruppen, Op. Diensthabender: Tagesmeldung Nr. 141/65 vom 20.05.1965. BArch Freiburg, DVH 32/112590.

Standesamt Ilfeld: Sterbefall 162/1965. Kreisarchiv Nordhausen, Bestand Standesamt Ilfeld.

OFD Hannover: Bericht über den Grenzzwischenfall am 4.5.1965 am Jägerfleck. NLA Hannover, Nds. 220, Acc. 12/75 Nr. 8/4.

Hauptzollamt Northeim: Bericht vom 5.05.1965. NLA Hannover, NdS 220, Acc 23/73, Nr. 3.

ZERV: Ermittlungsunterlagen wg. Totschlags, z. N. Manfred Glotz. LAB, D Rep. 120–02, Acc. 8346, StA II LG Berlin 27/2 Js 135/90.
Zeitzeugengespräch mit Dieter Glotz am 27.01.2017.

Hilmar Brinkmann

geboren am 16. November 1939 in Rieder

ertrunken vermutlich am 28. Mai 1965, geborgen am 8. Juni 1965

Ort des Zwischenfalls: Elbe bei Schnackenburg (Niedersachsen)

Bildquelle: Ernst-Abbe-Hochschule Jena, Studentenakte

Hilmar Brinkmann erblickte am 16. November 1939 als Sohn eines Mechanikers und einer Schneiderin das Licht der Welt. Die Familie lebte mit einer Tochter und drei Söhnen in Rieder, einem Ortsteil Ballenstedts im Harz. Hilmar Brinkmann besuchte von 1946 bis 1954 die dortige Grundschule und anschließend die Oberschule in Quedlinburg bis zur Reifeprüfung. In den Ferien arbeitete er als Werkschüler und Montagehelfer. Nach seiner Schulzeit absolvierte er eine Lehre als Feinmechaniker beim VEB Messgerätewerk Quedlinburg. Der FDJ gehörte er zwar seit 1954 an, engagierte sich aber mehr beim Deutschen Roten Kreuz, dessen Mitglied er seit 1956 war. Am 1. September 1961 nahm er das Diplomstudium in der Fachrichtung Betriebsmess-, Steuerungs- und Regelungstechnik an der Ingenieurschule für Feinwerktechnik in Jena auf. Dort bestand er auch die staatliche Abschlussprüfung. Seine Ingenieururkunde trägt das Datum vom 28. August 1964. Aus einer Beurteilung der Hochschule geht hervor, dass Hilmar Brinkmann gute und sehr gute Leistungen erbrachte. Er sei kameradschaftlich und temperamentvoll gewesen, „arbeitete gewissenhaft und selbständig und half gerne seinen Mitschülern bei der Steigerung ihrer Leistungen". Bereits am 1. Januar 1964 unterzeichnete er noch während seiner Studienzeit einen Arbeitsvertrag mit dem VEB Chemische Werke Buna in Schkopau. Dort nahm er seine Arbeit als Ingenieur in der Betriebskontrolle ab dem 1. September 1964 auf.

Am 27. Mai 1965 besuchte Hilmar Brinkmann seine ältere Schwester in Magdeburg. Sie ahnte nicht, dass dies der letzte Besuch ihres Bruders sein würde. Für den Folgetag verzeichnete der Wetterdienst für die Gegend um Schnackenburg an der Elbe bereits angenehme 20 °C. Aber die Temperatur des Flusses lag lediglich bei 12 bis 14 °C. Unter diesen Umständen wagte Hilmar Brinkmann dennoch die Flucht über die Elbe. Dieses Wagnis endete für den jungen Ingenieur tödlich.

Am 5. Juni 1965 setzten starke Regenfälle ein, die zu einer Überschwemmung der Elbauen führten. Die westdeutsche Wasserschutzpolizei entdeckte in den Mittagsstunden des 8. Juni 1965 bei der Alandbrücke nahe Schnackenburg eine dort angetriebene Wasserleiche. Aufgrund der mitgeführten Papiere konnte sie als Hilmar Brinkmann identifiziert werden. Der Ingenieur hatte seine Flucht durch die Elbe gut vorbereitet: Ein Plastikbeutel, den er an seiner Brust trug, enthielt einige Wertsachen und seine wichtigsten Personalpapiere, wie Schul- und Arbeitszeugnisse. In einem weiteren, an seinem linken Bein befestigten Plastikbeutel befand sich eine Kamera.

Auf Anordnung der Staatsanwaltschaft Lüneburg wurde Brinkmanns Leiche am 9. Juni 1965 in Schnackenburg obduziert. Demnach konnten keine äußeren Verletzungen festgestellt werden. Die Leiche lag nach Meinung der Obduzenten bereits etwa zwei bis drei Wochen im Wasser. Der 25-Jährige war vermutlich entkräftet ertrunken oder durch Herzversagen gestorben. Nach Abschluss der Untersuchungen wurde Brinkmanns Leiche in Celle auf Wunsch der Familie eingeäschert und die Urne zur Beisetzung in die DDR überführt. (Recherche: MP; Autorin: MP)

Quellen:

ZESt: Bericht des Polizeiabschnitts Lüchow-Dannenberg vom 10.6.1965 – Auffinden einer Wasserleiche bei Schnackenburg. NLA Hannover, Nds. 220 Acc. 12/75 Nr. 8/4.

ZESt: Vorermittlungsverfahren gegen Unbekannt wegen Verdacht des Totschlags z. N. Hilmar Brinkmann (AR-ZE 683/65). BArch Koblenz, B 197/4253.

Fachschule für Feinwerktechnik Jena: Studienakte Hilmar Brinkmann. Hochschularchiv Ernst-Abbe-Hochschule, Jena, o. J.

Standesamt Rieder: Geburtsurkunde Nr. 35/1939. Auskunft vom 08.02.2016.

Dietrich Peik

geboren am 17. Juni 1939 in Rastenburg (Ostpreußen, heute: Ketrzyn, Polen)

ertrunken am 13. Juli 1965, geborgen am 21. Juli 1965

Ort des Zwischenfalls: Goldensee, Groß Thurow (Mecklenburg-Vorpommern)

Dietrich Otto Peik kam als Sohn eines Arbeiters in Rastenburg (heute: Ketrzyn, Polen) zur Welt. Von 1946 bis 1954 besuchte er die Volksschule. In der Folgezeit arbeitete der gelernte Melker zunächst in der Landwirtschaft, dann als Gleisbauarbeiter. In der Zeit von 1957 bis 1959 diente er freiwillig in der Nationalen Volksarmee, er war Mitglied der SED. Nach der Militärzeit arbeitete er als Raupenschlepperfahrer beim VEB Braunkohle in Großkayna. In Überlieferungen der DDR würdigte man seine Rückkehr in die Landwirtschaft mit folgenden Worten: „1964 folgte er dem Ruf der Partei und ging freiwillig nach Groß Thurow, Kreis Gadebusch in die Landwirtschaft. Er wurde Mitglied der LPG und bekam eine Tätigkeit als Traktorist." Dietrich Peik war verheiratet und Vater eines Kindes.

Nur wenige Wochen nach seinem 26. Geburtstag machte sich Dietrich Otto Peik auf den Weg in die Bundesrepublik. Seine Beweggründe konnten bislang nicht geklärt werden. Laut Tagesmeldung der Grenztruppen überwand er am 13. Juli 1965 gegen 23 Uhr die Stacheldrahtsperre. Hierfür hatte er zwei Pfähle genutzt. An der von ihm ausgesuchten Durchbruchstelle, etwa 500 Meter südlich von Groß Thurow, waren die Grenzposten nur in großen Abständen eingesetzt und keine Signaldrähte verlegt. Die nächsten Grenzposten befanden sich etwa 800 Meter nordwestlich und etwa 500 Meter südöstlich von der Stelle entfernt, an der Dietrich Peik die Stacheldrahtrolle überwand. Durch diesen Umstand erreichte er den Goldensee unentdeckt und begann in Richtung des westlichen Seeufers zu schwimmen. Dort befand sich damals die innerdeutsche Grenze. Gegen 23.20 Uhr hörten DDR-Grenzposten, die am Ufer patrouillierten, Hilferufe vom Goldensee her, die rasch verstummten. Kurz danach entdeckten sie die Stelle, an der mit Hilfe von zwei Pfählen der Stacheldraht überwunden worden war. Eine Woche später, am 21. Juli 1965, entdeckte ein Fischer an der Südspitze des Goldensees eine Wasserleiche. Der Ertrunkene wurde als Dietrich Peik identifiziert.

Den Tod des jungen Familienvaters ließ sich seine Ehefrau bescheinigen. Die Sterbeurkunde enthält lediglich den Vermerk, dass er am 13. Juli 1965 in Groß Thurow (Goldensee) verstorben sei. Nähere Angaben zur Todesursache sind darin nicht erfasst. (Recherche: jos., MP; Autorin: MP)

Quellen:

BdVP Schwerin: Rapport Nr. 190/65 für die Zeit vom 13.7.1965, 8.00 Uhr bis 14.7.1965, 8.00 Uhr und Rapport Nr. 191/65 für die Zeit vom 14.7.1965, 8.00 Uhr bis 15.7.1965, 8.00 Uhr. LHASn, 7.12–1, Z 55/1990(4), 169.

Grenztruppen der DDR/Abteilg. Operativ: Tagesmeldungen 195/65 und 203/65. BArch Freiburg, DVH 32/112591.

MfS: Schlußbericht Verkehrsvergehen. BStU, ZA, MfS, D SKS Nr. 7411.

Standesamt Roggendorf, Kreis Gadebusch: Sterbeurkunde Nr. 7/65. Standesamt Roggendorf.

Klaus Noack

geboren am 7. Juni 1940 in Guhrow

erschossen am 4. August 1965

Ort des Zwischenfalls: nahe Rustenfelde, Kreis Heiligenstadt (Thüringen)

Am Abend des 4. August 1965 verrichtete der Gefreite Klaus Noack im thüringischen Rustenfelde Grenzdienst als Postenführer. Gegen 19.30 Uhr ordnete Noack eine Überprüfung der Signalgeräte am Kontrollstreifen an. Nach der Dienstvorschrift war es den Posten jedoch untersagt, sich der Grenze bis auf den Kontrollstreifen zu nähern. Die Überprüfung der Signalgeräte war die Aufgabe der Pioniereinheiten in den Grenzregimentern. Laut einem am nächsten Tag verfassten Bericht der Abteilung Sicherheitsfragen des SED-Zentralkomitees an den zuständigen ZK-Sekretär Erich Honecker verweigerte Noacks Posten, der Soldat Werner Kneschke, die Ausführung des Befehls, weil er wusste, dass an der betreffenden Stelle gar kein Signalgerät installiert war. Er vermutete deshalb, sein Postenführer beabsichtige eine Fahnenflucht. Noack sei daraufhin alleine in Richtung des Sechs-Meter-Kontrollstreifens gelaufen. Als Kneschke versuchte, ihn aufzuhalten, kam es zu einem Handgemenge, in dessen Verlauf der Posten die Oberhand gewann und einen Feuerstoß aus seiner MPi auf den Postenführer abgab.

Klaus Noack hatte seit Mai 1964 in der NVA gedient. Der frühere Abschnittsbevollmächtigte der Volkspolizei seines Heimatortes Guhrow äußerte sich 1992 bei einer

Befragung durch die Kriminalpolizei positiv über Noacks Familie. Mit Klaus Noack selbst hätte es nie Schwierigkeiten gegeben. Er spielte Fußball in der Sportgemeinschaft des Ortes. Niemand wollte dort so recht glauben, dass Noack tatsächlich einen Fluchtversuch begangen hätte. Das einzige vorstellbare Motiv sei die Trennung von seiner Freundin gewesen. Auch der Todesschütze sagte, in einer Beschuldigtenvernehmung 1993 zu seiner Bekanntschaft mit Klaus Noack befragt, aus: „Ich hatte zu Klaus ein normales Verhältnis, wie zu jedem anderen. [...] Ich verstehe heute noch nicht, warum er an diesem Tage abhauen wollte." Er habe öfter mit Noack Grenzdienst versehen, ohne dass es Probleme gab.

Auch einige Klaus Noack nahestehende Personen äußerten nach dem Ende der DDR Zweifel an seinen Fluchtabsichten. Eine ehemalige Freundin sagte aus, er habe für seine jüngere Schwester eine Vaterrolle übernommen und für sie gesorgt. Kurz vor seinem Tod habe er sich einen neuen Anzug gekauft. Im September 1990 schrieb eine Schwester Noacks an die Zentrale Ermittlungsstelle Salzgitter: Ihre Mutter sei am 5. August 1965 von einem Militärstaatsanwalt und einem Offizier der Grenztruppen aufgesucht worden. Diese hätten ihr mitgeteilt, ihr Sohn sei ein „Staatsverbrecher". Er habe zwei anderen Armeeangehörigen Beihilfe zur Fahnenflucht geleistet und anschließend selbst flüchten wollen. Dieser Version des Geschehens schenkte die Familie jedoch keinen Glauben. Klaus Noack habe nämlich angekündigt, am 12. August im Urlaub nach Hause zu kommen. Nach der Überführung der Leiche sei die gesamte Familie von der Stasi überwacht worden.

Vor dem Landgericht Mühlhausen sagte Werner Kneschke 1995 aus, er habe den Befehl Noacks befolgt und sei vor ihm in Richtung Grenze gegangen. Noack habe ihn anschließend mit seiner durchgeladenen Maschinenpistole bedroht und zum Zurückgehen aufgefordert. Erst daraufhin sei es dann zu dem Handgemenge und den Schüssen gekommen. Nachdem Noack getroffen zusammengebrochen war, rannte Kneschke zum nächsten Feldtelefon, um den Vorfall zu melden. Als er sich wenig später umdrehte, bemerkte er, dass der Fahnenflüchtige inzwischen unter dem ersten von zwei Stacheldrahtzäunen durchgekrochen war und sich weiter in Richtung Bundesrepublik bewegte. Daraufhin lief er zurück und beschoss Noack erneut. Vier Schüsse in Brust und Bauch führten zu dessen sofortigem Tod. Bei der späteren Sektion der Leiche wurde neben anderen Verletzungen ein Herztreffer festgestellt.

Dem Urteil des Landgerichts Mühlhausen vom 31. August 1995 ist zu entnehmen, dass der Angeklagte Kneschke unmittelbar nach dem Vorfall aus der Grenzkompanie abgezogen und zwei Tage lang vom Staatssicherheitsdienst vernommen wurde. Das MfS kam zu dem Ergebnis, der Soldat habe ordnungsgemäß gehandelt. Das Landgericht Mühlhausen wertete 1995 die ersten Schüsse im Verlauf des Handgemenges als Notwehr. Mit der zweiten Schussabgabe aber habe sich Kneschke des Totschlags schuldig gemacht, da er seinen flüchtigen Postenführer vorsätzlich tötete: „Noack hatte infolge der zuvor erlittenen Verletzungen seine Waffe noch vor dem ersten Grenzzaun verloren und diese auch nicht mehr aufnehmen können. Vielmehr hatte er sich unbewaffnet in Richtung Bundesrepublik begeben." Kneschke hätte die Fahnenflucht nach Auffassung des Landgerichts „ohne weiteres mit anderen Mitteln [...] unterbinden können. Ihm wäre die Verfolgung Noacks auf demselben Weg möglich gewesen, den dieser eingeschlagen hatte. In Anbetracht der erlittenen Verletzungen des Opfers hätte der Angeklagte diesem ohne weiteres zuvor kommen können." Das Gericht verurteilte den Angeklagten zu zu zwei Jahren Freiheitsentzug auf Bewährung. (Recherche: jk, MP, St.A.; Redaktion: jos.)

Quellen:

MfS, HA I: Lagebericht vom 27.8.1965 für die Zeit vom 1.8. bis 26.8.1965. BStU, ZA, MfS HA I 15783.

MdI, Kriminalistisches Institut: Gutachten über zwei Maschinenpistolen und über Spuren an einem Projektil, Tgb. Nr. 84000/65/2 vom 2.9.1965 sowie KT-Akten mit Auswertungsberichten und Gutachten des MfS, der NVA und des MStA.BArch Berlin, DO1/0.5.1/41916.

Filmer, Werner; Schwan, Heribert: Opfer der Mauer. Die geheimen Protokolle des Todes. München 1991, S. 191, hier: DY 30 IV A 2/12/90 Abt. Sicherheit des ZK der SED.

StA Erfurt: Anklage vom 4.4.1995 sowie LG Mühlhausen: Urteil vom 31.8.1995, Js96030/95/551 und Js96030/95-1 Ks. Sammlung Marxen/Werle, Humboldt Universität Berlin.

ZERV: Zeugenvernehmungen zum Todesfall Noack, Klaus. LAB, D Rep. 120-02, Acc. 8346, Az 2 Js 149/91.

StA II beim LG Berlin und StA Erfurt: Ermittlungen wegen Totschlags z. N. Noack, Klaus. 551 Js 96030/95 Totschlag / zuvor 27/2 Js 149/91 StA Berlin. ThHStA Weimar StA Erfurt Signatur 8642–8652.

Standesamt Hanstein-Rusteberg: Sterbeeintrag Klaus Noack, Auskunft vom 25.4.2017.

Horst Ristau

geboren am 2. März 1935 in Welden

ertrunken am 20. August 1965

Ort des Zwischenfalls: Pötenitzer Wiek (Mecklenburg-Vorpommern)

Mit seiner Frau Brigitte wohnte Horst Ristau in der Sperrzone an der Pötenitzer Wiek in unmittelbarer Grenznähe. Er hatte dort bis ins Jahr 1960 bei der DDR-Grenzpolizei in der 1. Grenzkompanie gearbeitet. Zuletzt war er als ungelernter Arbeiter bei dem Volkseigenen Gut (VEG) Gosdorf beschäftigt. Seine Frau, eine frühere Landarbeiterin, war nun Hausfrau. Wegen diverser Schwierigkeiten mit den Behörden befürchtete das Ehepaar seine Zwangsaussiedlung aus dem Sperrgebiet und entschloss sich zur Flucht in die Bundesrepublik. In den Abendstunden des 20. August 1965 machten sich die beiden 35-Jährigen zusammen mit Ristaus 16-jährigem Neffen Eberhard auf den Weg. Der Schüler entschloss sich vermutlich zur Beteiligung an dem Fluchtvorhaben, als er die letzten Tage seiner Sommerferien in Pötenitz bei Onkel und Tante verbrachte. Horst Ristau kannte aus seiner Zeit bei der Grenzpolizei die Geländeverhältnisse und das System der Grenzsicherung in der Gegend gut. Deswegen wählte er als Fluchtweg den nicht einsehbaren Bereich eines ehemaligen Wehrmachtsmunitionslagers, in dessen Deckung sich die Gruppe bis ans Ufer der Pötenitzer Wiek bewegte. Auf dem Weg dorthin verwischte Horst Ristau, der als letzter ging, sofort wieder ihre Spuren auf dem Kontrollstreifen. Nachdem sie eine Stacheldrahtrolle überwunden hatten, mussten sie es nur noch bis ans Ufer schaffen. Das gelang ohne Probleme, da in dem Abschnitt zu dieser Zeit keine Minen verlegt waren. Das Ufer war mit hohem Schilf bewachsen, sodass die drei Flüchtlinge eine gute Deckung hatten, um ungesehen ins Wasser zu gelangen.

Am 23. August 1965, in den frühen Morgenstunden, entdeckten DDR-Grenzer bei der Strandkontrolle etwa 450 Meter südlich des Priwalls am Ufer der Pötenitzer Wiek Bekleidungsstücke von drei Personen, darunter zwei Paar Herrenschuhe und ein Paar Damenschuhe. Obwohl die Suchtrupps der Grenztruppen nirgendwo Spuren auf dem Kontrollstreifen fanden, nahmen sie an, dass hier eine Flucht aus der DDR erfolgt war. In einer Jacke befand sich schließlich ein Milchzettel, ausgestellt auf Horst Ristau aus

Pötenitz. Unter den Kleidungsstücken wurde auch eine Mopedluftpumpe gefunden. Hieraus schloss man, dass die Flüchtlinge zur Überwindung der Pötenitzer Wiek aufblasbare Hilfsmittel verwendet haben. Tatsächlich nutzten sie luftgefüllte Mopedschläuche als Schwimmringe. Später stellte sich heraus, dass sich Grenzposten zum Zeitpunkt der Flucht nur etwa 300 Meter entfernt von der Stelle aufgehalten hatten, an der die drei Flüchtlinge ins Wasser gestiegen sind. Der Kommandostab reagierte beunruhigt, da man dort nicht nachvollziehen konnte, wie drei Personen unbemerkt an den Grenzposten vorbeikommen konnten. Ein späterer Bericht zum Vorkommnis vermerkt: „[ausreichend] Kräfte seien […] im Einsatz gewesen. Der Kompanie-Chef entschloss zur Verbesserung [der Grenzsicherung] den zusätzlichen Einsatz von Diensthunden an Laufseilen."

Allerdings hatten Grenzposten gegen 20.30 Uhr Hilferufe gehört und beobachtet, wie kurz danach Boote des Bundesgrenzschutzes die Pötenitzer Wiek absuchten. Brigitte Ristau und ihr Neffe Eberhard hatten kurz zuvor den Priwall am westdeutschen Ufer erreicht und die Suche nach Horst Ristau ausgelöst. Einen Tag später kreiste auch ein Hubschrauber des Deutschen Roten Kreuzes über dem Küstengewässer. Danach brach man die Suche ergebnislos ab. Erst eine Woche später, in den Vormittagsstunden des 30. August 1965, machte ein Fischer aus Lübeck-Schlutup einen schrecklichen Fund. Die Pötenitzer Wiek gab nun, sieben Tage nach dem Fluchtversuch, die Leiche des Ertrunkenen frei.

Mit Poststempel vom 21. August 1965 erreichte Horst Ristaus Mutter eine Karte ihres Enkels Eberhard, der seiner Oma mitteilte, dass sie gut gelandet seien und um die Zusendung von Kleidungsstücken bat. Das Schicksal seines Onkels wollte der Enkel in diesem Schreiben dessen Mutter nicht offenbaren. Die traurige Nachricht sollte sie behutsam erfahren. Darum schrieb er noch am gleichen Tage seinem Vater eine Postkarte: „gitta und ich gut durchgekommen horst nicht durchgehalten versuche es den anderen schonend beizubringen". (Recherche: jk, jos., MP; Autorin: MP)

Innerdeutsche Grenze auf dem Priwall in den frühen 1980er Jahren.
Foto: Rolf Fechner

Quellen:

GT der DDR/Abteilg. Operativ: Tagesmeldung Nr. 236/65, 22.8.1965 bis 23.8.1965. BArch Freiburg, DVH 32/112591.

DGP: Fernschreiben Grenzdurchbrüche August 1965. BArch Freiburg, DVH 32/120913.

NVA, GR 6: Untersuchungsbericht über den erfolgten schweren Grenzdurchbruch DDR–West durch 3 Personen am 23.08.65. BArch Freiburg, DVH 38/145986.

GSK Küste: Grenzlagebericht für den Monat August 1965. Bad Bramstedt, 14.9.1965. LASch, Abt. 560/39 (II); Abt. 560/140.

Pingel-Schliemann, Sandra: „Ihr könnt doch nicht auf mich schießen!" Die Grenze zwischen Lübecker Bucht und Elbe zwischen 1945 und 1989. Schwerin 2013, S. 229.

Der Gemeinnützige Verein zu Travemünde e. V. bietet auf seiner Internetseite http://www.gvt-info.de/ unter Porträts/Geschichte einen Artikel von Dr. Hans Hagelstange zum Thema „25 Jahre Grenzöffnung Pötenitz-Priwall" an sowie einen Artikel von Rolf Fechner zur Grenzlandgeschichte unter der Überschrift „20 Jahre Grenzöffnung auf dem Priwall" mit Fotos aus der Zeit der deutschen Teilung.

Reinhard Brudöhl

geboren am 11. November 1943 in Mühlhausen

erschossen am 22. August 1965

Ort des Zwischenfalls: Sommersdorf (Sachsen-Anhalt)

Reinhard Brudöhl wurde am 11. November 1943 in der thüringischen Stadt Mühlhausen geboren und wuchs dort auf. Nach einem achtjährigen Schulbesuch erlernte er den Beruf des Optikers. Er arbeitete bei seinem Vater in dessen Optikergeschäft, einem alteingesessenen Mühlhausener Familienbetrieb. Eine Tante und ein Onkel des jungen Optikers wohnten in West-Berlin. Der 21-Jährige war ledig, als er am 4. Mai 1965 seinen Dienst bei den Grenztruppen der Nationalen Volksarmee antrat. Schon nach einer kurzen Dienstzeit erhielt er eine Belobigung für seine militärischen Leistungen. Mitte August verbrachte er einen dreitägigen Urlaub in seinem Elternhaus.

Zurück bei der Einheit erhielt Reinhard Brudöhl am 22. August 1965 den Einsatzbefehl zum Grenzdienst. Gemeinsam mit dem Postenführer Unteroffizier Wieland K. patrouillierte er an diesem Abend durch ein Waldstück unweit der Grenze. Es muss schon stockfinster gewesen sein, als Reinhard Brudöhl gegen 21.45 Uhr plötzlich Geräusche im Wald vernahm. Erschrocken brachte er seine Waffe in Anschlag, ohne jedoch einen Befehl dafür erhalten zu haben. Unteroffizier Wieland K. lud ebenfalls sofort seine Waffe durch. Die beiden Grenzposten gingen den Geräuschen nach und befanden sich mittlerweile außerhalb des Waldes. Beide hielten noch immer ihre Waffen schussbereit im Hüftanschlag. Laut Tagesmeldung der Grenztruppen habe Reinhard Brudöhl plötzlich völlig unvermittelt die durchgeladene Maschinenpistole auf seinen Postenführer gerichtet und ihn zur gemeinsamen Fahnenflucht aufgefordert. Er sagte, so oder so werde er mit oder ohne ihn flüchten. Wieland K. warf sich blitzartig zu Boden und schlug im Fallen Brudöhls Maschinenpistole zur Seite. Dadurch löste sich ein Feuerstoß aus Brudöhls Waffe. Wieland K. gab dann seinerseits im Liegen und aus nächster Nähe drei Schüsse auf seinen Posten ab. Sie trafen Reinhard Brudöhl in den Oberkörper. Er brach sofort zusammen. Unteroffizier Wieland K. rannte in panischer Angst davon und verständigte über das Grenzmeldenetz die Grenzkompanie. Er meldete dort zunächst nur einen Fahnenfluchtversuch. Als der Politoffizier der Kompanie am Ort des Geschehens eintraf, fand er den Postenführer unter Schock stehend vor. Unteroffizier K. konnte keine zusammenhängende Meldung erstatten. Er stammelte nur, sein Posten sei weg, er habe ihn erschossen. Ein herbeigeeilter Suchtrupp fand kurz darauf die Leiche von Reinhard Brudöhl. Für die erfolgreiche Verhinderung der Fahnenflucht erhielt Wieland K. die Verdienstmedaille der NVA in Bronze.

Das in den 1990er Jahren geführte Verfahren gegen Wieland K. wurde eingestellt, weil Brudöhl den Beschuldigten mit der Waffe bedroht hatte. Somit habe dieser in Notwehr gehandelt. Wieland K. gab an, nur geschossen zu haben, um nicht selbst erschossen zu werden. Die früheren Untersuchungen der DDR-Militärstaatsanwaltschaft stützten seine Aussage. Es war nach deren Gutachten aus beiden Waffen geschossen worden. Wieland K. flüchtete 1970 selbst aus der DDR in die Bundesrepublik. (Recherchen: St.A., MP; Autorin: MP)

Quellen:

Grenztruppen der DDR/Abteilg. Operativ: Tagesmeldung Nr. 235/65–21.8.1965 bis 22.8.1965. BArch Freiburg, DVH 32/112591.

DGP: Fernschreiben Grenzdurchbrüche August 1965. BArch Freiburg, DVH 32/120913.

MfS: Lagebericht HA I vom 1.8. bis 26.8.1965 vom 27.8.1965. BStU, MfS, HA I, 15783.

ZESt: Vorermittlungsverfahren gegen Unbekannt wegen vers. Totschlags z. N. Brudöhl (AR-ZE 1264/65). BArch Koblenz, B 197/4792.

ZERV: Ermittlungsverfahren. LAB, D Rep. 120–02, Acc. 8346, 27/2 Js 195/91.

Erich Schmidt

geboren am 3. März 1939
in Ammendorf

Suizidversuch bei Festnahme
am 28. Dezember 1965,
gestorben am 29. Dezember 1965

Ort des Zwischenfalls:
nahe Helmershausen (Thüringen)

Bildquelle: BStU

Die Ankunft in der Bundesrepublik muss Erich Schmidt in einen Zustand der Euphorie versetzt haben. In Briefen nach Hause schwärmte er von der Möglichkeit, sich eine neue Existenz als Kraftfahrer aufbauen zu können, schnitt aus Prospekten Preisangebote und aus Ratgebern Hinweise auf soziale Unterstützungen für Flüchtlinge aus und bat seine Ehefrau inständig, mit den Kindern aus der DDR nachzukommen. Sie würden glücklicher leben als je zuvor. Erich Schmidt rechnete nicht damit, dass ihn die Abteilung Abwehr des Staatssicherheitsdienstes als hochgradiges Sicherheitsrisiko eingestuft hatte.

Als er am 7. Oktober 1965 in die Bundesrepublik floh, stand ihm unmittelbar die Beförderung zum Leutnant bevor. Seit seinem 18. Geburtstag gehörte er den Grenztruppen an, von 1957 bis 1963 der Grenzkompanie Helmershausen. Nebenbei hatte er eine zweijährige Offiziersausbildung absolviert und wurde zum Unterleutnant befördert. Am 13. Oktober 1963 versetzte man ihn zur 11. Grenzbrigade Meiningen als Zugführer der Grenzkompanie Stedtlingen. Auch die eigene Familie war fest in die militärischen Strukturen der Grenztruppen integriert: Seine Frau arbeitete in der Kompanieküche, die Familie lebte in einem Wohnobjekt der NVA, ein Schwager war Oberstleutnant der örtlichen Pionierkompanie.

Erich Schmidt vor seiner Fahnenflucht.
Bildquelle BStU

Das MfS schätzte das mögliche Maß eines Geheimnisverrats durch Erich Schmidt gegenüber westlichen Geheimdiensten hoch ein, da der Fahnenflüchtige genaue Auskunft über die Grenzanlagen, den Zustand des Minenfeldes und die Bewaffnung der Grenztruppen geben konnte. Er hatte regelmäßig Einsicht in vertrauliche Unterlagen und kannte die Methoden sowie Inhalte der politischen und militärischen Ausbildung. Deshalb wurde gegen ihn der Operativ-Vorgang „Schmarotzer" eröffnet, der unter anderem das Ziel hatte, den „Verräter auf das Territorium der DDR zurückzuholen und ihn der gerechten Strafe zuzuführen" sowie eine „Republikflucht der Familie Schmidt zu verhindern".

Biografien der Todesopfer im innerdeutschen Grenzgebiet 1949–1989 237

Aus der Überwachung des Briefverkehrs war das MfS über die Briefe informiert, die Erich Schmidt über Familienangehörige seiner Ehefrau zukommen ließ. Diese fühlte sich durch die Flucht ihres Mannes alleingelassen. Sowohl finanzielle Einbußen als auch der Verlust der Wohnung und vieler sozialer Kontakte waren zu bewältigen. Sie zweifelte daran, ob sie für das Glück ihres Mannes nachts im Winter mit zwei Kleinkindern durch ein Minenfeld laufen und Sperrzäune überklettern sollte. Als ihr Mann die Unterstützung durch Fluchthelfer anbot, lehnte sie das schlichtweg ab. So muss er zu dem Entschluss gekommen sein, die Familie in Helmershausen selbst abzuholen und mit ihr gemeinsam die Grenzanlagen zu überwinden.

Rückseite des oben abgebildeten Passbildes, das Erich Schmidt aus dem Westen an seine ehemalige Grenzkompanie schickte.
Bildquelle: BStU

BStU-Kopie

Genau darauf hatte der Staatssicherheitsdienst gewartet. „Inoffiziell", so heißt es in einem Bericht an Erich Mielke, „war bereits seit dem 13.12.1965 bekannt, wie und auf welchem Weg Sch. seine Ehefrau und seine beiden Kinder nach Westdeutschland schleusen wollte". Für die Grenze im Bereich der gesperrten Straße zwischen Helmershausen und Weimarschmieden wurden zusätzliche Posten eingesetzt, die die Weisung hatten, einen geplanten Durchbruch zu verhindern. Als das MfS erfuhr, dass Erich Schmidt am 28. Dezember um Mitternacht seine Familie am Ortsrand von Helmershausen abholen wollte, wurde der anvisierte Treffpunkt von 14 Mitarbeitern umstellt. Der Sicherungszug des Grenzbataillons überwachte die weitere Umgebung. Kurz vor 22 Uhr entdeckten zwei Posten dieses Sicherungszuges Erich Schmidt.

Blitzartig mag sich Erich Schmidt in diesem Moment vorgestellt haben, was ihn nach der Festnahme erwartete. Er würde als Spion und Verräter gelten, als jemand, der die Sicherheit der DDR aufs Empfindlichste gefährdet habe. Nächtelang würde er vom MfS vernommen werden. Was würde man seinen Kindern über ihren Vater erzählen? Seine Hoffnung darauf, noch einmal mit seiner Familie neu anfangen zu können, unter besseren Ausgangsbedingungen – alles verloren!

Erich Schmidt hatte sich mit seiner alten Dienstpistole bewaffnet. Noch bevor ihn die Posten festnehmen konnten, riss er die Pistole in die Höhe, setzte sie an seinen Kopf und drückte ab. In der Neurologischen Klinik Erfurt versuchten die Ärzte, den Schwerverletzten durch eine Notoperation zu retten. Er starb in der Mittagszeit des 29. Dezember 1965, ohne noch einmal das Bewusstsein erlangt zu haben. Die Urne, so wünschte es seine Witwe, sollte im Grab seiner Mutter beigesetzt werden. (Recherche und Autor: jk)

Quellen:

MfS: OV „Schmarotzer". BStU, MfS, AOP 3342/66.

HA I, Generalmajor Kleinjung an Erich Mielke: Realisierung des Operativvorgangs Schmidt, Erich. Berlin, 29.12.1965. BStU, MfS, HA I, Nr. 5759, Bd. 2.

Schätzlein, Gerhard: Flucht aus der DDR von 1950 bis 1989. Mellrichstadt 2015, S. 284–298.

Reinhard Dahms

geboren am 19. Mai 1944 in Putzig (heute: Puck, Polen)

erschossen am 1. Januar 1966

Ort des Zwischenfalls: Königsbrücke zwischen Bömenzien (Sachsen-Anhalt) und Kapern (Niedersachsen)

Der Grenzdienst in der Silvesternacht war unter den Wehrdienstleistenden besonders unbeliebt. Die jungen Männer wussten, dass ihre Familien und Freunde in dieser Nacht zusammen waren und feierten. Sie hingegen standen in Postenpaaren im Wachdienst und konnten das Feuerwerk auf beiden Seiten der Grenze nur aus der Ferne beobachten. Reinhard Dahms aus Finowfurt (Brandenburg) musste am 3. Mai 1965 seinen Wehrdienst antreten. Da er keine Verwandten in der Bundesrepublik hatte, musterte man ihn für den Einsatz bei den Grenztruppen. Der 21-jährige Maurer wurde in der Grenzkompanie Gollensdorf (Sachsen-Anhalt) stationiert und diente dort als Hundeführer. Kameraden beschrieben ihn als ruhigen Menschen, mit dem man gut auskam. Auch seine Vorgesetzten sahen keinen Anlass zur Kritik, doch in Briefen, die er seinen Eltern und Geschwistern schrieb, machte er sich Luft und fand Worte für seine Abneigung gegen den Grenzdienst.

Am 31. Dezember 1965 um 20 Uhr traten Reinhard Dahms als Posten und der Stabsgefreite Harald J. als Postenführer zum Grenzdienst an. Reinhard Dahms führte seinen Diensthund mit sich. Erst am darauffolgenden Morgen um 4 Uhr sollte die Nachtschicht zu Ende gehen. Ihre Aufgabe bestand darin, den Bereich um die Königsbrücke an der gesperrten Straße zwischen Bömenzien und Kapern zu überwachen. Harald J. war unter dem Decknamen „Rolf Hertha" IM für das MfS. Sein Einsatzbefehl war die „Aufdeckung und Verhinderung von Fahnenfluchten". Wattejacken und wattierte Hosen schützten die beiden Soldaten gegen Kälte. Doch in diesem Jahr war die Silvesternacht ohnehin mild. Um Mitternacht konnten sie den

Lichtschein und das Krachen der Raketen wahrnehmen, die im niedersächsischen Kapern gezündet wurden. Doch es bot sich ihnen kaum Gelegenheit, das Feuerwerk zu betrachten. Gegen Mitternacht fand eine Kontrolle durch mehrere Offiziere statt. Sie überbrachten auch förmliche Glückwünsche zum neuen Jahr und versorgten die Posten mit einem Glas Punsch. Kaum waren die Offiziere wieder fort, fuhr der Stabschef der 2. Grenzkompanie vor und führte ebenfalls eine Kontrolle durch. Sicherlich wollten sich die ranghohen Grenzer davon überzeugen, dass die Soldaten nicht im Dienst die Ankunft des neuen Jahres feierten. Erst nach 0.35 Uhr wagten es Reinhard Dahms und Harald J., zu den Nachbarposten hinüberzugehen und mit Weinbrand auf das Jahr 1966 anzustoßen. Als sie auf dem Rückweg gegen 1.30 Uhr an der Königsbrücke ins Gespräch mit zwei westdeutschen Zollbeamten kamen, wirkten sie „zwar angetrunken, keineswegs aber betrunken". Wie sich später einer der beiden Zollbeamten erinnerte, nahmen die DDR-Grenzer den Kontakt zu ihnen auf. Nachdem sie Neujahrsgrüße ausgetauscht hatten, äußerten die Grenzsoldaten, dass sie lieber Silvester feiern würden, als Grenzdienst zu schieben. Dann verabschiedeten sie sich: „Wir müssen wieder zurück, macht's gut." Kaum hatten sich die Zollbeamten 300 Meter von der Königsbrücke entfernt, hörten sie aus Richtung Bömenzien mehrere Feuerstöße aus einer Maschinenpistole.

Ein Bericht des Staatssicherheitsdienstes, der auf den Aussagen von Harald J. beruht, enthält keinen Hinweis auf das für DDR-Grenzer streng verbotene Gespräch mit den Zollbeamten. Laut diesem Bericht habe Dahms bereits vorher, gegen 1 Uhr, nach dem Treffen mit den Nachbarposten, zu Harald J. gesagt, er wolle näher an die Grenzzäune auf der Königsbrücke herangehen, um die letzten Feuerwerksraketen im Westen besser sehen zu können. Reinhard Dahms sei dann so eilig in Richtung Grenzzaun gelaufen, dass Harald J. ihn auffordern musste, langsamer zu gehen. In diesem Augenblick soll Dahms gesagt haben: „Komm, wir hauen nach Westen ab. Du brauchst keine Angst zu haben, ich lasse Dich nicht im Strich und werde Dich drüben versorgen." Vermutlich war Postenführer Harald J. zunächst unschlüssig, wie er mit dieser Situation umgehen sollte. Später behauptete er gegenüber dem MfS, er sei zum Schein auf den Vorschlag eingegangen, „in der Absicht, die Fahnenflucht zu verhindern". Dann muss alles sehr schnell gegangen sein: An der Königsbrücke habe er versucht, über das Grenzmeldenetz die Kompanie zu verständigen. Dahms habe ihm aber den Hörer aus der Hand gerissen und nochmals zur Fahnenflucht aufgefordert, dann sei Dahms allein auf die Grenzsperren zugelaufen. Er überwand einen Wassergraben und lief auf den letzten Grenzzaun zu. Harald J. begann zu schießen. Mit der auf Dauerfeuer gestellten Waffe feuerte das gesamte Magazin seiner Maschinenpistole auf Dahms ab, anschließend lud er sofort ein zweites Magazin nach und schoss es bis zu letzten Patrone leer. 24 der insgesamt 60 Geschosse trafen Reinhard Dahms, drei davon mit tödlicher Wirkung. Das Kriminaltechnische Institut stellte bei der Spurensicherung später „zahlreiche riß- und lochförmige Geweberletzungen" an Dahms Kleidungsstücken und Ausrüstungsgegenständen fest. Der Hund von Reinhard Dahms wurde ebenfalls durch Schüsse verletzt und musste später eingeschläfert werden. Anschließend lief Harald J. zum Schlagbaum Bömenzien zurück, wo er auf die bereits herbeieilende Alarmgruppe und den Zugführer traf.

In den Abendstunden des 1. Januar 1966 suchten drei Stabsoffiziere die Familie von Reinhard Dahms in Finowfurt auf und überbrachten die Todesnachricht. Seine Schwester Brunhilde erinnerte sich nach der Wiedervereinigung: „In einer Plane brachte man die Sachen meines Bruders und das ersparte Geld und schüttete sie auf mein Bett – an den Schuhen klebte noch Lehm." In den nächsten Tagen wurde die Familie von Mitarbeitern des Wehrkreiskommandos Eberswalde schikaniert. Die vom Wehrkreiskommando um zwei Tage vorverlegte Beisetzung fand unter starker Präsenz des Staatssicherheitsdienstes und der Polizei statt.

In der Bundesrepublik erregte der Zwischenfall öffentliche Aufmerksamkeit, nachdem die Zentrale Erfassungsstelle der Landesjustizverwaltungen die Aussagen mehrerer geflohener DDR-Grenzsoldaten und eine Fotografie des Schützen der Presse übergab. *Der Mittag* titelte: „Dreißig Schuß auf einen Sterbenden. Geflüchtete Grenzsoldaten der Zone klären Mord auf". Das von einer Bundeswehreinheit für „Psychologische Kriegsführung" (PSK) herausgegebene Propagandablatt *Presserundschau für die bewaffneten Organe* übernahm den Artikel aus dem *Mittag* und verbreitete mit Hilfe von Flugblattballons die Information über den Tod von Reinhard Dahms im Zonenrandgebiet der DDR. Harald J. unternahm 1979 selbst einen Fluchtversuch, für den er zu einer Freiheitsstrafe verurteilt wurde. Später stellte er einen Ausreiseantrag, dem die DDR-Behörden 1988 stattgaben. 1996 erklärte er bei seiner Vernehmung durch Ermittler der ZERV, er habe auf Reinhard Dahms geschossen, weil dieser bei der Flucht seine MPi durchgeladen und den Hund auf ihn gehetzt habe.

Die Königsbrücke wurde 1990 abgerissen, um eine ebenerdige Straßenführung anzulegen. Daran, dass auf ihrer Mitte einst eine Grenze verlief, erinnern ein Gedenkstein und ein weißer Streifen, der quer über die Fahrbahn gezogen ist. (Recherche: jk, jos., ST; Autor: jk)

Quellen:

MfS, HA I: Eilinformation über die Verhinderung einer Fahnenflucht durch Anwendung der Schußwaffe mit tödlichem Ausgang im Bereich der Kompanie Gollen[s]dorf GR Salzwedel/5. Grenzbrigade am 1.1.1966. Berlin, 4.1.1966. BStU, ZA, MfS, HA I, Nr. 5866, auch: BStU, ZA, MfS, ZAIG, Nr. 1305.

Abt. Sicherheit des ZK der SED; Borning, Walter: Geheime Verschlußsache vom 02.01.66, Miteilung an Erich Honecker. Besondere Vorkommnisse. SAPMO-BArch, DY 30 IV A 2/12/91, Abt. Sicherheit.

Schwenzer und Kahlfeld (Hauptabteilung Kriminalpolizei) an den Militärstaatsanwalt (Kalbe/Milde): Auswertungsbericht über Spuren an Bekleidungsstücken und an einer Magazintasche. o. O., 26.1.1966. BArch Berlin, DO/1/0.5.1/41258.

MfS, Operativgruppe Salzwedel: Einschätzung des Soldaten J[...], Harald vom 9.10.64. BStU, ZA, AIM 7028/67.

ZESt: Handakte zur Strafsache gegen Stbgefr. J[...], Harald wegen Totschlags, AR-ZE 162/66. BArch Koblenz, B 197/5185.

ZERV: Ermittlungsunterlagen wegen Totschlags, darin: NVA, 5. Grenzbrigade, Kommandantendienst; Schulz (Oberstleutnant): Zwischenbericht der Untersuchung des besonderen Vorkommnisses mit Todesfolge in der 2./I./GR . 24 am 01.01.1966, 02.00 Uhr. LAB, D Rep. 120–02, Acc. 8346, 2 Js 77/90.

Schuler, Ralf: Selbst auf Tote wurde noch sinnlos geschossen. Ralf Schuler erinnert an den Fall Dahms. In: *Neue Zeit*, 17.04.1991.

Filmer, Werner/Schwan, Heribert: Opfer der Mauer. Die geheimen Protokolle des Todes. München 1991, S. 199–203.

Alfred Lill

geboren am 11. März 1933 in Insterburg (Ostpreußen, heute Tschernjachowsk, Russland)

erschossen am 1. Januar 1966

Ort des Zwischenfalls: Gülstorf – Viehle, Kreis Hagenow (Mecklenburg-Vorpommern, heute Niedersachsen)

Bildquelle: Karin Toben

Alfred Lill kam 1945 mit seiner Mutter und sechs Geschwistern aus Ostpreußen nach Mecklenburg-Vorpommern. In Neu Garge trat er 1953 der Landwirtschaftlichen Produktionsgenossenschaften (LPG) „Freundschaft" bei und gehörte später deren Vorstand an. Ab 1959 war er SED-Mitglied, Gemeindevertreter und freiwilliger Helfer der Grenztruppen. Bei der Arbeit in der LPG lernte Alfred Lill die ein Jahr jüngere Elisabeth Priem kennen, eine Vertriebene aus Pommern, die er 1955 heiratete. Das Ehepaar bekam vier Söhne. Über Alfred Lill sind widersprüchliche Informationen überliefert. Einerseits war er ein geachteter Bürger, andererseits hatte er in den 1950er Jahren wegen illegalen Waffenbesitzes und eines Angriffs auf Grenzposten mit einem feststehendem Messer eine Gefängnisstrafe zu verbüßen, außerdem kam es zu Ermittlungsverfahren gegen ihn wegen Trunkenheit am Steuer (1960) sowie wegen Widerstands gegen die Staatsgewalt (1964).

Widersprüchlich sind auch die Berichte darüber, was sich in der Silvesternacht 1965/66 in der Nähe des Elbdeichs bei Gülstorf ereignete und Alfred Lill das Leben kostete. Die schriftlichen Überlieferungen aus der DDR betonen seine Schuld an dem Zwischenfall und seine angebliche „Angriffslust". In einer Mitteilung der Abteilung für Sicherheitsfragen des SED-Zentralkomitees, die am 3. Januar 1966 den zuständigen ZK-Sekretär Erich Honecker über besondere Vorkommnisse im Grenzbereich informierte, heißt es: „Am 1.1.1966, gegen 3.00 Uhr wurde beim tätlichen Angriff auf einen Grenzposten und der Versuch des Entwaffnens der DDR-Bürger Lill , Alfred, geb. 11.3.1933, wohnhaft Gühlsdorf – Viehle (Kr. Hagenow), LPG-Bauer, Mitglied der SED, verheiratet, 4 Kinder im Alter von 1/2 bis 9 Jahren, durch Anwendung der Schußwaffe tödlich verletzt. Der eingesetzte Grenzposten stellte gegen 2.00 Uhr auf dem Elbdeich 3 Personen, 1 Mann, eine Frau und einen Jugendlichen mit Fahrrädern fest. Auf den Anruf des Postenführers, stehenzubleiben, reagierte nur der Jugendliche. Der Postenführer befahl seinem Posten, bei dem Jugendlichen zu bleiben, während er die beiden Flüchtigen verfolgte und nach Abgabe von Warnschüssen zum Stehen brachte." Der Postenführer erklärte ihnen, sie seien bis zum Eintreffen eines Offiziers festgenommen. Der Mann und die Frau begannen, den Grenzposten zu beschimpfen und zu beleidigen und begaben sich in Richtung des Hauses der Familie Lill, wo sie zuvor Silvester gefeiert hatten. Trotz eines nochmaligen Warnschusses setzten sie ihren Weg fort. Durch die Schüsse alarmiert kam Alfred Lill aus dem Haus. Er habe den Postenführer zunächst verbal bedroht und dann mit einer Stablampe auf den Diensthund eingeschlagen. Als er dann den Postenführer angegriffen und versucht habe, ihm die Maschinenpistole zu entreißen, gab dieser einen Feuerstoß von vier Schüssen ab, der Lill tödlich verletzte. In dem Schriftgut des DDR-Staatssicherheitsdienstes wird das Geschehen ebenfalls so dargestellt.

Das Landgericht Stralsund beschreibt die Ereignisse 1997 in seinem Urteil gegen den damaligen 24-jährigen Postenführer Manfred Friedrich V. hingegen folgendermaßen: Am 1. Januar 1966 gegen 1 Uhr habe eine Doppelstreife der Grenztruppen auf dem Elbdeich unweit des Hauses der Familie Lill das Ehepaar B. angetroffen, das sich auf dem Rückweg von der Silvesterfeier bei den Lills befand. Das Ehepaar wollte in das eineinhalb Kilometer entfernte Gülstorf zurücklaufen, wo es seine kleinen Kinder allein zu Hause zurückgelassen hatte. Die Eheleute B. wurden vom Postenführer V. unter Hinweis auf die seit 23 Uhr geltende Sperrstunde im Grenzstreifen angehalten und in den Hof Lills zurückgeschickt. Als Herr B. sich protestierend noch einmal umdrehte und auf die Grenzposten zulief, gab V. einen Warnschuss ab. Die im Hause Lills verbliebenen Gäste empörten sich einhellig über das Verhalten der Grenzer. Der Genossenschaftsbauer Alfred Lill, der die Grenzposten vom Sehen her kannte, sei mit seiner Stabtaschenlampe vor das nur schwach beleuchtete Haus gegangen, um mit V. und seinem Posten P. zu sprechen, die inzwischen das Grundstück erreicht hatten. Während der lautstarken Diskussion ließ V. seinen Diensthund von der Leine und hetzte ihn auf Lill. Dieser wehrte das Tier durch einen Schlag mit der Stabtaschenlampe auf den Rücken ab, woraufhin der Hund von ihm abließ und davonlief. Lill sei danach weiter auf V. zugegangen, während sich beide heftig beschimpften. Lill verlangte, dass das Ehepaar B. nach Hause gehen könne und die Grenzer sein Grundstück verlassen sollten. Er sei – wie auch seine Gäste – nur leicht alkoholisiert, jedoch „sehr aufgebracht" gewesen. Lill habe auch versucht, V. „gegenüber handgreiflich zu werden, indem er an dessen Waffe fasste, die der Angeklagte jetzt in beiden Händen quer vor seiner Brust hielt. V. konnte jedoch diesen Angriff abwehren, indem er mit den Händen an der Waffe diese nach vorn gegen den Körper Lills drückte, sodass Lill zurückstrauchelte." Inzwischen seien auch Frau Lill und die anderen Gäste aus dem Haus gekommen. Die beiden Streitenden hätten sich im Abstand von ca. zwei bis drei Metern gegenübergestanden, als Lill erneut auf den Postenführer zuging. Seine Stabtaschenlampe habe er dabei noch in der Hand gehabt. V., der einen erneuten Angriff befürchtete, sei einige Schritte zurückgetreten und drohte Lill, er werde schießen. Sein Posten, der hinter ihm stand und zuvor schon beruhigend auf ihn eingeredet hatte, rief noch „Schieß nicht!", als V. die Maschinenpistole in Hüftanschlag nahm. Er schoss zunächst eine Salve Dauerfeuer vor die Füße Lills und unmittelbar darauf zwei weitere Salven auf dessen Beine. Lill wurde von vier Kugeln getroffen und ging zu Boden. Eine weitere Kugel, die ihn verfehlte, verletzte Frau B., die schräg hinter ihm stand, an der Hüfte. Lill starb entweder schon vor Ort oder auf dem Weg ins Krankenhaus. Der diensthabende Arzt stellte vier Einschüsse im Bauchbereich fest. Eine Obduktion der Leiche erfolgte entgegen den gesetzlichen Bestimmungen nicht. Die beiden beteiligten Grenzer wurden in der Woche nach dem Zwischenfall mehrfach von der Militärstaatsanwaltschaft vernommen, für ihre Handlungen aber weder belobigt noch bestraft.

Frau Lill erhielt nach dem Tod ihres Mannes keine finanzielle Unterstützung, auch dessen Lebensversicherung wurde nicht ausgezahlt. Der Witwe wurde mitgeteilt, dass es nicht zur Auszahlung einer Versicherungsprämie kommen könne, weil ihr Ehemann nach Mitteilung des Militärstaatsanwalts die Grenzsicherungskräfte an der Durchsetzung der Grenzordnung gehindert habe. Das Landgericht Stralsund ging 1997 in seinem Urteil gegen den ehemaligen Postenführer von einem „bedingten Tötungsvorsatz" aus: „Der Angeklagte hätte einen weiteren tätlichen Angriff des Geschädigten, der lediglich mit einer Taschenlampe ‚bewaffnet' war, durch bloßes Zurückweichen oder mit einfacher Gewalt ggf. mit Unterstützung P.s ohne größeres eigenes Risiko abwehren können. Dies hat der Angeklagte auch erkannt, zumal er den ersten Angriff des Geschädigten bereits durch einfaches Wegstoßen abgewehrt hatte. Der Einsatz der Maschinenpistole im Betriebszustand Dauerfeuer aus einer Entfernung von lediglich 2–3 m war keine ‚erforderliche' Verteidigungshandlung." Nach Auffassung des Gerichts wusste Manfred V. zudem, dass er ein schlechter Schütze war und die Waffe bei der Dauerfeuereinstellung „auswandern" konnte. Zwar habe er Lill nicht töten wollen, nahm mit seinen insgesamt 14 Schüssen dieses Risiko jedoch in Kauf. Die zweijährige Bewährungsstrafe erging wegen eines „minder schweren Fall des Totschlags", einen Revisionsantrag der Verteidigung verwarf der Bundesgerichtshof.

In ihrem Buch *Weite Heimat Elbe* schildert Karin Toben, wie die Witwe Elisabeth Lill 1997 den Prozess gegen den Todesschützen ihres Mannes erlebte. Dieser habe im Gerichtssaal die ganze Zeit eine Hand vor sein Gesicht gehalten und sie nie angeblickt. Das Urteil kommentierte Elisabeth Lill mit den Worten: „Soviel ist also ein Menschenleben wert." Das Gericht hörte als Zeugen auch den ehemaligen Grenzsoldaten Bernd P. an, der vor Abgabe der tödlichen Schüsse noch versuchte, seinen Postenführer Manfred V. zu beruhigen. Bernd P. sagte aus, er sei nach den Schüssen hinter eine Scheune gelaufen, habe geweint und mit den Fäusten gegen das Scheunentor geschlagen. Er könne das grausame Geschehen nie vergessen. (Recherche: A.N., jk, jos., MP, St.A. US; Autoren: St.A., jos.)

Quellen:

MdI: Rapport Nr. 1 für die Zeit vom 31.12.1965, 04.00 Uhr, bis 1.1.1966, 04.00 Uhr, BArch, DO 1/2.3/18920.

MfS, HA I: Einzelinformation über die tödliche Verletzung eines LPG-Bauern in Viehle/Hagenow/Schwerin infolge Schusswaffenanwendung durch Angehörige der NVA/Grenze. BStU, ZA, MfS, HA I, Nr. 5866. Die gleiche Information findet sich auch unter BStU, ZA, MfS, ZAIG, Nr. 1163,

MfS: Strafakte zu Alfred Lill. BStU, MfS D SK S 81829.

Kriminalpolizei/Kriminaltechnisches Institut der Volkspolizei: Mitteilung vom 26. Januar 1966 an den Militärstaatsanwalt Perleberg mit einem Auswertungsbericht über Spuren an Stoffresten. BArch, DO/1/0.5.1/41258.

Filmer, Werner/Schwan, Heribert: Opfer der Mauer. Die geheimen Protokolle des Todes. München 1991, S. 198. Demnach findet sich eine Meldung zum Todesfall von Alfred Lill unter BArch Berlin, DY 30 IV A 2/12/91 Abt. Sicherheit.

Anklageschrift der Staatsanwaltschaft Stralsund vom 12. Dezember 1994, LG Stralsund erstinstanzliches Urteil vom 25. September 1997, BGH Verwerfung der Revision vom 21. August 1998, 2 JS 27/90 bzw. 1 Ks8/94, 4 Str 115/98.

Auskunft des Standesamtes Amt Neuhaus, Frau Astrid Bans, am 26.10.2016.

Eine ausführliche Darstellung zu Alfred Lills Biografie findet sich in: Toben, Karin: Weite Heimat Elbe. Lebenswege an einem Schicksalsfluss. Jever 2011.

Klaus Schaper

geboren am 5. Juni 1948 in Braunschweig
gestorben durch Minenexplosion am 11. März 1966
Ort des Zwischenfalls: 500 Meter nördlich der Straße
von Tanne nach Braunlage, Raum Elend/Harz (Sachsen-Anhalt)

In Elbingerode, einer Kleinstadt im Oberharz, absolvierte der 17-jährige Klaus-Gerhard Schaper bei der Firma Schrader eine Lehre als Rundfunk- und Fernsehmechaniker. Am 11. März 1966 versuchte er nördlich der Straße von Tanne nach Braunlage, unter einem verminten Doppelzaun hindurchzukriechen, um in den Westen zu flüchten. Dabei löste er eine Mine aus. Auf der westlichen Seite nahm Zollassistent Rose, der sich dort auf Streifendienst befand, die Explosion gegen 15.48 Uhr wahr. Das Zollkommissariat Braunlage leitete einen Bericht Roses über „besondere Vorkommnisse am 11. März 1966" an die Zentrale Erfassungsstelle der Landesjustizverwaltungen nach Salzgitter weiter. Demnach begab sich der Zollassistent nach der Minendetonation von der westlichen Seite aus zum Ereignisort und beobachtete den Minenzaun mit einem Fernglas. Dort konnte er „in der Mitte des Minenzaunes eine männliche Person liegend erkennen, deren Kleidung glühte. Auf mehrfaches Anrufen habe die Person nicht mehr reagiert. Sie sei vermutlich schon tot gewesen." Gegen 16.45 Uhr kamen zwei Fahrzeuge der DDR-Grenztruppen und ein Sanitätswagen im Schieferbachtal zum Minenzaun. „Drei Offiziere, zwei Unteroffiziere und ein Sanitätsoffizier der NVA begaben sich zu der betroffenen Person. Sie führten mehrere lange Stangen mit Haken und eine Bahre mit. Nachdem der Sanitätsoffizier offensichtlich den Tod des Betroffenen festgestellt hatte, zogen sich außer einer Doppelstreife mit Funkgerät alle NVA-Angehörigen mit den Fahrzeugen in das Hintergelände zurück. Die Bergung der Leiche sollte vermutlich erst bei Dunkelheit vorgenommen werden, was sich später auch bestätigte." Einer internen Tagesmeldung der DDR-Grenztruppen ist zu entnehmen, dass die Bergung des Toten aus dem Minengürtel erst bei Tagesanbruch am nächsten Morgen erfolgte.

Schapers Eltern, die nach Angaben seiner Mutter Ursula davon ausgegangen waren, dass er am Tag seines Verschwindens „wie immer" seine Arbeitsstelle aufgesucht hatte, waren in großer Sorge, als ihr Sohn abends nicht zurückkam. Am nächsten Morgen wurden sie von der Volkspolizei über seinen Tod informiert und anschließend nach Wernigerode zu einem Verhör in die MfS-Kreisdienststelle gebracht. Dort befragte man die Eltern über ihre „Westverbindungen" – Frau Schaper stammte aus Braunschweig – und die Fluchtmotive ihres Sohnes. Darüber konnten sie jedoch keine Auskünfte geben. Dieselben Fragen seien bei zwei weiteren Verhören gestellt worden. Ursula Schaper beklagte später die Pietätlosigkeit der Vernehmer, die sie angefahren hätten, sie solle sich nicht so anstellen, schließlich habe sich ihr Sohn doch freiwillig zur Grenze begeben. Später musste die Mutter ihn in der Leichenhalle des Krankenhauses Wernigerode identifizieren. Nur das unverletzte Gesicht ihres Jungen war nicht zugedeckt. Nach Zeugenaussagen soll die Leiche am ganzen Körper verbrannt gewesen sein. Ursula Schaper berichtete außerdem, dass ihr Sohn in einem Zinksarg bestattet wurde, den die Angehörigen nicht mehr öffnen durften. Bei der Beerdigung waren Polizisten anwesend. Klaus Schapers Bruder verlor wenig später seinen Arbeitsplatz bei der DDR-Hochseeflotte, seine Schwester durfte nicht studieren.

Walter Nabert aus Braunschweig, der Großvater von Klaus Schaper, reiste zur Beerdigung seines Enkels in die DDR. Durch ihn erfuhren auch die westdeutschen Behörden den Namen des am 11. März 1966 ums Leben gekommenen jungen Mannes. Heute erinnert ein schlichtes Holzkreuz an einem Wegrand westlich der Warmen Bode an den tragischen Tod von Klaus Schaper.

Das Landgericht Potsdam verurteilte am 16. Dezember 1997 Generalmajor Fritz Rothe, der vom 1. Februar 1965 bis zum 1. Juni 1971 Stabschef des Kommandos der Grenztruppen war, wegen Totschlags an drei Minenopfern (darunter Klaus Schaper) sowie in drei Fällen des versuchten Totschlags, zu einer zweijährigen Bewährungsstrafe. (Recherche: A.N., MP, St.A.; Redaktion: jos.)

Quellen:

AG 13. August; Aktenzeichen der Zentralen Erfassungsstelle: 273/66.

Tagesmeldung (Nr. 71/66) der NVA, Kommando der Grenztruppen zit. nach Filmer, Werner/ Schwan, Heribert: Opfer der Mauer. Die geheimen Protokolle des Todes. München 1991, S. 205.

Grenztruppen der DDR/Abteilg. Operativ: Tagesmeldung Nr. 74/66–13.3.1966 bis 14.3.1966, BArch Freiburg, DVH 32/112595.

MdI: Rapport Nr. 70 für die Zeit vom 11.03.1966, 04.00 Uhr, bis 12.03.1966, 04.00 Uhr. BArch Berlin, DO 1/2.3/18920.

Bezirksbehörde der DVP Magdeburg: Monatsberichterstattung über Grenzdurchbrüche, versuchte Grenzdurchbrüche und Vorbereitungsmaßnahmen im März 1966. LHASA, M 24, MD, 1195.

Oberfinanzdirektion Hannover: Lagebericht von der SBZ-DL für den Monat März 1966. NLA Hannover, Nds. 220, Acc. 27/91, Nr. 44/2.

Zentrale Erfassungsstelle der Landesjustizverwaltungen in Salzgitter: Bericht Zollassistent – Zollkommissariat Braunlage vom 16.3.1966 – Besondere Vorkommnisse am 11. März 1966. NLA Hannover, Nds. 220, Acc. 12/75, Nr. 8/4.

StA Neuruppin: Anklageschrift vom 12.6.1995; LG Potsdam: Urteil vom 16.12.1997. Az. 61 Js 34/95 und 21 Ks 12/95. Sammlung Marxen/Werle, Humboldt-Universität Berlin.

ZESt: Ermittlungsverfahren gegen Unbekannt wegen Verdachts des Totschlags z. N. Schaper, Klaus, AR-ZE 273/66. BArch Koblenz, B/197/5293.

Schaper, Ursula: „Ich werde dies alles nie vergessen!" In: Filmer, Werner/Schwan, Heribert: Opfer der Mauer. Die geheimen Protokolle des Todes. München 1991, S. 206.

Groehl, Wolfgang u. a.: Grenzwanderung von der Silberfuchsfarm zum Jägerfleck am 17.06.2013 (Fotodokumentation). http://www.wolfgangroehl.de/Grenzwanderung/GW-2013-06-17-Silberfuchsfarm-Jaegerfleck/Silberfuchsfarm-Jaegerfleck.htm (Zugriff am: 16.01.2017).

Siegfried Selke

geboren 7. Oktober 1946 in Neubrandenburg

bei Fluchtversuch ertrunken am 1. Juni 1966

Ort des Geschehens: Wakenitz bei Schattin (Mecklenburg-Vorpommern)

Unteroffizier Siegfried Selke war am 1. Juni 1966 gemeinsam mit Unteroffizier Joachim S. seit dem Vormittag zur Kontrolle von Signalgeräten im Grenzabschnitt der 6. Kompanie Schattin eingesetzt. Um 15 Uhr wurde festgestellt, daß sie sich die beiden Unteroffiziere nicht mehr am Einsatzort befanden. Die Spurensuche ergab, daß sie ein Tor des Grenzzauns geöffnet hatten und sich zum Ufer der Wakenitz begeben hatten. Nach einem Bericht des Bundesgrenzschutzes versuchten sie den Fluß in voller Uniform und mit Ausrüstung zu durchqueren. Dabei verließen Siegfried Selke die Kräfte. Obwohl Joachim S., der bereits das Ufer erreicht hatte, nochmals in den Fluß sprang, um Selke zu retten, wurde dieser von der Strömung abgetrieben und ertrank. Seine Leiche wurde um 16.35 Uhr von der Lübecker Feuerwehr geborgen. Über den Todesfall berichteten am 2. Juni 1966 unter anderem die *Lübecker Nachrichten*, der *Tagesspiegel* und die *Bild*-Zeitung.

Siegfried Selke entstammte einer Arbeiterfamilie. Er schloß die Schule mit der 7. Klasse ab und erlernte den Beruf eines Drehers. Vor seiner Einberufung arbeitete er zunächst bei dem VEB Sirokko Heizgerätewerk und dann in einer LPG als Schmied. Bereits als 13-Jähriger plante er mit anderen Jugendlichen aus Malchin eine Flucht in den Westen. Selke kam in seiner Kompanie als Waffenunteroffizier zum Einsatz. Von der Grenztruppe wurde sein dienstliches Verhalten als undiszipliniert beurteilt. Er habe sich am Politunterricht kaum beteiligt und wegen einer Frau die Ausgangszeit um vier Stunden überschritten. Der Ehemann dieser Bekannten war 1963 aus der DDR in den Westen geflüchtet. Eine persönliche Aussprache mit dem Kommandeur der Kompanie brachte keinen Erfolg. Es kam zu weiteren Auseinandersetzungen mit Selke über seine Dienstausführung. Nach Selkes Flucht fanden die MfS-Ermittler in seinen persönlichen Unterlagen die Adressen von zwei westdeutschen Frauen, die im Rahmen der West-Propaganda vom DDR-eigenen Deutschen Soldatensender erwähnt wurden.

Am 3. Juni 1966 nahmen Beamte des Zollgrenzdienstes am Grenzübergang Lübeck – Schlutup Kontakt mit einem Offizier der DDR-Grenztruppen auf, um eine Übergabe der sterblichen Überreste von Siegfried Selke vorzubereiten. Nachdem die Überführung der Leiche zu den Angehörigen durch die NVA-Grenztruppe abgelehnt wurde, erfolgte auf Wunsch der Eltern die Einäscherung Selkes im Lübecker Krematorium. Die Trauerfeier fand im Beisein des evangelischen Oberpfarrers des Grenzschutzkommandos Küste und einer Abordnung des Bundesgrenzschutzes statt. Selkes Urne konnte erst am 27. Juni 1966 durch ein Lübecker Beerdigungsinstitut den Eltern postalisch übersandt werden, weil die nötige Genehmigung seitens der DDR-Behörden bis dahin noch nicht vorlag. (Recherche: jk, jos.; Autor jos.)

Quellen:

GR Schönberg / GB Schlagsdorf / GK Schattin: Meldung zu einer Gruppenfahnenflucht vom 1.6.1966. NVA, Kdo. d. GT, Op. DH, Tagesmeldung Nr. 153/66 für 31.5.–1.6.1966, BArch Freiburg DVH 27/112596.

MfS, HA I: Abschlußbericht zur Fahnenflucht in der 6. Grenzkompanie Schattin, Grenzregiment-6 Schönberg vom 17. Juni 1966. BStU, ZA, MfS AF 14/81.

MfS: Materialsammlung zur Fahnenflucht von Siegfried Selke. BStU, ZA, MfS, AP 10468/71.

Grenzschutzkommando Küste: Grenzlagebericht für den Monat Juni 1966. Bad Bramstedt, 8. Juni 1966. LASch, Abt. 560/39 (II.).

BGS, ZGD, Kripo Lübeck: Grenzlagebericht vom 02.06.1966. BArch Koblenz B/137/6429.

Sowjetzonaler Unteroffizier auf der Flucht ertrunken. In: *Der Tagesspiegel*, 02.06.1966.

BGS: Flüchtlinge aus der SBZ. LASch Abt. 560/9.

Hans-Adolf Scharf

geboren am 16. November 1942 in Nimslow, Landkreis Turek
(heute: Powiat Turek, Polen)
erschossen am 10. Juni 1966
Ort des Zwischenfalls: Marktgölitz, Kreis Saalfeld (Thüringen)

Hans-Adolf Scharf wurde im Herbst 1942 im südpolnischen Nimslow geboren. Der Ort war am 9. September 1939 durch die Wehrmacht eingenommen worden und kam im deutschen Besatzungsgebiet als Landkreis Turek unter nationalsozialistische Verwaltung. Bis zum Einmarsch der Wehrmacht lebten in der Gegend rund 100 000, meist polnische, Einwohner. Etwa ein Viertel waren Juden, fünf Prozent der Bevölkerung gehörten der deutschen Minderheit an. Noch 1939 wurde der Landkreis mit dem Gau Wartheland in das Deutsche Reich eingegliedert. Zwischen dem 1. Dezember 1939 und dem 31. Dezember 1943 wurden über 20 000 Polen aus dem Gebiet vertrieben, die dort noch verbliebenen Juden wurden ghettoisiert und 1942 im Vernichtungslager Chełmno (deutsch: Kulmhof) ermordet. Zwischen 1941 und 1943 kamen nach und nach 7 470 deutsche Umsiedler überwiegend aus Südosteuropa im Landkreis Turek an. Ihnen wurden Höfe und Land der vertriebenen Polen zugewiesen.

Als kleines Kind kam Hans-Adolf Scharf vermutlich mit seiner Familie in die Sowjetische Besatzungszone. In der DDR erlernte er den Beruf eines Postfacharbeiters. Im Grundwehrdienst bei der NVA wurde er als Funker ausgebildet und nach einem Jahr zum Gefreiten befördert. Von seinen militärischen Vorgesetzten erhielt er gute Beurteilungen. Er habe sich durch die Unterstützung von schwächeren Armeeangehörigen ausgezeichnet. Nach dem Wehrdienst arbeitete Hans-Adolf Scharf als Schleifer/Zerspaner im VEB Werkzeugfabrik Königssee. Im Jahr 1964 heiratete er. Zur Hochzeitsfeier kamen auch seine beiden Schwestern aus der Bundesrepublik in die DDR. Hans-Adolf Scharf lebte zuletzt mit seiner Frau, die ebenfalls als Schleiferin tätig war, und seiner zweijährigen Tochter in Dröbischau, Kreis Rudolstadt.

Im Betrieb und im Wohngebiet sah man den jungen Arbeiter als politisch loyal an. Im Wohnviertel wurde er Leiter des „Luftschutzaktivs". Hans-Adolf Scharf spielte in seiner Freizeit Handball und profilierte sich mit seiner Körpergröße von 1,95 Metern als guter Werfer. Die Volkspolizei verdächtigte ihn kurz vor seinem Fluchtversuch eines Einbruchsdiebstahls in einer Konsumverkaufsstelle. Deswegen war er zum 10. Juni 1966 in das Volkspolizeikreisamt Rudolstadt zu einer Vernehmung vorgeladen. Die DDR-Sicherheitsbehörden vermuteten später, diese Vorladung sei Scharfs Fluchtmotiv gewesen.

Hans-Adolf Scharf nahm sich ab dem 8. Juni 1966 Urlaub und verließ am 10. Juni gegen 14 Uhr seine Wohnung in Dröbischau. Von einem Taxi ließ er sich nach Saalfeld bringen, wo er gegen 17.45 Uhr ankam. Von dort aus war es nicht mehr weit bis zum Kontrollpunkt Marktgölitz, an der Zufahrt zum Grenzsperrgebiet. Gegen 19.55 Uhr bemerkte der dort eingesetzte Oberwachtmeister der Volkspolizei Manfred S. den Flüchtenden, der sich in Richtung der Fünf-Kilometer-Sperrzone des DDR-Grenzgebiets bewegte. Der Polizist verfolgte den Verdächtigen und konnte ihn nach einiger Zeit in einem Gebüsch stellen. Es handelte sich um Hans-Adolf Scharf. Er kam der Aufforderung des Volkspolizisten, auf die Straße zu kommen, zunächst nach, weigerte sich jedoch, seinen Personalausweis vorzuzeigen. Auch der Aufforderung, zum Kontrollpunkt mitzukommen, wollte er keine Folge leisten. Während sich Scharf und Oberwachtmeister S. einen heftigen Wortwechsel lieferten, näherte sich ein Mopedfahrer. Über das, was dann geschah, liegen unterschiedliche Darstellungen vor.

Eine gerichtliche Rekonstruktion der Abläufe ist in einem Urteil des Landgerichts Gera aus dem Jahr 1998 festgehalten. Demnach wurde Oberwachtmeister S. durch das Moped kurz abgelenkt. Als er sich Scharf wieder zuwandte, hatte dieser seinen rechten Arm erhoben, um mit einer mitgeführten Collegetasche auf ihn einzuschlagen. Da der Volkspolizist zurückgewichen sei, gelang ihm dies jedoch nicht. Die zeitgenössischen MfS-Überlieferungen behaupten hingegen, Scharf habe tatsächlich zugeschlagen, wobei es ihm aber nicht gelang, dem Oberwachtmeister die Maschinenpistole aus der Hand zu schlagen. Anschließend versuchte er, hinter dem Mopedfahrer in Deckung zu gehen und in Richtung Oberloquitz zu flüchten. Oberwachtmeister Manfred S. forderte ihn auf, sofort stehenzubleiben. Da Scharf weiterlief, gab er drei Warnschüsse und dann aus etwa 20 bis 30 Metern Entfernung drei gezielte Schüsse ab, von denen einer den Flüchtenden am Fuß verletzte, ein anderer traf ihn von hinten in der Nierengegend. Scharf stürzte in den Chausseegraben und blieb dort auf dem Rücken liegen. Der Volkspolizist beauftragte den Mopedfahrer, Hilfe zu holen. Erst eine halbe Stunde später traf ein Arzt am Ort des Zwischenfalls ein, der nur noch feststellen konnte, dass Hans-Adolf Scharf an inneren Blutungen gestorben war. In seiner Collegemappe fand man eine Landkarte sowie Skizzen des Grenzverlaufs im dritten Abschnitt der Grenzkompanie Probstzella.

Scharfs Frau stimmte nach MfS-Angaben angeblich einer Feuerbestattung ihres Mannes ohne großes Aufsehen zu. Er wurde am 5. Juni 1966 in Rudolstadt zu Grabe getragen, an der Trauerfeier nahmen 19 Personen aus dem Familienkreis teil. Arbeitskollegen sowie Sportsfreunde aus seinem Handballverein durften ihm nicht das letzte Geleit geben.

Gegen Oberwachtmeister Manfred S. wurde nach dem Zwischenfall kein Ermittlungsverfahren durch die DDR-Staatsanwaltschaft eingeleitet. Seine Vorgesetzten teilten ihm später mit, sein Handeln sei korrekt und gerechtfertigt gewesen. In den 1990er Jahren kam es zu einem Ermittlungsverfahren durch die Erfurter Staatsanwaltschaft. Vor dem Landgericht Gera machte Manfred S. geltend, er habe Hans-Adolf Scharf nicht töten wollen, sondern bei der Schussabgabe auf dessen Beine gezielt. Im Juli 1998 verurteilte ihn die Kammer wegen Totschlags zu einer zweijährigen Bewährungsstrafe. (Recherche: jos., MP, MS, St.A., TP, US; Redaktion: jos.)

Quellen:

MfS, ZAIG: Einzelinformation über einen verhinderten Grenzdurchbruch am KP Marktgölitz/Saalfeld am 10.6.1966. BStU, ZA, MfS, ZAIG, Nr. 1306.

MfS, HA IX: Schußwaffengebrauch u. ä. durch NVA. BStU, ZA, MfS, HA IX, Nr. 4296.

MfS, BV Gera, Abt. IX; Trummer (Major): Bericht über die bisherigen Ergebnisse der Untersuchungen des versuchten Grenzdurchbruches DDR/Westdeutschland mit tödlichem Ausgang am 10.6.1966 in unmittelbarer Nähe des Kontrollpunktes Marktgölitz, Kreis Saalfeld, Bezirk Gera. BStU, Ast. Gera, MfS, AS 138/69.

MfS, HA IX: Bericht über die bisherigen Ergebnisse der Untersuchungen des versuchten Grenzdurchbruchs DDR/Westdeutschland mit tödliche[m] Ausgang am 10.6.1966 in unmittelbarer Nähe des Kontrollpunktes Marktgölitz, Kreis Saalfeld, Bezirk Gera, BStU, ZA, MfS, HA IX/MF/12436.

StA II bei dem LG Berlin: Vernehmungsprotokoll Manfred S., Saalfeld, 13.5.2016. LAB, D Rep. 120–02; Acc. 8346, – 2 Js 32/91 -.

StA Erfurt: Anklage wegen Totschlags vom 28.10.1997, Urteil LG Gera vom 16.07.1998, 560 Js 96159/97–1 Ks. Sammlung Marxen/Werle, Humboldt Universität Berlin.

StA Erfurt: Ermittlungsverfahren wg. Totschlags. ThHStA Weimar, StA Erfurt 10118–10125.

Vorermittlungen gegen den Volkspolizeiangehörigen Wolfgang Schiffner aus Probstzella/Krs Saalfeld, BArch Koblenz, B 197 / 5747.
Grafe, Roman: Die Grenze durch Deutschland. Eine Chronik von 1945 bis 1990. München 2008, S. 167.

Karl Wurmser

geboren am 2. November 1945 in Eger (heute: Cheb, Tschechische Republik)

ertrunken am 29. Juni 1966, aus der Elbe geborgen am 4. Juli 1966

Ort des Zwischenfalls: Elbe bei Dömitz (Mecklenburg-Vorpommern)

Bildquelle: BStU

Als jüngstes von fünf Kindern wurde Karl Wurmser in Eger (heute: Cheb, Tschechische Republik) geboren. Die Familie wurde infolge der Beneš-Dekrete 1945 vertrieben und fand in Dömitz, Kreis Ludwigslust, ihre neue Heimat. In den Jahren von 1952 bis 1960 besuchte Karl Wurmser die Schule. Zu seinen zwei Brüdern, die in Westdeutschland lebten, pflegte er keinen Kontakt. Sein dritter Bruder hatte den Heimatort bereits verlassen und seine Schwester lebte verheiratet in Dömitz.

Eine Lehre beim VEB Bau Ludwigslust brach er nach zehn Monaten ab und fasste gleichzeitig den Entschluss, die DDR zu verlassen. Nach Aufhebung des Lehrverhältnisses im Jahre 1961 fuhr er mit dem Zug nach Berlin. Während einer Kontrolle in Staaken gestand er, die DDR verlassen zu wollen. Daraufhin wurde Karl Wurmser zu sechs Monaten Jugendgefängnis verurteilt, die er in Luckau, Niederlausitz, verbringen musste. Nach seiner Entlassung arbeitete er bei der Bau-Union Schwerin und wohnte bei seinen Eltern in Dömitz. Für diesen Zeitraum dokumentierte das MfS in seinen Unterlagen die angebliche Zugehörigkeit Wurmsers zu einer „Bande" namens Kreuzspinne. Hieran knüpfte sich der Verdacht des MfS, Karl Wurmser gehöre einer Schleusergruppe an und bereite seine eigene Flucht aus der DDR vor. Um diese Vorhaben zu verhindern, sollten die MfS-Informanten GM „Dieter Gille" und GI „Peter Schmidt" mit dem Verdächtigen in Kontakt treten. Die verdeckten Ermittlungen gegen Karl Wurmser wurden im November 1965 eingestellt, da keine durchgeführten Schleusungen nachgewiesen werden konnten und die „persönliche Vorbereitung zur Republikflucht über ein gewisses Stadium der Vorbereitung nicht hinausging". Offenbar hatten die MfS-Mitarbeiter in Dömitz etwas verspätet das Jugendkommuniqué des SED-Politbüros gelesen, das unter der Überschrift „Der Jugend Vertrauen und Verantwortung" ein Ende von „Gängelei, Zeigefingerheben und Administrieren" gegenüber der DDR-Jugend versprach.

Am Abend des 28. Juni 1966 besuchte der 20-Jährige den Kegelclub im Elb-Café Dömitz, um einem seiner Hobbys nachzugehen. Am späteren Abend begab er sich mit einigen Freunden ins Kulturhaus zu einem dort stattfindenden Kompanieball. Nach dem feuchtfröhlichen Abend traf Karl Wurmser gegen Mitternacht zu Hause ein und wechselte seine Kleidung. Seinem Vater versprach er noch, gleich wiederzukommen, bevor er eilig das Haus verließ.

Karl Wurmser mit seiner Clique beim Feiern.
Bildquelle: BStU

Am 29. Juni 1966, gegen 1.05 Uhr, vernahm die Besatzung des Patrouillenbootes der NVA-Grenztruppen Dömitz G-825 bei Elbkilometer 505,5 Hilferufe einer männlichen Person, die sich bereits in der Nähe des westdeutschen Ufers befand. Das Dienstboot nahe der Autobahnbrücke Dömitz legte sofort ab und fuhr bei schlechter Sicht in Richtung der Rufe. Bei Elbkilometer 506 entdeckte die Besatzung im Leuchtkegel des Bootsscheinwerfers einen Mann, der in der Elbe schwamm. Als das Boot den offenbar völlig erschöpften Schwimmer erreichte, konnte dieser den in seine Richtung geworfenen Rettungsring nicht mehr fassen und versank. Die weitere Suche verlief wegen der schlechten Sichtverhältnisse ergebnislos. In Dömitz erzählte man sich danach, die Bootsbesatzung habe den Flüchtling absichtlich ertrinken lassen. Der damalige Bootsführer Joachim K. flüchtete selbst im Dezember 1971 in die Bundesrepublik und sagte zu dem Todesfall gegenüber Ermittlern der Zentralen Erfassungsstelle Salzgitter aus, die Bootsbesatzung habe den Untergegangenen nicht mehr gesehen und wegen des starken Wellengangs und der Dunkelheit die Suche abgebrochen.

Eine Woche später, am 4. Juli 1966, fand man bei Baggerarbeiten am westdeutschen Ufer bei Elbkilometer 513 nahe Landsatz eine nur mit Turnhose, Hemd und Socken bekleidete männliche Wasserleiche. Eine bei dem Toten aufgefundene Streichholzschachtel aus der DDR ließ die Arbeiter vermuten, dass es sich um einen Flüchtling handelte. Die Stadtverwaltung des niedersächsischen Ortes Dannenberg teilte dem Bürgermeister von Dömitz den Leichenfund mit, da man vermutete, es handele sich um einen Mann aus Dömitz. Zur Identifizierung des vermissten Karl Wurmser überführte man seine Leiche am 6. Juli 1966 zum Grenzübergang Lauenburg-Horst. Auf der DDR-Seite bestätigten sein Vater und seine Schwester in Begleitung eines Staatsanwaltes und eines Volkspolizisten die Identität des Toten. Wurmsers Mantel fand man später in der Elde, die in Dömitz in die Elbe fließt. Vermutlich hatte er ihn fortgeworfen, bevor er in die Elbe stieg. Karl Wurmser war ein gut ausgebildeter Rettungsschwimmer. Für seine Angehörigen blieben die Todesumstände daher rätselhaft. Sie bezweifelten stark, dass er ohne Fremdeinwirkung ertrank. (Recherche: jk, jos., MP, St.A.; Autorin: MP)

Quellen:

MfS, HA I, KdO Gr./Abwehr Pätz, UA 3. Brig. Perleberg; Operativgruppe Abwehr Grabow: Verdacht auf Bildung von Untergrundgruppen Jugendlicher im Stadtgebiet von Dömitz, Schleusungstätigkeit und persönliche Vorbereitung zur Republikflucht, Vernehmungsprotokoll Karl Wurmsers vom 8.11.1963. BStU, MfS, AOP 16256/65.

NVA, Kommando der Grenztruppen, Operativer Diensthabender: Tagesmeldung Nr. 180/66, 27.6.–28.6.1966. BArch Freiburg, DHV 32/112596.

StA Ludwigslust: Strafsache wegen vorsätzlicher Körperverletzung, Strafsache – versuchter Grenzdurchbruch. BStU, MfS, D SKS 72275.

VPKA Ludwigslust: Abschlußbericht vom 14.7.1966, Bl. 8–10. BStU, MfS, D SKS 7161.

ZESt: Strafsache gegen Unbekannt wegen Verdacht des Totschlags z. N. Karl Wurmser. BArch Koblenz, B 197/6210, B 197/50073.

StA bei dem KG Berlin: Ermittlungen zum Tod von Karl Wurmser, 27 AR 31/94. LAB, D Rep. 120–02 ZERV.

Manfred Brandt

geboren am 31. Januar 1945 in Boizenburg

ertrunken am 1. Juli 1966

Ort des Zwischenfalls: Elbe bei Boizenburg (Mecklenburg-Vorpommern)

Von 1951 bis 1960 besuchte Manfred Brandt in seinem Heimatort Boizenburg die Schule. Er trug den Geburtsnamen seiner Mutter, deren Ehemann 1943 laut Geburtsurkunde „auf dem östlichen Kriegsschauplatz" gefallen war. Manfred Brandt verließ nach der 7. Klasse die Schule und arbeitete zunächst auf dem elterlichen Hof mit. Seit 1962 absolvierte er in der LPG Metlitz/Schwartow eine Ausbildung als Traktorist. In seiner Freizeit beschäftigte er sich gerne mit seinem Motorrad, schraubte an der Maschine herum und unternahm kleine Ausflüge in die Umgebung.

Warum sich der 21-Jährige zur Flucht aus der DDR entschied, lässt sich auf der Grundlage der vorhandenen Überlieferungen nur vermuten. Das Volkspolizeikreisamt

Hagenow charakterisierte ihn als ehrlichen jungen Mann, der aber temperamentvoll und leicht aufbrausend sei. In der Brigade werde er seinen Aufgaben gerecht, trete aber gesellschaftlich nicht in Erscheinung. Die Volkspolizei befasste sich mit Manfred Brandt wegen einer Schlägerei mit einem LPG-Bauern. Der Mann hatte ihn angezeigt, weil Brandt nach einem Umtrunk mit anderen Jugendlichen auf sein Motorrad stieg und davonfuhr, obwohl er Alkohol getrunken hatte. Brandt stellte den Bauern am Tag nach seiner volkspolizeilichen Vernehmung zur Rede und schlug ihn im Verlauf einer kurzen Rangelei nieder. Wegen einer Platzwunde am Kopf ließ sich der Bauer für zwölf Tage von der LPG beurlauben. Brandt rechnete damit, für den Arbeitsausfall zahlen zu müssen, denn das Volkspolizeiprotokoll hielt abschließend fest: „Durch seine Handlungsweise wurde der Genossenschaft eine Arbeitskraft für 12 Tage entzogen." Vielleicht löste die erwartete Strafe seinen Entschluss aus, die DDR zu verlassen. Bereits seit April hatten die Eltern ihren Sohn Manfred nicht mehr gesehen. Da sie annahmen, er habe sich einem Schausteller angeschlossen, mit dem er über Land fahre, erstatten sie keine Vermisstenanzeige.

Bevor Manfred Brandt nachts in die Elbe stieg, legte er seine Kleidung ab. In den frühen Morgenstunden des 1. Juli 1966 fand man seine Leiche am Buhnenkopf bei Elbkilometer 566,1. Wie aus einem Bericht des Hauptzollamtes Lüneburg an die Oberfinanzdirektion in Hannover hervorgeht, trug der Tote in einer wasserdichten Hülle seine wichtigsten Personaldokumente, einen Wehrpass, mehrere Fotografien und ein kleines Adressenverzeichnis bei sich. Die Leiche Manfred Brandts wies keine äußeren Verletzungen auf. Die *Berliner Morgenpost* berichtete am 2. Juli 1966 von dem missglückten Fluchtversuch eines 21-jährigen Traktoristen, der bei dem Versuch, die Elbe zu durchschwimmen, ertrank. (Recherche: jk, jos., LH, MP; Autoren: MP, jos.)

Quellen:

Hauptzollamt Lüneburg: Bericht an OFD Hannover vom 1.8.1966. NLA Hannover, Nds. 220 Acc. 12/75, Nr. 8/4.

Volkspolizeikreisamt Hagenow: Schlußbericht zu Manfred Brandt. BStU, ZA, MfS D-SKS-72398.

Flüchtling in der Elbe beschossen. In: *Berliner Morgenpost*, 02.07.1966

ZESt: Voremittlungsverfahren gegen Unbekannt wegen versuchten Totschlags und Totschlags. BArch Koblenz, B 197/5652.

Standesamt Boizenburg: Geburtsurkunde Manfred Brandt, Nr. 20/1945. Auskunft vom 22.03.2016.

Bezirksbehörde der Deutschen Volkspolizei (BdVP) Schwerin: Rapport Nr. 182/66 für die Zeit vom 01.07.1966, 06.00 Uhr bis 02.07.1966, 06.00 Uhr. Schwerin, 02.07.1966. LHASn, 7.12–1, Z 55/1990(4), 173.

Werner Möhrer

geboren am 29. Juli 1945 in Grabow

erschossen am 18. August 1966

Ort der Zwischenfalls: Grenzgebiet an der Bundesstraße 1 zwischen Morsleben und Helmstedt (Sachsen-Anhalt)

Werner Möhrer wohnte mit seinem Bruder im mecklenburgischen Grabow. Er hatte die Schule mit der 8. Klasse abgeschlossen und anschließend Maschinenschlosser gelernt. Nachdem er vom Militärdienst bei der NVA entlassen worden war, arbeitete er in seinem Ausbildungsberuf in der Molkerei Neustadt-Glewe. Die elf Kilometer bis in den Nachbarort legte er mit seinem Motorrad zurück, wie auch sein Bruder Hans, der dort als Vorrichtungsbauer in einem Hydraulikbetrieb beschäftigt war. Hans Möhrers Verlobte Karin G. kam aus Neustadt-Glewe und pendelte täglich zur Arbeit in die Molkereigenossenschaft Grabow. Die Verlobten wollten zusammenziehen, doch das Genehmigungsverfahren für einen Hausbau zog sich in die Länge und wurde schließlich abgelehnt. Der Rückschlag traf die Jungverliebten hart.

Das Risiko eines Grenzdurchbruchs erschien vielen ehemaligen Angehörigen der Grenztruppen kalkulierbar, da sie die Grenzanlagen und die Modalitäten des Postendienstes in ihrer Kompanie kannten. Hans Möhrer hatte bis zum Mai 1965 in der Grenzkompanie Morsleben gedient. Das mag für das junge Paar im Juli 1966 den Ausschlag für den Entschluss, die DDR zu verlassen, gegeben haben. Werner Möhrer wurde in die Pläne zur Flucht eingeweiht und wollte mit seinem Bruder und der Verlobten Karin G. gemeinsam über die Grenze. Der 21-Jährige träumte schon seit Längerem von einem Leben in der Bundesrepublik. Die Vorbereitungen waren so sorgfältig wie umfangreich: Hans Möhrer erkundigte sich bei einem noch an der Grenze eingesetzten früheren Kameraden nach Veränderungen im Grenzgebiet und beobachtete mit seinem Bruder den Grenzabschnitt. Sie nähten sich Tarnanzüge, in denen persönliche Unterlagen verstaut wurden, und hoben schließlich ihre gesamten Guthaben von der Sparkasse ab.

Am Abend des 17. August 1968 war es so weit. Mit ihren beiden Motorrädern brachen Werner Möhrer, sein Bruder Hans und Karin G. nach Morsleben auf. Noch im Dunkeln erreichten sie am darauffolgenden Tag das Sperrgebiet, wo sie zu Fuß bis zu einem Waldstück, 500 Meter von der Bundesstraße 1 entfernt, schlichen. Sie hatten vor, die kommende Nacht abzuwarten und erst dann die Flucht zu wagen, doch es kam anders. Hans Möhrer erinnert sich: „Als wir jedoch zwischen 07.00 und 08.00 [Uhr] aus nicht allzu großer Entfernung von der anderen Seite der Straße Motorenlärm und Gesprächsfetzen hörten, entschloß ich mich, nachzuschauen. Ich ging deshalb etwa 50 m zur Straße vor und bemerkte auf dem angrenzenden Feld Arbeiter, die Korn mähten. Etwa 10 m entfernt von mir auf der gleichen Höhe sah ich gleichzeitig jedoch zwei Posten der NVA. Diese machten Anstalten, sich in den Wald zu begeben. Es handelte sich um ein Postenpaar, das zur Beobachtung der Feldarbeiter eingesetzt war. Einer der Posten bemerkte jedoch meinen Bruder und meine damalige Verlobte, die zwischendurch ein Stückchen nach vorn gekommen waren. Die Posten riefen: ,Halt, stehenbleiben, oder es wird geschossen.'" Überstürzt versuchten Hans Möhrer und seine Verlobte daraufhin, verfolgt von den Posten, von der Grenze weg zurück nach Morsleben zu kommen, Werner Möhrer aber trat die Flucht nach vorn an. Dabei wurde er von einem dort zur Kontrolle der Grenzanlagen eingesetzten Nachrichtenoffizier und dessen Fahrer entdeckt und verfolgt, bis er sich in einem Waldstück verstecken konnte. Doch weder von seiner Entdeckung, noch von den Warnschüssen und dem nun ausgelösten Grenzalarm ließ sich Werner Möhrer aufhalten. Tatsächlich gelang es ihm, im Gras kriechend, den hinteren Grenzzaun zu erreichen und zu überklettern. Schon im Schutzstreifen angelangt und nur noch 400 Meter von der Demarkationslinie entfernt, eröffnete ein Grenzer von einem Hochsitz aus das Feuer. Eine Kugel zerfetzte Möhrers Herz.

Geschockt von den auf sie abgegebenen Warnschüssen, hatten sich Karin G. und Hans Möhrer den Grenzposten gestellt. Als er nicht schnell genug auf den Befehl, sich sofort hinzulegen, reagierte, feuerte ein Soldat eine MG-Salve ab und traf dabei einen Fuß von Hans Möhrer. Im Krankenhaus erfuhr er später von einer Krankenschwester, was er beim Hören des Dauerfeuers an der Grenze nur ahnen konnte: Während er am Boden lag und die Grenzposten ihn mit vorgehaltener Waffe bewachten, war sein Bruder erschossen worden.

Werner Möhrers Leiche wurde eingeäschert und zur Beerdigung nach Grabow überführt. Einer seiner Freunde erinnerte sich, dass man weder in Grabow noch in der Umgebung über den Tod Werner Möhrers öffentlich sprach. „Das traute man sich nicht. Aber intern, so unter Freunden und guten Bekannten, da hat man das schon diskutiert. Sowohl Werner als auch Hans galten ja als ordentlich und anständig. Man konnte ihnen nichts nachsagen. Umso mehr erregte der Tod des Werner die Gemüter. Aber man traute sich nicht, öffentlich etwas zu sagen. In die Zeitungen durfte nicht einmal eine Todesanzeige gesetzt werden." Das Kreisgericht Ludwigslust verurteilte Karin G. in einem nicht öffentlichen Verfahren wegen versuchten gemeinschaftlichen Grenzdurchbruchs und versuchter Ausfuhr von Zahlungsmitteln zu zwei Jahren Gefängnis. Sie kam in die Vollzugsanstalt „Roter Ochse" nach Halle. Im April 1968 wurde ihre Strafe ausgesetzt. Das Urteil gegen Hans Möhrer sah eine dreijährige Haftstrafe vor, die er in der Haftanstalt Bützow antrat. Auch für ihn wurde am Ende des Jahres 1968 eine Strafaussetzung ausgesprochen. Nachrichtenoffizier Hans-Joachim W., der die tödlichen Schüsse auf Werner Möhrer abgegeben hatte, erhielt als Auszeichnung das „Leistungsabzeichen der Grenztruppen" und eine Geldprämie. Er konnte im Zuge der juristischen Aufarbeitung des DDR-Unrechts später nicht mehr zur Verantwortung gezogen werden, da er 1993 verstorben war. (Recherche: St.A., jk, MP, TP, jos.; Autor: jk)

Quellen:

MdI: Rapport Nr. 230, vom 18.8.1966, 4.00 Uhr bis 19.8.1966, 4.00 Uhr, BArch Berlin, DO 1/2.3/25767.

Volkspolizeikreisamt Ludwigslust, Abteilung K: Schlußbericht zu Möhrer, Werner; Scheskat, Dieter; Wiese, Siegfried. BStU, ZA, MfS, D SKS 7855.

MfS, BV Schwerin: Schlußbericht über die versuchte Republikflucht von Hans und Werner Möhrer sowie von Karin G., 3.10.1966. BStU, MfS, AS 146/69.

Leutn. Brüggmann/MfS, BV Schwerin: Sachstandsbericht Schwerin, 31.8.1966. BStU, MfS, AS 146/69.

MfS: Informationsbericht. BStU, ZA, MfS, HA IX/MF/12439.

MfS: Einzel-Information über einen verhinderten Grenzdurchbruch im Raum Mohrsleben [!], GR Oschersleben, am 18.8.1966 mit tödlichem Ausgang für einen der Grenzverletzer. BStU, ZA, MfS, ZAIG, Nr. 1306.

MfS: Roloff, Strafnachricht. Schwerin, 9.2.1967. MfS, ASt IA (a) 181/66.

MfS: StA Nolepa an den Staatsanwalt des Bezirkes. 24.6.1968. MfS, ASt IA (a) 181/66.

Nationale Volksarmee, 7. Grenzbrigade, Der Stabschef: Bericht über den versuchten Grenzdurchbruch DDR-West im Grenzabschnitt der 4./GR-25 am 18.8.66. BArch Freiburg, DVH 38/146386.

Staatsanwaltschaft Magdeburg: Ermittlungsverfahren wegen Totschlags, 33 Js 29408/95 a.

ZERV: Ermittlungsunterlagen wg. Totschlags z. N. Werner Möhrer. LAB, D Rep. 120–02, Acc. 8346, StA Berlin 2 Js 289/91.

Filmer, Werner/Schwan, Heribert: Opfer der Mauer. Die geheimen Protokolle des Todes. München 1991, S. 209 f.

Grasemann, Hans-Jürgen: Fluchtgeschichten aus der Zentralen Erfassungsstelle Salzgitter. In: Weisbrod, Bernd (Hrsg.): Grenzland. Beiträge zur Geschichte der deutsch-deutschen Grenze. Hannover 1993, S. 28–50, hier S. 34–37.

Dieter Reinhardt

geboren am 15. Januar 1945
in Schönebeck/Elbe

erschossen am 19. August 1966

Ort des Zwischenfalls: bei Nettgau,
heute Ortsteil von Jübar (Sachsen-Anhalt)

Bildquelle: BStU

Ernst Dieter Reinhardt wurde 1945 in Schönebeck an der Elbe geboren. Kurz nach dem Krieg starb sein Vater. Die Mutter hielt die Familie, zu der noch zwei Schwestern gehörten, mit Strenge und Festigkeit zusammen. Nach der 8. Klasse kam Dieter Reinhardt mit 14 Jahren als Lehrling in die Betriebsberufsschule des Magdeburger Armaturenwerkes „Karl Marx", wo er zum Dreher ausgebildet wurde. Bis zu seiner Einberufung zum Wehrdienst arbeitete er im VEB Traktorenwerk Schönebeck/Elbe, in einer LPG bei Osterburg und schließlich als Rangierer im Schönebecker Sprengstoffwerk. Bei der Nationalen Volksarmee verpflichtete sich der 19-Jährige als Soldat auf Zeit für drei Jahre. Zunächst zum MPi-Schützen ausgebildet, besuchte er einen Unteroffizierslehrgang und kam ab Oktober 1964 als Waffenfunktionsunteroffizier in der Grenzkompanie Nettgau (Gemeinde Jübar) zum Einsatz. Die Vorgesetzten beurteilten seine Dienstausführung als lustlos, er erfülle seine Pflichten nur widerwillig und nachlässig. Vielleicht bereute er im Nachhinein, sich für eine dreijährige Dienstzeit verpflichtet zu haben. Wenn er Alkohol trank, brachen latente Konflikte offen aus. Einmal bedrohte er einen Vorgesetzten mit der Pistole, um sich Ausgang zu verschaffen, ein anderes Mal musste man ihn betrunken aus den Grenzanlagen zurückholen.

Einen Halt versprach seine Freundin Renate S., die er im Dezember 1964 kennengelernt hatte. Sie wohnte in Gladdenstedt, einem Nachbarort von Nettgau. Im März 1966 verlobte sich das junge Paar. Im Frühjahr 1967, nach Reinhardts geplanter Entlassung aus dem Militärdienst, wollten sie heiraten. Renate S. erwartete ein Kind von ihm. Reinhardt wollte in Gladdenstedt bleiben und dort eine Arbeit aufnehmen.

Renate S. erinnerte sich später: „An dem Abend, als der Reinhardt angeblich flüchten wollte, kam er gegen 18 Uhr zu mir und brachte einen großen Blumenstrauß, den er zuvor von einem Feld pflückte. Er wollte nochmals bei mir vorbeikommen. Gegen 19 Uhr sah ich ihn dann mit dem Utz zusammen auf einem Lkw. Mir war klar, daß er nicht mehr nach Hause kommt, sondern mit dem Utz und den anderen Kameraden eine Ausfahrt macht."

Der Kneipenbesuch in Diesdorf (Ortsteil Abbendorf) am 18. August 1966 endete für Dieter Reinhardt und den erwähnten Utz F. unvorhergesehen. Feldwebel Utz F. war Hundestaffelführer in der Grenzkompanie Nettgau. Seit 1964 war er geheimer Mitarbeiter des MfS mit dem Decknamen „Ulrich Franke". Auch Reinhardt hatte sich zur Zusammenarbeit mit dem MfS verpflichtet. Doch während dieser nur allgemeine Berichte über die Stimmung in der Truppe abgeliefert hatte, ging Utz F. strategisch vor, um seine Aufgabe zu erfüllen, die „im Erkennen von Fahnenfluchten und anderen Anschlägen gegen die Staatsgrenze der DDR" lag. Er zeigte sich seinen Kameraden gegenüber kumpelhaft und trinkfest und versuchte, ihr Vertrauen zu gewinnen, indem er sich den Vorgesetzten gegenüber aufmüpfig verhielt. Auf diese Weise hoffte er, anderen Soldaten etwas über Fahnenfluchtabsichten zu entlocken.

Sechs Grenzsoldaten verbrachten am Abend des 18. August ihren Ausgang gemeinsam mit Ernst Dieter Reinhardt und Utz F. in der „Schenkenmühle". Bis kurz nach Mitternacht soll jeder von ihnen etwa 14 Gläser Bier und drei Gläser Weinbrand getrunken haben. Utz F. berichtete später der Stasi, dass Reinhardt ihn bei der Rückkehr auf das Kasernengelände mit den Worten angesprochen habe: „Komm, wir hauen ab!" Er habe sich daraufhin zum Schein bereit erklärt, mit ihm zusammen in die Bundesrepublik zu flüchten, um „unwiderlegbare Beweise für dessen Vorhaben zu schaffen sowie die Fahnenflucht selbständig zu unterbinden".

Dieter Reinhardt begab sich in der Kaserne dann zum diensthabenden Unteroffizier und forderte ihn auf, den Waffenraum aufzuschließen. Reinhardt gab vor, er habe von seinem Oberleutnant den Befehl erhalten, die Leucht- und Platzmunition, die Signalgeräte und das Nachtsichtgerät zu überprüfen. Der Diensthabende begab sich mit Reinhardt in die Waffenkammer und half ihm bei der angeblich angeordneten Untersuchung. Unterdessen kam es in der Küche zu einem Streit zwischen der Küchenfrau und einem Soldaten. Der Diensthabende verließ, um den Streit zu schlichten, für einige Minuten den Waffenraum. Reinhardt entwendete in dieser Zeit zwei Pistolen Makarow samt Munition. Als der Diensthabende zurückkam, übergab ihm Reinhardt den Schlüssel zur Waffenkammer, die er bereits wieder verschlossen hatte.

Währenddessen wies Utz F. die Hausposten der Kompanie an, ihn zusammen mit Reinhardt noch einmal vom Gelände zu lassen. Sie kämen bald zurück, er übernehme die Verantwortung. Anschließend traf er sich mit Reinhardt auf einer Toilette des Gebäudes und erhielt von ihm eine der Pistolen samt Munition. Ungehindert verließen sie gegen 2 Uhr das Gelände und gingen bis zum Ortsausgang von Nettgau. Die Straße, auf der sie sich nun bewegten, führte nach Gladdenstedt, wo Renate S. wohnte. Einen Moment lang mag Ernst Dieter Reinhardt an seine Verlobte gedacht und gezögert haben, dann schlug der Hausposten Alarm. Leuchtraketen wurden abgefeuert, die das Signal „Posten zur Grenze" gaben. Reinhardt wusste, dass in wenigen Minuten die Grenze abgeriegelt sein würde. Er bog nach links ab, überkletterte einen Weidekoppelzaun und rannte auf die Grenzanlagen zu. Durch den Einsatz weiterer Posten drohte für Utz F. die Situation zu entgleiten: Wie sollte er sich rechtfertigen, wenn er mit einer gestohlenen Waffe in der Hand im Grenzgebiet gestellt würde? Gelänge Reinhardt die Flucht, so könnte man ihn der Beihilfe zu einem schweren Grenzdurchbruch beschuldigen. Er rannte hinter Reinhardt her, holte ihn am Kontrollstreifen ein und – so die Rekonstruktion des Landgerichts Stendal aus dem Jahr 1999 – schoss ihm mit ausgestrecktem Arm aus kürzester Entfernung in den Rücken. Reinhardt drehte sich daraufhin mit den Worten „du Schwein" um und feuerte selbst einen Schuss auf Utz F. ab, der diesen jedoch verfehlte. Utz F. schoss nun hintereinander fünfmal auf Reinhardt, der im Brust- und Bauchbereich schwer getroffen zusammenbrach und kurz darauf an inneren Blutungen starb.

Utz F. lief anschließend zurück zur Straße und machte auf sich aufmerksam, indem er in die Luft feuerte und nach den Posten rief. Die bald darauf hinzugekommene Alarmgruppe der Kompanie überzeugte sich vom Tod Reinhardts. Nach dem Eintreffen des Militärstaatsanwaltes brachte man die Leiche zurück zur Kompanie. Die Zeugen wurden von Offizieren aus dem Stab vernommen und anschließend zum Stillschweigen verpflichtet. Nach der Obduktion wurde die Leiche Reinhardts zur Beerdigung freigegeben und in Schönebeck an der Elbe beigesetzt. Seine Tochter kam ein halbes Jahr nach seinem Tod, im Januar 1967, zur Welt.

Bei Utz F. hingegen prüfte das MfS, ob er nicht ebenfalls fahnenflüchtig werden wollte. Bis zum 17. September 1966 dauerte seine Untersuchungshaft in Berlin-Lichtenberg, dann hob das Militärgericht Berlin den Haftbefehl auf. Er wurde aus den Grenztruppen entlassen und blieb bis 1989 im Staatssicherheitsdienst, zuletzt als Oberleutnant. Das Landgericht Stendal verurteilte den 56-Jährigen am 26. November 1999 wegen Mordes zu einer Haftstrafe von vier Jahren. (Recherche: St.A., jk, MP, jos., ST; Autor: jk)

Quellen:

MfS/HA I/Abwehr Kommando der Grenztruppen: GME/K „Horst Schulze". BStU, MfS, AIM 1173/69.

MfS: Einzelinformation über eine verhinderte Fahnenflucht im Bereich Grenzkompanie Nettgau, GR Beetzendorf, am 19.8.1966 mit tödlichem Ausgang für den Deserteur, Berlin, 29.8.1966. BStU, ZA, MfS, HA I, Nr. 5866.

MfS: Haftbefehl des Militärgerichts Berlin vom 22.8.1966. BStU, ZA, MfS, Abt. XIV, Nr. 2549.

Militärstaatsanwalt V. Grenzbrigade Kalbe/Milde: Leichenöffnungsbericht. Magdeburg, 19.8.1966. BArch Berlin, DO1/0.5.1/41258.

Zentrale Erfassungsstelle der Landesjustizverwaltungen in Salzgitter: Bericht des Zollkommissars Brome vom 7.9.1966. NLA Hannover Nds. 220, Acc. 12/75, Nr. 8/4.

Staatsanwaltschaft Magdeburg: Ermittlungsunterlagen wg. Totschlags z. N. von Ernst Dieter Reinhardt. StA Magdeburg 33 Js 37063/95.

Landgericht Stendal: Urteil vom 26.11.1999, Az. 502 Ks 33 Js 37063/95. Sammlung Marxen/Werle, Humboldt-Universität zu Berlin.

ZERV: Ermittlungsunterlagen. LAB, D Rep. 120–02, Acc. 8346, StA II LG Berlin 2 Js 192/92.

Filmer, Werner/Schwan, Heribert: Opfer der Mauer. Die geheimen Protokolle des Todes. München 1991, S. 210 f.

Hans-Joachim Bluhm

geboren am 13. August 1948 in Pröttlin

ertrunken am 14. September 1966, geborgen aus der Elbe am 21. September 1966

Ort des Zwischenfalls: Elbe bei Lenzen (Brandenburg)

Der 18-jährige Hans-Joachim Bluhm aus Grabow und der 19-jährige Siegfried W. aus dem Nachbarort Groß-Warnow hatten schon seit Längerem geplant, die DDR zu verlassen. Die beiden Bohrarbeiter, deren Plan es war, gemeinsam über die Elbe zu fliehen, waren mit ihren Lebensverhältnissen unzufrieden und wollten der drohenden Einberufung in die Nationale Volksarmee entgehen. Drei ihrer Freunde hatten bereits am

17. August 1966 vergeblich eine Flucht in die Bundesrepublik versucht: Werner Möhrer aus Grabow wurde erschossen, sein Bruder Hans und dessen Verlobte wurden festgenommen. „Intern, so unter Freunden und guten Bekannten, da hat man das schon diskutiert", erinnerte sich Siegfried W., der auch an der Bestattung von Werner Möhrer teilgenommen hatte. Obwohl dieser Versuch der drei Freunde ein schmerzliches Ende gefunden hatte, entschlossen sich Hans-Joachim Bluhm und Siegfried W. ihren eigenen Fluchtplan nur einen Monat später umzusetzen. Sie brachen am 13. September 1966 gegen 23 Uhr mit ihren Motorrädern in Grabow auf, wo Hans-Joachim Bluhm bei seinen Eltern wohnte. Kurz vor dem Kontrollpunkt Lenzen, in Bochin, stellten sie ihre Maschinen ab und gingen zu Fuß in Richtung Elbe weiter. Dabei orientierten sie sich an der Beleuchtung des 324 Meter hohen Sendemastes der niedersächsischen Funkstelle Höhbeck. Es gelang ihnen, unbemerkt über den Doppelzaun an der Grenze zu klettern. Am nächsten Morgen gegen 3 Uhr stiegen sie in den Fluss.

Hans-Joachim Bluhm war der bessere Schwimmer und hatte seinen Freund bereits hinter sich gelassen, als dessen Kräfte schwanden. Siegfried W. schwamm ans östliche Elbufer zurück und wagte es wenig später erneut. Diesmal schaffte er es ans westliche Elbufer. Er lief zur Richtfunkstelle Höhbeck und wurde dort von einem Fahrzeug der niedersächsischen Grenzaufsichtsstelle Gartow mitgenommen. Den Grenzschutzbeamten berichtete er von der gemeinsamen Flucht, doch als er sie nach Hans-Joachim Bluhm fragte, konnte man ihm keine Auskunft geben. Sein Freund war nicht in der Bundesrepublik angekommen.

Inzwischen hatten Angehörige der Volkspolizei die Motorräder der Flüchtlinge vor Lenzen entdeckt und erste Ermittlungen angestellt. Das östliche Ufer der Elbe wurde nach Spuren abgesucht. Ein abgefangener Brief von Siegfried W. an seine Verwandten enthielt die Nachricht, er sei wohlbehalten in Niedersachsen angekommen. Das bestärkte Vermutungen, Hans-Joachim Bluhm habe den Fluchtversuch nicht überlebt. Am 21. September 1966 wurde seine Leiche bei Gorleben von dem westdeutschen Zollmotorboot „Laase" bei Elb-Kilometer 494,4 geborgen. (Recherche: jk, jos., MP; Autor: jk)

Quellen:

MfS, BV Schwerin: Rapport 265/66. BStU, Ast. Schwerin, MfS IX 61.

NVA, Kdo. d. GT, Op. DH: Tagesmeldung Nr. 260/66 für 15.9.–16.9.1966. BArch Freiburg, DVH 32/112598.

Zentrale Erfassungsstelle der Landesjustizverwaltungen in Salzgitter: Aufgriffsmeldung der GASt Gartow vom 14.9.1966. NLA Hannover, Nds. 220 Acc. 12/75 Nr. 8/4.

Pingel-Schliemann, Sandra: „Ihr könnt doch nicht auf mich schießen!" Die Grenze zwischen Lübecker Bucht und Elbe zwischen 1945 und 1989. Schwerin 2013, S. 230.

Walter Fischer

geboren am 23. Februar 1938 in Harras

erschossen am 11. Oktober 1966

Ort des Zwischenfalls: nahe dem Ahlstadter Weg bei Harras (Thüringen)

Gemeinsam mit seiner Mutter lebte Walter Fischer auf dem elterlichen Hof, der von ihm bewirtschaftet wurde und zur LPG „Oberes Werratal" in Harras gehörte. Der thüringische Ort lag im Grenzsperrgebiet. Seine Schwester lebte ebenfalls dort, sein Vater war früh gestorben. Walter Fischer hatte einen Sprachfehler, weshalb er sehr wortkarg und von anderen schlecht zu verstehen war. Er war geschieden und hatte einen Sohn, der bei der Mutter lebte. Am Vormittag des 11. Oktober 1966 brachte Walter Fischer gemeinsam mit einem Müller mehrere Säcke Mehl zur Bäckerei. Danach ging er nach Hause. Das Mittagessen rührte er nicht an, sondern trank nur eine Tasse Kaffee. Dann wollte er wieder zur Arbeit gehen und Kühe auf die Weide treiben. Seiner Mutter gab er das am Morgen kassierte Milchgeld, wovon sie die Grundstückssteuer, seine Versicherung und auch den Unterhalt für seinen Sohn zahlen sollte. Am Nachmittag suchte ein Brigadier der LPG Fischers Mutter auf und berichtete ihr, dass ihr Sohn nicht zur Arbeit erschienen sei, sondern sich in der Gastwirtschaft des Ortes aufhalte. Die Mutter suchte ihren Sohn dort auf, machte ihm Vorhaltungen über seinen Alkoholkonsum und verließ verärgert die Gaststätte. Wenig später bemerkte der Gastwirt, dass Fischer weinend an seinem Tisch saß. Er habe dann gesagt, wenn er seine Schwester und seinen Schwager nicht hätte, wäre er schon längst bei seinen Verwandten im Westen. Bereits einige Wochen zuvor hatte er schon einmal gegenüber einem LPG-Bauern geäußert, er wolle eine günstige Gelegenheit am „Zaun" erwischen und „nach drüben" gehen.

Gegen 16 Uhr verließ Walter Fischer die Gaststätte in Harras. Gut eine Stunden später meldete die Besatzung eines Beobachtungsturms von der nahe gelegenen Grenze dem diensthabenden Offizier der Grenzkompanie Veilsdorf über das Fernmeldenetz einen Mann, der sich in Richtung Grenze bewegte. Der Diensthabende befahl dem Postenpaar, den Beobachtungsturm zu verlassen und die Verfolgung des Verdächtigen aufzunehmen, „ein Grenzdurchbruch sei auf jeden Fall zu verhindern". Während der Verfolgung verlor das Postenpaar den Mann in einer Talsenke aus dem Blickfeld. Die Verfolger entdeckten ihn wieder, als er bereits den ersten Sicherungszaun überklettert hatte und das sich anschließende Minenfeld überqueren wollte. Da sich der Flüchtende außer Rufweite befand, gaben die beiden Grenzer Warnschüsse ab. Der Mann drehte sich kurz in Richtung der Grenzsoldaten um und setzte dann seine Flucht fort. Er überquerte das Minenfeld, überwand den zweiten Grenzsicherungszaun und befand sich nur noch etwa 60 bis 70 Meter vor westdeutschem Gebiet. Nun begannen die beiden Posten, aus einer Entfernung von 200 Metern auf den Flüchtling zu schießen, der wenige Meter hinter dem zweiten Grenzsicherungszaun getroffen zusammenbrach.

Der westdeutsche Zollgrenzdienst berichtete, zwischen 17.15 Uhr und 17.30 Uhr seien westlich des Weges von Ahlstädt (DDR) nach Bockstadt (Bundesrepublik) mehrere Feuerstöße aus Maschinenpistolen abgegeben worden. Bis auf zwei Fahrzeuge und Bewegungen der DDR-Grenztruppe konnte von westlicher Seite aus jedoch nichts weiter beobachtet werden. Auf der anderen Seite bargen DDR-Grenzer unterdessen „ohne gegnerische Einsichtnahme" einen toten Flüchtling. Im Büro des für Sicherheitsfragen zuständigen Politbüromitglieds Erich Honeckers ging am folgenden Vormittag die Meldung des Staatssicherheitsdienstes über den Tod des LPG-Bauern Walter Fischer aus Harras/Hildburghausen ein. Fischer sei durch drei Geschosse in die Brust getroffen worden. Eines davon durchschlug sein Herz und führte zum sofortigen Tod. Die MfS-Mitteilung erwähnte insgesamt 31 abgegebene Schüsse aus dem leichten Maschinengewehr des einen Postens und 20 abgegebene Schüsse aus der Maschinenpistole des zweiten. Die Bergung des Toten war um 18.50 Uhr abgeschlossen. Auf westlichem Gebiet hätte niemand den Abtransport der Leiche beobachtet. Um 19.25 Uhr trafen zwei amerikanische Jeeps am Ort des Geschehens ein, deren Insassen aber offenbar keine Feststellungen zu dem Zwischenfall mehr treffen konnten und sich nach kurzer Zeit wieder entfernten.

Am Samstag, dem 15. Oktober 1966, wurde Walter Fischer unter großer Anteilnahme der Ortsbewohner von Harras beigesetzt. Zwei Tage nach dem Vorfall erhielten die beiden beteiligten Grenzsoldaten Reiner G. und Uwe T. Auszeichnungen, Reiner G. die „Medaille für vorbildlichen Grenzdienst" und Uwe T. das „Leistungsabzeichen der Grenztruppen". Das Landgericht Meiningen verurteilte sie 1998 zu einer Bewährungsstrafe von je einem Jahr und fünf Monaten. (Recherche: jos., MP, MS, St.A.; Autor: jos.)

Quellen:

MfS, ZAIG: Einzel-Information über einen versuchten illegalen Grenzübertritt mit tödlichem Ausgang am 11.10.1966 im Grenzbereich Meiningen, Bez. Suhl, BStU, ZA, MfS, ZAIG, Nr. 1306.

MfS: Leichenvorgang Walter Fischer. BStU, ZA, MfS, Allg-P 337/67.

MfS: Handakten zu der Strafsache gegen Fischer, Walter. BStU, MfS, AST IA(b), 141/66, Bd. I.

Bei den Angaben der AG 13. August zu Walter Fischer findet sich der Hinweis auf das Aktenzeichen der Zentralen Erfassungsstelle: 1205/66, Verfahren abgegeben an STA Coburg (5 Js 399/70).

Filmer, Werner/Schwan, Heribert: Opfer der Mauer. Die geheimen Protokolle des Todes. München 1991, S. 211.

Anklageschrift der StA Erfurt gegen Reiner G. und Uwe R. wg. Totschlags vom 4. Dezember 1997 und Urteil des Landgerichts Meiningen vom 23. Juli 1998. 510 Js 96161/97–1 Ks. ThHStA Weimar, Freistaat Thüringen, StA Erfurt 10133–10144.

Manfred Premke

geboren am 18. Dezember 1937 in Dömitz

ertrunken am 24. Januar 1967, geborgen am 13. März 1967 bei Elbkilometer 528

Ort des Zwischenfalls: Elbe bei Dömitz (Mecklenburg-Vorpommern)

Manfred Premke erlernte den Beruf eines Zieglers und verdiente seinen Lebensunterhalt auch als Transportarbeiter. Zuletzt arbeitete der ledige Dömitzer unweit seines Heimatortes in der seit 1799 bestehenden Papierfabrik Neu Kaliß. Am 25. Januar 1967 meldete das Volkspolizeikreisamt Ludwigslust den vermutlichen Grenzdurchbruch des Arbeiters Manfred Premke aus Dömitz. DDR-Grenzsoldaten hatten zuvor am Elbufer mehrere Kleidungsstücke Premkes gefunden. Wie es dem 29-Jährigen überhaupt gelang, an den Grenzwachen vorbei an das Elbufer zu gelangen, konnten die verantwortlichen Offiziere der Grenzkompanie Rüterberg zunächst nicht erklären, denn in ihrem Grenzabschnitt herrschte damals eine große Postendichte. Gegen den Dömitzer wurde sogleich ein Ermittlungsverfahren gemäß § 8 des in der DDR geltenden Passgesetzes eingeleitet.

In den frühen Morgenstunden des 13. März 1967 entdeckte ein Teichwärter bei Elbkilometer 528, zwischen Rassau und Privelack eine unbekleidete Wasserleiche. Die Bergung der Leiche konnten Zollbeamte vom westlichen Elbufer aus beobachteten. Im Lagebericht der Oberfinanzdirektion Hannover über Zwischenfälle an der Demarkationslinie für den Monat März 1967 ist von der Bergung der „Leiche eines seit Januar 1967 in Dömitz/SBZ vermißten nervenkranken Mannes" die Rede. An der Fundstelle erkannten die Zollbeamten das Motorschiff „Frieden" und zwei Boote der NVA-Grenztruppen, die den Toten bargen. Die Gerichtsmedizin Rostock identifizierte ihn als den seit Januar vermissten Manfred Premke aus Dömitz. Die Volkspolizei informierte danach seine Eltern über das traurige Schicksal ihres vermissten Sohnes. Aus welchen Gründen er bei Eiseskälte im Januar in die Elbe stieg, konnte nie geklärt werden. Ein gleichaltriger Bekannter Manfred Premkes aus Dömitz deutete damals gegenüber dessen Schwester an, „ich könnte Dir ja mehr sagen, aber ich darf nicht". (Recherche: jos., MP, US; Autorin: MP)

Quellen:

Grenztruppen der DDR/Abteilg. Operativ: Tagesmeldung Nr. 26/67–24.1.1967 bis 25.1.1967 und Nr. 73/67–12.3.1967 bis 13.3.1967. BArch Freiburg, DVH 32/112600, DVH 32/112601.

BdVP Schwerin: Rapport Nr. 26/67 für die Zeit vom 25.1.1967, 6.00 Uhr bis 26.1.1967, 6.00 Uhr und Rapport Nr. 73/67 für die Zeit vom 13.03.1967, 6.00 Uhr bis 14.03.1967, 6.00 Uhr und Rapport Nr. 75/67 für die Zeit vom 15.03.1967, 6.00 Uhr bis 16.03.1967, 8.00 Uhr: LHASn, 7.12–1, Z 55/1990(4), 175.

MfS: Bericht über Bergung der Leiche von Manfred Premke. MfS, ZA, Allg. S. 628/70.

Oberfinanzdirektion Hannover: Lagebericht von der DL zur SBZ für den Monat März 1967. NLA Hannover, Nds. 220, Acc. 27/91 Nr. 44/2.

Mitteilung von Inge Bennewitz, 24.11.2012.

Standesamt Festung Dömitz: Geburtsurkunde Manfred Premke, Nr. 87/1937.

Standesamt Gemeinde Amt Neuhaus: Sterbeeintrag Manfred Premke.

Einwohnermeldeamt Ludwigslust: Meldekartei Manfred Premke. Kreisarchiv Ludwigslust-Parchim.

Jürgen Kleesattl

geboren am 7. Februar 1944 in Delitzsch

erschossen am 23. April 1967

Ort des Zwischenfalls: Dippach (Thüringen)

Es sollte ein Abschied für nur kurze Zeit sein. Als der Gefreite Kurt Hilmar Jürgen Kleesattl am 17. April 1967 mit dem Bus von seinen Eltern in Ziegenrück zur Grenzkompanie Dippach fuhr, erwartete er in acht Tagen seine Entlassung vom Grundwehrdienst. Die Karl-Marx-Universität Leipzig hatte seine Bewerbung für ein Studium an der veterinärmedizinischen Fakultät zwar abgelehnt, aber die ihm zugewiesene Hilfsarbeiterstelle im VEB Max-Hütte Unterwellenborn wollte er nutzen, um etwas Geld zu sparen und es später noch einmal mit einer Studienbewerbung zu versuchen. Wie er seinem Vater sagte, werde er notfalls auch ein Fernstudium aufnehmen. Beim letzten Heimaturlaub suchte sich Jürgen Kleesattl eine neue Tapete aus, da sein Zimmer noch in der Woche vor der Entlassung aus der Armee renoviert werden sollte. Als er im Bus eine Bekannte traf, schlug er ihr vor, „wenn ich in acht Tagen zurückkomme, [...] da machen wir noch einen drauf".

Groß muss die Trauer und Bestürzung der Eltern gewesen sein, die ihren Sohn in den nächsten Tagen zurück erwarteten, als ein Militärstaatsanwalt in Begleitung eines Politoffiziers aus dem Grenzbataillon ihnen die Nachricht vom Tod Jürgen Kleesattls überbrachte. Die Eltern konnten nicht fassen, was ihnen die beiden Abgesandten der Nationalen Volksarmee mitteilten. Gegen ihren Sohn sei die Schusswaffe angewandt worden, weil er seinerseits mit Waffengewalt die Grenze nach Westdeutschland durchbrechen wollte.

Nach der Erstmeldung des Kommandos der Grenztruppen trat Jürgen Kleesattl am 22. April 1967 gemeinsam mit dem Unteroffizier Harald G. um 22 Uhr den Grenzdienst an. Gegen 3.15 Uhr soll er in einem Bunker nahe der Grenzanlagen seinen Postenführer niedergeschlagen und ihm die Maschinenpistole und seine Leuchtspurwaffe entrissen haben. Dann sei er mit zwei MPis und der Leuchtpistole beladen zur Grenze gerannt. Unteroffizier G., der mehrere Kopfverletzungen erlitten hatte, soll ihn verfolgt und kurz vor dem Sechs-Meter-Kontrollstreifen am Grenzzaun eingeholt haben. Was dann geschah, erklärte Harald G. am 23. April vor dem Militärstaatsanwalt: Kleesattl habe die MPi auf ihn gerichtet und gedroht zu schießen. Dabei habe er geäußert, dass dies seine letzte Chance sei. Als G. versuchte, die Waffe zu ergreifen, habe Kleesattl ihn mit dem Kolben auf den Kopf geschlagen. „Nach dem Schlag", berichtete G., „erfasste ich die Waffe, mit welcher er mich geschlagen hatte, mit beiden Händen." Während beide um die Waffe rangen, stürzten sie zu Boden. G. habe die MPi nicht mehr losgelassen. Schließlich sei es ihm gelungen, sie durchzuladen und auf den anfangs über ihn gebeugten Kleesattl mehrere Feuerstöße abzugeben. Er schoss dabei die auf Dauerfeuer eingestellte Waffe leer. Jürgen Kleesattl war sofort tot. Der Unteroffizier G. wechselte anschließend das Magazin und gab zwei weitere Feuerstöße in die Luft ab, um die Alarmgruppe herbeizurufen.

Einem Unteroffizier der Grenztruppen, der mit dem Schützen Harald G. auf einem Zimmer lag, gelang zehn Tage nach dem tödlichen Zwischenfall die Flucht in die Bundesrepublik. Er sagte gegenüber der Kriminalpolizei in Fulda aus, dass Harald G. am Tag des Geschehens um 6 Uhr mit verbundenem Kopf und ausgeschlagenen Schneidezähnen seine persönlichen Sachen aus der Stube geholt habe. Er habe den Kleesattl „zur Strecke gebracht", soll G. zu dem verdutzten Unteroffizier gesagt haben. Auf Weisung Erich Honeckers vom 24. April 1967 wurde Harald G. zwei Tage später im Rahmen eines Empfanges in Straußberg von Heinz Hoffmann, Minister für Nationale Verteidigung, belobigt und zum Unterleutnant befördert. Am 2. Mai besuchte er seine Einheit und forderte in einer Ansprache die Kameraden auf, weiterhin die Staatsgrenze gut zu bewachen und zu sichern. Von Jürgen Kleesattl konnten Kameraden jedoch noch später lesen, was er gut zwei Wochen vor seinem Tod in die Bretterwand einer alten Holzhütte geritzt hatte, die den Grenzposten als Unterstand diente: „Kennst du das Land, wo niemals die Sonne lacht, wo man aus Menschen Idioten macht ... noch 20 Tage ... Gefr. J. Kleesattl".

Eine Untersuchungskommission der Grenztruppe, die sich mit dem Zwischenfall beschäftigte, machte die Liebesbeziehung zu einer Französin als Fluchtmotiv des Gefreiten aus. Die junge Frau besuchte regelmäßig ihre Großeltern in der Nähe von Ziegenrück, wo sie und Jürgen Kleesattl einander kennengelernt hatten. Der Vater von Jürgen Kleesattl fand diese Behauptung „absurd", es habe lediglich eine Freundschaft bestanden, und sein Sohn sei mit der jungen Frau bereits für den nächsten Sommerurlaub in Ziegenrück verabredet gewesen. Wie der Vater dem Militärstaatsanwalt mitteilte, war es dagegen zwischen seinem Sohn und einem Unteroffizier zu Spannungen gekommen, die sich einmal in einer Schlägerei entluden und „in Verachtung und Hass ausarteten". Er erbat eine Wiederaufnahme des Verfahrens. „Könnte es nun in der fraglichen Nacht nicht zu einem heftigen Streit mit tätlichem Ausgang gekommen sein, in dessen Verlauf der Vorgesetzte von der Waffe Gebrauch machte? [...] Jedenfalls können wir beeiden, dass unser Sohn nie nach Westdeutschland fliehen wollte." Über den Ausgang der daraufhin angestellten Nachermittlungen konnten keine schriftlichen Überlieferungen aufgefunden werden. Nach der Aussage von Harald G. habe es zwischen ihm und Kleesattl jedoch keine ernsthaften Auseinandersetzungen gegeben. Zwar seien sie zuweilen wegen dienstlicher Belange aneinandergeraten, doch habe das ihrem freundschaftlichen Verhältnis keinen Abbruch getan.

Die Ermittler der ZERV fanden in den 1990er Jahren trotz umfangreicher Untersuchungen keine Anhaltspunkte dafür, dass der von Harald G. beschriebene Ablauf des Geschehens nicht zutreffend wäre. Am 13. April 1999 wurde das Verfahren gegen ihn mit der Begründung eingestellt, er habe aus Notwehr zur Schusswaffe gegriffen. (Recherchen: jk, jos., MP; Autor: jk)

Quellen:

Abteilung für Sicherheitsfragen des ZK der SED; Borning, Walter: Mitteilung an Erich Honecker und Verteidigungsminister Heinz Hoffmann. BArch Berlin DY 30 IV A 2/12/91.

HA IX/6: Information vom 26. April 1967. BStU, ZA, MfS AS 201/69.

MfS, ZAIG: EI über eine verhinderte Fahnenflucht im Bereich der Grenzkompanie Dippach, GR Eisenach am 23. 4. 1967. 25.4.1967. BStU, ZA, MfS ZAIG Nr. 1315.

ZESt: V-ERMV gegen Ultn. G. wegen Totschlags z. N. Jürgen Kleesattl. BArch Koblenz, Strafsache wegen Totschlags B 197/6695.

ZERV: Strafsache wegen Totschlags. LAB, D Rep. 120–02, Acc. 8346, StA II LG Berlin 27/2 Js 182/91.

Filmer, Werner/Schwan, Heribert: Opfer der Mauer. München 1991, S. 212–217.

Koop, Volker: „Den Gegner vernichten". Die Grenzsicherung der DDR. Bonn 1996, S. 365 f.

Kreisarchiv Landkreis Saale-Orla-Kreis Schleiz: Todesanzeige von Jürgen Kleesattl, Auskunft vom 31.1.2017.

Ernst Wolter

geboren am 9. Oktober 1886 in Puttball (heute Teil der Gemeinde Lemgo)

verblutet nach Auslösung von zwei Erdminen am 11. Juni 1967

Ort des Zwischenfalls: bei Riebau, Kreis Salzwedel (Sachsen-Anhalt)

Am 11. Juni 1967 gegen 6.05 Uhr hörten Grenzposten der 5. Kompanie des 24. Grenzregiments Salzwedel in der Nähe von Riebau im Bereich des Reitergrabens zwei Explosionen. Sie liefen zum Ort des Geschehens und entdeckten in der „Drahtminensperre" einen schwer verletzten Mann. Postenführer Manfred D. und der Grenzsoldat T. sagten später aus, sie seien bis auf zehn Meter an den Verwundeten herangekommen. Er habe gestöhnt und fortwährend geschrieen: „Helft mir doch, Gott hilf mir doch, holt mich doch raus!" Da ihnen aber die Funktionsweise der neuen Drahtminensperre nicht bekannt war, wagten sich die beiden Grenzer nicht zu dem Schwerverletzten. Unterdessen trafen auch die Berufssoldaten Alfons G. und Gerhard W. am Ereignisort ein. Sie warfen dem Verletzten Verbandspäckchen zu, die er jedoch nicht mehr aufnehmen konnte. Der Mann habe immer wieder gestöhnt und nach seinem Vater gerufen. Nach etwa zweieinhalb Stunden konnte ein Pioniertrupp den Schwerverletzten bergen. Der Regimentsarzt Dr. Schubert stellte den Tod der Person durch Verbluten fest. Schubert sagte gegenüber dem Untersuchungsführer des Magdeburger Staatssicherheitsdienstes später aus, dass der Verletzte sich um 8 Uhr noch bewegt, den linken Arm gehoben und mehrfach leise „Vater hilf mir!" gerufen habe. Dr. Schubert wollte auch gesehen haben, dass die Beine abgerissen waren und stellte, als der Mann die rechte Hand hob, den Verlust von mehreren Fingern fest. Gegen 8.25 Uhr bemerkte er, dass die Person die letzten Lebenszeichen von sich gab. Die Untersuchung am Ereignisort ergab, dass der Unbekannte mit Hilfe von mehreren Balken den Grenzzaun von westlicher Seite aus überklettert hatte. In den Grenzanlagen lag ein stark beschädigtes Damenfahrrad der Marke „Meister", das er über den Zaun gewuchtet und mit sich geführt hatte. Bei dem Toten wurden eine Taschenuhr und mehrere Schriftstücke gefunden. Die Leiche wurde zunächst in das „Leichenkrankenhaus" Salzwedel gebracht, von wo sie um 17 Uhr dann nach Magdeburg in die Pathologie überführt wurde.

Ein Staatsanwalt des Kreises Salzwedel namens Wagner unterzeichnete am 12. Juni 1967 das Ergebnis der pathologischen Untersuchung von Oberarzt Dr. Friedrich Wolff und Assistenzärztin Dr. Margot Laufer vom Institut für Pathologie der Medizinischen Akademie Magdeburg. Demnach war der Unbekannte nach der Explosion durch die Luft geschleudert worden und mit dem Kopf auf der Erde aufgeschlagen. Als äußere Verletzungen wurden festgestellt: „Linkes Bein unterhalb des Knies weggerissen, rechtes Bein unterhalb des Knies zerschmettert, von der rechten Hand fehlten drei Fingerspitzen, im Gesicht sind zahlreiche Splitter festzustellen". Der Tod sei schließlich „durch Herz- und Kreislaufversagen infolge Blutverlustes aus den schweren Verletzungen der unteren Gliedmaßen eingetreten". Die beiden Fachmediziner schrieben am Ende ihres Leichenöffnungsberichts: „Mutmaßliches Alter zwischen 60 und 65 Jahren. Muskulöser regelmäßiger Körperbau, Körpergröße ca. 1,70 m." Kreisstaatsanwalt Wagner leitete noch am gleichen Tag ein Ermittlungsverfahren gegen Unbekannt ein.

Ernst Wolters Fahrrad.
Bildquelle: BStU

Erich Honecker, damals der für Sicherheitsfragen zuständige Sekretär des SED-Zentralkomitees, erhielt am 12. Juni 1967 von seinem dafür zuständigen Abteilungsleiter Walter Borning folgende Mitteilung: „In unserer Sperre wurde eine unbekannte männliche Zivilperson, ca. 60 bis 65 Jahre alt, gefunden, die aus Westdeutschland kam. Die Bergungsarbeiten wurden gegen 08.05 Uhr abgeschlossen. Bei der Durchsuchung der Person wurden keinerlei Dokumente vorgefunden. Vor und während der Bergungsarbeiten wurden auf westlicher Seite keine Handlungen des Gegners festgestellt." Man werde mit dem Chef der Grenztruppen, Generalmajor Peter, das Geschehene „auswerten und fordern, dass in solchen Fällen Maßnahmen getroffen werden, die die Bergungsarbeiten in einem kürzeren Zeitraum abschließen".

Einem „Bericht über die Erdbestattung der an der Staatsgrenze West aufgefundenen männlichen Leiche", verfasst von einem Magdeburger MfS-Mann, ist zu entnehmen, dass der „unbekannte Tote" am 22. Juni 1967 um 8.10 Uhr auf dem Westfriedhof in Magdeburg in der Grabstelle RA 9 3305 beerdigt wurde. Die Sterbeurkunde des Standesamts Magdeburg enthält Angaben zu „Unbekannt, männlichen Geschlechts", mit der Angabe, der Mann sei am 11. Juni 1967 um 8.30 Uhr in Magdeburg „tot aufgefunden" worden. Staatsanwalt Wagner und ein MfS-Leutnant nahmen an der Beisetzung teil. Am 27. Juli 1967 stellte Wagner das „Ermittlungsverfahren gegen Unbekannt" mit der Begründung ein, der Tote habe nicht identifiziert werden können.

Staatsanwalt Wagner war allerdings zu diesem Zeitpunkt die Identität des ums Leben Gekommenen längst bekannt. Schon einer der ersten Berichte der Untersuchungsgruppe des MfS vom 12. Juni 1967 enthielt den Hinweis, dass nach nochmaliger Durchsuchung der Kleidungsstücke der Leiche mehrere Rechnungen aufgefunden wurden, die an Ernst Wolter in Bockleben gerichtet waren. Auch sei aus diesen erkennbar gewesen, dass es sich bei dem Empfänger um einen Bauern gehandelt haben müsse. Unter den aufgefundenen Schriftstücken befand sich auch eine Bestätigung der Molkerei-Genossenschaft, 3131 Lemgow zu Trabuhn, über abgelieferte Milch und deren Qualitätseinstufung.

Am 3. August 1967 rief die Gemeindeschwester Gerda B. aus Riebau das Volkspolizei-Kreisamt in Salzwedel an und fragte „nach dem Verbleib des westdeutschen Bürgers Wolter". Daraufhin begab sich Oberleutnant Krüger von der Kriminalpolizei zu ihr. Laut seinem Protokoll hatte sich die Bäuerin Erika L. (Jg. 1920) aus Westdeutschland am 31. Juli 1967 mit einem Eilbrief an ihre Bekannte, die Gemeindeschwester in Riebau, gewandt und nach dem Verbleib ihres Pflegevaters Ernst Heinrich Friedrich Wolter gefragt. In dem Brief heißt es: „Am 10. Juni ist unser Opa aus Bockleben vermißt. Er ist abends um 7 Uhr noch im Dorf gesehen worden und seitdem fehlt von ihm jede Spur. Nun wissen wir aber, daß ein älterer Mann bei Melchau auf eine Mine gelaufen sei, am Sonntagfrüh, und Dienstag in Salzwedel als Vermißter beerdigt sein soll. Er hatte keine Papiere bei sich. Wir nehmen an[,] er wollte Kühe suchen. Er war in letzter Zeit nicht mehr so, wie er sein müßte. Sein Fahrrad soll am Zaun gestanden haben und dann von der Grenzpolizei nach dort rübergeholt worden sein." Die zuständige Polizeidienststelle habe eine Anfrage an die Volkspolizei gerichtet, aber noch keine Antwort erhalten. „Er sah sehr jung aus, rot und frisch, hatte altes Zeug an und Gummistiefel." Erika L. bat darum, das Fahrrad ihres Pflegevaters bei der Volkspolizei in Salzwedel sehen zu dürfen, um es zu identifizieren.

Nach westlichen Pressemeldungen musste Staatsanwalt Wagner auf Weisung der Ost-Berliner Generalstaatsanwaltschaft im September 1967 die Ermittlungen nach dem angeblich „unbekannten Toten" wiederaufnehmen. Wagner vernahm eine in der DDR wohnende Schwägerin Wolters, die zum Termin Ernst Wolters Personalausweis mitbrachte. Das Dokument hatte ihr die Pflegetochter aus Westdeutschland zugeschickt. Ernst Wolter war demnach zum Zeitpunkt seines Todes 80 Jahre alt. Wagner berichtete dem Generalstaatsanwalt in Ost-Berlin, nach der Personenbeschreibung durch Frau Anna K. „und dem mir vorliegenden Paßbild des Personalausweises habe ich persönlich keinen Zweifel, daß es sich tatsächlich um die Person des Ernst Wolter handelt".

Frau K. bat im Namen der Angehörigen um Auskunft darüber, ob es sich bei dem an der Grenze tödlich Verunglückten tatsächlich um Ernst Wolter handele. Sie bat weiterhin darum, dass die DDR-Behörden der Pflegetochter zur Erledigung von Erb- und Versicherungsangelegenheiten die Sterbeurkunde aushändigen und mitteilen, wo ihr Vater beerdigt wurde.

Am 2. Dezember 1968 verfasste das MfS einen „Abschlußbericht zur Grenzverletzung am 11. Juni 1967 im Raum Salzwedel". Demnach hatte man im März 1968 einen Plan zur „Vernehmung der vermutlichen Pflegetochter des unbekannten Grenzverletzers" verfasst und sie über ihre in der DDR lebende Tante zur Identifizierung nach Ost-Berlin eingeladen. Der von dieser Tante übergebene „Personalausweis der Bundesrepublik Deutschland des unbekannten Toten" war zuvor schon von der Technischen Untersuchungsstelle des MfS begutachtet und für echt befunden worden. Die 68-jährige Pflegetochter Wolters schreckte jedoch vor der Reise in die DDR zurück. Am 7. Juni 1968 wurde das Verfahren gegen „Unbekannt" wieder vorläufig eingestellt. Die nach der Wiedervereinigung eingeleiteten Ermittlungen gegen mehrere Offiziere führten zu keiner Anklage, denn die Eintragungen in die Formbögen zu den Minenfeldern enthalten häufig Namen von Stabsoffizieren, die nicht mit den Namen der tatsächlich für die Minenverlegung verantwortlichen Pionierkommandanten identisch sind. (Recherche: AN, jk, jos., MK, MP; Autor: jos.)

Quellen:

Walter Borning, Abteilung Sicherheit des ZK: Mitteilung vom 12. Juni 1967 an Erich Honecker über eine Minendetonation mit tödlicher Verletzung. SAPMO-BArch, DY 30 IV A 2/12/87 Abt. Sicherheit.

MfS, BV Magdeburg: Bericht über einen Grenzdurchbruch mit tödlichem Ausgang im Raum der 5. Kompanie, 24. GR Salzwedel. BStU, Ast. Magdeburg, MfS, AU 1518/68.

MfS, ZAIG: E.I. vom 13.6.1967 über Grenzdurchbrüche von Westdeutschland aus mit Verletzung der Grenzverletzer durch Minen am 10. und 11.6.1967. BStU, ZA, MfS, ZAIG 1360.

MfS, HA IX: Vorg. Nr. VII/500/67 AU 1518/68. BStU, ZA, MfS, HA IX, Nr. 4875.

Ministerium des Innern – Stab: Rapport Nr. 141 für die Zeit vom 10.6.1967, 04.00 Uhr, bis 12.6.1967, 04.00 Uhr. BArch, DO 1/2.3/27857.

GR Salzwedel, GB Ritze, GK Riebau: Tagesmeldung Nr. 163 / 67. In: ZERV-Ermittlungen, 2 Js 615/92, und spätere staatsanwaltschaftliche Ermittlungen, 25/2 Js 1069/92. LAB, D Rep. 120–02 ZERV.

Schreiben des Kriminalkommissariats Lüchow vom 19. November 1993. StA Magdeburg, 652 Js 47405/98.

Standesamt Magdeburg: Sterbeurkunde Nr. 820 vom 20. Juni 1967. In: StA Magdeburg, 652 Js 47405/98.

Bärbel Richter

geboren am 21. Dezember 1939 in Borna

ertrunken am 18. Juni 1967

Ort des Zwischenfalls: Elbe bei Schnackenburg (Niedersachsen)

Bärbel Elli Richter und ihr Ehemann Karl-Theodor hatten schon seit längerer Zeit überlegt, ob sie die Flucht in die Bundesrepublik wagen sollten. Die 27-Jährige war Sonderschullehrerin an der Pestalozzi-Schule in Aschersleben (Sachsen-Anhalt). Das Ehepaar Richter gehörte keiner Partei an. In DDR-Überlieferungen wird

Karl-Theodor Richter als gläubiger Katholik bezeichnet. Er arbeitete als Diplomingenieur im Konstruktionsbüro des VEB Werkzeugmaschinenfabrik Aschersleben (WEMA). Bereits 1965 sprach er gegenüber seiner Freundin Bärbel von Fluchtabsichten, doch sie konnte ihn überzeugen, in der DDR zu bleiben. Im Februar 1967 heirateten sie. Bald erwartete Bärbel Richter ein Kind. Indessen schob das Wohnungsamt die Zuweisung einer gemeinsamen Wohnung für das Ehepaar immer wieder hinaus. Das gab letztlich den Ausschlag für die Entscheidung, nun doch das Land zu verlassen.

Karl-Theodor Richter war ausgebildeter Sporttaucher, er ging diesem Hobby gemeinsam mit seiner Frau in der Freizeit regelmäßig nach. Sie fühlten sich daher sicher genug, von Wittenberge aus die Elbe abwärts schwimmend, das niedersächsische Elbufer erreichen zu können. In Wittenberge war die Elbe noch nicht durch Grenzzäune abgesperrt und frei zugänglich, doch bis nach Schnackenburg in Niedersachsen galt es, gut 20 Kilometer zurückzulegen – in der Elbströmung ein überaus gefährliches Unterfangen. Am Samstag, dem 17. Juni 1967, stiegen Bärbel und Karl-Theodor Richter in Aschersleben in ihren lindgrünen Trabant und fuhren nach Wittenberge. Den Nachbarn gegenüber sprachen sie von einer Urlaubsfahrt. Der Samstagmorgen begann nach einigen vorausgegangenen Regentagen freundlich, in der Bundesrepublik feierte man den Tag der deutschen Einheit.

In der Nacht vom 17. auf den 18. Juni 1967 zog das Paar in der Nähe von Wittenberge seine Taucheranzüge an und stieg in die Elbe. Sie schwammen unentdeckt bis ins unmittelbare Grenzgebiet, doch hier überfiel sie Unsicherheit. Vor dem niedersächsischen Ufer sahen sie Positionslampen im Wasser schwanken. Barbara und Karl-Theodor Richter schwammen zurück in die Strömung und entschlossen sich, an dem vermeintlichen Sicherungsboot vorbeizutauchen. Tatsächlich hatten sie bereits die Demarkationslinie passiert und das Bundesgebiet erreicht. Bei den Positionslampen handelte es sich um Markierungen von Anlagen für den Fischfang. Als sie versuchten, daran vorbei zu tauchen, verfingen sich beide unter Wasser in einem Fischernetz. Allein Karl-Theodor Richter konnte sich befreien und ging bei Schnackenburg an Land. Barbara Richter, im fünften Monat schwanger, ertrank. Fischer bargen sie noch am gleichen Tag tot aus der Elbe.

Die Eltern von Barbara Richter erfuhren durch ein Telegramm ihres Mannes von dem traurigen Schicksal ihrer Tochter. Sie wussten nichts von ihren Fluchtplänen. Die Bemühungen der Angehörigen, Bärbel Richter in ihrer Heimat bestatten zu dürfen, wurden von den DDR-Behörden zurückgewiesen. Sie fand in Lüchow ihre letzte Ruhe. Mehrere westdeutsche Tageszeitungen berichteten ausführlich über den tragischen Zwischenfall an der innerdeutschen Grenze. (Recherche: A.N., jk, MP, MS, ST, US; Autor: jk)

Quellen:
MfS: BStU, ZA, MfS, ZKG, Nr. 11220.
MfS, HA IX: Information, 22.6.1967. BStU, MfS, HA IX, Nr. 12482.
MdI: Rapport Nr. 149 für die Zeit vom 20.6.1967, 04.00 Uhr bis 21.6.1967, 04.00 Uhr. BArch Berlin, DO 1/2.3/27857.
Oberfinanzdirektion Hannover: Lagebericht von der DL zur SBZ für den Monat Juni 1967. NLA Hannover, Nds. 220, Acc. 27/91 Nr. 44/2.
Sterbeeintrag Nr. 4 des Standesamtes Schnackenburg vom 20.06.1967. Archiv der Samtgemeinde Elbtalaue.

dpa: Auf der Flucht in der Elbe ertrunken. In: *FAZ*, 19.06.1967.
Pingel-Schliemann, Sandra: „Ihr könnt doch nicht auf mich schießen!" Die Grenze zwischen Lübecker Bucht und Elbe zwischen 1945 und 1989. Schwerin 2013, S. 230.

Manfred Hube

geboren am 5. Februar 1941
in Preußisch Holland (heute: Pasłęk, Polen)

ertrunken am 15. September 1967, aus der Elbe geborgen am 19. September 1967

Ort des Zwischenfalls: Elbe bei Lütkenwisch (Brandenburg)

Bildquelle: Privat, Christiane Köhn

Manfred Hube lebte mit seiner Ehefrau und seinen vier Kindern in Leussow (Landkreis Ludwigslust-Parchim). Er war in seinem Wohnort sehr beliebt, spielte Fußball und war Mitglied bei der freiwilligen Feuerwehr. Ein Eigenheim, in das der 26-Jährige viel Arbeit steckte, war fast fertiggebaut. Daran, die DDR zu verlassen, dachte er offensichtlich nicht. Einladungen seiner Geschwister, zu ihnen in die Bundesrepublik bzw. in die USA zu kommen, lehnte er ab. Als Maler der PGH „Universal" Eldena arbeitete er auch im Sperrgebiet an der innerdeutschen Grenze. Für diese meist mehrtägig angesetzten Einsätze verfügte er über einen Passierschein. So führte er auch am 14. September 1967 mit einem Kollegen in Lütkenwisch Malerarbeiten im dortigen Gemeindehaus aus. Abends verdienten sich die Beiden bei einem Bauern ein Zubrot.

Zu dem, was dann in der Nacht zum 15. September geschah, halten ein Fernschreiben des Staatssicherheitsdienstes und die Tagesmeldung der Grenztruppen fest, dass die Männer während der Arbeit alkoholische Getränke zu sich genommen hätten. Nach einem Streit, zu dem es am Abend zwischen Manfred Hube und einer Bekannten aus Lütkenwisch gekommen sei, habe dieser sich spontan entschlossen, über die Elbe in die Bundesrepublik zu flüchten. Unbemerkt sei er kurz nach Mitternacht ans Elbufer gelangt und in den Fluss gestiegen.

Da zu dem Fall keine weitergehenden Ermittlungsunterlagen überliefert sind, ist der Wahrheitsgehalt dieser Angaben kritisch zu bewerten. Es bleibt ungewiss, was in dieser Nacht tatsächlich geschah, zumal eine Flucht in den Westen dem Charakter und der Lebensperspektive Manfred Hubes widersprochen hätte und Einwohner von Lütkenwisch vom Streit eines Mannes mit Grenzsoldaten berichteten, der schließlich in eine Schlägerei eskalierte.

Manfred Hube mit seinen Kindern Christiane, Margret und Michael.
Bildquelle: Privat, Christiane Köhn

Aus dem Lagebericht des niedersächsischen Zolls für den Monat September 1967 geht hervor, dass in der Nacht vom 14. zum 15. September eine Zollgrenzdienst-Streife vor Schnackenburg Hilferufe von der Elbe her vernahm. Um den in Not Geratenen zu retten, suchte ein Motorboot sofort der Fluss ab. Doch die Suche blieb ergebnislos. Fünf Tage später, am 19. September 1967, bargen Zollbeamte 13 Kilometer weiter flussabwärts bei Vietze die Leiche von Manfred Hube. Nach der Rückführung der Asche des Verstorbenen fand die Urnenbeisetzung in Leussow statt. (Recherche: jk, MP, MS, US; Autor: jk)

Quellen:

Meldekarte Manfred Hube. Kreisarchiv Ludwigslust-Parchim, Außenstelle Ludwigslust.

MfS/KD Ludwigslust, Fernschreiben Nr. 59, Grenzdurchbruch DDR–West. BStU, ZA, MfS, ZKG, Nr. 11220.

NVA, Kdo. d. GT, Op. Diensthabender: Tagesmeldung Nr. 259/67 für 14.9.–15.9.67. BArch Freiburg, DVH 32/112604.

Oberfinanzdirektion Hannover: Lagebericht an der DL zur SBZ für den Monat September 1967. NLA Hannover, Nds. 220, Acc. 27/91, Nr. 44/2.

FAZ: Flüchtling in der Elbe ertrunken. In: *FAZ*, 21.9.1967.

Gespräch mit der Tochter von Manfred Hube am 25.01.2017.

Pingel-Schliemann, Sandra: „Ihr könnt doch nicht auf mich schießen!" Die Grenze zwischen Lübecker Bucht und Elbe zwischen 1945 und 1989. Schwerin 2013, S. 231.

Erich Tesch

geboren am 20. Juli 1902 in Roga
getötet durch Minendetonation am 10. Oktober 1967
Ort des Zwischenfalls: 850 Meter nördlich der Bundesstraße 1
zwischen Helmstedt (Niedersachsen) und Morsleben (Sachsen-Anhalt)

Erich Tesch wurde 1902 in dem mecklenburgischen Bauerndorf Roga (Gemeinde Datzetal) geboren. Er hatte Maurer gelernt, geheiratet und wurde Vater von vier Kindern. Doch als er den Vormittag des 9. Oktober 1967 gemeinsam mit Jakob P. und Heinrich S. in einem Obdachlosenheim in Köln-Ehrenfeld zubrachte, war dies schon lange Vergangenheit. Seine Ehefrau lebte seit zwölf Jahren von ihm getrennt, und zu seinen Kindern hatte er kaum noch Kontakt. Drei von ihnen waren in die DDR gezogen und wohnten in Ost-Berlin. Mit dem Gesetz geriet Tesch mehrfach in Konflikt, meist wegen Ladendiebstahls und Trunkenheitsdelikten. Die Polizei griff ihn wiederholt als Stadtstreicher und Randalierer auf.

An diesem Vormittag des 9. Oktober machte Heinrich S. den Vorschlag, gemeinsam in die DDR zu gehen, er habe dort Bekannte. Der 35-jährige Jakob P. wollte ihn begleiten. Je weiter weg desto besser, dachte er, weil er sich mit seiner Frau überworfen hatte. Erich Tesch sah die Chance, seine Kinder wiederzusehen und sagte ebenfalls zu. Doch als die drei ihr Geld zählten, mussten sie feststellen, dass es für die Fahrkarten nach Berlin nicht reichte. Sie entschieden sich, nur bis Helmstedt Karten zu lösen und von dort aus zu Fuß in die DDR zu gehen. Der Rest würde sich schon finden. Mit dem übrig gebliebenen Geld deckten sie sich für die Nachtfahrt mit Spirituosen ein.

Als sie am nächsten Morgen um 4 Uhr in Helmstedt aus dem Zug stiegen, schlug ihnen ein stürmischer Wind entgegen. Sie gingen zunächst in eine Raststätte und frühstückten. Als sie das Lokal verließen, trafen sie auf eine Streife des Bundesgrenzschutzes, die sie zur Feststellung der Personalien in ihre Dienststelle mitnahm. Dort stellte sich heraus, dass Heinrich S. auf der polizeilichen Fahndungsliste stand. Er wurde deswegen festgenommen. Gegen Erich Tesch und Jakob P. lag nichts vor. Da sie aber angaben, daß sie in die DDR wollten, behielt man ihre Ausweise ein, stellte ihnen Ersatzbescheinigungen aus und setzte sie auf freien Fuß. Als sie schließlich an der Grenzübergangsstelle Marienborn ankamen, bemerkten die Mitarbeiter der dortigen DDR-Passkontrolleinheit rasch, dass die beiden Männer schon am frühen Morgen unter Alkoholeinfluss standen. Zudem hatte Jakob P. seine Meinung geändert und schüttelte, während Erich Tesch um Aufnahme in den sozialistischen Staat bat, auf die Frage, ob denn auch er in die DDR wolle, kräftig den Kopf. Nach Rückfrage bei ihren Vorgesetzten schickten die DDR-Grenzer die beiden Männer wieder nach Niedersachsen zurück. Zu Erich Tesch sagte einer der Passkontrolleure, er könne es ja nach 18 Uhr ein zweites Mal versuchen, wenn er dann wieder nüchtern sei.

In Helmstedt angelangt, kehrten sie wieder in der Raststätte ein und bestellten Bier. Wenn sie ihn nicht durch den Grenzübergang lassen wollten, dann würde er eben über den Zaun klettern, überlegte Erich Tesch laut. Er sah auf die Uhr. Es war nun etwa 8 Uhr. Bis 18 Uhr wollte er auf keinen Fall warten. Jakob P. versprach, bis zu den Grenzanlagen mitzukommen. Sie leerten die Gläser und brachen auf. Östlich von Helmstedt liefen sie durch dichten Kiefernwald, von irgendwoher rauschte der Autobahnverkehr. Sie stießen auf die Bundesstraße 1, die hier als Sackgasse endete. Als sie den breiten Sandweg weitergingen, entdeckten sie einen ausgebrannten Bus, der quer auf der Fahrbahn stand, davor ein Schild mit der Aufschrift Zonengrenze. Erich Tesch ging mit seiner karierten Reisetasche vorneweg. Lass uns umkehren, mag Jakob P. gedacht haben. An einem Streckmetallzaun angekommen, musste er die Tasche halten, während Tesch über die Sperre kletterte. Erich Tesch ergriff die Tasche, die ihm der Freund über den Zaun reichte. Er drehte sich um, sah eine gerodete Fläche, einen zweiten Grenzzaun und machte einen Schritt vorwärts.

Der Wirt der Raststätte wunderte sich. Früh um 4 Uhr waren die Männer aus Köln noch zu dritt gekommen, gegen 8 Uhr, als sie zurückkehrten, fehlte schon einer, nun war es nach 10 Uhr, und der dritte Mann, der ganz allein wiedergekommen war, sah nicht gut aus. Mit verstörtem Blick ließ er sich einen Schnaps nach dem anderen eingießen. Dann begann er zu sprechen. So richtig schlau wurde der Wirt nicht aus dem Gerede des stark Angetrunkenen. Aber als er die Worte Mine und Knall hörte und dass einer in 'ner Erdmulde lag, ganz klein und wimmernd, da wusste der Helmstedter, was passiert war. Er müsse sofort zur Polizei gehen, sagte er zu Jakob P. Doch als dieser auf der Wache vor den Polizisten stand, fehlten ihm die Worte. Die Beamten konnten sich auf sein Gerede keinen Reim machen und brachten ihn kurzerhand in eine Ausnüchterungszelle.

Ein Posten der 4. DDR-Grenzkompanie Marienborn hörte am Vormittag um 10.15 Uhr einen Knall. Er sah noch, wie eine karierte Reisetasche durch die Luft flog. Sofort verständigte er seinen Kompaniechef, der wiederum seiner vorgesetzten Dienststelle die Minenexplosion und den vermutlichen Personenschaden meldete. Doch die Rettung eines Verletzten aus dem Minenfeld war auch für Angehörige der Grenztruppen lebensgefährlich. Eine Nachbarkompanie entsandte einen Bergungstrupp. Die Soldaten mussten von der Westseite aus ein Streckmetallfeld aus dem Grenzzaun brechen und eine Bergungsstange zu dem Verletzten bugsieren. Dieser musste die Stange ergreifen und mit seiner Kleidung verhaken. Gegen 11.25 Uhr, eine Stunde nach der Explosion der Bodenmine, zogen sie Erich Tesch vorsichtig aus dem Minenfeld. Man brachte den Schwerverletzten, der unter starkem Schock stand, ins Kreiskrankenhaus nach Haldensleben. Dort stellten die Ärzte fest, dass ihm die Mine das linke Bein bis unterhalb des Knies und einen Daumen abgerissen hatte. Auch das rechte Bein wies schwere Verletzungen an Knie und Knöchel auf, und der ganze Körper war von Splittertreffern übersät. Erich Tesch starb noch am Abend dieses Tages um 20.30 Uhr. Nach den Aussagen, die Jakob P. später machte, ging die Polizei in Helmstedt davon aus, dass Erich Tesch nur eine schwere Beinverletzung erlitten habe. In der Bundesrepublik blieb sein Tod bis zur Wiedervereinigung unbekannt.

Die Staatsanwaltschaft Magdeburg klagte Ende der 1990er Jahre wegen des Todes von Erich Tesch und weiterer Minenopfer die vormaligen DDR-Kommandeure Generalmajor Harald Bär und Major Horst Marutzki an. Bär trug als Chef der 7. Grenzbrigade und Marutzki als Kompaniechef ihrer Pionierbrigade die Verantwortung für die Minenfelder im Grenzgebiet bei Marienborn. Bärs Verfahren wegen mehrfacher Anstiftung zum Totschlag wurde eingestellt, weil der Angeklagte als verhandlungsunfähig erklärt wurde. Das Landgericht Magdeburg verurteilte Horst Marutzki wegen Totschlags zu einer zweijährigen Bewährungsstrafe. (Recherche: jk, A.N., MK, St.A., TP; Autor: jk)

Quellen:
MdI: Rapport Nr. 247 für die Zeit vom 10.10.1967, 04.00 Uhr, bis 11.10.1967, 04.00 Uhr. BArch Berlin, DO 1/2.3/29148.

Übersichtskarte zu Personen, die durch Grenzsicherungseinri. [!] verletzt wurden. BStU, ZA, MfS, HA IX, Nr. 4296.

Nationale Volksarmee, Grenzregiment 25, Der Stabschef: Bericht über den Vorgang bei der Bergung des verletzten Grenzverletzers aus der Minensperre im Abschnitt der 4. Grenzkompanie. BArch Freiburg, DVH 38/146386.

StA Magdeburg: Anklageschrift im Verfahren gegen Generalmajor Bär wegen mehrfacher Anstiftung zum Totschlag vom 21.07.1997, 653 Js 16982/97. LG Stendal: Beschluss vom 19.01.1999, 502 Ks 15/97. Sammlung Marxen/Werle, Humboldt-Universität zu Berlin.

ZERV: Ermittlungsunterlagen. LAB, D Rep. 120–02; Acc. 8346, 25/2 Js 266/91.

StA Magdeburg: Ermittlungs- und Verfahrensunterlagen gg. Horst Marutzki wg. Totschlag z. N. von Erich Tesch. StA Magdeburg, 653 Js 1543/99.

Filmer, Werner/Schwan, Heribert: Opfer der Mauer. Die geheimen Protokolle des Todes. München 1991, S. 218.

Hasso Schüttler

geboren am 29. Mai 1929
in Berlin-Buchholz

getötet durch Minendetonation am 25. Oktober 1967

Ort des Zwischenfalls:
nahe Zimmerau (Bayern)

Bildquelle: BStU

Am Nachmittag des 25. Oktober 1967 beobachtete Walter Scheider, der in der Nähe von Zimmerau in Bayern zusammen mit seinem sechsjährigen Sohn Klee erntete, einen Mann, der sich von westlicher Seite mit einem Fahrrad quer über die Felder zur Grenze der DDR bewegte. Dort angelangt, erkletterte dieser den Zaun, setze sich auf einen Betonpfeiler und begann, einen Apfel zu essen. Der Landwirt war alarmiert: „Geh zurück, es ist vermint!", rief er dem augenscheinlich Lebensmüden zu. Aber der wiegelte ab, stieg schließlich auf die östliche Seite hinunter, stampfte auf die Erde und sagte: „Sieh her, da ist doch nichts, da sind keine Minen." – und ging weiter den Minengürtel entlang. Wenig später hörten Vater und Sohn eine detonierende Mine und einen Schrei, der im Knall einer zweiten Mine erstickte. Eine halbe Stunde lang konnte Walter Scheider noch ein leises Stöhnen hören, doch seine Versuche, ostdeutsche Grenzsoldaten zur Hilfe zu rufen, scheiterten. Dann verstummte der Verletzte. Er war verblutet.

Mit seiner Unbekümmertheit und Respektlosigkeit im Umgang mit dem Grenzregime musste Hasso Schüttler die Mitarbeiter der verschiedenen Ordnungsinstanzen der DDR oftmals zur Weißglut gebracht haben, scheiterte doch im Minenfeld sein zwölfter Versuch, in den östlichen Teilstaat zu gelangen. Hasso Schüttler wurde 1929 als Sohn des Schmiedes Karl Schüttler und seiner Ehefrau Klara in Berlin-Buchholz geboren. Aus der Schule schied er mit dem Zeugnis der 6. Klasse aus und nahm eine Lehre als Foto- und Lichtpauser auf. Nach Kriegsende war er in verschiedenen Arbeitsstellen beschäftigt, unter anderem als Hilfsschlosser und als Hilfsarbeiter in der Landwirtschaft. Seine Mutter lebte im Ostteil Berlins. Von 1949 an war er bei der Grenzpolizei der DDR tätig, wurde nach zwei Jahren entlassen und siedelte nach Westdeutschland über. Dort lebte er ohne festen Wohnsitz, arbeitete vor allem in der Landwirtschaft und unternahm – oft mit dem Fahrrad – ausgedehnte Touren durch Frankreich, Dänemark, Belgien, Schweden und Großbritannien, wobei er sich mit diversen Tätigkeiten über Wasser hielt. Zeitweise wohnte er auch bei seiner Tante im niedersächsischen Tostedt.

Im November 1964 griff ihn die Volkspolizei in Waren (Müritz) auf. Da war er ohne Geld und Einreisegenehmigung auf dem Weg von West-Berlin nach Rostock, um vielleicht, wie er dem vernehmenden Polizisten sagte, weiter nach Schweden zu reisen, aber das wisse er noch nicht so genau: „Ich bekomme manchmal solche Einfälle, daß ich ohne Vorbereitung in ein anderes Land fahre." Gegen den Mann, der, wie sich bei den Ermittlungen herausstellte, in diesem Jahr bereits von der Aufnahmestelle Oebisfelde und dem Aufnahmeheim Pritzier zurückgewiesen worden war, eröffnete die Polizei ein Ermittlungsverfahren, weil er gegen das Passgesetz verstoßen hatte, und überführte ihn in die Untersuchungshaftanstalt Neustrelitz. Doch als am 26. Februar 1965 die Hauptverhandlung eröffnet werden sollte, musste die Strafkammer das Verfahren unterbrechen. Der Angeklagte wirkte abwesend, dann wiederum aufmüpfig, verlor beim Reden schnell den Zusammenhang und wusste viele Fragen überhaupt nicht zu beantworten. Nach einer stationären Untersuchung im Krankenhaus für Neurologie und Psychiatrie in Neuruppin folgte das Gericht am 19. Mai 1965 dem psychiatrischen Gutachten, erklärte Hasso Schüttler für nicht schuldfähig und wies ihn nach West-Berlin aus. Aber was sollte er dort? Schüttler wollte in die DDR, ja er besaß sogar noch die Staatsbürgerschaft dieses Landes! Er ließ sich von seinem Anliegen nicht abbringen, und so wurde eine Vielzahl von Abweisungen aktenkundig, die ausgesprochen wurden, weil der Übersiedlungsersuchende entweder keine Papiere bei sich hatte oder bereits bei den ersten Aufnahmegesprächen aus dem Rahmen fiel. Ihn traf das Verdikt, ein „asozialer Provokateur" zu sein. Am 13. Dezember 1965 wies ihn das Aufnahmeheim Pritzier zurück, am 3. Januar 1966 das Aufnahmeheim Barby, am 8. Februar 1966 das Aufnahmeheim Eisenach, am 4. Juli 1966 das Aufnahmeheim Berlin-Blankenfelde, am 6. Oktober 1966 die Grenzübergangsstelle Horst, am 4. September 1967 noch einmal das Aufnahmeheim Barby, und am 16. September 1967 griffen ihn die Grenztruppen bei Pötenitz auf und schleusten ihn zurück. Schon am 13. Oktober 1967 durchbrach er erneut die Grenze im Raum Rasdorf – Geisa. Er hatte keinen Ausweis bei sich, nur sein Fahrrad und eine Plastiktüte mit schmutziger Wäsche. Auf die Frage, warum er nicht über die Grenzübergangsstelle einreise, antwortete er, dass man ihn dort nicht mehr durchließe. Er kam wieder ins Aufnahmeheim Pritzier, wurde von dort ins

Aufnahmeheim Eisenach verlegt und schließlich am 20. Oktober unter Aberkennung der DDR-Staatsbürgerschaft in den Westen abgeschoben. Er sei ein „Landstreicher moderner Prägung" beurteilte ihn der Aufnahmeleiter in Pritzier. Hasso Schüttler selbst trug einmal in die Spalte „Erlernter Beruf" des Fragebogens für Rückkehrer/Erstzuzug „Frei schaffender Grenzgänger" ein. Aus Norderney schrieb er 1965 einen Brief an die „Untersuchungshaftanstalt (Stasie) Spionageabwehr Neustrelitz": „Liebe STASI oder Maikäfer zu Deiner Kenntnis ich möchte dir nur schreiben, das es mir in Deutschland sehr schwer fällt zu Glauben das Einer für den Anderen da ist Time is Money sagt der Angelsachse für viele mag es stimmen. Mir fehlt es öfters an Geld aber Nie an Freiheit. Mir kann man weder Erpressen noch Kaufen. Wenn ich der Ansicht bin[,] es sind ein paar Kohlweißlinge am Werk[,] mir das Leben so schwer wie möglich zu machen oder Seelengleichrichter. Die meinen[,] Sie wüßten es besser Als Ich[,] was für Mich Tragbar ist oder nicht oder Zweckmäßig für DEUTSCHLANDs Zukunft. Ich unterstütze weder Großmäuler noch Parasiten[,] welche Uniform sie auch Tragen. Ob weiß[,] Schwarz oder Grün. Kurz und Gut[,] ich muß nach Frankreich meine Sachen holen."

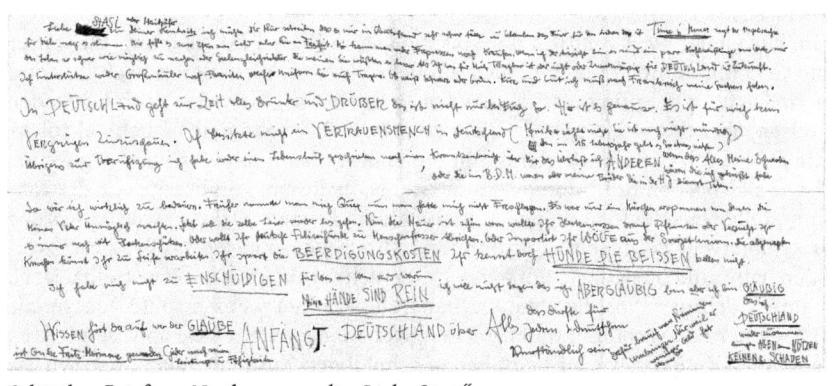

Schüttlers Brief aus Norderney an die „Liebe Stasi"
Quelle: BStU

Vom Tod des 36-Jährigen, bereits fünf Tage nach der letzten Ausweisung, nahm das MfS keine Kenntnis. Die Dokumente der Leiche im Minenfeld waren so zerfetzt, dass sie nicht mehr entziffert werden konnten. Der MfS-Vorgang „Schüttler", der immerhin sieben Mappen umfasst, wurde am 30. Juli 1976 dem Archiv übergeben: „Unsererseits besteht kein weiteres op. Interesse mehr an Sch." Zu dieser Zeit hatte sich die Mutter von Hasso Schüttler bereits das Leben genommen. Vermutlich hatte sie von den Behörden der DDR nie Klarheit über das Schicksal ihres Sohnes erhalten. (Recherche: jk, MP, St.A.; Autor: jk)

Quellen:
NVA, Kdo. der GT, Op. Diensthabender: Tagesmeldung Nr. 299/67. BArch Freiburg, DVH 32/112604.

MfS Bezirksverwaltung Suhl, Abt. VIII/RGS: Bericht über die Grenzverletzung mit tödlichem Ausgang am 25.10.67 im Grenzabschnitt der Grenzkompanie Schweikershausen des 9. Grenzregimes der 11. Grenzbrigade. Suhl, 26.10.1967. BStU, MfS, BV Suhl, Abt. VII 1061.

MfS Neubrandenburg: Untersuchungsvorgang über Schüttler, Hasso. BStU, MfS Nbg, AU 183/65.

Schüttler, Hasso: [handschriftliche Stellungnahme]. Grevesmühlen, 17.9.1967. MfS, Swn, AP 1109/66.

Aufnahmeheim Pritzier: Vernehmungsprotokoll. Pritzier, 22.9.67. MfS, Swn, AP 1109/66.

MfS, BV Schwerin: Abverfügung zur Archivierung. Schwerin, 30.6.1976. MfS, Swn, AKK 1101/76.

Aufnahmeheim Eisenach/Arbeitsgruppe VP/Der Leiter: Rückführung. Eisenach, 18.10.1967. MfS, Erf, AP 509/71.

StA Erfurt: Anklageschrift vom 5.04.2000, 510 Js 4661/98. LG Meiningen: Urteil vom 12.04.2001, 510 Js 4661/98-1 Ks . Sammlung Marxen/Werle, Humboldt Universität zu Berlin.

ZERV: Ermittlungsunterlagen. LAB, D Rep. 120–02, Acc. 8346, StA II bei dem LG Berlin 25/2 Js 780/92.

Albert, Reinhold: Vor zwanzig Jahren öffnete sich der „Eiserne Vorhang" [I]. In: Beiträge zur Geschichte der Gemeinde Sulzdorf a.d.L. – Folge 98, 01.12.2009. Verfügbar unter: http://www.sulzdorf.rhoen-saale.net/fileServer/LKRG/1031/13426/Edl107-2.pdf. (Zugriff: 14.08.2013).

Manfred Kerbstat

geboren am 11. Oktober 1949
in Grevesmühlen

gestorben am 12. Februar 1968
(Tod durch Unterkühlung)

Ort des Zwischenfalls: Pötenitzer Wiek
(Mecklenburg-Vorpommern)

Bildquelle: Privat, Familie.

Manfred Kerbstat wuchs in der mecklenburgischen Gemeinde als ältestes von vier Geschwistern auf. Nach dem Abschluss der 8. Klasse absolvierte er eine Lehre zum Maurer in der Zwischenbetrieblichen Bauorganisation (ZBO) Grevesmühlen. Seine sechs Jahre jüngere Schwester charakterisiert ihren Bruder Manfred als einen ruhigen, lieben Familienmenschen, der mitunter auch ernst und in sich gekehrt war. Er war fleißig und half viel zu Hause mit. So baute er auf dem elterlichen Grundstück eigenhändig eine Garage. In seiner Freizeit fuhr er gern mit seinem Motorrad durch die Umgebung.

Manfred Kerbstat sträubte sich sehr gegen den Wehrdienst bei der Armee. Vor allem konnte er sich keine längerfristige Verpflichtung vorstellen. Ob dies die Fluchtabsichten, die er hegte, mit begründete, lässt sich nicht rekonstruieren. In den Abendstunden des 11. Februar 1968 setzte er diese Absichten in die Tat um und machte sich zusammen mit seinem Arbeitskollegen Hans-Georg Steinhagen auf den Weg in Richtung Grenze. Auf Luftmatratzen wollten sie die Pötenitzer Wiek überqueren und zum westdeutschen Ufer gelangen – ein großes Wagnis angesichts der winterlichen Temperaturen.

Am 12. Februar 1968, gegen 10.30 Uhr, entdeckte eine Streife des Bundesgrenzschutzes am Travemünder Strand eine Person, die auf einer Luftmatratze im Wasser trieb. Es handelte sich um den 18-jährigen Manfred Kerbstat. Nach der Bergung konnte nur noch sein Tod durch Unterkühlung festgestellt werden. Für die Behörden stellte sich erst einige Tage später heraus, dass Kerbstat nicht alleine die Flucht gewagt hatte. Sein Kollege Hans-Georg Steinhagen wurde am 17. Februar 1968 ebenfalls tot geborgen. Das Volkspolizeikreisamt (VPKA) Grevesmühlen ermittelte unterdessen in seinen ersten Untersuchungen, dass Manfred Kerbstat und Hans-Georg Steinhagen am Vorabend des Unglückstages noch einmal Steinhagens Wohnung aufsuchten. Er hinterließ dort eine Nachricht an seine Mutter: „Liebe Mutti, ich war hier. Bin wieder weg. Gruß Hans-Georg." Den DDR-Ermittlern blieb unerklärlich, dass sie keinerlei Spuren auf dem Kontrollstreifen am Ufer der Pötenitzer Wiek finden konnten.

Manfred Kerbstats Sarg wurde am 15. Februar 1968 über den Grenzübergang Lübeck-Schlutup in die DDR gebracht. An der Beerdigung nahmen viele Freunde, Bekannte und Einwohner seines Heimatortes teil. (Recherchen: jk, jos., MP; Autorin: MP)

Quellen:

VPKA Grevesmühlen: Meldung des Kommandos der Grenztruppen/Operativer Bereich/Aufklärung, 3. GBr. OPD. BArch Freiburg, DVH 32/120959.

BGS: Grenzlagebericht der Zentrale in Niedersachsen, Hannover 13. Februar 1968. BArch Koblenz B 137/6430.

DDR/Flüchtlinge. Nasse Grenze. Der Spiegel, Nr. 43/1969, 20.10.1969, http://www.spiegel.de/spiegel/print/d-45520600.html (Zugriff am 17.11.2016).

Pingel-Schliemann, Sandra: „Ihr könnt doch nicht auf mich schießen!" Die Grenze zwischen Lübecker Bucht und Elbe zwischen 1945 und 1989. Schwerin 2013, S. 231.

Standesamt Grevesmühlen, Auskunft vom 30.09.2015.

Zeitzeugengespräch von Mandy Palme mit Manfred Kerbstats Schwester Marlies Kroll am 15.10.2015.

Hans-Georg Steinhagen

geboren am 28. Juli 1948 in Grevesmühlen

gestorben an Unterkühlung am 12. Februar 1968, geborgen aus der Pötenitzer Wiek am 17. Februar 1968

Ort des Zwischenfalls: Pötenitzer Wiek (Mecklenburg-Vorpommern)

In den Abendstunden des 11. Februar 1968 machte sich der Maurer Hans-Georg Steinhagen zusammen mit seinem Arbeitskollegen Manfred Kerbstat auf den Weg in Richtung Grenze. Auf Luftmatratzen wollten sie die Pötenitzer Wiek überqueren und zum westdeutschen Ufer gelangen – ein großes Wagnis angesichts der winterlichen Temperaturen.

Am 17. Februar 1968, gegen 17.50 Uhr, entdeckte eine Streife des Zollgrenzdienstes in der Pötenitzer Wiek eine Leiche, die mit einer Schwimmweste ausgerüstet auf dem Wasser trieb. Es handelte sich um Hans-Georg Steinhagen. Fünf Tage zuvor hatte der Bundesgrenzschutz bereits seinen Freund Manfred Kerbstat tot geborgen. Auch er war an Unterkühlung gestorben. Das Volkspolizeikreisamt Grevesmühlen ermittelte unterdessen in seinen ersten Untersuchungen, dass Manfred Kerbstat und Hans-Georg Steinhagen am Vorabend des Unglückstages noch einmal Steinhagens Wohnung aufsuchten. Er hinterließ dort eine Nachricht an seine Mutter: „Liebe Mutti, ich war hier. Bin wieder weg. Gruß Hans-Georg." Den DDR-Ermittlern blieb unerklärlich, dass sie keinerlei Spuren auf dem Kontrollstreifen am Ufer der Pötenitzer Wiek finden konnten.

Die Überführung der sterblichen Überreste Hans-Georg Steinhagens in die DDR erfolgte am 21. Februar 1968 über den Grenzübergang Lübeck-Schlutup. *Der Spiegel* erwähnte im Oktober 1969 unter anderem auch den Tod von Manfred Kerbstat und Hans-Georg Steinhagen und wies darauf hin, dass nach Angaben des Bundesgrenzschutzes die Erfolgschancen, durch die Ostsee oder die Pötenitzer Wieck in den Westen zu flüchten, bei 50 Prozent liegen. „Von zwei Flüchtlingen, die im Osten starten, kommt nur einer durch." (Recherche: jk, jos., MP, US; Autor: jos.)

Siehe ergänzend zu diesem Fall die Biografie von Manfred Kerbstat.

Quellen:

Grenzlagebericht der BGS-Zentrale in Niedersachsen vom 18. Februar 1968 an BMI. BArch Koblenz, B/137/6430.

Meldung des Kommandos der Grenztruppen/Operativer Bereich/Aufklärung, 3. GBr. OPD: information vom vpka grevesmuehle. BArch Freiburg, DVH 32/120959.

Meldung über den Fund der Leiche von Hans-Georg Steinhagen in: *Die Welt*, 20.02.1968. Auch in: BStU, ZA, MfS, ZAIG, 9283, Bd. 4.

DDR/Flüchtlinge. Nasse Grenze. In: *Der Spiegel*, 20.10.1969 (Ausgabe 43/69).

Peter Eck

geboren am 27. Mai 1944 in Schmalkalden
getötet durch Minenexplosion zwischen dem 21. und 22. April 1968
Ort des Zwischenfalls: zwischen Kaltenwestheim (Thüringen)
und Kleinfischbach (Hessen)

Wolfgang Fischer berichtete später, dass es ein mächtiger Knall war, der ihn zu Boden riss, als er mit seinem Freund Peter Eck über den Minenstreifen lief. „Dreck flog mir in die Augen, ich konnte nichts mehr hören und sehen. Ich bin an den dritten Drahtzaun herangesprungen, zog mich hoch und sprang darüber. Aus Angst und vollkommen kopflos lief ich in den angrenzenden Wald und rief um Hilfe." Für die Bauern aus Kleinfischbach in der hessischen Rhön bot sich ein erschreckender Anblick, als Wolfgang Fischer, im Gesicht und am linken Bein blutend, am Abend des 21. Aprils 1968 in ihr Dorf taumelte und um Wasser bat. Sofort benachrichtigten sie das Zollkommissariat in Tann und einen Arzt. Noch bevor dieser den Verletzten in das Städtische Krankenhaus Fulda einwies, befragte ein Zollbeamter Wolfgang Fischer nach der Stelle des Durchbruchs und nach möglichen Mitflüchtlingen. Er habe allein die Grenzanlagen überwunden, erklärte Fischer, sichtlich verwirrt.

Den Ort des Durchbruchs konnte er angeben: ein Grenzknick nahe der Quelle des Flusses Lotte, etwa zwei Kilometer von Fischbach entfernt. Dann verlor er bis zum nächsten Tag das Bewusstsein. Am Morgen des 22. April begab sich der Zollbeamte, der Fischer am Vortag befragt hatte, an die Grenze, um die Durchbruchsstelle zu erkunden. Doch was er hier sah, erfüllte seine schlimmsten Befürchtungen. Nur zehn Meter östlich der Demarkationslinie lag eine männliche Leiche, die schwere Verletzungen im Gesicht und an den Beinen aufwies. Nun war klar, dass dieser Fluchtversuch auch ein Todesopfer gefordert hatte.

Gegen 12.30 Uhr hörten zwei Grenzposten der DDR Grenztruppen, dass ihnen jemand, der jenseits der Grenzanlagen stand, etwas zurief. Sie gingen näher auf den Rufenden zu und erkannten sechs Angehörige des Zollgrenzdienstes. Da liege ein Toter im Grenzgebiet. Die Soldaten meldeten dies ihrem Führungsstab der Kompanie in Andenhausen. Dieser gab die Information an die Grenzbrigade Kaltennordheim weiter, von der aus das Grenzregiment in Dermbach verständigt wurde. Die Angelegenheit war heikel, denn die Bergung der Leiche würde praktisch vor Augen der bundesdeutschen Öffentlichkeit stattfinden. Entsprechende Medienberichte waren absehbar. Eine gegen 14 Uhr entsandte Offiziersstreife bemerkte, dass zu den sechs Angehörigen des Zolls noch vier Beamte des Bundesgrenzschutzes und 25 Zivilpersonen, die mit Fotoapparaten und Kameras bereitstanden, hinzugekommen waren. Es dauerte noch gut zwei Stunden, bis Offiziere der Grenzbrigade Meiningen die Minensperre öffneten. Sie hatten ihre Dienstgradabzeichen abgelegt und stattdessen Rotkreuz-Armbinden übergezogen. Auf einer Bahre trugen sie den Toten ins Hinterland, wo er als Peter Eck identifiziert wurde. Noch am gleichen Tag wurde die Leiche dem Volkspolizeikreisamt Schmalkalden übergeben. Dieses hatte bereits ein Ermittlungsverfahren gegen Peter Eck und Wolfgang Fischer wegen Verstoßes gegen das Passgesetz eingeleitet.

Peter Eck galt in Schmalkalden als „Krawallmacher" und stand unter Personenkontrolle der Volkspolizei. Da er wegen Körperverletzung, staatsgefährdender Propaganda und Hetze vorbestraft war, hatte man gesellschaftliche Erziehungsmaßnahmen gegen ihn verhängt. Ihm wurde vorgeworfen, zu einer Gruppe von Jugendlichen gehört zu haben, die einen Angehörigen der DDR-Armee und einen FDJ-Funktionär niedergeschlagen hatte. Sie hätten außerdem junge Frauen im Internat belästigt, öffentlich die Wehrpflicht abgelehnt, Plakate zum 1. Mai und zur Volkskammerwahl von den Wänden gerissen, hätten des Nachts in Schmalkalden an Haustüren geklingelt und gegen Verkehrsschilder geschlagen. Diese Jugendlichen gehörten zu einer Generation, die noch während des Zweiten Weltkriegs geboren, aber schon in der DDR zur Schule gegangen war. Ihre Biografien wiesen ähnliche Züge auf: Sie kamen oft aus zerfallenen Arbeiterfamilien, für eine Schulbildung waren sie nicht aufnahmebereit, meist wurden sie von der Grund- in die Hilfsschule überwiesen, aus der man sie nach der 7. Klasse ins Berufsleben entließ, aber auch dort fanden sie sich oft nicht zurecht. Peter Eck, dessen Vater der Wirt des Berggasthauses Queste war, verliess vorzeitig die Schule und begann eine Dachdeckerlehre, die er jedoch nach knapp drei Jahren abbrach. 1962 und 1966 verbüßte er jeweils zehnmonatige Haftstrafen. Er arbeitete als Dachdeckergehilfe und Schmied, es folgten mehrere Hilfsarbeiterjobs, und schließlich trug er Kohle aus. In keiner Anstellung blieb er länger als einige Monate, nirgends wurde er länger geduldet. Er wohnte in einem mit Möbeln vollgestellten Hinterzimmer der Berggaststätte und sehnte sich danach, zu seiner Halbschwester nach Oberösterreich zu ziehen.

Am Sonntag, dem 20. August 1968, entschieden sich Peter Eck und Wolfgang Fischer gemeinsam zur Flucht in die Bundesrepublik. Mit einem gestohlenen Motorrad fuhren sie in die Nähe von Kaltennordheim. Von dort aus gingen sie zu Fuß in ein Waldstück, in dem sie übernachteten. Am Nachmittag des nächsten Tages sahen sie bei Kaltenwestheim Schilder mit der Aufschrift „Grenzgebiet, Betreten verboten!" Sie befanden sich nun im Sperrgebiet der Grenzkompanie Unterweid. Bis zum Einbruch der Dunkelheit versteckten sie sich, dann überkletterten sie die ersten beiden Metallzäune und liefen, in der Annahme bereits Alarm ausgelöst zu haben, ins Minenfeld. Drei Tage später lag der 23-jährige Peter Eck auf dem Obduktionstisch des Kreiskrankenhauses Schmalkalden, wo festgestellt wurde, dass sein linker Fuß und sein Unterschenkel zerfetzt worden waren. Peter Eck war verblutet, und die größte Sorge des MfS war, wie man den Hinweis des Regimentsarztes auf die Minenexplosion unauffällig wieder aus dem Totenschein entfernen könnte.

Wolfgang Fischer kam nur eineinhalb Jahre nach seiner geglückten Flucht bei einem Verkehrsunfall ums Leben. Das Landgericht Meiningen verurteilte den Stabschef der 11. Grenzbrigade Meiningen am 1. April 1998 unter anderem wegen der Installation der Minenfelder zu einer zweijährigen Freiheitsstrafe, die zur Bewährung ausgesetzt wurde. (Recherche: jk, jos., MP, St.A., TP; Autor: jk)

Quellen:
Rat des Kreises Schmalkalden, Abt. Innere Angelegenheiten: Unterlagen von Haftentlassenen, 1962. Kreisarchiv Schmalkalden, Endbestand des Rates des Kreises SM, Archiv-Nr. 03.02.00 39.

MdI: Zentrale Gefangenendatei. BArch Berlin, DO 1/Zentrale Gefangenendatei des MdI, Eck, Peter, *27.05.1944.

MfS: Abschlußbericht zum Leichenvorgang Eck, Peter. BStU, ZA, MfS, AS 638/70.

MfS: Erstinformation über einen Grenzdurchbruch im Raum Unterweid Kreis Bad Salzungen am 22.4.1968, 24.4.1968. BStU, MfS, ZAIG, Nr. 1533.

MfS: Zeugenvernehmung Kurt Fischer. Schmalkalden, 23.4.1969. BStU, MfS, Shl, AU 196/69.

VPKA Schmalkalden Abschnitt IV: Vernehmung eines Beschuldigten (Peter Eck). Schmalkalden, 17.9.65. Und KG Schmalkalden: Urteil vom 6.12.1965. BStU, MfS, B SKS 59495.

MfS, Verwaltung 2000: Information über die Bergung von Grenzverletzern aus der Minensperre vom 11.6.1969. BStU, ZA, MfS, HA I Nr. 5755, Bd. 1.

MfS: Information über eine in der Nacht vom 21. zum 22.04.68 im Andenhausen Krs. Bad Salzungen stattgefundene Grenzverletzung. BStU, Ast. Suhl, MfS, BV Suhl, HA VII, Nr. 6434.

BMI, BGS: Grenzlagebericht der Zentrale in Hessen, 23. April 1968. BArch Koblenz, B 137/6430.

Oberfinanzdirektion Frankfurt: Lagebericht von der SBZ-DL für den Monat April 1968. Frankfurt, 9.5.1968. NLA Hannover, Nds. 220, Acc. 28/82, Nr. 8.

StA Erfurt: Anklageschrift vom 16.10.1996; LG Meiningen: Urteil vom 1.04.1998, 560 Js 96073/96–1 Ks. Sammlung Marxen/Werle, Humboldt Universität zu Berlin.

ZERV: Ermittlungsunterlagen. LAB, D Rep. 120–02, Acc. 8346, Az. 25/2 Js 39/91.

Mitteilung des Stadt- und Kreisarchivs Schmalkalden vom 01.12.2016.

Siegfried Henike

geboren am 9. August 1941 in Oppeln
getötet durch Minenexplosion
am 7. Juli 1968,
geborgen am 2. August 1968
Ort des Zwischenfalls:
bei Jeebel (Sachsen-Anhalt)

Bildquelle: Foto: Privat Irma Schulz

Der 26-jährige Ofensetzermeister Siegfried Henike aus Oppeln vergnügte sich am sommerlichen Samstagabend des 6. Juli 1968 auf einer Tanzveranstaltung im Nachbarort Riebau. Nach dem Ende der Veranstaltung gegen 1 Uhr zog er mit zwei Bekannten weiter, um in der Wohnung des einen, es handelte sich um einen Politoffizier der Grenztruppen, in kleiner Runde weiter zu feiern. Nachdem auch dieser gesellige Ausklang sein Ende gefunden hatte, machte sich Henike auf den Heimweg. Nach Aussage der Mutter habe der Politoffizier ihren Sohn noch bis zum Ortsausgang Riebau begleitet. Von dort verliert sich jede Spur. Siegfried Henike muss weitere eineinhalb Kilometer in Richtung Norden, zu den Grenzsperranlagen, gelaufen sein.

Am nächsten Morgen begannen Siegfried Henikes Eltern Nachforschungen nach ihrem Sohn anzustellen. Sie befragten Anwohner im Heimatort Jeebel und gaben schließlich eine Vermisstenanzeige auf. Am Mittag des 8. Juli 1968 veranlasste der Stab des Grenzregiments 24 eine Überprüfung der Grenzsperranlagen, die jedoch ergebnislos blieb. Eine Verletzung der Grenze in den entsprechenden Abschnitten war nicht feststellbar. Erst vier Wochen später, am 2. August 1968, bemerkten Grenzsoldaten während ihrer Ausbildungsübungen in jenem Abschnitt der Jeebeler Waldschneise einen starken Verwesungsgeruch. Daraufhin erfolgte eine erneute Prüfung der Sperranlagen. Innerhalb des Doppelzaunes auf dem Minenfeld entdeckten Grenzsoldaten eine bereits stark verweste Leiche. Es handelte sich um die sterblichen Überreste von Siegfried Henike. Durch den starken Unkrautbewuchs vor und in der Drahtminensperre war die Fundstelle des Leichnams zuvor nicht einsehbar gewesen.

Der Bürgermeister der Gemeinde teilte den Hinterbliebenen am gleichen Tag den Tod ihres Sohnes im Minengürtel mit. Zunächst bezweifelten seine Angehörigen, dass Siegfried Henike durch eine Minenexplosion verunglückt war. Mehrere Einwohner des Heimatdorfes gaben an, in der Nacht vom 6. auf den 7. Juli 1968 Schüsse von der nahen Grenze gehört zu haben. Zudem soll Henike auch gewusst haben, dass die Grenze vermint war. Deshalb ging das Gerücht um, er sei erschossen und dann über den Zaun geschafft worden, um die Tat zu vertuschen. Die Untersuchung der Leiche beseitigte jedoch die Zweifel über die Todesumstände. Die Minenexplosion riss Siegfried Henike den linken Fuß ab und führte zu weiteren schweren Verletzungen an seinem linken Bein. Der Tod trat durch Verblutung infolge der Verletzungen ein. Zeichen anderer Gewalteinwirkung wurden von den Obduzenten nicht festgestellt. Am 12. August 1968 sollten die Eltern ihren verstorbenen Sohn identifizieren. Seine sterblichen Überreste durften sie jedoch nicht mehr sehen. Man legte ihnen zur Identifikation lediglich seine Uhr und seine Manschettenknöpfe vor. Die Beisetzung Siegfried Henikes fand am 15. August 1968 statt.

In der Nacht des Verschwindens von Siegfried Henike war ein Gewitter über die Gegend gezogen, möglicherweise nahmen deshalb weder Anwohner noch Grenzwachen die Minendetonation wahr. Die strafrechtlichen Ermittlungen in den 1990er Jahren bestätigten das Ergebnis der Obduktion von 1968. Ob Siegfried Henike aufgrund von angeblichen Zwistigkeiten mit seinen Eltern die Grenzanlagen überwinden und in die Bundesrepublik gelangen wollte oder alkoholisiert in das Minenfeld lief, konnte nicht geklärt werden. Im Zuge der staatsanwaltschaftlichen Ermittlungen in den 1990er Jahren wurde der damalige stellvertretende Kommandeur und Stabschef der 5. Grenzbrigade wegen Beihilfe zu versuchtem Totschlag zu einer Bewährungsstrafe von sechs Monaten verurteilt. (Recherche: jos., MP, St.A., US; Autorin: MP)

Quellen:

MfS/HA I: Information über die Bergung von Grenzverletzern aus der Minensperre vom 18.6.69. BStU, ZA, MfS, HA I, Nr. 5755, Bd. 1.

StA II bei dem LG Berlin: Ermittlungsverfahren z. N. Siegfried Henike. LAB, D Rep. 120-02, Acc. 8346, Az. 25/2 Js 354/91.

StA Magdeburg: Ermittlungsverfahren z. N. Siegfried Henike. StA Magdeburg, 653 Js 24417/97.

Urteil des LG Magdeburg vom 9.2.2000, 502 Ks – 652 Js 24417/97-20/97. Sammlung Marxen/ Werle, Humboldt-Universität zu Berlin.

Stadtarchiv Salzwedel: Sterbeeintrag Siegfried Henike Nr. 10/1968, Auskunft vom 20.4.2017.

Karl-Heinz Bösel

geboren am 12. November 1938 in Allstedt

wahrscheinlich erstickt am 8. Oktober 1968

Ort des Zwischenfalls: Elbe zwischen Wahrenberg (Sachsen-Anhalt) und Cumlosen (Brandenburg)

Am Abend des 7. Oktobers 1968 fuhren zwei Männer auf einem Motorrad über die Feldwege bei Wahrenberg zum Elbufer. Dort angekommen, luden sie mehrere Taschen ab und schoben die Maschine in einen Graben. Aus den Taschen holten sie zwei Taucheranzüge mit Sauerstoffflaschen heraus, die sie sich gegenseitig anlegten. Eine zehn Meter lange Perlonleine flochten sie zu einem etwa dreieinhalb Meter langen Seil zusammen. An jedes Ende knüpften sie eine Schlinge, die sie sich ums Handgelenk legten. Gegen 1 Uhr stiegen sie in die Elbe, um 15 Kilometer stromaufwärts nach Schnackenburg in Niedersachsen zu tauchen. Alles war so sorgfältig bis ins Detail geplant und erprobt, dass der Tod eines der beiden Taucher unvorstellbar erschien und bis heute noch nicht aufgeklärt ist.

Karl-Heinz Bösel hatte schon früh den Wunsch, in die Bundesrepublik auszureisen. Der 1938 in Allstedt im Mansfelder Land geborene Landwirt litt seit seinem 14. Lebensjahr unter den Folgen eines Unfalls, der eine Wirbelsäulenverkrümmung mit Buckelbildung zur Folge hatte. Die seelische Belastung, die dies für den Heranwachsenden bedeutete, muss groß gewesen sein. Er hoffte darauf, dass ihm Ärzte in der Bundesrepublik helfen könnten – in Bad Sobernheim (Rheinland-Pfalz) hatte die aus der DDR geflüchtete Therapeutin Katharina Schroth mit ihrer Atmungs-Orthopädie Heilungserfolge bei Patienten mit Rückenverkrümmung erzielt. Karl-Heinz Bösel wollte ihr Patient werden. Doch die Chancen auf eine legale Ausreise, um die Krankheit therapieren zu lassen, standen schlecht. Weil bereits eine Schwester von ihm in der Bundesrepublik lebte, war aus Sicht der Passbehörde die Gefahr zu groß, dass der Junge nicht zurückkehren würde. Ein zwischenzeitlich genehmigter Interzonenpass wurde der Familie wieder entzogen.

Im Sommer 1963 sah der inzwischen 25-Jährige seine Chance gekommen, als er an einer Touristenreise nach Bulgarien teilnahm. Viele Fluchtwillige aus der DDR hofften, dass die Grenzen in den südlichen Warschauer-Pakt-Staaten weniger gesichert wären als bei sich zu Hause und wurden oft schmerzlich des Gegenteils belehrt. So erkundete auch Karl-Heinz Bösel gemeinsam mit einem Freund eine Fluchtmöglichkeit über die Türkei. Aber einer der Einheimischen, bei denen er sich nach einem Weg über die Grenze erkundigte, verständigte die Miliz. Die beiden jungen Männer wurden festgenommen und in die DDR überstellt. Dort erwartete sie ein Prozess wegen „Vorbereitungshandlungen zum illegalen Verlassen der Deutschen Demokratischen Republik". Am 14. Oktober 1963 verurteilte sie das Kreisgericht Sangerhausen zu jeweils einem Jahr Gefängnis. Die Haftzeit wurde im Nachhinein, unter Berücksichtigung des Fluchtmotivs Bösels, auf acht Monate reduziert, doch allein schon die Gefängniserfahrungen, die er im „Roten Ochsen" in Halle machen musste, verstärkten wahrscheinlich seine ablehnende Haltung gegenüber der DDR.

Nach seiner Entlassung meldete sich Karl-Heinz Bösel bei der Gesellschaft für Sport und Technik (GST) in Erfurt zum Schwimm- und Tauchsport an. Er hoffte, damit etwas gegen sein Rückenleiden unternehmen zu können. Doch bald kam noch ein anderer Gedanke hinzu – eine neue Fluchtstrategie. Gemeinsam mit seinem Freund aus Kindertagen, Günter R., der ebenfalls in der Sektion Tauchen der GST trainierte, begann er mit unterschiedlichen Tauchgeräten zu experimentieren. Doch keines der verfügbaren Geräte erschien ihnen geeignet – die Flucht sollte absolut sicher sein. Von Taucherkollegen erwarben sie 1966 zwei Sauerstoff-Kreislaufgeräte – eine Neuentwicklung, die eigentlich dem Militär vorbehalten war. Die beiden Freunde trainierten zwei Jahre lang, um diese komplizierten Geräte bedienen zu können, zumal die Atemluftversorgung technische Mängel hatte. Zwischenzeitlich fuhren sie mit dem Motorrad zur Elbe, überprüften die Wassertemperatur und -strömung und erkundeten von Wittenberge aus die Grenzanlagen mit einem Fernglas.

Als am Abend des 7. Oktober 1968 die Planungen in die Tat umgesetzt werden sollten, geschah etwas Unvorhergesehenes. Im Wasser auf dem Weg nach Schnackenburg wurde Günter R. plötzlich von Übelkeit gepackt. War es die Aufregung, nach vierjähriger Vorbereitung nun endlich so nah am Ziel zu sein? Beide schwammen deshalb zunächst wieder in Richtung Ufer. In diesem Moment müssen bei Karl-Heinz Bösel schlimme Ängste und Erinnerungen wieder aufgetaucht sein. Nur nicht wieder in die Fänge der Stasi geraten, nicht noch einmal im „Roten Ochsen" inhaftiert werden! Die Leine, die eigentlich sichern sollte, dass die Freunde in der Strömung zusammenbleiben, wurde, als Bösel in die Flussmitte drängte, zur Fessel. Günter R. hatte keine andere Wahl, als die Leine entzweizuschneiden. Bösel blickte sich noch einmal um und verschwand anschließend im dunklen Wasser.

Langsam, in mehreren Etappen, versuchte Günter R. nachzukommen. Gegen Morgen warf er sich erschöpft ans niedersächsische Ufer und schloss die Augen. Spät am Tage erreichte er dann Schnackenburg. Zollbeamte, an die er sich dort wandte, wussten jedoch nichts von einem zweiten Flüchtling. Die Befürchtung, der Freund habe es womöglich nicht ans andere Ufer geschafft, wurde elf Tage später, am 18. Oktober, zur bitteren Wahrheit, als Angehörige der DDR-Grenztruppen bei Cumlosen eine Leiche in kompletter Sporttaucherausrüstung bargen. Das Manometer des Tauchgerätes stand auf „Null", der Sauerstoffhahn war geöffnet. Bei der Obduktion, die noch am selben Abend in Wittenberge vorgenommen wurde, konnten weder Zeichen äußerer Gewalteinwirkung noch ein Tod durch Ertrinken festgestellt werden. Da der Zustand der Leiche ein eindeutiges Urteil nicht mehr zuließ, schlossen die Gerichtsmediziner der Universität Rostock auf Tod durch Ersticken. Für die Familie von Karl-Heinz Bösel muss es umso schwieriger gewesen sein, diesen Verlust zu bewältigen, da die Leiche ohne Einwilligung der Angehörigen verbrannt und die Asche in einer Urne beigesetzt wurde. Die Familie verlangte nach Aufklärung, doch auch die Beamten der Zentralen Ermittlungsgruppe für Regierungs- und Vereinigungskriminalität (ZERV), die in den 1990er Jahren die Todesfälle an der innerdeutschen Grenze untersuchten, fanden keine Belege für ein Tötungsdelikt. Die Ungewissheit darüber, auf welche Weise Karl-Heinz Bösel in jener Nacht ums Leben kam, bleibt. (Recherche: TP, MP, jk; Autor: jk)

Quellen:

Die Unterlagen zum Prozess gegen Karl-Heinz Bösel und das Urteil des Kreisgerichts Sangershausen vom 14. Oktober 1963 finden sich unter BStU, Ast. Halle: MfS, BV Halle AU 774/64, Bd. 1–5.

Oberfinanzdirektion Hannover: Lagebericht von der DL zur SBZ für den Monat Oktober 1968 vom 11.11.1968. NLA Hannover, Nds. 220 Acc. 28/82 Nr. 10.

ZERV: Ermittlungsverfahren wegen Totschlags zum Nachteil von Karl-Heinz Bösel. LAB, D Rep. 120–02, Acc. 8346, StA II LG Berlin 7 AR 1993/93.

Pingel-Schliemann, Sandra: „Ihr könnt doch nicht auf mich schießen!" Die Grenze zwischen Lübecker Bucht und Elbe zwischen 1945 und 1989. Schwerin 2013, S. 231.

Wolfgang Zill

geboren am 5. Mai 1941 in Leipzig

gestorben an Erschöpfung und Unterkühlung am 15. Januar 1969

Ort des Zwischenfalls: Elbe zwischen Lütkenwisch (Brandenburg) und Schnackenburg (Niedersachsen)

Bildquelle: BStU

Das Wetter am Morgen des 15. Januar 1969 war ungemütlich. Eine dichte Wolkendecke bedeckte das Land, die Temperatur schwankte um den Gefrierpunkt, der Regen wechselte sich mit Schneefall ab. Als Beamte des Zollgrenzdienstes, die gegen 11 Uhr auf dem Elbdeich vor Schnackenburg auf Streife gingen, einen Mann am Ufer liegen sahen, vermuteten sie zunächst, dass es sich um eine angetriebene Wasserleiche handele. Erst zwei Monate zuvor hatte ein Schiffsführer aus Schnackenburg einen ertrunkenen Flüchtling in der Elbe entdeckt, der anschließend von Angehörigen der DDR-Grenztruppen geborgen wurde. Doch als sie zu dem Mann, der mit einer Wetterjacke, einer Skihose und Halbschuhen bekleidet war, herabstiegen, konnten sie feststellen, dass er nur bewusstlos war – der Mann, der halb im eiskalten Wasser lag, lebte noch! Nun musste schnell gehandelt werden. Sie trugen ihn den Elbdeich herauf und fuhren ihn zum Schnackenburger Gemeinschaftshaus. Die herbeigerufene Gemeindeschwester war besorgt, immer schwächer wurden die Lebenszeichen des Bewusstlosen. Als endlich der Notarzt eintraf, musste er bereits Wiederbelebungsversuche einleiten. Diese blieben jedoch erfolglos. 20 Minuten, nachdem er aufgefunden worden war, starb Wolfgang Bernhard Zill an Erschöpfung und Unterkühlung.

Er hatte einen wasserdichten Plastikbeutel mit sich geführt, in dem die Polizei unter anderem seinen Ausweis fand, sodass sie ihn als Wolfgang Bernhard Zill identifizieren und seine Eltern verständigen konnten. Zill kam aus Leipzig und hatte von dort mitgenommen, was ihm für einen Neuanfang in der Bundesrepublik wichtig war: sein Abiturzeugnis, das Ingenieurs-Diplom und einen größeren Geldbetrag.

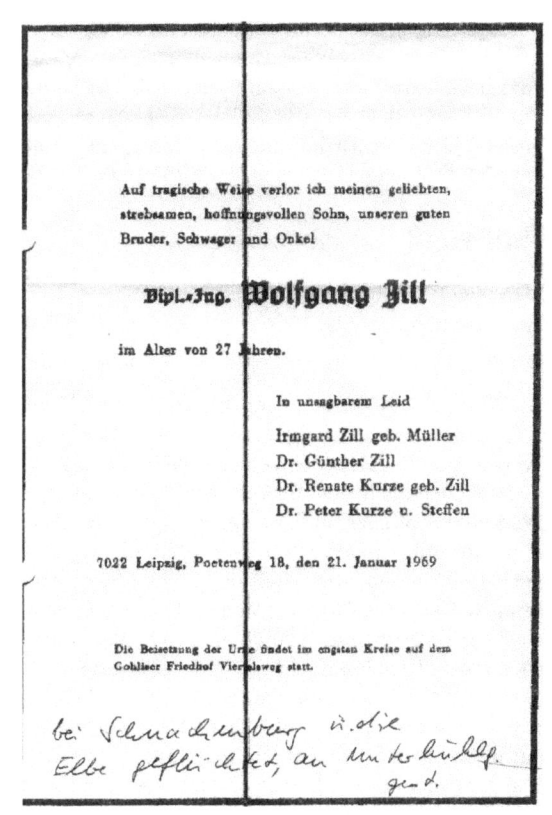

> Auf tragische Weise verlor ich meinen geliebten, strebsamen, hoffnungsvollen Sohn, unseren guten Bruder, Schwager und Onkel
>
> **Dipl.-Ing. Wolfgang Zill**
>
> im Alter von 27 Jahren.
>
> In unsagbarem Leid
>
> Irmgard Zill geb. Müller
> Dr. Günther Zill
> Dr. Renate Kurze geb. Zill
> Dr. Peter Kurze u. Steffen
>
> 7022 Leipzig, Poetenweg 18, den 21. Januar 1969
>
> Die Beisetzung der Urne findet im engsten Kreise auf dem Gohliser Friedhof Viertelsweg statt.

Die Todesanzeige für Wolfgang Zill.
Quelle: BStU

Der gebürtige Leipziger hatte nach seinem Oberschulabschluss 1959 bis 1964 an der Technischen Hochschule in Dresden studiert. Anschließend arbeitete er im Leipziger VEB Konstruktions- und Ingenieurbüro für Chemieanlagen. Dort geriet er ins Visier der Staatssicherheit, die einen seiner Kollegen fälschlicherweise der Spionagetätigkeit verdächtigte. Wie viel er von diesen Ermittlungen, die im Operativen Vorgang „Chemie" überliefert sind, wahrnahm, lässt sich nicht feststellen. Der entscheidende Grund, weshalb der 27-Jährige in der Nacht vom 14. zum 15. Januar 1969 bei Lütkenwisch durch die Elbe schwamm, um in den Westen zu gelangen, bleibt offen. (Recherche: jk, MP; Autor: jk)

Quellen:
MfS, BV Dresden, Abt. XX/6: Auswertung von Kaderunterlagen. BStU MfS Ddn AOP 2330/69 (OV „Chemie").
An Erschöpfung gestorben. In: *Cronberger Kreiszeitung*, 136. Jg., Nr. 13, 17.1.1969.
Staab, Bundesministerium für gesamtdeutsche Fragen: Betr.: Neuer Todesfall an der DL bei Schnackenburg. Bonn, 15.1.1969. BArch Koblenz, B/137/6424.

Der Regierungspräsident von Lüneburg: Presseinformation. Lüneburg, 16.1.1969. BArch Koblenz, B/137/6431.

dpa Landesdienst Niedersachsen: Flüchtling durchschwamm Elbe – vor Erschöpfung gestorben, 15.1.1969. NLA Hannover Nds. 220 Acc. 27/91 Nr. 13.

Pingel-Schliemann, Sandra: „Ihr könnt doch nicht auf mich schießen!" Die Grenze zwischen Lübecker Bucht und Elbe 1945–1989. Schwerin 2013, S. 231 f.

Rolf Held

geboren am 11. Februar 1949 in Nienburg

erschossen am 27. Mai 1969

Ort des Zwischenfalls: Hönbach bei Sonneberg (Thüringen)

An Pfingsten 1969 warteten die Eltern von Rolf Herbert Held vergeblich auf ihren einzigen Sohn. Der 20-Jährige war gelernter Maschinenbauer und hatte bei den Simson-Werken gearbeitet. Im November 1968 war er zum Wehrdienst eingezogen worden. Er hatte sich als Soldat auf Zeit verpflichtet und nahm schon bald die Stellung eines Waffenunteroffiziers in der Grenzkompanie Hönbach ein. Seit April 1969 war er Kandidat der SED, später wollte er ein Ingenieurstudium aufnehmen. In seinen Briefen vermittelte er den Eltern stets den Eindruck, es gefalle ihm bei den Grenztruppen. Zu Pfingsten sollte er Urlaub erhalten. Umso größer war für die Eltern der Schock, als sie Besuch von zwei Offizieren bekamen, die ihnen eröffneten, ihr Sohn sei beim Versuch einer „Republikflucht" zu Tode gekommen. Bisher hatte er nie Fluchtabsichten oder auch nur Unmut über sein Leben in der DDR geäußert, nicht einmal Verwandte lebten in der Bundesrepublik. Der Vater fragte nach, ermittelte auf eigene Faust, stieß auf immer größere Widersprüche – doch nach mehreren Aussprachen mit dem Militärstaatsanwalt wurde ihm erklärt, dass alle Untersuchungen abgeschlossen seien und er nun Ruhe geben möge.

Als die Zentrale Ermittlungsgruppe für Regierungs- und Vereinigungskriminalität (ZERV) 1991 ihre Ermittlungen zu den Todesfällen an der innerdeutschen Grenze aufnahm, weckten auch hier die aus der DDR überlieferten Unterlagen zum unnatürlichen Tod von Rolf Held Misstrauen. Dem Abschlussbericht des MfS zufolge waren der Unteroffizier und der Soldat Rainer M. am 27. Mai 1969 um 20.30 Uhr zum Dienst auf einem Postenturm in der Umgebung Sonnebergs eingeteilt. Gegen 2 Uhr soll Held seinen Kameraden niedergeschlagen, mit der Waffe bedroht und zur Desertion über die Grenze aufgefordert haben. Um sich nicht zu gefährden, sei Rainer M. auf den Vorschlag eingegangen und habe zusätzlich das Magazin seiner MPi aus dem Fenster des Postenturms geworfen. Dann sei er, von Held gefolgt, hinabgestiegen. Unten angekommen, habe er jedoch unbemerkt das Magazin wieder aufnehmen und in seine MPi einführen können. Sie seien noch etwa zehn Schritte nebeneinander hergegangen, dann habe M. seine Waffe durchgeladen und aus sieben Metern Entfernung drei Schüsse auf Rolf Held abgegeben. Er hörte den Getroffenen aufschreien und sah ihn stürzen. Dann rannte er durch ein Kornfeld zum Grenzkompaniegebäude. Als er schon 70 Meter vom Beobachtungsturm entfernt war, habe er plötzlich eine MPi mit Dauerfeuer schießen hören. Mit stark blutenden Platzwunden von der Schlägerei auf dem Postenturm erreichte M. schließlich die Grenzkompanie und wurde, nachdem er das Geschehene berichtet hatte, ins Krankenhaus gebracht.

Die Alarmgruppe der Grenztruppen fand die Leiche von Rolf Held vor dem Postenturm mit Schusswunden in der Brust und am Kopf. Sie wurde vom Institut für Gerichtliche Medizin der Friedrich-Schiller-Universität Jena obduziert. Dort stellte man fest, dass der Brustschuss, der durchs Herz drang, sofort tödlich wirkte, der Kopfschuss jedoch aus absoluter Nähe abgegeben worden sei und „H. bei praktisch nicht mehr funktionierendem Kreislauf" getroffen habe. Zur Rekonstruktion der Tat führt der Bericht an, „dass H. sich den Kopfschuss selbst beibrachte. Die Betätigung des Waffenabzuges muss als unbewusste Reaktion gedeutet werden."

1994 ließ die ZERV den Sektionsbericht durch das Institut für Rechtsmedizin an der Freien Universität Berlin begutachten. Die Widersprüchlichkeit und Unwahrscheinlichkeit der Jenaer Mutmaßung wurde hier belegt. „Eine auch nur unbewußte Reaktion (Schußabgabe durch eigene Hand/Kopfdurchschuß), 2 bis 3 Minuten nach dem hier in Rede stehenden Rumpfdurchschuß mit Zerreißung des Herzens, ist nicht denkbar. Auch wird man eher daran zu denken haben, daß es nach dem Rumpfdurchschuß zu einer Erschlaffung und nicht zu einer Verkrampfung der Muskulatur gekommen sein dürfte [...]". Aber auch eine rein mechanische Auslösung der Schüsse durch den Sturz sei nicht möglich gewesen, stellten die Ballistiker im Landeskriminalamt fest. Kriminalistisch war demnach der Verlauf der Tat, wie er hauptsächlich nach den damaligen Angaben des Schützen M. in den Berichten des MfS und der Grenztruppen festgehalten wurde, nicht nachvollziehbar. Wie hatte der tödlich Getroffene die MPi noch selbst durchladen, ein Dauerfeuer von 15 bis 27 Schuss abgeben und seine Waffe anschließend einen Meter weit wegwerfen können, wo sie dann gefunden wurde?

Es ist bis heute nicht geklärt, weshalb Rolf Held starb und wie es zu dem Kopfschuss kam. Die Ermittler der ZERV vermuteten, dass es möglicherweise gar kein Fluchtmotiv gegeben hatte und für die Auseinandersetzung zwischen Held und M. andere Gründe vorlagen. Die Vernehmung von Rainer M., gegen den in der DDR kein Ermittlungsverfahren geführt wurde, weil die von ihm behauptete Notwehrsituation nicht in Frage gestellt wurde, brachte jedoch 25 Jahre nach der Tat keine neuen Erkenntnisse. Der Schütze bekräftigte seine damaligen Aussagen. Als sie den Postenturm verließen, habe er gedacht, Rolf Held wolle ihn zwingen, vor ihm her über das Minenfeld in Richtung Bundesrepublik zu gehen. Weil er dabei kaum eine Überlebenschance gehabt hätte, habe er sich entschlossen zu schießen. Als M. bei seinem Rückweg durch das Kornfeld hinter sich Dauerfeuer hörte, habe er angenommen, dass Held seine Waffe abfeuerte. Er habe das zwar nicht selbst gesehen, aber sonst sei ja niemand in der Nähe gewesen. (Recherche und Autor: jk)

Quellen:

MfS/BV Erfurt: Anzeigeprüfungsverfahren zum unnatürlichen Tod des HELD, Rolf. MfS Erf, AU 1815/69. BStU, MfS Ast Erf, AU 1815/69.
ZERV: Ermittlungsunterlagen. LAB, D Rep. 120-02, Acc. 8346, StA beim KG Berlin 2 Js 154/92.

Hubert Klein

geboren am 20. August 1935
in Leipzig

getötet durch eine Erdmine
am 24. Juli 1969

Ort des Zwischenfalls:
500 Meter oberhalb von
Einödhausen, Ortsteil Harles,
Kreis Meiningen (Thüringen)

Bildquelle: BStU

Hubert Kurt Klein kam 1935 in Leipzig als Sohn des Polizeibeamten Arno Klein und seiner Frau Ella Martha zur Welt. Sein Vater wurde 1938 nach dem Münchner Abkommen in das Sudetenland versetzt. Die Familie folgte ihm dorthin und wohnte in Saaz (heute Žatec, Tschechien). Der Vater kam, nach Angaben seines Sohnes, 1941 zunächst in einem Polizeibataillon im Raum Kiew und dann zur Partisanenbekämpfung in Italien zum Einsatz. Nach Kriegsende flüchtete Ella Klein mit ihren drei Kindern aus dem Sudetenland zunächst zurück nach Leipzig und kam dann bei der Großmutter in Wildschütz, Kreis Weißenfels, unter. Dort ist sie 1947 gestorben. Arno Klein kehrte im gleichen Jahr aus britischer Kriegsgefangenschaft zurück und holte die Kinder aus der sowjetischen Besatzungszone in den Westen, wo er in Nordrhein-Westfalen wieder in seinem Beruf als Polizeibeamter arbeitete und mit seinen Kindern lebte. Einem handgeschriebenen Lebenslauf Hubert Kleins ist zu entnehmen, dass er 1951 eine Bäckerlehre begann, die er nach einem Jahr abbrach. Da sein Vater Arno mit ihm nicht zurechtkam, übernahm die Jugendfürsorge seine Betreuung und vermittelte ihm eine Lehrstelle als Bauschlosser. Nach der Gesellenprüfung verdingte er sich in der Landwirtschaft. Zweimal, 1953 und 1955, versuchte Hubert Klein kurzeitig sein Glück in der DDR, die er beide Male nach wenigen Monaten wieder verließ. In der zweiten Hälfte der 1950er Jahre arbeitete Klein in einer Freiburger Poliererei, in einer Braunschweiger Eisengießerei und im Straßenbau des Landes Baden-Württemberg. Im Jahr 1960 verurteilte das Schöffengericht Bayreuth den damals 24-jährigen Hubert Klein wegen eines Einbruchdiebstahls und Widerstands gegen die Staatsgewalt zu einer Haftstrafe von eineinhalb Jahren.

Wie sich Kleins ältere Schwester Inge erinnerte, führte er das Leben eines Herumtreibers. Seit seiner Jugend verschwand er immer wieder in unregelmäßigen Abständen und ohne Angabe seines Aufenthaltsorts für unbestimmte Zeit, um nach einer Weile ebenso unerwartet wieder aufzutauchen. Verschiedentlich erschien er überraschend bei seiner Schwester und deren Mann, blieb für einige Tage oder Wochen, um dann wieder ohne Angabe von Gründen spurlos zu verschwinden. Etwa Ende 1961, vermutlich unmittelbar nach seiner Haftentlassung im November 1961, kam Hubert Klein zum letzten Mal unerwartet in die Wohnung seiner Schwester. Unterhalten konnte sie sich mit ihm nur über die gemeinsame Kindheit, über seine jüngste Vergangenheit sprach er nicht. Er wurde neu eingekleidet, polizeilich angemeldet und fand einen Arbeitsplatz bei Siemens in Erlangen. Nach etwa sechs Monaten verschwand er im Frühjahr 1962 mit der Haushaltskasse. Seitdem hörten seine Verwandten nichts mehr von ihm.

Am 8. März 1962 kletterte Hubert Klein bei Ullitz (Bayern) über den DDR-Grenzzaun und ließ sich von Grenzsoldaten festnehmen. Nach ersten Vernehmungen brachte man ihn in das Aufnahmeheim des DDR-Innenministeriums in Saasa. Dort blieb er vom 13. März bis zum 26. März 1962. Dann schob ihn die DDR wieder nach Westdeutschland ab. In einer handschriftlichen „Übertrittserklärung" erläuterte Hubert Klein, warum er in die DDR gekommen sei. Er lehne das „totalitäre Wirtschaftssystem in der westlichen Welt" und den „Kampf eines jeden gegen den Anderen" aus eigener leidvoller Erfahrung ab. „Die kommunistische Anschauung des Lebens, ihre Lebensanschauung der Gemeinsamkeit ist für mich zum Ideal geworden. Ich habe mich entschlossen, Mitglied derer zu werden, die mit ganzem Herzen die Lebensform der Kommune anstreben." Ein Volkspolizeimeister, der Klein im Aufnahmeheim vernahm, stufte ihn trotz dieses glühenden Bekenntnisses zum Kommunismus als „Unsicherheitsfaktor" ein. Er sei „ein arbeitsscheues asoziales Element [...] und war immer unterwegs. Er hat selten einen festen Wohnsitz gehabt." Die Aufnahmekommission des Heims lehnte dann Kleins Antrag, in der DDR bleiben zu dürfen, mit folgender Begründung ab: „Auf keinen Fall kann damit gerechnet werden, dass er sich den Normen unseres gesellschaftlichen Lebens anpassen würde. Er stellt einen Unsicherheitsfaktor dar. Aufnahme in Sperrkartei erforderlich."

Sieben Jahre später, am 27. Juli 1969, entdeckten DDR-Grenzposten 500 Meter westlich von Unterharles eine männliche Leiche in der Minensperre. Im Bericht der Grenztruppen heißt es: „Der Grenzverletzer überkletterte den feindwärtigen Zaun und fiel beim Abspringen mit dem Arm auf eine Mine, die seinen Brustkorb aufriß." Die Überlieferungen der Grenztruppen enthalten für die Nacht vom 24. auf den 25. Juli 1962 einen Eintrag über eine Minenexplosion genau in diesem Grenzabschnitt. Eine Kontrolle fand jedoch nicht statt, da man glaubte, die Detonation sei, wie so oft, durch Wildtiere ausgelöst worden. Bei dem am 27. Juli 1969 aufgefundenen Todesopfer fand man zunächst nur Fahrkarten der Bundesbahn, aber keine Personalpapiere. Sowohl in den Berichten der Grenztruppen als auch in der am 29. Juli 1969 vom Standesamt Sülzfeld ausgestellten Sterbeurkunde ist von einem „unbekannten Mann" die Rede.

Untersuchungsmaterial (Zusammengesetzte Papierteile)

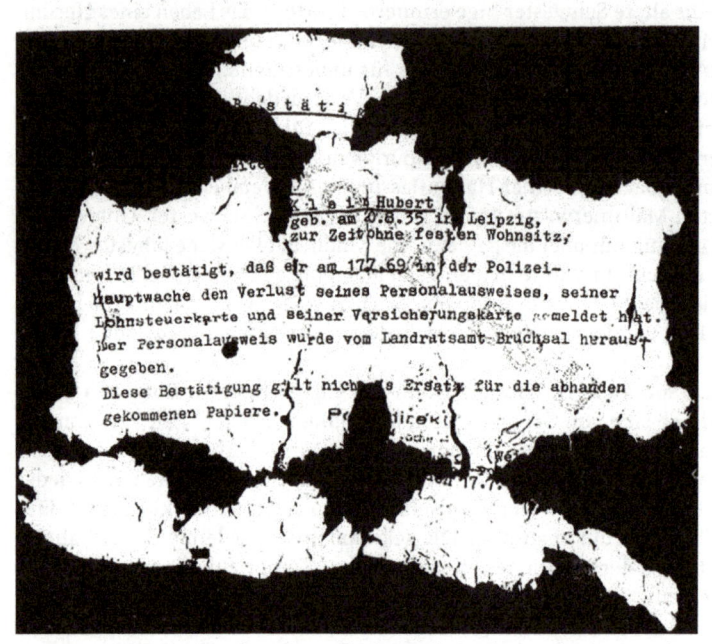

Zusammengesetzte Bescheinigung, die bei Hubert Klein gefunden wurde.
Quelle: BStU

Die Bezirksverwaltung Suhl des Ministeriums für Staatssicherheit, die den Fall untersuchte, wusste freilich schon kurz darauf, dass es sich bei dem Toten um Hubert Klein handelte. Die MfS-Leute konnten nämlich ein zerrissenes Stück Papier wieder zusammensetzen, das bei dem Toten aufgefunden wurde. Es handelte sich um eine amtliche Bescheinigung, dass „Hubert Klein, zur Zeit ohne festen Wohnsitz" am 17. Juli 1969 der Polizei den Verlust seiner Personalpapiere gemeldet hatte.

Noch bevor es nach der Wiedervereinigung zur Aufnahme staatsanwaltschaftlicher Ermittlungen zu den Todesumständen von Hubert Klein kam, hatten dessen Geschwister versucht, ihn amtlicherseits für tot erklären zu lassen, da dies die Nachlassregelung ihres 1993 verstorbenen Vaters vereinfacht hätte. Da es an eindeutigen Beweisen für das Ableben Kleins fehlte, kam es nicht zu der beantragten Todeserklärung. Schwester und Schwager konnten Hubert Klein auf den Fotografien aus den Untersuchungsakten des Staatssicherheitsdienstes, die ihnen Ermittler im Herbst 1996 vorlegten, nicht eindeutig identifizieren.

Der Todesfall fand keine Erwähnung im 1999 ergangenen Urteil des Landgerichts Meiningen gegen den Chef der Pionierkompanie, die seinerzeit die tödlichen Minen in dem Grenzabschnitt verlegt hatte, die Klein zum Verhängnis wurden. Der angeklagte frühere Grenzoffizier Hauptmann Burghardt R. erhielt wegen Totschlags in zwei anderen Fällen eine Bewährungsstrafe von einem Jahr und zwei Monaten. Die Richter meinten wohl, dass Kleins Grenzübertritt vom Westen aus ohne Not und auf eigenes Risiko geschah. (Recherchen: jk, jos., MP, StA; Autor: jos.)

Quellen:
Kommando der Grenztruppe: Operative Tagesmeldungen Juli 1969, Tagesmeldung Nr. 175/69, 25.7.1969–27.7.1969. BArch Freiburg, DVH 32/112616.

MdI: Rapport Nr. 177 für die Zeit vom 26.7.1969, 4 Uhr, bis 28.7.1969, 4.00 Uhr. BArch Berlin, DO 1/2.3/32437.

MfS: Tatortbefundbericht zum Leichenvorgang Klein, Hubert. BStU, ZA, MfS, AP 48/75.

Sächsischen Staatsarchiv Leipzig: Auskunft vom 10.06.1998 an die ZERV.

StA Erfurt: Anklage wg. Totschlags vom 6.7.1999; LG Mannheim: Urteil vom 8.12.1999, Az. 520 Js 18883/99 1 Ks, eingesehen in Sammlung Marxen/Werle, Humboldt-Universität Berlin.

StA beim Kammergericht Berlin: Ermittlungsunterlagen. LAB, D Rep. 120–02, Acc. 8346–2 Js 220/93 -.

StA Erfurt: Ermittlungsunterlagen, 520 Js 18883/99 1 Ks.

Standesamt Leipzig: Geburtseintrag Nr. 4190, 22.08.1935.

Zeitzeugengespräch von Steffen Alisch mit Hubert Kleins Schwager Hans K. am 07.12.2014.

Uwe Preußner

geboren am 9. Januar 1950 in Dresden

erschossen am 6. August 1969

Ort des Zwischenfalls: zwischen Mendhausen (Thüringen) und Rothausen (Bayern)

Die Ackerflächen des Ehepaars Mock aus dem fränkischen Rothausen reichten bis zur Grenze nach Thüringen. Als die beiden Landwirte am 6. August 1969 gegen 13.40 Uhr ihre Feldarbeit erledigt hatten und nach Hause gehen wollten, blieb der Mann einen Augenblick stehen. Er sah zu den Pionieren der NVA hinüber, die Zaunarbeiten an der Grenze zu Bayern verrichteten. Sie schnitten den alten Stacheldrahtzaun von den Pfosten und brachten stattdessen neue Steckmetallgitter an. Zehn Meter vor der Demarkationslinie zeigte ein Absperrband an, bis wohin sich die DDR-Grenzsoldaten bewegen durften. Sie wurden von Sicherungsposten bewacht, die an den Grenzsteinen standen. Der Zaun, der erneuert worden war, war von hier aus 20 Meter entfernt, aber die Pioniere kamen immer wieder nahe ans Absperrband heran, weil dort eine Stelle war, an der sie die Stacheldrahtstücke ablegen sollten. Plötzlich ließ ein Pionier seinen Bolzenschneider fallen und rannte über das Absperrband hinweg in Richtung Bundesrepublik. Einer der Sicherungsposten rief: „Mach keinen Mist, komm zurück!" Den Flüchtling konnten sie nicht mehr erreichen, es dauerte nur Sekunden, und er befand sich auf dem Gebiet der Bundesrepublik. Als die DDR-Grenzer Warnschüsse abfeuerten, warf er sich auf den Boden des Feldes. Er versuchte, sich dort zu verstecken, doch der Bewuchs stand nicht hoch genug.

Was sich nun zutrug, bewerten die Juristen Klaus Marxen und Gerhard Werle als „Exzeßtat". Ein Offizier lief zur Demarkationslinie vor, rief dem flüchtenden Soldaten zu, dass er zurückkommen solle, und feuerte mit seiner Pistole nochmals Warnschüsse ab. Der geflüchtete Pionier, bereits auf dem Gebiet der Bundesrepublik angekommen, wandte sich an das etwa 30 Meter entfernt stehende Ehepaar Mock und bat: „Kommt zu mir, dann dürfen die nicht mehr schießen." Doch ehe sie reagieren konnten, feuerte der Offizier mit ausgestrecktem Arm auf den bäuchlings etwa 23 Meter entfernt liegenden Flüchtling einen Schuss ab. Getroffen schrie der junge Mann auf, sackte in sich zusammen und blieb regungslos liegen. Der Offizier lief daraufhin zusammen mit einem Oberleutnant über die Demarkationslinie hinweg auf den im Feld Liegenden zu. Sie schleiften ihn auf DDR-Gebiet zurück – „wie ein Stück Vieh", erinnerte sich Ludwig Mock. Dort verband der Regimentsarzt seine

Kopfwunde, bevor er mit einem Sanitätsfahrzeug ins Krankenhaus Hildburghausen gefahren wurde. Nach ein bis eineinhalb Minuten war alles vorbei. Noch am selben Tag starb Uwe Preußner – ein Betonbauer aus Dresden, der erst seit drei Monaten seinen Wehrdienst leistete – nach einer Notoperation im Krankenhaus. Das Ehepaar Mock sah die Blutspur auf seinem Feld. Nie wieder konnten sie den Blick vergessen, mit dem der junge Mann sie angeschaut hatte, bevor auf ihn geschossen wurde.

24 Jahre später musste sich der Rentner Paul H. vor dem Landgericht Schweinfurt für den Tod des 19-jährigen Pioniers Uwe Preußner verantworten. Nach den Schüssen war H. vom damaligen Armeegeneral Hoffmann mit der Nationalen Verdienstmedaille in Gold ausgezeichnet worden und hatte eine Geldprämie von 400 Mark erhalten. Im Bundesministerium des Innern reagierte man auf den Vorfall mit einer Diskussion darüber, ob BGS-Beamte in Zukunft verstärkt direkt an der Grenze zu postieren seien, damit „Fluchtbereiten die Flucht psychologisch und tatsächlich erleichtert werden kann". Man befand sich „in den sechziger Jahren auf dem Höhepunkt des Kalten Krieges", gab das Landgericht Schweinfurt am 1. Juli 1993 zu bedenken. Es kam zu dem Ergebnis, dass Paul H. den am Boden liegenden Uwe Preußner erschossen und dies zumindest mit einem bedingtem Tötungsvorsatz getan hatte. Zwar gab dieser bei der Vernehmung an, dass er damals auf die Füße des Flüchtlings gezielt hätte, um ihn fluchtunfähig zu schießen, doch hierbei, befand das Gericht, habe er den Tod Preußners billigend in Kauf genommen. Schließlich müsse ihm als erfahrener Offizier die geringe Zielsicherheit eines Pistolenschusses aus dem Stand bei einer Entfernung von etwa 23 Metern bewusst gewesen sein. Auch hätte er, anstatt zu schießen, zu dem am Boden sich nur robbend fortbewegenden Soldaten hinüberlaufen und ihn mit erhobener Waffe zur Rückkehr zwingen können.

Das Landgericht Schweinfurt verurteilte H. am 1. Juli 1993 wegen Totschlags zu einer Freiheitsstrafe von fünf Jahren und sechs Monaten. Die Strafkammer ging davon aus, dass H. nicht nur gegen bundesdeutsches, sondern auch gegen DDR-Recht verstoßen hatte, weil die damals für die Grenzsicherung gültige Dienstverordnung eindeutig bestimmte: „Die Schußwaffe darf nur in Richtung des Territoriums der Deutschen Demokratischen Republik oder parallel zur Staatsgrenze gegen Grenzverletzer angewendet werden." Der Bundesgerichtshof bemängelte 1994 das Strafmaß. Ein halbes Jahr später befand die 2. Strafkammer des Landgerichts Schweinfurt in einem Revisionsverfahren über die Milderungsgründe. Zu ihnen gehörte auch die „widersprüchliche Befehlslage im Falle eines Fluchtversuchs". Neben der bereits zitierten Dienstanweisung bestanden „dieser widersprechende interne Anordnungen", nach denen eine Fahnenflucht auf jeden Fall verhindert werden sollte. Dem Offizier drohten von vorgesetzter Seite empfindliche Repressalien, die überdies seine Karriere in der Armee beendet hätten. Nach Abwägung der für und gegen den Angeklagten sprechenden Umstände beschloss das Gericht einen Ausnahmestrafrahmen und verurteilte den 61-Jährigen, der seit 14 Monaten in Untersuchungshaft saß, am 20. Juni 1994 zu einer Freiheitsstrafe von zwei Jahren und vier Monaten. (Recherche: jk, jos., MP; Autor: jk)

Quellen:

MfS: E I über eine verhinderte Fahnenflucht unter Anwendung der Schußwaffe. 8.8.1969. BStU, MfS ZAIG 1776.

MfS: Schlußbericht [Todesfall Uwe Wolfgang Preußner]. BStU, MfS, BV Magdeburg, Abt. IX, Nr. 1318.

MfS, HA IX/4: Informationsbericht. Berlin, 8.8.1969. BStU, MfS ZA, Allg. S. 310/71, Bd. 2.

Der Bundesminister für Finanzen: Grenzzwischenfälle und -nachrichten von der Demarkationslinie zur SBZ (August 1969). Bonn, 26.9.1969. BArch Koblenz, B 137/2602.

Zentrale in Bayern: Grenzlageberichte vom 7.8.1969, 14.8.1969 und 13.9.1969. BArch Koblenz, B 137/6424.

Ministerium für gesamtdeutsche Fragen, Abt. II: Vermerk. Betr.: Zwischenfall an der DL am 6.8.1969. Bonn, 18.8.1969. BArch Koblenz, B 137/6424.

Maschner, Wilhelm F.: An der Zonengrenze krachen täglich Sprengladungen. In: *Die Welt*, 30.08.1969.

Zölch, Arnold: Ulbricht riegelt die Demarkationslinie hermetisch ab. In: *Schweinfurter Volkszeitung*, 13.08.1969.

Filmer, Werner/Schwan, Heribert: Opfer der Mauer. Die geheimen Protokolle des Todes. München 1991, S. 220 f.

Marxen, Klaus/Werle, Gerhard: Die strafrechtliche Aufarbeitung von DDR-Unrecht. Eine Bilanz. Berlin/New York 1999, S. 14.

Schätzlein, Gerhard/Rösch, Bärbel; Albert, Reinhold: † 1945 bis 1971. Hildburghausen 2001, S. 322–326.

Marxen, Klaus/Werle, Gerhard (Hrsg.): Strafjustiz und DDR-Unrecht. Dokumentation. Band 2, Gewalttaten an der deutsch-deutschen Grenze. 2 Teilbände, Band 2/1. Berlin 2002, S. 389–425.

Grafe, Roman: Deutsche Gerechtigkeit. Prozesse gegen DDR-Grenzschützen und ihre Befehlsgeber. München 2004, S. 264 f.

Schätzlein, Gerhard: Flucht aus der DDR von 1950 bis 1989. Mellrichstadt 2015, S. 267–270.

Hans Zabel

geboren am 10. Juli 1949 in Hagenow

vermutlich ertrunken in der Nacht vom 11. zum 12. August 1969

Ort des Zwischenfalls: Schaalsee, nahe Zarrentin (Mecklenburg-Vorpommern)

Bildquelle: Universitätsarchiv Rostock, Studentenakte

Hans Zabel wurde am 10. Juli 1949 im mecklenburgischen Hagenow geboren. Während des Besuchs der Erweiterten Oberschule (EOS) in Boizenburg lernte er Henry Z. kennen, der auch aus der Gegend stammte. Zwischen den beiden entwickelte sich eine enge Freundschaft. Auch nach dem Schulabschluss blieben sie in Verbindung. Hans Zabel hätte gerne ein Studium im Fachgebiet Hochfrequenztechnik aufgenommen, das ihm verwehrt blieb. Er immatrikulierte sich deswegen für den Studiengang Physik an der Wilhelm-Pieck-Universität in Rostock. Im Frühjahr 1969 ließ er sich jedoch exmatrikulieren und nahm im VEB Fliesenwerke Boizenburg eine Stelle als Hilfsarbeiter an. Spätere Vermutungen brachten den Studienabbruch mit seinen Fluchtabsichten in einen Zusammenhang. Henry Z. studierte an der Technischen Hochschule Magdeburg Chemieanlagenbau. Dort bedrängten ihn Mitarbeitern des MfS, Spitzeldienste an der Universität zu übernehmen. Henry Z. ließ sich jedoch nicht darauf ein und lehnte eine MfS-Mitarbeit ab. Der Anwerbungsversuch bestärkte ihn vielmehr in seinem Entschluss, die DDR zu verlassen. Später in den Semesterferien besprach er das mit seinem Freund Hans Zabel, der ähnliche Gedanken hegte.

Die beiden 20-Jährigen begannen nun konkrete Fluchtpläne zu schmieden und dachten dabei an einen gemeinsamen Freund, dem ein Jahr zuvor die Flucht aus der DDR geglückt war. Für einen möglichen Fluchtweg über den Schaalsee errechneten sie eine Entfernung von drei Kilometer, die sie in etwa zweieinhalb Stunden schwimmend zurücklegen müssten. Die beiden besprachen auch einen alternativen Weg entlang des Ufers, falls Boote der Grenztruppen im Schaalsee patrouillieren würden. An erster Stelle stand jedoch für beide der Plan, die Flucht durch den See gemeinsam zu wagen. Am 11. August 1969 sollte es losgehen. An diesem Montagmorgen beendete Hans Zabel um 6 Uhr seine Nachtschicht im Fliesenwerk in Boizenburg. Später fuhr er zu seinem Freund, der sich in den Semesterferien bei seiner Mutter in Zarrentin aufhielt. Von dort war es nicht mehr weit bis zum See. In der Gegend um den Schaalsee herum war es noch recht warm, das Thermometer zeigte 22 °C an. Das Wasser des Schaalsees war nicht zu kühl, um eine längere Strecke schwimmend zurücklegen zu können. Gegen 22 Uhr erreichten die beiden Freunde das südliche Ufer des Sees. Als sie ins Wasser stiegen, machten sie ein Ziel am gegenüberliegenden westdeutschen Ufer aus. In einer Entfernung von etwa 20 Metern schwammen sie über den See. Sie hatten bereits mehr als zwei Drittel der Wegstrecke zurückgelegt, als Hans Zabel seinem Freund signalisierte, er wolle an einem früheren Punkt als vereinbart zum Land schwimmen. Henry Z. hielt das für zu gefährlich, da er nicht sicher war, ob sich dort bereits das Bundesgebiet befand. Er rief Hans Zabel seine Bedenken zu und schwamm zunächst weiter. Als er sich kurze Zeit später nach seinem Freund umblickte, konnte er ihn in der Finsternis nicht mehr sehen. Henry Z. schwamm ein Stück zurück und rief, trotz des Risikos, von Grenzposten entdeckt zu werden, nach seinem Freund. Doch Hans Zabel antwortete ihm nicht. Völlig erschöpft erreichte er nun allein das westdeutsche Ufer des Schaalsees. Dort wartete er im Schilf auf seinen Freund an der vereinbarten Stelle. Nach einer halben Stunde vergeblichen Wartens verließ er frierend sein Versteck im Schilf und lief in westliche Richtung. Gegen 2.30 Uhr erreichte er die Dienststelle des Zolls in Hollenbek. Dort berichtete er aufgelöst von der gemeinsamen Flucht und dem verschwundenen Freund. In diesem Moment ging beim Zoll eine Funknachricht über einen Schuss und Motorengeräusche ein, die an jener Stelle erfolgt sein sollten, wo Hans Zabel vielleicht das Ufer noch auf DDR-Gebiet erreicht haben könnte. Die von Zollbeamten eingeleitete Suche am westdeutschen Ufer verlief ergebnislos. Henry Z. hoffte inständig, dass sein Freund noch lebte und DDR-Grenzsoldaten ihn festgenommen hätten.

Hans Zabels Studienbewerbung.
Quelle: Universitätsarchiv Rostock, Studentenakte

Am 18. August 1969 meldete Zabels Vater seinen Sohn bei der Volkspolizei in Schwerin als vermisst. Bereits seit dem 13. August 1969 lagen dem Schweriner MfS Informationen über die „Republikflucht" von Henry Z. und Hans Zabel vor. Man konnte jedoch im Kontrollstreifen am Schaalsee ihre Spuren nicht mehr finden, da eine ausgebrochene Kuhherde dort den Boden auf einer Länge von etwa zwei Kilometer zertrampelt hatte. Das Kreisgericht Hagenow erließ am 12. September 1969 wegen Durchbruchs der Staatsgrenze gegen Hans Zabel einen Haftbefehl. Henry Z. durchlief währenddessen die Notaufnahmelager in Lübeck und Gießen und zog dann zu Verwandten nach West-Berlin. Im Oktober 1969 meldete er sich zum ersten Mal bei seinen Eltern in der DDR und schrieb ihnen einen Brief. Seinen vermissten Freund erwähnte er darin nicht, da er annahm, ihre Post würde kontrolliert. Auf das Drängen der besorgten Eltern seines Freundes schrieb Henry Z. schließlich dem Vater und berichtete von der gemeinsamen Flucht über den Schaalsee und wie er Hans Zabel aus den Augen verloren hatte. Daraufhin stellte Zabels Vater alle erdenklichen Nachforschungen an. Die zuständigen DDR-Ämter teilten ihm jedoch lediglich mit, dass für die fragliche Zeit keine Informationen über einen Grenzvorfall unter Beteiligung seines Sohnes vorlägen. Der Vater korrespondierte nun über Deckadressen weiterhin mit Henry Z. in der Bundesrepublik, um weitere Anhaltspunkte über den Verbleib seines Sohnes zu erhalten. Aber sowohl Nachfragen im Krankenhaus in Boizenburg als auch beim Untersuchungsausschuss freiheitlicher Juristen blieben erfolglos. Nun hofften die verzweifelten Eltern, ihr Sohn sei möglicherweise an einem geheimen Ort in Haft. Die Sicherheitsbehörden der DDR nahmen hingegen zunächst noch immer an, Hans Zabel sei die Flucht geglückt. Erst im November 1972 stellten sie das gegen ihn eingeleitete Ermittlungsverfahren ein und hoben den Haftbefehl auf, da sie von einem Scheitern des Fluchtversuchs im Schaalsee ausgingen.

Auch die Ermittlungen der Zentrale Erfassungsstelle für Regierungs- und Vereinigungskriminalität (ZERV) brachten in den 1990er Jahren keine weiteren Erkenntnisse über das Schicksal Hans Zabels. Eine Anwendung von Schusswaffen für den Fluchtzeitpunkt ist weder im Meldungsaufkommen der Grenztruppen noch in den Überlieferungen des DDR-Staatssicherheitsdienstes verzeichnet. Die damals von Zabels Vater erstattete Vermisstenanzeige bei der Polizei in Hagenow lag nicht mehr vor, sie fand sich auch nicht in der zentralen Vermisstendatei der DDR. Die Volkspolizei meldete 1972 Hans Zabel als in die Bundesrepublik Deutschland verzogen ab. Da er das Notaufnahmeverfahren dort nicht durchlaufen hatte und sich nirgendwo eine Spur von ihm fand, schloss die ZERV ihre Ermittlungen im April 1995 mit dem Ergebnis ab, dass Hans Zabel bei seinem Fluchtversuch im Schaalsee ertrunken ist. (Recherche: MP; Autorin: MP)

Quellen:

StA Hagenow: Antrag auf Postbeschlagnahme und Haftbefehl. BStU, MfS, E SKS 40126.

MfS, BV Schwerin: § 213 StGB Staatsgrenze/West. BStU, MfS, Swn AOP 445/70.

StA II bei dem KG Berlin: Ermittlungsverfahren gegen Unbekannt z. N. Hans Zabel, 27 Js 401/92. LAB, D Rep. 120-02 ZERV.

Studentenakte Hans Zabel: Universitätsarchiv Rostock.

Hans-Dieter Genau

geboren am 15. Mai 1951 in Treffurt

erschossen am 24. August 1969, aus der Werra geborgen am 31. August 1969

Ort des Zwischenfalls: Werra, bei Treffurt (Thüringen)

Die Mutter von Hans-Dieter Heinrich Genau wollte nicht, dass ihr Sohn an der Jugendweihe teilnimmt. Die Alleinerziehende wurde von ihrem damaligen Chef und der Schule ihres Sohnes jedoch dazu gedrängt. Im Anschluss an die unerwünschten staatlichen Feierlichkeiten ließ sich der Jugendliche allerdings auch noch konfirmieren. Er spielte im Posaunenchor der Kirche.

Am 24. August 1969 besuchte Hans-Dieter Genau seinen Freund Harald S. Zusammen sahen sie fern, besuchten danach die Lokale „Stern" und „Kapp" in Treffurt und tranken in geselliger Runde. Dann steckten sie die Köpfe zusammen und sprachen über ihren Plan, in den Westen zu flüchten. Sie kannten sich seit der 8. Klasse. Harald S. absolvierte eine Lehre, während Hans-Dieter Genau vor dem Abitur stand. Die beiden Freunde waren sowohl mit den gesellschaftlichen Verhältnissen in der DDR als auch mit der persönlichen Situation in ihren Familien unzufrieden. Immer wieder hatten sie mögliche Fluchtwege ausgekundschaftet. Des Öfteren hatten sie Grenzsoldaten bei ihrer Ablösung beobachtet und schließlich beschlossen, durch die Werra zu schwimmen. Bei einem Onkel von Hans-Dieter Genau in Hessen wollten sie nach ihrer Flucht zunächst unterkommen, um ein neues Leben in der Bundesrepublik zu beginnen.

Der Flusslauf der Werra war nicht durch Sperren gesichert. So schien es ein Leichtes, in Fließrichtung der Werra über die innerdeutsche Grenze zu schwimmen. Nach dem Gaststättenbesuch am 24. August 1969 brachen sie mit einem weiteren Freund in Richtung Grenze auf. Zunächst gingen sie über die Werrabrücke in Richtung des nahe gelegenen Schwimmbades. Das war unauffällig, weil man bis zum Schwimmbad spazieren konnte. Dort legten sie einen Teil ihrer Kleidung ab und schlichen die Böschung hinunter. Sie näherten sich – zeitweise schwimmend, teils neben der Werra herlaufend – den Grenzanlagen. Einer der drei Jugendlichen verlor den Mut und kehrte um. Er versuchte seine Freunde zu überreden, ebenfalls aufzugeben, doch die ließen sich von ihrem Plan nicht abbringen. Nachdem sie etwa 400 bis 500 Meter mit der Strömung geschwommen waren und das Bundesgebiet bereits in Sicht war, wurden sie von DDR-Grenzwachen bemerkt. Von einem hölzernen Beobachtungsturm an der Werra richteten sie grelles Scheinwerferlicht auf die Schwimmer. Hans-Dieter Genau schwamm etwa vier bis fünf Meter vor seinem Freund. Die lauten Rufe der Grenzer waren im Wasser nicht zu verstehen. Als gezielte Schüsse und mehrere Feuerstöße aus Maschinenpistolen neben ihnen einschlugen, tauchten beide sofort unter. Doch eine Kugel traf Hans-Dieter Genau in den Kopf. Sein Freund wurde durch einen Streifschuss verletzt und erlitt einen Schock. Eine weitere Kugel der Grenzposten schlug in ein westdeutsches Wohnhaus am Ortsrand von Heldra ein.

Erst nach einer umfangreichen Suchaktion der DDR-Grenztruppen konnte der verletzte Harald S. am Morgen des 25. August 1969 am Ufer gefunden und ins Krankenhaus gebracht werden. Die Leiche des 18-jährigen Hans-Dieter Genau entdeckte man erst eine Woche später, am 31. August 1969, in einem Werrawehr nahe dem hessischen Wanfried. Nach der Obduktion im hessischen Marburg erfolgte die Überführung des Leichnams am 3. September 1969 über den Grenzübergang Wartha. *Der Tagesspiegel* meldete zwei Tage später: „Der 18jährige Hans-Dieter Genau aus Treffurt in der ‚DDR', dessen Leiche am Sonntag von Kriminalbeamten aus der Werra gezogen worden war, ist nach einem jetzt veröffentlichten Obduktionsbefund des gerichtsmedizinischen Instituts in Marburg erschossen worden. Der junge Mann hatte eine Woche zuvor mit einem Freund bei Eschwege in die Bundesrepublik zu flüchten versucht." Harald S. wurde wegen „Republikflucht" zu einer Freiheitsstrafe von einem Jahr und zehn Monaten verurteilt und erhielt eine Aufenthaltsbeschränkung für alle Grenzsperrgebiete auf unbegrenzte Dauer. Neun

Monate später wurde er auf Bewährung entlassen. Bei einer Hausdurchsuchung war seine englischsprachige Korrespondenz mit japanischen Schülern beschlagnahmt worden. Seinem Vater drohte aufgrund des Vorfalls die Entlassung aus dem Dienst der Volkspolizei.

Die Angehörigen von Hans-Dieter Genau erhielten keine Gelegenheit, den Toten noch einmal zu sehen. Nach der Überführung des Leichnams musste die Mutter sich mit der Einäscherung und sofortigen Beisetzung einverstanden erklären. Die Bestattung wurde auf einen Wochentag am Vormittag gelegt, damit die Teilnehmerzahl von vornherein begrenzt werden konnte. In Treffurt verbreiteten DDR-Instanzen, Hans-Dieter Genau sei ertrunken. Die Schüsse und die schwere Kopfverletzung verschwieg man.

Die Schützen, die zum Zeitpunkt des Unglücks selbst nicht älter waren als der Getötete, wurden 1998 zu Jugendstrafen von einem Jahr und sechs Monaten auf Bewährung verurteilt. (Recherche: jk, jos., MP, MS, St.A.; Autorin: MP)

Quellen:

MfS/ZAIG: Eilinformation über einen verhinderten Grenzdurchbruch von 2 DDR-Bürgern unter Anwendung der Schußwaffe mit tödlichem Ausgang für einen der Grenzverletzter im Abschnitt Wendehausen/Mühlhausen am 24.8.69. BStU, MfS, ZAIG, Nr. 1779.

MfS/BV Erfurt: Akte zum Ermittlungsverfahren Genau, Registriernummer IX 409/69, Bd. I, Beginn: 1.9.69, beendet: 5.5.1970. BStU, MfS, BV Erf., AU 648/70, Bd. I.

Staatsanwalt des Bezirkes Erfurt: Verfahren wegen ungesetzlichen Grenzübertritts. BStU, MfS, BV Erf., Ast 124/87.

o.A. (AP): Obduktionsbefund über toten „DDR"-Flüchtling: erschossen. In: *Der Tagesspiegel*, 05.09.1969. BStU, MfS ZAIG, 10685.

BGS/Zoll/Zentrale in Hessen: Täglicher Grenzlagebericht vom 25.8.1969. BArch Koblenz, B 137/6424.

BGS/Zoll/Zentrale in Hessen: Täglicher Grenzlagebericht vom 1.9.1969. BArch Koblenz, B 137/6424.

BGS/Zoll/Zentrale in Hessen: Täglicher Grenzlagebericht vom 4.9.1969. BArch Koblenz, B 137/6424.

Bundesminister für Finanzen: Grenznachrichten vom 26.9.1969. BArch Koblenz, B 137/2602.

MdI: Rapport Nr. 210 für die Zeit vom 3.9.1969, 4.00 Uhr, bis 4.9.1969, 4.00 Uhr. Berlin 4.9.1969. BArch Berlin, DO 1/2.3/32437.

BMI: Zusammenstellung der Grenzzwischenfälle an der DL und der Sektorengrenze von Berlin seit Januar 1969. BArch Koblenz, B 137/6433.

StA Erfurt: Anklageschrift vom 16.10.1996, 520 Js 96303/96-3 Kls. Urteil LG Mühlhausen vom 23.1.1998, 520 Js 96303/96-3 Kls. Sammlung Marxen/Werle, Humboldt-Universität zu Berlin.

StA Erfurt: Ermittlungsverfahren wegen Totschlags und versuchten Totschlags z. N. Genau, Hans-Dieter. LATh – HstA Weimar, Freistaat Thüringen, Staatsanwaltschaft Erfurt 9413–9426.

Filmer, Werner/Schwan, Heribert: Opfer der Mauer. Die geheimen Protokolle des Todes. München 1991, S. 223.

Wilhelm Dröger

geboren am 14. Oktober 1909
in Mahnsfeld

getötet durch Minenexplosion
am 3. Oktober 1969

Ort des Zwischenfalls:
Brandenbaum (Mecklenburg-
Vorpommern)

*Bildquelle: LHA SN 8.33–6/2
Staatsanwaltschaft Schwerin Nr. 3735*

Wilhelm Dröger kam am 14. Oktober 1909 in Mahnsfeld in Ostpreußen auf die Welt. Wann die Familie mit ihrem Sohn Wilhelm und seinem Bruder in die nördlichen Gefilde Deutschlands umsiedelte, ist nicht überliefert. Wilhelm Dröger erlernte den Beruf eines Gärtners und arbeitete eine Zeitlang in einer Gärtnerei in Lübeck-Schlutup, danach nahm er eine Beschäftigung bei den Industrie-Werken Karlsruhe (IWK) an, die eine Zweigniederlassung in Lübeck eröffneten und ihre Fertigungsstätten dort ab 1967 in Industriewerke Lübeck (IWL) umbenannten. Die Firma produzierte Containerwaggons für die Deutsche Bundesbahn, Spezialfahrzeuge für Krankentransporte und seit 1967 den Schwimmwagen „Amphicar", der weltweites Aufsehen erregte. Wilhelm Dröger lebte zusammen mit seiner Ehefrau auf dem Gelände seiner Arbeitsstelle. Diese Unterkunft, in der etwa 200 Arbeiter untergebracht waren, befand sich nur 300 Meter von der Grenze entfernt. Nach einem Unfall im Jahre 1967 litt Wilhelm Dröger unter einer Gehbehinderung, die das Arbeiten unmöglich machte, was ihn zusätzlich stark belastete. Er gärtnerte leidenschaftlich gerne und führte auch am Unglückstag eine Rosenschere in der Jackentasche mit sich.

Am Vormittag des 3. Oktober 1969, nur wenige Tage vor seinem 60. Geburtstag, machte sich der Rentner auf den Weg zum Chirurgen. Doch dort kam er nie an. Als seine Ehefrau eine Vermisstenanzeige aufgab, äußerte sie ihre Befürchtung, dass ihr Mann vielleicht einen Schwächeanfall gehabt und sich im Wald verlaufen habe. Tatsächlich überstieg Wilhelm Dröger östlich seines Heimatortes gegen 11 Uhr an einem Grenztor den zwei Meter hohen Streckmetallzaun der DDR-Grenze. Nur einen Meter vom Tor entfernt trat er im angelegten Minenfeld auf eine Erdmine und löste eine Explosion aus. Die Detonation riss dem Lübecker den linken Fuß oberhalb des Sprunggelenkes ab. Westdeutsche Beamte des Zollgrenzdienstes hörten einen lauten Knall und entdeckten kurz darauf hinter dem Zaun im Minenfeld einen Verletzten, der laut um Hilfe schrie. Nachdem der Zoll den Bundesgrenzschutz informiert hatte, machten dessen Beamte am Grenzübergang Lübeck-Schlutup mit Lautsprechern DDR-Grenzwachen auf den Vorfall aufmerksam. Es erfolgte jedoch keine Reaktion auf der anderen Seite. Nun nahm die Nachrichtenübermittlung einen untypischen Verlauf: Zwei Fernfahrer des VEB Kraftverkehrs Schwerin meldeten auf der DDR-Seite des Grenzübergangs Herrnburg–Rostock „daß im Minenfeld des Grenzabschnitts Brandenbaum eine verletzte männliche Person liegt". Die DDR-Fernfahrer kamen gerade aus der Bundesrepublik zurück und waren von Beamten des Bundesgrenzschutzes bei der Kontrolle über den Verletzten informiert worden. Es verging weitere kostbare Zeit bis der Verletzte nach mehr als fünf Stunden endlich geborgen wurde. Die DDR-Grenztruppen zündeten zunächst Nebelgranaten, um weitere Beobachtungen von westlicher Seite zu verhindern. Beamte des Bundesgrenzschutzes und des Zollgrenzdienstes sahen noch, dass sich der Verletzte seit etwa 15 Uhr nicht mehr bewegte und regungslos im Minenfeld lag. Vermutlich war er zu diesem Zeitpunkt schon seinen Verletzungen erlegen. Gegen 16 Uhr begann seine Bergung durch die DDR-Grenztruppen. Eine Stunde später stellte der hinzugekommene Militärarzt den Tod Wilhelm Drögers fest. Vielleicht hätte er eine Überlebenschance gehabt, wenn man ihm früher geholfen hätte.

Auf westdeutscher Seite ging man damals von einem missglückten Fluchtversuch eines NVA-Angehörigen aus. Die *Lübecker Nachrichten* berichteten vom tödlichen Ende eines misslungenen Fluchtversuches. Ein dreiviertel Jahr später erschien erneut ein Artikel in dieser Zeitung. Alles deute darauf hin, „daß es sich bei dem mutmaßlichen DDR-Flüchtling um einen Lübecker gehandelt hat, der aus ungeklärten Gründen die Grenze zur DDR überschritten hat". Die Hinterbliebenen Wilhelm Drögers erhielten erst nach längerer Zeit seitens der DDR Bescheid über seinen tragischen Tod. Warum der Lübecker, der viele Jahre in direkter Grenznähe lebte, in die tödlichen Sperranlagen geriet, konnten auch die in den 1990er Jahren geführten staatsanwaltschaftlichen Ermittlungen nicht abschließend klären. In dem Verfahren wurde der damalige Kompaniechef im Grenzregiment Schönberg als Verantwortlicher für die Minenverlegung zu einer Freiheitsstrafe von sechs Monaten verurteilt, die zur zweijährigen Bewährung ausgesetzt wurde. In der Urteilsbegründung heißt es: Der Angeklagte hätte „den eklatanten Verstoß der Minenverlegung gegen das Verhältnismäßigkeitsprinzip erkennen können" und wissen müssen, „dass unterschiedslos wirkende Minensperren in keiner Weise mit dem elementaren Tötungsverbot in Einklang zu bringen sind". (Recherchen: St.A., jk, MP, ES, jos.; Autorin: MP)

Quellen:

MfS: Hinweise für die Besprechung mit den Leitern der HA über einige wichtige Probleme und Aufgaben zur Absicherung des 20. Jahrestages der DDR. BStU, ZA, MfS, ZAIG 4734, 10704.

MfS: Ermittlungsauftrag zu Wilhelm Dröger. BStU, MfS HA VIII/RF/1764/43.

ZGD/BGS/GSK Küste: Grenzlagebericht vom 4.10.1969. BArch Koblenz, B 137/6424.

BMI: Zusammenstellung der Grenzzwischenfälle an der Demarkationslinie und der Sektorengrenze von Berlin seit Januar 1969. BArch Koblenz, B 137/6433.

BMF: Grenzzwischenfälle und -nachrichten von der Demarkationslinie zur DDR (März 1970), 23. April 1970. PAAA, B 38-IIA1, 354, Bl. 112.

Staatsanwaltschaft Schwerin: Anklageschrift vom 9.8.1999, 191 Js 36758/98. Sammlung Marxen/ Werle, Humboldt-Universität zu Berlin.

Staatsanwaltschaft Schwerin: Urteil des Landgerichts Schwerin vom 20.11.2000, 191 Js 36758/98. LHASn 8.33–6/2, Staatsanwaltschaft Schwerin 3735.

Meyer-Rebentisch, Karen: Grenzerfahrungen: Dokumentation zum Leben mit der innerdeutschen Grenze bei Lübeck von 1945 bis heute. Lübeck 2009, S. 63. Enthält die Darstellung des Tatherganges für den Fall Wilhelm Dröger als unbekanntes Grenzopfer.

Rudi Fiedler

geboren am 16. April 1930
in Voitsdorf, ČSR (heute Fojtovice)

gestorben durch Suizid
am 5. März 1970

Ort des Zwischenfalls: Volkspolizeikreisamt Wernigerode (Sachsen-Anhalt)

Bildquelle: BStU

In Folge der Beneš-Dekrete musste Rudi Fiedler 1946 mit seiner Mutter und seinem Bruder aus Voitsdorf (ČSR) nach Roßlau in die Sowjetische Besatzungszone (SBZ) umziehen. Die Mutter starb 1948 nach langer schwerer Krankheit, sein Vater, der bis 1939 im böhmischen Voitsdorf als Motorenschlosser gearbeitet hatte, war im Krieg gefallen. Rudi Fiedler begann in Voitsdorf nach der Mittelschule eine Schlosserlehre, die er infolge der Vertreibung nicht beenden konnte. In Roßlau erhielt er zunächst eine Stelle bei der Reichsbahn als Zugmelder und Telegrafist. Auf der Schiffswerft in Roßlau konnte er 1952 seine in der ČSR begonnene Lehre als Maschinenschlosser mit der Gesellenprüfung abschließen. Er war jungverheiratet, seine Frau Gerda gebar 1951 die gemeinsame Tochter Christa. Als es zu Unstimmigkeiten mit den Schwiegereltern und seiner Frau kam, verließ Rudi Fiedler im Frühjahr 1953 die DDR. Er begab sich zunächst nach West-Berlin. Nach dem Aufnahmeverfahren und den Befragungen durch die Westalliierten wurde er nach Hannover ausgeflogen. Von dort aus reiste er mit dem Zug nach Worms, wo er eine ihm vermittelte Arbeitsstelle als Maschinenschlosser antrat. Doch in der Pfalz litt er binnen Kurzem unter Heimweh und hatte Sehnsucht nach seiner Familie. Im September 1953 kehrte er reumütig zu seiner Frau in die DDR zurück. Sie brachte 1955 die zweite gemeinsame Tochter Bärbel zur Welt. Doch auch diesmal währte das Familienglück nicht lange. Zwischen den Eheleuten kam es immer wieder zu Zwistigkeiten, da Rudi Fiedler Beziehungen zu anderen Frauen unterhielt und bald auch noch für ein uneheliches Kind Unterhalt zu zahlen hatte.

Nach seiner Rückkehr in die DDR arbeitete Fiedler zunächst wieder bei der Reichsbahn, dann seit März 1954 im Deutschen Schiffahrts- und Umschlagbetrieb (DSU) Magdeburg als Schiffsheizer. Im April 1955 erhielt sein „Kollektiv des Dampfers Schwarzburg" die Auszeichnung als bester Dampfer des DSU und Rudi Fiedler persönlich eine Sonderprämie. Seine betrieblichen Beurteilungen fielen gut aus, er galt als ruhig und hilfsbereit. Im Juni 1956 wechselte er erneut zur Reichsbahn, die ihn als Wagenmeister einsetzte. Im November 1957 trat er als Kandidat in die SED-Betriebsgruppe ein.

Den Überlieferungen des DDR-Staatssicherheitsdienstes zufolge muss Rudi Fiedler sprachbegabt gewesen sein. Er spreche Englisch, Französisch und Tschechisch, heißt es in einem Untersuchungsvorgang des MfS, das ihn 1958 nach einer vagen Denunziation der Spionage verdächtigte und unter dem Vorgangsnamen „Hamburg" mehrere Monate überprüfte und beobachtete. Einem Informanten der Volkspolizei war gerüchteweise zu Ohren gekommen, Fiedler unterhalte Kontakte nach Hamburg und verfüge über Geldmittel unklarer Herkunft. Die daraufhin durch die Stasi eingeleitete Postüberwachung, Kontenüberprüfung und intensive „Beobachtung durch Inoffizielle Kräfte" verlief jedoch ohne Ergebnis. Es gab weder Kontakte nach Hamburg, noch größere Geldbeträge auf der Sparkasse. Auch die Vernehmung durch einen MfS-Offizier brachte keine Hinweise auf eine „Feindtätigkeit". Das MfS stellte deswegen die Untersuchung nach wenigen Monaten wieder ein.

Am 25. Mai 1968 griffen Transportpolizisten Rudi Fiedler auf dem Bahnhof Adorf nahe der tschechoslowakischen Grenze auf. Er wollte sie im Raum Adorf/Oelsnitz überqueren und gab in der Vernehmung an, er habe sich nach Streitigkeiten mit seiner Frau auf den Weg in den Westen gemacht. Am 4. März 1970 versuchte er bei Ilsenburg im Harz erneut eine Grenzüberquerung. Eine Streife der Grenztruppen entdeckte ihn im Fünf-Kilometer-Sperrgebiet und nahm ihn fest. Man brachte ihn zur Untersuchungshaft in das Volkspolizeikreisamt Wernigerode. Am folgenden Tag nahm er sich in einer Zelle des Volkspolizeikreisamtes Wernigerode, drei Wochen nach seinem 40. Geburtstag, das Leben. (Recherchen: jos.; Autor: jos.)

Quellen:
MfS, KD Roßlau: Selbstmord in der U-Haft – DK an AAI – XX und weitere MfS-Unterlagen zu Rudi Fiedler. BStU, ZA, MfS, AOP, 302/58.
MfS: Kerblochkartei zu Fiedler, Rudi.

Burkhard Fischbock

geboren am 2. Dezember 1952 in Burg bei Magdeburg
tödlicher Unfall bei einem Fluchtversuch am 28. Oktober 1970
Ort des Zwischenfalls: nahe Etingen (Sachsen-Anhalt)

Eine Bahnfahrt von Magdeburg ins 64 Kilometer entfernt liegende Oebisfelde dauerte in den 1970er Jahren eineinhalb Stunden – für Menschen mit Fluchtabsicht waren dies 90 Minuten der Angst und Sorge, liefen sie doch Gefahr, bereits im Zug überführt und festgenommen zu werden. Der Bahnhof Oebisfelde war ein Grenzbahnhof, er lag im Sperrgebiet, weshalb Reisende einen Berechtigungsschein mit sich zu führen hatten. Um den Kontrollen im Zug zu entgehen, hatten drei Jugendliche am 27. Oktober 1970 einen Plan gefasst, der zwei von ihnen das Leben kosten sollte.

Burkhard Fischbock war 17 Jahre alt und Transportarbeiter, der 19-jährige Joachim Zepernick arbeitete als Kranfahrer und war Kandidat der SED. Gemeinsam mit fünf weiteren Jugendlichen hatten sie in der Magdeburger Gaststätte „Zum Neustädter Bahnhof" gefeiert und reichlich Alkohol getrunken. Als sie gegen 23 Uhr das Lokal verließen, mögen sie schon den nahenden Winter gespürt haben, die Temperaturen näherten sich dem Gefrierpunkt. Gleich gegenüber im Bahnhof Magdeburg Neustadt bestiegen Burkhard Fischbock, Joachim Zepernick und ihr 17-jähriger Freund H. einen Doppelstockzug nach Oebisfelde. Als der Zug Haldensleben passiert hatte, öffneten sie eines der Fenster im oberen Abteil und schwangen sich auf das Zugdach. Dort würde sie die Transportpolizei und das Bahnpersonal nicht kontrollieren, hofften sie. Als H. versuchte, die Lücke zwischen zwei Waggons zu überspringen, stürzte er und konnte sich auf einem Puffer abfangen. Er hangelte sich zurück ins Abteil. Das rettete ihm das Leben. Seine beiden Freunde prallten wenig später auf dem Dach des Zuges gegen einen Brückenbogen.

Ein Weichenwärter entdeckte Burkhard Fischbock bei der Einfahrt in Oebisfelde mit eingeschlagenem Schädel auf dem Dach des dritten Waggons. Sofort wurde der Zug kontrolliert und H. festgenommen. Bei der Vernehmung erklärte er der Polizei, dass sie nach dem Gaststättenbesuch spontan die Flucht zu dritt versucht hatten, doch er wusste noch nicht, was seinen Freunden geschehen war. Auf der Suche nach Joachim Zepernick fand man am nächsten Vormittag nahe Etingen seine Leiche am Gleiskörper. Bei ihm wurde eine Schädelbasisfraktur als Todesursache festgestellt. Wahrscheinlich geschah das Unglück in einer Unterführung der Bundesstraße 188, etwa zehn Kilometer bevor der Zug sein Ziel erreichte. Das Motiv ihres Fluchtversuchs und das weitere Schicksal von H., der unter der Beschuldigung, „einen Angriff auf die Staatsgrenze" unternommen zu haben, inhaftiert wurde, sind unbekannt. (Recherche: jk, US; Autor: jk)

Quellen:
BDVP Magdeburg: Halbjahresanalyse über vorbereitete, versuchte und vollendete ungesetzliche Grenzübertritte. Magdeburg, 12.1.1971. LASA, MD, M24, Nr. 1198.
BDVP Magdeburg: Rapporte September – Oktober 1970. LASA, MD, M 24, Nr. 807 u. Nr. 672.
BDVP Magdeburg: Einschatzung der polizeilichen Lage im Kreis Klotze 1970–1972. LASA, MD, M 24, Nr. 672.
Karteikarte zu Joachim Zepernick, Burkhard Fischbock und Dietmar H. BStU, Ast. Mgdb., MfS, BV Magdeburg, Abt. IX, Nr. 1307.
Standesamt Stadt-Burg: Geburtseintrag Burkhard Fischbock, Auskunft vom 09.12.2016.

Joachim Zepernick

geboren am 30. August 1951 in Magdeburg
tödlicher Unfall bei einem Fluchtversuch am 28. Oktober 1970
Ort des Zwischenfalls: nahe Etingen (Sachsen-Anhalt)

Eine Bahnfahrt von Magdeburg ins 64 Kilometer entfernt liegende Oebisfelde dauerte in den 1970er Jahren eineinhalb Stunden – für Menschen mit Fluchtabsicht waren dies 90 Minuten der Angst und Sorge, liefen sie doch Gefahr, bereits im Zug überführt und festgenommen zu werden. Der Bahnhof Oebisfelde war ein Grenzbahnhof, er lag im Sperrgebiet. Reisende mussten einen Berechtigungsschein vorweisen können. Um den Kontrollen im Zug zu entgehen, hatten drei Jugendliche am 27. Oktober 1970 einen Plan gefasst, der zwei von ihnen das Leben kosten sollte.

Joachim Zepernick war 19 Jahre alt, Kandidat der SED und arbeitete als Kranfahrer, der 17-jährige Burghard Fischbock war Transportarbeiter. Gemeinsam mit fünf weiteren Jugendlichen hatten sie in Magdeburg in der Gaststätte „Zum Neustädter Bahnhof" gefeiert. Als sie gegen 23 Uhr das Lokal stark alkoholisiert verließen, mögen sie schon den nahenden Winter gespürt haben, die Temperaturen näherten sich dem Gefrierpunkt. Gleich gegenüber im Bahnhof Magdeburg Neustadt bestiegen sie gemeinsam mit dem 17-jährigen H. einen Doppelstockzug nach Oebisfelde. Nachdem der Zug Haldensleben passiert hatte, kurbelten sie eines der Fenster im oberen Raum herunter und schwangen sich auf das Zugdach – auf diese Weise wollten sie von der Transportpolizei und dem Bahnpersonal unbemerkt bleiben. H. versuchte, die Lücke zwischen zwei Waggons zu überspringen, dabei stürzte er und konnte sich auf einem Puffer abfangen. Er hangelte sich zurück ins Abteil. Das rettet ihm das Leben. Seine beiden Freunde wurden wenig später auf dem Dach des Zuges von einem Brückenbogen erfasst.

Ein Weichenwärter entdeckte bei der Einfahrt des Zuges in Oebisfelde zunächst die Leiche von Burghard Fischbock auf dem Dach des dritten Waggons. Auf der Suche nach Joachim Zepernick fand man seine Leiche am nächsten Vormittag am Gleiskörper nahe Etingen. Bei ihm wurde eine Schädelbasisfraktur als Todesursache festgestellt. Wahrscheinlich geschah das Unglück unter einer Überführung der Bundesstraße 188, etwa zehn Kilometer bevor der Zug sein Ziel erreichte. Das Motiv des Fluchtversuchs blieb unbekannt. (Recherche: jk, US; Autor: jk)
Vgl die obige Biografie von Bernhard Fischbock.

Quellen:

Bezirksbehörde der Deutschen Volkspolizei: Halbjahresanalyse über vorbereitete, versuchte und vollendete ungesetzliche Grenzübertritte. Magdeburg, 12.1.1971. LASA, MD, M24, Nr. 1198.

Bezirksbehörde der Deutschen Volkspolizei: Rapporte der BDVP Magdeburg für die Monate September bis Oktober 1970. LASA, MD, M 24, Nr. 807.

Bezirksbehörde der Deutschen Volkspolizei: Einschätzung der polizeilichen Lage im Kreis Klötze 1970–1972. LASA, MD, M 24, Nr. 672.

Kreisgericht Magdeburg: K Strafnachricht (A) vom 14.6.1968. BStU, ZA, MfS, A 5791.

MfS, BV Magdeburg, Abt. IX: Karteikarte zu Joachim Zepernick, Burghardt Fischbock und Dietmar H. BStU, Ast. Mgdb., MfS, BV Magdeburg, Abt. IX, Nr. 1307.

Standesamt Rätzlingen: Sterbeeintrag Joachim Zepernick, Auskunft vom 4.10.2016.

Rainer Balhorn

geboren am 25. Juni 1955 in Stixe

gestorben an Unterkühlung
am 18. Dezember 1970

Ort des Zwischenfalls: Elbufer
bei Hitzacker (Niedersachsen)

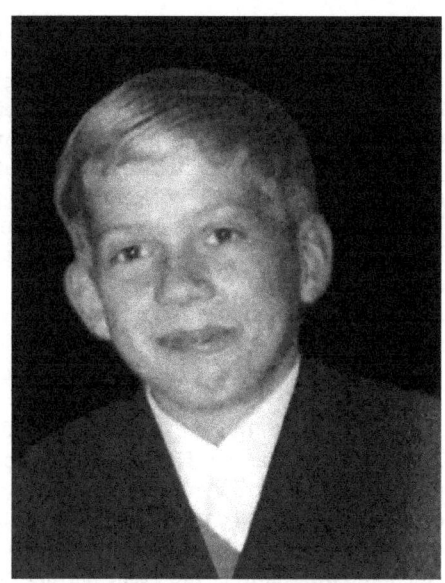

Bildquelle: Karin Toben:
Weite Heimat Elbe

Der aus Stixe stammende 15-jährige Schüler Rainer Balhorn verabredete sich mit seinem 14-jährigen Freund Reinhard B. zur Flucht in die Bundesrepublik, die sie allerdings nicht vor ihrem 18. Lebensjahr unternehmen wollten. Rainer Balhorn hatte eine Tante in der Bundesrepublik. Er kannte sie zwar nicht persönlich, war aber trotzdem davon überzeugt, dass diese ihn und seinen Freund im Falle einer gelungen Flucht vorerst bei sich aufnehmen würde. Offenbar stand für die beiden Schüler von Anfang an fest, über die Elbe schwimmend zu flüchten. Um seine Kondition zu verbessern, trainierte Reinhard B. oft und lange im Wasser.

Die pubertierenden Jungen entschlossen sich jedoch kurzfristig dazu, noch vor dem Wintereinbruch 1970 die geplante Flucht in die Tat umzusetzen. Möglicherweise spielten Probleme im Elternhaus eine Rolle bei dieser Entscheidung. Heimlich packten sie einige Kleidungsstücke, persönliche Dinge und ihre FDJ-Ausweise in Plastiksäcke und versteckten sie am 16. Dezember 1970 im freien Gelände zwischen ihrem Heimatort Stixe und der Elbe. Tags darauf verließen sie ihre Elternhäuser, um – wie gewohnt – mit den Fahrrädern zur Schule in den Nachbarort Kaarßen zu fahren. Unterwegs stellten sie die Fahrräder ab und gingen auf ihrem Weg zur Elbe zunächst um den Stixer See, um bei der Kaarßer Schleuse die Krainke (Nebenfluss) zu überqueren, die durch den Stixer See fließt. Bis nach Prilipp bewegten sich die beiden Schüler durch ein weites Wiesengelände. In der Ortschaft angekommen, versteckten sie sich eine Zeit lang in einem Maschinenschuppen. Mit anbrechender Dunkelheit gegen 16 Uhr suchten sie das Versteck mit den Plastiksäcken auf. Bei Prilipp wollten sie an die Elbe gelangen. Auf dem Weg zum Fluss kamen sie an einem einzelnen Haus vorbei, dessen Bewohner beim Anblick der beiden Jugendlichen mit ihren Plastiksäcken deren Vorhaben richtig eingeschätzt hatte und ihnen daher fragend zurief, ob sie denn vorhätten „abzuhauen". Daraufhin rannten die beiden schnell zurück in Richtung Hinterland, schlugen einen Bogen und gelangten schließlich zwischen den Ortschaften Prilipp und Bitter an die Elbe. Dort verbanden sie die beiden Plastiksäcke mit einer Leine und stiegen gegen 18 Uhr etwa bei Elbkilometer 525 – sich an der Leine haltend – in das eiskalte Wasser. Die Elbe hatte zu diesem Zeitpunkt eine Wassertemperatur von 5 °C und führte mittleres Hochwasser. Jacken und Schuhe hatten sie vorher ausgezogen und nur noch ihre Trainingsanzüge anbehalten. Etwa in Strommitte bemerkten sie, dass die Plastiksäcke voll Wasser liefen und sie beim Schwimmen stark behinderten. Daher trennten sie sich von ihren Sachen. Zu diesem Zeitpunkt zeigte Rainer Balhorn bereits Ermüdungserscheinungen. Er könne nicht mehr, klagte er seinem Freund. Da der kräftiger und im Schwimmen trainierter war, forderte er den Erschöpften auf, sich an seinen Schultern festzuhalten und sich mitziehen zu lassen. Auf diese Weise gelangten beide schließlich an das West-Ufer der Elbe. Reinhard B. legte seinen erschöpften Freund im Schilfgelände am Ufer ab und schleppte sich etwa einen Kilometer weiter bis zur Elbuferstraße.

Erst gut zwei Stunden später, gegen 20 Uhr, entdeckte ein Autofahrer an der Elbuferstraße zwischen Hitzacker und Tießau einen völlig durchnässten Jungen, der frierend am Straßenrand saß. Der Autofahrer nahm ihn mit nach Tießau, wo er versorgt wurde. Die von der örtlichen Zolldienststelle gegen 21 Uhr am Elbufer eingeleitete Suchaktion verlief zunächst ergebnislos. Da Reinhard B. völlig erschöpft war, hatte er die Stelle, an der er Rainer Balhorn zurückgelassen hatte, nicht genau beschreiben können. Um das von Büschen und Schilfgras überwucherte Elbe-Vorgelände zu durchkämmen, war eine größere Zahl von Helfern erforderlich. Zur Verstärkung der Beamten des Zollkommissariats und der beteiligten Einwohner von Hitzacker wurden der Bundesgrenzschutz, die Polizei, die Feuerwehr und der Katastrophenschutz alarmiert. Ab etwa 22 Uhr kamen weitere Suchtrupps mit ca. 150 Helfern und auch Boote von der Wasserseite zum Einsatz. Nachdem er etwas zu Kräften gekommen war und seinen Kälteschock überwunden hatte, konnte Reinhard B. eine präzisere Beschreibung jener Stelle abgeben, wo er sich mit seinem Freund an Land geschleppt hatte. Schließlich fand man Rainer Balhorn gegen 0.20 Uhr etwa 500 Meter vom Elbe-Ufer entfernt. Er lag bewegungslos im Schilfgras in der Nähe eines Wassergrabens. Trotz sofortiger Erster Hilfe und Notversorgung starb der 15-Jährige während der Überführung in das Krankenhaus Dannenberg an Unterkühlung und Entkräftung. Seine Leiche wurde am 21. Dezember 1970 den DDR-Behörden beim Grenzzollamt Horst übergeben.

Seit dem 1. Dezember 1993 gehören die erwähnten Orte des tragischen Geschehens vom Dezember 1970 – die Gemeinden Stixe, Kaarßen, Prilipp und Bitter –, die bis zum Kriegsende traditionell auf hannoverschem Gebiet lagen, nicht mehr zu Mecklenburg-Vorpommern, sondern auf eigene Entscheidung als Teil des Amtes Neuhaus zum niedersächsischen Landkreis Lüneburg. (Recherche: jk, MP, jos.; Autorin: MP)

Quellen:

BMI: Zusammenstellung der Grenzzwischenfälle an der DL und der Sektorengrenze von Berlin seit Januar 1969. BArch Koblenz, B 137/6433.

BMF, OFD Hannover: Grenzzwischenfälle und -nachrichten von der Demarkationslinie zur SBZ (Dezember 1970). Bonn, 20.1.1971. BArch Koblenz, B 137/2602.

ZESt: Vorermittlungsverfahren gegen Unbekannt wegen Totschlags (AR-ZE 950/70). BArch Koblenz, B 197/10212.

Gerig, Uwe: Morde an der Mauer. Böblingen 1989.

Frank Möller

geboren am 14. Juli 1946
in Ichtershausen

erschossen am 17. Februar 1971

Ort des Zwischenfalls: westlich der
Straße Geisa-Wiesenfeld (Thüringen)

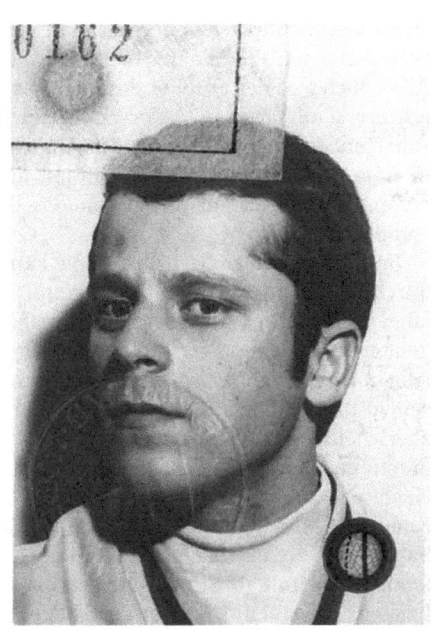

Bildquelle: BStU

Am 17. Februar 1971 bewachten die Soldaten Wolfgang Graner und Klaus H. die Grenze nahe dem thüringischen Geisa von einem Erdloch aus. Gegen Abend, es war bereits dunkel, hörten sie plötzlich Schritte. Sie überlegten, ob es sich um einen Grenzaufklärer handeln könnte, der allein seinen Wachdienst versah, und fragten den Mann, der sich ihnen nun schon auf 20 Meter angenähert hatte, nach der Parole. Der aber hielt nur kurz inne, zog eine Pistole und feuerte auf die Soldaten. Diese schossen sofort zurück. Der Angreifer brach, von zwei Kugeln schwer verletzt, zusammen. Gegen 20 Uhr starb er an inneren Blutungen im Krankenhaus Geisa. Neben persönlichen Dokumenten führte er Zettel mit diversen Adressen und Telefonnummern bei sich. Ausgerüstet war er mit einem Fernglas und zwei Magazinen sowie einer Packung mit 48 Patronen für seine Kleinkaliberpistole. Wer war der 24-jährige Mann, der sich aufgrund seines Ausweises als Frank Möller identifizieren ließ und der offensichtlich 250 Kilometer von seinem Wohnort Hitdorf im Rheinland aus zurückgelegt hatte, um bewaffnet in das DDR-Grenzgebiet einzudringen?

Frank Michael Wilhelm Möller stammte aus der DDR, er wurde am 14. Juli 1946 in Ichtershausen im Kreis Arnstadt geboren. Nach acht Jahren Schulbesuch begann er eine Ausbildung als Bauklempner, die er nach einem Arbeitsunfall wieder abbrechen musste. Im Bahnhof Arnstadt fand er 1964 eine Anstellung als Rangierer, doch schon im darauffolgenden Jahr berief ihn die NVA zu den Grenztruppen ein. Er hatte aus politischer Sicht einen guten Leumund, der Abschnittsbevollmächtigte aus Arnstadt lobte den Jugendfreund für seine „gute gesellschaftliche Mitarbeit", auf die die anderen Jugendlichen im Ort aber eher mit Ablehnung reagierten. Frank Möller blieb der unfreiwillige Einzelgänger, auch nachdem er sich zu einem dreijährigen Militärdienst als Soldat auf Zeit verpflichtet hatte. In der Grenzkompanie Geisa galt er als „das schwarze Schaf". Die Kameraden hänselten ihn wegen seiner Parteizugehörigkeit und

Dienstverpflichtung. Die Vorgesetzten nutzten sein als naiv und labil beschriebenes Wesen aus, um ihm die ungeliebten Nacht- und Doppelschichten unterzuschieben. Allmählich realisierte Möller, dass man auf dem Wehrkreiskommando seine Dienstverpflichtung mit falschen Versprechungen erkauft hatte. Von der ersehnten Ausbildung zum Hundeführer war keine Rede mehr. Als am Abend des 19. Juli 1966 einige Grenzer in einer Kneipe wieder ihren Spaß mit ihm trieben, stand er schließlich vom Tisch auf und antwortete auf die verwunderte Frage, was er denn vorhabe: „Ich gehe jetzt meine privaten Wege."

Im Bereich seiner Grenzkompanie kannte er die Pfade zu den Drahtsperren und durch den Minengürtel gut genug, um unbehelligt in die Bundesrepublik zu gelangen. Nach der Unterbringung in mehreren Aufnahmelagern und ausführlichen geheimdienstlichen Befragungen erhielt er einen Monat später in Kaufbeuren im Allgäu Unterkunft und Arbeit in der Stanzerei der Standard Elektrik Lorenz AG. In seinen Briefen nach Hause schwärmte er vom neuen Leben im Westen, er brachte aber ebenso seine Sehnsucht nach der Familie zum Ausdruck. Im Ort fand er eine Freundin, die ebenfalls aus der DDR stammte. Gemeinsam überkletterten sie in der Nacht des 10. Februar 1967 wieder die Grenzanlagen im Bereich der ehemaligen Kompanie Möllers und reisten nach Rudisleben zu seinen Eltern, die sehr gestaunt haben müssen, als das vergnügte junge Paar vor ihrer Tür stand und seine Verlobung bekanntgab. Sie würden jetzt in der DDR bleiben und sich hier eine neue Existenz aufbauen. Doch an der Polizei führte kein Weg vorbei. Als sie sich drei Tage später als Rückkehrer anmelden wollten, wurden sie sogleich verhaftet. Gegen Frank Möller lag ein Haftbefehl des Militärstaatsanwalts vor. Er sei „dringend verdächtig, die Einsatz- und Gefechtsbereitschaft der Einheit der Grenztruppen der NVA durch die Fahnenflucht nach der Westzone und die Sicherheit der DDR durch Militärspionage gefährdet zu haben."

Während seine Verlobte in die Bundesrepublik ausgewiesen wurde, überführte das MfS Frank Möller in die Haftanstalt Hohenschönhausen nach Berlin-Lichtenberg. Man ging davon aus, dass der 20-Jährige vom BND als Agent angeworben wurde, um in der DDR Spionage zu betreiben. Dies sollte ein Geständnis belegen. Das MfS wollte erfahren, wie der bundesdeutsche Geheimdienst bei Anwerbungen vorgeht, wo diese stattfinden, wer sie durchführt und welche Aufträge dabei erteilt würden. In den nun folgenden zwei Monaten wurde Frank Möller teilweise mehrmals am Tag verhört. Schon bald erbrachte die Strategie der Untersuchungsabteilung, „eine Atmosphäre des Vertrauens zu schaffen, ohne die Positionen zu verwischen", den gewünschten Erfolg. Möller erklärte, dass er sich in der „Zentralen Stelle für Befragungswesen München" bereiterklärt habe, zurück in die DDR zu gehen, um dort – bei finanzieller Entschädigung für die zu erwartende Haftzeit – für die westdeutsche Gesellschaftsordnung zu argumentieren. Er sei beauftragt worden, einen ausführlichen schriftlichen Bericht über die Untersuchungshaft und den Strafvollzug anzufertigen und diesen einer Kontaktperson zu übermitteln. Befriedigt hielt der MfS-Vernehmer in einer Beurteilung fest: Der Untersuchungshäftling „bereitete dem Sachbearbeiter keine Schwierigkeiten".

Im Mai 1967 eröffnete das Militärobergericht in Berlin das Strafverfahren gegen Möller. Der Militärstaatsanwalt klagte ihn wegen „Fahnenflucht, Geheimnisverrats und Agententätigkeit" an. Das Verfahren fand unter Ausschluss der Öffentlichkeit statt. Es endete am 9. Juni 1967 mit Möllers Verurteilung zu fünf Jahren Zuchthaus. Eigens vermerkten die Richter, dass die „ehrliche Reue des Angeklagten, an der kein Zweifel besteht" berücksichtigt worden sei. Frank Möller wurde in der Strafvollzugsanstalt Rummelsburg (Berlin-Lichtenberg) inhaftiert und zu schwerer körperlicher Arbeit eingeteilt, der er kaum gewachsen war. Schon bald stellte der Gefängnisarzt einen erheblichen Gewichtsverlust fest. Auch hörten die Vernehmungen durch das MfS, das von ihm mehrmals Auskünfte über Bundesbürger und DDR-Flüchtlinge verlangte, nicht auf. Schließlich wurde er aufgefordert, seine „Wiedergutmachung gegenüber der DDR" als inoffizieller Mitarbeiter des MfS zu beweisen. Wahrscheinlich bot man ihm, wie in den Planungen des Führungsoffiziers vermerkt, eine Reduzierung des Strafmaßes „im Interesse seiner späteren operativen Nutzung" an. So kam Frank Möller bereits eineinhalb Monate, nachdem er eine Verpflichtungserklärung der Stasi unterschrieben hatte, wieder auf freien Fuß.

Frank Möller hatte zwei Jahre und drei Monate der verhängten Haftstrafe verbüßt und konnte nun von den Eltern nach Rudisleben heimgeholt werden. Im Bahnhof Arnstadt trat er im Juni 1969 seine alte Stellung als Rangierer wieder an – doch nichts war so wie vor vier Jahren, bevor er zum Militärdienst eingezogen wurde. Das MfS lauerte auf die erwartete Verbindungsaufnahme durch den westlichen Geheimdienst, von der Möller in den Verhören gesprochen hatte, und überwachte ihn. Darüber hinaus wurde er als IM zu Kontakttreffen einbestellt. Noch im Gefängnis hatte ihm sein Führungsoffizier gedroht, dass das Ausbleiben einer ehrlichen „Wiedergutmachung" „unweigerlich abermals zu einer harten Bestrafung führen" würde. Nun sollte er über seine Kollegen im Bahnhof Arnstadt berichten. Unabhängig davon lud ihn das MfS während der Arbeitszeit zu weiteren Vernehmungen in die Kreisdienststelle. Wieder war Frank Möller jener, der auffiel, der anders war, der gemieden wurde. Aus seinen Briefen geht hervor, dass er schließlich panische Angst vor einer erneuten Inhaftierung bekam. Bewahrheitete sich eventuell die Vermutung seines Führungsoffiziers, „daß M. gar nicht im Auftrage des BND in die DDR zurückgekehrt war, sondern sich nur durch die Vortäuschung eines solchen Umstandes Vorteile verschaffen bzw. gemäß seinem Charakter interessant machen wollte"? Und rührte die Angst vor Bestrafung aus dem Umstand, dass sich Frank Möller nun in seine eigenen falschen Behauptungen verstrickt sah? Einen Halt mag er allein bei einer Kollegin gefunden haben, die als Zugabfertigerin arbeitete. Im Frühling 1969 verlobten sich beide miteinander. Ein Jahr später bestiegen sie einen Motorroller und fuhren in Richtung Bad Salzungen. Am 17. April 1970 meldeten die Grenzsoldaten der Kompanie Geisa einen Grenzdurchbruch. Bald ergaben die Ermittlungen, dass Frank Möller gemeinsam mit seiner Verlobten in die Bundesrepublik geflüchtet war. Die Ermittlungen liefen nun auf Hochtouren. Die Polizei durchsuchte das Zimmer, das er bei seinen Eltern bewohnt hatte, doch anstelle von Unterlagen, die ihn als Spion überführten, fanden sich nur einige Hefte mit Comics, die als „westdeutsche Schundliteratur" eilig vernichtet wurden.

Es liegt nahe, dass Frank Möller nun auch in den bundesdeutschen Befragungsstellen für DDR-Flüchtlinge Misstrauen erregte. Wieviel von seiner Geschichte konnte er berichten? Was war wahr, was glaubwürdig? Die erhaltene Korrespondenz vermittelt ein irritierendes Bild. Mal schrieb er an die Eltern, dass er im Bahnbetriebswerk am Kölner Bahnhof arbeite und sich zum Schlosser ausbilden lasse. Dann wieder berichtete die Verlobte, dass er zur Nordsee fahren würde, um auf einem Schiff anzuheuern. Schon vier Monate nach seiner Flucht griffen ihn Zollgrenzbeamte im hessischen Setzelbach auf. Er behauptete, er habe gerade versucht, mit einem Kleinkalibergewehr bewaffnet eine Freundin aus der DDR zu holen, was aber von DDR-Grenzsoldaten mit Gewalt verhindert worden sei. Wahrscheinlich gelang es Frank Möller nicht mehr, in der Bundesrepublik zurechtzukommen. Auffällig ist, dass der früher stets sehr gepflegt wirkende Mann auf den letzten Fotografien seltsam verändert erscheint: Die Haare fallen struppig in die Stirn, der Bart ist verwildert, sein Parka abgewetzt. Irgendwann wird das Bedürfnis, nach Hause zurückzukehren, übergroß geworden sein, aber diese „privaten Wege" zu beschreiten war nicht mehr möglich. Vielleicht wusste Frank Möller, was ihn erwarteten würde, als er am 17. Februar 1971 auf die beiden Grenzposten schoss. (Recherche: jk; TP, MS, US; Autor: jk) Vgl. die Biografie von Wolfgang Graner.

Quellen:

MfS: Information über eine Grenzprovokation mit tödlichem Ausgang am 17.2.1971 im Raum Geisa, Kreis Bad Salzungen vom 18.2.1971. BStU, ZA, MfS, HA I, Nr. 5865, Teil 1 von 2.

MfS: Bildbericht zum schweren Grenzdurchbruch West–DDR des MÖLLER, Frank am 17.2.1971 im Grenzabschnitt Geisa. BStU, MfS, AOP 756/72, Bd. III.

MfS: Fahnenflucht aus dem Grenzregiment Dermbach, Grenzkompanie Geisa. BStU, MfS, GH, Nr. 257/79.

MfS: Information über eine Grenzprovokation mit tödlichem Ausgang am 17.2.1971 im Raum Gaisa, Kreis Bad Salzungen. MfS, ZAIG, 992. Auch in: MfS, BV Suhl, AU 671/71, Bd. 2.

MfS, HA I: Fahnenfluchten. BStU, MfS, HA I, 14791.

MfS: Staatsanwaltschaft DDR. BArch Berlin, DP 3/309.

BMI: Zusammenstellung der Grenzzwischenfälle an der DL und der Sektorengrenze von Berlin seit Januar 1969. BArch Koblenz, B 137/6433.

Zentrale in Hessen: Betr.: Tägl. Grenzlagebericht vom 31.8.1970. BArch Koblenz, B 137/6425.

Ferring/Staatsanwaltschaft II bei dem LG Berlin – 25 Js 35/95: Verfügung. Berlin, 9.2.1998. In: Staatsanwaltschaft Erfurt: Strafverfahren gg. Klaus Rauschenbach wg. Totschlags (Verletzung von zwei Menschen, die 1979 eine Sperranlage der früheren innerdeutschen Grenze überwinden wollten), 520 Js 33878/98. ThHStA Weimar, Freistaat Thüringen, StA Erfurt 11511.

DGP: Tagesmeldung der Grenztruppen (GT TM 63 71). Schätzlein Datenbank.

Zentrale Erfassungsstelle der Landesjustizverwaltungen in Salzgitter: Strafsache wegen gem. Totschlags (ZESt AR-ZE 1290/66). BArch Koblenz, B 197/6224.

ZERV: Strafsache wegen Totschlag. LAB, D Rep. 120–02, Acc. 8346, Az. 2 Js 33/91.

Filmer, Werner/Schwan, Heribert: Opfer der Mauer. Die geheimen Protokolle des Todes. München 1991, S. 224.

Bernhard Sperlich

geboren am 14. Januar 1952 in Jena

erschossen am 24. März 1971

Ort des Zwischenfalls: ca. 1 800 Meter nordwestlich von Probstzella (Thüringen)

Der 19-jährige Jenaer Betonbauer Franz-Bernhard Sperlich hatte sich schon in der Schule mit dem ebenfalls 19-jährigen Hans Joachim W. und dem ein Jahr jüngeren Kurt Detlef Sch. angefreundet. Die drei Thüringer Jugendlichen waren mit dem Leben in der DDR unzufrieden und wollten das Land verlassen. Alle drei hatten auch schon mindestens einen vergeblichen Fluchtversuch hinter sich. Sperlich war bereits als 17-Jähriger im Raum Probstzella unmittelbar an der Grenze festgenommen worden. Im Bekanntenkreis äußerte er danach mehrfach, im Falle eines erneuten Fluchtversuchs werde er sich um keinen Preis erwischen lassen. Bei einem Treffen am 23. März 1971 beschlossen die drei Freunde, sofort die gemeinsame Flucht zu wagen. Sperlich hatte Probleme mit seinem Arbeitgeber, angeblich sollte er sogar entlassen werden. Die Jugendlichen wählten das Gebiet um

Probstzella für ihren Fluchtversuch aus, obwohl Bernhard Sperlich hier schon einmal gescheitert war. Sperlich verabschiedete sich von seiner Freundin, die ihn noch vergeblich von dem Fluchtvorhaben abbringen wollte. Gegen 2 Uhr morgens trafen die drei Flüchtlinge in Saalfeld ein, von dort ging es zu Fuß und überwiegend auf Feldwegen weiter in Richtung Grenze. Gegen 12.30 Uhr kamen sie in Unterloquitz-Schaderthal an. Von dort aus waren es nur noch vier Kilometer bis zur Grenze. In der Gaststätte „Zur frischen Quelle" ruhten sie sich etwas aus. Dem Wirt sagten sie auf dessen Nachfrage, sie befänden sich auf einem Ausflug. Da der Ort aber schon im Sperrgebiet lag, meldete er die drei nach ihrem Aufbruch der Kriminalpolizei in Marktgölitz, die sofort Grenzalarm auslöste.

Ein Suchtrupp der Grenztruppen unter der Leitung des ortsfremden Hundeführers Oberfeldwebel Günter H., der von der benachbarten Grenzkompanie Lichtenhain abkommandiert worden war, nahm die Verfolgung der Flüchtlinge auf. Gegen 17 Uhr spürte der Fährtenhund die drei Jugendlichen in einem Gebüsch auf. Hans Joachim W. und Kurt Sch. verließen erst nach mehrmaliger Aufforderung und Drohung mit den in Anschlag gebrachten Waffen ihr Versteck und setzten sich gemäß der Anweisung von Oberfeldwebel H. auf den Boden. Sperlich weigerte sich zunächst herauszukommen. Erst nachdem der Postenführer mit seiner Kalaschnikow Warnschüsse in die Luft abgegeben hatte, kam auch er aus dem Gebüsch. Er setzte sich jedoch nicht, sondern blieb stehen. Dann sagte er: „Ich mache, was ich will!" Davon fühlte sich Oberfeldwebel H. provoziert. Da er den Grenzabschnitt nicht kannte, meinte er, nur wenige Meter von der Grenze entfernt zu sein – tatsächlich waren es 2 300 Meter Luftlinie. Deshalb warnte er Sperlich eindringlich vor einem Fluchtversuch, er werde sonst sofort schießen. Auch die beiden Mitflüchtlinge bemühten sich, ihren Freund zu beruhigen. Doch der drehte sich urplötzlich um und versuchte, in Richtung des Gebüschs davonzulaufen. Darauf gab Günter H. aus wenigen Metern Entfernung einen kurzen Feuerstoß auf ihn ab, der Sperlich in den Rücken traf. Er sackte sofort zusammen. Ein Schuss hatte die Leber zerrissen und mehrere Organe verletzt, es kam zu massiven inneren Blutungen. Seine beiden Freunde verbanden Bernhard Sperlich auf Anweisung des Schützen notdürftig mit ihnen zugeworfenen Verbandspäckchen und trugen den Verletzten zur Straße. Ein gerade vorbeikommender Radfahrer wurde beauftragt, Hilfe zu holen. Etwa 20 bis 30 Minuten später traf ein Rettungswagen ein, um den Schwerverletzten in das Kreiskrankenhaus Gräfenthal zu bringen, doch Bernhard Sperlich starb infolge des hohen Blutverlustes bereits während des Transports. Günter H. gab später an, er habe auf die Beine des Flüchtlings gezielt und nicht die Absicht gehabt, ihn derart schwer zu verletzen.

Roman Grafe zitiert in seinem Buch *Die Grenze durch Deutschland* die Mutter des getöteten Flüchtlings, Inge Hüttner-Sperlich: „Am zweiten Tag nach seinem Tod kam ein Kraftfahrer von der Stasi in Gera und brachte mir die Uhr meines Sohnes, das Schlüsselbund und seine Lederjacke. Ich fasse in die Jacke rein und hab die Hand voller Blut. ‚Na sagen Sie mal, mein Sohn ist ja gar nicht auf Minen gelaufen, sie haben ihn doch erschossen!' – ‚Das kann ich Ihnen nicht sagen, ich bin nur der Kraftfahrer.' Kaputt war die Jacke nicht, er trug sie immer offen [...]. Nachdem sie Bernhard freigegeben und nach Jena überführt hatten – er lag lange dort oben –, hatte ich Gewissheit: Der alte Herr, der oben auf dem Friedhof die Toten gewaschen und gepflegt hat, kannte meinen Mann; er kam abends an und sagte: ‚Frau Sperlich, es tut mir so weh um Ihren Sohn. Wollen Sie sich ihn nicht doch noch mal ansehen? Es darf aber keiner wissen!' Ich habe das auch niemandem gesagt, nur zu meinem Nachbarn, der war vertraut mit meinem Sohn. Er sagte: ‚Mensch, Inge, komm, wir gehen. Trinkst du 'nen richtigen Kognak, daß es dir nicht schlecht wird oben'. Sonntagsfrüh um acht, haben wir ausgemacht. Bernhard hatte einen Schuß direkt unterm Herz. Da war dann ein Heftpflaster draufgeklebt. Aber er sah noch so schön aus. Im Sarg lagen noch seine Manchesterhose und die Turnhose, die er anhatte. Das hab ich mit nach Hause genommen und dann weggeschmissen, es war alles voller Blut. Ich durfte ihn nicht beerdigen lassen, ich mußte ihn verbrennen lassen. Mein Mann war ein halbes Jahr vorher beerdigt worden. Die Nachricht von Bernhards Tod hat mich sehr getroffen, ich war ein paar Tage wie weg! Ich hatte drei Kinder, die haben sich nett verstanden. Bernhard war der Älteste. Sein Bruder Frank war zehn, der verstand das noch nicht, als ich ihm sagte, was passiert ist. Ich wohnte damals mit meinen drei Kindern noch im Nordviertel, wir hatten dort ein kleines Häuschen in der Nähe des Friedhofs. Dort wußten alle, was passiert war, das sprach sich rum. Ich bin ein paar Tage nicht auf die Straße gegangen. Mein Sohn war beliebt, wir waren keine schlechten Menschen. Die Leute haben das bedauert und sich aufgeregt." Nach einem zeitgenössischen Bericht des Bundesgrenzschutzes fand die Trauerfeier am 31. März 1971 in Jena statt.

Die Ermittlungen der Grenztruppen ergaben, dass Oberfeldwebel H. entsprechend den Dienstvorschriften gehandelt habe. Er wurde zum Stabsfeldwebel befördert und mit der Verdienstmedaille der DDR in Silber ausgezeichnet. Der Wirt, der durch seine Anzeige den Grenzalarm ausgelöst hatte, erhielt eine Geldprämie. Die beiden überlebenden Flüchtlinge verurteilte das Kreisgericht Gera-Stadt am 6. August 1971 zu Freiheitsstrafen von drei Jahren und sechs Monaten bzw. zwei Jahren und sechs Monaten. Das Landgericht Gera sprach 1996 den Todesschützen Günter H. des Totschlags für schuldig. Er erhielt eine Bewährungsstrafe von einem Jahr und sechs Monaten. (Recherche: jos., MP, St.A., TP, US; Redaktion: jos.)

Quellen:

Schätzlein Datenbank: BArch Freiburg, GT TM 6372.

Staatsanwaltschaft Erfurt: Anklage StA Erfurt und Urteil LG Gera vom 12. Januar 1996. 551 Js 96067/95-1 Ks. Sammlung Marxen/Werle, Humboldt-Universität zu Berlin.

Staatsanwaltschaft beim Landgericht Berlin: Strafsache wegen des Verdachts der Beteiligung an einem vollendeten Tötungsdelikt. 27 Js 192/95.

Staatsanwaltschaft Erfurt: Strafsache wegen Totschlags. ThHStA Weimar, StA Erfurt 8707-8719.

Geburtsregister Jena: Geburtseintrag Franz-Bernhard Sperlich. Standesamt Jena, 14.8.2015.

Filmer, Werner/Schwan, Heribert: Opfer der Mauer. Die geheimen Protokolle des Todes. München 1991, S. 226.

Grafe, Roman: Die Grenze durch Deutschland. Eine Chronik von 1945 bis 1990. München 2008, S. 190 ff.

Karl-Heinz Fischer

geboren am 14. Juni 1934 in Meiningen

getötet durch Minenexplosion am 29. März 1971

Ort des Zwischenfalls: südlich der Straßenverbindung von Behrungen nach Sondheim im Landkreis Mellrichstadt (Bayern)

Der Tod von Karl-Heinz Fischer gehört zu den grausamsten Ereignissen an der Grenze zwischen Thüringen und Bayern. Er führte nicht nur den Menschen im Landkreis Mellrichstadt schlagartig die Gefährlichkeit des 1963 von den Grenztruppen der NVA verlegten Minengürtels vor Augen, sondern rief auch entschiedene Proteste des Bundesinnenministeriums hervor.

Am Vormittag des 29. März 1971 entdeckte ein bayerischer Grenzpolizist zwölf Meter von der Demarkationslinie entfernt einen abgerissenen menschlichen Fuß. Blutspuren führten zu der Leiche von Karl-Heinz Fischer, der nur etwa 550 Meter vor Sondheim auf freiem Felde verblutet war. Fischer hatte in der vorausgehenden Nacht bei Behrungen im Kreis Meiningen die Grenzanlagen überwunden. Dabei löste er im Kontrollgebiet ein Signalgerät, eine Alarmanlage mit Rundumleuchte und Sirene aus. Eilig kletterte er über einen zwei Meter hohen Metallgitterzaun und lief über den Minengürtel in Richtung Bundesrepublik. Dabei trat er auf eine Bodenmine, die detonierte und ihm den rechten Fuß abriss sowie zahlreiche Verwundungen durch Splitter zufügte. Kriechend erreichte er den äußeren Grenzzaun. Mit bloßen Händen schaffte er es, eine Mulde unter das Metallgitter zu graben und sich hindurchzuziehen. Im Westen angekommen, hoffte er vergeblich auf Hilfe. Die etwa 900 Meter bis zum nächsten Ort waren für den Schwerverletzten nicht mehr zu bewältigen.

Karl-Heinz Fischer wird, wie viele andere Opfer des DDR-Grenzregimes, nicht mit dessen waffentechnischer Aufrüstung gerechnet haben, zumal er die Grenzanlagen noch aus dem Jahr 1959 zu kennen glaubte. Damals hatte er denselben Weg benutzt, war ohne Schwierigkeiten in den Westen gekommen und einige Monate später zurückgekehrt. Zuvor hatte er 1956 die DDR über Berlin verlassen und zwei Jahre in der Bundesrepublik gelebt. Doch auch damals war ihm das Leben als Grenzgänger schon von einem früheren Seitenwechsel her bekannt – das Leben in zwei Welten schien immer wieder die Chance eines Neuanfangs geboten zu haben: im Westen als Walzwerker, im Osten als Familienvater und Gelegenheitsarbeiter. Dennoch geriet er auf beiden Seiten immer wieder in Konflikt mit der Justiz. Namentlich in der DDR wurde der unter Alkoholeinfluss streitlustige Mann wegen „Propaganda für den Nationalsozialismus", Vergehen gegen das Passgesetz und Diebstahl zur Verantwortung gezogen. Dabei war vieles eine Spur kleiner als die Vorwürfe vermuten lassen: Mal wählte er zu barsche Worte, als er den Besuch des Films „Ernst Thälmann, Sohn seiner Klasse" verweigerte, dann hatte er sich beim Kohleausfahren selbst bedient, und schließlich wollte er mit seinem nagelneuen, wenn auch noch nicht abbezahlten Moped von Krefeld aus die Familie in Meiningen besuchen. Als am 28. März 1971 die Eheleute in einen heftigen Streit gerieten – weder seine Kündigung beim örtlichen Möbelwerk noch die Wirtshausbesuche mochte seine Frau hinnehmen –, entschloss sich Karl-Heinz Fischer wieder zu einer Flucht in den Westen.

Für die Witwe begannen nach seinem Tod Tage der Unsicherheit. Seitens der DDR wurde zunächst jedes Gespräch über die Rückführung des Leichnams abgelehnt. Während die westdeutschen Zeitungen schon Großaufnahmen der verstümmelten Leiche zeigten, versuchte Frau Fischer sich an das Bürgermeisteramt von Sondheim zu wenden und um Aufklärung zu bitten. Doch die Briefe wurden abgefangen. Mitarbeiter des MfS gaben ihr keine Informationen über das Schicksal ihres Mannes und verlangten von ihr vielmehr, schriftlich auf die Rückführung der Leiche zu verzichten. Erst im April konnte der Tote anhand der Fingerabdrücke zweifelsfrei identifiziert werden und es dauerte noch bis zum 27. Mai, bis ein Begräbnisunternehmen Karl-Heinz Fischer nach Meiningen zurückbrachte.

Die Staatsanwaltschaft Neuruppin klagte am 12. Juni 1995 den ehemaligen Stabschef im Kommando der Grenztruppen Fritz Rothe an. Wegen versuchten und vollendeten Totschlags in jeweils drei Fällen (darunter auch Karl-Heinz Fischer) verurteilte ihn das Landgericht Potsdam am 16. Dezember 1997 zu einer zweijährigen Freiheitsstrafe auf Bewährung. Generalleutnant Hans Wiesner, der ehemalige Chef der Militärakademie „Friedrich Engels" wurde am 26. Februar 1999 von der Staatsanwaltschaft Dresden wegen des Todes von Karl-Heinz Fischer und vier weiterer Flüchtlinge angeklagt. Das Landgericht Dresden stellte das Verfahren am 18. August 2000 wegen Verhandlungsunfähigkeit des Angeklagten ein. Die Staatsanwaltschaft Erfurt klagte am 6. Juli 1999 Burkhardt R. an. Der Chef einer Pionierkompanie, die für die Anlage der Minensperren verantwortlich war, wurde vom Landgericht Meiningen am 8. Dezember 1999 wegen Totschlags in zwei Fällen zu einem Jahr und zwei Monaten Freiheitsstrafe auf Bewährung verurteilt. (Recherchen: jk, jos., MP, St.A., TP; Autor: jk)

Quellen:

Mitteilung von Bruno Wansierski (Leiter der Abteilung Sicherheitsfragen des ZK der SED) an das Mitglied des SED-Politbüros Gerhard Grüneberg, 29. März 1971. BArch Berlin, DY 30 IV A 2/12/91.

MdI: Rapport Nr. 75 für die Zeit vom 29.03.1971, 4.00 Uhr, bis 30.3.1971, 4.00 Uhr. BArch Berlin, DO 1./2.3. Nr. 33324.

MfS, HA I: Grenzdurchbruch einer männlichen Person DDR – West mit Verletzung durch Minendetonation. BStU, ZA, HA I, Nr. 36.

MfS, HA I: Information über einen am 28.3.1971 erfolgten schweren Grenzdurchbruch DDR–Westdeutschland mit Todesfolge des Grenzverletzers vom 30.3.1971. BStU, ZA, MfS, HA I, Nr. 5865, Teil 1 von 2.

BV Suhl Abt. IX: Blitztelegramm vom 29. März 1971 an HA IX/4, HA IX Gen. Oberstltn. Pyka, HA VII/2. BStU, MfS Shl, AP 424/75.

MfS, Ast. Shl, I 111/54.

BStU, MfS Shl, AOG 540/70.

BStU, ZA, MfS, AS 288/74, Bd. 4.

BMI: Zusammenstellung der Grenzzwischenfälle an der DL und der Sektorengrenze von Berlin seit Januar 1969. BArch Koblenz, B/137/6433.

BGS: Grenzlageeinzelbericht der BGS-Zentrale in Bayern vom 29. März 1971. BArch Koblenz, B/137/6426.

Der Bundesminister für Finanzen: Grenzzwischenfälle und -nachrichten von der Demarkationslinie zur SBZ (März 1971). BArch Koblenz, B/137/2602.

StA Dresden: Anklage gegen Generalleutnant Wiesner vom 26.2.1999, StA Dresden 833 Js 59342/98. LG Dresden: Beschluss vom 18.08.2000, 1 Ks Js 59342/98. Sammlung Marxen/Wehrle, Humboldt-Universität zu Berlin.

StA Erfurt: Ermittlungsunterlagen, 520 Js 18883/99 1 Ks.

StA Neuruppin: Ermittlungsverfahren, Fallakte Fischer, 61 Js 34/95. StA Neuruppin, Repo-Nr.: 7766.

Filmer, Werner/Schwan, Heribert: Opfer der Mauer. Die geheimen Protokolle des Todes. München 1991, S. 226 f.

Schätzlein, Gerhard/Rösch, Bärbel; Albert, Reinhold: Grenzerfahrungen Bayern – Thüringen 1945–1971. Hildburghausen 2001, S. 359–372.

Schätzlein, Gerhard: Flucht aus der DDR von 1950 bis 1989. Mellrichstadt 2015, S. 129.

Rudi Pokrandt

geboren am 28. August 1927 in
Belgard (heute: Białogard, Polen)
bei Fluchtversuch in der Nacht
vom 3. auf den 4. April 1971
ertrunken, aus der Elbe
geborgen am 19. April 1971
Ort des Zwischenfalls: Elbe bei
Aulosen (Sachsen-Anhalt)

Bildquelle: BStU

Wahrscheinlich kam die Familie Pokrandt am Kriegsende mit einem der Flüchtlingstrecks aus der westpommerschen Kreisstadt Belgard in die Gemeinde Krüden (Landkreis Stendal). Der damals etwa 17-jährige Rudi Heinz Alfred Pokrandt lebte sich in seiner neuen Heimat schnell ein. Gemeinsam mit Annaliese A. gründete er eine Familie, 1948 nahm ihn die SED als Mitglied auf, von 1949 bis 1950 arbeitete er bei der Volkspolizei und wechselte anschließend als Tischler und Gespannführer zur LPG Krüden. Dort warb ihn das MfS 1957 als Geheimen Informanten (GI) an. Unter dem Decknamen „Karl Priebe" berichtete er über Fehler bei der Arbeitsorganisation in seiner Genossenschaft und über Kollegen, die Westfernsehen schauten oder die DDR kritisierten. Schon drei Jahre später brach das MfS die Verbindung ab, weil er kein Interesse an einer weiteren Zusammenarbeit zeigte und zudem wegen wiederholter Trunkenheit die Konspiration zu gefährden drohte.

Aus den vorhandenen Überlieferungen geht nicht eindeutig hervor, welche Konflikte seinen Lebensweg prägten. Möglicherweise bedingten Alkoholprobleme und seine zerbrechende Ehe sich gegenseitig. Schwierigkeiten im Eheleben sollen nach der Aussage Pokrandts auch den Ausschlag dafür gegeben haben, dass er im August 1962 die unmittelbare Nähe Krüdens zur Grenze nach Niedersachsen ausnutzte und die DDR verließ. Als er nur zwei Monate später wieder zurückkehrte, stand er nicht nur vor einem persönlichen Scherbenhaufen, sondern hatte zusätzlich noch den staatlicherseits über ihn verhängten Sanktionen zu genügen. Seine Ehefrau hatte sich, mit fünf Kindern alleingelassen, einem anderen Mann zugewandt. Pokrandt selbst wurde in ein Magdeburger Rückkehrerheim eingewiesen und erhielt Arbeit in der örtlichen Großgaserei. Nach Krüden durfte er nicht zurück, weil die Polizei ihm, dem zurückgekehrten „Republikflüchtling", das Betreten des Grenzgebietes untersagte. Die Wohnungssituation ließ es ohnehin nicht zu, dass er seiner Familie ein gemeinsames Leben in Magdeburg bieten konnte. Nachdem ihm am 17. Januar 1963 lediglich ein Leerzimmer in einem kriegsbeschädigten Abbruchhaus der Magdeburger Altstadt zugewiesen wurde, beantragte er vergeblich beim Rat des Kreises Seehausen seinen Umzug zurück nach Krüden. Im „Einstellungsprotokoll" der Magdeburger Volkspolizei klingt Verständnis dafür an, dass der „Rückkehrer" in der Nacht vom 23. auf den 24. Januar 1963 erneut die DDR verließ: „P.[,] an sich schon haltlos, wurde durch die total zerrütteten Familienverhältnisse noch mehr durcheinander gebracht. Durch seine Ortskenntnisse gelang es ihm zum 2. Mal an der gleichen Stelle die Staatsgrenze der DDR zu durchbrechen."

Wieder hielt es Rudi Pokrandt nicht lange in der Bundesrepublik, doch diesmal erwartete ihn in der DDR kein Rückkehrerheim, sondern das Gefängnis. Am 31. März 1965 verurteilte ihn das Kreisgericht Seehausen wegen Passvergehens zu acht Monaten Haft und untersagte ihm jeglichen Aufenthalt im Grenzgebiet. Nach seiner Entlassung nahm Pokrandt am 20. November 1965 eine ihm zugewiesene Arbeit in Stendal auf, wo er auch ein Zimmer bezog. Doch weder im Arbeitsleben noch privat bekam er Boden unter die Füße. Seine Ehe war inzwischen geschieden. Wegen „Arbeitsbummelei" musste er mehrmals neue Arbeitsstellen antreten. Am 3. Mai 1968 verurteilte ihn das Kreisgericht Stendal zur Arbeitserziehung in Bitterfeld. Die Urteilsbegründung charakterisiert ihn als „asozialen Menschen, der ausgesprochen arbeitsscheu" sei.

Als er im Juni 1969 nach Stendal zurückkehrte, verbesserte sich die Lebenssituation des unsteten, nun „einschlägig vorbestraften" Mannes kaum. Am 3. April 1971 fuhr er mit der Bahn nach Wittenberge. Zum dritten Mal wollte er die Flucht und einen Neuanfang in der Bundesrepublik wagen. Vielleicht durchquerte er des Nachts die Gegend um Krüden, bevor er bei Aulosen in die Elbe stieg, um mit der Strömung schwimmend Niedersachsen zu erreichen. Seine Rasier- und Waschutensilien hatte er zusammen mit seinem Personalausweis und anderen Papieren in eine Aktentasche gesteckt, die er an seinem Körper festband. Am Morgen des 19. April 1971 barg die Besatzung eines Streifenbootes der Grenztruppen den Ertrunkenen aus der Elbe. (Recherche: St.A., jk, US; Autor: jk)

Quellen:

MfS: Aktenspiegel für die Personalakte. BStU, MfS, BV Mgb, AIM 279/60.

MfS, Feldwebel Klotz [Kreisdienststelle Seehausen]: Vorschlag zur Anwerbung. Seehausen, 12.2.1957. BStU, MfS, BV Mgb, AIM 279/60.

MfS, Staatssekretariat für Staatssicherheit. Beschluß über das Abbrechen der Verbindung. Seehausen, 23.06.1960. BStU, MfS, BV Mgb, AIM 279/60.

VP-Inspektion Mitte: Protokoll. Berlin 20.1.1963. BStU, MfS, A SKS 77488.

Volkspolizeikreisamt Magdeburg: Einstellungsprotokoll. Magdeburg, 11.2.1963. BStU, MfS, A SKS 77488.

Staatsanwaltschaft des Kreises Stendal: Antrag auf Arbeitserziehung. Stendal, 26.3.1968, BStU, MfS, B SKS 83094.

Kreisgericht Stendal: Urteilsbegründung. Stendal, 3.5.1968. BStU, MfS, B SKS 83094.

Kreisgericht Stendal: Antrag auf bedingte Strafentlassung. Bitterfeld, 23.5.1969. BStU, MfS, B SKS 83094.

Bezirksbehörde Deutsche Volkspolizei Magdeburg/ODH: Rapport Nr. 90/71 für die Zeit vom 19.4.71, 03.00 Uhr, bis 20.4.71, 03.00 Uhr. Magdeburg, 20.4.1971. LASA Mgb., M 24, Nr. 809.

Standesamt Seehausen: Sterbebucheintrag Rudi Pokrandt. Standesamt Seehausen, Auskunft vom 05.04.2016.

Klaus Seifert

geboren am 14. März 1953 in Bibra
gestorben am 4. Mai 1971 an den Folgen einer
Minenverletzung vom 9. April 1971
Ort des Zwischenfalls: Grenzabschnitt bei
Schwickershausen,
Kreis Meiningen (Thüringen)

Bildquelle: ZERV

Klaus Werner Karl Seifert hatte 1967 die Polytechnische Oberschule mit der 7. Klasse abgebrochen und in der PGH Baunebengewerbe Landsberg eine Ausbildung als Maurer aufgenommen. Nach der Gesellenprüfung im Juni 1970 blieb er in dem in Meiningen ansässigen Betrieb und holte den Abschluss der 8. Klasse in der Volkshochschule nach. Nach Hause, ins nahe gelegene Bibra, wird er mit seinem Motorrad gefahren sein, mit dem er auch an Motocross-Rennen teilnahm. Dort wohnten die Eltern, Zimmerer der örtlichen LPG und seine Freundin, die ein Kind von ihm erwartete. Klaus Seifert dachte bereits seit längerer Zeit daran, in die Bundesrepublik zu flüchten. Mit Eintritt seiner Volljährigkeit wollte er sein Ziel in Angriff nehmen. Im März 1971, gerade 18 geworden, musste er beim Wehrkreiskommando in Meiningen zur Musterung antreten. Da er wehrtauglich war, versuchten die Offiziere, ihn zu einer dreijährigen Verpflichtung zu überreden, die er als Soldat auf Zeit bei den Grenztruppen im Raum Meiningen ableisten sollte. Eine solche Verpflichtung lehnte er jedoch ab.

Auf einer Tanzveranstaltung weihte Klaus Seifert am 4. April 1971 seine Freunde Karl F. und Klaus F. in seine Fluchtabsicht ein. Gemeinsam planten sie, den nur acht Kilometer von Bibra entfernt verlaufenden Grenzabschnitt zwischen Thüringen und Bayern zu überwinden. Mit einem Wurfanker und einem Seil wollten sie, sich von Zaun zu Zaun hangelnd, das Minenfeld überwinden. Als sie am späten Abend des 8. April 1971 aufbrachen, hatte sich Karl F. bereits zum Bleiben entschlossen. Klaus Seifert und Klaus F. gelangten gegen 23 Uhr bei Schwickershausen ins Grenzgebiet. Mehrere Stunden beobachteten sie eine Kaserne der Grenztruppen und das Gelände bis zur Grenze hin. Am nächsten Morgen, nach 4 Uhr, unterkrochen sie den ersten Signalzaun, robbten über ein Feld und kamen an den durch einen Doppelzaun gesicherten Minengürtel. Die Gefahr abschätzend, entschied sich Klaus F. umzukehren, denn die beiden Zaunreihen waren zu weit voneinander entfernt, um sie mit Seil und Wurfanker verbinden zu können. Er konnte das Sperrgebiet wieder ungehindert verlassen. Klaus Seifert bewegte sich hingegen weiter westwärts. Als er einen Pfiff hörte, glaubte er sich entdeckt und rannte kurzentschlossen auf den Doppelzaun zu. Er überstieg die erste Zaunreihe und lief über das Minenfeld. Etwa vier Meter vor dem äußeren Zaun verspürte er einen starken Schlag, sah eine schwarze Rauchwolke, Steine, die in die Luft geschleudert wurden, und stürzte.

Grenzsoldaten, die gegen 5 Uhr die Ursache der Minendetonation überprüfen sollten, kamen zunächst zu keinem Ergebnis. Obwohl ihm eine Mine den linken Fuß weggerissen hatte, kletterte Klaus Seifert über den äußeren Grenzzaun und rettete sich schwer verletzt auf das Bundesgebiet. Zwei Stunden später fand ein Jäger den nahe der Grenze Liegenden, der sich mit Pfiffen bemerkbar gemacht hatte, und brachte ihn mit dem Auto ins Krankenhaus Mellrichstadt. Nach einem Hinweis des örtlichen Abschnittsbevollmächtigten (ABV) hatte der Staatssicherheitsdienst inzwischen die beiden Freunde Seiferts festgenommen und begann damit, diese zu verhören. Grenztruppenangehörige entdeckten später im Minenfeld einen zerrissenen Halbschuh, größere Knochensplitter sowie starke Blutspuren.

Im Krankenhaus Mellrichstadt musste Klaus Seifert sofort der linke Unterschenkel bis zehn Zentimeter unterhalb des Kniegelenkes amputiert werden. Doch die Wunde verheilte nicht. Die Ärzte stellten eine Gasbrandinfektion fest und überwiesen ihn am 15. April ins Luitpold-Krankenhaus nach Würzburg, wo es geeignetere Behandlungsmöglichkeiten für diese oft tödlich verlaufende Krankheit gab. Nach einer Spezialbehandlung erklärte er Beamten der Bayrischen Grenzpolizei: „Nach meiner Genesung möchte ich in der Bundesrepublik bleiben und nach Möglichkeit als technischer Zeichner umschulen. Meine entfernten Verwandten [...] in Ostheim v.d. Rhön sind bereit[,] mich in ihrer Wohnung aufzunehmen." Sein Zustand verschlechterte sich jedoch zusehends. Nach mehreren Operationen verstarb der erst 18-jährige Klaus Seifert an den Folgen der Gasbrandinfektion am 4. Mai 1971. Eineinhalb Monate später verurteilte das Kreisgericht Meiningen Klaus F., der nach der Überwindung der ersten Grenzanlagen umgekehrt war, zu einer Freiheitsstrafe von einem Jahr und sechs Monaten. Karl F. wurde vorgeworfen, die ihm bekannten Fluchtpläne verheimlicht zu haben. Er erhielt eine Bewährungsstrafe von ebenfalls einem Jahr und sechs Monaten.

Am 27. Mai überführte ein Bestattungsunternehmen zwei Leichen in die DDR. In einem Sarg lag die Leiche von Klaus Seifert, im anderen die von Karl-Heinz Fischer. Vielleicht hatten sie einander gekannt: Fischer lebte in Meiningen. Auch ihm wurde beim Versuch, die Grenze zu überwinden, ein Fuß von einer Mine weggerissen. Er hatte sich noch 250 Meter weit auf Bundesgebiet geschleppt, bis er zusammenbrach und verblutete.

Wegen der tödlichen Verletzung Klaus Seiferts und sechs weiterer Flüchtlinge an der innerdeutschen und Berliner Grenze erhob die Staatsanwaltschaft Berlin am 12. Mai 1992 Anklage gegen Heinz Keßler, ehemaliger Minister für Nationale Verteidigung der DDR, Fritz Streletz, ehemaliger Chef des Hauptstabes der Nationalen Volksarmee der DDR, und Hans Albrecht, ehemaliger 1. Sekretär der Bezirksleitung Suhl der SED. Das Landgericht Berlin sprach am 16. September 1993 alle Angeklagten der Anstiftung zum Totschlag für schuldig und verhängte Freiheitsstrafen zwischen siebeneinhalb und viereinhalb Jahren Haft. Nach einem Revisionsurteil erhöhte der Bundesgerichtshof die Freiheitsstrafe von Hans Albrecht von vier Jahren und sechs Monaten auf fünf Jahre und einen Monat. Die Staatsanwaltschaft Neuruppin klagte am 12. Juni 1995 den ehemaligen Stabschef im Kommando der Grenztruppen Fritz

Rothe an. Wegen versuchten und vollendeten Totschlags in jeweils drei Fällen (darunter auch Karl-Heinz Fischer) verurteilte ihn das Landgericht Potsdam am 16. Dezember 1997 zu einer zweijährigen Freiheitsstrafe auf Bewährung. Generalleutnant Hans Wiesner, der ehemalige Chef der Militärakademie „Friedrich Engels", wurde am 26. Februar 1999 von der Staatsanwaltschaft Dresden wegen des Todes von Klaus Seifert und vier weiterer Flüchtlinge angeklagt. Das Landgericht Dresden stellte das Verfahren am 18. August 2000 wegen Verhandlungsunfähigkeit des Angeklagten ein. Die Staatsanwaltschaft Erfurt klagte am 6. Juli 1999 Burkhardt R. an. Der Chef einer Pionierkompanie, die für die Anlage der Minensperren verantwortlich war, wurde vom Landgericht Meiningen am 8. Dezember 1999 wegen Totschlags in zwei Fällen zu einem Jahr und zwei Monaten Freiheitsstrafe auf Bewährung verurteilt. (Recherche: jk, jos., MP, St.A., TP; Autor: jk)

Quellen:

MfS: Information über einen ungesetzlichen Grenzübertritt DDR–Westdeutschland am 9.4.1971 im Raum Schwickershausen/Krs. Meiningen. 14.04.1971. BStU, ZA, MfS, HA I, Nr. 5865, Teil 1 von 2.

Dr. Streit an Gen. Dr. Klaus Sorgenicht/ZK der SED, Abt. Staats- und Rechtsfragen. 15.4.1971. BStU, MfS, ASt 58/84.

Schulze/Staatsanwalt des Bezirkes Suhl an Generalstaatsanwalt der DDR. Meiningen, 23.6.1971. BStU, MfS ASt 58/84.

MfS, HA IX/4: Information. Berlin, 12.4.1971. BStU, MfS, AS 288/74.

MfS: Unterlagen zu Klaus Seifert. BStU, Ast. Suhl, MfS, BV Suhl, AU 271/70, Bd. 3 und 5.

BMI: Grenzlagebericht vom 26.5.1971. BArch Koblenz, B 137/6430.

BMI: Zusammenstellung von Grenzzwischenfällen an der DL und der Sektorengrenze von Berlin seit Januar 1969. BArch Koblenz, B 137/6433.

BGS (Bayern): Grenzlageberichte vom 17.4.1971 und 28.5.1971. BArch Koblenz, B 137/6426.

Oberfinanzdirektion Nürnberg: Lagebericht von der Demarkationslinie zur DDR für den Monat April 1971. Nürnberg, 10.5.1971. NLA Hannover, Nds. 220, Acc. 167/82, Nr. 22.

StA Neuruppin: Ermittlungsvorgang gegen Fritz Rothe, 61 Js 34/95, Repo-Nr.: 7766.

StA Dresden: Anklage gegen Generalleutnant Wiesner vom 26.2.1999, StA Dresden 833 Js 59342/98. LG Dresden: Beschluss vom 18.8.2000, 1 Ks Js 59342/98. Sammlung Marxen/Werle, Humboldt-Universität zu Berlin.

LG Meiningen: Erstinstanzl. Urteil vom 8.12.1999, 520 Js 18883/99 1 Ks. Sammlung Marxen/Werle, Humboldt-Universität zu Berlin.

Filmer, Werner/Schwan, Heribert: Opfer der Mauer. Die geheimen Protokolle des Todes. München 1991, S. 228.

Marxen, Klaus/Werle, Gerhard (Hrsg.): Strafjustiz und DDR-Unrecht. Bd. 2: Gewalttaten an der deutsch-deutschen Grenze. Band 2/2. Teilband. Berlin 2002, S. 499–641.

Schätzlein, Gerhard: Flucht aus der DDR von 1950 bis 1989. Mellrichstadt 2015, S. 139–142.

Wolfgang Graner

geboren am 17. September 1951 in Dresden

erschossen am 31. Mai 1971

Ort des Zwischenfalls:
Straße zwischen Wiesenfeld (Thüringen)
und Setzelbach (Hessen)

Bildquelle: BStU

Der 19-jährige Wolfgang Graner hatte seine Eltern nie kennengelernt. Seine Adoptiveltern waren aus Schlesien vor den Kriegshandlungen nach Sachsen geflohen und arbeiteten als Genossenschaftsbauern in Radebeul. Nach dem Abschluss der 8. Schulklasse erlernte er in Dresden den Beruf des Maurers. Bevor er am 3. Mai 1970 zum Grundwehrdienst eingezogen wurde, übte er seinen Beruf im VEB Bau- und Montagekombinat Kohle und Energie Dresden aus.

Das Volkspolizeiamt Dresden äußerte keine Bedenken gegen einen Einsatz Graners an der Grenze. Auch ein inoffizieller Mitarbeiter der Staatssicherheit wusste nur Gutes über ihn zu berichten: Vom Charakter her sei Graner „ein gutmütiger, arbeitsamer und freundlicher Mensch. Schon als Kind wurde er von seinen Eltern immer zur Arbeit angehalten, die er auch stets ohne Einwand verrichtete. Auch heute noch arbeitet er nach seiner regulären Arbeitszeit mit in der Landwirtschaft." Er sei „niemals in Gaststätten beobachtet" worden, fahre in seiner Freizeit gerne Motorrad und besitze einen „sehr guten Leumund". Nach seiner Grundausbildung kam Wolfgang Graner ab Mitte September 1970 in der Grenzkompanie Geisa zum Einsatz. Dass er während seines Dienstes sechs Belobigungen erhielt, niemals bestraft wurde und schon bald die Dienststellung eines Postenführers einnahm, schien die positiven Einschätzungen zu bestätigen.

Am 17. Februar 1971 bewachten die Soldaten Wolfgang Graner und Klaus H. die Grenze nahe dem thüringischen Geisa. Gegen Abend hörten sie aus etwa 20 Meter Entfernung Schritte in der Dunkelheit auf sich zukommen. Sie nahmen an, dass es sich um einen Grenzaufklärer handele und fragten nach der Parole. Der Angerufene, es handelte sich um Frank Möller, hielt nur kurz inne, zog eine Pistole und feuerte auf die Soldaten. Diese schossen sofort zurück und verletzten den Angreifer schwer. Er erlag kurz darauf seinen Verletzungen. Wolfgang Graner erklärte Kameraden gegenüber später, dass er in dieser Situation „gar keine andere Wahl gehabt" hätte, „er hätte sich doch nicht erschießen lassen". Er und Klaus H. wurden für ihren Einsatz ausgezeichnet, Graner wurde vorzeitig zum Gefreiten befördert.

Dennoch erregte Graner nur kurze Zeit später die Aufmerksamkeit der Staatssicherheit, die von ihren in der Kompanie eingesetzten inoffiziellen Mitarbeitern „Kurt Jost" und „Erich Gruber" alarmierende Informationen erhielt. Demnach existiere in der Grenzkompanie eine rechtsradikale Gruppe, deren Kern Wolfgang Graner und der Soldat Gerhard R. bildeten. Die Gruppe habe sich den Namen „Deutsche Brüdergemeinschaft" gegeben, ihre Mitglieder würden den Hitlergruß zeigen und Gleichgesinnte um sich sammeln, um sich auf „den Tag X" vorzubereiten. Zur Bearbeitung dieser Gruppe legte die Stasi-Hauptabteilung I in Dermbach (Rhön) am 12. Mai 1971 einen Operativplan an, um Beweise für die Straftatbestände „staatsfeindliche Hetze" und „verfassungsfeindlicher Zusammenschluß" zu sammeln. Insgesamt sechs inoffizielle MfS-Mitarbeiter kamen dafür zum Einsatz. Die IM „Kurt Just" und „Erich Gruber" sollten sich um eine Mitgliedschaft in der „Deutschen Brüdergemeinschaft" bemühen.

Die Ermittlungen befanden sich noch im Anfangsstadium, und es war dem MfS-Führungsoffizier Oberleutnant Rost noch unklar, ob sich eine solche Organisation nicht als „Hirngespinst" Graners erweisen würde, da mehrten sich auch Hinweise auf Fahnenfluchtabsichten des Gefreiten. Mehrmals habe er versucht, während des Dienstes unter einem Vorwand an den Sechs-Meter-Kontrollstreifen zu gelangen, was den regulären Posten streng untersagt war. Ein Zimmerkamerad Graners berichtete, dass dieser ihn während des Nachtdienstes getestet habe, „um von mir zu erfahren, ob ich beim Auftauchen eines Grenzverletzers die Schußwaffe zur Anwendung bringe." Ein andermal sei Graner vom Ausgang alkoholisiert zurückgekehrt und habe auf seinem Bett die Hände vors Gesicht geschlagen und gesagt, „daß er mit den Nerven fertig sei und ‚abhauen' werde".

IM „Erich Gruber" erhielt daraufhin von seinem Führungsoffizier Rost die Anweisung, eine Fahnenflucht Graners „auch unter Anwendung der Schußwaffe" zu verhindern. „Erich Gruber" war der Deckname von Eberhard Cäzor. Dieser war kein gewöhnlicher Zuarbeiter der Staatssicherheit. Nach seiner Ausbildung zum Panzerkommandanten bei der NVA kam Cäzor im April 1969 zu der Einsatzkompanie der MfS-Hauptabteilung I, einer Spezialeinheit der Stasi, die ihre Leute zu Einzelkämpfern, Scharfschützen oder Sprengstoffexperten ausbildete. Am 8. April 1971 wurde „Erich Gruber", den das MfS inzwischen zum Unterfeldwebel befördert hatte, mit dem Auftrag der „Verhinderung von Fahnenfluchten in Schwerpunkteinheiten der NVA-Grenztruppen" unter Legende als Gefreiter in die Grenzkompanie Geisa versetzt. Das MfS sorgte aus dem Hintergrund bei der Postenvorplanung für seine möglichst häufige Zuteilung zum gemeinsamen Grenzdienst mit Graner.

In der Nacht vom 29. zum 30. Mai 1971 fand Wolfgang Graner nicht in den Schlaf. Er wühlte in seinen Sachen, schrieb einen Brief. Die Unruhe störte seine Zimmerkameraden. Am Abend des 30. Mai um 21 Uhr rückte Graner als Postenführer gemeinsam mit Eberhard Cäzor zum Grenzdienst aus. Zunächst bauten sie Signalgeräte ein. Gegen 23.30 Uhr begaben sie sich dann in ihren Wachabschnitt an der ehemaligen Straße zwischen Wiesenfeld und Setzelbach. Wenig später führte der Zugführer Leutnant F. vor Ort eine Postenkontrolle durch. Laut Abschlussbericht der MfS-Bezirksverwaltung Suhl habe Graner anschließend seinem Posten befohlen, den Sechs-Meter-Kontrollstreifen abzulaufen. Währenddessen habe Graner mehrmals mit dem Fernglas überprüft, ob der Zugführer sie noch beobachten würde. Wie Eberhard Cäzor später aussagte, sei er gegen 1.30 Uhr beim gemeinsamen Streifengang an der Straße zwischen Wiesenfeld und Setzelbach kurz zurückgeblieben, weil er seine Strümpfe zurechtziehen musste. Sie befanden sich jetzt unweit jener Stelle, an der Wolfgang Graner dreieinhalb Monate zuvor auf den „Provokateur" aus Westdeutschland geschossen hatte. Plötzlich hörte Cäzor in der Dunkelheit Graner sagen: „Ebsi, ich hau jetzt ab." Eine Maschinenpistolensalve folgte. Cäzor verfolgte daraufhin Graner und eröffnete seinerseits das Feuer auf ihn. Das Tatortuntersuchungsprotokoll des MfS hielt fest, dass aus Graners Waffe 15 Schuss fehlten, die dieser in Richtung der Grenzanlagen oder in die Luft abgab. Er habe dabei inmitten des Kontrollstreifens auf der Straße Wiesenfeld-Setzelbach gestanden. Aus 15 Metern Entfernung, vom linken Straßenrand aus, schoss Cäzor auf Graner. Bei seiner Vernehmung am 31. Mai 1971 sagte Cäzor, er habe, bevor er mit seiner Maschinenpistole das Feuer eröffnete, „noch gerufen ‚Halt – stehen bleiben!' Graner antwortete mir darauf: ‚Halt die Schnauze!' Danach habe ich geschossen. Ich habe beide Magazine verschossen, insgesamt 60 Patronen. Wie ich das zweite Magazin eingeführt habe, weiß ich nicht mehr. Es ging alles so schnell, daß ich mich daran nicht mehr entsinnen kann. Nachdem ich sämtliche Patronen verschossen hatte, habe ich den Gefr. Graner auf dem Kontrollstreifen liegen sehen."

Wolfgang Graner wurde laut Bericht des Kriminaltechnischen Instituts Jena durch 22 Projektile in Hinterkopf, Rücken und Gliedmaßen getroffen. Er erlag sofort seinen Verletzungen. Eberhard Cäzor rief anschließend die Alarmgruppe. Als diese eintraf, fanden sie den Posten sichtlich verstört vor. Er sei „nervlich vollkommen fertig" gewesen. Ein Sanitätsfahrzeug brachte Graners Leiche zur Obduktion in das Institut für gerichtliche Medizin nach Jena.

Mit den Adoptiveltern, die zunächst der Meinung waren, jemand habe ihren Sohn hinterhältig erschossen, um einen Orden zu erwerben, führte ein Kommandeur der Grenztruppen am 2. Juni 1971 eine „Aussprache" durch. Er erklärte ihnen, dass Wolfgang Graner Fahnenflucht begehen wollte. Dass er das Ende seines Wehrdienstes herbeisehnte, konnte auch die Mutter bestätigen, da er in seinen Briefen schon die Tage bis zur Entlassung gezählt habe. Die Leiche ihres Sohnes wurde eingeäschert, ohne dass die Eltern sie noch einmal sehen konnten.

Das Bestehen einer rechtsradikalen „Deutschen Brüdergemeinschaft" konnte vom MfS nicht bewiesen werden. Eberhard Cäzor erhielt die NVA-Verdienstmedaille in Bronze und kam als hauptamtlicher Mitarbeiter zum Ministerium für Staatssicherheit, aus dessen Diensten er im Februar 1990 im Rang eines Oberleutnants ausschied. Die Staatsanwaltschaft Berlin klagte ihn 1996 wegen Totschlags und seinen damaligen Führungsoffizier Rost wegen der vorsätzlichen Bestimmung eines Anderen zu rechtswidriger Tat an. Am 12. März 1997 sprach das Landgericht Berlin beide Angeklagten frei. Nach den von Graner möglicherweise als Drohgebärde abgegebenen Schüssen habe Cäzor „in Panik" und aus Angst, selbst erschossen zu werden, reagiert. In der Urteilsbegründung wurde sein dienstlicher Auftrag, die abzusehende Flucht Graners auch durch einen tödlichen Schusswaffengebrauch zu verhindern, nachrangig behandelt. Der ehemalige Führungsoffizier Rost habe Cäzor gegenüber nur die Bestimmungen zum Schusswaffengebrauch bei Fluchtversuchen warnend unterstrichen und keine den DDR-Gesetzen widersprechende Tötung angeordnet. (Recherche: jk, jos., MP, MS, St.A.; Autor: jk)

Vgl. auch den biografischen Eintrag zu Frank Möller.

Quellen:

Abteilung Sicherheit des SED-Zentralkomitees: Mitteilung des Abteilungsleiters Walter Borning vom 1. Juni 1971 an Erich Honecker über eine verhinderte Fahnenflucht. SAPMO BArch, DY 30 IV A 2/12/91.

MfS, HA I: Operativvorgang „Sadist". BStU, MfS, AOP 756/72, Bd. 1–4.

Hauptabteilung IX/6: Information. Berlin 1.6.1971; Hauptabteilung IX/6: Ergänzungsbericht. Berlin, 4. Juni 1971. BStU, MfS, AS 288/74, Bd. 4.

MfS, HA I: Kaderakte von Cäzor, Eberhard. BStU, ZA, MfS, KS 18411/90.

Bericht über die Verhinderung einer Fahnenflucht durch Anwendung der Schußwaffe. BStU, ZA, AIM 4974/72.

BMI: Besondere Vorkommnisse (Zwischenfälle) an der Grenze zur DDR (Demarkationslinie) und im Raum Berlin, Erfassung der Todesfälle. BArch Koblenz, B 137/6430.

ZESt: Ermittlungsverfahren wegen Verdachts des Totschlags z. N. Gefr. Granert. BArch Koblenz, B 197/10872.

ZERV: Ermittlungsvorgang z. N. Graner, Wolfgang. LAB, D Rep. 120-02, Acc. 8346, 2 Js 228/92.

StA II Berlin: Anklageschrift vom 5.7.1996, 27/2 Js 228/92. LG Berlin: Urteil vom 12.03.1997, 536 Ks 13/96. Bestand Marxen/Werle, Humboldt Universität Berlin.

Filmer, Werner/Schwan, Heribert: Opfer der Mauer. Die geheimen Protokolle des Todes. München 1991, S. 229–233.

Stasi-Schießbefehl. In: *Freies Wort*, 08.11.2007.

Schätzlein, Gerhard: Flucht aus der DDR von 1950 bis 1989. Mellrichstadt 2015, S. 257–267.

Hans Masuhr

geboren am 14. März 1924
in Königsthal (Ostpreußen,
heute Kruszwica, Polen)

erschossen am 22. Juni 1971

Ort des Zwischenfalls:
nahe Abbenrode (Sachsen-Anhalt)

Bildquelle: Wolfsburger Nachrichten, 14.8.1982

Hans-Erich Masuhr wurde in Königsthal, Kreis Johannisburg, in Ostpreußen geboren. Über sein Leben ist wenig bekannt. Von 1953 bis 1969 arbeitete er im Volkswagenwerk und anschließend für ein knappes Jahr bei einer Straßen- und Tiefbaufirma in Wolfsburg-Vorsfelde. In diesem Vorort gehörte ihm auch ein Zweifamilienhaus, in dem er mit seiner Mutter lebte. Er war ledig und kinderlos. Am 20. Juni 1971 verließ er nach Angaben seines Schwagers ohne ersichtlichen Grund das Haus. Dabei habe er nur eine Aktentasche mit Toilettenzeug, Schlafanzug, Unterlagen über das Grundstück, Bargeld sowie seinen Personalausweis mitgenommen. Der Schwager hatte einige Tage zuvor mit ihm telefoniert. Dabei hinterließ Masuhr einen etwas verwirrten Eindruck. Auch seine Mutter sprach damals vom „eigenartigen Verhalten" ihres Sohnes. In der Nachbarschaft galt Masuhr als Einzelgänger und „Autonarr". Möglicherweise belasteten ihn ein ungünstiger Immobilienkredit und der ein Jahr zuvor erfolgte Entzug des Führerscheins. Sein Verschwinden blieb aber für alle, die ihn kannten, unbegreiflich. Seiner Mutter soll er noch gesagt haben, er müsse mal für eine Weile weg, komme aber bald wieder.

Laut einer Tagesmeldung des Kommandos der Grenztruppen der NVA überquerte Masuhr am 22. Juni 1971 gegen 18 Uhr die innerdeutsche Grenze von West nach Ost im Kreis Wernigerode und wurde nach Überwindung der Zaun- und Minensperre ca. 3 250 Meter nordostwärts der Straße Lochtum/Abbenrode von einer DDR-Grenzstreife entdeckt und unter Abgabe eines Warnschusses festgenommen. Um die Durchsuchung Masuhrs der Beobachtung durch westdeutsche Grenzbeamte zu entziehen, führte man ihn zu einem „gedeckten Geländeabschnitt etwa 50 m südlich des Festnahmeortes". Dort habe sich Masuhr zur Wehr gesetzt und den durchsuchenden Posten zu Boden gestoßen. Anschließend habe er auch den Postenführer angegriffen. „Dieser gab sofort einen gezielten Feuerstoß mit vier Schuß aus einer Entfernung von ca. 2 m ab und traf den Grenzverletzer tödlich". Eine fast gleichlautende Mitteilung über den Todesfall lag am 23. Juni 1971 auch SED-Chef Erich Honecker vor.

In Masuhrs Heimatort hingegen wusste man nichts über sein Schicksal. Der Schwager hatte die Polizei damals auf Wunsch der Mutter nicht verständigt. Erst nach deren Tod erstattete er im Juni 1982 Vermisstenanzeige. Die polizeiliche Untersuchung verlief zunächst im Sande. Erst in den 1990er Jahren konnte das Schicksal Masuhrs geklärt werden. Kriminalpolizeiliche Ermittlungen ergaben, dass er zwei Tage nach seinem Tod, am 24. Juni 1971, im Magdeburger Institut für gerichtliche Medizin als „unbekannter, in Wernigerode am 22.6. tot aufgefundener ca. 55-jähriger Mann" untersucht wurde. Im Obduktionsprotokoll wurde festgestellt, der Tote habe bei einem Unfall eine „perforierende Brustkorbverletzung" erlitten. Der Befund musste dem ermittelnden Bezirksstaatsanwalt in Magdeburg übergeben werden. Am 1. Juli 1971 erfolgte im Krematorium Magdeburg die Einäscherung der Leiche. Die Urne wurde am 6. Juli auf dem Westfriedhof der Stadt bestattet – laut Totenschein als „unbekannter 50-jähriger Mann".

Obwohl 1971 im Tagesrapport der Grenztruppen und in dem Bericht an Erich Honecker die Personalien des Erschossenen mit „Hans-Erich Masur, geb. 14.03.1924, wohnhaft: Vorsfelde, BRD" angegeben waren, erklärten der seinerzeit zuständige Kompaniechef, der Bataillonskommandeur und ein beteiligter Stasi-Offizier den Ermittlern in den 1990er Jahren, der Tote habe keine Ausweispapiere bei sich gehabt, auch sei der Eintrag im Befehlsbuch, der den Vorfall unter „besondere Vorkommnisse" erwähnte, später entfernt worden. Der Kompaniechef vermutete damals, der erschossene „Grenzverletzer" sei wohl ein zurückgekehrter MfS-Agent gewesen. Einer der beiden am Vorfall beteiligten Grenzsoldaten sprach allerdings davon, dass der Tote eine kleine Ledertasche bei sich hatte, die unmittelbar nach dem Vorfall von einem herbeigeeilten Grenzaufklärer durchsucht wurde. Der genaue Ablauf des Geschehens und insbesondere der zentrale Widerspruch zwischen der Namensnennung in den Erstmeldungen und der späteren Behauptung, der Tote habe keine Papiere bei sich gehabt, konnten im Zuge der Ermittlungen nicht mehr geklärt werden. Es wurde lediglich nachgewiesen, dass die MfS-Bezirksverwaltung Magdeburg den Fall bearbeitet hatte.

Vermutlich wollten die damals Verantwortlichen verhindern, dass der Todesfall im Westen bekannt wurde. (Recherche: jos., MK, MP, St.A.; Redaktion: jos.)

Quellen:

MfS HA VII: Information vom 23.6.71 über den ungesetzlichen Grenzübertritt von Hans Masuhr und seine Erschießung. BStU, ZA, MfS, HA II Nr. 4647.

Abt. Sicherheit des ZK; Borning, Walter: Schreiben an Erich Honecker, 23.6.1971. SAPMO, BArch Berlin, DY 30 IV A 2/12/87.

Filmer, Werner/Schwan, Heribert: Opfer der Mauer. Die geheimen Protokolle des Todes. München 1991, S. 235 f.

ZERV: Ermittlungsunterlagen StA beim LG Berlin zum Todesfall Masuhr, Hans. LAB, D Rep. 120–02, Acc. 8346, Az. 2 Js 162/91.

Hans Masuhr seit elf Jahren vermißt. *Wolfsburger Nachrichten*, 14. August 1982.

Josef Obremba

geboren am 22. Mai 1951
in Biała Prudnicka (Polen)

erschossen am 24. Juni 1971

Ort des Zwischenfalls: nahe Bebendorf
(heute Landesgrenze zwischen
Thüringen und Hessen)

Bildquelle: BStU

Im Alter von elf Jahren zog Josef Obremba gemeinsam mit seiner Mutter 1962 aus Polen nach Weimar. Sein Vater war bereits 1951 in Polen verstorben. In Weimar schloss Obremba die Schule mit der Mittleren Reife ab und erlernte den Beruf eines Drehers im VEB Weimar-Werk. Im Frühjahr 1970 legte er seine Facharbeiterprüfung ab. Seitens des Betriebes erhielt er für seine beruflichen Leistungen sehr gute Beurteilungen. Bei der Betriebssportgemeinschaft (BSG) Motor Weimar spielte er als begeisterter Handballer in einer Jugendmannschaft. Er war Mitglied der FDJ, des FDGB und der GST. Nachbarn beschrieben ihn „als ordentlich und hilfsbereit". Auch als Wehrdienstleistender in der Grenzkompanie Pfaffenschwende beurteilten ihn seine Vorgesetzten durchweg positiv.

Am 24. Juni 1971 hatte Josef Obremba mit seinem Postenführer, dem gleichaltrigen Gefreiten Martin F., als Beobachtungsposten am Scheinwerfer Schwarzenbach Dienst zu verrichten. Ein Fahrzeug der Grenztruppen brachte die beiden Soldaten zum Schlagbaum bei dem Dorf Bebendorf, von wo aus sie sich zum Grenzabschnitt Schwarzenbach begaben. Was dann geschah, ist nur durch Aussagen des Postenführers Martin F. überliefert. Die beiden Soldaten hielten sich kurz nach ihrem Dienstbeginn am Rande einer etwa 14 Meter breiten und 15 Meter tiefen Schlucht auf, die unmittelbar an der Grenze lag. Auf der westdeutschen Seite sahen sie zwei Männer und eine Frau, die mit einem Plakat gegen das DDR-Grenzregime protestierten. Nachdem die kleine Protestgruppe sich wieder ins Hinterland entfernt hatte, soll Obremba gegenüber dem Postenführer behauptet haben, er habe mit dem Fernglas auf der anderen Seite der Schlucht eine Geldbörse im Grenzstreifen entdeckt und wolle diese holen. Der Postenführer stimmte zu, dass sich Obremba entgegen der dienstlichen Vorschrift auf die andere Seite der Schlucht begab, um die Geldbörse zu holen, obwohl er selbst diese mit dem Fernglas nicht ausmachen konnte. Er beobachtete seinen Posten beim Aufstieg aus der Schlucht. Da habe sich dieser plötzlich herumgedreht und gerufen: „F. du ...!" und einen Schuss auf ihn abgegeben. Daraufhin habe er eine Salve Dauerfeuer zurückgeschossen und gesehen, wie Obremba in die Schlucht gestürzt sei. Als Martin F. über den Rand der Schlucht hinabsah, meinte er zu erkennen, dass Obremba die Waffe auf ihn richtete. F. eröffnete erneut das Feuer.

Als die Nachbarposten an der Stelle eintrafen, stand F. am Rand der Schlucht. Er habe gestammelt: „Ich habe meinen Posten erschossen, was sollte ich denn machen?". Einer der Posten stieg hinab und stellte den Tod Obrembas fest. Martin F. saß nun weinend am Rand der Schlucht. Laut Untersuchungsbericht des MfS hatte er zwölf Patronen verschossen, in Obrembas Waffe fehlte eine Patrone. In der Nähe des Toten wurden später vier weitere Hülsen gefunden, sodass er auch vier Schüsse abgegeben haben könnte. Zwischen Martin F. und Josef Obremba bestand nach dem Bericht der MfS-Ermittler ein kameradschaftliches Verhältnis. Andere Angehörige der Einheit konnten sich nicht erklären, warum Obremba eine Flucht versucht haben sollte. Er sei aber in den Tagen vor dem Zwischenfall leicht reizbar gewesen. Martin F. wurde nach dem Zwischenfall in eine andere Einheit versetzt und mit der Medaille für vorbildlichen Grenzdienst ausgezeichnet. Die Obduzenten stellten an der Leiche Obrembas vier Einschüsse fest, wobei jeder einzelne dieser Treffer tödliche Folgen gehabt hätte.

Die Überlieferungen des Staatssicherheitsdienstes enthalten auch einen Stapel von Briefen, Postkarten und Fotografien aus dem Spind Obrembas. Die Fotos hatte er in eine Propagandazeitung der Grenztruppen eingewickelt, auf deren Titelseite Bundeskanzler Kurt Georg Kiesinger abgebildet ist, der gerade eine Formation des Bundesgrenzschutzes abschreitet. Die dazugehörige Bildunterschrift lautet: „Altnazi und CDU-Kanzler Kiesinger inspiziert eine BGS-Einheit". Alle Briefe und Postkarten an Josef Obremba sind durchweg in herzlichem Ton verfasst, voller Zuwendung von Verwandten, Freunden, Mitschülerinnen,. Sie hielten ihn über Neuigkeiten zu Hause in Weimar auf dem Laufenden, über Discobesuche, Prämien zum 1. Mai oder Ausflüge ins Umland. Auch private Fotografien mit einer Freundin, mit Schulfreunden, mit der Mutter, mit einer Handballmannschaft und im Kreise seiner Kameraden aus der Grenztruppe sind überliefert. Sie zeigen Josef Obremba als fröhlichen Jungen mit gutgelaunten Menschen um sich herum.

Die Zentrale Erfassungsstelle Salzgitter leitete 1972 Vorermittlungen gegen Martin F. ein, die auf den Aussagen von zwei geflüchteten Kameraden Obrembas aus der Grenzkompanie Pfaffenschwende beruhten. Nach der Wiedervereinigung sagte Martin

F. als Beschuldigter aus, er sei nach dem Geschehen derart „nervlich fertig" gewesen, dass man ihn in einer medizinischen Einrichtung der Armee „ruhiggestellt" habe. Die tödlichen Schüsse habe er aus Notwehr abgegeben. Die Berliner Staatsanwaltschaft kam zu keinem anderen Ergebnis und stellte 1995 das Ermittlungsverfahren ein. (Recherchen: jk, jos., US; Autor: jos.)

Quellen:

MfS, BV Erfurt, Untersuchungsorgan: Bericht über die bisherigen Ermittlungen zur verhinderten Fahnenflucht Grenzkompanie Pfaffenschwende. BStU, Ast. Erfurt, MfS BV Erfurt, AP 1617/71.

Kommando der Grenztruppen: Tagesmeldung 6374 (nach Datenbank Schätzlein aus BArch Freiburg).

Erfassungsstelle der Landesjustizverwaltungen Salzgitter: Vorermittlungen gegen den NVA-Gefreiten F. wegen versuchten Totschlags. BArch Koblenz, B 197 / 11581.

StA Erfurt, Staatsanwaltschaft II b.d. LG Berlin: Verfügung vom 9. Februar 1988, in: Staatsanwaltschaft Erfurt: Strafverfahren gg. Klaus Rauschenbach wg. Totschlags (Verletzung von zwei Menschen, die 1979 eine Sperranlage der früheren innerdeutschen Grenze überwinden wollten). 520 Js 33878/98. ThHStA Weimar Freistaat Thüringen StA Erfurt 11511.

ZERV: Auswertung Tote an der innerdeutschen Grenze. LAB, D Rep. 120–02, Acc. 8346, Az. Az. 2 Js 227/92.

Heinz-Rudolf Köcher

geboren am 23. Juli 1929 in Zeulenroda

erschossen am 26. Oktober 1971

Ort des Zwischenfalls: bei Zollgrün, Ortsteil der Stadt Tanna (Thüringen)

Der 42-jährige Heinz-Rudolf Köcher wurde seit dem 17. Oktober 1971 in der Abteilung für Psychiatrie und Neurologie des Bezirkskrankenhauses Stadtroda vermisst. Bereits mit 33 Jahren wurde er aufgrund seiner nervlichen Verfassung für arbeitsunfähig erklärt und bekam Invalidenrente. Eifersuchts- und Zornausbrüche kehrten immer wieder, periodisch musste er in Kliniken eingewiesen werden. Seiner Frau schwärmte er vom Westen vor, da wäre alles anders, ganze Tage könnte er dort arbeiten. Zweimal hatte er bereits versucht, an der DDR-Grenzübergangsstelle Hirschberg durchgelassen zu werden, natürlich vergeblich.

Am 26. Oktober 1971 sahen ihn Genossenschaftsbauern und der Abschnittsbevollmächtigte (ABV) aus Zollgrün, wie er über ein Stoppelfeld lief. Er war seit neun Tagen unterwegs. In dieser Zeit hatte er etwa 55 Kilometer zu Fuß zurückgelegt. Falls er einen Umweg über Zeulenroda gemacht hatte, wo seine Familie in einer Vorstadtsiedlung wohnte, war die Strecke noch länger. Von Zollgrün aus waren es bis zur thüringisch-bayerischen Grenze noch etwa 15 Kilometer.

Der ABV war durch eine Fahndungsmeldung alarmiert. Ein Angehöriger der Marine, so wurde ihm mitgeteilt, wolle schwer bewaffnet die Grenze durchbrechen. Es galt zu verhindern, dass er ins Sperrgebiet eindringt. War der Mann auf dem Stoppelfeld der gesuchte Deserteur? Der ABV rief den Fremden an. Der schaute sich erschrocken um und begann zu laufen, um den nahe gelegenen schützenden Wald zu erreichen. Der ABV rief nochmals und wollte ihn einholen, doch wie sollte er dies aus einer Entfernung von etwa 200 Metern schaffen? Zwei Genossenschaftsbauern hatten Motorräder dabei, doch das Stoppelfeld war ein unwegsames Gelände, und sie versuchten, den Flüchtenden auf einem Feldweg abzufangen. Es ist gut möglich, dass Heinz-Rudolf Köcher im Motorradlärm nicht hörte, wie der ABV drei Warnschüsse abfeuerte. Dann folgte ein gezielter Schuss in die Beine, wie der ABV später aussagte. Er sah, dass der Mann stürzte, doch als er und die Genossenschaftsbauern ihn erreichten, lag vor ihnen kein verletzter Marinesoldat, sondern ein unbewaffneter Psychiatriepatient, der von einem Rückenschuss in die Schlagader getroffen, vergeblich mit dem Tod rang.

Bereits kurz nach der Tat nahm die Morduntersuchungskommission Gera ihre Arbeit auf. Während der Ermittlungen ließ sich der Verdacht einer Straftat nicht bestätigen. Der beschuldigte ABV konnte zudem glaubhaft versichern, Heinz-Rudolf Köcher nicht absichtlich erschossen zu haben. Auch die Staatsanwaltschaft Erfurt kam 1993 zu keinem anderen Ergebnis. Von maßgeblicher Bedeutung für die Einstellung der Ermittlungen war, dass der Beschuldigte aufgrund der Personenbeschreibung Heinz-Rudolf Köcher für den zur Fahndung ausgeschriebenen Marinesoldaten halten konnte und die Schusswaffenanwendung wegen der Bewaffnung des Gesuchten gerechtfertigt war. (Recherche: A.N., jk, MP; Autor: jk)

Quellen:

MfS/BV Gera: Ermittlungsunterlagen zum Tod von Heinz Köcher. BStU, MfS Gera, AP 182/73.

MdI: Rapport Nr. 255 für die Zeit vom 27.10.1971, 04.00 Uhr, bis 28.10.1971, 04.00 Uhr. Und: Rapport Nr. 254 für die Zeit vom 26.10.1971, 04.00 Uhr, bis 27.10.1971, 04.00 Uhr. BArch Berlin, DO1/0.2.3 35157.

StA Erfurt: Totschlag. LATh – HStA Weimar, Freistaat Thüringen, StA Erfurt 4759–4760.

Wilfried Komorek

geboren am 22. November 1951 in Greiz

Suizid nach gescheitertem Fluchtversuch am 29. Oktober 1971

Ort des Zwischenfalls: Untersuchungshaftanstalt Plauen (Sachsen)

Eigentlich wollte Wilfried Max Komorek nach dem Abitur studieren. Doch dies wurde ihm in der DDR verwehrt. Weil er keiner Arbeiter- oder Bauernfamilie entstammte – sein Vater arbeitete als Angestellter bei der staatlichen DDR-Versicherungsanstalt und war überdies auch kein Mitglied der SED –, wurde ihm der ersehnte Zugang zum Studium verweigert. Geboren und aufgewachsen in der thüringischen Kreisstadt Greiz, wo er auch die Polytechnische Oberschule besuchte, blieb Wilfried Komorek nichts anderes übrig, als eine Ausbildung zum Elektrotechniker beim VEB Carl Zeiss Jena zu machen. Dort erhielt er hernach auch einen festen Arbeitsplatz. Dennoch blieb die Gesamtsituation für den 19-Jährigen unbefriedigend. Hoffte er, im Westen doch noch eine akademische Ausbildung beginnen zu können? Das wäre ein plausibles Motiv gewesen, der DDR den Rücken zu kehren. Doch gesichert ist dies nicht – bezüglich seiner Fluchtgründe hat sich Komorek vor seinem Tod nie geäußert. Weder gegenüber den Eltern, die seit Anfang der 1960er Jahre in Trennung lebten, noch gegenüber den beiden Halbgeschwistern. Einzig seine damalige Freundin, die in der Nähe von Jena wohnte, wusste von den Fluchtabsichten ihres Freundes. Gern wäre er mit ihr zusammen in den Westen aufgebrochen, doch die junge Frau mochte ihre Mutter nicht allein zurücklassen.

Vermutlich trug sich Wilfried Komorek schon seit Längerem mit Fluchtgedanken, bevor er diese schließlich in die Tat umsetzte. In der Woche vor seinem Fluchtversuch ließ er sich von der Arbeit beurlauben. Er dürfte die Zwischenzeit zur Auskundschaftung der Fluchtroute genutzt haben. Seine Aufmerksamkeit galt dabei vor allem den Bahnhöfen in Grenznähe. Er plante nämlich, mit Hilfe eines Fanghakens auf einen Zug im grenzüberschreitenden Verkehr aufzuspringen. Von all dem ahnten seine Angehörigen nichts. Wohl fiel ein letzter Besuch bei seinem Vater herzlicher aus als sonst – der 19-Jährige hatte, ungewöhnlich genug für ihn, Geschenke mitgebracht, auch verabschiedete er sich inniger als üblich. Er ließ aber nicht erkennen, dass er schon wenige Tage später die Republik für immer verlassen wollte. Am 26. Oktober 1971 war es schließlich soweit. Mit seinem Motorrad brach Wilfried Komorek in Richtung Grenze auf. Der Grenzübergang bei Gutenfürst lag nur etwa 45 Kilometer von Greiz entfernt. Hier wollte er die innerdeutsche Grenze im Bereich des Eisenbahngrenzübergangs Gutenfürst-Hof überwinden.

Was genau sich auf dieser Fahrt zugetragen hat, bleibt im Einzelnen unklar. Fraglich ist auch, ob es Komorek gelang, auf ein Schienenfahrzeug aufzuspringen – wahrscheinlicher ist, dass ihn die Sicherheitskräfte bereits zuvor aufspürten. Immerhin verzeichnet die Tagesmeldung der Grenztruppen im Bereich der 9. Grenzkompanie, Grenzregiment Plauen, die Verhaftung einer namentlich nicht genannten Person, ausdrücklich ohne Anwendung der Schusswaffe. In jedem Fall wurde Komorek noch am gleichen Tag von Polizisten aus Plauen in die dortige Untersuchungshaftanstalt gebracht. Der Aufnahmebogen der Haftanstalt enthält als ihm angelastete Straftat: § 213 StGB, „ungesetzlicher Grenzübertritt", welcher in besonders schweren Fällen mit bis zu fünf Jahren Freiheitsentzug bestraft wurde. Eine Aussicht, die den 19-Jährigen mutmaßlich zur Verzweiflung trieb. Zwei Tage lang hielt er es in der Haft noch aus, dann, am 29. Oktober 1971 gegen 4 Uhr in der Frühe, erhängte er sich. Seiner Mutter, die man an diesem Tag in die Haftanstalt bestellte, wurde erst vor Ort vom Tod ihres Sohnes unterrichtet. Ein letzter Abschied wurde ihr verwehrt, sie durfte ihren toten Sohn nicht mehr sehen. Sein Leichnam wurde gegen den ausdrücklichen Willen der Angehörigen eingeäschert. Nahezu sämtliche persönliche Habseligkeiten blieben als Beweismittel beschlagnahmt, lediglich sein Motorrad erhielt die Familie später zurück. Wilfried Komoreks sterbliche Überreste wurden auf dem Greizer Hauptfriedhof beigesetzt, im kleinsten Kreis und unter starker Präsenz von Mitarbeitern des Staatssicherheitsdienstes.

Für die Mutter war das alles zu viel. Sie verkraftete den Tod ihres Sohnes nicht. Nur um sechs Monate überlebte sie ihn, dann starb sie mit nur 48 Jahren an einem Hirnschlag. Auch den übrigen Angehörigen ließ Komoreks Tod keine Ruhe. Die Heimlichtuerei um den Leichnam weckte ihr Misstrauen. Hatte der 19-Jährige wirklich den Freitod gewählt? Einen Abschiedsbrief, der seinen Entschluss vielleicht erklärt hätte, soll er nicht hinterlassen haben. Anfang 1999 stellte die Familie Strafanzeige gegen Unbekannt. Die Zwickauer Staatsanwaltschaft fand jedoch in den wenigen noch existierenden Unterlagen keine Hinweise auf ein Fremdverschulden und stellte im April 2000 das Ermittlungsverfahren ein. (Recherche: glz; Autor: glz)

Quellen:

Kommando der Grenztruppen, Abt. Operativ: Tagesmeldung Nr. 257/71 vom 17.10.1971. BArch Freiburg, DVH 21/113213.

Schriftliche Angaben von Komoreks Halbschwester Uta L. dem Autor gegenüber, 21.09.2012.

Jürgen Hainz

geboren am 11. Oktober 1950 in Meißen
Schussverletzung bei Fluchtversuch am 15. Juni 1971, gestorben am 14. Januar 1972
Ort des Zwischenfalls: bei Elend (Sachsen-Anhalt)

Der 20-jährige Jürgen Wilhelm Hainz aus Krostitz arbeitete als Transportarbeiter beim VEB Holz- und Leichtbauelemente, als er sich zur Flucht in den Westen entschloss. Von Krostitz begab er sich in den 140 Kilometer entfernten Harzort Elend, um in der Nacht vom 14. auf den 15. Juni 1971 den Grenzübertritt zu wagen.

Am 15. Juni 1971 sendete um 1.18 Uhr der Signaldraht eines ein Kilometer südlich von Elend errichteten Grenzzauns ein Alarmsignal an die Kommandozentrale der Grenzkompanie. Offensichtlich war jemand in den Schutzstreifen eingedrungen. Eine Einsatzgruppe riegelte daraufhin die Grenze ab. Zu ihr gehörte auch das Postenpaar Peter L. und Harry R. Es gelang Jürgen Hainz, durch das felsige Waldgebiet bis zum Minengürtel vorzudringen und sich im Unterholz zu verstecken. Er muss die beiden Unteroffiziere nicht bemerkt haben, die etwa 20 Meter von ihm entfernt standen, als er gegen 4.45 Uhr aus dem Unterholz herauskam und gebückt auf den äußeren und damit letzten Grenzzaun zulief. Peter L. gab unverzüglich einen Warnschuss ab. Der Flüchtling reagierte nicht, worauf er kurz danach ein zweites Mal gezielt mit seiner Maschinenpistole schoss.

Der Schuss traf Jürgen Hainz an der linken Halsseite, durchschlug die linke Lunge und trat in Höhe des achten Brustwirbelkörpers wieder aus. Er brach sofort zusammen. Zunächst war er noch bei Bewusstsein und klagte über Schmerzen. Ein Grenzposten versorgte ihn mit einer Lungenkompresse, um das Austreten von Luft aus der Schusswunde zu verhindern. Wenig später brachte ein Sanitätsfahrzeug den Schwerverletzten in das Kreiskrankenhaus Wernigerode. Die Ärzte, die mit dem schweren Schockzustand des Patienten zu kämpfen hatten, stellten fest, dass Jürgen Hainz vom siebten Brustwirbel an gelähmt bleiben würde. Das Geschoss hatte sein Rückenmark verletzt.

Die beiden Grenzposten wurden nach dem Vorfall vernommen und für zwei Wochen beurlaubt. Anschließend erhielten sie Prämien. Jürgen Hainz kämpfte noch knapp sieben Monate ums Überleben. Am frühen Morgen des 14. Januar 1972 starb er mit 21 Jahren im Kreiskrankenhaus Wernigerode an einer Lungenentzündung, die sich während seines lang währenden Krankenlagers entwickelt hatte.

Das Landgericht Berlin verurteilte den ehemaligen Unteroffizier der DDR-Grenztruppen Peter L. wegen der Schussabgabe auf Jürgen Hainz am 6. Mai 1997 zu einer Bewährungsstrafe von einem Jahr und neun Monaten. (Recherche: jk, LH, St.A.; Autor: jk)

Quellen:

Grenztruppen der DDR/Kommando der Grenztruppen: Operative Tagesmeldungen Nr. 127–152/71. BArch Freiburg, DVH 32/113211.

Kreiskrankenhaus Wernigerode: Schriftliche Todesanzeige, Sterbebuch Nr. 45. Stadtarchiv Wernigerode.

StA II beim LG Berlin: Anklage vom 23.02.1996, 27/2 Js 1131/93. LG Berlin: Urteil vom 06.05.1997, 513 KLs 17/96. Sammlung Marxen-Werle, Humboldt-Universität zu Berlin.

Personenstandsmitteilung des Landratsamtes Nordsachsen/Archiv Delitzsch. Torgau, 10.06.2015.

Alfred Görtzen

geboren am 18. Juni 1941 in Danzig
(heute: Gdansk, Polen)
Suizid am 22. Februar 1972
Ort des Zwischenfalls: nahe Salzwedel
(Sachsen-Anhalt)

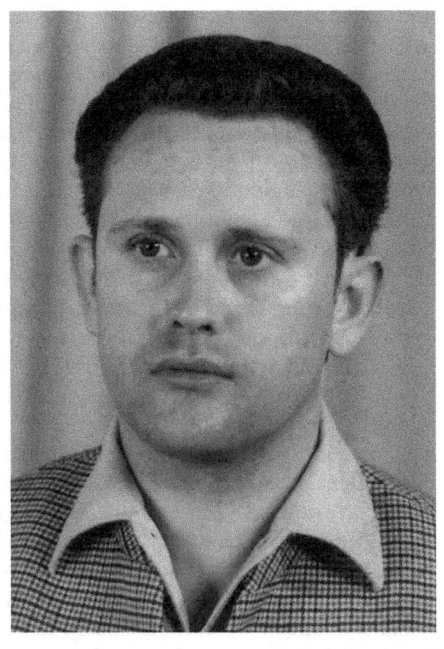

Bildquelle: BStU

Alfred Görtzen kam in Danzig zur Welt. Sein Vater, ein Werftarbeiter, trat 1943 nach Görtzens Darstellung der NSDAP bei, um seinen Arbeitsplatz zu erhalten. Er wurde 1944 zur Wehrmacht eingezogen und geriet in sowjetische Kriegsgefangenschaft. Die Mutter floh 1945 mit dem vierjährigen Alfred und seinem 14-jährigen Bruder Klaus nach Harpe, Kreis Osterburg. Sein Vater kehrte 1950 aus der Kriegsgefangenschaft zurück. Er erhielt zehn Hektar Land und trat 1952 der LPG bei. Alfred Görtzen verließ 1956 nach der 8. Klasse die Schule und arbeitete wie seine Eltern in der LPG „Walter Ulbricht" in Harpe. Seit 1955 gehörte Alfred Görtzen der FDJ an. Er meldete sich 1959 freiwillig zur Deutschen Grenzpolizei, trat 1960 der SED bei und absolvierte die Unteroffiziersschule in Dingelstädt sowie 1961 die Offiziersschule. Als FDJ-Sekretär gehörte er sowohl der FDJ- wie auch der Parteileitung an. An der Offiziersschule „Rosa Luxemburg" der Grenztruppen in Plauen durchlief er 1964 die Ausbildung zum operativen Zugführer. In der Abschlussbeurteilung der Offiziersschule „Rosa Luxemburg" vom Januar 1965 heißt es: „OS [Offiziersschüler] Görtzen wurde bereits von seinen Eltern maßgeblich zur Treue und Einsatzbereitschaft gegenüber unserem Staat erzogen." Er sei redegewandt und zeichne sich politisch durch „ideologische Reife" aus. Lediglich bei der „militärischen Körperertüchtigung" gebe es noch Mängel. Görtzen besitze gute methodische Fähigkeiten. „Sein eigenes Vorbild und sein gerechtes und parteiliches Verhalten ließen ihn im Kollektiv eine geachtete Rolle spielen."

Im Februar 1965 kam Alfred Görtzen als Zugführer zur 4. Grenzkompanie des Grenzregiments Salzwedel. Ein Spitzel des MfS unter den Soldaten mit Decknamen „Toni" berichtete wenig später positiv über seinen neuen Vorgesetzten Görtzen. Er löse „seine Aufgaben vorbildlich" und sei in der Truppe beliebt, weil er sich um die Nöte seiner Männer kümmere. „Im Ausgang ist er höflich. Er hat besonders gute Verbindungen zu der Jugend und kann diese schnell begeistern." In einer Beurteilung Görtzens durch einen für die Kontrolle der Einheit zuständigen Offizier der Stasi-Operativ-Gruppe Salzwedel heißt es, er sei stolz auf seinen Offiziersberuf und könne als zuverlässig eingeschätzt werden. Görtzen besuchte außerdem die Bezirksparteischule und erhielt für seine Leistungen bei den Grenztruppen mehrere Verdienstmedaillen, 1966 war er hauptamtlicher FDJ-Sekretär im Grenzbataillon Ziemendorf und danach im Range eines Hauptmanns Stellvertreter für politische Arbeit in der damaligen Nachrichtenkompanie der Grenzbrigade Halbe/Milde. Nach der Umstrukturierung der Grenztruppen wurde er in gleicher Dienststellung in der Nachrichtenkompanie Peckfitz des Grenzregiments Gardelegen eingesetzt. Im Oktober 1970 heiratete er seine Verlobte, die als Verkäuferin arbeitete.

Nach einem Trinkgelage in einer Gaststätte kam es zwischen Alfred Görtzen und einem Unterfeldwebel seiner Einheit zu homosexuellen Handlungen. Der Unterfeldwebel informierte den Kompaniechef, der Görtzen zu einer Gegenüberstellung vorlud. Görtzen bat hernach um dienstfrei, um sich mit seiner Ehefrau über das Geschehene aussprechen zu können. Er suchte jedoch seine Frau nicht auf, sondern begab sich zu seinen Eltern und danach in jenes Grenzgebiet, das er von seiner Zeit als Zugführer kannte. Er wusste jedoch nicht, dass dort neue Minen verlegt worden waren. Nahe der Grenzsäule 353 riss ihm eine Mine den linken Unterschenkel ab. Alfred Görtzen schleppte sich noch bis zum Grenzzaun, den er jedoch nicht überwinden konnte. Dort erschoss er sich mit seiner Dienstpistole Makarow. (Recherche: jk, MP, jos.; Autor: jos.)

Quellen:

MfS, BV Magdeburg, Abt. IX: Suizid nach Fahnenflucht und Beinverletzung durch Minen, Tatzeit: 13.02.72 gegen 18.15 Uhr. MfS, Ast. Mgb., BV Magdeburg/Abt IX, Nr. 1309.

MFS, HA I: Grenzkommando-Nord, Abwehr: Beetzendorf, 6.4.1972, Bericht über die Stimmung und Situation in den Einheiten des Zuständigkeitsbereiches in den Monaten Januar, Februar, März 1972. BStU, ZA, MfS, HA I, Nr. 10339.

MfS, HA I: Information über die versuchte Fahnenflucht und anschließende Selbsttötung eines Offiziers der Grenztruppen der NVA am 23.02.1972. BStU, ZA, MfS, HA I, Nr. 5875, Bd. 2.

MfS, ZAIG: Information über die versuchte Fahnenflucht und anschließende Selbsttötung eines Offiziers der Grenztruppen der NVA am 23.02.1972. BStU, ZA, MfS Z 2019.

Weitere MfS- und NVA-Unterlagen zu Alfred Görtzen finden sich in Überlieferungen der HA IX/6 unter BStU, ZA, MfS AP 7128/72.

StA II bei dem LG Berlin: Strafsache gegen Unbekannt wegen versuchten Totschlags. LAB, D Rep. 120–02, Acc. 8346, Az. 25/2 Js 54/91.

Manfred Burghardt

geboren am 26. September 1935 in Wilhelmshaven

gestorben durch Suizid nach Festnahme am 24. März 1972

Ort des Zwischenfalls: Volkspolizeikreisamt Halberstadt (Sachsen-Anhalt)

Manfred Burghardt wurde am 26. September 1935 in Wilhelmshaven in Niedersachsen geboren. Seinen Lebensmittelpunkt verlegte er in das nahe Goslar gelegene Vienenburg. Dort wohnte er gemeinsam mit seiner Ehefrau und arbeitete als Lehrer an einer Förderschule.

Der Bundesbürger aus Vienenburg geriet vermutlich unbeabsichtigt am Donnerstagabend, dem 23. März 1972, ins Grenzgebiet im Raum Göddeckenrode. Möglicherweise verlief sich der 36-Jährige während eines Spaziergangs bei eintretender Dunkelheit und geriet in Panik. Kurz nach Mitternacht wurde er von DDR-Grenzposten des Kommandos Göddeckenrode aufgegriffen und nach der Abgabe von Warnschüssen festgenommen. Er machte auf die beiden Grenzsoldaten einen verwirrten Eindruck. Man brachte ihn zur Vernehmung in das Volkspolizeikreisamt nach Halberstadt. Die Bezirksverwaltung des MfS in Magdeburg verzeichnete, Burghardt habe bereits während der ersten Vernehmung ein Wasserglas zerschlagen und versucht, sich seine Pulsadern mit einer Scherbe aufzuschneiden. Ein herbeigerufener Arzt, der ihn untersuchte und eine starke nervliche Überlastung diagnostizierte, bestätigte damit den ersten Eindruck, der Festgenommene leide vermutlich unter einer psychischen Störung. Die örtliche Staatsanwaltschaft ordnete unterdessen die Rückführung Burghardts in die Bundesrepublik an.

Dennoch setzte die Kriminalpolizei im Volkspolizeikreisamt Burghardts Vernehmung fort. Dieser verweigerte konsequent jegliche Aussage zum Vorwurf des „illegalen Grenzübertritts". Um den Sachverhalt trotzdem aufklären zu können und ihn zu einem Geständnis zu bringen, herrschte im Dienstzimmer vermutlich ein rauer Ton, der den aufgeregten Mann zusätzlich in Stress versetzte und in die Enge trieb. Laut Rapport des MdI sei Manfred Burghardt plötzlich von seinem Stuhl aufgesprungen und durch ein geschlossenes Fenster acht Meter in die Tiefe gestürzt. Er kam mit schweren Verletzungen in das St. Salvator-Krankenhaus Halberstadt. Dort erlag Manfred Burghardt gegen 17.30 Uhr seinen Verletzungen.

Die Untersuchung des Todesfalls durch zwei Offiziere der Bezirksverwaltung des DDR-Staatssicherheitsdienstes kritisierte eine „Vernachlässigung dienstl. Pflichten durch Angehörige der K[Kripo]", die dadurch den Suizid nicht verhindern konnte. (Recherchen: MP, TP, jos.; Autorin: MP)

Quellen:

MdI: Rapport Nr. 72, vom 24.3.1972, 4.00 Uhr bis 25.3.1972, 4.00 Uhr. BArch Berlin, DO 1/2.3/35158.

MfS: Karteikarte, Schusswaffengebrauch durch NVA. BStU, ZA, MfS, HA IX, Nr. 4296.

MfS: Unnatürlicher Todesfall eines westdeutschen Bürgers (Suicid). BStU, Ast. Magdeburg, MfS, BV Magdeburg/Abt. IX, Nr. 1309.

Stadt Goslar, Einwohnermeldeamt: Bestätigung der Daten zur Person. Auskunft vom 3.2.2016.

Gerhard Beil

geboren am 19. Juni 1952 in Schlotheim

getötet durch Minenexplosion am 6. April 1972

Ort des Zwischenfalls: innerdeutsche Grenze
bei Katharinenberg (Thüringen)

Gerhard Beil entstammte einer Arbeiterfamilie, er hatte vier Geschwister. Sein Vater arbeitete im VEB Kalibergwerk Volkenroda, seine Mutter war ein Pflegefall, sie litt unter Lähmungserscheinungen an Füßen und Beinen. Seit seinem 13. Lebensjahr befand sich auch Gerhard Beil wegen einer Hüftgelenksentzündung in ärztlicher Behandlung. Er verließ die Schule vorzeitig und begann eine Schuhmacherlehre bei der PGH Orthopädie – Schuhmacherhandwerk in Mühlhausen. Da absehbar war, dass er die Facharbeiterprüfung nicht bestehen würde, gab er die Lehre 1969 auf und nahm eine Stelle als Maschinenarbeiter im VEB Schlotheimer Netz- und Seilerwaren an. Dortige SED-Mitglieder charakterisierten ihn als politisch undurchsichtig, in seinem Elternhaus werde westdeutsches Fernsehen empfangen. Gerhard Beil zeige eine besondere Vorliebe für Kriminal- und Abenteuerfilme. Das MfS ermittelte später, dass gleichaltrige Jugendliche im Ort Gerhard Beil wegen seiner Behinderung als „Hinkebein" hänselten. Er galt als Einzelgänger, der sich in seiner Freizeit gerne mit seinen Tauben beschäftigte. Auch bastelte er häufig an seinem Moped herum. Er interessierte sich für Beatmusik, trug die Haare lang und hörte im Kofferradio häufig Radio Luxemburg. Gerhard Beil half bei der Pflege seiner Mutter. Mitunter beklagte er, dass man ihn mit dieser Aufgabe alleine lasse und seine Mutter, anders als die Frau eines Direktors oder eines anderen „hohen Tiers", keine Unterstützung erhalte.

Im April 1969 griff die Volkspolizei Gerhard Beil in Ost-Berlin nahe der Mauer auf. Da ihm aber keine Fluchtabsichten nachgewiesen werden konnten, wurde das Ermittlungsverfahren eingestellt. Im Februar 1972 erfuhr Beil, nach einer Untersuchung in der orthopädischen Klinik Erfurt, dass sein Hüftleiden nicht operabel sei und er damit rechnen müsse, dass eine vollständige Versteifung seines Beins in etwa zwei Jahren eintreten könne. Nach dieser Untersuchung und einer Krankschreibung bis Mitte März 1972 erschien er nur noch unregelmäßig zur Arbeit. Gegenüber seinem Vater äußerte er, dass ihm „sowieso alles egal" sei, da ihm „keiner mehr helfen" könne. Einem Freund sagte er, dass er nun nur noch herumreisen und etwas von der Welt sehen wolle. Dietmar Beil, sein jüngerer Bruder, vermutet, daß Gerhard Beil sich vom westdeutschen Gesundheitssystem eine bessere Behandlung seines Leidens versprochen habe. Am Abend des 30. März 1972 sah ein Gastwirt den 19-jährigen Gerhard Beil in der Nähe von Windeberg zum letzten Mal lebend.

Am 6. April 1972 hörten zwei Grenzsoldaten im dem als „Sauloch" bezeichneten Grenzgebiet bei Katharinenberg gegen 5.40 Uhr eine Detonation, deren Ursache sie nicht einordnen konnten. Gegen 8.40 Uhr erkannten sie mit dem Fernglas am Hang etwa 100 bis 150 Meter entfernt einen „dunklen Gegenstand". Sie sagten später aus, dies für ein Wildschwein gehalten zu haben. Da aber auch der Signalzaun Alarm ausgelöst hatte, erstatteten sie Meldung und erhielten daraufhin Befehl, ihren Grenzbereich abzusichern. Gegen 11.30 Uhr bargen zwei Offizieren der Grenztruppe eine Leiche mit Reißhaken und einer Zugleine aus dem Minengürtel. Es handelte sich um Gerhard Beil. Die Spurensicherung der MfS-Bezirksverwaltung Erfurt hielt in ihrem Untersuchungsbericht fest, dass die Leiche „in der Drahtsperre auf zwei Pfählen in Bauchlage mit den Beinen ca. 2 m vom Drahtzaun feindwärts entfernt" mit dem Bauch auf einem frischen Detonationsloch lag. Im Abstand von zweieinhalb bis drei Metern freundwärts der Leiche fand die Untersuchungsgruppe unter anderem den Personalausweis von Gerhard Beil, dessen Beschädigtenausweis, zwei Schülerkarten und die Adresse einer Ines P. aus Gotha. Ein Campingbeutel, der etwa sieben Meter von der Detonationsstelle entfernt lag, enthielt eine beigefarbene Windjacke, ein Kofferradio, einen Moped-Führerschein, einen Sozialversicherungs- und einen FDGB-Ausweis, die Bescheinigung für den Abschluss der 10. Klasse und drei Fotos von Eltern und Geschwistern.

Die zuständige Staatsanwaltschaft in Erfurt verzichtete auf eine Obduktion durch die Gerichtsmedizin Jena, da die Beurkundung der Todesursache durch den Regimentsarzt Hauptmann Dr. med. Dammenhayn, Facharzt für Allgemeinmedizin, Hauptmann Dr. med. Götze und Unteroffizier Braune (Sektionsgehilfe im Zivilberuf) ausreichend sei. In dem von dieser Untersuchungsgruppe verfassten Bericht heißt es: „Am 06.04.1972 wurden wir durch den Kommandeur des Grenzregiments nach Katharinenberg befohlen. Als wir am befohlenen Ort eintrafen, war die Person bereits aus dem Sperrengebiet geborgen." Als Todesursache könnten zweifellos die Folgen zweier Minendetonationen angesehen werden. Vermutlich sei Gerhard Beil auf eine Mine getreten und dann bäuchlings auf eine zweite gestürzt. Der Tod trat „infolge Herzstillstandes" ein, „hervorgerufen durch das Schockgeschehen auf Grund der doch erheblichen Verletzungen und des sicherlich starken Blutverlustes".

Einen Tag nach Gerhard Beils Tod holte ein Polizist dessen Bruder Dietmar aus dem Schulunterricht und brachte ihn nach Hause. Da sein Vater sich auf der Arbeit unter Tage befand, musste der 12-Jährige die Tür für eine Hausdurchsuchung öffnen. Den Leichnam von Gerhard Beil durfte der Vater nicht mehr sehen. Seine Mutter starb im Alter von 42 Jahren eineinhalb Monate nach dem Tod ihres Sohnes, den sie nicht verwinden konnte. Dietmar Beil und seine kleine Schwester kamen in ein Heim. (Recherche: MP, St.A., TP, US; Autor: jos.)

Quellen:

MfS, BV Erfurt, Abteilung IX/SK: Spurensicherungsprotokoll vom 6. April 1972. BStU, Ast. Erfurt, MfS – BV Erf. AS 1/70–22.

MfS, BV Erfurt: Unterlagen zur Todesursachenermittlung. BStU, Ast. Erfurt, MfS – BV Erf. AS 18/84.

Landeskriminalamt Thüringen: Strafanzeige des Vaters von Gerhard Beil vom September 1991. ThHStA Weimar, Landeskriminalamt Thüringen, Nr. 1086.

Staatsanwaltschaft Dresden: Anklage gegen Generalleutnant Wiesner, Mitglied des Nationalen Verteidigungsrates. Verfahrenseinstellung wg. Verhandlungsunfähigkeit, 833 Js 59342/98; Beschluss des Landgerichts Dresden, 1 Ks Js 59342/98. Sammlung Marxen/Werle, Humboldt Universität Berlin.

Staatsanwaltschaft Erfurt: Anklageschrift vom 13. Dezember 1999 gegen Erich H., zur Tatzeit Oberoffizier Pionierdienst im Grenzregiment 4 wegen Beihilfe zum gemeinschaftlichen Totschlag; Landgerichts Mühlhausen: Urteil vom 26. Juni 2001, 560 Js 16181/99–1 Ks. Sammlung Marxen/Werle, Humboldt Universität Berlin.

Interview mit Dietmar Beil. In: *Thüringische Landeszeitung* vom 04.07.2011.

Heidi Schapitz

geboren am 19. Januar 1956 in Schönebeck

erschossen am 7. April 1972

Ort des Zwischenfalls: südlich von Oebisfelde (Sachsen-Anhalt)

Beamte der Befragungsstelle Helmstedt des niedersächsischen Innenministeriums übermittelten am 8. April 1972 die Aussage des in der Nacht zuvor aus der DDR geflüchteten Transportarbeiters Siegfried K. (22) an das Lagezentrum des Bundesinnenministeriums. Gemeinsam mit seiner Verlobten Heidi Schapitz und seinem Arbeitskollegen Gunnar J. war Siegfried K. am Vorabend von Magdeburg aus mit dem Zug nach Oebisfelde gefahren, um nahe der Ortschaft über die Grenze nach Westdeutschland zu flüchten. Gunnar J. und Siegfried K. arbeiteten im Reichsbahnausbesserungswerk Magdeburg, die gerade 16-jährige Heidi Schapitz war Schlosserlehrling im VEB Traktorenwerk. In einer Beurteilung des Betriebes heißt es über sie:

„In ihrer Berufsgruppe war sie führend, sie war pünktlich und hat nicht gebummelt." Die 16-Jährige trug ihre langen Haare schwarz gefärbt. Sie lebte gemeinsam mit ihrer Schwester bei ihren Eltern.

Siegfried K. kannte sich an der Grenze bei Oebisfelde einigermaßen gut aus, er war dort als 15-Jähriger schon einmal in den Westen geflüchtet, dann aber in die DDR zurückgekehrt. Als sich die Gruppe in der Dunkelheit am Südrand von Oebisfelde der Grenze näherte, löste einer von ihnen die Signalanlage vor dem Grenzzaun aus. Unmittelbar danach schossen Grenzposten von einem nahe gelegenen Grenzturm eine rote Leuchtkugel in den Himmel. Die drei Flüchtlinge rannten zum etwa drei Meter hohen Grenzzaun. Siegfried K. gelang es mit Hilfe einer Zange, die er als Steighilfe in den Metallgitterzaun steckte, den Zaun zu erklimmen. Heidi Schapitz und Gunnar J. hatten ihm dabei von unten geholfen. In dem Moment, als Siegfried K. die Zaunkrone erreichte, erfasste ihn der Scheinwerfer eines nahe gelegenen Postturms. Von dort aus eröffnete der Grenzsoldat Wilfried M. das Feuer. Siegfried K. sprang sofort vom Zaun herunter und blieb auf der westlichen Seite in der Dunkelheit liegen. Unterdessen begannen zwei in der Nähe eingesetzte Grenzstreifen ebenfalls, auf die Flüchtlinge zu schießen. In der späteren Untersuchung des Vorfalls durch den Staatssicherheitsdienst ist von insgesamt 37 Schüssen die Rede.

Heidi Schapitz hatte gerade den Rand des Zaunes erklettert, als sie ein Schuss traf und sie mit einem leisen Ausruf wieder hinabstürzte. Gunnar J. zog sie unter Beschuss durch die Grenzposten in den Sperrgraben und rief Siegfried K. zu, er solle „abhauen", Heidi sei verletzt und könne sich nicht mehr bewegen. K. brachte sich daraufhin nahe des Gutes Büstedt über ein Wehr der Aller in Sicherheit. Die herbeigeeilten DDR-Grenzer fanden Gunnar J. und die durch einen Bauchschuss schwer verletzte Heidi Schapitz im Sperrgraben vor dem Grenzzaun. Ein Sanitäter der Grenztruppen verband sie notdürftig. Ein Sanitätswagen brachte sie zum Vertragsarzt der Grenztruppen Dr. Barth. Auf dem Weitertransport zum Stab des Grenzbataillons Gardelegen erlag Heidi Schapitz gegen 23.15 Uhr ihren Verletzungen.

Am folgenden Tag, dem 8. April 1972, erhielt der Minister für Staatssicherheit Erich Mielke die „Information über ein schweres Vorkommnis an der Staatsgrenze West im Bereich des Grenzkommandos Nord". Darin wurden ihm die Ermittlungsergebnisse der Spezialkommission des Magdeburger MfS mitgeteilt. Demnach hatte der Postenführer Unterfeldwebel Detlef T. zehn Schüsse auf die Flüchtlinge abgegeben, der Soldat Hans-Jürgen N. 20 Schüsse, der Soldat Wolfgang S. zwei Schüsse gezielten Feuers und Wilfried M. vom Postturm aus fünf gezielte Schüsse. Die Postenführer Gefreiter Günter W. und Gefreiter Jürgen S. hatten keine Schüsse abgegeben. Die Bewertung des Handelns der Grenzposten durch die Spezialkommission lautete: „Die eingesetzten Grenzposten und die Kontrollstreife führten entsprechend den Dienstvorschriften und dem erhaltenen Kampfauftrag die gestellten Aufgaben initiativreich durch. Die geführten aktiven Handlungen waren zielstrebig."

Bei der Obduktion des Todesopfers in Magdeburg am 10. April 1972 stellte sich heraus, dass Heidi Schapitz schwanger war. Ihr Tod trat durch schwere innere Verletzungen in Folge des Bauchschusses ein. Der Kommandeur des Grenzschutzkommandos Nord Hannover, Brigadegeneral Kühne, protestierte am 11. April 1972 mit einem Fernschreiben bei dem Kommandeur des DDR-Grenzkommandos Nord Generalmajor Harald Bär gegen die Anwendung der Schusswaffen am 7. April 1972. Kühne richtete im Auftrag des Bundesministers des Innern an Generalmajor Bär „den eindringlichen Appell, aus humanitären Gründen Maßnahmen zu treffen, die eine derartige Anwendung von Schußwaffen durch die NVA-Grenztruppen ausschließen".

Der Staatssicherheitsdienst informierte die Eltern mit zweitägiger Verspätung über den Tod ihrer Tochter und verlangte von ihnen, die Todesursache zu verschweigen. Eine Traueranzeige für Heidi Schapitz durfte nur unter der Bedingung erscheinen, dass sie keinerlei Angaben über die Todesumstände enthielt, sondern lediglich einen „tragischen Unglücksfall" erwähnte. Der Staatssicherheitsdienst traf zur „Sicherung der Beisetzung" am 19. April 1972 umfangreiche Vorkehrungen. Ein inoffizieller Mitarbeiter mit Decknamen „Ulsberger", der den Kontakt zur Familie hergestellt hatte, sollte an der Beisetzung teilnehmen und das Verhalten der Beteiligten beobachten, mehrere MfS-Leute sicherten die Umgebung des Friedhofs ab und fotografierten heimlich die Trauernden. Heidi Schapitz' Vater konnte den Tod seiner Tochter nicht verschmerzen. Ermittlungsunterlagen aus den 1990er Jahren enthalten Angaben, wonach er einige Tage nach ihrer Beisetzung aus dem Haus gelaufen sei und geschrien habe, dass die Schweine seine Tochter umgebracht hätten.

In den Tagen nach dem Tod von Heidi Schapitz führten Politoffiziere mit etwa 30 Soldaten aus der 7. Grenzkompanie Einzel- und Gruppengespräche. Oberstleutnant Müller von der Magdeburger MfS-Bezirksverwaltung meldete seinem Minister Mielke nach Berlin: „Auswertung der vorbildlichen Handlungen in einem Kompanieappell am 8.4.1972 und Würdigung der gezeigten Leistungen der Angehörigen der Grenzkompanie". Hans-Jürgen N., der 20 Schüsse auf die Flüchtlinge abgegeben hatte, arbeitete damals unter dem Decknamen „Hans Eppert" inoffiziell für den Staatssicherheitsdienst. Er nahm sich am 5. Oktober 1990 das Leben. Die Ermittlungen gegen die übrigen Beteiligten führten zu keiner Anklageerhebung, da ungeklärt blieb, wer den tödlichen Schuss abgegeben hatte. (Recherche: jk, jos., MP, St.A.; Autor: jos.)

Quellen:

MfS, HA I; GK Nord; Sperlin (Hauptmann): Geplante, versuchte und erfolgte Grenzübertritte in Richtung ddd – wesrt, b. Anwendung der Schußwaffe durch angehörige der NVA. BStU, ZA, MfS, HA I, Nr. 71.

Generalleutnant Peter; Kommando der Grenztruppen: Meldung vom 8. April 1972 an Honecker u. a. über versuchten Grenzdurchbruch mit tödlichem Ausgang (Heidi Schapitz). BArch Freiburg, DVH/32/118168.

MfS, BV Magdeburg: Persönliche Information über einen Angriff auf die Staatsgrenze West. BStU, Ast. Mgb., MfS, BV Magdeburg, SKD 22783.

MfS, BV Magdeburg, Abt. IX: Auswertungsbericht vom 29. Dezember 1972 [Fluchtversuchen von Heidi Schapitz u. a.], BStU, Ast. Mgb., MfS, BV Magdeburg/KD Schönebeck, Nr. 1943.

BMF: Grenzzwischenfälle und -nachrichten von der DL zur DDR (April 1972), vom 24. Mai 1972. BArch Koblenz, B/137/6434.

GSK Nord Hannover: Bericht an BMI Lagezentrum Bonn, Angaben eines Flüchtlings aus der DDR zu seiner Flucht am 7.4.1972 im Raum Oebisfelde. NLA Hannover, Nds. 1150, Acc. 108/92, Nr. 4.

BGS II an GSK Nord Hannover: Betr.: Flucht eines DDR-Bewohners am 7.4.1972 Oebisfelde, bei der eine Begleiterin infolge Schußverletzung durch die NVA-Grenztruppe auf DDR-Gebiet zurückblieb. Telegramm an den Rat des Kreises Salzwedel mit der Bitte um Weiterleitung an den Kommandeur des Grenzkommandos Nord Herrn Generalmajor Bär. NLA Hannover, Nds. 1150, Acc. 108/92, Nr. 4.

Anklage der StA Dresden vom 26. Februar 1999, Beschluss des LG Dresden vom 18. August 2000. 833 Js 59342/98; 1 Ks Js 59342/98, in: Sammlung Marxen/Werle, Humboldt Universität Berlin.

StA Magdeburg: Strafverfahren gegen Kalthofen u. a. wegen Totschlags STA B II 26 Js 4/95, Einzelfall Schapitz. StA Magdeburg, 33 Js 27976/95 a.

Rutkowski, Monika/Schmiechen-Ackermann, Detlef: Salzgitter: „Buchhaltung des Verbrechens" – Die Zentrale Erfassungsstelle der Landesjustizverwaltungen in Salzgitter. In: Schwark, Thomas/Schmiechen-Ackermann, Detlef/ Hauptmeyer, Carl-Hans (Hrsg.): Grenzziehungen, Grenzerfahrungen, Grenzüberschreitungen. Die innerdeutsche Grenze 1945–1990. Darmstadt 2011, S. 156 ff.

Achim Bergmann

geboren am 19. Dezember 1940 in Gräfenhainichen

ertrunken beim Fluchtversuch am 10. Oktober 1972, geborgen am 7. November 1972

Ort des Zwischenfalls: Elbe, Elb-Kilometer 471,8; nahe Aulosen (Sachsen-Anhalt)

Günter Achim Bergmann kam am 19. Dezember 1940 in Gräfenhainichen (Landkreis Wittenberg) zur Welt. Zuletzt lebte er in Quedlinburg im Harz, wo er als Schlossermeister beim VEB Kraftfahrzeug-Instandsetzungswerk arbeitete und wo auch seine Verlobte wohnte. Vielleicht hatte ihn diese Verbindung zu einem Ortswechsel bewogen. Achim Bergmann war das letzte in der DDR verbliebene Familienmitglied. Sein Bruder lebte in Frankreich, seine Eltern durften ein Jahr zuvor in die Bundesrepublik ausreisen.

Achim Bergmann beantragte bei seinem Betrieb ab dem 6. Oktober 1972 drei Tage Urlaub. Als Begründung gab er an, in seinem alten Heimatort Gräfenhainichen Hypothekenangelegenheiten erledigen zu müssen. Aus dem Bericht eines Stasi-Informanten geht hingegen hervor, dass sich Achim Bergmann am 8. Oktober 1972 mit seinem Bruder in Polen traf. Vermutlich hatte dieser ihm in Frankreich eine Tauchausrüstung besorgt und war als Einziger in die Fluchtpläne eingeweiht worden. Einen Tag nach der Rückkehr aus Polen verkaufte der 31-Jährige seinen Wartburg, für den er beim staatlichen Vermittlungskontor 5 670 Mark erhielt. Die Information über den Autoverkauf erreichte erst am 28. Oktober 1972 die Kreisdienststelle des MfS in Quedlinburg, die das Veräußern des Fahrzeugs als Vorbereitung zur Flucht wertete, denn Achim Bergmann war nach seinem dreitägigen Urlaub nicht wieder zur Arbeit erschienen. Nachdem fast drei Wochen seit dem Treffen in Polen vergangen waren, hatte der in Frankreich lebende Bruder bei einem Freund in Quedlinburg angerufen und nachgefragt, ob dieser etwas über den Verbleib seines Bruders wisse. Der Freund erkundigte sich daraufhin besorgt beim Kommissariat der Volkspolizei in Quedlinburg und berichtete dort über den Autoverkauf und die Nachfrage des Bruders aus Frankreich. Nun erst gingen auch die Sicherheitsbehörden von einem „Versuch des ungesetzlichen Verlassens der DDR" aus.

Wenige Tage später, am 7. November 1972, erreichte die Kreisdienststelle des Staatssicherheitsdienstes in Quedlinburg ein Fernschreiben mit der Mitteilung über einen Leichenfund bei Elb-Kilometer 471,8. Es handelte sich bei dem Toten um Achim Bergmann, einen großgewachsenen, gut durchtrainierten jungen Mann mit langen, blonden Haaren. Bergmann hatte versucht, die Elbe zwischen Sachsen-Anhalt und Niedersachsen mithilfe einer Tauchausrüstung zu durchschwimmen. Er wurde am südlichen Ufer vor dem Schutzstreifen der 1. Grenzkompanie in Aulosen von einem DDR-Boot geborgen. Als man ihn fand, trug er einen Tauchanzug französischer Herkunft und hatte zudem seinen Führerschein, eine Landkarte, einen Kugelschreiber, einen Kompass und eine leere Messerscheide am Körper. Das Messer ging vermutlich während der Flucht verloren. Die nach der Bergung hinzugezogene Ärztin ging von einer zwei- bis vierwöchigen

Liegezeit der Leiche aus. Warum die gut vorbereitete Flucht über die Elbe missglückte, bleibt ungeklärt. Vielleicht ertrank Günter Achim Bergmann, weil die Atemautomatik der Tauchausrüstung ausfiel, denn zu dem Zeitpunkt, als man ihn aus der Elbe barg, waren seine Sauerstoffflaschen noch ausreichend befüllt.

Nachdem Bergmanns Eltern in der Bundesrepublik von dem Unglück ihres Sohnes erfahren hatten, wandte sich der Vater am 11. November 1972 an die Polizei in Dannenberg. Bis dahin wussten die Angehörigen noch nicht, was ihrem Sohn zugestoßen war. Obwohl für Günter Achim Bergmann bereits seit dem 10. Oktober eine Vermisstenmeldung vorlag, hatten sie noch keine Informationen von amtlichen DDR-Stellen erhalten. Am 13. November 1972 versuchte die Mutter Bergmanns, mehr zu erfahren. Sie durfte über Marienborn in die DDR einreisen. Aber erst in Quedlinburg erfuhr sie von Bekannten, dass die Bestattung ihres Sohnes schon tags darauf, am 14. November 1972, stattfinden sollte. Die Bitte der Mutter, den Sarg noch einmal zu öffnen, wurde abgelehnt. Auch lief ihre persönliche Nachfrage nach den Todesumständen ihres Sohnes bei der Polizeidienststelle in Quedlinburg ins Leere, da der zuständige Sachbearbeiter angeblich gerade nicht im Dienst war. Die den Eltern später ausgehändigte Sterbeurkunde enthielt keine weiteren Anhaltspunkte und ließ viele Fragen zum tragischen Geschehen am 10. Oktober 1972 offen. Der pathologische Befund der Medizinischen Akademie Magdeburg gab als Todesursache Ertrinken an. Die Familie quälte seinerzeit die Ungewissheit darüber, ob Achim Bergmann vielleicht gewaltsam, durch Schusswaffengebrauch, ums Leben gekommen sein könnte. Neben vielen offenen Fragen stand jedoch fest: Achim Bergmann wollte in den Westen, vielleicht zu den Eltern, vielleicht zu seinem Bruder nach Frankreich. (Recherche: jk, jos., MP; Autorin: MP)

Quellen:

BDVP Magdeburg an MdI, Abt. I des Stabes, Berlin: Bericht und Statistik über die Wirksamkeit bei der Aufdeckung und Verhinderung von ungesetzlichen Grenzübertritten gem. Ordnung 081/81 des Ministers des Innern und Chefs der DVP. Magdeburg, 10.1.1973, LASA, MD, M 24 Nr. 622, Bl. 226.

MfS, BV Halle: Bericht über operativen Einsatz. BStU, Ast. Halle, MfS, BV Halle, Abt IX, Sach-Nr. 4173.

StA II bei dem LG Berlin: Ermittlungen zum Todesfall Bergmann, Achim. LAB, D Rep. 120-02, Acc. 8346, Az. 7 AR 750/93.

Leo Hoffmann

geboren am 25. August 1941 in Teistungen

getötet durch Splitterminen am 14. November 1972

Ort des Zwischenfalls: bei Teistungen, etwa 800 Meter nordöstlich der Straße Teistungen (Thüringen) – Duderstadt (Niedersachsen)

Johannes-Leo Hoffmann kam 1941 in Teistungen, einer Gemeinde im thüringischen Eichsfeld, als Sohn einer Arbeiterfamilie zur Welt. Er beendete die Grundschule mit dem Abschluss der 7. Klasse und ging anschließend in die Lehre als Sattler und Polsterer. Kurz nach Abschluss der Lehrzeit meldete er sich freiwillig zur Nationalen Volksarmee und diente von 1959 bis 1961 in Oranienburg, zuletzt im Rang eines Gefreiten. Danach arbeitete er fünf Jahre für die Deutsche Volkspolizei als Kraftfahrer und Verkehrspolizist in der Kreisstadt Worbis. Offenbar gefiel ihm diese Tätigkeit nicht. Er wechselte danach mehrfach seine Arbeitsstellen und geriet 1970 „wegen Widerstands gegen staatliche Maßnahmen" mit den DDR-Gesetzen in Konflikt. Zuletzt arbeitete Hoffmann beim VEB Molkereikombinat Mühlhausen, im Betriebsteil Worbis.

Am frühen Abend des 14. November 1972 besuchte Leo Hoffmann eine Gaststätte in Teistungen. Dort kaufte er Zigaretten, trank Cola und unterhielt sich mit dem Wirt. Dabei machte er einen ruhigen Eindruck. Gegen 19.10 Uhr verließ er die Gaststätte wieder und machte sich auf den Weg durch den Thüringer Wald zur nahe gelegenen Grenze. Über die Mauer der „Teistungenburg", einem früheren Zisterzienserinnenkloster, gelangte er in die 500-Meter-Sperrzone. Als er den zweiten Grenzzaun überklettern wollte, löste er zwei Selbstschussanlagen aus. Die Stahlsplitter der Minen durchsiebten seinen Körper. Die Grenzanlagen waren, was Hoffmann nicht wissen konnte, an dieser Stelle erst kurz zuvor mit SM-70-Splitterminen bestückt worden.

Auf der Westseite nahmen um 20.05 Uhr Beamte des Zollgrenzdienstes auf dem Pferdeberg zwei Detonationen an der Grenze und drei Minuten später drei Leuchtkugeln über DDR-Gebiet wahr. Sie eilten zum Ort des Geschehens und beobachteten gegen 20.20 Uhr das Eintreffen eines Suchkommandos der DDR-Grenztruppen aus Richtung Teistungen. Dort sahen sie im Licht der Handscheinwerfer des NVA-Suchtrupps jenseits des Doppelzaunes eine auf dem Boden liegende Person, die die entblößten Beine angewinkelt hielt, jedoch keine Schmerzensäußerungen von sich gab. Ein Grenzsoldat rief der Person zu „Bleib liegen, Mensch". Dann leisteten mehrere Grenzsoldaten dem Verletzten Erste Hilfe, legten ihn auf eine Trage und brachten ihn gegen 20.45 Uhr zu einem weiter abseits stehenden Fahrzeug.

Aus DDR-Überlieferungen geht hervor, dass der Verletzte zunächst mit einem Pritschenwagen zum Kompaniestandort gebracht wurde und erst nachdem man dort festgestellt hatte, dass er nicht hinreichend medizinisch versorgt werden konnte, in das Elisabeth-Krankenhaus nach Worbis. Als das Sanitätsfahrzeug dort gegen 21.20 Uhr ankam, lebte Leo Hoffmann nicht mehr.

Eine Krankenschwester sagte bei ihrer Zeugenvernehmung im Jahr 1991 aus, sie sei vom Anblick des Toten so erschüttert gewesen, dass sie die Begleitsoldaten angeschrien habe: „Ihr verdammten Schweine, warum müßt ihr denn den so zurichten?" Sie hatte damals angenommen, dass „mindestens mehrere Magazine" auf den Mann abgefeuert worden seien. Erst der hinzugekommene Chefarzt Dr. S. habe sie darauf hingewiesen, dass die Verletzungen von Selbstschussanlagen stammten. Nach Aussage der Krankenschwester sagte der Arzt angesichts des von fast 80 Splittern zerfetzten Körpers: „Man müßte jetzt ein Foto machen und dieses nach Salzgitter schicken." Allerdings habe kein Fotoapparat zur Verfügung gestanden. Noch in der Nacht erschien ein Staatsanwalt im Krankenhaus und bedrohte die Krankenschwester wegen ihrer Äußerungen im Untersuchungszimmer. Er wies sie mehrfach auf ihre Schweigepflicht hin. Sie müsse mit einer Haftstrafe rechnen, wenn sie diese nicht einhalte. Die Staatsmacht hätte den längeren Atem. Später habe sie den Chefarzt noch brüllen hören: „Mit mir machen Sie das nicht. Ich verweigere die Unterschrift." Sie nahm an, dass es dabei um das Ausfüllen des Totenscheins gegangen sei. Der Arzt habe ursprünglich den „Tod durch Splitterverletzungen einer Granate" bescheinigt. Der Arzt konnte nach der Wiedervereinigung nicht mehr befragt werden, da er bereits verstorben war. Auf dem überlieferten, von ihm unterschriebenen Totenschein ist „Tod durch stumpfe Gewalt" eingetragen. Die Obduktion führte das Institut für gerichtliche Medizin und Kriminalistik der Jenaer Universität durch. Die Diagnose lautete: „typische Explosionsverletzungen" und in deren Folge als Todesursache „äußere Verblutungen". Alkohol konnte im Blut des Toten nicht festgestellt werden.

Hoffmanns Ehefrau und seine beiden 1965 und 1967 geborenen Töchter stellten 1991 Wiedergutmachungsanträge als „Opfer des stalinistischen Systems". Frau Hoffmann erklärte darin: „Der Tod meines Mannes war kein Unfall. Er wollte in den Westen fliehen, weil er, wie er mir ständig sagte, unter dieser SED-Herrschaft nicht mehr leben konnte. Er wollte in die Freiheit und uns dann nachholen, um mit uns ein neues Leben beginnen zu können. Auf meine Bedenken sagte er mir stets, daß er den Grenzabschnitt genau kenne und unversehrt in den Westen gelangen werde. Die Flucht war also lange geplant. Leider hat er nicht damit gerechnet, daß der Grenzabschnitt so vermint war, daß ein unversehrtes Durchkommen kaum möglich war."

Nach Angaben von Frau Hoffmann verweigerte der Teistunger Pfarrer die kirchliche Beerdigung ihres Mannes mit der Begründung, er habe nicht regelmäßig den Gottesdienst besucht. Ihrer Meinung nach habe aber vielmehr das MfS die kirchliche Beerdigung untersagt, um im Heimatort der Familie kein Aufsehen zu erregen. „Die Kirchengemeinde sollte also keine Gelegenheit haben, ihre Anteilnahme zu bekunden. Mein Mann mußte in Leinefelde beigesetzt werden, obwohl ich und seine Eltern ihm in seinem Geburtsort die letzte Ruhestätte geben wollten. In Leinefelde war der Pfarrer sofort bereit, die kirchliche Beerdigung zu vollziehen."

Nachdem auch westliche Behörden vom dem Todesfall erfuhren, prüfte das Bundesministerium für innerdeutsche Beziehungen, „ob außer der Protesterklärung des Bundesministers für innerdeutsche Beziehungen ein Protestfernschreiben des Kommandeurs des Grenzschutzkommandos Nord in Hannover an den zuständigen General der NVA gerichtet werden sollte". Da sich der Vorfall jedoch ausschließlich auf dem Territorium der DDR ohne Verletzung des Bundesgebiets abgespielt hatte, entschied Bundesinnenminister Hans-Dietrich Genscher, „daß ein derartiger Protest unterbleiben solle".

Nach langwierigen Ermittlungen erhob die Staatsanwaltschaft Erfurt am 10. März 2000 Anklage gegen Peter Helmut L., den für die Anbringung der Splitterminen verantwortlichen Zugführer einer Pioniereinheit. Das Landgericht Mühlhausen verurteilte ihn am 12. März 2001 wegen zweifachen Totschlags zu einer Bewährungsstrafe von einem Jahr und drei Monaten. Das zweite Opfer der unter seinem Kommando installierten Todesautomaten, der Grenzsoldat André Rösler, kam am 9. September 1976 ebenfalls im Grenzabschnitt bei Teistungen ums Leben. (Recherche: jk, MP, St.A., US; Redaktion: jos.)

Quellen:

NVA Operative Tagesmeldungen 183–213, Juli 1962 – Aug. 1962. BArch Freiburg, DVH 32/112568.

Ministerium für Nationale Verteidigung, Operativer Diensthabender. Operative Tagesmeldung Nr. 13/XI/72, zit. nach Filmer, Werner/Schwan, Heribert: Opfer der Mauer. Die geheimen Protokolle des Todes. München 1991, S. 238.

Grenzlagebericht des Bundesgrenzschutzes Nov./Dez. 1972, vom BMI in Bonn an Bundesamt für Verfassungsschutz Köln, 29.1.1973. BArch Koblenz, B/137/6436.

BMF: Zusammenstellung der Grenzzwischenfälle an der DL und der Sektorengrenze von Berlin seit Januar 1969; BMF: Grenzzwischenfälle und -nachrichten von der DL zur DDR (November 1972) vom 10. Januar 1973. BArch Koblenz, B/137/6433 und B/137/6434.

Flüchtling durch Schüsse aus Todesautomaten schwer verletzt. In: *Die Welt*, 16.12.1972.

Staab, Bundesministerium für innerdeutsche Beziehungen, Abt. II: Vermerk: Betr.: Verletzung eines Flüchtlings durch eine Selbstschußanlage am 14. November 1972 im Raum Duderstadt. Bonn, 16.11.1972. BArch Koblenz, B/137/6427.

BGS, Zentrale in Niedersachsen: Betr.: Grenzlage der Zentrale in Niedersachsen vom 15.11.1972. BArch Koblenz, B/137/6427.

GSK Nord: Betr.: Zwischenfall an der DL S Duderstadt, 15.11.1972. NLA Hannover, Nds. 1150 Acc. 108/92 Nr. 4.
Schätzlein Datenbank, BArch Freiburg, DVH 32/118168.
StA Erfurt: Ermittlungsverfahren gegen verantwortliche Grenztruppenoffiziere, Verdacht des Totschlags/versuchten Totschlags in mehreren Fällen (Errichtung von Sperranlagen). Az. 560 Js 27610/99.
LG Mühlhausen: Urteil vom 12.03.2001 gegen Peter Helmut L. Az. 560 Js 27610/99-1 Ks. Sammlung Marxen/Werle, Humboldt-Universität Berlin.

Hans-Friedrich Franck

geboren am 20. Dezember 1946
in Wismar

getötet durch Minenexplosion
am 17. Januar 1973

Ort des Zwischenfalls: nahe Blütlingen,
Kreis Lüchow-Dannenberg
(Niedersachsen)

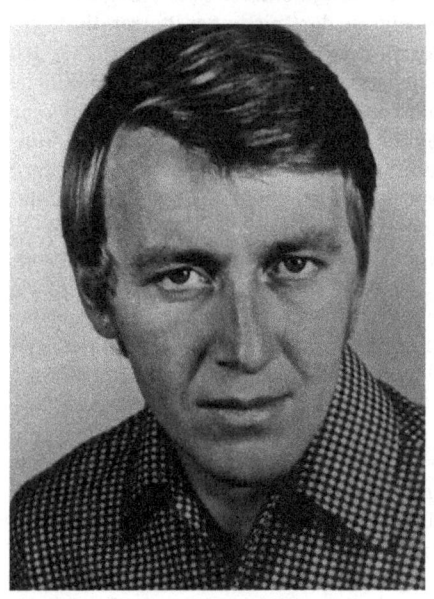

*Bildquelle: Dannenberger Arbeitskreis
für Landeskunde und Heimatpflege e. V.*

Der Diplom-Ingenieur Hans-Friedrich Franck reiste Mitte Januar 1973 in den Raum Salzwedel, Sachsen-Anhalt. Um eine geeignete Stelle für seine Flucht in die Bundesrepublik zu finden, streifte er zwei Tage im Grenzgebiet umher. Er durchschwamm einen Fluss, die Jeetzel, und lief, davon stark geschwächt, weiter. Im dichten Nebel am späten Abend des 16. Januar 1973 erreichte er unbemerkt den ersten Grenzzaun. Als er versuchte, über den Grenzzaun zu klettern, entdeckten ihn Grenzposten. Da er die Halterungen des Spanndrahtes der Selbstschussanlage vom Typ SM-70 nutzte, um über den 3,2 Meter hohen Metallgitterzaun zu klettern, löste er die Sprengfalle aus. Hans-Friedrich Franck fiel schwer verletzt über den Zaun. DDR-Grenzsoldaten schossen bei schlechter Sicht in die Richtung der Fluchtstelle. Vor dem Grenzzaun fanden DDR-Grenzer später ein Paar Halbschuhe. Sie meldeten ihrem Kommandeur: „Feindwärts wurde eine große Blutlache und eine Kriechspur ins westliche Hinterland festgestellt."

Um 23.17 Uhr vernahmen Beamte des Zollgrenzdienstes südlich der Ortschaft Blütlingen eine Detonation, Schüsse und Schreie. Daraufhin begaben sie sich zum Ort des Geschehens und durchsuchten das Gelände auf westlicher Seite. Eine Blutspur führte zu Hans-Friedrich Franck. Stark verwundet hatte er sich kriechend auf westlicher Seite in

Sicherheit gebracht. Mit letzten Kräften war es ihm gelungen, Zaun und Grenzgraben zu überwinden. Als man ihn fand, lag er 150 Meter von der Demarkationslinie entfernt. Vermutlich unter der Annahme, er sei noch auf DDR-Gebiet, sagte er zu den Zollbeamten: „Macht mich doch gleich ganz fertig, ich kann sowieso nicht mehr." Während der ersten ärztlichen Versorgung am Ort des Geschehens sollte der Verletzte eine Bluttransfusion erhalten, die jedoch misslang. Ein Riss in der Schlagader im Oberschenkel verursachte einen so hohen Blutverlust, dass man keine Vene fand. Hans-Friedrich Franck wurde gegen 1.20 Uhr in das Kreiskrankenhaus Dannenberg eingeliefert. Dort stellte man insgesamt zwölf Splitterverletzungen am rechten Oberarm, am linken Bein, Oberschenkel und Unterschenkel sowie am Brustkorb fest. Einem OP-Team von vier Ärzten glückte eine Gefäßnaht, aber der Blutverlust war zu hoch. Trotz mehrstündiger Operation und der Blutspenden von insgesamt acht Menschen, darunter sechs Beamte des Bundesgrenzschutzes, versagte das Herz von Hans-Friedrich Franck gegen 8 Uhr.

Hans Franck trug bei seiner Flucht einen dunklen Anorak mit Plüschfutter und eine dunkle Cordhose. Er hatte seinen Ingenieurbrief, einen Personalbogen und seinen Lebenslauf bei sich. Den Dokumenten ist zu entnehmen, dass er erst Anfang des Jahres die Ingenieurprüfung als Maschinenbauer bestanden hatte. Aus weiteren Unterlagen, die er bei sich trug, ging hervor, dass der 26-Jährige ein Stellenangebot eines Fischkombinats in Rostock erhalten hatte. In einem Brief, der ebenfalls bei ihm gefunden wurde, deutete er an, dass er die Stelle nur annehmen werde, wenn seine Frau auf demselben Dampfer wie er fahren dürfe. Inwieweit diese ungeklärte Situation oder auch weitere Unstimmigkeiten die Motivation zur Flucht beförderten, lässt sich an Hand der Überlieferungen nicht abschließend klären. Der in Wismar geborene Hans-Friedrich Franck hatte freiwillig bei der Volksmarine gedient und war während seiner Militärzeit als Sekretär der FDJ tätig.

Der Rat des Kreises in Wismar teilte den niedersächsischen Behörden auf deren Anfrage mit, dass die Familie des Verstorbenen angeblich keinen Wert auf die Überführung des Leichnams in die Heimat legte. Die Bestattung von Hans-Friedrich Franck fand am 19. Januar 1973 in Dannenberg statt. Am späten Vormittag fanden sich mehrere Personen am Unglücksort ein und errichteten auf der westlichen Seite zum Gedenken an den Verstorbenen ein Kreuz aus Birkenholz. Nach einer Neuerrichtung des Kreuzes im Jahre 1992 auf der Ostseite nahm das Landesamt für Denkmalpflege die Gedenkstätte für Hans-Friedrich Franck in die Liste der Denkmäler Sachsen-Anhalts auf. Im Februar 1973 eröffnete die Staatsanwaltschaft Lüneburg ein Ermittlungsverfahren wegen Mordes gegen Unbekannt. Die Wiederaufnahme des Verfahrens in den 1990er Jahren führte in Verbindung mit dem 1993 durchgeführten Gerichtsverfahren gegen die Mitglieder des Nationalen Verteidigungsrates der DDR zur Verurteilung des ehemaligen Ministers für Nationale Verteidigung, Heinz Keßler, und dem ehemaligen Chef des Hauptstabes der Nationalen Volksarmee, Fritz Streletz. Die Haftstrafen von sieben und fünf Jahren wurden nach Verbüßung von etwa zwei Dritteln aufgehoben. (Recherche: jk, jos., MP, MS, St.A.; Autorin: MP)

Quellen:

MfS, KD Salzwedel: Meldung Nr. 111. Ungesetzlicher Grenzübertritt DDR–BRD. BStU, ZA, MfS, ZKG, Nr. 55; HA IX, Nr. 4134.

MfS: Presseartikel. BStU, MfS, ZAIG, Nr. 15928, Bl. 184.

BGS/Zentrale in Niedersachsen: Grenzlagebericht vom 17.1.1973. BArch Koblenz, B 137/6427.

BGS/GSK Nord: Verletzungen von Flüchtlingen durch Einwirkung von DDR-Minen. NLA Hannover, Nds. 1150, Acc. 108/92, Nr. 227.

BMI: Grenzzwischenfälle und -nachrichten von der DL zur DDR und von Berlin (Januar 1973) vom 8.3.1973. BArch Koblenz, B 137/6434.

BMI: Zusammenstellung der Grenzzwischenfälle an der DL und der Sektorengrenze von Berlin seit Januar 1969. BArch Koblenz, B 137/6433.

Gesamtdeutsches Institut: Ärztlicher Bericht Hans Franck. BArch Koblenz, B 285/827.

ZESt: Vorermittlungsverfahren gegen unbekannte NVA-Angehörige wegen Totschlags z. N. Hans Franck, AR-ZE 28/73. BArch Koblenz, B 197/12544.

StA Magdeburg: Ermittlungsverfahren z. N. Hans-Friedrich Franck. StA Magdeburg, 654 Js 52477/97.

Staatsanwaltschaft Dresden: Anklageschrift vom 26.02.1999, 833 Js 59342/98. Beschluss LG Dresden vom 18.08.2000, 1 Ks Js 59342/98. Sammlung Marxen/Werle, Humboldt-Universität zu Berlin.

Filmer, Werner/Schwan, Heribert: Opfer der Mauer. Die geheimen Protokolle des Todes. München 1991, S. 238.

Ritter, Jürgen/Lapp, Peter Joachim: Die Grenze. Ein deutsches Bauwerk. Berlin 1997, S. 76 f.

Schwark, Thomas/Schmiechen-Ackermann, Detlef/Hauptmeyer, Carl-Hans (Hrsg.): Grenzziehungen, Grenzerfahrungen, Grenzüberschreitungen. Die innerdeutsche Grenze 1945–1990. Darmstadt 2011, S. 190–193.

Ullrich, Maren: Erinnerungslandschaft deutsch-deutsche Grenze. Berlin 2006, S. 118 f.

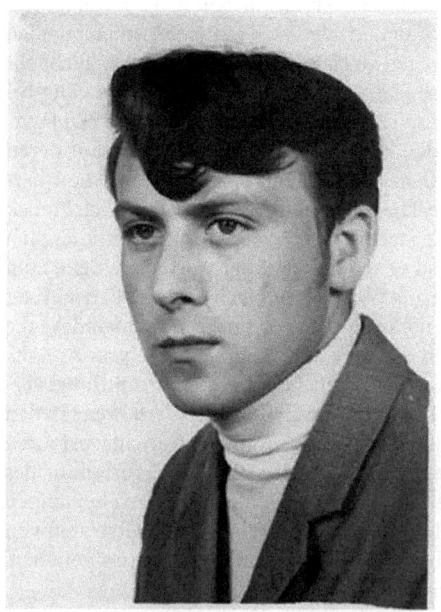

Fred Woitke

geboren am 16. Oktober 1949 in Schönfließ

erschossen am 21. April 1973

Ort des Zwischenfalls: Grenzübergang Marienborn (Sachsen-Anhalt)

Bildquelle: BStU

Am 21. April 1973 gegen 1.15 Uhr scheiterte die Flucht der Straßenbauarbeiter Dieter F. (Jg. 1950), Günter W. (Jg. 1952) und Fred Woitke an der letzten Sperranlage in der Grenzübergangsstelle Marienborn. Der Lkw der drei DDR-Flüchtlinge vom Typ "W 50" hatte bereits zwei Schlagbäume durchbrochen und fuhr dann mit etwa 80 km/h gegen die nach Alarmauslösung heruntergefahrene Rollsperre. Das Fahrzeug überschlug sich und blieb auf dem Dach liegen. Fünf DDR-Grenzer hatten zuvor das Feuer auf das herankommende Fahrzeug eröffnet. Günter W. wurde nach dem Aufprall durch die Frontscheibe geschleudert und lag mit mehreren Knochenbrüchen auf der Straße. Dieter F. und Fred Woitke krochen aus dem umgestürzten Lkw und versuchten in Richtung Westen zu flüchten. Der Gefreite Michael G. gab einem MfS-Bericht zufolge vier bis fünf Schüsse auf Dieter F. ab, worauf dieser verletzt liegen blieb. Die anderen vier Grenzer schossen auf Fred Woitke, bis er sich nicht mehr rührte.

Die Überprüfung der Waffen durch das MfS ergab die Abgabe von insgesamt 100 Schüssen. Von dem Gefreiten Dieter G. 22 Schuss, dem Gefreiten Michael G. 17 Schuss, dem Gefreiten Siegfried S. 15 Schuss, von Unteroffizier P. 30 Schuss und vom Soldaten Klaus-Dieter S. 16 Schuss. In der Medizinischen Akademie Magdeburg stellten die Obduzenten Prof. Dr. Friedrich Wolff und Dr. Margot Laufer neun Schusstreffer an der Leiche Woitkes fest. Sein Tod trat durch einen Brustdurchschuss ein, der die große Körperschlagader zerfetzte. Die beiden Verletzten Dieter F. und Günter W. kamen in das Krankenhaus Altstadt Magdeburg. Dort bewachten MfS-Mitarbeiter der Bezirksverwaltung Magdeburg rund um die Uhr ihre Krankenzimmer.

MfS-Aufnahme des umgestürzten Lastwagens.
Bildquelle: BStU

Fred Woitke war gelernter Zimmermann, Mitglied im FDGB und in der FDJ sowie in der Freiwilligen Feuerwehr. Während seines Wehrdienstes bei der NVA besuchte er eine Unteroffiziersschule. Er wohnte in Eisenhüttenstadt, war verheiratet und hatte zwei kleine Töchter. In seiner Freizeit spielte er Handball und machte Musik. Mit einem Freund wollte er eine Band gründen. Nach Aussagen von Dieter F. weihte ihn Fred Woitke bereits Ende 1972 in seine Fluchtpläne ein. Am 19. April 1973 kamen die drei bei der Straßenmeisterei Eisenhüttenstadt beschäftigten Arbeiter zu dem Entschluss, mit einem Lastwagen ihrer Arbeitsstelle die Flucht zu wagen. Sie montierten ein Schneeschild, zusätzliche Scheinwerfer und gelbe Rundumleuchten an den Lkw. Das Führerhaus verkleideten sie von innen mit Decken und einem Teppich als Kugelfang.

Woitkes Angehörige erhielten nach dem gescheiterten Fluchtversuch zunächst die Auskunft, er sei bei einem Autounfall ums Leben gekommen. Der ihnen ausgehändigte Totenschein trug die Unterschrift des Betriebsarztes Dr. med. Beversdorff, Facharzt für Arbeitshygiene im Betriebsambulatorium Harbke. Als Todesursache gab er an: „Fraktur des Schädels und sonstiger Knochen". Woitkes Frau durfte nach Auflagen des MfS keine anderen Angaben über den Tod ihres Mannes machen. Durch westliche Radio- und Fernsehnachrichten verbreitete sich jedoch in Windeseile, was tatsächlich geschehen war. Zur Bestattung Fred Woitkes erhielt seine in der Bundesrepublik lebende Großmutter eine Einreisegenehmigung. Nur der engere Familien- und Freundeskreis nahmen daran teil. Das MfS ließ sich vorab das Manuskript des Grabredners vorlegen. MfS-Offiziere beobachteten demonstrativ die Beisetzung und achteten auf die Einhaltung der Auflagen. Frau Woitke und ihre Kinder erhielten von der DDR-Versicherung eine Unfallrente zugesprochen.

Dieter F. sagte in seiner Vernehmung laut MfS-Protokoll am 23. Oktober 1973: „Ich stehe der Politik der DDR zur Sicherung der Staatsgrenze feindlich gegenüber. Diese gesicherte Staatsgrenze paßt mir nicht. Ich will ein Privatunternehmer mit einer eigenen Werkstatt werden. In der DDR kann ich das nicht. In der DDR ist nach meiner Ansicht alles Volkseigentum. Da kann ich nicht Unternehmer werden. Deshalb wollte und habe ich Widerstand gegen die Ordnung an der Staatsgrenze der DDR bei der Grenzübergangsstelle Marienborn geleistet." Er und seine beiden Freunde hätten die Absicht gehabt, im Falle des Gelingens der Flucht im West-Fernsehen aufzutreten und ihre Meinung „über die bessere und größere Freiheit in der BRD zu sagen, wo jeder hinreisen kann, wohin er will". Günter W. und Dieter F. waren seit ihrer Kindheit befreundet. Günter W. sagte in seinen Vernehmungen laut MfS-Aufzeichnungen, er finde es richtig, dass westliche Fernsehsendungen gegen die Grenzsicherung der DDR Stellung nehmen. Er habe gerne Westfernsehen gesehen. „Ich bin auch jetzt noch der Meinung, die Sicherung der Staatsgrenze der DDR ist gegen die DDR-Bürger gerichtet. Diese sollen nur mit Gewalt daran gehindert werden, so ist meine Meinung, in die BRD zu gehen. Ich bin der Meinung, in der BRD kann sich ein Arbeiter mehr kaufen, als in der DDR und daß in der DDR nur die Funktionäre gut leben. Ich und die meisten anderen Arbeiter werden meiner Ansicht nach in der DDR unterdrückt. ‚Die Funktionäre herrschen über die Arbeiter.' In der BRD, so denke ich, hätte ich mehr, persönliche Freiheit'." Auf die Frage des Vernehmers, Unterleutnant Lemke, was er darunter verstehe, antwortete er: „Ich verstehe unter, persönlicher Freiheit', daß ich sagen kann, was ich will[,] und reisen kann, wohin ich will. In der DDR darf ich nach meiner Meinung nur das sagen, was die Funktionäre hören wollen. Die BRD-Bürger können alle in die DDR kommen. Die DDR-Bürger dürfen aber nicht in die BRD fahren, wie ich zum Beispiel. So ist meiner Meinung nach bewiesen, daß die Staatsgrenze der DDR gegen, persönliche Freiheit' der DDR-Bürger gerichtet ist und die BRD-Bürger ‚freier' sind. Deshalb will ich nicht in der DDR leben."

Fred Woitkes durchschossener Sozialversicherungsausweis
Bildquelle: BStU

Der Staatsanwalt des Bezirks Magdeburg beantragte noch am Tag des gescheiterten Fluchtversuchs vom 21. April 1973 Haftbefehl gegen F. und W. mit der Begründung: „Die Beschuldigten sind des Unternehmens, Widerstand gegen die Ordnung an der Staatsgrenze der DDR zur BRD geleistet zu haben in Tateinheit mit versuchtem ungesetzlichen Grenzübertritt im schweren Fall, in weiterer Tateinheit mit Zerstörung von Grenzsicherungsanlagen und unerlaubtem Eindringen in das Grenzgebiet dringend verdächtig." Das Kreisgericht Magdeburg Süd entsprach dem Antrag und verhängte Haftbefehl. Im Haftbefehl heißt es nach der Beschreibung des Durchbruchs: „An der letzten Grenzsicherungsanlage konnten sie durch die Stärke der Sicherungsanlage und das Sperrfeuer der Grenzsicherungskräfte an der Vollendung des gewaltsamen Grenzdurchbruchs gehindert werden." Am 6. Dezember 1973 beantragte Staatsanwalt Strunk mit seiner Anklageschrift für den I. Strafsenat des Bezirksgerichtes Frankfurt/Oder die Eröffnung des Hauptverfahrens gegen die Straßenbauer Dieter F. und Günter W. Das Bezirksgericht entschied: „Aus Gründen der staatlichen Sicherheit wird die Öffentlichkeit von der Hauptverhandlung ausgeschlossen." Oberrichter Schmidt und die Schöffinnen Handke und Weiß verurteilten Dieter F. am 2. Januar 1974 „wegen gemeinschaftlichen Terrors in Tateinheit mit versuchtem ungesetzlichen Grenzübertritt im schweren Fall" zu zwölf Jahren Haft und Günter W. wegen des gleichen Tatvorwurfs zu einer Haftstrafe von zehn Jahren. Zwei der fünf Grenzsoldaten, die auf das Fluchtfahrzeug schossen, erhielten die „Medaille für vorbildlichen Grenzdienst", die drei anderen Geldprämien in Höhe von jeweils 150 Mark.

Durch Gnadenerlass des Staatsratsvorsitzenden Willi Stoph vom 11. November 1975 wurde das Strafmaß für Dieter F. und Günter W. auf je sechs Jahre herabgesetzt. Am 19. November 1975 erfolgte eine Strafaussetzung auf Bewährung, da erwartet werden könne, dass F. und W. künftig „nicht wieder mit den Gesetzen der DDR in Konflikt" geraten würden. Das war auch gar nicht mehr möglich, da beide Männer nach ihrer Haftentlassung die DDR verließen. Im Sommer 1976 leitete die Erfassungsstelle Salzgitter aufgrund ihrer Aussagen ein Ermittlungsverfahren gegen die namentlich nicht bekannten DDR-Grenzer ein, die Fred Woitke erschossen hatten. Dieter F. äußerte sich 1993 erneut gegenüber Ermittlungsbeamten zum gescheiterten Fluchtversuch in der Grenzübergangsstelle Marienborn und korrigierte die in den MfS-Unterlagen enthaltene Darstellung, „daß wir keine Rücksicht auf Grenzsoldaten" genommen hätten. Er sei als Fahrer des Fluchtwagens, weil sie „Rücksicht genommen haben, gegen diese fahrbare Betonmauer geprallt". Nach ihrem ursprünglichen Fluchtplan, sollte er die Fahrtrichtung so antäuschen, als ob er rechts an der Sperre vorbeifahren wolle, um dann aber auf der linken Seite die Mauer zu passieren. „Ich hätte also nach links fahren müssen, auf den Grünstreifen, dort lagen aber die Grenzsoldaten und ich hätte sie schon überfahren müssen, wenn ich hätte vorbeikommen wollen. Das habe ich aus diesem Grunde, weil ich Rücksicht genommen habe, nicht getan; und so sind wir halt mit dem Lkw auf die Betonmauer geprallt und haben uns überschlagen."

Die Ermittler vernahmen 1993 auch die fünf ehemaligen DDR-Grenzer, die 20 Jahre zuvor insgesamt 100 Schüsse auf das Fahrzeug und die drei Flüchtlinge abgegeben hatten. Auch die folgenden, damals in das Geschehen involvierten DDR-Offiziere, erhielten Zeugenladungen: Oberst Lantfried Kaltofen als Leiter der Untersuchungskommission, Oberstleutnant Horst Hedrich und Oberstleutnant Willi Aster als Mitglieder der Untersuchungskommission, Oberstleutnant Otto Treba als Stellvertreter des Kommandanten der Grenzübergangsstelle, Oberstleutnant Gerhard Happe als Diensthabender Offizier und Oberleutnant Bernd Richter als Zugführer der eingesetzten Grenzsoldaten. Im Abschlussbericht der Ermittlungsbeamten heißt es: „Bei allen Vernehmungen war deutlich die Angst zu spüren, konkrete Aussagen zum Sachverhalt machen zu müssen. Sie beriefen sich auf Erinnerungslücken und sagten oft erst nach Vorhalten der damaligen Berichte aus." Es sei deutlich erkennbar, „daß hier ganz bewußt Gedächtnislücken produziert wurden".

Fred Woitkes Mutter berichtete bei ihrer Zeugenvernehmung, dass sie „von Mitarbeitern des MfS und von den zuständigen Stellen bei der Polizei Eisenhüttenstadt und beim Rat der Stadt systematisch, stückchenweise fertiggemacht' worden ist". Sie wünschte sich die Rehabilitierung ihres Sohnes. Von den fünf Schützen fanden sich nur zwei zu konkreten Aussagen bereit. Michael G. äußerte sich ausführlich zu seinem Werdegang und gab an, schon bei der Musterung erklärt zu haben, „daß ich mir nicht vorstellen könne, mit der Waffe auf Menschen zu schießen". Als am 21. April 1973 der schwere Lkw auf ihn zuraste, habe er von seiner Alarmstellung neben der Straße auf den Motor des Fahrzeugs gezielt und geschossen, um das Fahrzeug vor der Sperre zu stoppen. Er habe nach dem Aufprall zunächst hinter einer Säule Deckung gesucht und dann, als er jemanden davonlaufen gesehen habe, gerufen „Halt! Stehenbleiben oder ich schieße!". Da der Flüchtende jedoch weiter gelaufen sei, habe er mehrere Warnschüsse schräg in die Luft abgegeben. „Es kam von mir aus zu keinem gezielten Schuß auf die Person, was ich hier nochmal ausdrücklich betonen möchte." Danach habe er am ganzen Körper geschlottert. Am Ende seiner Vernehmung erklärte Michael G. ausdrücklich, „daß mir insbesondere nach Öffnung der Mauer und der für mich sich bietenden Möglichkeit den anderen Teil Deutschlands einmal zu sehen, der Wahnsinn dieser Grenzsicherungen besonders deutlich geworden ist, deren Teil ich einmal war, selbstverständlich nicht freiwillig. Ich bedaure, daß es an der Grenze Opfer gab, die ja eigentlich nichts anderes wollten, als die Möglichkeiten wahrzunehmen, die mir jetzt gegeben sind, nämlich von einem Ort zum anderen zu gehen."

Die Staatsanwaltschaft II beim Landgericht Berlin stellte 1996 das Ermittlungsverfahren ein, da nicht geklärt werden konnte, wer 1973 die tödlichen Schüsse auf Woitke abgab und den Beschuldigten eine Tötungsabsicht nicht nachweisbar war. Ihnen kam außerdem die Rechtsprechung des Bundesgerichtshofs zugute, der am 15. Februar 1995 entschied, dass der rechtliche Gesichtspunkt des „Handelns auf Befehl" auch im Fall einer Körperverletzung mit Todesfolge zu berücksichtigen sei. (Recherche: jos., MP, MS; Autor: jos.)

Quellen:

MfS, HA III: Grenzdurchbruch mit tödlichem Auffahrunfall. BStU, ZA, MfS, HA III, Nr. 10073.

MdI: Rapport Nr. 97, vom 21.4.1973, 4.00 Uhr bis 23.4.1973, 4.00 Uhr und Nr. 96, vom 20.4.1973, 4.00 Uhr bis 21.4.1973, 4.00 Uhr. BArch, DO1/2.3/36449.

MfS, HA VI: Bericht über Tatortuntersuchung. BStU, ZA, MfS, HA VI, Nr. 1212.

MfS, BV Magdeburg, Abteilung IX: Fernschreiben an BV Frankfurt/Oder wegen gescheiterten Fluchtversuchs von Dieter F., Günter W. und Fred Woitke. BStU, MfS, Ast. Frankfurt/Oder, FAU 292/74, Bd. 1–5.

MfS, HA I: Information über die Verhinderung eines gewaltsamen Grenzdurchbruches DDR – BRD an der Grenzübergangsstelle Marienborn am 21.4.1973. BStU, ZA, MfS, HA I, Nr. 5875, Bd. 2.

NVA, Kommando der Grenztruppen; Gkdo. Nord, GÜSt Marienborn: Tagesmeldung Nr. 112/73. In: Filmer, Werner/Schwan, Heribert: Opfer der Mauer. Die geheimen Protokolle des Todes. München 1991, S. 239.

BMF, BMI: Grenzzwischenfälle und -nachrichten von der DL zur DDR und von Berlin (April 1973), vom 6.6.1973. BArch Koblenz, B/137/6434.

ZESt: Schreiben an den Generalbundesanwalt zum Vorfall vom 21. April 1973 in der Grenzübergangsstelle Marienborn, enth. Aussagen von Dieter F. zum Vorfall. BArch Koblenz, B 197/12905.

ZERV: Auswertung der „Toten der Grenze". StA beim KG Berlin. LAB, D Rep. 120–02, Acc. 8346, Az. 2 Js 67/91.

Lazlo Balogh

geboren am 7. April 1954 in Bonyhád (Ungarn)

erschossen am 22. Juni 1973

Ort des Zwischenfalls: 1 800 Meter südwestlich der Straße Spechtsbrunn-Tettau, Kreis Neuhaus am Rennweg (Thüringen)

Der 18-jährige ungarische Gastarbeiter Lazlo Balogh lernte im Sommer 1972 die 20-jährige Elektromonteurin Siglinde B. aus Grimma kennen und verliebte sich in sie. Seine Aufenthaltsgenehmigung in der DDR endete am 20. Juni 1973. Lazlo Balogh wollte studieren, was ihm aber weder in Ungarn noch in der DDR ermöglicht wurde. Das Paar verlobte sich und Sieglinde B. stellte für sich und ihren zweijährigen Sohn einen Ausreiseantrag in die Bundesrepublik. Die DDR-Behörden beantworteten ihr Schreiben jedoch nicht. Ende Mai 1973 beschlossen die Verlobten, über die DDR-Grenze in die Bundesrepublik zu flüchten, um dort ihre Zukunftspläne zu verwirklichen. Einen ersten Versuch, sich der innerdeutschen Grenze zu nähern, unternahmen sie in der Nähe von Nordhausen. Sie wurden von einer Streife im Sperrgebiet festgenommen. Die beiden hatten vereinbart, dass Lazlo Balogh im Fall einer Festnahme so tun solle, als verstünde er kein Deutsch. Sieglinde B. erklärte dann bei der Vernehmung, sie habe mit ihrem Freund einen Ausflug gemacht, um ihm die Gegend zu zeigen. Dabei hätten sie sich verlaufen. Es war ihr zuvor in einem unbeobachteten Moment gelungen, die mitgeführte Landkarte und einen

Kompass hinter einen Schrank des Umkleideraumes zu werfen, in den man sie vor der Vernehmung eingeschlossen hatte. Da dem Paar keine Fluchtabsichten nachzuweisen waren, entließ man die beiden wieder aus dem Gewahrsam.

Da sie befürchteten, nun überwacht zu werden, warteten sie noch drei Wochen, bis sie sich erneut auf den Weg ins Grenzgebiet machten. In Leipzig ging damals das Gerücht um, dass die DDR-Grenztruppen den Minengürtel wegen zahlreicher Fehlzündungen durch Tiere geräumt hätten, um die Grenzanlagen in Kürze mit modernen Selbstschussanlagen zu sichern. Das Paar glaubte deswegen, der Zeitpunkt, sei günstig, um die Grenzanlagen zu überwinden. Sieglinde B. gab ihren Sohn in die Obhut ihrer Eltern. Sie wollte für ihn nach gelungener Flucht seine Übersiedlung in den Westen erkämpfen. Am Abend des 20. Juni 1973 machte sich das Paar auf den Weg, zunächst mit dem Zug nach Saalfeld, dann mit einem Taxi bis kurz vor Neuhaus. Von dort aus liefen sie fast zwei Tage durch bewaldetes Gebiet in Richtung Grenze. Tagsüber versteckten sie sich und beobachteten die Grenzpatrouillen. Im Morgengrauen des 22. Juni 1973 gegen 3 Uhr schlichen sie sich dann näher an die Grenze heran. Dort entdeckten sie Warnschilder mit der Aufschrift „Achtung Minen, Lebensgefahr". Trotz dieser Warnung hielten sie an ihrem Vorhaben fest und überquerten das mit Büschen bewachsene Grenzvorfeld, dann den befestigten Weg vor dem ersten etwa drei Meter hohen Grenzzaun. Diesen zu übersteigen, fiel ihnen nicht schwer. Sie halfen sich dabei gegenseitig.

Sieglinde B. gab 1992 gegenüber den Ermittlungsbehörden folgende Zeugenaussage über das nun folgende Geschehen im verminten Gelände ab: „Als wir uns aber dem zweiten Zaun so weit genähert hatten, daß ich ihn fast berühren konnte, trat ich auf eine Mine. Dabei wurde mir der rechte Unterschenkel abgerissen. Laszlo nahm mich daraufhin hoch und hob mich über den zweiten Zaun hinüber. Laszlo wollte nach dieser Detonation gar nicht mehr weitergehen. Ich habe ihm aber aus lauter Angst gesagt, wir müßten jetzt weiter. Daraufhin gab er mir Hilfestellung. Ich zog mich an ihm empor und er schob mich so weit hinauf, daß ich mich an der anderen Seite des Zaunes herabfallen lassen konnte. Als ich auf der anderen Seite des Zaunes lag, sah ich, wie Laszlo noch in dem Minenfeld Anlauf nahm und an dem Zaun hochsprang, um besser hinüberzukommen. Er war schon oben auf dem Zaun angelangt und wollte gerade herunterspringen, als geschossen wurde. Ich hörte nur einen einzigen Schuß." Einen Warnruf habe sie nicht gehört. „Nach dem Schuß fiel mein Verlobter direkt auf mich. Ich weiß noch, daß Laszlo meinen Namen ‚Siggi' rief, nachdem der Schuß gefallen war." Danach habe er nichts mehr gesagt, „und ich hörte ihn auch nicht mehr atmen. Ich spürte, daß er tot war, wollte dies aber auf keinen Fall wahrhaben. Ich habe geschrien und geweint." Nach einer kleinen Ewigkeit seien mehrere Grenzsoldaten gekommen, die mit der Bergung begannen. „Ich hielt es vor Schmerzen kaum noch aus. Laszlo hatte inzwischen ein blaufarbenes Gesicht. Die Soldaten des Bergetrupps schnitten zuerst den ersten Zaun auf, dann legten sie eine hydraulische Brücke zum zweiten Zaun hin, um so die Minen zu überwinden. Den zweiten Zaun schnitten sie ebenfalls durch, um an uns heranzukommen. Laszlo wurde dann von mir heruntergerollt; ihn ließen sie zunächst liegen. Ich wurde auf eine Trage gelegt und über die Metallbrücke hinübergebracht. Man stellte die Trage auf der Betonstraße ab und sagte zu einem ca. 19-jährigen Soldaten, er solle mich bewachen. Während die anderen Soldaten mit Laszlo und dem Zaun beschäftigt waren, strich mir der junge Soldat die Haare aus dem Gesicht und sagte zu mir, daß mein ganzes Gesicht verbrannt sei. Der junge Soldat sagte immer wieder zu mir: ‚Wie konntet ihr nur sowas machen, du dummes Mädchen!' Dabei weinte er wie ein kleiner

Junge. Ich sehe ihn immer noch ganz deutlich vor mir mit seinen roten Haaren und Sommersprossen, und wie unablässig die Tränen herunterliefen."

Hans-Jürgen T., damals Gefreiter der Grenztruppen und Kraftfahrer, hatte die Minenbrücke zum Unglücksort transportiert. Nachdem die Brücke verlegt war, sollte er beim Fahrzeug bleiben. Der im Bergetrupp eingesetzte Gottfried S. sagte als Zeuge am 12. August 1992 den Ermittlern, er sei nicht zuletzt wegen dieses Vorfalls aus der SED ausgetreten. Er diente damals als Gefreiter in der 10. Kompanie des Grenzregiments Spechtsbrunn und musste mit Kameraden die Minenbrücke verlegen. Kompaniechef Baumann habe am Zaun gestanden und den Soldaten des Rettungstrupps befohlen, Waffen und Magazine abzulegen. „Dann lud Kompaniechef Baumann demonstrativ seine Kalaschnikow und hielt sie schußbereit schräg nach oben vor dem Körper. Erst jetzt durften wir einzeln und unbewaffnet über die Minenbrücke". Hans-Jürgen T. beobachtete das Geschehen von seinem Kraftfahrzeug aus. Er konnte die beiden Flüchtlinge gut sehen. Bei seiner Zeugenvernehmung im Jahr 1992 sagte er aus: „Der Mann war völlig still, die Frau war halb aufgestützt. Sie hat geweint und geschrien. Ich war der Meinung, daß der Mann tot war, weil er auf dem Gesicht lag. Zuerst wurde die Frau über die Minenbrücke gebracht und mit einer Trage bei mir abgelegt. Ich hatte die Aufgabe, bei ihr zu bleiben. Die junge Frau war fix und fertig. Sie stand offenbar unter Schock. Man hatte sie mit einer Trage hinter das Fahrzeug gelegt, damit man sie von westlicher Seite nicht sehen konnte. Ich kümmerte mich um sie. Ich versuchte sie zu trösten und streichelte ihr Gesicht. Ich sah, daß ihr Gesicht verbrannt war. Sie war auch sonst schwer verletzt, die Mine hatte ihr rechtes Bein am Unterschenkel abgefetzt. Die Wunde hat kaum geblutet. Mich hat es so erschüttert, wie man mit Menschen umgeht. Mir wurde gesagt, daß ein Sankra käme, aber ich habe keinen gesehen. Ich wollte die Frau beruhigen und trösten, soweit das möglich war. Dabei habe ich mit meinen 19 Jahren selbst weinen müssen."

Sieglinde B. wurde etwa zwei Stunden nach der Minendetonation in das Krankenhaus Gräfenthal eingeliefert, wo ein Teil ihres zerfetzten Unterschenkels amputiert werden musste. Nach etwa dreieinhalb Wochen wurde sie in das Leipziger Haftkrankenhaus verlegt. Dort blieb sie weitere zweieinhalb Wochen, bis man sie in die Haftanstalt der Staatssicherheit in der Leipziger Beethovenstraße überstellte. Dort wurde sie mehrere Wochen lang immer wieder vernommen. Das Kreisgericht Grimma verurteilte Sieglinde B. im Juni 1973 zu einer Freiheitsstrafe von zwei Jahren und einem Monat. Sie büßte ihre Haftstrafe bis August 1975 im Frauengefängnis „Schloß Hoheneck". Der Krankenhausaufenthalt und die Untersuchungshaft wurden auf die Strafe angerechnet. Eine vorzeitige Entlassung kam nicht in Betracht, da Sieglinde B., wie es in einem Stasi-Vermerk heißt, weiter darauf beharrte, „nur in der BRD ein Leben nach ihren Vorstellungen führen zu können" und weiter alles versuchen wolle, um nach dort zu gelangen. Noch in der Haft stellte Sieglinde B. einen Ausreiseantrag in die Bundesrepublik. Das Ministerium für Staatssicherheit lehnte eine Entlassung von Sieglinde B. in die Bundesrepublik zunächst mit der Begründung ab, dass „die Straftat der B. und deren Folgen geeignet sind, politisch feindlich gegen die DDR mißbraucht zu werden, und die B. sowohl aus Haß gegen die DDR als auch aus materiellem Interesse offensichtlich selbst an diesem Mißbrauch interessiert" sei. Da Sieglinde B. auch in der Folgezeit weitere Ausreiseanträge stellte und nicht von ihrer Absicht abzubringen war, empfahl die MfS-Kreisdienststelle Grimma im Dezember 1977, dem Übersiedlungsersuchen von Sieglinde B. stattzugeben und sie gemeinsam mit ihrem siebenjährigen Sohn im Januar 1978 aus der DDR-Staatsbürgerschaft zu entlassen. Dem stimmten sowohl die MfS-Bezirksverwaltung Leipzig als auch die Zentrale Koordinierungsgruppe des MfS in Berlin zu.

Nach der Wiedervereinigung wurde sowohl gegen den Todesschützen Volker Engelbrecht als auch gegen acht seiner Vorgesetzten Ermittlungsverfahren eingeleitet. Der damals 19-jährige Gefreite Engelbrecht hatte mit einem leichten Maschinengewehr (LMG) im freistehenden Anschlag aus etwa 100 Metern Entfernung auf die Flüchtlinge geschossen, obwohl ihm die Streuung der Waffe bekannt war, die einen Zielschuss auf die Beine der Flüchtenden gar nicht zuließ. Engelbrecht und sämtliche am Einsatz beteiligte Grenzsoldaten wurden „für ihr entschlossenes Handeln und die zuverlässige Grenzsicherung" durch den Minister für Nationale Verteidigung ausgezeichnet, wobei der Schütze die Verdienstmedaille der NVA in Bronze erhielt.

Engelbrecht sagte 1992 in seiner Vernehmung: „Das war ein Befehl, daß ein Grenzdurchbruch mit allen Mitteln zu verhindern sei. Wenn ich mich nicht genau an diese Vorschriften gehalten hätte, wäre ich wegen Befehlsverweigerung zur Verantwortung gezogen worden. Ich wäre vor ein Militärgericht gestellt worden. Wenn der Armeegeneral Kessler heute behauptet, daß es keinen Schießbefehl gegeben hatte, so ist das gelogen. Bei jeder Vergatterung war von Festnahme oder Vernichtung die Rede. Unter Vernichtung durften wir nichts anderes als das Erschießen der Grenzverletzer verstehen. Wenn ich nicht voll im Sinne unserer Führung gehandelt hätte, wäre ich dafür nicht ausgezeichnet worden. Wenn es falsch gewesen wäre, hätte man mich nicht ausgezeichnet, sondern zur Verantwortung gezogen." Er habe sich vorher nie über die Möglichkeit eines Schusswaffengebrauchs Gedanken gemacht. „Als es dann geschah, war mein Verstand ausgeschaltet. Ich habe mir erst später immer wieder Vorwürfe gemacht, obwohl man mir von der Führungsseite immer zu verstehen gab, daß ich mich vorbildlich verhalten hätte. Die Vorwürfe kamen nur von mir allein. Ich fühlte mich auch nicht als der beste Grenzsoldat, obwohl ich als solcher ausgezeichnet wurde. Meine Schweigepflicht verbot es mir, mich mit Kollegen, Freunden oder Verwandten über den Vorfall zu unterhalten. Das hat meine Situation noch mehr erschwert. Obwohl man uns immer eingeprägt hatte, daß Grenzverletzer Verbrecher und Staatsfeinde seien, habe ich mir nach dem Schußwaffengebrauch immer wieder Vorwürfe gemacht, daß ich ja einen Menschen getötet habe. Bis zur Wende konnte ich mir immer wieder einreden, daß dieser Schußwaffengebrauch rechtmäßig gewesen sei. Als nach der Wende die Prozesse gegen die ehemaligen Grenzsoldaten begannen, die Grenzverletzer erschossen hatten, dachte ich, daß ich jetzt auch zur Rechenschaft gezogen würde. Ich hatte Angst, zumal ich nicht abschätzen konnte, was mich nun von Seiten der Justiz erwartete. Schließlich muß ich nicht nur für mich denken, sondern auch noch für meine Familie. Ich habe angefangen zu trinken und war eine Zeitlang dem Alkohol verfallen. Inzwischen habe ich aber gemerkt, daß das keine Lösung ist. Auch hier mußte ich wieder an meine Familie denken. Ich hatte zwischenzeitlich auch Selbstmordgedanken, die ich dann wieder verwarf. Inzwischen bin ich so weit gefestigt, daß ich mich dem Verfahren stellen möchte." Volker Engelbrecht starb vor der Eröffnung des Gerichtsverfahrens. Auch zwei seiner mitangeklagten Befehlsgeber verstarben 1996 und 1999. Das Landgericht Erfurt verurteilte schließlich vier höhere Offiziere der Grenztruppen wegen ihrer Anordnung zum Schusswaffengebrauch, so auch im Falle Lazlo Baloghs, zu Bewährungsstrafen zwischen ein und zwei Jahren. (Recherche: jk, jos., MP, St.A., US; Autor: jos.)

Quellen:

MfS, ZKG: Stellungnahme vom 27. Dezember 1977 zum Vorschlag des Leiters der BV Leipzig zur Übersiedlung der B., Sieglinde mit ihrem Sohn in die BRD. BStU, ZA, MfS, ZKG 238.

MfS-Kerblochdatei: Vers. unges. Grenzübertritt. BStU, ZA, MfS, HA IX, Nr. 4143.

MfS, HA IX: Beurteilungsblatt Sieglinde B., BStU, ZA, MfS, HA IX, Nr. 18213.
AG 13. August: Presseerklärung vom 10. August 1973: Geflüchteter DDR-Unteroffizier berichtete über tödlichen Grenzzwischenfall. In: BStU, MfS, HA IX, Nr. 10042.
BMI: Zusammenstellung der Grenzzwischenfälle an der DL und der Sektorengrenze von Berlin seit Januar 1969. BArch Koblenz, B/137/6433.
Schätzlein Datenbank: Auswertung der Grenztruppen-Rapporte im BArch Freiburg.
StA beim Landgericht Erfurt: Ermittlungen wegen Totschlags. 560 Js 96031/95, zuvor 26 Js 12/94 StA. ThHStA Weimar, StA Erfurt, 8473–8519.
Filmer, Werner/Schwan, Heribert: Opfer der Mauer. Die geheimen Protokolle des Todes. München 1991, S. 239 ff.
Grafe, Roman: Die Grenze durch Deutschland. Eine Chronik von 1945 bis 1990. München 2008, S. 167.

Rüdiger Neger

Geboren am 4. April 1950 in Wehningen
bei Fluchtversuch ertrunken
am 1. Oktober 1973
Ort des Geschehens: Elbe bei Dömitz
(Mecklenburg-Vorpommern)

Bildquelle: Privat Heike Braun

Rüdiger Neger lebt in den oft sehr widersprüchlichen Erinnerungen seiner einstigen Klassenkameraden fort als einer, der „eines Tages irgendwie weg war, und plötzlich sprach auch keiner mehr über ihn." Das letzte Lebenszeichen des 23Jährigen haben wohl die Eltern wahrgenommen, als er am 1. Oktober 1973 das Haus verließ. Um den Tod, oder genauer gesagt, das plötzliche Ableben des jungen Mannes, ranken sich mehrere Versionen. Er sei wohl ein „Abenteurer" gewesen, der sein Land mit der Flucht verraten habe, schimpft ein Mitschüler von einst, der sich jede weitere Nachfrage verbittet, „weil ich mir meinen Staat nicht kaputtmachen lassen will. Negers Nichte Heike meint zu wissen, dass ihr Onkel Rüdiger in Dömitz in der dortigen Hafeneinfahrt, wo die Schnellboote der Wasserschutzpolizei lagen, in die Elbe ging. „Da ging es eigentlich nur mit einem Helfer, weil ja ein Riesentor und Stacheldrahtverhaue den Zugang zum Fluss versperrten", sagt ihr Bruder Roy. Irgend etwas ist dann jedenfalls schiefgegangen, denn sieben Monate später fand eine Uferkontrollstreife der Grenztruppen mehrere Kilometer elbabwärts bei Wilkenstorf (Amt Neuhaus), eine Wasserleiche. Am 29. April 1974 meldet die Grenzkompanie Tripkau den Fund am Elbkilometer 517. Ein bei dem Toten aufgefundener Folienbeutel enthielt die Papiere des gelernten Industriemechanikers Rüdiger Neger. Die Volkspolizei sah in der wasserdichten Verpackung den Beleg dafür, „daß sich Neger auf einen Grenzdurchbruch vorbereitet hatte".

Rüdiger Neger war 23 Jahre alt, als er sein Leben verlor. Er lebte zuvor mit seinen Eltern Otto und Katharina Neger in Wehningen im damaligen Kreis Hagenow an der Elbe. Die Eltern kamen nach Kriegsende als Flüchtlinge mit ihrer 1932 geborenen ältesten Tochter Anneliese aus dem böhmischen Reichenberg (heute Liberec) im Riesengebirge dorthin. Wobei Flüchtlinge im offiziellen Sprachgebrauch DDR nicht existierten – sie galten als Umsiedler und Übersiedler. Die Mehrzahl der Männer, Frauen und Kinder, die damals im ehemaligen Gutsarbeiterdorf Wehningen ankamen, wohnte zunächst auf engstem Raum in einem alten Fachwerkschloß. Mit ihrer anderen, wenn auch deutschen Mundart, mit ihrem katholischen Glauben, mit all den Schmerzen der Entwurzelung waren sie für viele Ortsansässige unwillkommene „Fremde".

Otto und Katharina Neger fanden dann in einem einfachen roten Backsteinhäuschen direkt am Elbdeich ihr erstes Zuhause – Einheimische sprechen heute noch von der „Negerhütte". Die DDR-Grenztruppen machten das Haus im Sperrgebiet später dem Erdboden gleich. Otto Neger, der sich als Arbeiter in der nahen Ziegelei verdingte, hielt sich Hühner und Ziegen, seine Frau bebaute ein kleines Gemüsefeld. Bald nachdem Rüdiger Neger am 4. April 1950 zur Welt kam, verließ seine ältere Schwester Anneliese das Elternhaus, um das Lehrerseminar zu besuchen und eine eigene Familie im nahen Dömitz zu gründen. Heute leben in der Gegend noch ihre Tochter Heike und die Söhne Holger und Roy mit ihren Familien. Seine Schwester Anneliese, bei der Rüdiger als junger Mann viel Zeit verbrachte, starb 2001, seine Mutter 1979 und der Vater 1982.

Der Arzt, der am 29. April 1974 Rüdiger Negers Tod zu bescheinigen hatte, kann sich daran nicht mehr erinnern. Er sei im Fall Neger zu einer Obduktion nicht hinzugezogen worden. Die Militärstaatsanwaltschaft in Neustadt habe jeweils entschieden, „was mit einer Leiche geschah". Dabei hätte man sich nicht in jedem Fall an das DDR-Gesetz gehalten, wonach jeder unnatürliche Tod gerichtsmedizinisch zu untersuchen war. Diese Erfahrung hatte der Arzt im Fall des 1966 erschossenen Alfred Lill gemacht, dessen Leiche nicht obduziert wurde. Unterlagen über eine ordnungsgemäße Obduktion von Rüdiger Neger sind jedenfalls nicht mehr aufzufinden. Bis heute halten sich in der Gegend Gerüchte und Spekulationen über eine möglicherweise gewaltsame Todesursache.

Die Bestattung Rüdiger Negers auf dem Friedhof in Dömitz erfolgte nach katholischem Ritus. Die Eltern ließen für ihren Sohn einen prachtvollen Grabstein in schwarzem Marmor fertigen, der allerdings wegen folgender Inschrift nicht lange stehen bleiben durfte:

„Die Elbe war mein Sterbebett
bei Nacht in tiefer Stille,
Ich ging in eine bessere Welt.
Es war ja wohl so Gottes Wille."

Der auf behördliche Anordnung entfernte Grabstein für Rüdiger Neger
Foto: Alfred Engelmann

Am 5. September 1974 suchten zwei Funktionäre der Abteilung Inneres und der Örtlichen Versorgungswirtschaft beim Rat des Kreises Ludwigslust Katharina und Otto Neger zu einer „vertraulichen Aussprache" auf. Man teilte ihnen mit, „daß für den inzwischen abgeräumten Grabstein durch die Stein- und Bildhauerei Dömitz ein neuer Stein angefertigt werden soll".

Heute ist das Grab längst aufgegeben und auch der zweite Stein verschwunden. Auf ihm stand: „Es ist bestimmt in Gottes Rat, dass man vom Liebsten, das man hat, muss scheiden." (Recherche: jk, kt, MP, US; Autorin: kt)

Quellen:

BdVP Schwerin: Rapport Nr. 120/74 für die Zeit vom 29.04.74, 06.00 Uhr bis 30.04.74, 06.00 Uhr. LHASn, 7.12–1, Z 55/1990(4), 202.

Grenztruppen der Deutschen Demokratischen Republik/Kommando der Grenztruppen: Operative Tagesmeldungen Nr. 90–181/74. BArch Freiburg DVH 32/113232.

Vertrauliches Schreiben an den Rat des Kreises Ludwigslust, Abt. Örtl. Versorgungswirtschaft vom 6.9.1974. Privatarchiv Karin Toben.

Standesamtliche Auskunft an Inge Bennewitz über Geburtsdaten von Rüdiger Neger.

Mitteilung von Alfred Engelmann vom 14. August 2015 über die erste Grabinschrift für Rüdiger Neger.

Barbara (gen. Bärbel) Schütz

geboren am 6. November 1955
in Boizenburg/Elbe

ertrunken am 8. Dezember 1973, geborgen aus der Elbe bei Lauenburg (Schleswig-Holstein) am 12. Dezember 1973

Ort des Zwischenfalls: Elbe nahe Sudemündung, Kreis Hagenow (Mecklenburg-Vorpommern)

Bildquelle: Hamburger Abendblatt, 15.2.1974

Am 8. Dezember 1973 gegen 22 Uhr meldete die Volkspolizei Schwerin eine unbekannte Person mit Schuhgröße 37/38 habe bei der Sudemündung, Elbkilometer 557, im Kreis Hagenow die Grenzanlagen überwunden. Die unbekannte Person habe sich zur Tarnung in ein weißes Laken gehüllt. Am Grenzzaun waren Fasern des Lakens hängengeblieben. Am 12. Dezember 1973 meldete die Volkspolizei aus Schwerin der HA VII des MfS, dass es sich bei der Geflüchteten um Barbara Schütz, geboren am 6. November 1955 in Boizenburg, gehandelt habe. Sie wohnte in Besitz/Blücher, Kreis Hagenow, und hatte eine Nebenwohnung in Jena-Lobeda, wo sie sich als Feinoptiklehrling bei dem VEB Carl Zeiss Jena im Ausbildungsverhältnis befand. Im Bericht der Volkspolizei heißt es zum Fluchtmotiv von Barbara Schütz: „Sch. wollte ihrem Freund in die BRD folgen, der am 26.10.73 unges. die DDR verließ. Hatte Liebeskummer und schlechte Lernergebnisse im Lehrbetrieb." Gegen Barbara Schütz sei ein Ermittlungsverfahren mit Haftantrag eingeleitet worden, das Kommissariat II Hagenow hatte bereits eine Hausdurchsuchung durchgeführt. Am 12. Dezember 1973 barg die Wasserschutzpolizei bei Lauenburg (Schleswig-Holstein) eine weibliche Wasserleiche aus der Elbe. Drei Tage später erschien in der *Bild*-Zeitung ein Bericht mit der Schlagzeile: „Schicksal im geteilten Land. Ein Mädchen floh aus Liebe – und ertrank in der Elbe". Bärbel Schütz hatte versucht, zu ihrem Freund, dem Maurer Eckbert W. (20), zu gelangen, der im Oktober mit zwei Freunden erfolgreich an der gleichen Stelle die Elbe durchschwommen hatte. Bärbel Schütz trug bei ihrer Flucht durch die DDR-Grenzanlagen zur Tarnung ein weißes Polohemd über ihrem gefütterten dunkelblauen Anorak, da es an diesem Tag schneite. Sie rieb sich am ganzen Körper mit Handcreme ein, am Ufer ließ sie zwei leere Dosen davon zurück. Die Wassertemperatur lag an diesem Tag nur knapp über 0 °C. (Recherche: jk, jos., MS; Autor: jos.)

Quellen:

MfS, HA VII/2; HA I: Information A/236/2/74 über einen vermutlichen Grenzdurchbruch DDR–BRD. BStU, ZA, MfS, HA III, Nr. 10073.

BDVP Schwerin: Grenzübertritt DDR–BRD, in: BStU, ZA, MfS, ZKG, Nr. 55.

Hauptzollamt Lüneburg: Grenzlage der Zentrale in Niedersachsen vom 13.2.1974. NLA Hannover, Nds. 220, Acc. 120/84, Nr. 1.

Hauptzollamt Lüneburg: Lagebericht von der DL zur DDR für Februar 1974. NLA Hannover, Nds. 220, Acc. 120/84, Nr. 1.

Schicksal im geteilten Land. Ein Mädchen floh aus Liebe – und ertrank in der Elbe. In: *Bild-Zeitung*, 15.12.1973.

Werner Schneege

geboren am 22. Mai 1954 in Wittstock an der Dosse

ertrunken am 12. Juni 1974, geborgen am 17. Juni 1974

Ort des Zwischenfalls: Elbe zwischen Pommau und Schutschur, Kreis Lüchow-Dannenberg (Mecklenburg-Vorpommern, heute Niedersachsen)

Werner Schneege besuchte von 1960 bis 1968 eine Sonderschule und erlernte in der LPG „Geschwister Scholl" den Beruf des Agrotechnikers. Von 1971 an arbeitete er als Gabelstaplerfahrer im VEB Obertrikotagenbetrieb Wittstock. Das Werk war ein Anziehungspunkt für junge Textilarbeiterinnen aus der ländlichen Umgebung der Kreisstadt. Wahrscheinlich lernte Werner Schneege hier seine Verlobte, die Näherin Ines S., kennen, mit der er 1974 eine Tochter bekam.

Am 1. November 1973 wurde der 19-Jährige zum Grundwehrdienst eingezogen und nach der militärischen Grundausbildung im April 1974 in die Grenzkompanie Haar (Amt Neuhaus) kommandiert. Dort sollte er zunächst nur im Küchendienst beschäftigt werden, weil der Staatssicherheitsdienst bei seiner Überprüfung herausfand, dass er westliche Rundfunksendungen hörte. Sein Kompaniechef muss ihm jedoch soweit vertraut haben, dass er ihn auch für den Postendienst an der Grenze einteilte.

Am 12. Juni 1974 sollte Werner Schneege gemeinsam mit Unteroffizier Gerd B. als Postenführer an der Elbgrenze im Bereich Haar patrouillieren. Die Nachtschicht begann um 20 Uhr und sollte am darauffolgenden Tag um 4 Uhr enden. Gerd B. berichtete später dem westdeutschen Zoll, Schneege habe ihm während des Streifengangs offenbart, er wolle über die Elbe in die Bundesrepublik flüchten. Daraufhin habe er sich spontan entschlossen, ebenfalls zu flüchten, schon aus Angst vor der Bestrafung, die er zu erwarten hatte, wenn er ohne seinen Posten zur Kompanie zurückkehren würde. Gegen 23 Uhr standen beide bei Elbkilometer 532 und sahen auf der gegenüberliegenden Seite die Lichter des Dörfchens Schutschur. Sie zogen ihre Stiefel aus, legten die Waffen ab, verpackten die Dienstausweise in einem Plastikbeutel und stiegen gemeinsam in den Fluss. Während der ersten Meter schwamm Werner Schneege noch dicht hinter seinem Kameraden her. Dann musste Gerd B. mit der starken Strömung so sehr kämpfen, dass er nicht mehr auf

Schneege achten konnte. Nachdem er zehn bis 15 Minuten geschwommen war, erreichte er das westliche Ufer. Auf seinen Kameraden wartete er dort jedoch vergebens.

Das NVA-Grenzsicherungsboot 199 meldete am 17. Juni 1974 gegen 13.40 Uhr den Fund einer Leiche. Der Tote, den man an einer Buhne gegenüber Klein Kühren barg, war Werner Schneege. Ein Motiv für seine Flucht war nicht zu ermitteln. Der Staatssicherheitsdienst behauptete später, Schneege sei von seinem Postenführer zur Flucht überredet worden. Ein weiterer Fahnenflüchtling aus Schneeges Kompanie informierte am 29. Juli 1974 den westdeutschen Zollgrenzdienst in Helmstedt über den Todesfall. Er hatte die Leiche Werner Schneeges noch vor der Überführung in die Gerichtsmedizin nach Schwerin selbst gesehen. (Recherche: jk, jos., MP; Autor: jk)

Quellen:

Döring (Bst. Helmstedt): Überläufer der NVA. Helmstedt, 14.6.1974. NLA Hannover, Nds. 220, Acc. 120/84, Nr. 2.

Döring (Bst. Helmstedt): Betr.: Gescheiterter Fluchtversuch. Hier: Werner Schneege, geb. 22.5.1954. Helmstedt, 29.7.1974. NLA Hannover, Nds. 220, Acc. 120/84, Nr. 2.

BMI: Zusammenstellung der Grenzzwischenfälle an der DL und der Sektorengrenze von Berlin seit Januar 1969. BArch Koblenz, 137/6433.

MfS: Bericht über die erfolgte Fahnenflucht des Uffz. Böse und die versuchte Fahnenflucht des Sold. Schneege. BStU, ZA, MfS, HA I, Nr. 14853.

MfS, BV Schwerin, Abt. IX: Bericht über die Fahnenflucht von 2 Angehörigen der Grenztruppen der DDR in die BRD, 14. Juni 1974. BStU, ZA, MfS, ZKG, Nr. 456.

MfS, HA I: Buchführung Fahnenfluchten. BStU, ZA, MfS – HA I, Nr. 5517.

Wolfgang Vogler

geboren am 8. September 1948 in Parchim

gestorben nach Splitterminenverletzung am 15. Juli 1974

Ort des Zwischenfalls: Benneckenstein (Sachsen-Anhalt)

Bildquelle: BStU

Wolfgang Otto Hermann Vogler wuchs in Parchim (Mecklenburg-Vorpommern) auf. Sein Bruder war drei Jahre jünger als er. Seine Eltern waren geschieden und jeweils neue Ehen eingegangen. Zu seiner Mutter hatte er eine enge Beziehung. Zwei seiner Onkel lebten in der Bundesrepublik, eine Tante in Österreich. Von November 1966 bis

April 1968 diente Wolfgang Vogler in der Nationalen Volksarmee. Seine Ehe wurde im August 1973 geschieden. Der gelernte Landmaschinen- und Traktorenschlosser war beim Verarbeitungskombinat der Wirtschaftsvereinigung Obst und Gemüse in Parchim beschäftigt. Am 25. Juni 1974 erhielt er wegen Verstößen gegen die Arbeitsdisziplin und Arbeitsbummelei die fristlose Kündigung.

Dieser schlechten Erfahrung folgte eine positive: Der 25-Jährige verliebte sich in eine Australierin namens Lily. Sie besuchte in diesem Sommer Verwandte in Parchim und blieb dort für zwölf Wochen. Die beiden frisch Verliebten träumten von einer gemeinsamen Zukunft. Die junge Frau konnte sich ein Leben in der DDR aber nicht vorstellen.

Am Sonntag, dem 14. Juli 1974, gegen 18.30 Uhr vernahm ein Bundesbürger von der Straße, die von Hohegeiß nach Benneckenstein führt, zwei Detonationen etwa 300 Meter südlich der Straße. Er rannte in diese Richtung, sah eine schwarze Wolke hinter dem Grenzzaun und einen Verletzten am Boden. Gleichzeitig kamen zwei Grenzsoldaten von ihrem Beobachtungsturm, um zu überprüfen, was geschehen war. Ohne dem Verletzten Erste Hilfe zu leisten, meldeten sie den Vorfall über das Grenzmeldenetz. Wenig später trafen weitere Grenzsoldaten ein. Der westdeutsche Zeuge konnte beobachten, wie der Verletzte an den Armen, auf dem Rücken liegend, in den nahe gelegenen Wald gezogen wurde. Er war mit einem weißen Hemd, einem dunklen Sakko und einer beigefarbenen Hose bekleidet. Gegen 19 Uhr wurde der in Decken gehüllte Verletzte auf die Ladefläche eines Transporters gelegt und in Richtung Sorge abtransportiert.

In dem dortigen NVA-Genesungsheim erhielt Vogler eine Bluttransfusion, seine Wunden wurden notdürftig versorgt. Der behandelnde Arzt ordnete seine weitere Versorgung im Kreiskrankenhaus Wernigerode an. Während dieser Fahrt war Wolfgang Vogler noch teilweise bei vollem Bewusstsein und konnte einige Angaben zu seinem Fluchtvorhaben machen. Demnach informierte er sich Anfang des Monats in einem Schulatlas über den Grenzverlauf im Harz. Vogler gab an, dass er zu seinen Verwandten in die Bundesrepublik wollte. Kurz entschlossen machte er sich am 5. Juli 1974 von seinem Heimatort Parchim auf den Weg und unternahm seinen ersten Fluchtversuch. Die Gefahr muss er als zu groß eingeschätzt haben, sodass er sein Vorhaben abbrach. Er besuchte Bekannte in Thale, wo er einige Tage verbrachte. Am 12. Juli 1974 machte er sich erneut auf den Weg zur Grenze, am 14. Juli traf er in Benneckenstein ein. Ein Fährtenhund der Grenztruppen verfolgte nach dem Zwischenfall Voglers Spur. So konnte rekonstruiert werden, dass er die Hundetrasse am großen Rappenberg etwa 100 Meter vor der Grenze überwand, die mit 19 Wachhunden besetzt war. Er kroch unter dem ersten Grenzzaun hindurch, den er mit einem Holzpfahl hochgestemmt hatte. Dann bewegte er sich im Schutz des Unterholzes weiter und überquerte, aus dem Walddickicht kommend, kriechend den Kolonnenweg. Um den letzten Grenzzaun zu überwinden, stellte er einen etwa 1,80 Meter langen Holzpfahl an den Zaun – direkt vor eine Selbstschussanlage. Zehn Meter weiter wollte er dann den Zaun überklettern. Dabei löste er drei Splitterminen aus, die ihn etwa drei Meter weit auf den Kontrollstreifen zurückschleuderten und schwer verletzten.

Nach seiner Bergung und einer Bluttransfusion im Krankenhaus Wernigerode überführte man Wolfgang Vogler gegen Mitternacht in die Medizinische Akademie Magdeburg. Dort erhielt er nochmals eine Bluttransfusion, bevor die Ärzte mit seiner

Operation begannen. Die Mediziner dokumentierten seine Verletzungen wie folgt: Oberarmbruch rechts, Unterarm rechts Weichteilwunden, mehrere Weichteilwunden am Brustkorb, in der Bauchdecke, an beiden Beinen, offene Brustkorbverletzung rechts, mit Verletzung des rechten Lungenlappens, Verletzung des Zwerchfells, vierfache Leberverletzung, fünffache Dünndarmverletzung sowie Verletzung des Dünndarmkroeses. Wolfgang Vogler starb in den Nachmittagsstunden des 15. Juli 1974. Laut Obduktionsprotokoll erlitt er insgesamt 20 Treffer durch Splitter der Selbstschussanlagen.

Am 23. Juli 1974 ging bei der MfS-Hauptabteilung I in Berlin und beim Kommando der Grenztruppen in Pätz ein Chiffriertelegramm ein, das den „Mißbrauch der Dienstbefugnisse durch einen Offizier der Gt" meldete. Nach Angaben des Regimentsarztes Dr. Herman Schmidt hatte der Kompaniechef der Grenzkompanie Sorge, Major Helmut Piotrowski, am 14. Juli 1974 dienstfrei. Sein Stellvertreter Oberleutnant Seifert benachrichtigte ihn unmittelbar nach der Minenauslösung durch Vogler von dem Vorfall. Major Piotrowski habe sich daraufhin sofort zur Grenze begeben und den Verletzten nach der Ersten Hilfeleistung vernommen. Dabei habe er seine Pistole auf den Verletzten gerichtet und geäußert: „Bist du allein, wer ist mit dir, Hund ich erschieße dich." Nach dem Abtransport des Verletzten zur Kaserne der Grenzkompanie in Sorge habe der Kompaniechef dort den Verletzten abladen und auf den Hof legen lassen. Danach erteilte er den Befehl zum Antreten der Kompanie und befragte im Beisein der Soldaten dann den Verletzten, wodurch die Umstehenden dessen Name Wolfgang Vogler und den Hergang des gescheiterten Fluchtversuchs erfuhren. Der kurz darauf eintreffende Regimentsarzt unterband sofort dieses Vorgehen des Kompaniechefs und kümmerte sich um den Schwerverletzten. In dem Chiffriertelegramm ist von „Einzelstimmen [...] negativer Art" aus der Kompanie die Rede. Zugleich heißt es, Major Piotrowski sei „als ein guter Kompaniechef bekannt, er ist stets bemüht Befehle und Weisungen konsequent in die Tat umzusetzen und überspitzt diese teilweise". Die in dem Telegramm am Ende aufgeführten Maßnahmen sahen eine Information an den Kommandanten des Grenzkommandos Nord (GKN), Generalmajor Bär, „über den Sachverhalt" und eine „Abstimmung weiterer Maßnahmen" vor sowie eine „Konsultation mit dem Militärstaatsanwalt des GKN". Darüber hinaus sollten „Absicherungsmaßnahmen" im Bereich der Grenzkompanie Sorge eingeleitet werden und die „weitere Verfolgung des Stimmungsbildes in der Einheit".

Zu den persönlichen Dingen, die Wolfgang Vogler bei sich trug, gehörten Personalpapiere, seine Geburtsurkunde, ein Blutspendeausweis, seine Fahrerlaubnis, eine Geldbörse und Teile einer Landkarte. Auch einen Brief an seine Freundin Lily fand man bei ihm. Darin berichtete er über den ersten Fluchtversuch: „Liebe Lily! Bitte entschuldige, daß ich erst jetzt von mir hören lasse, aber es war mir leider nicht eher möglich. Ich werde es morgen das zweite Mal versuchen. Das erste Mal ist es nicht ganz so nach meinen Plan gegangen. Bin die Nacht in den Bergen gewesen und konnte nicht weiter. Es ist doch nicht ganz so einfach, wie es vorher schien. Bitte drücke mir für morgen die Daumen. Bitte noch nichts schicken, ich werde vorher dann noch ein Telegramm schreiben. Bitte beunruhige Dich noch nicht, bis jetzt ist noch nichts passiert und ich hoffe, daß es auch nicht passieren wird. Falls es nicht klappen sollte, so werde ich es woanders noch einmal versuchen. Wie geht es Dir sonst? Was macht Dein Auge? Grüße bitte Deine Mutter von mir, so wie auch Horst und Heidi und die Kleine. War schon jemand da und hat nach mir gefragt? Mir geht es ansonsten ganz gut. Alles andere dann mündlich. Sei nun vielmals gegrüßt und geküßt von Deinem Wolfgang." Auf der Rückseite des Briefes vermerkte er: „Bitte nicht schreiben. Es wird nicht mehr hier ankommen, bin dann schon weg. Wolfgang. Bitte entschuldige das Papier, hatte kein anderes." Am 30. Juli 1974 wusste die australische Freundin noch nichts von Wolfgang Voglers Tod. Während eines Gaststättenbesuches horchte sie ein inoffizieller Mitarbeiter des MfS aus und stahl ihr das Notizbuch aus der Handtasche, in dem auch Voglers Adresse stand. Außerdem entdeckte der inoffizielle Mitarbeiter Fotos von Wolfgang Vogler in ihrer Handtasche.

Am 15. Juli 1974 beantragte der Staatsanwalt des Bezirkes Magdeburg einen Haftbefehl gegen Wolfgang Vogler. Das eingeleitete Ermittlungsverfahren wegen „versuchten illegalen Grenzübertritts und Gefährdung der Staatsgrenze" wurde am 23. Juli 1974 eingestellt. Die Urne Wolfgang Voglers wurde von Magdeburg nach Parchim überführt und beigesetzt. Aus den Unterlagen des Staatssicherheitsdienstes geht der enorme Aufwand zur Geheimhaltung des Vorfalls hervor. Überwacht und zum Schweigen verpflichtet wurden sowohl die an der Bergung beteiligten Grenzsoldaten als auch das medizinische Personal in den Krankenhäusern Wernigerode und der Akademie Magdeburg. Für Verwandte und Bekannte Voglers in Thale verhängte das MfS Postkontrollen und setzte inoffizielle Mitarbeiter auf sie an.

In den 1990er Jahren ermittelte die Staatsanwaltschaft Magdeburg gegen den Kommandeur des Grenzkommandos Nord und seinen Stellvertreter als Verantwortliche für die Minenverlegung in dem Grenzabschnitt, der Wolfgang Vogler zum Verhängnis wurde. Wegen Verhandlungsunfähigkeit der beiden ehemaligen Kommandoführer kam es jedoch zur vorzeitigen Einstellung der Ermittlungen. (Recherche: jk, jos, MP, MS, St.A.; Autoren: jos., MP)

Quellen:

MfS: Information über einen verhinderten Grenzdurchbruch. BStU, ZA, MfS, HA III, Nr. 10073.

MfS: Unterlagen zum Todesfall Wolfgang Vogler. BStU, ASt. Schwerin, MfS, BV Swn, AP 428/77; Ast. Magdeburg, MfS, BV Magdeburg, AU 1186/75.

MfS, HA I, Grenzkdo. Nord, Bätzendorf; Bartl (Oberstleutnant): Chiffriertelegramm vom 23.07.74, Mißbrauch der Dienstbefugnisse furch einen Offizier der Gt". BStU, ZA, MfS HA I Nr. 15291.

BMI: Zusammenstellung der Grenzzwischenfälle an der DL und der Sektorengrenze von Berlin seit Januar 1969. BArch Koblenz, B 137/6433.

GSG: Vernehmungsprotokoll zum Vorkommnis am 14. Juli 1974. NLA Hannover, Nds. 1150, Acc. 108/92, Nr. 4/2.

StA Magdeburg: Anklageschrift vom 26.7.1995, 33 Js 3441/95. Einstellungsbeschlüsse LG Stendal vom 19.1.1999 und 24.3.2000. Sammlung Marxen/Werle. Humboldt-Universität zu Berlin.

StA Magdeburg: Ermittlungsverfahren wegen Totschlags. StA Magdeburg 33 Js 27976/95 a.

Filmer, Werner/Schwan, Heribert: Opfer der Mauer. Die geheimen Protokolle des Todes. München 1991, S. 242.

Marxen, Klaus/Werle, Gerhard: Gewalttaten an der deutsch-deutschen Grenze. Band 2/2. Berlin 2002, S. 548.

Hans-Georg Lemme

geboren am 1. Juli 1953
in Wittenberge

bei Fluchtversuch am 19. August
1974 von einem DDR-Grenzboot
überfahren, aus der Elbe geborgen
am 6. September 1974

Ort des Zwischenfalls:
Elbkilometer 472,5
bei Lütkenwisch (Brandenburg)

Bildquelle: Privat

Nach seinem Schulabschluss mit der 12. Klasse absolvierte Hans-Georg Lemme eine Lehre als Maschinenschlosser. Am 2. November 1973 trat er seinen Wehrdienst bei der Volkspolizei-Bereitschaft „Karl-Liebknecht" des Bezirks Schwerin an, wo er zunächst als Schützenpanzerfahrer und dann als Maschinengewehrschütze ausgebildet wurde. Im Sport habe er „Höchstleistungen gezeigt", heißt es in einer Beurteilung der Volkspolizei, die seine Haltung zum Wehrdienst jedoch negativ beurteilte. Das habe sich „in mangelnder Dienstdurchführung und Undiszipliniertheiten" gezeigt. Sein Gruppenführer strich ihm deshalb mehrmals den Ausgang. Gegenüber Stubenkameraden äußerte Lemme wiederholt, er „habe die Schnauze voll".

Am 18. August 1974 verließ Hans-Georg Lemme nach dem Frühstück die Kaserne, zog sich in Schwerin bei einem Freund Zivilkleidung an und fuhr zu seinen Eltern nach Groß Breese. Dort kam er am Vormittag an. Von dem in der Nähe des brandenburgischen Wittenberge gelegenen Dorf aus machte er sich am frühen Nachmittag mit dem Fahrrad auf den Weg zur etwa 20 Kilometer entfernten Elbe. Seine Mutter dachte zunächst, ihr Sohn wolle baden fahren, sein Geld und seinen Wehrpass hatte er zurückgelassen. Als gegen 16 Uhr seine Abwesenheit in der Kaserne bemerkt wurde, lief eine Eilfahndung nach ihm an. Die Polizei begann, das Elternhaus zu überwachen und vernahm die ahnungslose Frau Lemme. Die Volkspolizei und die Grenztruppen in den Kreisen Perleberg und Ludwigslust erhielten Befehl zur verstärkten Grenzsicherung.

Die nun folgende Nacht muss Hans-Georg Lemme im Freien verbracht haben. Am 19. August 1974 sprang er kurz nach 21 Uhr bei Cumlosen (Elbkilometer 469) in die Elbe und schwamm in nördliche Richtung. Ab Elbkilometer 472,5 war es möglich, auf die niedersächsische Seite hinüberzuwechseln. Von hier an wurde der Elbabschnitt besonders intensiv überwacht. Von den Hunden alarmiert, bemerkten zwei Grenzposten gegen 22.10 Uhr den Schwimmer und erfassten ihn mit dem Lichtkegel ihres Scheinwerfers. Als er ihrer Aufforderung, ans Ufer zu kommen, nicht folgte, feuerten sie Warnschüsse ab. Auch ein mit drei Mann besetztes Grenzsicherungsboot, das etwa 350 Meter entfernt an einer Buhne vor Anker lag, nahm Kurs auf den Schwimmenden und schnitt ihm den Weg zum niedersächsischen Ufer ab. Der Bootsführer, Unteroffizier Hans Ulrich P., forderte ihn auf, einen Enterhaken zu ergreifen und an Bord zu kommen. Lemme erwiderte, „ich kann nicht, ich kann nicht!", dann feuerte auch der Bootsführer Warnschüsse ab. Überliefert ist der erschrockene Ausruf Lemmes: „Das könnt ihr doch nicht machen, ich bin einer von euch, ihr könnt doch nicht schießen!"

Obwohl Hans-Georg Lemme ein sehr guter Schwimmer war, zeigte sich zunehmend seine körperliche Erschöpfung. Das Grenzsicherungsboot versperrte ihm mehrmals den Weg und die Besatzung versuchte, ihn an Bord zu holen, doch Lemme tauchte wiederholt unter dem Boot durch. Dessen Bootsführer fürchtete einen Misserfolg. Erst kurz zuvor war er wegen des Hörens westlicher Rundfunksendungen mit einem Verweis belegt und für mehr als ein Jahr aus dem direkten Grenzdienst entfernt worden. Auch erinnerte er sich, dass an der gleichen Stelle einige Wochen zuvor eine Flucht gelungen war und die damals eingesetzte Bootsbesatzung sich dafür hatte verantworten müssen. Nun sah er, wie sich der Flüchtling immer weiter den Buhnen auf der Westseite näherte. Während er versuchte, das Boot möglichst nahe an den schwimmenden Flüchtling heran zu manövrieren, gab ein am DDR-Ufer eingesetzter Grenzposten gezielt Schüsse auf den Mann im Wasser ab. Er stellte das Feuer erst ein, nachdem der Bootsführer ihn wegen der Eigengefährdung dazu aufforderte. Was dann am Ende des etwa 35-minütigen Einsatzes geschah, ist unterschiedlich überliefert. Nach dem Untersuchungsbericht der Grenztruppen verfolgte Hans Ulrich P. mit dem Boot den Flüchtling. „Als er sich 5–6 m dem GV [Grenzverletzer] genähert hatte, schaltete er den Rückwärtsgang ein, um das Boot zu stoppen, dabei fiel ihm ein Motor aus, wodurch der Bremsvorgang verzögert und der Grenzverletzer kurz vor der Staatsgrenze überfahren wurde." Das MfS berichtete hingegen von einem Befehl des Bootsführers, „die schwimmende Person mit dem Boot zu überfahren". Das Grenzsicherungsboot suchte in dieser Nacht noch etwa 15 Minuten lang die Elbe mit einem Scheinwerfer ab, doch der Flüchtling tauchte nicht wieder auf.

Am Morgen des 6. September 1974 bargen Angehörige der Grenztruppen gegenüber Schnackenburg die Leiche von Hans-Georg Lemme. Sie wies starke Verletzungen an Kopf und Hals auf, die nach Auffassung der Militärstaatsanwaltschaft von einer Schiffsschraube herrühren konnten. Den Gerichtsmedizinern der Universität Rostock war es aufgrund der langen Liegezeit der Leiche im Wasser nicht mehr möglich, die genaue Todesursache zu attestieren. Es bleibt deshalb offen, ob Lemme die Verletzungen noch zu Lebzeiten erhielt, oder ob er bereits ertrunken war. Auf dem Totenschein, den die Eltern erhielten, stand schließlich: „wahrscheinlich ertrunken". Bereits einen Tag nach der Bergung wurden Lemmes sterbliche Überreste im verschlossenen Sarg nach Groß Breese überstellt. Mitarbeiter des Staatssicherheitsdienstes überwachten die Trauerfeier am 10. September 1974. Sie hielten in einem Bericht fest, dass rund 175 Personen Hans-Georg Lemme das letzte Geleit gaben, unter ihnen „alle Jugendlichen aus der Gemeinde". Lemme sei in der Grabrede des Pfarrers als mutiger und tapferer Mensch geschildert worden, der an ein anderes Leben glaubte.

Inge Lemme am Elbufer unweit der Stelle, an der ihr Sohn getötet wurde.
Foto: Stefan Appelius

Gegenüber der DDR-Militärstaatsanwaltschaft Schwerin erklärte Bootsführer Hans Ulrich P. im Juni 1990 seine Angaben aus dem Jahr 1974 zur Falschaussage. Er habe Lemme nicht mit Absicht überfahren, töten oder verletzen wollen. „Grund für meine damalige Aussage war, daß ich meinen Stand im Dienstkollektiv und speziell vor meinen Vorgesetzten verbessern wollte." Doch der mit der Untersuchung beauftragte Stabschef des GK Nord beurteilte dies anders. Sein Untersuchungsbericht kritisierte das Vorgehen der Bootsbesatzung als „unentschlossen und nicht zielstrebig", da es trotz der unmittelbaren Nähe des Bootes nicht gelungen sei, „die Festnahme, besonders unter Anwendung des Enterhakens durchzuführen". Das Landgericht Schwerin kam im Juli 1998 nach der Rekonstruktion des Tathergangs zu dem Schluss, Hans Ullrich P. habe nicht mit Tötungsvorsatz gehandelt und sprach ihn frei. Er selbst betonte, wie sehr ihn das damalige Geschehen noch immer belaste und in Träumen quäle.

Vielleicht hätte Lemmes Angehörigen die Wahrheit über seine Todesumstände in ihrer Trauer geholfen. Doch erst nach Öffnung der Stasi-Akten bestätigte sich die Ahnung der Eltern, dass ihr Sohn bei einem Fluchtversuch sein Leben lassen musste. 40 Jahre nach dem Vorfall, am 20. August 2014, weihten Vertreter der Union der Opferverbände Kommunistischer Gewaltherrschaft e. V. (UOKG) gemeinsam mit der Ortsteilvertretung Lütkenwisch der Gemeinde Lanz am Parkplatz des dortigen Fähranlegers ein wiedererrichtetes Grenzzaunsegment als Mahnmal ein, um an das Schicksal des erst 21-jährigen Hans-Georg Lemme zu erinnern. Der Platz am Fähranleger Lütkenwisch-Schnackenburg selbst erhielt am 3. Oktober 2014 im Rahmen einer gemeinsamen Gedenkveranstaltung der Gemeinden Schnackenburg und Lanz den Namen Hans-Georg-Lemme-Platz. Die Gemeinde Breese will die Pflege des Grabes auch für die Zukunft sicherstellen. (Recherche: jk, jos., MP, MS, St.A.; Autor: jk)

Quellen:

MfS, HA VII, Leiter: Information. Berlin, 21.8.1974. BStU, MfS, HA VII 1808.

MfS, BV Schwerin, Abt. IX: Vernehmungsprotokoll des Zeugen H. Dömitz, 20.8.1974. BStU, MfS, BV Schwerin, Abt. IX 466.

MfS, HA III: Tod eines Fahnenflüchtigen. BStU, ZA, MfS, HA III, Nr. 10073.

MfS/BV Schwerin: Berichte und Meldungen zu Hans-Georg Lemme. BStU, Ast. Schwerin, MfS, BV Schwerin, KD Lul, ZMA 8755.

BGS GSK Nord: Vorkommnis – Grenze. Hannover, 4.11.1974. BArch Koblenz, B 369/85.

BMI: Zusammenstellung der Grenzzwischenfälle an der DL und der Sektorengrenze von Berlin seit Januar 1969. BArch Koblenz, B/137/6433.

Achim Lemme an den Bundesgrenzschutz Uelzen (Abschrift), 25.10.74. NLA Hannover, Nds. 1150, Acc. 108/92, Nr. 227.

KHK Emmerich/ZERV 214: Schlußbericht. Berlin, 20.4.1994. In: ZERV: Auswertung der „Toten an der Grenze". LAB, D Rep. 120–02, Acc. 8346, StA Schwerin 191 Js 339656.

Staatsanwaltschaft Schwerin: Ermittlungsverfahren wegen Totschlag, 191 Js 8423/98. LHASn 8.33–6/2, Staatsanwaltschaft Schwerin 3731b.

StA Schwerin: Anklage vom 15.04.1996, 191 Js 33956/95. LG Schwerin: Urteil vom 8.07.1998, 32 Ks 06/96. Sammlung Marxen/Werle. Humboldt Universität zu Berlin.

Filmer, Werner/Schwan, Heribert: Opfer der Mauer. Die geheimen Protokolle des Todes. München 1991, S. 242.

Oschlies, Renate: Vor 24 Jahren wurde der junge Wehrdienstleistende Hans-Georg Lemme von einem Grenzboot überfahren. In: *Berliner Zeitung*, 13.08.1998.

Schliemann-Pingel, Sandra: „Ihr könnt doch nicht auf mich schießen!" Die Grenze zwischen Lübecker Bucht und Elbe 1945 bis 1989. Schwerin 2014, S. 173–176.

Beck, Kerstin: Er wurde gejagt wie ein Tier – und dann getötet. In: *Märkische Allgemeine*, 22.08.2014.

Beck, Kerstin: Noch kein Ehrengrab. In: *Märkische Allgemeine*, 23.08.2014.

Reinhold, Lars: Ehrengrab für Flüchtling Lemme. In: *SVZ/Lokales aus der Prignitz*, 15.03.2015.

Gedenkveranstaltung am 3. Oktober 2014 in Lütkenwisch: Namensgebung für den Fähranleger Lütkenwisch in Hans-Georg-Lemme-Platz. http://www.aufarbeitung.brandenburg.de/sixcms/detail.php/bb1.c.378357.de (Zugriff: 23.06.2016).

Siegfried Biesel

geboren am 16. Juni 1932 in Schosdorf
(Niederschlesien, heute Ubocze, Polen)

gestorben an einer Wundinfektion
infolge einer Schussverletzung
am 23. März 1976

Ort des Zwischenfalls: Holzhausen (Thüringen)

Der in Niederschlesien geborene Siegfried Biesel lebte nach der Vertreibung mit seinen Angehörigen in Westdeutschland. Er verdiente sich seit 1949 seinen Lebensunterhalt als Knecht auf einem Bauernhof. Bei einem Verwandtenbesuch in der DDR lernte er die Witwe eines Heldburger Bauern kennen. Er heiratete sie und kam 1959 in die DDR. Sie besaß einen Hof und zehn Hektar Ackerland, das die Eheleute gemeinsam bestellten. Siegfried Biesel litt während seiner Kindheit an einer Hirnhautentzündung, deren Nachwirkungen eine psychiatrische Behandlung erforderlich machten. Nachdem er im Sommer 1967 in Grenznähe herumirrend aufgegriffen wurde, unterzog er sich von August bis November 1967 einer stationären Behandlung in der Landesnervenklinik Hildburghausen. Danach besserte sich sein Zustand, und die Ärzte setzten bald die Behandlung mit Psychopharmaka ab. Nach dem Weihnachtsfest 1975 nahmen Angehörige jedoch wahr, dass sich sein Gesundheitszustand verschlechterte und er häufig unverständliche Selbstgespräche führte.

Am 14. März 1976, einem Sonntag, verließ Siegfried Biesel mehrfach den Bauernhof und streifte in der Umgebung umher. Um 14.30 Uhr kehrte er zurück, weil ihn seine Schuhe drückten. Er zog seine hohen Winterschuhe an und verließ erneut das Haus. Danach soll er sich nach späteren Ermittlungsergebnissen des Staatssicherheitsdienstes gegen 16.30 Uhr im „Schutzstreifen an der Staatsgrenze im Raum Holzhausen im offenen Gelände in normaler Schrittgeschwindigkeit aufrecht gehend auf die Grenzsicherungsanlagen" zu bewegt haben. Nach der Entdeckung durch Grenzposten setzten diese eine Meldung über das Grenzmeldenetz zum Führungsbunker ab und schnitten ihm den Weg in Richtung Grenze ab. Nachdem Biesel das Postenpaar bemerkt hatte, bewegte er sich zunächst parallel zur Grenze, änderte dann seine Richtung und lief ins Hinterland. Auf dem Rückweg riefen ihn die Grenzsoldaten an und forderten ihn auf, sofort stehenzubleiben und die Hände zu heben. Nach Aussagen der beiden Grenzposten sei er dem zunächst nachgekommen, habe die Hände dann jedoch wieder heruntergenommen, sich umgedreht und sei weitergegangen. Daraufhin gab ein Grenzer zwei Schüsse in die Luft ab. Siegfried Biesel soll sich daraufhin erneut umgedreht haben und dann weitergelaufen sein. Weitere Warnschüsse schlugen ein bis zwei Meter vor Biesel ins Erdreich ein. Als die beiden Grenzer Biesel erreichten und überholt hatten, blieb dieser trotz Aufforderung nicht stehen, sondern drohte den Soldaten Ärger mit der Staatsgewalt an, denn er sei Widerstandskämpfer gewesen. Nachdem der Posten Klaus S. ihn mit dem Gewehrkolben geschlagen hatte, rannte Biesel weiter in Richtung Hinterland, woraufhin Postenführer Klaus H. dem Posten befahl, einen gezielten Feuerstoß auf die Beine des Flüchtenden abzugeben. Biesel wurde von einem Geschoss 15 Zentimeter oberhalb des Knies in den Oberschenkel getroffen und stürzte zu Boden.

Was dann geschah, schilderte der Posten Klaus S. in seiner Zeugenaussage am Abend des 14. März 1976 gegenüber der Staatssicherheit folgendermaßen: „Der Postenführer drehte die Person vom Rücken auf die linke Seite. Er forderte diese auf, den rechten Arm auszustrecken und wies mich an, auf die Hand des Mannes meinen Fuß zu stellen, um seine Handlungsfreiheit einzuschränken, falls er den Postenführer angreifen sollte." Der Postenführer habe dann den Verletzten untersucht und seine Hose über der blutenden Verletzung mit dem Seitengewehr aufgeschnitten. „Die unter der Hose befindliche Unterhose, es war eine weiße Unterhose, war stark verblutet. Der Postenführer riß die Unterhose bis zur Wunde ab, formte aus ihr ein Päckchen, das er auf die Wunde legte. Dann löste er von seiner MPi den Tragriemen und schnürte die stark blutende Verletzung ab." Siegfried Biesel lag nun auf dem Bauch während Klaus S. mit dem Fuß auf seiner Hand stand und ihn mit dem Kolben seiner MPi auf den Boden niederdrückte. Postenführer Klaus H. erstattete danach von einem nahe gelegenen Feldtelefon Meldung. Nach etwa einer halben Stunde erschienen drei Fahrzeuge der Grenztruppen am Ereignisort. In einem befand sich der Stabschef des Bataillons, Major Baiersdorf. Er befahl, „die Fahrzeuge in Deckung zu fahren, da auf der BRD-Seite Personenbewegung festzustellen war". Der Verletzte wurde auf eine Decke gerollt und zu dem außer Sichtweite wartenden Geländewagen des

Stabschefs getragen. Während des Abtransports ragten die Beine des Verletzten etwa 20 Zentimeter aus der Hintertür des Fahrzeugs heraus. Laut der Aussage von Klaus S. begann die Wunde nun wieder stark zu bluten. Der Verletzte wurde wenig später in das Kreiskrankenhaus Hildburghausen eingeliefert. Am folgenden Tag meldeten unter anderem die *Frankfurter Allgemeine Zeitung*, der *Tagesspiegel* und die *Berliner Morgenpost* den Zwischenfall an der innerdeutschen Grenze.

Eine in den MfS-Unterlagen enthaltene „Einschätzung des Bürgers Siegfried Biesel" durch den Rat der Stadt Heldburg fiel ausgesprochen positiv aus. Er habe sich „trotz seiner schweren Krankheit seit längerer Zeit kein Fehlverhalten zuschulden kommen lassen", gehe pünktlich zur Arbeit und führe diese auch ordentlich aus. Allerdings sei er am 10. März bei einer Wohnbezirksversammlung „durch laute und unsachliche Diskussionen" aufgefallen und habe auf dem Heimweg verwirrte Äußerungen von sich gegeben. Er habe stets den Drang gehabt, „die Felder zu besichtigen, an denen er mitgearbeitet hat". So sei anzunehmen, „daß auf Grund seines gegenwärtigen Krankheitszustandes die Reaktion zur Besichtigung der Felder in Holzhausen ausgelöst wurde". Auch in den Untersuchungsakten des MfS ist nicht von einem Fluchtversuch die Rede.

Eine infolge der unsachgemäßen Erstversorgung eingetretene schwere Infektion der Schusswunde zog eine Blutvergiftung sowie eine Lungenentzündung nach sich, die zu seinem Tod führte. Siegfried Biesel starb am 23. März 1976 um 10.45 Uhr an den Folgen der Schussverletzung im Kreiskrankenhaus Hildburghausen. Das MfS bemühte sich, die Todesursache zu verschleiern: „Auf operativem Wege wurde versucht, dahingehend Einfluß zu nehmen, daß der leichenbeschauende Arzt auf den Totenschein unter beitragender Erkrankung allgemein Oberschenkelfraktur einträgt und die Unfallursache offen läßt." Doch der Mediziner „erklärte sich nur im Falle einer dienstlichen Weisung zu einer solchen Veränderung bereit. Eine derartige Weisung wurde vom Kreisarzt nicht erteilt." Die Kreisdienststelle Hildburghausen des MfS leitete „operative Maßnahmen zur Absicherung der Bestattung" ein. Wenige Stunden nach der Einlieferung Siegfried Biesels in das Kreiskrankenhaus Hildburghausen hatte der Staatsanwalt des Bezirkes Suhl einen Haftbefehl gegen den Verletzten erwirkt. Sieben Tage nach seinem Tod hob das Kreisgericht des Stadt- und Landkreises Suhl den Haftbefehl auf, „weil die Gründe, die zu seinem Erlaß führten, weggefallen sind".

Die Staatsanwaltschaft Erfurt stellte 1996 das nach der Wiedervereinigung eingeleitete Ermittlungsverfahren gegen die beiden ehemaligen DDR-Grenzsoldaten Klaus S. und Klaus H. ein. Zwar hätten die Beschuldigten Angeklagten den Tod Biesels verursacht, eine vorsätzliche Tötung könne ihnen jedoch nicht nachgewiesen werden. Die von den Beschuldigten begangene Körperverletzung sei gemäß der damals gültigen Schußwaffengebrauchsbestimmung erfolgt. (Recherche: jk, jos, MP, StA, TP; Autor: jos.)

Quellen:
MfS, HA I, GK-Süd/Abwehr; Gerpach (diensthabender Major): FS.-Nr. 110 vom 14. März 1976 an HA I/AIG und KGT. BStU, ZA, MfS, HA I, Nr. 16380, Teil 1 von 2.
MfS-Karteikarte zu Siegfried Biesel. BStU, ZA, HA IX VSH (KK).
Beschluss des Kreisgerichtes des Stadt- und Landkreises Suhl vom 30. März 1976. BStU, Ast. Shl, MfS, BV Suhl AU 364/77, Bd. 1 u. 2.
Ermittlungsunterlagen der Staatsanwaltschaft Erfurt wegen Verdacht des Totschlags, 504 UJs 10149/93, zuvor 7 UJs 914/92 StA Meiningen. ThHStA Weimar Freistaat Thüringen, StA Erfurt 1815.
Ermittlungsverfahren der Staatsanwaltschaft Erfurt gegen Klaus S. und Klaus H. ThHStA Weimar Freistaat Thüringen, StA Erfurt 9577–9584.

Michael Gartenschläger

geboren am 13. Januar 1944 in Berlin
erschossen am 30. April 1976
Ort des Zwischenfalls: nahe Grenzsäule 231, bei Bröthen (Schleswig-Holstein)

Bildquelle: Kai Greiser

Michael Gartenschläger wuchs in Strausberg, östlich von Berlin auf. Das im Jahre 1956 geschaffene Ministerium für Nationale Verteidigung hatte hier seinen Hauptsitz. Das Bild der idyllischen Kleinstadt war zunehmend vom Militär geprägt. Die Eltern erzogen ihren Sohn Michael und seine Schwester im evangelischen Glauben. Da die Eltern eine Gaststätte bewirtschafteten, kümmerte sich die ältere Schwester oft um ihn. Die beiden Geschwister hatten trotz ihres Altersunterschiedes von sechs Jahren eine innige Verbindung. Michael Gartenschläger verließ im Jahre 1958 mit dem Abschluss der 8. Klasse die Schule. Wie viele andere Jugendliche ging auch er zur staatlichen Jugendweihe. Im Folgejahr feierte man im Familienkreis aber auch seine Konfirmation.

Nach der Schule begann Michael Gartenschläger eine Lehre als Autoschlosser. In der Freizeit half er seinen Eltern in deren Gaststätte. Mit Gleichaltrigen gründete er einen Ted-Herold-Fanclub. Die Strausberger Clique hörte die Songs des westdeutschen Rock-'n'-Roll-Stars heimlich im RIAS und fuhr häufig nach West-Berlin, um dort ins Kino zu gehen, im Amerikahaus Illustrierte zu lesen und sich in Musikgeschäften Platten von Elvis Presley anzuhören. Wenn sie genug Westgeld dabei hatten, kauften sie auch Platten und Zeitschriften und nahmen sie heimlich mit über die Grenze.

Nachdem die Clique in der westdeutschen Jugendzeitschrift *Bravo* eine Kontaktanzeige veröffentlicht hatte, reagierte die Volkspolizei und beschlagnahmte bei mehreren Strausberger Jugendlichen Rock-'n'-Roll-Platten, Plakate und Illustrierte als Beweisstücke „westlicher Dekadenz". Das Polizeikreisamt ordnete die Schließung des Clubs an und die Besuche in West-Berlin fanden durch die Abriegelung der Sektorengrenze am 13. August 1961 ein abruptes Ende. Aus Protest gegen den Mauerbau malte Gartenschlägers Clique Losungen an Häuserwände und steckte eine Scheune der LPG „Einheit" in Brand.

Die Strausberger Clique 1961: Gerd Peter Riediger, Karl Heinz Lehmann, Michael Gartenschläger und Jürgen Höpfner.
Foto: Gerd Resag, Quelle Robert-Havemann-Stiftung.

Am 19. August 1961 wurden der 17-jährige Michael Gartenschläger und seine Freunde wegen des Verdachts der „staatsgefährdenden Propaganda und Hetze" festgenommen. In einem Schauprozess verurteilte das Landgericht Frankfurt/Oder am 13. September 1961 die Jugendlichen als „konterrevolutionäre Gruppe". Der Staatsanwalt beantragte für Michael Gartenschläger und dessen Freund Gerd Resag die Todesstrafe. Da sie zur Tatzeit jedoch noch Jugendliche waren, erhielten sie lebenslange Freiheitsstrafen. Die anderen drei aus der Strausberger Clique wurden zu Haftstrafen zwischen sechs und 15 Jahren verurteilt.

Parolen der Strausberger Jugendlichen.
Bildquelle: BStU

Ein im Jahr 1967 freigekaufter Mithäftling Michael Gartenschlägers informierte während eines deutsch-englischen Jugendaustauschs in London die Zentrale von Amnesty International über die Haftfälle Michael Gartenschläger und Gerd Resag. Gnadengesuche der Familien der beiden jungen Männer waren von den DDR-Instanzen abgelehnt worden. Nach neun Jahren in Haft beantragte Michael Gartenschläger die Entlassung aus der DDR-Staatsbürgerschaft. Im Februar 1971 richtete Amnesty International einen mehrseitigen Brief an die DDR-Nachrichtenagentur ADN und forderte unter Verweis auf universale Menschenrechte die Begnadigung Gartenschlägers. Ende Mai 1971 durfte Michael Gartenschläger zusammen mit 28 anderen politischen Häftlingen des Zuchthauses Brandenburg in den Westen ausreisen. Auch Gerd Resag kam frei. In diesem Jahr kaufte die Bundesregierung 1 375 politische Häftlinge für mehr als 92 Millionen DM von der DDR frei. Der 27-jährige Michael Gartenschläger hatte neun Jahre und zehn Monate im geschlossenen Jugendwerkhof Torgau und im Zuchthaus Brandenburg verbracht.

Über die „Helfenden Hände", ein Hamburger Hilfswerk, das sich seit den 1960er Jahren unter anderem für politische Häftlinge in der DDR und ihre Angehörigen einsetzte, gelangten Michael Gartenschläger und Gerd Resag nach Reinbek ins Haus Billetal, eine familiäre Bleibe in dem Hamburger Vorort. Neben der Intervention von Amnesty International trug auch die unermüdliche Hartnäckigkeit der „Helfenden Hände" maßgeblich zur Freilassung Michael Gartenschlägers bei. Im Sommer 1972 bezog er seine erste eigene Wohnung. Sein ehemaliges Zimmer im Haus Billetal bezog Lothar Lienicke, ein ebenfalls von der Bundesrepublik freigekaufter DDR-Häftling. Er kannte Michael Gartenschläger aus dem Zuchthaus Brandenburg. Die beiden freundeten sich an, genossen das Leben in Freiheit und unternahmen zusammen einige Reisen. Auf Transitreisen durch die DDR trafen sich die freigekauften ehemaligen DDR-Häftlinge mit ihren Verwandten. Das seit 1971 geltende Transitabkommen erlaubte Bundesbürgern die Reise durch die DDR, wobei Ausweiskontrollen, jedoch keine Fahrzeugkontrollen, erfolgen durften. Michael Gartenschläger engagierte sich als Fluchthelfer. Im Kofferraum seines roten Opels schaffte er mehrere DDR-Bürger über die Grenze in die Bundesrepublik. Gerne hätte er auch seine Schwester und ihre Familie aus der DDR geholt, doch sie scheute das Risiko einer Flucht.

Im Jahr 1975 kam Michael Gartenschläger auf den Gedanken, eine an der Grenze installierte Selbstschussanlage abzumontieren. Er wollte diese von der DDR offiziell geleugnete Tötungsmaschine der westlichen Öffentlichkeit präsentieren. Die Splitterminen SM-70 kamen seit 1971 an den DDR-Grenzzäunen zum Einsatz. Sie wurden in unterschiedlicher Höhe an den drei Meter hohen Streckmetallzaun montiert und zündeten bei Berührung der davor gespannten Signaldrähte. Sie verschossen bei Auslösung etwa 100 scharfkantige Stahlsplitter parallel zum Metallgitterzaun und fügten Flüchtlingen schwerste oder gar tödliche Verletzungen zu. Michael Gartenschläger wusste von der missglückten Flucht Hans-Friedrich Francks, der sich im Januar 1973 von einer Splittermine schwer verletzt noch auf westdeutsches Gebiet schleppen konnte, jedoch trotz umfassender ärztlicher Versorgung und mehreren Operationen schließlich seinen Verletzungen erlegen war.

Am 30. März 1976 montierte Michael Gartenschläger mit einem Helfer nahe Schwarzenbek, östlich von Bröthen, am sogenannten Grenzknick Wendisch/Rietz, eine Splittermine vom Grenzzaun ab. Er verkaufte diese Selbstschussanlage zusammen mit seiner Lebensgeschichte dem Nachrichtenmagazin *Der Spiegel*. Das Magazin veröffentlichte die Geschichte am 16. April 1976 und widerlegte damit die offiziellen

DDR-Verlautbarungen, es gebe keine Selbstschussautomaten an den Grenzanlagen. In der Nacht des 23. April 1976 gelang Michael Gartenschläger ein zweiter Coup. Erneut demontierte er eine SM-70-Anlage vom Grenzzaun. Sie sollte im August bei dem „Internationalen Sacharow-Hearing" in Kopenhagen der Öffentlichkeit präsentiert werden. Das Hearing sollte Menschenrechtsverletzungen in den Ostblockstaaten anklagen. Auch Rainer Hildebrandt, Vorsitzender der Berliner „Arbeitsgemeinschaft 13. August", bekundete sein Interesse, einen dieser Tötungsapparate im Museum „Haus am Checkpoint Charly" auszustellen.

Unterdessen braute sich auf der DDR-Seite Unheil zusammen. Am 24. April 1976 berieten mehrere hochrangige Stasi-Offiziere über „Gesamtmaßnahmen zur Ergreifung bzw. Liquidierung der Täter", die im Sicherungsabschnitt der 12. Grenzkompanie Leisterförde zwei „Schützenminen vom Typ SM 70" entwendet hatten. An der Beratung nahmen Oberst Zillich, Oberstleutnant Tyra und Hauptmann Singer von der MfS-Hauptabteilung I sowie Major Meyer von der Arbeitsgruppe des Ministers Mielke teil. Die Stasi-Offiziere verfassten einen Plan zur „Vorbereitung und Durchführung einer ununterbrochenen Beobachtung des gegnerischen Vorfeldes sowie zur Identifizierung von möglichen Tätern". Im Protokoll des Treffens heißt es: „Zur wirksamen Bekämpfung und Ergreifung der Täter erscheint es zweckmäßig, die Bearbeitung des vermutlichen Täters Gartenschläger durch OSL Booth mit den Maßnahmen, die von der Arbeitsgruppe durchgeführt werden, eng zu koordinieren und weitestgehend unter Einhaltung der Konspiration abzustimmen. Beginnend mit dem 25.4.76, 21.00 Uhr bis 03.00 Uhr des nachfolgenden Tages nach Schaffung von 3 notwendigen Gassen in der Anlage 501, Einsatz von 2 Postenpaaren der Abteilung Äußere Abwehr unter Führung eines operativen Mitarbeiters feindwärts der Anlage 501 mit dem Ziel der Festnahme oder Vernichtung der Täter." Zur Gewährleistung möglicherweise „notwendiger militärischer Unterstützung und Deckung der feindwärts eingesetzten Kräfte" sollten weitere zwei Postenpaare auf der DDR-Seite der Sperranlagen zum Einsatz kommen. Die im Hinterhalt liegenden Einzelkämpfer sollten mit speziellen Horch- und Nachtsichtgeräten ausgerüstet werden. Weitere „6–8 Kämpfer der Abt. Äußere Abwehr" würden zur „Erhöhung der Postendichte" bereitstehen. Zusätzlich werde ein „Einsatz von ausgebildeten Scharfschützen feindwärts als auch freundwärts der Sperranlagen während der Tages- und Nachtzeit" erfolgen. Insgesamt 21 MfS-Männer kamen schließlich in wechselnden Schichten rund um die Uhr zum Einsatz. Sie erwarteten Michael Gartenschläger.

Das Gesicht mit Schuhcreme geschwärzt und mit einem dunkelblauen Mantel bekleidet begab dieser sich am 30. April 1976 gegen 22.30 Uhr zum dritten Mal im Landkreis Lauenburg an die innerdeutsche Grenze, um eine weitere SM-70 abzubauen. Lothar Lienicke und Wolf-Dieter Uebe begleiteten ihn an diesem kühlen Frühlingsabend. Die drei Männer führten zwei Pistolen und eine abgesägte Schrotflinte mit sich. Sie nahmen irrtümlich an, dass durch die anstehenden Maifeierlichkeiten in der DDR eine verminderte Grenzsicherung bestünde. Ursprünglich hatten sie für die dritte Aktion einen anderen Grenzabschnitt in Betracht gezogen, doch dann entschieden sie sich für die „bewährte" Stelle. Sie ahnten nicht, dass sie dort bereits von Scharfschützen des DDR-Staatssicherheitsdienstes erwartet wurden. An der Grenze beschlich Lothar Lienicke und Wolf-Dieter Uebe ein mulmiges Gefühl. Sie versuchten, ihren Freund von der Aktion abzubringen. Ihnen war aufgefallen, dass der Metallgitterzaun im Dunkeln lag, obwohl dort nach der ersten Demontage einer SM-70 eine starke Lichtanlage installiert worden war. Die ungewöhnliche Situation muss auch

Gartenschläger misstrauisch gemacht haben. Die drei kehrten um. Als sie sich bereits 150 Meter von der Grenze entfernt hatten, blieb Gartenschläger stehen. Er sagte zu seinen beiden Freunden, er wolle zurück, um wenigstens eine Mine am Zaun zu zünden. Er näherte sich wenig später in gebückter Haltung dem Grenzzaun. Bis auf zehn Meter kam er an den Zaun heran. Dann fielen Schüsse, Scheinwerfer blendeten auf und tauchten den Grenzabschnitt in gleißendes Licht.

Das metallische Klicken, das Lienicke und Uebe kurz zuvor vernommen hatten, stammte von einer MPi Kalaschnikow. Auch Gartenschläger muss das gehört haben, er soll nach späteren Aussagen der MfS-Einzelkämpfer seine Pistole gezogen und in ihre Richtung geschossen haben. Die MfS-Leute eröffneten das Feuer und schossen ihre Magazine leer. Zwischen 120 und 140 Schüsse feuerten sie auf Gartenschläger und seine beiden Helfer ab. Lothar Lienicke und Wolf-Dieter Uebe rannten um ihr Leben.

Die Delegation der Bundesrepublik Deutschland in der deutsch-deutschen Grenzkommission sprach im Namen der Bundesregierung die Erschießung Gartenschlägers in der 27. Sitzung der Grenzkommission am 5. Mai 1976 in Bayreuth an. Regierungsdirektor Erich Kristof erklärte, der Tod Gartenschlägers sei die Folge einer Grenze, „die einmalig in der Welt ist. Die zuständige Staatsanwaltschaft hat die Aktion der Grenztruppen der DDR als Mord und Mordversuch qualifiziert." Es handele sich „um einen Grenzzwischenfall von ungewöhnlicher Schärfe. Die Höhe und Entfernung der Einschüsse auf dem Gebiet der Bundesrepublik beweisen, daß bewußt auf Personen geschossen worden ist, die sich eindeutig auf dem Gebiet der Bundesrepublik befanden." Der Leiter der DDR-Delegation wies die Erklärung zurück und behauptete, mit der Thematisierung dieser „Grenzprovokation" würde versucht „Fragen zum Gegenstand der Arbeit der Grenzkommission zu machen, die nicht zu ihren Aufgaben gehören".

Das nächtliche Geschehen am Grenzknick Wendisch/Rietz wurde nach der Wiedervereinigung vor dem Landgericht Schwerin folgendermaßen rekonstruiert. Nachdem Gartenschläger getroffen zusammengebrochen war, „gab der Angeklagte L. den Befehl ‚Licht an!', woraufhin der Zeuge He., der den Scheinwerfer, der bis dahin auf die Ausleuchtung des Vorfeldes ausgerichtet war, nun auf den Handlungsort lenkte. Die Angeklagten und der Zeuge Li. sahen daraufhin eine verletzte Person am Boden auf dem Rücken in ca. 10 m Entfernung vor sich liegen. Der Angeklagte W. und der Zeuge Li., der ihn zuerst erreichte hob den Arm des Verletzten und rief sinngemäß ‚der lebt noch!' In diesem Augenblick nahm der Angeklagte L. westwärts Geräusche wahr, die von den Zeugen Lienicke und Uebe verursacht wurden, als diese wegen der Schießerei flüchteten. L. erteilte dann sinngemäß den Befehl: ‚Licht aus, weg da vorne, da sind noch welche!' Als der Angeklagte W. seine frühere Position fast erreicht hatte und der Zeuge Li. noch in der Zurückbewegung in Richtung seiner früheren Position war, schoß der Angeklagte L. selbst mit ein bis zwei kurzen Feuerstößen auf westliches Territorium, und zwar in Richtung Lienickes Fluchtweg und den Standort des Zeugen Uebe. Nach Beendigung der Schießerei brachten die Angeklagten R., W. und L. gemeinsam mit dem Zeugen He. den Verletzten durch die Öffnung im Metallgitterzaun und von dort zur Führungsstelle, wo sie ihn auf den Boden legten. Michael Gartenschläger lebte zu diesem Zeitpunkt noch; er gab röchelnde Geräusche von sich. Zeitgleich sammelte der Zeuge Li. vor dem Metallgitterzaun die liegengebliebenen Sachen ein." Der Militärarzt Dr. Meinig diagnostizierte später als Todeszeitpunkt Gartenschlägers 23.45 Uhr. Das Schweriner Institut für Gerichtliche Medizin stellte neun Schusswunden an seinem Körper fest. Michael Gartenschläger wurde am 10. Mai 1976 um 15 Uhr auf dem Schweriner Waldfriedhof als unbekannte Wasserleiche beigesetzt. Seine Schwester erfuhr erst nach der Wiedervereinigung, wo sich das Grab ihres Bruders befand.

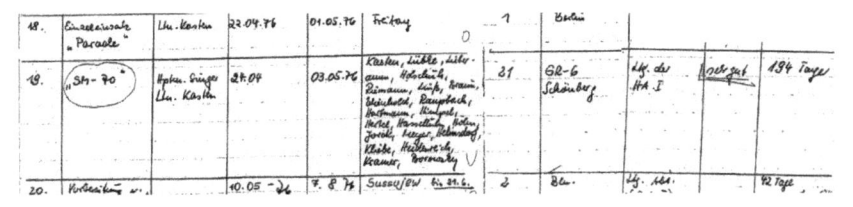

Ausschnitt: „Nachweis über durchgeführte operative Einsätze" des Spezialkommandos der Hauptabteilung I des Staatssicherheitsdienstes. Die Erschießung Michael Gartenschlägers wurde mit „sehr gut" bewertet, die Todesschützen belobigt und mit Orden ausgezeichnet.

Quelle: BStU.

Lothar Lienicke und ein weiterer Freund Michael Gartenschlägers errichteten sechs Monate nach der Todesnacht an der Grenzsäule 231 ein Gedenkkreuz, dessen Inschrift nach Osten zeigte. Im November 1976 weihten seine Freunde dort auch eine kleine Gedenkstätte ein. Die strafrechtlichen Ermittlungen gegen die Todesschützen und ihre Befehlsgeber begannen erst 1999. Nach widerstreitenden Zeugenaussagen sprach das Schweriner Landgericht drei der beteiligten Schützen aus der MfS-Einsatzkompanie vom Vorwurf des versuchten Mordes frei. Ihnen wurde eine Notwehrhandlung zugebilligt, da sie übereinstimmend aussagten Michael Gartenschläger habe zuerst mit seiner Pistole auf sie geschossen. Demgegenüber erklärten seine damaligen Begleiter Lothar Lienicke und Wolf-Dieter Uebe, dass es keine Warnrufe gab und die ersten Schüsse von der anderen Seite fielen. (Recherchen: jk, MP, TP, ES, jos.; Autoren: MP, jos.)

Quellen:

MfS, HA I, GKN: Information vom 25. April 1976 zum Diebstahl von 2 Schützenminen vom Typ SM 70 im SiA 12, Grenzkompanie Leisterförde, Kreis Hagenow, GR-6 Schönberg sowie einleitender und vorgesehener politisch-operativer Maßnahmen. BStU, ZA, MfS, HA I Nr. 1410, GKN.

BGS: Grenzlagebericht 1976/II. PAAA, Zwischenarchiv 115049.

Bericht der DDR-Delegation über die 27. Sitzung der Grenzkommission vom 5. bis 6. Mai 1976 in Bayreuth. PAAA, MfAA ZR 2441/95, MfAA C 1390/78.

StäV: Einzelfallakte Gartenschläger, Michael. BArch Koblenz B 288/4284.

„Schnell das Ding vom Zaun". Wie ein DDR-"Todesautomat" in den Westen kam. In: *Der Spiegel* (1976), Nr. 16, S. 116–125. URL: http://www.spiegel.de/spiegel/print/d-41238170.html. (Zugriff am 04.11.2016)

„Straußberger Schüler". Bundeszentrale für politische Bildung und Robert-Havemann-Gesellschaft e. V., letzte Änderung Februar 2016. URL: http://www.jugendopposition.de/index.php?id=2879 (Zugriff am 04.11.2016)

Frost, Andreas: Michael Gartenschläger. Der Prozess. Mutmaßliches DDR-Unrecht vor einem bundesdeutschen Gericht. Schwerin 2002.

Klier, Freya: Michael Gartenschläger. Kampf gegen Mauer und Stacheldraht. Berlin 2009.

Kowalczuk, Ilko-Sascha: Für ein freies Land mit freien Menschen. Opposition und Widerstand in Biographien und Fotos. Berlin 2006.

Lienicke, Lothar/Franz Bludau: Todesautomatik. Überarbeitete Neuauflage, Frankfurt/Main 2003.

Marxen, Klaus/Gerhard Werle (Hrsg.): Strafjustiz und DDR-Unrecht. Dokumentation. 6 Bde., Band 6: MfS-Straftaten, Berlin 2006.
Thoß, Hendrik: Gesichert in den Untergang. Die Geschichte der DDR-Westgrenze. Berlin 2004.

Walter Otte

geboren am 8. Januar 1936 in Trautliebersdorf (heute: Kochanów, Polen)
erschossen am 11. Juni 1976
Ort des Zwischenfalls: zwischen Eckertal (Niedersachsen)
und Stapelburg (Sachsen-Anhalt)

Walter Otte war mit acht Jahren das jüngste Kind in der Familie, die sich 1944 nach ihrer Flucht aus dem niederschlesischen Trautliebersdorf in Bad Harzburg angesiedelt hatte. Die Mittelschule schloss er 1950 nach der 6. Klasse ab. Nach einer abgebrochenen Lehre als Fleischer übernahm er Hilfsarbeiten, mal im Sägewerk, mal bei einer Baufirma oder im Kohlenhandel. Sein älterer Bruder Herbert beschrieb ihn als akzeptiert und ancrkannt. „Dadurch, daß Walter keinen Beruf gelernt hat, sondern nur Gelegenheitsarbeiter war, galt er nicht als Versager. Seine ganze Art war eher etwas ruhig und gelassener, so nach dem Motto: ‚Komm' ich heute nicht, komm' ich morgen'." Bad Harzburg erreichte 1950 mit fast 30 000 Einwohnern die höchste Bevölkerungsdichte seiner Geschichte. Die folgende Zeit war jedoch von Abwanderung geprägt. 1954 zog Walter Otte in die DDR, ein Jahr nachdem sein Vater, ein Bergmann, an Krebs verstorben war. In Dreileben-Drackenstedt in der Magdeburger Börde arbeitete er in einer LPG. Als Kollegen ihn beschuldigten, einen Diebstahl begangen zu haben, kehrte er 1956 wieder nach Bad Harzburg zurück. Zwei Jahre später zog es seinen Bruder, unzufrieden mit den Arbeitsmöglichkeiten im Kurort, ebenfalls in den Osten, wo er in der Lausitz als Kohlearbeiter begann. Die Familie hielt den Kontakt zu Herbert Otte nicht aufrecht. Vielleicht nahmen sie ihm seinen plötzlichen, abschiedslosen Weggang übel. Walter Otte verlor dadurch wichtige Bezugspersonen. Nachdem 1961 seine Mutter an Diabetes starb, suchte er sich in den Kneipen, bei den Trinkern der Stadt eine neue Familie. Im Alter von 29 Jahren wurde er 1965 wegen mehrerer unter Alkoholeinfluss begangener Straftaten in eine Trinkerheilanstalt eingewiesen.

Am 6. März 1967 überwand Walter Otte die Grenzanlagen bei Abbenrode. In der DDR angekommen, sprach er einen Helfer der Volkspolizei an, der ihn Mitarbeitern des Ministeriums für Staatssicherheit übergab. Diesen erklärte Otte, dass es ihm in der DDR bisher am besten gefallen habe. Deswegen wollte er wieder dahin zurück. Die MfS-Mitarbeiter erwiderten, dass er erst einmal etwas für das Land tun müsse, das ihn aufnehmen soll, und gewannen ihn noch am gleichen Tag als Geheimen Mitarbeiter (GMK). Er nahm den Decknamen „Kohle" an. Kohle, das war sein täglich Brot als Austräger im Kohlenhandel, aber auch der Bodenschatz, den sein Bruder in der Lausitz fördern half. Die schmale Vorgangsmappe des GMK „Kohle" endete jedoch schon am 31. Oktober 1967 mit einem Abschlussbericht. War zunächst geplant, Otte nach seiner Rückschleusung in die Bundesrepublik zur Sammlung von Informationen über Zolldienststellen in Bad Harzburg einzusetzen, so hieß es nun, dass er die vereinbarten Trefftermine an der Grenze nicht wahrgenommen habe und ungeeignet für eine weitere Zusammenarbeit sei. „Die Sicherheit im Operationsgebiet", heißt es im Abschlussbericht, „kann ihm unter diesen Umständen nicht mehr garantiert werden".

Es scheint, als ob Walter Otte in den ihm noch verbliebenen neun Lebensjahren alles daran setzte, diese Sicherheit immer wieder einzufordern.

Bereits im September 1967 wurde er wieder im Grenzgebiet aufgegriffen und nach einer Einweisung ins Aufnahmeheim Barby in die Bundesrepublik abgeschoben. Eine Rückschleusung erfolgte auch, nachdem er im August 1969 bei Stapelburg die Grenze überwand. Bei seiner Festnahme habe er angegeben, „daß er in der DDR arbeiten möchte und mit den Verhältnissen in Westdeutschland nicht mehr einverstanden" sei. Nachdem ihn Angehörige der Grenztruppen am 27. Oktober 1969 in Stapelburg festgenommen hatten, verurteilte ihn das Kreisgericht Wernigerode wegen Gefährdung der Ordnung und Sicherheit im Grenzgebiet zu einer Freiheitsstrafe von einem Jahr. Nach seiner Rückführung in den Westen am 26. Oktober 1970 vergingen sechs Monate, bis Walter Otte erneut im Grenzgebiet bei Ilsenburg aufgegriffen wurde. Bei einer Vernehmung in der Strafvollzugsanstalt Halberstadt erklärte er, dass ihn die Grenznähe der Gaststätte Eckerkrug reize. Wenn er das Lokal betrunken verlasse, verspüre er den Drang, in Richtung DDR zu gehen. Er sei mit seinem Leben unzufrieden und wisse nicht, was er nach der Arbeit tun solle. Die Strafkammer des Kreisgerichts Wernigerode verurteilte ihn diesmal zu zweieinhalb Jahren Freiheitsstrafe.

Inzwischen erschienen auch der westdeutschen Polizei die Grenzgänge Walter Ottes fragwürdig. Ein Bericht der Nachrichtenaußenstelle Goslar vermerkt, dass Otte haltlos und Alkoholiker sei, aber auch als übersiedlungswillig und „stark kommunistisch eingestellt" eingeschätzt werde. Die DDR-Behörden wiesen ihn aufgrund einer Amnestie im November 1972 aus. Doch bereits am 8. Februar 1973 überquerte er wieder die Grenze, wurde festgenommen und einen Tag später erneut aus dem Land gewiesen. Nun vernahm ihn die Polizei im Westen eindringlich, da sie eine geheimdienstliche Tätigkeit vermutete. Man gab ihm die Möglichkeit zur Offenbarung. Doch der Vernehmer scheint schließlich resigniert zu haben. Er schrieb: „der Wahrheit entsprechende Angaben sind von ihm [Otte] nicht zu erwarten". Ungewöhnlich reagierten in dieser Zeit auch die Sicherheitskräfte der DDR, die Walter Otte bis zum 18. Juni 1974 noch viermal alkoholisiert in den Grenzanlagen aufgriffen. Man beschränkte sich nun jedes Mal darauf, ihm zu erklären, dass er in der DDR unerwünscht sei, um ihn umgehend wieder auszuweisen. Unter den Grenzern der Kompanie Stapelburg war der Bad Harzburger als lästig aber ungefährlich bekannt, seine Rufe „Hallo Freunde!" oder „Freunde, wo seid ihr?" dürften des Öfteren Gesprächsstoff geboten haben.

In Bad Harzburg bewohnte Walter Otte 1976 ein Zimmer in einer Unterkunft für Sozialhilfeempfänger. Beim örtlichen Kohlenhändler Trull führte er Aushilfsarbeiten durch. Wenn er erzählte, dass er „drüben" gewesen war, glaubten ihm dies nur wenige angesichts der hermetisch abgeriegelten Grenzanlagen. Der 40-Jährige galt als „Spinner". Vermutlich las Otte die Zeitungsmeldungen im Mai 1976 nicht, die vom Tod Michael Gartenschlägers berichteten. Vielleicht konnte er sich auch gar nicht vorstellen, dass sich die Atmosphäre im Eckertal durch die Vorfälle verändern würde. Tatsächlich erwarteten die DDR-Staatssicherheit und die Grenztruppen dort „Anschläge" von Nachfolgern der „Gruppe Gartenschläger". Erst wenige Wochen zuvor hatte jemand Lampen in den Grenzsicherungsanlagen durch Schüsse und Steinwürfe zerstört. Deshalb wurden als „Sondermaßnahme" neben den obligatorischen Grenzposten zusätzliche Grenzaufklärer (GAK) westlich der Grenzzäune eingesetzt, die Aktionen gegen die Grenzanlagen unterbinden sollten. Am 10. Juni 1976 lief Walter Otte gegen 23 Uhr den Bahndamm der ehemaligen Strecke Bad

Harzburg – Ilsenburg entlang, um erneut in die DDR zu gelangen. Sein Geld hatte er in einer Kneipe vertrunken. Als er auf den ersten Grenzzaun stieß, rüttelte er an diesen und rief: „Hallo Freunde, hier bin ich ... helft mir rüber!" Grenzposten meldeten das ihrem Zugführer, der zwei Grenzaufklärern über das Grenzmeldenetz befahl, sich vor die Grenzbefestigungen zu begeben und den „Provokateur" festzunehmen. Stabsfeldwebel Erwin G. und sein Posten Unterfeldwebel Peter D. näherten sich Otte von hinten. Was nun geschah, lässt sich nicht mehr eindeutig rekonstruieren. Nach Feststellung des Landgerichts Magdeburg aus dem Jahr 2000, sei Erwin G. über die Grenzverletzung so empört gewesen, dass er diese auf jeden Fall unter Einsatz seiner Schusswaffe beenden wollte und auf den am Grenzzaun Stehenden ohne Vorwarnung geschossen habe. Der Schütze Erwin G. sagte hingegen aus, Walter Otte habe sich zu Boden geworfen und sei für ihn nicht mehr sichtbar gewesen, als er schoss. Die beiden von ihm abgegebenen Schüsse durchschlugen Walter Ottes Körper am rechten Arm und in der Bauchgegend. Die Grenzaufklärer fanden ihn am Bahndamm liegend. Zunächst klagte er noch über Schmerzen im Bauch, dann verlor er das Bewusstsein. Ein Bergetrupp der DDR-Grenztruppen transportierte ihn durch die Grenzanlagen zum Gebäude des Bataillonsstabes Ilsenburg. Der um 0.30 Uhr eingetroffene Arzt konnte nur noch Walter Ottes Tod feststellen.

Da Walter Otte als zweiter Bundesbürger nach Michael Gartenschläger innerhalb von sechs Wochen an der innerdeutschen Grenze erschossen wurde, rechnete die DDR-Seite mit einem negativen Medienecho, mit Protesterklärungen aus der Bundesrepublik und zwischenstaatlichen Spannungen. Deswegen versuchte der DDR-Staatssicherheitsdienst, das Geschehene zu vertuschen. Ottes Leichnam wurde zunächst in die vom MfS geführte Untersuchungshaftanstalt Magdeburg-Neustadt überführt. Von dort aus brachten ihn MfS-Mitarbeiter in die Magdeburger Glacis-Anlagen, legten neben ihn eine Pistole ab und fotografierten den Toten als vermeintlichen Selbstmörder. Über den Leichenfund wurde eine Meldung im *Neuen Deutschland* veröffentlicht. In der Nacht vom 11. zum 12. Juni brachte das MfS die Leiche schließlich ins Magdeburger Institut für Gerichtliche Medizin, wo sie als unbekannt aufgefundener Mann obduziert wurde. Danach erfolgte am 23. Juni 1976 im Krematorium des Westfriedhofes Magdeburg die Einäscherung der sterblichen Überreste Walter Ottes und am 6. Juli 1976 seine anonyme Beisetzung in einer Aschenreihenstelle.

Walter Ottes Verschwinden löste in Bad Harzburg keine polizeilichen Ermittlungen aus. Sein Arbeitgeber nahm an, dass er wieder einmal in der DDR in Haft sitzen würde. Von seinem Tod an der Grenze erfuhr man dort erst nach dem Ende der DDR. *Der Spiegel* berichtete 1991, dass Otte als „ehemaliger ‚Geheimer Informant' der Stasi-Hauptabteilung I in eine Falle gelaufen" sei: „die einstigen Auftraggeber hatten ihn offenbar liquidieren lassen". Die Frage nach der Rolle des MfS bei der Tötung Ottes spielte auch in den von 1991 bis 1997 laufenden Ermittlungsverfahren gegen Erwin G. eine wichtige Rolle. Hatte G., der als erfahrener und zuverlässiger Grenzaufklärer bekannt war, den Auftrag erhalten, Otte zu erschießen? Die Überlieferungen des Staatssicherheitsdienstes enthalten weder einen Hinweis noch ein Motiv für einen solchen Auftrag. Mitarbeiter des MfS versicherten dem Todesschützen Erwin G., alle Spuren würden verwischt, damit der Todesfall nicht mit ihm in Verbindung gebracht werden könne. Die Stasi warb Erwin G. nach der Tat als Inoffiziellen Mitarbeiter (IM) an. In seiner MfS-Personalakte befinden sich Unterlagen über den Tod Walter Ottes,

die man vermutlich aufbewahrte, um seine „Bindung an das MfS" auch für die Zukunft absichern zu können.
Das Landgericht Magdeburg sah es am 30. Juni 2000 als erwiesen an, dass Erwin G. trotz der erkennbaren Harmlosigkeit Ottes beim Gebrauch seiner Schusswaffe den Tod des Grenzgängers in Kauf nahm. Es verurteilte ihn wegen Mordes zu einer lebenslangen Haftstrafe. Gegen dieses Urteil erhob der Angeklagte Einspruch. Mit seiner Entscheidung vom 17. Mai 2001, den Schuldspruch auf Totschlag abzuändern und die Sache zu neuer Verhandlung an das Landgericht Dessau zu weisen, vertrat der Bundesgerichtshof die Auffassung, Erwin G. könne nicht zur Last gelegt werden, sein Opfer heimtückisch getötet zu haben. Mit Blick auf die erhebliche Indoktrination und den besonderen Druck der Befehlslage sowie weiterer strafmildernder Aspekte reduzierte das Landgericht Dessau die Freiheitsstrafe auf drei Jahre. (Recherche: jk, jos., MP, MS, St.A.; Autor: jk)

Quellen:

MfS, HA I: Ungesetzlicher Grenzübertritt mit Eindringen in das Territorium der DDR und Festnahme unter Anwendung der Schußwaffe. BStU, ZA, MfS, HA I, Nr. 4, Bd. 2.

Strafverfahren wg. ungesetzlichen Grenzübertritts in die DDR. BStU, MfS, E SKS 16930.

Strafverfahren wg. ungesetzlichen Grenzübertritts in die DDR. BStU, MfS, E SKS 31762, Bd. I.

Ereignisuntersuchungsprotokoll, BVfS Magdeburg, UA, Hauptmann Krause, 21.06.1976. BStU, MfS, AU 110/90, Band I.

Befragungsprotokoll von Erwin G[...]. BStU, MfS, AU 110/90, Band I.

Chiffriertelegramm, FS 94, 11.6.1976 an MfS Berlin, HA 7/2, BV Magedeburg Abt.7/2, Abt. 9, Opd von BV Magdeburg/KD Wernigerorde, Major Pump. BStU, MfS, AU 110/90, Band I.

Kerblochkartei von Otte. BStU, MfS, AU 110/90, Band I.

LG Magdeburg: Urteil vom 30.6.2000. 21 Ks 653 Js 28630/97 (20/97).

Der Polizeipräsident in Berlin/ZERV 221: Vernehmung eines Zeugen. Senftenberg, 11.6.1996. Staatsanwaltschaft Magdeburg 653 Js 28630/97, Bd. VI.

Staatsanwaltschaft Magdeburg: Ablichtungen BStU AIM 11267/67, IM „Kohle" P-Akte. 653 Js 28630/97, Beiakte 2.

Nachrichtenaußenstelle Goslar/Nds. Verw. Bez. Braunschweig: Bericht. Betr.: SBS- und SBZ-Gewaltakte und Willkürmaßnahmen. Goslar, 28.2.1972. Staatsanwaltschaft Magdeburg 653 Js 28630/97, Bd. IV.

Nachrichtenaußenstelle Goslar/Nds. Verw. Bez. Braunschweig: Bericht. Betr.: Abschiebungen aus der DDR. Goslar, 27.2.1973. Staatsanwaltschaft Magdeburg 653 Js 28630/97, Bd. II.

Nachrichtenaußenstelle Goslar/Nds. Verw. Bez. Braunschweig: Bericht. Betr.: Abschiebungen aus der DDR. Goslar, 7.6.1973. Staatsanwaltschaft Magdeburg 653 Js 28630/97, Bd. II.

KHM Kranz: Vermerk. Staatsanwaltschaft Magdeburg 653 Js 28630/97, Bd. II.

Der Polizeipräsident in Berlin: Vernehmung eines Beschuldigten. Ilsenburg, 20.1.1993. Staatsanwaltschaft Magdeburg 653 Js 28630/97, Bd. I.

Prof. Dr. med. F. Wolff: Gedächtnisprotokoll. Magdeburg, 30.03.1996. Staatsanwaltschaft Magdeburg 653 Js 28630/97, Bd. V.

ZERV 221: Zusammenfassender Vermerk. Berlin, 21.07.1995. Staatsanwaltschaft Magdeburg 653 Js 28630/97, Bd. III.

Bundesgerichtshof: Urteil vom 17. Mai 2001 in der Strafsache gegen Erwin G[...] wegen Mordes. Staatsanwaltschaft Magdeburg 653 Js 28630/97, Bd. X.

Landgericht Dessau: Urteil in der Strafsache gegen Erwin G[...] wegen Totschlags. 07.08.2002. Staatsanwaltschaft Magdeburg 653 Js 28630/97, Bd. X.

o.A. [ADN]: Unbekannter tot aufgefunden. In: *Neues Deutschland*, Nr. 142, 16.06.1976.

„Taktisch klug und richtig". Die Todesgrenze der Deutschen (II): Protokolle über Schießbefehl und Republikflucht. In: *Der Spiegel*, 27/1991, S. 52–71, hier S. 53.

Schwarz, Rosi: Harzburger als Stasi-Agent liquidiert? In: *Goslarsche Zeitung*, Lokalteil Bad Harzburg, 02.07.1991.

Grafe, Roman: Deutsche Gerechtigkeit. Prozesse gegen DDR-Grenzschützen und ihre Befehlsgeber. München 2004, S. 309 f.

Uwe Siemann

geboren am 2. Juli 1957 in Haldensleben

verblutet nach Verletzung durch Selbstschussanlagen am 31. Juli 1976

Ort des Zwischenfalls: nahe Weferlingen,
13 Meter östlich der Grenzsäule 706 (Sachsen-Anhalt)

Am 28. Juli 1976 verhörte die Volkspolizei in Weferlingen Uwe Siemann wegen eines Fahrraddiebstahls. Der junge Mann erklärte, dass er bereits 20, vielleicht auch 25 Räder gestohlen habe. Die Polizisten waren verwundert, weil so viele Anzeigen gar nicht vorlagen. Uwe Siemann, der gerade 19 Jahre alt geworden war, wich Nachfragen aus. Man weiß, dass er früh selbständig werden musste. Die kinderreichen Eltern konnten sich nicht genug um ihn kümmern, er wurde in einem Erziehungsheim untergebracht, die Hilfsschule schloss er mit der 6. Klasse ab. Dann begann er eine Lehre als Rinderzüchter, doch das gefiel ihm nicht, er wechselte einige Mal die Arbeitsstellen. Zuletzt arbeitete er in der Produktion, in den Kalkwerken Walbeck, und hatte eine eigene Wohnung. Warum will jemand 25 Fahrräder gestohlen haben? Die Polizei entließ ihn erst in der Nacht und eröffnete ein Ermittlungsverfahren.

Am nächsten Tag brachte die Volkspolizei Siemann in die Kreisstadt, nach Haldensleben. Die Verhöre wurden fortgesetzt, man entschied, ihn über Nacht dazubehalten. Am 30. Juli durfte er erst um 15.30 Uhr wieder nach Hause. Er wurde jetzt drei Tage lang vernommen, wegen Fahrrädern, deren Diebstahl niemand angezeigt hatte. Vielleicht traute er sich nicht nach Hause, musste erst mal laufen. Er durchquerte Haldensleben, auf dem Marktplatz liegt ein Gerichtsstein aus dem Mittelalter, daneben reckt der Roland sein Schwert in die Höhe. Von der Kreisstadt aus brauchte der Triebwagen etwa 80 Minuten für die 32 Kilometer lange Strecke nach Weferlingen. Es war schon nach 23 Uhr, Uwe Siemann konnte im Vorüberfahren die Lichter des Kalkwerks sehen. Er ging nur kurz in seine Wohnung, notierte etwas auf einem Zettel. Die Grenze zu Niedersachsen war vom Ortsausgang nur 300 Meter entfernt. Es gab sogar noch eine Straße, die früher Weferlingen und Grasleben verband. Dieser Straße folgte Siemann gegen Mitternacht. Er bewegte sich vorsichtig im Schatten einer Böschung und erreichte unbemerkt den Grenzzaun. Am Grenzzaun waren Selbstschussanlagen (SM-70) angebracht, drei von ihnen detonierten, als Uwe Siemann versuchte an dem Zaun hochzuklettern.

Die herbeieilenden Bergungskräfte des Grenzbataillons aus Seggerde fanden den stark blutenden, auf dem Bauch liegenden Mann um 0.24 Uhr. Er war nicht ansprechbar, stöhnte nur vor Schmerzen. Sein Kopf, der rechte Arm und das rechte Bein waren von Splittern der Selbstschussanlage getroffen worden. Eine halbe Stunde später wurde er von zwei Grenzern ins Krankenhaus gebracht, doch der diensthabende Arzt in Gardelegen konnte nur noch feststellen, dass Uwe Siemann verblutet war. „Schädel-Hirn-Trauma" schrieb er in den Totenschein. Mitarbeiter des Staatssicherheitsdienstes legten ihm, der Assistenzärztin und einem Krankenpfleger absolute Schweigepflicht auf.

Uwe Siemanns Wohnung wurde durchsucht. Auf dem Tisch lag der Zettel, an die Eltern adressiert. Er hatte ihnen mitteilen wollen, dass er entweder im Westen oder im Gefängnis sei und wie mit seinem Hab und Gut umzugehen wäre. Die letzten Grüße erreichten die Eltern nie, der Staatssicherheitsdienst zog den Brief ein. Der Leiter der Untersuchungsabteilung ordnete an, „vorbehaltlich anderer Weisungen soll am 02.08.1976 die Benachrichtigung der Eltern unter Einschaltung eines Staatsanwaltes beim Staatsanwalt des Bezirkes und des Kreisstaatsanwalts erfolgen. Dabei ist vorgesehen, eine Feuerbestattung durchzusetzen. Die Benachrichtigung soll des weiteren so erfolgen, daß den Eltern die Grenzsicherungsanlage und deren Auslösung nicht bekannt werden." Der Kreisstaatsanwalt sollte den Eltern erklären, dass ihr Sohn bei dem Versuch, einen schweren Angriff auf die Staatsgrenze zu verüben, die Weisungen der Grenzsicherheitsorgane missachtet habe. Deshalb hätten Maßnahmen getroffen werden müssen, bei denen er sich so schwer verletzt habe, dass auch sofortige Hilfe keine Rettung bringen konnte. Am 6. August erhielt die Mutter die Geldbörse von Uwe Siemann und drei Sterbeurkunden.

Günter T., der ehemalige Stabschef der 23. Grenzregimentes, wurde am 8. September 2000 vor dem Landgericht Magdeburg zu einer Freiheitsstrafe von zehn Monaten auf Bewährung verurteilt. Er hatte mit einer topographischen Entschlusskarte die Umsetzung der Befehle des Chefs der Grenztruppen zur Verminung der Grenzzäune veranlasst. Als Offizier für den pioniertechnischen Ausbau leitete Franz K. die Installation der SM-70-Anlagen im Bereich des 23. Grenzregiments. Gegen ihn wurde kein Hauptverfahren eröffnet, da er aufgrund einer Herzkrankheit verhandlungsunfähig war. (Recherche: jk, jos, MP, TP; Autor: jk)

Quellen:
HA IX/4: Erstinformation. Berlin, 1.8.1976. BStU, MfS HA IX 5240.

MfS Bv. Magdeburg, HA IX/4 – Leiter: Versuchter ungesetzlicher Grenzübertritt durch Siemann, Uwe. BStU, MfS HA IX 5240.

MfS, BV Magdeburg: Ermittlungsunterlagen. BStU, Ast. Mgb, MfS BV Mgb AP 1921/76.

MfS: Festnahme eines Grenzverletzers mit Todesfolge. BStU, ZA, MfS, HA I, Nr. 16378, Teil 1 von 3.

MfS, BV Magdeburg: Bericht zur durchgeführten Überprüfung in der Kreisdienststelle Haldensleben im Zusammenhang mit dem Angriff auf die Staatsgrenze mit tödlichem Ausgang und einem Mordverdacht, 3.08.1976. BStU, Ast. Magdeburg, MfS, BV Magdeburg/AKG Nr. 170.

Landgericht Magdeburg: Urteil vom 8.09.2000. Staatsanwaltschaft Magdeburg, 653 Js 3783/99.

Staatsanwaltschaft Magdeburg: Anklage vom 4.10.1999. Landgericht Potsdam: Beschluss vom 24.05.2000. Staatsanwaltschaft Magdeburg 653 Js 17378/99 a.

Benito Corghi

geboren am 26. Mai 1938
in Rubiera (Italien)
erschossen am 5. August 1976
Ort des Zwischenfalls:
Grenzübergang Hirschberg, Bezirk Gera
(Thüringen)

Foto aus Corghis Fahrzeugpapieren
Bildquelle BStU,

Am Abend des 5. August 1976 traf mit dem Vermerk „Nur zur Information, interne Dienstmeldung" eine alarmierende Nachricht des ADN-Korrespondenten aus Rom in Ost-Berlin ein. Die Zeitung der Kommunistischen Partei Italiens (PCI) *L'Unità* habe folgende Meldung in Umlauf gebracht: „Ein italienischer LKW-Fahrer wurde heute morgen von den Grenzsoldaten der Deutschen Demokratischen Republik erschossen, die an einem Grenzkontrollpunkt zwischen den beiden Deutschlands das Feuer auf ihn richteten. Es handelt sich um Benito Corghi, 38 Jahre alt, aus Rubiera (Reggio Emilia), bei einer Firma beschäftigt, die auf den Fleischtransport zwischen den sozialistischen Ländern und Italien spezialisiert ist." Der italienische Geschäftsträger in Ost-Berlin habe die Nachricht von dem Zwischenfall um 18 Uhr erhalten und „den energischen Protest der italienischen Regierung zum Ausdruck" gebracht. „Benito Corghi, der Mitglied der Italienischen Kommunistischen Partei war und einer Familie von Kommunisten und Antifaschisten angehörte, hinterläßt seine Ehefrau, Silvana Bartarelli, und zwei Kinder: Loretta[,] 18 Jahre alt, und Alessandro, 15. Der so hart betroffenen Familie Corghi sprechen die Kommunisten der Region Regio ihr brüderliches und tief empfundenes Beileid aus, dem sich die Redaktion anschließt."

Die kommunistische Provinzzeitung *Il Popolo* verbreitete ebenfalls am Abend des 5. August 1976 ein Kommuniqué der PCI-Provinzleitung von Reggio Emilia zu dem Grenzzwischenfall. Darin heißt es: „Eines unserer aktiven Mitglieder, der 38jährige in Rubiera ansässige Benito Corghi, wurde in der vergangenen Nacht auf tragische Weise getötet, unter Umständen, die von den Grenzsoldaten der DDR noch völlig geklärt werden müssen. Genosse Corghi übte in diesem Augenblick seine Tätigkeit als Fahrer der Gesellschaft ‚Ara' [Autisti Riuniti Autotrasporti] aus, die den Fleischtransport der DDR nach Italien abwickelt." Wahrscheinlich habe eine „Aufeinanderfolge von Fehlern bei der Durchführung der Paßformalitäten an der Grenze zu diesem sinnlosen Tod geführt.

Dennoch bleibt die äußerst schwerwiegende Tatsache, daß ein aufrichtiger italienischer Arbeiter das unschuldige Opfer von Gegebenheiten wurde, die auf gefährlichen Grenzen und politischen Spaltungen in Europa beruhen, die immer unverständlicher und unannehmbarer werden." Die PCI-Provinzleitung forderte von der DDR und den italienischen Behörden, dass die Umstände des Todes von Benito Corghi „bis ins letzte Detail geklärt werden, damit dem Vermächtnis unseres Genossen und seiner so schwer betroffenen Familie Gerechtigkeit widerfahren kann." Außerdem verlangte sie die sofortige Überführung des Leichnams ohne bürokratische Hindernisse. Die PCI-Provinzleitung beauftragte die kommunistischen Abgeordneten von Reggio und „Senator Genosse Alessandro Carri, in Übereinstimmung mit den nationalen Leitungsorganen der Partei, bei der Botschaft der DDR in Italien unsere ganze Bestürzung und unseren energischen Protest zum Ausdruck zu bringen." Am Ende versicherte die Provinzleitung der PCI, die Familie Corghi könne ihrer vollen Solidarität gewiss sein und verpflichtete sich, „sie in dieser schweren Stunde nicht allein zu lassen".

Die kommunistischen Abgeordneten im italienischen Parlament Franco Calamandrei, Alessandro Carri und Renzo Bonazzo richteten eine Anfrage an das Außenministerium, in der es heißt, „daß von der ersten Meldung an der Waffengebrauch unerklärlich ist". Sie wollten wissen, welche Schritte die Regierung unternommen hat, „wie sie den Protest und die Bestürzung Italiens zum Ausdruck bringt". Der ADN-Korrespondent in Rom berichtete des Weiteren äußerst besorgt nach Ost-Berlin, „*L'Unità* habe in gleicher Großaufmachung neben dem Fall Corghi auch „gegen die Ermordung eines italienischen Arbeiters in Chile protestiert".

Was war geschehen? In der ersten ausführlichen MfS-Information über „eine unter Anwendung der Schußwaffe am 05.08.1976 erfolgte Festnahme eines Grenzverletzers an der Staatsgrenze zur BRD" heißt es, Corghi sei „ca. 650 Meter von der Staatsgrenze zur BRD entfernt – nach Anwendung der Schußwaffe durch einen Sicherungsposten der Grenztruppen der DDR [...] verletzt festgenommen worden". Er habe eine Schusswunde am rechten Schulterblatt und in der linken Schulter in Halsnähe gehabt. Es könne sich „nach dem ersten vorläufigen gerichtsmedizinischen Gutachten" um einen Durchschuss handeln. Erste Untersuchungen hätten ergeben, dass sich die Person um 3.40 Uhr auf der Autobahn zu Fuß dem 700 Meter von der Staatsgrenze eingesetzten Sicherungsposten genähert habe. Durch den Sicherungsposten wurde, „da die GÜSt nur für den Fahrzeugverkehr zugelassen ist, der für diesen Bereich verantwortliche diensthabende Offizier des Kommandanten verständigt, der seinerseits Maßnahmen zur Festnahme der zu diesem Zeitpunkt noch unbekannten Person einleitete. Dabei wurde zunächst die Ampelanlage, die auf der vor der Grenzübergangsstelle Hirschberg befindlichen Autobahnbrücke installiert ist, auf Rot geschaltet, um bei der Durchführung der Festnahme jeglichen Fahrzeugverkehr zu unterbinden." Als „der Grenzverletzer [...] mehrfach zum Stehenbleiben und zum Erheben der Hände aufgefordert" wurde, habe er „jedoch nur eine Hand" erhoben. „In der anderen Hand hielt er einen zunächst nicht identifizierten Gegenstand, bei dem es sich nach späterer Feststellung um eine Tasche mit Reisepaß, KfZ-Papieren, DDR-Interkontrollwarenbegleitschein und anderen Begleitpapieren, Abforderungsscheinen für Fleischtransporte des VEB Deutrans, ‚Währungsfaktura', Internationaler Versicherungskarte usw. gehandelt hat." Die Sicht der Posten sei durch Nebel behindert gewesen. Als die Person zu flüchten versuchte, habe der Sicherungsposten „zwei Warnschüsse und danach drei gezielte Schüsse" abgegeben.

„Die Festnahme und Bergung des Verletzten und noch im Handlungsraum (Gebäude der Sicherungskompanie) verstorbenen italienischen Staatsbürgers konnte von anderen Reisenden nicht beobachtet werden. Nach der Bergung wurde die Rotschaltung der Ampelanlage auf der Grenzbrücke aufgehoben." Inoffiziell sei inzwischen bekannt geworden, dass Corghi beim Vorzeigen der Papiere an der westlichen Kontrollstelle das veterinärmedizinische Zeugnis für das transportierte Schweinefleisch vermisst habe. Er habe dann erklärt: „Das Zeugnis muß ich drüben liegengelassen haben." Dann habe er sich zu Fuß in Richtung DDR-Gebiet begeben. Diese Information wurde an Erich Honecker, Paul Verner, Hans Krolikowski, Erich Mielke, seine Stellvertreter Bruno Beater und Alfred Scholz, den Chef des Stabes und Stellvertretenden Verteidigungsminister Heinz Keßler und diverse MfS-Abteilungen versandt.

In einem undatierten, später gefertigten Bericht (ohne Deckblatt) wurde nach Befragung der eingesetzten Kräfte Folgendes festgehalten: „Das Verbleiben der veterinär-hygienischen Zeugnisse an der Grenzübergangsstelle Hirschberg kam dadurch zustande, daß der Zollkontrolleur dem bewußten LKW die Fahrt nach der BRD freigab, bevor der Mitarbeiter des veterinär-hygienischen Überwachungsdienstes mit dem abgestempelten veterinär-hygienischen Zeugnis am Kontrollpunkt zurück war." Als dies festgestellt wurde, habe der „Identitätskontrolleur der Paßkontrolleinheit auf der LKW-Rampe dem stellvertretenden Zugführer der Paßkontrolleinheit, der sich ebenfalls auf der LKW-Rampe befand, vorgeschlagen, das Zeugnis einem anderen Reisenden mitzugeben bzw. eine diesbezügliche Nachricht übermitteln zu lassen. Der stellvertretende Zugführer der Paßkontrolleinheit entschied, in dieser Angelegenheit nichts zu unternehmen, mit der Bemerkung: ‚Wenn der Fahrer das Zeugnis benötigt, wird er es sich schon holen.' Die Eintragungen im Rampenbuch des Grenzzollamtes Hirschberg ergaben, daß zum fraglichen Zeitpunkt (02.58-03.40 Uhr) zwei nachfolgende LKW in Richtung BRD abgefertigt wurden".

Einen Tag nach Corghis Tod reiste ein Diplomat der Botschaft Italiens aus Ost-Berlin nach Jena, um in der dortigen Gerichtsmedizin den Leichnam Corghis in Augenschein zu nehmen. Dabei kam es zu einem einmaligen Schauspiel. Die verantwortliche Obduzentin der Universität Jena, Prof. Dr. Christiane Kerde, hatte sich laut MfS-Bericht sofort „unter Zurückstellung anderer Verpflichtungen zur Durchführung der Sektion der Leiche des Grenzverletzers" bereiterklärt. Vor Eintreffen des Vertreters der Italienischen Botschaft habe sie „trotz räumlicher Schwierigkeiten im Institut" die „würdige Aufbahrung der Leiche" organisiert und die Verhandlungen mit dem Vertreter der Italienischen Botschaft am 6. August 1976 „entsprechend der von uns gegebenen Orientierung" geführt. Auf dessen Wunsch habe sie einen katholischen Pfarrer vermittelt, der die Totenmesse las. „Ebenso wurde von ihr je ein Strauß rote Rosen und rote Nelken beschafft. Zur Verabschiedung des Vertreters der Botschaft gab sie im Hotel ‚Schwarzer Bär' in Jena ein Essen." Es sei vorgesehen „Gen. Prof. Dr. Kerde und deren Kollektiv ein würdiges Präsent zu überreichen". Am 16. August 1976 schlug der stellvertretende Leiter der Abt. IX, Major Kraußlach, vor, dem „Kollektiv des Instituts für Gerichtliche Medizin der Friedrich-Schiller-Universität Jena für die hervorragende Zusammenarbeit und Unterstützung bei der Untersuchung des Vorkommnisses mit dem italienischen Staatsbürger CORGHI, Benito eine elektrische Schreibmaschine zur Verfügung zu stellen". Wie schon mehrfach in der Vergangenheit habe sich „die Einsatzbereitschaft und qualitativ gute Arbeit dieses Kollektivs erneut gezeigt und bewährt". Der Leiter der Abteilung IX schlage aus den genannten Gründen und „in Hinblick auf eine weitere gute Zusammenarbeit und gegenseitige Unterstützung diese materielle Anerkennung durch das MfS vor". Laut handschriftlicher Notiz wurde die Schreibmaschine von der Abteilung Rückwärtige Dienste des MfS zur Verfügung gestellt und am 23. August 1976 an Professor Christiane Kerde übergeben. Der Todesschütze Uwe S. und sein unmittelbarer Vorgesetzter, der die Schüsse befohlen hatte, erhielten Medaillen für vorbildlichen Grenzdienst und Prämien von je 250 Mark.

Die italienische Regierung zeigte sich durch die „würdige Aufbahrung der Leiche" in Jena und das von der Professorin gegebene Essen nicht beeindruckt. Im italienischen Parlament protestierten erstmals alle Parteien von der kommunistischen KPI bis zur faschistischen FSI gegen die Erschießung Benito Corghis an der DDR-Grenze. Am 7. August 1976 bestellte das Außenministerium in Rom den Geschäftsträger der DDR-Botschaft Lehmann ein und bat um eine schnellstmögliche Übermittlung der Untersuchungsergebnisse über die Todesumstände von Benito Corghi. Außerdem müsse die DDR der Witwe Corghi und ihren beiden Kindern eine angemessene Entschädigung zahlen. Der DDR-Botschafter Klaus Gysi bemühte sich in Gesprächen mit führenden KPI-Funktionären um eine Beruhigung der Lage und bot Verhandlungen über eine Entschädigungszahlung der DDR an. Der Mailänder Rechtsanwalt Piero Carozzi bezifferte die Schadensersatzansprüche der Hinterbliebenen nach dem noch zu erwartenden Einkommen des 38 Jahre alten Todesopfers auf 99 216 000 Lire. Angesichts des internationalen Aufsehens nahm sich am 12. August 1976 SED-Generalsekretär Erich Honecker der Sache an und beauftragte sein Außenministerium, einen Vorschlag zur Höhe der Entschädigungszahlung vorzulegen. Eine Woche später telegrafierte der stellvertretende DDR-Außenminister Herbert Krolikowski an Botschafter Klaus Gysi nach Rom, er könne bei den Verhandlungen bis zu einer Entschädigungshöhe von 50 000 Mark gehen – gemeint waren damit „Valutamark", also West-DM. Er bitte dringend, gemäß Auftrag zu handeln, da Erich Honecker persönlich auf eine Regelung im „Geiste der Humanität" dränge. Als Honecker der Entschädigungsvorschlag in Höhe von 50 000 DM vorlag, setzte er die Summe auf 80 000 DM hoch, das entsprach umgerechnet 25 Millionen Lire. Außerdem erhielt Botschafter Klaus Gysi vom DDR-Außenminister Oskar Fischer den Hinweis, „falls die Familie Corghi den Wunsch hat, daß die Kinder in der DDR ausgebildet werden oder eine Unterstützung für die Ausbildung wünscht, sollte dem entsprochen werden". Außerdem sei der Familie anzubieten, zu einem ihr genehmen Zeitpunkt Urlaub in der DDR zu machen. Die Familie kam später auf das Angebot zurück, Benito Corghis Sohn Allessandro absolvierte in den 1980er Jahren ein Studium an der Hochschule für Film und Fernsehen „Konrad Wolf" in Potsdam Babelsberg.

Bis zum Ende der SED-Diktatur blieb die Entschädigungszahlung an die Familie Corghi der einzige Fall eines zumindest symbolischen Schuldeingeständnisses der politischen Verantwortungsträger des DDR-Grenzregimes. Der Todesschütze, Gefreiter Uwe S. (Jg. 1956), und seine Vorgesetzten wurden 1994 vom Landgericht Gera hingegen vom Vorwurf der vorsätzlichen Tötung freigesprochen. (Recherche: AN, ES, MP, TP, jos; Autor: jos)

Quellen:

MfS, HA I: Eilinformation über eine unter Anwendung der Schußwaffe am 05.08.1976 erfolgte Festnahme eines Grenzverletzers an der Staatsgrenze zur BRD. BStU, ZA, MfS, HA I, Nr. 5875, Bd. 1; auch als Erstfassung in ZAIG 2538 sowie in MfS, HA IX, 14195, enthalten.

MfS, HA I, Abwehr GKS, Rüdiger (Oberstleutnant): Schreiben an die HA I und das Kommando der Grenztruppen mit Angaben zum Fortgang der Geschehnisse nach den Schüssen auf Benito Corghi. BStU, ZA, MfS, HA I, Nr. 16380, Teil 2 von 2.

MfS, BV Gera, Abt. IX: Protokoll der Leichenöffnung und weitere Dokumente zum Todesfall Corghi. BStU, ASt. Gera, MfS, AP 1101/81.

MfAA, Krolikowski, Herbert: Gesprächsvermerk über Äußerungen des Geschäftsträgers der Italienischen Botschaft Santarelli vom 5. August 1976. BStU, ZA, MfS, HA IX, 1493.

MfS, HA IX: Abschlußbericht zum Todesfall Benito Corghi und Aufzeichnungen über Gespräche mit der Italienischen Botschaft. BStU, ZA, MfS, HA IX, Nr. 4571.

Fischer, Oskar/Lehmann, Geschäftsträger, DDR-Botschaft Rom u. a.: Unterlagen des Ministeriums für Auswärtige Angelegenheiten der DDR zum Fall Corghi. PAAA, MfAA, ZR 35/10.

Marxen, Klaus/Werle, Gerhard: Strafjustiz und DDR-Unrecht. Band 2: Gewalttaten an der deutsch-deutschen Grenze, 1. Teilband. Berlin 2002, S. 330–350.

MfS-Sammlung von Presseberichten zum Todesfall Benito Corghi. BStU, ZA, MfS, HA IX, Nr. 5239.

MfS-Sammlung von Presseberichten zum Todesfall Benito Corghi. BStU, ZA, MfS ZAIG Nr. 10699 Teil 1.

MfS, ZAIG: Ifo Grenzzwischenfall Italiener Benito Corghi. BStU. ZA, MfS ZAIG 25827 (Akte 000369).

ZESt: V-ERMV gegen Uwe S. wegen Totschlag z. N. Benito Corghi. BArch Koblenz, B 197/17820.

André Rößler

geboren am 4. Dezember 1956 in Lichtenstein

getötet durch Minenexplosion am 5. September 1976

Ort des Zwischenfalls: nahe Teistungen (Thüringen)

Bildquelle: Grenzlandmuseum Eichsfeld e. V.

André Rößler wuchs im erzgebirgischen Hohndorf bei Stollberg auf. Seine Eltern waren geschieden, er lebte bis Mai 1976 bei seiner Mutter und seinem Stiefvater. Zum leiblichen Vater hatte er keinen Kontakt. Vor Abschluss der 9. Klasse verließ er vorzeitig die Schule und begann eine Lehre als Textilfacharbeiter, die er abbrach. Zuletzt war er als Transportmitarbeiter in einem Steinkohlemahlwerk beschäftigt.

MfS-Leute fotografierten die Trauernden bei der Beisetzung André Rößlers.
Bildquelle: BStU

Als er im Frühjahr 1976 zur NVA eingezogen werden sollte, befürchtete er dort „kaputtzugehen". Am 4. Mai trat er seinen Grundwehrdienst im Motorisierten Schützenregiment 22 Mühlhausen (4. Motorisierte Schützendivision) an. Am 4. September hatte der 19-Jährige Ausgang. Um 14.30 Uhr verließ er die Kaserne in Mühlhausen und fuhr nach Leinefelde. In dieser Kleinstadt, die nicht mehr zu seinem erlaubten Ausgangsbereich gehörte, hielt er sich zunächst einige Stunden in der HO-Gaststätte „Deutsches Haus" auf, wo er ein gebratenes Hähnchen aß und mehrere Glas Bier trank. Zeitweise befand sich ein Unteroffizier aus seiner Einheit, der sich ebenfalls unerlaubt in Leinefelde aufhielt, in Rößlers Gesellschaft. Rößler fragte zwei Gäste, mit denen er ins Gespräch kam, nach dem Weg ins 17 Kilometer entfernte Teistungen. Gegen 19 Uhr verließ er das Wirtshaus und erreichte auf unbekanntem Wege die im Grenzgebiet liegende Ortschaft. Gegen 22.40 Uhr wurde an einem Grenzsignalzaun optischer und akustischer Alarm ausgelöst. Etwa 50 Minuten später explodierten zwei Splitterminen der Anlage G 501 (Selbstschussautomaten). Grenzsoldaten fanden den Schwerverletzten ca. 350 Meter östlich der Grenzübergangsstelle Teistungen. Seine Bergung wurde gegen 0.35 Uhr abgeschlossen. André Rößler starb während der Fahrt in das Kreiskrankenhaus Worbis. Der Untersuchungsbericht des Staatssicherheitsdienstes erwähnte als Todesursache großflächige Brustverletzungen, innere Verletzungen und die Zerreißung der Hauptschlagader im Bereich des rechten Oberschenkels.

Die versuchte Fahnenflucht und der Tod Rößlers wurden sowohl in seiner NVA-Einheit als auch in seinem Wohnort Hohndorf bekannt. Rößlers Eltern waren durch den Politstellvertreter des Wehrkreiskommandos Stollberg über die Fahnenflucht und den Tod ihres Sohnes an der Grenze unterrichtet worden. Das geschah, wie das MfS bemängelte, „entgegen allen operativen Gepflogenheiten". Die MfS-Bezirksverwaltung Karl-Marx-Stadt hielt es für „nicht vertretbar, bei derartigen Vorfällen die in Frage kommenden Verwandten sofort und umfassend vom tatsächlichen Sachverhalt zu informieren". Zunächst müsse geprüft werden, „ob nicht mögliche Legendierungen gefunden und in Anwendung gebracht werden können, um feindlichen Ansichten vorbeugend zu begegnen". Nach Informationen des MfS soll der evangelische Pfarrer von Hohndorf bei Rößlers Eltern Zweifel gesät haben, ob sich in dem Sarg tatsächlich ihr Sohn befände. Jugendliche im Heimatort hätten bereits eine eigene Trauerfeier abgehalten. Um „feindlichen Kräften" keine „Angriffsflächen für provokatorische Handlungen" zu bieten, trafen sich am 9. September 1976 Mitarbeiter mehrerer MfS-Diensteinheiten mit dem zuständigen Militärstaatsanwalt. Der veranlasste die Überführung von Rößlers Leichnam aus dem zentralen NVA-Lazarett Bad Saarow nach Stollberg. Mitarbeiter der pathologischen Abteilung des Wismut-Bergarbeiterkrankenhauses Stollberg/Niederdorf richteten die Leiche her und bahrten sie auf, damit die Eltern ihren Sohn eine Stunde vor der Beisetzung am Nachmittag des 10. September 1976 noch einmal sehen konnten. Trauerfeier und Beerdigung verliefen dann unter „operativen Absicherungsmaßnahmen" des MfS ohne Zwischenfälle. Seitens des MfS „wurde alles veranlasst, um Pfarrer Winkler keine Gelegenheit für provozierende Handlungen bzw. Äußerungen zu geben".

Was den zurückhaltend auftretenden Soldaten letztlich zur Fahnenflucht trieb, geht aus den überlieferten Unterlagen nicht hervor. Die Staatssicherheit fand lediglich heraus, Rößler sei „kontaktarm" gewesen und „habe ständig Hilfe bei der Erfüllung militärischer Aufgaben benötigt". In Rößlers Spind fand man einen Zettel mit einer Anschrift in Frankfurt am Main. (Recherche: St.A., MS; Redaktion: jos.)

Quellen:

MfS, HA I: Schreiben der HA I/MB III, Liehr (Oberst), 10.09.1976 an den 1. Stellvertreter des Leiters der HA I, Gen. Oberst Israel sowie diverse Chiffriertelegramme von Oberst Kittelmann, HA I/MB III/UA 4 MSD Erfurt. BStU, MfS, ZA, HA I, Nr. 5900.

MfS: HA IX/4; Biermann (Major): Information vom 9.9.1976 sowie diverse Fernschreiben der BV Erfurt an MfS Berlin, HA VII, HA IX/Führungsstelle sowie ZOS. BStU, ZA, MfS, HA IX, Nr. 3373.

MfS: HA I, Politisch-operativer Lagebericht Monat September 1976, BStU, ZA, MfS, HA I, Nr. 13944, Bd. 1.

MfS, BV Karl-Marx-Stadt: Protokoll der Beratung beim Leiter der BV KmST am 9.9.76, 17.30 Uhr. BStU, Ast. Chemnitz, MfS, BV KMSt, AKG 2306.

Grenzlandmuseum Eichsfeld: Ausstellungsbegleitband. Teistungen 2010. (Schriftenreihe der Bildungsstätte am Grenzlandmuseum Eichsfeld 4).

Emanuel Holzhauer

geboren am 12. Januar 1977 in Berlin-Buch

erstickt am 2. Juli 1977

Ort des Zwischenfalls: Autobahn vor dem DDR-Grenzübergang Marienborn (Sachsen-Anhalt)

Am 2. Juli 1977 wartete eine junge Familie vor dem Händeldenkmal in Halle auf einen Fluchthelfer, der sie über den Grenzübergang Marienborn in die Bundesrepublik bringen sollte. Ein westdeutscher Verwandter hatte einer Fluchthilfeorganisation 25 000 DM für diesen Transfer bezahlt. Zwei Tage vor dem Termin hatte ein Mittelsmann dem zur Flucht entschlossenen Frank R., einem 23-jährigen Zootechniker und Kfz-Schlosser, den Treffpunkt mitgeteilt, an dem das Fluchtfahrzeug ihn und seine Verlobte mit dem Säugling erwarten würde. Der Mittelsmann übergab dem Paar außerdem Medikamente, durch die das sechs Monate alte Baby Emanuel Frank Holzhauer während der Flucht ruhiggestellt werden sollte. Es handelte sich um ein codeinhaltiges Betäubungsmittel und ein Valium-Präparat.

Am 2. Juli 1977 gegen 14 Uhr traf der Fluchthelfer am Treffpunkt ein. Der verrostete rote Opel Rekord, in dessen Kofferraum sie den Grenzübergang passieren sollten, war auf den ersten Blick als schrottreif zu erkennen, was dem gelernten Autoschlosser Frank R. nicht entgangen sein konnte. Zögerten die jungen Leute vielleicht einen Moment? Dachten sie an das viele Geld, das bereits geflossen war, an die Mühen der konspirativen Vorbereitung der Flucht oder täuschte sie die greifbare Erfüllung ihres Wunsches, die DDR zu verlassen, über die Gefahren hinweg? Nachdem der kleine Emanuel die Schlafmittel erhalten hatte, ging die Fahrt bis Bernburg. Dort stieg die Familie dann in den Kofferraum um. Als das Kind zu schreien anfing, flößten ihm die Eltern noch einmal Schlafmittel ein. Der Fluchthelfer hatte ihnen versichert, das Medikament sei völlig unbedenklich. Am Autobahnrasthof Magdeburger Börde fand ein Fahrerwechsel statt. Gegen 16.20 Uhr übernahm Ingolf Sch. das Fahrzeug. Der 23-jährige Mann aus West-Berlin finanzierte mit der Fluchthilfe seine Heroinabhängigkeit. Auch an diesem Tag stand er unter Drogeneinfluss. Der Chef der Fluchthilfeorganisation, Jürgen S., hatte ihm am Abend zuvor 60 DM gegeben, damit er sich noch mit Heroin versorgen konnte. Ingolf Sch. steuerte das Auto in Richtung Marienborn, doch schon nach kurzer Zeit versagte der Motor. Kühlwasser verdampfte. Der Dunst drang in den Kofferraum ein, wo sich die Hitze staute und kaum noch Luft zum Atmen blieb. Ingolf Sch. versuchte, ein anderes Fahrzeug im Transitverkehr anzuhalten, doch sein ungepflegtes Aussehen und die schulterlangen Haare wirkten wenig vertrauenerweckend. Schließlich erklärte sich ein Student bereit, den Opel bis zum Grenzübergang Marienborn abzuschleppen. Dort trafen sie gegen 17.30 Uhr ein.

Nach dem Transitabkommen zwischen der DDR und der Bundesrepublik sollten Fahrzeugkontrollen nur noch in begründeten Fällen stattfinden. Da das Fahrzeug über der Hinterachse sehr tief hing und Ingolf Sch. sichtlich nervös wirkte, musste er es in eine Kontrollbaracke steuern. Zunächst weigerte er sich, den Kofferraum zu öffnen. Wertvolle Minuten verstrichen. Als die DDR-Grenzer schließlich das Schloss aufbrachen, kam bereits jede Hilfe zu spät. Der erst sechs Monate alte Emanuel Holzhauer war, von den Schlafmitteln und dem Hitzestau geschwächt, im Kofferraum erstickt. Die Eltern hatte der Sauerstoffmangel so benommen gemacht, dass sie die Gefahr nicht erkannten und glaubten, ihr Kind schliefe.

Knapp einen Monat später verurteilte das Stadtgericht in Ost-Berlin die Eltern wegen „staatsfeindlicher Verbindungsaufnahme", „versuchten ungesetzlichen Grenzübertritts" und „fahrlässiger Tötung" bzw. der „Verletzung von Sorgepflichten" zu fünfjährigen Freiheitsstrafen. Die DDR entließ sie 1980 nach Freikauf in die Bundesrepublik. Über die Verurteilung des Fluchthelfers Ingolf Sch. berichtete das *Neue Deutschland* am 11. August 1977, er habe sich des „staatsfeindlichen Menschenhandels", der „fahrlässigen Tötung" und der „Verkehrsgefährdung" schuldig gemacht. Ihn verurteilte das Stadtgericht zu einer achtjährigen Gefängnisstrafe.

Der Tod des Säuglings war Gegenstand einer weiterreichenden Auseinandersetzung über kommerzielle Fluchthilfe. Als der Bundesgerichtshof in Karlsruhe am 29. September 1977 Fluchthelferverträge für nicht sittenwidrig und dementsprechend für rechtskräftig erklärte, konterte das Oberste Gericht der DDR im November. Auf das „gewissenlose Vorgehen" von Banden, die auch den „Tod von Kindern verschuldeten", verweisend, erklärte es den „kriminellen Menschenhandel" auf den Transitwegen als völkerrechtswidrigen Eingriff in die territoriale Integrität. Die nun deutlich zunehmenden „Verdachtskontrollen" an den Grenzübergangsstellen behinderten und erschwerten den Berlin-Verkehr. Im Februar 1978 setzte die Bundesregierung eine interministerielle Arbeitsgruppe ein, die Maßnahmen gegen kommerzielle Fluchthelferorganisationen prüfen sollte. Das Bundesverwaltungsgericht entschied, in der DDR inhaftierten Fluchthelfern Leistungen nach dem Häftlingshilfegesetz zu verweigern, wenn diese aus Eigeninteresse gehandelt hatten. Eindringlich warnte der Minister für innerdeutsche Beziehungen, Egon Franke, vor dem Vorgehen gewerblicher Fluchthelfer. Auf den Fall Holzhauer verweisend, erklärte er, es sei schon „schlimm genug, daß die DDR die Freizügigkeit beschränkt", doch noch schlimmer sei es, „daß auch noch Leute Geschäfte damit machten".

Im Januar 1979 verhandelte das Kriminalgericht Moabit den Tod Emanuels. Angeklagt wegen fahrlässiger Tötung war der Chef der Fluchthelferorganisation Jürgen S., weil er die junge Familie einem heroinabhängigen Fahrer anvertraut hatte sowie in einem nicht belüfteten Kofferraum unterbringen ließ, sodass der Säugling wegen Hitze und Luftmangels gestorben war. Doch das Verfahren endete mit einem Freispruch. Das Gericht hielt die von der DDR-Justiz übermittelten Beweise, insbesondere zum Todeszeitpunkt, nicht für ausreichend.

Im April 1984 nahm der DDR-Staatssicherheitsdienst den Bürgermeister der hessischen Kleinstadt Arolsen, Ernst-Hubert von Michaelis, am Grenzübergang Marienborn fest. Er hatte 1977 den Kontakt zu der Fluchthelferorganisation hergestellt, die das junge Paar mit dem Kleinkind aus der DDR herausholen sollte. Im Februar 1985 verurteilte ihn die DDR-Justiz wegen „staatsfeindlichen Menschenhandels" zu sechs Jahren Freiheitsentzug. Nach acht Monaten in Bautzen II kam er im Zuge eines Agentenaustausches wieder frei. (Recherchen: jos., jk, US; Autor: jk)

Quellen:

Standesamt Sommersdorf: Sterberegistereintrag Nr. 13. Sommersdorf, 07.07.1977. Verbandsgemeinde Obere Aller in Eisleben, Standesamt.

MfS, HA IX: Tagesmeldung Nr. 149/77: Staatsfeindlicher Menschenhandel. Berlin, 4.7.1977. BStU, ZA,H MfS ZKG, Nr. 11852.

MfS, HA IX/9: Bericht vom 20. Juli 1977 über den Abschluß der Untersuchungen in den Ermittlungsverfahren SCH. und andere. BStU, ZA, MfS ZKG, Nr. 11852.

MfS: Information Nr. 447/77 vom 5. Juli 1977 über die Verhinderung einer Schleusungsaktion und die Festnahme von Angehörigen krimineller Menschenhändlerbanden sowie von Bürgern der DDR. BStU, ZA, MfS ZKG, Nr. 11852.

MfS, HA IX: Tod eines Kleinkindes bei Flucht. BStU, ZA, MfS, HA IX, Nr. 18819.

MfS: Vernehmung von Ingolf S., Frank R. und Ute H. zum Tod von Emanuel Holzhauer. BStU, ZA, MfS ZAIG Nr. 11351.

ADN: Skrupelloser Menschenhändler verurteilt. In: *Neue Zeit*,11.08.1977.

ADN: Oberstes Gericht der DDR. Mißbrauch der Transitwege völkerrechtswidrig. In: *Neues Deutschland*, 10.11.1977.

Fluchthelferverträge sind nicht sittenwidrig. In: *Frankfurter Allgemeine Zeitung*, 30.09.1977.

Für das Bundesverwaltungsgericht ist Fluchthilfe nicht gleich Fluchthilfe. In: *Frankfurter Allgemeine Zeitung*, 25.07.1978.

Franke warnt vor einem Mißbrauch der Transitwege nach Berlin. In: *Frankfurter Allgemeine Zeitung*, 15.11.1978.

Gericht befindet über Flüchtlingsdrama. In: *Berliner Morgenpost*, 11.01.1979.

Fluchthelfer-Urteil rechtskräftig. In: *Der Tagesspiegel*, 01.03.1979.

Schnell, Volker: Als „Spielmaterial" im Stasi-Knast. In: Jérôme. Kassel und Kurhessen königlich erleben. Beitrag vom 2. Juli 2010. URL http://www.jerome-kassel.de/portraet/als-%E2%80%9Espielmaterial%E2%80%9C-im-stasi-knast/ (Zugriff vom 03.01.2017).

Wolfgang Schumann

geboren am 7. März 1949 in Dresden

erstickt bei einem Fluchtversuch, vermutlich am 6. September 1977, tot aufgefunden am 7. November 1977 in Kaufbeuren

Orte des Zwischenfalls: Freital (Sachsen) – Kaufbeuren (Bayern)

Bildquelle: Privat, Nachlass Schumann

Geboren am 7. März 1949 als Sohn eines Lehrers und einer medizinisch-technischen Assistentin in Dresden wuchs Richard Eberhard Wolfgang Schumann im Stadtteil Dölzschen auf. Nach der Scheidung seiner Eltern lebte der damals Zweijährige bei seiner Mutter. Später besuchte er die Dölzschener Grundschule und legte 1967 an der Erweiterten Oberschule Dresden-Nord sein Abitur ab. Parallel absolvierte er eine Facharbeiterausbildung als Schlosser bei dem VEB Verkehrsbetriebe der Stadt Dresden. Im Alter von 17 Jahren begeisterte sich Wolfgang Schumann für die Höhlenforschung und schloss sich einer Gruppe von Gleichgesinnten in Dresden an. Auf dieser Grundlage verfasste er im Jahre 1966 eine Jahresarbeit über historische Bergbaustollen in Sachsen, die er erkundet hatte. In seiner Freizeit bastelte Wolfgang Schumann an alten Fahrzeugen, reparierte Elektrogeräte, Radios und Fernsehapparate von Freunden. Nachdem er sich für die Fachrichtung Geophysik an der Bergakademie Freiberg beworben hatte, stellte er während eines Praktikums beim VEB Geophysik fest, dass er seinen Berufswunsch, im Gerätebau zu arbeiten, nur als Schwachstrom- und Hochfrequenztechniker verwirklichen könne. Sein Antrag auf Hochschul- und Studienwechsel wurde kurzfristig bewilligt. An der Technischen Universität Dresden erhielt er einen Studienplatz für das Fach „Elektrischer und mechanischer Feingerätebau". Aus seiner Abschlussbeurteilung vom 3. November 1970 geht hervor, dass Schumann in allen Fächern gute Leistungen erbrachte. Seit dem zweiten Studienjahr erhielt er auch Leistungsstipendien. In seiner Studienbeurteilung heißt es: „Besondere Aktivität entwickelte er bei Studien- und Praktikumsvorbereitungen innerhalb seiner Studiengruppe und bei Prüfungsvorbereitungen im Rahmen der Seminargruppe. Hier ist er ständig bemüht, mit seinem Wissen schwächeren Kommilitonen zur Seite zu stehen und somit den Leistungsdurchschnitt der Seminargruppe zu heben." Schumann galt als „ruhig und ausgeglichen". Während seines Studiums leistete er seinen auf zwölf Wochen verkürzten Wehrdienst ab. In einem Campinglager seiner Universität lernte er eine Kommilitonin kennen, die er im September 1971 heiratete. In diesem Jahr schloss er auch sein Studium als Diplom-Ingenieur ab. Kurz darauf, im Oktober 1971, erhielt er eine Stelle als Elektroingenieur in der Forschungs- und Entwicklungsabteilung des VEB Plastmaschinenwerkes Freital.

Ein Jahr nach der Geburt ihrer gemeinsamen Tochter im Jahre 1975 trennten sich die Eheleute. Sie wohnten aber zunächst mangels einer Alternative weiterhin zusammen. Wolfgang Schumann trug sich schon länger mit dem Gedanken, die DDR zu verlassen. Unter Berufung auf die Schlussakte von Helsinki stellte er Anfang Dezember 1976 einen Antrag auf Übersiedlung in die Bundesrepublik. Die prompte Ablehnung erfolgte nach drei Wochen. Einen gut ausgebildeten Ingenieur wie Wolfgang Schumann wollten die DDR-Behörden nicht an den Westen verlieren. Gleichwohl bekam er die ersten Auswirkungen des Übersiedlungsantrages zu spüren. Er verlor seine Stelle in der Forschungs- und Entwicklungsabteilung und kam als Instandhaltungsingenieur für elektrische Anlagen in einen anderen Betriebsbereich.

Nach der Ablehnung des Ausreiseantrags versuchte Schumanns westdeutscher Onkel erfolglos, dem Anliegen seines Neffen mit Hilfe des Bundesministeriums für innerdeutsche Angelegenheiten Geltung zu verschaffen. Daraufhin schmiedete Schumann einen außergewöhnlichen und riskanten Fluchtplan: Im Öltank einer Spritzgussmaschine zur Herstellung von Kunststoffteilen wollte er sich selbst in den Westen schmuggeln. Sein Betrieb in Freital (Sachsen) exportierte solche Maschinen auch nach Kaufbeuren (Bayern). Die knapp 6,40 Meter lange Spritzgussmaschine Typ KuASY 800/250 war mit einem 1,60 mal 1,02 mal 0,54 Meter großen Öltank ausgestattet. In diesem Versteck, glaubte der Elektro-Ingenieur und Höhlenforscher, könne er die DDR-Grenze sicher überwinden.

Wolfgang Schumann vertraute sich einigen befreundeten Höhlenforschern an, die vergebens versuchten, ihn von dem waghalsigen Vorhaben abzubringen. Seinen Familienangehörigen verschwieg er das Fluchtvorhaben, das er während seines zweiwöchigen Urlaubs in die Tat umsetzte. Am Montag, dem 26. September 1977, kehrte Wolfgang Schumann nicht aus dem Urlaub an seine Arbeitsstelle zurück. Gegenüber seinem Betrieb legte ein eingeweihter Freund falsche Spuren, indem er telefonisch mitteilte, Schumann liege nach einem Unfall mit gebrochenem Bein im Krankenhaus. Kurze Zeit später ging im Betrieb sogar ein Krankenschein für Schumann ein, der sich später als gefälscht herausstellte. Die manipulierte Krankschreibung stammte nach Auffassung der Ermittler des Staatssicherheitsdienstes vermutlich von Schumann selbst. Auch Schumanns Mutter wartete vergeblich auf die Rückkehr ihres Sohnes aus dem Urlaub. Als er sich nach einer Woche noch immer nicht gemeldet hatte, gab sie eine Vermisstenanzeige bei der Volkspolizei auf.

Als Mitarbeiter des VEB Plastmaschinenwerkes kannte Wolfgang Schumann den Liefertermin der für die Firma Schlotter KG in Kaufbeuren bestimmten Spritzgussanlage. Sie hatte zum Zeitpunkt seines Urlaubsbeginns bereits die Produktion verlassen und stand in einer Halle zur technischen Überprüfung. Dort bestieg Schumann vermutlich den Öltank. Er verpackte seine wichtigsten Dokumente in Plastikfolie, versorgte sich mit Proviant und Wasser für einige Tage und verstaute alles zusammen mit einer Gasmaske, einer Aktentasche, einer Luftmatratze und einem Schlafsack im Inneren des Tanks. Um seine Sauerstoffversorgung sicherzustellen, brachte er am Einfüllstutzen des Öltanks einen Plastikschlauch an. Ein Handbohrer, den er ebenfalls mitnahm, sollte ihm den selbstständigen Ausstieg ermöglichen. Beim Einstieg und Verschließen des Tankdeckels half vermutlich einer seiner eingeweihten Freunde.

Der Export der Maschine verlief indes nicht wie vorgesehen. Da die Spritzgussmaschine auf dem Waggon sich aus der Verankerung löste, wurde er noch in der DDR auf ein Abstellgleis rangiert und erreichte erst nach Behebung der Mängel am 10. Oktober 1977 den Zielbahnhof in Kaufbeuren. Der für die Inbetriebnahme der Anlage zuständige Werksmonteur aus Freital traf erst am 30. Oktober im bayerischen Kaufbeuren ein. Als er am 7. November 1977 schließlich die Anlage zum Probelauf startete, traten Probleme auf, die sich zunächst nicht klären ließen. Um die Maschine herum hatten Beschäftigte der Schlotter KG bereits Tage zuvor einen üblen Geruch wahrgenommen. Nun fasste der Tank weniger Öl als vorgesehen, und die Ölpumpe startete nicht ordnungsgemäß. Der DDR-Werksmonteur baute sie deswegen aus und entdeckte als Grund der Verstopfung einen Plastikbeutel und Kleidungsstücke. Daraufhin ließ er das Öl aus dem Tank pumpen und machte in dessen Innenraum eine grausige Entdeckung, die bei ihm einen derart schweren Schock auslöste, dass er zusammenbrach und erst nach einwöchiger Behandlung in die DDR zurückkehren konnte.

Das Gerichtsmedizinische Institut in München obduzierte den Leichnam von Wolfgang Schumann. Der genaue Todeszeitpunkt konnte nicht festgestellt werden. Da seine Armbanduhr mit Datumsanzeige stehengeblieben war und er seine Verpflegung nicht angerührt hatte, liegt es nahe, dass Wolfgang Schumann kurz nach dem Einstieg in den Tank wegen mangelnder Sauerstoffzufuhr erstickt ist. Während der tragisch gescheiterte Fluchtversuch Schumanns durch die Berichterstattung in westdeutschen Medien auch in der DDR für Gesprächsstoff sorgte, versuchte der Staatssicherheitsdienst vergeblich herauszufinden, wie Schumann in den Öltank gelangt war und wer ihn dabei unterstützt hatte. Nach der Überführung seiner Leiche in die DDR wurde Wolfgang Schumann am 25. November 1977 in seiner Heimatstadt Dresden beigesetzt. (Recherche: EZ, jos., MP, TP; Autorin: MP)

Quellen:

MfS, HA IX, Abt. 7: Karteikarte Todesermittlungssache Schumann, Wolfgang. BStU, MfS, HA IX/Abt. 7.

MfS, BV Dresden: Untersuchung des MfS zur gescheiterten Flucht von Wolfgang Schumann, MfS, BV Dresden, AU 607/78.

BMI: Fernschreiben der Grenzschutzdirektion Koblenz vom 8. November 1977. BArch Koblenz, B 137/6687.

Technische Universität Dresden: Studienakte Wolfgang Schumann, Universitätsarchiv der TU Dresden.

dpa: Flüchtling Wolfgang Schumann erstickt auf der Flucht qualvoll. In: *Leipziger Volkszeitung*, 29.11.2012, einsehbar in: AS-UA, Bestand Naumann, Ordner: DDR Flüchtlinge Allgemein.

Gülzau, Jan: Grenzopfer an der sächsisch-bayerischen und sächsisch-tschechischen Grenze in den Jahren 1947–1989. Dresden 2012, S. 32–39.

Jürgen Fuchs

geboren am 18. Mai 1947
in Waltershausen

ertrunken bei Fluchtversuch
am 4. November 1977

Ort des Zwischenfalls: 250 Meter nordwestlich der Autobahn
Hirschberg (Thüringen) – Hof (Bayern)

Bildquelle BStU

Jürgen Fuchs war das Jüngste von vier Geschwistern. Nach seinem ersten Fluchtversuch im Sommer 1963 sperrte man ihn mehrere Monate im Jugendwerkhof Gotha ein. Hernach erlernte er den Beruf des Glasdruckers. Jürgen Fuchs versuchte es im April 1965 erneut und scheiterte. Nach acht Monaten Haft kam er im Februar 1966 auf Bewährung wieder frei. Ein jugendlicher Stasi-Spitzel aus seinem Freundeskreis verriet im Herbst 1966 dem MfS, dass Jürgen Fuchs und einige aus seinem Freundeskreis weiter Fluchtpläne schmiedeten. Tatsächlich unternahm Jürgen Fuchs gemeinsam mit einem Freund im Grenzgebiet bei Hasenthal 1967 zum dritten Mal einen Fluchtversuch, der misslang und ihn ein weiteres Mal für zehn Monate ins Gefängnis brachte.

Als im Juni 1976 nach kurzer schwerer Krankheit seine Mutter starb, verweigerte die DDR seinem in Westdeutschland lebenden Bruder die Einreise zur Beisetzung. Daraufhin stellte Jürgen Fuchs einen Ausreiseantrag. Darin berief er sich auf Erich Honeckers Rede auf dem 8. Parteitag der SED, in der dieser versprach, die Partei werde „Erscheinungen von Herzlosigkeit und Bürokratismus – wo immer sie auch auftreten – entschieden bekämpfen". Mit der Weigerung der Behörden, seinen Bruder zur Beerdigung der Mutter in die DDR einreisen zu lassen, seien „all die guten Vorsätze, die ich mir für die Zukunft gestellt habe" durch die „so unmenschlichen und unmoralischen Verhaltensweisen von Seiten der staatlichen Behörde nun völlig zerstört". Am 16. Juli 1976 suchte Jürgen Fuchs die Lokalredaktion der SED-Bezirkszeitung *Freie Erde* auf und bat um die Veröffentlichung eines Artikels, in dem er die gegen seinen Bruder verhängte Einreisesperre kritisierte. Man verwies ihn des Hauses und informierte den Staatssicherheitsdienst. Dessen Kreisdienststelle Neustrelitz überwachte Fuchs seit Mai 1976 in einer „Operativen Personenkontrolle" (OPK). Aus abgefangenen Briefen und durch den Verrat einer Freundin wusste die Stasi, dass Fuchs zur Flucht aus der DDR entschlossen war, falls sein Ausreiseantrag abgelehnt würde. Nachdem man ihn fast zwei Monate im Ungewissen ließ, schrieb Fuchs an die Redaktion des *ZDF-Magazins* und bat um Unterstützung. Aus Protest gegen die Behördenschikanen verweigerte er am 17. Oktober 1976 die Stimmabgabe zur Volkskammerwahl. Als ihm Anfang November 1976 die Ablehnung seines Ausreiseantrages zuging, stellte er umgehend einen erneuten Antrag auf Übersiedlung in die Bundesrepublik. Am 7. Dezember 1976 erschien Jürgen Fuchs in der Neustrelitzer Behörde für das „Paß- und Meldewesen" und erklärte in erregtem Ton, er wolle nun „sich selbst die Staatsbürgerschaft der DDR aberkennen" und alle seinen Personalunterlagen zurückgeben. Es gelang dann den Behördenmitarbeitern offenbar, Fuchs zu beruhigen und auf die weitere Bearbeitung seines Übersiedlungsantrages zu vertrösten.

In der Kreisdienststelle Neustrelitz des Staatssicherheitsdienstes kam man unterdessen auf die Idee, Jürgen Fuchs als inoffiziellen Mitarbeiter zu werben. Er sollte die mit ihm befreundeten „negativen Personen" und Ausreiseantragsteller bespitzeln. Weil man ihm offenbar versprach, dies könne seinem Ausreiseanliegen förderlich sein, unterschrieb Fuchs eine Schweigeverpflichtung. Das MfS führte ihn nun als inoffiziellen Mitarbeiter im Vorlauf (IMV) mit Decknamen „Siegfried Jacob". Doch er lieferte der Stasi keine Informationen. Allerdings führten die Bedrängung durch den Staatssicherheitsdienst und die Aussichtslosigkeit, doch noch mit offizieller Genehmigung aus dem Land zu kommen, im Herbst 1977 bei Jürgen Fuchs zu dem verzweifelten Entschluss, erneut eine Flucht über die innerdeutsche Grenze zu wagen.

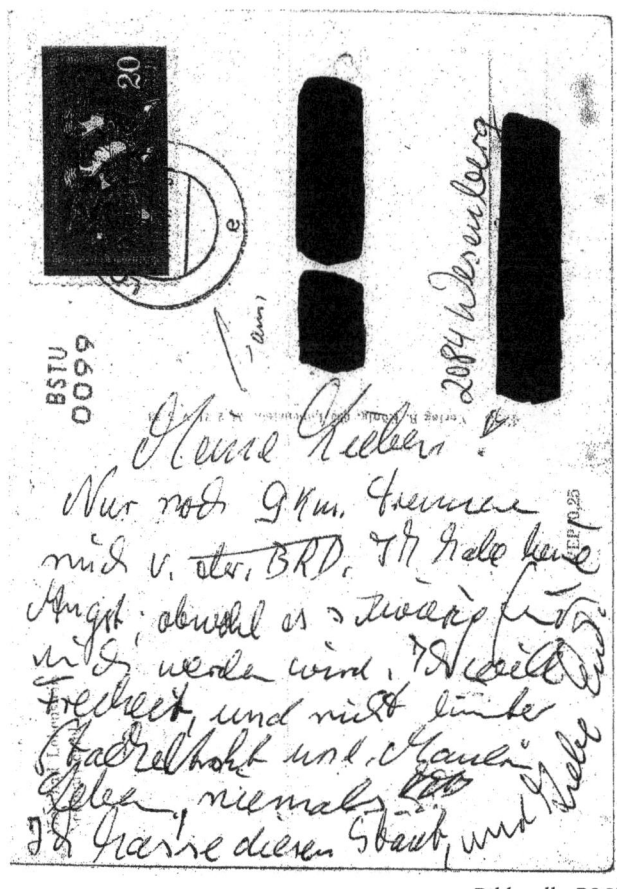

Bildquelle: BStU

Der Leiter der HO-Gaststätte in Wesenberg übergab am 30. November 1977 dem Abschnittsbevollmächtigten der Volkspolizei eine brisante Postkarte. Sie trug den Poststempel vom 3. November und zeigte ein Motiv von Bad Lobenstein. Der Absender, Jürgen Fuchs, hatte bis zum 2. November 1977 in dem Wesenberger Wirtshaus „Goldene Kugel" als Kellner gearbeitet. Dann verschwand er spurlos. Die Postkarte an das Kollektiv der „Goldenen Kugel" enthielt folgenden Abschiedsgruß: „Meine Lieben! Nur noch 9 km trennen mich von der BRD. Ich habe keine Angst, obwohl es schwierig für mich wird. Ich will Freiheit und nicht hinter Stacheldraht und Mauern leben, niemals!! Ich hasse diesen Staat und liebe Euch." Die Fahndungsmeldung der MfS-Bezirksverwaltung Neubrandenburg beschreibt den Kellner Jürgen Fuchs als einen ca. 1,65 Meter großen Mann mit dunkelblondem Haar, der zuletzt eine blaugraue Felljacke, einen grauen Anzug und ein schwarzes Hemd mit gelbem Schlips trug.

In der Haft aufgenommenes Foto von Jürgen Fuchs.
Bildquelle: BStU

Die Fahndung nach Jürgen Fuchs blieb ergebnislos. Die Ermittler spürten bei Vernehmungen in seinem Freundeskreis drei weitere Postkarten aus Bad Lobenstein auf. Einer Freundin hatte er geschrieben: „Ich habe Tränen in den Augen, es ist mehr als Schmerzen. Vergiß mich nicht, ich tue es auch nicht. Nur noch 9 km und ich habe es geschafft. Wenn auch nicht, ich werde niemals aufgeben. Höre die Nachrichten gut. Ich vergeß Dich nie!"

Am Morgen des 4. November 1977 ging beim Kommando der Grenztruppen in Peetz ein Fernschreiben des Grenzregiments 10 mit der Meldung ein, um 0.15 Uhr habe ein „Grenzverletzer" bei starkem Regen und Sturm den Grenzzaun südwestlich der Ortsverbindungsstraße bei Hirschberg zwischen Göritz und Sparnberg überwunden, indem er sich an einem Abweiser hochzog und durch die Drähte stieg. Dabei berührte er den Signalzaun und löste Grenzalarm aus. Nahe der Grenzkontrollstelle Hirschberg überstieg er den letzten Grenzzaun und begab sich zum Ufer der Saale. Mehrere Grenzsoldaten, die auf der Suche nach dem Flüchtling am Grenzzaun seinen Kompass entdeckten, hörten um 4.05 Uhr Hilferufe aus der Saale. Der Fluss führte bei einer Strömungsgeschwindigkeit von drei bis fünf Meter pro Sekunde Hochwasser. Eine weitere Grenztruppenmeldung vom Nachmittag des 4. November 1977 enthielt die Mitteilung, dass offenbar keine Person im Westen angekommen sei und die Möglichkeit bestehe, „daß der Grenzverletzer beim Versuch die Saale zu überwinden, ertrunken ist".

Am 5. Juli 1978 fand man am Ufer der Bleiloch-Talsperre eine stark skelettierte Leiche. Die Untersuchung des Gerichtsmedizinischen Instituts Jena ergab, dass es sich um die sterblichen Überreste von Jürgen Fuchs handelte. (Recherche: jk, jos., MP, St.A.; Autor: jos.)

Quellen:

MfS, BV Neubrandenburg: Fahndung nach Jürgen Fuchs aus Mirow. BStU, MfS, BV Nbg., 646/678.

MfS, BV Neubrandenburg: AIM-Akte „Siegfried Jacob". BStU, MfS, BV Neubrandenburg, AIM 547/78.

Kommando der Grenztruppen: Operative Tagesmeldungen Nr. 275/77 bis 366/77. BArch Freiburg, DVH 32/113243.

Grenztruppen der DDR, Kdo. d. Grenztruppen, Stellv. Chef des Stabes für op. Arbeit: Meldungen über provokatorische Grenzverletzungen und Anschläge des Gegners an der Staatsgrenze der DDR zur BRD und Westberlin 1977. BArch Freiburg, DVH 32/118177.

ZERV: Ermittlungsverfahren zum Todesfall Jürgen Fuchs. LAB, D Rep. 120–02, Acc. 8346, Az. 25 AR 4/97.

Joachim Erdmann

geboren am 26. Juli 1960 in Gotha

Suizid nach Festnahme am 2. April 1978

Ort des Zwischenfalls: Grenze bei Geisa (Thüringen)

Der 17-jährige Joachim Erdmann absolvierte in der Firma Federschmiede und Anhängerbau Tenkewitz in Gotha eine Lehre als Schmied. Er trug sich mit der Absicht, nach der Lehre als Waffen- oder Sprengmeister in der Nationalen Volksarmee zu dienen. Er las Zeitschriftenartikel über den Wehrdienst, über Waffen und Sprengstoff, kannte die Zusammensetzung einzelner Sprengstoffe und experimentierte mit selbst hergestelltem Pulver. In seiner Freizeit trainierte der begeisterte Judosportler seit seinem zwölften Lebensjahr bei den „Judoka" in Waltershausen und nahm mit seinem Verein an Wettkämpfen teil. Am 1. April 1978, einem Samstag, verabschiedete er sich von seiner Mutter mit der Bemerkung, er müsse nach Eisenach zu einem Wettkampf. Tatsächlich aber fuhr er mit seinem Moped vom Typ Star zur DDR-Grenze. Neben wichtigen persönlichen Dokumenten hatte er eine Kette, ein Skatspiel, eine Kombi-Zange und ein feststehendes Messer bei sich. In Dermbach riss die Kette seines Mopeds. Er schob es zum Wohnhaus eines Mitschülers aus der Berufsschule, der im Ort wohnte, und bat darum, das defekte Moped unterstellen zu dürfen. Dann machte er sich zu Fuß auf den Weg und gelangte westlich von Dermbach durch ein Waldgebiet bis nach Geisa. Am Sonntagmorgen des 2. April 1978 überstieg er etwa einen

Kilometer nördlich des Geisaer Vorortes Wiesenfeld einen neu errichteten Grenzsicherungszaun, der noch nicht an die Signalanlage der Grenztruppen angeschlossen war. Im dichten Nebel gelang es ihm, das vordere Sperrelement an der ehemaligen Verbindungsstraße zwischen Geisa und Rasdorf zu erreichen. Dort entdeckten ihn Grenzposten. Da er eine grüne Jacke trug, hielten sie ihn zunächst für einen Jäger. Nach Rückfrage bei der Befehlsstelle stellte sich jedoch heraus, dass für einen Jäger keine Anmeldung im Sperrgebiet vorlag. Auf Anruf durch die Grenzposten versuchte Joachim Erdmann zurück in den Wald zu laufen. Doch sie konnten ihm den Weg abschneiden und festnehmen. Nach der Festnahme begann der Jugendliche zu weinen. Nach Aussagen der beiden Grenzsoldaten soll er gesagt haben, dass „er eben Pech gehabt hatte, er bedaure, daß er allein den Versuch unternommen hat, sie sollen ihn doch erschießen". Auf Befragen gab er weiterhin an, dass er zu seinem Vater nach Westdeutschland wollte.

Die Grenzer übergaben Joachim Erdmann der Volkspolizei. Auf dem Weg zum Volkspolizeirevier nach Bad Salzungen klagte er über Übelkeit. Wie sich herausstellte, hatte er noch an der Grenze kurz nach seiner Entdeckung 100 Gramm Unkraut-Ex, Alkohol und Beruhigungstabletten eingenommen. Man brachte ihn mit Blaulicht in das Kreiskrankenhaus nach Bad Salzungen und von dort nach einer Erstdiagnose auf die Intensivstation des Bezirkskrankenhauses Meiningen. Dort blieb er nach der Einlieferung am Mittag zunächst noch einige Minuten ansprechbar, dann brach sein Kreislauf zusammen. Infusionen und Beatmung halfen nicht mehr, Joachim Erdmann starb gegen 17.45 Uhr. Einige Stunden später informierte die Volkspolizei seine Mutter über den Tod ihres Sohnes. Vier Tage später durfte sie ihn in der Waltershausener Leichenhalle noch einmal sehen. Nach Angaben einiger Freunde soll Joachim Erdmann geglaubt haben, er leide an einer schweren Krankheit. Die gerichtliche Leichenschau erbrachte keine Hinweise, dass dies zutraf. Die Mutter von Joachim Erdmann konnte sich den Fluchtversuch ihres Sohnes nicht erklären; auch nicht, warum er zu seinem Vater wollte, der die DDR verlassen hatte, als Joachim Erdmann erst ein Jahr alt war. (Recherche: MP; Autorin: MP)

Quellen:

MfS: Kerblochkartei Joachim Erdmann. BStU, MfS.

MStA der DDR: Tod eines Grenzverletzers – Erdmann, Joachim. BArch Freiburg, DVW 13/67546.

LKA Thüringen: Verdacht der Selbsttötung durch Vergiftung. ThHStA Weimar, Landeskriminalamt Thüringen, Nr. 1085.

Hans-Erich David

geboren am 31. Dezember 1955 in Lübeck

gestorben an Unterkühlung am 6. Mai 1978

Ort des Zwischenfalls: Teschower Spitze (Mecklenburg-Vorpommern)

Der 6. Mai 1978, ein Samstag, begann mit heiterem und kühlem Wetter. Im Norden Deutschlands schwankten die Temperaturen zwischen 10 und 15 °C. Erst gegen Nachmittag zogen gewittrige Schauer auf. Für die drei jungen Männer aus Rehhorst (Schleswig-Holstein) war dies kein Grund, den geplanten Wochenendausflug abzusagen. Der 22-jährige Hans-Erich David, sein jüngerer Bruder und der 16-jährige Kai B. hatten sich vorgenommen, mit einem Motorboot die Trave hinaufzufahren und die Insel Buchhorst im Dassower See anzusteuern.

Wahrscheinlich sahen sie am Ufer vor dem Städtchen Dassow die neue kilometerlange weiße Betonmauer, die jener in Berlin glich. Diesen Mauerbau hielt das Kommando der Grenztruppen für erforderlich, da der von DDR-Gebiet umgebene Dassower See zum Großraum Lübeck gehörte und dort bereits mehrfach Flüchtlinge das Bundesgebiet erreicht hatten. Denn wer bis zum Wasser kam, war bereits im Westen.

Um 19.10 Uhr wollten die drei jungen Männer wieder aus dem Dassower See in Richtung Pötenitzer Wiek herausfahren. Doch als sie in Höhe der Teschower Spitze waren, fiel der Außenbordmotor aus. Beim Versuch zu paddeln, lief das Boot im Gegenwind voll Wasser und kenterte. Kurzentschlossen sprangen die drei ins Wasser, sie trugen Schwimmwesten und hatten mit Hans-Erich David einen ausgebildeten Rettungsschwimmer bei sich. So erreichten sie nach einer halben Stunde frierend und erschöpft die Teschower Spitze. Dort befand sich etwa 20 Meter hinter dem Seeufer ein Sicherungszaun der DDR-Grenze. Die drei jungen Männer saßen im sogenannten Niemandsland fest. Als um 19.57 Uhr einer der drei Freunde in der Hoffnung, von den Grenzsoldaten gerettet zu werden, am Zaun „Hilfe, ich erfriere" rief, blieb es zunächst still. Die Sicherungsposten, die das Geschehen beobachtet hatten, mussten ihrem Vorgesetzten Meldung erstatten. Der stellvertretende Stabschef des Grenzbataillons war um 20.13 Uhr vor Ort und befahl den Gestrandeten, das Hoheitsgebiet der DDR wieder zu verlassen. Doch wie hätten sie das ohne Boot tun sollen? Erst nachdem knapp 20 weitere Minuten vergangen waren, wurde der Zurückweisungsbefehl aufgehoben und um 20.45 Uhr der Grenzzaun geöffnet. Die Gestrandeten hatten nass und frierend eine Stunde in der Dämmerung ausharren müssen. Für einen von ihnen war diese Zeit zu lang. Er war bereits zusammengebrochen. Gegen 21.16 Uhr bargen ihn zwei Suchposten am Uferstreifen. Der Regimentsarzt, der Erste Hilfe leisten sollte, konnte nur noch feststellen, dass Hans-Erich David an Unterkühlung verstorben war.

Die beiden Überlebenden wurden medizinisch versorgt und dem MfS übergeben. Am Abend des 7. Mai 1978 durften sie über die Grenzübergangsstelle Schlutup wieder nach Hause zurückkehren. Die Leiche von Hans-Erich David wurde am 11. Mai 1978 in die Bundesrepublik überführt. (Recherche: ES, jk, jos., MP; Autor: jk)

Quellen:

DGP, Kdo. GT, Operativ: Operative Tagesmeldungen, Mai 1978–Juli 1978. BArch Freiburg, DVH 32/113245.

Kdo. der Grenztruppen, Abt. Operativ, Informationsstelle: Meldungen an den Minister über aggressive Anschläge und militärische Handlungen des Gegners an der Staatsgrenze der DDR. BArch Freiburg, DVH 32/121447.

Grenzschutzkommando Küste: Lage an der Grenze zur DDR Mai 1978. Bad Bramstedt, 13. Juni 1978. LASch, Abt. 560, Nr. 42 (II).

Der Bundesminister der Finanzen: 28. Juni 1978, Aktenzeichen III 2 – O 3031 ML – 10/78. PAAA, Zwischenarchiv, 116456.

Tolmein, Hans Günter: Tod ist Tod und Befehl ist Befehl. In: *Bayernkurier*, 04.08.1979.

Michael Poppenhäuser

geboren am 15. April 1951 in Meiningen

gestorben am 4. Juli 1978 an Verletzungen
nach versuchtem Grenzdurchbruch mit dem Auto

Ort des Zwischenfalls: Sülzfeld (Thüringen)

Kurt-Michael Poppenhäuser wuchs in behüteten Verhältnissen im thüringischen Meiningen auf. Im Jahre 1969 verließ er die Polytechnische Oberschule nach der 10. Klasse und absolvierte eine Lehre als Koch. Danach arbeitete er in seinem Beruf in der HO-Gaststätte „Schlundhaus" in Meiningen. Mit seiner Berufswahl war er zufrieden und ging gerne zur Arbeit. Sein Vater war in Meiningen als Zahnarzt tätig. Auch seine ältere Schwester lebte nur unweit von der Familie entfernt.

Am Nachmittag des 30. Juni 1978 soll Michael Poppenhäuser nach Informationen des MfS auf dem Marktplatz in Meiningen dabei beobachtet worden sein, wie er Schnaps trank. Dann habe er sich mit seinem Auto auf die Fahrt in Richtung Sülzfeld gemacht. In den frühen Abendstunden raste er mit seinem blauen Trabant auf den damaligen Kontrollpunkt Sülzfeld zu. Aus Berichten von Reisenden, die sich zur Unfallzeit am Kontrollpunkt befanden, geht hervor, dass Michael Poppenhäuser mit seinem Pkw den Schlagbaum an der ersten Kontrollstelle mit einer Geschwindigkeit von ca. 100 km/h durchbrach und etwa 200 Meter weiter vor dem Grenzübergang gegen einen Baum prallte. Nachdem er den Schlagbaum durchbrochen hatte, muss er die Kontrolle über sein Fahrzeug verloren haben. Mehrere Reisende berichteten der Bayerischen Grenzpolizei am Grenzübergang Eußenhausen von dem Szenario an der Unfallstelle: Der blaue Trabant stand total beschädigt am Straßenrand. Zwischen unzähligen Glassplittern und einzelnen Fahrzeugteilen lag der verletzte Fahrer regungslos auf dem Boden. Michael Poppenhäuser wurde mit schweren Knochenbrüchen und einem Schädel-Hirn-Trauma in das Krankenhaus Meiningen eingeliefert. Er erlag am 4. Juli 1978 seinen Verletzungen und wurde am 7. Juli 1978 in seinem Heimatort beerdigt.

Wollte der verheiratete Koch, der doch nach Angaben seiner Familie ein geordnetes und zufriedenes Leben führte, aus seinen geregelten Bahnen ausbrechen und in die Bundesrepublik fliehen, wie es in Meiningen erzählt wurde, oder gab es Gründe für seinen waghalsigen Fluchtversuch? Das überlieferte Archivgut gibt darüber keine abschließende Auskunft. Ein Ermittlungsverfahren der Staatsanwaltschaft Erfurt zur Aufklärung des Falles wurde im Jahre 1996 ohne weiterführende Ergebnisse eingestellt. (Recherche: jk, MP; Autorin: MP)

Quellen:

VPKA Suhl: Poppenhäuser, Michael – Meiningen – Tgb. 696/71, Suhl. LATh – HstA Meiningen, BDVP Suhl, Nr. 1286.

MfS: Dokumentation über den gewaltsamen Grenzdurchbruch am KP Sülzfeld am 30.6.78 um 18.09 Uhr. BStU, MfS, HA VI, 1225.

BGS: Grenzlageeinzelbericht der BGS-Zentrale in Bayern vom 1.7.1978. BArch Koblenz, B 137/6687.

ZESt: Ermittlungsakte Schußwaffengebrauch z. N. Michael Poppenhäuser. BArch Koblenz, B 197/20135.

Staatsanwaltschaft Erfurt: Strafverfahren gegen Klaus R. wegen Totschlags, 520 Js 33878/98. LATh – HStA Weimar, Freistaat Thüringen, StA Erfurt 11511.

Standesamt Meiningen: Sterberegister Michael Poppenhäuser, Sterbebuch-Nr. 407/1978. Auskunft des Standesamtes Meiningen vom 23.03.2015.

Peter Stegemann

geboren am 9. Dezember 1940 in Zwickau

am 22. Juli 1978 tödlich verletzt durch Splitterminen

Ort des Zwischenfalls:
1000 Meter westlich von Heinersgrün, Kreis Oelsnitz (Sachsen)

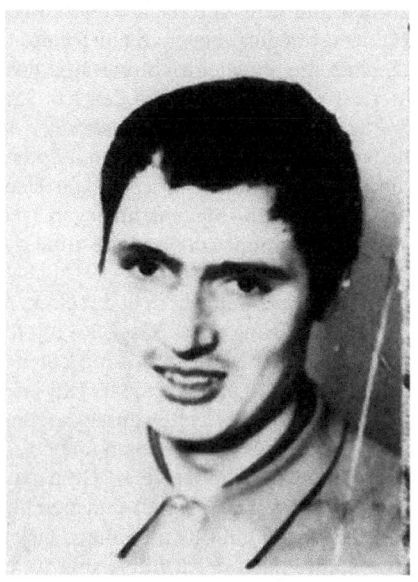

Bildquelle: BStU

Peter Johannes Stegemann aus Beiersdorf verlor im frühen Alter von sieben Jahren seine Mutter. Mit 13 Jahren erlitt er eine Polyomyelitis (Kinderlähmung), deren Folgen er zeitlebens zu tragen hatte. Im Anschluss an seine achtjährige Schulzeit absolvierte Peter Stegemann eine Lehre als Fotograf. Ab November 1962 leistete er in einem motorisierten Schützenregiment den 18-monatigen Wehrdienst bei der NVA. Seit 1973 war er Mitglied des FDGB und der DSF. In Crimmitschau führte er ein eigenes Fotogeschäft, das er jedoch wegen gesundheitlicher Probleme aufgeben musste. Zuletzt arbeitete er als Transportarbeiter beim VEB Kraftfahrzeugwerk in Werdau. Peter Stegemann lebte zusammen mit seiner Frau in Beiersdorf und kümmerte sich liebevoll um seine beiden Kinder aus erster Ehe.

Als früherer Befürworter der sozialistischen Gesellschaft verspürte Peter Stegemann offenbar eine wachsende Diskrepanz zwischen geltender Gesellschaftsordnung und eigenen Idealen. Seine kritischen Gedanken über den Sozialismus schrieb er in mehreren Briefen nieder, die er dem Staatssicherheitsdienst zusandte. Einen letzten Beschwerdebrief an die Kreisdienststelle der Staatssicherheit in Werdau verfasste Peter Stegemann wenige Tage vor seinem Fluchtversuch. Darin stellte er dem MfS ein Ultimatum zur Stellungnahme bis zum 21. Juli 1978, 18.00 Uhr: „Dadurch sollt Ihr Gelegenheit erhalten oder diese Euch selbst schaffen, Euch mir gegenüber auf anständige saubere und sachliche Art und Weise realitätsgemäß zu erklären. Sollte dieser Zeitraum von Euch ungenutzt vergehen, wäre ich nicht mehr in der Lage, mich mit und für unsere sozialistische Gesellschaft zu identifizieren." Auf dieses Schreiben erhielt Peter Stegemann keine Antwort.

In den späten Abendstunden des 21. Juli 1978 verabschiedete er sich von seiner Frau, ohne ihr zu sagen, was er vorhatte. Mit seinem Moped machte er sich auf den Weg zur Staatsgrenze. Nachdem er 45 Kilometer zurückgelegt hatte, ließ er das Moped zurück und erreichte nach weiteren zehn Kilometern zu Fuß das Sperrgebiet. Bei Heinersgrün gelangte er an ein Tor des Grenzsignalzaunes, das er übersteigen konnte, ohne die Signaleinrichtung auszulösen. Peter Stegemann überwand den Sechs-Meter-Kontrollstreifen und den Kfz-Sperrgraben. Nach Erreichen des Grenzzauns, bog er zwei untere Streckmetallfelder des Zauns auseinander. Durch diese Öffnung ließen sich die mitgeführte Aktentasche, eine Thermoskanne und ein Sitzkissen auf die andere Seite des vorderen Sperrelements schieben. Beim Versuch den Zaun zu überwinden, löste Stegemann gegen 3.05 Uhr fünf Splitterminen (SM-70) aus, die ihn schwer verletzten. Um die obere Mine war sein Gürtel geschlungen, im mittleren Feld hing ein Handschuh.

Ein Untersuchungsbericht des Grenzregiments 10 „über die Festnahme DDR–BRD 1/1 mit Auslösung Sperranlage 501 mit tödlichem Ausgang" hielt folgenden zeitlichen Ablauf nach der Minenauslösung gegen 3.05 Uhr fest: „Die Streife entdeckte den Verletzten um 3.12 Uhr, gegen 3.43 Uhr erfolgte nach Abschaltung der Sperranlage der Abtransport des Verletzten durch den Bergetrupp." Der Kommandeur des Bergetrupps stellte bei dem Schwerverletzten noch einen Pulsschlag fest.

Der damals als „operativer" Grenztruppenoffizier im Stab des Standortes Posseck eingesetzte Willi P. erhielt den Befehl, den Schwerverletzten beim Transport im Sanitätswagen zum Krankenhaus Oelsnitz zu bewachen. Der dort diensthabende Arzt stellte nach der Einlieferung und einem vergeblichen Reanimationsversuch um 4.25 Uhr Stegemanns klinischen Tod fest. Bei der Leichenschau zählte der Arzt insgesamt 45 Verletzungen am Körper des Toten. Die im Leichenhaus anwesenden MfS-Leute nahmen sämtliche Unterlagen zum Todesfall Peter Stegemann an sich. Eine Eintragung der Einlieferung der Leiche in die Krankenhausakten erfolgte nicht.

Nachdem ihr Mann das ganze Wochenende nicht nach Hause kam, gab Stegemanns Ehefrau am Montag eine Vermisstenanzeige bei der Kriminalpolizei in Werdau auf. Am Dienstag erhielt sie eine Vorladung zur Kriminalpolizei, die allgemeine Fragen nach ihrem Mann stellte. Noch immer im Unklaren holten sie Kriminalpolizisten am Mittwoch zu Hause ab und brachten sie zum Bezirksstaatsanwalt. Dieser teilte ihr mit, nach Eindringen in militärisches Sperrgebiet habe sich ihr Mann durch eigenes Verschulden lebensgefährlich verletzt und sei verstorben. Einzelheiten erfuhr sie weiterhin nicht. Als sie ihren Mann noch einmal im Sarg sehen durfte, fiel ihr eine frische Narbe an der Stirn auf. Das MfS drängte die Ehefrau zum Stillschweigen und forderte sie auf, keine weiteren Nachforschungen zum Tod ihres Mannes anzustellen. Sie durfte den Totenschein mit dem Vermerk „traumatischer Schock" lesen, erhielt ihn aber nicht ausgehändigt. Des Weiteren drängten die MfS-Mitarbeiter auf eine schnellstmögliche Feuerbestattung sowie eine Beisetzung in engstem Familienkreis. Eine Verfügung der MfS-Bezirksverwaltung Karl-Marx-Stadt vom 27. Juli 1978 ordnete die Durchsuchung von Stegemanns Asche mit Magneten an, um die hierbei festgestellten Reste von Minensplittern zu entnehmen. Auch in die Bestattungszeremonie griff das MfS reglementierend ein: Bei der Urnenbeisetzung auf dem Zwickauer Friedhof sprach ein weltlicher Redner, der die Todesumstände Peter Stegemanns nicht erwähnen durfte.

Das MfS in Karl-Marx-Stadt beendete am 13. September 1978 seine Ermittlungen zum Fluchtversuch von Peter Stegemann und erklärte sich sein Handeln als Folge einer psychischen Erkrankung, einer paranoiden Schizophrenie, die inhaltliche Denkstörungen und Wahnvorstellungen eingeschlossen habe. Die geheimen Lage- und Stimmungsberichte aus dem Grenzregiment 10 Plauen belegen, dass der Tod Peter Stegemanns in der gesamten Einheit Diskussionen auslöste. Mehrere Grenzer äußerten sich kritisch zu dem Vorfall. Andreas B. (Jg. 1955), der von der 12. Grenzkompanie am Unglückstag als Sicherungsposten eingesetzt war, litt in den folgenden Tagen an Schlafstörungen, sodass ihm der Regimentsarzt Beruhigungsmittel verschrieb. B. meldete sich eine Woche nach Stegemanns Tod bei seinem Kompaniechef und erklärte, dass er seit dem 23. Juli 1978 eine andere Einstellung zur Schusswaffe habe und die Waffe nicht mehr anwenden werde. Wenn ihm befohlen würde, auf einen Flüchtling zu schießen, werde er daneben schießen, da er nicht zum Mörder werden wolle. Andreas B. schrieb in einer Stellungnahme, die Schreie des Verletzten hätten sich ihm unvergesslich ins Gedächtnis eingebrannt. Daraufhin wurde er aus dem Grenzdienst abgezogen. Die Stasi-Mitarbeiter in der Einheit zeichneten aber auch die folgenden Äußerungen eines Majors aus dem Stab auf: „Es ist doch Blödsinn, solche Leute, die verletzt wurden, nach Oelsnitz ins Krankenhaus zu schaffen. So eine kleine Stadt in der Nähe der Grenze ist doch eine Aufforderung zur Diskussion. Solche Leute müßten ins Hinterland geschafft werden, ohne Kommentar. Wir machen doch damit nur politischen Schaden. Wenn einer so verletzt ist wie der, dann spielt es doch auch keine Rolle, ob er eine halbe Stunde später stirbt oder nicht."

Die in den 90er Jahren eingeleiteten Ermittlungen erbrachten Beweise für eine gezielte Vertuschung der Todesursache durch den Staatssicherheitsdienst. So ließen die bei der Leichenbegutachtung im Krankenhaus Oelsnitz anwesenden Stasi-Offiziere in dem von ihnen beschlagnahmten Fragebogen zur Todesursache unter „Zustandekommen des Schadens" den Vermerk „unbekannt" eintragen. Das Landgericht Frankfurt an der Oder verurteilte im März 2000 den für die Installierung der Splitterminen verantwortlichen Chef der Verwaltung Pionierwesen des Ministeriums für Nationale Verteidigung wegen Beihilfe zum Totschlag zu einer Bewährungsstrafe von neun Monaten. (Recherche: jos., MK, MP, StA., TP; Autorin: MP)

Quellen:

MdI: Lagefilm für den 21./22.7.1978. BArch Berlin, DO 1/2.3/43625.

MfS: Verdacht des ungesetzlichen Verlassens der DDR. BStU, MfS, Chem AU 2329/78.

MfS, ZKG: Lagefilm vom 22.7.1978, 8.00 Uhr – 22.7.1978, 18.00 Uhr. BStU, MfS, ZKG 8083.

MfS, HA I: Chiffriertelegramm – Ergänzungsmeldung zum versuchten GDB DDR/BRD vom 22.7.78. BStU, MfS, HA I, 5863.

StA Neuruppin: Delikt 113 StGB/DDR Totschlag, 361 Js 56/97. StA Neuruppin, Repo-Nr.: 6541.

StA II bei dem LG Berlin: Ermittlungen zum Todesfall Peter Stegemann. LAB, D Rep. 120-02, Acc. 8346, Az. 2 Js 83/91.

Marxen, Klaus; Werle, Gerhard (Hrsg.): Strafjustiz und DDR-Unrecht. Gewalttaten an der deutsch-deutschen Grenze. Bd. 2, Berlin 2002, S. 1039.

Gülzau, Jan: Grenzopfer an der sächsisch-bayerischen und an der sächsisch-tschechischen Grenze in den Jahren 1947–1989, Dresden 2012, S. 39–44. (Schriftenreihe des Hannah-Arendt-Instituts, TU Dresden)

Rainer Burgis

geboren am 14. September 1958 in Salzwedel

getötet durch Splitterminen am 15. Oktober 1978

Ort des Zwischenfalles: 2000 Meter nördlich von Mechau im Altmarkkreis, Bereich der Grenzsäule 347 (Sachsen-Anhalt)

Bildquelle: Stefan Appelius

Rainer Burgis ging aus einer heimlichen Liebesbeziehung seiner in Westdeutschland verheirateten Mutter mit ihrem aus der DDR geflüchteten Cousin hervor. Als Rainers Mutter ihre Schwangerschaft bemerkte, entschied sich das Paar gemeinsam zur Übersiedlung in die DDR, wo beide in der LPG „Tierproduktion" Stappenbeck Arbeit fanden. Steppenbeck ist ein Vorort der alten Hansestadt Salzwedel – unweit der innerdeutschen Grenze. Ihr im September 1958 geborener Sohn Rainer galt als lernbehindert und war stark kurzsichtig. Seine Tante Inge Burgis erinnert sich an einen „herzensguten Jungen".

Nach dem Besuch der Sonderschule in Salzwedel arbeitete Rainer Burgis in der elterlichen Genossenschaft als Viehpfleger und in der Futterwirtschaft. Einige Monate vor seinem späteren Fluchtversuch lernte er in der LPG den Melker Wilfried Senkel kennen und freundete sich mit ihm an. Nach Ermittlungen des DDR-Staatssicherheitsdienstes planten Burgis und Senkel, im Herbst 1978 nach Bayern zu fliehen, wo Rainers Großeltern damals lebten. Um ihren Fluchtversuch zu tarnen, gaben sie an, sie wollten mit ihren Fahrrädern zum Pilzesuchen in den Wald.

Am 15. Oktober 1978 um 18 Uhr erfolgte nördlich von Mechau die Auslösung des Grenzsignalzaunes Feld 18 und um 19.55 Uhr eine weitere Auslösung im Feld 20. Die alarmierten DDR-Grenzer hörten kurz danach eine Detonation und entdeckten am Grenzzaun zwei durch Minen verletzte Flüchtlinge. Nach Aussage von Wilfried Senkel versuchte Rainer Burgis, den mit Selbstschussanlagen gesicherten Grenzzaun an jenem Herbstabend zu überklettern. Dabei löste er zwei tödliche Splitterminen aus. Er wollte sich, nach Aussage von Wilfried Senkel, auf keinen Fall festnehmen lassen und unter allen Umständen in die Bundesrepublik flüchten. Beim Eintreffen der durch den Vorfall herbeigeeilten DDR-Grenzsoldaten war Rainer Burgis bereits seinen Verletzungen erlegen. Um eine Beobachtung von der Westseite auszuschließen, verbargen DDR-Grenzer die Leiche von Burgis im Unterholz, während der schwer verletzte Wilfried Senkel zur medizinischen Behandlung abtransportiert wurde. Die Obduzenten in der Medizinischen Akademie Magdeburg stellten einen Tag später am Leichnam von Rainer Burgis „61 unterschiedlich geformte Metallsplitterverletzungen fest".

Im DDR-Gerichtsverfahren gegen Wilfried Senkel wegen „versuchter Republikflucht" durfte der Tod von Rainer Burgis nicht erwähnt werden. In einem Schreiben der Untersuchungsabteilung der BV Magdeburg des MfS vom 24. Oktober 1978 an den Bereichsleiter Abwehr des Grenzkommando Nord in Stendal heißt es: „Unter Beachtung der sich aus diesem Vorkommnis ergebenden erhöhten Anforderungen an die Konspiration wird zum Zwecke der Beweisführung gebeten, das [...] Festnahmeprotokoll der Grenztruppen der DDR unter dem Gesichtspunkt der Alleintäterschaft des Senkel nochmals abfassen zu lassen. In dem zu erstellenden Festnahmeprotokoll dürfen keine Hinweise auf die Mittäterschaft der Person BURGIS enthalten sein."

Rainer Burgis wurde bereits wenige Tage nach dem Grenzzwischenfall in Salzwedel beigesetzt. „Es war ganz schrecklich, denn es durfte ja keiner etwas sagen", erinnert sich seine Tante Inge Burgis: „Da stand ja überall die Stasi rum." Eine Beisetzung im Familiengrab fand nicht statt, weil eine seiner Tanten Einwände geäußert hatte. Das Grab von Rainer Burgis wurde wenige Jahre nach dem Fall der Mauer eingeebnet. (Recherchen: App, jos., MP, ST, St.A.; Autor: App)

Quellen:

MfS, HA I: Versuchter Grenzdurchbruch DDR-BRD mit tödlichen Verletzungen. MfS HA I Nr. 5863.

Telefonat mit Siegfried Senkel (Salzwedel), 16.08.2013; Telefonat mit Magdalene Senkel (Salzwedel), 30.09.2013; Telefonat mit Anneliese Horn (Salzwedel), 31.08.2013; Telefonat mit Fritz Lange (Buchwitz), 31.08.2013; E-Mail Klaus Klewin (Salzwedel), 30.08.2013; Telefonat mit Inge Burgis (Salzwedel), 28.08.2013; Telefonat mit einem Angehörigen aus Nürnberg, 05.09.2013.

MfS, ZAIG: Versuchtes ungesetzliches Verlassen der DDR mit Auslösung der pionier-technischen Grenzsicherungsanlage 501 am 15.10.1978 im Grenzabschnitt Salzwedel an der Staatsgrenze zur BRD. BStU, ZA, MfS – ZAIG 23147.

Staatsanwaltschaft des Bezirkes Magdeburg: Ermittlungsverfahren wg. versuchten ungesetzlichen Grenzübertritts im schweren Fall. BStU, Ast. Magdeburg, MfS BV Mgb. AU, Nr. 1839/79, 4 Bde.

ZERV: Ermittlungsverfahren wegen Verdacht der Tötung gegen Unbekannt. StA beim KG Berlin – 2 Js 223/93 -.

Staatsanwaltschaft Magdeburg: Anklage vom 10. Februar 1998 gegen den Kommandeur des Grenzregiments 24 Oberst Horst Nußmann und dessen Stabschef Oberst Erich Kossack wegen mehrfachen Totschlags (Minenopfer). Nußmann verstarb während des Verfahrens, Kossack erhielt neun Monate auf Bewährung. Urteil LG Magdeburg 000524. 502 Ks-654 Js 52477/97-2/98.

Heiko Runge

geboren am 29. April 1964
in Merseburg

erschossen am 8. Dezember 1979

Ort des Zwischenfalls:
Sorge im Kreis Wernigerode
(Sachsen-Anhalt)

Bildquelle: Der Spiegel Nr. 37/95

Nach der gemeinsamen Einschulung an der Polytechnischen Oberschule „W. I. Lenin" in Halle-Neustadt schlossen Uwe Fleischhauer und Heiko Runge schnell Freundschaft. Uwe mochte an Heiko seine lustige, lebensfrohe Art und auch, dass er manchmal sehr spontan sein konnte. Bis zur 4. Klasse brachten die beiden Freunde gute Noten nach Hause. Dann wurden ihre Leistungen zusehends schlechter. Mit den schulischen Problemen nahmen auch die Auseinandersetzungen mit den Eltern zu. Heiko war zu Hause einem ständigen Vergleich mit seiner Schwester, einer sehr guten Schülerin, ausgesetzt. Da der Vater bereits verstorben war, lebten die Geschwister bei ihrer Mutter.

Die beiden Zehntklässler Heiko und Uwe verbrachten viele gemeinsame Nachmittage und stromerten durch die Gegend. Ob sie ihre Schulabschlüsse und damit auch den Eintritt in eine Ausbildung erfolgreich meistern würden, war zu diesem Zeitpunkt ungewiss.

Die beiden Schulfreunde hatten sich schon des Öfteren darüber ausgetauscht, gemeinsam die DDR, ihre Heimat, und ihre Elternhäuser zu verlassen. Uwe Fleischhauer wollte gerne nach Frankreich. Sein großer Traum war es, dieses Land kennenzulernen. Bereits zuvor hatte er einen Fluchtversuch unternommen, den er allerdings aufgeben musste, weil von der Zwischenstation in Nordhausen kein Zug mehr zur Grenze nach Benneckenstein fuhr. Am 7. Dezember 1979 schmiedeten die beiden 15-Jährigen einen Fluchtplan für den nächsten Tag. Diesmal sollten sie von nichts aufgehalten werden, sie bereiteten sich akribisch vor. In den frühen Morgenstunden des 8. Dezember 1979 ging Heiko Runge zu Uwe Fleischhauer. Gegen 7 Uhr fuhren sie mit einem Taxi zum Hauptbahnhof in Halle und stiegen in den Zug Richtung Harz. Uwe Fleischhauer kannte den dortigen Grenzverlauf einigermaßen von einem Familienausflug, der allerdings schon zwei Jahre zurücklag. Mehr als 100 Kilometer legten die beiden Freunde über Nordhausen bis nach Benneckenstein zurück. Zwischen Halle und Nordhausen erfolgte eine Ausweiskontrolle durch die Transportpolizei, von der sie aber nach ihrer Äußerung, sie wollten Verwandte in Nordhausen besuchen, nicht weiter behelligt wurden. So konnten sie ihre Fahrt fortsetzen und kamen gegen 9.45 Uhr in Nordhausen an, wo sie zur Weiterfahrt auf die Harzquerbahn warteten. Diese Schmalspurbahn verbindet seit 1896 das thüringische Nordhausen mit Wernigerode in Sachsen-Anhalt. Um 11.41 Uhr fuhr der Zug in Richtung Benneckenstein los, gegen 13 Uhr kamen sie dort an und machten sich sogleich zu Fuß, entlang der Bahnlinie, auf den Weg zur Grenze. Die beiden Jugendlichen hatten sich für ihr Vorhaben bestens ausgestattet: Sie hatten warme Sachen, mehrere Konserven und Besteck, ein Fahrtenmesser, Zigaretten und einen Erdbeerwein in ihren Rucksäcken. Außerdem trugen sie einen Reiseatlas, ein Radio sowie Bücher und Zeitungen bei sich.

Heiko Runge bei der Jugendweihe.
Bildquelle: Der Spiegel Nr 37/95

Heiko Runge und Uwe Fleischhauer bewegten sich mit einem Kompass durch das Grenzgebiet bei Sorge. Die Temperatur lag bei 10 bis 12 °C, es war neblig und ein leichter Nieselregen hatte eingesetzt. Unterwegs überquerten sie eine Straße, an der ein Schild mit der Aufschrift „Sperrzone" stand. Die beiden Freunde wussten, dass vor dem Grenzzaun Minen lagen, die größte Angst hatten sie jedoch vor den Grenzposten. Gegen 15 Uhr gelang es ihnen, einen Signalzaun zu überwinden, indem sie die Drähte auseinanderbogen und hindurchstiegen. Allerdings bemerkten sie nicht, dass sie dabei einen Alarm ausgelöst hatten. Die Grenzkompanie setzte ihre Alarmgruppe in Marsch und postierte entlang des Kolonnenweges im Abstand von 150 Metern insgesamt sechs Postenpaare. Hinter einem Erdwall lauerten zwei Soldaten, die die beiden Schüler gegen 16 Uhr nahe der Buchenwaldschlucht entdeckten. Die beiden Jugendlichen waren jetzt nur noch 100 Meter von der Grenze entfernt. Sie ignorierten die Aufforderung, sofort stehenzubleiben und die Hände zu heben. Stattdessen liefen sie weiter in Richtung Grenzzaun. Daraufhin lud einer der Posten bereits seine Waffe durch. Die Flüchtenden rannten in gebückter Haltung in ein angrenzendes Waldgebiet. Nach einem ersten Warnschuss trennten sie sich im Wald. Nun schossen die Posten gezielt. Nach den ersten Schüssen und erneuten Aufforderungen, sofort stehenzubleiben, warf sich Uwe Fleischhauer flach auf den Erdboden. Heiko Runge kehrte um und rannte zurück in Richtung Hinterland. Bevor er ein schützendes Dickicht erreichen konnte, traf ihn eine Kugel in den Rücken.

Die beiden Grenzposten hatten insgesamt 51 Schüsse Dauerfeuer aus ihren Maschinenpistolen abgefeuert. Die beiden Schüler lagen nun, nur wenige Meter vom Kolonnenweg entfernt, auf dem Boden. Heiko Runge rührte sich nicht mehr. Ein herbeigeeilter Hauptmann der Grenztruppen stellte den Tod des 15-Jährigen fest. Als der 23-jährige Grenzer Claus M. das hörte, warf er entsetzt seine Waffe weg und brach in Tränen aus. Immer wieder stammelte er: „Warum sind die denn nicht stehengeblieben?"

In einem späteren Untersuchungsbericht der Grenztruppen hieß es, dass aufgrund der versuchten Flucht, der unberücksichtigten Anrufe und Warnschüsse und angesichts der Tarnungs- und Deckungsmöglichkeiten im Gelände sowie der sich verschlechternden Sichtverhältnisse „die gezielte Feuerführung richtig und zweckmäßig" war. Zudem sei es für die Grenzposten nicht möglich gewesen, das Alter der Flüchtenden zu bestimmen. Gleichwohl folgte die Feststellung „aus politisch-operativer Sicht", dass „der versuchte Grenzdurchbruch und die Festnahme [...] ohne gezielte Feuerführung zu verhindern gewesen wäre". Die Schützen erhielten für ihre „hohe Wachsamkeit, Entschlusskraft und Konsequenz" dennoch die „Medaille für vorbildlichen Grenzdienst".

Im Bericht des Instituts für Gerichtliche Medizin in Magdeburg vom 9. Dezember 1979 findet sich der Vermerk „Brustkorbdurchschuß mit ausgedehnter Lungenverletzung". Am 10. Dezember 1979 gab Heiko Runges Mutter eine Vermisstenanzeige auf. Daraufhin wurde ihr ohne nähere Angaben erklärt, dass ihr Sohn bei einer Aktion in der Nähe eines russischen Sperrgebietes in Halle ums Leben gekommen sei. Sie war völlig fassungslos, begann zu weinen und konnte sich nicht beruhigen. Eine Ärztin verabreichte ihr ein Beruhigungsmittel. Heiko Runges Leichnam wurde am 11. Dezember 1979 von Magdeburg nach Halle überführt. Wie üblich wurde der Sarg an vier Stellen verschraubt. Dieser Sarg jedoch, in dem ein an der Grenze erschossener 15-Jähriger lag, war mit sechs zusätzlichen Nägeln gesichert. Als die Fahrer des Leichentransportwagens ihre Personalien vorlegen mussten, wunderten sie sich, „was es denn mit der geheimnisvollen Leiche auf sich habe, wenn nicht einmal der Name bekanntgegeben worden ist". Am 12. Dezember 1979 musste die Mutter ihren toten Sohn Heiko in der Gerichtsmedizin in Halle identifizieren. Erst 20 Jahre später, nach der Wiedervereinigung, sollte sie erfahren, dass ihr Sohn bei einem Fluchtversuch ums Leben kam.

Eine Standesbeamtin der Stadt Halle weigerte sich zunächst, in den Totenschein als Sterbeort Halle-Neustadt einzutragen. Auf Veranlassung des Staatssicherheitsdienstes beurkundete das dortige Standesamt aber schließlich doch diesen Sterbeort. Heiko Runges Mutter und seine Schwester mussten sich gegenüber der Stasi verpflichten, nicht mit Dritten über das tragische Unglück zu sprechen. Das MfS hatte vorgesehen, die Mutter – möglichst von einem IM – betreuen zu lassen. Eine Todesanzeige durfte nicht erscheinen. Für die Darstellung gegenüber Mitschülern, Lehrern, Freunden und Bekannten gab die Staatssicherheit die lapidare Sprachregelung vor, Heiko Runge sei bei der Durchführung einer Straftat tödlich verunglückt. Auch mehrere Lehrer Heiko Runges gaben Schweigeverpflichtungen gegenüber dem Staatssicherheitsdienst ab. Die Urnenbestattung erfolgte in aller Eile, den Kreis der Trauernden hielt die Stasi so klein wie möglich. Mitschüler Heiko Runges durften ihm nicht das letzte Geleit geben. Bis zum 18. Dezember 1979, dem Bestattungstermin, sollte die Auszahlung einer bestehenden Kinderunfallversicherung des 15-Jährigen in Höhe von 1 000 Mark zur Deckung der Beerdigungskosten erfolgen.

Der festgenommene Freund Uwe Fleischhauer wurde nach einer ersten Vernehmung in die Magdeburger Untersuchungshaftanstalt des Staatssicherheitsdienstes eingeliefert. Im späteren Gerichtsverfahren erhielt er eine Freiheitsstrafe von einem Jahr. Erst nach acht Monaten, als er freigelassen wurde, erfuhr er, dass sein Freund Heiko nicht mehr lebte.

Im Zuge der strafrechtlichen Ermittlungen in den 1990er Jahren sagte einer der Schützen aus, er habe gewusst, dass der Schießbefehl rechtswidrig gewesen sei, man könne nicht „einfach einen Menschen abknallen, der zur anderen Seite will". Sein damaliges Handeln erklärte er damit, dass er aufgeregt gewesen sei und nicht wollte, „daß die da jetzt durchkommen und [er] dann bestraft werde". Sein Kompaniechef habe ihnen mehrfach eingeschärft, „der Warnschuß geht mindestens durch die Mütze!" Die Staatsanwaltschaft wertete das Tötungsdelikt als Exzessfall und beantragte für den Postenführer Jürgen A., der den Schusswaffengebrauch befahl, eine Haftstrafe von zwei Jahren und neun Monaten. Im Urteil des Landgerichts Magdeburg vom 29. Mai 1996 heißt es, die Angeklagten haben „einen anderen Menschen getötet und damit seines Rechtsgutes ‚Leben' beraubt, welches das höchste überhaupt ist, weil Menschen ohne Leben als solche nicht existieren". Die Richter verhängten dafür eine Bewährungsstrafe von 14 Monaten für den Postenführer Jürgen A., der den Schießbefehl gab, und für den zweiten Schützen Claus M. eine Haftstrafe von einem Jahr, die ebenfalls zur Bewährung ausgesetzt wurde. (Recherche: jk, MS, St.A., TP; Autorin: MP)

Quellen:

MfS: Tod des Heiko Runge durch Brustkorbdurchschuß an der Grenze. BStU, ZA, MfS, BV Halle, AP 302/80, Bd. I, II.

MfS: Fahnenflucht mit Tod von Heiko Runge. BStU, ZA, MfS, HA I, Nr. 13102, Teil 1 von 2.

MfS: Information über die Verhinderung eines ungesetzlichen Grenzübertrittes durch zwei jugendliche Bürger der DDR, im Grenzabschnitt Sorge/Wernigerode/Bezirk Magdeburg unter Anwendung der Schußwaffe durch Angehörige der Grenztruppen der DDR am 8. Dezember 1979, Nr. 705/79, 10.12.1979. BStU, MfS, HA I, Nr. 27.

MfS: Ergänzungsbericht zum Tod Heiko Runges. BStU, MfS, Sekr. Neiber, Nr. 21, Bl. 113–144.

MfS: Kurzbericht zum Tod Heiko Runges. BStU, ZA, MfS, HA XXII, 18399.

StA Magdeburg: Anklageschrift vom 04.07.1994, 33 Js 24710/94. Urteil LG Magdeburg vom 29.05.1996, 22 Ks 33 Js 24710/94 (20/94). Sammlung Marxen/Werle, Humboldt-Universität zu Berlin.

Grafe, Roman: Deutsche Gerechtigkeit. Prozesse gegen DDR-Grenzschützen und ihre Befehlshaber. München 2004, S. 268 ff.

Schwark, Thomas/Schmiechen-Ackermann, Detlef/Hauptmeyer, Carl-Hans (Hrsg.): Grenzziehungen, Grenzerfahrungen, Grenzüberschreitungen. Die innerdeutsche Grenze 1949–1990. Darmstadt 2011, S. 115 f.

Mauermorde. „Einfach umgemäht". In: *Der Spiegel*, Nr. 37, 1995, S. 90–91. http://www.spiegel.de/spiegel/print/d-9220372.html (Zugriff am 05.10.2016).

Wolfgang Bothe

geboren am 9. Januar 1952
in Magdeburg

gestorben am 11. Mai 1980 an Herz- und Kreislaufversagen nach Minenverletzung

Ort des Zwischenfalls:
1 100 Meter nordostwärts von Veltheim am Fallstein (Sachsen-Anhalt)

Bildquelle: Olaf Beder

Als Wolfgang Bothe am 9. Januar 1952 auf die Welt kam, hatte die Mutter erst ein Jahr zuvor, mit 23 Jahren, eine Stelle als Dienstmagd bei der Familie eines Mühlenbesitzers und Betreibers einer privaten Landwirtschaft in Badersleben angetreten. Wie groß die Abhängigkeit, eingehandelt für freie Kost und Logis, auch im Privaten war, lässt sich daran ermessen, dass die alleinstehende junge Frau ihren Sohn in ein Kinderheim gab. Als sie ihn drei Jahre später auf den Gutshof holte, musste auch er dort bald mitarbeiten. Seine Klassenlehrerin beklagte die schlechten Noten, doch eine Hilfe beim Lernen hatte es für den Jungen zu Hause nie gegeben. Zudem fiel seiner Lehrerin etwas Eigentümliches an ihm auf: Körperliche Berührungen wehrte er reflexartig ab, nahe ließ er niemanden an sich heran. Wolfgang Bothe musste für vieles, das seine Kindheit beeinträchtigt hatte, eigene Wege der Bewältigung finden.

Als er 1967 die Schule in der 8. Klasse verließ und Rinderzüchter lernte, begann ein langwieriger Kampf um die Möglichkeit, trotz der prekären Voraussetzungen, unabhängiger zu leben, so wie er es sich erträumte. Der mittelgroße, schlanke Jugendliche färbte sich dunkle Strähnen ins blonde Haar, trug eine Sonnenbrille und schlüpfte in unterschiedliche Rollen: Mal fuhr er nach Magdeburg und gab sich dort als Ingenieur und Gemeindearzt aus, mal erzählte er seinen Kollegen, er würde bald als Auslandsmonteur in den Westen geschickt werden. Sobald er die Gelegenheit und das nötige Geld hatte, brach er aus seinem Dorf aus. Die Kneipen und Diskotheken in Halberstadt zogen ihn an. Hier wollte er im Mittelpunkt stehen, auch wenn es nur für einen Abend reichte, an dem er Sekt in Lokalrunden spendierte. Zurück im Alltag ertrug er Arbeitsstellen als Melker, Heizer, Viehpfleger oder Hilfsarbeiter in einem Sägewerk nirgends für längere Zeit. Weil er, statt eine Braut mit nach Hause zu bringen, bei einem Freund übernachtete, beschimpften ihn seine Kollegen bald als „Homo" und „Pavian". Am 19. April 1971 versuchte der Ausgegrenzte, in der Nähe von Badersleben in die Bundesrepublik zu flüchten. Er wurde festgenommen und zu einer Haftstrafe von zehn Monaten verurteilt. Die Mutter besuchte ihn im Gefängnis, wo er ihr versicherte, nie wieder über die Grenze zu wollen. Doch wieviel Kraft kann man über Jahre hinweg für den Versuch aufbringen, ein Anderer zu sein, als der, der man von seiner sozialen Existenz her sein sollte? Im März 1980 bemerkten seine Kollegen des VEB Getreidewirtschaft in Badersleben, dass sich Wolfgang Bothe verändert hatte. Gleich nach Feierabend verließ er das Dorf und fuhr, ohne sein Zimmer bei der Mutter zu betreten, sofort nach Haldensleben zu einem Freund. Vom 30. März an blieb er auch der Arbeit fern. Er hatte offenbar mit seinem bisherigen Leben abgeschlossen.

Am 7. April 1980 folgte der 28-Jährige der heutigen B 79, die von Badersleben (Landkreis Harz) in das niedersächsische Mattierzoll führt. Bei Veltheim am Fallstein löste er 60 Meter vor dem Grenzverlauf eine am äußeren der beiden Grenzzäune angebrachte Splittermine aus. Unmittelbar darauf bargen Angehörige der DDR-Grenztruppen den bewusstlosen Wolfgang Bothe und brachten ihn ins Kreiskrankenhaus Halberstadt. Er hatte, bis auf seinen Personalausweis, den Sozialversicherungsausweis und 16 Pfennige in einer Geldbörse, nichts bei sich. Die im Krankenhaus festgestellten Verletzungen waren gravierend: 28 Splitter waren unter anderem in den Schädel und den Brustkorb eingedrungen und hatten einen Schockzustand sowie Zerstörungen im Hirn, in der Lunge und in der Leber verursacht. Um die inneren Verletzungen zu schließen, entschlossen sich die Ärzte noch in der gleichen Nacht zu einer Notoperation. Doch die Wundheilung verlief nicht komplikationsfrei: Gefäße rissen wieder auf, eine spastische Lähmung der gesamten linken Seite trat ein, und es gelang auch in zwei weiteren Operationen nicht, einen Splitter aus dem Gehirn zu entfernen. Ohne ansprechbar zu sein, blieb Wolfgang Bothe unruhig, auf Berührungen reagierte er aggressiv. Es war wie in der Kindheit, wenn ihm jemand zu nahe trat. Skeptisch beurteilten die Mediziner am 6. Mai 1980 gegenüber der Staatsanwaltschaft Magdeburg, die einen Haftbefehl erlassen hatte, die Genesungsaussichten des Patienten. Durch den Hirndefekt werde er keine Fragen zu seinen Fluchtmotiven mehr verstehen und beantworten können. Auch die Lähmung werde bestehenbleiben. Der Zeitpunkt seiner Entlassung in ein psychiatrisches Pflegezentrum lasse sich noch nicht festlegen. Fünf Tage später versagten Herz und Kreislauf von Wolfgang Bothe.

Die Ermittlungsberichte vom MfS und der Polizei bezeugen mit kaum verhohlener Verachtung das Klima, in dem es Wolfgang Bothe nicht mehr ausgehalten hatte. Sie bezeichneten ihn als „chronischen Bummelanten", der eine „asoziale Lebensweise" geführt, „Orgien" gefeiert und Kleidung getragen habe, die „von völligem unästhetischen Anblick" gewesen sei. Als die Mutter am 2. Mai 1980 vernommen wurde, hielt sie entschieden dagegen: „Mein Sohn hat einen guten Charakter und man hört auch überall, daß er sehr hilfsbereit ist. Allerdings hat mein Sohn mir nicht alles erzählt."

Wegen der tödlichen Verletzung Klaus Seiferts und sechs weiterer Flüchtlinge an der innerdeutschen und Berliner Grenze erhob die Staatsanwaltschaft Berlin am 12. Mai 1992 Anklage gegen Heinz Keßler, den ehemaligen Minister für Nationale Verteidigung der DDR, Fritz Streletz, den ehemaligen Chef des Hauptstabes der Nationalen Volksarmee der DDR, und Hans Albrecht, den ehemaligen 1. Sekretär der Bezirksleitung Suhl der SED. Das Landgericht Berlin sprach am 16. September 1993 alle Angeklagten der Anstiftung zum Totschlag für schuldig und verhängte Freiheitsstrafen zwischen siebeneinhalb und viereinhalb Jahren, die nicht zur Bewährung ausgesetzt wurden. Gegen die Generalmajore des Grenzkommandos Nord Harald Bär und Johannes Fritzsche, die unter anderem für die Einrichtung von Minensperren verantwortlich waren, erhob die Staatsanwaltschaft Magdeburg am 26. Juli 1995 Anklage. Das Landgericht Stendal erklärte am 19. Januar 1999 Harald Bär und am 24. März 2000 Johannes Fritzsche für verhandlungsunfähig und stellte das Verfahren gegen sie ein. (Recherche: jos., St.A., TP, jk; Autor: jk)

Quellen:

Bezirksbehörde Deutsche Volkspolizei Magdeburg: Rapport Nr. 91/71 für die Zeit vom 20.04.71 03.00 Uhr bis 21.04.71 03.00 Uhr. Magdeburg, 21.04.71. LASA Magdeburg, M 24 Nr. 809.

MfS, HA IX, VSH: Karteikarten zu Wolfgang Bothe. BStU, ZA, MfS, HA IX, VSH (KK).

Staatsanwaltschaft Magdeburg: Verfahren gegen Harald Bär und Johannes Fritsch wegen Totschlags, Az. 33 Js 3441/95, II. Einzelfälle 502 Ks 13/95.

Marxen, Klaus/Werle, Gerhard (Hrsg.): Gewalttaten an der deutsch-deutschen Grenze. Band 2/2. Teilband. Berlin 2002, S. 499–641.

Volker Mehlis

geboren am 14.12.1964 in Thale
gestorben durch Suizid am 24. Mai 1980
Todesort: Jugendstrafvollzug Halle (Sachsen-Anhalt)

Der 15-jährige Schüler Volker Mehlis, 9. Klasse der POS „Juri Gagarin" in Thale, wurde wegen „ungesetzlichen Grenzübertritts" vom Kreisgericht Quedlinburg zu zwölf Monaten Freiheitsentzug ohne Bewährung verurteilt. Die Eltern von Mehlis waren Arbeiter. Volker Mehlis hatte den Fluchtversuch mit seinem 16-jährigen Freund Thomas Kühne unternommen. Kühne erhielt eine Freiheitsstrafe von 16 Monaten. Mehlis erhängte sich am 24. Mai 1980 in der Jugendstrafvollzugsanstalt Halle.

Die *Evangelische Verantwortung. Meinungen und Informationen aus dem Evangelischen Arbeitskreis in der CDU* veröffentlichte im September 1980 einen Artikel zum Tod von Volker Mehlis. Dort ist außerdem das folgende Schreiben dokumentiert, das in den Kirchengemeinden in Thale/Harz zu diesem traurigen Anlass verteilt wurde:

„Unsere Gemeinden in Thale sind betroffen über ein Geschehen, das wir weitersagen müssen. Seit September 1978 besuchten unter anderem zwei Jungen einen Konfirmandenkurs: Der jetzt sechzehnjährige Thomas Kühne und Volker Mehlis. Beide Jungen waren eng miteinander befreundet. Thomas hat ein Elternhaus, in dem er kaum Zuwendung finden konnte, weil er ein voreheliches Kind war. Ihm drohte die Einweisung in ein Heim bzw. in den Jugendwerkhof. In den Februarferien versuchten die beiden, die DDR zu verlassen und wurden deshalb inhaftiert. Thomas wurde zu sechzehn Monaten Freiheitsentzug verurteilt. Volker zu zwölf Monaten. Am Freitag, dem 23. Mai erkundigte sich Frau Mehlis nach dem Verbleib der Kinder und erhielt die Auskunft, beide seien in Dessau. Am Pfingstsonnabend erschienen bei Familie Mehlis zwei Herren vom Strafvollzug in Halle und teilten der Familie mit, daß Volker sich nach dem Mittagessen in Halle erhängt hat. Am 30. Mai, zwei Tage vor dem vorgesehenen Konfirmationstermin, wo auch Volkers Schwester konfirmiert wurde, haben wir den Jungen beerdigt. Der Sarg war verschlossen. Aus der Klasse (9.) durfte niemand an der Beerdigung teilnehmen, ein Kranz (von einer Mutter aus dem Elternaktiv vorgeschlagen) wurde verboten.

Schon vor 100 Jahren haben Jungen versucht, das Elternhaus zu verlassen, wollten auf ein Schiff nach Amerika o. ä. Damals aber hat sie niemand zu Staatsverbrechern gestempelt und entsprechend behandelt. Wir sind betroffen darüber, wie bei uns Kinder kriminalisiert werden und einer Situation ausgesetzt, der sie nicht gewachsen sein können. Volker mit seinen erst fünfzehn Jahren war noch ein Kind und dem Strafvollzug unter Erwachsenen nicht gewachsen. In Halle war er erst seit Dienstag, dem 20. Mai. Am Freitag wurde beobachtet, daß er weinte, aber das sei ja üblich und nichts Besonderes. Weil wir der Meinung sind, uns durch Schweigen mitschuldig zu machen, hängen in der St. Petri-Kirche in Thale seit Beginn der Woche Plakate mit Gerhard Schönes Songtext ‚Verluste' aus:

‚Fällt ein Baum zu Boden
ist es nicht schlimm,
Sagen die Großen,
Bäume gibt es viele.
Fällt aus dem Nest ein Vogel,
ist es nicht schlimm,
Sagen die Großen,
Vögel gibt es viele.
Weint ein Kind am Abend,
ist es nicht schlimm,
Sagen die Großen,
Tränen gibt es viele.
Zerkratzt ein Auto,
dann ist es schlimm,
Sagen die Großen,
Autos muß man pflegen.
Geht ein Kind verloren
in einem Kind,
Merken es nicht viele,
Wohl weil sie groß sind.
Geht ein Kind verloren
in einem Kind,
trauern die Bäume,
weinen die Vögel.'"

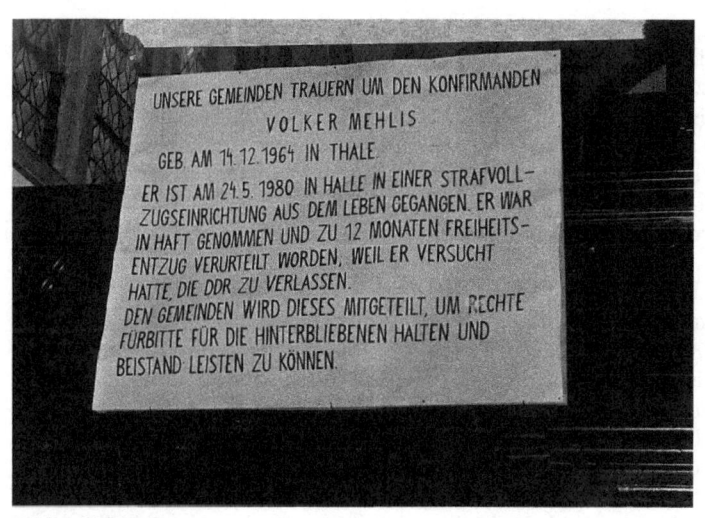

> UNSERE GEMEINDEN TRAUERN UM DEN KONFIRMANDEN
> VOLKER MEHLIS
> GEB. AM 14.12.1964 IN THALE.
> ER IST AM 24.5.1980 IN HALLE IN EINER STRAFVOLL-
> ZUGSEINRICHTUNG AUS DEM LEBEN GEGANGEN. ER WAR
> IN HAFT GENOMMEN UND ZU 12 MONATEN FREIHEITS-
> ENTZUG VERURTEILT WORDEN, WEIL ER VERSUCHT
> HATTE, DIE DDR ZU VERLASSEN.
> DEN GEMEINDEN WIRD DIESES MITGETEILT, UM RECHTE
> FÜRBITTE FÜR DIE HINTERBLIEBENEN HALTEN UND
> BEISTAND LEISTEN ZU KÖNNEN.

Bildquelle: BStU

Das MfS berichtete über den Todesfall an die SED-Führung: Die Trauerfeier zur Beisetzung von Volker Mehlis habe am 30. Mai 1980 der evangelische Pfarrer Erich Schweidler (49) in Thale abgehalten. „Pfarrer Schweidler trat bereits in der Vergangenheit im Zusammenhang mit der Selbstverbrennung des Pfarrers Brüsewitz feindlich negativ in Erscheinung". Schweidler habe zu den Gründen des Todes von Volker Mehlis in seiner Trauerrede erklärt, der Jugendliche sei „an der gesellschaftlichen Umwelt gescheitert, da auch im Sozialismus die Seele des Menschen beschädigt werden kann durch Enttäuschungen, die sich nicht vermeiden lassen, durch Kränkungen, die nicht zu überwinden sind, durch Hunger, der nicht vorübergeht, durch Menschen, die ohne Lebenskraft scheitern, sich dauernden Schaden zuziehen oder seelisch verkümmern". Schweidler habe seine Trauerrede mit den Worten beendet: „Herr, wir bitten dich, vergib uns, was wir an deinem Sohn versäumt haben. Wir halten Fürbitte für den Staatsanwalt, welcher am 25. 4. 1980 die Anklage gegen Volker vertreten hat. Wir bitten dich für die Richter, die das Strafmaß bestimmt und das Unrecht gesprochen haben. Sie müssen damit leben, daß sie Volker auf eine Straße geschickt haben, von der es keine Wiederkehr gibt. Wissen Richter eigentlich, daß Recht ohne Gnade zu Unrecht ausartet?" Schweidler habe nach der Trauerfeier in der St. Petri-Kirche in Thale ein Plakat aufgestellt, auf dem die Verurteilung und der Tod von Volker Mehlis mitgeteilt und um Fürbitte und Beistand für die Hinterbliebenen gebeten wurde. „Über den Stellvertreter des Vorsitzenden des Rates des Kreises Quedlinburg, Gen. Hille, wurden Maßnahmen zur Einschränkung der negativen Öffentlichkeitswirksamkeit dieses Plakates eingeleitet. Es wurde mit Probst Brinkmeier eine Aussprache geführt, in deren Ergebnis das Plakat entfernt wurde. Außerdem wurde in diesem Zusammenhang ein Gespräch mit Bischof Krusche, Magdeburg, geführt. Bischof Krusche teilte mit, daß die Angelegenheit Mehlis auf der IX. Synode der Evangelischen Kirche der Kirchenprovinz Sachsen vom 13. – 15. Juni 1980 in Naumburg nicht zur Sprache kommen werde. Die Haltung von Pfarrer Schweidler fand öffentliche Mißbilligung durch Bischof Krusche." Einige Mitglieder der Kirchenleitung hätten dennoch den Vorwurf erhoben, dass der Tod des Jugendlichen durch Verschulden der Justiz- und Strafvollzugsorgane verursacht worden sei und dass Gesetzesverletzungen vorlägen. Die Kirchenleitung habe beschlossen, in einem Bischofswort auf die Zusammenhänge der Selbsttötung zu reagieren und diese Mitteilung mit einer Sperrfrist für die Veröffentlichung in der Kirchenprovinz Sachsen zu verbreiten. (Recherche: jos.; Autor: jos.)

Quellen:

DDR-Urteile: Angst vor Kindern? In: *Die Zeit*, 04.07.1980. http://www.zeit.de/1980/28/angst-vor-kindern (Zugriff: 15.11.2016).

Selbstmord eines Konfirmanden im DDR-Gefängnis. In: *Evangelische Verantwortung. Meinungen und Informationen aus dem Evangelischen Arbeitskreis der CDU/CSU*, Heft 8–9/1980, S. 16.

MfS, HA IX: Überprüfungsergebnis zur Meldung der Westpresse über den Selbstmord eines 15-jährigen Strafgefangenen im Jugendhaus Halle. BStU, ZA, MfS, HA IX, Nr. 18493.

MfS, BV Halle: Über die Aktivitäten der evangelischen Kirche der Kirchenprovinz Sachsen im Zusammenhang mit dem Suicid des Jugendlichen MEHLIS, Volker. BStU, ZA, MfS, HA XX/AKG sowie MfS, HA XX/4, Nr. 1229.

MfS, ZAIG: Hinweis über Aktivitäten der Kirchenprovinz Sachsen im Zusammenhang mit der Selbsttötung des Jugendlichen Mehlis, Volker. BStU, ZA, MfS, ZAIG 4487.

Andre Kolomoizew

geboren am 1. September 1961,
zuletzt stationiert in der GSSD-Kaserne Mühlhausen
erschossen am 5. Mai 1981
Ort des Zwischenfalls: Effelder, Kreis Worbis (Thüringen)

Der sowjetische Wehrpflichtige Andre Kolomoizew diente als Unter-Sergeant bei einer Panzereinheit in Mühlhausen (Thüringen). Während des Wachdienstes am 1. Mai 1981 wurde er bei einem Wachvergehen ertappt. In den frühen Morgenstunden des 3. Mai 1981, gegen 3 Uhr, floh er aus der sowjetischen Kaserne, um sich der drohenden Disziplinarstrafe zu entziehen. Er nahm drei Pistolen, 146 Schuss Munition und ein Bajonett mit. Vor seiner Flucht hatte er Kameraden gegenüber geäußert, dass er nach Westdeutschland flüchten wolle.

Zwei Stunden nach seiner Flucht aus der Kaserne wurde für alle DDR-Bezirke mit Ausnahme von Rostock, Neubrandenburg und Schwerin Eilfahndung der Stufen I und II ausgelöst. In den Fahndungsunterlagen heißt es, Kolomoizew sei Linkshänder, schieße links, sei impulsiv, spontan und intelligent. Er trug bei seiner Flucht die Uniform der Panzertruppe. Die Fahndung blieb zunächst erfolglos. Am 5. Mai 1981 um 14 Uhr ging ein Hinweis ein, wonach sich Kolomoizew in Richtung der Ortschaft Effelder, Kreis Worbis, bewegte. „Einsatzgruppen von Kräften des MfS und der DVP" blockierten daraufhin die vermutliche Bewegungsrichtung und begannen mit der Suche nach dem Flüchtling.

Eine „Analyse der Fahndung nach dem Angehörigen der Sowjetarmee Kolomoizew und Schlußfolgerungen für die Art und Weise des Einsatzes der Mittel und Kräfte der BV Erfurt bei zukünftigen ähnlichen Einsätzen", die von MfS-Mitarbeitern aus der Bezirksverwaltung Erfurt verfasst wurde, enthält eine Darstellung der Fahndungsmaßnahmen. Demnach kamen zwei nichtstrukturelle Spezialistengruppen der Bezirksverwaltung „zur Aufklärung, Bearbeitung von Vorkommnissen und für einen eventuellen Blockierungseinsatz bzw. Liquidierung bei bewaffneten Auseinandersetzungen, Geiselnahmen u. ä. durch den Flüchtigen" zum Einsatz. Darunter befanden sich auch zwei Scharfschützen mit entsprechender Ausrüstung, deren Aufgabe es gewesen sei, den Flüchtigen „zu blockieren und unter besonderer Veranlassung auch niederzukämpfen".

Am 5. Mai 1981 gegen 15.05 Uhr entdeckte ein Volkspolizeiposten Kolomoizew am Ortsausgang von Effelder. Das MfS behauptete später in seinen Berichten, Kolomoizew habe einen Schuss auf die Einsatzkräfte abgegeben, der aber niemand getroffen habe. Hauptwachtmeister Eckhardt S., Diensthundeführer der Volkspolizei Erfurt, habe daraufhin einen gezielten Schuss aus seiner Maschinenpistole abgegeben, der Andre Kolomoizew in den Kopf traf.

Die Erstmitteilung des MfS-Offiziers Schütze aus dem Lagezentrum der Bezirksverwaltung Erfurt widerspricht allerdings den späteren Darstellungen. Schütze teilte um 17.35 Uhr laut „Lagefilm zum Untersergeanten Kolomoizew" mit, was sich um 15.05 Uhr am Ortseingang Effelder zugetragen habe. „Ein Posten der VPKA Mühlhausen war auf seinem Weg am Ortseingang Effelder als Streife eingesetzt. Er hörte[,] wie hinter ihm jemand eine Pistole durchlud, ging langsam weiter bis zu einem am Ortseingang stehenden mit MPi bewaffneten Hundeführer der BDVP Erfurt und teilte ihm mit, daß hinter ihm jemand liegen muß, der soeben eine Pistole durchgeladen hat. Als der Hundeführer in diese Richtung blickte, sah er wie der U.-Sergeant aufstand[,] eine Pistole hob und auf die beiden VP-Angehörigen zielte. Er lud sofort seine MPi durch und gab einen oder mehrere Schuß auf den U.-Serg. ab, wobei der U.-Serg. durch Kopfschuß getötet wurde. Der U.-Serg. hat nicht geschossen."

Schon am nächsten Tag berichtete der Staatssicherheitsdienst, im Ort Effelder und im Kreisgebiet Worbis gebe es „umfangreiche negative Stimmungen zur Art und Weise des Schußwechsels und der tödlichen Verletzung des sowjetischen Soldaten". Die Nachricht von dem Zwischenfall gelangte auch nach Westdeutschland. Die *B.Z.* titelte am 13. Mai 1981: „Genickschuß: Vopo tötet sowjetischen Soldaten. Der 19jährige wollte fliehen. Aufgeregte Menge schrie Mörder, Mörder." Der Schuss sei aus vier Metern Entfernung auf den Flüchtenden abgegeben worden. Einwohner von Effelder hätten spontan am Ort des Geschehens ein Holzkreuz aufgestellt, das aber von MfS-Leuten sofort entfernt worden sei. In der *Berliner Morgenpost* heißt es am, 20. Mai 1981: „Unglaublichen Mut vor dem Staatssicherheitsdienst der ‚DDR' zeigen die jungen Leute in dem Dorf Effelder bei Mühlhausen, nachdem dort – wie berichtet – ein Angehöriger der ‚Volkspolizei' am 5. Mai einen fahnenflüchtigen Sowjetsoldaten meuchlings erschossen hat. Wie der *ASD* [Axel-Springer-Inlandsdienst] gestern zuverlässig erfuhr, wurde ein an der Sterbestelle angebrachtes zweites Kreuz vom SSD [Staatssicherheitsdienst] entfernt. Dessen ungeachtet legten die jungen Leute des Dorfes immer wieder an der Todesstelle Blumen nieder. Daraufhin stellte der SSD in unmittelbarer Nähe einen Wohnwagen auf, aus dem heraus alle Personen fotografiert wurden, die den Tatort mit Blumen schmückten." Laut Meldungen der DDR-Sicherheitsorgane stellten Einwohner des Dorfes am 7. Mai 1981 mehrere provisorische Holzkreuze mit Blumenkränzen an der Stelle auf, an der Andre Kolomoizew erschossen wurde. Am 8. Mai 1981, den die SED seinerzeit als „Tag der Befreiung des deutschen Volkes durch die Sowjetunion" bezeichnete, nahm nach Berichten der geheimen Stasi-Beobachter „die Personenbewegung am Ereignisort zu". Am Sonntag, dem 10. Mai, gingen demnach „180 und im Verlauf des 11.05.1981 60 Personen, vorwiegend Einzelpersonen, kleine Gruppen von Kindern und Jugendlichen und zum Teil Erwachsene den Weg am Ereignisort vorbei, welcher zu Grundstücken, zur Mülldeponie, zum Kinderspielplatz und Sportplatz der Gemeinde führt. Ein Teil der vorübergehenden Bürger betete bzw. verweilte am Ereignisort. Von wenigen wurden Feldblumen und Grünpflanzen aus

der näheren Umgebung niedergelegt. Trotz eingeleiteter Maßnahmen der politischen Führung kam es in südlichen Gemeinden der Kreise Worbis, Heiligenstadt und in einer Gemeinde im Kreis Mühlhausen zu folgenden Gerüchten:
- Es wurde ein unbewaffneter, ausgehungerter sowjetischer Soldat erschossen.
- Der Soldat war weder aggressiv noch gefährlich, da er vor seiner Liquidierung mit Kindern gespielt hat.
- Der Soldat wäre unbewaffnet gewesen und habe sich mit erhobenen Händen den festnehmenden Kräften stellen wollen.
- Bei dem Erschossenen handelt es sich um einen hohen Offizier, der mit Geheimdokumenten in die BRD flüchten wollte.
- Der VP-Angehörige habe zuerst geschossen.
- Ob es notwendig gewesen wäre, daß ein ‚Deutscher' einen ‚Russen' erschießen mußte.
- Das Vorkommnis würde nicht zur Festigung der deutsch-sowjetischen Freundschaft beitragen."

Die Staatsanwaltschaft Erfurt billigte Eckehard S. zu, den tödlichen Schuss in Notwehr abgegeben zu haben und stellte das Ermittlungsverfahren gegen ihn im September 1997 ein. (Recherche: jk, jos., MP; Autor: jos.)

Quellen:

MfS, Fahndungsführungsgruppe: Wertung der Fahndung nach dem U.-Serg. der Garnison Mühlhausen Kolomoizew. BStU, ZA, MfS, HA VII, Nr. 1631.

Wittig, Generalmajor: Minister des Innern und Chef der Deutschen Volkspolizei Gen. Generaloberst Dickel, 20.5.1981. BDVP Erfurt, Nr. 5693, ThHStA Weimar, LKA Erfurt Nr. 1077, Bl. 48 f. Enthalten in den Ermittlungsunterlagen des LKA Thüringen, Erfurt Az StA: 551 UJs 128011/96 [= 501 Js 96140/97].

Genickschuß: Vopo tötet sowjetischen Soldaten. Der 19jährige wollte fliehen. In: *B.Z.*, 13.05.1981.

Berliner Morgenpost vom 20.05.1981.

StA Erfurt, Ermittlungen wg. Totschlags, 501 Js 96140/97. ThHStA Weimar, StA Erfurt 11400–11401.

André Bauer

geboren am 7. Oktober 1963 in Leipzig

getötet durch Splitterminen am 7. August 1981

Ort des Zwischenfalls: 1 600 Meter westlich der Ortschaft Sorge, (Sachsen-Anhalt) auf der Straße nach Braunlage (Niedersachsen)

Am 3. August 1981 zeigte das Kino Capitol in Leipzig „Piraten des 20. Jahrhunderts" – einen damals sehr populären Actionfilm aus der Sowjetunion, für den das Publikum zuweilen in langen Schlangen vor den Kinos stand. Unter den Zuschauern der Nachmittagsvorstellung verfolgten auch André Bauer, Tino Loeber und René Seiptius die Abenteuer auf hoher See und tropischen Inseln. Die 16- und 17-jährigen Jugendlichen waren miteinander befreundet, kannten sich von der Schule und vom Fußball und wohnten nur wenige Häuser voneinander entfernt im Leipziger Stadtteil Marienbrunn. André Bauer hatte die Schule bereits verlassen und war Transporthelfer beim Städtischen Theater Leipzig. Als sie nach dem Kinobesuch auf die Straßenbahn warteten, sprachen sie darüber, wie es möglich wäre, aus der DDR in die Bundesrepublik zu gelangen und die Welt kennenzulernen. „Es war nichts Politisches, wir hatten als Jugendliche ja keinen

Durchblick. Wir wollten einfach abhauen", erinnerte sich René Seiptius 2012 in einem Gespräch mit dem NDR. Bereits am nächsten Tag studierten sie in ihrem Schulatlas den Verlauf der innerdeutschen Grenze und befanden den nicht allzu weit entfernten Harz mit seinen dichten Wäldern am geeignetsten für einen Durchbruch. Weil die Grenze vermint war, wie sie es aus dem West-Fernsehen erfahren hatten, wollten sie auf kleine Bodenerhebungen achten und eine Gasse im Minenfeld suchen.

Am 5. August fuhren sie mit der Bahn von Leipzig nach Halle. Mal trampend, mal wandernd gelangten sie anschließend bis Mansfeld. Nachts wickelten sie sich in Wolldecken und schliefen im Freien. Hasselfelde im Harz erreichten sie am nächsten Tag. Nach Einbruch der Dunkelheit gingen sie, ausgerüstet mit Kompass, Landkarte und Fernglas, querfeldein in Richtung Westen. Bei Tanne/Oberharz betraten sie das Sperrgebiet. Am Morgen des 7. August 1981 standen sie vor dem Ortseingangsschild von Sorge – von hier aus war die Grenze nur noch gut zwei Kilometer entfernt. Erst im Schutz des Waldes, dann eine Betonröhre durchkriechend, durch die ein Zufluss der Bode strömte, gelangten sie schließlich an den äußeren Grenzzaun. Weil der nahe gelegene Postenturm nicht besetzt war, nutzten sie die Chance, die Grenzanlagen zu überklettern. Ein etwa drei Meter hohes, zweiflügliges Eisentor auf der Straße, die vor der Teilung nach Braunlage führte, versprach genügend Halt, um hinübersteigen zu können.

Zwar warnten Schilder vor den Minen, doch die drei Jugendlichen rechneten nicht mit Selbstschussanlagen. Sie wussten nicht, welche Funktion die dünnen Drähte hatten, die vor dem Tor und dem Zaun aus Streckmetall gespannt waren und in unscheinbaren Kästen endeten. Sie zwängten sich in die Lücke zwischen Tor und Signaldrähten, die in Knie- und Kopfhöhe und ein weiteres Mal oben am Zaun entlangliefen. Während Tino Loeber auf der linken Seite des Tores hinaufkletterte, half André Bauer seinem Freund René, sich am rechten Pfosten hochzuziehen. Dabei lösten sie gegen 7.35 Uhr mehrere Selbstschussanlagen aus. Die Wucht, mit der die scharfkantigen Metallsplitter durch die Luft flogen, schleuderte sie zu Boden. André Bauer erlitt eine schwere Kopfverletzung. Ein Splitter hatte die Hirnschlagader zerrissen. Er blutete stark und wimmerte vor Schmerzen. René Seiptius war von mehreren Splittern am rechten Bein verletzt worden. Einige Minuten vergingen, bis die ersten Grenzsoldaten eintrafen. Tino Loeber, der unverletzt geblieben war, schleppte die Verletzten zu einer Panzersperre. Als nach einer halben Stunde medizinische Hilfe eintraf, war es für André Bauer zu spät – der 17-Jährige verblutete während des Transportes aus dem Grenzgebiet. René Seiptius wurde ins Krankenhaus nach Wernigerode gebracht, wo eine Amputation seines Beines gerade noch abgewendet werden konnte. Ihn und Tino Loeber inhaftierte der Staatssicherheitsdienst mehrere Wochen in einem Untersuchungsgefängnis in Leipzig, dann wurden sie ohne Gerichtsverfahren entlassen. André Bauers Leiche gab die Staatsanwaltschaft zur Feuerbestattung frei.

1999 erhob die Staatsanwaltschaft Magdeburg gegen Wilfried R., Zugführer der in Gardelegen stationierten 25. Pionierkompanie, Anklage. Die unter seinem Befehl installierten Minen töteten Rainer Burgis (1978) und André Bauer, außerdem verletzten sie René Seiptius, Wilfried Senkel und zwei weitere Flüchtlinge schwer. Das Landgericht Stendal betonte jedoch, dass als Täter diejenigen anzusehen seien, welche die Minen aktiviert bzw. deren Aktivierung befohlen haben. Wilfried R. habe bei der bloßen Installation der Anlage nicht mit der Verletzung bzw. der Tötung von Flüchtlingen gerechnet und sei mit dieser auch nicht einverstanden gewesen. Das Gericht sprach ihn im Jahr 2000 vom Vorwurf der Beihilfe zu Totschlag und Körperverletzung frei. (Recherche: MP, StA, TP, jk; Autor: jk)

Quellen:

MfS, BV Magdeburg, Abt. IX: Todesfall André Bauer. BStU, Lpz, AP 1486/81.

MfS: Festnahmen mit spektakulären Mitteln und Methoden. BStU, MfS, Neiber 673.

Staatsanwaltschaft Magdeburg: Anklage vom 15.07.19999, StA Magdeburg 654 Js 32497/98.

Landgericht Stendal: Urteil vom 20.09.2000, LG Stendal 502 Ks 11/99.

Kriminalpolizeiinspektion Straubing: Zeugen-Vernehmung [von Tino Loeber]. Straubing, 3.5.1993. In: Fallakte Bauer, Seiptius und Loeber, Zweitakte, 26 Js 16/98 [StA Berlin II]. StA Magdeburg, 654 Js 6598/99.

Staatsanwaltschaft Magdeburg: Zeugenvernehmung René Seiptius. StA Magdeburg, 652 Js 32497/98.

Filmer, Werner/Schwan, Heribert: Opfer der Mauer. München 1991, S. 253.

NDR.de: Vermeintliches DDR-Opfer lebt. 10.08.2012. http://www.ndr.de/der_ndr/presse/mitteilungen/pressemeldungndr10789.html (Zugriff am 11.10.2016).

Rehrmann, Marc-Oliver: Totgesagtes Opfer der DDR-Grenze lebt. 10.08.2012. http://www.ndr.de/kultur/geschichte/chronologie/grenzopfer103.html (Zugriff am 11.10.2016).

Heinz-Josef Große

geboren am 11. Oktober 1947
in Thalwenden

erschossen am 29. März 1982

Ort des Zwischenfalls:
bei Wahlhausen (Thüringen)

Bildquelle: Walter Große / Roman Grafe

Heinz-Josef Große arbeitete seit dem 17. März 1982 bei Schachtungsarbeiten in unmittelbarer Grenznähe bei Wahlhausen im Grenzbereich zu Hessen. Er hatte sich bereits bei früheren Bauarbeiten dort bewährt und galt bei dem zuständigen Grenzkommando als zuverlässig und vertrauenswürdig. Am Kolonnenweg sollte die Errichtung eines Beobachtungsturmes vorbereitet werden. Trotz strenger Kontrolle der Arbeiten durch Grenzposten plante Heinz-Josef Große für den letzten Arbeitstag an der Grenzanlage seine Flucht. In den Nachmittagsstunden des 29. März 1982 wendete er sein Baufahrzeug und fuhr an den Grenzzaun I heran. Er legte die schwenkbare Schaufel des Überkopfladers auf den oberen Rand der Sperranlage und versuchte, über die Schaufel auf die andere Seite zu klettern. Der Aufforderung stehenzubleiben, folgte der Flüchtende nicht. Nach Abgabe eines Warnschusses eröffneten die zur Überwachung der Arbeiten eingesetzten Grenzposten gezieltes Feuer, woraufhin der Baggerfahrer von der Sperranlage stürzte. Ein Schusstreffer oberhalb des Gesäßes verletzte die Beckenarterie und weitere Beckenvenen. Heinz-Josef Große erlag seinen Verletzungen noch am Unglücksort. Der Regimentsarzt stellte nach der Bergung gegen 16.05 Uhr seinen Tod fest.

Heinz-Josef Große wuchs mit drei Geschwistern in einer katholischen Arbeiterfamilie auf, in der der regelmäßige Kirchgang selbstverständlich war. Sein Firmpate, der in der Bundesrepublik lebte, besuchte ihn bis 1977 regelmäßig. Nach dem Abschluss der 8. Klasse erlernte er von 1960 bis 1963 den Beruf des Polsterers. Er arbeitete bis zu seiner Einberufung zum Militärdienst in diesem Beruf. Hernach nahm er eine Tätigkeit in der Meliorationsgenossenschaft Uder/Kreis Heiligenstadt auf und qualifizierte sich dort 1973 zum Meliorationsfacharbeiter. Innerhalb seiner Arbeitsstelle wurde er als fleißiger und hilfsbereiter Kollege geschätzt. Politisch verhielt er sich eher zurückhaltend. Für seine guten Arbeitsleistungen sowie seine Sorgfalt bei der Wartung und Pflege der ihm anvertrauten Bagger wurde er im Dezember 1981 mit einer Reise in die Sowjetunion ausgezeichnet. Heinz-Josef Große war ein leidenschaftlicher Fan der Fußballmannschaft von Thalwenden. Er begleitete sie zu fast allen Spielen. Im Wohnort galt er als hilfsbereit, weil er nachbarschaftliche Baumaßnahmen sogar mit seinem Bagger unterstützte. Dem Garten auf dem Grundstück seiner Mutter widmete Heinz-Josef Große einen großen Teil seiner Freizeit. Gerne bastelte er auch an seinem Auto. Ersatzteile baute er aus einem älteren Fahrzeug aus, das er sich angeschafft hatte. Seine Idee, eine kleine Werkstatt neben der erst vor kurzem gebauten Garage einzurichten, kam nicht mehr zur Ausführung. Das Baumaterial dafür hatte er sich jedoch bereits beschafft. Heinz-Josef Große war von Oktober 1976 bis Oktober 1977 verheiratet. Sein Sohn wurde im Frühjahr 1977 geboren. Nach der Scheidung lebte Heinz-Josef Große bei seiner Mutter in Thalwenden. Das Jugendamt untersagte ihm den Kontakt zu seinem Sohn.

Seine Mutter erinnerte sich später, dass sich ihr Sohn in den letzten 14 Tagen vor seinem Fluchtversuch eigenartig ruhig verhielt. In seinem Pkw, mit dem er zuletzt an die Grenze bei Wahlhausen gefahren war, wurden später ein Koffer mit Kleidungsstücken sowie Rasier- und Waschzeug aufgefunden. Am Tag des Fluchtversuchs hatte er von der Kreissparkasse Heiligenstadt 8 000 Mark abgehoben. Die Flucht war demnach gut vorbereitet worden.

Die Familie erfuhr am Abend des 29. März 1982 gegen 22.30 Uhr von Heinz-Josef Großes Tod bei einem Fluchtversuch. Die Beisetzung bereitete Schwierigkeiten: So hatte die Familie keinen Einfluss auf den Termin. Dieser wurde behördlich festgesetzt. Zudem wurde nur eine geringe Zahl von Trauergästen zugelassen, einigen Leuten wurde die Teilnahme sogar ausdrücklich untersagt. Zum konkreten Tathergang, der zum Tod Heinz-Josef Großes geführt hatte, erfuhr die Familie nichts. Eine Zeitlang überwachte das MfS die gesamte Familie.

Am 12. Juni 1982 wurde an jener Stelle, an der Heinz-Josef Große bei seinem Fluchtversuch erschossen worden war, auf der Westseite ein Holzkreuz errichtet. Die Inschrift: „Einheit, Recht und Freiheit" weist in Richtung DDR. (Recherche: ES, jk, MP, MS, St.A., TP; Autorin: MP)

Quellen:

MfS/Bezirksverwaltung für Staatsicherheit Erfurt: Bericht zum verhinderten ungesetzlichen Grenzübertritt DDR–BRD im Sicherungsabschnitt 5 im Bereich der Grenzwache Wahlhausen, Kreis Heiligenstadt, unter Anwendung der Schußwaffe. Erfurt, 1. April 1982. BStU, MfS, Sekr. Neiber, 262.

MfS/HA I: Versuchte Grenzdurchbrüche, bei denen es zur Anwendung der Schußwaffe gekommen ist – 1982. BStU, ZA, MfS, HA I, Nr. 94, Bl. 346–357, hier: Bl. 347.

MfS, ZAIG: Presseartikel zum Vorfall mit Heinz-Josef Große, *Berliner Morgenpost*, 31.03.1982. In: BStU, MfS, ZAIG 10685.

MfS/HA I: Tagesmeldung Nr. 12/6/82: Errichtung eines sogenannten Gedenkkreuzes im BRD-Grenzgebiet in den Vormittagsstunden des 11. und 12.6.1982. BStU, ZA, MfS, HA I, Nr. 19201.

MfS/HA IX: Interne Ablage. BStU, ZA, MfS, HA IX, Nr. 4296, Bl. 7.

MfAA: Sitzungen der Grenzkommission 1982, Bericht der DDR-Delegation über die 61. Sitzung der Grenzkommission am 2./3.1982 in Schwerin. PAAA, MfAA, ZR 398/84.

ZESt: Schußwaffengebrauch z. N. Heinz-Josef Grosze, AR-ZE 316/82. BArch Koblenz, B 197/24316.

StA Erfurt: Anklageschrift vom 18.01.1996, Urteil LG Mühlhausen vom 20.11.1996, 560 Js 96163/95 4 Ks jug. Sammlung Marxen/Werle, Humboldt-Universität zu Berlin.

StA Erfurt: Ermittlungsverfahren z. N. Heinz-Josef Große. LATh – HStA Weimar, Freistaat Thüringen, StA Erfurt, 8534–8545.

Filmer, Werner/Schwan, Heribert: Opfer der Mauer. Die geheimen Protokolle des Todes. München 1991, S. 254 ff.

Jürgen Mischik

geboren am 19. Januar 1954
in Neuhaus/Elbe

ertrunken in der Nacht
vom 25. zum 26. Mai 1982,
geborgen am 30. Mai 1982

Ort des Zwischenfalls:
Elbkilometer 532,8 bei Pommau,
Kreis Hagenow (Niedersachsen)

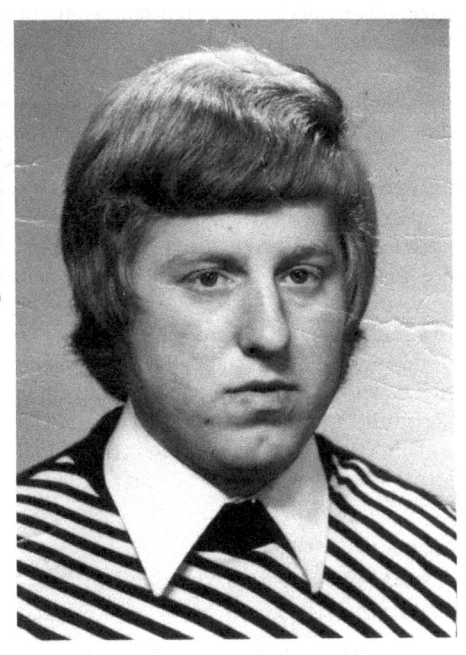

Bildquelle: Karin Toben: Weite Heimat Elbe

Wann, wenn nicht jetzt – mag sich der 28-jährige Straßenarbeiter aus Zeetze gefragt haben, als er vor sich die Elbe sah. In wenigen Tagen würde er nicht mehr zu den Freiwilligen Grenzhelfern gehören. Nie wieder könnte er der Grenze so nahe kommen, wie er es in dieser Nacht war.

Jürgen Mischik wohnte gemeinsam mit seiner Mutter in Zeetze (Kreis Hagenow). Der 28-Jährige arbeitete tagsüber als Straßenbauer beim VEB Straßenbau Hagenow. In den Abendstunden und am Wochenende leistete er seit vier Jahren Dienst als freiwilliger Helfer der Grenztruppen. Am 25. Mai 1982 hatte er seine Felddienstuniform angelegt, stieg aufs Fahrrad und fuhr in Richtung Elbe. In Pommau, das bereits im Sperrgebiet lag, besuchte er einen Kameraden vom Freiwilligen Grenzdienst. Zusammen tranken sie Bier, vielleicht auch Schnaps. Dass Jürgen Mischik trank, war schon mehrmals in den Beratungen der Grenzhelfer kritisiert worden. Am 28. Mai sollte er vor der versammelten Grenzhelfergruppe in Zeetze aus dem Dienst entlassen werden. Wusste Jürgen Mischik davon? Er stieg wieder auf sein Rad und fuhr bis zur Elbstraße. Bisher hatte er im Dienst immer nur die Zufahrtswege zum Schutzstreifen kontrolliert. Nun sah er links hinter dem Grenzzaun den Elbdeich, den er nie hatte betreten dürfen. Als er im Zaun ein Tor erkannte, hielt er an. Natürlich war es abgeschlossen, aber einer seiner Schlüssel passte. Hinter dem Elbdeich wuchsen hohes Gras und Schilf. Bald versanken seine Schuhe im Schlamm. Er zog sie aus, legte auch seine Felddienstuniform und das karierte Hemd ab. Kein Soldat der Grenztruppen hatte ihn bemerkt. Vorsichtig stieg er ins Wasser und begann zu schwimmen.

Der 30. Mai 1982 versprach ein sonniger Frühlingstag zu werden, zahlreiche Wochenendspaziergänger waren schon am Vormittag auf den Fußwegen unterwegs, die vom niedersächsischen Neu Darchau aus am Elb-Ufer entlang führten. Der Anblick einer im Wasser treibenden Leiche zerstörte jäh die sonntägliche Idylle am Elbufer. Bei dem Toten fanden sich keine Ausweisdokumente, er war etwa 1,60 Meter groß, hatte mittelblonde Haare und war mit einer kurzen blauen Turnhose und einem braunweißen Unterhemd bekleidet. Die Herkunft seiner Kleidung wies darauf hin, dass es sich bei ihm um einen Flüchtling aus der DDR gehandelt haben könnte. Deshalb wurden die Grenztruppen der DDR informiert. Als man daraufhin beobachtete, wie DDR-Grenzer fünf Kilometer stromaufwärts einige Kleidungsstücke bargen, erhärtete sich der Verdacht. Am 8. Juni ordnete die Staatsanwaltschaft Lüneburg eine Obduktion der Leiche an, die den Tod des noch unbekannten Mannes durch Ertrinken bestätigte. Um ihn zu identifizieren, wurden die entsprechenden Unterlagen an die Ständige Vertretung der DDR in der Bundesrepublik übersandt. Doch eine Antwort ließ auf sich warten. Schließlich gab die Staatsanwaltschaft die Leiche zur Beerdigung frei. Sie wurde anonym in der Gemeinde Hitzacker beigesetzt. Erst vier Monate später, Anfang Oktober 1982, hielt die Kriminalpolizei Lüchow in einer Notiz fest, dass die Identität der Wasserleiche geklärt werden konnte. Es war Jürgen Mischik. (Recherche: jk; Autor: jk)

Quellen:

MfS, HA I: Tagesmeldung Nr. 1/6/82. BStU, MfS, HA I, Nr. 19201.

MfS/BV Schwerin: Abschlußbericht vom 22. Juni 1982. BStU, ZA, MfS, Sekr. Neiber, 670.

Schriftverkehr zwischen Kriminalpolizeiinspektion Lüchow und Grenzschutzamt Nord, Betreff: Auffinden einer unbekannten männlichen Leiche in der Elbe, Elbkilometer 537. NLA Hannover, Nds. 1150, Acc. 108/92, Nr. 18.

Pingel-Schliemann, Sandra: „Ihr könnt doch nicht auf mich schießen!" Die Grenze zwischen Lübecker Bucht und Elbe 1945 bis 1989. Schwerin 2014, S. 233 f.

Anita Kusnatzky

geboren am 26. Juni 1953 in Marl
gestorben durch Grenz-Stahlsperre
am 28. Oktober 1982
Ort des Zwischenfalls: Grenzübergang
Marienborn (Sachsen-Anhalt)

Bildquelle: BStU

Am 27. Oktober 1982 fuhr ein grüner Mercedes aus Marl kurz vor Mitternacht, um 23.58 Uhr, in den Bereich der Vorkontrolle des Grenzübergangs Marienborn. Die Insassen, das Ehepaar Kusnatzky, erklärten den DDR-Kontrolleuren, sie hätten sich offenbar auf dem Weg nach Hannover verfahren. Die Grenzsoldaten forderten sie auf, zum Abfertigungstrakt weiterzufahren. Dem leisteten sie jedoch keine Folge. Heinz-Jürgen Kusnatzky fuhr ein kurzes Stück weiter, wendete das Fahrzeug und versuchte, in Richtung Bundesrepublik den Grenzübergang wieder zu verlassen. Daraufhin wurde in der Grenzkontrolleinheit Alarm ausgelöst und die westliche Ausfahrt des Grenzübergangs durch eine stählerne Rollsperre blockiert. Der Mercedes prallte mit hoher Geschwindigkeit auf die Rollsperre. Beide Insassen wurden tödlich verletzt.

Die DDR-Nachrichtenagentur ADN meldete am 28. Oktober 1982, dass „der Bürger der BRD Heinz-Jürgen Kusnatzky mit dem PKW, amtliches Kennzeichen RE-ZU 630, in der Grenzübergangsstelle Marienborn infolge der Nichteinhaltung der Straßenverkehrsordnung, der Mißachtung der Einweisung durch die Kontrollkräfte und der Nichtbeachtung der Verkehrsleiteinrichtungen einen folgenschweren Verkehrsunfall" verursacht habe.

Noch am Unfalltag erfolgte durch Unterleutnant Dietmar Büchner, der im „Dienstbereich Vorkontrolle Einreise" mit Unteroffizier Ralf Wartchow eingesetzt war, eine „Darlegung zum Sachverhalt". Wartchow befragte demnach die Reisenden im Mercedes nach ihrem Reiseziel, sie antworteten, „daß sie sich verfahren hätten, sie wollten nach Hannover". Wartchow erklärte ihnen daraufhin, „sie mögen bitte weiter vorfahren und dort werden sie dann wieder zurück geschickt in Richtung BRD". Kurz danach rief Büchner selbst im Trakt II an und teilte dort mit, dass der Wagen mit dem Kennzeichen RE-ZU 630 zurück möchte. Gegen 0.02 Uhr öffnete Wartchow in der Vorkontrolle die Schranke für ein einreisendes Fahrzeug. In diesem Moment habe er bemerkt, dass sich der grüne Mercedes mit einer Geschwindigkeit von 50 bis 70 km/h näherte. Trotz Handzeichen und Rufen sei das Fahrzeug an ihm vorbeigefahren, ohne zu halten. Daraufhin löste Unterleutnant Büchner Alarm aus. Unteroffizier Wartchow betätigte den Schalter der vorderen Schranke, doch da das Fahrzeug beschleunigte, konnte es darunter noch hindurchfahren. Büchner teilte das dem Diensthabenden Offizier in der Grenzübergangsstelle mit, auf dessen Befehl die stählerne Rollsperre ausgelöst wurde, die sich etwa 600 Meter von der Vorkontrolle entfernt befand.

Dem „Sachstandsbericht" des für die Grenzüberwachung in Marienborn zuständigen MfS-Abteilungsleiters Oberstleutnant Masog vom gleichen Tag ist zu entnehmen, dass das Fahrzeug nach dem Aufprall auf die Sperre in Brand geraten war. Das Feuer wurde von den dort eingesetzten Kräften der Grenztruppen gelöscht. Der „Versuch des gewaltsamen Grenzdurchbruches" sei verhindert worden, die beiden Passkontrolleure und die Kräfte der Grenztruppen „im Dienstbereich Straßenrollsperre" hätten „entsprechend den Festlegungen in den Varianten der Handlungen und des Plans des operativen Zusammenwirkens schnell und exakt gehandelt". Durch ein „gut koordiniertes praktisches Handeln der Kräfte des MfS sowie der Grenztruppen wurde eine zügige, reibungslose Bergung bei Einhaltung von Ordnung und Sicherheit gewährleistet".

Die *Berliner Morgenpost* berichtete einen Tag später unter der Schlagzeile „Unglück in Marienborn aufgeklärt: SED-Mordfalle tötete Ehepaar", das Ehepaar sei vor der Einreise der Autobahnpolizei und dem Grenzschutz in Helmstedt aufgefallen. „Bei der Paßkontrolle wurden die Beamten Augen- und Ohrenzeugen eines erregten Wortwechsels zwischen Heinz-Jürgen und Anita Kusnatzky, die eigentlich zur Kur nach Bad Rothenfelde hatte fahren wollen. Der Mann, Elektrofahrsteiger in Gelsenkirchen, bestand darauf, nach Berlin zu fahren, während die Frau umkehren wollte." Da der Mercedes am linken Kotflügel und am Rückspiegel Unfallspuren aufwies – er hatte kurz zuvor eine Baustellenbegrenzung gestreift – erfolgte bei Heinz-Jürgen Kusnatzky eine Blutprobe. Sie ergab keinen Alkoholwert.

Am 3. November 1982 meldete die *Berliner Morgenpost*: „Die Bundesregierung hat in Ost-Berlin im Zusammenhang mit dem schweren Unglücksfall in Marienborn gegen die Gefährlichkeit der Sperranlagen der ‚DDR' protestiert. Wie gestern bekannt wurde, ist der Leiter der Rechtsabteilung der Ständigen Vertretung, Ministerialrat Stab, bereits am vergangenen Freitag im ‚DDR'-Außenministerium vorstellig geworden. Der Protest wurde jedoch zurückgewiesen." Der Fall werde nicht in der deutsch-deutschen Transitkommission behandelt, da nach Auffassung des Verkehrsministeriums keine Verletzung des Transitabkommens vorliege. (Recherche: jk, jos., US; Autor: jos.)

Quellen:

Karteikartensammlung SVK 3, [enth. Angriffe auf Leben und Gesundheit, schwere Verbrechen, Tötungsdelikte, Suizide, Vergewaltigungen, Körperverletzungen, Rowdytum] BStU, Ast. Magdeburg, MfS, BV Magdeburg, Abt IX, Nr. 1316.

MfS, HA VI: Operative Information 904/82 über einen Verkehrsunfall mit tödlichem Ausgang im Grenzstreckenabschnitt der Grenzübergangsstelle Marienborn/Autobahn, BStU, ZA, MfS, HA VI, Nr. 1532.

Unglück in Marienborn aufgeklärt: SED-Mordfalle tötete Ehepaar. In: *Berliner Morgenpost*, 29.10.1982.

Protest wegen der beiden Toten in Marienborn. In: *Berliner Morgenpost*, 03.11.1982.

Verbandsgemeinde Obere Aller, Standesamt: Auskunft über eingetragene Geburts- und Sterbedaten.

Heinz-Jürgen Kusnatzky

geboren am 11. März 1953 in Marl
gestorben durch Grenz-Stahlsperre
am 28. Oktober 1982
Ort des Zwischenfalls: Grenzübergang
Marienborn (Sachsen-Anhalt)

Bildquelle: BStU

Zu den Todesumständen von Hans-Jürgen Kusnatzky siehe die obige Biografie von Anita Kusnatzky.

Peter Külbel

geboren am 15. Mai 1957 in Meerane
getötet durch Minenexplosion am 8. Januar 1983
Ort des Zwischenfalls: nahe Schlegel (Thüringen)

Nach seinem Schulabschluss mit der 10. Klasse und seiner Lehre verpflichtete sich Peter Külbel für zehn Jahre bei der Volksmarine. Da er in seiner Freizeit als Tauchsportler aktiv war, wollte er dort bei den Armeetauchern dienen. Doch eine Meniskusoperation verstellte ihm diesen Ausbildungsgang. Nun kam er als Kraftfahrer in der NVA zum Einsatz. Er verließ 1977 die Armee und wollte Polizist werden. Das wurde aus kaderpolitischen Erwägungen abgelehnt, auch sein Versuch, zur Handelsmarine zu kommen, scheiterte. Peter Külbel entstammte einer Arbeiterfamilie. Er gehörte von 1976 bis 1978 der SED an, aus der er mit einer schriftlichen Begründung wegen „ablehnender Haltung zur Politik von Partei und Regierung der DDR" austrat. Seiner damaligen Frau erklärte Külbel, dass er sich „durch die gesetzlichen Bestimmungen für den Reiseverkehr ins nichtsozialistische Ausland in seiner persönlichen Freiheit in hohem Maße eingeschränkt" fühle. „Mein Mann war der Meinung, daß er in der DDR wie in einem ‚Käfig' leben würde." Auch mit den Lebensbedingungen und dem Mangel sei er nicht zufrieden gewesen. Oft habe er vom Verreisen geschwärmt. Sein

Vater erinnerte sich an ihn als fröhlichen Menschen, der sich nach außen hin seine Probleme nicht anmerken ließ. Er habe das, was er sich in den Kopf gesetzt hatte, auch immer ausgeführt. „Er wollte raus, sich etwas schaffen".

Peter Külbel heiratete 1978, seine Frau gebar ihm einen Sohn. Der junge Vater arbeitete als Kfz-Schlosser und Busfahrer in Crimmitschau. In seiner Freizeit handwerkelte er im häuslichen Bereich und reparierte nebenbei privat Fahrzeuge, wodurch er zusätzlich Geld verdiente. Bald konnte er sich einen gebrauchten „Lada" leisten, sein ganzer Stolz. Im Dezember 1982 wurde die Ehe auf Külbels Betreiben geschieden. Er fand eine neue Partnerin und begann voller Elan, sich eine neue Wohnung einzurichten. Gleichzeitig aber reiften bei ihm Fluchtpläne. Am 5. Januar 1983 schrieb Peter Külbel seinen letzten Willen „für die Aufteilung meiner letzten ‚Besitztümer'" nieder. Er hinterließ das Testament in seiner Wohnung mit der Aufschrift „Für Notar. Nur im Todesfall oder Ausweisung". Einen weiteren Brief richtete er an einen Freund. Ihn bat er, sich um seinen Lada zu kümmern und ihn in die Garage zu bringen. Er werde bei der Polizei erfahren, wo sich das Fahrzeug befindet. Schlüssel und die Papiere lägen im Handschuhfach. „Ich hoffe, wenn Du diese Zeilen liest, habe ich es hinter mir." Falls er noch Lohn erhalte, solle dieser den Eltern zukommen. Er bat den Freund weiter, „falls ich es geschafft habe drüben zu sein oder ich durch drei Gramm Blei ins Jenseits gegangen bin", das Fahrzeug zu verkaufen und das Geld seiner geschiedenen Frau zu treuen Händen für den kleinen Sohn zu übergeben.

Als Peter Külbel am 4. Januar 1983 seine Eltern besuchte, fiel dem Vater auf, dass er nicht so fröhlich war wie sonst. Der junge Karosseriebauer machte einen ungewohnt ernsten Eindruck. Am 7. Januar 1983 fuhr Peter Külbel mit seinem Lada von Crimmitschau nach Lobenstein, wo er das Fahrzeug abstellte und sich zu Fuß in das Sperrgebiet im Raum Schlegel begab. Mit einem Baumstamm versuchte er das Gassentor am „Bayerischen Weg" zu überwinden. Um 0.20 Uhr hörten zwei Grenzer mehrere Detonationen, sie rannten zum Ort des Geschehens und entdeckten den auf der Erde liegenden schwer verletzten Peter Külbel. Er nannte seinen Namen und bat „helft mir". Külbel hatte beim Versuch den Grenzzaun zu überklettern fünf Selbstschussanlagen ausgelöst und Splitterverletzungen an den Armen, Oberschenkeln, im Hüftbereich und innere Verletzungen im Bauchbereich erlitten. Seine Bergung begann um 0.47 Uhr nach Eintreffen der „Alarm-Gruppe". Peter Külbel starb an den Folgen der Verletzung um 20.30 Uhr im Krankenhaus Ebersdorf.

Landgericht Erfurt verurteilte den für die Selbstschussanlagen bei Schlegel verantwortliche Oberstleutnant Hans-Joachim Kischko nach der Wiedervereinigung zu einer Bewährungsstrafe von einem Jahr und sechs Monaten. (Recherche: TP, jk, St.A., jos.; Autor: jos.)

Quellen:

Grenztruppen der Deutschen Demokratischen Republik/Der Kommandeur: Untersuchungsbericht über die Verhinderung eines Grenzdurchbruches 1/1 DDR-BRD nach Minenverlegung im Sicherungsabschnitt IV/GR-10. In: Staatsanwaltschaft Neuruppin: Strafsache gegen Generalleutnant a.D. Waldemar Seifert, 363 Js 57/97, StA Neuruppin Repo-Nr. 6491.

MfS, BV Gera u. BV Karl-Marx-Stadt, Abt. IX: MfS-Unterlagen zum Tod von Peter Külbel. BStU, MfS BV KMSt, AUV, 1518/83.

Friedrich-Schiller-Universität Jena, Institut für gerichtliche Medizin: Sektionsbericht vom 11.01.1983, in: StA Neuruppin Repo-Nr. 6491.

MfS, ZKG: Information. BStU, ZA, MfS ZKG 8396.

Kommando der Grenztruppen/Abt. Grenzsicherung: Berichte über Grenzdurchbrüche im Abschnitt des GKS, Festnahmen, Dez. 1982 bis Mai 1983. In: StA Neuruppin Repo-Nr. 6491.

MfS, HA I: Übersicht über versuchte Grenzdurchbrüche, bei denen es zu Minenauslösungen kam – 1.1.1983 bis 15.8.1983. BStU, ZA, MfS, HA I, Nr. 94.
MfS, Sekr. Neiber: Information über Grenzzwischenfall. BStU, ZA, MfS, Sekr. Neiber Nr. 262.
StA Erfurt: Anklage gegen Hans-Joachim Kischko. 520 Js 35147/99; LG Erfurt: Urteil gegen Hans-Joachim Kischko. 520 Js 35147/99-1 Ks. Sammlung Marxen/Werle, Humboldt Universität Berlin.

Klaus Schulz

geboren am 23. Dezember 1959
in Leipzig

ertrunken am 17. April 1983, aus der Elbe geborgen am 2. Mai 1983 bei Lauenburg (Schleswig-Holstein)

Ort der Zwischenfalls: Elbe bei Stiepelse, Kreis Hagenow (bis 1993 Mecklenburg-Vorpommern, heute Niedersachsen)

Bildquelle: BStU

In der Sückauer Dorfgaststätte „Wolter" wurde am 16. April 1983 Geburtstag gefeiert. Zu den Gästen gehörten auch der 23-jährige Traktorist Klaus Schulz und der 23-jährige Tischler Uwe N. Sie kannten sich aus dem Sportverein und gehörten zu einer Jugendclique, in der viele mit dem Gedanken spielten, die DDR zu verlassen. Auf der Feier fassten beide den Entschluss, gemeinsam die Elbe zu durchschwimmen und in die Bundesrepublik zu flüchten.

Gegen 1 Uhr nachts fuhren sie mit dem Moped nach Stiepelse ins Grenzgebiet. Dort wohnte der ledige Klaus Schulz gemeinsam mit seinen Eltern auf einem Bauernhof. Die beiden Männer stellten das Moped am Ortsrand ab, gingen auf den Bauernhof und berieten noch einmal genauer ihr Vorhaben. Nachdem Klaus Schulz einige persönliche Gegenstände, Kleidung und seinen Ausweis für die Flucht über die Elbe wasserdicht verpackt hatte, nahmen sie aus der Scheune eine Leiter mit. Mit dieser gelang es ihnen, den Grenzzaun zu übersteigen, ohne die alarmauslösenden Signaldrähte zu berühren. Im bewachsenen und sumpfigen Elbvorland trennten sie sich. Sie wollten den Grenzern die Verfolgung erschweren.

Als ein Posten der Grenztruppen die Leiter am Grenzzaun bemerkte, feuerte er Leuchtpatronen ab, die Besatzungen der Grenzboote wurden alarmiert. Unabhängig voneinander sprangen nun Klaus Schulz und Uwe N. in die Elbe, hoffend, dass ihnen im letzten Moment noch die Flucht gelänge. Für Uwe N. zerschlug sich die Hoffnung gleich darauf. Vom Scheinwerfer eines Grenzsicherungsbootes der Kompanie Bahlen erfasst, wurde er um 5.43 Uhr aus der Elbe gezogen.

Personalausweis, der nach der Bergung bei der Leiche aufgefunden wurde.
Quelle: NLA-ST Rep 271a Lüneburg acc 2014–060 Nr 90

Von Klaus Schulz fehlte jede Spur. Am 21. April 1983 wurde am niedersächsischen Elbufer sein Plastikbeutel angeschwemmt. Auf einer Jeansjacke, die ein Zollbeamter unter anderen Kleidungsstücken fand, prangte der Schriftzug: „I am a giant". Bis zum 24. Mai warteten die Eltern von Klaus Schulz in großer Sorge auf ein Lebenszeichen ihres Sohnes. Mitarbeiter des Staatssicherheitsdienstes informierten sie dann darüber, dass er bereits am 2. Mai von einem westdeutschen Zollboot am Ufer der Elbe bei Lauenburg tot geborgen worden war. Der 23-Jährige war ertrunken. Seine Leiche konnte erst nach einem Informationsaustausch zwischen der Ständigen Vertretung der Bundesrepublik und dem Ministerium für Auswärtige Angelegenheiten der DDR eindeutig identifiziert werden. Weil die Stasi von den Eltern eine Einverständniserklärung zu seiner Beerdigung in der Bundesrepublik eingeholt hatte, wurde Klaus Schulz am 27. Mai 1983 in Lauenburg beigesetzt.

Uwe N. wurde wegen seines Fluchtversuches zu einer Gefängnisstrafe verurteilt. Noch in der Haft stellte er einen Ausreiseantrag. Diesem wurde ein halbes Jahr nach Abbüßung der Strafe stattgegeben. (Recherche: jk, jos., MP; Autor: jk)

Quellen:

Kdo. der Grenztruppen, Stellv. des Ministers und Chef der Grenztruppen: Operative Tagesmeldungen Nr. 61/83 bis 120/83. BArch Freiburg, DVH 32/112513.

Bezirksverwaltung für Staatssicherheit Schwerin BKG: Untersuchungsbericht zum versuchten ungesetzlichen Grenzübertritt am 17.4.1983 im Grenzabschnitt Stiepelse, Kreis Hagenow. Schwerin, 6. Juni 1983. MfS, Sekr. Neiber, Nr. 31.

MfS, BV-Schwerin: Untersuchungsvorgang zu Klaus Schulz, 7 Bände. BStU, Ast. Schwerin, MfS, BV Schwerin, AU 773/83.

Bundesgrenzschutzkommando Nord: Grenzzwischenfälle 1983. NLA Hannover, Nds. 1150, Acc. 108/92, Nr. 269.

Bundesgrenzschutzkommando Nord: Grenzzwischenfälle 1952–89. NLA Hannover, Nds. 1150, Acc. 108/92, Nr. 20.

Pingel-Schliemann, Sandra: „Ihr könnt doch nicht auf mich schießen!" Die Grenze zwischen Lübecker Bucht und Elbe 1945 bis 1989. Schwerin 2013, S. 234.

ZERV: Zeugenvernehmung von Uwe N. zum Tod von Klaus Schulz. Hamburg, 28.11.1996. LAB, D Rep. 120–02, Acc. 8346, Az. 27 AR 95/95.

Harry Weltzin

geboren am 7. Februar 1955 in Wismar

getötet durch Splitterminen am 4. September 1983

Ort des Zwischenfalls: bei Kneese (Mecklenburg-Vorpommern)

Bildquelle: Michael Schulz

Harry Weltzin wuchs in Wismar als Sohn der Kaufleute Elfriede und Erwin Weltzin auf. Seine Eltern betrieben ihr ehemaliges Einzelhandelsgeschäft nach der Einführung der sozialistischen Wirtschaftsordnung als HO-Kommissionsladen für Lebensmittel weiter. Beide Eltern gehörten der LPDP an. Nach dem Besuch der Polytechnische Oberschule „Gerhart Hauptmann" in Wismar erlernte Harry Weltzin den Beruf eines Elektromonteurs. Nebenbei bereitete er sich auf ein Ingenieurstudium vor. Um sich die Zulassung zu seinem Wunschstudiengang zu sichern, verpflichtete er sich zu einer dreijährigen Dienstzeit in der Nationalen Volksarmee. Von 1974 bis 1977 diente er in einem Mot.-Schützen-Regiment am Berliner Ring. Er beendete den Wehrdienst als Feldwebel, anlässlich des 30. Jahrestages der DDR-Gründung erfolgte am 7. Oktober 1979 seine Beförderung zum Leutnant der Reserve.

Sein Elektrotechnikstudium an der Ingenieurhochschule in Wismar schloss Weltzin 1981 als Diplom-Ingenieur ab. Danach arbeite er als Konstrukteur im VEB Mathias-Thesen-Werft Wismar. Von 1975 bis 1980 gehörte Weltzin der SED an. Er richtete in dieser Zeit mehrere Eingaben an das SED-Zentralkomitee, in denen er Versorgungsmängel kritisierte und die verfehlte Jugendpolitik der Partei beklagte. Da er seine kritische Haltung in mehreren Gesprächen mit leitenden SED-Funktionären aus Wismar bekräftigte, schloss ihn die SED wegen unregelmäßiger Teilnahme am Parteileben und Verweigerung der Beitragszahlungen aus der Partei aus. Im November 1981 versuchten Stasi-Offiziere der Bezirksverwaltung Rostock, ihn als Spitzel zu werben. Nach einem ersten Gespräch gaben die MfS-Leute das Vorhaben wegen „Nichteignung des Kandidaten" auf. Seine 1979 geschlossene Ehe scheiterte 1981. Harry Weltzin verliebte sich nach der Scheidung in die Kinderdiakonin Petra Hoeth aus Schwerin, mit der er sich verlobte. Zu Jahresanfang 1983 kündigte er seine Arbeitsstelle bei der Werft und zog zu seiner Verlobten nach Schwerin. Im Juni 1983 kam ihr gemeinsames Kind zur Welt. Seinen Lebensunterhalt verdiente sich Harry Weltzin inzwischen als Verkäufer im Laden seiner Eltern.

Am Abend des 3. September 1983 fand Petra Hoeth, als sie in ihre Wohnung zurückkehrte, eine handschriftliche Erklärung ihres Verlobten vor, in der er die Vaterschaft für das gemeinsame Kind anerkannte und ihr sein Mobiliar übereignete. Wenige Stunden später, am Sonntagmorgen um 4.36 Uhr, löste die Grenzsignalanlage bei Kneese Alarm im Führungspunkt der Grenzkompanie Kneese aus. Nur wenige Minuten später fand die ausgerückte Alarmgruppe am Grenzzaun einen Mann, der keine Lebenszeichen mehr von sich gab. Es handelte sich um den 28-jährigen Diplom-Ingenieur Harry Weltzin. Beim Versuch, sich unter dem Grenzzaun durchzugraben, hatte er zwei Splitterminen ausgelöst. Die spätere Obduktion ergab Verletzungen durch drei Stahlsplitter im Kopf, vier weitere trafen Weltzin an der rechten und hinteren Halsseite, elf im rechten Schulterblattbereich bzw. am Schultergelenk, acht am rechten Oberarm, weitere acht am rechten Flanken- und unteren Rückenbereich und drei an der rechten Oberschenkelaußenseite.

Die Grenzsoldaten fanden bei dem mit einem Parka bekleideten Toten seinen Personalausweis, einen Campingspaten, einen Seidenschneider, einen Bolzenschneider, ein Eisensägeblatt, einen Schnorchel, einen Schirm, eine Thermosflasche, ein Messer, zwei Kompasse und eine Taschenlampe. Außerdem trug er seine Erkennungsmarke der Nationalen Volksarmee am Hals. Bei der Überprüfung seines Fluchtweges stellte sich heraus, dass sich Weltzin zu Fuß aus Richtung Schönwalde, Kreis Gadebusch, der Grenze genähert und 130 Meter westlich vom Ortsausgang Kneese den neu errichteten, aber noch nicht angeschlossenen Grenzzaun überwunden hatte. Dabei durchtrennte er zwölf Signaldrähte. Nachdem er den Kolonnenweg überquert hatte, begann er, den letzten Grenzzaun mit seinem Campingspaten zu untergraben. Er hatte bereits ein Loch von 70 cm Tiefe, 75 cm Länge und 40 cm Breite gegraben, als er zwei am Zaum befestigte Selbstschussanlagen auslöste.

Offiziere des Staatssicherheitsdienstes bereiteten die zuständigen Mitarbeiter beim Rat der Stadt Wismar, Abteilung Inneres, auf die Unterredung mit Weltzins Eltern vor. Sie sollten ihnen zunächst lediglich mitteilen, ihr Sohn Harry sei „beim Begehen einer Straftat tödlich verunglückt". Doch die tatsächlichen Gründe seines Todes an der Grenze bei Kneese sprachen sich rasch herum. Zwei Tage nach Weltzins Tod erschienen laut MfS-Unterlagen Staatsanwalt Löwenstein, der Leiter der Untersuchungsabteilung des MfS, Major Eder, und MfS-Hauptmann Billion bei Weltzins Eltern und teilten ihnen mit, dass sich die Leiche ihres „verstorbenen Sohnes" im Schweriner Krematorium befindet. Sie legten den Eltern nahe, „von der Besichtigung der Leiche Abstand zu nehmen, um den Sohn so in Erinnerung zu behalten, wie er in ihrer Erinnerung war. Sollte trotzdem der Wunsch bestehen, von ihrem Sohn persönlich Abschied zu nehmen, so könnten die Eltern diesen in Schwerin sehen. In einer eigenhändigen Niederschrift verzichten die Eltern darauf, ihren Sohn noch einmal zu sehen und beauftragten das Beerdigungsinstitut in Schwerin mit der Einäscherung der Leiche." Harry Weltzins Beisetzung erfolgte unter Überwachung des Staatssicherheitsdienstes auf dem Wismarer Westfriedhof. Heute erinnert auf dem ehemaligen Grenzstreifen bei dem Dorf Kneese ein Mahnmal an Harry Weltzin. (Recherche: jos.; Autor: jos.)

Quellen:

MfS, BV-Schwerin, Abt. IX: Bericht zum versuchten ungesetzlichen Grenzübertritt im Raum Kneese, Kreisgrenze zwischen Hagenow und Gadebusch. BStU, ASt. Swn, MfS, BV Schwerin, Abt. IX, 1133.

MfS, HA I: Tagesmeldung Nr. 4/9/83 der Verwaltung 2000. BStU, ZA, MfS, HA I, Nr. 17310, Teil 1 von 2.

MfS, ZKG: Bericht zum versuchten ungesetzlichen Verlassen der DDR durch DDR-Bürger Weltzin, Harry. BStU, ZA, MfS, ZKG, 10234.

Grenztruppen der DDR: Untersuchungsbericht zum Versuch des Grenzdurchbruchs am 4.9.1983, 04.36 Uhr im GAB-VIII des II./GR-6. Aus BArch Militärarchiv, Best. Grenztruppen der Deutschen Demokratischen Republik, GK-Nord, 013630. Eingesehen in: AZ LAB, D Rep. 120–02, Acc. 8346, Az. 25Js 11/94.

Staatsanwaltschaft Schwerin: Anklage wg. Totschlags vom 6.4.1998, JS 37510/97 und weitere Verfahrensunterlagen, 32 Ks (9/98)-191 JS 37510/97, 4 StR30/01,1 KS 7/01. Sammlung Marxen/ Werle, Humboldt Universität Berlin.

Staatsanwaltschaft Neuruppin: Strafsache gegen Generalleutnant a. D. Waldemar Seifert, 363 Js 57/97, StA Neuruppin, Repo-Nr. 6491.

Wer war Harry Weltzin? In: *Schweriner Volkszeitung* vom 01.09.2013.

Nikolai Gal

geboren am 9. November 1963 bei Dnipropetrowsk (Ukraine)

erschossen am 25. Januar 1984

Ort des Zwischenfalls: 2 000 Meter südwestlich Benneckenstein, Höhe Grenzsäule 1021 im Grenzkreis Wernigerode (Sachsen-Anhalt)

Unweit des Grenzgebietes nahe Benneckenstein stieß ein gemeinsamer Fahndungstrupp des Grenzregiments Halberstadt und der Volkspolizei in einem Wäldchen auf den gesuchten sowjetischen Deserteur Nikolai Gal. Auf ihn wurden zwei Feuerstöße abgegeben, die ihn tödlich verletzten.

Die Dienststellen der Volkspolizei in Wernigerode/Magdeburg, Halberstadt/Magdeburg und Nordhausen/Erfurt erhielten am 25. Januar 1984 kurz nach 5 Uhr die Anordnung, Eilfahndung der Stufe I nach zwei sowjetischen Soldaten auszulösen. Die Gesuchten seien gegen 3.20 Uhr aus der Kaserne ihrer Einheit im Kreis Quedlinburg/ Halle geflüchtet, einer von ihnen unter Mitnahme seiner Maschinenpistole. Gegen

4.25 Uhr hielten die beiden Soldaten, von denen einer bewaffnet war, auf der Fernverkehrsstraße 6 zwischen Westerhausen und Blankenburg einen Traktor mit zwei Anhängern an. Den Traktorfahrer Klaus E. zwangen sie mit vorgehaltener Waffe, in Richtung Blankenburg zu fahren. Bei der Kreuzung Börnecke/Melsunger Krug wurde er durch „Stoi" zum Anhalten aufgefordert. Er musste dann seinen Hänger abkoppeln. Als er versuchte, nach der Waffe zu greifen, gab der Soldat einen Schuss ab. Dann seien die beiden Soldaten mit dem Traktor in Richtung Blankenburg weitergefahren. Dort müssen sie sich getrennt haben, denn für die folgende Zeit ist in den Volkspolizeimeldungen nur noch von einem Deserteur die Rede. Um 5.30 Uhr stoppte der bewaffnete Soldat an der Kreuzung Almsfeld den Linienbus Blankenburg–Stiege und zwang den Fahrer mit vorgehaltener Waffe, in Richtung Grenze zu fahren. In der Nähe des ersten Kontrollpunktes stieg er aus und bewegte sich durch den Wald in Richtung Rappenberg.

Durch den Busfahrer erhielt ein zur Fahndung eingesetzter Volkspolizist Hinweise über den Fluchtweg des Deserteurs. Wenig später ordnete Hauptmann Lorenz, Kompaniechef der 9. Grenzkompanie des Grenzregiments Halberstadt, die Bildung einer Suchgruppe an, die der Spur des sowjetischen Deserteurs durch den Wald folgen sollten. Die Gruppe bestand aus Oberleutnant J., Oberleutnant D., Unterleutnant P., Stabsfeldwebel K., Oberfeldwebel S., Hauptfeldwebel D. sowie drei Volkspolizisten. Gegen 8.20 Uhr stand die Fahndungsgruppe plötzlich dem gesuchten Soldaten gegenüber. Es handelte sich um den 20-jährigen Ukrainer Nikolai Ludwigowitsch Gal, der in Ditfurt-Quarmbeck, Kreis Quedlinburg, bei der Funküberwachung eingesetzt war. Als der Suchtrupp auf ihn zukam, brachte Gal seine Waffe in Anschlag, woraufhin Hauptfeldwebel Lothar D. zwei Feuerstöße mit insgesamt 13 Schuss abgab, die Nikolai Gal tödlich verletzten.

Um 20.30 Uhr informierte das Magdeburger MfS Minister Mielke, Generaloberst Markus Wolf, Generalleutnant Rudi Mittig, Generalleutnant Gerhard Neiber, Generalleutnant Otto Geisler und mehrere Stasi-Dienststellen von dem Zwischenfall. In diesem Bericht hieß es, vor dem Schusswechsel sei der Fahnenflüchtige in russischer Sprache zum Erheben der Hände aufgefordert worden. Diese Darstellung findet sich allerdings sonst in keiner der vorliegenden Meldungen über das Geschehen vor Ort. Beim Kommando der Grenztruppen befürchtete man, „in Folge Anwendung der Schußwaffe" sei „zu erwarten, daß durch labile und den Grenztruppen feindlich gesinnte Bürger, besonders aus der Stadt Benneckenstein, Stimmungen gegen die Grenztruppen verbreitet werden". (Recherche: jos., MP; Autor: jos.)

Quellen:

MfS, HA I: Festnahme eines sowjetischen Militärangehörigen in der Bewegungsrichtung DDR – BRD unter Anwendung der Schußwaffe mit Todesfolge; Rapport Nr. 19, 25.1.1984–26.1.1984. BStU, ZA, MfS, HA I, Nr. 5976.

Oberst der VP Stephan: Bericht über die Fahndung nach zwei sowjetischen Deserteuren. In: BStU, Ast. Mgb., BV Magdeburg/AG d. Leiters, Nr. 41, Bd. 1.

MdI: Rapport Nr. 19, 25.1.1984–26.1.1984. BArch DO, 1/2.3 49075.

Kommando der Grenztruppen: Berichte über Festnahmen und verhinderte Grenzdurchbrüche Nov. 1983 bis Nov. 1984. BArch Freiburg, DVH 48/139103.

ZERV: Aufstellung von Vorfällen mit Todesopfern. StA Magdeburg. LAB, D Rep. 120–02, Acc. 8346, Az. 21 Ks 19/99.

ZERV: Ermittlungsverfahren zum Tod von Nikolai Gal. LAB, D Rep. 120–02, Acc. 8346, Az .27 Js 115/95.

Zum GSSD-Standort Quarmbeck siehe: http://www.wb-online.de/halberstadt-gssd/quarmbeck. html (Zugriff am 28.10.2016).

Frank Mater

geboren am 1. Mai 1963 in Eisenach
getötet durch Minenexplosion am 22. März 1984
Ort des Zwischenfalls: nahe Wendehausen (Thüringen)

Frank Mater wurde am 1. Mai 1963 in der Wartburgstadt Eisenach, im Westen Thüringens, geboren. Als Kleinkind kam er in eine Pflegeeinrichtung und danach in verschiedene Kinderheime. Es folgte von 1973 bis 1979 eine Behandlung in der Kinderpsychiatrie in Wülfingerode. Dort besuchte er eine Förderschule, die er mit der 8. Klasse abschloss. Anschließend lebte Frank Mater bei seiner Mutter. Seine Lehre als Teilfacharbeiter für Lager- und Transportarbeiten beendete er im Jahre 1980 erfolgreich. Nach kurzer Berufstätigkeit wies man ihn in das Bezirksfachkrankenhaus für Psychiatrie in Mühlhausen ein, wo er sich bis 1983 in stationärer Behandlung befand. Danach erhielt Frank Mater einen Rehabilitationsarbeitsplatz in der LPG Mihla als Hilfsarbeiter. In der Ortschaft bezog er eine eigene Wohnung, eine 70-jährige Rentnerin aus der Gemeinde übernahm als seine einzige Bezugsperson seine Betreuung.

An einem Frühlingstag, dem 22. März 1984, verließ Frank Mater vormittags unbemerkt seine Arbeitsstelle. Kollegen sahen ihn gegen 11 Uhr zum letzten Mal. Der groß gewachsene, blonde junge Mann machte sich auf den Weg in Richtung Grenze. In Treffurt erreichte er den im Norden gelegenen Stadtwald, in dessen Schutz er sich weiter bis nach Kortal bewegen konnte. Gegen 12.45 Uhr, in der Nähe der Straße von Kleintöpfer nach Wendehausen erreichte er den Grenzsignalzaun, den er überkletterte. Dabei löste er einen Grenzalarm am Signaldraht aus. Nun waren die Grenzposten alarmiert. Frank Mater lief noch über einen Kilometer weiter durch einen dichten Wald, passierte eine Senke und bewegte sich dann durch offenes Gelände auf einen Geröllhang zu. Dort befand sich der durch Selbstschussanlagen gesicherte Hauptgrenzzaun. Gegen 13.30 Uhr löste Mater – vermutlich mit einem Holzstab – eine am Zaun installierte Splittermine aus. Die herausgeschleuderten Stahlsplitter fügten ihm mehrere schwere Verletzungen zu. Er wurde am Oberkörper, im Unterbauch und am linken Oberschenkel getroffen. Wenige Minuten später trafen zwei Grenzsoldaten am Ort des Geschehens ein. Am Grenzzaun entdeckten sie Frank Mater, der am Zaun lag und sich vor Schmerzen krümmte. Zu diesem Zeitpunkt war der 20-Jährige noch ansprechbar. Nach Aufforderung der Posten gelang es ihm noch, sich selbstständig aus dem Gefahrenbereich zu rollen. Auf Nachfrage antwortete er, dass er allein unterwegs sei. Gegen 14 Uhr konnten die Grenzer den Schwerverletzten bergen und Erste Hilfe leisten. Doch sein Puls wurde immer schwächer. Wiederbelebungsversuche verliefen erfolglos. Gegen 14.30 Uhr stellte der herbeigerufene Arzt den Tod Frank Maters fest. Aufgrund innerer Blutungen verstarb er noch am Unglücksort. Später fand man am vorgelagerten Grenzsignalzaun eine Umhängetasche, die Frank Mater dort zurückgelassen hatte. Er hatte ein Kofferradio, ein paar Strümpfe und ein Ladegerät für Batterien mitgenommen.

Mit welchem Ziel sich Frank Mater in den Grenzbereich begeben hatte, lässt sich aus den DDR-Untersuchungsakten nicht rekonstruieren. Da er sich in neurologischer Behandlung befand, wurde vermutet, dass er keine Flucht aus der DDR beabsichtigte, sondern einer spontanen Eingebung gefolgt sei. Einen Tag nach dem tragischen Tod Frank Maters erhielt seine Mutter die Information, ihr Sohn sei bei der Begehung einer Straftat tödlich verletzt worden. Der im Bürgermeisteramt Mihla hinterlegte Totenschein vermerkte als Todesursache: „Verletzung auf nicht näher bezeichnete

Art und Weise bei gesetzlichen Maßnahmen". Aus den Überlieferungen des DDR-Staatssicherheitsdienstes geht hervor, dass der Totenschein keiner Zivilperson zugänglich war und die offiziellen Sterbeunterlagen keine Angaben über Frank Maters Tod an der Staatsgrenze enthielten. In der Sterbeurkunde heißt es, Frank Mater sei am 22. März 1984 um 14.20 Uhr in Mihla verstorben.

Am frühen Morgen des 28. März 1984 fand auf dem Friedhof in Eisenach die Trauerfeier für Frank Mater statt. Seine Mutter, ihr Partner und die Rentnerin aus der Gemeinde Mihla, die sich um ihn gekümmert hatte, nahmen daran teil. Zwei Tage später wurde seine Urne beigesetzt.

Die strafrechtlichen Ermittlungen in den 1990er Jahren führten zur Anklage eines damaligen Kommandeurs des zuständigen Grenzregimentes. Dieser hatte am 16. November 1983 einen Befehl zur weiteren Nutzung und dem „pioniertechnischen Ausbau" der Grenzanlagen unterzeichnet. Der Angeklagte wurde zu einer Bewährungsstrafe von einem Jahr und sechs Monaten verurteilt. Ein weiterer Angeklagter, der an der Ausarbeitung dieses Befehls als Stellvertreter des Kommandeurs und Stabschefs beteiligt war, wurde zu einer Bewährungsstrafe von einem Jahr und drei Monaten verurteilt. (Recherche: jk, jos. MP, St.A.; Autorin: MP)

Quellen:

MfS/HA I: Versuchter Grenzdurchbruch DDR–BRD mit Todesfolge nach Minendetonation. BStU, ZA, MfS, HA I, Nr. 14426, Bd. 3.

MfS/Verwaltung 2000: Tagesmeldung Nr. 19/3/84. BStU, ZA, MfS, HA I, Nr. 17311, Teil 2 von 2, Bl. 812–813.

MfS/Bezirkskoordinierungsgruppe, Erfurt: Zusammenfassender Bericht zum Erkenntnisstand der Untersuchung des Vorkommnisses vom 22.3.1984. BStU, ZA, MfS, Sekr. Neiber, 26.

MfS/HA IX: Informationen zu Personen und Delikten, Verhinderte ungesetzliche Grenzübertritte – über Staatsgrenze DDR/BRD (Teil 2/Rapport 78/84). BStU, MfS, HA IX, 9866.

MfS: Statistik Grenzübertritte. BStU, ZA, MfS, ZKG, Nr. 13395.

StA Erfurt: Ermittlungsverfahren z. N. Frank Mater, 560 Js 98264/94. LATh – HstA Weimar, StA Erfurt, 5297.

StA Erfurt: Ermittlungsverfahren wegen Verdacht des Totschlags, 560 Js 96081/96–1 Ks. LATh – HstA Weimar, Freistaat Thüringen, StA Erfurt, 9378–9406.

Filmer, Werner/Schwan, Heribert: Opfer der Mauer. Die geheimen Protokolle des Todes. München 1991, S. 257 ff.

Waleri Kirjuchin

geboren am 24. März 1965 in Poroschneje, südliches Sibirien (Russland)

gestorben durch Suizid nach schwerer Schussverletzung am 22. März 1985

Ort des Zwischenfalls: Werrabrücke bei Pferdsdorf-Spichra,
1 450 Meter vor der innerdeutschen Grenze (Thüringen)

Der 19-jährige Sowjetsoldat Waleri Kirjuchin stammte aus dem Dorf Poroschneje, Kreis Schipunowski, in der Region Altai. Er war gelernter Kraftfahrer und diente seit Oktober 1984 als Wachposten in der Garnison Nohra bei Weimar. Am 22. März 1985 desertierte er gegen 1 Uhr mit einem Geländewagen (UAZ 469) aus der Kaserne. Er nahm dabei seine MPi und 120 Schuss Munition mit. Im Bezirk Erfurt wurde daraufhin eine Großfahndung ausgelöst. Kirjuchin löste gegen 2.20 Uhr nahe der Grenzübergangsstelle Wartha bei

Stedtfeld eine Alarmanlage aus, als er mit seinem Jeep in den Kontrollstreifen fuhr. Er wendete das Fahrzeug, um eine geeignetere Fluchtstelle zu finden. Nach einer Irrfahrt entlang der Grenze, in deren Verlauf er zwei Kontrollstellen der Grenztruppen durchbrach, ließ er das Fahrzeug in der Nähe von Hörschel zurück. Zu Fuß machte er sich dann, aus östlicher Richtung kommend, in Richtung des DDR-Grenzübergangs Wartha auf. In der Nähe des Übergangs entdeckten ihn Grenzposten. Sie verließen ihren Beobachtungsturm, was Kirjuchin bemerkte. Gegen 3.45 Uhr eröffnete er das Feuer auf die beiden Soldaten, die ihrerseits zurückschossen. Kirjuchin floh über ein Feld in Richtung der ehemaligen Transitstraße (Fernverkehrsstraße 7). Die zur Abriegelung an der Straße eingesetzten fünf Grenzer des Stabes II. der Grenzbrigade entdeckten gegen 4.23 Uhr den Flüchtenden. Sie lagen an einer Böschung der ehemaligen Transitstraße bei Deubachshof. Als sie ihre Waffen entsicherten, wurde Kirjuchin auf sie aufmerksam und eröffnete das Feuer. Dabei wurde Uwe Dittmann, Gefreiter der Grenztruppen, tödlich verletzt. Die anderen Grenzer schossen auf den Flüchtenden und trafen ihn in den Rücken. Er verband sich selbst und floh weiter in Richtung der Brücke Spichra. Gegen 5.16 Uhr stellten zwei dort postierte Grenzsoldaten fest, dass sich jemand über die Brücke näherte. Es handelte sich um Waleri Kirjuchin. Die Grenzer forderten ihn auf, stehenzubleiben und gaben einen Warnschuss ab. Kirjuchin reagierte darauf mit Feuerstößen aus seiner MPi. Daraufhin schoss der Soldat Uwe N. gezielt zurück. Kirjuchin brach am Geländer der Werrabrücke durch Schüsse am Unterarm sowie im Bauch- und Brustbereich schwer verletzt zusammen. Bevor die DDR-Grenzer ihn erreichten, schoss er sich in seiner aussichtslosen Lage mit seiner Maschinenpistole selbst in den Kopf. Waleri Kirjuchin starb zwei Tage vor seinem 20. Geburtstag. (Recherche: jos., MP, MS; Autor: jos.)

Vergleiche den Eintrag zu Uwe Dittmann unter „Todesfälle im Grenzdienst".

Quellen:

MdI: Rapport Nr. 58, vom 21.3.1985 bis 22.3.1985, BArch Berlin, DO1/2.3/50117

MfS, HA I: Verhinderter Grenzdurchbruch DDR–BRD mit Schußwaffenanwendung/Tötung eines Angehörigen der GT und der GSSD, Tagesmeldung Nr. 19/3/85 für die Zeit vom 21.3.1985, 14.00 Uhr bis 22.3.1985, 14.00 Uhr, vom 22.03.1985, an Gen. Mielke, Hoffmann, Streletz, Keßler, ZAIG. BStU, ZA, MfS, HA I, Nr. 17312, Teil 3 von 3.

MfS, HA IX: Ergänzung zum Angriff auf die Staatsgrenze der DDR mit Schußwaffe im GR-1 Mühlhausen vom 22.03.1985. BStU, ZA, MfS, Arbeitsbereiche Neiber, Nr. 841 und BStU, ZA, MfS, HA IX, 9836.

Hans Brandt

geboren am 16. April 1945 in Stöllnitz

verletzt durch Minensplitter am 28. Januar 1982,
gestorben an den Spätfolgen am 31. Oktober 1985

Ort des Zwischenfalls: innerdeutsche Grenze,
etwa 1 000 Meter südwestlich von Dechow (Mecklenburg-Vorpommern)

Am frühen Morgen des 28. Januars 1982 löste der 37-jährige Hans Brandt bei einem Fluchtversuch mehrere Selbstschussanlagen vom Typ SM 70 aus. Lebensgefährlich verletzt, schleppte er sich dennoch über die Grenze, wurde vom Bundesgrenzschutz in ein Krankenhaus gebracht und dort operiert. Einige Wochen später kehrte er in die DDR zurück, wo er 1985 an den Spätfolgen seiner Verletzungen starb.

Der in Stöllnitz im Grenzkreis Gadebusch geborene Hans Brandt arbeitete als Großgeräteführer in der LPG Carlow und lebte mit seiner Frau und einer Tochter in Bülow, Kreis Gadebusch. Er war unzufrieden mit den politischen und sozialen Verhältnissen in der DDR und sah für sich dort kein Fortkommen mehr. Am 8. August 1980 wurde er durch Volkspolizisten bei der Annäherung an die Grenze bei Schlagsdorf, Kreis Gadebusch, festgenommen und anschließend nach dem „Republikfluchtparagraphen" 213 verurteilt. Seine Pläne gab er dennoch nicht auf. Anderthalb Jahre später, am Abend des 27. Januar 1982, entschloss er sich nach einem Gaststättenbesuch spontan zu einem neuen Fluchtversuch, von dem seine Angehörigen nichts wussten. Er näherte sich von Dechow aus über freie Ackerflächen den Grenzsperranlagen. Mithilfe eines hochgekanteten Straßenschildes durchkroch er gegen 1.20 Uhr den Grenzsignalzaun. Beim Überklettern eines weiteren Zauns löste er mehrere SM-70-Selbstschussanlagen aus.

Durch 14 Metallsplitter lebensgefährlich verletzt, gelang es ihm dennoch, sich 300 Meter weit auf bundesdeutsches Gebiet zu schleppen. Einige Stunden später, gegen 6.25 Uhr, wurde er bei Temperaturen unter dem Gefrierpunkt an der B 208 von einem BGS-Suchtrupp gefunden, da man im Westen die Explosionen gehört hatte. Die Beamten brachten ihn in das DRK-Krankenhaus Ratzeburg, wo man neben den Splitterverletzungen auch eine starke Unterkühlung sowie einen hohen Blutverlust feststellte. Es gelang den Ärzten, seinen Zustand zu stabilisieren, später wurden die Metallsplitter, darunter einer im Herzmuskel, operativ entfernt. Gegenüber der Polizei gab er an, er sei mehrmals zum Eintritt in die SED gedrängt und wegen seiner Ablehnung schikaniert worden. Auch in der Familie sei entsprechender Druck auf ihn ausgeübt worden – der Schwiegervater war aktives SED-Mitglied –, sodass er sich weiteren Auseinandersetzungen durch die Flucht entziehen wollte. Anfang Mai ging es ihm nach einer Herzoperation besser, seine Betreuer hatten ihm Wohnung und Arbeitsstelle vermittelt, doch zunächst sollte er eine Erholungskur antreten. Darüber hinaus hatten ihm unter anderem die Mecklenburgische Landsmannschaft, die Internationale Gesellschaft für Menschenrechte und die Kirchen eine hohe Summe für den Start in sein neues Leben gespendet.

Doch statt eine Erholungskur anzutreten, bestieg er am 7. Mai 1982 ein Taxi, das ihn vom Krankenhaus Ratzeburg nach Lübeck brachte. Das Spendengeld hatte er abgehoben. Noch am selben Tag wurde er bei der Einreise nach Ost-Berlin im Bahnhof Friedrichstraße verhaftet. Bei sich trug er 5 550 DM sowie einen Taschenrechner und einen Kassettenrekorder – damals teure und in der DDR begehrte Geräte. Gegenüber dem MfS erklärte er, mit den Wertgegenständen und dem Geld nichts mehr zu tun haben zu wollen. Er überließ sie als „Wiedergutmachung" eines Teils seiner Schuld dem Staatssicherheitsdienst. Seine unerwartete Rückkehr in die DDR löste im Westen rege Diskussionen aus. Der behandelnde Arzt bezeichnete es laut Bericht einer Lokalzeitung als Wunder, dass Brandt seine Herzverletzung überlebte. Er brauche alle zwei bis sechs Tage ein Medikament, das die Blutgerinnung hemme. Sollte sich ein Blutgerinnsel bilden, würde das den Tod bedeuten. Später wurde bekannt, dass MfS-Mitarbeiter während Brandts Aufenthalt im Krankenhaus Ratzeburg mehrmals Telefonverbindungen aus dem Rathaus Rehna herstellten, sodass Frau Brandt unter Aufsicht mit ihrem Mann sprechen konnte, um ihn zur Rückkehr zu seiner Familie aufzufordern. Die Stasi hielt sie auch dazu an, ihm

Briefe ähnlichen Inhalts zu schreiben, die dann vom MfS selbst übermittelt wurden. Nach seiner Rückkehr blieb Brandt nur wenige Tage in Gewahrsam der Staatssicherheit in Schwerin. Am 13. Mai wurde „auf zentraler Ebene" seine Freilassung und die Einstellung des Strafverfahrens verfügt, weil er sich freiwillig in die DDR zurückbegeben hatte, anschließend brachte man Brandt zu seiner Familie, die mitgebrachten Devisen sah er allerdings nicht wieder.

Kurze Zeit später nahm er seine Arbeit in der LPG wieder auf. In der Folgezeit wurde er mehrmals ohne ersichtlichen Grund bewusstlos, auch klagte er zunehmend über Schmerzen in den Beinen. Am 31. Oktober 1985 verstarb er auf einem Feld bei Bülow. Die Staatsanwaltschaft Schwerin hielt es in ihrem in den 1990er Jahren geführten Ermittlungsverfahren für naheliegend, dass sein Tod eine Folge der erlittenen Minenverletzungen war. Da dafür aber belastbare Beweise fehlten, klagte die Staatsanwaltschaft Schwerin drei für die Aufrechterhaltung des DDR-Grenzregimes zuständige höhere Offiziere im konkreten Fall Brandt nur wegen versuchten Totschlags an. Nachdem der Bundesgerichtshof den zunächst ergangenen Freispruch dieser militärisch Verantwortlichen durch das Landgericht Schwerin aufhob, verurteilte das Landgericht Rostock die ehemaligen Oberste der Grenztruppen Roland Neubauer und Bernd Schoenebeck wegen versuchten Totschlags zum Nachteil Hans Brandts (sowie begleitend wegen vollendeten Totschlags zum Nachteil Harry Weltzins zu Bewährungsstrafen zwischen sechs und 18 Monaten. (Recherchen: jk, StA; Redaktion jos.)

Quellen:

MfS, ZKG: Grenzdurchbrüche, bei denen es zu Minenauslösungen kam – 1982. BStU, ZA, MfS ZKG 8396.

ZERV: Ermittlungen wegen Totschlags z. N. Hans Brandt. LAB, D Rep. 120–02, Acc. 8346, 2 Js 216/90.

Staatsanwaltschaft Schwerin: Anklage vom 6. April 1998 wegen Totschlags; Landgericht Schwerin: erstinstanzliches Urteil vom 28.08.2000;, BGH Revisionsurteil vom 26.04.2001; LG Rostock Urteil vom 30.10.2002. Signaturen: 191 JS 37510/97, 32 Ks (9/98)-191 JS 37510/97, 4 StR30/01,1 KS 7/01 in Sammlung Marxen/Werle, Humboldt Universität Berlin.

Olaf Gerbrandt

geboren am 21. Oktober 1966 in Parchim

ertrunken am 15. April 1986

Ort des Zwischenfalls: bei Wootz, Elbkilometer 487,4 (Brandenburg)

Mitte April 1986 ging das Hochwasser in der Elbe leicht zurück. Das Vorelbgelände am DDR-Ufer bei Wootz (Kreis Ludwigslust) in der Westprignitz war aber noch überflutet und die Elbe durch mittleres Hochwasser etwa 600 Meter breit. In der Nacht vom 14. auf den 15. April 1986 fiel leichter Nieselregen, die Wassertemperatur der Elbe lag bei 5 °C. Um 1.31 Uhr löste ein Signalgerät am Grenzzaun in Höhe des Elbkilometers 487,5 Alarm aus. Gegen 1.47 Uhr hörten die herbeigeeilten DDR-Grenzer Geräusche von schwimmenden Personen. Sie vernahmen auch die Rufe „Hilfe, Hilfe rettet uns, wir ertrinken!" Eine Person habe mehrfach den Namen Olaf gerufen. Um 2.45 Uhr zeichneten die Abhörspezialisten der MfS-Abteilung III in Schwerin ein Telefongespräch aus Vietze, Landkreis Lüchow-Dannenberg, auf, wonach dort eine Person angekommen sei, die die Elbe durchschwommen hatte. Der Name des Flüchtlings sei Armin Gerbrandt, sein Bruder Olaf habe das westliche Ufer nicht erreicht. Noch in der Morgendämmerung begannen die Besatzung des Zollbootes „Gartow" und Einsatzkräfte des Bundesgrenzschutzes am westlichen Elbufer mit Suchmaßnahmen. Nach Einsetzen der Helligkeit suchte auch ein BGS-Hubschrauber das Ufergebiet ab. Unterdessen fanden DDR-Grenzsoldaten am Ostufer Kleidungsstücke, darunter eine schwarze Kordbundjacke mit einem Aufnäher „Elvis".

Olaf Gerbandt hatte nach der Schule den Beruf des Melkers erlernt, er arbeitete wie seine Mutter bei der LPG Zierzow. Dort beschrieb man ihn als fleißig und diszipliniert. Sein Hobby war das Sammeln von Schallplatten, Porzellanfiguren und alten Büchern. Nach MfS-Unterlagen wurde Olaf Gerbrandt beim Pfingsttreffen 1984 „aus der Berlin-Delegation ausgeschlossen, da er statt im Blauhemd, mit einem Hemd erschien, auf dem Aufnäher von ‚Freiheitssymbolen' befestigt waren". Sein Bruder Armin sei Arbeitskollegen durch pazifistische Äußerungen aufgefallen. Im März 1986 ließ er sich die Haare in Form eines sechszackigen Sterns schneiden, kurz vor der Flucht trug er eine Vollglatze. Olaf Gerbrandt nahm anlässlich der Jugendweihe seines jüngeren Bruders Mathias am 14. April 1986 noch an einer Familienfeier teil. Er schenkte dem Bruder aus diesem Anlass sein Fernsehgerät. Er begründete dies damit, dass er und Armin sich eine Arbeit in Thüringen suchen wollten.

Am 19. Mai 1986 meldete der Bootsführer des DDR-Grenzbootes WS 304 dem Bataillonsstab in Dömitz, er habe am DDR-Ufer in Höhe Elbkilometer 501,3 eine angelandete Leiche gesichtet. Die Besatzung des westdeutschen Zollbootes „Gorleben" beobachtete die nun folgende Bergung der Leiche durch DDR-Grenzer. Bei der Untersuchung des Toten fand man in einer Jackentasche wasserdicht verpackte Personalunterlagen von Olaf Gerbrandt und auch einige auf seinen Bruder ausgestellte Dokumente, außerdem zwei Fahrtenmesser und ein Fernglas. (Recherche: jk, jos., TP; Autor: jos.)

Quellen:

MfS, Sekr. Neiber; MfS, BV Schwerin: Bericht zum Auffinden einer Leiche am Elbufer in Höhe des Elb-km 501,3 im Bereich der Ortschaft Baarz, Kreis Ludwigslust, am 19.05.1986. BStU, ZA, MfS, Sekr. Neiber Nr. 672.

Grenzschutzabteilung Nord, Grenzschutzabteilung Nord 1: Schlußbericht vom 1. Juni 1986 zum Vorgang – 15.4.86 bis 29.5.86 – Meldung von Flüchtlingen. NLA Hannover, Nds. 1150 Acc. 108/92, Nr. 291.

MfS, HA I: Statistische Erfassung von Grenzdurchbrüchen. BStU, ZA, MfS, HA I, Nr. 14178.

MfS, BV Schwerin: Ermittlungsunterlagen zu Armin und Olaf Gerbrandt. BStU, Ast. Swn, BV Swn AU 985/87.

Detlef Armstark

geboren am 3. April 1960
in Wismar

ertrunken bei Fluchtversuch
am 18. Februar 1987

Ort der Zwischenfalls:
Elbe zwischen Wittenberge und
Lenzen, Lenzen (Brandenburg)

Bildquelle: BStU

Wer in die Bundesrepublik fliehen wollte und um die tödlichen Gefahren wusste, die an der innerdeutschen Grenze drohten, der mochte einen Moment beim Packen seiner Tasche daran gedacht haben, dass es vielleicht die letzte Reise sein könnte, die er antreten wird. Die Tasche, mit der Detlef Armstark am Dienstag, dem 17. Februar 1987, den Zug von Dresden nach Wittenberge bestieg, enthielt Wechselwäsche, eine Armbanduhr, eine Cremedose, eine graue Lederjacke mit Kamm, Kugelschreiber und Schlüsselbund in der Innentasche, eine Geldbörse und ein Buch – *Madrapour* von Robert Merle. Der große, kräftige Mann mit dem dunkelblonden, lockigen Haar hatte in Rabenau im Kreis Freital eine Gastwirtschaft betrieben, in der auch seine Mutter arbeitete. Möglicherweise gingen die Geschäfte schlecht, vielleicht fiel es Detlef Armstark auch schwer zu haushalten, jedenfalls war er so hochverschuldet, dass die staatliche Großhandelsgesellschaft sich weigerte, ihn zu beliefern. Weitere Konflikte, die unter anderem dazu beigetragen hatten, dass das MfS den 26-Jährigen in der „Vorverdichtungs-, Such- und Hinweiskartei" führte, mögen den Entschluss der Familie befördert haben, Rabenau zu verlassen. Doch während seine Eltern nach Mecklenburg zurückkehren wollten – Detlef Armstark war in Wismar zur Welt gekommen –, entschied sich der Sohn zu einem radikaleren Schritt.

Von Wittenberge aus floss die Elbe in mehreren Windungen in die Bundesrepublik. In der Nähe der Stadt konnte man zwar ungehindert das Ufer betreten, doch waren es noch ganze 20 Kilometer, bis die Elbe zum Grenzfluss wurde. Zu weit, um zu schwimmen, vor allem an einem unerwartet kalten Februarabend. Als Detlef Armstark in Wittenberge ankam, war die Temperatur auf 4° C unter dem Gefrierpunkt gesunken, hin und wieder fiel Schnee. Sein Plan war es, sich auf Luftmatratzen liegend flussabwärts treiben zu lassen. Am Ufer der Elbe band er zwei Luftmatratzen mit einer Kunststoffschnur zusammen, auch seine Tasche befestigte er an der Verschnürung.

Dann legte er sich bäuchlings auf die Matratzen und kroch, damit er nicht abrutschte, unter die Schnur. Was ihm vermutlich Halt bieten sollte, wurde alsbald zur tödlichen Falle. Um 3.25 Uhr wurde in Cumlosen eine Frau von Hilferufen, die vom Fluss her kamen, geweckt. Sie bat einen Fähnrich der Grenztruppen, der im selben Haus wohnte, zu helfen. Doch als er am Ufer ankam, war die Elbe wieder ruhig. Die Hilferufe waren verstummt. Eine halbe Stunde später sahen Grenzposten am Grenzübergang Cumlosen für einen kurzen Moment die Luftmatratzen im Wasser treiben, nur konnten sie in der Dunkelheit nicht erkennen, worum es sich eigentlich handelte. Rufe wurden nicht mehr vernommen. Inzwischen hatte die Grenzkompanie Gandow Alarm ausgelöst: Posten suchten das Elbufer ab, Hubschrauber kamen zum Einsatz, doch alle Bemühungen blieben ergebnislos. Erst am Nachmittag entdeckte ein Patrouillenboot der Grenztruppen bei Lenzen die schon weit ins Grenzgebiet abgetriebenen Matratzen. In den frühen Morgenstunden muss das manövrierunfähige Gefährt gekentert sein. Als die Soldaten dieses an Bord holen wollten, fanden sie unter den Matratzen eine Leiche, die in der Verschnürung hing.

Durch den mitgeführten Personalausweis konnte der Tote identifiziert werden. Das MfS ließ den Eltern, denen man die Todesumstände verschwieg, nur mitteilen, ihr Sohn sei „an der Elbe tot aufgefunden" worden. Die aufgebrachte Mutter vermutete, dass Detlef Armstark von den Grenzsoldaten, die sie als „Schweine" beschimpfte, erschossen worden sei. In Lützlow, Kreis Prenzlau, fand im März 1987 die Beisetzung statt. Die Tasche mit dem Reisegepäck ihres Sohnes wurde den Eltern per Post zugeschickt.

Der Roman *Madrapour* von Robert Merle, den Detlef Armstark mitgenommen hatte, erzählt von einer riskanten Reise in ein unbekanntes Land. Die Passagiere einer Chartermaschine verbinden die unterschiedlichsten Erwartungen mit dieser Reise und dem Zielort, doch als sich das Flugzeug als ferngesteuert erweist, wird zweifelhaft, ob Madrapour jemals erreicht wird – vielmehr es geht um Leben und Tod. (Recherche: TP, MS, jk; Autor: jk)

Quellen:

MfS: Information Nr. 237/87 Bergung einer Wasserleiche durch Angehörige der Grenztruppen der DDR auf der Grenzelbe bei Gandow/Ludwigslust/Schwerin. BStU, MfS, HA IX 8583, Bl. 186.

MfS, HA I: Tagesmeldung Nr. 16/2/87. MfS, HA I 10440.

MfS, BV Dresden: Untersuchungsvorgang Armstark, Detlef. MfS Ddn AU 1366/87, 2 Bde.

Miloslav Varga

geboren am 23. August 1951 in Košice (heute Slowakei)

Suizid nach Festnahme im Grenzgebiet am 29. März 1988

Ort des Zwischenfalls: Kontrollpunkt Luisenhof
in Roggenstorf (Mecklenburg-Vorpommern)

Wie üblich hielt der Bus der Linie A 18 Grevesmühlen-Dassow-Schönberg-Selmsdorf bevor er ins Grenzgebiet einfuhr am Kontrollpunkt Luisenhof an. Zwei Volkspolizisten stiegen in den Bus und überprüften die Papiere der Reisenden. Dabei stellten sie fest, dass sich unter den Fahrgästen ein ČSSR-Bürger befand, dessen Pass keinen Eintrag enthielt, der ihn zum Aufenthalt im Sperrgebiet berechtigte. Es handelte sich um den Arzt Dr. Miloslav Varga aus Košice. Gearbeitet hatte er im dortigen Krankenhaus. Die Volkspolizisten nahmen ihn fest und brachten ihn in den Transitraum des Kontrollpunktes. Dort sollte eine erste Befragung ohne Dolmetscher erfolgen. Dr. Varga bat zunächst die Toilette aufsuchen zu dürfen. Ein Volkspolizist begleitete ihn und wartete vor der Toilettentür. Als er mit Varga in den Transitraum zurückkam, setzte sich der Festgenommene in einen Sessel. Kurz darauf sackte er in sich zusammen und verlor das Bewusstsein. Um 17.05 Uhr traf der herbeigerufene Krankenwagen ein. Bei der Untersuchung des Bewusstlosen fiel plötzlich ein Fahrtenmesser aus seiner Jacke. Der untersuchende Notarzt stellte eine Stichverletzung unter der linken Brustwarze fest. Während des Transports zum Krankenhaus Schönberg verschlechterte sich der Zustand von Dr. Varga rapide, sein Kreislauf brach nahezu zusammen, sodass der Notarzt einen Entlastungsschnitt vornahm, um das im Herzbeutel befindliche Blut abfließen zu lassen. Die Herztätigkeit setzte daraufhin wieder ein. Nach der Einlieferung ins Krankenhaus wurden lebenserhaltende Maßnahmen eingeleitet. Diese blieben jedoch ohne Erfolg. Gegen 18.05 Uhr stellten die Ärzte den Tod von Miloslav Varga fest.

Bei der Durchsuchung seiner Habseligkeiten fand die Volkspolizei mehrere Fahrkarten Prag-Berlin, Meiningen-Eisenach und Erfurt-Berlin. Vargas Einreise in die DDR erfolgte am 21. März 1988 über den Grenzkontrollpunkt Bad Schandau. Im linken Stiefel des Verstorbenen fanden sich 6.500 Kronen, in der Innentasche des Jacketts die Scheide des Fahrtenmessers. Am 14. April 1988 kam Vargas Vater in die DDR, um mit dem Bestattungsinstitut Wismar die Formalitäten für die Beisetzung seines Sohnes zu erörtern. Das MfS befragte ihn zu den möglichen Motiven für einen Suizid seines Sohnes Miroslav. Der Vater erwähnte, es habe Unstimmigkeiten zwischen seinem Sohn und dessen Ehefrau gegeben. Für die von ihr eingereichte Ehescheidung sei für den 29. März 1988 bereits eine Terminfestsetzung erfolgt. Möglicherweise habe sein Sohn tief bewegt durch die familiären Probleme Suizid begangen. Er halte es für unwahrscheinlich, dass er in den Westen flüchten wollte. Sehr fraglich bleibt bei dieser Version des Geschehens, warum Miloslav Varga aus Košice in das nördliche DDR-Grenzgebiet einreisen wollte, um dort nach seiner Festnahme Suizid zu begehen? (Recherchen: ES, jos., MP, US; Autor: jos.)

Quellen:

Rapport des MdI Nr. 64 für die Zeit vom 29.3.1988, 4.00 Uhr bis zum 30.3.1988, 4.00 Uhr. Vorkommnis mit einem Staatsbürger der CSSR. BArch Berlin, DO1/2.3/54959.

MfS, HA VII: Information 485/88, Selbsttötung eines Bürgers der CSSR auf dem Kontrollpunkt der DVP Holm-Luisenhof/Grevesmühlen/Rostock. BStU, ZA, MfS – HA VII, 5838.

Die Bezirksverwaltung der Volkspolizei Rostock unterrichtete das DDR-Außenministerium durch fünf Fernschreiben über ihre Ermittlungen zum Todesfall Miloslav Varga. PAAA, ZR 954/90.

Standesamt Schönberg: Sterbeeintrag Nr. 74, 6.04.1988.

Detlef Bremer

geboren am 20. Mai 1957 in Malchow

ertrunken am 7. Mai 1988

Ort des Zwischenfalls: Pötenitzer Wiek (Mecklenburg-Vorpommern)

Die Funkabhörspezialisten der DDR-Grenztruppen fingen am 18. Mai 1988 eine Meldung der Polizeiinspektion Lübeck ab, wonach am dortigen Skandinavienkai eine Leiche aufgefunden worden war. Der handschriftlichen Notiz über diese Meldung wurde hinzugefügt: „Vermutl. Bremer, Grenzdurchbruch v. 7.5.88". Die Nachrichtenagentur dpa verbreitete am 24. Mai 1988 eine Mitteilung des Bundesministeriums für innerdeutsche Beziehungen: Der am 18. Mai „in der Lübecker Bucht geborgene Mann stamme mit großer Sicherheit aus der DDR und sei auf der Flucht ertrunken". Die Bundesregierung habe mit Bestürzung darauf reagiert, „daß innerhalb einer Woche offenbar zwei Menschen bei Fluchtversuchen aus der DDR ums Leben gekommen sind".

Für den Abend des 6. Mai 1988 hatte sich Detlef Bremer mit seiner Freundin zu einem Kinobesuch verabredet. Sie wartete jedoch vergebens auf ihn. Als sie sich zu seiner Wohnung begab, fand sie vor der Tür ein Blatt Papier mit der an sie gerichteten Nachricht: „Angelika, bin nicht zu Hause, komme auch heute nicht nach Hause, Detlef." Wie sich später herausstellte, hatte Bremer kurz nach 19 Uhr einen Lastwagen seiner Arbeitsstelle in Malchow entwendet und war damit zur DDR-Grenze gefahren. Da der Kontrollposten der Volkspolizei an der Landstraße zwischen Dassow und Pötenitz nicht besetzt war, gelangte er ohne Probleme ins Grenzgebiet. Unmittelbar am Grenzsignalzaun II im Abschnitt Pötenitz entdeckten Grenzsoldaten am Morgen des 7. Mai 1988 einen Lastwagen des VEB Kohlehandels Neubrandenburg. Wie die Spurensicherung ergab, fuhr Bremer das Fahrzeug nahe an den Grenzzaun heran, stieg auf das Dach und sprang über den Zaun. Bis zum ersten Grenzzaun waren es noch knapp 500 Meter, die er zurückzulegen hatte. Dort angelangt kletterte er über den Zaun und begab sich zum Ufer der Pötenitzer Wiek. Er zog seine Oberbekleidung aus, stieg ins Wasser und begann zu schwimmen. Die Entfernung zum westlichen Ufer betrug etwa 1 250 Meter. Detlef Bremer schaffte es nicht, sie lebend zu überwinden.

Von Detlef Bremer am 7. Mai 1988 im Lastwagen am Grenzzaun zurückgelassene Dokumente.
Bildquelle: BStU

Am 18. Mai 1988 entdeckte die Besatzung eines Bootes des Wasser- und Schifffahrtsamtes Lübeck am westlichen Traveufer südlich der Einfahrt Dassower See, Raum PE 22 75, eine etwa 25- bis 30-jährige männliche Wasserleiche. Der Tote trug keine Papiere bei sich. Auf der anderen Seite der Grenze wusste man seit dem 7. Mai 1988, wer der unbekannte Flüchtling war. Detlef Bremer legte mit seinen Kleidungsstücken am Ufer der Pötenitzer Wiek auch seine halbe NVA-Erkennungsmarke ab.

Bereits zwei Jahre zuvor, im Mai 1986, hatte Bremer versucht, über die Tschechoslowakei in den Westen zu fliehen. Er wurde gefasst und zu einer Gefängnisstrafe verurteilt. Durch die Amnestie zum 38. Jahrestag der DDR-Gründung kam er 1987 wieder frei. Er arbeitete zuletzt beim VEB Kohlehandel Neubrandenburg, Betriebsteil Malchow, war von seiner Ehefrau geschieden und hinterließ ein Kind. (Recherche: MP, jk, jos; Autor: jos)

Quellen:

MfS, BV Rostock, Bezirkskoordinierungsgruppe: Untersuchungsbericht zum ungesetzlichen Grenzübertritt 07.05.1988 im Grenzabschnitt Pötenitz, Kreis Grevesmühlen. BStU, ZA, MfS, Sekr. Neiber Nr. 25.

MfS, HA I: Rapport 110/88, 7./8.5.1988 der ZKG – HA I/AKG. BStU, ZA, MfS, HA I, Nr. 14439, Bd. 2.

BGS/Zoll: Monatlicher Grenzlagebericht, Mai 1988. LASch Abt. 560/46/I.

Vgl. auch Pingel-Schliemann, Sandra: „Ihr könnt doch nicht auf mich schießen!" Die Grenze zwischen Lübecker Bucht und Elbe zwischen 1945 und 1989. Schwerin 2013, S. 237 f. Das in der Biografie angegebene Datum (11.05.1988) des Auffindens der Wasserleiche ist falsch. Es handelt sich um eine Fehldatierung des MfS.

Der Gemeinnützige Verein zu Travemünde e. V. bietet auf seiner Internetseite http://www.gvt-info.de unter Porträts/Geschichte einen Artikel von Dr. Hans Hagelstange zum Thema 25 Jahre Grenzöffnung Pötenitz-Priwall an sowie einen Artikel von Rolf Fechner zur Grenzlandgeschichte unter der Überschrift 20 Jahre Grenzöffnung auf dem Priwall mit Fotos aus der Zeit der deutschen Teilung

Roland Feldmann

geboren am 29. Dezember 1956 in Ronneburg

gestorben nach Fluchtversuch mit dem Auto am 15. Mai 1988

Ort des Zwischenfalls: Grenzübergangsstelle Hirschberg (Thüringen)

Nach Abschluss der 5. Klasse erlernte Roland Marhold im VEB Wärmegeräte Elsterberg den Beruf eines Löters. Da seine Eltern schon länger in Trennung lebten, wohnte er zum Teil bei seinem Vater, einem Berufskraftfahrer, zum Teil bei der Mutter. Da es zwischen Vater und Sohn wiederholt zu Schwierigkeiten gekommen war, wies die „Jugendhilfe" den Jungen in den Jugendwerkhof im Jagdschloss „Fröhliche Wiederkunft" in Wolfersdorf ein. Dort erwarb er einen Teilabschluss als Tischler und arbeitete in diesem Beruf nach seiner Entlassung zunächst bei dem VEB Laboreinrichtung Gera. Doch lange hielt es ihn in diesem Betrieb nicht. In kurzer Folge wechselten seine Arbeitsverhältnisse, da ihm die Arbeit häufig nicht zusagte. Als er dann heiratete, nahm er, wohl weil er nicht länger wie der ungeliebte Vater heißen wollte, den Namen seiner Frau an und hieß nun Roland Prange. In einschlägigen Geraer Gaststätten geriet er in zweifelhafte Gesellschaft und kam schließlich auf die schiefe Bahn. Wegen Autoeinbrüchen, Entwendung von Buntmetallschrott und Autodiebstahls verurteilte ihn das Kreisgericht Gera im April 1982 zu einer Gefängnisstrafe von zwei Jahren und drei Monaten. Unter diesen Umständen zerbrach auch seine Ehe.

Nach seiner vorzeitigen Haftentlassung wegen guter Führung trat Roland Prange im Januar 1984 eine Stelle als Heizer beim VEB Obst- und Gemüsekonserven Gera an. Im April desselben Jahres erhielt er eine Vorladung zur Kriminalpolizei. Diesmal nicht wegen eines Vergehens, sondern weil Kriminalobermeister Bischoff ihn sich als V-Mann (IMK) auserkoren hatte. In der Begründung zur Einleitung des Anwerbungsvorgangs hieß es, Prange sei „eine sehr kontaktfreudige Person", halte sich häufig in „Schwerpunktgaststätten" auf und habe Verbindungen zu anderen Vorbestraften. Nach acht Kontaktgesprächen mit dem Kripomann unterschrieb Roland Prange eine Schweigeverpflichtung. Er berichtete Belanglosigkeiten über einzelne Bekannte sowie aus den Lokalen „Elstertal", „Clara Zetkin", „Trampers Lokal", „Alt Debschwitzer", „Quisisana" und „Gastronom".

Zu jener Zeit lernte er Helga Feldmann kennen. Die Liebe zu der jungen Mutter von zwei Kindern veränderte sein Leben schlagartig. Er kümmerte sich tagsüber um die Kinder, ging kaum noch aus, trank wenig und arbeitete gut. Kriminalobermeister Bischoff notierte am 14. Januar 1985 ein vermeintliches Problem der Zusammenarbeit: „Negativ wirken sich gegenwärtig die Heiratsabsichten aus", Prange habe erklärt, „daß er nicht gewillt ist, operativ wirksam zu werden, indem er alte Verbindungen herstellt bzw. zielgerichtet Gaststättenbesuche durchführt. Seiner Meinung nach hat er Lehren aus der letzten Straftat gezogen und möchte nicht wieder in den alten Trott verfallen." Kurz darauf schlug Bischoff vor, „auf Grund fehlender operativer Möglichkeiten die inoffizielle Zusammenarbeit zu beenden".

Roland Prange heiratete 1986 Helga Feldmann und nahm erneut einen anderen, nämlich ihren Nachnamen an. Sie brachte ihre beiden Kinder mit in die Ehe, gemeinsam bekamen sie einen weiteren Sohn. Anfang 1988 stellten die Feldmanns einen Antrag auf Übersiedlung in die Bundesrepublik. Sie erklärten gegenüber den DDR-Behörden, dass Roland Feldmann als Vorbestrafter wiederholt in seiner Arbeitsstelle verdächtigt worden sei, Eigentumsdelikte begangen zu haben, „in der DDR keine Gerechtigkeit bestünde und man mit Preissteigerungen in der DDR nicht einverstanden sei". Nach der Antragstellung verlor Roland Feldmann seinen Arbeitsplatz als Heizer im Haus der Deutsch-Sowjetischen Freundschaft in Gera. Laut einer Protokollnotiz erfolgte am 13. Mai 1988 eine „Aussprache" mit der Abteilung Innere Angelegenheiten. Dabei wurde „dem Ehepaar F. dargelegt, daß die Kriterien für eine Übersiedlung nach der BRD durch sie entsprechend des gegenwärtigen Erkenntnisstandes nicht erfüllt werden. Eine Ablehnung ihres Ersuchens wurde jedoch nicht ausgesprochen." Die Eheleute hätten „sich bei diesem Gespräch forsch, anmaßend und dummdreist" verhalten.

Die Ablehnung des Ausreiseantrags für seine Familie stürzte Roland Feldmann in tiefe Verzweiflung. In der Nacht vom 14. zum 15. Mai 1988 verließ er gegen 1 Uhr seine Wohnung. Er wolle frische Luft schnappen, erklärte er seiner Frau und kehrte eine halbe Stunde später zurück. Dann offenbarte er ihr seinen spontanen Fluchtplan. Er habe ein Auto gestohlen, mit dem sie über die Autobahn und den Grenzübergang Hirschberg in den Westen flüchten könnten. Das Ehepaar weckte den zweijährigen Sohn und seinen fünfjährigen Bruder und stieg mit ihnen in das Fahrzeug. Die Tochter war nicht zu Hause, sondern bei ihren Großeltern. Mit dem gestohlenen Lieferwagen fuhr Roland Feldmann in Richtung Autobahn. Zwei Kilometer vor der Autobahnzufahrt hielt er an, weil das Kleinkind noch einmal zu trinken bekommen sollte. Frau Feldmann setzte sich anschließend mit den Kindern auf die Ladefläche, den kleinen Sohn legte sie in seinen Kinderwagenaufsatz.

Am frühen Morgen des 15. Mai 1988 telegrafierte die Grenzübergangsstelle Hirschberg an den DDR-Verteidigungsminister, im Bereich der Grenzübergangsstelle Hirschberg sei durch „Handlungen aller Mitarbeiter der GÜSt laut Grundvariante" um 5.16 Uhr der „Grenzdurchbruch" einer vierköpfigen Familie verhindert worden. Ein gestohlener Kleinbus vom Typ Barkas B 1 000 der Produktionsgenossenschaft des Handwerks „Eintracht", Konditorei Gera, durchbrach demnach den Schlagbaum der Vorkontrolle und raste mit etwa 100 Stundenkilometern auf den Grenzübergang zu. Dort befahl der Diensthabende Offizier nach der Alarmauslösung durch die Vorkontrolle sofort die Schließung des stählernen Sperrschlagbaums. Gegen dieses tödliche Hindernis prallte das Fahrzeug ungebremst, seine Frontpartie wurde total zerstört. Roland Feldmann war sofort tot, seine Frau und die beiden Kinder wurden schwer verletzt.

Um 5.18 Uhr traf „die Terrorgruppe" unter Leitung des stellvertretenden Zugführers am Ereignisort ein und sorgte bis 5.22 Uhr für die „Verblendung des Ereignisortes mittels Sichtblenden und Tarnnetz". Bevor die Bergung der Verletzten aus dem Heckteil des Fahrzeugs begann, fotografierte ein „Dokumentarist" des Ministeriums für Staatssicherheit die eingeklemmte Frau durch die Hecktür des zerstörten Wagens. Nach der „Verblendung" des Fahrzeugs hob der Kommandant der Grenzübergangsstelle die Unterbrechung des Reiseverkehrs um 5.32 Uhr wieder auf. Um 5.50 Uhr brachte ein Krankenwagen die beiden Kinder zum Kreiskrankenhaus nach Schleiz. Frau Feldmann konnte selbst mit Hilfe von Brechstangen nicht aus dem Fahrzeug befreit werden. Um 6.07 Uhr traf ein Schweißgerät ein, durch dessen Einsatz der in das Fahrzeug eingedrungene Sperrschlagbaum zertrennt und die Verletzte geborgen werden konnte. Um 6.46 Uhr wurde sie zur Notversorgung in das Kreiskrankenhaus von Schleiz abtransportiert.

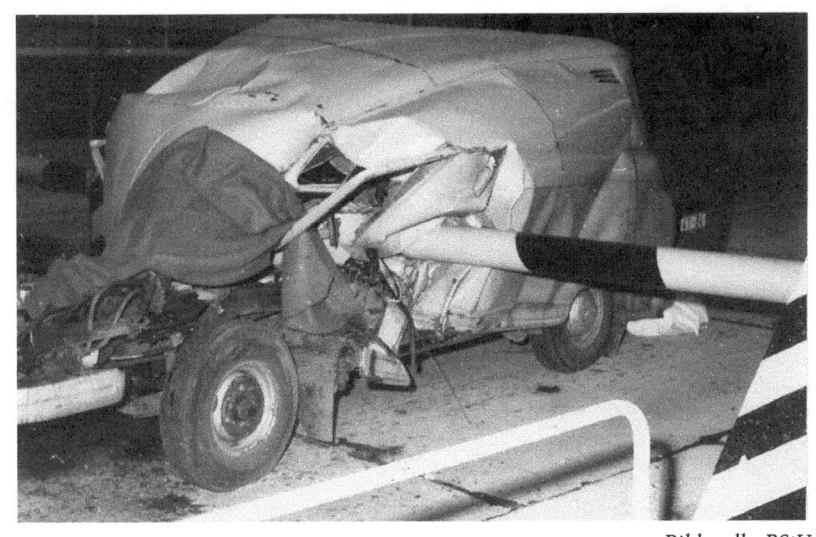

Bildquelle: BStU

Um 6.48 Uhr zog ein Lkw der Grenztruppen mithilfe eines Stahlseils das zerstörte Fluchtfahrzeug aus der Sperre und schleppte es in den „Raum Sicherstellung". Es sei nicht zu verhindern gewesen, dass sich Reisenden dabei der Anblick „einer sichtbar eingequetschten männl. Person auf dem Fahrersitz" bot. Pioniere der Grenztruppen benötigten fast zwei Stunden zur Bergung der Leiche von Roland Feldmann aus dem zerstörten Fahrerhaus.

Einen Tag nach der gescheiterten Flucht der Familie Feldmann ordnete Oberstleutnant Willms von der Stasi-Bezirksverwaltung Gera, Abteilung VII, die Verstärkung der Grenzsperren im Übergang Hirschberg durch eine zusätzliche Stahlleitplanke seitwärts des Sperrschlagbaums an. Das Kreisgericht Gera verurteilte Frau Feldmann nach ihrer Genesung im Januar 1989 zu einer Gefängnisstrafe von zwei Jahren und acht Monaten sowie zu 30 000 Mark Schadensersatz für das zerstörte Fahrzeug und die Beschädigung der Grenzanlagen. Sie trat die Strafe am 18. April 1989 im Frauengefängnis Stollberg an. Nach der friedlichen Revolution konnte sie am 22. Dezember 1989 die Haftanstalt verlassen. Helga Feldmann erstattete 1994 bei ihrer Zeugenvernehmung auf Hinweis des zuständigen Kriminalbeamten Strafantrag gegen die noch unbekannten Tatverantwortlichen, die den Schlagbaum im Grenzübergang Hirschberg heruntergelassen hatten. Im Mai 1995, sieben Jahre nach Roland Feldmanns Tod, entschied die zuständige Staatsanwaltschaft nach Erörterung der Sachlage das Ermittlungsverfahren einzustellen. (Recherche: ST, jos.; Autor: jos.)

Quellen:

Oberstleutnant Schmutzler, Leiter der MfS HA IX/AKG/AW: Erstmeldung/Vorkommnisuntersuchung. BStU, Ast. Gera, MfS, BV Gera, Abt. IX, Nr. 1227.

Grenzregiment-10 Plauen: Chiffriertelegramm an den Minister für Nationale Verteidigung und den Chef des Hauptstabes über den gescheiterten Grenzdurchbruch einer vierköpfigen Familie. BStU, ZA, MfS, HA I, Nr. 14800, Teil 1.

Kommando der Grenztruppen: Tagesmeldung Nr. 135, 136/8, in: Staatsanwaltschaft II, LG Berlin: Ermittlungen zum Todesfall Roland Feldmann mit BStU Tgb.-Nr. 048353/94Z. In: LAB, D Rep. 120–02, Acc. 8346.

MfS, BV Gera: Untersuchung vom 17. Mai 1988 über die Todesumstände von Roland Feldmann. BStU, Ast. Gera, MfS – BV Gera, AU 1449/88 Bd. 1 und 2

Kriminalobermeister Bischoff, VPKA Gera, Komm. I: IMK Vorlauf Roland Prange/Marhold. BStU, Ast. Gera, AOG 788/85.

ZERV: Schlußbericht vom 31.5.1995 zum Verfahren 731/94, Einstellungsbeschluß. LAB, D Rep. 120–02, Acc. 8346, Az. 731/94.

Klaus-Dieter Felsch

geboren am 28. Februar 1964
in Wolmirstedt

gestorben nach Fluchtversuch mit dem
Auto am 23. Mai 1988

Ort des Zwischenfalls:
Grenzübergang Marienborn
(Sachsen-Anhalt)

Bildquelle: BStU

Am Abend des 23. Mai 1988 erhielt DDR-Verteidigungsminister Heinz Keßler eine Meldung des Lagezentrums der Hauptabteilung VI des MfS „über einen verhinderten gewaltsamen Grenzdurchbruch mittels PKW auf der Grenzübergangsstelle Marienborn/ Autobahn ohne Anwendung der Schußwaffe". Keßler informierte kurz darauf Erich Honecker, dass der DDR-Bürger Klaus-Dieter Felsch aus Magdeburg gegen 19.40 Uhr versucht habe, am Grenzübergang Marienborn mit seinem Personenkraftwagen vom Typ Skoda S-100 die Grenze zu durchbrechen. „Auf Grund sofortiger Schließung der Sicherungsanlagen an der Grenzübergangsstelle stieß das Fahrzeug am Eingang des Kontrollterritoriums gegen einen Sperrschlagbaum." Felsch sei gegen 20.30 Uhr seinen Verletzungen erlegen. „Im Bereich der GÜSt wurden zum Zeitpunkt des Fluchtversuchs 45 Pkw und 2 Lkw abgefertigt, die den Zwischenfall vermutlich teilweise beobachtet haben."

Klaus-Dieter Felsch war gelernter Bergbaufacharbeiter. Zum Zeitpunkt seines Fluchtversuches arbeitete er als Kraftfahrer beim Starkstromanlagenbau in Magdeburg. Er wohnte bei seiner Lebenspartnerin. Aus seiner geschiedenen Ehe hatte er einen eineinhalb Jahre alten Sohn, an dem er sehr hing. Die Trennung von dem kleinen Sohn führte bei Klaus-Dieter Felsch zu starken Stimmungsschwankungen. Er besuchte sein Kind, das bei der Mutter lebte, so oft es ihm möglich war. Am Sonntag, dem 23. Mai 1988 gegen 19 Uhr verließ er die Wohnung seiner Lebenspartnerin und gab an, er wolle seinen Sohn besuchen. Tatsächlich machte er sich mit seinem Skoda auf den Weg in Richtung Autobahnach Marienborn. Er versuchte, die Sperranlagen der DDR-Grenzübergangsstelle Marienborn in Richtung Helmstedt zu durchbrechen. Das Fahrzeug prallte auf eine heruntergelassene Stahlsperre. Klaus-Dieter Felsch erlag wenig später in einer Kontrollbaracke der DDR-Grenztruppen seinen Verletzungen.

Das Fahrzeug von Klaus-Dieter Felsch.

Bildquelle: BStU

Ein Sachstandsbericht des Kommandeurs der Passkontrolleinheit Marienborn, Oberstleutnant Kahle, enthält nähere Angaben zu dem gescheiterten Fluchtversuch. Demnach sei am selben Tag um 19.41 Uhr durch den Obermeister Brestrich von der Deutschen Volkspolizei am Kontrollpunkt Autobahn Alarm ausgelöst worden, weil „sich auf der Richtungsfahrbahn vertragsgebundener Transit DDR – BRD der PKW mit dem Kennzeichen MU 00-52 Skoda S100 Farbe Ocker näherte und versuchte, sich den Kontrollhandlungen des Posten I der Deutschen Volkspolizei, Obermeister Schäfer, zu entziehen. Die Annäherung des Pkw Skoda wurde durch eine VK-Streife Transit des ‚Rasthofes Börde' auf Höhe der Morslebener Autobahnbrücke beobachtet und an Obermeister Schäfer per Handzeichen übermittelt." Schäfer habe daraufhin den Verkehr angehalten. Vor dem Skoda befanden sich zu diesem Zeitpunkt noch zwei westdeutsche Fahrzeuge im Transitverkehr. Der Skoda habe ohne Halt die Transitspur nach rechts verlassen, sei an den haltenden West-Fahrzeugen vorbei und unter den schließenden Schlagbäumen hindurch gefahren. An der Vorkontrolle Ausreise versuchte ein Außenkontrolleur, den Wagen durch Handzeichen und Rufen zu stoppen, der Fahrer habe sich jedoch auf den Beifahrersitz abgeduckt und sei mit 60 bis 70 km/h auf den Sperrschlagbaum der Lkw-Fahrbahn „aufgeschlagen". Zwei Mitarbeiter des Bereichs Vorkontrolle Ausreise sicherten sofort das zertrümmerte Fahrzeug mit Waffen im Anschlag. Um 19.46 Uhr trafen die Angehörigen der „Festnahme- und Sicherungsgruppe" unter Führung von Major Wagener sowie der Genossen Hauptmann Eichstädt (Spezialist Identitätskontrolle), Hauptmann Misch (Operativ-Offizier), Oberleutnant Lahn (Operativ-Offizier), Oberleutnant Loges (Einsatzfahrer), Oberleutnant Heinrichs (Dokumenteur), Unterleutnant Brödner (Spezialist Zweikampf-Karate), Oberleutnant Kurfels (Mitarbeiter Festnahmegruppe) und Oberleutnant Schell (Mitarbeiter Festnahmegruppe) am Ereignisort ein. In dem total zerstörten Auto wurde eine blutverschmierte und nicht ansprechbare Person gefunden. Eine Bereitschaftsschwester versuchte, Erste Hilfe zu leisten. Nach der Absicherung des Ereignisortes durch Sichtblenden erfolgte die Bergung des Schwerverletzten. Man brachte ihn in das Sonderkontrollgebäude der Grenzübergangsstelle. Um 19.52 Uhr öffneten sich wieder die Schranken für den Transitverkehr. Um 20.19 Uhr traf aus Magdeburg der Bereitschaftsarzt Dr. Dudek ein. Er diagnostizierte ein schweres offenes Schädelhirntrauma und schwere Brustverletzungen. Um 20.33 Uhr starb Klaus-Dieter Felsch in der Kontrollbaracke.

Die Grenzschutzstelle Helmstedt Autobahn meldete um 21.20 Uhr den Zwischenfall an das Bundesinnenministerium nach Bonn, das Grenzschutzamt Braunschweig und weitere Dienststellen als gescheiterten Fluchtversuch. „Der Flüchtling wurde wahrscheinlich tödlich verletzt, weil er mit einer Plane bedeckt verbracht wurde." Zur gleichen Zeit kabelte der Kommandant der Grenzübergangsstelle, Oberstleutnant Kahle, nach Berlin, dass „am Sperrschlagbaum der LKW-Fahrspur eine leichte Deformierung" entstanden sei, „die die volle Funktionstüchtigkeit nicht beeinflußt". Die *Bild*-Zeitung, der *Tagesspiegel* und die *Berliner Morgenpost* berichteten in ihren Ausgaben vom 25. Mai 1988 über den Todesfall.

Die Staatsanwaltschaft beim Kammergericht Berlin stellte das Ermittlungsverfahren gegen Unbekannt im Fall Felsch am 13. Juli 1994 ein, da sich der Tatverdacht des Totschlags nicht bestätigen ließ. „Eine Strafbarkeit des Angehörigen der Deutschen Volkspolizei der DDR, der die Schließung der Schlagbäume veranlaßte, bzw. der an dieser Schließung beteiligten Personen wegen Totschlags oder fahrlässiger Tötung scheidet hier wegen der eigenverantwortlich gewollten und verwirklichten Selbstgefährdung des Geschädigten Klaus-Dieter Felsch aus." In der Rechtsprechung sei anerkannt, dass derjenige, „der lediglich durch sein Tun den Akt der eigenverantwortlich gewollten und bewirkten Selbstgefährdung veranlaßt, ermöglicht oder fördert, sich nicht strafbar macht". (Recherche: jos., ST, TP; Autor: jos.)

Quellen:

MfS, HA VI, OLZ: Operative Information 370/88 „über einen verhinderten gewaltsamen Grenzdurchbruch mittels PKW auf der Grenzübergangsstelle Marienborn/Autobahn ohne Anwendung der Schußwaffe". BStU, ZA, MfS, HA I, Nr. 14472.

Keßler, Heinz (Minister für Nationale Verteidigung): Mitteilung an Honecker über Grenzdurchbruch mit Todesfolge. BStU, ZA, MfS, HA I, Nr. 57.

MfS-Abteilung VI, PKE Marienborn/Autobahn: Fernschreiben des Leiters der PKE Marienborn/Autobahn, OSL Kahle, vom 23.05. 22.30 Uhr, betr. Versuchter gewaltsamer Grenzdurchbruch. BStU, ZA, MfS-ZOS, Nr. 28.

MfS-Abteilung VI, PKE Marienborn/Autobahn: Sachstandsbericht zum versuchten gewaltsamen Grenzdurchbruch DDR -BRD am 23.05.1988, unterzeichnet durch Oberstleutnant Kahle, Leiter der PKE. BStU, ZA, MfS, HA VI, Nr. 1505.

MfS, HA VI: Operative Information 370/88 der HA VI, OLZ vom 24.05.1988. BStU, ZA, MfS, HA VI, Nr. 6073.

MfS, BV-Magdeburg: Information über die Obduktion der Leiche von Klaus Klaus-Dieter Felsch in der Medizinischen Akademie Magdeburg. BStU, Ast. Magdeburg, MfS BV Mgb., SR GS 25

Kilthau (Hauptmann der K); Falke (Oberstleutnant, Abteilungsleiter), Magdeburg: Abschlußbericht vom 30. Mai 1988 zum Todesfall Klaus-Dieter Felsch. BStU, Ast. Mgb., MfS, BV Magdeburg, KD Magdeburg Nr. 37552.

Staatsanwaltschaft beim Kammergericht Berlin: Ermittlungsverfahren gegen Unbekannt, eingestellt am 13. Juli 1994.. LAB, D Rep. 120-02, Acc. 8346, Az. 2 JS5/92, 2. N.

Jens Herfurth

geboren am 24. Januar 1966 in Naumburg/Saale

nach einer am 6. Juli 1988 selbst zugefügten Schussverletzung im Grenzgebiet gestorben an Herzkreislaufversagen am 11. Juli 1988 im Krankenhaus Mühlhausen

Ort des Zwischenfalls: Gemarkung Wendehausen im „Scharfloher Holz" (Thüringen)

Auf Wunsch der Angehörigen unterbleibt eine Darstellung des Zwischenfalls im Grenzgebiet.

Quellen:

MfS, BV Halle, Abt IX:Abschlußbericht zu Jens Herfurth, BStU, Ast. Halle, MfS – BV Halle, ZMA 85/88.

MfS, BV Halle: Ermittlungsunterlagen zum Todesfall Herfurth. BStU, Ast. Halle, MfS BV Halle, AU 3941/88.

ZERV: Vorermittlungen zum Todesfall Herfurth. Die Unterlagen enthalten auch die operative Tagesmeldung GT 152/88., betr. GR 1 Mühlhausen, 1. GB Hildebrandhausen, 3. GK Treffurt zu dem Vorfall. Die ZERV stellte ihr Ermittlungsverfahren mit der Begründung ein, dass sich „Restzweifel" an dem Suizid Herfurths nicht erhärten liessen. Es gebe keine Hinweise auf Schüsse durch Grenzsoldaten oder auf die Anwendung der von Herfurth mitgeführten Waffe durch fremde Hand. LAB, D Rep. 120–02, Acc. 8346, Az. 27 AR 15/981640.

Todesfälle in Ausübung des Grenzdienstes

Siegfried Apportin

geboren am 13. November 1930 in Ostpreußen
erschossen am 2. Juli 1950
Ort des Zwischenfalls: Kommando Palingen,
Grenzbrigade Schönberg (Mecklenburg-Vorpommern)

Siegfried Apportin kam als Vertriebener mit seiner Familie 1945 nach Güstrow. Der gelernte Maler meldete sich 1948 freiwillig zur Deutschen Grenzpolizei. Am 2. Juli 1950 war er mit seinem Posten, Volkspolizeianwärter Leo Knöpke, im Grenzeinsatz. Gegen 21.20 Uhr hörten zwei in der Nähe patrouillierende Posten ein schussartiges Geräusch. Gegen 21.30 Uhr benachrichtigte ein Posten des Kommandos Palingen-Dorf vom Fernsprecher des Kontrollpassierpunktes (KPP) Herrnburg die Wache der Kommandantur Herrnburg darüber, dass Wachtmeister Apportin auf Standposten II mit einem Kopfschuss am Kontrollpunkt aufgefunden wurde. Neben dem Toten lag Knöpkes entsicherter Karabiner. Der herbeigerufene Vertragsarzt der Grenzbereitschaft stellte den Tod Apportins durch Einschuss in den Mund fest. Volkspolizeianwärter Knöpke war verschwunden. Er stellte sich im Westen zunächst den britischen Besatzungstruppen, die ihn nach seiner Vernehmung der westdeutschen Polizei übergaben. Eine Verurteilung durch das Lübecker Landgericht wegen „vorsätzlicher Tötung" endete laut *Spiegel* nach einer Revisionsentscheidung 1951 mit einer dreimonatigen Gefängnisstrafe wegen „fahrlässiger Tötung". Die Strafe war jedoch bereits durch die vorherige Untersuchungshaft verbüßt. (Recherche: jk, jos., MK, MP; Autor: jos.)

Quellen:

DGP: Tagesrapporte März–Juli 1950. BArch Freiburg, DVH 27/130324.

Abteilung Sicherheit des ZK der SED; Borning, Walter: Mitteilung an Erich Honecker vom 15. April 1966, Aufstellung der im Grenzdienst ermordeten bzw. schwerverletzten Angehörigen der bewaffneten Organe der DDR. SAPMO BArch, Abt. Sicherheit, DY 30 IV A 2/12/87.

Ullrich, Maren: Geteilte Ansichten. Erinnerungslandschaft deutsch-deutsche Grenze. Berlin 2006, S. 138 f.

Herbert Liebs

geboren am 11. Mai 1929 in Ostpreußen
erschossen am 21. Februar 1951
Ort des Zwischenfalls:
Pferdsdorfer Kopf (Thüringen)

Bildquelle: BStU

Als 16-Jähriger kam Herbert Liebs mit seinen Eltern aus Ostpreußen nach Schwarzbach bei Gera. Er war das älteste von sechs Geschwistern und trug bis zu seinem freiwilligen Eintritt in die Volkspolizei als Landarbeiter zur Ernährung der Familie bei. Über das, was sich am regnerischen Nachmittag des 21. Februar 1951 an der innerdeutschen Grenze bei der zum Wartburgkreis gehörenden Ortschaft Pferdsdorf zugetragen hat, gibt es verschiedene Darstellungen. Sicher ist, dass die Volkspolizeiwachtmeister Liebs und Schulz an der Grenze zum Bundesland Hessen Streifendienst hatten, als amerikanische Soldaten das Feuer auf die beiden eröffneten und Herbert Liebs tödlich verletzten.

Schulz sagte später aus, dass sie auf der westlichen Seite einen Jeep sahen und sich näher zur Grenze begaben. Dann sei plötzlich ein Schuss gefallen, der Liebs traf. Er sei gestürzt und habe noch gesagt: „mich hat's erwischt". Danach hätten sich sieben bis acht Amerikaner in langen Regenumhängen genähert, woraufhin er sich vorsichtshalber in gebückter Haltung zurückgezogen habe, um Hilfe zu holen. Schulz korrigierte seine Aussage sechs Tage später und gab an, er sei am Tag des Geschehens etwas verwirrt gewesen. Möglicherweise seien auch zwei Schüsse gefallen. Er und Liebs hätten sich in diesem Moment an der Straßenböschung etwa zwei Meter vor der Grenze auf DDR-Gebiet befunden.

Volkspolizist Joachim Fienhold, der sich in der Nähe aufhielt und gegen 16.40 Uhr zwei Schüsse hörte, lief in Richtung Grenze. Er sagte hernach aus, sein Kamerad Schulz sei ihm völlig aufgelöst entgegengekommen. Er habe ihm deswegen als erstes den Karabiner abgenommen und sich dann weiter in Richtung Grenze bewegt. Dort habe er etwa vier bis fünf Meter auf DDR-Territorium sechs oder sieben amerikanische Soldaten gesehen, die sich an etwas zu schaffen machten. Er habe dann einen gezielten Schuss auf diese Gruppe abgegeben und einen zweiten auf den mit laufendem Motor in der Nähe wartenden Jeep. Die Soldaten hätten sich daraufhin in den nahen Wald auf der Westseite zurückgezogen, der Jeep sei in Richtung Willershausen davongefahren. Kurz darauf seien zwei vollbesetzte Jeeps aus dem Wald gekommen und ebenfalls in Richtung Willershausen gefahren. Er habe dann den verletzten Liebs reglos am Boden liegen sehen und sei in das nahegelegene Haus eines Lehrers gelaufen, um Hilfe zu holen. Auf dem Weg dorthin traf er wieder auf Schulz. Die beiden ließen sich eine Plane geben, um Liebs abzutransportieren. Nachdem Fienhold und Schulz Liebs zum Lehrerhaus getragen hatten, stellten sie fest, dass er nicht mehr lebte.

Der Lehrer, aus dessen Haus Fienhold und Schulz die Plane holten, äußerte in der Vernehmung durch die Volkspolizei, er habe nach den Schüssen Rufe in akzentfreiem Deutsch gehört, „halt stehen bleiben". Fienhold wiederum wollte gehört haben „Comm on boy". In dem Schlussbericht der Volkspolizei-Landesbehörde, Abteilung K., Weimar wurde angegeben, Liebs habe sich zum Zeitpunkt der Schussabgabe sechs bis sieben Meter vor der Demarkationslinie auf DDR-Gebiet befunden. DDR-Kriminalpolizisten entdeckten bei der Untersuchung des Tatortes Spuren eines zweiten Schusses an einem Baum.

Der als Rangieraufseher am Grenzbahnhof Wartha tätige Nikolaus Wittich aus dem hessischen Willershausen erklärte hingegen gegenüber der Volkspolizei am 24. Februar 1951, sein Sohn sei am Vorabend aus dem Dorf nach Hause gekommen und habe berichtet, dass ein Volkspolizist an der Grenze bei Pferdsdorf von Amerikanern angeschossen worden sei. „Die Volkspolizisten sollten nach Angaben meines Sohnes auf amerikanischem Gebiet gewesen sein, wo sie von amerikanischen Soldaten angerufen worden wären." Sie seien aber nicht stehengeblieben, dann seien Schüsse gefallen. Auch ein weiterer Eisenbahner, der auf westlicher Seite in Herleshausen wohnte und im grenzüberschreitenden Zugverkehr arbeitete, sagte gegenüber den DDR-Kriminalpolizisten aus, er habe von einem Zollbeamten gehört, die beiden Grenzpolizisten der DDR hätten sich auf westlichem Gebiet befunden und auf Zurufe nicht reagiert. Einer habe sich fallenlassen und etwas mit seinem Gewehr gemacht, worauf die amerikanischen Soldaten geschossen hätten.

Im September 1963 stellten DDR-Grenzer am Ort des Geschehens eine Tafel mit der Inschrift auf, hier sei Herbert Liebs von „amerikanischen Söldnern" ermordet worden. „Die Mörder werden ihrer gerechten Strafe nicht entgehen." Darauf reagierte die für den Zollgrenzdienst zuständige Oberfinanzdirektion Frankfurt (Main) mit einer Stellungnahme für die Grenzaufsichtsbeamten, damit Fragen von Grenzbesuchern „richtig beantwortet werden können". Nach Darstellung der Oberfinanzdirektion Frankfurt (Main) soll ein amerikanischer Soldat am 21. Februar 1951 von einem Jeep aus mit dem aufgebauten Maschinengewehr Zielübungen auf eine Streife der DDR-Grenzpolizei gemacht haben. „Als der US-Jeep sich wieder von der DL entfernte, gab der US-Streifenangehörige, ein Neger, aus dem MG mehrere Feuerstöße ab und verletzte den Grepo-Wachtmeister Liebs tödlich."

Die FDJ-Zeitung *Junge Welt* brachte vom 7. Juli bis zum 8. August 1981 „zum 20. Jahrestag der Maßnahmen vom 13. August 1961" unter der Überschrift „Gefallen im Kampf für den Frieden" eine Serie mit Porträts von 22 DDR-Grenzern heraus, die im Grenzdienst ums Leben gekommen waren. Über Herbert Liebs heißt es dort, er sei während einer Grenzstreife „heimtückisch umgebracht" worden. (Recherche: jk, jos., MK; Autor: jos.)

Quellen:
VPKA Eisenach, Abt. K: Untersuchung des Todes von Herbert Liebs. BStU, ZA, MfS, AP 9392/56.
BStU, ZA, MfS, ZAIG, Nr. 10730.

Borning, Walter; Abteilung Sicherheit des ZK der SED: Mitteilung vom 15. April 1966 an Erich Honecker über namentliche Aufstellung der im Grenzdienst ermordeten bzw. schwerverletzten Angehörigen der bewaffneten Organe der DDR. SAPMO-BArch, DY 30 IV A 2/12/87.

Frotscher, Kurt/Liebig, Horst: Opfer der deutschen Teilung. Beim Grenzschutz getötet. Schkeuditz 2005, S. 57 ff.

Ullrich, Maren: Geteilte Ansichten. Erinnerungslandschaft deutsch-deutsche Grenze. Berlin 2006, S. 136 ff.

Heinz Janello

geboren am 21. Dezember 1931 in Rogainen (Ostpreußen, heute: Rogajny, Polen)

erschossen am 2. März 1951

Ort des Zwischenfalls: Obersuhl (Hessen)

Bildquelle: BStU

Sie gehörten zu den ersten von der SED-Propaganda zu Helden erklärten Todesopfern an der DDR-Grenze. Wachtmeister Werner Schmidt und sein Kollege Heinz Janello wurden am 2. März 1951 auf westdeutschem Gebiet von einer amerikanischen Militärstreife erschossen. Die FDJ-Zeitung *Junge Welt* behauptete noch 1981 anlässlich des 20. Jahrestages „der Maßnahmen vom 13. August 1961" unter der Überschrift „Gefallen für den Frieden", Janello sei seinerzeit überfallen und „auf westdeutsches Territorium verschleppt" worden, wo man ihn „bestialisch ermordet" habe.

Wachtmeister Janello entstammte einer kinderreichen Landarbeiterfamilie, die nach Kriegsende aus Ostpreußen geflüchtet war und sich in Mühlhausen niedergelassen hatte. Er war Mitglied der FDJ und der DSF. Bis zum Eintritt in die Volkspolizei im Jahr 1950 hatte er als jugendliche Hilfskraft bei einem Bauern gearbeitet, um zum Lebensunterhalt seiner Geschwister beizutragen. Erst bei der Volkspolizei erhielt er eine politische Schulung. „Seine Einstellung zur neuen demokratischen Ordnung war stets positiv", heißt es in einem dienstlichen Nachruf.

Über das, was am Abend des 2. März 1951 an der innerdeutschen Grenze bei Obersuhl geschah, sind verschiedene Darstellungen überliefert. Nach der ersten „Spitzenmeldung" der Volkspolizeigrenzkompanie Gerstungen erschossen amerikanische Soldaten am 2. März 1951 gegen 20.30 Uhr die beiden DDR-Grenzpolizisten Wachtmeister Werner Schmidt und Wachtmeister Heinz Janello auf westlichem Gebiet. Schmidt und Janello gehörten zur Streife IV des Kommandos Untersuhl. Sie begaben sich am 2. März 1951 über die Grenze in das erste Haus in Obersuhl. Das beobachteten Militärpolizisten der US-Constabulary, die sie daraufhin aus dem Haus holten. Weiter heißt es in der Volkspolizeimeldung: „Vor dem Haus soll sich angeblich einer der VP-Angehörigen, VP.-Wm. Janello zur Wehr gesetzt haben. Daraufhin wurde von den Amerikanern geschossen. VP.-Wm. Schmidt wurde sofort durch Kopfschuß getötet. VP.-Wm. Janello durch Brustschuß schwer verletzt und zum Bürgermeisteramt in Obersuhl gebracht, wo er verschied." Diese Information stammte von einem westdeutschen Zollbeamten, mit dem Volkspolizeikommandoleiter Kunze aus Untersuhl am Morgen nach dem Zwischenfall Kontakt aufgenommen hatte. Dieser Zöllner zeigte ihm eine abgeschossene Gewehrhülse als Beweis, dass auch einer der beiden Volkspolizisten geschossen hatte. Die Eintragung der beiden Todesfälle in das Standesamtsregister Obersuhl unterzeichnete George P. Moore, US Squadron Hersfeld, 24. Constabulary.

Übergabe der Leichen von Werner Schmidt und Heinz Janello durch ein amerikanisches Kommando an die Volkspolizei.
Bildquelle: BStU

Während die DDR-Medien das Geschehen als Mord anprangerten, berichtete die *Cuxhavener Zeitung* am 15. März 1951: „Die US-Armee in Frankfurt gab folgendes Untersuchungsergebnis über den Zwischenfall bekannt: Danach stellte eine Patrouille der amerikanischen Grenzpolizei am 2.3. zwei Volkspolizisten in der Stadt Obersuhl. Als der eine Volkspolizist seine Waffe zog, wurde er von einem amerikanischen Grenzpolizisten erschossen, der andere wurde beim Fluchtversuch schwer verwundet. Seine Leiche wurde später von einer Patrouille auf hessischem Gebiet entdeckt." Das Informationsamt der Sowjetzone habe hingegen behauptet, „daß in beiden Fällen die Volkspolizisten auf dem Gebiet der Sowjetzone beschossen und dann auf hessisches Gebiet geschleppt worden seien."

Mehr als zehn Jahre nach dem Vorfall wurde zwischen dem 13. und 16. September 1963 an der DDR-Grenze bei Untersuhl ein nach Westen ausgerichtetes Propagandaschild aufgestellt, auf dem es zu den Todesfällen Schmidt und Janello hieß, diese seien von „amerikanischen Söldnern" ermordet worden und: „Die Mörder werden ihrer gerechten Strafe nicht entgehen." Die Oberfinanzdirektion Frankfurt am Main hielt es daraufhin für angebracht, ihre Grenzaufsichtsbeamten über den „tatsächlichen Sachverhalt" zu informieren, damit Fragen von Grenzbesuchern „richtig beantwortet werden können". In dem Schreiben der Oberfinanzdirektion Frankfurt am Main hieß es zu dem Zwischenfall vom März 1951, Schmidt und Janello hätten häufiger eine Telefonistin in einem grenznahen Gebäude besucht. Dort gab es eine alte Telefonverbindung nach Obersuhl (Westdeutschland). Als eine Streife der US-Constabulary das Haus betrat, um einen dort wohnenden Mann, der der Spionage verdächtig war, festzunehmen, hätten die beiden Grenzer zu ihren abgelegten Waffen gegriffen, „worauf die US-Constabulary sofort das Feuer eröffnete".

Zwei weitere Versionen des Zwischenfalls verbreitete die *Hessische/Niedersächsische Allgemeine* in ihrer Ausgabe vom 4. März 2011. Der damalige Mieter einer Wohnung in dem Obersuhler Haus an der Grenze, Erich Eisenberg, habe im Dezember 1989 bei einer Befragung durch den Obersuhler Bürgermeister zu Protokoll gegeben, „die Vopos seien nur dieses eine Mal bei ihm aufgetaucht, hätten sich aufwärmen und eine Zigarette rauchen wollen. Sie seien kaum in der Wohnung gewesen, da hätten die Amerikaner die Tür eingetreten und sie gefangen nehmen wollen. Die Vopos hätten versucht zu fliehen, da sei geschossen worden. Ein Vopo sei im Hausflur gestorben, der andere auf der Straße. Vorher sei nie ein Soldat der DDR oder der US-Truppen in seiner Wohnung gewesen." In der gleichen Ausgabe wird von den Erinnerungen des damaligen DDR-Kriminalpolizisten Erich Timm berichtet, dem seine Vorgesetzten damals die Ermittlungen auf höhere Anweisung entzogen. Der Besitzer des Hauses Auweg 43 mit Namen Gliem habe sich im Obergeschoss des Hauses aufgehalten, als er gegen 20 Uhr erst einen Schuss im Hausflur, danach mehrere Schüsse auf der Straße hörte. „Als er dann nachgesehen habe, habe er einen der Vopos tot im Hausflur liegen sehen, der andere sei draußen angeschossen worden und weitergelaufen. Er habe sich noch in Richtung der Dorfmitte bis vor das Bürgermeisteramt geschleppt, wo er trotz erster Hilfe durch einen dort wohnenden Arzt verstarb." Wer auf amerikanischer Seite geschossen hatte, habe Gliem nicht gesehen. Jedoch seien weder die Anwesenheit von Volkspolizisten noch die von Amerikanern in dem Haus „ungewöhnlich gewesen. Gliem habe vermutet, sie hätten dort eine Art von Handel betrieben."

Am 3. März 1951 um 16 Uhr übergab ein amerikanisches Kommando die beiden Leichen der Volkspolizei. Das am 4. März 1951 in Eisenach angefertigte Obduktionsprotokoll gab als Todesursache von Heinz Janello einen Brustdurchschuss an. Das tödliche Geschoss traf ihn demnach in die linke Rückenseite und trat aus der linken vorderen Brustseite wieder aus. Eine zweite Verletzung stammte von einem Streifschuss, der ihn in der linken Lendengegend getroffen hatte. (Recherche: ES, jos., MP, St.A.; Autor: jos.)

Quellen:

Kunze (VP-Rat), VPGB Dermbach, VPGK Gerstungen: Spitzenmeldung über die Erschießung von zwei Grenzpolizisten durch amerikanische Soldaten. BStU, ZA, MfS, AP 9389/56.

Volkspolizisten auf hessischem Gebiet erschossen. In: *Cuxhavener Zeitung*, 15.3.1951. NLA Hannover, NdS 220, Acc.2009/015, Nr. 28.

Landesbehörde der VP Thüringen: Schreiben an OStA beim LG Meiningen vom 5. Mai 1951. ThStA Meiningen, Staatsanwaltschaft Meiningen bei dem Landgericht Meiningen, Nr. 97.

Der Bundesminister des Innern: Mitteilung vom 7. Oktober 1963 über einen Bericht des Grenzschutzkommandos Mitte zur Aufstellung Sowjetzonaler Propagandaschilder in der Nacht vom 13. zum 14.9.63. PAAA, B 38, 51.

Oberfinanzdirektion Frankfurt (Main): Ergänzende Hinweise zu vier Schildern auf dem Gebiet der SBZ, die zwischen 13. und 16.9.63 an der Demarkationslinie aufgestellt wurden, in Staatsanwaltschaft II, LG Berlin: Ermittlungen zu den Todesfällen Waldemar Estel u. a. LAB, D Rep. 120–02, Acc. 8346.

Abteilung Sicherheit des ZK der SED; Borning, Walter: Mitteilung an Erich Honecker vom 15. April 1966, namentliche Aufstellung der im Grenzdienst ermordeten bzw. schwerverletzten Angehörigen der bewaffneten Organe der DDR. SAPMO-BArch, DY 30 IV A 2/12/87.

Junge Welt vom 29. Juli 1981.

Schüsse an der Grenze: Vor 60 Jahren wurden zwei DDR-Volkspolizisten getötet. 4. März 2011. http://www.hna.de/politik/schuesse-grenze-jahren-wurden-obersuhl-zwei-ddr-volkspolizisten-us-soldaten-getoetet-1331234.html (Zugriff: 21.11.2016).

Bild des letzten Hauses an der Grenze in Obersuhl. http://www.bilder-hochladen.net/files/5siy-17-jpg-nb.html (Zugriff: 21.11.2016).

Werner Schmidt

geboren am 26. Juni 1929 in Unterschönau

erschossen am 2. März 1951

Ort des Zwischenfalls: Obersuhl (Hessen)

Bildquelle: BStU

Streifenführer Werner Schmidt gehörte seit 1950 der Volkspolizei an. Er entstammte einer Arbeiterfamilie, war Mitglied der FDJ, der DSF und des FDGB. Mit seiner Ehefrau wohnte er in Meiningen und verrichtete seinen Dienst bei der Grenzpolizei in Untersuhl. Er sei, heißt es in einer dienstlichen Beurteilung, mündlich und schriftlich vielen seiner Kameraden überlegen gewesen.

Zu dem Zwischenfall, der am Abend des 2. März 1951 an der innerdeutschen Grenze zum Tod von Werner Schmidt führte, siehe oben die Biografie von Heinz Janello.

Rudolf Spranger

geboren am 17. Oktober 1921 in Plauen
erschossen am 7. August 1951
Ort des Zwischenfalls: Grenze bei Pirk (Sachsen)

Friedrich Rudolf Spranger wuchs als Arbeiterkind in Plauen auf. Er besuchte von 1928 bis 1936 dort eine Volksschule und absolvierte danach eine Lehre als Klempner bei der Firma Walter Wolf. Im Krieg diente er bei einer Minensuchflottille. Am 14. April 1945 geriet er in Gefangenschaft. Bereits im Mai 1946 kehrte er aus der Gefangenschaft in Belgien nach Plauen zurück. Dort trat er der SED bei und verdiente sich seinen Lebensunterhalt zunächst als Bauarbeiter. Am 23. September 1948 nahm er seinen Dienst bei der Volkspolizei in Plauen auf. Zur geheimen Zusammenarbeit mit dem MfS in Plauen erklärte er sich im November 1950 schriftlich bereit. Der Staatssicherheitsdienst war mit ihm zufrieden, da er verlässlich Aufträge „in der Nähe des Grenzgebietes" ausführte, wo er seinen Dienst versah. Spranger stellte dem MfS seine Wohnung für heimliche Treffen mit anderen inoffiziellen Mitarbeitern zur Verfügung. Die „konspirative Wohnung" trug beim MfS den erstaunlichen Objektnamen „Noske". Auch Sprangers MfS-Personalakte trägt deswegen die Bezeichnung „Noske". Die wenigen darin enthaltenen Blätter enden mit der Behauptung: „Am 7.8.51 ist Spranger Agenten der anglo-amerikanischen Imperialisten bei der Ausübung seines Dienstes zum Opfer gefallen." Was war geschehen?

Am frühen Abend des 7. August fielen Oberwachtmeister Spranger und seinem Kollegen Dießner an der Grenze zu Bayern nahe der Ortschaft Pirk zwei Männer auf, die sie hier noch nie gesehen hatten. Spranger gab Dießner sein Fahrrad und hielt die beiden Grenzgänger an. Als er nach ihren Personalausweisen fragte, griff einer der beiden in seine Jacke, als wolle er seine Personalpapiere hervorholen. Stattdessen zog er eine Pistole und schoss ohne Vorwarnung aus nächster Nähe auf Spranger. Der erwiderte das Feuer aus seiner Pistole 08 und schoss das ganze Magazin leer, dann brach er zusammen. Die beiden Unbekannten flüchteten vermutlich unverletzt. Rudolf Spranger starb an einer tödlichen Schussverletzung oberhalb des Herzens aus einer Waffe mit Kaliber 6,35.

Zwei am gleichen Tag gegen 22.15 Uhr an der Grenze bei Ullitz festgenommene Männer aus der Tschechoslowakei (damals noch ČSR), die man zunächst der Tat verdächtigte, da sie Waffen bei sich trugen, wurden wenig später wieder entlassen. Ihre Pistolen waren von anderem Kaliber als die Mordwaffe. Außerdem hatten sie Ausweise der Kommunistischen Partei KPČ dabei. Sie sagten in der Vernehmung, sie seien von Hof gekommen und hätten im Westen Aufträge der politischen Staatspolizei (STP) ausgeführt. Sie forderten eine Verbindungsaufnahme mit ihrem Befehlshaber in Cheb und gaben dafür ein Losungswort an. Obwohl der Täter nie ermittelt werden konnte, hält sich bis heute das Gerücht, Spranger sei von tschechischen Grenzgängern erschossen worden. Rudolf Spranger hinterließ seine Frau und ein Kind. (Recherche und Autor: jos.)

Quellen:

MfS, Verwaltung Sachsen, U-Organ: Sachstandsbericht zum Todesfall des VP-Angehörigen Spranger. BStU, Ast. Chem, MfS, AU 104/52, Bd. 1.

MfS, BV Karl-Marx-Stadt: Vertrauensperson Spranger, Rudolf. BStU, Ast. Chemnitz, MfS, BV Karl-Marx-Stadt, AIM 114/52.

Manfred Portwich

geboren am 7. Mai 1925 in Mühlhausen
erschossen am 27. Oktober 1951
Ort des Zwischenfalls: Katharinenberg, Mühlhausen (Thüringen)

Bildquelle: Frotscher, Kurt; Liebig, Horst

Manfred Portwich wuchs in Mühlhausen, Thüringen, als Kind einer evangelischen Familie auf. Dort besuchte er auch bis 1939 die Volksschule, er galt als guter Schüler. Nach seiner Ausbildung zum Maschinenschlosser arbeitete er als Schlosser und Kraftfahrer. Im Oktober 1942 wurde er zunächst zum Reichsarbeitsdienst und im Januar 1943 zur Wehrmacht eingezogen. Im „Rußlandfeldzug" erlitt er bei einem Luftangriff so schwere Verwundungen, dass er bis zum Kriegsende im Lazarett lag. Nach fünfwöchiger amerikanischer Gefangenschaft in Regensburg durfte der 20-Jährige in seine Heimat zurückkehren, wo er versuchte, nach den schlimmen Kriegserfahrungen ein neues Leben zu beginnen. Gemeinsam mit seinem Schwager eröffnete er 1946 eine Autovermietung. Ein Jahr später heiratete er seine Verlobte Edith. Trotz seiner schlimmen Kriegserlebnisse und dem gelungenen Neuanfang im zivilen Leben entschloss er sich zu einer Bewerbung in den bewaffneten Kräften. Im Juli 1949 trat er in den Volkspolizeidienst ein und kam schon kurz darauf im August 1949 bei der Grenzpolizei-Bereitschaft Köppelsdorf zum Einsatz. Um in der Nähe seiner Familie zu sein, beantragte er im Januar 1950 seine Versetzung zur Grenzpolizei-Bereitschaft Mihla. Dies wurde ihm aufgrund seiner guten dienstlichen Beurteilung auch genehmigt. So konnte er mehr Zeit mit seiner Frau und seinen beiden kleinen Kindern verbringen. Manfred Portwich liebte seine Familie, die mehrere Generationen unter einem Dach vereinte. Zusammen mit seiner eigenen jungen Familie lebten seine Eltern und die Familie seiner Schwester in einer Hausgemeinschaft.

Ein Zwischenfall am 27. Oktober 1951 zerstörte jäh dieses Glück. Seit zwei Tagen befanden sich damals die Posten im Grenzbereich zwischen Wendehausen und Faulungen in erhöhter Alarmbereitschaft. Aus westlicher Richtung hatten Unbekannte dort im Frühnebel des 25. Oktober mit einem hellgrauen Porsche die Grenze passiert und sich der Kontrolle durch die DDR-Grenzpolizei entzogen. Die Verfolgung des

Fahrzeugs durch berittene Grenzpolizisten verlief ergebnislos. Als Manfred Portwich zusammen mit seinem Gruppenführer am Samstag dem 27. Oktober 1951 an der Straße, die kurz hinter Katharinenberg über die innerdeutsche Grenze führte, auf Posten stand, näherte sich gegen 7 Uhr ein Fahrzeug. Die beiden Grenzer hörten zunächst das Motorengeräusch und vermuteten, dass es sich dabei um den gesuchten Porsche handeln könnte. Hauptwachtmeister Portwich stellte sich hinter einen Baum und sicherte seinen Kollegen Menge, der den Wagen anhielt und die beiden Insassen aufforderte, auszusteigen und die Hände hochzuheben. Die beiden Männer leisteten der Aufforderung Folge, stiegen aus und hoben die Hände in Brusthöhe. Nach der Aufforderung, die Hände gänzlich hochzuheben, sprang der Fahrer plötzlich drei Schritte zurück und zog eine Pistole. Hauptwachtmeister Menge, der seine geladene Pistole in der Hand hielt, drückte auf den Abzug seiner Waffe. Es ertönte jedoch nur ein metallisches Klicken. Später stellte sich heraus, dass zwar der Schlagbolzen vorschnellte, aber das Zündhütchen der Patrone nicht traf. Menge betätigte nun mehrfach kurz hintereinander den Abzug seiner Waffe, doch erst beim fünften Mal löste sich ein Schuss, der den bewaffneten Porschefahrer in den rechten Unterarm traf. Davor hatte dieser jedoch seinerseits bereits acht Schüsse auf die beiden Grenzpolizisten abgefeuert. Einer davon traf Manfred Portwich in den Unterleib, er brach sofort zusammen. Unmittelbar danach erschienen eine Streife des Kommandos Wendehausen, eine Reiterstreife des Kommandos Faulungen und die in der Nähe eingesetzte reguläre Streife des Kommandos Faulungen vor Ort und eröffneten das Feuer auf die beiden Männer. Durch eine Karabinerkugel in der Brust getroffen, brach der Porschefahrer zusammen.

Manfred Portwich war in der Nabelgegend getroffen worden. Man setzte ihn auf den Beifahrersitz des Porsche und brachte ihn nach Lengenfeld in das dortige Krankenhaus. Nach einer ersten Wundversorgung veranlasste der behandelnde Arzt die sofortige Überweisung des Verletzten zu einer Notoperation in das Kreiskrankenhaus nach Mühlhausen. Während des Transports erlag Manfred Portwich seinen schweren inneren Verletzungen. Das Grenzkommando Mühlhausen meldete am 27. Oktober 1951 die „Erschießung des Volkspolizei-Hauptwachtmeisters Portwich durch bewaffnete Banditen".

Aus den staatsanwaltschaftlichen Ermittlungen nach der Wiedervereinigung geht hervor, dass die beiden Männer mit dem Porsche eine Freundin aus Craula (Thüringen) nach Menden in die Bundesrepublik holen wollten. Bis in die Morgenstunden des 27. Oktobers 1951 blieben sie in Craula. Da ihre Freundin schließlich aber doch nicht mit in die Bundesrepublik wollte, entschlossen sich die beiden jungen Männer zur Rückreise. Das Schwurgericht Mühlhausen verurteilte den schwerverletzt festgenommenen Todesschützen Ludwig P. nach seiner Genesung am 19. Mai 1952 zu einer lebenslangen und seinen Beifahrer zu einer Freiheitsstrafe von 15 Jahren. In seiner Vernehmung in den 1990er Jahren beteuerte Ludwig P. gegenüber den Ermittlern, Portwich habe zuerst auf ihn geschossen. Die Staatsanwaltschaft Erfurt stellte das eingeleitete Ermittlungsverfahren am 6. August 1996 ein. (Recherche: MK, MP; Autorin: MP)

Quellen:

ZK der SED, Abt. Sicherheit: Meldung Walter Borning an Erich Honecker, 15.4.1966. BArch Berlin, DY 30 IV A 2/12/87.

StA bei dem KG Berlin: Ermittlungsverfahren. LAB, D Rep. 120–02, Acc. 8346, Az. 7 AR 785/93.

StA Erfurt: Ermittlungsverfahren wegen Totschlags z. N. Manfred Portwichs. LATh – HStA Weimar, Landeskriminalamt Thüringen, Nr. 1083.

Filmer, Werner/Schwan, Heribert: Opfer der Mauer. Die geheimen Protokolle des Todes. München 1991, S. 77.

Frotscher, Kurt; Liebig, Horst: Opfer deutscher Teilung. Beim Grenzschutz getötet. Schkeuditz 2005, S. 69–72.

Schätzlein, Gerhard: Flucht aus der DDR von 1950 bis 1989. Mellrichstadt 2015, S. 26.

Ulrich Krohn

geboren am 23. August 1931 in Zachow

erschossen am 16. Mai 1952

Ort des Zwischenfalls: an der Bundesstraße 208 bei Groß Thurow
(Mecklenburg-Vorpommern)

Ulrich Karl Friedrich Krohn kam im Dorf Zachow zur Welt, das zur Gemeinde Groß Nemerow (Mecklenburg-Vorpommern) gehört. Da seine Mutter früh starb, wuchsen er und seine fünf Geschwister auf dem Bauernhof der Großeltern auf. Nach dem Abschluss der Volksschule arbeitete Ulrich Krohn zunächst auf dem großelterlichen Bauernhof mit. Im Alter von 19 Jahren meldete er sich dann zum Dienst bei der Grenzpolizei in Groß Thurow. Seine Vorgesetzten bescheinigten ihm eine zuverlässige Dienstausführung und erwirkten bald seine Beförderung zum Oberwachtmeister.

Am 16. Mai 1952 rückte Krohn als Postenführer mit Wachtmeister Hartmut Trübe zum gemeinsamen Streifendienst aus. Um 10 Uhr bezogen sie ihren Postenstand nahe dem Schlagbaum an der Chaussee von Gadebusch nach Mustin. Gegen 13.20 Uhr überbrachte Grenzpolizei-Wachtmeister Horst Raffel den beiden Posten das Mittagessen. Er plauderte noch eine Viertelstunde mit ihnen und ging dann zur Grenzwache zurück. Weder er noch Postenführer Krohn konnten ahnen, dass der 17-jährige Wachtmeister Hartmut Trübe an diesem Tag vom Beobachtungsstand aus in die Bundesrepublik desertieren wollte. Am Nachmittag um 14.30 Uhr erschien die Ablösung für die beiden Posten. Doch Ulrich Krohn lag tot im Beobachtungsstand, von Hartmut Trübe fehlte jede Spur. Der Karabiner, die Armbanduhr und die Brieftasche samt Dienstausweis des Toten fehlten. Der geflüchtete Trübe hatte sein Geburtsdatum in den Aufnahmeformularen der Polizei vordatiert, so wurde er bereits mit sechzehneinhalb Jahren eingestellt. Zur Tatzeit war er 17 Jahre alt und diente seit einem Monat an der Grenze. Unter seinen zurückgelassenen Sachen befand sich ein Schreiben, in dem er um Entpflichtung bat.

Die Sektion der Leiche erbrachte als Ergebnis, dass Ulrich Krohn von mindestens drei Schüssen von vorn getroffen wurde. Die Verletzungen, die sowohl das Gehirn als auch die Lunge, Leber und Niere betrafen, führten sofort zum Tod. Die Mordkommission hielt in ihrem Schlussbericht fest, dass Krohn aus direkter Nähe im Sitzen oder in halb liegender Position erschossen wurde. Kampf- oder Abwehrspuren gab es keine, es wurden auch nur die drei Tathülsen am Postenstand gefunden. „Es muss somit angenommen werden, dass Trübe den VP-Oberwm. Krohn vorsätzlich und hinterrücks erschossen hat, um ungehindert in die Westzone kommen zu können."

Der Landesstaatsanwalt von Mecklenburg beantragte die Auslieferung des in die Bundesrepublik desertierten Tatverdächtigen Hartmut Trübe, der am 23. Mai in Lübeck festgenommen worden war. Der Oberstaatsanwalt von Lübeck erklärte seinem ostdeutschen Kollegen telefonisch, Trübe habe die Tat gestanden und ausgesagt, Krohn habe ihn unter Waffeneinsatz an der Flucht gehindert, deshalb habe Trübe ebenfalls einige Schüsse auf Krohn abgegeben. Der Beschuldigte sei nur mit einem Karabiner im Westen angekommen, die Brieftasche Krohns soll er nicht mit sich geführt haben.

In der Tagesmeldung der Grenzpolizei vom 19. März 1952 heißt es, in Tatortnähe sei auf der Westseite gegen 16.10 Uhr ein „PKW des amerikan. Geheimdienstes" erschienen, „der nach kurzem Halt wieder davonfuhr. Es ist anzunehmen, daß der VP-Wachtmeister Trübe in dieses Fahrzeug aufgenommen wurde." Aufgrund dieses Umstands meldete die DDR-Nachrichtenagentur ADN, Trübe habe „im Auftrage der imperialistischen Westmächte" gehandelt: „Nach der Mordtat flüchtete der Agent über die Zonengrenze, wo ihn Kraftfahrzeuge seiner Auftraggeber erwarteten." Als im September 1952 das niedersächsische Justizministerium die Auslieferung Trübes an die DDR-Behörden ablehnte, bezeichnete das *Neue Deutschland* Trübe als „Raubmörder". Im Dezember 1952 verurteilte die Jugendkammer des Landgerichts Lüneburg Hartmut Trübe zu einer zehnjährigen Haftstrafe.

Ulrich Krohn wurde am 20. Mai 1952 in seinem Heimatort beigesetzt. Zum 30. Jahrestag der Gründung der DDR-Grenztruppen fand an seinem Grab, das inzwischen eingeebnet ist, eine feierliche Kranzniederlegung statt. DDR-Zeitungen ehrten ihn als „Opfer bewaffneter Anschläge und Provokationen an der Staatsgrenze der DDR". Zum Gedenken an Oberwachtmeister Krohn unterhielt das Grenzregiment Schönberg bis zum Ende der DDR-Zeit eine Ausstellung in einem Traditionszimmer. (Recherche: jk, MK; Autor: jk)

Quellen:

Borning/Abt. Sicherheit an Honecker, 15.4.1966. BArch Berlin, DY 30 IV A 2/12/87.

HV Deutsche Volkspolizei/Hpt.-Abtlg. Grenzpolizei: Meldung besonderer Vorkommnisse Nr. 114/52 für die Zeit vom 16.5.1952 06.00 Uhr bis 17.5.1952 06.00 Uhr. Berlin, 17.3.1952. Und: HV Deutsche Volkspolizei/Hpt.-Abtlg. Grenzpolizei: Meldung besonderer Vorkommnisse Nr. 115/52 für die Zeit vom 17.5.1952 06.00 Uhr bis 19.5.1952 06.00 Uhr. Berlin, 19.3.1952. BArch Freiburg, DVH 27/130329.

Landesbehörde der VP Mecklenburg: Rapporte Januar 1952 bis Juli 1952. LHASn, 6.11–13, 195.

ZERV: Ermittlungsverfahren wegen Mordes. LAB, C Rep. 120–02, Acc. 8346, PP Berlin 27 AR 363/94.

Die Augen feucht vor Wut. Die Todesgrenze der Deutschen (III): DDR-Heldenkult um 25 Soldaten und Polizisten. In: *Der Spiegel*, Nr. 28, 1991, S. 109.

ADN: Agenten ermordeten Volkspolizisten. In: *Berliner Zeitung*, 22.05.1952.

Bonn schützt Raubmörder. In: *Berliner Zeitung*, 06.09.1952.

Im Dienst für ihr sozialistisches Vaterland ermordet. In: *Neue Zeit*, 13.08.1976.

ADN: Grenzsoldaten ehrten ermordeten Unteroffizier. In: *Neues Deutschland*, 17.05.1986.

Filmer, Werner/Schwan, Heribert: Opfer der Mauer. Die geheimen Protokolle des Todes. München 1991, S. 278.

Frotscher, Kurt/Liebig, Horst: Opfer deutscher Teilung. Beim Grenzschutz getötet. Schkeuditz 2005, S. S. 73–77.

Harry Kirschnik

geboren am 4. Mai 1932
erschossen am 9. Mai 1953
Ort des Zwischenfalls: Gemünda, thüringisch-bayerische Grenze (Bayern)

Der DDR-Grenzpolizist Harry Kirschnik war am 9. Mai 1953, gegen 12 Uhr, auf dem Kontrollstreifen im Bereich des Kommandos Ummerstedt bei einem Verdrahtungskommando eingesetzt. Dort verlegte er mit Kameraden Drahtsperren an der Grenze zwischen Thüringen und Bayern. Eine in der Nähe postierte Streife der DDR-Grenzpolizei war über diesen Einsatz des Verdrahtungskommandos im Kontrollstreifen nicht in Kenntnis gesetzt worden. Die Posten befanden sich etwa 200 Meter von der Demarkationslinie entfernt auf einem Berghang, als sie mehrere Personen im Zehn-Meter-Kontrollstreifen entdeckten und sogleich mehrere Warnschüsse abgaben. Harry Kirschnik war gerade damit beschäftigt, einen Holzpfahl heranzuschaffen, als er plötzlich einen Kopfschuss erlitt. Nach dem Schusstreffer – oberhalb des rechten Auges – brach er zusammen. In einem Tagesrapport der Deutschen Grenzpolizei heißt es, die Streife habe die Männer im Kontrollstreifen nicht als Grenzpolizisten erkannt, „so daß durch den abgegebenen Warnschuß der Soldat Kirschnik tödlich verletzt wurde". Das Kreisgericht Hildburghausen verurteilte den Schützen am 29. September 1953 wegen fahrlässiger Tötung zu einer Gefängnisstrafe von 14 Monaten, die er bis zur bedingten Strafaussetzung zum Jahresanfang 1954 verbüßte. Der für den Einsatz der Grenzstreife zuständige stellvertretende Operativleiter der Dienststelle erhielt eine Disziplinarstrafe. Zur Klärung des Vorfalles trafen sich am Unglücksort Angehörige der bayerischen Grenzpolizei, sowjetische Offiziere und mehrere DDR-Offiziere. Während die Gruppe noch auf das Eintreffen eines Vertreters des Military Intelligence Services (MIS) aus Coburg wartete, hielt ein DDR-Grenzer den Beamten der bayerischen Grenzpolizei vor, dass die Schussabgabe von bayerischem Gebiet aus erfolgt sei. Die von ihm bezeichnete Stelle der Schussabgabe lag etwa 50 Meter entfernt auf der westlichen Seite. Ein sowjetischer Major überzeugte sich davon, dass nach Beschaffenheit des Geländes eine Schussabgabe von dieser Stelle aus nicht erfolgt sein konnte. (Recherche: MP; Autorin: MP)

Quellen:

DGP: Tagesrapporte der HV DGP, Meldung Nr. 117/53, in: StA II bei dem LG Berlin: Ermittlungsverfahren wegen Totschlags. LAB, D Rep. 120–02, Acc. 8346, Az. 27 Js 233/95.

Präsidium der Bayerischen Grenzpolizei: Schreiben vom 11.5.1953 an das Bayerische Staatsministerium des Innern, 11.5.1953. In: ebd.

Waldemar Estel

geboren am 5. Februar 1932
in Schwarzhagen

erschossen am 3. September 1956

Ort des Zwischenfalls:
nahe Buttlar (Thüringen)

Bildquelle: BStU

Eine ungewöhnliche deutsch-deutsche Begegnung ereignete sich am 4. September 1956 an der innerdeutschen Grenze. An der Straßensperre zwischen dem hessischen Rasdorf und dem thüringischen Buttlar trafen mehrere Beamte des Zolls, des Bundesgrenzschutzes, der hessischen Polizei und ein Oberstaatsanwalt aus Fulda mit einem Major der DDR-Grenzpolizei und dessen Begleitern zusammen. Ein merkwürdiger Vorfall hatte sich ereignet: Ein hellgrüner Mercedes Benz mit spanischem Kennzeichen fuhr am frühen Nachmittag des 3. September 1956 auf der Fernverkehrsstraße 84 von Rasdorf (Hessen) kommend bis kurz vor die Straßensperre an die DDR-Grenze heran. Ein Mann stieg aus dem Auto aus und ging mit einer Landkarte in der Hand über die Grenze auf den Gefreiten der Deutschen Grenzpolizei Waldemar Estel zu. Der Spanisch sprechende Mann stellte Fragen, woraufhin Estel seine MPi auf den Mann richtete und ihn festnahm. Auf dem Weg zum nahe gelegenen Grenzkommando Buttlar erschoss der Festgenommene den Grenzpolizisten.

Der ermittelnde Kommissar Franz Wekwerth aus Fulda notierte, was der Abschnittsleiter der „Ostgrenzpolizei" den westdeutschen Ermittlern über einen Zwischenfall vom Vortag mitteilte: Eine männliche Person war demnach um kurz nach 15 Uhr in den Grenzstreifen gelaufen und sprach dort einen der beiden Volkspolizisten an, die mit einem Pferdegespann den Grenzstreifen ackerten. Er zeigte ihm eine Landkarte und fragte etwas in fremder Sprache. Später wurde vermutet, es sei Spanisch gewesen. Der Grenzpolizist, es handelte sich um den Gefreiten Waldemar Estel, habe den Mann vorläufig festgenommen, da er die DDR-Grenze verletzt hatte. Unterwegs in Richtung Buttlar gab Estel vier Signalschüsse ab – das bedeutete „Grenzverletzer abholen" –, damit das Kommando in Buttlar Verstärkung zur Übernahme des Mannes entsende. Als er sich mit dem Festgenommenen, der vor ihm ging, bereits 400 Meter von der Grenze entfernt hatte und zwei aus Buttlar anrückende Grenzpolizisten schon in Sichtweite waren, „habe der Festgenommene den Polizisten von vorn angefallen, ihn an der Uniform angepackt und ihn mit dem Knie einen Stoß in den Unterleib versetzt. Dabei habe der Polizist seine Mütze und Waffe (Maschinenpistole) verloren. Zugleich habe der Festgenommene eine Schußwaffe gezogen und auf den Polizisten insgesamt vier Schüsse abgegeben". Der angeschossene Gefreite Waldemar Estel konnte sich noch einige Meter vom Tatort wegschleppen, bevor er seinen Verletzungen erlag. Der Schütze floh in Richtung Grenze zurück. Mehrere Grenzpolizisten nahmen ihn unter Feuer, worauf er zurückschoss. Hinter der Grenze wartete ein Mann an der nahe gelegenen Straße. Er sprang mit dem Flüchtenden in einen dort geparkten Mercedes 180 D, polizeiliches Kennzeichen M L 4286, Nationalitäten-Kennzeichen E, mit dem die beiden davonrasten.

Kommissar Wekwerth teilte am 7. September 1956 per Fernschreiben dem Landeskriminalamt Hessen mit, es habe sich der Verdacht nicht bestätigt, dass der Mörder Estels ein ehemaliger Soldat der „Blauen Division" sei, die in Deutschland ein Treffen durchführte. Am 11. September 1956 schrieb Wekwerth an den Oberstaatsanwalt beim Landgericht Fulda: „Der eventuell bestehende Meinung, der Tat könne ein politisches Motiv zugrunde liegen, muß entgegengetreten werden. Es kann kein politisches Motiv dafür bestehen oder Anerkennung finden, einen deutschen Volkspolizisten zu erschießen. Dieses umso mehr, als es sich bei den Tätern um Ausländer handeln dürfte."

West- und ostdeutsche Polizisten
bei der Spurensicherung auf DDR-Gebiet
Quelle: BStU

Die zeitgenössische DDR-Presse machte die „Bonner Regierung" für Estels Tod verantwortlich. Die FDJ-Zeitung *Junge Welt* schrieb 1982 anlässlich des 50. Geburtstages von Waldemar Estel unter der Überschrift „Ein Held unserer Zeit", Waldemar Estel sei „im Frieden für den Frieden als Verteidiger unserer sozialistischen Heimat" gestorben. „Bis zum letzten Atemzug blieb er unserer sozialistischen Sache treu. Revolutionäres Heldentum ist nicht an Zeiten gebunden, sondern an Taten." In

Buttlar wurde am 3. September 1982 „zum Gedenken an den ermordeten Gefreiten der Grenztruppen eine vom Bildhauer Ehrenfried Rottenbach geschaffene Stele enthüllt".

Bei dem Todesschützen handelte es sich tatsächlich um einen spanischen Staatsbürger. Die Fahndung der westdeutschen Polizei nach ihm blieb 1956 erfolglos, da er bereits am Tag des Zwischenfalls mit zwei Begleitern die französische Grenze überquert hatte. Die nach der Wiedervereinigung erneut aufgenommenen Ermittlungen durch Interpol führten zur Identifikation jenes Mannes, der 1956 mit seinem Mercedes Benz nach der Schießerei an der innerdeutschen Grenze flüchtete. Es handelte sich um einen Offizier der spanischen Luftwaffe namens Antonio de la Lastra Rueda, der noch lebte und in Madrid wohnte. Laut Auskunft von Interpol Madrid führten Lastra Rueda und sein Begleiter seit 1950 Waffen, sie standen im Rang von Obersten der Luftwaffe. Nach Informationen des Auswärtigen Amtes endete ein spanisches Kriegsgerichtsverfahren gegen Lastra Rueda 1956 mit dessen Freispruch. (Recherche: AN, ES, jos., MK, MP; Autor: jos.)

Quellen:

DGP: MfS Stellv. f. militärische Angelegenheiten – Schriftverkehr mit der HVDGP 1956. BArch Freiburg, DVH 27/155691.

Ermittlungsunterlagen der Polizei und Staatsanwaltschaft Fulda zum Todesfall Waldemar Estel. In: BStU, ZA, MfS, BV Suhl, AP 148/81.

Abteilung Sicherheit des ZK der SED; Borning, Walter: Mitteilung an Erich Honecker vom 15. April 1966, Aufstellung der im Grenzdienst ermordeten bzw. schwerverletzten Angehörigen der bewaffneten Organe der DDR. SAPMO BArch, Abt. Sicherheit, DY 30 IV A 2/12/87.

MfS, ZAIG: Materialsammlung zum Todesfall Waldemar Estel. BStU, ZA, MfS, ZAIG, Nr. 10713.

Zoll Hersfeld: Fernschreiben an den Bundesminister der Finanzen vom 4. und 5.9.1956. PAAA, B 12, 210.

Bonn für Grenzprovokation verantwortlich. *Neues Deutschland*, 20.09.1956.

BMI: Stellungnahme vom 7. Oktober 1963 zu sowjetzonalen Propagandaschildern. PAAA, B 38, 51, Bl. 381–384.

ZERV; Staatsanwaltschaft II beim LG Berlin: Ermittlungen gegen Antonio de la Lastra Rueda aus Melilla u. a. wegen des Todes von Waldemar Estel. LAB, D Rep. 120–02, Acc. 8346.

Schätzlein, Gerhard; Rösch, Bärbel; Albert, Reinhold: Grenzerfahrungen. Bayern – Thüringen 1945 bis 1971. Hildburghausen 2001, S. 125 ff.

Ullrich, Maren: Geteilte Ansichten. Erinnerungslandschaft deutsch-deutsche Grenze. Berlin 2006, S. 138.

Stoll, Klaus Hartwig: Point Alpha. Brennpunkt der Geschichte. Petersberg 2007, S. 15.

Eduard Kopp

geboren am 23. Februar 1932

erschossen am 23. Mai 1955

Ort des Zwischenfalls: Schierke (Sachsen-Anhalt)

Der Grenzpolizist Eduard Kopp hatte sich über seine Versetzung von Berlin nach Schierke gefreut. Von seiner Dienststelle in Schierke konnte er allwöchentlich nach Hause fahren. Der frühere Landarbeiter lebte in Hakeborn im Salzlandkreis, seit April 1955 war er mit seiner Frau Alice jungverheiratet. Doch ihr Glück währte nicht lange. In der Nacht vom 22. zum 23. Mai 1955 glaubte Eduard Kopp während seines Wachdienstes vor dem Kommandogebäude Hilferufe zu hören. Er verständigte den Diensthabenden, der einem Unteroffizier und einem Grenzpolizisten befahl, sich nach draußen zu begeben und Kopps Meldung zu überprüfen. Aber auch Eduard Kopp muss versucht haben, der Sache nachzugehen. Als ihn ein Grenzpolizist 200 Meter östlich des Kommandos im Gelände entdeckte, erkannte er in der Dunkelheit nicht, dass es sich um ihren Kammeraden handelte, und gab einen Schuss ab, der Eduard Kopp traf. Er starb um 2.40 Uhr an den Folgen der Verletzung. Ob ein schuldhaftes Verhalten des Schützen durch fahrlässigen Schusswaffengebrauch vorlag, konnte später nicht mehr geklärt werden. Nähere Ermittlungen, die die Staatsanwaltschaft Berlin 1996 unternahm, wurden eingestellt, weil der Beschuldigte bereits 1993 verstorben war.

Besonders schmerzlich für die Witwe war es, dass ihr die Grenzpolizei die Todesumstände ihres Ehemannes verheimlichte und Nachfragen mit dem Verweis auf das Dienstgeheimnis zurück wies. Ein Lkw mit acht Uniformierten als Ehrenspalier auf der Ladefläche überführte Kopps Leiche nach Hakeborn, der Chef der örtlichen Volkspolizei hielt die Grabrede. Eduard Kopp erhielt eine weltliche Beerdigung – dabei hatte sich seine Frau als Katholikin den Trost und Zuspruch ihrer Kirche gewünscht. (Recherche und Autor: jk)

Quelle:
StA beim LG Berlin: Strafsache wegen Totschlags. LAB, D Rep. 120–02, Acc. 8346, Az.27 Js 258/94.

Karl Ludwig Schweinhardt

geboren am 14. September 1939 in Zerbst

erschossen am 10. Juni 1957

Ort des Zwischenfalls: Rhönblick, Meiningen (Thüringen)

In den späten Abendstunden des 10. Juni 1957 befand sich der Gefreite D. auf dem Weg zum Postendienst. Plötzlich bemerkte er auf einer Wiese einen Schatten. Er schoss sofort mit seiner MPi in diese Richtung und hörte von dort einen Aufschrei. Als er zu der Stelle eilte, musste er feststellen, dass er auf seinen Kameraden Karl Ludwig Schweinhardt geschossen hatte. Der 17-jährige Schweinhardt hatte als Gefreiter gerade seinen Postendienst versehen und das Gelände beobachtet. Das Geschoss traf ihn am linken Oberarm, verletzte seine Lunge und durchschlug sein Herz. Karl Ludwig Schweinhardt starb noch am Ort des Geschehens. Er wurde am 14. Juni 1957 auf dem Heidetor-Friedhof in seinem Heimatort Zerbst beigesetzt.

Der Gefreite D. wurde aufgrund des fahrlässigen und unberechtigten Schusswaffengebrauchs vorläufig arrestiert. Die in den 1990er Jahren durchgeführten Ermittlungen der Staatsanwaltschaft Erfurt blieben erfolglos. Sie wurden mit Verfügung vom 24. März 1999 „aus sonstigen Gründen" eingestellt. (Recherche: MP; Autorin: MP)

Quellen:
DGP: Tagesrapporte Juni 1957. BArch Freiburg, DVH 27/130374.

StA Erfurt: Ermittlungsverfahren wegen Totschlags. LATh – HstA Weimar, Landeskriminalamt Thüringen, Nr. 1080.

Klaus Deutschmann

geboren am 20. März 1939 in Saarau (heute: Żarów, Polen)

erschossen am 26. Oktober 1957

Ort des Zwischenfalls: Stab der Grenzbereitschaft Meiningen (Thüringen)

Klaus Deutschmann wurde 1939 im niederschlesischen Saarau geboren. Der Zweite Weltkrieg endete für die Familie Deutschmann mit dem Verlust ihrer Heimat. Sie fand im thüringischen Ilm-Kreis ein neues Zuhause. Klaus Deutschmann arbeitete nach Abschluss der Schule zunächst in der Landwirtschaft, später entschloss er sich, in den Dienst der Grenzpolizei der DDR zu treten. Der 18-Jährige wurde als Soldat in der Stabsstelle der Grenzbereitschaft Meiningen eingesetzt.

Am Morgen des 26. Oktober 1957 herrschte dichter Nebel im Werratal, die Sicht reichte stellenweise nur bis zu 50 Metern. Klaus Deutschmann verrichtete Postendienst an den Munitionsbunkern, die man hinter dem Stabsgebäude in einer Bodensenke errichtet hatte. Kurz vor 9.00 Uhr traf er sich an einer Durchfahrt mit seinem Nachbarposten Martin B., der den Fuhrpark und die Schießstände bewachen sollte. Deutschmann erzählte von seiner Familie und seiner Freundin, dann machte ihn Martin B. auf die Zeit aufmerksam. Es war 9.00 Uhr, der Dienst war beendet und ihre Ablösung sollte nun eintreffen. Martin B. ging schon zur Ablösungsstelle voraus, Deutschmann blieb zurück. Er wolle seine Pfeife fertig rauchen und zum Dienstschluss noch einmal die Bunker kontrollieren, hatte er erklärt.

Was nun geschah ist allein durch die Aussage von Martin B. überliefert. Die Tat, wegen der er verurteilt wurde, eine fahrlässige Tötung begangen zu haben, habe sich zugetragen als er etwa 50 bis 60 Meter in das hügelige Gelände hineingegangen war. Er habe plötzlich das Geräusch von abbröckelnden Steinen gehört und sei, um besser sehen zu können, einen Hang hinaufgestiegen. Von dort aus sei im Nebel die Silhouette eines Menschen sichtbar geworden. Er habe sofort „Stehenbleiben!" befohlen. Als die schemenhafte Gestalt wieder verschwand, legte er jedoch zum Warnschuss an. Sein Standplatz war schmal und rutschig, so sei es gekommen, dass er bei der Abgabe des Schusses ausgeglitten sei und die Waffe deshalb unwillkürlich tiefer gehalten habe, als er wollte. Kurz nachdem der Schuss gefallen war, sah Martin B. wieder einen Oberkörper kurz aus einer Bodensenke auftauchen, der ihm erschrocken „Was ...!" zurief. In diesem Moment habe er erst erkannt, dass es sich bei der Gestalt um seinen Kameraden Klaus Deutschmann gehandelt hatte. Die Kugel traf ihn am Kopf, durchschlug sein Kinn und zerfetzte das Halsmark. Gemeinsam mit der Ablösung, die Martin B. durch Alarmschüsse herbeirief, trug er den Verletzten aus dem Gelände, doch für Klaus Deutschmann kam jede Hilfe zu spät.

Martin B. wurde von dem Militärstaatsanwalt der Grenztruppen in Erfurt der fahrlässigen Tötung angeklagt. Der Militärstaatsanwalt betonte während der Gerichtsverhandlung in Meiningen am 9. Januar 1958, „daß im Bereich unserer Nationalen Volksarmee fahrlässige Körperverletzungen und die fahrlässige Tötung von Genossen den Hauptanteil aller Strafdelikte ausmachen und die auszuwerfenden Strafen nicht allein die jeweiligen Angeklagten treffen, sondern alle übrigen Angehörigen unserer Streitkräfte belehren sollen, die schon in erhöhtem Maße geschulten Schußwaffengebrauchsbestimmungen noch besser zu beachten." Das Gericht verurteilte Martin B. zu einer Gefängnisstrafe von acht Monaten. (Recherche und Autor: jk)

Quellen:
Ministerium des Innern/Kommando der Deutschen Grenzpolizei: Meldung Nr. 250/57 für die Zeit vom 25.10.1957 18.00 Uhr bis 27.10.1957 18.00 Uhr. O.U., den 27.10.1957. BArch Freiburg, DVH 27/130378.
Militärstaatsanwalt der Grenztruppen Erfurt: Strafsache gegen B[...], Martin wegen fahrlässiger Tötung § 114 STGB. BArch Freiburg, DVW 13/7508.

Walter Bödewig

geboren am 7. November 1938 in Seehausen

erschossen am 24. Juni 1959

Ort des Zwischenfalls: Bahnübergang Badersleben (Sachsen-Anhalt)

Walter Bödewig gehörte seit November 1956 der Volkspolizei an. Als überzeugtes SED-Mitglied erklärte er sich zum Dienst bei der Deutschen Grenzpolizei in der Grenzbrigade Halberstadt bereit. Bei der Festnahme eines angetrunkenen und gewalttätigen Gefreiten seiner Einheit kam Bödewig ums Leben.

Während eines Streits zwischen dem Gefreiten Herbert L. von der 22. Grenzbereitschaft Dedeleben, seiner Verlobten und deren Eltern zog L. am späten Abend des 23. Juni 1959 plötzlich eine Pistole. L. war angetrunken und eifersüchtig. Er sagte zum weiteren Geschehen später aus, er habe seine Verlobte und deren Eltern und dann sich selbst erschießen wollen. Er führte das Vorhaben jedoch nicht aus, da er Gewissensbisse bekam. Die Mutter der Verlobten verwies ihn des Hauses und rief den Volkspolizei-Abschnittsbevollmächtigten der Ortschaft Badersleben zu Hilfe, der L. vorläufig festnahm und die Kompanie Dedeleben telefonisch von dem Vorfall unterrichtete. Er führte danach L. auf der Straße in Richtung Dedeleben. Am Bahnübergang Badersleben kamen ihnen der Stabsgefreite Peter G. und der Soldat Walter B. entgegen, die den Auftrag hatten, L. in die Dienststelle zu bringen. Dieser wehrte sich und musste zum Weitergehen gezwungen werden. Unterdessen wurde in der Kaserne festgestellt, dass in der Waffenkammer eine Pistole und zwei Magazine mit je sieben Patronen fehlten. Daraufhin kommandierte der diensthabende Offizier drei weitere Grenzpolizisten zur Verstärkung der Festnahmegruppe ab, darunter auch Walter Bödewig, der sich freiwillig gemeldet hatte. Die Verstärkung erreichte die Festnahmegruppe gegen 0.40 Uhr. Kurz darauf zog der Festgenommene plötzlich eine Pistole, die er unter seiner Jacke trug, um sich selbst zu erschießen. Er traf sich aber nur in der Schultergegend. Die ihn abführenden Grenzpolizisten sprangen nach dem Schuss sofort in Deckung und eröffneten ihrerseits das Feuer auf L., da sie in der Dunkelheit glaubten, der Schuss sei auf sie abgegeben worden. Insgesamt fielen 25 Schüsse, von denen fünf trafen und L. schwer verletzten. Unteroffizier Bödewig forderte Herbert L. mehrmals auf, die Waffe wegzuwerfen. Dann sprang er als Erster aus der Deckung und lief zu dem am Boden liegenden L. Als er sich über ihn beugte, fiel ein weiterer Schuss, der Bödewig in den Rücken traf. Diesen Schuss hatte – wie spätere Ermittlungen ergaben – ein Soldat der Festnahmegruppe abgegeben, um seinem Unteroffizier Feuerschutz zu geben. Unteroffizier Bödewig war sofort tot.

Walter Bödewigs Bestattung erfolgte mit militärischem Zeremoniell. Das Bezirksgericht Magdeburg verurteilte Herbert L. am 22. April 1960 wegen unbefugten Waffenbesitzes zu einer einjährigen Gefängnisstrafe. (Recherche: jk, jos., MP; Autor: jos.)

Quellen:

Deutsche Grenzpolizei, 22. Grenzbereitschaft: Besonderes Vorkommnis auf der Grenzkompanie Dedeleben, Grenzabteilung Hessen – GB Halberstadt und weitere Dokumente zum Vorfall. BStU, ZA, MfS AU 411/60, Bd. 1 und 2.

Kommando der DGP/Abteilung Operativ; Ritschel (Major): Bericht über die Ergebnisse der Untersuchung des Vorkommnisses in der Kompanie Dedeleben, GB Halberstadt. O.U., 30.6.1959. BArch Freiburg, DVH 27/130567.

Otto Scholz

geboren am 10. Oktober 1937 in Hohenelbe (heute: Vrchlabí, Tschechische Republik)

erschossen am 13. September 1959

Ort des Zwischenfalls: bei Stapelburg (Sachsen-Anhalt)

Otto Scholz kam am 10. Oktober 1937 in der Riesengebirgsstadt Hohenelbe auf die Welt. Nach dem Kriegsende fanden er und seine Angehörigen als Vertriebene im Nordharz ihre neue Heimat. Nach dem Besuch der Forstfachschule verpflichtete sich Otto Scholz für eine dreijährige Dienstzeit bei der Grenzpolizei, die er am 1. August 1958 antrat. Er hoffte, durch den Dienst größere Chancen auf eine Revierförsterstelle zu erhalten. Das Kommando der Grenzpolizei berücksichtigte seinen Wunsch, in der Nähe seines Wohnortes Ilsenburg bleiben zu können, und setzte ihn bei der örtlichen Grenzkompanie ein. Als ihm bereits nach einem Jahr bei der Grenzpolizei eine Revierförsterstelle in der Region in Aussicht gestellt wurde, die er nach dem Ende seiner Dienstzeit übernehmen könnte, schien die Zukunft gesichert, auch im Privatleben. Er heiratete am 22. August 1959 die Pädagogikstudentin Alvera K.

Es war üblich, dass Grenzpolizisten im dichtbewaldeten Eckertal Forstarbeiten verrichteten, zumal wenn sie wie Otto Scholz eine Ausbildung als Forstingenieur hatten. Windbruchschäden mussten geräumt und die Grenzanlagen ausgebaut werden. Mitunter sollte auch der private Brennholzbedarf der Offiziere gedeckt werden. So befahl der Wirtschaftsgruppenführer der Grenzabteilung Ilsenburg am Morgen des 13. September 1959 Otto Scholz, in der Nähe der Pappenfabrik Eckertal Holz zu schlagen. Scholz musste dafür den Zehn-Meter-Kontrollstreifen überschreiten, die Drahtsperre öffnen und ein etwa 80 Meter tiefes Gebiet betreten, auf dem sich Angehörige der Grenzpolizei üblicherweise nicht aufhalten durften, da bis zum Grenzfluss Ecker keine weiteren Sicherungsanlagen mehr existierten.

Gegen 8.30 Uhr patrouillierte eine Kontrollstreife der Grenzkompanie Halberstadt, bestehend aus dem Unteroffizier Klaus B. und dem Soldaten Gerhard G., den Zehn-Meter-Kontrollstreifen, um die dort eingesetzten Grenzposten zu überprüfen. In Höhe der Pappenfabrik Eckertal stießen sie auf ein abgestelltes Motorrad. Kurz darauf vernahmen sie Geräusche aus dem Bereich westlich des Kontrollstreifens. Otto Scholz arbeitete wohl in gebückter Haltung mit dem Rücken zu den Kontrollposten, als er aufschreckte. Klaus B. hatte aus seiner Maschinenpistole einen Warnschuss abgegeben. Der Unteroffizier sagte nach der Tat aus, dass er über den Holzeinschlag nicht informiert gewesen sei und wegen einer ungenügenden Einweisung in das Gelände den genauen Grenzverlauf nicht gekannt habe. So habe er angenommen, dass er einen Fahnenflüchtigen vor sich bemerkte, der sich bereits auf dem Gebiet der Bundesrepublik befand. Während Otto Scholz sich aufrichtete und sich nach den Kontrollposten umwandte, nahm Klaus B. den Karabiner von Gerhard G. und gab einen gezielten Schuss auf Scholz ab. Tödlich in die Brust getroffen, brach Otto Scholz zusammen. Er war bereits der dritte Angehörige der Grenzpolizei, den eigene Kameraden 1959 in der Grenzbereitschaft Halberstadt erschossen, berichtete das Kommando der Grenzpolizei hernach dem Zentralkomitee der SED. Klaus B. rechtfertigte den Schusswaffengebrauch mit dem Hinweis auf eine Äußerung des Kommandeurs der 2. Grenzbrigade, ein toter Deserteur könne beim „Klassengegner" keine Aussagen mehr machen.

Unteroffizier Klaus B. wurde zunächst in Arrest genommen. Die Militärstaatsanwaltschaft leitete gegen ihn, den verantwortlichen Kommandeur der Grenzabteilung Ilsenburg und den zuständigen Stabschef Ermittlungsverfahren ein. Anders als bei dem Abteilungskommandeur Horst Gerhard E., den die Militärstaatsanwaltschaft wegen der Nichteinhaltung von Befehlen und Dienstvorschriften zu acht Monaten Freiheitsstrafe auf Bewährung verurteilte, stellte der Militärstaatsanwalt das Verfahren wegen Totschlags gegen Klaus B. ebenso ein wie die Ermittlungen gegen den Stabschef der Grenzabteilung Ilsenburg, Oberleutnant Kurt R. Dieser hielt den Kontakt mit der jungen verwitweten Frau Scholz aufrecht und half ihr nach Beendigung ihres Studiums bei der Suche nach einer Arbeitsstelle als Lehrerin. Über den konkreten Tatablauf ließ er sie dennoch im Dunkeln, indem er behauptete, ihr Mann sei einem bedauerlichen Unfall zum Opfer gefallen.

Die Zentrale Erfassungsstelle in Salzgitter nahm nach der Aussage eines geflüchteten Grenzsoldaten 1963 die Ermittlungen zu dem Todesfall auf, wobei sie Otto Scholz fälschlicherweise unter dem Namen „Braun" führte. Nach 1990 ermittelte die ZERV den Aufenthalt des Schützen und vernahm ihn. Klaus B. erklärte dabei im Gegensatz zu seinen früheren Angaben und den Aussagen von Zeugen, er habe lediglich auf ein Rascheln der Zweige hin „Halt, stehenbleiben, Deutsche Grenzpolizei!" gerufen und Warnschüsse abgegeben. Otto Scholz habe er gar nicht gesehen und auch nicht auf ihn gezielt. Zu einer Anklageerhebung gegen Klaus B. kam es nicht mehr. Er verstarb im Januar 1994. (Recherche und Autor: jk)

Quellen:
Tätigkeitsbuch des Diensthabenden der Abt. Operativ, DGP, 1959. BArch Freiburg, DVH 27/130528.
Generalmajor Borufka/Kdo. der DGP an Genosse Kranhold/Zentralkomitee der SED. o. O., 25.9.1959. BArch Freiburg, DVH 27/130567.
14.K.: Aussageprotokoll. 21.9.1963. ZESt AR-ZE 580/63. BArch Koblenz, B 197/1729.
ZERV: Auswertung der „Toten der Grenze". LAB. D Rep. 120–02, Acc. 8346, StA KG Berlin 27/2 Js 136/90.

Manfred Weiß

geboren am 1. März 1943
in Gleiwitz (heute Gliwice, Polen)

erschossen am 20. Mai 1962

Ort des Zwischenfalls: bei Henneberg, nahe des ehemaligen Grenzübergangs Eußenhausen-Meiningen (Thüringen)

Bildquelle: NVA

Heute erinnert ein kleines Freiluftmuseum mit Skulpturenpark an den ehemaligen Grenzübergang Eußenhausen-Meiningen. Nicht weit von hier entfernt fand am 20. Mai 1962 kurz vor 1 Uhr eine Kontrollstreife den Postenführer Manfred Weiß in einem Gebüsch tot auf. Sein Gesicht war mit einer Tarnjacke zugedeckt, neben ihm lag das Maschinengewehr seines Postens Günter Jablonski. Manfred Weiß hatte sich zuletzt gegen Mitternacht über das Grenztelefon bei seiner Kompanie gemeldet. Er befand sich dann gemeinsam mit Jablonski auf dem Weg zur Postenablösung. Weil sie dort aber nicht eintrafen, wurde der Postenbereich von Manfred Weiß durch eine Kontrollstreife überprüft. Später entdeckte man Fußspuren im Zehn-Meter-Kontrollsteifen. Günter Jablonski war geflohen.

In der Grenzkompanie war man über den Todesfall schockiert. Der 19-jährige Manfred Weiß, ein gelernter Maurer, der nach dem Krieg in einer Pflegefamilie in Erfurt aufwuchs, muss aufgrund seines zurückhaltenden und kameradschaftlichen Charakters beliebt gewesen sein. Zudem schätzten die Offiziere den SED-Genossen, der als vorbildlich in der Dienstausführung und überlegen im Zweikampf beschrieben wird. Doch über den genauen Ablauf des Geschehens herrschte zunächst Unklarheit. Weiß wurde von vier Einschüssen in den Rücken getroffen. Die Schussentfernung betrug weniger als 2,50 Meter. Am Tatort fanden sich keine Spuren eines Kampfes. Konflikte zwischen Jablonski und Weiß waren nicht bekannt. Weil ein Taschentuch vor dem Mund des Toten lag, mutmaßlich um Erbrochenes zu entfernen, und das Gesicht abgedeckt war, ging der Kommandeur der 11. Grenzbrigade zunächst von einem fahrlässigen Schusswaffengebrauch durch Jablonski aus, der anschließend aus Angst vor einer Bestrafung die Fahnenflucht ergriffen habe. Dass das Taschentuch tatsächlich dazu gedient hatte, die Schreie des Opfers zu ersticken, entzog sich wahrscheinlich der Vorstellungskraft des Kommandeurs.

Günter Jablonski hatte schon seit Längerem mit seiner dreijährigen Selbstverpflichtung zur NVA gehadert. Zu dem Ärger über den eintönigen Dienst und der Unzufriedenheit mit der Verpflegung kam der Unwille, später wieder in die alten familiären Verhältnisse zurückkehren zu müssen. Um sich nicht selbst der Gefahr auszusetzen, bei dem Fluchtversuch erschossen zu werden, tötete er seinen Postenführer und überquerte unmittelbar danach die Grenze bei Eußenhausen.

Aufgrund einer Unterredung mit einem Staatsanwalt aus Meiningen erließ die Staatsanwaltschaft Schweinfurt am 21. Mai 1962 Haftbefehl gegen Jablonski wegen Mordverdachts, einem Auslieferungsantrag der DDR wurde nicht stattgegeben. Die Jugendkammer des Landgerichts Schweinfurt verurteilte Jablonski am 14. Dezember 1962 zu einer neunjährigen Haftstrafe. Er hatte zuvor den Mord an seinem Postenführer gestanden.

Als der Häftling sechs Jahre später auf Bewährung entlassen wurde, mag er angenommen haben, dass seine Schuld abgegolten sei. Beim Versuch, am 18. Dezember 1978 auf der Transitautobahn nach West-Berlin zu fahren, wurde er am Grenzübergang Marienborn festgenommen und vor dem Militärobergericht der DDR in Berlin angeklagt. Im Gerichtssaal saßen Angehörige des Getöteten und Soldaten der Grenztruppen, westliche Journalisten erhielten keine Genehmigung zur Prozessteilnahme. Am 12. Juni 1979 erging das Urteil. Günter Jablonski wurde abermals wegen Mordes verurteilt, diesmal zu lebenslangem Freiheitsentzug. Die in der deutsch-deutschen Transitkommission vorgebrachten Einwände der Bundesrepublik, die Verhaftung Jablonskis sei unrechtmäßig gewesen, da dieser als Bundesbürger auf der Autobahn Helmstedt – Berlin im Rahmen des Transitabkommens einen besonderen Schutz zu genießen hätte, wies die DDR-Seite zurück: Fahnenflüchtige seien von den Regelungen des Transitabkommens ausgenommen.

Ost- und West-Medien berichteten ausführlich über das Jablonski-Urteil. Die öffentlichen Ehrenbekundungen für Manfred Weiß mehrten sich. Er wurde jährlich am 13. August zu den „Opfern bewaffneter Anschläge und Provokationen an der Staatsgrenze" gezählt. Am 15. März 1980 wurde in seiner ehemaligen Einheit feierlich eine Gedenktafel enthüllt und ein Gedenkzimmer eingeweiht.

Einweihung der Gedenktafel für Manfred Weiß.
Bildquelle: BStU

Zum 41. Jahrestag der Grenztruppen der DDR benannte Verteidigungsminister Heinz Keßler 1987 die Grenzkompanie Henneberg nach Manfred Weiß. Im Stillen wurde Jablonski am 15. Dezember 1988 nach Bemühungen der Bundesregierung in den Westen entlassen, was auf der Leitungsebene in der Vollzugsanstalt Rummelsburg zu einigem Unmut führte. Nach dem Ende der DDR rehabilitierte das Kammergericht in Berlin Jablonski, weil dessen Festnahme unter Verletzung des Transitabkommens erfolgt war. Jablonski erstritt sich daraufhin über mehrere Instanzen im Oktober 2002 eine Haftentschädigung von 37 000 Euro. (Recherche: ES, jk, jos. MP, MS, St.A.; Autor: jk)

Quellen:

MfS, HA I: Schlußbericht vom 17.5.1979: Beschuldigter Jablonski, Günter, geb. 7.1.1944. BStU, MfS, HA I, Nr. 13100, Bl. 184–204.

MfS: Untersuchungsakte Jablonski. BStU, ZA, MfS, AU 684/80.

MfS, HA IX: Gerichtsmedizinische Begutachtung und gerichtsballistisches Gutachten in der Strafsache gegen den Beschuldigten Jablonski, Günter. BStU, ZA, MfS, HA IX, Nr. 15911.

MfS, HA IX; Hptm. Sommer (MfS Abt. VII/5): Stimmungen und Meinungen zur kurzfristigen Entlassung –Sonderdokument – des Strafgefangenen Jablonski, Günter. Berlin, 2.12.1988. BStU, MfS, HA IX, 10399, Bl. 57.

MfAA, Abteilung BRD: Betreuung von herausragenden Straffällen der DDR in der BRD und der BRD in der DDR 1976–1979. PAAA, MfAA C 1785.

Frenzlein, Volkmar: Bericht des Leiters der DDR-Delegation über die letzte Sitzung der Transitkommission am 9.2.1978 (Auszug). BStU, ZA, MfS, HA IX, 4571, Bl. 49–51.

Mord vor der Flucht. In: *Frankfurter Allgemeine Zeitung*, 25.05.1962.

Wegen Mordes an Angehörigem der Grenztruppen der DDR verurteilt. In: *Neues Deutschland*, 13.06.1979.

Ehrung für ermordeten DDR-Grenzsoldaten. In: *Neues Deutschland*, 17.03.1980.

Grenzkompanien wurden Ehrennamen verliehen. In: *Neues Deutschland*, 30.11.1987.

Bundesbürger nach zehn Jahren DDR-Haft abgeschoben. In: *Der Tagesspiegel*, 24.01.1989.

Winters, Peter Jochen: Recht und Unrecht im Fall Jablonski. In: *Frankfurter Allgemeine Zeitung*, 01.07.1994.

Anspruch auf Haftentschädigung. In: *Frankfurter Allgemeine Zeitung*, 25.10.2002.

Schätzlein, Gerhard; Rösch, Bärbel; Albert, Reinhold: Grenzerfahrungen Bayern – Thüringen 1945 bis 1971. Hildburghausen 2001, S. 195–199.

Schätzlein, Gerhard: Flucht aus der DDR von 1950 bis 1989. Mellrichstadt 2015, S. 80–82.

Rudi Arnstadt

geboren am 3. September 1926 in Erfurt

erschossen am 14. August 1962

Ort des Zwischenfalls: Grenzabschnitt Wiesenfeld, auf der Westseite nahe Hünfeld (Hessen)

Bildquelle: NVA

Er gehörte zu den Helden der DDR-Grenztruppen. Bis 1982 erhielten insgesamt über 50 Brigaden, Hundertschaften der Kampfgruppen, Reservistenkollektive, GST-Grundorganisationen, das Grenzausbildungsregiment in Plauen, Schulen und Lehrlingseinrichtungen den Namen Arnstadts. Sein Tod an der innerdeutschen Grenze löste ein großes Medienecho auf beiden Seiten aus.

Rudi Arnstadt kam als uneheliches Kind zur Welt. Sein Vater starb ein Jahr nach seiner Geburt. Er wurde evangelisch getauft, besuchte von 1933 bis 1940 die Volksschule und arbeitete danach in einer Erfurter Eisengießerei. Seine Pflegeeltern Berthold und Therese Morgenroth gehörten seit Ende der 1920er Jahre der KPD an. Im Sommer 1943 kam Rudi Arnstadt zunächst zum Reichsarbeitsdienst, bevor er im September 1943 Soldat beim Panzerregiment I, Erfurt, wurde. Sein älterer Stiefbruder Hermann, der vor 1933 ebenfalls KPD-Mitglied war, fiel im gleichen Jahr. Rudi Arnstadt selbst nahm 1945 an Kampfhandlungen im Raum Aachen teil. Nach einer dreimonatigen Gefangenschaft im Lager Heide, Schleswig-Holstein, kehrte er nach Erfurt zurück und arbeitete dort bei verschiedenen Firmen. Er gehörte der FDJ und seit 1947 der SED an. Sein Pflegevater starb 1953, seine Pflegemutter war Lehrerin an der Parteischule in Erfurt. Am 7. Juni 1949 nahm Arnstadt seinen Dienst als VP-Anwärter bei der Volkspolizei-Bereitschaft in Gotha auf und kam am 26. März 1950 zur Grenzbereitschaft Dermbach. Arnstadt besuchte 1952 die Lehranstalt Sondershausen der Deutschen Grenzpolizei, wo er bei der Abschlussprüfung im „Fach Polit" durchfiel. 1954 kam er erneut zu einem Lehrgang nach Sondershausen, den er als Unterleutnant beendete.

Stasi-Oberfeldwebel Schumacher von der Operativ-Gruppe Dermbach verpflichtete Rudi Arnstadt am 10. April 1957 als Geheimen Informator „Walter Saal" zur inoffiziellen Zusammenarbeit mit dem MfS. Arnstadt war zu diesem Zeitpunkt Zugführer. Er lieferte dem MfS einige Berichte und wurde als zuverlässig eingeschätzt, so dass er bald selbst andere Informanten in der Truppe für den Staatssicherheitsdienst anleitete. Ein Jahr später geriet seine zweite Frau in den Verdacht der Feindtätigkeit, da sie vor dem Abzug der amerikanischen Truppen aus Thüringen Beziehungen mit einem amerikanischen Soldaten hatte, mit dem sie auch später noch Briefe wechselte. Obwohl Arnstadt unterdessen zum Kompanieführer ernannt worden war, brach die Stasi die Verbindung zu ihm ab. Ende März 1962 plante der Staatssicherheitsdienst eine erneute Verpflichtung Arnstadts zur inoffiziellen Zusammenarbeit. Vor Aufnahme der Verbindung kam er jedoch ums Leben.

Das geschah am 14. August 1962 gegen 11 Uhr bei einem Schusswechsel mit Beamten des Bundesgrenzschutzes (BGS). Über das Ereignis gibt es unterschiedliche Darstellungen. Zum Hergang hieß es in einem Bericht von Oberstleutnant Richter, Leiter der Stasi-Bezirksverwaltung Suhl, an Minister Erich Mielke, dass sich Kompanieführer Hauptmann Arnstadt zu persönlichen Kontrollen ins Grenzvorfeld auf DDR-Seite begeben habe, nachdem es durch die BGS-Leute zu Beleidigungen von Pionieren der DDR-Armee gekommen sei. Diese Pioniere hätten im Grenzabschnitt Wiesenfeld „Grenzsicherungsmaßnahmen" durchgeführt, als sie von den BGS-Männern beschimpft worden seien. Drei BGS-Beamte, einer davon war ein Hauptmann, hätten gegen 11 Uhr DDR-Gebiet betreten. „Der Kompanieführer Hauptmann Arnstadt entschloß sich aufgrund dieser Situation einen dieser Provokateure festzunehmen. Zur Durchführung dieser Maßnahme legte er mit dem Gefreiten R. folgendes fest: Der Gefreite R. sollte die BGS-Angehörigen von rechts umgehen, während er von links sich in die Nähe der BGS-Angehörigen begeben wollte, um sie von dem Gebiet der DDR zu vertreiben und dabei einen festzunehmen. Nach Ansprechen der BGS-Angehörigen durch den Kompanieführer sollte bei Nichtreagieren derselben der Gefreite Roßner einen Warnschuß abgeben. Danach wollte der Kompanieführer von links und der Gefreite R. von rechts versuchen, an die BGS-Angehörigen heranzukommen, um einen davon festnehmen zu können." Roßner habe sich dann auftragsgemäß am Zehn-Meter-Streifen entlang in Richtung der Bundesgrenzschützer bewegt, Arnstadt begab sich „in unmittelbare Nähe der BGS-Angehörigen" und forderte sie auf, „das Gebiet der DDR zu verlassen. Da diese nicht reagierten, gab der Gefreite Roßner, wie befohlen, den Warnschuß ab. Daraufhin erhoben die BGS-Angehörigen die Waffen und eröffneten das Feuer auf den Kompanieführer aus ca. 12 m Entfernung. Von dem Gefreiten Roßner wurde aufgrund dessen ebenfalls das Feuer eröffnet. Der Kompanieführer brach sofort im Feuer des BGS zusammen und wurde durch einen Kopfschuß tödlich getroffen." Danach hätten sich die BGS-Leute unter gegenseitigem Feuerschutz ins Hinterland zurückgezogen. Der Tatort befinde sich etwa 250 Meter links der Landstraße, die aus Wiesenfeld in Richtung Staatsgrenze verläuft.

Die drei beteiligten Beamten des Bundesgrenzschutzes auf der Westseite waren Hauptmann Lothar Meißner und seine Sicherungsposten Grenzoberjäger Hans Plüschke und Dieter Stief. Sie wurden nach dem Zwischenfall von dem Fuldaer Kriminaloberkommissar Wekwerth vernommen. Die Waffenkontrolle der eingesetzten BGS-Beamten ergab, dass lediglich drei Schüsse und eine Leuchtkugel abgeschossen wurden. Der Landwirt Josef Pomnitzer, der in unmittelbarer Nähe des Zwischenfalls auf seinem Rübenacker gearbeitet hatte, sagte als Zeuge noch am Tag des Geschehens aus, dass er den Grenzverlauf genau kenne, da sein Acker an der Grenze ende. Er habe genau gesehen, dass der BGS-Hauptmann sich etwa vier Meter von der Grenze entfernt auf westlichem Gebiet bewegte. Dort sei er „von einem ostzonalen Offizier angerufen und zum Stehenbleiben aufgefordert worden. Sofort darauf habe der ostzonale Offizier auf den BGS-Hauptmann mit einer Pistole geschossen und einen Schuß abgegeben." Daraufhin habe ein BGS-Angehöriger mit einem Gewehr zurückgeschossen und den ostzonalen Offizier getroffen. BGS-Hauptmann Meißner selbst sagte aus, er habe eine Gruppe von drei Ostoffizieren gesehen, als er den Grenzverlauf inspiziert habe. Diese hätten auf dem Boden gesessen. Auf ihn seien zwei gezielte Schüsse abgegeben worden. Auch die am 14. August 1962 um 14 Uhr durchgegebene Erstmeldung der DDR-Grenztruppen enthält die Angabe, Arnstadt habe „einen Warnschuß aus der Pistole in Richtung des Kontrollpfades drei Meter vor sich in die Erde" abgegeben.

Nachdem dieser russische Artillerieschlepper einem sowjetzonalen Volksarmee-Pionier zur Flucht über die Demarkationslinie gedient hatte, fuhr ihn ein amerikanischer Soldat zunächst in einen Seitenweg der Setzelbacher Dorfstraße. Offiziere des BGS und der Amerikaner inspizierten ihn eingehend.   3 Fotos: Alfred Roth

Das Foto des Sattelschleppers stammt aus „Die Parole. Illustrierte Zeitschrift des Bundesgrenzschutzes" Nr. 9, 1962.

Westliche Zeitungen meldeten, dass Arnstadt einen Hinterhalt gelegt hätte, um einen BGS-Streifenführer zu kidnappen. Er habe diesen als Tauschobjekt für einen Artillerieschlepper festsetzen wollen, mit dem Anfang August ein Pionier aus seiner Kompanie die Grenze durchbrochen hatte. Dies sei durch Flüchtlingsaussagen bekannt geworden.

Nach der Schießerei am 14. August 1962 fuhren laut *Telegraf* vom 16. August beiderseits der Grenze gepanzerte Fahrzeuge auf. *Die Parole. Illustrierte Zeitschrift für den Bundesgrenzschutz* berichtete in ihrer Septemberausgabe, kurz nach dem Zwischenfall seien zwei amerikanische Hubschrauber vor Ort erschienen, um die Bewegungen der DDR-Grenztruppen zu beobachten. Dies hätten Flüchtlinge berichtet. Am 16. August 1962 titelte das *Neue Deutschland*: „Hauptmann Rudi Arnstadt – ein guter Deutscher. Neue Bluttat der Ultras. Schwere Provokation gegen die Staatsgrenze der DDR bei Bad Salzungen. Hauptmann Rudi Arnstadt von aufgeputschten Söldnern des Bundesgrenzschutzes feige ermordet." Anlässlich der Beisetzung Arnstadts am 17. August 1962 unterbrachen die DDR-Radiosender am Vormittag ihr Programm für eine Schweigeminute. Die *Berliner Zeitung* schrieb am 18. August 1962: „Die schwere Provokation an der DDR-Staatsgrenze, bei der Hauptmann Rudi Arnstadt ermordet wurde, war bereits mehrere Tage vorher bis ins kleinste Detail geplant. Diese Bestätigung von

Feststellungen der DDR-Organe ist Freitag aus Kreisen des Bundesgrenzschutzes an westdeutsche Journalisten durchgesickert, die Zweifel an der Darstellung des Bonner Innenministeriums geäußert hatten. Den Journalisten, die sich über das schnelle Reagieren der Kriminalpolizei – nach deren Feststellungen der Mörder das DDR-Gebiet nicht berührt hatte – wunderten, wurde mitgeteilt, dass ‚einige Herren des Innenministeriums' die Vorgänge ‚zufällig' genau beobachten konnten."

Die BGS-Zeitschrift *Parole* schrieb über den Zwischenfall in ihrer Septemberausgabe 1962 unter der Überschrift „Der BGS hat nichts zu verschweigen", es sei unwahr, dass „die sowjetzonalen Grenzposten einen ‚Warnschuß in die Luft' abgegeben hätten". Der Pistolenschuss von Hauptmann Arnstadt sei direkt am Kopf des BGS-Offiziers vorbeigegangen. Dieser habe sich sofort zu Boden geworfen und dabei seine Landkarte verloren, die später acht Meter vor der Demarkationslinie aufgefunden wurde. Dies belege, dass er die Grenze nicht überschritten habe. Erst als Hauptmann Arnstadt mit seiner Pistole erneut auf den in Deckung gegangenen BGS-Offizier zielte, habe ein BGS-Beamter aus Notwehr zur Abwehrung eines unmittelbaren Angriffs gezielt auf Arnstadt geschossen.

Der Begleiter Arnstadts, der damalige Gefreite Karlheinz Roßner, erklärte 1994 in einer Vernehmung: „Für mich selbst war ich nicht dazu bereit, auf Menschen zu schießen." Er diente 1962 in Arnstadts Kompanie als Kraftfahrer. Am 14. August 1962 erteilte ihm Hauptmann Arnstadt den Befehl, ein Fahrzeug fertigzumachen und seine Waffe in der Waffenkammer abzuholen. Im Grenzabschnitt fanden zu dieser Zeit Baumaßnahmen durch Pioniereinheiten statt. Arnstadt wollte die dort eingesetzten Sicherungskräfte seiner Kompanie kontrollieren. Im Grenzbereich wurde das Fahrzeug abgestellt. Auf der westlichen Seite hätten Schaulustige die Bauarbeiten beobachtet. Zwei BGS-Beamte seien von dieser Gruppe aus entlang der Grenze patrouilliert. Hauptmann Arnstadt habe ihm erklärt, dass sich die beiden BGS-Leute an einer Ausbuchtung der Grenze auf das Gebiet der DDR bewegen würden und festzunehmen seien. Der Grenzstein, der an dieser Ausbuchtung stand, sei wegen des Bewuchses allerdings nicht erkennbar gewesen. Arnstadt habe ihm befohlen, sich 50 Meter nach rechts zu begeben. Sobald Hauptmann Arnstadt die BGS-Leute angerufen habe, sollte er einen Warnschuss abgeben und dann – sollten die Männer der Aufforderung Arnstadts keine Folge leisten – einen Zielschuss abfeuern. Arnstadt habe wenig später den beiden BGS-Beamten zugerufen: „Stehenbleiben, Sie sind verhaftet!". Die beiden seien unbeirrt weitergelaufen, daraufhin gab Roßner den befohlenen Warnschuss in die Luft ab. Die beiden BGS-Beamten hätten sich sofort auf den Boden geworfen, er habe dann noch einen Feuerstoß in die Luft abgegeben. Nun begannen die BGS-Beamten zu schießen. Er habe den Luftdruck eines Geschosses am rechten Ohr gespürt und sich zu Boden geworfen. Nach kurzer Zeit hörte er, dass nach Hauptmann Arnstadt gerufen wurde. Als er sich aufrichtete, sah er, dass Arnstadt auf dem Boden lag. Er hatte eine Verletzung am Kopf. Er sei der Meinung, dass man auch ihn damals durch einen Kopfschuss hatte töten wollen. Er könne heute nicht sagen, ob sich die BGS-Beamten tatsächlich auf dem Gebiet der DDR befanden, nehme aber an, dass Hauptmann Arnstadt das genau wusste. Ihn bewege bis heute die Frage, warum Arnstadt eine Festnahme unbedingt erzwingen wollte. Roßner betonte in der Vernehmung nochmals, dass er die Salve aus seiner MPi bewusst in die Luft abgegeben und nicht gezielt auf die BGS-Beamten geschossen habe. Ihm sei später in der Kompanie die Frage gestellt worden, warum er nicht getroffen hatte, worauf er geantwortet habe, sie hätten in der Ausbildung mit der Waffe nicht gelernt, aus der Hüfte zu schießen. Das Ereignis habe hernach in den DDR-Medien eine große Rolle gespielt, und er selbst sei von General Riedel mit der „Medaille für vorbildlichen Grenzdienst" ausgezeichnet worden.

Unter der Überschrift „Hauptmann Rudi Arnstadt – ein guter Deutscher" erschien am 16. August 1962 im Zentralorgan der SED „Neues Deutschland" eine Kurzbiographie Arnstadts mit einem Foto vom Tatort und der Bildunterschrift: „Dieser von unseren Grenztruppen beobachtete Agent (x) befehligte das Verbrechen gegen die Staatsgrenze der DDR. Er wies einen Hauptmann des Bonner Bundesgrenzschutzes an, sich eine Schnellfeuerwaffe geben zu lassen und die Provokation einzuleiten, bei der unser Genosse Arnstadt ermordet wurde." Tatsächlich handelte es sich bei dem mit (x) gekennzeichneten Mann um den Fuldaer Kriminaloberkommissar Wekwerth, der 1962 die Ermittlungen auf westlicher Seite führte. Das war dem DDR-Staatssicherheitsdienst, dessen Leute das Foto aufgenommen hatten, auch bekannt.

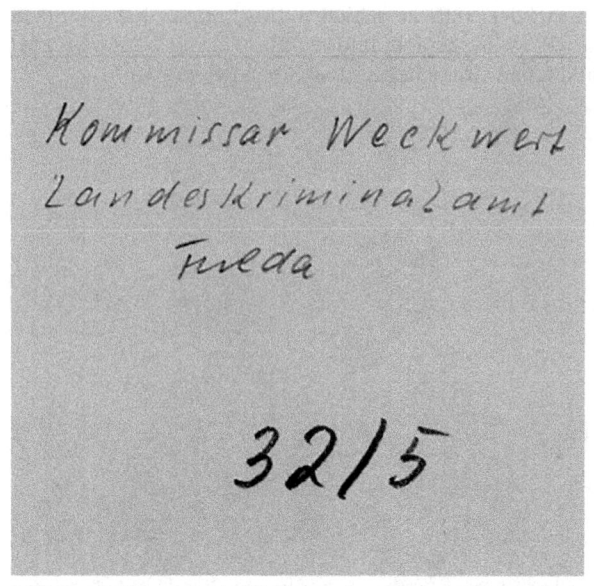

MfS-Beschriftung auf der Rückseite der umseitigen Aufnahme.
Quelle: BStU

Am 15. März 1998 wurde der ehemalige BGS-Beamte Hans Plüschke, der als Taxiunternehmer arbeitete, knapp zehn Kilometer von Wiesenfeld entfernt in der Nähe seines Taxis erschossen aufgefunden. Der Mord konnte bis heute nicht aufgeklärt werden. (Recherche: AN, jos., MP; Autor: jos.)

Quellen:

Grenztruppen der DDR, Kommando der Grenztruppen, Sekretariat des Chefs: Gesamtbericht über den am 14. Aug. 1962 im Bereich der Grenzkompanie Wiesenfeld gefallenen Gen. Hauptmann Rudi Arnstadt. BArch Freiburg, DVH 32/112265.

MfS, HA I und BV Suhl: Bericht über die Grenzprovokation am 14.8.62 in Wiesenfeld, Kreis Bad Salzungen. BStU, Ast. Suhl, AS 26/64.

MfS, BV Suhl: Unterlagen zur inoffiziellen Zusammenarbeit von Rudi Arnstadt mit dem MfS. BStU, Ast. Suhl, MfS, AIM 19128/62.

BDVP Suhl, Abteilung K/Muk: Tatortbefundsbericht vom 14.8.1962. BArch Berlin, DP3/2547 – Ib – 517/62.

MdI: Rapport-Nr. 227, 14.8.1962–15.8.1962, BArch, Berlin, DO 1/2.3 4150.

MfS, ZAIG: Sammlung von Zeitungsausschnitten und Stellungnahmen zum Todesfall Arnstadt. BStU, ZA, MfS, ZAIG, Nr. 10713.

Staatsanwalt des Bezirkes Suhl, Sitz Meiningen: Tatortuntersuchungsbericht, Mord an Genossen Hauptmann der NVA, Rudi Arnstadt. BArch Berlin, DP/3/2547.

Hauptmann Rudi Arnstadt – ein guter Deutscher. In: *Neues Deutschland,* 16.08.1962.

ADN: Grenzzwischenfall bei Wiesenfeld von Bonn geplant. In: *Berliner Zeitung,* 18.08.1962.

Der BGS hat nichts zu verschweigen. In: Die Parole. *Illustrierte Zeitschrift für den Bundesgrenzschutz.* Köln. 1962, Nr. 9, S. 3 ff.

MfAA, Abteilung UNO Sektor II: Verletzungen der Menschenrechte durch aggressive Anschläge auf die Staatsgrenze der DDR zu Westberlin und zur BRD 1962–1964. Materialien über die Verletzung der Menschenrechte durch die aggressiven Anschläge auf die Staatsgrenze der DDR zu Westdeutschland (Zeitraum 13.8.1961–31.1.1963). PAAA, MfAA C 1582/76.

ZERV: Ermittlungsverfahren gegen Karlheinz Roßner wegen des Verdachts des versuchten Totschlags. LAB, D Rep. 120–02, Acc. 83462, Js 641/92.

Meine Wahrheit, deine Wahrheit. 1962 erschoss ein BGS-Beamter einen DDR-Grenzer. 35 Jahre später wird der Schütze ermordet. Eine deutsch-deutsche Kriminalgeschichte. http://www.taz.de/1/archiv/digitaz/artikel/?ressort=sw&dig=2013%2F11%2F08%2Fa0157&cHash=e1008c1b885f059f2d484d8dc4ce7b8e (Zugriff: 1. August 2016).

Karlheinz Roßner 2011 im Interview mit Jan Schönfelder und Rainer Erices (MDR): http://www.mdr.de/thueringen/thueringer-zeitgeschichte/video7018.html (Zugriff: 1. August 2016).

Schönfelder, Jan/Erices, Rainer: Todessache Rudi Arnstadt. Zwischen Aufklärung und Propaganda. Jena 2011.

Stoll, Klaus Hartwig: Point Alpha. Brennpunkt der Geschichte. Petersberg 2007, S. 19–21.

Hartmut Eisler

geboren am 13. April 1944 in Zörbig

erschossen am 30. September 1965

Ort des Zwischenfalls: Nähe Osterode, Kreis Halberstadt (Sachsen-Anhalt)

Die Eltern Hartmut Eislers führten ein Elektroinstallationsgeschäft. Auch ihr Sohn lernte Elektroinstallateur, später sollte er das Geschäft übernehmen. Doch im Mai 1965 wurde er zum Grundwehrdienst bei den DDR-Grenztruppen eingezogen, zunächst nach Pabstdorf. Seinen Eltern berichtete er von der Härte der Ausbildung und davon, dass er dem Schießbefehl nicht Folge leisten könne. Lieber wolle er sich einsperren lassen als auf Flüchtlinge zu schießen.

Nach einem Urlaub im August sollte Eisler an die innerdeutsche Grenze nach Osterode versetzt werden. Bei seinem ersten Einsatz im Grenzdienst begleitete er am frühen Morgen des 30. September 1965 seinen Zugführer Unterleutnant K. bei einer Kontrollstreife. Sie hatten die Durchführung des Grenzdienstes durch andere Soldaten der Einheit zu kontrollieren. Es war leicht diesig und hellte langsam auf. Während der Kontrolle lösten die beiden versehentlich ein Signalgerät aus. Die im Grenzabschnitt eingesetzten Posten glaubten „Grenzverletzer" vor sich zu haben. Der Gefreite Sch. rief die Verdächtigen an und forderte sie zum Stehenbleiben auf. Unterleutnant K. reagierte darauf nicht, sondern befahl Hartmut Eisler den Posten mit seiner Spurenlampe anzuleuchten, um dessen Reaktion zu testen. Der plötzlich und unerwartet angestrahlte Grenzer reagierte erschrocken und feuerte mit seiner Maschinenpistole zwei Schüsse aus der Hüfte in Richtung der Lichtquelle ab. Hartmut Eisler erlitt einen Kopfschuss, an dem er sofort starb. Der 21-Jährige wurde mit militärischen Ehren durch die NVA am 4. Oktober 1965 auf dem Friedhof Stumsdorf bestattet.

Das Militärgericht Magdeburg verurteilte Unterleutnant K. am 8. Dezember 1965 wegen Verletzung der Vorschriften über den Grenzdienst in Tateinheit mit fahrlässiger Tötung zu einer Bewährungsstrafe von einem Jahr und sechs Monaten. Der Schütze Sch. erhielt 1999 durch das Landgericht Magdeburg wegen Totschlags eine Bewährungsstrafe von einem Jahr. Als mildernden Umstand wertete das Gericht die „allgemeine Zwangslage der Grenzsoldaten".

Die Mutter des Toten gab 1991 im Gespräch mit den Journalisten Werner Filmer und Heribert Schwan ihrer Hoffnung Ausdruck, dass „die Schuldigen, vor allem diejenigen, die die Grenze errichten und ausbauen ließen und den Schießbefehl gaben, zur Verantwortung gezogen werden". (Recherche: jk, MP, St.A.; Autor: jos.)

Quellen:

NVA, Kdo. d. GT, Op. Diensthabender: Tagesmeldung Nr. 274/65 für 29.9.–30.9.65. BArch Freiburg, DVH 32/112592.

NVA, Kdo. d. GT: Fernschreiben und weitere Meldungen zum Fall Hartmut Eisler. BArch Freiburg, DVH 32/120915 und DVH 32/120914.

Abteilung Sicherheit des ZK der SED: Mitteilung an Erich Honecker über die Anwendung der Schußwaffe während des Grenzdienstes mit Todesfolge eines Angehörigen der Grenzkompanie Osterode, Grenzregiment Halberstadt. SAPMO-BArch, DY 30 IV A 2/12/87.

StA Magdeburg: Anklageschrift wegen Totschlag vom 2.5.1995. StA Magdeburg, 653 Js 2483/95. Enthält auch Meldungen des Kommandos der Grenztruppen zum Vorfall.

LG Magdeburg: Urteil vom 1.9.1999, Ks 33 Js 2483/95. Sammlung Marxen/Werle, Humboldt Universität Berlin.

Lutz Meier

geboren am 20. Oktober 1948 in Ahlsdorf

Suizid am 18. Januar 1972

Ort des Zwischenfalls: 2 500 Meter südwestlich vom Brocken – nahe der Straße Schierke/Torfhaus (Sachsen-Anhalt)

Bildquelle: NVA

Im Mansfeldkombinat „Wilhelm Pieck" erlernte Lutz Meier den Beruf eines Elektromonteurs. Während der Lehre legte er sein Abitur im Fernstudium ab. 1968 kam er zu den Grenztruppen und absolvierte eine Ausbildung an der Offiziersschule „Rosa Luxemburg" in Plauen. Dienstliche Beurteilungen charakterisierten Lutz Meier, der Mitglied der SED war, als einen Offizier mit gutem Leumund, der allerdings bei der Führung seiner Untergebenen „sichtlich Schwierigkeiten" habe. „Charakterlich wird er als sehr sensibel, unausgeglichen und nervlich schwach eingeschätzt." Auf Kritik reagiere er empfindlich. So auch Mitte Dezember 1971, als der Kompaniechef seine Dienstausführung bemängelte. Meier soll danach sehr niedergeschlagen gewesen sein und geäußert haben, „daß er mit seinen Aufgaben schwer fertig wird und bei weiterer Kritik sich noch einmal erschießt". Lutz Meier war verheiratet, das Paar hatte ein Kind.

Am 18. Januar 1972 vergatterte Leutnant Meier um 6.45 Uhr acht Soldaten vor dem Grenzdienst. Um 6.55 Uhr verließ die Gruppe mit ihm auf einem Lastwagen die Kaserne, um die Posten zur ihren Grenzabschnitten zu transportieren. Meier und der Soldat Detlef K. begaben sich in Richtung des Sechs-Meter-Kontrollstreifens an den vorderen Grenzzaun, den sie auf Anweisung des Offiziers vom Dienst zu inspizieren hatten. In diesem Augenblick stand für K. fest, wie er später aussagte, dass er die Gelegenheit nutzen würde, um seine lang gehegte Absicht in die Tat umzusetzen und in den Westen zu desertieren. Eine solch gute Fluchtgelegenheit, so nahe an der Grenze, hatte er bisher nicht und würde er auch so schnell nicht wieder bekommen. Leutnant Meier und K. stapften durch den frisch gefallenen Schnee in das vordere Grenzgebiet.

Am Vormittag des 18. Januar, um 9.30 Uhr, hörten zwei DDR-Grenzposten unweit des Brockens zwei Feuerstöße aus dem benachbarten Grenzabschnitt. Sie meldeten zwei Feuerstöße aus Richtung Ulmer Linie. Nachdem diese Meldung bei der Führungsstelle der Kompanie in Schierke eingegangen war, rückte die Alarmgruppe der 5. Grenzkompanie, bestehend aus drei Unteroffizieren und vier Soldaten unter Leitung von Feldwebel Peter Feuerberg aus. Die Alarmgruppe entdeckte gegen 10 Uhr, 60 Meter vor der DDR-Grenze, nahe dem Grenzstein 979, Leutnant Lutz Meier. Er lag mit einem Kopfschuss tot im Schnee.

Noch am gleichen Tag verfasste die militärische Abwehrabteilung des Staatssicherheitsdienstes beim Grenzkommando Nord einen Bericht „zum Vorkommnis der Tötung eines Offiziers und der erfolgten Fahnenflucht eines Soldaten nach den bisherigen Untersuchungsergebnissen". Demnach soll der Soldat Detlef K. am Grenzzaun seine Maschinenpistole auf Meier gerichtet haben und ihn zur Herausgabe seiner Waffe gezwungen haben. Danach flüchtete er, wie die Spur im Schnee zeigte, mit beiden Waffen im Laufschritt über die Grenze und gab aus 30 Metern Entfernung zwei Feuerstöße ab. Lutz Meier hatte, als man ihn fand, seine Pistole „Makarow" in der Hand, die er entgegen den militärischen Vorschriften unter seiner Jacke mitgeführt hatte. Der tödliche Kopfschuss war mit dieser Waffe abgegeben worden.

Fünf Offiziere des Grenzkommandos Nord der Nationalen Volksarmee und drei Mitarbeiter des Staatssicherheitsdienstes untersuchten den Tatort und sicherten die dort vorhandenen Spuren im Schnee. Sie hielten in ihren Berichten fest, Leutnant Meier habe sich durch einen Kopfschuss selbst getötet. Diese Darstellung findet sich übereinstimmend in den Tatortprotokollen beider Expertengruppen. In dem Tatortuntersuchungsprotokoll der Magdeburger MfS-Experten heißt es nach der Beschreibung der Kopfverletzungen ausdrücklich: „Weitere Verletzungen wurden an der Leiche während der Tatortuntersuchung augenscheinlich nicht festgestellt." Die Arbeit der zehn Experten am Tatort fand allerdings unter erschwerten Bedingungen statt, da die Grenztruppen Nebelgranaten zündeten, um den Untersuchungsvorgang dem Blickfeld des Zollgrenzdienstes auf der westlichen Seite zu entziehen. Der Staatssicherheitsdienst meldete am nächsten Tag nach Berlin, „der Abtransport des Toten erfolgte nach Einbruch der Dunkelheit und konnte vom Gegner nicht beobachtet werden".

Tatortfoto des MfS.
Bildquelle: BStU

Auf der anderen Seite der innerdeutschen Grenze gab Detlef K. unterdessen Beamten des Zollgrenzdienstes seine Version des Geschehens zu Protokoll. In einem günstigen Moment, als Leutnant Meier sich eine Skispur im Schnee genauer ansah, habe er seine MPi von der Schulter genommen, entsichert und in Hüftanschlag gebracht. Dann habe er Leutnant Meier aufgefordert: „Legen Sie die Waffe langsam runter, machen Sie keinen Fehler!" Doch dieser riss seine MPi von der Schulter und versuchte sie ebenfalls in Hüftanschlag zu bringen. Detlef K. gab daraufhin einen Schuss ab, der seiner Meinung nach die rechte Außenseite des Handschutzes der Maschinenpistole Meiers traf. Die Splitter des Handschutzes flogen durch die Luft und fielen etwa zwei Schritte weiter in den Schnee. Meier fiel auf den Rücken und blieb mit ausgebreiteten Armen liegen. K. riss die am Boden liegende MPi Meiers an sich und fragte ihn: „Sind Sie getroffen?". Meier habe mit offenen Augen und ohne schmerzverzerrtes Gesicht kurz geantwortet: „Herzschuß". K. trat mit der MPi im Hüftanschlag bis auf einen halben Schritt an den im Schnee Liegenden heran. Er habe kein Blut oder einen Durchschlag des Geschosses durch das Schneehemd Meiers erkennen können. In diesem Augenblick habe Meier seine Hände und Arme nach oben bewegt, worauf K. aus Angst schnell wieder zurücktrat und sagte: „Bleiben Sie ruhig liegen, machen Sie keinen Fehler." Dann ging er etwa 20 Schritte rückwärts in Richtung Grenze. Als er wegen einer Bodenwelle Leutnant Meier nicht mehr sehen konnte, feuerte er einen Schuss in die Luft ab und dann eine Salve Dauerfeuer, bis das Magazin leer war. Er habe damit die Nachbarposten alarmieren wollen, falls Leutnant Meier doch verletzt sei. Am späten Abend des 18. Januar 1972 meldete der Deutschlandfunk: „Heute vormittag gelang einem 20-jährigen DDR-Grenzsoldaten im Oberharz die Flucht nach Niedersachsen, der vorher seinem Streifenführer, einem Leutnant, die Waffe aus der Hand geschossen hatte."

Stern-Foto der beiden MPi, die Detlef K. mitgenommen hatte. Obere Waffe mit abgesprengtem Plastikschutz, der als Beweisstück am Tatort vom MfS sicher gestellt wurde. Dokument aus der Stern, Nr. 19, 1972.

Die Obduktion der Leiche Meiers erfolgte am 19. Januar 1972 in der Medizinischen Akademie Magdeburg durch Prof. Dr. Friedrich Wolff und Dr. Margot Laufer in Gegenwart von Militärstaatsanwalt Gärtner. Überraschendes kam zutage. Neben dem Pistoleneinschuss am Kinn wurde nun ein MPi-Durchschuss linksseitig unter dem Herzen mit Ausschuss auf der rechten Rückenseite festgestellt. Die Obduzenten stellten schwerste innere Verletzungen im Brustraum und eine Durchtrennung des Rückenmarks fest. Lutz Meier sei vermutlich „bei aufrechter Körperhaltung, mit erhobenen Armen" getroffen worden. Es sei möglich, „daß die nachfolgende suicidähnliche Schußverletzung des Kopfes vom gleichen Täter vorgenommen worden ist, möglicherweise zur Tatverschleierung".

Am 21. Januar 1972 meldete die DDR-Nachrichtenagentur ADN, Leutnant Lutz Meier sei in Ausübung seines Dienstes „hinterhältig ermordet worden". Er erhielt posthum den „Vaterländischen Verdienstorden in Gold". Seine Beisetzung in seinem Heimatort Ahlsdorf fand am 22. Januar 1972 mit militärischen Ehren statt. Die Trauerrede hielt Grenztruppenchef Generalleutnant Erich Peter.

Am 27. Januar 1972 verbreitete die Hauptabteilung I des Staatssicherheitsdienstes, zuständig für die Überwachung der Grenztruppen, eine neue „Information über den vorsätzlichen Mord am Leutnant der Grenztruppen der NVA, Meier Lutz". Diese beruhte auf einem Kurzgutachten, das der Gerichtsmediziner der Berliner Charité, Prof. Dr. Otto Prokop, auf der Grundlage des Magdeburger Sektionsprotokolls für das MfS angefertigt hatte. Demnach war die Schussverletzung, die K. aus fünf Metern Entfernung Leutnant Meier zugefügt habe, so schwer, „daß selbst unter Einsatz moderner medizinischer Mittel eine vollständige oder auch nur teilweise Wiederherstellung des Betroffenen nicht möglich gewesen wäre und sie somit tödlich" gewesen sei. Die inneren Verletzungen nach dem Bauchdurchschuss und die Durchtrennung des Rückenmarks hätten eine Querschnittslähmung hervorgerufen. Leutnant Meier habe sich „eigenhändig, offensichtlich auf Grund der äußerst schmerzhaften Verletzungen" mit seiner Dienstpistole „Makarow" schließlich selbst getötet. Am 11. Februar 1972 revidierte auch die zentrale Untersuchungsabteilung des Staatssicherheitsdienstes in Berlin die ursprünglichen Ergebnisse der Tatortuntersuchung durch die Magdeburger MfS-Bezirksverwaltung. Es sei dabei zu „wesentlichen Fehlern und Mängeln bei der kriminalistischen Tatbestandsaufnahme in der Mordsache Meier" gekommen.

Original Bildunterschrift: ADN-ZB Schaar-22.1.72-Krs. Eisleben: Beisetzung des NVA-Leutnants Lutz Meier- Der Leutnant der Nationalen Volksarmee Lutz Meier der im Alter von 23 Jahren während der Ausübung seines Dienstes zum Schutz der Staatsgrenze der DDR einem feigen Mordanschlag zum Opfer fiel, wurde am 22.1.72 in Ahlsdorf, Kreis Eisleben, mit militärischen Ehren beigesetzt.
Bildquelle: Bundesarchiv, Bild 183-LO 22–0038

Im Oktober 1972 erhob die Staatsanwaltschaft in Hannover gegen Detlef K. Anklage wegen vorsätzlicher Tötung. Der niedersächsische Justizminister wandte sich im Dezember 1972 mit einem Rechtshilfeersuchen an die DDR-Generalstaatsanwaltschaft und bat um Übersendung von Beweismaterial und des Obduktionsberichts sowie die Vernehmung von Zeugen- und Sachverständigen. Die DDR-Generalstaatsanwaltschaft, die bereits zuvor die Auslieferung von Detlef K. gefordert hatte, kam dem Rechtshilfeersuchen auf Betreiben des Staatssicherheitsdienstes nicht nach. Neben allerlei Spitzfindigkeiten wie die westdeutsche Seite versuche mit ihrem Ansinnen, „die Linie der ‚innerdeutschen Beziehungen' durchzusetzen", kommt die MfS-Stellungnahme erst am Ende auf den Punkt. Eine Übergabe der vorliegenden Beweismittel sei „insbesondere deshalb nicht möglich, weil diese Beweise den von Leutnant Meier eigenhändig gesetzten Schädeldurchschuß offenbaren würden". Das aber würde die „in der Westpresse publizierten Spekulationen über einen Selbstmord des Meier erneut aktualisieren". Die Westmedien würden „den suicidalen Schädeldurchschuß mit hoher Wahrscheinlichkeit in den Vordergrund spielen und mithin uns abträgliche politische Argumente setzen". Die I. Große Strafkammer des Landgerichts Hannover lehnte Anfang Juli 1973 die Eröffnung eines Hauptverfahrenen gegen Detlef K. wegen Totschlags ab, da keine hinreichenden Beweise über das Tatgeschehen vorlägen. (Recherche: jk, jos., MP, MS; Autor: jos.)

Quellen:

MfS, HA I: Fahnenflucht eines NVA-Angehörigen unter Anwendung der Schußwaffe, BStU, ZA, MfS, HA I, Nr. 71.

MfS, HA I: Handschriftliche Anmerkungen zum Todesfall, BStU, ZA, MfS, HA I, Nr. 16543, Bd. 6.

MfS, Abt. III: Meldungen von Westmedien, BStU, ZA, MfS, HA III, Nr. 10073.

Oberfinanzdirektion Niedersachsen: Grenzlage 19. Januar 1972, NLA Hannover, Nds. 220, Acc. 167/82 Nr. 25.

BMI: Diverse Schreiben zum Vorgang Lutz Meier, BArch Koblenz, B/137/6432.

Bewegender Abschied von einem treuen Genossen. In: *Neues Deutschland*, 23.01.1972.

Prozeß um Tod eines DDR-Leutnants abgelehnt. In: *Frankfurter Allgemeine Zeitung*, 21.09.1973.

Mord, Selbstmord oder Notwehr? In: *Der Stern*, Nr. 19, 1972.

Hans-Harald Friese

geboren am 1. Mai 1953 in Sommersdorf

angeschossen am 22. Juli 1973, gestorben am 23. Juli 1973

Ort des Geschehens: Tuchfelstal nahe Ilsenburg (Sachsen-Anhalt)

Hans-Harald Friese diente seit 1972 bei den DDR-Grenztruppen. Zuletzt war der Gefreite als Postenführer im Grenzabschnitt Ilsenburg bei der 2. Grenzkompanie des Grenzregiments 20 eingesetzt. In der Nacht des 22. Juli 1973 befand sich Friese mit dem Soldaten K. im Grenzwachdienst. Als eine Stunde vor Mitternacht die Hunde in den Grenzanlagen anschlugen, begab sich das Postenpaar in Richtung der Hunde-Laufseilanlage, um die Ursache des Hundegebells zu überprüfen. Auf dem Weg durch die Dunkelheit gerieten die beiden Soldaten in den benachbarten Grenzabschnitt und trafen auf drei dort eingesetzte Kameraden aus ihrer Einheit. Deren Postenführer R. rief die beiden an und fragte sie nach der Parole. Während der Soldat K. diese nannte, antwortete Postenführer Friese mit den Worten „mach kein Quatsch" und leuchtete dem anderen Postenführer mit der Stablampe ins Gesicht. Daraufhin gab dieser aus etwa fünf Metern Entfernung einen Feuerstoß aus seiner MPi auf Friese ab. Der brach von mehreren Schüssen in der rechten Brustseite getroffen zusammen.

Der durch drei Kugeln lebensgefährlich Verwundete wurde ins Kreiskrankenhaus Wernigerode gebracht, wo er nach einer nächtlichen Operation am Vormittag des folgenden Tages seinen Verletzungen erlag. In einer Karteikarte der Hauptabteilung I des MfS wurde als Ursache für den Schusswaffengebrauch mit Todesfolge eingetragen: „Keine Übereinstimmung der Parolen zwischen den Grenzposten, kein Warnschuß, ungenügende Grenzausbildung". Dennoch leitete der zuständigen Militärstaatsanwalt kein Ermittlungsverfahren gegen den Todesschützen ein, „da keine strafrechtlichen Handlungen vorliegen und der Posten nicht gegen die bestehenden Befehle verstoßen" habe. (Recherchen: MP, jos.; Autor: jos.)

Quelle:
MfS, HA IX: Anwendung der Schußwaffe mit schwerer Körperverletzung im Grenzdienst durch Postenführer der NVA/Grenze. MfS HA IX Nr. 4875.

Jürgen Lange

geboren am 8. Dezember 1955 in Werdau

erschossen am 19. Dezember 1975

Ort des Zwischenfalls: Sicherungspunkt Waldecke Staudig, zwei Kilometer südlich der Ortschaft Harras (Thüringen)

Bildquelle: NVA

Jürgen Lange wurde am 8. Dezember 1955 in Werdau geboren und hatte den Beruf eines Tischlers erlernt. Im Grundwehrdienst, den er am 6. März 1975 angetreten hatte, wurde er zum MPi-Schützen und Kraftfahrer ausgebildet. Er galt als ruhiger, kameradschaftlicher und bescheidener Mensch. In die Grenzkompanie Eishausen war er erst vor Kurzem versetzt worden. Klaus-Peter Seidel war sein Postenführer und Stubenkamerad.

Der Postendienst, den der 20-jährige Grenzsoldat Jürgen Lange und der Gefreite Klaus-Peter Seidel gemeinsam mit weiteren Angehörigen der Grenzkompanie Eishausen am 18. Dezember 1975 um 17 Uhr antraten, war kein Routineeinsatz. Seit dem 15. Dezember fahndete ein Großaufgebot aus Grenztruppen, Polizei und MfS nach dem bewaffneten Fahnenflüchtling Werner Weinhold. Es herrschte höchste Alarmbereitschaft in der Grenzkompanie Eishausen, da bereits am Vormittag bei der Suche nach dem Deserteur in einem unzugänglichen Waldgebiet Schüsse gefallen waren und das gestohlene Fluchtauto Weinholds nur fünf Kilometer vom Einsatzgebiet entfernt in Schnackendorf aufgefunden wurde. Bei der Befehlsausgabe schärfte der Kompaniechef den Soldaten ein, der Deserteur müsse unter allen

Umständen festgenommen werden, und sofern er auf Anrufe nicht reagiere, sei sofort von der Schusswaffe Gebrauch zu machen. Doch nicht nur die Gefahr, die von dem gesuchten Deserteur ausging, beschäftigte die Soldaten. Hinzu kam die unangenehme Aussicht auf einen erneuten strapaziösen Nachtdienst, bei dem sie bei Temperaturen von bis zu minus 20 °C in einer sternklaren Nacht zwölf Stunden Posten stehen mussten. Erschöpft und übermüdet von dem nun schon drei Tage andauernden Sondereinsatz bezogen Seidel und Lange gegen 18 Uhr zwei Kilometer südlich der Ortschaft Harras die ihnen zugewiesene Stellung. Sie befand sich in einer Erdkuhle im freien Gelände zwischen dem Hochwald und der Grenzsicherungsanlage.

Jürgen Lange und Klaus-Peter Seidel erhielten am 19. Dezember 1975 früh gegen 1 Uhr Nachtverpflegung. Noch um 2 Uhr sah der Zugführer des Abschnitts beide Soldaten neben ihrer Stellung sitzen, mit den Rücken an einem Baumstumpf neben der Erdkuhle gelehnt. Anschließend muss sich Jürgen Lange auf seinen Regenumhang gelegt haben. Um 2.15 Uhr hörten mehrere Posten im Grenzabschnitt einen langen Feuerstoß. Als der Zugführer daraufhin zu den Posten eilte, fand er Klaus-Peter Seidel auf dem Rücken und Jürgen Lange auf der Seite liegend vor, beide bewusstlos und mit schweren Schussverletzungen. Während die Grenztruppen danach mit Hundemeuten das Waldgebiet durchkämmten, in dem der Flüchtling Weinhold noch immer vermutet wurde, war dieser bereits per Anhalter und Bahn nach Nordrhein-Westfalen unterwegs, um dort bei Verwandten unterzukommen.

Die Tatortuntersuchungen ergaben, dass Weinhold sich bis auf fünf Meter an die Posten herangeschlichen hatte und das Feuer eröffnete. Jürgen Lange wurde von vier Kugeln in Rücken und Arme getroffen, Klaus-Peter Seidel sitzend oder im Aufstehen begriffen von sieben Kugeln in Brustkorb und Beine. Beide verbluteten noch am Tatort.

Informiert von DDR-Fahndungsmeldungen und Medienberichten aus der DDR nahm die Polizei am 21. Dezember Werner Weinhold in Recklinghausen fest. Bei seinen Vernehmungen gab er zu, auf der Flucht ein Fahrzeug entwendet und auf zwei Soldaten geschossen zu haben. Die wiederholten Auslieferungsgesuche der Generalstaatsanwaltschaft der DDR lehnte die bundesdeutsche Seite ab, Weinholds Schuld sollte in einem rechtsstaatlichen Verfahren geklärt werden. Am 2. Dezember 1976 sprach ihn das Schwurgericht Essen von der Anklage des zweifachen Totschlags frei und legte eine Entschädigung für die erlittene Untersuchungshaft fest. Da die DDR trotz entsprechender Rechtshilfeersuchen keine Beweismittel übergab und auf einer Auslieferung Weinholds bestand, schenkte das Gericht der Aussage des Angeklagten Glauben, er habe in Notwehr auf die Schüsse eines der Grenzsoldaten reagiert. In der DDR stieß dieser als „Schandurteil" bezeichnete Freispruch aus Essen auf Empörung. Hier waren Jürgen Lange und Klaus-Peter Seidel posthum zu Unteroffizieren befördert und mit dem Kampforden „Für Verdienste um Volk und Vaterland" ausgezeichnet worden. Sie wurden in Eishausen mit einer Gedenktafel und einem Gedenkzimmer geehrt, jährlich zum Todestag von Lange und Seidel besuchten später Grenzsoldaten, Betriebsgruppen und Schülerdelegationen deren Grabstätten in Werdau und auf dem Waldfriedhof in Oberschöneweide.

488 Todesfälle in Ausübung des Grenzdienstes

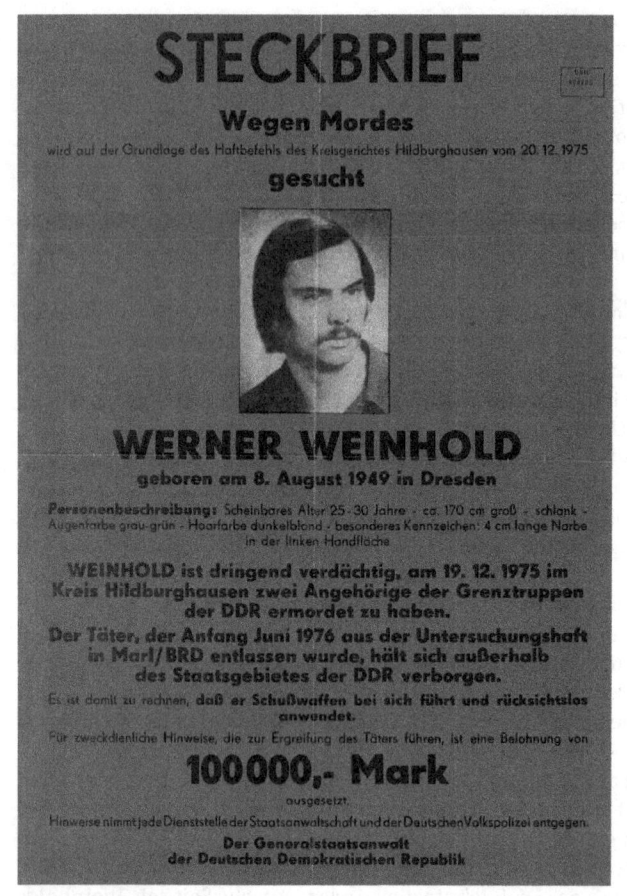

Bildquelle: BStU

Der Bundesgerichtshof rügte am 9. September 1977 den Freispruch Werner Weinholds wegen unzureichender Aufklärung des Sachverhalts und verwies den Fall an das Landgericht Hagen zur erneuten Verhandlung. Im zweiten Weinhold-Prozess lag nun ein vom Bezirksgericht Dresden überstelltes Protokoll zur Beweiserhebung vor. Der Angeklagte wurde in Hagen am 1. Dezember 1978 wegen Totschlags in zwei Fällen und wegen bewaffneten Kraftfahrzeugdiebstahls zu fünfeinhalb Jahren Freiheitsstrafe verurteilt. Das Gericht kam zu dem Schluss, dass keine Notwehr vorlag, jedoch eine Strafmilderung wegen verminderter Schuldfähigkeit zu berücksichtigen sei. Am 7. Juli 1982 wurde Weinhold nach dreieinhalb Jahren Haft wegen guter Führung vorzeitig entlassen. MfS-Unterlagen belegen Vorbereitungen zur geplanten Entführung oder Ermordung Weinholds durch Agenten des Staatssicherheitsdienstes, die jedoch nicht umgesetzt wurden. (Recherche: jk, jos., MS, ST, TP; Autor: jk)

Vgl. die Biografie von Klaus-Peter Seidel.

Quellen:

MfS an Armeegeneral Hoffman, 22.12.1975: Ergänzende Hinweise zur Information Nr. 935/75 über die unerlaubte Entfernung, den terroristischen Doppelmord an zwei Grenzsoldaten und die Fahnenflucht des NVA-Angehörigen Weinhold. BStU, ZA, MfS-ZAIG 25826.

Generalleutnant Beater an Paul Verner, 9.7.1976: Bericht über die Realisierung von Offensivmaßnahmen in der Strafsache Weinhold. BStU, ZA, MfS-ZAIG 25826.

MfS: Ergänzende Hinweise zur Information Nr. 935/75 über die unerlaubte Entfernung, den terroristischen Doppelmord an zwei Grenzsoldaten und die Fahnenflucht des NVA-Angehörigen Weinhold. o. Dt. BStU, ZA, MfS-ZAIG 25826.

Grenztruppen der DDR, Stellv. des Chefs der Grenztruppen und Chef des Stabes: Abschlußbericht über den gewaltsamen Grenzdurchbruch mit Anwendung der Schußwaffe am 19.12.1975, gegen 02.40 Uhr, im Abschnitt ca. 2000 m südlich der Ortschaft Harras, III. Grenzbataillon, Grenzregiment 9 Hildburghausen. 23.12.1975. BStU, ZA, MfS, HA I, Nr. 15771.

MfS, HA VII: Meldungen zur Eilfahndung nach Werner Weinhold. BStU, ZA, MfS, HA VII, Nr. 4625.

MfS, Sekretariat Neiber: Ergänzende Hinweise zur Information Nr. 935/75 über die unerlaubte Entfernung, den terroristischen Doppelmord an zwei Grenzsoldaten und die Fahnenflucht des NVA-Angehörigen Weinhold. BStU, MfS, Sekr. Neiber, 420.

Kommando der Grenztruppen/Operatives Führungs- und Informationszentrum: Meldung des Kommandeurs Grenzregiment 9 zur Einschätzung der am 19.12.1975 ermordeten Angehörigen der Grenztruppen. o.Dt. BArch Freiburg, DVH 32/121525.

Bundesministerium der Finanzen: Grenzzwischenfälle und -nachrichten von der Grenze zur DDR und von Berlin (Dezember 1975). Bonn 28.1.1976. BArch Koblenz, B/137/6435.

Zentrale in Bayern: Betr.: Grenzlageeinzelbericht vom 20.12.1975. BArch Koblenz, B/137/9794.

BMI: Betr.: Flüchtling der uniformierten Streitkräfte der DDR. Hier: Flucht eines Feldwebels der NVA Land oder DDR Grenztruppe nach Entfernung von seiner Einheit. Bonn, 22.12.1975. BArch Koblenz, B/137/9794.

Riedel/Staatsanwaltschaft II bei dem Landgericht Berlin: Vfg. Berlin, 1.8.1995. LAB, D Rep. 120–02, Acc. 8346, LG Berlin 27 Js 1117/93.

Sie wurden im Dienst für ihr sozialistisches Vaterland meuchlings ermordet. In: *Neues Deutschland*, 13.08.1976.

Der Mordschütze durchsiebte seine Opfer mit Kugeln. Aus den Protokollen der gerichtsmedizinischen Sektion der Universität Jena. In: *Berliner Zeitung*, 04./05.12.1976.

ADN: Grenzsoldaten der DDR meuchlings ermordet. In: *Neues Deutschland*, 22.12.1975.

ADN/BZ: Ehrendes Gedenken für ermordete Grenzsoldaten. Weltweite Empörung gegen Weinhold-Freispruch hält an. In: *Berliner Zeitung*, 20.12.1976.

Mauz, Gerhard: Ein Einbruch verdrängter Wirklichkeit. In: *Der Spiegel*, Nr. 49, 1978, S. 142f.

Reuters/DPA: Weinhold zu fünfeinhalb Jahren Haft verurteilt. In: *FAZ*, 02.12.1978.

Werner Weinholds Weg in den Westen. 06.08.2002. http://spiegel.de/sptv/reportage/a-208955-druck.html (Zugriff: 15.09.2015).

Frotscher, Kurt; Liebig, Horst: Opfer deutscher Teilung. Beim Grenzschutz getötet. Schkeuditz 2005, S. 146–155.

Schätzlein, Gerhard: Flucht aus der DDR von 1950 bis 1989. Mellrichstadt 2015, S. 237–256.

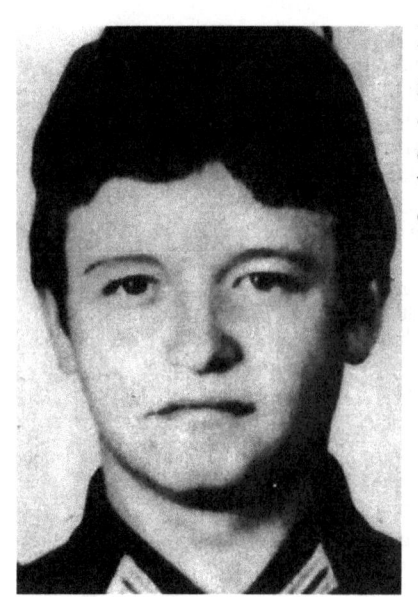

Klaus-Peter Seidel

geboren am 22. Oktober 1954 in Weimar

erschossen am 19. Dezember 1975

Ort des Zwischenfalls: Sicherungspunkt Waldecke Staudig, zwei Kilometer südlich der Ortschaft Harras (Thüringen)

Bildquelle: NVA

Klaus-Peter Seidel wurde am 22. Oktober 1954 in Weimar geboren und zog später mit seinen Eltern nach Berlin-Oberschöneweide. Bevor er am 2. November 1974 zu den Grenztruppen einberufen wurde, schloss er eine Ausbildung zum Baufacharbeiter mit Abitur ab. Im Dezember 1975 hatte er noch ein halbes Jahr Wehrdienst vor sich, anschließend wollte er ein Studium im Bereich Bauwesen beginnen. „Besonders geschätzt wurden seine Aufgeschlossenheit, Hilfsbereitschaft und Konsequenz", heißt es in einem Nachruf auf ihn im *Neuen Deutschland*.

Der Postendienst, den der 21-jährige Postenführer und MG-Schütze Klaus-Peter Seidel mit seinem Stubenkameraden Jürgen Lange und weiteren Angehörigen der Grenzkompanie Eishausen am 18. Dezember 1975 um 17 Uhr antraten, war kein Routineeinsatz. Seit dem 15. Dezember fahndete ein Großaufgebot aus Grenztruppen, Polizei und MfS nach dem bewaffneten Fahnenflüchtling Werner Weinhold, der sich nach vorliegenden Alarmmeldungen der DDR-Grenze zur Bundesrepublik näherte. Der Fahnenflüchtling war drei Tage zuvor unter Mitnahme von Waffe und Munition aus der Kaserne des Panzerregiments 14 in Spremberg geflüchtet. Er hatte einen Trabant gestohlen und eine Polizeistreife in der Nähe der Autobahnabfahrt Wüstenbrand mit seiner Maschinenpistole bedroht. Kurz bevor Seidel und Lange am 18. Dezember 1975 zum Grenzeinsatz ausrückten, fand ein Suchtrupp in Schackendorf, nur fünf Kilometer von ihrem Einsatzort entfernt, das gestohlene Fluchtauto Weinholds. Bei der Vergatterung wurde den Soldaten befohlen, den Rechtsbrecher festzunehmen. Sofern er auf Anrufe nicht reagiere, sei sofort das Feuer auf ihn zu eröffnen. Doch nicht nur die Gefahr, die von dem gesuchten Deserteur ausging, beschäftigte die Soldaten, sondern auch der strapaziöse Nachtdienst, in dem sie bei Temperaturen von bis zu minus 20 °C in einer sternklaren Nacht zwölf Stunden an einem Platz ausharren mussten. Sie waren erschöpft von dem nun schon drei Tage andauernden Sondereinsatz. Gegen 18 Uhr bezogen Seidel und Lange ihre

Stellung. Diese befand sich in einer Erdkuhle bei einem Baumstumpf im freien Gelände zwischen Hochwald und Grenzsicherungsanlage, etwa zwei Kilometer südlich der Ortschaft Harras.

Jürgen Lange und Klaus-Peter Seidel erhielten am 19. Dezember 1975 früh gegen 1 Uhr Nachtverpflegung. Noch um 2 Uhr sah der Zugführer des Abschnitts beide Soldaten mit den Rücken am Baumstumpf sitzen. Anschließend muss sich Jürgen Lange auf seinen Regenumhang gelegt haben. Um 2.15 Uhr hörten mehrere Grenzer einen langen Feuerstoß. Als der Zugführer daraufhin den Doppelposten überprüfen wollte, fand er Klaus-Peter Seidel auf dem Rücken und Jürgen Lange auf der Seite liegend vor. Beide hatten erhebliche Schusswunden und waren ohne Bewusstsein. Während die Grenztruppen danach mit Hundemeuten das Waldgebiet durchkämmten, in dem Weinhold noch immer vermutet wurde, war dieser bereits per Anhalter und Bahn nach Nordrhein-Westfalen unterwegs, um dort bei Verwandten unterzukommen.

Die Tatortuntersuchungen ergaben, dass Weinhold sich bis auf fünf Meter an die Posten herangeschlichen hatte, als er das Feuer eröffnete. Er traf Klaus-Peter Seidel sitzend oder im Aufstehen begriffen mit sieben Kugeln in Brustkorb und Beine. Jürgen Lange trafen vier Geschosse in Rücken und Arme. Beide verbluteten noch am Tatort.

Für die anläßlich der Trauerfeierlichkeiten für unseren einzigen, inniggeliebten Sohn

Unteroffizier

Klaus-Peter Seidel

der als Grenzsoldat einem feigen, heimtückischen Mordanschlag zum Opfer fiel, erwiesene Anteilnahme, sagen wir auf diesem Wege allen Freunden und Bekannten unseren aufrichtigsten Dank.

Unsere besondere Danksagung gilt den Genossen der Grenztruppen der DDR, die dem teuren Toten die letzte Ehre erwiesen und uns in den schweren Tagen hilf- und trostreich zur Seite standen.

Im Namen aller Verwandten
Horst und Johanna Seidel

Berlin-Oberschöneweide, An der Wuhlheide 44
Im Dezember 1975

Anzeige aus der Berliner Zeitung vom 10. Januar 1976

Informiert von Berichten aus der DDR nahm die Polizei Werner Weinhold am 21. Dezember in Recklinghausen fest. Bei seinen Vernehmungen gab er zu, auf der Flucht ein Fahrzeug entwendet und auf zwei Soldaten geschossen zu haben. Die wiederholten Auslieferungsgesuche der Generalstaatsanwaltschaft der DDR lehnte die bundesdeutsche Seite ab, weil ihm in der DDR die Todesstrafe drohte. Am 2. Dezember 1976 sprach ihn das Schwurgericht Essen von der Anklage des zweifachen Totschlags frei und legte eine Entschädigung für die erlittene Untersuchungshaft fest. Aus Beweisnotstand schenkte das Gericht der Aussage des Angeklagten Glauben, in Notwehr auf die Schüsse eines der Grenzsoldaten reagiert zu haben. Die DDR antwortete auf diesen als „Schandurteil" bezeichneten Freispruch in ihren Medien und Verlautbarungen mit heftiger Empörung. Hier waren Jürgen Lange und Klaus-Peter Seidel posthum zu Unteroffizieren befördert und mit dem Kampforden „Für Verdienste um Volk und Vaterland" ausgezeichnet worden. Sie wurden in Eishausen mit einer Gedenktafel und einem Gedenkzimmer geehrt. Zum Todestag von Lange und Seidel besuchten später Grenzsoldaten, Betriebsgruppen und Schülerdelegationen alljährlich deren Grabstätten in Werdau und auf dem Waldfriedhof in Oberschöneweide. MfS-Unterlagen belegen intensive Vorbereitungen zur Entführung oder Ermordung Weinholds durch Agenten des Staatssicherheitsdienstes, die jedoch nicht realisiert wurden.

Der Bundesgerichtshof rügte am 9. September 1977 den Freispruch Werner Weinholds und wies das Landgericht Hagen zur nochmaligen Verhandlung der Sache an. Dieses nutzte zur Beurteilung des Falls ein vom Bezirksgericht Dresden überstelltes Protokoll zur Beweiserhebung. Das Landgericht Hagen verurteilte Werner Weinhold am 1. Dezember 1978 wegen Totschlags in zwei Fällen und wegen bewaffneten Kraftfahrzeugdiebstahls zu fünfeinhalb Jahren Freiheitsstrafe. Es habe keine Notwehr vorgelegen, jedoch sei eine Strafmilderung wegen verminderter Schuldfähigkeit zu berücksichtigen. Am 7. Juli 1982 wurde Werner Weinhold vorzeitig nach dreieinhalb Jahren Haft entlassen. (Recherche: jk, jos., MS, ST, TP; Autor: jk)

Vgl. die Biografie von Jürgen Lange.

Quellen:

MfS an Armeegeneral Hoffman, 22.12.1975: Ergänzende Hinweise zur Information Nr. 935/75 über die unerlaubte Entfernung, den terroristischen Doppelmord an zwei Grenzsoldaten und die Fahnenflucht des NVA-Angehörigen Weinhold. BStU, ZA, MfS-ZAIG, 25826.

Generalleutnant Beater an Paul Verner, 9.7.1976: Bericht über die Realisierung von Offensivmaßnahmen in der Strafsache Weinhold. BStU, ZA, MfS-ZAIG, 25826.

MfS, ZAIG: Information über die unerlaubte Entfernung, den terroristischen Doppelmord an zwei Grenzsoldaten und die Fahnenflucht des NVA-Angehörigen Weinhold. o. Dt. BStU, ZA, MfS-ZAIG, 25826.

Grenztruppen der DDR, Stellv. des Chefs der Grenztruppen und Chef des Stabes: Abschlußbericht über den gewaltsamen Grenzdurchbruch mit Anwendung der Schußwaffe am 19.12.1975, gegen 02.40 Uhr, im Abschnitt ca. 2000 m südlich der Ortschaft Harras, III. Grenzbataillon, Grenzregiment 9 Hildburghausen. 23.12.1975. BStU, ZA, MfS, HA I, Nr. 15771.

MfS, HA VII: Meldungen zur Eilfahndung nach Werner Weinhold. BStU, Archiv der Zentralstelle, MfS, HA VII, Nr. 4625.

MfS, Sekretariat Neiber: Ergänzende Hinweise zur Information Nr. 935/75 über die unerlaubte Entfernung, den terroristischen Doppelmord an zwei Grenzsoldaten und die Fahnenflucht des NVA-Angehörigen Weinhold. BStU, MfS, Sekr. Neiber 420.

Klaus-Peter Braun

geboren am 21. Oktober 1958 in Bleicherode
erschossen am 1. August 1981
Ort des Zwischenfalls: Grenzgebiet bei Rustenfelde (Thüringen)

Bildquelle: Wikimedia / Bundesarchiv_Bild_183-Z0804-039

Am späten Nachmittag des 31. Juli 1981 traten der Postenführer Klaus-Peter Braun und der Sicherungsposten Roland Höhne einen zwölfstündigen Dienst in der Führungsstelle der Grenzkompanie Rustenfelde an. Diese war in einem zwölf Quadratmeter großen Raum in der zweiten Etage eines Beobachtungsturmes eingerichtet, das Inventar umfasste zwei Tische mit Wechselsprechanlagen und Halterungen für Maschinenpistolen, zwei Stühle, ein Kartenbrett, vor den Fenstern schwarze Verdunklungsvorhänge. Gegen 22.35 Uhr besuchten ein Unteroffizier und der Gefreite einer Alarmgruppe die Führungsstelle. Möglicherweise spielten sie Skat, bis eine Stunde später die Signalanlage ausgelöst wurde. Diesen Alarm mussten die beiden Männer vor Ort überprüfen. Als sie den Raum verließen, saß Klaus-Peter Braun an seinem Arbeitsplatz. Er hatte sich die Hemdsärmel hochgekrempelt, noch in der Nacht litt man in dem engen Raum unter der Sommerhitze. Roland Höhne stand am geöffneten Fenster.

Der Sicherungsposten Höhne war erst einen Monat zuvor in die Grenzkompanie gekommen. Die NVA hatte den 24-jährigen Wehrdienstleistenden, der von Beruf Schlosser war, zum Militärkraftfahrer und Funker ausgebildet. Später, im Aufnahmelager Gießen, sagte er aus, dass er in der Hoffnung, eine günstige Gelegenheit zur Flucht zu finden, Grenzsoldat geworden sei. Er sei mit den Verhältnissen in der DDR unzufrieden gewesen.

Klaus-Peter Braun war dagegen freiwillig eine Dienstverpflichtung bei den Grenztruppen der DDR eingegangen, weil er Berufsoffizier werden wollte. Der Arbeitersohn hatte den Beruf eines Bergbautechnologen im VEB Kaliwerk „Karl Liebknecht" in Bleicherode erlernt. Zuletzt saß er dort am Steuer von großen Ladefahrzeugen. In der

Freizeit trieb er Leichtathletik und Wehrsport. Er gehörte zur örtlichen Jagdgesellschaft und zu deren Jagdbläsergruppe sowie zum FDJ-Singeclub in Bleicherode. Da er keine Verwandtschaft in der Bundesrepublik hatte und von mehreren Seiten als zuverlässig und hilfsbereit eingeschätzt wurde, galt er als überaus geeignet für eine militärische Laufbahn, zu der er am 1. November 1977 einberufen wurde. Nachdem er erfolgreich einen Unteroffizierslehrgang in Perleberg absolviert hatte, versetzte ihn die NVA zum Grenzregiment 4 nach Heiligenstadt. Zwei Jahre lang erfüllte er als Gesellschaftlicher Mitarbeiter für Sicherheit (GMS) auch inoffiziell Aufträge für das Ministerium für Staatssicherheit. Er sollte der Stasi-Hauptabteilung I bei der Aufdeckung und Verhinderung von Fahnenfluchten helfen. Doch „operativ bedeutsame Informationen und Sachverhalte wurden durch ihn nicht erarbeitet", heißt es 1980 in einer abschließenden Einschätzung, „und es erfolgte kein Einsatz zur direkten Bearbeitung von Personen". Klaus-Peter Braun war inzwischen in die SED eingetreten und zum Feldwebel befördert worden. Seinen Dienst verrichtete er als stellvertretender Zugführer und Grenzaufklärer in der Grenzkompanie Rustenfelde.

Als in der Nacht vom 31. Juli zum 1. August 1981 die Angehörigen der Alarmgruppe die Signalanlage überprüft hatten und um 0.45 Uhr über die Wechselsprechanlage wieder Kontakt mit dem Postenführer im Wachturm aufnehmen wollten, erhielten sie keine Antwort. Da auch weitere Anrufversuche erfolglos blieben, entschloss sich Unteroffizier B. schließlich, die Führungsstelle selbst aufzusuchen. Er betrat, vom Gefreiten K. begleitet, den Raum, schaltete die Neonbeleuchtung an, sah einen umgestürzten Stuhl, das offene Fenster und dann Klaus-Peter Braun, der auf dem Fußboden lag. Um ihn herum hatte sich eine Blutlache ausgebreitet. Der Gefreite ergriff den umgestürzten Stuhl und musste sich setzen. Der Sicherungsposten Roland Höhne hatte die Flucht ergriffen und befand sich zu dieser Zeit schon auf der anderen Seite der Grenze, wo er in Lichtenhagen von BGS-Beamten aufgenommen wurde.

Die Beweiserhebung vor dem Militärgericht in Leipzig stieß auf Schwierigkeiten. Eine Auslieferung von Roland Höhne an die DDR-Justiz verweigerte die westliche Seite, da der Beschuldigte in der DDR kein rechtsstaatliches Verfahren zu erwarten hätte. Aber auch die Tatwaffe wurde nicht zur Verfügung gestellt. Im Vorfeld der Militärgerichtsverhandlung kam es zwischen Gerichtsmedizinern aus Jena und Berlin sowie dem Kriminalistischen Institut der Deutschen Volkspolizei zu einer Kontroverse über die Beurteilung der Schussentfernung. Der Berliner Gerichtsmediziner Dr. Georg Radam (Humboldt Universität), ein Vertrauensmann des MfS, schrieb in seinem Gegengutachten: „Die vom Kriminalistischen Institut der Deutschen Volkspolizei getroffenen Aussagen zu den Schußentfernungen werden durch den Inhalt des Gutachtens selbst so weit abgeschwächt, daß sie praktisch zurückgenommen werden." Das Beweismaterial müsse einer erneuten gründlichen Sichtung und Untersuchung zur Eingrenzung der Schussentfernung unterzogen werden. Man einigte sich schließlich auf ein gemeinsames Gutachten, das die „strafprozessualen Möglichkeiten und die Beweisrichtlinie" des Gerichts beachten sollte. Demnach sei Klaus-Peter Braun in sitzender Haltung aus einer Entfernung von mindestens 50 Zentimetern von drei Projektilen getroffen worden. Roland Höhne habe die Schüsse stehend und als Einzelfeuer aus seiner Maschinenpistole abgegeben. Das Militärobergericht Leipzig ging in seiner Urteilsfindung von einer vorsätzlichen Tötung aus und verurteilte Roland Höhne in Abwesenheit am 23. Juli 1982 zu einer lebenslangen Haftstrafe.

Die Staatsanwaltschaft Göttingen zweifelte die Folgerungen des Leipziger Militärgerichts an und erhob im März 1983 vor dem Göttinger Landgericht Anklage wegen fahrlässiger Tötung. Sie bezog sich dabei weitgehend auf die Aussagen des Beschuldigten. Ihr lagen aber auch die vom Generalstaatsanwalt der DDR übermittelten Tatortbefundberichte, das Gutachten über die Todesursache, Zeugenaussagen und das Protokoll der Leichenöffnung aus Jena vor. Nach Höhnes Aussage habe er Klaus-Peter Braun in der Tatnacht mit vorgehaltener entsicherter Waffe zwingen wollen, sich in einen anderen Raum des Beobachtungsturmes einschließen zu lassen, um unbehelligt fliehen zu können. Braun habe jedoch blitzschnell die auf ihn gerichtete Waffe mit beiden Händen am vorderen Ende des Laufes ergriffen. Bei dem nun folgenden Gerangel um die Waffe will Höhne zurückgewichen sein und versehentlich den Abzug der auf Dauerfeuer gestellten Waffe betätigt haben. Ohne sich weiter um den Verletzten zu kümmern, habe er sich anschließend auf einem bereits geplanten Fluchtweg nach Niedersachsen abgesetzt. Das Landgericht Göttingen entschied im Sinne der Anklage und verurteilte Roland Höhne am 3. August 1983 wegen fahrlässiger Tötung zu einer einjährigen Haftstrafe, die auf Bewährung ausgesetzt wurde, sowie zu einer Geldstrafe von 1 000 DM. Er habe rechtswidrig gehandelt, weil die Freizügigkeit nicht höher zu werten sei als das Grundrecht auf die Unverletzlichkeit des Lebens. Die Tat des Angeklagten wäre jedoch auch nicht denkbar gewesen, hätte in der DDR das Recht auf Freizügigkeit gegolten. Der Göttinger Prozess fand in westdeutschen Medien große Beachtung.

Die NVA beförderte Klaus-Peter Braun postum zum Fähnrich und ehrte ihn als „Opfer bewaffneter Anschläge an der Staatsgrenze". In Bleicherode wurde er mit militärischen Ehren zu Grabe getragen. Der 1. Sekretär der Nordhauser SED-Kreisleitung verpflichtete in seiner Trauerrede die Grenzsoldaten „getreu dem Vermächtnis von Fähnrich Klaus-Peter Braun die sozialistischen Errungenschaften vor allen Anschlägen mutig und wachsam zu beschützen". Die Grenzkompanie Rustenfelde pflanzte für ihn einen Ehrenhain an, eine Oberschule in Günterode und ein Kulturhaus in Arenshausen trugen seinen Namen. (Recherche: jk, jos., ST, St.A., TP; Autor: jk)

Quellen:

BStU, ZA, MfS, HA IX, Nr. 3893 und 3941.

Volkspolizei Erfurt, Abt. Kriminalpolizei: Tatortermittlungen. BStU, ZA, MfS, HA IX, Nr. 4684.

MfS, HA I, Abt. Äußere Abwehr, UA I: Sachstandsbericht zum OV „Faschist", 01.12.1987. BStU, MfS, HA I, Nr. 6078.

BStU, MfS, AGMS: Handakte für GMS. BStU, ZA, MfS, AGMS, 17876/80.

MfS: Formular Fahnenflucht. BStU, ZA, MfS, HA I, Nr. 13076.

Militärobergericht Leipzig: Urteil vom 23.07.1982, IA 91/81 S. MfS, HA IX, Nr. 3893.

MfS: Unterlagen zu Roland Höhne. BStU, MfS, ZA, HA I, Nr. 5754.

BGS Niedersachsen: Prozeßbericht BGS-Polizeioberkommisar Töpfer an Grenzschutzkommando Nord, 8.08.1983. Nds. 1150, Acc.108/92, Nr. 17, Teil 1.

o. A. [ADN]: Letztes Geleit für ermordeten Fähnrich Klaus-Peter Braun. In: Neues Deutschland, 11.08.1981.

Tersteegen, Wolfgang: Ermittlungen gegen Höhne zulässig. In: *FAZ*, 19.11.1982.

Tersteegen, Wolfgang: Geflohener DDR-Grenzsoldat muß vor Gericht. In: *FAZ*, 17.03.1983.

Tersteegen, Wolfgang: Nach der Flucht ein Verfahren wegen fahrlässiger Tötung. In: *FAZ*, 01.08.1983.

Tersteegen, Wolfgang: Höhne beteuert, er habe nur drohen und damit die Flucht erreichen wollen. In: *FAZ*, 02.08.1983

Tersteegen, Wolfgang: Gericht spricht Höhne schuldig. In: *FAZ*, 04.08.1983.

Skandalöses Urteil gegen den Mörder eines DDR-Grenzsoldaten. In: *Neues Deutschland*, 05.08.1983.

Frotscher, Kurt/Liebig, Horst: Opfer deutscher Teilung. Beim Grenzschutz getötet. Schkeuditz 2005.

Schätzlein, Gerhard: Flucht aus der DDR von 1950 bis 1989. Mellrichstadt 2015, S. 323–328.

Eberhard Knospe

geboren am 12. Mai 1958 in Görlitz

erschossen am 5. Mai 1982

Ort des Zwischenfalls:
Sommersdorf (Sachsen-Anhalt)

Bildquelle: Neues Deutschand, 18.05.1983

Eberhard Knospe und Klaus Decker waren in derselben Siebenmannstube der Grenzkompanie Sommersdorf untergebracht. Die Soldaten duzten sich, ihr Umgang miteinander war kameradschaftlich. Eberhard Knospe war dabei eher zurückhaltend. Der 23-Jährige war gemeinsam mit zwei Schwestern in Gersdorf bei Görlitz aufgewachsen. Seine Mutter arbeitete als Tierpflegerin, sein Vater als Traktorist. Er selbst absolvierte, nachdem er die Schule mit der 8. Klasse abgeschlossen hatte, eine Ausbildung zum Maurer beim Landbau Görlitz. Der Betrieb übernahm ihn gern ins weitere Berufsleben, galt er doch als bescheiden und höflich, zudem engagierte er sich bei der Freiwilligen Feuerwehr. Am 6. Mai 1981 berief ihn die NVA für den Wehrdienst zum Grenzausbildungsregiment Halberstadt ein. Schon fünf Monate später kam er zur Grenzkompanie Sommersdorf, wo er bald als Postenführer eingesetzt wurde.

Hier traf am 26. April 1982 auch der Berliner Klaus Decker, ein gelernter Elektromonteur, ein. Seine Familie wohnte in Pankow, nicht weit von der Berliner Mauer entfernt. Als Alternative zum Leben in der DDR hatte er schon seit Längerem eine Flucht in die Bundesrepublik in Betracht gezogen. Die politischen Verhältnisse und der Druck bei der Arbeit hätten ihm nicht gefallen, sagte er später im Rahmen einer Vernehmung aus. Bei der Diensteinweisung und seinem ersten Postendienst fiel ihm auf, dass die Grenze im Sicherungsabschnitt relativ schwach gesichert war. Im Sicherheitsstreifen waren keine Minen verlegt, und die Hundelaufanlagen waren nur teilweise besetzt. Die 3,20 Meter hohen, stacheldrahtbespannten Metallgitterzäune schienen das einzige Hindernis einer Flucht zu sein.

Am 4. Mai 1982 um 21 Uhr bezogen Eberhard Knospe und Klaus Decker gemeinsam Postendienst, der bis zum folgenden Tag um 5 Uhr andauern sollte. Sie wurden auf einem sogenannten Horchposten eingesetzt, einer 65 Zentimeter tief ausgehobenen Mulde. Unweit von ihnen verkehrte der Kohlenzug vom Braunkohletagebau zum Kraftwerk Harbke. Gegen 1 Uhr fuhr ein Oberleutnant auf dem Kolonnenweg an dem Postenpaar vorbei, alles schien in Ordnung zu sein. Am frühen Morgen jedoch entdeckten zwei Grenzsoldaten, die zur Ablösung erschienen, Eberhard Knospes Leiche in der Beobachtungsstellung. Klaus Decker war, wie Fußspuren und Stofffetzen an den Grenzzäunen bewiesen, nach Niedersachsen geflohen. Seine MPi hatte er mit dem Lauf in den Boden gerammt und zurückgelassen, sie war auf Einzelfeuer gestellt.

Bei der Obduktion am 6. Mai im Institut für Gerichtliche Medizin der Medizinischen Akademie Magdeburg wurden vier Schussverletzungen an Eberhard Knospes Leiche festgestellt. Die Schüsse seien von hinten bzw. von oben auf das Opfer abgegeben worden. Infolge schwerster innerer Verletzungen trat der Tod durch Verblutung ein.

Im Westen stellte sich Klaus Decker der Polizei. Nach den ersten Vernehmungen wurde er in Helmstedt in Untersuchungshaft genommen. Er sagte aus, dass er sich am 5. Mai gegen 2 Uhr entschlossen habe, seine Fluchtabsichten umzusetzen. An der Grenze war es ruhig geworden und die Gelegenheit schien so günstig wie nie. Er sei aus der Mulde herausgestiegen und habe Eberhard Knospe gefragt, ob er in die Bundesrepublik mitkommen wolle. Dieser habe jedoch seine MPi genommen und wortlos auf Decker gerichtet. Der 19-Jährige berichtete weiter von seiner Bestürzung und Angst davor, erschossen zu werden. Er habe seine Waffe von der Schulter gerissen, durchgeladen und vier Mal auf seinen Postenführer geschossen. „Als er sich bewegte, schoß ich wieder, und als er sich immer noch bewegte, schoß ich nochmals. Ich hörte erst auf, als er zur Seite in die Mulde zurücksank und sich nicht mehr bewegte."

Vor der Jugendkammer des Landgerichts Braunschweig begann am 10. Dezember 1982 der Prozess gegen Klaus Decker, der des vollendeten Totschlags angeklagt wurde. Der Richter musste sich bei seiner Urteilsfindung weitgehend auf die Aussagen des Beschuldigten beziehen. Er stellte dabei heraus, dass „im Widerstreit zwischen Freiheit und Leben das Leben Vorrang habe". Als strafmildernd galt jedoch der „psychische Spannungszustand", in dem sich Decker befunden haben musste, als er „seine Entscheidung – Aufgabe der Flucht mit allen Konsequenzen oder Ausschaltung des Streifenführers – in allerkürzester Zeit" zu treffen hatte. „Er hat nicht von vornherein vorgehabt, K. zu töten, und er hat dies auch nur mit bedingtem Vorsatz getan." Klaus Decker wurde am 20. Dezember 1982 wegen Totschlags zu einer Jugendstrafe von fünf Jahren Haft verurteilt.

In der DDR hatte der Militärstaatsanwalt in Stendal bereits am 5. Mai 1982 einen Haftbefehl gegen Decker erlassen. Die *Berliner Zeitung* berichtete am darauffolgenden Tag, Eberhard Knospe sei „meuchlings ermordet" worden. Doch ein Auslieferungsgesuch des Generalstaatsanwaltes wurde in Braunschweig abgelehnt. So urteilte der 1. Strafsenat des Militärobergerichtes in Berlin am 17. Mai 1983 in Abwesenheit über Klaus Decker. In der vorausgehenden Hauptverhandlung bezog man sich auf gerichtsmedizinische Sektionsergebnisse sowie auf die kriminalistischen Tatortbefunde und Untersuchungen. Diesen folgend galt als bewiesen, „daß Decker aus geringer Entfernung mit Einzelfeuer vier Schüsse von hinten auf den Oberkörper seines Opfers abgab", Knospe habe „keine Möglichkeit zur Verteidigung" gehabt: „Seine Dienstwaffe wurde gesichert und nicht durchgeladen unter seinem leblosen Körper aufgefunden." Das Gericht sprach Klaus Decker des Mordes schuldig und verurteilte ihn zu einer lebenslänglichen Freiheitsstrafe.

Eberhard Knospe war am 13. Mai 1982 in seinem Heimatort Gersdorf mit militärischen Ehren beigesetzt worden. Der Minister für Nationale Verteidigung beförderte den Gefreiten nachträglich zum Unteroffizier. Als „einer ihrer Besten", der „pflichtbewußt und beispielhaft seinen Fahneneid bis zum letzten Atemzug erfüllte" ging er in die Gedenkkultur der Grenztruppen der DDR ein. Seine ehemalige Einheit errichtete ihm einen Ehrenhain, an dem feierliche Kranzniederlegungen stattfanden, den Namen Eberhard Knospe verlieh Verteidigungsminister Armeegeneral Heinz Keßler 1987 einer Grenzkompanie, und zu den Jahrestagen des Mauerbaus am 13. August wurde seiner öffentlich als „Opfer bewaffneter Anschläge und Provokationen an der Staatsgrenze der DDR zur BRD" gedacht. (Recherche: jos., jk, TP; Autor: jk)

Quellen:

MfS, HA I: Meldung. BStU, ZA, MfS, HA I, Nr. 19201.

MfS. HA I: Formular Fahnenflucht. BStU, ZA, MfS, HA I, Nr. 13076.

MfS, HA XXII: Information Nr. 744/82. Fahnenflucht durch einen Soldaten der Grenztruppen der DDR nach vorheriger Erschießung seines Postenführers im Bereich GR 25 Oschersleben bei Sommersdorf/Oschersleben/Magdeburg. BStU, ZA, MfS - HA XXII, Nr. 628/2. Siehe auch: HA IX, Nr. 236 und ZKG, Nr. 7138.

HA IX/6: Bericht. Berlin, 10.5.1982. BStU, ZA, MfS, Arbeitsbereich Neiber, 423.

MfS, HAS IX: Bericht [zum Tod von Eberhard Knospe]. BStU, ZA, MfS, HA IX, 10043.

Meßtechnischer Teil des Gutachtens zum Tod von Eberhard Knospe unter Beteiligung des Kriminalistischen Instituts der Deutschen Volkspolizei, verfaßt von Dipl. Phys. A. Hinz, Sektion Kriminalistik der Humboldt Universität. BStU, ZA, MfS - HA IX, Nr. 3892.

KK Helmstedt: Vernehmung von Klaus Bodo Decker, geb. 9.6.1962. Helmstedt, 5.5.1982, 6.5.1982 und 12.5.1982. NLA Hannover, Nds.1150, Acc. 108/92, Nr. 18.

ADN: Grenzsoldat der DDR meuchlings ermordet. In: *Berliner Zeitung*, 06.05.1982.

ADN: Letztes Geleit für den ermordeten Grenzsoldaten Eberhard Knospe. In: *Neues Deutschland*, 14.05.1982.

ADN: Mörder zu lebenslänglicher Freiheitsstrafe verurteilt. Militärobergericht ahndete feigen Mord an Unteroffizier Eberhard Knospe. In: *Neues Deutschland*, 18.05.1983.

Grasemann, Hans-Jürgen: Ein vergessenes Schicksal. Die Tötung eines DDR-Grenzsoldaten durch seinen Kameraden. In: *Freiheit und Recht. Vierteljahreszeitschrift für streitbare Demokratie und Widerstand gegen Diktatur*, Heft 1. März 2007, S. 11 f.

Uwe Dittmann

geboren am 8. August 1964 in Gotha
erschossen am 22. März 1985
Ort des Zwischenfalls: 450 Meter
nordwestlich von Deubachshof,
Wartburgkreis (Thüringen)

Bildquelle: http://www.grenztruppen-der-ddr.de/
index.php?show=history&history_id=12

Am frühen Morgen des 22. März 1985 war im Bezirk Erfurt die Großfahndung nach dem sowjetischen Wehrpflichtigen Waleri Kirjuchin ausgelöst worden, der gegen 1 Uhr bewaffnet aus seiner Kaserne in Nohra bei Weimar mit einem Geländewagen (UAZ 469) desertiert war. Nach einer Irrfahrt in der Umgebung des Grenzübergangs Wartha ließ er das Fahrzeug zurück und begab sich zu Fuß in Richtung der innerdeutschen Grenze. Gegen 3.45 Uhr stieß er im Grenzgebiet auf Soldaten der DDR-Grenztruppen. Es kam zu einem Schusswechsel mit den Soldaten, die ihn entdeckt und angerufen hatten, stehenzubleiben. Kirjuchin floh über ein Feld in Richtung der ehemaligen Transitstraße (Fernverkehrsstraße 7). Die dort zur Abriegelung eingesetzten fünf Soldaten des Grenzregiments Mühlhausen entdeckten den Flüchtenden gegen 4.23 Uhr nahe Deubachshof. Als sie ihre Waffen entsicherten, wurde Kirjuchin auf sie aufmerksam und eröffnete das Feuer. Dabei wurde der Gefreite Uwe Dittmann durch Schüsse im Kopf und Brustbereich tödlich verletzt. Kirjuchin erschoss sich wenig später nach einem erneuten Feuergefecht mit DDR-Grenzern auf der Werrabrücke bei Pferdsdorf-Spichra mit seiner MPi.

Uwe Dittmann war von Beruf Maschinenbauer. Er war in der FDJ und im Deutschen Turn- und Sportbund (DTSB) aktiv. Der Kommandeur für das Grenzkommando Süd erließ am 27. März 1985 folgenden Befehl: „Bei der Abwehr des verbrecherischen Anschlages auf die Staatsgrenze im Grenzregiment 1 hat der Angehörige der Grenztruppen, Gefreiter Uwe Dittmann, in Erfüllung seines Fahneneides sein Leben gegeben. Gefreiter Dittmann wurde postum zum Unteroffizier ernannt, mit dem Kampforden ‚für Verdienste um Volk und Vaterland' in Gold, der Arthur-Becker-Medaille in Gold ausgezeichnet und in die Ehrenliste der beim Schutz der Staatsgrenze der DDR ermordeten Grenzsoldaten sowie in das Ehrenbuch der FDJ aufgenommen." Dittmann war der einzige von einem sowjetischen Deserteur erschossene DDR-Grenzer, dessen Name Erich Honecker auf der Festveranstaltung anlässlich des 40. Jahrestages der Grenztruppen der DDR am 28. November 1986 in ehrendem Gedenken erwähnte – offenbar in Reaktion auf die von Michail Gorbatschow verkündete neue Offenheit „Glasnost". (Recherche: jos., MP, MS; Autor: jos.)

Siehe auch die Biografie von Waleri Kirjuchin.

Quellen:

MdI: Rapport Nr. 58, vom 21.3.1985 bis 22.3.1985, BArch Berlin, DO1/2.3/50117.

MfS, HA IX: Ergänzung zum Angriff auf die Staatsgrenze der DDR mit Schußwaffe im GR-1 Mühlhausen vom 22.03.1985. BStU, ZA, MfS, Arbeitsbereiche Neiber, Nr. 841 und BStU, ZA, MfS, HA IX, 9836.

MfS, HA I: Verhinderter Grenzdurchbruch DDR–BRD mit Schußwaffenanwendung/Tötung eines Angehörigen der GT und der GSSD, Tagesmeldung Nr. 19/3/85 für die Zeit vom 21.3.1985, 14.00 Uhr bis 22.3.1985, 14.00 Uhr, vom 22.03.1985, an Gen. Mielke, Hoffmann, Streletz, Keßler, ZAIG. BStU, ZA, MfS, HA I, Nr. 17312, Teil 3 von 3.

Grenztruppen der DDR, GK Süd: Befehl-Nr. 21/85 des Kommandeurs in Auswertung der Verhinderung gewaltsamer Grenzdurchbrüche vom 27. August 1985. Eingesehen in Ermittlungsunterlagen der ZERV, PHS, jetzt LAB, D Rep. 120-02 ZERV, Acc. 8346.

Todesfälle im kausalen Zusammenhang des DDR-Grenzregimes

Gerhardt Hinze

geboren am 17. Februar 1930 in Grabow

erschossen am 18. April 1951 in Moskau

Orte des Geschehens: Volkspolizeibereitschaft Kietz/Elbe, (Brandenburg) und Moskau

Bildquelle: FSB Archiv / Memorial Moskau

Fünf Volkspolizisten des Grenzpostens Kietz an der Elbe hatten für den 4. September 1950 die gemeinsame Flucht in den Westen verabredet. Einer von ihnen war ein Informant des Staatssicherheitsdienstes. Er verriet die Fluchtpläne seiner vier Kameraden. Sie wurden der sowjetischen Militärjustiz übergeben, zum Tode verurteilt und in Moskau hingerichtet. Darüber hinaus kam es in der Grenzbereitschaft zu acht weiteren Verhaftungen. Das MfS verhaftete zwischen dem 4. und 15. September 1950 die 13 Volkspolizisten des Grenzpostens Kietz an der Elbe unter der Beschuldigung, sie hätten eine „faschistische Untergrundorganisation" gebildet und vom Kommando Kietz aus die politische Zersetzung in der Volkspolizeibereitschaft organisiert. Die Information über die angebliche Untergrundorganisation stammte von einem Stasi-Informanten: „Dem Verbindungsoffizier der Grenzbereitschaft Eldena wurde von ‚Kirche' gemeldet, daß die Vp.-Angestellten Roth, Wrona, Krause und Schwieger sich in der Nacht vom 4. zum 5.9.1950 zum Westen absetzen wollten." Die Wachtmeister Egon Roth und Horst Schwieger sollen nach „Kirches" Angaben die Anführer der Gruppe gewesen sein.

Gerhardt Hinze arbeitete nach seiner Ausbildung zum Industriekaufmann seit 1947 zunächst als Forstarbeiter. Er meldete sich 1949 freiwillig zur Volkspolizei und kam seit Januar 1950 beim Grenzposten Kietz an der Elbe zum Einsatz. Obwohl er Kandidat der SED war, soll er sich einer Gruppe von Grenzpolizisten angeschlossen haben, die Gegner des SED-Regimes waren. Der DDR-Staatssicherheitsdienst nahm ihn am 6. September 1950 fest und lieferte ihn am 16. September 1950 der sowjetischen Militärjustiz aus, die ihn am 20. Dezember 1950 in Schwerin gemeinsam mit seinen Kameraden Heinz Krause, Egon Roth, Horst Schwieger, Werner Wendt und

Walter Wrona zum Tode verurteilte. Der Gruppe wurden antisowjetische Tätigkeit, Spionage, Vorbereitung eines Aufstands und die Mitgliedschaft in einer konterrevolutionären Organisation vorgeworfen. Im Unterschied zu den anderen unterstellte man Gerhardt Hinze keine Fahnenfluchtabsichten. Er wurde am 18. April 1951 in Moskau erschossen.

Ein Jahr später wussten seine Angehörigen noch immer nichts über das Schicksal von Gerhardt Hinze. Innenminister Karl Maron leitete am 15. März 1952 ein Schreiben von Hermann Hinze aus Grabow an den Chef der Deutschen Volkspolizei weiter. Hermann Hinze erkundigte sich darin nach seinem Bruder Gerhardt Hinze, geboren am 17. Februar 1930, der „in den Grenzdienst in Kietz bei Dömitz/Elbe genommen" wurde. Er sei seit dem 12. September 1950 spurlos verschwunden. Keine Dienststelle habe Auskunft über seinen Bruder geben können. Seine Mutter, die im Alter von 52 Jahren die Familie ernähre, da der Vater Schwerkriegsbeschädigter ist, sei sehr verzweifelt. Es gebe allerlei Gerüchte über den Verbleib seines Bruders. „Die Zeit des Naziterrors ist doch bei uns in der DDR vorbei, wo man die Menschen spurlos verschwinden ließ. Bei uns besteht doch eine Regierung und Volkspolizei des Volkes und aus dem Volke." Er bitte deshalb um eine positive Auskunft. Wie zahllose andere Anfragen nach verschwundenen Personen schoben die DDR-Instanzen auch diese Anfrage zwischen den bürokratischen Instanzen hin und her. Wann die Familie eine Auskunft über das Schicksal von Gerhardt Hinze erhielt, geht aus den Archivunterlagen des MfS nicht hervor. Die russische Militärstaatsanwaltschaft rehabilitierte Gerhardt Hinze am 20. Dezember 2001. (Recherche: EZ, jk, jos.; Autor: jos.)

Vgl. in diesem Zusammenhang auch die Biografien von Egon Roth, Walter Wrona, Heinz Krause und Horst Schwieger.

Quellen:

Volkspolizei, Landesbehörde Mecklenburg, Abteilung Grenzpolizei: Desertionsversuch von 4 VP-Angehörigen des Kdos. Kietz. BStU, Ast. Schwerin, MfS – BV Schwerin, AU 158/50; HA I EV Bd. 1–3.

Hinze, Hermann: Schreiben an DDR-Innenminister Karl Maron vom 19. Februar 1952 mit der Bitte um Auskunft über den Verbleib seines Bruders Gerhard Hinze. BStU, ZA, MfS – HA IX/11 SMT, Bd. 20.

Roginskij, Arsenij u. a. (Hrsg.): „Erschossen in Moskau ...". Die deutschen Opfer des Stalinismus auf dem Moskauer Friedhof Donskoje 1950–1953. Berlin 2008, S. 230. Hier wird der Name wie in den MfS-Überlieferungen mit Gerhard Hinze, geb. 7. Februar 1930, angegeben. In oben stehender Biografie wurden die Namensangabe Gerhardt und das von seinem Bruder Hermann Hintze angegebene Geburtsdatum übernommen.

Egon Roth

geboren am 11. Juni 1930 in Greifswald
erschossen am 18. April 1951 in Moskau

Orte des Geschehens: Volkspolizeibereitschaft Kietz/Elbe (Brandenburg) und Moskau

Bildquelle: FSB Archiv / Memorial Moskau

Wachtmeister Egon Roth gehörte ebenfalls zu den zwischen dem 4. und 15. September 1950 verhafteten 13 Volkspolizisten des Grenzpostens Kietz an der Elbe. Die Verhaftung erfolgte unter der Beschuldigung, die Gruppe hätte eine „faschistische Untergrundorganisation" gebildet und vom Kommando Kietz aus politische Zersetzung in der Volkspolizeibereitschaft organisiert. Die Information über die angebliche Untergrundorganisation stammte von einem Stasi-Informanten: „Dem Verbindungsoffizier der Grenzbereitschaft Eldena wurde von ‚Kirche' gemeldet, daß die Vp.-Angestellten Roth, Wrona, Krause und Schwieger sich in der Nacht vom 4. zum 5.9.1950 zum Westen absetzen wollten." Die Wachtmeister Egon Roth und Horst Schwieger sollen die Wortführer in der Gruppe gewesen sein.

Egon Roth wuchs als Kind einer Arbeiterfamilie in Greifswald auf. Nach Abschluss einer Schlosserlehre meldete er sich im Oktober 1949 zur Volkspolizei. Nach einer kurzen Ausbildungszeit kam er als Wachtmeister zum Grenzposten Kietz an die Elbe. Dort soll er eine Gruppe von Gegnern des SED-Regimes angeführt haben. In den Unterlagen des MfS wird behauptet, Roth habe antisowjetische Agitation betrieben und Kommunisten als „Rote Hunde" bezeichnet. Außerdem sei er mit dem Hitlergruß in der Stube erschienen. Der DDR-Staatssicherheitsdienst lieferte Roth am 19. September 1950 der sowjetischen Militärjustiz aus, die ihn am 20. Dezember 1950 in Schwerin gemeinsam mit seinen Kameraden Gerhardt Hinze, Heinz Krause, Horst Schwieger, Werner Wendt und Walter Wrona zum Tode verurteilte. Der Gruppe wurden antisowjetische Tätigkeit, Spionage, Vorbereitung eines Aufstands und die Mitgliedschaft in einer konterrevolutionären Organisation vorgeworfen. Egon Roth wurde am 18. April 1951 in Moskau erschossen. Die russische Militärstaatsanwaltschaft rehabilitierte ihn am 20. Dezember 2001 als Opfer politischer Verfolgung. (Recherche: EZ, jk, jos.; Autor: jos.)

Siehe auch die Biografien von Walter Wrona, Heinz Krause, Gerhardt Hinze, Horst Schwieger und Werner Wendt.

Quellen:

Volkspolizei, Landesbehörde Mecklenburg, Abteilung Grenzpolizei: Desertionsversuch von 4 VP-Angehörigen des Kdos. Kietz. BStU, Ast. Schwerin, MfS – BV Schwerin, AU 158/50; HA I, EV Bd. 1–3.

Roginskij, Arsenij u. a. (Hrsg.): „Erschossen in Moskau ...". Die deutschen Opfer des Stalinismus auf dem Moskauer Friedhof Donskoje 1950–1953. Berlin 2008, S. 271.

Horst Schwieger

geboren am 7. Dezember 1931 in Massow
erschossen am 18. April 1951 in Moskau

Orte des Geschehens:
Volkspolizeibereitschaft Kietz, Elbe (Brandenburg) und Moskau

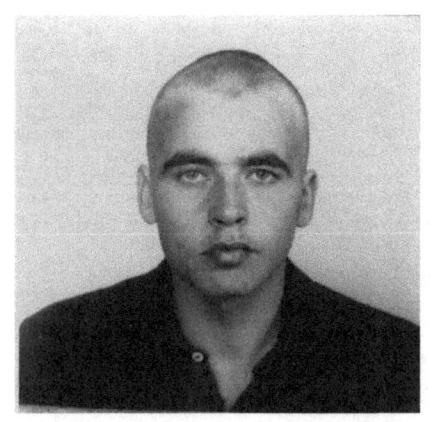

Bildquelle: FSB Archiv / Memorial Moskau

Zu den zwischen dem 4. und 15. September 1950 verhafteten 13 Volkspolizisten des Grenzpostens Kietz an der Elbe gehörte auch Wachtmeister Horst Schwieger. Auch er soll nach MfS-Unterlagen einer „faschistischen Untergrundorganisation" angehört und vom Kommando Kietz aus politische Zersetzung in der Volkspolizeibereitschaft organisiert haben. Die Information über die angebliche Untergrundorganisation stammte von einem Stasi-Informanten: „Dem Verbindungsoffizier der Grenzbereitschaft Eldena wurde von ‚Kirche' gemeldet, daß die Vp.-Angestellten Roth, Wrona, Krause und Schwieger sich in der Nacht vom 4. zum 5.9.1950 zum Westen absetzen wollten." Die Wachtmeister Egon Roth und Horst Schwieger sollen die Anführer der Gruppe gewesen sein.

Horst Schwieger wuchs als Sohn eines Handwerkers auf. Nach der Flucht aus Pommern arbeitete er in der Sowjetischen Besatzungszone als Land- und Straßenbauarbeiter. Dann meldete er sich zur Volkspolizei und diente seit 1949 als Wachtmeister beim Kommando Kietz/Elbe bei Eldena. In seiner Einheit leitete er die FDJ-Gruppe. Der DDR-Staatssicherheitsdienst lieferte Schwieger am 18. September 1950 der sowjetischen Militärjustiz – nach MfS-Schreibweise „den Freunden" – aus, die ihn am 20. Dezember 1950 in Schwerin gemeinsam mit seinen Kameraden Gerhardt Hinze, Egon Roth, Werner Wendt und Walter Wrona zum Tode verurteilte. Der Gruppe wurden antisowjetische Tätigkeit, Spionage, Vorbereitung eines Aufstands und die Mitgliedschaft in einer konterrevolutionären Organisation vorgeworfen. Horst Schwieger wurde am 18. April 1951 in Moskau erschossen. Die Militärstaatsanwaltschaft der Russischen Föderation rehabilitierte ihn am 20. Dezember 2001. (Recherche: EZ, jk, jos.; Autor: jos.)

Siehe auch die Biografien von Walter Wrona, Heinz Krause, Gerhardt Hinze, Egon Roth und Werner Wendt.

Quellen:

Volkspolizei, Landesbehörde Mecklenburg, Abteilung Grenzpolizei: Desertionsversuch von 4 VP-Angehörigen des Kdos. Kietz. BStU, Ast. Schwerin, MfS – BV Schwerin, AU 158/50; HA I EV, Bd. 1–3.

Roginskij, Arsenij u. a. (Hrsg.): „Erschossen in Moskau ...". Die deutschen Opfer des Stalinismus auf dem Moskauer Friedhof Donskoje 1950–1953. Berlin 2008, S. 271.

Werner Wendt

geboren am 28. Juni 1913
in Pribbernow/Pommern
(heute: Przybiernów, Polen)

erschossen am 18. April 1951 in Moskau

Orte des Geschehens:
Volkspolizeibereitschaft Kietz, Elbe
(Brandenburg) und Moskau

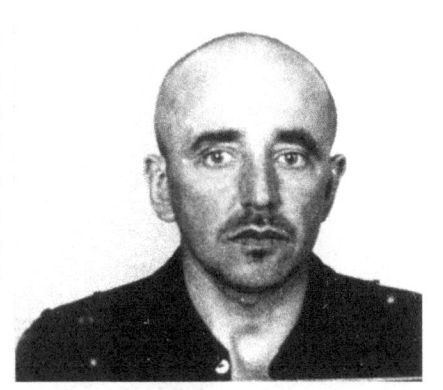

Bildquelle: FSB Archiv / Memorial Moskau

Auch Werner Wendt gehörte zu den 13. Volkspolizisten, die der DDR-Staatssicherheitsdienst zwischen dem 4. und 15. September 1950 von vom unter der Beschuldigung verhaftete, eine „faschistische Untergrundorganisation" gebildet und vom Kommando Kietz aus politische Zersetzung in der Volkspolizeibereitschaft organisiert zu haben. Die Information über die angebliche Untergrundorganisation stammte von einem Stasi-Informanten: „Dem Verbindungsoffizier der Grenzbereitschaft Eldena wurde von ‚Kirche' gemeldet, daß die Vp.-Angestellten Roth, Wrona, Krause und Schwieger sich in der Nacht vom 4. zum 5.9.1950 zum Westen absetzen wollten." Die Wachtmeister Egon Roth und Horst Schwieger sollen die Anführer der Gruppe gewesen sein. Wachtmeister Werner Wendt befand sich zum Zeitpunkt der angeblich geplanten Fahnenflucht seiner Kameraden auf Heimaturlaub. Der Staatssicherheitsdienst nahm Wendt bei seiner Rückkehr zum Dienstort am 15. August 1950 fest und übergab ihn am 18. September 1950 dem sowjetischen Militärgeheimdienst.

Werner Wendt wuchs als Bauernkind in Pommern auf und verdiente sich nach der Schule seinen Lebensunterhalt als Landarbeiter. Im Zweiten Weltkrieg diente er in der Wehrmacht und geriet 1945 auf dem Rückzug von der Ostfront in der Tschechoslowakei in sowjetische Kriegsgefangenschaft. Dort erklärte er sich 1948 zum Einsatz in der Volkspolizei der SBZ bereit. Er kam zunächst als Volkspolizist nach Rostock und ab 1949 als Grenzpolizist zum Kommando Kietz an die Elbe. Das Sowjetische Militärtribunal in Schwerin verurteilte Wendt gemeinsam mit seinen Kameraden Gerhardt Hinze, Heinz Krause, Egon Roth, Horst Schwieger und Walter Wrona nach kurzem Prozess am 20. Dezember 1950 wegen Spionage, Aufstand, antisowjetischer Propaganda und Mitgliedschaft in einer konterrevolutionären Organisation zum Tod. Werner Wendt wurde nach Ablehnung seines Gnadengesuchs durch den Obersten Sowjet am 18. April 1951 in Moskau erschossen. Die russische Militärstaatsanwaltschaft rehabilitierte ihn am 16. August 2001. (Recherche: EZ, jk, jos.; Autor: jos.)

Siehe auch die Biografien von Horst Schwieger, Walter Wrona, Heinz Krause, Gerhardt Hinze, Egon Roth

Quellen:

Volkspolizei, Landesbehörde Mecklenburg, Abteilung Grenzpolizei: Desertionsversuch von 4 VP-Angehörigen des Kdos. Kietz. BStU, Ast. Schwerin, MfS – BV Schwerin, AU 158/50; HA I, EV, Bd. 1–3.

Roginskij, Arsenij u. a. (Hrsg.): „Erschossen in Moskau ...". Die deutschen Opfer des Stalinismus auf dem Moskauer Friedhof Donskoje 1950–1953. Berlin 2008, S. 445 f.

Walter Wrona

geboren am 6. Juni 1926
in Breslau (heute polnisch Wrocław)

erschossen am 18. April 1951 in Moskau

Orte des Geschehens:
Volkspolizeibereitschaft Kietz/Elbe
(Brandenburg) und Moskau

Bildquelle: FSB Archiv / Memorial Moskau

Zu den am 4. September 1950 verhafteten 13 Volkspolizisten des Grenzpostens Kietz an der gehörte auch der 24-jährige Walter Wrona. Er wuchs in Breslau als Arbeiterkind auf und schloss dort 1943 seine Fleischerlehre ab. Danach und wurde er zunächst zur Marine eingezogen. 1944 geriet er als Infanterist in sowjetische Kriegsgefangenschaft. Nach seiner Entlassung im Jahr 1949 kam er nach Mecklenburg und bewarb sich dort bei der Volkspolizei. Seine Einstellung erfolgte im Januar 1950, seit Juli 1950 diente er als Wachtmeister im Grenzpolizeikommando Kietz an der Elbe. Dort soll er sich dann nach MfS-Ermittlungen einer Gruppe von Gegnern des SED-Regimes angeschlossen haben. Nach seiner Verhaftung sagte Walter Wrona in einer Vernehmung, er habe die Fahnenflucht geplant, um in Westdeutschland nach seinen Eltern zu suchen, außerdem lehne er die Abtretung ehemals deutscher Gebiete an Polen ab. Der DDR-Staatssicherheitsdienst lieferte Wrona am 18. September 1950 der sowjetischen Militärjustiz aus, die ihn am 20. Dezember 1950 in Schwerin gemeinsam mit seinen Kameraden Gerhardt Hinze, Egon Roth, Horst Schwieger und Werner Wendt zum Tode verurteilte. Der Gruppe wurden antisowjetische Tätigkeit, Spionage, Vorbereitung eines Aufstands und die Mitgliedschaft in einer konterrevolutionären Organisation vorgeworfen. Walter Wrona wurde am 18. April 1951 in Moskau erschossen. Die Militärstaatsanwaltschaft der Russischen Föderation rehabilitierte ihn am 16. August 2001. (Recherche: EZ, jk, jos.; Autor: jos.)

Siehe auch die Biografien von Heinz Krause, Gerhardt Hinze, Horst Schwieger, Egon Roth und Werner Wendt.

Quellen:

Volkspolizei, Landesbehörde Mecklenburg, Abteilung Grenzpolizei: Desertionsversuch von 4 VP-Angehörigen des Kdos. Kietz. BStU, Ast. Schwerin, MfS – BV Schwerin, AU 158/50; HA I EV, Bd. 1–3.

Roginskij, Arsenij u. a. (Hrsg.): „Erschossen in Moskau ...". Die deutschen Opfer des Stalinismus auf dem Moskauer Friedhof Donskoje 1950–1953. Berlin 2008, S. 271.

Heinz Krause

geboren am 27. Dezember 1931 in
Passenheim, Kreis Ortelsburg
(Ostpreußen, heute: Pasym,
Polen)
erschossen am 24. April 1951
in Moskau
Orte des Geschehens:
Volkspolizeibereitschaft Kietz/
Elbe (Brandenburg) und Moskau

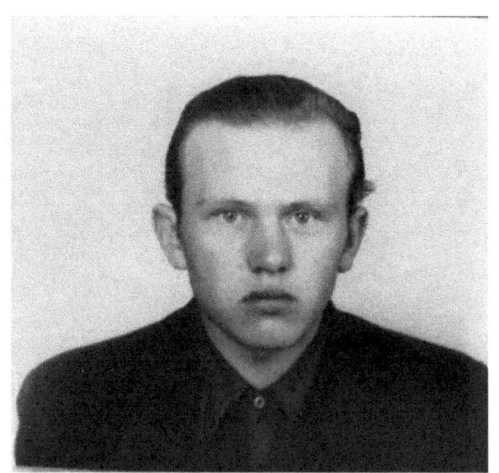

Bildquelle: FSB Archiv / Memorial Moskau

Heinz Krause gehörte ebenfalls zu den am 4. September 1950 verhafteten 13 Volkspolizisten des Grenzpostens Kietz an der Elbe, die nach MfS-Überlieferungen eine „faschistische Untergrundorganisation" gebildet und vom Kommando Kietz aus politische Zersetzung in der Volkspolizeibereitschaft organisiert haben sollen. Die Wachtmeister Egon Roth und Horst Schwieger sollen die Anführer der Gruppe gewesen sein.

Heinz Krause wuchs als Bauernkind im masurischen Passenheim auf. Nach Kriegsende musste die deutsche Bevölkerung das Städtchen verlassen. Heinz Krause arbeitete in der Sowjetischen Besatzungszone zunächst bei seinem Vater und dann kurzzeitig beim Wasserbauamt in Schwerin, bevor er sich im Dezember 1949 zur Volkspolizei meldete. Nach einer kurzen Ausbildungszeit kam er als Wachtmeister zum Grenzposten Kietz an die Elbe. Dort soll er sich dann einer Gruppe von Gegnern des SED-Regimes angeschlossen haben. In seiner Vernehmung sagte Heinz Krause am 15. September 1950 aus, dass der Fluchtplan für den 4. September 1950 von Roth, Schwieger und Alfred Hanne stamme. In der namentlichen Auflistung der Festgenommenen wird Hanne jedoch nicht erwähnt. Vermutlich war er der Informant „Kirche". Der DDR-Staatssicherheitsdienst lieferte Heinz Krause am 19. September 1950 der sowjetischen Militärjustiz aus, die ihn am 20. Dezember 1950 in Schwerin gemeinsam mit seinen Kameraden Gerhardt Hinze, Egon Roth, Horst Schwieger, Werner Wendt und Walter Wrona zum Tode verurteilte. Der Gruppe wurden antisowjetische Tätigkeit, Spionage, Vorbereitung eines Aufstands und die Mitgliedschaft in einer konterrevolutionären Organisation vorgeworfen. Heinz Krause wurde am 24. April 1951 in Moskau erschossen. (Recherche: EZ, jk, jos.; Autor: jos.)

Vgl. in diesem Zusammenhang auch die Biografien von Gerhardt Hinze, Egon Roth, Walter Wrona und Horst Schwieger.

Quellen:

Volkspolizei, Landesbehörde Mecklenburg, Abteilung Grenzpolizei: Desertionsversuch von 4 VP-Angehörigen des Kdos. Kietz. BStU, Ast. Schwerin, MfS – BV Schwerin, AU 158/50; HA I EV Bd. 1–3.

Roginskij, Arsenij u. a. (Hrsg.): „Erschossen in Moskau ...". Die deutschen Opfer des Stalinismus auf dem Moskauer Friedhof Donskoje 1950–1953. Berlin 2008, S. 271.

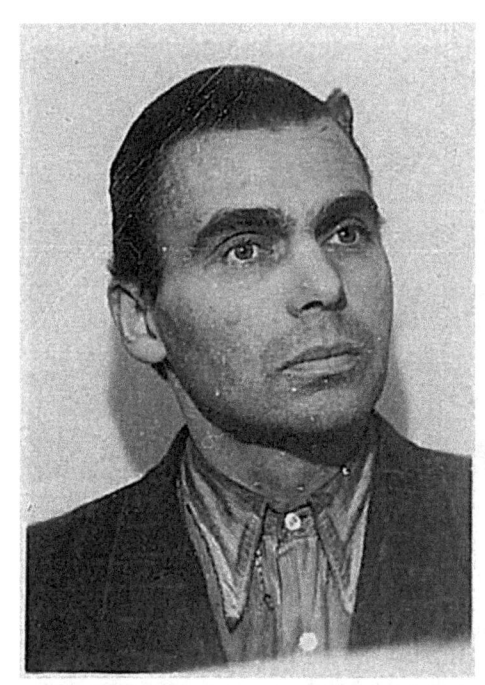

Hanns-Christian Witt

geboren am 22. Januar 1916 in Kiel

erschossen am 31. Dezember 1951 in Moskau

Orte des Geschehens: Grenzübergang Herrnburg (Mecklenburg-Vorpommern) und Moskau

Bildquelle: BStU

Der Architekt und Kaufmann Hanns-Christian Witt engagierte sich nach dem Krieg im Interzonenhandel. Als KPD-Mitglied und Verfolgter des NS-Regimes fühlte er sich sicher, wenn er von seinem Wohnort Kiel zu Geschäftsreisen in die Sowjetische Besatzungszone aufbrach. Witt war wegen seiner Kritik am nationalsozialistischen Regime von 1937 bis 1945 in den Konzentrationslagern Sachsenhausen und Neuengamme inhaftiert. In den letzten Kriegsmonaten wurde er noch zur Kriegsmarine eingezogen und geriet im April 1945 in britische Gefangenschaft, aus der er im Oktober 1945 wieder entlassen wurde. Gegenüber der United Nations War Crimes Commission sagte er als Zeuge über die von der SS in Sachsenhausen und Neuengamme verübten Verbrechen aus.

Auch nach Gründung der DDR setzte er seine geschäftliche Tätigkeit zwischen West und Ost fort. So fuhr er auch im Oktober 1950 mit zwei Kollegen in seinem Opel „Kapitän" in die DDR. Bei seiner Rückkehr wurde er am Grenzübergang zwischen Herrnburg und Lübeck-Eichholz festgenommen. In einer Spitzenmeldung der Volkspolizei vom 12. Dezember 1950 wurden alle Dienststellen über eine Großfahndung nach Hanns-Christian Witt informiert, dem einen Tag zuvor die Flucht aus der MfS-Dienststelle Grevesmühlen gelungen war. Er wurde wenig später entdeckt und festgenommen und, wie es in einer Stasi-Karteikarte handschriftlich heißt, am 17. Februar 1951 „den Freunden übergeben".

Am 4. Oktober 1952 schrieb Witts Frau Lieselotte an den DDR-Staatssicherheitsdienst in Schwerin und erkundigte sich nach ihrem Mann. Sie beklagte sich darüber, dass ihr bis dato keine Nachricht oder Angaben über eine etwaige Verurteilung ihres Mannes vorlägen. Mit ihren beiden kleinen Kindern sei sie ohne ihren Mann in eine Notlage geraten. Sie bat um Auskunft, „wo sich mein Mann befindet und wann bzw. ob ich überhaupt mit seiner Rückkehr rechnen kann". Zu diesem Zeitpunkt lebte Hanns-Christian Witt bereits nicht mehr. Das Sowjetische Militärtribunal in Schwerin hatte ihn am 14. September 1951 wegen Spionage, antisowjetischer Tätigkeit und Mitgliedschaft in einer konterrevolutionären Organisation zum Tode verurteilt. Am 31. Dezember 1951 wurde das Urteil im Moskauer Butyrka Gefängnis vollstreckt. Am 8. November 1953 archivierte der DDR-Staatssicherheitsdienst die Akte Witt. Unter den bei ihm beschlagnahmten Gegenständen befand sich auch sein Mitgliedsausweis der Kommunistischen Partei Deutschlands.

In einer Sammelakte des Staatssicherheitsdienstes befinden sich mehrere Schreiben von Witts Frau, in denen sie zwischen 1952 und 1955 um Auskunft über das Schicksal ihres Mannes bat. Sie schrieb unter anderem an den DDR-Generalstaatsanwalt, den Justizminister, an das Innenministerium, an die Zuchthausdirektion Dreibergen und am 23. Juli 1954 an Johannes Dieckmann, den Präsidenten der DDR-Volkskammer. Die angeschriebenen Stellen leiteten Lieselotte Witts Brief an den Staatssicherheitsdienst zur Bearbeitung weiter. So auch das Schreiben an den Volkskammerpräsidenten. Dessen Referent Hanemann versah es mit der dringenden Bitte um Auskunft an „die Petentin". Auf Hanemanns Anschreiben vermerkte ein MfS-Mitarbeiter handschriftlich: „Wurde am 14.9. 1951 durch ein SMT zu 25 Jahren verurteilt. Ehefrau wurde nicht benachrichtigt. 8.9.54". (Recherche: jos., EZ; Autor: jos.)

Quellen:
Schlußbericht zu Hans-Christian Witt [richtig Hanns-Christian], BStU, ZA, AP 1117/53; MfS, BV Rostock AU 138/51.
Roginskij, Arsenij u. a. (Hrsg.): „Erschossen in Moskau ...". Die deutschen Opfer des Stalinismus auf dem Moskauer Friedhof Donskoje 1950–1953. Berlin 2008, S. 451.

Julius Zürner

geboren am 14. Juli 1909 in Kirchenlamitz

erschossen am 8. Juli 1952 in Moskau

Orte des Geschehens: BGS-Dienststelle in Hof (Bayern) und Moskau

Julius Zürner soll als Leiter der Dienststelle des Bundesgrenzschutzes in Hof Kontakte zum MfS gehabt haben. Auf einer Karteikarte des Staatssicherheitsdienstes findet sich der Vermerk: „Zürner war eine Gewährsmann von uns bei der westlichen Grenzpolizei. Er steht jedoch jetzt im Verdacht, mit der CIC zusammen zu arbeiten. Zürner wurde am 10.1.1952 an die Freunde übergeben." Das Sowjetische Militärtribunal in Dresden verurteilte ihn am 26. April 1952 wegen Spionage und Mitgliedschaft in einer konterrevolutionären Organisation zum Tode durch Erschiessen. Das Urteil wurde am 8. Juli 1952 in Moskau vollstreckt. Die Hauptmilitärstaatsanwaltschaft der Russischen Föderation rehabilitierte Julius Zürner im Juli 2001. (Recherche: EZ, jos.; Autor: jos.)

Quelle:
Roginskij, Arsenij u. a. (Hrsg.): „Erschossen in Moskau ...". Die deutschen Opfer des Stalinismus auf dem Moskauer Friedhof Donskoje 1950–1953. Berlin 2008, S. 458. Zu Julius Zürner fanden sich bislang keine weiteren Überlieferungen. Zu Julius Zürners Festnahme oder Entführung fanden sich bislang keine weiteren Überlieferungen. Den Inhalt der Eintragung auf der MfS-Karteikarte stellte dankenswerter Weise Frank Drauschke (Facts&Files) zur Verfügung.

Walter Monien

geboren am 14. Juli 1927 in Dorben (Ostpreußen bei Königsberg, heute Kaliningrad, Russland)

erschossen am 10. September 1952 in Moskau

Orte des Geschehens: VP-Bereitschaft Torgau (Sachsen) und Moskau

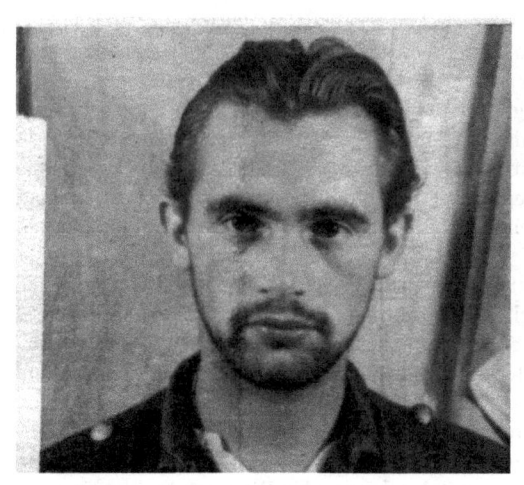

Bildquelle: FSB Archiv / Memorial Moskau

Walter Monien absolvierte nach dem Volksschulabschluss von 1942 bis 1944 in Fräuleinhof bei Königsberg eine Gärtnerlehre. Er gehörte der Hitlerjugend an und wurde im Oktober 1944 nach eigenen Angaben zur Division Nordland in Unna eingezogen. Er kämpfte in der Waffen-SS von Januar bis Mai 1945 an der Ostfront. Dort geriet er in sowjetische Kriegsgefangenschaft, die vom 2. Mai 1945 bis zum 28. Dezember 1949 andauerte. Am 15. Januar 1950 trat Monien seinen Dienst bei der Volkspolizei an, im Oktober 1950 wurde er Mitglied der FDJ.

Seit dem 18. Januar 1951 berichtete ein Stasi-Informant mit Decknamen „Stark" Ungeheuerliches über den Hauptwachtmeister der Volkspolizei Walter Monien. Dieser habe sich im Kameradenkreis mit der Erschießung von 14 sowjetischen Kriegsgefangenen gebrüstet und stolz seine Blutgruppentätowierung der Waffen-SS gezeigt. Unter Zustimmung von zwei Kameraden habe er geäußert, es werde der Tag kommen, an dem aufgeräumt werde. Monien soll außerdem sowjetische Soldaten als einen „Haufen Kanaken" bezeichnet haben. Der MfS-Informant „Stark" erhielt von seinem Führungsoffizier den Auftrag, sich um Moniens Freundschaft zu bemühen. Das gelang so gut, dass Monien ihm am 10. Juni 1951 während eines Gaststättenbesuchs anvertraute, er werde als Sportler zu den Weltfestspielen nach Berlin fahren und die Gelegenheit nutzen, um „nach Westdeutschland abzuhauen", sein Bruder sei schon dort.

MfS-Staatssekretär Erich Mielke bestätigte am 5. Juli 1951 den Beschluss zum Anlegen eines Vorganges wegen „antisowjetischer Hetze" und Fluchtgefahr gegen den Hauptwachtmeister der Volkspolizei Walter Monien. Am 19. Juli 1951 nahm das MfS Monien fest, da seine Fahnenflucht nach West-Berlin unmittelbar bevorstand, und übergab ihn nach ersten Vernehmungen am 5. August, dem Tag der Eröffnung der Weltjugendfestspiele, der sowjetischen Militärjustiz. Das Sowjetische Militärtribunal (SMT) in Halle verurteilte ihn wegen „Antisowjethetze" zu 25 Jahren Arbeitslager. Mehrere seiner Kameraden sagten beim MfS gegen Monien aus. Er habe den „großen Führer des Sowjetvolkes" beleidigt und mit der Waffe auf dessen Bild gezielt, er habe sich außerdem gerühmt, freiwillig zur Waffen-SS gegangen zu sein und in Pommern 14 sowjetische Kriegsgefangene erschossen zu haben. Er habe „fortschrittliche Kameraden" als „Kommunistenschweine" tituliert und erklärt, dass er „für unsere Offiziere immer noch eine Kugel übrig haben wird".

Ein handschriftlicher Lebenslauf vom Oktober 1951, geschrieben im Gefängnis Bautzen, enthält das Geständnis: „ich habe die Sowjetarmee beleidigt, indem ich Kanacken gesagt habe und das Bild von Stalin beleidigt habe." Am Mittwoch, dem 16. Januar 1952, erhielt seine Mutter die Erlaubnis, ihren Sohn für 30 Minuten zu sprechen. Wenig später wurde das Urteil gegen Monien wegen „Milde" aufgehoben. Nachdem ihn das SMT Halle am 10. Juli 1952 zum Tode verurteilt hatte, wurde er am 10. September 1952 in Moskau hingerichtet. Die Hauptmilitärstaatsanwaltschaft der Russischen Föderation rehabilitierte Walter Monien im Februar 1999. (Recherche: EZ, jos.; Autor: jos.)

Quellen:

MfS, Torgau; Pohl, VP-Oberrat: Beschluß über Anlegen eines Vorganges über Monien, Walter, Vorgang „Mond". BStU, ZA, MfS, AOP 21/51.

MfS, Torgau: Untersuchungsvorgang zu Walter Monien. BStU, ZA, MfS, AU 101/51.

Strafvollzugsanstalt Bautzen: Fragebogen zu Walter Monien vom 26.11.51. BStU, ZA, MfS, Abt. XII/RF/217.

Roginskij, Arsenij u. a. (Hrsg.): „Erschossen in Moskau ...". Die deutschen Opfer des Stalinismus auf dem Moskauer Friedhof Donskoje 1950–1953. Berlin 2008, S. 313.

Manfred Smolka

geboren am 26. November 1930 in Ratibor
(heute: Racibórz, Polen)

hingerichtet am 12. Juli 1960 in Leipzig

Ort des Geschehens:
Titschendorf (Thüringen/Bayern)

Bildquelle: BStU

Manfred Viktor Smolka kam als Sohn eines Handelskaufmanns in Ratibor zur Welt. Sein Vater fiel 1943 im Krieg. Als 14-Jähriger floh Smolka mit seiner Mutter und seinen Geschwistern vor der heranrückenden Roten Armee aus Oberschlesien. Die Familie ließ sich in Hohenleben nieder. Manfred Smolka arbeitete dort von 1945 bis 1947 als Gelegenheits- und Landarbeiter, um zum Lebensunterhalt der Familie beizutragen. Seit 1948 gehörte er der SED an und meldete sich, einer Parteiempfehlung folgend, noch im gleichen Jahr freiwillig zur Volkspolizei. Nach einer Grundausbildung, die er in Greiz absolvierte, wurde er zur Grenzpolizei versetzt. Dort durchlief er 1949/50 einen Unterführerlehrgang, 1950/51 einen Lehrgang für Politoffiziere und besuchte schließlich 1956/57 die Offiziersschule. Danach übernahm er als Oberleutnant das Kommando über die Stabskompanie der Grenzpolizeibereitschaft Zschachenmühle. Manfred Smolka wohnte mit seiner Familie in Titschendorf nahe der bayerischen Grenze am Rande des Thüringer Schiefergebirges. Der Thüringer Wald ermöglichte dem leidenschaftlichen Jäger in seiner Freizeit alles, was des Waidmanns Herz begehrt. Am 17. Juni 1958, dem fünften Jahrestag des Volksaufstandes gegen die SED-Diktatur, sollte Smolka seine Einheit zur verschärften Grenzsicherung einsetzen. Er führte diesen Befehl jedoch nicht anordnungsgemäß aus und ließ zu, dass mehrere Bauern auf ihren Feldern an der Grenze arbeiteten. Ein Vorgesetzter kritisierte Smolka deswegen vor versammelter Mannschaft. Smolka reagierte darauf mit einem Wutausbruch. Er riss sich sein Koppel und die Uniformjacke vom Leib, warf sie dem Vorgesetzten vor die Füße und erklärte, er betrachte sich als entlassen. Das Kommando der Grenzpolizei verfügte daraufhin seine Absetzung als Kompaniechef und seine Degradierung zum Feldwebel. Nach dem Abschluss der disziplinarischen Untersuchung entließ die Grenzpolizei Manfred Smolka am 31. Oktober 1958 wegen Dienstverletzungen, Unbelehrbarkeit und Nichteignung. Die SED versetzte ihn wegen „parteischädlichem Verhalten" in den Kandidatenstatuts zurück, der Rat des Kreises entzog ihm den Jagdschein.

Familie Smolka, Foto Privat

In der Nacht vom 14. auf den 15. November 1958 flüchtete Manfred Smolka über die Grenze nach Bayern. Nach seinem Aufnahmeverfahren kam Smolka in Peisel bei Gummersbach unter und arbeitete als Kraftfahrer. Am 22. August 1959 wollte er mit Hilfe eines befreundeten Grenzpolizisten auch seine Frau und seine Tochter in den Westen holen. Als Manfred Smolka an der verabredeten Stelle eintraf und die Grenze überquerte, wartete dort bereits ein Greifkommando des Staatssicherheitsdienstes und der Grenzpolizei auf ihn. Fritz Renn, der vermeintliche Freund und Fluchthelfer, hatte dem Staatssicherheitsdienst den Fluchtplan verraten und Smolka in den Hinterhalt gelockt. Als der die Falle erkannte und die Flucht ergriff, eröffneten seine Verfolger das Feuer. Manfred Smolka brach auf westlichem Gebiet mit durchschossenem Oberschenkel zusammen. Die „Festnahmegruppe" des MfS zerrte ihn auf DDR-Gebiet und nahm ihn fest. Seine Frau Waltraud kam ebenfalls in Haft, die gemeinsame Tochter Ursula nahmen die Großeltern in ihre Obhut.

Nach zahllosen Vernehmungen und unter Druck unterschrieb Manfred Smolka schließlich ein Geständnis. Er habe versucht, als Spion des amerikanischen Militärgeheimdienstes eine neu entwickelte Gasmaske der NVA zu besorgen und militärische Geheimnisse verraten. Am 4. Januar 1960 schickte der Chef der MfS-Untersuchungsabteilung HA IX/6, Oberstleutnant Willy Neumann, Staatssicherheitsminister Erich Mielke einen „Vorschlag für die Durchführung eines Prozesses gegen einen republikflüchtigen Offizier der Deutschen Grenzpolizei wegen Spionagetätigkeit". Neumann schlug vor, „aus erzieherischen Gründen gegen Smolka die Todesstrafe zu verhängen". Erich Mielke zeichnete am 4. März mit „Einverstanden" gegen. Auf der Grundlage des MfS-Abschlussberichtes über Smolkas Vernehmungen verfasste die Staatsanwaltschaft Erfurt ihre Anklage wegen Militärspionage. Staatsanwalt Sobisch teilte am 19. März 1960 der Abteilung Staats- und Rechtsfragen im SED-Zentralkomitee mit, es sei wegen der Schwere und des Umfangs des Verrats, der den „Kriegsvorbereitungen der Imperialisten bewußt Vorschub" leistete, „vorgesehen, die Todesstrafe zu beantragen. Wir sind der Meinung, daß die Todesstrafe nicht vollstreckt werden sollte und bitten nach Rechtskraft des Urteils nochmals um weitere Entscheidung". Die Abstimmung darüber, wie weiter zu verfahren sei, erfolgte durch Rücksprache zwischen Justizministerin Hilde Benjamin und dem damaligen ZK-Sekretär für Sicherheitsfragen Erich Honecker.

In einem Schauprozess, der vor ausgewählten Mitarbeitern des Staatssicherheitsdienstes, Offizieren der Grenzpolizei und der NVA in Erfurt stattfand, forderte Staatsanwalt Paul Wieseler in seiner Anklageschrift, gegen Manfred Smolka die Todesstrafe zu verhängen. In seiner Verteidigungsrede bestritt Smolka die gegen ihn erhobenen Spionagevorwürfe und widerrief seine Aussagen beim MfS in Berlin. Das Bezirksgericht Erfurt verurteilte ihn dennoch am 5. Mai 1960 zum Tode. Seine Berufung vom 6. Mai 1960 blieb erfolglos. DDR-Präsident Wilhelm Pieck lehnte Smolkas Gnadengesuch ab. Manfred Smolka starb am 12. Juli 1960 im Alter von 29 Jahren in Leipzig unter dem Fallbeil. In seinem Abschiedsbrief, den die Angehörigen erst nach dem Ende der DDR aus den Stasiunterlagen erhielten, schrieb er: *„Meine liebe gute Muttel, liebe Geschwister, liebe Frau und mein liebes Kind! Soeben habe ich erfahren, dass mein Todesurteil vollstreckt wird, ich habe nur noch wenige Minuten zu leben. [...] Schade, dass ich nicht noch einmal einige Zeilen von euch empfangen durfte und überhaupt nicht weiß, wie es euch geht. [...] Meine liebe Frau, wir sind getrennt für alle Zeiten des irdischen Daseins, verzeihe mir, wenn ich dich mal betrübt habe. Die Größe eines Menschen liegt in der Verzeihung, die er spenden kann, und Verzeihung ist das Schönste, was das Menschenherz uns gibt."*

Der Minister für Staatssicherheit ließ durch Befehl 357/60 vom 18. Juli 1960 das Todesurteil und seine Vollstreckung in allen MfS-Diensteinheiten bekanntgeben, „um alle Mitarbeiter des Ministeriums so zu erziehen, daß sie den Verrat hassen und als Tschekisten wirklich an der Überwindung politisch-moralischer Mängel und Schwächen ernsthaften arbeiten".

Das Bezirksgericht Erfurt verurteilte Waltraud Smolka zu einer Haftstrafe von vier Jahren. Nach ihrer Haftentlassung wandte sich Waltraud Smolka im Dezember 1964 an den Staatsanwalt im Bezirk Gera und fragte nach dem Verbleib ihres Mannes. Sie habe während ihrer Haftzeit gehört, er sei zum Tode verurteilt worden, eine schriftliche Bestätigung darüber habe sie jedoch nicht erhalten. Man habe ihr während des Strafvollzugs in der Frauenhaftanstalt Hoheneck die persönlichen Sachen ihres Mannes, Ehering,

Uhr und Wäsche zugestellt. Sie bitte um Auskunft, ob eine Vollstreckung der Todesstrafe erfolgt sei und wenn ja, wo sich das Grab ihres Mannes befinde. Die Staatsanwaltschaft Gera leitete die Anfrage nach Erfurt weiter. Die Staatsanwaltschaft Erfurt schrieb am 29. Dezember 1964 an die Generalstaatsanwaltschaft nach Berlin, die Strafsache Smolka sei zentral ermittelt worden, „eine Benachrichtigung der Ehefrau über den Ausgang des Verfahrens und die Vollstreckung des Urteils ist von der hiesigen Dienststelle nicht erfolgt. Nach Angaben des sachbearbeitenden Staatsanwaltes hat sich das Ihre Dienststelle vorbehalten." Die Staatsanwaltschaft Erfurt bitte deswegen um Mitteilung, ob sie Frau Smolka vom Ausgang des Verfahrens unterrichten solle. Am 26. August 1965 wandte sich Waltraud Smolka selbst an den DDR-Generalstaatsanwalt und forderte eine umgehende Beantwortung ihrer Anfrage, die bis dahin nicht erfolgt war. Es sei ihr noch immer unverständlich, dass „dieses Urteil ausgeführt wurde. Sollte es doch zutreffen, dann fordere ich sofort eine amtliche Todesurkunde." Am 27. September 1965 schickte Staatsanwalt Juch aus Berlin dem „Genossen Benndorf", Abteilung IA der Bezirksstaatsanwaltschaft Gera, die Sterbeurkunde Manfred Smolkas und bat ihn, diese Frau Smolka zu übergeben, „wobei Einzelheiten des Verbrechens in der Aussprache nicht darzulegen sind". Staatsanwalt Benndorf lud Waltraud Smolka am 15. Oktober 1965 in seine Dienststelle und übergab ihr die Sterbeurkunde. „Frau Smolka vertrat den Standpunkt, daß die Verurteilung ihres Mannes zum Tode und die Vollstreckung des Urteils ein Racheakt sei und abschreckendes Beispiel sein sollte." Nach der Wiedervereinigung wurden die Urteile gegen Waltraud und Manfred Smolka als Unrechtsurteile aufgehoben. Smolkas Verräter Fritz Renn erhielt eine Bewährungsstrafe, auch der ehemalige DDR-Staatsanwalt Paul Wieseler, der das Plädoyer für Smolkas Todesstrafe hielt, erhielt wegen Beihilfe zur Rechtsbeugung und Totschlag eine Bewährungsstrafe. Smolkas Witwe verklagte 1998 die SED-Nachfolgepartei PDS vor dem Berliner Landgericht erfolglos auf Schadensersatz. (Recherche: jos.; Autor: jos.)

Quellen:

MfS, HA I/ Abt. IAK/ UA AIG: OV „Verräter" 10/59. BStU, ZA, MfS, HA I, Nr. 13944, Bd. 2.

Akten der Obersten Staatsanwaltschaft, Re-Kass-Handakten zur Strafsache gegen Manfred Smolka und Waltraud Smolka. BStU, ZA, MfS GH 9/89.

MfS, BdL: Befehl – Nr. 357/60 des Ministers für Staatssicherheit vom 18. Juli 1960. BStU, ZA, MfS – BdL/Dok. Nr. 000579, 1. Exemplar.

Erziehung mit der Guillotine. Wie die Stasi an Manfred Smolka ein Exempel statuierte. [mit vielen Originaldokumenten] http://www.stasi-mediathek.de/geschichten/erziehung-mit-der-guillotine/sheet/0-0/type/cover/ (Zugriff am: 12.01.2017).

Sälter, Gerhard: Grenzpolizisten. Konformität, Verweigerung und Repression in der Grenzpolizei und den Grenztruppen 1952–1965. Berlin 2009, S. 416 ff.

Heinrich Niehoff

geboren am 26. Juni 1917 in Köln

gestorben am 7. September 1961

Ort des Geschehens: Grenzübergang Marienborn (Sachsen-Anhalt)

Der Kaufmann Heinrich Niehoff aus Osnabrück machte sich am 7. September 1961 gemeinsam mit seiner Frau Ursula auf den Weg zur Leipziger Herbstmesse. Kurz vor Mitternacht erreichte das Ehepaar den Grenzübergang Marienborn und wartete dort in seinem Fahrzeug auf die Abfertigung. Aus der Gegenrichtung raste plötzlich mit hoher Geschwindigkeit ein DDR-Lastwagen der Marke Horch 3 A heran. Der Dreieinhalbtonner prallte mit etwa 70 km/h auf den Pkw der Eheleute Niehoff. Heinrich Niehoff erlag noch an Ort und Stelle seinen schweren Verletzungen, seine Frau überlebte schwer verletzt.

Die Volkspolizei nahm die Insassen des Lastwagens fest. Es handelte sich um fünf Jugendliche aus Halberstadt, die in den Westen flüchten wollten. Die MfS-Auswertung des Zwischenfalls meldete ein „westdeutsches Todesopfer nach Fluchtversuch von DDR-Jugendlichen" und ordnete die fünf Festgenommenen einer Halberstädter Jugendbande zu, die untereinander westliche „Schund- und Schmutzliteratur" ausgetauscht und seit dem Vorjahr wiederholt Bürger und Volkspolizisten sowie SED- und FDJ-Mitglieder provoziert habe. Außerdem hätten diese Jugendlichen mehrfach anlässlich von Staatsfeiertagen DDR-Fahnen und rote Fahnen zerstört, unter Alkoholeinfluss Fahrzeuge aller Art unbefugt benutzt und damit Passanten gefährdet.

> **Lebenslange Haftstrafen in der Zone**
> Eigener Bericht
>
> ckn BERLIN, 15. Oktober. Elf jugendliche Einwohner aus Halberstadt sind jetzt vor dem Bezirksgericht Magdeburg als Mitglieder einer angeblich konterrevolutionären Terrorbande zu hohen Freiheitsstrafen verurteilt worden. Vier der Angeklagten wurden zu lebenslanger Haft verurteilt, die anderen erhielten Strafen zwischen drei und fünfzehn Jahren. Fünf der Verurteilten wurden beschuldigt, am 7. September am Grenzkontrollpunkt Marienborn den westdeutschen Kaufmann Niehoff bei einer rasenden Fahrt mit einem gestohlenen Lastkraftwagen getötet und dessen Frau lebensgefährlich verletzt zu haben. Aus der Meldung der Zonenagentur ADN geht nicht hervor, ob die Angeklagten mit dem Lastkraftwagen über die Grenze flüchten wollten. In der Gerichtsverhandlung war behauptet worden, die Jugendlichen hätten sich „unter dem Einfluß der Hetzsendungen des westdeutschen Fernsehens und des Rundfunks" zu einer Gruppe zusammengeschlossen, deren politisches Programm gewesen sei, „jeden Tag etwas gegen die DDR zu unternehmen". Die Gruppe soll geplant haben, mit einem geraubten LKW eine „Terrorfahrt" in das Grenzgebiet bei Wernigerode zu unternehmen, um Grenzposten zu „erledigen". Einer von ihnen, der ortskundig gewesen sei und die Fahrt führen sollte, habe jedoch Furcht vor den bewaffneten Organen bekommen und sich vorzeitig davongemacht. Als neues Ziel hätten die Angeklagten den Autobahn-Kontrollpunkt Marienborn gewählt. „Amokläufern gleich" seien sie mit dem schweren Lastwagen, die falsche Fahrseite benutzend, auf der Autobahn dahingerast und hätten dabei das Ehepaar Niehoff überrollt.

Frankfurter Allgemeine Zeitung, 16.19.1961

Die *Berliner Zeitung* machte am 14. Oktober 1961 unter der Schlagzeile „Die Mörder von Halberstadt" eine „konterrevolutionäre Bande" für Niehoffs Tod verantwortlich und behauptete, „die Verbrecher wurden vom Westen angeleitet". Das *Neue Deutschland* berichtete einen Tag später unter der Überschrift „Terrorbande erhielt gerechte Strafe", der Erste Strafsenat des Bezirksgerichtes Magdeburg habe eine elfköpfige „Terrorbande" aus Halberstadt zu hohen Haftstrafen verurteilt. „Fünf Verbrecher hatten am 7. September dieses Jahres in Marienborn vorsätzlich den westdeutschen Kaufmann und Vater von fünf unmündigen Kindern Heinrich Niehoff getötet und seine Frau lebensgefährlich verletzt. Das Ehepaar befand sich auf dem Wege zur Leipziger Herbstmesse. Vier der Angeklagten, die sich als die politischen Inspiratoren erwiesen haben, wurden am Donnerstag zu lebenslänglicher Haft, die weiteren Bandenmitglieder zu Freiheitsstrafen zwischen 15 und drei Jahren verurteilt." (Recherche: jk, jos., MP, US; Autor: jos.)

Quellen:

BDVP Magdeburg: Lagebericht Nr. 57 vom 8.9.1961. LHASA, M 24, Nr. 606, Blatt-Nr. 110, Abl.-Nr. 641.

Kommando der DGP/Abteilung Operativ: Tätigkeitsbücher des operativen Diensthabenden der DGP, Bd. 4. Eintrag: OPDH vom 7.9.61 17.00 [Uhr] bis 8.9.61 08.00 [Uhr]. BArch Freiburg, DVH 27/130540.

GKA Marienborn: Besondere Vorkommnisse im Grenzgebiet. Tagesrapporte des Kommandos der DGP, den Stand der Grenzsicherung betreffend. BArch Freiburg, DVH 27/130429.

MfS, ZAIG: Westdeutsches Todesopfer nach Fluchtversuch von DDR-Jugendlichen GÜSt Marienborn. BStU, ZA, MfS ZAIG, Nr. 10707.

Die Mörder von Halberstadt. In: *Berliner Zeitung*, 14.10.1961.

Terrorbande erhielt gerechte Strafe. In: *Neues Deutschland*, 15.10.1961.

Lebenslange Haftstrafen in der Zone. In: *Frankfurter Allgemeine Zeitung*, 16.10.1961.

Verbandsgemeinde Obere Aller, Standesamt: Auskunft vom 17. Oktober 2016.

Bernhard Winter

geboren am 19. Juli 1932 in Wiesenfeld

Suizid nach Minenverletzung am 18. Februar 1964 in Fulda (Hessen)

Ort des Zwischenfalls: Minenverletzung bei Setzelbach (Landesgrenze Hessen/Thüringen), Selbsttötung im Krankenhaus Fulda.

Am 21. September 1963 berichtete die *Fuldaer Zeitung*, dass ein Schwerverletzter nach einer Minendetonation im Grenzstreifen länger als eine Stunde ausharren musste, bis ihn Grenzsoldaten der DDR an einer Stange aus dem Gefahrenbereich zogen. Eine Zollstreife habe am 19. September gegen 22.30 Uhr bei Setzelbach (Hessen) die Minendetonation gehört und sich auf der Westseite zum Ort des Geschehens begeben. Im Schein von Leuchtkugeln sahen die Beamten einen blutüberströmten Mann, der zwischen den Stacheldrahtzäunen schmerzerfüllt um Hilfe schrie. Daraufhin forderten sie einen Sanitätswagen aus Hünfeld an und verständigten die bald darauf eintreffenden DDR-Grenzsoldaten über die Möglichkeit, dem Verletzten vom Westen aus zu helfen. Doch die Grenzer reagierten nicht und führten die komplizierte Bergung selbst durch. Auf der Westseite nahm man an, ein Fluchtversuch aus der DDR sei gescheitert.

Vier Tage später erhielt der Vater, Herr Richard Winter, in Fulda Post aus der DDR. Richard Winter war mit seiner Familie 1954 aus der DDR geflohen und hatte sich zunächst in Hünfeld niedergelassen. Wegen eines Nervenleidens wohnte der 31-jährige Sohn, Bernhard Winter, bei seinen Eltern. Als die Familie am 19. September 1963 nach Fulda umzog, lehnte Bernhard Winter die Umstellung auf eine neue Umgebung ab. Er packte noch am gleichen Abend einige persönliche Gegenstände in eine Aktentasche und fuhr mit seinem Fahrrad davon. Da sein Sohn schon mehrmals geäußert hatte, er wolle wieder ins thüringische Wiesenfeld zurück, wo er aufgewachsen war, wird sein Vater Richard den Brief, dessen Absender eine Poliklinik in Vacha war, mit Unbehagen geöffnet haben. In dem Schreiben informierte ein Arzt die Eltern, dass ihr Sohn mit lebensgefährlichen Verletzungen im Krankenhaus Vacha liege. Ihm sei nach einem Unfall auf DDR-Gebiet das linke Bein amputiert worden. Nun wussten die Eltern, dass es sich bei dem Minenopfer im Grenzstreifen, von dem die *Fuldaer Zeitung* berichtet hatte, um ihren Sohn Bernhard handelte.

Erst am 10. Februar 1964 konnte Bernhard Winter aus dem Krankenhaus in Vacha entlassen und nach Fulda überführt werden. Bereits die Grenzsoldaten, die ihn aus dem Minenfeld bargen, hatten die Schwere seiner Verletzungen bemerkt. In einem Telegramm des Grenzregimentes Dermbach heißt es: „das linke bein ist bis unterhalb des knies zerfetzt, das rechte bein gebrochen und starke verletzung rechter kniescheibe. operation (amputation) erforderlich". Nach der Erstversorgung brachte ein Sanitätsfahrzeug Bernhard Winter zunächst in das Krankenhaus Geisa. Von dort aus erfolgte dann die Überführung in das besser ausgestattete Krankenhaus Vacha. Durch den bei der Minenverletzung erlittenen Schock und die Beinverletzungen muss sich das Nervenleiden von Bernhard Winter verschlimmert haben, denn bei der Ankunft des Krankentransportes in Fulda erlebten die Eltern ihren Sohn stark verwirrt. Erst nach gutem Zureden und der Versicherung, dass er nicht bestraft würde, erklärte er sich bereit, den Krankenwagen zu verlassen.

Bei der Untersuchung der Amputationswunde kamen die Ärzte im Fuldaer Herz-Jesu-Krankenhaus zu dem Ergebnis, dass eine Nachamputation unumgänglich sei. Sie wiesen Bernhard Winter in die Unfallstation ein. Der andauernde Krankenhausaufenthalt und die Erwartung der erneuten Operation müssen ihn überfordert haben. Am frühen Morgen des 18. Februar 1964 knüpfte Bernhard Winter zwei Handtücher zu einer Schlinge zusammen und erhängte sich in einer Toilettenkabine. Als eine Nachtschwester ihn fand, blieben die Wiederbelebungsversuche erfolglos. (Recherche: jk, LH, MP; Autor: jk)

Quellen:

Staatsanwaltschaft Erfurt: Strafverfahren gg. Karl Linde wegen Totschlags. StA Erfurt, 560 Js 32549/98. LATh – HstA Weimar, Freistaat Thüringen, Staatsanwaltschaft Erfurt 11502 und 11509.

Eine Stunde hilflos im Minengürtel. In: *Fuldaer Zeitung*, 21.09.1963.

Meldekarte Bernhard Winter. Stadtarchiv Hünfeld.

Meldekarte und Todesurkunde Bernhard Winter. Stadtarchiv Fulda.

Dieter Rehn

geboren am 18. Januar 1940 in Dresden

erschossen am 15. September 1964

Ort des Zwischenfalls: Kottmar (Sachsen)

Am 15. September 1964 meldeten die tschechoslowakischen Behörden dem MfS, dass zwei bewaffnete Fahnenflüchtlinge bei Rumburk (Tschechien) die Grenze zur DDR überschritten hätten. Es handelte sich um die Soldaten Josef B. und Rudolf K., die in Pionier-Bataillonen dienten und sich Anfang September 1964 in einer Arrestzelle kennengelernt hatten, in der beide eine Strafe wegen unerlaubter Entfernung von der

Truppe verbüßten. In der Haft vereinbarten sie, nach ihrer Entlassung über die DDR in die Bundesrepublik zu flüchten. In der Nacht vom 14. zum 15. September stahlen sie aus einem Waffenlager zwei Maschinenpistolen und 18 Magazine mit ca. 600 Schuss, außerdem zwei Bajonette, acht Übungshandgranaten und einen Feldstecher. Danach entwendeten sie einen Lkw „Tatra 11" und brachen in Richtung DDR auf.

Sofort begann am 15. September in den angrenzenden DDR-Gebieten eine umfangreiche Fahndung. Zwischen Niedercunnersdorf und Ebersbach-Neugersdorf kamen Hundemeuten der Volkspolizei-Hundeführerschule Pretzsch, die 8. VP-Bereitschaft Dresden sowie motorisierte Einsatzkräfte der Dresdner Volkspolizei zum Einsatz. Gegen 16.30 Uhr entdeckten Zivilisten und danach ein örtlicher Volkspolizist die beiden Fahnenflüchtlinge in der Nähe des bewaldeten Kottmarberges. Das Waldgebiet wurde daraufhin abgeriegelt. Am Abend bemerkte am Nordrand des Kottmar der 24-jährige Polizeianwärter Dieter Rehn aus Dresden die Flüchtlinge. Als er sie festnehmen wollte, wehrten sie sich und feuerten mit ihren MPis gezielt auf Rehn. Die Schüsse trafen ihn tödlich.

Am nächsten Morgen begann die Polizei, den Wald auf dem Kottmarberg zu durchkämmen, doch die Suche blieb zunächst erfolglos, da sich Josef B. und Rudolf K. der Einkesselung entziehen konnten. Sie flüchteten weiter in westliche Richtung. Erst am Abend des 18. September 1964 überraschte die Polizei in der Nähe von Crostau die Fahnenflüchtlinge und nahm sie fest. Nach der Beweiserhebung übergab sie der DDR-Staatssicherheitsdienst am 1. April 1965 den Sicherheitsorganen der ČSSR.

Die DDR-Medien berichteten über den Vorfall nicht, jedoch meldete am 6. November 1964 der *Berlin-Kurier* ein „Feuergefecht bei Berlin" mit drei Toten. Demnach hätten am frühen Morgen des 15. September sechs bewaffnete tschechische Soldaten bei Drewitz versucht, nach West-Berlin zu flüchten. Von Grenzposten gestellt, sei es zu einem Schusswechsel gekommen, bei dem zwei „Vopos" bzw. „Zonen-Soldaten" und ein Flüchtling tödlich verletzt worden seien. Das MfS ordnete diese Meldung den Akten des Untersuchungsvorgangs über Josef B. und Rudolf K. zu. (Recherche: jos, US; Autor: jk)

Quellen:

MfS: E.I. über die Festnahme von 2 Deserteuren der Volksarmee der ČSSR im Raum Crostau/Bautzen am 18.9.1964. 22.09.1964. BStU, ZA, MfS ZAIG Nr. 946.

MfS: Untersuchungsvorgang über B[...], Josef. BStU, ZA, MfS AU Nr. 9746/65, Bd. 1.

NVA: Operative Tagesmeldungen 245–275, Sept. 64 – Okt. 64. BArch Freiburg, DVH 32/112584.

Sechs Tschechen im Kampf mit der Vopo. In: *Berlin-Kurier*, 6.11.1964.

Standesamt Dresden, SG Urkundenwesen: Sterbeeintrag Dieter Rehn, Auskunft vom 13.2.2017.

Kurt Schwerin

geboren am 25. Dezember 1941 in Salzwedel

erschossen am 23. Dezember 1967

Ort des Zwischenfalls: Salzwedel (Sachsen-Anhalt)

Am Abend des 23. Dezember 1967 fahndeten sowjetische und deutsche Sicherheitskräfte nach zwei desertierten Angehörigen der Sowjetarmee. Die beiden 21-jährigen Soldaten, Untersergeant Wladimir K. und Walerie Wladimirowitsch D. waren am 22. Dezember gegen 3 Uhr mit einem Geländewagen (GAS 69) schwer bewaffnet aus der Kaserne der 47. Panzerdivision in Hillersleben (Sachsen-Anhalt) desertiert. In dem Fahrzeug befanden sich 17 aus der Waffenkammer entwendete Pistolen, ein Maschinengewehr und eine Kiste Munition. Bei ihrem Ausbruch aus dem Kasernengelände erschossen die beiden Deserteure einen Leutnant. Nach der Entdeckung des Fluchtfahrzeugs in Salzwedel erklärte die Volkspolizei das Kreisgebiet zum Fahndungsschwerpunkt. Das Kommando der Grenztruppen löste Alarmbereitschaft im nahe gelegenen Grenzgebiet aus, da man einen Durchbruch der Fahnenflüchtigen in die Bundesrepublik erwartete.

Am 23. Dezember 1967 gegen 21 Uhr erkundigten sich zwei sowjetische Zivilisten bei dem Postangestellten Kurt B. nach einer Gaststätte. Er wies ihnen den Weg zur Sportlerkneipe „Flora" und alarmierte, da er Verdacht geschöpft hatte, sofort die Volkspolizei. Ein Oberleutnant der Sowjetarmee und zwei Volkspolizisten fuhren daraufhin zum Lokal, ein Schützenpanzerwagen sollte ihnen folgen.

In dem Lokal, das zum Sportplatz der BSG Motor Salzwedel gehörte, befanden sich an diesem Vorweihnachtsabend nur sechs bis acht Gäste. Neben dem Gastwirt war hier auch Kurt Wilhelm Heinrich Schwerin beschäftigt, der abends als „Rausschmeißer" für Ordnung sorgte. Der ledige Maurer arbeitete bei der Reichsbahn-Hochbaumeisterei in Salzwedel und wohnte nur wenige Meter vom Sportplatz entfernt. Wegen eines Fluchtversuchs aus der DDR und Körperverletzung war er vorbestraft. Vermutlich verstummten die Gespräche, als zwei Fremde das Lokal betraten und in gebrochenem Deutsch ihre Bestellung aufgaben. Waren es etwa die gesuchten Deserteure? Als dann plötzlich die beiden Volkspolizisten und der sowjetische Oberleutnant in der Tür standen, ging alles ganz schnell. Einer der beiden jungen Burschen sprang sofort auf und flüchtete durch den Hinterausgang, während der andere das Feuer aus einer Pistole eröffnete. Bei dem Schusswechsel mit dem sowjetischen Oberleutnant erlitt dieser einen Brustdurchschuss. Auch der Gastwirt brach, von einer Kugel im Beckenbereich getroffen, schwer verletzt zusammen. Der Schütze stürzte danach ebenfalls zum Hinterausgang. Dazu musste er zunächst durch das Versammlungszimmer des Lokals. Kurt Schwerin, der die Flucht des Deserteurs verhindern wollte, folgte ihm und betrat den lichtlosen Raum. Der Geflüchtete, der im Dunkeln nach der Hintertür suchte, feuerte auf Kurt Schwerin und traf ihn tödlich in den Kopf. Anschließend entkam der Schütze.

Am 25. Dezember 1967 spürten Sicherheitskräfte die beiden Deserteure gegen 11.30 Uhr in einer Scheune bei Klein Gartz, nur zwölf Kilometer von der Grenze entfernt, auf und nahmen sie fest, ohne dass es zu einem weiteren Schusswechsel kam. An diesem Tag wäre Kurt Schwerin 26 Jahre alt geworden. Der sowjetische Generalmajor Putejew und der Vorsitzende des Rates des Kreises kondolierten Schwerins Familie. Seine Beisetzung erfolgte am 29. Dezember auf dem Neustädter Friedhof in Salzwedel.
(Recherche: AN, MP, ST, US; Autor: jk)

Quellen:

MdI: Rapport Nr. 310 bis 312, 23–27.12.1967. BArch Berlin, DO 1/2.3/29148.

Grenztruppen der DDR/Abteilg. Operativ: Tagesmeldung Nr. 351/67–21.12.1967 bis 22.12.1967 + Nr. 352/67–22.12.1967 bis 23.12.1967 + Nr. 353/67–23.12.1967 bis 25.12.1967. BArch Freiburg, DVH 32/112605.

BStU, ZA, MfS, ZAIG, Nr. 1420.

Standesamt Salzwedel: Sterbebucheintrag Nr. 501 vom 30.12.1967. Stadtarchiv Hansestadt Salzwedel.

Todesanzeige für Kurt Schwerin. In: *Volksstimme*, 28.12.1967.

Günter Michaelis

geboren am 30. Juni 1933 in Schwarzenbrunn

erschossen am 24. Dezember 1971

Ort des Zwischenfalls: Sachsenbrunn (Thüringen)

Am frühen Morgen des 24. Dezember 1971 löste eine Alarmmeldung der Grenztruppen in den Kreisgebieten Sonneberg und Hildburghausen bei den Dienststellen der Volkspolizei die Fahndung nach dem fahnenflüchtigen Soldaten der Pionierkompanie Sonneberg, Gerhard Meyer, aus. Der Abschnittsbevollmächtigte (ABV) in Sachsenbrunn an der Werra, Unterleutnant Günter Michaelis, begab sich daraufhin auf Streife. Gegen 4.50 Uhr hörten Anwohner aus Richtung des Ortseingangs Schüsse. 20 Minuten später fand ein Nachbar dort den durch zwei Schüsse schwer verletzten ABV Michaelis. Am Tatort wurde eine MPi-Hülse aufgefunden. Michaelis hatte den Fahnenflüchtigen gestellt und aus seiner Pistole noch einen Schuss abgegeben, bevor er selbst getroffen wurde. Günter Michaelis starb auf dem Transport ins Krankenhaus an den Folgen eines Lungendurchschusses. (Recherche: AN, jk, jos., MS; Autor: jos.)

Vgl. die nachstehende Biografie von Helmut Adam.

Quellen:

MdI: Rapport Nr. 305 für die Zeit vom 24.12.1971, 04.00 Uhr, bis 27.12.1971, 04.00 Uhr. BArch, DO1/2.3/35157.

MfS, HA I: Information über schwere Verbrechen des NVA-Angehörigen Soldat MEYER, Gerhard in der Zeit vom 24. bis 25.12.1971. Berlin, 27.12.1971. BStU, ZA, MfS, HA I, Nr. 5865, Bd. 1. Gleichlautend in MfS, ZAIG: EI, Nr. 1231/71. BStU, MfS, ZAIG, Nr. 1980.

MfS, diverse Diensteinheiten: Information über ein besonderes Vorkommnis im GR-15, Pionier-Kp. 15, Kfz-Posten Sonneberg, Bez. Suhl. BStU, ZA, MfS, HA I, Nr. 106; BStU, ZA, MfS, BV Gera, AP 1169/73 (2. Bd.); MfS, BV Suhl, AU 213/72 (10 Bände); BStU, ZA, MfS, HA I, Nr. 13943, Teil 2 von 2.

StA II bei dem LG Berlin: Auswertung „Tote an der Grenze". LAB, D Rep. 120–02 *LAB, Acc. 8346,* Az. 27 AR 44/97.

Helmut Adam

geboren am 25. Januar 1929 in Rudolstadt

erschossen am 25. Dezember 1971

Ort des Zwischenfalls: Saalfeld (Thüringen)

Der Major der Volkspolizei Helmut Adam war gelernter Tischler. Er war verheiratet und Vater von fünf Kindern. Helmut Adam nahm am 25. Januar 1971 an der Fahndung nach dem bewaffneten fahnenflüchtigen Pionier der Grenztruppen Gerhard Meyer teil, der am Vortag aus seiner Kaserne in Sonneberg desertiert war. Auf der Flucht hatte er einen 76-jährigen Arzt in der Nähe des Grenzübergangs Eisfeld niedergeschlagen und schwer verletzt. In Sachsenbrunn schoss er danach den Volkspolizisten und Abschnittsbevollmächtigten (ABV) Günther Michaelis nieder, der noch am gleichen Tag seinen Verletzungen erlag. Am Weihnachtsabend versuchte Meyer in Saalfeld, eine Säuglingsschwester in seine Gewalt zu bringen und verletzte sie in einem Handgemenge.

Ein Suchtrupp der Volkspolizei entdeckte den Deserteur am Vormittag des 25. Dezember 1971 in einem unbewohnten Wochenendhaus in Saalfeld, das er als Unterschlupf nutzte. Sicherheitskräfte des MfS und der Volkspolizei umstellten danach das Gelände und forderten Meyer über Megafon auf, seine Maschinenpistole aus dem Fenster zu werfen und sich zu ergeben. Dem kam er nicht nach, sondern schoss sofort auf einen Panzerwagen, als dieser sich dem Haus näherte. Nach dem Einsatz von Rauch- und Tränengasgranaten war aus dem oberen Geschoss des Gebäudes, in dem sich Meyer verbarrikadiert hatte, ein dumpfer Knall zu hören. Die Einsatzkräfte vermuteten, dass er sich selbst erschossen hätte. Daraufhin erteilte Oberstleutnant Hennig den Befehl zur Stürmung des Wochenendhauses. Doch abermals schoss Meyer aus dem Dachgeschoss auf den sich annähernden Panzerwagen SPW und schleuderte mehrere ins Haus geworfene Rauchgranaten wieder aus dem Fenster heraus. Nach erneutem Rauchkörpereinsatz begab sich Oberstleutnant Hennig als Erster in das Untergeschoss. Major Adam wurde mit einem zweiten Panzerwagen an das Gebäude herangebracht. Sein Versuch, von einer Leiter aus eine Dachluke aufzubrechen, scheiterte. Er begab sich danach ebenfalls in das Gebäude und ließ sich von VP-Hauptmann Samper, der den Eingang sicherte, dessen Maschinenpistole geben. Mit Adam gelangte auch Oberwachtmeister Meinhardt ins Innere des Hauses.

Der nun folgende Ablauf des Geschehens ist in dem Abschlussbericht des Suhler Staatssicherheitsdienstes minutiös festgehalten. Demnach saß Meyer, als Oberstleutnant Hennig und ihm folgend Major Adam das Obergeschoss betraten, in einem Mansardenzimmer auf einem Stuhl und hielt sich seine Maschinenpistole unter das Kinn. Als Oberstleutnant Hennig ihn aufforderte, die Waffe niederzulegen, antwortete Meyer, er solle ihn doch erschießen. Als Hennig anlegte, um Meyer die Waffe aus der Hand zu schießen, stellte dieser die Waffe hinter seinen Körper. Inzwischen waren Hauptmann Semper und Oberwachtmeister Meinhardt ebenfalls im Dachgeschoss angelangt. „Meyer wurde in der weiteren Zeit von Oberstleutnant Hennig und Major Adam des öfteren aufgefordert, sich zu ergeben bzw. die Waffe wegzulegen, worauf er erwiderte, daß er nicht schießen werde, sondern erschossen werden will. Dabei hielt er seine Waffe mit der Laufmündung an sein Kinn, wobei er den Finger am Abzug hatte." Oberstleutnant Hennig und Major Adam standen im Raum mit der Waffe in der Hand dem Fahnenflüchtigen gegenüber. Hennig legte sogar einmal seine Waffe ab und forderte Meyer auf, dies ebenfalls zu tun. Als Meyer aus dem Fenster blickte, legte Hennig an, um ihm die Waffe aus der Hand zu schießen. Im gleichen Moment gab Major Adam einen Feuerstoß ab „und rannte auf Meyer zu. [...] Aufgrund der Schußabgabe des Major Adam zuckte Meyer zusammen, neigte sich leicht nach vorn und drehte nach links. In diesem Augenblick löste sich nach Angaben von Oberstleutnant Hennig ein Feuerstoß aus der Waffe des Meyer. Er fiel auf den bereits am Boden liegenden Major Adam, rollte nach links von diesem herunter und blieb in Rückenlage liegen." Die Obduzenten stellten später drei Schusstreffer bei Meyer fest, der tödliche Treffer lag im Bereich der linken Brustseite. Major Adam wurde durch einen Bauchschuss verletzt, an dessen Folgen er trotz einer Notoperation im Krankenhaus Sonneberg starb. Am Ende des Berichts sind insgesamt 36 Zeugen aufgeführt, die das MfS befragte. Einer Aussage zufolge soll Major Adam am Morgen des 25. Dezember vor dem Einsatz gegenüber dem Politstellvertreter der Volkspolizei Saalfeld, Major Köppe, geäußert haben: „Den Kerl bring' ich um." Der abschließende interne Bericht der MfS-Zentrale würdigte die hohe Einsatzbereitschaft der eingesetzten Kräfte, kritisierte „jedoch gleichzeitig ernste Verstöße gegen die Prinzipien des taktischen Vorgehens zur Festnahme bzw. Liquidierung des Verbrechers". (Recherche: AN, jk, jos., MS; Autor: jos.)

Quellen:

MfS, diverse Diensteinheiten: Information über ein besonderes Vorkommnis im GR-15, Pionier-Kp. 15, Kfz-Posten Sonneberg, Bez. Suhl. BStU, ZA, MfS, HA I, Nr. 106; BStU, ZA, MfS, BV Gera, AP 1169/73 (2. Bd.); MfS, BV Suhl, AU 213/72 (10 Bde.); BStU, ZA, MfS, HA I, Nr. 13943, Teil 2 von 2.

MdI: Rapport Nr. 305 für die Zeit vom 24.12.1971, 04.00 Uhr, bis 27.12.1971, 04.00 Uhr. BArch, DO1/2.3/35157.

MfS, HA I: Information über schwere Verbrechen des NVA-Angehörigen Soldat MEYER, Gerhard in der Zeit vom 24. bis 25.12.1971. Berlin, 27.12.1971. BStU, ZA, MfS, HA I, Nr. 5865, Bd. 1. Gleichlautend in MfS, ZAIG: EI Nr. 1231/71. BStU, MfS, ZAIG, Nr. 1980.

Fritz Porschel

geboren am 17. Januar 1933

von Fluchtwilligen erschlagen am 21. Oktober 1977

Ort des Zwischenfalls: Gößnitz (Thüringen)

Der Abschnittsbevollmächtigte (ABV) der Volkspolizei Fritz Porschel lebte mit seiner Ehefrau und drei Kindern im thüringischen Gößnitz. Er gehörte seit 1951 der Volkspolizei an, zuletzt im Rang eines Unterleutnants und war seit 1958 SED-Mitglied. Als der 44-Jährige am Abend des 21. Oktober 1977 sein Haus verließ, um den Streifendienst in Gößnitz anzutreten, begegnete er drei Männern, die ihn auf eine Schlägerei im „Park der Freundschaft" hinwiesen. Dort angekommen, konnte er keine Tätlichkeiten feststellen und setzte seinen Streifenweg fort. Er bemerkte nicht, dass ihm die drei Männer dabei folgten.

Bei ihnen handelte es sich um den wegen Körperverletzung vorbestraften 24-jährigen Straßenbauer Reiner S. aus Gößnitz, den ebenfalls wegen Körperverletzung vorbestraften 26 Jahre alten Maurer Ernst. R. aus Podelwitz und den 21-jährigen Viehpfleger Steffen S. aus Tautenhain. Zuvor hatten die drei Männer bei einem Umtrunk mit dem 19-jährigen Maurer Henry L. verabredet, gemeinsam aus der DDR zu flüchten. Sie wollten, wie das MfS später meinte, „durch Sendungen des Westfernsehens und Rundfunks über Geiselnahmen angeregt", entweder ein Flugzeug entführen oder einen Durchbruch an der innerdeutschen Grenze versuchen. Dafür planten sie, den ABV Fritz Porschel zu töten, um sich seine Pistole samt Munition zu verschaffen. Henry L. zog sich kurz vor der Ausführung des Planes von dem Vorhaben zurück. Die drei anderen lockten Porschel gegen 20.30 Uhr mit dem Hinweis auf eine Schlägerei in den Park. Da dieser aber noch zu bevölkert war, stellten sie ihren Plan vorerst zurück. Als Porschel gegen 22.45 Uhr auf seinem Streifengang erneut den Park betrat, schlugen sie ihn mit Zaunlatten nieder und würgten ihn, bis er das Bewusstsein verlor. Mit dem Pistolengriff schlug Reiner S. mehrfach auf die Schläfe Porschels ein. Der bereits Bewusstlose erlitt dadurch Trümmerbrüche und Hirnverletzungen, die zu seinem Tod führten. Anschließend schleiften die drei Männer den Leblosen an den Füßen bis zum Ufer der Pleiße und stießen ihn ins Wasser.

Am nächsten Morgen entdeckte eine Passantin gegen 7.00 Uhr Porschels Leiche in der Pleiße. Aufgrund der Kopfverletzungen, der fehlenden Kartentasche sowie der fehlenden Dienstpistole erhärtete sich rasch die Vermutung eines Tötungsverbrechens. Die Volkspolizei und das MfS konnten nach nur kurzer Fahndung noch zur Mittagszeit des 22. Oktober 1977 die Täter ermitteln und festnehmen. Sie hatten sich zunächst in ihre Wohnungen zurück begeben und ihr Fluchtvorhaben noch nicht umgesetzt. Die Waffe befand sich im Besitz von Reiner S. Gegen die drei Tatbeteiligten eröffnete die Staatsanwaltschaft Ermittlungsverfahren wegen Terror im besonders schweren Fall, Mord, unbefugten Waffen- und Sprengmittelbesitzes sowie versuchten ungesetzlichen Grenzübertritts. Auch Henry L. wurde unter dem Vorwurf des Terrors und des versuchten ungesetzlichen Grenzübertritts inhaftiert. (Recherche: A.N., MP, jk, jos.; Autor: jk)

Quellen:

MdI: Rapport Nr. 211 für die Zeit vom 21. 10. 1977, 04.00 Uhr, bis 24.10.1977, 04.00 Uhr. BArch Berlin, DO 1/2.3 43623.

MfS, ZAIG: Information vom 24.10.1977 an Erich Honecker u. a. über ein Tötungsverbrechen an einem ABV der Deutschen Volkspolizei am 22. 10. 1977 in Gößnitz/Bezirk Leipzig. BStU, ZA, MfS ZAIG Nr. 2748.

MfS, HA IX: Todesermittlungssache Mord an ABV. BStU, MfS, Kartei JAK HA IX/Abt. 7.

Bispinck, Henrik [Berabeiter]: Die DDR im Blick der Stasi 1977. Die geheimen Berichte der SED-Führung. Göttingen 2012, S. 260–262. (Hier sind sämtliche Namen vollständig anonymisiert, auch der des Todesopfers Fritz Porschel.)

Gerhard Gergau

geboren am 18. Januar 1949

erschossen am 15. Januar 1981

Ort des Zwischenfalls: Leipzig, Slevogtstraße (Sachsen)

In den späten Abendstunden des 14. Januar 1981 wurde der zur Bewachung am Ausbildungsgelände Wiederitzscher Weg eingesetzte NVA-Posten Jürgen P. überfallen. Der Täter schlug ihn nieder und entriss ihm die Waffe und 60 Schuss Munition. Der Wachposten sagte später aus, er sei von hinten angefallen und zu Boden geschlagen worden. Der Täter habe ihn dann mit der ihm entrissenen Waffe bedroht und zur Herausgabe der Munition gezwungen. Sodann musste er sich mit dem Gesicht zur Erde auf den Bauch legen, der Täter drohte zu schießen, wenn er sich bewege. Nach zehn Minuten habe er gewagt, aufzustehen und Alarm auszulösen.

Wenig später klingelte ein Mann in der Radefelder Straße an mehreren Haustüren und forderte von Anwohnern, die ihm geöffnet hatten, mit vorgehaltener Waffe die Herausgabe eines Fahrzeugs. Nach einem Gerangel mit Hausbewohnern gab der Unbekannte mehrere Schüsse in die Luft ab und entfernte sich in Richtung Slevogtstraße. Als er dort einen Funkstreifenwagen auf sich zukommen sah, eröffnete er sofort das Feuer und verletzte den Volkspolizisten Gerhard Gergau tödlich sowie dessen Kollegen Lutz H. schwer. Der Täter ließ die Waffe zurück und flüchtete. Kurz darauf wurde er in einer Seitenstraße entdeckt und festgenommen. Es handelte sich um den 25-jährigen Anlagenfahrer Helmut C. aus Leipzig. Er wollte mit der Waffe am Flugplatz Schkeuditz ein Flugzeug kapern und die Besatzung zum Flug in die Bundesrepublik zwingen.

Das Bezirksgericht Leipzig verurteilte Helmut C. am 19. Juni 1981 zu einer lebenslangen Haftstrafe. Die Aussage des Wachpostens Jürgen P. stellte sich später als falsch heraus. Er war von C. nicht von hinten angegriffen worden, sondern hatte sich von ihm in ein Gespräch verwickeln lassen und zugelassen, dass er den Postenbereich betrat. Damit aber hatte er die Dienstvorschriften verletzt. Jürgen P. wurde am 8. April 1981 durch das Militärgericht Halle zu einem Jahr und drei Monaten Freiheitsentzug verurteilt, da er „aufs gröbste gegen bestehende Befehle und Anweisungen" verstoßen habe. (Recherche: jos.; Autor: jos.)

Quelle:
MfS, HA I: Angriffe auf Personen/Anwendung von Gewalt (Mittels Schußwaffe). BStU, ZA, MfS, HA I, Nr. 12444, Bd. 2.

Georgi Matjuscha

geboren am 2. Mai 1962 in der Region Krasnodar (Russland)

erschossen am 1. Mai 1982 bei Sangerhausen (Sachsen-Anhalt)

Ort des Geschehens: Landstraße vor Bennungen (Sachsen-Anhalt)

Einen Tag nach den Feierlichkeiten zum 1. Mai 1982 traf im Büro Honecker eine Eilmeldung über den Todesfall eines sowjetischen Soldaten in der DDR ein. Das Ministerium für Staatssicherheit der DDR informierte den SED-Generalsekretär über die Erschießung eines Fahnenflüchtigen aus der sowjetischen Garnison in Jena durch einen Volkspolizisten. Es handelte sich bei dem Todesopfer um Georgi Iwanowitsch Matjuscha, der seit dem 26. April 1982 zur Fahndung ausgeschrieben war. Einem Rapport des DDR-Innenministeriums, verfasst vom Oberst der Volkspolizei Schröter, ist die folgende Darstellung des Vorfalls zu entnehmen. Am 1. Mai 1982 gegen 21.30 Uhr „nahm der Genosse Hauptwachtmeister der VP Ackermann bei der Prüfung einer Ordnungswidrigkeit in der Ortslage Sangerhausen einen LKW W 50 wahr". Da ein solcher Laster am Vortag in Döschwitz entwendet worden war, habe der Funkstreifenwagen die Verfolgung aufgenommen, „zur exakten Überprüfung, inwieweit es sich bei diesem LKW um ein fahndungsmäßig gesuchtes Kfz handelt". Zwischen Hohlstedt und Bennungen „wurde durch die Genossen Obermeister der VP Fleisch und Hauptwachtmeister der VP Ackermann der zur Eilfahndung Stufe II ausgeschriebene LKW W 50, polizeiliches Kennzeichen KV 87–52, vorgefunden. Der LKW stand mit laufendem Motor am rechten Fahrbahnrand. Zur Sicherung der folgenden Prüfungshandlungen wurde der FStW [Funkstreifenwagen] in ca. 4 Meter Entfernung schräg von dem LKW abgestellt, um eine Weiterfahrt des LKW zu verhindern. Beide Genossen verließen den FStW [Funkstreifenwagen], um den Fahrer des LKW zu kontrollieren. Der Genosse Hauptwachtmeister der VP Ackermann versuchte die Fahrertür zu öffnen. Da sich diese nicht öffnen ließ, schlug er zweimal gegen die Scheibe der Fahrertür. Er verfolgte damit das Ziel, den Fahrer zu veranlassen, die Tür zu öffnen. Der Fahrer des LKW, welcher zunächst zum Beifahrersitz blickte, war mit einer schwarzen Trainingshose und einer grauen Strickjacke bekleidet. Er drehte sich sodann in Fahrtrichtung um und fuhr normal an. Genosse Ackermann befand sich zu diesem Zeitpunkt ca. 50 Zentimeter von der Fahrertür entfernt. Da der LKW links anzog, wich Genosse Ackermann einige

Schritte rückwärts in Fahrtrichtung des LKW aus. Dabei nahm er wahr, daß der FStW an der rechten hinteren Fahrzeugseite erfaßt wurde. Zur Verhinderung der Flucht wandte er ohne Ankündigung und Warnschuß die Dienstwaffe, Makarow Nr. 2004, an, indem er in die Scheibe der Fahrertür schoß. Da der Fahrer die Fahrt fortsetzte, gab Genosse Ackermann 6 weitere Schüsse auf das Fahrerhaus ab. Eine Patrone verblieb im Lauf."

Der Laster habe sich nach den Schüssen in Richtung Bennungen entfernt und sei nach etwa 200 Metern über den rechten Straßengraben auf ein Feld gefahren, dann wieder in Richtung Straße bis er schließlich im rechten Straßengraben zum Stehen kam. Die beiden Volkspolizisten näherten sich dem Fahrzeug und stellten fest, dass der Fahrer offensichtlich getroffen worden war. Als sie die Tür öffneten, stellten sie fest, dass er nicht mehr lebte. Unter seiner Wolljacke trug er eine sowjetische Tuchuniform ohne Rangabzeichen. Am Führerhaus des Lastwagens wurden fünf Einschüsse an der linken Fahrertür, am linken Holm sowie an der Rückwand festgestellt.

Georgi Matjuscha war von zwei Kugeln in der Herzgegend getroffen worden. Das Bestattungsinstitut Sangerhausen überführte seine Leiche am 2. Mai 1982 zum Institut für gerichtliche Medizin und Kriminalistik nach Halle. Am folgenden Tag erfolgte dort die Obduktion, an der für die sowjetische Seite der Oberleutnant des medizinischen Dienstes Genadi Skakun, Chirurg im Sanitätsbataillon der GSSD Jena, teilnahm. Im Körper des Toten fand man zwei Kugeln. Als Todesursache stellten die Obduzenten einen Durchschuss der Herzspitze sowie Zerreißungen von Milz und Lunge fest.

Die volkspolizeiliche Untersuchung des Todesfalles ergab, dass die Anwendung der Schusswaffe aus folgenden Gründen rechtmäßig gewesen sei: „Gemäß Ziffer 2 a der Schußwaffengebrauchsvorschrift ist die Anwendung von Schußwaffen bei einem unmittelbar bevorstehenden Verbrechen gegen die staatliche Ordnung gerechtfertigt. Der Genosse Hauptwachtmeister Ackermann mußte angesichts der Fahndung nach dem LKW W 50 mit der möglichen Fluchtrichtung Grenze damit rechnen, daß der LKW zu einem gewaltsamen Grenzdurchbruch benutzt werden soll. Begründet ist der Schußwaffengebrauch weiter nach Ziffer 2 b zur Verhinderung der Flucht von Personen, die eines Verbrechens dringend verdächtig sind. Bei Kenntnis der Fahndung nach dem LKW W 50 und der rücksichtslosen Flucht unter Beschädigung des FStW mußte der Hauptwachtmeister Ackermann diesen Sachverhalt unterstellen. Der Militärstaatsanwalt, Oberstleutnant Köcher, schätzt den Sachverhalt als gerechtfertigten Schußwaffengebrauch ein." Weitere Untersuchungen erfolgten durch die Bezirksdirektion der Volkspolizei Halle, Kriminalpolizei – Arbeitsgruppe Ausländer.

Nur eine halbe Stunde Fahrzeit trennte Georgi Matjuscha aus dem Kaukasusvorland von der niedersächsischen Grenze, als er einen Tag vor seinem 20. Geburtstag ums Leben kam. (Recherche: jos., MP; Autor: jos.)

Quellen:

MdI: Rapport Nr. 87, vom 30.4.1982, 4.00 Uhr bis 3.5.1982, 4.00 Uhr. BArch Berlin, DO1/2.3/46737.

MfS: Information über die Anwendung der Schußwaffe durch einen Angehörigen der Deutschen Volkspolizei gegen einen in Fahndung stehenden Angehörigen der GSSD mit Todesfolge. BStU, ZA, MfS, ZAIG, 3215.

Klaus-Dieter Hebig

geboren am 13. Juni 1948
in Eisenach

erschossen am 6. März 1984

Ort des Zwischenfalls:
Eisenach, Heinrich-Heine-Straße
(Thüringen)

Bildquelle: BStU

Klaus-Dieter Hebig wuchs in einer Eisenacher Arbeiterfamilie auf. Nach dem Abschluss der 10. Klasse an der Polytechnischen Oberschule erlernte er im VEB Automobilwerk Eisenach den Beruf eines Montageschlossers im Fahrzeugbau. Der fleißige und gute Lehrling konnte seine Facharbeiterprüfung vorzeitig ablegen und kam hernach in die Endmontage der dortigen Wartburgproduktion. 1968 verpflichtete sich Klaus-Dieter Hebig zum vierjährigen Wehrdienst bei der Volksmarine.

Andreas D., ein 22-jähriger Unterfeldwebel des Grenzausbildungsregiments Eisenach, kehrte am 6. März 1984 vom Ausgang angetrunken in die Kaserne zurück. Er entwendete dort den Schlüssel der Waffenkammer und nahm seine Maschinenpistole samt vier gefüllten Magazinen an sich. Anschließend kletterte er über den Kasernenzaun. Vom Grenzausbildungsregiment in der Ernst-Thälmann-Straße war es nur knapp ein Kilometer bis zum Kulturhaus der Automobilarbeiter in der Heinrich-Heine-Straße. Unter den Gästen, die dort eine Faschingsveranstaltung besuchten, befand sich auch Klaus-Dieter Hebig. Er arbeitete zu dieser Zeit als Betriebshandwerker beim VEB Backwaren Eisenach und besuchte das Faschingsfest, um seine alten Kollegen aus der Fahrzeugfabrik wiederzusehen. Gegen 1.35 Uhr machte er sich auf den Heimweg. Genau in diesem Moment erreichte Andreas D. die Heinrich-Heine-Straße und gab unvermittelt mehrere Feuerstöße aus seiner Waffe ab. Ein Geschoss traf Klaus-Dieter Hebig.

Andreas D. stürmte danach in das Kulturhaus und bedrohte zwei auf der Faschingsfeier anwesende Frauen. Gemeinsam gelang es mehreren Gästen, ihm die

Waffe zu entreißen und ihn bis zum Eintreffen der Volkspolizei festzuhalten. Für Klaus-Dieter Hebig kam jedoch jede Hilfe zu spät, er starb noch am Tatort. Er hinterließ seine Frau und eine gemeinsame Tochter. (Recherche: jk, jos., US; Autor: jos.)

Quellen:

Grenztruppen der Deutschen Demokratischen Republik, Kdo. der Grenztruppen: Operative Tagesmeldungen Nr. 62/84 bis 122/84. BArch Freiburg, DVH 32/112519.

Datenbank Gerhard Schätzlein: BArch Freiburg, Tagesmeldung.

IM-Vorlauf ohne Anwerbung. BStU, ZA, MfS, AIM 4146/69.

Standesamt Eisenach: Sterbeeintrag, Auskunft vom 15. April 2016.

Rolf Schmidt

geboren am 23. Mai 1944 in Großmehlra

erschossen am 13. August 1987

Ort des Zwischenfalls: Kreis Mühlhausen (Thüringen)

Die Zentrale Auskunfts- und Informationsgruppe des DDR-Staatssicherheitsdienstes meldete am 17. August 1987 in ihrer internen Wochenübersicht Nr. 33/87 über „gegnerische Aktivitäten anläßlich des 26. Jahrestages der Errichtung des antifaschistischen Schutzwalls am 13. August 1961 und damit im Zusammenhang stehende Vorkommnisse im Inneren der DDR" ohne Namensangabe einen „Mord an einem Bürger der DDR durch einen Unteroffizier der NVA". Beim Getöteten handelte es sich um Rolf Schmidt.

Der Handwerker Rolf Schmidt wollte am 13. August 1987 das Dach eines Bungalows reparieren, der in einem Waldgebiet etwa drei Kilometer westlich von Mühlhausen in der Gemarkung Kuhrasen stand. Rolf Schmidt arbeitete als Dachdecker im Kombinat VEB „Sponeta" Schlotheim, er war Mitglied der Kampfgruppen der Arbeiterklasse. Mit der Bungaloweigentümerin Gisela K. fuhr Schmidt in deren Lada am frühen Morgen zum Wochenendhaus. Mit im Fahrzeug saßen Schmidts Sohn Thomas und der Sohn von Gisela K. Gegen 7.30 Uhr erreichte man das Grundstück. Frau K. und Rolf Schmidt fiel beim Betreten des Grundstücks auf, dass das Eingangstor unverschlossen war und ein Trabant Kübel der Volksarmee in der Einfahrt des Grundstücks stand. Während der Sohn von Frau K. im Auto blieb, begaben sich die anderen drei zum Bungalow. Als Rolf Schmidt die Klinke der Eingangstür des Bungalows niederdrückte, stellte er fest, dass sie nicht verschlossen war. Noch während er das der hinter ihm stehenden Frau K. mitteilte und die Tür öffnete, fielen zwei Schüsse aus dem Inneren des Wochenendhauses. Schmidt stürzte, von einem Bauchschuss getroffen, zu Boden. Der Schütze trat anschließend vor die Tür. Er hielt eine Maschinenpistole in der Hand und herrschte Frau K. an, sie solle sofort ihr Fahrzeug aus der Einfahrt entfernen.

Thomas Schmidt erinnert sich folgendermaßen an das Geschehen: „Der Schütze forderte Frau K. auf, das Auto aus der Einfahrt zu entfernen, was diese zur Flucht nutzte. Ich fragte, ob ich auch gehen dürfe, worauf er sagte, ja hau ab. Ich rannte zum Eisenbahnerheim Waldfrieden[,] um die SMH [Schnelle Medizinische Hilfe] zu rufen. Diese trafen auch zuerst am Tatort ein, aber weil sie von mir erfahren haben, dass mein Vater angeschossen wurde und der Schütze noch nicht gefasst wurde, sind sie nicht auf das Grundstück und haben sich zurückgezogen. Der kurze Zeit später eingetroffene ABV sagte auch, er geht nicht auf das Grundstück und hat über Funk seine Vorgesetzten informiert. Er sagte, die Jungs mit den langen Waffen sollen kommen. Ich wartete im Waldfrieden, bis mich die Volkspolizei mit aufs Polizeirevier in der Waidstrasse brachte, wo gegen 16 Uhr zwei Herren aus Berlin eintrafen und mich bis etwa 18 Uhr verhörten. Dann wurde ich nach Hause gefahren. Meiner Mutter haben sie gesagt, dass mein Vater einen Unfall hatte und er verstorben sei. Keine Betreuung, Seelsorge etc. auch nicht, was mit mir ist ..."

> **Rechtsbrecher festgenommen**
>
> In den gestrigen frühen Morgenstunden wurden im Kreis Mühlhausen vier Bürger beim Betreten eines Bungalows bei Eigenrieden von einem in Fahndung stehenden Gewaltverbrecher, der Bürger der DDR ist, beschossen. Dabei wurde ein Handwerker tödlich verletzt. Die sofort alarmierte Volkspolizei nahm den Rechtsbrecher fest.

Lokale Zeitungsnotiz.
Quelle: Privatarchiv Thomas Schmidt

Nach dem Täter, Unteroffizier Steffen R., wurde seit dem 9. August 1987 gefahndet. Er hatte am frühen Morgen gegen 4 Uhr das Feldlager Dolgen, Kreis Neustrelitz, mit einem Trabant Kübel verlassen und eine Maschinenpistole sowie zwei Magazine mit 60 Patronen mitgenommen. Sofort nachdem die Lage am Wochenendhaus von der Funkstreifenbesatzung der Zentrale in Mühlhausen gemeldet worden war, löste die Volkspolizei Großfahndung aus. Der Täter wurde wenig später festgenommen. Er hatte den Bungalow verlassen und versuchte, mit dem NVA-Trabant eine Straßensperre der Volkspolizei zu passieren. Er täuschte zunächst vor, zu den Einsatzkräften zu gehören und ließ sich dann ohne Widerstand entwaffnen und festnehmen. Bei seiner ersten Vernehmung gab er an, er habe vorgehabt, in der Nacht zum 14. August 1987 über die Grenze in den Westen zu flüchten. Der DDR-Staatssicherheitsdienst ordnete das, wie eingangs zitiert, allen Ernstes unter „gegnerische Aktivitäten anläßlich des 26. Jahrestages der Errichtung des antifaschistischen Schutzwalls am 13. August 1961 und damit im Zusammenhang stehende Vorkommnisse im Inneren der DDR" ein. (Recherche; jos., MP; Autor: jos.)

Quellen:
MdI: Rapporte Nr. 158–179 August 1987, zum Todesfall Nr. 170. BArch SAPMO, DO1/2.3 27470.
MfS, ZAIG: Wochenübersicht Nr. 33/87 vom 17. August 1987. BStU, ZA, MfS – ZAIG, Nr. 4573.
E-Mail von Thomas Schmidt an Jochen Staadt vom 5. Mai 2015.

Suizide in den Grenztruppen

Die folgenden Biografien von DDR-Grenzsoldaten, die sich selbst das Leben nahmen, beruhen auf Angaben aus DDR-Überlieferungen sowie auf Hinweisen von Zeitzeugen über dienstliche Ursachen dieser Selbsttötungen. Den hier beschriebenen Fällen liegt allerdings keine systematische Auswertung der Suizide in den Grenztruppen zugrunde. Die Zahl der Selbsttötungen mit dienstlichem Hintergrund dürfte in den Grenztruppen wesentlich höher gelegen haben, als die in dieses Handbuch aufgenommenen 43 biografischen Darstellungen. Gleichwohl fanden sich bei den Recherchen nach den Opfern des DDR-Grenzregimes im Schrifttum der Deutschen Grenzpolizei (DGP) bis 1961 und der DDR-Grenztruppen seit 1961 Angaben zu 203 Suiziden, die einen allgemeinen aber unvollständigen Eindruck dieser Problematik vermitteln, da es nicht möglich war, die Angaben zu Suizidvorfälle dahingehend zu überprüfen, ob etwa militärische Vorgesetzte Selbsttötungen als Schusswaffenunfälle kaschierten, um eigene Mitverantwortung zu verdecken.[39]

Im Jahr 1958 kam es nach MfS-Analysen in der DGP zu 16 Suiziden, das waren 28,1 Prozent aller Selbsttötungsfälle im Verantwortungsbereich der MfS-Hauptabteilung I (NVA, DGP, Bereitschaftspolizei und Wachregiment des MfS).[40] Im Jahr 1961 nahmen sich neun Grenzer das Leben.[41] Das MfS meinte hierzu bezogen auf alle Streitkräfte: „Als eine gewisse Folge der feindlichen Zersetzungsarbeit und der teilweise noch ungenügenden Wirksamkeit der politisch-ideologischen Erziehungsarbeit ist die relativ hohe Anzahl von Selbstmorden anzusehen. Schwerpunkte bilden die Militärbezirke III und V sowie die Luftstreitkräfte. Hinzu kommen relativ viele Selbstmordversuche. Die Ursachen und Umstände der Selbstmorde und Selbstmordversuche haben in den meisten Fällen ihren Ursprung in familiären Schwierigkeiten oder in Unzulänglichkeiten der Erziehungsarbeit der Vorgesetzten mit den jungen Soldaten."[42] Somit gestanden sich die Verantwortungsträger allenfalls „Unzulänglichkeiten der Erziehungsarbeit" nachgeordneter Vorgesetzter ein. Ansonsten sollten externe Faktoren wie westliche Einflüsse und familiäre Probleme zu den Verzweiflungstaten geführt haben. Dieses Erklärungsmuster blieb bis zum Ende des SED-Staates das Vorherrschende.

---

39 Auf die Informationen über 203 Selbsttötungen in den Grenztruppen stieß das Forschungsteam bei der Durchsicht von Meldungen und Telegrammen der Grenztruppen und der Volkspolizei an höhere Dienststellen und in Überlieferungen der MfS-Hauptabteilung I. Das Forschungsteam wertete allerdings nur solche Aktenbestände aus, die im Aktentitel Hinweise auf unnatürliche Todesfälle an der DDR-Grenze enthielten. Hochgerechnet dürfte sich nach den Teilüberlieferungen von statistischem Material des MfS und der Grenztruppen die Zahl der Suizide in Grenzpolizei und Grenztruppen von 1949 bis 1989 mindestens zwischen 400 und 500 Todesfällen bewegen.
40 MfS, HA I: Einschätzung der Feindtätigkeit im Bereich der Deutschen Grenzpolizei; Berichtsraum: 1959. BStU, ZA, MfS, HA I, Nr. 15864.
41 MfS, HA I: Statistiken zur op. Arbeit. BStU, ZA, MfS, HA I, Nr. 15227.
42 MfS, HA I: Die Ergebnisse der politisch-operativen Arbeit der Hauptabteilung im Jahre 1961. Die Schlußfolgerungen und Hauptaufgaben für das Jahr 1962. BStU, ZA, MfS, HA I, Nr. 13945, Teil 3 von 4.

Im 1. Halbjahr 1962 registrierte der Staatssicherheitsdienst in der NVA inklusive Grenztruppen 13 Suizide und 48 Suizidversuche,[43] im 2. Halbjahr 1962 in der NVA 27 Suizide und 42 Suizidversuche.[44] Diese Zahlenangaben des MfS scheinen sich in den folgenden Jahren nicht wesentlich verändert zu haben. Im Jahr 1968 registrierten die MfS-Auswerter 42 Selbsttötungen in der NVA.[45] Ein Jahr später sank die Zahl der Suizide in der NVA auf 29[46], in den Grenztruppen kam es demnach zu sechs Suiziden.[47] In 74 von insgesamt 87 Suiziden bzw. Suizidversuchsfällen in der NVA ermittelte das MfS für das Jahr 1969 die Motive der Tat. In einem Fall sei demnach die „Mißachtung der persönlichen Würde und Androhung von Repressalien durch Vorgesetzte" der Grund gewesen, ebenfalls einmal sei eine „nicht richtige Darlegung einer richtig getroffenen Kaderentscheidung" der Grund gewesen, in acht Fällen sei „aus Unlust zum Dienst und mit dem Ziel, ihre Verpflichtung als Berufssoldat und Soldat auf Zeit rückgängig zu machen" gehandelt worden, in sechs Fällen habe „Angst vor Bestrafungen" vorgelegen. In den meisten, nämlich in 28 Fällen seien „familiäre Schwierigkeiten bzw. zerrüttete Eheverhältnisse" der Grund für Suizidhandlungen gewesen.

Zu keinem Suizid soll es nach MfS-Zählung 1975 in den Grenztruppen gekommen sein,[48] 1976 zählte das MfS sieben Selbsttötungen von Grenzsoldaten[49] und für 1978 insgesamt vier.[50] Vom 1. Januar bis zum 31. August 1978 kam es zu 28 Selbsttötungen in der NVA, darunter befanden sich vier Offiziere, zwölf Unteroffiziere, neun Soldaten und zwei Zivilbeschäftigte. Die Suizide erfolgten nach Angaben des MfS überwiegend aus privaten Motiven sowie wegen Veruntreuung und Verletzungen der Dienstordnung. „Aus politischen Erwägungen heraus beging Soldat Puhlmann, MB III, Selbsttötung. Er brachte vorher zum Ausdruck, daß es sich nicht ‚lohnt, in diesem Staat zu leben'. P. sprach auch über Terrorismus und war der Meinung, daß endlich ein Fanal gegeben werden muß, dafür werde er sogar sein Leben geben." Vom 1. Januar bis zum 31 August 1979 kam es zu 32 Selbsttötungen in der NVA. Darunter sieben Offiziere, acht Unteroffiziere, 14 Soldaten und drei Zivilbeschäftigte. Wiederum meinte das

---

43 MfS, HA I: Quartalsanalyse 1962/ I / II. Quartal, Teil 8 Linie I, Lage, Feindtätigkeit, Vorkommnisse und Ereignisse im Zuständigkeitsbereich der HA I. BStU, ZA, MfS, HA I, Nr. 15858.
44 MfS, HA I: Quartalsanalyse 1962/ III / IV. Quartal, Teil 8 Linie I, Lage, Feindtätigkeit, Vorkommnisse und Ereignisse im Zuständigkeitsbereich der HA I. BStU, ZA, MfS, HA I, Nr. 15858.
45 MfS, HA I; Kleinjung, Karl: Bericht über die Entwicklung der politisch-operativen Situation im 2. Halbjahr 1968 im Verantwortungsbereich der Hauptabteilung I. BStU, ZA, MfS, HA I, Nr. 15561.
46 MfS, HA I: Kleinjung, Karl: Bericht über die Entwicklung der politisch-operativen Situation im 2. Halbjahr 1969 im Verantwortungsbereich der Hauptabteilung I. BStU, ZA, MfS, HA I, Nr. 15561.
47 MfS, HA I, Stab/Referat III: Information über die Entwicklungstendenzen der Selbstmorde und Selbstmordversuche in der NVA im Zeitraum vom 1.1.1969 bis 20.2.1970. BStU, ZA, MfS, HA I, Nr. 13241 Teil 2 von 2. Zu ähnlichen Ergebnissen kommt auch eine Untersuchung der HA IX. Vgl. MfS, HA IX; Ströder (Leutnant): Einschätzung über das Auftreten von Selbstmordvorkommnissen durch Angehörige der NVA im Zeitraum von Januar 1969 bis Mai 1970. BStU, ZA, MfS, HA I, Nr. 15265, Teil 1 von 2.
48 MfS, HA I: VK-Statistik 1975. BStU, ZA, MfS, HA I, Nr. 14485.
49 MfS, HA I: VK-Statistik 1976. BStU, ZA, MfS, HA I, Nr. 14482.
50 MfS, HA I: VK-Statistik 1978. BStU, ZA, MfS, HA I, Nr. 14483.

MfS, die Suizide seien überwiegend aus familiären Gründen erfolgt. Zwei Offiziere „scheiterten an dienstlichen Aufgaben".[51] Im Jahr 1979 registrierte der Staatssicherheitsdienst 52 Suizide in der NVA[52] darunter zehn in den Grenztruppen.[53] Im Jahr 1980 begingen laut MfS in der NVA 40 Militärangehörige Suizid, darunter zwölf Offiziere (Vorjahr zehn) davon waren drei Politoffiziere. Die Ursachen seien familiärer Art, in zwei Fällen hätten dienstliche Belange eine Rolle gespielt. Im Jahr 1980 kam es nach diesen Angaben weiterhin zu 20 Selbsttötungsversuchen (Vorjahr 32), darunter sieben Offiziere (Vorjahr sechs). Bei zwei Selbsttötungsversuchen von Soldaten ist als Grund „Drangsalierung" angeführt.[54] In der MfS-Liste sind unter der Rubrik „Täter" die Namen der Offiziere aufgeführt, die sich das Leben nahmen oder dies versucht hatten. Für 1981 enthält die MfS-Statistik für die Monate März bis Dezember acht Suizidfälle in den Grenztruppen.[55]

Nach den geheimen Analysen des Staatssicherheitsdienstes lägen 1980 bei insgesamt 40 Suiziden in der Armee in nur zwei Fällen Hinweise auf einen ursächlichen Zusammenhang mit den militärischen Umgangsformen in der NVA vor. Im Widerspruch zu diesen selbst eingestandenen Größenordnungen von fünf Prozent stehen die im Zuge der Recherchen zu diesem Handbuch als Teilergebnis registrierten 43 Selbsttötungen mit dienstlichem Hintergrund, die in den erfassten 203 Suiziden bei den Grenztruppen enthalten sind.[56]

In der häufig als Standardwerk zitierten Untersuchung über Selbsttötungen in der DDR befasst sich der Autor Udo Grashoff auch mit der „Suizidalität in den Grenztruppen" und kommt zu dem Ergebnis, dass sich „die Selbsttötungsrate der Angehörigen der Grenztruppen [...] nicht wesentlich von anderen Bereichen der NVA unterschied".[57] Für die NVA stellt Grashoff fest: „Die Selbsttötungsrate in der

---

51 MfS, HA I/AKG: Selbsttötungen 1978 / Selbsttötungen 1979. BStU, ZA, HA I Nr. 26.
52 MfS, HA I: Selbsttötungen von Offizieren 1980. BStU, ZA, MfS, HA I Nr. 59.
53 MfS, HA I: VK-Statistik 1979. BStU, ZA, MfS, HA I, Nr. 14486.
54 MfS, HA I: Selbsttötungen von Offizieren 1980. BStU, ZA, MfS, HA I Nr. 59.
55 MfS, HA I: Statistik Delikte, Todesopfer etc. für 1981. BStU, ZA, MfS, HA I, Nr. 13260.
56 In dem von Hans Bauer herausgegebenen Selbstrechtfertigungsband ehemaliger SED-Kader finden sich die untertriebenen Angaben, dass an der Westgrenze der DDR in den 15 Jahren vor dem 13. August 1961 mehr als doppelt so viele Fälle von Suizid festgestellt worden seien wie nach dem 13. August 1961. Bis 1961 seien 89 Selbsttötungen gezählt worden, in den 28 Jahren danach nur noch 33 Fälle. Vgl. Bauer, Hans: Grenzdienst war Friedensdienst, der 13. August 1961, Ursachen und Folgen des Mauerbaus. Berlin 2011, S. 158. Dort wird auch die Zahl der Schusswaffenunfälle auf insgesamt 138 heruntergespielt, siehe S. 159.
57 Siehe Grashof, Udo: „in einem Anfall von Depression ..." Selbsttötungen in der DDR. Berlin 2006, S. 94 bis 100. Grashof setzt seine Zwischenüberschrift „Opfer des Grenz- und Terrorregimes der DDR" in Anführungszeichen und kritisiert die These von Dietmar Schultke, dass die Vereinzelung der Soldaten in den Grenzkompanien „einen psychischen Druck auf die Grenzsoldaten erzeugte, der bis in Pathologische forciert werden konnte". Siehe Schultke, Dietmar: Das Grenzregime der DDR. Innenansichten der siebziger und achtziger Jahre. In: Aus Politik und Zeitgeschichte, B 50/97. Für die NVA meint Grashoff generalisierend, dass die Besonderheiten und Zwänge des Militärdienstes „entgegen der Anfangsvermutung nicht zu Selbsttötungen in statistisch relevantem Ausmaß geführt" hätten. „Auch Drangsalierungen im Zuge der ‚EK-Bewegung' scheinen keinen größeren Einfluss gehabt zu haben." Ebd., S. 81.

NVA war generell nicht höher als die der Zivilbevölkerung."[58] Dabei bezieht er sich auf die von Werner Felber und Peter Winiecki 1998 veröffentlichten, bis dato unbekannten Suizidstatistiken aus dem ehemaligen Institut für Medizinische Statistik und Datenverarbeitung in Berlin.[59] Die darin erfassten Daten der vergleichbaren männlichen Altersgruppe unterscheiden jedoch nicht zwischen Suiziden im Wehrdienst und im zivilen Leben. Da für die Vergleichsgruppe der über 18-jährigen jungen Männer Wehrpflicht bestand, der sich nur wenige entziehen konnten, handelt es sich bei Grashoffs Gegenüberstellung um ein Nullsummenspiel, das keinen Aufschluss darüber gibt, aus welchen Beweggründen in den Wehrdienst gezwungene junge Männer aus dem Leben schieden.

Für die Zivilbevölkerung kommt er zu dem Ergebnis, „dass ein Einfluss DDR-spezifischer politischer und gesellschaftlicher Faktoren auf die Selbsttötungshäufigkeit kaum nachweisbar" sei. Grashoffs Schlussfolgerung lautet: „Die im Vergleich zur Bundesrepublik anderthalbmal so hohe Selbsttötungsrate in der DDR" sei „nicht auf politische Faktoren rückführbar", sondern auf „langfristige mentale Prägungen", die er im Protestantismus verortet. Bereits durch die Moralstatistiken aus dem 19. Jahrhundert sei bekannt, „dass die Selbsttötungsraten in katholisch geprägten Gebieten niedriger sind als in protestantischen Regionen".[60] Nehme man die Entwicklung der Selbsttötungsrate zum Maßstab „für die Intensität politischer Repression, dann scheinen sich Bezeichnungen wie ‚kommode Diktatur' (Grass) zu bestätigen" meint Grashoff und: „Spezifische, durch die SED-Diktatur erzeugte Lebensschwierigkeiten und eine politisch bedingte Einengung von Handlungsspielräumen der Individuen haben offenbar nur in Einzelfällen zu Selbsttötungen geführt."[61] Für die DDR-Grenztruppen trifft dieser Befund Grashoffs nicht zu. Die in seinem Kapitel über „Selbsttötungen in der Nationalen Volksarmee" mit allerlei relativierenden Erwägungen beschriebenen Einzelfälle vermitteln allenfalls ansatzweise die täglichen Belastungen der militärischen Zwangsgemeinschaft in den Einheiten der Grenztruppen.[62] Von Belang ist in diesem Zusammenhang durchaus der systemvergleichende Hinweis, dass in der Bundeswehr zur gleichen Zeit die Suizidrate niedriger lag als in der NVA und auch niedriger als in der gleichaltrigen westdeutschen männlichen Bevölkerung. Ohnehin widersprechen die rückläufigen Suizidraten in den neuen Bundesländern und ihre bis etwa 2005 erfolgte Angleichung auf das Niveau der alten Bundesländer Grashoffs Rückbindung der

---

58 Ebd., S. 85.
59 Felber, Werner/Winiecki, Peter: Suizide in der ehemaligen DDR zwischen 1961 und 1989 – bisher unveröffentlichtes Material zur altersbezogenen Suizidialität. In Suizidprofilaxe 2, 1998, S. 42–49.
60 Grashoff, Udo: „in einem Anfall von Depression ..." Selbsttötungen in der DDR. Berlin 2006, S. 265.
61 Ebd., S. 267.
62 So erwähnt Grashoff unter der Überschrift „Falscher Verdacht: Vermeintlich politisch motivierte Selbsttötungen" auch den oben erwähnten Suizid des Soldaten Puhlmann, der sich nach Auffassung des MfS „aus politischen Erwägungen" das Leben nahm und bemerkt dazu „sein trauriges Fanal" lasse „psychopathologische Ursachen vermuten". Ebd., S. 179. Grashoff beruft sich bei diesem Befund ausgerechnet auf ein Telefonat mit Hans Girod, einem ehemaligen Professor der Sektion Kriminalistik an der Humboldt Universität Berlin.

DDR-Suizidrate an „die protestantische Tradition in den Gebieten, welche die DDR bildeten".[63]

Für die im folgenden Teil des Handbuches beschriebenen Suizide gilt im Sinne des von den Suizidforschern Werner Felber und Peter Winiecki entwickelten „Kausalitätsgefüges von Suizidalität", dass Selbsttötungen nur selten monokausal begründet sind, sondern dabei „komplexe Ursachen auf mehreren Ebenen zusammenwirken". Aus den von Felber und Winiecke aufgeführten variablen Ursachen wären für die im Rahmen dieser Untersuchung erfassten Suizide in den DDR-Grenztruppen die folgenden von Belang:

Ebene 1, basale Suizidalität: Psychische Erkrankungen (inklusive Sucht);
Ebene 2, personale Suizidalität: Existentiell bedrohliche Erlebnisse; körperliche Erkrankungen; Persönlichkeit, Charakter (-störungen);
Ebene 3, epiphänomenale Suizidität: Gesellschaftliche Strukturen; Religiöse Traditionen; Methodenverfügbarkeit.[64]

Wie die Prüfung von 203 als Teilergebnis dieser Untersuchung in den Überlieferungen von MfS und Grenztruppen aufgefundenen Meldungen über Selbsttötungen in den Grenztruppen ergab, fanden sich bei 22 Prozent der 203 Grenzpolizisten und Grenzsoldaten Hinweise auf dienstliche Probleme wie Angst vor Bestrafungen oder Maßregelungen, Widerwillen gegen den Kadavergehorsam, die tägliche Vergatterung zum Schießen auf Flüchtlinge und weitere Zumutungen des Grenzdienstes. Durch Hinweise von Angehörigen und Bekannten konnte zumindest in Einzelfällen die im internen Meldungsaufkommen stereotyp auftauchende Behauptung falsifiziert werden, der jeweilige Suizid sei aus privaten oder familiären Gründen erfolgt. Den folgenden biografischen Porträts liegen insbesondere für die frühen Jahre der Deutschen Grenzpolizei nur spärliche Angaben aus dem einschlägigen Schriftgut zugrunde. Sie sind exemplarische Teilergebnisse der Untersuchung über die Todesopfer des DDR-Grenzregimes ohne Anspruch auf Vollständigkeit für den Bereich der DDR-Grenztruppen.

In den durch das Forschungsteam erfassten Meldungen über Selbsttötungen in den DDR-Grenztruppen findet sich häufig der Hinweis, die Ursache der Selbsttötung sei nicht bekannt und der Verweis, dass weitere Ermittlungen durch die zuständige Morduntersuchungskommission (MUK) der Volkspolizei und den Militärstaatsanwalt geführt würden. Den entsprechenden Ermittlungsergebnissen konnte das Forschungsteam aus Zeit- und Kapazitätsgründen nur in Einzelfällen nachgehen. Am häufigsten enthält das ausgewertete Meldungsaufkommen Hinweise auf Ehe- und Beziehungsprobleme als suizidauslösende Ursache.

Die folgenden biografischen Darstellungen enthalten nicht sämtliche festgestellten Suizide mit dienstlichem Hintergrund. Nicht aufgenommen wurden

---

63 Ebd., S. 265. Siehe weiterführend Felber, Werner/Winiecki, Peter: Suizidstatistik – aktuelle ausgewählte statistisch-epidemiologische Daten zu Deutschland und Osteuropa mit Kommentaren. www.suizidprophylaxe.de/Suizidstatistik.pdf. Siehe auch Schroeder Klaus: Der SED-Staat. Geschichte und Strukturen der DDR 1949–1989. Köln/Weimer/Wien 2013, S. 866 f.
64 Vgl. Felber, Werner/Winiecki, Peter: Suizidstatistik – aktuelle ausgewählte statistisch-epidemiologische Daten zu Deutschland und Osteuropa mit Kommentaren. Schaubild 1 zum Kausalitätsgefüge von Suizidalität. www.suizidprophylaxe.de/Suizidstatistik.pdf.

Selbsttötungen nach Amoktaten. So ermordete ein Grenzpolizist der Grenzbrigade Mühlhausen im August 1961, nachdem er sich betrunken hatte, ein zweijähriges Kind und verletzte eine Frau schwer. Danach tötete er sich selbst mit seiner Pistole.[65] Am 17. April 1963 erschoss Unteroffizier Manfred Alte bei einem Reparatureinsatz an den Grenzsperren bei Eisfeld die Gefreiten Helmut Fittkau und Siegfried Tilscher und dann sich selbst. Der Grund für die Tat blieb ungeklärt.[66] Weiterhin sind nicht enthalten Biografien von Offizieren, die nach schweren privaten Verfehlungen Suizid begingen. So erschoss sich am 19. Mai 1980 der Ausbilder an der Offiziersschule „Rosa Luxemburg" der Grenztruppen Oberstleutnant Jürgen H. Seine Ehefrau hatte zuvor den Kommandeur der Hochschule um Hilfe gebeten, da Jürgen H. sowohl sie als auch seine beiden Töchter mehrfach misshandelt hatte.[67] Ebenfalls nicht berücksichtigt sind Suizide nach psychischen Erkrankungen. Es fällt auf, dass sich unter diesen Suiziden auch mehrfach Soldaten und Offiziere befanden, die nach nervenärztlicher Behandlung wieder zum Grenzeinsatz abkommandiert worden sind. So litt der Grenzsoldat Hans-Joachim F. nach seiner Scheidung und der Trennung von seinen Kindern unter Depressionen. Eine nach der Grundausbildung verfasste dienstliche Beurteilung hielt fest, Hans-Joachim F. sei durch Familienangelegenheiten überfordert und es mangele ihm aufgrund seines zurückhaltenden Wesens an einem „exakten militärischen Auftreten". Die Beurteilung endet mit der Empfehlung: „Für Grenzdienst nicht geeignet". Die militärisch Verantwortlichen ignorierten das und setzten den Soldaten wieder als Grenzwache ein. Hans-Joachim F. erschoss sich am 7. März 1978 mit seiner Maschinenpistole während eines Grenzeinsatzes bei Ohrsleben.[68]

Keine Berücksichtigung finden in diesem Kapitel des biografischen Handbuchs über die Opfer des DDR-Grenzregimes weiterhin Suizide von Offizieren, die sich den Anforderungen ihrer Dienststellung nicht gewachsen fühlten. So erschoss sich Oberstleutnant Günter H. am 19. März 1979 kurz vor einer Dienstbesprechung, bei der er Stellung zu Mängeln in seiner Leitungstätigkeit nehmen sollte.[69] Der im Kommando der Grenztruppen in Pätz eingesetzte Oberstleutnant Dieter G., seit 1967 in der „Äußeren Abwehr" des MfS als IM „Gerhart" tätig, beging Suizid, nachdem er wegen Fahrens unter Alkoholeinfluss von der Volkspolizei festgenommen und sein Führerschein eingezogen wurde. Bevor er am 1. April 1982 in seinem Dienstzimmer die Pistole Makarow gegen sich selbst richtete, schrieb er folgende „Erklärung" auf einen Zettel: „Für mein Handeln gibt es nur – eine – Erklärung: Trunkenheit am Steuer.

---

65 DGP: Berichte über den Stand der disziplinaren Praxis im Kommando der DGP 1956–1961. BArch Freiburg DVH 27/134531.
66 Vgl. Richter (BVfS.-Suhl) an Erich Mielke: Fernschreiben Nr. 309, Betr.: Besonderes Vorkommnis an der Staatsgrenze West, Grenzkompanie Steudach. Suhl, 18.4.1963. BStU, MfS ZA, HA I Nr. 5855. Sowie Wittiger und Kahlfeld (Kriminaltechnisches Institut/Gerichtliche Ballistik): Gutachten über zwei Feuerwaffen und Spuren an den Patronenhülsen sowie einem Projektil. o. O., 11.5.1963. BArch DO/1/35099.
67 MStA: Abschlußbericht zum unnatürlichen Todesfall des OSL H., Jürgen OHS „Rosa Luxemburg". BArch Freiburg, DVW/13/67225.
68 MStA: Unnatürlicher Tod – Soldat F. BArch Freiburg DVW 13/59800.
69 MfS, HA IX: Selbsttötung des OSL Günter H. BStU, ZA, MfS, HA IX, Nr. 13102, Teil 2 von 2 und Untersuchung des unnatürlichen Todesfalles von Günter H durch BV Magdeburg. MfS, BV Magdeburg, Abt IX Nr. 717.

Eigentlich kein plausibler Grund. Genug aber für einen, der vor seinen Genossen und vor sich selbst (wider besseren Wissen) schmählich versagte. Mein Auto steht rechts vorm Haupteingang."[70]

Maßgeblich für die Aufnahme der Suizidfälle in den anschließenden Teil dieses Handbuches waren Hinweise auf einen möglichen Zusammenhang des jeweiligen Todesfalls mit dem dienstlichen Alltag und den damit verbundenen Zwangslagen und Gewissensnöten. Es sei hier nochmals darauf hingewiesen, dass die Forschungsgruppe aus Zeit- und Kapazitätsgründen die Suizidfälle in den DDR-Grenztruppen bis auf wenige Ausnahmen nicht systematisch und tiefergehend untersuchen konnte. Die folgenden Kurzbiografien verdeutlichen gleichwohl die bislang wenig beachteten Verzweiflungstaten von jungen DDR-Bürgern, die im Rahmen des DDR-Grenzregimes den SED-Staat an der innerdeutschen Grenze abzuriegeln hatten. Viele von ihnen verrichteten diesen Dienst nicht aus freiem Willen, manche zerbrachen daran. Auch ihnen wurde das DDR-Grenzregime zum tödlichen Verhängnis.

Jochen Staadt

Günther Lehning

geboren am 4. September 1930 in Magdeburg

Suizid am 8. November 1949

Ort des Geschehens: Kommando Drösede
der Grenzbrigade Salzwedel (Sachsen-Anhalt)

Wegen eines Dienstvergehens musste Wachtmeister Günther Lehning ab 2. November eine fünftägige Arreststrafe verbüßen. Als er am Abend des 7. November 1949 gegen 22.30 Uhr wieder in seiner Dienststelle im Kommando in Drösede eintraf, teilte ihm der Kommandant seine Entlassung aus dem Dienst der Grenzpolizei mit. Günther Lehning erschoss sich noch in der gleichen Nacht gegen 2.15 Uhr mit einer Pistole 08 auf dem Dachboden des Kommandogebäudes. Günther Lehning hatte diese Waffe wenige Minuten vor der Tat aus dem Waffenschrank in der Wachstube des Kommandos entnommen. Er brachte sich in der Herzgegend einen Brustdurchschuss bei, der zum sofortigen Tod führte. In Lehnings Jacke fand man einen Abschiedsbrief, aus dem hervorging, dass er seinem Leben ein Ende bereiten wolle. (Recherche MP; Autor: jos.)

Quelle:
DGP: Berichte und Meldungen über Schußwaffengebrauch 1949–1953. BArch Freiburg DVH 27/130291.

---

70 Vgl. u. a. HA I/Kommando der Grenztruppen der DDR/UA Stab, Leiter der UA, gez. OSL Liebert: Chiffriertelegramm an HA I/AKG vom 02.04.1982. BStU, ZA, MfS, HA 1, Nr. 20 Teil 2 von 2.

Johannes Wojcik

Suizid am 27. Juli 1951

Ort des Geschehens: Kommando Kaulitz, Grenzbrigade Salzwedel (Sachsen-Anhalt)

Im Kommandobereich Kaulitz der Volkspolizeigrenzbrigade erhängte sich am 27. Juli 1951 gegen 1 Uhr Wachtmeister Johannes Wojcik mit seiner Krawatte. Wojcik stand mit Personen in Kontakt, die Geschäfte mit Rohleder machten, das sie nach Westdeutschland schmuggelten. Wojcik gab ihnen vermutlich Informationen über die Zeitplanung des Streifendienstes an der DDR-Grenze weiter. Nachdem die Lederschmuggler festgenommen wurden, befürchtete er eine harte Bestrafung als Mitwisser und nahm sich das Leben. (Recherche jk; Autor: jos.)

Quelle:
HV Deutsche Volkspolizei/Hpt.-Abtlg. Grenzpolizei: Viertel-Jahresbericht über die Tätigkeit der Grenzpolizei in der Zeit vom 1.7.1951 bis 30.9.1951. Berlin, 16.10.1951. BArch Freiburg DVH 27/130246. (Recherche: jk; Autor: jos.)

Josef Jaskowitz

geboren am 20. Oktober 1934

Suizid am 20. Dezember 1952

Ort des Geschehens: Grenzbereitschaft Wittenburg (Mecklenburg-Vorpommern)

Nachdem ihn sein Stabschef wegen eines Dienstvergehens zur Rede stellte und ihm Konsequenzen androhte, erschoss sich Josef Jaskowitz während des Postendienstes vor dem Kommandanturgebäude mit seinem Karabiner. (Recherche: jk; Autor: jos.)

Quelle:
BDVP Schwerin, Operativ-Stab. Meldung an die HDVP Berlin Op.-Stab über Vorkommnisse im Bereich der D-Linie. Schwerin, 22.12.1952. LHASn 7.12–1 Nr. 13.

Werner Beck

geboren am 28. Februar 1931 in Neuenburg

Suizid am 20. August 1954

Ort des Geschehens: Kommando Wendehausen (Thüringen)

Der Gefreite Werner Beck engagierte sich in seiner Einheit als FDJ-Sekretär. Seine Vorgesetzten beurteilten ihn als politisch und militärisch zuverlässigen Grenzpolizisten. In der Nacht vom 19. auf den 20. August 1954 verrichtete Beck Dienst als Hauswache. Bei einem Kontrollgang fand der Diensthabende den 23-Jährigen schlafend auf seinem Posten vor. Wenig später, um 1.45 Uhr, erschoss sich Werner Beck mit seinem Karabiner. Die Grenzpolizeibrigade Mühlhausen meldete den Todesfall dem Kommando der Deutschen Grenzpolizei und teilte mit, der Vorgesetzte habe Beck wegen seines Dienstvergehens „keine Vorhaltungen" gemacht, sondern ihm lediglich angekündigt, „dass die Sache nach Beendigung seiner Postenzeit geregelt wird". (Recherche: jk; Autor: jos.)

Quellen:
Kommando der DGP / Abteilung Operativ: Tagesrapporte März–Mai 1954. BArch Freiburg DVH 27/130343.
Chef der Deutschen Grenzpolizei an das Ministerium des Innern / Gen. Oberst Gröber: Selbstmord des Gefr. Range, Werner, geb. 1.6.29, vom Kdo. Obersachsenberg, Kdtr. Eibenstock, GPB Karl-Marx-Stadt. Bericht vom 13.04.1954. BArch Freiburg DVH 27/130556.

Horst Schiller

geboren am 23. Juli 1933 in Breslau

Suizid am 11. März 1955

Ort des Zwischenfalls: Kommandantur Ebersbach, Görlitz (Sachsen)

Der 22-jährige Gefreite Horst Schiller gehörte der Kommandantur Ebersbach der Grenzbrigade Görlitz an. In Görlitz hatte er auch seinen Wohnsitz. Am 11. März 1955 war Horst Schiller als Fahrer für einen Truppentransport von der Grenzbrigade zu einem Lehrgang nach Großschönau an der Grenze zur Tschechoslowakei eingeteilt. Bei der Einfahrt in die Zollgasse von Großschönau blieb der Lkw am Dachvorsprung eines Schuppens hängen, wodurch ein leichter Sachschaden am Gebäude entstand. Der Beifahrer, Unteroffizier B., übernahm den Weitertransport der Soldaten zum Lehrgang. In der Zwischenzeit sollte Horst Schiller den Schaden am Schuppen beseitigen. Als der Unteroffizier zur Unfallstelle zurückkehrte, fand er Horst Schiller tot auf. Der Gefreite hatte sich erschossen. Der sofort verständigte Arzt konnte nur noch seinen Tod feststellen. Nach den ersten Untersuchungen kam die Grenzpolizei zu der Schlussfolgerung, dass Schiller sich seinen Aufgaben und dem dienstlichen Druck als Grenzpolizist nicht gewachsen sah und deshalb Suizid beging. Offenbar verlor er nach dem Unfall in Großschönau die Nerven, da er an diesem Tag bereits zwei kleine Sachschäden verursacht hatte. Deswegen befürchtete er vermutlich Disziplinarmaßnahmen und sah für sich keinen Ausweg mehr. (Recherche: MP; Autorin: MP)

Quelle:
DGP: Tagesrapporte Januar–März 1955. BArch Freiburg, DVH 27/130348.

Hans Gültner

geboren am 8. März 1937

Suizid am 8. Juni 1955

Ort des Geschehens: Kommando Dechow
(Mecklenburg-Vorpommern)

Seit Oktober 1954 gehörte Hans Gültner der Grenzpolizei an. Am 8. Juni 1955 befand er sich mit einem Gefreiten seiner Einheit im Streifendienst an der Grenze. Gültner machte einen deprimierten Eindruck und beklagte sich bei dem Gefreiten darüber, dass ihm Vorgesetzte den weiteren Kontakt zur seiner Freundin verboten hatten, weil diese angeblich „einen unmoralischen Lebenswandel" führe. Als Gültner dann auch noch Suizidabsichten äußerte, wollte sein Postenführer dies umgehend der Kommandantur melden. In dem Moment, als sich der Gefreite abwandte, fiel ein Schuss. Hans Gültner brach mit einem aus seinem Karabiner abgegebenen Bauchschuss zusammen. Er erlag bei der Überführung in das Krankenhaus Schönberg seinen schweren Verletzungen. (Recherche: jk; Autor: jos.)

Quelle:
HV Deutsche Grenzpolizei: Meldung-Nr. 135/55 über den Stand der Grenzsicherung der DDR für die Zeit vom 8.6.55, 18.00 Uhr bis 9.6.55, 18.00 Uhr. O.U., 9.6.1955. BArch Freiburg DVH 27/130350.

Manfred Krause

geboren am 18. Juni 1932 in Leipzig

Suizid am 10. August 1955

Ort des Geschehens:
Kastenwäldchen an der Straße von Seibis nach Schlegel (Thüringen)

Weil er klein und schwächlich war, bekam Manfred Krause in der Nachkriegszeit zunächst keine Lehrstelle. Sein Vater war Schaffner, seine Mutter Hausfrau. Sie hatte sich um sechs Kinder zu kümmern. Manfred Krause arbeitete zunächst als ungelernter Landarbeiter, um zur Ernährung der Familie beizutragen, bis er 1948 eine Stelle als Schornsteinfegerlehrling antreten konnte. Er schloss seine Ausbildung 1951 mit guten Noten ab und bewarb sich danach um eine Stelle bei der Volkspolizei, die er im Dezember 1951 antrat.

In einer Beurteilung der Deutschen Grenzpolizei, Kommando Schlegel, vom Sommer 1952 hieß es über Krause, es sei erforderlich „ihm bei der Dienstdurchführung einen guten Streifenführer mitzugeben, da er sonst leichtfertig in seiner Dienstdurchführung ist". Krause besitze „einen offenen aber vorlauten Charakter". Das Verhalten gegenüber seinen Vorgesetzten und Kameraden lasse oft zu wünschen übrig, da er oft großmäulig auftrete. Sein Klassenbewusstsein sei noch schwach entwickelt. Trotzdem warb ihn der DDR-Staatssicherheitsdienst zur inoffiziellen Zusammenarbeit an, da er bedingt durch eine Versetzung im Bereich der Kommandantur Weitisberga über keinen Informanten mehr verfügte. Am 7. November 1952 schrieb Krause mit roter Tinte seine Verpflichtungserklärung für das MfS und wählte für sich den Decknamen „Konrad". Die Einschätzung seiner Arbeit als „Geheimer Informator" (GI) des MfS fiel nach drei Monaten recht positiv aus. „Konrad" habe die gewünschten Informationen geliefert. Als FDJ-Sekretär habe er die Möglichkeit, sich in individuellen Aussprachen ein Bild von seinen Kameraden zu machen. Er beziehe einen klaren politischen Standpunkt und sei mittlerweile als stellvertretender Gruppenführer eingesetzt.

Die Grenzpolizei schickte Manfred Krause dann zur Weiterqualifikation auf die Unteroffiziersschule nach Gotha. Dort gehörte er zu den besten Schülern seines Lehrgangs. Nach seiner Aufnahme in die SED beteiligte sich Krause rege an der Parteiarbeit. Sein MfS-Führungsoffizier meinte, er sei etwas zu impulsiv, „in unbeherrschten Momenten sage er jedem ins Gesicht, was er gerade denkt, besonders wenn Ungerechtigkeiten vorkommen. Seine ganze Liebe gehört dem Grenzdienst." Das stimmte nicht ganz, denn Manfred Krause hatte mittlerweile eine Pionierleiterin geheiratet und war Vater von zwei Kindern, die er sehr liebte.

Am 10. August 1955 kam Unteroffizier Krause als Postenführer mit dem Gefreiten Harald Ganzenberg in der Zeit von 4 Uhr morgens bis 8 Uhr am Zehn-Meter-Kontrollstreifen zum Einsatz. Auf dem Rückweg von ihrem Streifendienst sammelten die beiden Polizisten im Wald Pilze. Dabei verloren sie sich aus den Augen. Ganzenberg machte mehrfach mit der Signalpfeife auf sich aufmerksam, erhielt aber keine Antwort von Krause. Er begab sich zurück zur Kommandantur und fragte auf dem Weg dorthin bei Krauses Schwiegermutter in Seibis nach seinem Postenführer. Sie teilte ihm mit, dass ihr Schwiegersohn kurz zuvor vorbeigekommen sei, sich aber nach einem kurzen Gespräch wieder entfernt habe. Als Ganzenberg in der Kommandantur ankam, konnte er auch dort seinen Postenführer nicht finden. Auf Befehl des Diensthabenden begann am späten Vormittag im Grenzgebiet die Suche nach dem Vermissten. Um 13.45 Uhr fand man ihn in einem Waldstück an der Straße zwischen Seibis und Schlegel mit vier Schusstreffern in der Herzgegend, die er sich mit seiner auf Dauerfeuer eingestellten MPi selbst beigebracht hatte. In Abschiedsbriefen an seine Frau und an die Kommandoleitung begründete er die Tat folgendermaßen: „Ich nehme an, daß der Genosse Ganzenberg desertiert ist. Ich weiß, was für Strafe für Beihilfe zur Desertion ausgesprochen wird und sehe deshalb keinen anderen Weg. Ich warne die Genossen vor solchen leichtfertigen Handlungen während der Streife." (Recherchen: jos., St.A.; Autor: jos.)

Quellen:
BStU, ZA, MfS AIM Nr. 1924/55. P u. A-Akte; Polizeihistorische Sammlung, PC 7558, 27AR 35/96. ZERV: Vorermittlungen zum Todesfall Krause, Manfred. LAB, D Rep. 120–02, Acc. 8346 Az.

Fritz Knauer

geboren am 13. Juni 1939 in Aschersleben

Suizid am 22. Oktober 1957

Ort des Geschehens: Kommando Dedeleben
der Grenzbrigade Halberstadt (Sachsen-Anhalt)

Fritz Knauer gehörte seit dem 17. Juni 1957 der Grenzpolizei an. Am 21. Oktober 1957 verrichtete er bis 24 Uhr seinen Dienst als Wachposten in der Kommandantur. Nach seiner Ablösung bat er den Diensthabenden um die Erlaubnis, für zehn Minuten die Dienststelle verlassen zu dürfen, um Zigaretten zu holen. Als Knauer mehr als 30 Minuten ausblieb, holte ihn der Diensthabende zurück zum Kommando und stellte ihn heftig zur Rede. Fritz Knauer verließ danach die Kommandantur und begab sich zu dem Wachposten vor dem Gebäude. Diesem teilte er mit, dass er sich sofort zum Diensthabenden begeben solle, er übernehme derweil den Wachdienst. Knauer übernahm die Waffe des Wachpostens und erschoss sich unmittelbar nachdem der Posten die Wache betreten hatte. (Recherche: jk; Autor: jos.)

Quelle:
Ministerium des Innern/Kommando der Deutschen Grenzpolizei: Meldung Nr. 245/57 für die Zeit vom 20.10.1957 18.00 Uhr bis 21.10.1957 18.00 Uhr. BArch Freiburg DVH 27/130378.

Jürgen Peters

geboren am 30. Januar 1936

Suizid am 5. April 1958

Ort des Geschehens: Stab der Grenzbrigade Wittenburg (Mecklenburg-Vorpommern)

Jürgen Peters diente seit September 1954 bei der Grenzpolizei, zuletzt als Stabsgefreiter in der Grenzbrigade Wittenburg. Nachdem herauskam, dass er dort einen Diebstahl begangen und 325 Mark, eine komplette Dienstuniform und eine Wattegarnitur samt Pelzhandschuhen entwendet hatte, bestrafte ihn der Kommandeur mit zehn Tagen Arrest. Nach der Verbüßung dieser Strafe sollte Peters der Militärstaatsanwaltschaft überstellt werden. Als der für seine Bewachung zuständige Unteroffizier vom Dienst ihn am Mittag des 5. April 1958 für einige Zeit unbeaufsichtigt ließ, erhängte sich Jürgen Peters in der Arrestzelle. (Recherche: jk; Autor: jos.)

Quelle:

Ministerium des Innern/Kommando der Deutschen Grenzpolizei: Meldung Nr. 80/58 in der Zeit vom 4.4.1958, 18.00 Uhr bis 7.4.1958, 18.00 Uhr. BArch Freiburg DVH 27/130384.

Wolfgang Ziebold

Tod nach Suizidversuch am 23. Oktober 1958

Ort des Geschehens:
Kompanie Reddigau der Grenzbrigade Salzwedel (Sachsen-Anhalt)

Wolfgang Ziebold diente seit November 1957 in der DDR-Grenzpolizei. Er bewährte sich militärisch und erhielt, verbunden mit seiner Beförderung zum Gefreiten, die Auszeichnung „Vorbildlicher Soldat der DGP". In der FDJ-Grundorganisation gehörte er der Gruppenleitung an. Am 22. Oktober 1958 gegen 21 Uhr traf ihn ein Vorgesetzter bei einem Kontrollgang schlafend auf seinem Posten an. Unmittelbar danach erklärte Ziebold, er müsse austreten und entfernte sich aus dem Postenbereich. Nach etwa 30 Minuten fiel ein Schuss. Kameraden fanden Wolfgang Ziebold mit einer Schussverletzung im Brustkorb, die er sich mit seiner MPi etwa drei Zentimeter über dem Herzen beigebracht hatte. Nach der Einlieferung in das Kreiskrankenhaus Salzwedel erlag Ziebold am 23. Oktober 1958 um 3.45 Uhr seinen Verletzungen. (Recherche: MP; Autor: jos.)

Quelle:
DGP: Tagesrapporte Oktober 1958. BArch Freiburg DVH 27/130390.

Hans-Joachim Blume

geboren am 10. Juli 1929
in Bad Frankenhausen
gestorben durch Suizid am 22. März 1959
Ort des Zwischenfalls:
Grenzbereitschaft Halberstadt,
(Sachsen-Anhalt)

Bildquelle: BStU

Hans-Joachim Blume, geboren 1929 in Bad Frankenhausen am Südrand des Kyffhäusergebirges als Sohn eines Tischlers, absolvierte nach der Volksschule eine Lehre bei der Deutschen Reichsbahn als Lokschlosser. Von 1943 bis 1945 gehörte er der Hitlerjugend und nach dem Krieg der FDJ an. Bis 1949 arbeitete Blume als Heizer bei der Reichsbahn. Im Januar 1950 trat er seinen Dienst bei der Volkspolizei der DDR an. Als Streifenführer der Grenzkommandantur Gudersleben erhielt er 1951 wegen der Festnahme eines „illegalen Grenzverletzers vor der Front" eine Belobigung. Sein Klassenbewusstsein, hieß es in einer damaligen Beurteilung, sei jedoch gering ausgeprägt, er habe versucht, in der Schulung „negative Diskussionen zu entfachen. Die Einstellung zur SU ist negativ." Ansonsten aber sei seine politische Haltung zufriedenstellend. Blume erhielt 1952 einen Verweis, weil er sich während des Streifendienstes schlafen gelegt hatte. Im gleichen Jahr wurde ihm dann eine nunmehr gute Einstellung zur Sowjetunion bescheinigt. In dieser Zeit erhielt er, inzwischen zum Hauptwachtmeister befördert, rundum positive Beurteilungen.

Hans-Joachim Blume war verheiratet und seit 1953 Vater eines Sohnes. Im gleichen Jahr verpflichtete sich Blume unter dem Decknamen „Uranus" zur inoffiziellen Tätigkeit für den Staatssicherheitsdienst. Er berichtete der Stasi über den angeblich unmoralischen Lebenswandel einiger Offiziere der Grenzpolizei, über Alkoholmissbrauch in der Truppe und negative Äußerungen zur SED-Politik. Bereits ein Jahr nach seiner Verpflichtung beurteilte die Operativgruppe Halberstadt des Staatssicherheitsdienstes seine Arbeit als Geheiminformant negativ. Er selbst hatte sich negativ über die SED geäußert und Spitzelaufträge gegen Kameraden nicht zufriedenstellend ausgeführt. Dennoch erwog der Staatssicherheitsdienst, Blume für den hauptamtlichen Dienst einzustellen. Ein entsprechender Antrag wurde 1956 von der Berliner Zentrale abschlägig beschieden, weil drei Geschwister seiner Schwiegermutter in Westdeutschland wohnen würden und sein Bruder, ein SED-Mitglied, vor 1945 in der NSDAP gewesen sei.

Im Jahr 1957 wurde Hans-Joachim Blume zum Offizier befördert und nach mehreren Versuchen auch in die SED aufgenommen. Den Staatssicherheitsdienst informierte er über kritische Äußerungen eines Oberleutnants seiner Truppe zur Niederschlagung des Volksaufstandes in Ungarn durch sowjetische Truppen. Der Offizier wurde nach Blumes Berichterstattung aus der Grenzpolizei ausgeschlossen. Im Juli 1958 brach die Stasi ihre Zusammenarbeit mit Blume ab, da er „nicht ehrlich" sei. Begründung: „Er intrigierte gegen die Partei und wurde durch die PKK zur Rechenschaft gezogen."

Vor dem Jahreswechsel 1958/59 überließ er als Waffenwart einem Offizier vom Brigadestab für die Silvesternacht zehn Spezialkanonenschläge aus der Waffenkammer. Als sich das herumsprach und Vorgesetzte Näheres wissen wollten, leugnete er zunächst die Herausgabe der Sprengmunition. Am 19. März 1959 hätte sich Blume vor seiner SED-Parteigruppe verantworten müssen. Er befürchtete nicht nur den Parteiausschluss, sondern auch eine Zuchthausstrafe. Einem Kameraden berichtete er hernach, man habe ihn auf der Parteiversammlung in Magdeburg „fertiggemacht", er werde nun wohl ins Zuchthaus kommen. Man wolle ihn wegen einer Lappalie zur Rechenschaft ziehen und daraus ein großes Ding machen. Am 21. März 1959 wurde Blume erneut von einem Vorgesetzten telefonisch zur Rede gestellt. Nach dem Anruf lief er aufgeregt in der Waffenkammer hin und her, wie ein dort anwesender Grenzer später aussagte. Blume habe auf ihn nach dem Telefonat verängstigt und deprimiert gewirkt. Am nächsten Morgen stand Hans-Joachim Blume früh auf. Laut Aussage eines Untergebenen stand er gegen 7.45 Uhr rauchend und in sich versunken am Ofen des Zugführerzimmers. Um 9.08 Uhr vernahmen zwei Diensthabende der Grenzbereitschaft aus der Waffenkammer einen Knall. Als sie dorthin eilten, sahen sie Leutnant Blume in einer Blutlache auf dem Boden liegen. Er hatte sich mit einem Karabiner durch einen Kopfschuss in die rechte Schläfe selbst getötet. In dem Abschlussbericht der Kriminalpolizei Halberstadt vom 24. März 1959 wurde als Ursache des Suizids „moralische Depressionen" angegeben. (Recherchen: jk, jos; Autor: jos)

Quellen:

MfS, HA I: Sofortmeldung. Betr. Selbstmord des Ltn. Blume, Hans-Joachim vom Stab der Grenzbrigade 2 in der Grenzabteilung Hessen. BStU, ZA, MfS, AIM 3352/68.

Kommando der DGP, Abteilung Operativ: Tätigkeitsbuch des Diensthabenden der Abt. Operativ. BArch Freiburg, DVH 27/130528.

Gerhard Schwenzer

geboren am 19. Februar 1941 in Frankfurt/Oder

Suizid am 20. November 1961

Ort des Geschehens: Grenzabteilung Diesdorf (Sachsen-Anhalt)

Seit Mai 1959 gehörte Gerhard Schwenzer der DDR-Grenzpolizei an. Er war FDJ- und SED-Mitglied. Während seines Ausgangs am 19. November 1961 betrank sich Unteroffizier Schwenzer in einer Gaststätte. Beim Erscheinen der Standortstreife beschimpfte er die Streifenpolizisten, die ihn festnahmen und zur Dienststelle zurückbrachten. Dort wurde er wegen undiszipliniertes Verhaltens ab 22 Uhr in Arrest genommen. Kurz nach Mitternacht entdeckte die Wache, dass sich der Inhaftierte in der Arrestzelle mit seinem Unterhemd erhängt hatte. Die Wiederbelebungsversuche durch den herbeigerufenen Vertragsarzt verliefen ergebnislos. (Recherche: MP; Autor: jos.)

Quelle:
DGP: Tagesrapporte Oktober 1961–Dezember 1961- BArch Freiburg DVH 27/130431.

Udo Neumann

geboren am 19. Dezember 1939 in Großheiden
(Niederschlesien, heute: Karszyn, Polen)

Suizid am 19. Oktober 1962

Ort des Zwischenfalls:
Selmsdorf (Mecklenburg-Vorpommern)

Bildquelle: BStU

Ein Soldat der NVA-Passkontrolle entdeckte in der Mittagspause des 19. Oktober 1962 im Fernsehraum des Kontrollpostens Selmsdorf seinen Kameraden Udo Neumann mit bleicher Gesichtsfarbe in einem Sessel sitzend. Beim Nähertreten sah er auf dessen Hemd in Nähe der Herzgegend einen Blutfleck. Neben dem Sessel auf dem Boden lag Neumanns Pistole.

Udo Neumann, von Beruf Maurer, diente seit 1958 als Freiwilliger in der Bereitschaftspolizei und seit 1961 beim Zoll. Er entstammte einer Bauernfamilie. Sein Vater betrieb einen Hof in Großheiden (Niederschlesien), wo Udo Neumann zur Welt kam. Die Wehrmacht meldete seinen Vater im Januar 1945 als vermisst. Seine Mutter verließ mit ihren drei Kindern im Juni 1945 Niederschlesien. Sie erhielten erst im Mai 1946 einen festen Wohnsitz in Anklam. Seit 1951 wohnte Udo Neumann mit seiner Mutter in Dassow. Sein Bruder diente bei der Volkspolizei, die Schwester arbeitete in Anklam. Ihm wurde von seinen Vorgesetzten eine gute Allgemeinbildung und eine vorbildliche Dienstdurchführung bescheinigt. Noch im März 1962 hieß es in dem Bericht eines Stasi-Informanten „Karl Schubert" über Neumann: „Als FDJ'ler tritt er konsequent für unsere Ziele ein. Er ist einer der besten Genossen unserer Dienststelle. In Auswertung der Bestenbewegung GKO wurde der Gen. Neumann als bester Genosse innerhalb des Zuges ermittelt." Auch ein weiterer Stasi-IM mit Decknamen „Manfred

Wiesel" berichtete zu dieser Zeit nur Positives und bescheinigte Neumann, dass er „diszipliniert und höflich sei. Er tritt Reisenden gegenüber höflich und korrekt auf." Auch die Vorgesetzten beurteilten ihn uneingeschränkt positiv. Familienangehörige empfanden Udo Neumann seit seinem Dienstantritt bei der Zolltruppe als schweigsam und verschlossen.

Die Ermittlungen der Militärstaatsanwaltschaft über die Gründe der Selbsttötung brachten zunächst kein Motiv zutage. In den Überlieferungen der MfS-Bezirksverwaltung Rostock findet sich jedoch eine handschriftliche „Selbstkritik" Neumanns vom 14. Juli 1962. Darin macht er sich Vorwürfe, nicht genügend auf den Soldaten Wolfgang R. geachtet zu haben, der sein engster Freund war. Die beiden hatten am 18. Juni 1962 zwei junge Frauen am Ostseestrand getroffen. Neumann schrieb in seiner „Selbstkritik", er wisse wegen des Alkoholgenusses nicht mehr „ob der Gen. R. gesagt hat, daß er nach drüben abhauen will", denn „sonst hätte ich den Zugführer verständigt. Ich wollte dem Genossen R. immer ein guter Freund sein und ihm helfen, ich muß nun aber feststellen, daß ich versagt habe und selbst noch genügend Schwächen habe. Diese sind vor allem darin zu sehen, daß ich durch den Alkoholgenuß nicht mehr in der Lage war den ganzen Ablauf zu begreifen. Daher werde ich den Alkoholgenuß vermeiden und mich außer Dienst genauso führen, wie es meine Vorgesetzten von mir im Dienst gewöhnt sind. Die Aussprache am 14. Juli 1962 hat mir sehr geholfen." Diese „Aussprache" erfolgte auf Intervention der Kreisdienststelle des Ministeriums für Staatssicherheit. Durch einen „Hinweis aus der Zivilbevölkerung über einen Vorfall unter Beteiligung von Angehörigen der Zollverwaltung" waren der Stasi politisch ungebührliche Äußerungen von einem Grenzer bekannt geworden. Die Hinweisgeberin war die Friseurin Ingrid W.

Sie hatte das von einer Kundin gehört, die am Strand mit zwei Männern von der Zollverwaltung ins Gespräch gekommen war. Einer von ihnen habe am Nachmittag des 18. Juni 1962 in ihrer Strandburg gelegen, der andere etwas weiter weg, als sie mit einer Freundin zum Strand gekommen sei. Man habe dann gemeinsam Bier getrunken, das die beiden Männer dabei hatten. Im Laufe der Unterhaltung habe einer der beiden gesagt, er hätte eigentlich die „Schnauze voll" und bedaure, dass er wegen der Grenzsicherung nicht mehr abhauen könne. Wenn sich das einmal ändere, wolle er der Erste sein, der in Lübeck ist. Unterleutnant Müller von der MfS-Kreisdienststelle Grevesmühlen ermittelte die Namen der beiden Männer von der Zollverwaltung Selmsdorf. Er hielt auch fest, dass eine der Gesprächspartnerinnen am Strand „undurchsichtig und politisch indifferent" sei. Ihr Mann werde von seiner Diensteinheit operativ bearbeitet.

Am 15. Juli 1962 ordnete der Leiter der MfS-Bezirksverwaltung Rostock die fristlose Entlassung des Zollassistenten Wolfgang R. an. Zur Begründung hieß es, R. habe nach dem Genuss von acht bis neun Flaschen Bier am Strand gegenüber Zivilpersonen „Angaben über die Dienstdurchführung und Absicherung an der Grenze" gemacht. Er habe sich auch „negativ über die wirtschaftliche Lage in der DDR" geäußert und „in diesem Zusammenhang die wirtschaftlichen Verhältnisse in Westdeutschland" gelobt. „Weiterhin brachte Genosse R. zum Ausdruck, daß er bedauert, aufgrund der erhöhten Wachsamkeit durch die NVA, nicht mehr abhauen zu können. Auch äußerte der Genosse R., daß er als erster in Lübeck sein wird, sobald eine Lockerung der Grenzsicherung eintritt." Als die Stasi R. vernahm und wissen wollte, wie sich Udo Neumann verhalten hätte, gab R. nur verworrene Dinge von sich, er habe nichts Konkretes über Neumann berichten können. Das MfS meinte hernach R. sei „geistig verwirrt".

Am 17. Oktober 1962 erhielt der Unteroffizier Udo Neumann folgenden „Parteiauftrag": „Genosse Neumann, du wirst beauftragt, die FDJ-Arbeit am KPP Selmsdorf zu leiten. Du hast darüber in bestimmten Abständen der Parteileitung zu berichten." Am Nachmittag des 18. Oktober kam es zwischen Neumann und einem Oberfeldwebel der Einheit zu einem heftigen Disput über politische Einflüsse im Sport. Neumann hatte zum Länderspiel DDR – Jugoslawien geäußert, die jugoslawischen Spieler hätten wegen ihres unfairen Spiels eigentlich Platzverweise verdient. Im weiteren Verlauf der Diskussion verteidigte Neumann den DDR-Radrennfahrer Manfred Weißleder, der seinen sowjetischen Konkurrenten Juri Melichow mit einer Luftpumpe attackiert hatte, nachdem er sich von diesem unfair abgedrängt fühlte. Neumann äußerte, „der Russe" hätte disqualifiziert werden müssen. Dies sei nur nicht geschehen, weil man keinen Ärger mit Chruschtschow wolle. Daraufhin verbat sich Oberfeldwebel Heinz S. solche Äußerungen mit dem Hinweis, „hier sind Soldaten im Raum und da können Sie als Vorgesetzter nicht solche negativen Äußerungen machen, ich glaube wir müssen uns über diese Frage noch ganz hart auseinandersetzen[,] aber wenn wir alleine sind". S. habe dann, als Neumann weiter diskutieren wollte, gesagt, „jetzt ist Schluß, in dieser Form wird nicht mehr diskutiert". Am Abend fand eine SED-Versammlung statt, in der Neumann wegen guter Dienstdurchführung gelobt wurde. Die von ihm erwartete Vollmitgliedschaft in der SED stand jedoch nicht auf der Tagesordnung. Nach der Parteiversammlung kam Udo Neumann betrunken nach Hause. Am Mittag des folgenden Tages erschoss er sich mit seiner Dienstwaffe. (Recherche: MP, jos.; Autor: jos.)

Quellen:

MfS, Arbeitsgruppe Paßkontrolle und Fahndung, Abt. V, Rostock: Sofortmeldung betr. Selbstmord des Unteroffiziers Neumann, Udo von der Paßkontrolle der NVA des KPP Selmsdorf. BStU, Ast. Rostock, MfS, BV Rostock, AP 2855/65.

MdI, KTI, MfS – NVA – Militärstaatsanwalt – Grenzpolizei: Untersuchungsberichte 1962. BArch DO1/0.5.1/35098.

Klaus Grimm

geboren am 31. März 1941 in Magdeburg

Suizid am 24. Januar 1964

Ort des Geschehens: Kaserne des Ausbildungsbataillons Oschersleben (Sachsen-Anhalt)

Das Ausbildungsbataillon des Grenzregiments Oschersleben meldete am 24. Januar 1964 dem Kommando der Grenztruppen die Selbsttötung seines Offiziers für Versorgung Unterleutnant Klaus Grimm, Mitglied der SED, Offizier seit 1962. Der Unterleutnant wurde gegen 14 Uhr in einem Raum des Dienstgebäudes mit einer schweren Kopfschussverletzung aufgefunden und ins Krankenhaus Halberstadt gebracht. Dort starb er gegen 17.25 Uhr. In der Meldung heißt es, Grimm habe seine dienstlichen Aufgaben „nur ungenügend" erfüllt und „mußte deshalb mehrfach vom Kommandanten des Ausbildungsbataillons gerügt werden, letztmalig am Vormittag des 24.01.64. Andere Anlässe für die Tat sind bisher nicht bekannt." Klaus Grimm hinterließ seine Frau mit dem gemeinsamen Kind. (Recherche und Autor: jos.)

Quelle:
Grenztruppen der Deutschen Demokratischen Republik/Kommando der Grenztruppen: Operative Tagesmeldungen 1–61, Jan. 1964 – März 1964. BArch Freiburg, DVH 32/112579.

Rainer Weiß

geboren am 9. August 1948 in Aue
Suizid am 13. Januar 1970
Ort des Zwischenfalls:
Grenze nahe Heinersgrün (Sachsen)

Bildquelle: BStU

Der gelernte Elektromonteur Rainer Heinz Weiß, ledig, Mitglied der FDJ, diente seit dem 3. Mai 1969 als LMG-Schütze bei den Grenztruppen, zuletzt in der 4. Kompanie des I. Bataillons, Grenzregiment 10. Die erste Zeit des Armeedienstes empfand der junge Mann als „sehr hart". Er war als Einzelkind in einer Arbeiterfamilie aufgewachsen, sein Vater war Dreher bei der Reichsbahn, seine Mutter Krankenhausangestellte. Nach dem Abschluss der Allgemeinbildenden Polytechnischen Oberschule in Aue begann er 1966 eine Lehre bei der Firma PGH-Elektrobau Aue als Elektromonteur. Er galt als einer der besten Lehrlinge der Firma. Für den Dienst an der Grenze schien er geeignet, da er in betrieblichen Beurteilungen als „fleißiger, aufgeschlossener Arbeiter" und „zuverlässiger Bürger" beschrieben wurde, der „eine vorbildliche Arbeitsmoral" gezeigt habe. Nach dem Wehrdienst wollte Rainer Weiß sich zum Elektromeister qualifizieren.

Der Staatssicherheitsdienst warb Weiß bei den Grenztruppen im September 1969 als Geheimen Mitarbeiter (GMS) an. Er sollte Kameraden beobachten, zur Verhinderung von Fahnenfluchten und zur „Bekämpfung der PID" [Politisch-Ideologische Diversion] beitragen. Nach Aufzeichnungen seines Stasi-Führungsoffiziers berichtete er „ehrlich und objektiv". Seine Aufgaben im Grenzdienst erledigte Weiß nach dem Urteil seiner Vorgesetzten mit „guten Ergebnissen", weshalb er zeitweilig als stellvertretender Gruppenführer zum Einsatz kam. Er sei „ruhig, willig und im Kollektiv freundlich und hilfsbereit". Die Vorgesetzten beurteilten ihn aber auch als schüchtern und ohne engere Beziehungen zu anderen Soldaten. Dadurch sei er in eine Außenseiterrolle geraten.

Rainer Weiß vor seiner Einberufung.
Bildquelle: BStU

Seit Dezember 1969 verhielt sich Rainer Weiß gegenüber seinen Kameraden noch zurückhaltender. Auf kleine Hänseleien reagierte er „nervös". Nachdem er sich über die unzureichende Kommunikation innerhalb der Gruppenführung beklagt hatte, wurde es aus seiner Stellung als stellvertretender Gruppenführer wegen angeblich undisziplinierten Verhaltens abgelöst. Die Rückstufung muss ihn sehr getroffen haben. Im Kameradenkreis sprach man darüber, dass er sehr unsicher und „ohne Mumm" auftrete. Bei seinem letzten Wochenendurlaub Anfang Januar 1970 beklagte er sich Zuhause mehrfach über seine Zimmerkameraden, die sich von jüngeren Soldaten bedienen ließen. Seiner Freundin fiel auf, dass er schweigsam und in sich gekehrt war und nur auf Zureden selbst etwas sagte.

Mit seinem Postenführer Walter S. kam Rainer Weiß in der Nacht vom 12. auf den 13. Januar 1970 an der Grenze nahe Heinersgrün im Abschnitt „am Damm" zum Einsatz. Gegen 1.50 Uhr begab sich der Postenführer zum Telefon des Grenzmeldenetzes, um dem Führungspunkt der Grenzkompanie die Annäherung der Ablösung zu melden. Als er den Hörer abnahm, entriss ihm Weiß von hinten die Maschinenpistole und schoss sich damit in den Kopf.

Rainer Weiß hatte am 8. Januar 1970 einen Abschiedsbrief an seine Eltern verfasst und am 11. Januar einen weiteren an seine Freundin. Darin beklagte er, alle würden über ihn lachen, was er sich selbst zuzuschreiben habe. Er könne sich niemand mit seinen Problemen anvertrauen. Aus Sorge, sein Nachlass in Höhe von 40 Mark würde nach seinem Tod gestohlen, legte er das Geld dem Abschiedsbrief an seine Eltern bei. Ein Zimmerkamerad beschrieb Weiß später als vergesslich, kontaktlos, unruhig und ängstlich. Er habe sich bei ihm über „wenig Freiheit" und die anstrengende Ausbildung im Grenzdienst beklagt. Zuweilen habe sein Verhalten etwas Zwanghaftes gehabt, so etwa sein ständiges Putzen der Schuhe oder häufiges Aufräumen des Spindes. Andere Soldaten machten sich öfter über seinen „komischen Gang" lustig und zogen ihn damit auf. Am 13. Januar 1970, dem Tag seines Suizids, sollte Rainer Weiß auf einer FDJ-Versammlung vor seinen Kameraden zu seinem Verhalten Stellung beziehen.

Die Untersuchung des Suizids durch die Grenztruppen kam zu dem Ergebnis, eine „seelische Depression" habe zu der Tat geführt. Die Ursachen seien nicht beim „militärischen Kollektiv" zu suchen, sondern in persönlichen Problemen und Schwierigkeiten begünstigt „durch ungenügendes Selbstvertrauen zu seinen Fähigkeiten und die Hilfe des Kollektivs sowie seinen labilen Charakter". Es wurde vorgeschlagen, dass an der Beisetzung von Rainer Weiß eine Kranzdelegation der 4. Grenzkompanie teilnimmt. (Recherche: ST, GS; Autor: jos.)

Quellen:

MfS: Meldung über die Selbsttötung von Weiß, Rainer. BStU, ZA, MfS, AGMS, 2344/70.

MfS, BV Karl-Marx-Stadt: Zeugenvernehmungen zum Selbstmord von Weiß, Rainer. BStU, Aust. Chemnitz, BV KMSt, 1100/70.

Datenbank Gerhard Schätzlein mit Hinweis auf BArch Freiburg, GT TM 6363.

Peter Rothamel

geboren am 25. März 1951 in Schmalkalden

Suizid am 29. September 1970

Ort des Geschehens: bei Rotheul (Thüringen)

Die im Grenzgebiet arbeitenden Soldaten der 13. Pionierkompanie Köppelsdorf machten am 29. September 1970 gerade Mittagspause. Sie saßen neben ihrem Lastwagen „Ural" auf einer Bank in der Herbstsonne. Nur Peter Rothamel war im Fahrzeug zurückgeblieben. Plötzlich fiel ein Schuss. Die Männer liefen zum Fahrzeug und fanden dort ihren Kameraden Rothamel mit einer Schusswunde im Kopf auf. „Er saß zusammengesunken auf einer Bank. Eine Maschinenpistole, Kalaschnikow (7,62 mm), stand am linken Unterschenkel, Lauf nach oben. Die Waffe war auf Einzelfeuer gestellt, ein Schuss fehlte." Ein Sanitätsfahrzeug brachte Rothamel in das Kreiskrankenhaus nach Sonneberg, wo die Ärzte um 14.25 Uhr seinen Tod feststellten.

Peter Rothamel hatte den Beruf eines Industrieschmieds erlernt und arbeitete nach der Lehre als Schlosser im VEB Kraftverkehr Schmalkalden. Am 2. Mai 1970 trat er als Wehrpflichtiger seinen Dienst in der NVA an. Nach einem kurzen Lehrgang in der Ausbildungskompanie Göttengrün kam er als Militärkraftfahrer am 20. Juni 1970 in die Pionierkompanie Köppelsdorf.

Nach den möglichen Gründen für Rothamels Suizid befragt, verwiesen seine Kameraden auf seine enge Bindung an sein Elternhaus, die physisch schwache Konstitution und das Einzelgängertum Rothamels. Seine Eltern sahen den Grund für den Suizid hingegen in Gehässigkeiten der Kameraden und im militärischen Leben an sich. Peter Rothamel hegte nach Auffassung seiner Eltern Fluchtabsichten. Sie wünschten im Nachhinein, dass er diese doch realisiert hätte und nicht aus dem Leben geschieden wäre. Auf entschiedene Ablehnung der Eltern Rothamels stieß das Ansinnen der Vorgesetzten ihres Sohnes, eine Bestattung mit militärischen Ehren zu organisieren. Die Eltern verbaten sich die Anwesenheit von Uniformträgern bei der Beerdigung von Peter Rothamel. In seinem Heimatort kursierten allerlei Gerüchte über die Todesumstände des Soldaten. Der Nachricht vom Selbstmord Rothamels kaum Glauben geschenkt, vielmehr meinte man dort nach Informationen des MfS, dass er auf der Flucht erschossen oder von seinen Kameraden in den Tod getrieben worden sei. An Peter Rothamels Beisetzung nahmen entgegen dem Wunsch der Eltern mehrere Grenzsoldaten und Offiziere in Zivilkleidung teil.

In den Überlieferungen der Erfassungsstelle Salzgitter finden sich zahlreiche Aussagen zu Rothamels Todesfall von Übersiedlern aus Schmalkalden, die der Version einer Selbsttötung widersprachen. So berichtete die 25-jährige Köchin Sieglinde H. am 30. August 1973, sie habe Rothamel bei einem Tanzvergnügen in Struth-Helmersdorf zwei Wochen vor seinem Tod kennengelernt. Er sei ein fröhlicher junger Mann gewesen und habe ihr erzählt, er werde bald ein Ingenieurstudium aufnehmen. Sie habe gehört, den Eltern sei die Öffnung des Sarges verweigert worden. Die Eltern beauftragten im Juli 1991 Rechtsanwältin Ingelotte Hermann-Möller aus Siegen mit ihrer Interessenvertretung. Die Anwältin erklärte gegenüber der Ermittlungsstelle Salzgitter „bei der (illegalen) Öffnung des Sarges wurden 2 Schüsse im Kopf und im Bein festgestellt. Für eine Suizidabsicht gab es keine Hinweise." Die Ermittlungen in den 90er Jahren erbrachten jedoch keine weiteren Indizien für ein Fremdverschulden an Rothamels Tod. (Recherche und Autor: jk)

Quelle:
Nationale Volksarmee 13. Grenzbrigade: Bericht vom 4.10.1970 über die Tätigkeit in Schmalkalden im Zusammenhang mit der Selbsttötung des Peter Rothamel. MfS Suhl AP 419/75.

Fritz Schneiderling

geboren am 19. November 1929 in Altenhausen

Suizid am 1. November 1970

Ort des Zwischenfalls: 6. Grenzkompanie Harbke (Sachsen-Anhalt)

Kompaniechef Major Schneiderling galt in seinem militärischen Umfeld als ein „sensibler, weicher Mensch", der Konflikten aus dem Weg zu gehen versuchte. Verschiedentlich warfen ihm Vorgesetzte „inkonsequentes Verhalten" und „Mängel in der Führungstätigkeit" vor. Schneiderling diente seit 1952 in der Deutschen Grenzpolizei. Der gelernte Postfacharbeiter war verheiratet und Vater von vier Kindern. Seit 1946 gehörte er der SED an. Im März 1970 lud ihn der zuständige Abwehroffizier des Staatssicherheitsdienstes zu einer Unterredung vor und kritisierte die „labile Gesamthaltung" Schneiderlings im Dienstgeschehen. Nach dieser Unterredung schlug der Stasi-Offizier dem Kommandeur in der 7. Grenzbrigade Magdeburg eine Umsetzung des Majors auf eine sicherheitspolitisch weniger neuralgische Stelle vor. Schneiderling sollte nach Oschersleben versetzt werden. Schneiderling sei „voll damit einverstanden" gewesen, behauptete der MfS-Offizier später.

Am 31. Oktober 1970 nahm die Standortstreife einen Gruppenführer aus Schneiderlings Kompanie in einer Gaststätte wegen „ungebührlichen Benehmens" fest und brachte ihn zur Einheit zurück. Noch in der Nacht versuchte der Gruppenführer mehrmals, mit seinem Kompaniechef zu sprechen, weil er sich ungerecht behandelt fühlte. Doch dazu kam es nicht. Um 4 Uhr morgens, am 1. November 1970, flüchtete der Arretierte in einem unbeobachteten Moment durch die Küche aus der Grenzeinheit. Schneiderling erfuhr davon gegen 5 Uhr. Er ordnete eine Suche nach dem Soldaten im Kasernenbereich an, veranlasste jedoch entgegen der Befehlslage erst zirka eine Stunde später die Abriegelung des Grenzabschnittes. Eine Kontrollstreife entdeckte dort gegen 6.40 Uhr die Spur des Geflüchteten im Abschnitt der 5. Grenzkompanie Marienborn. Er hatte die Minensperre in Richtung Westen kriechend überwunden.

Mittlerweile erhielten auch die vorgesetzten Stäbe die Nachricht von der Fahnenflucht. Gegen 7.30 Uhr trafen der Kommandeur des Grenzregiments Gottschlich und der Kommandeur des Grenzbataillons Oberstleutnant Lehmann bei der Kompanie ein, um sich vor Ort über den Fahnenfluchtfall zu informieren. Eigentlich wollten sie dann gemeinsam mit dem Kompaniechef „die Durchbruchstelle" besichtigen. Major Schneiderling bestand jedoch darauf, nicht mit zur Grenze zu kommen, da er als einziger Offizier im Kompaniebereich anwesend war und dort seinen Führungsaufgaben nachkommen müsse. Kurz nachdem die beiden Kommandeure die Kaserne verlassen hatten, fand der Unteroffizier vom Dienst der 6. Grenzkompanie Harbke im Heizungskeller der Kaserne seinen Kompaniechef Fritz Schneiderling tot auf. Er hatte sich mit seiner Pistole in die Stirn geschossen, der Schuss war am Hinterkopf wieder ausgetreten. Die Untersuchungsführer des Staatssicherheitsdienstes protokollierten später, die Dienstwaffe lag „situationsgerecht im Bereich der Leiche". Die Motivation für Schneiderlings Kurzschlusshandlung sah das MfS in dem Verstoß gegen die Befehlslage nach dem Bekanntwerden der Fahnenflucht. Um bei seinen Vorgesetzten nicht unangenehm aufzufallen, habe Fritz Schneiderling bereits in der Vergangenheit verschiedene „Vorfälle verschleiert". Deswegen befürchtete er nach der Fahnenflucht seines Gruppenführers ernsthafte Konsequenzen. Der Fahnenflüchtige kehrte noch am Nachmittag des gleichen Tages freiwillig wieder in die DDR zurück. (Recherche: ST, TP; Autor: jos.)

Quellen:
MfS, HA I, Grenzkommando Nord, Abwehr: Fernschreiben vom 1.11.1970 mit Verweis auf Bericht der HA IX/ 7. BStU, ZA, MfS, HA I, Nr. 14386.

MfS, HA I, Grenzkommando Nord, Abwehr: Bericht zur Fahnenflucht des Uffz. H., Joachim, 6. Grenzkompanie, Grenzregiment 25 und zum Selbstmord des Major Schneiderling, Fritz, Kompanie-Chef der 6. Grenzkompanie, Grenzregiment 25 am 1.11.1970. BStU, ZA, MfS, HA I, Nr. 14423, Teil 1 von 4.

MfS, ZAIG: Unnatürlicher Todesfall in den Grenztruppen. BStU, ZA, MfS, ZAIG, 1863.

Elmar Werrmann

geboren am 25. Oktober 1950 in Riesa
Suizid am 17. Februar 1970
Ort des Zwischenfalls: nahe dem Objekt „Walderholung"
des Grenzregiments Sonneberg (Thüringen)

In den Abschiedsbriefen an seine Eltern und seine Freundin klagte Unteroffizier Elmar Werrmann, dass er mit den Nerven völlig am Ende sei, seine Lage sei auswegslos, er wisse nicht mehr weiter. Werrmann hatte sich zuvor mehrfach unerlaubt von der Truppe entfernt und bei seiner Freundin aufgehalten. Außerdem hatte er eine Handverletzung simuliert, um eine Dienstbefreiung zu erlangen. Am 16. Februar 1970 kehrte Werrmann nicht pünktlich vom Ausgang in die Kaserne zurück. Nach der Meldung über Werrmanns erneutes Disziplinarvergehen forderte ihn seine vorgesetzte Dienststelle telefonisch auf, sich am nächsten Morgen an seinem Einsatzort, einem Funkabhörfahrzeug, einzufinden und vor „dem Kollektiv" zu rechtfertigen. Aus Furcht vor möglichen Disziplinarmaßnahmen erschoss sich Elmar Werrmann am 17. Februar 1970 kurz nach Mitternacht mit seiner Maschinenpistole in dem Abhörfahrzeug des Grenzregiments Sonneberg.

Das MfS hielt nach der Todesfalluntersuchung fest, eine „Kette von Disziplinarvergehen und -verstößen waren für den labil und sensibel veranlagten Werrmann die Ursachen für den Selbstmord. Auf Grund seiner Charaktereigenschaften war er nicht in der Lage, mit eigener Kraft den richtigen Ausweg zu finden, wobei ihm ein mangelndes Vertrauen zu seinen Vorgesetzten und zu seinem Kollektiv fehlte. Den letzten Anstoß für den Selbstmord hat vermutlich der Anruf von der vorgesetzten Dienststelle in Berlin gegeben, wo er Stellung zu seinem Verhalten nehmen sollte."

Elmar Werrmann arbeitete vor seiner Einberufung als Präzisionsrohrwerker im VEB Stahl- und Walzwerk Riesa. Seine Beurteilungen durch den Betrieb fielen positiv aus, er war FDJ-Mitglied, hatte ein gutes Verhältnis zu den Eltern. Im Wohngebiet und auf der Arbeitsstelle soll er „stets willig, hilfsbereit und kameradschaftlich" aufgetreten sein. In der FDJ-Gruppenleitung des Betriebes nahm er die Funktion eines Kassierers wahr. Sein Charakter wurde „als offen und ehrlich eingeschätzt". Nach der Selbsttötung erhielten die Beurteilungen Werrmanns eine überwiegend negative Färbung. Nun hieß es, Werrmann sei während seiner Ausbildung als Unteroffiziersschüler inaktiv gewesen. Seine Vorgesetzten meinten, er weise „keine guten Kommandeurseigenschaften" auf. Er habe dann aber als Horchfunker in einer Spezialeinheit der NVA-Grenze gute Leistungen gezeigt und sei deswegen nach einer von ihm eingereichten Beschwerde doch noch zum Unteroffizier befördert worden.

In seinen Abschiedsbriefen bat Elmar Werrmann darum, ihm einen Wimpel der BGS Stahl-Riesa in den Sarg zu legen. (Recherche: jos., MS; Autor: jos.)

Quellen:

MfS, BV Suhl, Untersuchungsabteilung/SK: Anzeige eines unnatürlichen Todesfalls. BStU, Ast. Suhl, Allg-P XI/420/75, Bd. 1 u. 2.

MfS, BV Suhl, U-Abteilung/SK; Fleischhack (Major), Leiter der U-Abteilung; Lampert (Oberfeldwebel):MfS-Abschlußbericht zum Leichenvorgang Werrmann, Elmar. BStU, Ast. Suhl, MfS, BV Suhl, Abt. IX, Nr. 1343.

MfS, HA IX; Ströder (Leutnant): Einschätzung vom 19. Juni 1970 über das Auftreten von Selbstmordvorkommnissen durch Angehörige der NVA im Zeitraum von Januar 1969 bis Mai 1970. Suizid eines Unteroffiziers. BStU, ZA, MfS, HA I, Nr. 15265, Teil 1 von 2.

Konrad Rinderknecht

geboren am 18. Januar 1952 in Bad Saarow

Suizid am 23. September 1971

Ort des Geschehens: Unteroffiziersschule der Grenztruppen in Glöwen, Kreis Perleberg (Brandenburg)

Konrad Rinderknecht, Schüler der Unteroffiziersschule der Grenztruppen in Glöwen, Kreis Perleberg, erschoss sich am 23. September 1971 gegen 21.45 Uhr, selbst. Im Vorfeld der Selbsttötung plante er eine gemeinsame Fahnenflucht mit zwei Kameraden.

Der Unteroffiziersschüler war gelernter Landmaschinenschlosser. Bis er am 3. Mai 1971 zur NVA eingezogen wurde, arbeitete er in der LPG Löbnitz, wo er auch die Position des FDJ-Sekretärs einnahm. Er hatte sich zu zehn Jahren Militärdienst verpflichtet und galt als vorbildlicher Unteroffiziersschüler. Um so überraschender muss es für seine Vorgesetzten gewesen sein, dass er am 23. September 1971 ein Gesuch einreichte, „um seine 10-jährige Verpflichtung auf 3 Jahre herabzusetzen. Als Gründe nannte er seinen Gesundheitszustand, Desinteresse als Berufssoldat tätig zu sein, Gefühl der Diskriminierung und den Wunsch, wieder in seinem Beruf arbeiten zu können." Um 19 Uhr wurde Konrad Rinderknecht zum Wachdienst eingeteilt. Als er um 21 Uhr auf dem Weg zu seinem Postenbereich, dem Munitionsbunker im Schulobjekt, war, flüsterte er dem Unteroffiziersschüler Egon S. zu, er wolle noch in der gleichen Nacht nach Westdeutschland flüchten. Egon S. erklärte sich bereit mitzukommen. Während des Wachdienstes schloss sich auch der Unteroffiziersschüler Rudolf Sch. dem Vorhaben an. Nach späteren Aussagen der Beteiligten schlug Rinderknecht vor, unter Mitnahme ihrer Waffen und Munition die Unteroffiziersschule verlassen und sich zur Fernverkehrsstraße Nr. 5 zu begeben. Von dort aus könne man per Anhalter die Grenze erreichen und nach Westdeutschland durchbrechen. Gegen 21.45 Uhr erhielt Egon S. laut MfS-Unterlagen einen Anruf Rinderknechts aus dem Postenbereich. Konrad Richterknecht sagte, er solles gut machen und die anderen grüßen. Darüber hinaus erklärte er, dass er den Telefonhörer hängen lasse und Egon S. genau aufpassen soll, was jetzt passiert. Unmittelbar danach hörte Egon S. einen Knall. Konrad Rinderknecht wurde wenig später mit zwei Einschüssen in der Brust tot aufgefunden. Im Magazin seiner Waffe fehlten zwei Patronen. Egon S. und Rudolf Sch. kamen in die Militärhaftanstalt nach Schwedt. Das MfS leitete wegen des dringenden Tatverdachts der Fahnenflucht ein Ermittlungsverfahren gegen sie ein. (Recherche und Autor: jk)

Quelle:

MfS, HA IX/4; Pönitz (Hauptmann): Information über ein Vorkommnis an der Unteroffiziersschule der Grenztruppen der Nationalen Volksarmee in Glöwen, Kreis Perleberg. Berlin, 27.9.1971. MfS AS 288/74, Bd. 1.

Andreas Kaiser

geboren am 18. April 1954 in Leipzig
gestorben nach Suizidversuch am 30. Juni 1973
Ort des Suizidversuchs: Kaserne des Grenzausbildungsregiments Eisenach

Am 28. Juni 1973 meldete das Grenzausbildungsregiment Eisenach den Suizidversuch eines Grenzsoldaten. Der seit dem 3. Mai 1973 in die 7. Ausbildungskompanie eingezogene Soldat Andreas Kaiser, Mitglied der FDJ und der SED, habe beim Waffenempfang um 6.30 Uhr eine MPi-Patrone entwendet, sich auf den Dachboden der Kaserne begeben und dort in den Bauch geschossen. Nach der Einlieferung in das Kreiskrankenhaus Eisenach versuchten die Ärzte den lebensgefährlich Verletzten durch eine Notoperation zu retten. Er erlag zwei Tage später am 30. Juni 1973 jedoch den Folgen der Schussverletzung. Der Stabschef des Grenzausbildungsregiments behauptete in seinem Untersuchungsbericht, das Motiv Kaisers liege in seinen persönlichen und familiären Verhältnissen. Die Mutter des Soldaten sei Anfang des Monats verstorben.

Andreas Kaiser bei der Jugendweihe.
Bildquelle: Privat Petra Schlennstedt

Andreas Kaiser und seine vier Jahre ältere Schwester Petra verbrachten wegen gesundheitlicher Probleme ihrer Mutter viele Jahre in Kinderheimen. Nach dem Abschluss der zehnten Klasse an der Polytechnischen Oberschule „Georgi Dimitroff" in Leipzig absolvierte Andreas Kaiser von 1970 bis 1972 eine Lehre im VEB Metallleichtbaukombinat IMO Leipzig, die er erfolgreich als Facharbeiter für Schweißtechnik abschloss. Am 3. Mai 1973 musste der 19-Jährige dann „zur Fahne". Die Erinnerung seiner Schwester Petra wirft im Unterschied zu den Meldungen der Grenztruppen ein ganz anderes Licht auf den verzweifelte Suizidversuch ihres Bruders am 28. Juni 1978: „Mein Bruder Andreas Kaiser hatte gerade seine Lehre beendet, war frisch verliebt, hatte lange Haare auf die er so stolz war. Da kam die Einberufung und die Haare mussten ab. Für ihn war das so, als ob man ihn die Menschenwürde genommen hat. Er erzählte mir, dass er sich nur im Dunkeln auf die Straße traut und an den Häusern entlang schlich." Ihr Bruder habe zur Beisetzung der Mutter Urlaub erhalten. Seine Freundin nahm an der Trauerfeier jedoch nicht teil, da sie einen Ferienplatz nicht verfallen lassen wollte. Darüber habe sich ihr Bruder sehr gegrämt. Zudem sei er „durch den Tod unserer Mutter und der Tatsache in der NVA Dienst tun zu müssen psychisch am Ende" gewesen. In seinem Abschiedsbrief schrieb Andreas Kaiser: „Bei der Scheiß-Fahne kotzt es mich immer mehr an. Jetzt haben sie unsere Truppe auseinander gerissen, ich fühle mich nicht mehr wie ein Mensch. Nur noch ein befehlsempfangendes Arbeitstier. Von klein auf mußte ich mir solche Töne gefallen lassen. Jetzt wehrt sich mein ganzes Innere, ob ich will, oder nicht. Solche unvernünftigen Befehle und Anweisungen, die man hier bekommt, bringen mich zum Rande der Raserei. Ich bin Soldat und muß mir die größte Mühe geben unseren Herren Unteroffiziere recht gut zu gefallen. Ich habe von allen die Schnauze restlos voll. Ich finde alles sinnlos."

Kaisers Schwester erhielt nach dem Tod ihres Bruders in Eisenach die Auskunft, er habe sich mit der MPI in den Rücken geschossen, was ihr sehr unglaubhaft erschien. Ihr Versuch mit Soldaten seiner Einheit zu sprechen scheiterte, man teilte ihr mit, diese seien alle bereits versetzt worden. (Recherchen: jk, jos.; Autor: jos.)

Quellen:

Nationale Volksarmee, Kdo. der Grenztruppen, Op. Diensthabender: Tagesmeldung Nr. 180/73 für die Zeit vom 27.06.1973 18.00 Uhr bis 28.06.1973 18.00 Uhr. In: Grenztruppen der Deutschen Demokratischen Republik, Kdo. der Grenztruppen, Operative Tagesmeldungen Nr. 92–182/73. BArch Freiburg, DVH 32/113228.

Nationale Volksarmee, Kdo. der Grenztruppen, Op. Diensthabender: Tagesmeldung Nr. 182/73 für die Zeit vom 29.06.1973 18.00 Uhr bis 30.06.1973 18.00 Uhr. In: Grenztruppen der Deutschen Demokratischen Republik, Kdo. der Grenztruppen, Operative Tagesmeldungen Nr. 92–182/73. BArch Freiburg DVH 32/113228.

Mitteilungen von Petra Schlennstedt an Jochen Staadt vom 11. November 2013 und vom 25. Februar 2017.

Dietmar Scholz

geboren am 10. Oktober 1947 in Riesa

Suizid am 19. Mai 1976

Ort des Geschehens: Unterkunft der Grenztruppen in Eishausen,
Kreis Hildburghausen (Thüringen)

In einem Chiffriertelegramm an den zeitweiligen Einsatzstab der HA I in Berlin und das Kommando der Grenztruppen der DDR meldet MfS-Oberstleutnant Rüdiger, GK-Süd, Abwehr, am 19. Mai 1976 die „Selbsttötung eines Berufs-Uffz. der Grenztruppen der DDR" Dabei handele es sich um den Stabsfeldwebel Dietmar Scholz, der sich in seinem Unterkunftszimmer in der Einheit Eishausen durch einen Kopfschuss selbst getötet hatte. Im Vorfeld des Suizids soll am 18. Mai ein Fehlbetrag in Höhe von 1.900 Mark bei den von Scholz verwalteten „gesellschaftlichen Geldern (Literaturgeld)" festgestellt und er daraufhin unter die „Kontrolle eines verantwortlichen Offiziers" gestellt worden sein. Tags darauf habe er sich morgens bei dem Vorgesetzten melden müssen. Dieser verlangte, dass Scholz nach Hause fahre und sein Sparbuch hole. Dann werde er mit ihm nach Hildburghausen fahren, um den Fehlbetrag in der dortigen Sparkasse einzuzahlen. Als Scholz aus seiner Wohnung zurückkehrte, erwartete ihn bereits sein Kompaniechef Major Kummerer und forderte ihn auf, mit ihm zum Bataillonskommandeur zu kommen, er erwarte ihn am Fahrzeug. Als Dietmar Scholz nach zehn Minuten dort nicht erschienen begab sich der Kompaniechef in dessen Dienstraum und fand dort den Unteroffizier tot auf.

Ein weiteres Chiffriertelegramm der MfS-Abwehr bestätigte die vermuteten Motive des Suizids. Scholz sei seit Januar 1972 Beauftragter des NVA-Buch- und Zeitschriftenvertriebes Berlin. Bei einer Kontrolle der Bestände stellte ein Vorgesetzter am 18. Mai 1976 den Fehlbetrag fest. Bereits in der Vergangenheit sei Scholz durch unverantwortlichen Umgang mit gesellschaftlichem Eigentum aufgefallen, im Jahr zuvor sei ebenfalls ein Fehlbetrag von 1.000 Mark in seinem Verantwortungsbereich aufgefallen. Der Fehlbetrag kam zustande, da Scholz Bücher und Schallplatten an Soldaten auslieh, ohne dafür Geld zu kassieren. Er selbst hatte sich nicht bereichert, auf seinem Sparbuch befand sich nur eine geringfügige Summe. Scholz wäre im Herbst 1976 in die Reserve versetzt worden. Er beabsichtigte, eine Tätigkeit beim Zoll der DDR aufzunehmen. (Recherche: TP; Autor: jos.)

Quelle:

MfS, HA I: Chiffriertelegramme vom 19 und 20. Mai 1971. BStU, ZA, MfS, HA I, Nr. 16380, Teil 1 von 2.

Hans Neuber

geboren am 18. April 1949 in Dessau

Suizid am 2. Februar 1977

Ort des Geschehens: Kaserne der 11. Grenzkompanie Erbenhausen (Thüringen)

Wegen Mängeln an den Kraftfahrzeugen der Kompanie rief der für technische Angelegenheiten zuständige Major Besser vom 3. Grenzbataillon den für die Instandhaltung des Fuhrparks der 11. Grenzkompanie zuständigen Stabsfeldwebel Hans Neuber an. Neuber wies die Kritik an seiner Tätigkeit zurück und erklärte, die aufgetretenen

Pannen seien auf den schlechten Zustand der Fahrzeuge zurückzuführen. Major Besser befahl daraufhin Stabsfeldwebel Neuber, sich am 1. Februar 1977 um 18.30 Uhr zu einer persönlichen Besprechung im Stab des 3. Grenzbataillons in Kaltennordheim einzufinden. Im Verlauf dieser heftig geführten „Aussprache" erteilte Major Besser dem Stabsfeldwebel einen disziplinarischen Verweis.

Hans Neuber kehrte gegen 19.30 Uhr nach Erbenhausen zurück und trat den ihm befohlenen Dienst als Standortstreife an. Am folgenden Morgen entdeckte ein Gefreiter gegen 9.45 Uhr Hans Neuber, der mit einem Einschuss an der rechten Schläfenseite tot auf seinem Bett lag. Die mit der Untersuchung des Todesfalls befasste Spezialkommission, bestehend aus MfS-Leuten der Abteilung IX der Bezirksverwaltung Suhl, dem Militärstaatsanwalt und einer Kommission des Grenzkommandos Süd, kam zu dem Ergebnis, „die Ursachen der Selbsttötung" Neubers lägen in seinem „ausgesprochen sensiblen Charakter". Er habe an einer allgemeinen Nervosität gelitten. Der Militärarzt verordnete ihm deswegen Anfang Januar 1977 einen prophylaktischen zweiwöchigen Ferienaufenthalt bei seiner Ehefrau. Die Untersuchungskommission kam zu dem Ergebnis, der erteilte disziplinarische Verweis sei berechtigt und in sachlicher Form erfolgt. Er habe Stabsfeldwebel Neuber dennoch sehr stark beschäftigt und sei die Ursache seines Suizids, der eine Affekthandlung darstelle. „Weitere Ursachen konnten nicht ermittelt werden." Die Untersuchungskommission beurteilte Neubers Selbsttötung „als völlig grundlos". (Recherche: TP; Autor: jos.)

Quellen:

MfS, HA I, KGT, Leiter Bereich Abwehr, gez. i.V. Rüdiger (Oberstleutnant): Vorausmeldung vom 2. Februar 1977 zur vermutlichen Selbsttötung eines Angehörigen der Grenztruppen. BStU, ZA, MfS, HA I, Nr. 4984, Teil 2 von 2.

Ergänzungsmeldung vom 3. Februar 1977 über die Untersuchung des Vorkommnisses durch die Spezialkommission der Abteilung IX der BV Suhl in Verbindung mit dem Militärstaatsanwalt und einer Kommission des Grenzkommandos Süd unter Leitung des OSL Kinder. BStU, ZA, MfS, HA I, Nr. 4984, Teil 2 von 2.

Günter Dohrmann

geboren am 25. Juni 1940

Suizid am 7. Juni 1978

Ort des Zwischenfalls: Stabsgebäude des Grenzregiments 25
Oschersleben (Sachsen-Anhalt)

In den Grenztruppen der DDR kam es wiederholt zu Alkoholproblemen. Günter Dohrmann vertrug keinen Alkohol. Schon nach wenigen Bieren war er betrunken. Das beeinträchtigte auch seine dienstliche Tätigkeit. Am 1. April 1978 musste er seine Stellung als Offizier der Grenzsicherung aufgeben und in den rückwärtigen Dienst wechseln. Außerdem erhielt er nach einem Parteiordnungsverfahren eine strenge Rüge. Er versicherte seiner SED-Grundorganisation, seine Schwächen zu überwinden. In der Nacht vom 6. zum 7. Juni 1978 konnte er während der langweiligen Wachschicht im Regimentsstab seine Lust auf eine Flasche Bier nicht zügeln. Es kam zu einem Rückfall, der ihn selbst sehr deprimiert haben muss. Um 4.30 Uhr suchte Major Dohrmann die Waffenkammer auf und befahl dem vor Ort eingesetzten Unteroffizier, ihm seine dort aufbewahrte Pistole auszuhändigen. Auf die Frage, was anliege, ob er wegfahren müsse, antwortete der Major „nein, aber in ungefähr 5 Minuten liegt etwas an". Der Unteroffizier vermutete, es gäbe Gefechtsalarm, schloss die Waffenkammer ab und zog sich in seinem Zimmer schon einmal die Dienstuniform an. Danach schlief er auf dem Bett ein. Gegen 5.40 Uhr stellte ein Wachsoldat fest, dass sich Major Dohrmann nicht in seinem Dienstzimmer befand. Kurz darauf fand man ihn im Dachgeschoss des Stabsgebäudes in der Unterkunft des „Operativen Diensthabenden". Er lag tot auf seinem Bett, neben ihm seine Dienstwaffe „Makarow". Strangspuren am Hals belegten, dass er vor dem tödlichen Kopfschuss versucht hatte, sich zu erhängen. Ein abgerissener Strick hing an einem Dachbalken. Auch eine Rasierklinge lag neben dem Bett. Auf einem Formular „Fernschreiben/Funkspruch" fanden sich die handschriftlichen Abschiedsworte an seine Frau. „Ich kann nicht mehr. Verzeih mir. Günter". Günter Dohrmann gehörte seit dem 22. Februar 1958 den Grenztruppen an. Er hinterließ seine Frau und ein Kind. (Recherche: jos., MP, TP; Autor: jos.)

Quellen:

Kdo. GT, Operativ: Operative Tagesmeldungen Mai 1978–Juli 1978. BArch Freiburg, DVH 32/113245.

MfS, BV Suhl, Abt. IX: Bildbericht zum unnatürlichen Todesfall Dohrmann, Günter am 7.6.1978 im Stabsgebäude des Grenzregiments 25. BStU, Ast. Suhl, MfS BV Suhl, Abt. IX, Nr. 1343.

Militärstaatsanwaltschaft der DDR: Ermittlungen zur Selbsttötung von Major Günter Dohrmann, GR Oschersleben. BArch Freiburg, DVW/13/59788.

Christian Theurich

geboren am 15. April 1937 in Oberoderwitz

Suizid am 10. November 1978

Ort des Zwischenfalls: in einem Waldstück bei Plauen (Sachsen)

Christian Theurich war ein altgedienter Major der Grenztruppen. Bereits 1955, mit 18 Jahren, trat er in den Dienst der DDR-Grenzpolizei und wurde 1961 von der NVA übernommen. Sein Einsatzort war die Offiziershochschule der Grenztruppen „Rosa Luxemburg" in Plauen. Er wohnte im zwölf Kilometer entfernten Ort Rodau, war verheiratet und hatte drei Kinder.

Seine Dienststellung als militärischer Ausbilder umfasste die Verantwortung für Abläufe und Zwischenfälle in seiner Ausbildungsgruppe. Als sich am 14. Oktober 1978 in seinem Zug während einer Alarmübung schwerwiegende Fehler zeigten, setzte ihm die diesbezüglich geäußerte Kritik sehr zu. Seine Vorgesetzten meinten, er nehme seinen Dienst zwar sehr ernst, verfüge aber über zu wenig Durchsetzungsvermögen. Seine „Nachsicht und Gutmütigkeit gegenüber Unterstellten" seien „über Gebühr" ausgeprägt. Es fiel auf, dass Theurich seit diesem Vorfall wenig aß, nervös war oder wiederum vor sich hinstarrte, wofür er von ihm unterstellten Militärangehörigen belächelt wurde.

Am 9. November 1978 musste der 41-Jährige erneut Kritik einstecken. Auf einer FDJ-Versammlung wurde er für Mängel in der Dienstplanung getadelt. Dann fuhr er nach Hause; sein Sohn, der ebenfalls eine militärische Laufbahn eingeschlagen hatte, war zu Besuch. Am nächsten Morgen um 5.30 Uhr benachrichtigte ihn der Abschnittsbevollmächtigte der Polizei, dass an der Offiziershochschule Alarm ausgelöst worden sei. Christian Theurich sei, stellte der Militärstaatsanwalt später fest, aufgeregt und in ungewöhnlicher Hektik in seinen Trabant gestiegen, um nach Plauen zu fahren. Wahrscheinlich habe er befürchtet, erneut wegen mangelnder Führungskompetenz in die Kritik zu geraten, denn ein Teil seiner Soldaten hatte zuvor einen Polterabend gefeiert und war noch nicht einsatzfähig. Auf dem Weg zur Offiziershochschule parkte er sein Auto in der Nähe eines Waldweges, ging in den Wald hinein und erschoss sich dort mit seiner Dienstpistole. (Recherche: jos.; Autor: jk)

Quelle:
MStA: Abschlußbericht zum Suizid von Major Christian Theurich, OHS „Rosa Luxemburg". BArch Freiburg, DVW 13/67539.

Gerd Radewagen

geboren am 14. März 1952 in Weißenfels

Suizid am 17. März 1979

Ort des Zwischenfalls: Grenzkompanie Oebisfelde, Ortsteil Schwanefeld (Sachsen-Anhalt)

Gerd Radewagen wurde am 14. März 1952 in Weißenfels in Sachsen-Anhalt geboren. Sein Vater arbeitete als Bäckermeister in der dortigen Konsumkonditorei, bei der auch seine Mutter als Betriebshelferin beschäftigt war. Gerd Radewagen wurde 1958 in der Beuditzschule in Weißenfels eingeschult. Ab der 7. Klasse gehörte er einer Sportklasse an. Dank guter schulischer Leistungen kam er 1966 auf die Goethe-Oberschule in Weißenfels. Gleichzeitig erlernte er den Beruf eines Betriebsschlossers. Das Abitur bestand Radewagen mit „gut" und legte auch seine Facharbeiterprüfung erfolgreich ab. Im Laufe der vormilitärischen Übungen in der Gesellschaft für Sport und Technik (GST) wuchs sein Interesse an einer Berufslaufbahn als Offizier. Nach bestandener Aufnahmeprüfung begann 1970 für Gerd Radewagen die Offizierslaufbahn an der Offiziershochschule der Grenztruppen in Plauen.

Zwei Jahre später lernte Gerd Radewagen seine Frau kennen, mit der er sich 1973 verlobte und die er ein Jahr später heiratete. Gerd Radewagen war ein ehrgeiziger Mann, der mit Begeisterung seine Offizierslaufbahn absolvierte. Schon nach vier Jahren als Offizier der Grenztruppen brachte er es zum Kompaniechef. Den Vorschlag, die Militärakademie „Friedrich Engels" zu besuchen, lehnte er jedoch ab, denn er wollte nicht im Stabsbereich eingesetzt werden, sondern in der Position als Vorgesetzter von Soldaten und Offizieren vor Ort Verantwortung tragen. Bis 1977 diente er als stellvertretender Kompaniechef der 2. Grenzkompanie in Marienborn, seit dem 1. Oktober 1977 als Kommandeur der Einheit in Schwanefeld. Die Beurteilungen durch Vorgesetzte fielen durchweg positiv aus. Nach Aussagen aus seinem dienstlichen Umfeld hegte er jedoch des Öfteren Misstrauen gegenüber seinen Stellvertretern und erledigte häufig deren Aufgaben lieber selbst. Manche Untergebenen hielten ihn für überheblich und arrogant. Zudem habe er empfindlich auf Kritik reagiert, es sei ihm schwer gefallen, Fehler einzugestehen und sich gegebenenfalls dafür zu entschuldigen.

Seit Herbst 1978 sorgte Radewagen sich um seine körperliche Verfassung, er klagte häufig über Herzschmerzen. Seine Frau riet ihm, weniger zu rauchen und bei der Arbeit etwas kürzer zu treten. Untersuchungen des Medizinischen Dienstes verliefen jedoch zufriedenstellend. Dennoch fiel seiner Umgebung auf, dass er sich sogar nach Feierabend und selbst im Urlaub mit dienstlichen Angelegenheiten beschäftigte und in einem ständig mitgeführten Notizbuch seine Einfälle, etwa zur Verbesserung des Postendienstes, eintrug. Seit seiner Rückkehr aus dem Urlaub, den er anlässlich seines 27. Geburtstages mit seiner Frau und seiner kleinen Tochter verbrachte, nahmen seine Kameraden bei ihm eine starke Veränderung wahr. In persönlichen Gesprächen habe er mehrmals geäußert, dass er sich der Erfüllung seiner dienstlichen Pflichten nicht mehr gewachsen fühle. Für die Vorbereitung zu seinem Geburtstag am 14. März 1979 bat er seine Frau, etwas zu Essen und Getränke zu besorgen. In der Erwartung, der Bataillonskommandeur und andere Offiziere würden ihn besuchen, sei er den ganzen Tag völlig aufgeregt in der Wohnung umhergelaufen. Als schließlich keiner der erwarteten Gäste eintraf, reagierte er sehr enttäuscht. Am 16. März 1979 klagte Radewagen über Herzschmerzen. Dennoch rauchte er mehrere Zigaretten kurz hintereinander. Am nächsten Morgen verabschiedete er sich von seiner Frau außergewöhnlich herzlich. Gegen 9.30 Uhr rief er sie aus dem Dienst an und sagte: „Ich komme hier nicht mehr klar. Mein Herz macht mir zu schaffen. Ich will nicht in Haldensleben enden und daß Du mit unserem Kind Euch dort einen verrückten Vater ansehen müßt." Er dürfte damit auf die psychiatrische Abteilung des Landeskrankenhauses Haldensleben angespielt haben. Auf beruhigende Worte seiner Frau entgegnete er, es sei doch alles sinnlos. Dann brach er in Tränen aus und stammelte Abschiedsworte, bevor er den Hörer auflegte.

Ein Rückruf der Ehefrau blieb erfolglos, es ertönte nur das Freizeichen. Wenige Minuten später, gegen 9.38 Uhr, hörte ein Fähnrich mehrere Schüsse aus dem Dienstzimmer des Hauptmanns. Als er die Tür öffnete, lag Gerd Radewagen mit einer Schussverletzung in der linken Oberkörperseite neben seinem Schreibtisch. Drei Tage nach seinem 27. Geburtstag hatte der Hauptmann seinem Leben ein Ende gesetzt. Der Fähnrich leistete sofort Erste Hilfe, allerdings erfolglos. Der herbeigerufene Arzt aus Wefensleben stellte gegen 9.45 Uhr keinerlei Lebenszeichen mehr bei Gerd Radewagen fest. (Recherche: MP, MS; Autorin: MP)

Quellen:
MfS/HA IX: Selbsttötung eines Berufsoffiziers. BStU, ZA, MfS, HA IX, Nr. 13102, Teil 2 von 2.
MStA der DDR: Ermittlungsverfahren Gerd Radewagen. BArch Freiburg, DVW 13/59846.

Donald Querfurth

Geboren am 14. Januar 1964 in Neubrandenburg

Suizid am 23. Juni 1979

Ort des Geschehens: Grenzausbildungsregiment 11, Eisenach (Thüringen)

Am 23. Juni 1979 gegen 06.20 Uhr vernahm der Offizier vom Dienst in der Kaserne des Grenzausbildungsregiments Eisenach einen kurzen Feuerstoß aus einer MPi. Der Soldat Donald Querfurth hatte sich, wie dann festgestellt wurde, während des Wachdienstes in der Kaserne des Grenzausbildungsregiments-11 „Theodor Neubauer" in Eisenach selbst erschossen. Ein Motiv konnte zunächst nicht ermittelt werden.

Nach der Untersuchung des Suizids teilten die MfS-Ermittler am 25. Juli 1979 ihrer Hauptabteilung I in Berlin mit: „Die Motive und Ursachen liegen mit hoher Wahrscheinlichkeit im Persönlichkeitsbild des Soldaten Querfurth begründet. Qu. wird übereinstimmend als sehr sensibel, labil, verschlossen, kontaktarm und mit Neigung zum depressiven Verhalten eingeschätzt, der nicht bereit war, sich der militärischen Disziplin und Ordnung unterzuordnen. Bereits einen Tag nach der Einberufung entfernte er sich unerlaubt von der Dienststelle zum Heimatort und mußte zurückgeholt werden." Am 8. Juni sei er sechs Stunden zu spät aus dem Urlaub zurückgekehrt. Bei der Durchsuchung seines Spinds fanden die MfS-Leute einen Brief „von einer Carolin aus Frankfurt/Main" Aus dem Inhalt sei ersichtlich, „daß zwischen ihr und dem Soldaten Querfurth ein freundschaftliches Verhältnis bestand, und er sich ihr gegenüber negativ zu den gesellschaftlichen Verhältnissen in der DDR und zum Wehrdienst geäußert haben muß". (Recherche und Autor: jos.)

Quelle:
MfS, HA I: Selbsttötung durch Erschießen während des Wachdienstes. BStU, ZA, MfS, HA I Nr. 5003 Bd. 2.

Bodo Panke

geboren am 9. April 1957
in Sondershausen

Suizid am 17. August 1979

Ort des Zwischenfalls:
Plauen (Sachsen)

Bildquelle: BStU

Nachdem er mit Erfolg die Offiziershochschule (OHS) der Grenztruppen „Rosa Luxemburg" in Plauen absolviert hatte, diente Bodo Panke als Leutnant im Grenzregiment 9, Meiningen. Schon zu seiner Schulzeit schrieb er in einer Bewerbung, er wolle „den Beruf als Offizier der Grenztruppen erlernen". Seine Eltern seien „beide Mitglieder der

Partei der Arbeiterklasse", sein Vater sei fast 25 Jahre Offizier. Er wünsche sich, wie sein Vater als Kommandeur der Grenztruppen ausgebildet zu werden. Der Wunsch ging in Erfüllung und Bodo Panke konnte sogar die Offiziershochschule in Plauen besuchen, an der sein Vater als Oberstleutnant lehrte.

Von einem befreundeten Kameraden wurde Bodo Panke als „überbetont feinfühlig" beschrieben. Ihm Nahestehende berichteten, er habe „sich alles sehr zu Herzen" genommen. „Eine Ungerechtigkeit oder verweigerte Zuneigung trafen ihn empfindlich". Er sei „gutmütig und hilfsbereit" gewesen, habe aber über wenig „Durchsetzungsvermögen" verfügt, während er nach außen hin jedoch Stärke und Disziplin zu zeigen versucht habe. „Viel Respekt und vielleicht sogar Angst" habe er vor seinem Vater gehabt, der sein großes Vorbild gewesen sei. Wenige Wochen vor seinem Tod führte ein Stasi-Oberleutnant aus Meiningen mehrere Anwerbungsgespräche mit Bodo Panke, der sich angeblich bereit erklärte, „zur gegebenen Zeit als Berufsoffizier im MfS zu arbeiten und die damit verbundenen Konsequenzen zu tragen". Seine Kenntnisse über das MfS stammten, wie er betonte, freilich nur aus Büchern und Filmen.

Am Vormittag des 17. August 1979 fanden Angehörige Bodo Panke auf dem Dachboden des Hauses seiner ehemaligen Schwiegereltern in Plauen erhängt auf. Der 22-Jährige hatte sich kurz zuvor mit seiner geschiedenen Ehefrau wieder versöhnt. Die Untersuchungsführer der zuständigen MfS-Bezirksverwaltung Karl-Marx-Stadt (heute: Chemnitz) hielten als Motiv der Selbsttötung fest: „Entgegen bestehender und ihm bekannter dienstlicher Weisungen und Befehle nahm Bodo Panke in der Zeit vom 14. bis 17. August 1979 Kontakte zu Bürgern aus dem nichtsozialistischen Ausland auf." Die Besucher waren Verwandte der Schwiegereltern aus Kanada. Panke habe, statt diesen Kontakt zu meiden, insbesondere zu der 19-jährigen Tochter des Ehepaares ein enges Verhältnis gesucht und nichts unternommen, um den kanadischen Staatsbürgern aus dem Weg zu gehen. Die MfS-Leute kamen zu dem Ergebnis, dass sich Panke „zur Selbsttötung entschloß, da er familiär zum wiederholten Male gescheitert war und zudem befürchtete, wegen seiner Kontakte zu den kanadischen Staatsbürgern dienstlich zur Verantwortung gezogen zu werden". Offenbar war der Druck, der auf ihm lastete, so groß, dass er sich in einer ausweglosen Lage glaubte. Am 16. August 1979, einen Tag bevor er aus dem Leben schied, schrieb Bode Panke einen Abschiedsbrief mit letzten Grüßen an seine geschiedene Frau und seinen kleinen Sohn. (Recherche: jos.; Autor: jos.)

Quellen:

MfS, HA I, GK-Süd, Abwehr; Beinarowitz (Oberstleutnant): Selbsttötung eines Angehörigen der Grenztruppen durch Anwendung der MPi. BStU, ZA, MfS, HA I Nr. 5003 Bd. 2.

MfS, BV Karl-Marx-Stadt, Untersuchungsabteilung: Diverse Unterlagen über den Suizid von Leutnant Bodo Panke BStU, Ast. Chem, AP 2535/79.

MfS, Abt IX, Karl-Marx-Stadt: Abschlußbericht zum unnatürlichen Tod des Angehörigen der Grenztruppen (GT) der Deutschen Demokratischen Republik (DDR) Leutnant Panke, Bodo. BStU, ZA, MfS, HA IX, Nr. 10097. MfS, HAI, Abwehr UA Meiningen; Wiedemann (Oberleutnant): Anwerbungsgespräche mit Bodo Panke. BStU, ZA, MfS AIM 1384/79.

Frank Bretfeld

geboren am 6. März 1960 in Marienberg
Suizid am 21. August 1979
Ort des Zwischenfalls: Kasernengelände der Grenzkompanie Geisa, (Thüringen)

Bildquelle: Privat, Axel Bretfeld

Seine Leidenschaft galt der Rockmusik und dem Fußball. Frank Bretfeld sammelte Schallplatten und führte akribisch eine Kartei, in der er die Namen von Rockbands, deren Platten und die im Westradio gehörten Songs eintrug. Beim örtlichen Fußballverein BSG Lokomotive Pockau gehörte der talentierte Spieler zu den Leistungsträgern der Mannschaft. Eine Zeitlang leitete er dort eine Trainingsgruppe. Sein Abiturzeugnis hebt „überdurchschnittliche Leistungen in den naturwissenschaftlichen Disziplinen" und die „guten Plätze bei der Mathematikolympiade" hervor. Die Beurteilung seines politischen Engagements fiel hingegen zwiespältig aus. Als stellvertretender FDJ-Sekretär sei er zu inaktiv gewesen. „Hier fehlte ihm das nötige Durchsetzungsvermögen auf Grund zu geringer Vorbildwirkung im Gesamtverhalten."

Nach seinem Abitur wurde Frank Bretfeld am 3. November 1978 zu den Grenztruppen einberufen. Die Zulassung für ein Maschinenbaustudium an der TU Dresden lag ihm für die Zeit nach dem Wehrdienst bereits vor. Er schien den Sicherheitsorganen für den Dienst im Grenzsperrgebiet geeignet, da er sich politisch in der FDJ engagiert hatte, außerdem gehörte er der GST, dem FDGB, der DSF und dem DDR-Sportbund (DTSB) an. Von keiner Seite gab es negative Hinweise über ihn. Der Dienst bei den Grenztruppen fiel ihm allerdings schon bald schwer. In Gesprächen mit Angehörigen und in Briefen beklagte er den rauhen militärischen Alltag. Seine Vorgesetzten beurteilten Bretfeld als sensibel und zurückhaltend.

Am Abend des 20. August 1979 versetzte ein Grenzalarm den 19-jährigen Frank Bretfeld in Aufregung. Er war in der 5. Grenzkompanie Geisa zur Nachtschicht im Kompaniegebäude eingeteilt. Dort schreckte ihn um 22.05 Uhr ein Grenzalarm hoch. Nach Mitternacht kehrten mehrere Grenzposten zur Kaserne zurück. Sie erzählten ihm vom schrecklichen Geschehen in dieser Nacht: Etwa eine Stunde nach dem Grenzalarm hatten sie einen schwer verletzten Flüchtling aus einem Minenfeld geborgen. Es handelte sich um Johannes F., dem eine Mine nahe der Straße von Geisa nach Rasdorf beide Beine vollständig zerfetzt hatte. Die Schilderung des Zwischenfalls durch seine Kameraden verstörte Frank Bretfeld zutiefst.

Frank Bretfeld mit Freunden vor seiner Einberufung zu den Grenztruppen
Bildquelle: Privat Axel Bretfeld

Am folgenden Abend zwischen 18 und 20 Uhr saß er in seiner Stube und schrieb zwei Briefe, den einen an seinen Vater, den anderen an seine Freundin Petra. In beiden Briefen ist von dem verletzten Flüchtling die Rede. „Unterhalb der Hüfte war bei ihm alles zermatscht. Die Kontrollstreife hat ihn [sich] vor Schmerzen krümmend auf dem Kolonnenweg liegen sehen", von zahlreichen Splittern getroffen. „Die ihn dann so blutig auf dem Kolonnenweg liegen haben sehen, bekommen bestimmt Sonderurlaub. Jetzt kommt er erst mal in [den] Knast und danach läuft er als Krüppel 'rum. Das hat er davon! Er hatte das Pech, daß gerade die Minenanlage eingeschaltet war!" Abgesandt hat Bretfeld die Briefe nicht. Mit Adressen versehen und bereits frankiert fand man die Umschläge später in seinem Spind.

Am folgenden Tag, dem 21. August 1979, gegen 20.52 Uhr vernahmen Soldaten der Grenzkompanie Geisa einen Feuerstoß aus einer MPi und drei kurze Schreie. Ein Gefreiter eilte sofort zum Ort des Geschehens und fand hinter dem Kasernengebäude Frank Bretfeld – auf dem Rücken liegend, seine Waffe, mit der er sich in die Brust geschossen hatte, lag neben ihm. Die Wiederbelebungsversuche des herbeigeeilten Gefreiten blieben ohne Erfolg. In einem Bericht der MfS-Hauptabteilung I über die „Selbsttötung eines Angehörigen der Grenztruppen durch Anwendung der MPi" vom 24. August 1979 heißt es, „inoffiziell" sei ermittelt worden, „daß B. Angst hatte, ein sogenannter ‚Versager' zu sein. Er benahm sich mitunter sehr tollpatschig und machte immer wieder ungewollt Fehler. Sein sensibler Charakter ließ es auch nicht zu, sich anderen Personen anzuvertrauen. Bei Gelegenheiten, sich ‚beweisen' zu wollen, erreichte er oft das Gegenteil, was ihn sehr stark bewegte. Anlaß für derartiges Verhalten wurde ihm seitens der Angehörigen seiner Einheit nicht gegeben." Er habe sich auch benachteiligt gefühlt, weil er erst seit dem 8. Juli 1979 in der Einheit war und sich nicht so gut im Grenzabschnitt auskannte wie seine Kameraden. In Briefen an seine Freundin und seinen Vater habe Bretfeld von

„dem Vorkommnis der Verletzung eines Grenzverletzers beim Versuch des Überwindens der pioniertechnischen Anlagen vom Vortag" berichtet. „Die inoffiziellen Überprüfungen ergaben weiter, daß ihn das vorgenannte Vorkommnis stark beschäftigte und er zum Ausdruck brachte, daß ihm der Grenzverletzer leid tun würde, da er sich so stark an den Beinen verletzt hat." Die Selbsttötung Bretfelds habe die Stimmung in der Kompanie stark beeinflusst. Deswegen sei „verstärkte politisch-ideologische Arbeit unter dem Personalbestand der 5. GK durch Einsatz von Offizieren des Stabes" angeordnet worden.

NVA-Aufnahme für die Dienstpapiere
Bildquelle: Privat Axel Bretfeld

Die Einschätzung des DDR-Staatssicherheitsdienstes hält einer kritischen Prüfung des Falles wenig stand. So kam Frank Bretfeld, nach der Erinnerung seines zwei Jahre jüngeren Bruders Axel, gar nicht „im Grenzabschnitt" zum Einsatz, sondern nur im rückwärtigen Kompaniebereich. Vermutlich wusste die Stasi über Bretfelds Vorliebe für westliche Radioprogramme Bescheid und hielt seinen direkten Einsatz an der Grenze für zu riskant. Auch ist es unwahrscheinlich, dass ausgerechnet ein guter Sportler wie Frank Bretfeld in der Truppe als „tollpatschig" aufgefallen sein soll.

Am Abend des 22. August 1979 erhielt Bretfelds Familie Besuch von zwei Zivilisten, bei denen es sich vermutlich um MfS-Leute handelte. Sie überbrachten die Todesnachricht und hielten die Angehörigen dazu an, über die Todesumstände Stillschweigen zu bewahren. Bretfelds Vater brach nach dem Erhalt der Nachricht zusammen und musste in ein Krankenhaus eingeliefert werden. Eine Todesanzeige für Frank Bretfeld durfte nur unter der Bedingung erscheinen, dass sie keine Erwähnung der Todesursache enthielt und eine Danksagung für den Truppenteil „Florian Geyer". Durch den vertraulichen Hinweis eines Bestatters, der eine Wunde im Rücken des Leichnams gesehen hatte, bestanden bei den Angehörigen starke Zweifel an den ihnen mitgeteilten Todesumständen. Auch für Axel Bretfeld blieb der Tod seines Bruders ein Rätsel. Er stellte Jahre später einen Ausreiseantrag und verließ die DDR. Bei der Einsichtnahme in die zu seiner Person überlieferten Stasi-Unterlagen offenbarte sich ihm, wie intensiv er selbst nach dem Tod seines Bruders als „Sicherheitsrisiko" beobachtet und bespitzelt worden ist. (Recherche: jos., jk, ST; Autor: jos.)

Quellen:

MfS, HA I, GK Süd, Bereich Abwehr; Beinarowitz (Oberstleutnant): Selbsttötung eines Angehörigen der Grenztruppen durch Anwendung der MPi. BStU, ZA, MfS, HA I, Nr. 5003, Bd. 2.
MfS, BV Suhl: BStU, Aust. Suhl, MfS, BV Suhl, Abt. IX, Nr. 221.
MStA: Vorkommnis unnatürlicher Tod des Angehörigen der GT der DDR, Sold. Frank BRETFELD, am 21.8.1979. BArch Freiburg, DVW 13/56530.
LKA Thüringen, Abt. 6: Sachstandsbericht/Todesermittlung Frank Bretfeld. Erfurt, 14.6.2000. ThHStA Weimar, LKA Thüringen Nr. 1081.
Zeitzeugengespräch von Jochen Staadt mit Axel Bretfeld am 17. Februar 2016.

Henry Kubatz

geboren am 31. August 1960
in Hermsdorf

Suizid am 6. Dezember 1980

Ort des Zwischenfalls: Kasernengelände
der Grenzkompanie Rotheul (Thüringen)

Bildquelle: BStU

Henry Kubatz wuchs in Hermsdorf als Einzelkind auf. Seine Eltern und Großeltern kümmerten sich liebevoll um den als sensibel und zurückhaltend beschriebenen Jungen. Wegen einer Gaumen- und Lippenspalte, die nach seiner Geburt durch eine Operation korrigiert worden war, litt er als Kind unter Sprachschwierigkeiten, über die ihm dann ein Spezialunterricht hinweghalf. Sein Vater hatte bei den DDR-Grenztruppen gedient, der Sohn wollte es ihm nachtun und erklärte sich zum dreijährigen Dienst bereit. Das trug nach dem Abitur an der Polytechnischen Oberschule „Juri Gagarin" dazu bei, dass er für das Studienjahr 1982/83 eine „Delegierung" an die TU Dresden für die Fachrichtung Physik erhielt.

Seit Herbst 1979 diente Henry Kubatz bei den Grenztruppen, als Unteroffizier führte er in der Grenzkompanie Rotheul einen Zug. Seine Soldaten empfanden ihn als sehr kameradschaftlich und als „guten Kumpel". Er war FDJ-Gruppenorganisator und interessierte sich besonders für den Motorsport. Nachdem er durch eine Meldung veranlasst hatte, dass ein ihm vorgesetzter Hauptfeldwebel wegen einer Kompetenzüberschreitung gemaßregelt wurde, sprang dieser offenbar besonders hart mit ihm um.

Ein Unteroffizier sagte später aus, Kubatz sei schlechter als andere über das Gebrüll dieses Feldwebels hinweggekommen. Er nahm sich die mehrfachen Zurechtweisungen offenbar sehr zu Herzen. Einem seiner Untergebenen fiel auf, dass Kubatz die häufigen Einsätze als Unteroffizier vom Dienst (UvD) sehr belasteten. Man merkte ihm an, dass er ständig unter Stress stand. Während des Posteneinsatzes an der Grenze äußerte er gegenüber einem Kameraden, „wenn ich die drei Jahre rumhabe, kann man mich in die Klappsmühle schaffen, dann brauche ich nicht mehr zu studieren". Als ihn Hauptfeldwebel B. am 5. Dezember 1980 erneut wegen einer Nichtigkeit anschrie, muss Kubatz innerlich zerbrochen sein. In bedrückter Stimmung trat er am frühen Morgen des 6. Dezember 1980 seinen Dienst als UvD in der Kaserne an. Gegen 10 Uhr verließ er das Wachlokal und begab sich mit seiner Waffe hinter einen Garagenkomplex. Dort nahm er den Lauf seiner MPi in den Mund und drückte ab.

Hauptfeldwebel B. bestritt in seiner Vernehmung Vorhaltungen, er habe Kubatz heimzahlen wollen, dass dieser seine Kompetenzüberschreitung der Kompanieführung gemeldet hatte. Der ermittelnde Militärstaatsanwalt schrieb in seinem Abschlussbericht, es habe keine ernsthaften Drangsalierungen von Kubatz gegeben, obgleich mehrere Zeugenaussagen genau das nahelegten. (Recherche: jos.; Autor: jos.)

Quelle:
MStA: Selbsttötung des Unteroffiziers Henry Kubatz in der Grenzkompanie Rotheul. BArch Freiburg, DVW/13/67229.

Henry Falk

geboren am 22. November 1961 in Demmin

Suizid am 4. Februar 1981

Ort des Zwischenfalls: Kaserne des Grenzausbildungsregiments (GAR-12) in Johanngeorgenstadt (Sachsen)

Henry Falk kam zur Grundausbildung in die Kaserne der DDR-Grenztruppen nach Johanngeorgenstadt, Kreis Schwarzenberg. Dort nahm er am 4. Februar 1981 nach dem Waffenreinigen gegen 16.30 Uhr unbemerkt seine Waffe mit auf seine Unterkunft und tötete sich durch einen Schuss in die Schläfe. Ein Bericht der für die Überwachung der Grenzsoldaten zuständigen Stasi-Abteilung vom 9. Februar 1981 enthielt folgende Angaben zu den Motiven der Selbsttötung: Falk habe „eine ablehnende Haltung zum Wehrdienst" bezogen und gegenüber Kameraden den militärischen Drill in der Grenztruppe beklagt. Seine negative Einstellung zum Wehrdienst habe sich „in seiner gleichgültigen und ungenügenden Erfüllung gestellter Aufgaben" gezeigt. In einem Brief an einen Freund aus Straußberg, der in Falks Spind aufgefunden wurde, bezeichnete er die Ausbildung als „Scheiße". Er werde dabei „wohl oder übel zum Kriecher" gemacht. „Wie mich das ankotzt, kann man sich gar nicht vorstellen. Ich bin eben mal so'n Mensch, der macht, was er will oder ganz darauf verzichtet." Gegenüber anderen Soldaten äußerte Henry Falk, er wolle nach Hause, er habe die Schnauze voll. Die Abteilung Abwehr des MfS im Grenzkommando Süd verfasste nach Falks Suizid unter der Überschrift „Einschätzung der Person des Schuldigen" eine Stellungnahme, in der es hieß, Falk habe in der Politschulung nur auf Aufforderung geantwortet und dann auch nur Faktenwissen wiedergegeben. Zu politischen Tagesfragen habe er sich nicht geäußert. Sein Verhalten gegenüber anderen Soldaten sei aber kameradschaftlich gewesen. „Er wurde als Sonderling im Kollektiv, mit eigenwilligem Gedankengut behaftet, eingeschätzt. So kehrte er aus dem Festtagsurlaub (Weihnachten 1980) mit geschorenem Kopf (Glatze) zur Einheit zurück." (Recherche und Autor: jos.)

Quelle:
MfS, HA I: Selbsttötung eines AGT. BStU, ZA, MfS HA I 13445, Bd. 2.

Roland Müller

geboren am 27. Dezember 1957 in Niederorla
Suizidversuch am 3. Mai 1981, verstorben am 4. Mai 1981
Ort des Zwischenfalls: Unterkunft der Grenzkompanie Neuenbau (Thüringen)

Nach der Ausbildung zum Bergbautechnologen musste Roland Müller seinen Wehrdienst ableisten. Im Herbst 1980 berief ihn die NVA zu den Grenztruppen ein und schulte ihn als Schreiber und Kammerverwalter. Am 27. April 1981 kam er dann an seinen Einsatzort, der Grenzkompanie Neuenbau an der thüringisch-bayerischen Grenze. Obwohl Roland Müller bei der Erstaussprache mit seinem Vorgesetzten zu bedenken gab, dass er erhebliche Schwierigkeiten im Fach Deutsch habe, wurde er entsprechend seiner Ausbildung als Schreiber und Kammerverwalter eingesetzt. Doch die Einhaltung seines Versprechens, „die ihm übertragenen dienstlichen Aufgaben bestens zu erfüllen", fiel ihm schwer. Er ging seinen Arbeiten „sehr pedantisch" nach und saß oft noch in der Freizeit an Schreibarbeiten, die er während der Dienstzeit nicht geschafft hatte, heißt es in einem Bericht der Militärstaatsanwaltschaft Erfurt.

Am Samstag, dem 2. Mai 1981, hatte der 23-Jährige Nachtschicht. Bis kurz vor Mitternacht befand er sich im Grenzdienst, anschließend musste er bis zum Morgen des nächsten Tages die Fahrzeuge der Kompanie auftanken. Um 6.45 Uhr hatte er Feierabend. Von der Nachtschicht ins Unterkunftsgebäude zurückgekehrt, öffnete Roland Müller ein Fenster und stürzte sich von der ersten Etage aus in den Hof. Er fiel fünfeinhalb Meter tief und prallte auf den Betonboden im Kasernenhof. Roland Müller erlitt eine schwere Kopfverletzung. Am nächsten Tag, dem 4. Mai 1981, verstarb er im Krankenhaus Sonneberg. (Recherche: jk; Autor: jk)

Quelle:
Militärstaatsanwalt Erfurt: Abschlußbericht zum unnatürlichen Tod des Angehörigen der Grenztruppen der DDR. Erfurt, 14.05.1981. BArch Freiburg, DVW 13/55080.

Torsten Feige

geboren am 16. Mai 1962 in Hennigsdorf
Suizid am 17. Juli 1981
Ort des Geschehens: Kaserne der Grenzbrigade Selmsdorf
(Mecklenburg-Vorpommern)

Ein Feldwebel und ein Gefreiter der Grenzbrigade Selmsdorf, die gerade den Hof fegten, hörten plötzlich einen Schuss und sahen, wie ein Soldat im Wachdienst zu Boden stürzte. Als sie den am Boden liegenden Posten erreichten, stellten sie fest, dass er sich mit seiner MPi in den Kopf geschossen hatte. Es handelte sich um den Soldaten Torsten Feige. Sein Tod trat nach der Schussabgabe mit sofortiger Wirkung ein.

Torsten Feige war von Beruf Instandhaltungsmechaniker. Bei seiner Musterung wies er auf Herzprobleme bei hoher Belastung hin. Er kam am 23. Juni 1981 als Kraftfahrer zum Stab der Grenzbrigade Selmsdorf. Seine militärischen Beurteilungen fielen bis dahin positiv aus. Ihm wurde ein ausgeglichener Charakter bescheinigt. Zimmerkameraden sagten nach Feiges Suizid aus, es sei nach einer Woche noch immer nicht gelungen, ihn in die Zimmergemeinschaft zu integrieren, da er sich ständig mehr oder weniger abgesondert habe. Torsten Feige habe weder über sein bisheriges Leben noch über sein Elternhaus gesprochen und sich nicht an „gemeinsamen Maßnahmen" beteiligt. Am Tag seines Todes habe er, wie schon oft zuvor, vor seinem geöffneten Spind gestanden und wie geistesabwesend in den Schrank gestarrt. Wenn er zuvor gefragt worden sei, warum er in den Spind starre, habe er geantwortet, er wolle dort etwas in Ordnung bringen, obwohl sein Spind sauber und vorschriftsmäßig aufgeräumt gewesen sei. Am Tag seiner Selbsttötung habe er von 13 bis 13.45 Uhr vor dem geöffneten Spind gestanden und hineingeschaut. Ein Zimmerkamerad benachrichtigte den Zugführer über Feiges seltsames Verhalten. Unteroffizier Kawalle begab sich auf die Stube und sprach Feige an, der noch immer vor seinem Schrank stand. Auf die Frage, ob er Probleme hätte, verneinte er das und schloss den Schrank. Danach ging er zum Meldepunkt, um seinen Wachdienst anzutreten.

Einen Tag nach der Selbsttötung Feiges entschied der Untersuchungsführer Leutnant Matussek von der Militärstaatsanwaltschaft Stendal, dass den Eltern „lediglich mitzuteilen ist, daß der Sohn tödlich verunglückt sei und die Ermittlungen durch den Militärstaatsanwalt geführt werden". Die Eltern würden nach dem Abschluss der Ermittlungen dann „ausreichende Auskünfte" erhalten. Ihnen sollten die persönlichen Gegenstände ihres Sohnes übersandt werden. Die im Spind Feiges aufgefundenen Briefe der Eltern, der Großmutter und von zwei Freunden aus Hennigsdorf seien inhaltlich belanglos und nicht mit der Selbsttötung in Zusammenhang zu bringen. Zwei in seinem Spind sichergestellte Briefe enthielten Todesanzeigen von einem Freund Feiges, der als Offiziersschüler in Löbau bei einem Verkehrsunfall ums Leben gekommen war.

In einer vom Militärstaatsanwalt verlangten handschriftlichen Beurteilung, die ein Kamerad, der Feige aus der Ausbildungskompanie Glöwen kannte, verfasst hatte, heißt es, Torsten Feige sei während der Ausbildung umgänglich aber zurückhaltend gewesen. „Man konnte sich mit ihm über viele Probleme unterhalten. Er hatte großes Interesse am Motorsport und erzählte auch viel darüber. Er hatte einen großen Freundes- und Bekanntenkreis. Über sich selbst hat er kaum gesprochen." Torsten Feige sei sehr auf die Ordnung in der Stube bedacht gewesen. Nach der Grundausbildung habe er sich sehr auf seine Tätigkeit als Kraftfahrer gefreut. Sein Vorgesetzter in der Grundausbildung erklärte als Zeuge gegenüber der Militärstaatsanwaltschaft: „Sold. Feige bereitete die Umstellung auf die Belange des militärischen Lebens größere Schwierigkeiten als dem Durchschnitt der anderen Soldaten. Seine Haltung zum Dienst war vor allem bestimmt durch das Prinzip, auf keinen Fall auffallen zu wollen." Im Politunterricht habe sich Feige nicht geäußert und nur auf Nachfragen reagiert.

Der „Abschlußbericht" des Grenzregiments 6 zum Suizid Feiges charakterisierte ihn als „sehr sensibel, feinfühlig und zurückhaltend". Gründe für die Selbsttötung im dienstlichen Bereich lägen nicht vor. Vermutlich habe es sich um eine „Kurzschlussreaktion" gehandelt. Die Selbsttötung wurde in außerordentlichen Dienstversammlung der Einheit Feiges und im Stab erörtert. Major Großmann teilte am 18. Juli 1981 den Eltern, die sich auf einem Zeltplatz am Liepnitzsee im Urlaub befanden, den Tod ihres Sohnes mit. Wie angeordnet, sprach er von einem Unfall und gab ihnen keine Auskünfte über die Todesumstände, sondern verwies auf die Untersuchung des Militärstaatsanwaltes. Erst zehn Tage später informierte der Mitarbeiter der Militärstaatanwaltschaft Leutnant Matussek die Eltern über den Freitod ihres Sohnes. Die Mutter habe Zweifel geäußert, da sich ihr Sohn sehr auf seinen bevorstehenden ersten Urlaub gefreut habe.

Die Bestattung von Torsten Feige auf dem Waldfriedhof in Hennigsdorf erfolgte mit kleinem militärischen Zeremoniell. Die Eltern baten darum, unter Rücksichtnahme auf die Herzschwäche der Großeltern auf ein Ehrensalut zu verzichten. Major Großmann sprach im Namen des Grenzregiments am Grab. Das Musikkorps Eggesin und eine Ehrenwache des Grenzausbildungsregiments Oranienburg eskortierten den Sarg. Das MfS meinte, unter den etwa 170 Trauergästen vier Verwandte der Familie aus West-Berlin erkannt zu haben und zählte weiter 30 Außenstehende, die den Ablauf der „Trauerparade" beobachteten. (Recherchen und Autor: jos.)

Quellen:
MfS, HA I: Vermutliche Selbsttötung eines Soldaten im Grundwehrdienst während des Wachdienstes. BStU, ZA, MfS, HA I Nr. 13.276 Bd. 2.
MStA: Zeugenvernehmungen zur Selbsttötung von Torsten Feige, PI-Zug Selmsdorf, GR Schönberg. BArch Freiburg, DVW/13/55197.

Frank Lott

geboren am 26. Januar 1961 in Stendal

Suizid am 23. Juni 1982

Ort des Zwischenfalls: Gelände der Offiziershochschule Plauen
zwischen Zwoschwitz und Schneckengrün (Sachsen)

Frank Lott erlernte zunächst den Beruf eines Instandhaltungsmechanikers. Seine der SED als Funktionäre verbundenen Eltern bestärkten ihn in seinem Berufswunsch, Offizier zu werden. Zunächst bewarb sich Frank Lott bei den Luftstreitkräften. Die Ergebnisse der Gesundheitsprüfung erbrachten jedoch nicht die für diesen Dienst erforderlichen Werte. Die Prüfungskommission orientierte Frank Lott stattdessen auf eine Offizierslaufbahn in den Grenztruppen. Im August 1981 trat er seine Ausbildung an der Offiziershochschule der Grenztruppen „Rosa Luxemburg" in Plauen an. Der großgewachsene Offiziersschüler begann mit hohen Erwartungen seine Ausbildung und erhielt zunächst auch gute Beurteilungen von seinen Vorgesetzten. Kameraden beschrieben ihn als freundlich und sensibel. Nach einem halben Jahr entwickelte Frank Lott ein zunehmend kritisches Verhältnis zu den Ausbildungsmethoden. Ihm missfielen Exerzierübungen und der harsche Kasernenhofton. Er nahm kein Blatt vor den Mund und legte sich auch mit Vorgesetzten an. Nach der Erinnerung eines befreundeten Offiziersschülers äußerte er nach einer disziplinarischen Auseinandersetzung mit Ausbildern: „Wenn ich mal so werden sollte wie die, erschieße ich mich vorher." Ähnliche Äußerungen wollen auch andere Kameraden von ihm seit Februar 1982 mehrfach gehört haben. Eine zusätzliche Belastung stellte für den jungen Mann die Trennung von seiner Freundin dar. Sie studierte in Berlin, und er konnte sie nur selten sehen.

Am 14. Mai 1982 verfasste Frank Lott ein Entpflichtungsgesuch aus der Offiziersausbildung, das er an den Kommandeur der Offiziersschule, Generalmajor Harald Bär, richtete. Darin erklärte er, es sei ihm nicht gelungen, „eine Beziehung zu meinem späteren Beruf sowie zu einem militärischen Leben zu gewinnen". Er habe Anfang April seine direkten Vorgesetzten schriftlich darüber in Kenntnis gesetzt, dass er nicht mehr gewillt sei, das Studium an der Offiziershochschule weiterzuführen. Auch die darauf folgenden Gespräche mit dem Kompaniechef, der Parteileitung des 4. Zuges sowie mit dem Parteibeauftragten des 4. Zuges hätten ihn nicht davon überzeugen können, seinen Entschluss zu ändern. „Auf Grund der hohen psychischen Belastung, der ich nicht mehr gewachsen bin, ist meine Heranbildung zu einem vorbildlichen, pädagogisch richtig handelnden Offizier nicht mehr gewährleistet."

Über zwei Monate wartete Frank Lott vergeblich auf die beantragte Entpflichtung. Am 23. Juni 1982 rückte er gemeinsam mit anderen Offiziersschülern zur „Munitionswache" in ein außerhalb der Stadt gelegenes Gelände der Offiziersschule aus, das zwischen den Ortschaften Zwoschwitz und Schneckengrün lag. Gegen 23.55 Uhr fielen in dem Postenbereich, den Lott zu überwachen hatte, mehrere Schüsse. Als die herbeigeeilten Kameraden ihn fanden, lebte er nicht mehr. Frank Lott hatte sich mit vier Schüssen aus seiner auf Dauerfeuer gestellten Maschinenpistole das Leben genommen. (Recherche: MP, jk, TP; Autor: jos.)

Quellen:

MfS, HA I/Kdo der Grenztruppen der DDR Pätz, i.V. Hptm. Fritsch, Leiter der UA Stab: Chiffriertelegramm vom 24. Juni 1982 an HA I/AKG: Meldung über eine Selbsttötung eines Offiziersschülers der GT der DDR. BStU, ZA, MfS, HA I, Nr. 19, Teil 1 von 2.

MfS, BV Karl-Marx-Stadt: Abschlußbericht vom 18. August 1982. BStU, ZA, MfS, HA IX, 10098.

Militärstaatsanwaltschaft: Unterlagen zum unnatürlichen Todesfall Lott, Frank, enthält auch Ereignisuntersuchungsprotokoll, MfS, BV Karl-Marx-Stadt vom 25. Juni 1982. BArch Freiburg, DVW 13/54852.

Bodo Brandt

geboren am 17. April 1962 in Ilmenau

Suizid am 2. Januar 1983

Orte des Geschehens: Ilmenau und Offiziershochschule „Rosa Luxemburg" der Grenztruppen in Plauen (Sachsen)

Bildquelle: BArch Freiburg

Unter dem Vorwurf, eine Pistole entwendet zu haben, erhielt Bodo Brandt, Offiziersschüler im zweiten Ausbildungsjahr, wegen unbefugten Waffenbesitzes eine Arreststrafe. Brandt befürchtete nach Zeugenaussagen seine Exmatrikulation und dass seine Eltern von der Sache erfahren würden. Sein Vater gehörte der Volkspolizei an, seine Mutter war Notarin. Am 26. März 1982 vernahm der Erfurter Militärstaatsanwalt Oberstleutnant

Weißmantel den Offizierschüler. Zu einer anschließenden gemeinsamen „Aussprache" zog Weißmantel auch Brandts Eltern hinzu. Als ihr Sohn in das Dienstzimmer gebracht wurde, „fiel er seinem Vater sofort laut weinend und immer wieder versichernd, ‚das mache ich nie wieder', um den Hals. Es war schwierig ihn zu beruhigen. [...] Weinend versicherte er immer wieder, daß er die Waffe nicht entwenden wollte, sondern vergessen habe, daß er sie eingesteckt hatte. Dann habe er Angst gehabt, weil andere OS [Offiziersschüler] sagten, daß der Täter von der Schule verwiesen würde und eingesperrt werde." Brandts Eltern äußerten danach gegenüber Militärstaatsanwalt Weißmantel, sie hielten einen Diebstahl für ausgeschlossen, ihr Sohn habe mit Sicherheit die Waffe vergessen. Sie versicherten, er habe zuvor nie einen Diebstahl begangen und würde einen solchen im Dienst erst recht nicht begehen, da er sehr an seiner militärischen Ausbildung hänge. Weißmantel beruhigte die Eltern mit dem Hinweis, es bestehe die Möglichkeit, dass ihr Sohn an der Offiziershochschule zur Bewährung verbleibe. Zurück in der Arrestzelle fügte sich Bodo Brandt am 29. März 1982 mit eine Glasscherbe eine oberflächliche Verletzung über der Pulsader zu. Der behandelnde Arzt schätzte das als Demonstrativhandlung ein und bescheinigte dem Patienten die weitere Arrestfähigkeit. Die Militärstaatsanwaltschaft stellte kurz darauf ihre Ermittlungen wegen Diebstahls einer Waffe wieder ein, da sie Brandts Aussage für glaubhaft hielt. Weißmantel hielt in seiner fünfseitigen Einstellungsverfügung fest, Bodo Brandt habe die feste Absicht, Offizier der Grenztruppen zu werden und sei auf gutem Wege. Es habe ihm nicht nachgewiesen werden können, dass er die Waffe entwenden wollte. Er habe sie, nachdem er feststellte, dass er sie noch in der Außentasche seines Mantels bei sich trug, rasch unter einem zu Übungszwecken abgestellten Panzerwrack versteckt, wo sie später auch aufgefunden wurde. Aus Angst vor Konsequenzen meldete er sich jedoch nicht als Täter, nachdem die Untersuchung über die Gründe für das Verschwinden der Waffe begonnen hatte. Die Abwehroffiziere der Hauptabteilung I des MfS hielten nach ihrer Untersuchung des Vorfalls im Gegensatz zum Militärstaatsanwalt insbesondere wegen Brandts Suizidversuch seine Exmatrikulation von der Offiziershochschule für angebracht.

Im Kameradenkreis der Offiziersschüler war Bodo Brandt nach seiner Entlassung aus dem Arrest isoliert. Es kam außerdem zu einem Parteiverfahren, in dem mehrere Offiziersschüler seinen Ausschluss aus der SED verlangten. Mehrere seiner Mitschüler sagten später aus, Brandt habe sich arrogant und überheblich verhalten, um seinen Fehler zu überspielen und sei so selbstverschuldet in eine Außenseiterrolle geraten. Die „Genossen seines Kollektivs" mieden ihn und schrieben sein Verhalten einem übersteigerten Geltungsbedürfnis zu.

Am 2. Januar 1983 erhängte sich Bodo Brandt auf dem Dachboden des Wohnhauses seiner Eltern. Eine Mitbewohnerin des Hauses entdeckte dort am Abend den Leichnam. Bei einer Durchsuchung seines Zimmers in der elterlichen Wohnung stellten die Ermittler ein Seitengewehr sicher, das Bodo Brandt in seiner Einheit entwendet hatte. In dem Abschlussbericht der Militärstaatsanwaltschaft Erfurt über die Selbsttötung Brandts, den Hauptmann Schöttler als Untersuchungsführer am 11. Januar 1983 verfasste, hieß es, „daß dienstliche Gründe als Ursache mit hoher Wahrscheinlichkeit ausgeschlossen werden können". (Recherchen: jos., MP; Autor: jos.)

Quellen:
MfS, HA I: Tagesmeldung Nr. 1/1/83 – Selbsttötung eines Offiziersschülers. BStU, MfS, HA I, Nr. 17309.
MStA: Selbsttötung des Offiziersschülers Brandt, Bodo am 02.01.83. BArch Freiburg, DVW/13/73588.

Thomas Heibeck

geboren am 5. Oktober 1963 in Berlin-Weißensee
Suizid am 26. November 1983
Ort des Geschehens: Pionierkompanie Peckfitz (Sachsen-Anhalt)

Im Berliner VEB BAKO (heute Backfabrik Prenzlauer Berg) begann Thomas Heibeck als Bäckerlehrling. Obwohl ihm die Arbeit in der Brotfabrik nicht gefiel, erhielt er Auszeichnungen für gute Leistungen im sozialistischen Berufswettbewerb. Seine FDJ-Gruppe wählte ihn zum Agitator. Als 17-Jähriger erklärte sich Heibeck zu einer Laufbahn als Berufssoldat in der NVA bereit. Die Beurteilung des Wehrkreiskommandos über seine Eignung für die Grenztruppen fiel positiv aus, sodass er 1981 nach der Grundausbildung in der Grenzkompanie Gehrendorf zum Einsatz kam. Die militärische Beurteilung nach dem ersten Dienstjahr fiel positiv aus, Unteroffizier Thomas Heibeck sei für eine höhere Dienststellung qualifiziert. Er trete im Kollektiv hilfsbereit und kameradschaftlich auf. Seine Leistungen seien jedoch stark stimmungsabhängig.

Doch dann geriet Thomas Heibeck in das misstrauische Blickfeld des Staatssicherheitsdienstes, der ihn als „personellen Schwerpunkt" in der Grenzkompanie Gehrendorf einstufte. Die MfS-Überwacher in der Truppe begründeten das folgendermaßen: „Keine Autorität als Vorgesetzter; keine Befehlsgewalt als Kommandeur Grenzsicherung; äußerst impulsiv bei Kritiken; Vater 1962 Rückkehrer aus BRD; ständiger Feindsenderempfang im Elternhaus; aktive Verbindung zu Verwandten in der BRD und Berlin-West (1980 letzte Ausreise der Mutter)." Die Prüfung als Kommandeur Grenzsicherung bestand Heibeck nicht. Nun hieß es, er verfüge über ein „unzureichendes Sehvermögen" und könne „auf 500 Meter eine Kuhherde nicht von Büschen unterscheiden". Auch habe er sich gegenüber Vorgesetzten undiszipliniert verhalten.

Auf dem Rückweg aus dem Urlaub in Berlin kam Heibeck am 8. Oktober 1983 mit seinem Motorrad von der Fahrbahn ab. Er erlitt keine Verletzungen, konnte aber nach dem leichten Unfall wegen der Beschädigung des Motorrades die Fahrt zu seiner Einheit nicht fortsetzen. Man brachte ihn zum Motorschützenregiment 2 nahe Magdeburg. Dort holte ihn ein Offizier seines Grenzregiments ab. Zurück in Gehrendorf hielt ihm sein Kommandeur vor, dass er seine Einheit nicht selbst sofort nach dem Unfall benachrichtigt habe. Nach dieser Auseinandersetzung ersuchte Heibeck selbst um die Umwandlung seines Dienstverhältnisses vom Berufs- zum Zeitsoldaten, um im Frühjahr 1984 entlassen zu werden. Die mit einer Degradierung zum Gefreiten verbundene Umwandlung wurde am 13. Oktober 1983 in einer Dienstversammlung als Befehl des Kommandeurs verlesen und Heibeck in die rückwärtige Pionierkompanie nach Peckwitz versetzt.

Nach Zeugenaussagen blieb er unter seinen Kameraden als Einzelgänger isoliert. Er habe wenig gesprochen und sei „ein verschlossener Typ" gewesen. „Es war auch festzustellen, daß er ungeschickt war. Niemand wollte deshalb mit ihm arbeiten. Da er degradiert wurde, wurde er auch gehänselt". In der Freizeit sei er meist allein unterwegs gewesen und habe sich beim Kaffeetrinken nicht zu den anderen Soldaten gesetzt. Während eines Wachdienstes habe er eine von den Soldaten seiner Einheit umsorgte Katze erschlagen. „Als er nach dem Grund gefragt wurde, gab er an, daß die Katze ihn zu blöd angeguckt hatte. Er versuchte ständig Mundharmonika zu spielen, was er aber nicht konnte. Von den anderen Genossen seiner Unterkunft wurde ihm deshalb gesagt, daß er das machen soll wenn er allein ist. Oft stieß er unartikuliert tierische Laute aus, das geschah zu unpassenden Zeitpunkten." Er habe auch mehrfach geäußert, „Jetzt ist endgültig Schluß" und „Sackstand Jetzt ist aus! Ditte!"

Am 26. November 1983 erschoss sich Thomas Heibeck mit seiner auf Dauerfeuer gestellten MPi. Von drei abgegebenen Schüssen trafen zwei in den Kopf. Die Wachablösung entdeckte Heibecks Leiche in der Kanzel des Wachturms am Pionierfreilager. Er hatte sich letztmalig gegen 4.30 Uhr über das Grenzmeldenetz gemeldet. Unter dem Turm lagen eine zerrissene Schachtel Zigaretten, ein zerstörter Hörer des Grenzmeldenetzes, Heibecks zerschlagene Armbanduhr und seine Mundharmonika.

Heibecks Eltern durften den Leichnam ihres Sohnes nicht mehr sehen. Eine Öffnung des Sarges war ihnen untersagt worden. Die Bestattung von Thomas Heibeck erfolgte am 2. Dezember 1983 mit kirchlichem Zeremoniell auf dem St. Hedwig-Friedhof in Berlin im Familienkreis. Die Grenztruppen hatten drei Offiziere zur Teilnahme dorthin delegiert. Die Dienstzeit Heibecks in den Grenztruppen und seine Todesursache durften bei der Beisetzung nicht erwähnt werden. Erst zwei Wochen nach dem Tod ihres Sohnes erhielten seine Eltern eine Sterbeurkunde. (Recherchen: jos., TP; Autor: jos.)

Quellen:

MfS, HA I; Meitzner (Oberstleutnant, GK-Nord): Chiffriertelegramm vom 26.11.1983. BStU, ZA, MfS, HA I, Nr. 14535, Teil 1 von 2.

MfS-Karteien: HA I/Abw, GKN-VSH; HA I/AKG-VSH1; HA VIII/AKG-VSH; HA I AKG/DKK; HA I/AKG-SK.

MStA: Abschlußbericht über die Selbstötung des Gefreiten Heibeck, Thomas am 26.11.1983 im Grenzregiment-23. BArch Freiburg, DVW/13/49856.

Rocco Sawatzki

geboren am 8. Juli 1963 in Zittau

Suizid am 25. März 1985

Ort des Zwischenfalls: Plauen, Kaserne der 4. Ausbildungskompanie des Grenzausbildungsregiment 12 (Sachsen)

Sein Kompaniechef beschrieb den Berufssoldaten Unterfeldwebel Rocco Sawatzki als zurückhaltend und teilweise verschlossen. Er habe „im Kollektiv der Vorgesetzten wenig Autorität" besessen und als Gruppenführer in der Ausbildungskompanie ebenfalls Autoritätsprobleme gehabt. In der Freizeit sei er ein Einzelgänger mit sensiblem und teilweise labilem Verhalten gewesen. Im Oktober 1983 erhielt er einen Verweis des Kompaniechefs wegen mangelnder Pflichterfüllung. Das Ausbildungsregiment 12 trug den Ehrennamen des DDR-Helden Rudi Arnstadt, der 1962 nach einem Angriff auf Beamte des Bundesgrenzschutzes in einem Feuergefecht ums Leben kam.

Seit Mai 1982 diente Rocco Sawatzki bei den Grenztruppen. Er war Mitglied der SED und wollte Offizier werden. Durch eine leichte Sprachbehinderung wirkte er jedoch „im Auftreten unsicher". Insgesamt fünf MfS-Informanten aus seiner Kompanie berichteten Negatives über ihn. Er werde seiner Rolle als Berufsunteroffizier nicht gerecht und verfüge gegenüber Untergebenen über ein „mangelndes Durchsetzungsvermögen". Am 25. März 1985 nahm Sawatzki bei dem Ausrücken zur Unteroffiziersschule in Perleberg um 6.45 Uhr seine MPi ohne Munition in Empfang. Um 6.56 Uhr fiel in der Toilette der Kaserne in Plauen ein Schuss. Sawatzki hatte sich mit seiner MPi selbst erschossen. Um 7.05 Uhr verstarb er an den Folgen der Schussverletzung.

Die MfS-Untersuchungsabteilung kam im Unterschied zu den militärischen Vorgesetzten, die auf rein private Motive abhoben, zu dem Ergebnis, Sawatzki sei vor dem Wechsel zur Unteroffiziersschule in „eine generelle Isolierungs- und Versagensstimmung" verfallen und habe befürchtet, den Herausforderungen der bevorstehenden Qualifizierungsmaßnahme nicht gerecht zu werden. (Recherche: MS, jos.; Autor: jos.)

Quellen:

MfS, BV Karl-Marx-Stadt, Untersuchungsabteilung: Unterlagen zum Suizid von Rocco Sawatzki. BStU, ZA, MfS, AP 12239/85 u. AP 2325/85.

MfS, HA I: Selbsttötung eines Berufsunteroffiziers, Tagesmeldung vom 25. März 1985 an Mielke, Hoffmann, Streletz und Keßler. BStU, ZA, MfS, HA I, Nr. 17312, Teil 3 von 3.

Axel Lau

geboren am 21. November 1966 in Frankfurt/Oder

Suizid am 24. Oktober 1986

Ort des Geschehens: Kaserne der Grenzkompanie Ohrsleben (Sachsen-Anhalt)

Unteroffizier und Gruppenführer Axel Lau diente seit November 1985 bei den Grenztruppen der DDR und als IMS „Günter Koch" auch der Hauptabteilung I des MfS. Seinen MfS-Führungs-IM traf Lau „planmäßigen" am 23. Oktober 1986 und übergab ihm seine „Ermittlungsergebnisse". Am späten Abend des 24. Oktober 1986 sollte Axel Lau zum Grenzdienst am Kontrollstreifen ausrücken. Er erhielt im Keller des Kasernengebäudes in Ohrsleben gegen 21.50 Uhr seine Maschinenpistole samt Munition. Nach dem Empfang der Waffe schoss er sich mit der auf Dauerfeuer gestellten Waffe mehrfach in die Brust. Der herbeigerufene Vertragsarzt Dr. Fügner aus Hammersleben konnte um 22.30 Uhr nur noch seinen Tod feststellen. Die Militärstaatsanwaltschaft meinte nach der Untersuchung des Todesfalles, es gebe „keine Hinweise auf mögliche Motive, Zielstellungen und Ursachen der Selbsttötung". Eine Karteikarte der MfS-Bezirksverwaltung Magdeburg mit Kurzinformationen zu Axel Lau enthält den handschriftlichen Hinweis, die Sachverhaltsprüfung durch die Untersuchungsabteilung Abteilung IX des MfS habe im Zusammenwirken mit der Militärstaatsanwaltschaft ergeben, die „Motive der suizidalen Handlung liegen in seinem geringen persönlichen Vermögen zur Lösung von Konfliktsituationen". Lau sei mitgeteilt worden, „daß er im Rahmen planmäßiger Kaderbesetzungen von seiner dienstlichen Funktion als stellv. Zugführer entbunden werden sollte". (Recherche und Autor: jos.)

Quellen:

MfS, HA I: Selbsttötung 8. GK-Ohrsleben, GR 23 Kalbe. BStU, ZA, MfS HA I Nr. 14959.

MfS, BV Magdeburg: Karteikartensammlung. BStU, Ast. Magdeburg, MfS, BV Magdeburg, Abt IX Nr. 1316.

Michael Brandt

geboren am 25. August 1966 in Jena
Suizid am 26. November 1987
Ort des Zwischenfalls: Grenzausbildungsregiment 11, Eisenach (Thüringen)

Nach seiner Ausbildung als Facharbeiter für Nachrichtentechnik meldete sich Michael Brandt freiwillig zu den Grenztruppen. Am 26. August 1986 begann er dort seine Ausbildung und kam als Gefreiter an die Offiziershochschule „Rosa Luxemburg". Für die Zeit nach dem Abschluss seiner Offiziersausbildung erhielt er eine Studienplatzzusage. Die Überprüfungen des Offiziersschülers fielen positiv aus, er gehörte seit 1985 der SED an, sein familiäres Umfeld schien zuverlässig zu sein. Sowohl sein Vater als auch sein Onkel hatten ihren Militärdienst beim Wachregiment des Staatssicherheitsdienstes „Feliks Dzierzynski" abgeleistet. Michael Brandts Eltern gehörten nach DDR-Kriterien zur Arbeiterklasse.

Doch dann geschah Unerwartetes. Brandts Eltern stellten für sich und seine drei jüngeren Geschwister einen Antrag auf Ausreise aus der DDR. Der Staatssicherheitsdienst sorgte im Januar 1987 für die Ablehnung des Antrages durch die zuständige Dienststelle beim Rat des Bezirks, da es sich „bei den Antragstellern um Verwandte ersten Grades eines Berufskaders" handelte. Brandt befand sich nun in einem starken persönlichen Dilemma. Er sollte seine Eltern von ihrer Ausreiseabsicht abbringen. Als dies misslang und er erklärte, er werde den Kontakt zu seinen Eltern im Falle ihrer Übersiedlung nicht abbrechen, wurde er von der Offiziershochschule exmatrikuliert, zum Soldaten degradiert und in den Grundwehrdienst zum Grenzausbildungsregiment 11 „Theodor Neubauer" nach Eisenach versetzt. Brandts DDR-Welt brach in sich zusammen.

In der Begründung für die Maßregelung, unterzeichnet vom Chef der Offiziershochschule „Rosa Luxemburg", heißt es: „Obwohl er sich der Folgen bewußt war, meldete er, daß er auch nach erfolgter Ausreise der Eltern den Kontakt zu ihnen und zu seinen Geschwistern nicht abbrechen wird. Mit dieser Haltung kann OS Brandt nicht zum Offizier der Grenztruppen entwickelt werden. Obwohl ihm das bekannt ist, hält er weiter an seinem Entschluß fest, die familiären Kontakte nicht abzubrechen. Vorschlag für den weiteren Einsatz: Wegen ungenügenden kaderpolitischen Voraussetzungen für den Beruf als Offizier schlage ich vor, den Offiziersschüler Brandt mit dem Dienstverhältnis Soldat im Grundwehrdienst zur Ableistung seines Grundwehrdienstes unter Anrechnung der geleisteten Dienstzeit von der Offiziershochschule abzuversetzen."

Am 26. November 1987 gegen 1 Uhr erschoss sich Michael Brandt während des Wachdienstes auf dem Kasernengelände in Eisenach mit seiner Maschinenpistole. Er hatte zuvor das Wachlokal unter dem Vorwand verlassen, er müsse die eingesetzten Wachposten innerhalb des Geländes kontrollieren. Dem Kommandeur des Grenzausbildungsregiments schob er kurz vor der Tat noch zwei Briefe unter der Tür seines Amtszimmers hindurch. Die Schreiben, datiert vom 18. März und vom 13. November 1987, enthielten Ankündigungen seiner Suizidabsicht. In seinem letzten Brief schrieb Michael Brandt: „Bis spätestens 24.12.87 werde ich meinem Leben ein Ende setzen. [...] Ich bin diesen psychischen Belastungen nicht mehr gewachsen und habe einfach die Schnauze voll. Es ist einfach zuviel Streß für mich. Ich könnte schon etwas Ruhe gebrauchen, statt dessen haben wir eben von 48

Stunden nur ca. 13 Stunden Schlaf, keine kulturellen Maßnahmen und nur Monotonie. Ja, ich werde es tun, und vielleicht schon sehr bald. [...] Ich wünsche keine Bestattung. Meine Asche soll in Jena-Göschwitz verstreut werden." (Recherche: jos., MP; Autor: jos.)

Quellen:

MfS, HA I, Abteilung Abwehr Grenzkommando Süd – Erfurt; Geilich, (Major) OvD: Meldung vom 26. November 1987 über Selbsttötung durch A-Gt des Gar – 11, BStU, ZA, MfS, HA I, Nr. 14959.

MfS, HA I: Tagesmeldung Nr. 22/11/87 v. 26.11.87. BStU, ZA, MfS, HA I, Nr. 10442.

Kommando der Grenztruppen: Besondere Vorkommnisse, Versuchte Grenzdurchbrüche, Grenzdurchbrüche, Fahnenfluchten Nov. 1987 bis Aug. 1989. BArch Freiburg, DVH 32/112272.

Axel Stahnke

geboren am 12. Januar 1969 in Rostock

Suizid am 12. Februar 1988

Ort des Zwischenfalls: Park in Schilde, Kreis Perleberg (Brandenburg)

Nach dem Schulabschluss an der Polytechnischen Oberschule „Wilhelm Wolff" in Dargen auf der Insel Usedom erlernte Axel Stahnke den Beruf eines Facharbeiters für Pflanzenproduktion. Er gehörte der Arbeitsgemeinschaft ‚Junge Sanitäter' an, war DRK-Helfer sowie Mitglied der Deutsch-Sowjetischen-Freundschaftsgesellschaft SF und der GST-Sektion Sportschießen. Das Wehrkreiskommando Malchin warb ihn zum Dienst bei den DDR-Grenztruppen an. Am 3. November 1987 trat er seinen Dienst an. Er kam zur Ausbildung auf die Unteroffiziersschule der DDR-Grenztruppen nach Perleberg, die seit 1973 den Ehrennamen des an der Berliner Mauer ums Leben gekommenen Grenzers „Egon Schultz" trug. Wie sich erst nach dem Ende der DDR herausstellte, war Unteroffizier Egon Schultz 1964 nicht von West-Berliner Fluchthelfern, sondern von eigenen Leuten aus Versehen erschossen worden.

Vorgesetzte beurteilten Axel Stahnke überwiegend gut. Er sollte im April 1988 zum Unteroffizier befördert werden. Er nehme „einen positiven politischen Standpunkt" ein und besitze „ein ausgeprägtes positives Wehrmotiv für den Dienst als Berufsunteroffizier". Gegen Befehle, deren Sinn er nicht einsah, sei er jedoch impulsiv und teilweise unbeherrscht aufgetreten. Auch verhalte er sich mitunter noch kindlich und verspielt. In der Nacht vom 11. zum 12. Februar 1988 führte Unteroffiziersschüler Stahnke mit seinem Ausbilder Rainer G. eine Wachkontrolle durch. Am Morgen fiel die Frühstücksversorgung aus, worüber Axel Stahnke sich derart aufregte, dass er die weitere Dienstdurchführung verweigerte. Aus Protest verließ er seinen Postenbereich. Nachdem der Ausbilder Unteroffizier Rainer G. ihn zurückgerufen und mit Bestrafung gedroht hatte, äußerte Stahnke, „daß ihm das alles egal ist und er sowieso macht, was er will".

Am 12. Februar 1988 trat Axel Stahnke um 13.30 Uhr seinen Wachdienst auf dem Gelände des Truppenübungsplatzes der Unteroffiziersschule „Egon Schultz" bei Perleberg an. Dort brach er einen Bauwagen auf, entwendete die Zündschlüssel für ein abgestelltes Baufahrzeug (Dumper) und fuhr damit ziellos auf dem Standortübungsplatz umher. Er beschädigte dabei ein Gassentor des zu Ausbildungszwecken dort errichteten Grenzzauns I/83 und fuhr das Fahrzeug in einem Waldstück fest.

Wohl um das Gerät in Brand zu schießen, feuerte er wütend aus seiner Maschinenpistole 38 Schüsse auf das Fahrzeug ab. Dann entfernte er sich in Richtung des Ortes Schilde und verscharrte am Waldrand einen Teil seiner Ausrüstungsgegenstände und den Grenzmeldehörer im Erdreich. Außerdem verbrannte er seinen Wehrdienstausweis. Gegen 18.45 Uhr und 19.20 Uhr sahen ihn Anwohner im Ort Schilde. Zu diesem Zeitpunkt hatten bereits drei Kompanien der Grenztruppen die Gegend gemeinsam mit Einheiten der Volkspolizei abgeriegelt. Die Fahndung nach dem verschwundenen Unteroffizier dauerte bis zum nächsten Morgen an. In einer Parkanlage von Schilde, Kreis Perleberg, entdeckte gegen 8.25 Uhr ein Suchtrupp etwa 2,5 Kilometer vom Truppenübungsplatz entfernt seine Leiche. Wie die spätere medizinische Untersuchung ergab, muss sich der 19-Jährige am Vorabend mit seiner Maschinenpistole, die auf Dauerfeuer gestellt war, durch zwei Schüsse in den Kopf selbst getötet haben.

Die Beisetzung Axel Stahnkes fand am 18. Februar 1988 auf dem Friedhof in Dargun statt. Seine Dienststelle entsandte Ehrenposten, Sarg- und Kranzträger sowie einen Grabredner. Die musikalische Umrahmung erfolgte durch das Stabsmusikkorps des Militärbezirkes. Eine Ehrenformation der Grenztruppen kam auf Wunsch der Angehörigen nicht zum Einsatz. (Recherchen: jk, jos.; Autor: jos.)

Quellen:

MfS, HA I: Telegramme vom 12. und 13. Februar 1988 zur Einleitung und Aufhebung der Groß- und Eilfahndung nach einem Unteroffiziersschüler der Grenztruppen der DDR. BStU, ZA, MfS, HA I Nr. 149571 Bd. 3.

Der Militärstaatsanwalt: Tod unter verdächtigen Umständen US Stahnke, Axel. BArch Freiburg, DVW 13/82293.

Steffen Dommel

geboren am 7. Dezember 1964 in Pirna

Suizid am 22. März 1988

Ort des Zwischenfalls: Stabskompanie GR-20 Halberstadt (Sachsen-Anhalt)

Der Hundeversorger Unteroffizier Torsten K. und der Gefreite Holger F. hörten kurz nach 19 Uhr am 22. März 1988 aus Richtung des Sprengmittellagers der Stabskompanie einen Knall. Sie eilten dorthin und fanden den als Wachposten eingesetzten Gefreiten Steffen Dommel. Der 23-Jährige lag mit einer Schussverletzung am Kopf auf dem Boden. Kurz darauf konnte der Regimentsarzt nur noch Dommels Tod feststellen.

Steffen Dommel hatte vor seiner Einberufung in die NVA eine Lehre als Tischler abgeschlossen. Seit Januar 1988 diente er in der 11. Grenzkompanie Göddeckenrode. Am 13. März 1988 meldete er seinem Zugführer Leutnant Steffen B., dass seine Freundin darüber nachdenke, einen Antrag zur Übersiedlung in den Westen zu stellen. Gegenüber Hauptmann Peter N., Offizier der Politgruppe, erklärte Dommel in einem daraufhin anberaumten Gespräch, dass er selbst unentschlossen sei, ob er, wenn seine Freundin in die Bundesrepublik ausreise, nicht ebenfalls einen Antrag auf Übersiedlung stellen werde. Diese Haltung bekräftigte er auch gegenüber Oberstleutnant Bernd Wüst am 19. März 1988 in einem weiteren Gespräch. Daraufhin erfolgte Dommels Versetzung in die Stabskompanie des Grenzregiments Halberstadt und dort in den Zug von Hauptmann Frank-Michael B. Ihm gegenüber äußerte Dommel sein Unbehagen an der neuen Dienststelle und erklärte, er werde sich etwas antun, wenn er weiter in der Stabskompanie bleiben müsse. Gegenüber Kompaniechef Major Volker E. gab er in einer unmittelbar danach geführten Aussprache an, nur so dahergeredet zu haben. Am 22. März 1988 erhielt er einen Eilbrief von seiner Freundin. Der Politstellvertreter Hauptmann Jürgen S. sprach vor dem Wachdienst nochmals mit Dommel und konnte keine Besonderheiten feststellen. An diesem Abend setzte Steffen Dommel während des Wachdienstes seinem Leben unerwartet ein Ende. Eine Nachfrage bei der MfS-Kreisdienststelle Pirna ergab, dass es keine Hinweise auf einen Übersiedlungsantrag der Freundin gab. (Recherche: jk, jos.; Autor: jos.)

Quellen:

MfS, HA I: Tagesmeldung Nr. 20/3/88 der Hauptabteilung I des MfS, Berlin, 23.3.1988. BStU, ZA, MfS, HA I, Nr. 5873.

MfS, HA I: Auffinden eines Angehörigen des Wachzuges der Stabskompanie GR-20 Halberstadt mit Schußverletzungen am Kopf. BStU, ZA, MfS, HA I, Nr. 13386.

Norman Wolf

geboren am 28. Oktober 1967 in Lobenstein

gestorben nach Suizidversuch am 22. April 1988

Ort des Zwischenfalls: Grenzkompanie Schlegel (Sachsen)

Der Abiturient und Keramikformer Norman Wolf aus Lobenstein diente als Nachrichten-Unteroffizier bei der 3. Grenzkompanie Schlegel. Er gehörte der FDJ, dem Armeesportverein und dem Kulturbund an. Am 21. April gegen 21.15 Uhr betrat er das Zimmer des diensthabenden Offiziers Oberleutnant Peter Schreiber. Zwei weitere Unteroffiziere befanden sich zu diesem Zeitpunkt ebenfalls in dem Dienstraum. Schreiber hatte seine Pistole zum Reinigen aus der Pistolentasche genommen und vor sich auf den Tisch gelegt. Wolf nahm die Pistole und schoss sich in den Kopf. Ein Sanitätsfahrzeug brachte ihn um 21.49 Uhr ins Krankenhaus Ebersdorf. Von dort sollte er trotz starken Blutverlusts zur Weiterbehandlung in die Universitätsklinik nach Jena verlegt werden. Auf dem Transport dorthin erlag er gegen 0.30 Uhr seinen Verletzungen. Norman Wolf soll nach Erkenntnissen des MfS kurz vor seiner Tat über den öffentlichen Fernsprechanschluss der Grenzkompanie den Anruf einer weiblichen Person entgegengenommen haben. Ein Telegramm des MfS erwähnt als mögliche Gründe der Selbsttötung Erkenntnisse über „verschwiegene Westverbindungen und unklare Perspektive". (Recherchen: jk, jos.; Autor: jos.)

Quellen:

MfS, HA I: Tagesmeldung Nr. 18/4/88 vom 22. April 1988, Berlin, 22.4.1988. BStU, ZA, MfS – HA I Nr. 5873.

MfS, HA VII: Information Nr.: 570/88. Versuchte Selbsttötung eines Unteroffiziers im Dienstzimmer des diensthabenden Offiziers der Grenzkompanie Schlegel, GR 10 Plauen. BStU, ZA, MfS – HA VII, 5838.

MfS, HA I: Selbsttötungsversuch. BStU, ZA, MfS – HA I 13386.

Hans Schmidt

geboren am 31. Juli 1943 in Tönchow

Suizid am 20. Mai 1988

Ort des Zwischenfalls: Grenzausbildungsregiment 5 „Gustav Sobottka",
Glöwen (Brandenburg)

Nach einer Lehre als Schmied verpflichtete sich Hans Schmidt im Mai 1961 zum Dienst bei den DDR-Grenztruppen. Er brachte es dort bis zum Major und stellvertretenden Stabschef im Grenzausbildungsregiment 5 „Gustav Sobottka" in Glöwen. Eine Zeitlang arbeitete er auch inoffiziell für die Abwehrabteilung des Staatssicherheitsdienstes in der Ausbildungstruppe. Diese Zusammenarbeit endete 1976. Probleme im Privatleben ertränkte Schmidt bisweilen im Alkohol. Das führte zu dienstlichen Ermahnungen durch den Leiter der Politabteilung. Am 20. Mai 1988 lud der amtierende Kommandeur des Grenzausbildungsregiments Major Eberhard Köck seinen Stabskameraden Hans Schmidt zu einer erneuten disziplinarischen „Aussprache" vor. Nach dem Termin begab sich Major Schmidt in sein Dienstzimmer und schoss sich mit seiner Pistole „Makarow" in die rechte Schläfe. Als ein im Vorzimmer anwesender Major und die Sekretärin ins Zimmer stürzten, kam bereits jede Hilfe zu spät. Auf dem Schreibtisch von Hans Schmidt lag ein Zettel mit folgender Aufschrift:

> „STKLPA [Abk. für Stellvertreter des Kommandeurs und Leiter der Politabteilung] und das ist für die Fahne. Ich habe gerne gelebt. [...] Bringt mich gut unter die Erde. Ich war gerne Offizier."

Der herbeigerufene Regimentsarzt Leutnant Zellweger konnte nur noch den Tod des Majors feststellen. (Recherche: TP; Autor: jos.)

Quellen:

MfS, HA I/KGT, OPD Hauptmann Knappe: 20.05. 13.10 Uhr, Meldung, Selbsttötung. BStU, ZA, MfS, HA I, Nr. 13077.

MfS, HA I, Grenzkommando Nord, Stendal, Oberst Ölschläger, Leiter der Abteilung: Erstmeldung vom 20.5.1988 über tödliche Verletzung eines Offiziers durch Schußwaffe. BStU, ZA, MfS, HA I, Nr. 13077.

MfS, HA I, Grenzkommando Nord, Stendal, Abwehr: Abschlußmeldung vom 24. Mai 1988 zur Selbsttötung des Maj. Schmidt, GAR-5 Glöwen. BStU, ZA, MfS, HA I, Nr. 13077.

Frank Scheffel

geboren am 18. August 1965 in Zwickau

Suizid am 3. November 1989

Ort des Zwischenfalls: nahe dem Bahnhof Lichtentanne (Sachsen)

Frank Scheffel wuchs gemeinsam mit seinen drei Geschwistern in Lichtentanne auf. Sein Vater war Maschinenschlosser, seine Mutter Kranführerin. Beide arbeiteten im RAW „7. Oktober" in Zwickau. Auch Frank Scheffel erhielt in diesem Großbetrieb seine Ausbildung zum Fahrzeugschlosser und anschließend eine Stelle als Fachkraft in der Abteilung Güterwagen. Angehörige beschrieben ihn als sensibel und zuweilen pessimistisch. Seine Vorgesetzten charakterisierten ihn als hilfsbereit, ordentlich und zugänglich. In der Freizeit spielte er Fußball in der BSG Lichtentanne.

Auf Empfehlung seines Onkels, der als 2. Sekretär der Kreisleitung der SED im MfS arbeitete, warb ihn der Staatssicherheitsdienst mit 17 Jahren für den „Ehrendienst" im Wachregiment „Feliks Dzierzynski" an. Ein Sportunfall verzögerte zunächst jedoch Scheffels Einberufung. Als der Termin des Dienstantritts schließlich feststand, nahm er seinen Mut zusammen und zog am 3. Dezember 1984 die Bereitschaftserklärung zurück. Er wolle sich lieber beruflich und im Fußballverein weiter qualifizieren, erklärte er in der Kreisdienststelle des MfS.

Als er 23 Jahre alt und bereits verheiratet war, berief ihn die NVA zum Grenzdienst ein. Vom 1. August 1989 an kam er zunächst an der Grenze zwischen der DDR und der Tschechoslowakei zum Einsatz. Angesichts der zunehmenden Fluchtversuche aus der DDR machte er dort Erfahrungen, die ihn psychisch stark belasteten. Seit Oktober 1989 diente er dann an der bayerischen Grenze in der Grenzkompanie Gompertshausen, die zum Grenzkreiskommando Hildburghausen gehörte. Im Urlaub, den er am 27. Oktober 1989 antrat, soll er mehrfach bewegt und unter Tränen von seinen Erlebnissen an der ČSSR-Grenze und im Raum Dresden gesprochen haben.

Frank Scheffel sollte am 3. November 1989 aus dem Urlaub wieder zu den Grenztruppen zurückkehren. Am frühen Morgen dieses Tages, gegen 5 Uhr, fand seine Ehefrau einen Abschiedsbrief vor, in dem er seinen Suizid ankündigte. Zur gleichen Zeit barg man seine Leiche in der Nähe des Bahnhofs Lichtentanne aus dem Gleisbett. Er hatte sich vor einen Zug geworfen. (Recherche: jos., ST; Autor: jk)

Quellen:

MfS, HA I: Unnatürlicher Tod eines Angehörigen der Gt svk-3. BStU, ZA, MfS, HA I, 13386.

MfS, BV Karl-Marx-Stadt: MfS-Unterlagen zu Frank Scheffel. BStU, MfS, Ast. Chem, MfS BV K-M-Stadt KS III 577/84.

MfS, BV Karl-Marx-Stadt: Suicid eines Angehörigen der Grenztruppen der DDR, Nov. 1989. BStU, Ast. Chemnitz, MfS BV KMSt, Abt. IX 410.

Weitere Todes- und Verdachtsfälle

Namentlich unbekannte Todesopfer

Überlieferungen zu namentlich unbekannten Todesfällen im Grenzgebiet sind oft irreführend und weisen bei näherer Untersuchung selten einen belastbaren Bezug zu Fluchtvorhaben oder Grenzüberschreitungen auf. Von 173 Hinweisen auf Tötungsgeschehen oder Leichenbergungen, die sich in Aktenbeständen der DDR-Grenzorgane, des Zolls, des BGS, der Staatsanwaltschaften sowie in historischen Buch- bzw. Presseveröffentlichungen fanden, blieben nach genaueren Untersuchungen lediglich elf Fälle, die nicht geklärt werden konnten. Die zu diesen Fällen aufgefundenen Überlieferungen deuten darauf hin, dass die unbekannten Personen bei dem Versuch, die innerdeutsche Grenze zu überqueren, ihr Leben lassen mussten. Die hohe Anzahl unbekannter Todesfälle, die sich als unbegründet erwies, liegt zum einen darin begründet, dass die westdeutschen Überlieferungen zu diesen Fällen auf Beobachtungen aus der Ferne, bei schlechten Sichtverhältnissen in der Dämmerung oder Dunkelheit beruhen. Dramatische Geschehnisse, wie die Detonation von Minen, die Abgabe von MPi-Salven und danach erkannte hektische Handlungen von DDR-Grenztruppen, die zudem häufig Tarnmittel und Nebelgranaten einsetzten, werteten Mitarbeiter des westlichen Grenzdienstes oder zufällig anwesende Zivilpersonen häufig als Vorfälle, bei denen ein Mensch ums Leben kam. Im Rahmen der Untersuchung berücksichtigte das Forschungsteam deshalb nur jene Fälle, zu denen sich im Schriftgut Belege für das tatsächliche Vorhandensein einer Leiche fanden. Zum anderen stellten sich nach genauerer Prüfung bei einer Vielzahl von namentlich unbekannten Personen als Todesursachen Unfälle, Suizide oder Verbrechen heraus. Da das Forschungsteam bei Fallmeldungen ohne Namensangaben keine personenbezogenen Recherchen beim BStU einleiten konnte, wurden in diesen Fällen ost- und westdeutsche Meldungen und Untersuchungsberichte zu Grenzzwischenfällen verglichen sowie grenznahe Standesämter, Kirchengemeinden und Friedhofsverwaltungen um Auskünfte über etwaige zum entsprechenden Zeitpunkt erfasste Todesfälle gebeten. Die Ermittlungsunterlagen der ZERV enthalten ebenfalls Untersuchungsvorgänge zu unbekannten Todesfällen an der innerdeutschen Grenze, die überwiegend ohne Ergebnis oder mit dem Verweis auf „Scheinhandlungen" der Grenztruppen eingestellt worden sind. Im Folgenden sind die erwähnten elf Fälle beschrieben, zu denen sich keine Personendaten finden ließen, jedoch auch keine belastbaren Fakten, die eine Falsifizierung der Todesfallhinweise erlauben. Es handelt sich dabei zumeist um Leichenbergungen aus den Grenzgewässern, in einem Fall jedoch auch um einen durch Splitterminen getöteten Mann.

Am frühen Morgen des 24. Mai 1950 bargen thüringische Grenzpolizisten aus dem Bach Beber bei Siemerode (Landkreis Eichsfeld) die Leiche eines Mannes. Der Tote wird beschrieben als ca. 1,70 m groß, er hatte eine Glatze und war mit einem grauen

Anzug und Halbschuhen bekleidet. Die Polizisten vermuteten, dass es sich um einen Grenzverletzer handelt.[71]

Das für den internen Gebrauch vorgesehene „Informationsblatt der Deutschen Volkspolizei" vom 10. März 1951 forderte die Polizeidienststellen auf, zur Identifizierung einer am 9. Januar 1951 an der hessisch-thüringischen Grenze bei Hildebrandshausen aufgefundenen Leiche beizutragen. Die Leiche des 1,65 m bis 1,70 m großen Mannes habe sich in einem stark verwesten Zustand befunden. Bei ihr wurden fünf Schlüssel am Ring, eine Brille mit rundem Metallrahmen sowie ein Bruchband, wie man es bei einem Leistenbruch verwendete, sichergestellt. Wahrscheinlich gingen jedoch keine stichhaltigen Hinweise bei der Hauptverwaltung der Deutschen Volkspolizei ein. Am 13. September 1951 zeigte das Volkspolizeikreisamt Mühlhausen beim Standesamt in Hildebrandshausen den Leichenfund an, für den weder Name noch Todesursache ermittelt werden konnten.[72]

Um einen Bundesbürger handelte es sich vermutlich bei dem am 7. September 1954 aus der Saale bei Blankenstein tot geborgenen Mann. Die Saale fließt hier an der Grenze zwischen Thüringen und Bayern entlang. Der Verstorbene trug keinen Ausweis bei sich, jedoch zwei Pfennige Westgeld und einen Lottoschein aus Hof an der Saale. Die Grenzpolizei vermutete Totschlag als Todesursache.[73]

Das „Informationsblatt der Deutschen Volkspolizei" forderte am 10. Dezember 1961 die Dienststellen zur Unterstützung bei der Klärung eines Leichenfundes vom 30. August 1961 in der Elbe bei Wahrenberg (Gemeinde Aland) auf. Es handelte sich um Skelettteile einer Frau im Alter von 40 bis 50 Jahren, die seit mindestens einem Jahr im Wasser lagen. Bei den sterblichen Überresten der Frau fanden sich eine silberne Kette und Reste eines rötlichen Trikotstoffes.[74]

Am 25. April 1962 barg ein Fischer nördlich von Schnackenburg (Landkreis Lüchow-Dannenberg) die Leiche einer Frau. Bald stand fest, dass die Unbekannte aus der DDR stammte. Aus einer Tagesmeldung der Grenztruppen geht hervor, dass sie seit drei bis vier Wochen in Wittenberge vermisst wurde. Doch es gab Schwierigkeiten bei der Rückführung des Leichnams. Der Zoll berichtete von mehreren Verzögerungen. Schließlich ordnete der Stabschef der 3. Grenztruppen-Brigade an, dass am 28. April eine Übergabe auf dem Landweg bei Lübeck erfolgen solle. Nun weigerte sich die Kriminalpolizei in Schnackenburg. Sie hatte mehrmals eine Überführung auf dem direkten Wasserweg angeboten und lehnte es ab, einen Umweg von etwa 100

---

71 HV Deutsche Volkspolizei Hauptabteilung G an den Chef der Deutschen Volkspolizei Herr Dr. hc. K. Fischer: Meldung besonderer Vorkommnisse 114/50. Berlin, 25.5.1950. BArch Freiburg, DVH 27/130324.
72 Hauptverwaltung Deutsche Volkspolizei/HA K/Abt. E: Informationsblatt der Deutschen Volkspolizei, 1. Jhg., Nr. 6, 10.03.1951. LASA Magdeburg., K 14, Nr. 496. Sterberegistereintrag Nr. 7, Hildebrandshausen, 20.12.1951. Gemeinde Südeichsfeld, Dienststelle Heyerode.
73 HV Deutsche Grenzpolizei: Meldung-Nr. 216/54 über den Stand der Grenzsicherung der DDR für die Zeit vom 8.9.54 18.00 Uhr bis 9.9.54, 18.00 Uhr. Berlin, 9.12.1954. BArch Freiburg, DVH 27/130345.
74 Hauptverwaltung Deutsche Volkspolizei/Hauptabteilung K/Abt. f. KT: Informationsblatt der Deutschen Volkspolizei, 11. Jhrg., Nr. 14, 10.12.1961. BArch Berlin, 18339 1961–62.

Kilometern in Kauf zu nehmen. Weil sich beide Seiten nicht einigen konnten, wurde die Unbekannte in Niedersachsen beerdigt.[75]

Bereits seit fünf oder sechs Monaten lag die Leiche eines etwa 20-jährigen Mannes im Wasser, als ein Sportsegler sie am Abend des 7. Juni 1965 am Dummerdorfer Ufer (Lübeck) in der Trave sichtete. Ein Dienstboot der durch Zuruf verständigten Wasserschutzpolizei barg daraufhin den Toten. Die Leiche war 1,65 m groß und von schlanker Gestalt. Sie war bekleidet mit einem grünen Oberhemd mit schwarz-weißem Strichmuster und einer Flanellunterhose, von der nur noch der Bund vorhanden war. Die Annahme, dass es sich bei dem Unbekannten um einen verunglückten bundesdeutschen Arbeiter oder um einen vermissten Rostocker Studenten gehandelt haben könnte, wurde durch die Ergebnisse der Leichenuntersuchung widerlegt. So vermutete die Polizei schließlich, „daß es sich bei dem Toten um einen SBZ.-Flüchtling handelt, der, von Selmsdorf kommend, die Herrenwiek durchschwimmen wollte und dabei ertrunken ist". Eine Ausschreibung des Falles im vom BKA herausgegebenen Bundeskriminalblatt im Oktober 1965 brachte offenbar kein Ergebnis, die Bezirkskriminalpolizeistelle in Lübeck berichtete am 11. Januar 1968: „Hier haben sich zwischenzeitlich keine neuen Erkenntnisse zur Identifizierung der Leiche ergeben. Es besteht weiterhin [...] die Wahrscheinlichkeit, daß der Tote ein SBZ-Flüchtling ist, der zur gegebenen Zeit versuchte, die in der Umgebung der Fundstelle verhältnismäßig enge Untertrave (3–400 Meter) zu durchschwimmen, um das Dummersdorfer Ufer zu erreichen und bei diesem Vorhaben ertrank." Die Untersuchungsunterlagen wurden von der Zentralen Erfassungsstelle für Regierungs- und Vereinigungskriminalität (ZERV) übernommen, doch konnten auch deren Ermittler in den 1990er Jahren die Identität des Toten nicht klären.[76]

Eine Streife der DDR-Grenztruppe entdeckte am 26. August 1965 gegen 13.15 Uhr am Elbufer bei Bitter (Amt Neuhaus) die Leiche eines Mannes. Der 20 bis 30-Jährige lag seit mehreren Wochen im Wasser. Er trug einen khakifarbigen Arbeitsanzug, dessen Kragen mit der Beschriftung „Captain" versehen war, in seiner Hosentasche fand man eine mit 8 DM gefüllte Geldbörse. Die Morduntersuchungskommission Schwerin und der Kreisstaatsanwalt konnten die Leiche nicht identifizieren und vermuteten, dass es sich „um eine Person aus Westdeutschland, die Angehöriger eines bewaffneten Organs war", handele. Von Niedersachsen aus hatten die Zollmotorboote „Berlin" und „Dannenberg" die Leichenbergung verfolgt. Da zwei Tage zuvor drei über die Elbe in die Bundesrepublik geflohene Schüler dem Zoll berichtet hatten, dass möglicherweise ein vierter Mitflüchtling, der zurückgeblieben war, ertrunken sein könnte, wurde der Leichenfund in der bundesdeutschen Überlieferung als Beleg für den Tod eines jugendlichen Flüchtlings erfasst.[77]

---

75 Oberfinanzdirektion Hannover: Lagebericht von der SBZ-DL für den Monat April 1962. Hannover, 14.5.1962. NLA Hannover, Nds. 220 Acc. 144/95 Nr. 52. Grenztruppen der DDR/Abteilg. Operativ: Tagesmeldung Nr. 116/62 vom 25.4.1962 bis 26.4.1962. BArch Freiburg, DVH 32/112565. Kommando der DGP/Abteilung Operativ: Tätigkeitsbücher des operativen Diensthabenden der DGP, Bd. 4. Eintrag: Dienst vom 27.04.62 17.00 [Uhr] – 28.04.62 08.00 [Uhr]. BArch Freiburg, DVH 27/130540.
76 ZERV 224: Ermittlungs-Handakte II im Zusammenhang mit vermißten Personen bzw unbekannten Toten in der Ostsee. LAB, D Rep. 120–02, Acc. 8346, ZERV 6 AR 356/92.
77 Grenztruppen der DDR/Abteilg. Operativ: Tagesmeldung Nr. 239/65, 25.8.1965 bis 26.8.1965. BArch Freiburg, DVH 32/112591. BdVP Schwerin: Rapport Nr. 234/65 für

Das Hauptzollamt Göttingen berichtet in seinem monatlichen Lagebericht, dass am 19. Juni 1975 „eine Leiche, die durch die Werra ins Bundesgebiet angeschwemmt war, durch ein Duderstädter Bestattungsinstitut zur GÜSt Worbis überführt" wurde. Anfragen bei den Bestattungsinstituten von Duderstadt erbrachten keine Informationen über die verstorbene Person.[78]

Am 25. Oktober 1977 um 14.37 Uhr erkannte die Besatzung des bundesdeutschen Zollbootes „Lauenburg" eine männliche Leiche im Buhnenfeld des östlichen Ufers nahe Nostorf, OT Horst (Landkreis Ludwigslust-Parchim). Mehrere Boote der Grenztruppen und der DDR-Wasserschutzpolizei sicherten den Fundort. Gegen 16.10 Uhr beobachteten die Zollbeamten, wie die Wasserleiche geborgen und landeinwärts abtransportiert wurde. Da seit dem 11. Oktober 1977 in Lüneburg ein Mann als vermisst galt, veranlasste die Polizei, dass noch am gleichen Abend über die Grenzinformationspunkte Horst und Cumlosen den DDR-Behörden die Beschreibung und die Personalien des Vermissten übermittelt wurden. Doch dort wies man die „Informationen", wie es in der Tagesmeldung der Grenztruppen heißt, „in beiden Fällen zurück". Tatsächlich barg die Kriminalpolizei des Volkspolizeikreisamtes Hagenow an diesem Nachmittag nicht die Leiche eines Manns, sondern die einer etwa 30 Jahre alten Frau aus der Elbe. Diese wurde zur Sektion nach Schwerin gebracht, wo die Gerichtsmediziner Ertrinken als Todesursache feststellten. Die Identität der Verstorbenen konnte jedoch weder in der DDR – der Totenschein wurde am 27. Oktober 1977 für „eine unbekannte Frau" ausgestellt – noch in den 1990er Jahren von den Ermittlern der ZERV geklärt werden.[79]

Am 3. März 1982 entdeckten BGS-Beamte in unmittelbarer Grenznähe bei Bad Sooden-Allendorf einen skelettierten menschlichen Schädel, den jemand auf ein Verkehrsschild gesteckt hatte. Beim Absuchen des Geländes wurden weitere Teile des Skeletts und Kleidungsreste auf dem vorgelagerten Hoheitsgebiet der DDR gesichtet.[80] Über die Ständige Vertretung der Bundesrepublik wurde die DDR am 8. März 1982 über den Fund informiert. Angehörige der Grenztruppen und Kriminalpolizisten der Volkspolizei führten daraufhin eine Tatortaufnahme durch und bargen die Überreste des Skeletts. Hinweise auf die Identität der Person konnten nicht gefunden werden.[81]

---

die Zeit vom 26.08.1965, 8.00 Uhr bis 27.08.1965, 8.00 Uhr. LHASn, 7.12–1, Z 55/1990(4), 169. Zentrale Erfassungsstelle der Landesjustizverwaltungen in Salzgitter: Bericht des Hauptzollamtes Lüneburg vom 22.9.1965. NLA Hannover, Nds. 220 Acc. 12/75 Nr. 8/4. Sterberegistereintrag Nr. 12. Kaarßen, 31.08.1965. Gemeinde Amt Neuhaus, Standesamt.

78 Hauptzollamt Göttingen: Lagebericht von der Grenze zur DDR für Juni 1975. Nds. 220, Acc. 41/86 Nr. 71.

79 Zentrale in Niedersachsen: Tägliche Grenzlagemeldungen. NLA Hannover, Nds. 1150 Acc. 108/92 Nr. 44. GSK Nord: Grenzschutzkommando Nord: Lage an der Grenze zur DDR Monat Oktober 1977. Hannover, 7.11.1977. NLA Hannover, Nds. 1150, Acc. 108/92 Nr. 185. Zollgrenzdienst: Grenzlagemeldung vom 26.10.1977. NLA Hannover, Nds. 220 Acc. 3/89 Nr. 21. Grenztruppen der Deutschen Demokratischen Republik/Kommando der Grenztruppen/Operativer Diensthabender: Tagesmeldung Nr. 299/77 für die Zeit vom 24.10.1977, 18.00 Uhr bis 25.10.1977, 18.00 Uhr. BArch Freiburg, DVH 32/113243. Sterberegistereintrag Nr. 175. Boizenburg/Elbe, 27.10.1977. Standesamt Boizenburg/Elbe. ZERV: Ermittlungsunterlagen. LAB, D Rep. 120–02, Acc. 8346, ZERV 26 AR 16/96.

80 Bundesgrenzschutzdirektion Mitte: Tägliche Grenzlageberichte der Zentrale in Hessen, 1982. HStAM Best. 610 Nr. 305.

81 Zentrale in Hessen: Grenzlagemeldungen vom 03.03.1982, 08.03.1982 und 12.03.1982. HStAM Best. 610 Nr. 305.

Laut einem Untersuchungsbericht des Grenzkommandos Nord fuhr am frühen Morgen des 10. Juli 1982 ein etwa 25-jähriger Mann auf einem Fahrrad bis ins Grenzgebiet bei Breitenrode in Sachsen-Anhalt. Mit einem längeren Ast gelang es ihm um 3.44 Uhr, den vorderen Grenzzaun zu übersteigen, doch gleich darauf geriet er an einen Stolperdraht, der über ein Signalgerät eine Leucht- oder Platzpatrone auslöste. Nach 20 Minuten versuchte er, an dem mit Splitterminen (SM-70) ausgestatten zweiten Streckmetallzaun hochzuklettern. Er stieg auf die Halterungen der kastenförmigen Minen und brachte dadurch acht von ihnen zur Detonation. Um 4.09 Uhr erreichte ein Grenzposten den Tatort. Nach der Abschaltung der Minenanlage wurde der bewusstlose Mann, den scharfkantige Metallsplitter am Unterkörper und an den Oberschenkeln verletzt hatten, mit einem Krankenwagen zum Vertragsarzt nach Oebisfelde transportiert. Dieser stellte um 5.11 Uhr fest, dass der Schwerverletzte auf dem Transport verblutet war. Die Identität des Todesopfers konnte auch in den 1990er Jahren im Zuge der staatsanwaltschaftlichen Ermittlungen gegen den für die Installierung der Minen verantwortlichen Zugführer der Pioniereinheit nicht geklärt werden. Der Tote trug keinen Ausweis bei sich, lediglich seine Kleidung und ein mitgeführter Plastikbeutel legten nahe, dass es sich um einen polnischen Staatsbürger gehandelt haben müsse.[82]

Jan Kostka

Untersuchte Zweifelsfälle

Das für dieses Handbuch durchgesehene Archivgut enthielt in einigen Fällen Hinweise auf Todesfälle an der innerdeutschen Grenze sowie zu später verstorbenen Personen, die im Rahmen dieser Untersuchung nicht aufgeklärt werden konnten. Das Gleiche gilt für eine Reihe von Mitteilungen durch Zeitzeugen zu Todesfällen, zu denen sich entweder keine oder nur wenig aussagekräftige Überlieferungen auffinden ließen. Zu den nicht klärbaren Vorfällen gehören auch Beobachtungen von Beamten des Zollgrenzdienstes, für die sich in den DDR-Überlieferungen keine komplementären Unterlagen finden ließen. Ein Unsicherheitsfaktor stellt hierbei nach wie vor das Archiv des BStU dar, in dessen Teilüberlieferungen nicht nach konkreten Ereignisdaten recherchiert werden kann. Die im Folgenden beschriebenen Vorgänge verdeutlichen die erwähnte Rechercheproblematik. Die nachstehende Dokumentation exemplarischer Einzelfälle beruht auf Recherchen und textlichen Vorarbeiten von Stefan Appelius, Jan Kostka, Mandy Palme, Uta Schulz und dem Autor dieses Abschnitts Jochen Staadt.

Am 11. Dezember 1969 erlag Hans Ellermann (Jg. 25) einer Lungenembolie. Die ZERV ermittelte wegen dieses Todesfalls gegen zwei DDR-Grenzpolizisten, die im März 1949 Ellermann im Grenzgebiet angeschossen und schwer verletzt hatten. Das

---

82 MfS HA I: Versuchte Grenzdurchbrüche, bei denen es zu Minenauslösungen kam – 1982. BStU, ZA, MfS HA I 94. Minister für Nationale Verteidigung an den Stellvertreter des Ministers und Chef des Hauptstabes: Tgb.-Nr. 311/82, 10.7.1982. BArch Freiburg, DVH 32/121556. Grenzkommando Nord: Untersuchungsbericht über den Versuch eines Grenzdurchbruchs in der Richtung DDR-BRD am 10.7.1982 im Grenzabschnitt III und der erfolgten Festnahme nach Auslösung der Sperranlage 501. BArch Freiburg, DVH 48/138759. Marxen, Klaus und Gerhard Werle [Hrsg.]: Strafrecht und DDR-Unrecht. Dokumentation. Band 2: Gewalttaten an der deutsch-deutschen Grenze. Berlin 2002, S. 482 bis 489.

Ereignis ist im Archivgut der Abteilung Grenzpolizei und Bereitschaften des damaligen Landes Thüringen als Bericht über ein besonderes Vorkommnis beim Kommando Treffurt überliefert. Demnach befanden sich zwei Wachtmeister am 24. März 1949 längs der Bahnlinie Richtung amerikanische Zone auf ihrem Streifengang, als sie Personen mit größerem Gepäck entdeckten. „Die Polizisten versuchten, durch Anrufen die zwei Personen, die sich in Richtung amerikanische Zone bewegten, zum Stehen zu bringen. Die Grenzverletzer nahmen jedoch von diesen Halt-Rufen keinerlei Notiz. Nach mehrmaligem Anrufen der beiden Wachtmeister und, nachdem die zwei Personen merkten, dass sie verfolgt wurden, ergriffen diese die Flucht und versuchten, in die amerikanische Zone zu entkommen. Daraufhin wurde von beiden Wachtmeistern je ein Warnschuss abgegeben, die jedoch als Ergebnis ein erhöhtes Tempo der beiden Grenzverletzer zur Folge hatten. Die zwei Polizisten gaben daraufhin weitere vier Warnschüsse ab, die ebenfalls ohne Erfolg blieben. Erst, nachdem die beiden Personen auf die Warnschüsse hin nicht stehenblieben, wurde von dem Wachtmeister Leinhos ein gezielter Schuss abgegeben, der jedoch nicht traf. Weitere von beiden Wachtmeistern abgegebene vier gezielte Schüsse waren ohne Erfolg. Erst der letzte gezielte Schuss traf den Ellermann von hinten in die Schulter und brachte diesen zum Stehen." Hans Ellermann kam in das Krankenhaus nach Mühlhausen, sein Begleiter wurde dem sowjetischen Truppenkommando übergeben. Die angestellten Ermittlungen ergaben, dass beide Personen in ihrem Gepäck 1 398 Stück Glühbirnen für Taschenlampen bei sich führten, die sie im Westen gegen Lebensmittel eintauschen wollten. Die nach Ellermanns Tod im Jahr 1969 von den behandelnden Ärzten diagnostizierte Todesursache lautete: „Tod durch mehrseitige, zuletzt fulminante Lungenembolie, Pleuracarcinose mit Transssudat und Lungemkompressionen bds. Oberkieferhöhlencarcinom links mit mediastinalen, paramortal-abdominalen Leber- und Lungenmetastasen und Anämie". Dennoch erwähnten die Ermittlungsunterlagen der ZERV in den 90er Jahren einen „tödlichen Schuß", der 1949 von einem der beiden Grenzpolizisten auf Ellermann abgegeben worden sei.[83]

Die 26-jährige Grenzgängerin Herta Amm aus Behrungen (Thüringen) suchte am 19. Juli 1950 ihren Bruder auf und bat ihn wegen einer Vorladung zur Kommandantur der Grenzbereitschaft Römhild um Rat. Der Bruder – er war Bauunternehmer und Behrunger Ortsbürgermeister – riet seiner Schwester, in jedem Falle wahrheitsgemäß auszusagen. Denn „mit der Wahrheit komme man immer am weitesten". Als er wenig später seiner Schwester warme Kleidung in die Kommandantur brachte, durfte er sie nicht sprechen. Nach einer Woche vergeblichen Wartens und Fragens drohte er mit einer Beschwerde beim Thüringischen Ministerpräsidenten. Darauf erklärte man ihm, seine Schwester käme bald nach Hause, denn der Verdacht gegen sie habe sich nicht bestätigt. Bereits am darauffolgenden Tage bestellte man ihn telefonisch zur Grenzkommandantur nach Römhild und teilte ihm mit, dass seine Schwester am Vortag verstorben war. Der Bruder durfte die Leiche seiner Schwester erst sechs Wochen später, am 2. September 1950, einen Tag vor ihrer Beisetzung auf dem Friedhof ihres Heimatortes Behrungen, noch einmal sehen.

---

83 Die Ermittlungsunterlagen zum Tod von Hans Ellermann finden sich unter LAB, D Rep. 120-02 LAB, Acc. 8346, Az. 2 Js 1143/92.

Über den Tod Herta Amms am 28. Juli 1950 in einer Haftzelle der DDR-Grenzpolizei kursieren verschiedene Versionen. Staatlicherseits hieß es, sie habe nach ihrer Festnahme über Herzbeschwerden geklagt. Da sie bereits vor ihrer Inhaftierung des Öfteren an Herzbeschwerden litt, untersuchte sie ein Vertragsarzt der Volkspolizei und erklärte sie für haftfähig, nachdem er ihr ein Herzmedikament verordnet hatte.[84] Nach Aussage eines ihrer Bewacher verweigerte Herta Amm in den ersten vier bis fünf Tagen ihrer Haft in einer Gemeinschaftszelle mit anderen Grenzgängern die Nahrungsaufnahme und trank auffällig viel Wasser. Außerdem habe sie viel geraucht und häufig geweint. Einen Tag vor ihrem plötzlichen Tod verlegte die Grenzpolizei Herta Amm in eine Einzelzelle. Dort erhielt sie nach dem Abendessen ihr Herzmedikament. Noch vor dem Verschließen der Zelle legte sie sich auf die Pritsche. Der Schließer sah noch, wie sie sich plötzlich krümmte, die Beine anzog, sich in ihre Schlafdecke krallte und vor Schmerzen hineinbiss. Als man sie am 28. Juli 1950 gegen 20.15 Uhr zur Vernehmung holen wollte, zeigte sie keine Lebenszeichen mehr. Da der sofort hinzugezogene Arzt die Todesursache nicht feststellen konnte, untersuchte am folgenden Tag die Mordkommission Meiningen den Todesfall. Sie kam ebenfalls zu keinem Ergebnis. Die Obduktion am gerichtsmedizinischen Institut in Jena ergab Tage später „Vergiftungserscheinungen und innere Blutungen am Hals" als Todesursache. Das Obduktionsprotokoll enthält einen Hinweis auf Herzbeschwerden der Inhaftierten am Tag vor ihrem Tod. Sie sei daraufhin mit einem neuartigen Medikament behandelt worden, das durch eine blutverändernde Wirkung ihren Herztod verursacht haben könnte. Eine chemische Untersuchung ergab schließlich: Aufgrund einer herdförmigen Entzündung und einzelner Blutungen im Herzmuskel sei der Tod sehr wahrscheinlich durch akutes Herzversagen infolge einer schubweise verlaufenden Herzmuskelentzündung eingetreten.

Herta Amms Bruder berichtete 1957 nach seiner Flucht in die Bundesrepublik, eine Haftgefährtin seiner Schwester habe ihm mitgeteilt, dass Herta Amm unter dem Vorwurf der Agententätigkeit für amerikanische Dienststellen harte Vernehmungen über sich ergehen lassen musste. Ihr wurden häufige Grenzpassagen über die Demarkationslinie in den Westen vorgehalten sowie angebliche Fragen nach dienstlichen Aufgaben und Personalien von in Behrungen stationierten Volkspolizisten und dass sie einem Volkspolizei-Wachtmeister aus Behrungen bei dessen Desertion behilflich gewesen sei. Aus diesen Gründen habe der sowjetische Überwachungsoffizier ihre „Festnahme und gründliche Vernehmung" angeordnet. Die täglichen Vernehmungen auf der Kommandantur seien unter Scheinwerferbestrahlung erfolgt. Bei den Verhören habe sie in kaltem Wasser stehen müssen und sei Misshandlungen ausgesetzt gewesen. Deswegen habe sie den Herztod erlitten. Der Spionageverdacht gegen Herta Amm bestätigte sich letztlich nicht. Inwieweit ihr Tod auf einer gesundheitlichen Vorbelastung beruhte, ob womöglich ein bislang unerkannter Herzfehler zu Tage trat, ob die Vernehmungen, die Haftumstände oder gar Folter eine Rolle spielten, lässt sich aus dem

---

84 Der Vertragsarzt bekräftigte in seinem Bericht über den plötzlichen Tod des Fräulein Amm aus Behrungen am 28. Juli 1950 seine Diagnose, es habe bei der Inhaftierten kein ernsthaftes Herzleiden vorgelegen. Siehe Untersuchungsvorgang der Staatsanwaltschaft Meiningen beim LG Meiningen in: ThStA Meiningen Staatsanwaltschaft Meiningen des Landgerichts Meiningen Nr. 4.

überlieferten Schriftgut und den darin enthaltenen widerstreitenden Angaben nicht aufklären. Das LKA Thüringen stellte das nach der Wiedervereinigung eingeleitete Ermittlungsverfahren zum Todesfall Herta Amms im September 1994 ein, da die Ermittler trotz umfangreicher polizeilicher Nachforschungen keinen Tatverdächtigen auffinden konnten.[85]

Über einen Grenzvorfall am 27. Dezember 1969 liegen Berichte des Zollgrenzdienstes vor, dessen Streife gegen 1.30 Uhr einen Kilometer südwestlich Ecklingerode am sogenannten Kutschenberg vier bis fünf MPi-Feuerstöße wahrgenommen hatte. Um 1.55 Uhr erschien ein Mannschaftstransportwagen (MTW) mit sieben Grenzsoldaten. Es konnte beobachtet werden, dass diese Gruppe sich zu einem am Boden liegenden Gegenstand begab. Es wurden folgende Gesprächsfetzen gehört: „Der Hund lebt ja noch!" und „etwa drei bis vier Meter ist er den Hang runtergerutscht, jetzt liegt er still da." Nach etwa 15 Minuten entfernte sich die Gruppe wieder mit dem MTW. Der Zollgrenzdienst setzte zwei Beamte zur weiteren Beobachtung des Geschehens vor Ort ein. Gegen 3.40 Uhr erschien erneut ein MTW und fuhr nach kurzem Aufenthalt wieder zurück. Um 9.10 Uhr zogen zwei DDR-Grenzsoldaten einen Gegenstand in Form und Größe eines menschlichen Körpers, der mit einem Schneehemd zugedeckt war, über den Schnee ca. 150 Meter in eine Mulde im Hintergelände. Dabei schirmte ein Grenzer durch ein ausgebreitet hochgehaltenes Schneehemd die Sicht in westlicher Richtung ab. Später wurde noch beobachtet, wie vom nahegelegenen Beobachtungsturm eine Aktentasche heruntergebracht wurde. Ebenso war eine blutgetränkte Stelle im Schnee in der Größe von 40 x 60 Zentimetern deutlich zu erkennen. „Nach den Beobachtungen und Umständen ist mit an Sicherheit grenzender Wahrscheinlichkeit eine unbekannte Person bei einem Fluchtversuch erschossen worden."[86] Der Bundesgrenzschutz übernahm diese Meldung. In seinen Überlieferungen fällt die Schlussfolgerung jedoch vorsichtiger aus: „Nach Auslösung einer Signalanlage wurden mehrere MPi-Feuerstöße abgegeben. Danach intensives Absuchen des Geländes. Ob es sich hierbei um einen vereitelten Fluchtversuch oder um eine Übung der NVA-GrTr handelt ist nicht bekannt (ZGD)."[87] Eine spätere zusammenfassende Darstellung über „Tote und Verletzte an der Grenze zur DDR im Bereich des GSK Nord seit 1962, Stand November 1984", erscheint der Zwischenfall als aufgeklärter Sachverhalt: „GrSo erschossen in Grenznähe einen desertierten sowj. Soldaten. Eigene Kräfte konnten diesen Vorfall teilweise beobachten. [...] Quelle: Überläuferaussage/BGS".[88] Die Zentrale Erfassungsstelle der Landesjustizverwaltungen (ZESt) in Salzgitter erhielt durch einen anderen

---

85 DGP: Kommando der DGP/Abteilg. Operativ, Berichts- und Meldewesen 1950–1952. BArch Freiburg, DVH 27/130554. / LKA Thüringen: Ermittlungsverfahren – Freiheitsberaubung mit Todesfolge gem. § 239 StGB, ThHStA Weimar, Landeskriminalamt Thüringen Nr. 1084. / Staatsanwaltschaft Meiningen: Ermittlungsverfahren vor dem Landgericht Meiningen. ThStA Meiningen, Staatsanwaltschaft Meiningen des Landgerichts Meiningen Nr. 4.
86 Oberfinanzdirektion/Hauptzollamt Göttingen: Bericht vom 29.12.1969, vereitelter Fluchtversuch an der SBZ-DL im Abschnitt des ZKom Duderstadt. NLA Hannover Nds. 220 Acc. 28/82 Nr. 14.
87 BGS: Tägliche Grenzlagemeldungen der Zentrale in Niedersachsen (ZiN) 1969. NLA Hannover Nds. 1150 Acc. 108/92 Nr. 36.
88 BGS/Zentrale in Niedersachsen: Flüchtlingszahlen, Angaben zu Toten und Verletzten an der Grenze durch Schußwaffengebrauch, Minen und SM-70 Anlagen sowie Unfälle von Angehörigen der Grenztruppen. NLA Hannover Nds. 1150, Acc. 108/92 Nr. 76.

desertierten DDR-Grenzer einen Hinweis auf einen Zwischenfall, bei dem ein Postenpaar von einem Hund angegriffen worden sei und diesen daraufhin erschossen habe. Einen direkten Bezug zu den am 27. Dezember 1969 abgegebenen Schüssen konnte die ZESt aber nicht herstellen und beendete deswegen am 15. September 1971 ihre Ermittlungen.[89] Möglicherweise handelte es sich bei dem beobachteten Vorfall um eine Täuschungshandlung der DDR-Grenztruppen. In den DDR-Archiven fanden sich bislang keine komplementären Unterlagen zu dem beschriebenen Grenzzwischenfall am 27. Dezember 1969.

Das Gleiche gilt für eine Meldung vom 18. Dezember 1969 aus den Überlieferungen des DDR-Innenministeriums (MdI) über einen Selbsttötungsversuch nach der Festnahme eines Flüchtlings im Packwagen des D 144 Rostock-München. Der „Bürger aus dem Bezirk Halle" nahm laut Volkspolizeirapport nach seiner Festnahme auf dem thüringischen Grenzbahnhof Gutenfürst Blausäure zu sich. „Er wurde mit Lebensgefahr ins Krh. eingeliefert."[90] Auch zu diesem möglichen Todesfall fanden sich bislang keine weiteren Informationen in den DDR-Unterlagen.

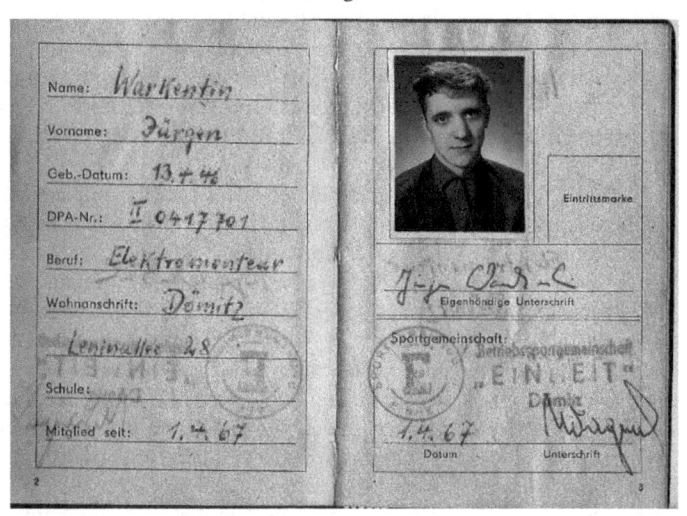

Die obige Aufnahme des Ausweises der Betriebssportgemeinschaft „Einheit" Dömitz stammt von Inge Bennewitz, die in Dömitz zum Todesfall von Jürgen Warkentin recherchiert hat.

Ungeklärt blieb nach den Ermittlungen der ZERV der Todesfall des Elektromonteurs Jürgen Warkentin. Gemeinsam mit Karl Wurmser gehörte der 22-Jährige einer Jugendgruppe an, der nachgesagt wurde „Republikfluchten" vorzubereiten und Schleusungen in den Westen vorzunehmen.[91] Gegen die Gruppe ermittelte das MfS von Mai bis November 1965 in einem operativen Vorlauf. Warkentin konnten keine strafbaren

---

89 ZESt: Vorermittlungsverfahren gegen Unbekannt wegen Totschlags ZESt AR-ZE 1099/69. BArch Koblenz, B 197/9397.
90 MdI: Rapport Nr. 301 für die Zeit vom 17.12.1969, 04.00 Uhr, bis 18.12.1969, 04.00 Uhr. BArch DO1/2.3/32438.
91 Siehe hierzu die Biografie von Karl Wurmser in diesem Handbuch.

Handlungen nachgewiesen werden. Einer seiner Freunde erinnerte sich 1994: „Es kam vor, dass wir uns mit Grenzhelfern angelegt haben, dies hatte sicherlich zur Folge, dass die Überwachungsorgane auf uns aufmerksam wurden. Gezielte Aktionen wie Schleusertätigkeit etc. waren von uns nicht geplant."

Jürgen Warkentin erhielt am 10. März 1968 eine betriebliche Jahresendprämie von mehr als 1 000 Mark. Das feierte er mit seinen Freunden im Elbcafé Dömitz. Gegen 23 Uhr sahen Zeugen ihn letztmalig. Nach ihren Aussagen ging Warkentin schwankend und unsicher in der Straßenmitte und bewegte sich in der Nähe des Elektrizitätswerkes in Richtung Stadtmitte, wo sich in der damaligen Leninallee (jetzt Roggenfelder Straße) seine Wohnung befand. Am 9. April 1968 trieb das Frühjahrshochwasser Warkentins Leiche bei der Elbbrücke in Dömitz an eine Buhne. Das Sektionsprotokoll des Instituts für Gerichtliche Medizin der Universität Rostock hält fest, dass der Tote mit Mantel, Hose, Unterhose und Schuhen vollständig bekleidet war. Es lägen keine Anzeichen von Verletzungen (Knochenbrüche, Zahneinbußen, Würgemale, innere Blutungen) vor. Eine genaue Todesursache konnte wegen der langen Liegezeit des Leichnams im Wasser nicht mehr festgestellt werden. Die obduzierenden Mediziner hielten es für „durchaus möglich, daß W. infolge [eines] starken Rauschzustandes in das Wasser stürzte und ertrank". Die Ermittler der ZERV konnten keine Anhaltspunkte finden, die auf ein Tötungsdelikt hindeuten und beendeten ihre Nachforschungen im August 1995. Jürgen Warkentin firmiert in ZERV-Unterlagen als ungeklärter Todesfall.[92]

Auch die Todesfälle der Grenzsoldaten Klaus Bäckler und Heinz Delvoigt konnten nicht eindeutig einer der Todesfallkategorien dieses Handbuchs zugeordnet werden. Zwar nahmen die Untersuchungsführer des MfS an, Delvoigt habe eine Fahnenflucht beabsichtigt und die Schießerei zwischen sich und Bäckler ausgelöst, doch sind die MfS-Überlieferungen zu der Begebenheit, die sich am 7. November 1971 an der Grenze bei Groß Thurow (Mecklenburg-Vorpommern) zutrug, so widersprüchlich, dass auch der umgekehrte Fall nicht auszuschließen ist. Es könnte sich aber auch um eine eskalierte Streitigkeit zwischen dem 20-jährigen Postenführer Bäckler und seinem 23-jährigen Posten Delvoigt gehandelt haben. Fest steht, dass zwei Grenzsoldaten der 7. Grenzkompanie Groß Thurow am 7. November 1971 gegen 16.30 Uhr im Bereich ihrer Nachbarposten Schüsse hörten und daraufhin Grenzalarm auslösten. Als die Alarmgruppe der Kompanie zum Ort des Geschehens eilte, fand sie 300 Meter von der Grenze entfernt die Posten Klaus Bäckler und Heinz Delvoigt tot am Straßenrand liegend auf.

Die Untersuchung des Vorfalls ergab, dass sich Heinz Delvoigt und Klaus Bäckler gegenseitig erschossen hatten. Sie sollen sich zuvor aufrecht stehend mit ihren Kalaschnikows in der Hand gegenübergestanden haben. Delvoigt habe seine Ausrüstungsgegenstände einschließlich Koppel und Mütze abgelegt und nur noch seine MPi umhängen gehabt. Er habe vermutlich eine tätliche Auseinandersetzung mit seinem Postenführer Bäckler begonnen, mit dem er erstmals eingesetzt war. Bei Bäckler wurden bei der Obduktion leichte Hämatome an Nase und Stirn festgestellt. Beim Schusswechsel habe Bäckler mit dem Rücken zur Grenze, Delvoigt mit dem Gesicht in Richtung Grenze gestanden. Es könne also sein, dass er fahnenflüchtig werden

---

92 StA beim KG Berlin: Ungeklärter Tod des Jürgen Warkentin, geb. 13.4.1946. LAB, D Rep. 120–02 LAB, Acc. 8346, Az. 27 AR 31/94.

wollte und Bäckler, der dies verhindern wollte, zunächst tätlich angriff. Bäckler habe vermutlich einen Warnschuss abgegeben, um den Angriff abzuwehren. Danach kam es aus etwa 7,50 Metern Entfernung zum Schusswechsel. Bäckler gab zehn Schüsse auf Delvoigt ab, von denen ihn neun trafen. Delvoigt wurde in stehender Haltung getroffen, nur der tödliche Herzschuss traf ihn in gebückter Haltung. Delvoigt wiederum gab auf Bäckler fünf Schüsse ab, von denen ein Herztreffer den sofortigen Tod herbeiführte.

Klaus Bäckler (Jg. 51) war nach Aussage eines befreundeten Soldaten ein leidenschaftlicher Motorradfahrer. Er sei schwer aus der Ruhe zu bringen gewesen und habe sich gegenüber anderen Soldaten der Grenzkompanie stets kameradschaftlich und hilfsbereit gezeigt. Bäckler hatte die Polytechnische Oberschule Kirch Mulsow bis zur 10. Klasse besucht. Danach absolvierte er eine Lehre als Landmaschinenschlosser und schloss seine Facharbeiterausbildung mit gutem Ergebnis ab. Bis zur Einberufung arbeitete er im Kreisbetrieb für Landtechnik Bad Doberan. Er wurde von der FDJ als Gemeindevertreter in Ravensberg aufgestellt und gewählt. Sein Vater sagte in einer Vernehmung gegenüber dem Staatssicherheitsdienst angeblich aus: „In der Durchführung seiner Aufgaben ist er sehr pflichtbewußt. Er hat eine solche Einstellung zum Dienst, daß er nichts durchgehen lassen würde. In einem Gespräch sagte er mir einmal, daß er auch mich durch die Anwendung der Schußwaffe daran hindern würde, die Staatsgrenze zu durchbrechen. In dieser Hinsicht läßt er sich durch nichts beeinflussen." Der Vater war der Auffassung, dass sein Sohn einen Fluchtversuch in seinem Verantwortungsbereich nicht dulden würde. Ein bereits entlassener Grenzer, mit dem Bäckler in freundschaftlichem Kontakt stand, sagte aus, Bäckler hätten „westdeutsche Autos und Motorräder sowie die dortige Beatmusik sehr imponiert". Er habe aber nie geäußert, dass er eventuell „abhauen" wolle.

Heinz Delvoigt (Jg, 47) war von Beruf Maschinenschriftsetzer. Er wuchs bei seiner Mutter auf, da die Eltern geschieden waren. Zu seinem Vater hatte er keinen Kontakt. Mit seiner Frau und seinem Kind wohnte er in Berlin-Friedrichshain und wurde von seinen Nachbarn „als ein sehr ruhiger und stets hilfsbereiter Mensch" charakterisiert. Er habe im Wohnhaus anderen Mietern bei Reparaturen geholfen und fiel dabei als handwerklich geschickt auf. Seit Mai 1971 diente er bei den Grenztruppen. Sein früherer Ausbilder aus dem Grenzausbildungsregiment beschrieb ihn als höflich und zurückhaltend. Er habe bei ihm „ein gutes politisches Wissen und einen klaren Klassenstandpunkt" festgestellt. In die FDJ-Gruppe habe er seine Fähigkeiten als Schriftsetzer für die Agitationsarbeit eingebracht. Delvoigt wurde von Zeugen als sehr sensibel beschrieben. Die Militärärzte diagnostizierten bei ihm eine erblich bedingte Herzschwäche, weswegen er keine körperlich stark belastenden militärischen Übungen ausführen sollte. Die Untersuchungsführer des MfS stellten im Nachhinein fest: „Von Beginn an gefiel ihm der Dienst in der NVA nicht, da er dadurch von seiner Familie, an der er sehr hing, getrennt war." Delvoigt liebte seine drei Jahre alte Tochter über alles. „Er versuchte mehrmals, als gesundheitlich untauglich entlassen zu werden." Am 29. August 1971 bat Delvoigt in einer Eingabe um Entlassung aus dem Wehrdienst. Bei einer dreitägigen Untersuchung in der Akademie für Militärmedizin Bad Saarow wurden keine gesundheitlichen Gründe für eine Dienstunfähigkeit festgestellt. Im September und Oktober 1971 verschlechterte sich die Beziehung zu seiner Frau, die einen anderen Partner gefunden hatte und sich scheiden lassen wollte. Nachdem ihm seine Frau den Scheidungswunsch mitgeteilt hatte, sei er laut einer Zeugenaussage sehr verzweifelt gewesen und habe mehrere Stunden geweint. Auch habe er geäußert, dass das Leben für ihn keinen Sinn mehr habe.[93] Die persönliche Krise könnte Heinz Delvoigt zu einem Fluchtversuch bewogen haben. Doch gibt es dafür keine Belege in den durchgesehenen MfS-Überlieferungen, sondern lediglich Mutmaßungen der MfS-Ermittler.

Keine eindeutige Schlussfolgerung lassen auch die divergierenden Angaben zum Tod des Kunstmalers Kurt Weigel aus Ludwigsburg zu.[94] Der 32-Jährige fiel am 3. November 1981 gegen 9.20 Uhr Beamten des Zollgrenzdienstes auf, als er bei Lübeck-Eichholz die innerdeutsche Grenze von West nach Ost überquerte. Auf ihre Warnrufe und Aufforderungen stehenzubleiben, erwiderte Weigel, „wenn ihr mich haben wollt, dann müsst ihr schon schießen" und kletterte über den Metallgitterzaun. Dort geriet er ins Blickfeld von zwei DDR-Grenzposten, die ihn von ihrem Beobachtungsturm aufforderten, nicht weiterzugehen. Darauf rief Weigel ihnen zu: „Das ist auch Deutschland, schießt doch, wenn ihr wollt!" Dann kletterte er auch über den zweiten Gitterzaun und löste auf dem dahinter liegenden Sperrstreifen nach wenigen Schritten eine Erdmine aus, die ihm den rechten Fuß abriss.[95] Nach seiner Bergung durch Pioniere der Grenztruppen musste Weigel der rechte Unterschenkel amputiert werden. Bereits zwei Tage später am 5. November 1981 vermerkt die Einlieferungskartei seine Verlegung in das MfS-Haftkrankenhaus Berlin-Hohenschönhausen. Nach einer psychiatrischen Untersuchung attestierten ihm die MfS-Haftärzte eine akute „krankhaften Störung der Geistestätigkeit". Auf dieser Grundlage stellte die Bezirksverwaltung für Staatssicherheit in Rostock am 12. November 1981 ihr Ermittlungsverfahren wegen ungesetzlichen Grenzübertritts gegen Weigel nach § 15 des DDR-Strafgesetzbuches (Unzurechnungsfähigkeit) wieder ein. Am 12. November 1981 ersuchte die Ständige Vertretung der Bundesrepublik das Ministerium für Auswärtige Angelegenheiten der DDR um die Rückführung des Patienten.[96] Dem entsprach die DDR-Seite zügig, da Weigel im MfS-Haftkrankenhaus sowohl die Nahrungsaufnahme als auch die notwendige medizinische Behandlung verweigert hatte. Am 13. November 1981 erfolgte seine Überführung in die Bundesrepublik und die Einlieferung in das Krankenhaus seiner Heimatstadt Ludwigsburg, wo er nach der Eingangsuntersuchung in die Psychiatrie überwiesen wurde. Am

---

93 MfS, HA I: Information über einen Schußwaffengebrauch zwischen Angehörigen der NVA-Grenztruppen mit Todesfolge. BStU, ZA, MfS – HA I Nr. 5875, Bd. 2.
MfS, BV Schwerin, Abt. IX: Vorkommnis in der 7. Grenzkompanie Groß-Thurow. BStU, ASt. Swn, MfS, BV Schwerin, Abt. IX, 351 Bd. 1.
MfS, BV Schwerin: 1. Ergänzungsbericht des Leiters BV Schwerin an Genossen Minister vom 8.11.71 zu den Vorkommnissen in der 7. Grenzkompanie Thurow-Horst. BStU, ZA, MfS, Allg. S 101/72.
MfS, HA VIII: Auskunftsbericht über Heinz Delvoigt. BStU, ZA, MfS, HA VIII/RF/1760/21.
94 Die biografischen Angaben zu Kurt Weigel beruhen auf Vorarbeiten von Mandy Palme und Jochen Staadt.
95 Kommandeur Grenzkommando Nord: Berichte über Grenzdurchbrüche, dort: Untersuchungsbericht vom 5. November 1981 zur Festnahme des Grenzverletzers Weigel, Kurt; BRD-DDR im Sicherungsabschnitt IV/I./GR-6 am 3.11.1981, 9.50 Uhr. BArch Freiburg, DVH 48/13756.
96 StäV: Einzelfallakte Kurt Weigel. BArch Koblenz, B/288/23607.

5. Dezember 1981 erfolgte wegen des Verdachts einer Sepsis seine Überstellung in die Innere Abteilung. Dort starb Kurt Weigel am 26. Dezember 1981.[97]

Nach einem Vermerk der Lübecker Kriminalpolizei soll Weigels Tod die Folge seiner Beinamputation gewesen sein. Der behandelnde Arzt habe das der Kriminalpolizei in Ludwigsburg mitgeteilt und als Todesursache eine Entzündung der Herzkranzgefäße angegeben. Ein zwei Tage nach Weigels Tod im gleichen Krankenhaus erstelltes medizinisches Gutachten schloss hingegen einen ursächlichen Zusammenhang zwischen der Minenverletzung, der nachfolgenden Amputation und einer Lungenentzündung aus, die nach diesen Angaben zu Weigels Tod geführt habe. Die Staatsanwaltschaft Stuttgart beauftragte wegen des Verdachts auf eine ärztliche Fehlbehandlung das Institut für gerichtliche Medizin der Universität Tübingen mit der Begutachtung des Todesfalls. Die Tübinger Gerichtsmediziner kamen in ihrem Gutachten vom 21. Januar 1982 zu dem Ergebnis, Weigel sei nach einer Nieren- und Lungenentzündung letztlich an Nierenversagen gestorben. „Der Ursprung der Sepsis ließ sich nicht mit Sicherheit klären, jedenfalls kommt der Amputationsstumpf hierfür nicht in Betracht. Aufgrund der Krankenunterlagen läßt sich nicht mit der nötigen Sicherheit beweisen, daß ein ärztliches Fehlverhalten vorliegt."[98] Durch die Ermittlungen der ZERV kam in den 90er Jahren eine geradezu absurde Tragik der Minenverletzung Weigels zutage. Er trat auf eine Mine, die eigentlich dort gar nicht mehr vorhanden sein durfte. Das Minenfeld in dem er zu Schaden kam, war nach Unterlagen der DDR-Grenztruppen nämlich bereits am 10. August 1979 durch eine Minensuchgruppe vollständig geräumt worden. Von insgesamt dort verlegten 536 Minen hatten die Pioniere der Grenztruppen laut dem vorschriftsmäßig verfassten Räumungsprotokoll insgesamt 534 ausgegraben. Zu zwei weiteren Minen ist vermerkt, sie seien bereits zuvor detoniert. Das Räumungsprotokoll der Pioniereinheit trug seltsamerweise keine Unterschrift, weswegen die ZERV in den 90er Jahren keinen dafür Verantwortlichen mehr ermitteln konnte. Der nach seiner dienstlichen Stellung möglicherweise zuständige Pionieroffizier ist 1995 verstorben.

Schwierig gestaltete sich auch in Anbetracht der Überlieferungen aus dem Schriftgut der NVA und des MfS die Bewertung von Todesfällen, die möglicherweise Unfälle, Suizide oder Fluchtversuche von Grenzsoldaten gewesen sein könnten. Angaben zu Suizidmotiven fehlen in den Meldungen ohnehin häufig. Selbsttötungen von Soldaten werden zumeist rein private Gründe unterstellt. Unerklärt muss z.B. der Todesfall des Grenzsoldaten Ulrich Mosbach (Jg. 46) bleiben, der am 23. März 1969 verschwand und am 29. April 1969 bei Dömitz tot aus der Elbe geborgen wurde.[99] Ulrich Mosbach hatte bereits einige Berufserfahrungen gesammelt, bevor er sich zu einem dreijährigen Wehrdienst bei den Grenztruppen verpflichtete. Nachdem er die Schule in Eisleben mit der 11. Klasse abgebrochen hatte, begann er eine Ausbildung zum Gärtner. Da auch dies ihm nicht zusagte, verdiente er zunächst als Rettungsschwimmer und dann als Produktionsarbeiter im VEB Fischkombinat Rostock seinen Lebensunterhalt. An Bord von DDR-Fischtrawlern fuhr er zur See und kam bis in die Küstengewässer Spaniens, Englands, Kanadas und Dänemarks. Noch bevor

---

97 BMI/BMF: Gemeinsamer Monatsbericht der Bundesminister des Innern und der Finanzen über die Lage an der Grenze zur DDR/CSSR vom 1. Juni 1982 für April 1982. PAAA, Zwischenarchiv 132540.
98 StA II beim KG Berlin: Strafsache gegen Unbekannt wegen versuchten Totschlags z. N. Weigel. LAB, D Rep. 120–02, Acc. 8346, Az. 2 Js 160/92.
99 Verfasser der Biografie Ulrich Mosbachs ist Jan Kostka.

er am 1. November 1967 seinen Wehrdienst im Grenzregiment 8 in Grabow antrat, warb ihn die MfS-Operativgruppe im Fischkombinat Rostock als inoffiziellen Mitarbeiter mit dem Decknamen „Peter" an. Er berichtete dem MfS später aus seiner Kompanie über „Disziplin- und Wachvergehen". Die Einschätzungen anderer Stasi-Informanten und die Beurteilungen seiner Vorgesetzten beschreiben Mosbach als einen ehrlichen, zuverlässigen und besonnenen Genossen, der als SED-Mitglied in Diskussionen sachlich den Standpunkt seiner Partei vertreten habe. Nach seiner Beförderung zum Unteroffizier, die am 19. April 1968 erfolgte, ernannten ihn seine Vorgesetzten zum Gruppenführer in seiner Einheit.

Am 21. März 1969 suchte Ulrich Mosbach seinen MfS-Führungsoffizier auf und bat ihn, sich für die Genehmigung seines ihm zustehenden Jahresurlaubs einzusetzen, denn er wolle die freien Tage bei seiner Mutter verbringen. Der Kompaniechef hatte zuvor Mosbachs Urlaubsantrag zunächst zurückgestellt. Am folgenden Abend des 22. März besuchte Mosbach mit seiner ortsansässigen Freundin die Gaststätte „Fritz Reuter" in Dömitz. Vermutlich ärgerte er sich noch immer über die ausstehende Urlaubsgenehmigung. Jedenfalls benahm er sich sehr auffällig und trank Alkohol in größeren Mengen. Die Serviererin erinnerte sich später, seine Stimmung habe an diesem Abend zwischen Freigiebigkeit und Aggressivität geschwankt. So habe er unvermittelt seine Ausweispapiere aus der Uniform gezogen und zu Boden geworfen. Dann habe er behauptet, im geheimen Auftrag zu arbeiten und über drei Uniformen zu verfügen. Schließlich habe er sogar Suizidabsichten geäußert. Mosbachs Freundin wurde aus seinem Gerede nicht schlau und ließ sich gegen 23.45 Uhr von ihm nach Hause bringen. Anschließend kehrte der 22-Jährige jedoch wieder in die Gaststätte zurück und trank noch acht doppelte Kognak. Dann wies der Wirt den betrunkenen Unteroffizier hinaus. Ulrich Mosbach lief nun durch das nächtliche Dömitz. Vor dem Haus, in dem seine Freundin wohnte, verharrte er. Um 1.30 Uhr bemerkte ihn eine Bewohnerin im Hausflur und schickte ihn fort.

In der Kompanie fiel um 6 Uhr beim Wecken auf, dass der Unteroffizier fehlte. Der zuständige Staatssicherheitsoffizier vermutete sofort eine Fahnenflucht. In einem Untersuchungsbericht vom 26. März gab sich der Staatssicherheitsdienst deswegen selbstkritisch und räumte ein, „daß uns der Uffz. Mosbach in seinem Charakter und seiner politischen Zuverlässigkeit nicht umfassend bekannt war". Nun habe er offenbar versucht „nach Westdeutschland fahnenflüchtig zu werden". Am 29. April 1969, über einen Monat nach Mosbachs spurlosem Verschwinden, entdeckte die Besatzung des DDR-Grenzbootes 108 seine Leiche. Sie trieb zwischen Bohnenburg und Strachau in der Elbe. Die Obduktion ergab, dass er in dem Hochwasser führenden Fluss ertrunken war. Ein „Mitwirken fremder Hand" konnte nicht festgestellt werden. Das MfS revidierte daraufhin seinen Fahnenfluchtverdacht und kam nun zu dem Schluss, Mosbach müsse volltrunken in das überflutete Elbvorgelände geraten sein, wo ihn die starke Strömung erfasst und fortgerissen habe. Ob diese Version der Todesumstände zutraf, ob der angetrunkene Unteroffizier eine Verzweiflungstat beging oder ob er flüchten wollte, muss letztlich offenbleiben. Am 3. Mai 1969 marschierten Soldaten der Grenztruppen unter dem Kommando eines Offiziers auf dem Friedhof in Eisleben auf. Ulrich Mosbachs Grablegung erfolgte mit allen militärischen Ehren.[100]

---

100 Die Falldarstellung beruht auf: MfS/KD Rostock/Oltn. Purps: Beschluß. Rostock, 16.10.1967. BStU, MfS, AIM 8099/69. / MfS/KD Rostock/Op.-Grp. Fiko: Bericht über durchgeführte Werbung. Rostock, 20.10.1967. BStU, MfS, AIM 8099/69. / MfS/HA I/

Deutlich sich widersprechende Angaben liegen zu dem angeblichen Freitod des Grenzsoldaten Norbert Dzemski (Jg. 56) vor, der am 14. Juli 1979 in der Dienststelle Magdeburg-Rothensee des Grenzausbildungsregiments 7 tot aufgefunden wurde. Der 23-Jährige kam am 14. Juli 1979 ab 18.00 Uhr zur Sicherung einer Freilagerfläche (Munitionsdepot) zum Einsatz. Um 20.00 Uhr erschien er nicht am Ablösepunkt, woraufhin der wachhabende Unteroffizier mehrere Soldaten zur Suche nach Dzemski abordnete. Schließlich fand man ihn auf dem festgelegten Streifenweg zehn Meter von der nordöstlichen Zaunecke entfernt. Er befand sich in gebückter Haltung mit dem Gesicht nach unten und bedeckte den unteren Teil seiner MPI. Am Hinterkopf befand sich eine Schusswunde. Der Ereignisort lag 400 Meter vom Wachgebäude entfernt. Die Wache hatte keinen Schuss gehört. Das gerichtsmedizinische Gutachten kam zu dem Ergebnis, es liege eine eindeutige Selbsttötung vor. Motive dafür konnte das MfS jedoch nicht ermitteln. Es stellte lediglich fest, dass der verheiratete Vater von zwei Kindern sehr unter der Trennung von seiner Familie gelitten habe und „etwas sensibel veranlagt" gewesen sei.[101]

Norbert Dzemski erlernte nach dem Abschluss der 8. Klasse den Beruf eines Chemiefacharbeiters und arbeitete vor seiner Einberufung im Mai 1979 zuletzt als Straßenbauer. Nach Feststellungen der Militärstaatsanwaltschaft hatte er in seiner Kompanie ein gutes Verhältnis zu Vorgesetzten und Soldaten. Er galt als ruhig, zurückhaltend, nicht streitsüchtig und anpassungsfähig. In einem dienstlichen Gespräch mit einem Oberleutnant äußerte er, dass er die Trennung von seiner Frau und seinen Kindern nicht mehr aushalte und die Zeit bis zum Urlaub zu lang sei. Er sei noch nie über einen längeren Zeitraum von zu Hause weg gewesen. Mit der Aussicht auf Ausgang und einen Kurzurlaub konnte er von dem Oberleutnant etwas beruhigt werden. Er versprach im Gegenzug, alle Anforderungen während der Ausbildung zu erfüllen. Dzemskis Ehefrau, seine Eltern und Geschwister schlossen gegenüber der Militärstaatsanwaltschaft die Möglichkeit eines Selbstmordes nachdrücklich aus. Er sei im Dorf sehr beliebt gewesen. „Er war sparsam, trank und rauchte nicht. Nur in Situationen, in denen er geärgert oder gereizt wurde, konnte er jähzornig werden. Er wird als ein sehr überlegter und die jeweiligen Gefahren oder Risiken genau abschätzender Mensch eingeschätzt." Die Familie konnte sich auch einen fahrlässigen Umgang mit der Waffe nicht vorstellen, da Norbert Dzemski ein umsichtiger und vorsichtiger Mensch war. Seine „Ehefrau und die Eltern sagten übereinstimmend, daß Norbert über keinerlei Beschwerden geschrieben hätte. Seine Briefe waren optimistisch und strahlten Freude über das baldige Wiedersehen aus". Das Verhältnis zu seiner Frau und seinen Eltern be-

---

Abwehr/Kommando der Grenztruppen/Abteilung Abwehr NORD: Bericht über das Untersuchungsergebnis der versuchten Fahnenflucht des Uffz. Mosbach, Ulrich. Beetzendorf, 26.3.1969. BStU, MfS, AIM 8099/69. / MfS/Operativ-Gruppe Grabow: Aktenvermerk. Grabow, 7.5.1969. BStU, MfS, AIM 8099/69. / MfS/HA I/Abwehr/ Kdo. Grenze Nord/UA 3. Brigade Perleberg/Abw: Abschlußbericht über das besondere Vorkommniss [!] des Uffz. Mosbach, Ulrich. Grabow, 9.5.1969. BStU, MfS, AIM 8099/69. / ZERV: Abschlußvermerk, 18.5.1995. LAB, D Rep. 120–02, Acc. 8346, StA KG Berlin 7 AR 194/91.

101 OVD der Abteilung GKN, Lomoth (Hauptmann): Fernschreiben-Nr. 136, 15.07.1979, 11.30 Uhr, an HA I Berlin, HA I KGT Pätz über Selbsttötung eines Soldaten des GAR-7 Halberstadt. BStU, ZA, MfS, HA IX, Nr. 13102, Teil 2 von 2.

schrieben Zeugen als harmonisch. Er habe seine Kinder über alles geliebt.[102] Nach der Wiedervereinigung erbrachten die Ermittlungen der ZERV trotz ernstlicher Zweifel an der Selbsttötungsversion keine Anhaltspunkte zu deren Widerlegung. Auch im Zuge der Recherchen für dieses Handbuch fanden sich im DDR-Schriftgut keine weiteren Überlieferungen für eine Neubewertung des Todesfalles.

Der bei einem Fluchtversuch am 15. Oktober 1977 durch eine Mine schwer verletzte Melker Wilfried Senkel starb im Februar 1991 in Wolfsburg. Nach Auskunft seiner früheren Frau Magdalene Senkel führte ein Blutgerinnsel in dem durch die Minenexplosion verletzten Bein zu seinem Tod.[103] Am 15. Oktober 1977 um 18 Uhr erfolgte nördlich von Mechau die Auslösung des Grenzsignalzaunes Feld 18 und um 19.55 Uhr eine weitere Auslösung im Feld 20 nach der Grenzsäule 347 (Sachsen-Anhalt). Die alarmierten DDR-Grenzer hörten kurz darauf eine Detonation und entdeckten am Grenzzaun zwei durch Minen verletzte Flüchtlinge. Es handelte sich um Rainer Burgis (Jg. 58) und Wilfried Senkel (Jg. 37).

Wilfried Senkel
Bildquelle: Stefan Appelius

Wilfried Senkel war das sechste von sieben Kindern einer Arbeiterfamilie. Sein Vater fiel im April 1945 als Unteroffizier bei Fürstenwalde. Er wuchs in einfachen Verhältnissen auf und musste schon als Kind bei einem Bauern in der Landwirtschaft arbeiten, während seine Mutter als Putzfrau bei einem Fleischer die Familie über Wasser zu halten versuchte. 1957 lernte er seine spätere Ehefrau Magdalene kennen (Heirat am 28. November 1959), mit der er zwei Söhne hatte. Familienangehörige

---

102 MStA: Ermittlungsunterlagen über den Todesfall Norbert Dzemski. BArch Freiburg, DVW 13/59844.
103 Verfasser der Biografie Wilfried Senkels ist Stefan Appelius.

erinnern sich an einen „ganz lustigen Typ, mit dem man Pferde stehlen" konnte. Die Ehe wurde bereits im Mai 1962 wieder geschieden, während Wilfried Senkel eine Strafe im Arbeitslager Sollstedt verbüßte. Senkel hatte zwei Unteroffiziere der Nationalen Volksarmee zusammengeschlagen. Nach der Haftentlassung durfte Senkel seine Heimatstadt Salzwedel nicht mehr betreten. Ein 1961 gegen ihn verhängtes „Kreisverbot" wurde mehrfach verlängert. Daraufhin entschloss sich der gelernte Melker am 23. Juni 1963 gegen 23 Uhr zur Flucht in die Bundesrepublik, die ihm im Raum Mechau über die zu diesem Zeitpunkt noch wenig ausgebaute innerdeutsche Grenze auch unbemerkt gelang. Er arbeitete nach der Entlassung aus dem Notaufnahmelager Gießen erst als Bauarbeiter und später als Helfer bei einer Holzfirma in Schnega (Landkreis Lüchow-Dannenberg).

Aus Heimweh nach seiner Familie kehrte Senkel im März 1965 illegal in die DDR zurück, wobei er erneut unbemerkt die innerdeutsche Grenze im Raum Mechau überquerte. Senkel hielt sich eine Weile illegal in seiner Heimatstadt Salzwedel auf, ein Bauer versteckte ihn auf seinem Heuboden. Doch der Abschnittsbevollmächtigte (ABV) der Volkspolizei sorgte für seine Verhaftung. Wilfried Senkel wurde erneut zu einer Haftstrafe verurteilt, eine weitere in der Zwischenzeit geschlossene Ehe ging in die Brüche. Nach seiner Haftentlassung lebte Senkel in Magdeburg. Er hatte sich erneut verheiratet, und sein Leben verlief über einen längeren Zeitraum in geordneten Bahnen. Doch als sich seine dritte Frau im März 1978 von ihm scheiden ließ und auch eine Rückkehr zu seiner ehemaligen Frau Magdalene nicht zustande kam, geriet Senkels Leben erneut aus der Spur. Inzwischen als Melker in der LPG Stappenbeck beschäftigt, lernte Senkel den damals 20-jährigen Rainer Burgis kennen. Die beiden Männer freundeten sich an und beschlossen Mitte Oktober 1978, gemeinsam über die innerdeutsche Grenze in die Bundesrepublik zu fliehen, um bei Angehörigen von Rainer Burgis in Bayern zu leben. Zwischenzeitlich hatte Wilfried Senkel seine Arbeit als Melker bei der LPG wegen „Arbeitsbummelei" wieder verloren.

Senkel führte Rainer Burgis erneut in jenen Abschnitt im Bereich Mechau, in dem er selbst 1963 und 1965 die damals nur mit einem Stacheldrahtverhau gesicherte innerdeutsche Grenze problemlos überwunden hatte. Als in dem Abschnitt der Grenze am Abend des 15. Oktober 1978 ein erster Alarm ausgelöst wurde, fuhr eine Alarmgruppe der Grenztruppen über den Kolonnenweg an die fragliche Stelle. Doch Senkel und Burgis hatten sich versteckt und wurden nicht bemerkt. „Nachdem um 19.55 Uhr die zweite Auslösung optisch sichtbar wurde (rote Rundumleuchte), wurde unmittelbar danach die Kontrolle des Feldes 20 befohlen." Die Kontrollstreife erreichte den betreffenden Abschnitt genau zu dem Zeitpunkt, als die Selbstschussanlage detonierte. Die Grenzer sahen die beiden von der Splittermine getroffenen, verletzt am Boden liegenden Männer. Nachdem sie feststellten, dass Rainer Burgis nicht mehr lebte, versteckte man ihn im Unterholz, während man den schwer verletzten Wilfried Senkel ins Kreiskrankenhaus nach Salzwedel schaffte. Von hier wurde Senkel wenig später ins Haftkrankenhaus des Ministeriums für Staatssicherheit nach Berlin-Hohenschönhausen transportiert. Den Vernehmern des Staatssicherheitsdienstes erklärte er: „In der BRD kann ich mir mein Leben ohne Einmischung, Bevormundung, Vorschriften und Beschränkungen entsprechend meinen Vorstellungen aufbauen und gestalten." Das Kreisgericht Magdeburg-Nord verurteilte Wilfried Senkel am 18. Januar 1979 „wegen Fluchtversuchs in schwerem Fall" zu zwei Jahren und neun Monaten Gefängnis.

Nach einer Amnestie Ende 1979 vorzeitig aus der Haft entlassen, versuchte Senkel im Dezember 1979 erneut, über die innerdeutsche Grenze in die Bundesrepublik zu fliehen. Er brach das Vorhaben wegen einsetzenden Schneefalls ab, ohne von den Grenztruppen bemerkt zu werden. Nachdem man ihn im Februar 1981 wegen „Arbeitsbummelei" wiederholt verhaftete, wurde Senkel zur Verbüßung der Reststrafe in die Strafvollzugsanstalt nach Bützow-Dreibergen eingeliefert. Laut den vorliegenden Berichten von „Zellen-Informanten" der Stasi wollte Senkel auch weiterhin in den Westen. Dort wollte er im Fernsehen über die Zustände in Haftanstalten der DDR sprechen. Doch nach seiner vorzeitigen Haftentlassung Ende August 1982 gab es nach den bisher vorliegenden Erkenntnissen keine weiteren Fluchtversuche mehr. Senkel lebte in Burg bei Magdeburg, seine fortgesetzte Überwachung durch die Stasi endete Anfang 1984. Erst als die Mauer im November 1989 fiel, sah ihn seine in Salzwedel lebende frühere Frau Magdalene wieder. Wilfried Senkel, gesundheitlich stark angeschlagen, hatte seine Sachen gepackt und wollte die DDR verlassen. Doch der Neuanfang im Westen gelang ihm nicht. Nach Auskunft des zuständigen Sozialamtes ist Wilfried Senkel am 17. Februar 1991 im Wolfsburger Obdachlosenasyl gestorben, laut Magdalene Senkel an einem Blutgerinnsel im Bein, einer Folge der durch die Selbstschussanlage verursachten Verletzung. „Er war ja kein schlechter Mensch", erinnert sich Magdalene Senkel, er habe nur zeitweise zu viel getrunken: „Alle mochten ihn, weil er freundlich und kameradschaftlich war."[104]

Vgl. ergänzend zu Wilfried Senkel die Biografie von Rainer Burgis in diesem Handbuch.

Weitere Todesfälle im Grenzgebiet

Suizide im Grenzgebiet

Die im Verlauf der Recherchen für dieses Handbuch festgestellten vermutlichen Selbsttötungen im DDR-Grenzraum waren auf einen ursächlichen Zusammenhang mit dem DDR-Grenzregime zu überprüfen.

Am 3. März 1977 meldete die Grenzpolizeiinspektion Coburg an das Grenzpolizeipräsidium nach München eine vertrauliche Information aus der DDR. Demnach sei bei Heinersdorf, Kreis Sonneberg Werner Fischer verstorben. „Todesanzeige und Nachruf, Anzeigen im *Freien Wort*, Ausgabe Suhl, liegen vor. Als Todesursache wurde in der Öffentlichkeit Herzschlag verbreitet." Hinter vorgehaltener Hand werde aber erzählt, „dass Fischer am 3. Februar 1977 abends sein Haus, das unweit der Grenzanlagen liege, betreten habe. Er wohne dort gemeinsam mit seiner Frau

---

104 Die Falldarstellung beruht auf: MfS, BV Magdeburg: Untersuchungsvorgang des MfS gegen Wilfried Senkel. BStU, AU 1839/79. / MfS, ZAIG: Versuchtes ungesetzliches Verlassen der DDR mit Auslösung der pionier-technischen Grenzsicherungsanlage 501 am 15. 10. 1978 im Grenzabschnitt Salzwedel an der Staatsgrenze zur BRD. BStU, ZA, MfS – ZAIG 23147. / Sozialamt Wolfsburg: Schreiben an Magdalene Senkel (Salzwedel) vom 14.03.1991. / Telefonisches Interview von Stefan Appelius mit Ute Senkel (Salzwedel) am 15.08.2013. / Telefonisches Interview von Stefan Appelius mit Kurt Senkel (Salzwedel) am 15.08.2013. / Gespräch von Stefan Appelius mit Magdalene Senkel (Salzwedel) am 30.08.2013.

Rosa, geb. Kohles, seinem Sohn Heinz und dessen Ehefrau Heide. Als er gegen Mitternacht die Detonation einer Mine vernahm, soll er geäußert haben: ‚welch armes Schwein wird es jetzt wieder erwischt haben'." Daraufhin habe er ohne Jacke das Haus verlassen. „Nach der Minendetonation habe Heinz F., der drei Grenzsoldaten auf dem Steinberg kontrollierte, diese angewiesen, sofort nachzusehen und den Grund mitzuteilen. Kurz nachdem sich die beiden Grenzsoldaten entfernt hatten, fielen Schüsse. Wie sich dann herausstellte, wurde Werner Fischer tödlich getroffen. Nachdem der Tod des Genossen Werner Fischer den Behörden äußerst peinlich war, wurde ‚Herzinfarkt' angegeben."[105]

Über den Altkommunisten Werner Fischer (Jg. 1913) fand sich im BStU-Archiv eine nur spärliche Überlieferung. Fischer arbeitete nach der Machtergreifung Hitlers für die KPD von Prag aus als Kurier. In der DDR war er später LPG-Bauer, sein Sohn diente bei der Grenzpolizei. Obwohl seine Schwester in Neustadt bei Coburg wohnte, er also „Westverwandtschaft" hatte, warb ihn das MfS 1961 als IM „Ernst Engel" im Sperrgebiet an. Er erklärte sich bereit, dem Staatssicherheitsdienst sein Haus als geheimen Treffort (KW) zur Verfügung zu stellen. Da das Haus außerhalb Heinersdorfs lag und wegen des Waldbestandes schlecht einzusehen war, eignete es sich hervorragend für geheime Treffen von MfS-Offizieren mit ihren Informanten. Die MfS-Überlieferungen enden mit der Todesanzeige vom 6. Februar 1977 und enthalten keine weiteren Angaben zur Todesursache Fischers.[106] Ob er tatsächlich einem „Herzinfarkt" erlag oder die in Bayern gemeldete Schusswaffenanwendung zu seinem Tod führte, muss offen bleiben.

So enthielten die DDR-Überlieferungen im Fall der vermutlichen Selbsttötung des ehemaligen DDR-Bürgers Falk Schröder (25) hinter der DDR-Grenze bei Helmstedt keine Angaben, die der offiziellen DDR-Version eines Suizids im Grenzgebiet widersprechen. Radio DDR meldete am 29. September 1987 eine Grenzverletzung bei Sommersdorf. Gegen 7.15 Uhr drang demnach „eine männliche Person aus der BRD kommend im Grenzabschnitt Sommersdorf, Kreis Oschersleben, Bezirk Magdeburg, in das Gebiet der DDR ein. Der Grenzverletzer entzog sich einer Festnahme, indem er sich mit einer mitgeführten Pistole selbst in die Brust schoß. Trotz sofort erwiesener erster med. Hilfe verstarb er sofort. Die Person war nicht im Besitz von Ausweispapieren. Es wurden Ermittlungen eingeleitet, um die Identität festzustellen." Die Berliner Morgenpost berichtete am 1. Oktober 1987 über erhebliche Zweifel der bundesdeutschen Ermittlungsbehörden an der Darstellung des DDR-Radios. Einen Tag später korrigierte sich die Berliner Morgenpost: „Der mysteriöse Selbstmord an der innerdeutschen Grenze bei Helmstedt am Dienstag morgen war offenbar die Verzweiflungstat eines ehemaligen ‚DDR'-Bewohners, der die Trennung von seiner Familie und seiner Heimat nicht überwunden hat."

---

105 GPI Coburg an GPP München und GPI Ludwigstadt: Rechtsbrucherfassung. Coburg, 3.3.1977. BayHStA München, Präsidium der Bayer. Grenzpolizei, 63.
106 MfS, BV Suhl: Unterlagen des VPKA Sonneberg Abtlg. PM über die Familie Werner Fischer aus Heinersdorf, Krs. Sonneberg und MfS-Unterlagen zu Werner Fischer. BStU, Ast. Suhl, AIM 89/77.

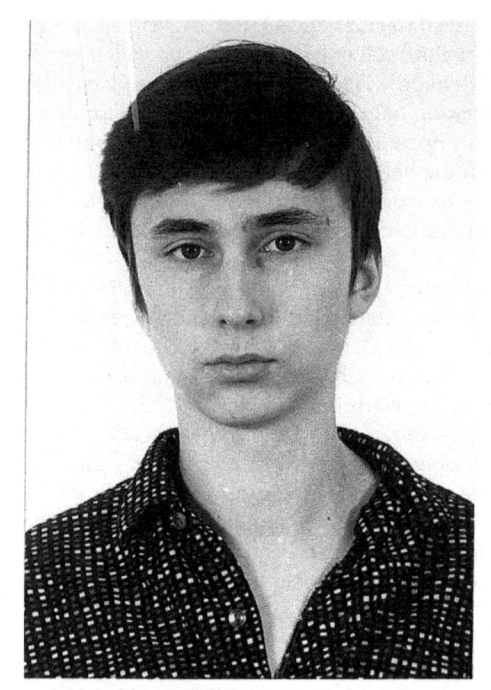

Falk Schröder, Bildquelle: BStU

Falk Heinz Schröder stammte aus Radebeul in Sachsen. Im Alter von 16 Jahren wurde er 1979 beim Verteilen von Flugblättern verhaftet und wegen „staatsfeindlicher Hetze" und „Terror" zu vier Jahren und fünf Monaten Jugendhaft verurteilt. Die Bundesregierung kaufte ihn aus dem Zuchthaus Bautzen frei. Am 14. Oktober 1981 entließ ihn die DDR aus ihrer Staatsbürgerschaft. MfS-Unterlagen unterstellten ihm eine „faschistische Gesinnung". Von Westdeutschland aus protestierte Schröder mehrfach in Einzelaktionen gegen die SED-Diktatur. So stellte er sich mit Transparenten an die innerdeutsche Grenze oder ließ bei günstigem Wind Luftballons über die Grenze fliegen, an die er selbstgeschriebene Flugblätter mit dem Text der Menschenrechtskonvention hängte.

Laut Unterlagen der DDR-Grenztruppen und des MfS fiel einer Motorradstreife am 29. September 1987 auf dem Kolonnenweg hinter dem Grenzzaun eine Person mit dunkler Stoffmaske auf. Die Grenzposten sagten später aus, dass der „Grenzverletzer" ihnen zugerufen habe, er sei hier, um „Grenzer zu erschießen". Er wolle damit die an der Grenze Erschossenen rächen – lebendig bekämen sie ihn nicht. Als die Person eine Pistole auf sie richtete, seien sie beide in Deckung gegangen. Kurz darauf hörten sie einen dumpfen Knall, woraufhin sie zu der am Boden liegenden Person gelaufen seien und ihr die Waffe aus der Hand geschlagen hätten. Die Person habe zu diesem Zeitpunkt noch gelebt. Gegen 8.17 Uhr stellte die herbeigerufene Ärztin Dr. Pape den „Tod des Grenzverletzers durch Verbluten infolge einer Schußverletzung" in der Brust fest.[107] Die Identität des Toten konnte nicht geklärt werden, da er keine Personalpapiere bei sich trug. Von der Westseite aus beobachteten Beamte des Bundesgrenzschutzes das Geschehen hinter der Grenze. Aus einem BGS-Hubschrauber stellten sie unter einer Plane einen menschlichen Körper fest. „Schwarze Gummistiefel und blaue Hosenbeine ragten unter der Plane hervor." Um 14.28 Uhr sei die Plane von der Leiche entfernt worden. „Ein menschlicher Körper in gekrümmter Haltung wurde erkennbar. Um 14.48 Uhr wurde der leblose Körper von einem weibl. DDR-Ziv. untersucht. Um 15.35 Uhr wurde beobachtet, wie eine Pistole aufgehoben wurde, die ca. 2 m vor dem linken Bein der Leiche gelegen hatte." Am späten Abend meldete das Grenzschutzkommando Nord dann als Ermittlungsergebnis der Kriminalpolizei Helmstedt, dass Zeugen bereits um 7.45 Uhr in der Nähe des Ereignisortes einen abgestellten Ford Taunus bemerkten. Dieser war, wie sich herausstellte auf Falk Schröder zugelassen. Schröder sei seit vier Wochen im Urlaub und sollte ab dem 1. Oktober 1987 zum Wehrdienst einrücken. In dem Fahrzeug fanden die Ermittler Schröders Führerschein, zwei Plastikraster für Pistolenmunition und eine Tonbandkassette mit der Filmmusik „Spiel mir das Lied vom Tod". Durch das Abhören des BGS-Funkverkehrs wusste nun auch die DDR-Seite, um wen es sich bei dem bis dahin unbekannten „Grenzverletzer" handelte.[108] Nachdem der rechtsextremistische Aktivist Meinolf Schönborn gegenüber der *Neuen Westfälischen* behauptete, Falk Schröder habe in Verbindung mit der von Schönborn angeführten „Nationalistischen Front" gestanden, hielt das MfS ihn für einen Selbstmordattentäter. Die MfS-Leute von der Hauptabteilung XXII (Terrorabwehr) meinten, dass es sich bei der durch Schröder verübten Grenzverletzung um eine gezielte Provokation der „Nationalen Front" gehandelt habe.[109] Keine der ausgewerteten Überlieferungen enthält belastbare Fakten über eine an Falk Schröder begangene Gewalttat durch DDR-Grenzsoldaten.[110]

Am 7. März 1977 brachte das *Neue Deutschland* eine Meldung über einen Grenzdurchbruch: „Um 13.00 Uhr, durchbrach der BRD-Bürger Olaf Fredwurst [tatsächlich Fretwurst] aus Hamburg mit dem PKW Typ Fiat-128, amtliches Kennzeichen HH-JM 740, gewaltsam die Grenzsicherungsanlagen an der Grenzübergangsstelle Selmsdorf. Mit überhöhter Geschwindigkeit aus Richtung BRD kommend, raste er gegen den Schlagbaum sowie gegen Kontrolleinrichtungen. Der lebensgefährlich verletzte Fredwurst, der sich in nervenärztlicher Behandlung in Hamburg befand, mußte in ein Krankenhaus eingeliefert werden. Am PKW entstand Totalschaden."

---

107 Siehe hierzu: MdI: Rapporte Nr. 180–200 September 1987. BArch SAPMO DO1/2.3 27472, sowie GK-Nord Abwehr; Meitzner (Oberstleutnant) Chiffriertelegramm vom 29.09.1987 an HA I Berlin, HA I Kdo. GT und die BV Magdeburg. BStU, MfS, HA I, Nr. 14544, Teil 2 von 2.

108 Siehe u. a. GSK Nord: Vorkommnis Grenze: Tod eines Bewohners der Bundesrepublik Deutschland nach Grenzübertritt W/Mk. Hannover, 29.9.1987, LASch Abt. 560/95. Vgl. auch MfS, HA I: Meldung zur Grenzüberschreitung/Suizid in Tagesmeldung Nr. 25/9/87, sowie BStU, ZA, MfS, HA XXII Nr. 16650.

109 MfS, HA XXII: Operativ-Information zur Grenzverletzung durch einen Bürger der BRD am 29.9.1987. BStU, ZA, MfS, HA XXII Nr. 1609/11.

110 Vgl. auch Rutkowski, Monika/Schmiechen-Ackermann, Detlef: Salzgitter: „Buchhaltung des Verbrechens" – Die Zentrale Erfassungsstelle der Landesjustizverwaltungen in Salzgitter. In: Schwark, Thomas/Schmiechen-Ackermann, Detlef/ Hauptmeyer, Carl-Hans (Hrsg.): Grenzziehungen, Grenzerfahrungen, Grenzüberschreitungen. Die innerdeutsche Grenze 1945–1990. Darmstadt 2011, S. 159 ff.

Das Bundesministerium des Inneren informierte am 13. März 1977 das Bundeskanzleramt in Bonn und die Ständige Vertretung in Ost-Berlin über eine Mitteilung der Mutter, dass ihr Sohn in der Chirurgischen Universitätsklinik Rostock seinen Verletzungen erlegen sei.[111] Das Grenzschutzkommando Küste registrierte am 14. März 1977 die Überführung des Toten von Rostock in seine Heimatstadt Hamburg und merkte an, „das Motiv für seinen Durchbruch" sei „nicht bekannt".[112] Nach Ermittlungsunterlagen der MfS-Bezirksverwaltung Rostock handelte es sich bei dem „Grenzdurchbruch" um einen Suizidversuch.[113] Auch aus den westdeutschen Überlieferungen gehen keine Hinweise über ein schuldhaftes Verhalten von DDR-Grenzsicherungskräften hervor.

Herzversagen bei Reisenden im grenzüberschreitenden Reise- und Transitverkehr

Jährlich besuchten seit Inkrafttreten des deutsch-deutschen Grundlagenvertrages mehrere Millionen Westdeutsche die DDR. Im Transitverkehr von und nach West-Berlin lag die Zahl der Reisenden 1968 bei etwa neun Millionen jährlich, sie erhöhte sich bis 1988 auf über 20 Millionen im Jahr.[114] An den DDR-Grenzübergangsstellen kam es im Rahmen dieses Besucher- und Transitverkehrs zu einer unbekannten Zahl von Todesfällen durch Herzversagen. Die genaue Zahl der Personen, die zwischen 1949 und 1989 bei Grenzpassagen einem Herzinfarkt erlagen, lässt sich nicht feststellen, da das vorliegende Archivgut lückenhaft ist. Bei den Recherchen für dieses Handbuch fanden sich Angaben zu 63 Todesfällen älterer Reisender, die an Grenzübergangsstellen an Herzversagen verstarben. Während einige wenige Todesfälle durch Herzversagen öffentliche Beachtung fanden, ereignete sich die Überzahl der Sterbefälle von Reisenden bei oder nach Grenzpassagen allerdings ohne solche Begleitumstände. Die von der Forschungsgruppe erfassten Todesfälle durch Herzversagen bestätigen den Befund des Berliner Handbuches zu Herztoden bei Grenzpassagen: „Kontrollen an DDR-Grenzübergängen – sei es auf den Transitwegen, sei es bei der Ein- und Ausreise in die DDR oder zwischen Ost- und West-Berlin – wurden von den Reisenden vom Anfang bis zum Ende der DDR häufig als extreme Stress- und psychische Drucksituationen empfunden. Schikanen waren nicht selten."[115] Es gab Gepäck- und Personenkontrolle in verschlossenen Räumen. Dabei brachten DDR-Zöllner

---

111 BMI: Fernschreiben, VS, nur für den Dienstgebrauch, Bonn 13.3.77. BArch Koblenz, B/137/8123
112 Grenzschutzkommando Küste: Lage an der Grenze zur DDR März 1977. Bad Bramstedt, 12.04.1977. LASch Abt. 560/42 (II).
113 MfS, BV Rostock: Diverse Unterlagen zum Verkehrsunfall GÜSt Selmsdorf am 4.3.77. BStU, Ast. Rst., AP 688/78 Bd. 1 u. 2.
114 DDR-Anwalt Wolfgang Vogel sprach für das Jahr 1976 von 7,9 Millionen Einreisen in die DDR aus dem Bundesgebiet und drei Millionen Einreisen aus West-Berlin. Vogel, Wolfgang: Information über die Unterredung mit Bundeskanzler Schmidt am 16. Mai 1977 in Berlin-West. SAPMO-BArch, IPA, J IV J/86, Bestand Büro Honecker. Vgl. auch Lapp, Peter Joachim: Das Grenzregime der DDR. Aachen 2013, S. 506. Demnach passierten zwischen 1985 und 1989 nahezu 35 Millionen Personen die beiden größten DDR-Grenzübergangsstellen Marienborn und Drewitz.
115 Hertle, Hermann; Nooke, Maria: Die Todesopfer an der Berliner Mauer 1961 bis 1989. Ein biographisches Handbuch. Berlin 2009, S. 472.

die betroffenen Reisenden einzeln in die Durchsuchungszimmer. Bei gesundheitlich vorbelasteten Reisenden führten diese oft in barschem Ton herbeigeführten Kontrollprozeduren zu einer für sie tödlichen Stresssituation.

Die durchgesehenen Meldungen der DDR-Grenztruppen und des MfS enthalten aber auch zahlreiche Vorfälle, die in keinem Zusammenhang mit dem DDR-Grenzregime standen. So erlag die 84-jährige Hermine G. aus Berlin am 10. Mai 1984 in der GÜSt Wartha auf dem Weg zu einem Fotoautomaten einem Herzstillstand. Sie wollte dort für eine provisorische Identitätsbescheinigung Fotografien anfertigen, da ihr Personalausweis abgelaufen war. Vor dem Fotoautomaten brach sie zusammen und blieb regungslos liegen. Die „Schnelle Medizinischen Hilfe" brachte Hermine G. in einen Raum des Kontrollgebäudes. Dort stellte der Notarzt ihren Tod durch Herzversagen fest.[116] Am 26. April 1985 brach Hans-Jochen W. (73) aus Appeln plötzlich bewusstlos zusammen, als sein Pkw, da Kühlflüssigkeit auslief, während der Kontrolle aus der Fahrspur geschoben werden musste. Im Behandlungsraum des DRK stellte der herbeigerufene Arzt den Tod von Hans-Jochen W. durch Herzinfarkt fest. Die miteisende Ehefrau informierte den Arzt darüber, dass W. schon länger wegen eines Herzleidens in Behandlung gewesen sei.[117]

Die folgenden exemplarischen Vorfälle haben teilweise zu heftigen deutsch-deutschen Kontroversen in der Öffentlichkeit und auf höchster Ebene geführt. Der bayerische Ministerpräsident Franz Josef Strauß nahm z.B. den Todesfall Rudolf Burkerts, der bei einer Kontrolle in der Grenzübergangsstelle Drewitz am 10. April 1983 einen Herzinfarkt erlitt, zum Anlass für heftige Angriffe gegen die DDR. Strauß sprach dabei sogar von einem „Mordfall". Bundeskanzler Kohl sagte wegen des Todesfalls einen vorgesehenen Besuch des SED-Politbüromitglieds Günter Mittag ab und beklagte sich am 18. April 1983 telefonisch bei Erich Honecker über den Zwischenfall.[118] Eine Bewertung, ob die Aufregung über Kontrollen und den zuweilen rüden Umgangston der DDR-Grenzer zu diesen Todesfällen führte, ist auf der Grundlage der DDR-Überlieferungen schwer möglich, obgleich westdeutsche Politiker und Medien diesen Zusammenhang insbesondere nach dem Herztod des Transitreisenden Rudolf Burkert in mehreren Fällen hergestellt haben.[119]

Die *Berliner Morgenpost* berichtete am 25. September 1976 unter der Überschrift, „Schikanen des ‚DDR'-Zolls: Rentner brach tot zusammen", über den Herztod des Rentners Gustav Schmidt an der Grenzübergangsstelle Horst. Das Grenzschutzamt Hamburg habe bekanntgegeben, dass sich der tragische Vorfall am Donnerstagmittag im Zonenkontrollpunkt Horst gegenüber von Lauenburg ereignet habe. Der 68-jährige Rentner Gustav Schmidt aus Fürth im Odenwald wollte gemeinsam mit seiner

---

116 MfS, HA IX: Tod einer Bürgerin aus WB in der GÜSt Wartha. BStU, ZA, MfS HA IX 3557.
117 MfS, ZOS: Information Nr.: 595/85. Natürlicher Tod eines Bürgers der BRD auf der Grenzübergangsstelle (GÜSt) Marienborn/Autobahn, 27.4.1985. BStU, MfS, ZOS, Nr. 54.
118 Vgl. Gespräch zwischen dem Generalsekretär des ZK der SED, Genossen Erich Honecker, und dem Bundeskanzler der BRD, Herrn Helmut Kohl, am 18. April 1983; 13.02 Uhr bis 13.15 Uhr. SAPMO-BArch, vorl. SED 41664, Bestand Büro Honecker.
119 Vgl. zum Todesfall Rudolf Burkert: Hertle, Hermann; Nooke, Maria: Die Todesopfer an der Berliner Mauer 1961 bis 1989. Ein biographisches Handbuch. Berlin 2009, S. 473 ff.

Ehefrau Else (66) mit seinem Auto über Horst in die Bundesrepublik zurückfahren. Beide hatten Verwandte in Rosslau bei Dessau besucht. An der Kontrollstelle sei dem Ehepaar befohlen worden, die Autositze und die Fußmatten hochzuheben sowie das Handschuhfach auszuräumen. „Den Gipfel der Schikane bildete allerdings die letzte Maßnahme des Zöllners: Er griff nach der Handtasche der Frau und schüttete den Inhalt auf den Autositz. Gustav Schmidt konnte daraufhin seine Aufregung nicht mehr unterdrücken. Er empörte sich über diese Verhaltensweise. Plötzlich fasste der Rentner sich ans Herz und brach tot zusammen." Der Beifahrer eines westdeutschen Lastzuges habe Schmidts Fahrzeug sowie die Ehefrau des Toten nach Lauenburg gebracht. Sie habe einen Nervenzusammenbruch erlitten und sei in ein Krankenhaus im Bundesgebiet eingeliefert worden.[120]

Am 5. November 1976 erlag Robert Neuheuse (63) aus Würzburg bei der Ausreise mit seinem Auto im Gebäude des Grenzzollamtes der GÜSt Meiningen einem Herzinfarkt. Er brach bei der Kontrolle seines Gepäcks durch DDR-Zollangestellte plötzlich zusammen. Als der herbeigerufene Notarzt aus Meiningen am Grenzübergang eintraf, konnte er nur noch den Tod Neuheuses feststellen.[121]

Das *Neue Deutschland* meldete am 25. April 1983 unter der Überschrift, „BRD-Bürgerin verstarb an Herzversagen. Medizinsche Schnellhilfe aus Schönberg konnte nur noch den Tod feststellen", den Todesfall von Anna Crede (69) aus Bochum. Die Rentnerin habe am 24. April 1983 nach der Abfertigung in der Grenzübergangsstelle (GÜSt) Selmsdorf während der Fahrt im Fahrzeug ihres Sohnes einen Herzanfall erlitten, worauf sich ihr Sohn Erich Crede (45) umgehend zur Rückfahrt an die GÜSt Selmsdorf entschloss. Dort bat er gegen 3.50 Uhr um medizinische Versorgung seiner Mutter. „Daraufhin wurde die Schnelle Medizinische Hilfe Schönberg, Kreis Grevesmühlen angefordert. Durch den diensthabenden Arzt Dr. Lutz Heber, der nach ca. 10 Minuten eintraf, konnte nur noch der Tod der BRD-Bürgerin infolge Herzversagens festgestellt werden. [...] Durch das MfAA wurde der Bereitschaftsdienst der Ständigen Vertretung der BRD in der DDR über den Tod der BRD-Bürgerin verständigt." Anna Crede befand sich in der Nacht des 24. April 1983 mit ihrem Sohn und ihrer Schwiegertochter auf dem Weg zu einer Familienfeier in Anklam (Mecklenburg-Vorpommern), als sie nach der Grenzpassage einen Herzanfall erlitt.

Die Verwaltungssektion der Toten führte im Kreiskrankenhaus Schönberg der Gerichtsmediziner der Wilhelm-Pieck-Universität Rostock, Oberarzt Dr. Wegner, durch. Sein Ergebnis lautete: „Herzinfarkt bei fortschreitender Koronarsklerose". Darüber stellte er mehrere Vernarbungen an den Herzkranzgefäßen fest, die auf vorangegangene Herzinfarkte hinwiesen.[122] *Die Welt* reagierte am 26. April 1983 auf die Berichterstattung im *Neuen Deutschland*, die „offenbar auf höhere Weisung" erfolgt sei und sich „wesentlich von der mit neuntägiger Verspätung am vergangenen Montag

---

120 Schikanen des DDR-Zolls. *Berliner Morgenpost*, 25.09.1976.
121 Datenbank Gerhard Schätzlein nach einer Meldung aus dem BArch Freiburg.
122 MfS, ZAIG: Information Nr. 149/83 über natürlichen Tod einer Bürgerin der BRD nach erfolgter Einreise über die Grenzübergangsstelle Selmsdorf, Kreis Grevesmühlen, Bezirk Rostock am 24. April 1983. BStU, ZA, BStU, MfS, ZAIG, Nr. 5796. Weitere Angaben zum Todesfall von Anna Crede finden sich unter MfS, ZAIG, Nr. 23105; MfS ZAIG 10685 sowie im Rapport des MdI Nr. 81, vom 22.4.1983, 4.00 Uhr bis 25.4.1983, 4.00 Uhr. BArch DO1/2.3/48536.

auf Seite 19 des ‚Neuen Deutschland' veröffentlichten 15-Zeilen-Notiz über den Tod Burkerts" unterscheide. Die Meldung über den Todesfall von Anna Crede umfasste im Neuen Deutschland 30 Zeilen.

Nur einen Tag nach den Pressemeldungen über den Todesfall von Anna Crede verfasste die Pressestelle des Staatssicherheitsdienstes einen Entwurf für eine eventuelle Presseveröffentlichung mit dem Titel „BRD-Bürger verstarb an Herzversagen. Schnelle Medizinische Hilfe aus Eisenach konnte nur noch den Tod feststellen". Demnach passierte der Bundesbürger Heinz Moldenhauer (68) aus Philippsthal (Hessen) am Morgen des 26. April 1983 die GÜSt Wartha, um eine 81-jährige Verwandte in Dorndorf (Thüringen) zu besuchen. Am Abend kehrte er für die Wiederausreise zur GÜSt Wartha zurück und wurde gegen 20.55 Uhr einer Zollkontrolle unterzogen. Es wurden Differenzen zwischen der abgegebenen Zollerklärung und den von ihm mitgeführten Geldbeträgen festgestellt. Demnach habe Moldenhauer einen Geldbetrag von 50,- DM angegeben, jedoch weitere Bargeldbeträge bei sich gehabt. Zur Klärung des Sachverhalts sei er in den 30 Meter entfernten Zollkontrollraum gebeten worden. Widerspruchslos sei er dem nachgekommen und habe dort weitere 130,- DM Bargeld vorgewiesen, die er als eiserne Reserve für eventuelle Reparaturen seines Wagens bezeichnete. Als er über die Notwendigkeit der ordnungsgemäßen Ausfertigung der Zollerklärung belehrt worden sei, „rutschte Moldenhauer – ohne vorher erkennbare Anzeichen von gesundheitlichen Beeinträchtigungen – in sich zusammen und fiel nach hinten, blieb am Boden liegen, wobei er röchelnd atmete". Durch eine sofort herbeigerufene diensthabende Schwester des DRK sei erste medizinische Hilfe geleistet worden bis der diensthabende Arzt der Schnellen Medizinischen Hilfe des Kreiskrankenhauses Eisenach, Dr. Patzner, eintraf. Er stellte um 21.17 Uhr den Tod Moldenhauers durch akutes Herzversagen fest. Die durch den Direktor des Bereiches Gerichtsmedizin der Medizinischen Akademie Erfurt, Prof. Dr. Leopold, vorgenommene Verwaltungssektion „ergab als eindeutige Todesursache Herztod infolge schwerer Herzgefäßverkalkung bei Herzvergrößerung und alten Herzinfarkten". Die Ständige Vertretung der Bundesrepublik sei gegen 00.50 Uhr über den Tod des Moldenhauers informiert worden.[123]

Vor dem Hintergrund, dass Rudolf Burkert nur 16 Tage zuvor bei einer Grenzkontrolle in der GÜSt Drewitz durch Herzversagen starb, meldeten mehrere westdeutsche Zeitungen Zweifel an der offiziellen DDR-Darstellung an. Die BZ titelte am 28. April 1983 „Herzschlag nach Grepo-‚Belehrung'" und zitierte Moldenhauers Sohn mit der Aussage „Mein Vater kannte sich mit den Kontrollen aus. Sie waren für ihn nichts Besonderes. Er hatte auch nie Anzeichen einer Herzkrankheit – deshalb muß bei der Kontrolle eine ganz besondere Situation vorgelegen haben." Die Bild-Zeitung schrieb unter der Schlagzeile „Nach 6 Minuten war er tot", Moldenhauers Ärztin habe ihm einen guten Gesundheitszustand bescheinigt. „Sein Herz war kerngesund. Erst vor ein paar Tagen habe ich ihn untersucht – ein EKG gemacht.

---

123 MfS, ZAIG: Information Nr. 152/83 über den natürlichen Tod des BRD-Bürgers Moldenhauer, Heinz während der Ausreise-Grenzabfertigung an der Grenzübergangsstelle Wartha am 26. April 1983. BStU, MfS, ZAIG, Nr. 3291. / MfS, HA IX: Operative Information 355/83 über den natürlichen Tod eines Bürgers der BRD während der Zollkontrolle auf der Grenzübergangsstelle Wartha, 27.4.1983. BStU, ZA, MfS, HA IX Nr. 9784. / Rapport des MdI Nr. 83, vom 26.4.1983 bis 27.4.1983. BArch DO1/2.3/48536.

Wenn das nicht in Ordnung wäre, hätte ich den Mann gar nicht in die DDR fahren lassen." Der Bundesminister für innerdeutsche Beziehungen, Heinrich Windelen (CDU), zeigte sich gegenüber *Der Welt* über „eine starke Zunahme von Verdachtskontrollen" in den DDR-Grenzübergangsstellen besorgt, die von den Reisenden als harte Belastung empfunden würden. „Umfragen hätten ergeben, daß die weit überwiegende Zahl der Bürger, die die Transitwege benutzten, ‚unter Angst leiden'." Für den Todesfall Moldenhauer forderte Windelen eine restlose Aufklärung. Ein Urteil könne erst abgegeben werden, „wenn wir Gewissheit über den Vorgang haben". Windelen mahnte die Beachtung des Grundsatzes der Verhältnismäßigkeit bei den Grenzkontrollen an. Dies gelte „auch für die Verkehrskontrollen auf den Autobahnen, also auf Straßen, die von uns wesentlich mitfinanziert wurden und für die auch pauschale Benutzungsgebühren bezahlt werden". Andernfalls entstehe „der Eindruck der Beutelschneiderei oder bewußter Abschreckungsmaßnahmen". Beides sei „gleichermaßen unerträglich". AP und dpa berichteten über eine Stellungnahme der CDU/CSU aus Bonn: „Was im SED-Jargon ‚Ohnmachtsanfall' mit Todesfolge nach einer ‚eingehenden Belehrung' durch Grenzbeamte genannt wurde, sei nichts anderes als das Eingeständnis, daß wiederum ein harmloser Besucher aus völlig nichtigem Anlaß massiv eingeschüchtert und in Angst und Schrecken versetzt worden sei. Die CDU/CSU-Fraktion sehe sich in ihrer Ansicht bestätigt, daß es sich um ‚systemimmanente Unmenschlichkeit' handele, die Vorfälle wie in Drewitz und jetzt in Wartha jederzeit wiederholbar machten."[124]

In einem Gespräch, das Diplomaten der Hauptabteilung Konsularische Angelegenheiten des DDR-Außenministeriums mit Vertretern der Ständigen Vertretung der Bundesrepublik am 28. April in Ost-Berlin führten, kritisierte die DDR-Seite, es sei „bedauerlich, daß der natürliche Tod des Transitreisenden [...] wiederum zum Anlaß einer nicht vertretbaren, in der Sache völlig unbegründeten Hetze gegen die DDR genommen wird". Der stellvertretende Leiter der Rechtsabteilung der Ständigen Vertretung habe darauf erwidert, die Bundesregierung würde „die Medien korrekt unterrichten. Sie hätte dann keine Möglichkeit mehr, auf deren Darstellung Einfluß zu nehmen. Daher könne er nicht gelten lassen, daß es sich um eine Kampagne handle. Die Bundesregierung wolle die Fälle Burkert und Moldenhauer rasch und ohne Friktionen zu Ende bringen."[125]

Die Leiche Moldenhauers wurde am 29. April 1983 in den Westen überführt und im Auftrag der Staatsanwaltschaft Fulda noch einmal nachobduziert. Am 3. Mai 1983 meldete dpa: „Ein Sprecher der Bundesregierung teilte gestern mit, die DDR habe Bonn Informationen und Unterlagen über den Fall zur Verfügung gestellt. Der Leichnam Moldenhauers sei zur Bestattung freigegeben, das Todesermittlungsverfahren eingestellt worden. Damit sei auch für die Bundesregierung die Frage der Aufklärung der Todesursache abgeschlossen. [...] Die gerichtsärztliche Leichenschau durch Professor Leopold von der Medizinischen Akademie Erfurt und die gerichtsärztliche Nachuntersuchung bestätigten plötzlichen Herztod und das Fehlen jeder Gewalteinwirkung."[126]

---

124 Erneut Tod eines Reisenden auf DDR-Kontrollpunkt. In: *Der Tagesspiegel*, 28.4.1983.
125 Händschke, HA Konsularische Angelegenheiten: Vermerk über ein Gespräch in der HA Konsularische Angelegenheiten am 28. April 1983 von 17.30 bis 18.20 Uhr. Berlin, 29.4.1983. BStU, ZA, MfS HA - IX 854.
126 Bonn: Fall Moldenhauer aufgeklärt und abgeschlossen. In: *Der Tagesspiegel*, 3.5.1983.

Das Heute-Journal des ZDF berichtete am 29. April 1983 noch während der Todesfall Heinz Moldenhauers die Öffentlichkeit erregte: „Von der innerdeutschen Grenze ist erneut ein Todesfall bekannt geworden. Wie die Bundesregierung heute bestätigte, starb am 2. Januar der 54 Jahre alte Bundesbürger Günter Zöllner am Grenzübergang Helmstedt/Marienborn. Als Todesursache hatte die DDR einen Herzinfarkt angegeben. Zöllner starb in Anwesenheit seiner Frau, als er aus dem Zug geholt wurde und zum Verhör geführt werden sollte. Nach Angaben der Bundesregierung habe sie bei dem Vorfall keine Unregelmäßigkeiten der DDR festgestellt." Die interne Informationsabteilung des DDR-Staatssicherheitsdienstes informierte die zuständigen Stellen über den Todesfall in ungewöhnlich sachlichem Ton. Demnach kontrollierten DDR-Grenzer den Rentner Günter Zöllner, einen ehemaligen Bergmann, und seine Frau am Bahnhof in der GÜSt Marienborn. Das Ehepaar befand sich im D 444 (Görlitz – Köln) auf der Rückreise von einem Verwandtenbesuch im brandenburgischen Schöna, Kreis Herzberg. Während der Zollkontrolle seien Fleischwaren, Kinderbekleidung und Damenschuhe beanstandet worden, die nicht in die Zoll- und Devisenerklärung eingetragen waren. Daher sei das Ehepaar gebeten worden, den Zug zu verlassen und das Kontrollgebäude des Grenzzollamtes aufzusuchen. Auf dem Weg zum Kontrollgebäude, ca. 50 Meter nach Verlassen des Zuges, sei Günter Zöllner auf dem Bahnsteig um 14.30 Uhr zusammengebrochen. Die herbeigerufene diensthabende Schwester habe sofort Erste Hilfe geleistet und Zöllner mittels Krankenfahrstuhl zum DRK-Raum gefahren. Als dort um 15.00 Uhr die Bereitschaftsärztin Frau Dr. Edler aus Alleringsleben eintraf, konnte sie nur noch Zöllners Tod durch einen Herzinfarkt feststellen. Bereits um 15.30 Uhr sei die Leiche durch den Kreisstaatsanwalt freigegeben worden und um 18.20 Uhr durch das Bestattungswesen in die Medizinische Akademie Magdeburg überführt worden. Die DDR-Kontrolleure überließen Frau Zöllner die beanstandeten Waren und gestatteten ihr um 17.50 Uhr mit dem D 242 (Warschau – Paris) die Ausreise. Man händigte ihr zuvor noch die Wertgegenstände ihres Mannes aus.

Die *BILD-Zeitung* titelte am 30. April 1983: ‚'DDR' – 3. Toter auf dem Weg zum Verhör". Margarete Zöllner habe von herrlichen Tagen im Erzgebirge bei ihrem Bruder geschwärmt. An der GÜSt hätten beide ihre schweren Koffer aus dem Gepäcknetz holen müssen. Diese seien dann durchwühlt worden und ein Stück Schinken von knapp zwei Pfund gefunden worden. Der Grenzer habe gefragt, was das sei, woraufhin Günter Z. laut Frau Zöllner „etwas erregt" geantwortet habe, dass dies die Verpflegung für unterwegs sei. Daraufhin sei ihnen befohlen worden, auszusteigen. Frau Zöllner habe den Grenzer gefragt, ob es nötig sei, mit den schweren Koffern auszusteigen und habe darauf hingewiesen, dass ihr Mann bereits zwei Herzinfarkte erlitten habe. Im Bericht der *Bild-Zeitung* ist von insgesamt 300 Metern die Rede, die Günter Zöllner seinen Koffer schleppen musste, bevor er zusammenbrach.

Am 7. Mai 1983 erlag bei der Einreise in die DDR Erich Fröse (69) aus Helmstedt am Grenzübergang Marienborn einem Herzinfarkt. Erich Fröse befand sich mit seiner Frau und seiner Tochter auf dem Weg zu einem eintägigen Besuch bei Verwandten im Kreis Gardelegen. Auf dem Parkplatz vor dem Servicebüro des VEB Reisebüro sei Erich Fröse ausgestiegen und habe sich an den Pkw gelehnt. Seine Tochter habe einen Mitarbeiter der Passkontrolleinheit um medizinische Hilfeleistung für ihren Vater gebeten, woraufhin der Bereitschaftsarzt Dr. Klaus aus Erxleben und die diensthabende Krankenschwester gerufen wurden. Letztere sei zwei Minuten später erschienen. Fröses Tochter versuchte ihrem Vater durch eine Herzmassage zu helfen. Er lag mittlerweile auf einem zurückgeklappten Sitz des Fahrzeugs der Familie. Als die Krankenschwester Fröhses Puls fühlte, konnte sie ihn nicht mehr wahrnehmen. Der gegen 8.55 Uhr erschienene Dr. Klaus stellte Fröses Tod infolge akuten Herzversagens fest. Die Tochter teilte dem Arzt mit, ihr Vater habe an Herzasthma gelitten habe und sich in ständiger Behandlung befunden. Er habe auf der Reise keine Medikamente bei sich gehabt, da er sich vor Antritt der Fahrt wohlfühlte und keine Beschwerden verspürte. Er habe jedoch auf der Fahrt zur Grenze einen heftigen Hustenanfall gehabt.[127]

Die *BILD-Zeitung* berichtete am 31. Dezember 1986 unter der Schlagzeile, „Vopo-Schikane. Mann tot im Auto", über den Herztod von Rolf Telling (56) aus Dinslaken nach Kontrollen in der GÜSt Wartha. Telling habe das Gepäck aus dem Wagen räumen und sogar den Aschenbecher ausbauen müssen. Seine Frau erklärte gegenüber *BILD*: „Er war ganz blaß, schrecklich aufgeregt." Das Ehepaar hatte als Weihnachtsgeschenke für Tellings Schwestern in der DDR Süßigkeiten, Kaffee, Schokolade, eine Kaffeemaschine und einen Heizlüfter mitgenommen. Kurz nach dem Ende der Kontrolle und der Erlaubnis zur Weiterfahrt erlitt Rolf Telling einen Herzinfarkt. *Die Welt* meinte, der Vorfall erinnere an den „mysteriösen Herztod" Rudolf Burkerts 1983.

Die DDR-Seite stellte Tellings Tod anders dar. Telling sei mit seiner Frau und seiner Tochter mit Besuchsvisa bis zum 2. Januar 1987 auf dem Weg zu seiner Schwägerin in der DDR gewesen. Die Pass- und Zollkontrollen seien zügig und ohne Beanstandungen verlaufen. Gegen 17.40 Uhr wurde die DRK-Schwester informiert, dass Telling auf dem Parkplatz des Grenzveterinärdienstes bewusstlos im Pkw sitze. Um 17.58 Uhr stellte der herbeigerufene Arzt Tod durch Herzinfarkt fest. Tellings Ehefrau habe angegeben, dass ihr Mann bereits mehrere Herzinfarkte erlitten und kurz zuvor über Atembeschwerden geklagt habe. Der Zollkontrolleur Udo Neibert erklärte gegenüber dem MfS, er habe Telling lediglich um die Öffnung des Kofferraumes gebeten, um zu prüfen, ob für den ordnungsgemäß zur Einfuhr angemeldeten Ölradiator kein Gebührenanspruch bestehe. Da dies nicht der Fall war, habe er die Familie unverzüglich weiterfahren lassen. Alles in allem seien nur drei Minuten verstrichen. Die vom MfS ebenfalls befragte DRK-Schwester gab an: „Die mitreisende Ehefrau und Tocher äußerten sich in keiner Weise über belastende Probleme bei der Paß- und Zollkontrolle. Sie machten einen aufgeschlossenen, gefaßten Eindruck und brachten für mich feststellbar den Tod des Mannes nicht mit den Kontrollmaßnahmen an der Staatsgrenze in Zusammenhang. Sie gaben zu verstehen, daß sie die Ursache des Todes in seiner Herzerkrankung sahen und meinten, daß auch die gesamte Fahrt zu den Verwandten

---

127 MfS, ZAIG: Operative Information 413/83 über den natürlichen Tod eines Bürgers der BRD auf dem Parkplatz vor dem Servicebüro des VEB Reisebüro der DDR auf der Grenzübergangsstelle Marienborn/Autobahn vor der Abfertigung zur Einreise in die DDR, 8.5.1983. BStU, ZA, MfS, ZAIG, Nr. 23108. / MdI: Tod eines BRD-Bürgers, in: Rapport des MdI Nr. 91, vom 6.5.1983 bis 9.5.1983. BArch DO1/2.3/48536. / MfS, HA IX: Operative Information 413/83 vom 8.5.1983. BStU, ZA, MfS HA IX 3557.

mit zu vielen Belastungen verbunden sei." Die Sektionsdiagnose der Medizinischen Akademie Erfurt vom 31. Dezember 1986 lautete: „Akuter Herzinfarkt (bei schwerster Herzkranzgefäßverkalkung und Herzkranzgefäßeinengung sowie bei bereits früher durchgemachtem Herzinfarkt)."[128]

Das holländische Ehepaar Hans van der Veen, Rentner, und Anna Maria van der Veen, ebenfalls Rentnerin, traf am 14. Juli 1987 gegen 15.00 Uhr an der GÜSt Wartha mit seinem Pkw Citroen und einem Campingwagen zur Ausreise in die Bundesrepublik ein. Die Eheleute kehrten von einem fünftägigen Urlaubsaufenthalt auf dem Campingplatz Scharfenberg/Krs. Meißen zurück. Van der Veen verneinte zu Beginn der Zollkontrolle die Frage nach mitgeführten genehmigungspflichtigen Gegenständen. Während der anschließenden Kontrolle des Campinganhängers brach der 61-Jährige plötzlich zusammen. Der Zollkontrolleur, eine herbeigerufene Krankenschwester und eine DDR-Reisende versuchten, van der Veen durch Mund-zu-Mund-Beatmung und Herzmassagen zu reanimieren. Der herbeigerufene Notarzt Dr. Ponsold konnte bei seinem Eintreffen gegen 15.15 Uhr nur noch den Tod van der Veens feststellen. Er bescheinigte als Todesursache einen „Reinfarkt mit sekundär entstandener Platzwunde am Hinterkopf (ca. 3 bis 4 cm mit geringer Blutung) infolge Aufprall beim Zusammenbruch". Frau van der Veen gab an, ihr Ehemann habe vor fünfzehn Jahren bereits einen Herzinfarkt erlitten. Da seit einem Jahr verschiedentlich Herzbeschwerden auftraten, habe er sich zwei Monaten vor der Reise in die DDR in stationäre Behandlung begeben.[129] Die *Berliner Morgenpost* brachte am 15. Juli 1987 eine kurze Meldung über den Todesfall.

Aussagen über die Anzahl der Todesfälle durch Herzinfarkte sowie über schuldhaftes Verhalten von DDR-Grenzwachen an den innerdeutschen Grenzübergängen sind auf der Grundlage der für dieses Handbuch durchgesehenen Überlieferungen und Publikationen nicht möglich.

Suizide nach abgelehnten Ausreiseanträgen

Über die Zahl der Suizide von Ausreisantragstellern liegen bislang keine Erhebungen vor. Das Team des Forschungsverbundes SED-Staat stieß bei seinen Recherchen in den DDR-Überlieferungen auf folgende Fälle:

---

128 MfS, HA IX: Operative Information 1000/86 vom 30.12.1986 über den natürlichen Tod eines Bürgers der BRD auf der Grenzübergangsstelle Wartha. BStU, ZA, MfS, HA IX, Nr. 3972.
129 MfS, ZAIG: Operative Information 388/87 über den Tod eines niederländischen Bürgers auf der Grenzübergangsstelle Wartha, 15.07.1987. BStU, ZA, MfS, ZAIG, Nr. 27654.

Nadine Klinkerfuß, Bildquelle: BStU

Am 17. März 1979 schied die am 22. Januar 1951 in Ticheville (Normandie) geborene französische Staatsbürgerin Nadine Klinkerfuß in ihrer Magdeburger Wohnung aus dem Leben. Ihr Vater, Helmut Müllerke, geboren 1920 in Magdeburg, heiratete in der Nachkriegszeit Nadines französische Mutter Yolande. Nadine Klinkerfuß kam 1957 in Ticheville (Normandie) in die Grundschule und besuchte nach einem Umzug der Familie in Le Sap (Normandie) dort die 5. Klasse einer katholische Schule. Das Ehepaar Müllerke zog 1962 aus Frankreich mit seinen acht Kindern in Helmut Müllerkes Heimatstadt Magdeburg um. Dort besuchte Nadine Müllerke bis zur 8. Klasse die Maxim-Gorki-Oberschule.

Den in Frankreich geborenen Kindern der Familie Müllerke fiel es nicht leicht, sich in der DDR einzuleben. Zwischen 1963 und 1965 flüchteten drei von ihnen wieder aus der DDR. Nadine Müllerke tat sich in der Schule und mit der deutschen Sprache schwer. Nach dem Schulabschluss arbeitete sie eine Zeitlang in einer Magdeburger Zuckerraffinerie, anschließend als Reinigungskraft bei der Post, danach als Stationsgehilfin in der Landesfrauenklinik Magdeburg und zuletzt als Druckhelferin in einem Papierverarbeitungswerk. Nadine Müllerke heiratete 1969 den Installateur Achim Klinkerfuß. Im August des gleichen Jahres kam die erste Tochter des jungen Ehepaares, Jaqueline, zur Welt. Im Juli 1971 wurden deren Schwester Karin und im Februar 1977 der Sohn Helmut geboren.

Der Vater von Nadine Klinkerfuß durfte 1973 als Frührentner nach Frankreich reisen. Er kehrte nicht wieder in die DDR zurück. Kurze Zeit später verschlimmerte sich seine Herzerkrankung und auch seine Frau Yolande durfte ausreisen, um ihn in Frankreich zu pflegen. Auch sie kehrte nicht wieder in die DDR zurück. Nadine Klinkerfuß und ihr Mann standen fortan unter der Beobachtung des DDR-Staatssicherheitsdienstes. Als eine Schwester von Nadine Klinkerfuß unter Berufung auf ihren französischen Pass einen Ausreiseantrag aus der DDR stellte, verfügte das Ministerium des Innern am 22. Januar 1974, dass „die Mitglieder der Familie Müllerke, die auf dem Territorium der DDR leben, Staatsbürger der DDR sind".

Nadine Klinkerfuß stellte 1975 einen Antrag auf eine zeitweilige Ausreise, um ihren kranken Vater in Frankreich besuchen zu können. Zu diesem Zeitpunkt stand für sie und ihren Mann eine dauerhafte Ausreise aus der DDR noch nicht zur Debatte. Zwischenzeitlich wandte sie sich an die französische Botschaft und bat um die Reaktivierung ihres französischen Passes und Unterstützung ihres Besuchswunsches zu den Eltern. Im Frühjahr 1978 erkrankte Helmut Müllerke erneut schwer, woraufhin sie unter Beifügung eines ihrem Vater ausgestellten ärztlichen Attestes einen weiteren Antrag zur besuchsweisen Ausreise stellte. Doch auch dieser wurde abgelehnt. Daraufhin entschlossen sich Achim und Nadine Klinkerfuß im Frühjahr 1978 zur Flucht über die tschechoslowakische Grenze nach Österreich. Sie nahmen an, dass diese nicht so stark wie die innerdeutsche Grenze überwacht würde. Am 7. August 1978 tauschten sie Geld um, packten die nötigsten Sachen, ein vor allem persönliche Unterlagen und wichtige Dokumente und machten sich mit ihren drei Kindern auf den Weg in Richtung Oberwiesenthal. An dieser Grenzübergangsstelle konnte die Familie pass- und visafrei mit dem Auto in die Tschechoslowakei reisen. Kurz darauf fiel ihr Fahrzeug aus, so dass sie ihren Weg mit öffentlichen Verkehrsmitteln über Karlovy Vary, Plzeň, České Budějovice nach Nové Hrady fortsetzte. In den Zwischenstationen kam die Familie in Privatunterkünften oder Hotels unter. Unterwegs kauften die Eltern eine Landkarte und einen Kompass, um sich im Grenzgebiet orientieren zu können. Da die Kinder müde waren und es dunkel wurde, verbrachte die Familie die Nacht vom 10. zum 11. August 1978 in einem Waldgebiet in unmittelbarer Nähe der Staatsgrenze zu Österreich. Schon in den frühen Morgenstunden, bevor sie ihren Weg fortsetzen konnte, entdeckten ČSSR-Grenzer die Familie bei Nové Hrady. Nach zehntägiger Untersuchungshaft überstellten die Sicherheitsorgane der ČSSR Achim Klinkerfuß dem DDR-Staatssicherheitsdienst, der ihn in die Untersuchungshaftanstalt nach Magdeburg-Neustadt einlieferte. Das Kreisgericht Magdeburg verurteilte ihn am 7. November zu einer Gefängnisstrafe von einem Jahr und zehn Monaten. Da Nadine Klinkerfuß zum Zeitpunkt ihrer Festnahme im sechsten Monat schwanger war, leitete die Staatsanwaltschaft das Ermittlungsverfahren gegen sie zunächst ohne Haft ein. Ihr viertes Kind kam im November 1978 zur Welt. Sie gab ihm ihren Namen Nadine. Achim Klinkerfuß konnte seine Tochter nicht in die Arme schließen, er befand sich zum Strafvollzug im Zuchthaus Cottbus, dem sogenannten „Roten Elend".

Nadine Klinkerfuß musste nun mit ihren vier Kindern alleine zurechtkommen. Sie verkaufte das von ihrem Mann überwiegend in Eigenarbeit gebaute Haus und zog mit den Kindern in eine Magdeburger Wohnung. Das MfS lud sie mehrfach zu Vernehmungen vor und durchsuchte ihre Wohnung. Ihrem inhaftierten Mann schrieb sie lange ermutigende Briefe in die Haft und besuchte ihn, so oft es gestattet war. Zweimal schrieb sie auch an den Staatsratsvorsitzenden und SED-Chef Erich Honecker und verlangte darin die Übersiedlung ihrer Familie nach Frankreich. Am 17. Januar 1979 ging per Einschreiben im SED-Zentralkomitee ein drittes Schreiben von Nadine Klinkerfuß an Erich Honecker ein. Diesen Brief an den SED-Chef muss sie in äußerster Erregung geschrieben haben. Sie beschwerte sich darin über die Zustände in der Haftanstalt Cottbus, beklagte, dass ihr Mann und andere politische

Gefangene „für den Scheißstaat" arbeiten müssten und nur „Kohlsuppe und Sülze" erhielten. Sogar die Kleinigkeiten, die sie ihrem Mann bei den Besuchsterminen zum Essen mitbrachte, durfte er nicht entgegennehmen. Weiter hieß es in dem Brief, „lasst uns da leben, wo wir hingehören, festhalten könnt ihr uns nicht." Schließlich drohte Nadine Klinkerfuß damit, das westliche Ausland um Hilfe zu bitten. Auf dem Kopf dieses Briefes befindet sich der handschriftliche Vermerk: „am 31.1.79 an MfS". Zwei Wochen später erhielt Nadine Klinkerfuß Besuch von einem MfS-Mann, der sie aufforderte, keine weiteren Briefe an Erich Honecker zu schreiben und jegliche Verbindung in das westliche Ausland abzubrechen. Sollte sie dem nicht Folge leisten, werde sich das strafverschärfend in dem in Kürze gegen sie stattfindenden Gerichtsverfahren auswirken. Sie müsse außerdem mit einer Einweisung ihrer Kinder in ein staatliches Heim rechnen.

Am 17. März 1979, eine Woche vor dem bereits terminierten Beginn ihres Strafprozesses, schrieb Nadine Klinkerfuß zwei verzweifelte Briefe. Einen adressierte sie an ihre Eltern in Frankreich, den anderen an ihren Mann im Gefängnis Cottbus. Beide Briefe beklagen die Aussichtslosigkeit ihrer Lage und enthalten Abschiedsworte. In den späten Abendstunden, als ihr ebenfalls in Magdeburg lebender Bruder noch einmal bei ihr vorbeischaute und die Wohnungstür aufschloss, roch es nach Gas. Er fand seine Schwester auf dem Küchenboden. Die Gashähne des Herdes waren geöffnet. Die vier Kinder schliefen unversehrt im Nebenzimmer. Die Ärzte der Medizinischen Akademie Magdeburg stellten nach der Einlieferung von Nadine Klinkerfuß ihren Tod durch Gasvergiftung fest.

Entgegen ihrem eigenen und dem Wunsch ihres Mannes ließen die DDR-Behörden eine Bestattung von Nadine Klinkerfuß in ihrer Heimat Frankreich nicht zu. Man trug sie am 28. März 1979 in Magdeburg auf dem Westfriedhof zu Grabe. Ihr Ehemann durfte nur 15 Minuten an der Bestattung unter der Bewachung von drei MfS-Leuten teilnehmen. Dank einer Amnestie im Vorfeld des 30. Jahrestages der DDR-Gründung durfte er vorzeitig das Gefängnis verlassen. Die beiden älteren Kinder lebten bis dahin bei den Geschwistern von Nadine Klinkerfuß in Magdeburg, die beiden jüngeren in einem Heim. Sie durften ihre Tanten und Onkel nur an den Wochenenden besuchen. Eine Kampagne der Internationalen Gesellschaft für Menschenrechte machte in der Bundesrepublik den Fall bekannt. Mehrere Zeitungen berichteten über die Weigerung der DDR-Behörden, Achim Klinkerfuß und seine Kinder nach Frankreich ausreisen zu lassen. Nachdem sich die französische Botschaft und der französische Außenminister Jean François-Poncet bei seinem DDR-Besuch im Juli 1979 auf Spitzenebene für die Familie eingesetzt hatten, konnte Hans-Joachim Klinkerfuß mit seinen vier Kindern im Sommer 1980 dann doch nach Frankreich ausreisen.[130] (Recherchen: MP, jos., St.A.; Autorin: MP)

---

130 MfS/BV Magdeburg: Operativ-Vorgang „Mühle", BStU, Ast. Mgb. MfS, BV Magdeburg, AOP 445/79. / Klinkerfuß, Nadine: Schreiben an Erich Honecker und weitere Dokumente. BStU, Ast. Mgb, MfS BV Magdeburg, AU 299/80. / *Frankfurter Allgemeine Zeitung* vom 28. September 1979 und 2. August 1980. / *Die Morgenpost* vom 5. August 1980.

Sabine Schmidt, Bildquelle: BStU

Nach der Rückkehr aus dem Urlaub fanden die Eltern Sabine Schmidt am 13. März 1977 in ihrer Berliner Wohnung tot auf. Die 22-Jährige nahm sich das Leben, nachdem ihr die DDR-Behörden eine Ausreise nach West-Berlin verweigert hatten und sich ein geplanter Fluchtversuch nicht verwirklichen ließ. Sabine Schmidt wuchs als Tochter eines Bäckermeisters und Konditors und seiner Frau, einer gelernten Verkäuferin und Buchhalterin, in Ost-Berlin und Dahlewitz auf. Ihre Eltern führten bis zum Beitritt in die Produktionsgenossenschaft des Handwerks (PGH) eine eigene Bäckerei im Prenzlauer Berg. Danach zog die Familie nach Dahlewitz, Kreis Zossen. Dort besuchte Sabine Schmidt bis 1965 die Oberschule. Zurück in Ost-Berlin schloss sie ihre schulische Ausbildung 1971 mit der 10. Klasse an der 21. Oberschule Prenzlauer Berg ab und absolvierte eine Lehre als Medizinisch Technische Assistentin (MTA) in der Radiologie der Charité, bei der sie gute Noten erreichte. Hernach arbeitete sie als Röntgenassistentin in der dortigen Unfallröntgenabteilung. Seit 1968 gehörte sie der FDJ an und sang zwei Jahre lang im „Hermann-Duncker-Chor". Im FDGB nahm sie die Funktion eines „Kulturobmannes" wahr. Ende 1976 wollte sie aus der Gewerkschaft austreten, wovon sie ein vorgesetzter Arzt abhielt.

Seit Mitte 1975 waren Sabine Schmidt und Jochen F. ein Paar. F. gelang am 28. Mai 1976 die Flucht aus Ost- nach West-Berlin. Seine Freundin wollte ihm folgen und stellte einen Ausreiseantrag. Darin schrieb sie: „Mit wachsendem Alter bildete sich bei mir immer mehr die Überzeugung, daß ich mit den Ansichten und Praktiken dieses Staates niemals übereinstimmen werde. Ich habe die Absicht, mein Leben nach meinen eigenen persönlichen Anschauungen zu gestalten, und deshalb entspricht dieser Antrag meinen reinen persönlichen sowie menschlichen Anschauungen von Freiheit." Sie habe den starken Wunsch nicht nur die Bundesrepublik, sondern „noch andere Staaten und andere Menschen kennenzulernen". Sie betonte weiter, dass die DDR als Mitglied der Vereinten Nationen sowie in „ihrer aktiven Mitarbeit zur Verwirklichung der Menschenrechte in der Welt und der sich daraus ergebenden Verpflichtungen für jeden Staat" keinen Grund habe, ihren Ausreiseantrag abzulehnen. Doch genau das geschah.

Ihr Freund und eine in West-Berlin lebende Tante versuchten daraufhin, Mittel für ein kommerzielles Fluchthilfeunternehmen aufzubringen. Als ihr Fluchtvorhaben nicht zustande kam, nahm sich Sabine Schmidt das Leben. Das Institut für gerichtliche Medizin der Charité stellte als Todesursache die Einnahme einer Überdosis des Medikaments Kalypnon fest. Zum Zeitpunkt des Todes lag keine Alkoholeinwirkung vor. Ein Offizier des Staatssicherheitsdienstes vermerkte am Ende des Untersuchungsvorgangs zum Todesfall: „Notizen der S. weisen darauf hin, daß geplante Ausschleusungen der S. nicht realisiert wurden."

Nachdem westliche Zeitungen ausführlich über den Todesfall berichtet hatten, sicherte der Staatssicherheitsdienst die Trauerfeierlichkeit im Krematorium Baumschulenweg und die Urnenbeisetzung in Dahlewitz mit starken Kräften und Inoffiziellen Mitarbeitern ab. Die Trauergäste sollten fotografiert und identifiziert werden. Die Volkspolizei hatte zu verhindern, dass westliche Journalisten sich der Trauerfeier nähern könnten. Für den Fall, dass Sabine Schmidts Freund aus West-Berlin zu den Trauerfeierlichkeiten anreisen würde, plante der Staatssicherheitsdienst seine Festnahme.[131]

Dieter Krause, Bildquelle: BStU

Auch über den gemeinsamen Freitod des Liebespaares Marlis Varschen (26) und Dieter Krause (23) berichteten im März 1977 westliche Medien.[132] Die Kranfahrerin aus dem VEB 7. Oktober Berlin-Weißensee und der in West-Berlin lebende ehemalige DDR-

---

131 MfS, HA IX/7: Selbstmord der DDR-Bürgerin Schmidt Sabine in Zusammenhang ihrer nicht genehmigten Übersiedlung in die BRD, BStU, MfS, HA XI/7, AS 420/80, Bd. 1. / Selbsttötung von Sabine Schmidt, BStU, MfS – HA XXII Nr. 542/7; MfS AKK 16534/77; MfS Allg. P. 4267/78. / Vgl. u. a.: Beging 22jährige Selbstmord, weil sie nicht ausreisen durfte? *Die Welt*, 17.3.1977.
132 Eine Berliner Tragödie durch Politik der Unmenschlichkeit. Gemeinsam mit der schwangeren Verlobten in den Tod. *Berliner Morgenpost*, 24.3.1977. Das ZDF-Magazin *Kennzeichen D* brachte ebenfalls einen Beitrag über den tragischen Vorfall in Ost-Berlin.

Bürger Dieter Krause waren ein Liebespaar. Dieter Krause hatte 1972 gemeinsam mit Klaus Schulze versucht, bei Falkensee nach West-Berlin zu flüchten. Grenzsoldaten entdeckten die Flüchtlinge und erschossen dabei Klaus Schulze,[133] während Dieter Krause die Flucht glückte. Der DDR-Staatsicherheitsdienst nahm ihn am 4. Mai 1974 fest, als er zu einem Tagesaufenthalt nach Ost-Berlin einreiste. Das Kreisgericht Nauen verurteile ihn am 19. September 1974 zu einer Freiheitsstrafe von 3 Jahren und 6 Monaten, die er nicht vollständig verbüßen musste, da ihn die DDR-Behörden im Juni 1975 nach West-Berlin auswiesen. Bei erneuten Einreisen nach Ost-Berlin lernte er im Dezember 1975 Marlis Varschen kennen, mit der sich am 11. Mai 1976 verlobte. Am 4. Dezember 1976 verhängte das MfS gegen Krause eine Einreisesperre. Das Paar traf sich danach mehrfach in Poznan (Polen). Mit einem Transitvisum nach Polen gelangte Dieter Krause dann am 26. Februar 1977 über den Bahnhof Friedrichstraße doch wieder zu seiner Verlobten nach Ost-Berlin. Er verließ den dort haltenden Zug und begab sich zur Wohnung von Marlies Varschen in Ost-Berlin. Am 7. März 1977 nahmen sich Marlies Varschen und Dieter Kraus dort das Leben.[134]

Werner Greifendorf
Bildquelle: BStU

---

133 Siehe die Biografie von Klaus Schulze in Hertle, Hans-Hermann und Maria Nooke: Die Todesopfer an der Berliner Mauer 1961–1989. Ein biographisches Handbuch. Berlin 2009, S. 329 ff.
134 MfS, HA IX/7: Doppelselbstmord der DDR-Bürgerin Marlies Varschen, 14.9.51, und des BRD-Bürgers Dieter Krause, 9.6.53. BStU, ZA, MfS AS 420/80, Bd. 1. / Weitere Unterlagen zum Suizid von Marlis Varschen und Dieter Krause sind enthalten in: BStU, ZA, MfS-AS 420/80 Bd. 1. / MfS, BV Pdm AOP 777/73 Bd. I. / MfS BV Potsdam AU 485/75. / MfS ZAIG Nr. 2653. / MfA-AS 176/89 Bd. 23 Nr. 4. / MfS, HA IX, Nr. 1038.

Werner Greifendorf aus Riesa saß wegen eines Fluchtversuchs im wiederholten Fall in der Haftanstalt Cottbus. Der 28-Jährige hatte bereits 1967 als Jugendlicher seinen ersten Versuch unternommen, in den Westen zu fliehen. Dafür verurteilte die DDR-Justiz den 17-Jährigen zu einer Haftstrafe von einem Jahr und acht Monaten, die er im Jugendgefängnis Luckau verbüßte. Seit 1975 versuchte Greifendorf durch zahlreiche Eingaben und insgesamt sechs Ausreiseanträge, auf legalem Weg die DDR zu verlassen. Dann entschloss er sich im März 1978 erneut zur Flucht und wollte über die tschechoslowakische Grenze nach Bayern gelangen. Der Fluchtversuch misslang, ČSSR-Grenzer nahmen Greifendorf fest. Das Kreisgericht Dresden-Ost verurteilte ihn auf Antrag von Staatsanwalt Rößler unter dem Vorsitz von Richterin Krüger zu einer Freiheitsstrafe von zwei Jahren und acht Monaten. Am 19. Oktober 1978 übergoss sich Werner Greifendorf während eines Hofgangs im Zuchthaus Cottbus mit einer brennbaren Flüssigkeit und zündete seine Häftlingskleidung an. Bevor er brennend zusammenbrach soll er nach Aussagen von Mithäftling laut „Freiheit" gerufen haben. Werner Greifendorf erlag am 9. November 1978 im Bezirkskrankenhaus Cottbus seinen Verletzungen. Unter dem Vorgangsnamen „Asche" überwachte das MfS Greifendorfs Beisetzung in Riesa.[135]

Jochen Staadt

Tödliche Unfälle von Grenzsoldaten ohne Fluchtzusammenhang

Die Tagesmeldungen der Grenzpolizei und der Grenztruppen der DDR berichten vielfach von Schusswaffen-, Minen- und Verkehrsunfällen im Dienst, die für die Betroffenen oft tödlich endeten. Mit Hertle/Nooke kann die Frage gestellt werden, inwieweit diese Todesfälle tatsächlich zurückzuführen sind „auf Konflikte, die durch den Grenzdienst bedingt waren, oder auf Missstände innerhalb der Grenztruppen".[136] Tödliche Unfälle sind nicht spezifisch für den Grenzdienst, sondern können „sich in jeder Armee ereignen".[137] Die folgende Dokumentation exemplarischer Fälle aus diesem Bereich hat zwei Gründe. Zum einen war bislang die etwaige Größenordnung der im Dienst ums Leben gekommenen DDR-Grenzpolizisten und Grenzsoldaten kaum bekannt. Von den im Lauf der Recherchen durch das Forschungsteam erfassten 454 Todesfällen im Grenzdienst zählen 173 nachweislich in die hier zu beschreibende engere Kategorie der Schusswaffen-, Minen- und Verkehrsunfälle bzw. der Tötungsdelikte unter Kameraden. Da diese Zahlenangabe nicht auf einer systematischen Auswertung aller für diese Fragestellung relevanten Akten basiert, ist die Gesamtzahl

---

135 Stefan Appelis hat eine ausführliche Darstellung der Biografie Werner Greifendorfs in der *Zeitschrift des Forschungsverbundes SED-Staat (ZdF)* veröffentlicht. Siehe Appelius, Stefan: „Alarm! Ein Strafgefangener brennt!" Der vergessene Widerstand des Werner Greifendorf (1950–1978), in: *ZdF* 35/20014, S. 69–19. Vgl. auch Appelius, Stefan. Sontheimer Michael: Tod eines Proletariers. In: *taz*, 7.2.2015.
136 Hertle, Hans-Hermann und Maria Nooke: Die Todesopfer an der Berliner Mauer 1961–1989. Ein biographisches Handbuch. Berlin 2009, S. 480.
137 Hertle, Hans-Hermann und Gerhard Sälter: Die Todesopfer an Mauer und Grenze. Probleme einer Bilanz des DDR-Grenzregimes. In: Deutschland Archiv 39, Heft 4, 2008, S. 667–676, hier S. 675.

der im Dienst auf diese Weise zu Tode gekommenen Grenzpolizisten und -soldaten weit höher anzusetzen. Die Untersuchung und Einordnung dieser Todesfallgruppe bleibt ein militärhistorisches Desiderat. Zum anderen barg der Grenzdienst Herausforderungen, die tatsächlich als spezifisch anzusehen sind und nicht verallgemeinert werden können. Dies betrifft sowohl den Umgang mit Boden- und Splitterminen sowie mit der Leuchtmunition von Signalanlagen als auch zermürbende Wachdienste mit stets schussbereiten Waffen, was die hohe Zahl der Schusswaffenunfälle erklärt. Die Eintönigkeit des Grenzdienstes verleitete zudem Soldaten zu tödlichen Spielereien mit ihren Waffen. Es stellt sich die Frage, ob die zum Teil schlecht ausgebildeten Grenzsoldaten nicht auch zu den Todesopfern des DDR-Grenzregime gehören. Die folgende Dokumentation exemplarischer Dienstunfälle beruht auf Recherchen und Einzelfalldarstellungen, die von Mandy Palme, Jochen Staadt und dem Autor dieses Abschnitts Jan Kostka erarbeitet wurden.

Fahrlässiger Schusswaffengebrauch

Die Angaben zu 57 Grenzpolizisten und -soldaten, die durch fahrlässigen Schusswaffengebrauch von Kameraden ums Leben kamen, fanden sich in den Überlieferungen der Grenztruppen sowohl in Tagesmeldungen als auch in den Untersuchungsakten der Militärstaatsanwaltschaft. Der Staatssicherheitsdienst hinterließ ebenfalls umfangreiche Ermittlungsvorgänge zu diesen gewaltsamen Todesfällen. Oft verblüfft es beim Lesen der Berichte, wie sorglos die jungen Wehrpflichtigen mit ihren Waffen umgingen, von deren Gefährlichkeit und technischer Funktionsweise ihnen das erforderliche Wissen zu fehlen schien. Interne Untersuchungsberichte kritisierten deshalb wiederholt Mängel in der Ausbildung und der Disziplin der Soldaten. Nachstehend schildern wir 13 dieser Fälle in chronologischer Ordnung:

Am 22. Dezember 1949 gegen 15.30 Uhr demonstrierte der 19-jährige VP-Meister Helmut G. einer FDJ-Wettbewerbskommission in der Wachstube des Grenzkommandos Breitenrode (Sachsen-Anhalt) seine Waffenkenntnisse. Als er versuchte, seine Dienstwaffe möglichst schnell auseinanderzunehmen, löste sich ein Schuss, der den daneben stehenden VP-Wachtmeister Erich Wilk aus Reichhardswerben bei Wiessenfels traf. Der 36-Jährige erlag zwei Tage später am Heiligabend im Krankenhaus Gardelegen seiner schweren Verletzung.[138]

Der am 30. März 1938 geborene Horst Richter wuchs in der nordsächsischen Stadt Belgern bei Torgau auf und erlernte dort den Beruf eines Maschinenschlossers. Am 1. April 1957 trat er mit 19 Jahren in den Dienst der DDR-Grenzpolizei. Er kam als Streifenposten zum Kommando Brocken. Am 8. August 1957 um 5.30 Uhr wurde Horst Richter gemeinsam mit einem Gefreiten zur Grenzsicherung am Bahnhof Goetheweg eingesetzt. Der Bahnhof Goetheweg lag an der Strecke der heutigen Harzer Schmalspurbahnen zwischen Schierke und dem Bahnhof Brocken und befand sich bereits im Sperrgebiet. Die Grenzpolizei führte hier regelmäßig Personenkontrollen durch. Gegen 9.30 Uhr wartete Horst Richter mit dem Gefreiten Sch. im Bahnhäuschen auf

---

138 Landesregierung Sachsen-Anhalt, MdI, Landesbehörde der VP, Abt. G.: Besonderes Vorkommnis im Bereich der Grenzbereitschaft Gardelegen (Dienstunfall eines Vp.-Angehörigen). LASA, MD, Rep. K 14, Nr. 236. Kommando der DGP, Abteilung Operativ: Berichte und Meldungen über Schußwaffengebrauch, 1949–1953. BArch Freiburg, DVH 27/130291.

den nächsten Zug. Eine zweite Streife kam hinzu. Nachdem die vier Grenzpolizisten ihren Dienst besprochen hatten, gingen sie zu den Gleisen. Dabei rief der Gefreite Günter Z., „Es soll ja keiner wagen abzuhauen, dann knallt es!" und versuchte, das Schloss seiner MPi zurückzuziehen, doch es glitt ihm aus der Hand. Ein Schuss löste sich und traf Horst Richter. Dieser brach getroffen zusammen. Das Geschoss hatte beide Halsschlagadern zerrissen. Verstört begann Günter Z. die Wunden zu verbinden, doch es gelang ihm nicht, die Blutungen zu stillen. Nach fünf Minuten war Horst Richter tot. Er wurde am 12. August 1957 in Belgern beerdigt. Das Kreisgericht Nordhausen verurteilte Günter Z., der nach dem Vorfall aus der Deutschen Grenzpolizei entlassen wurde, wegen fahrlässiger Tötung zu einer Gefängnisstrafe von einem Jahr und drei Monaten.[139]

Eine Streife des Zollgrenzkommissariats Walkenried beobachtete am 6. März 1959 vom Gut Wiedigshof aus den gegenüberliegenden Beobachtungsturm der DDR-Grenzpolizei. Dort hielten sich zwei DDR-Grenzpolizisten auf, von denen sich einer auf dem Turm befand, während der andere unter dem Turm stand. Gegen 16.30 Uhr hörten die Zollbeamten einen Schuss, dem ein etwa zwei Minuten lang andauerndes Schreien folgte. Der unter dem Turm befindliche Grenzpolizist stieg sofort auf die Plattform des Turmes, kam wieder herunter und eilte Richtung Obersachswerfen. Von dort trafen wenig später etwa 15–20 Grenzpolizisten ein. Gegen 17.20 Uhr trug man einen anscheinend schwer verletzten Grenzpolizisten hinab. Wenige Tage später erzählte ein Besucher aus der DDR im niedersächsischen Walkenried Einzelheiten über den Vorfall. Aus der Dienstwaffe des Grenzpolizisten, der unter dem Beobachtungsturm stand, habe sich durch unvorsichtiges Hantieren ein Schuss gelöst, der den Grenzer auf der Plattform des Turmes tödlich verletzte. Von DDR-Seite liegen nur spärliche Überlieferungen zu dem Geschehen vor. Laut den Einträgen in zwei dienstlichen Nachweisbüchern der Deutschen Grenzpolizei verletzte ein Volkspolizist der Grenzkompanie Rothesütte aus Unachtsamkeit durch einen Karabinerschuss seinen Streifenkameraden so schwer, dass dieser wenig später seiner Verletzung erlag. Bei dem Toten handelte es sich um den gelernten Maschinenschlosser Siegfried Nickoleit, der am 20. November 1939 geboren worden war. Durch den fahrlässigen Schusswaffengebrauch erlitt er einen Bauchschuss, an dessen Folgen er gegen 17.25 Uhr auf dem Transport von Obersachswerfen nach Ilfeld starb.[140]

Der Tagesrapport der Deutschen Grenzpolizei meldete am 5. Oktober 1961, dass der Postenführer M. durch einen fahrlässigen Umgang mit der Schusswaffe um 8.35 Uhr den Soldaten Günter Piechotta tödlich verletzt habe. Piechotta wurde am 20. Juli 1943 in Schlaupe (heute Słupia, Polen) geboren und diente seit dem 1. August 1961

---

139 DGP: Tagesrapporte, August 1957. BArch Freiburg, DVH 27/130376. Militärstaatsanwalt der Grenztruppen Erfurt: Strafsache gegen Z[...], Günter wegen fahrlässiger Tötung § 114 STGB. BArch Freiburg, DVW 13/7507.
140 Oberfinanzdirektion Hannover: Wichtige Grenznachrichten März 1959. NLA Hannover, Nds. 220, Acc. 144/95 Nr. 157. Kommando der DGP / Abteilung Operativ: Tätigkeitsbuch des Diensthabenden der Abteilung Operativ, 17. Februar 1959–21. April 1959. BArch Freiburg, DVH 27/130527. Kommando der DGP, Abt. Organisation und Nachweisführung, Nachweisbuch über besondere Vorkommnisse 1959, Rapport/FS-Nr. 56/59. BArch Freiburg, DVH 27/134525. Landratsamt Nordhausen, Standesamt Ilfeld: Schriftliche Todesanzeige, Sterbebuch Nr. 81/1959, in: ZERV: Auswertung „Tote an der innerdeutschen Grenze". LAB, D Rep. 120–02, Acc. 8346, 27 AR 24/97.

als Soldat in der Nationalen Volksarmee. „Während des Grenzdienstes im Bereich der Grenzkompanie Kneese im Abschnitt Lassahn spielten die Genossen mit der Schusswaffe. Sie entluden ihre Waffen, anschließend wurden die Waffen wieder geladen. Vermutlich führte der Gen. Sold. M[...] dabei eine Patrone in den Lauf seiner Waffe. Zur besseren Beobachtung des Geländes drückte er mit dem Karabiner das am Ufer befindliche Schilf auseinander. Hierbei betätigte er den Abzug und verletzte den Sold. Piechotta. Der Tod trat sofort ein. Beim Eintreffen des Kompaniechefs an dem Tatort machte der Sold. M[...] aus Angst vor einer Bestrafung eine falsche Meldung, in dem er einen Selbstmord vortäuschte." Der Kommandeur der Grenzbrigade und der Militärstaatsanwalt der 1. Grenzbrigade kamen bei der weiteren Untersuchung des Zwischenfalls zu dem Ergebnis, Postenführer M. habe sich „trotz ausdrücklicher Belehrung über den Umgang und die Anwendung der Schußwaffe" nicht an die ihm bekannten Bestimmungen gehalten.[141]

Am 10. November 1963 um 13.00 Uhr sollte der von Oberleutnant Joachim Schmidt kommandierte Zug der Kompanie Mödlich mit dem Lastwagen K 30 zum Einsatz an die Grenze gebracht werden. Der Oberleutnant war wenige Minuten vorher verspätet aus dem Urlaub eingetroffen, weswegen der Abmarsch zur Grenze in großer Eile erfolgte. Nach der Vergatterung begaben sich die Soldaten zum Kraftfahrzeug. Das erfolgte jedoch „unvorschriftsmäßig", jeder ging, „wie es ihm gefiel", heißt es in einem Untersuchungsbericht des MfS. Schmidt hatte keine Zeit mehr, die Waffen seiner Soldaten entsprechend der Dienstordnung vor dem Aufsitzen auf Sicherheit zu überprüfen. Er sprang schon vor dem Aufsitzen seiner Gruppe ins Führerhaus. Der Soldat D. bestieg als letzter den Lkw. Er saß hinter dem Fahrerhaus und nahm seine Waffe auf den Schoß. Er hatte zuvor nach dem probeweisen Einführen des Magazins durchgeladen und versäumt, die im Lauf befindliche Patrone zu entnehmen. Außerdem hatte er in der Eile vergessen, seine Waffe zu sichern. Als das Fahrzeug anfuhr, kam D. an den Abzug seiner Waffe. Der Schuss durchschlug die Rückwand des Führerhauses und traf Oberleutnant Schmidt auf dem Beifahrersitz in den Hinterkopf. Der 35-Jährige wurde in das Kreiskrankenhaus Neu Kaliß gebracht, wo nur noch sein Tod festgestellt werden konnte.[142]

Der am 11. Mai 1951 in Halle geborene Gerhard Hirschmüller gehörte der Nationalen Volksarmee seit Mai 1969 an. Er entstammte einer Arbeiterfamilie, beide Eltern waren SED-Mitglieder. Nach dem Schulabschluss erlernte er in Eisleben den Beruf eines Metallhüttenfacharbeiters. Er arbeitete dann bis zur Einberufung als Facharbeiter im VEB Mansfeld Kombinat Wilhelm Pieck, Kupfer/Silberhütte Hettstedt am Formatofen. In der NVA-Grenze diente Hirschmüller zunächst bei der Grenzkompanie Marienborn, bevor er ins Grenzregiment 25 Oschersleben versetzt wurde. Am 15. Juni 1971 um 18.50 Uhr kehrten der inzwischen zum Unterfeldwebel beförderte Gerhard Hirschmüller und Stabsfeldwebel Rolf-Dieter D. vom gemeinsamen Streifendienst als Grenzaufklärer zurück. Gegen 19.15 Uhr begannen beide, im Kellerflur der Kaserne ihre Dienstpistolen zu reinigen. Dabei löste D. gegen 19.20 Uhr „durch unsachgemäßen

---

141 DGP: Tagesrapporte Oktober 1961 – Dezember 1961. BArch Freiburg, DVH 27/130430. DGP: Berichte über den Stand der disziplinaren Praxis im Kommando der DGP 1956–1961. BArch Freiburg, DVH 27/134530.
142 MfS: Fahrlässiger Schußwaffengebrauch mit tödlichem Ausgang. BStU, ZA, MfS AIM 798/64. ZERV: Ermittlungsakte wg. Totschlags. LAB, D Rep. 120-02, Acc. 8346, KG Berlin 27 AR 514/94.

Umgang mit der Waffe" einen Schuss aus, der Hirschmüller in die Brust traf. Der stellvertretende Kompaniechef, Hauptmann L., eilte herbei und rief den Feldscher, den Arzt und einen Sankra. Der Feldscher musste jedoch gegen 19.25 Uhr den Tod Hirschmüllers feststellen.[143]

Die beiden Unteroffiziersschüler Hans-Jürgen Langner, geboren am 15. August 1954, und der ein Jahr jüngere Heinz K. waren am 21. Juli 1973 im Bereich der 6. Grenzkompanie Elend in der zweiten Linie zwischen Elend und Schierke im Gebiet des Bauernberges unweit der niedersächsischen Grenze zum Wachdienst eingesetzt. Die jungen Männer dienten erst seit zweieinhalb Monaten bei den Grenztruppen. Aus Langeweile machten sie während des Postendienstes mit ihren Waffen „Zielübungen". Dabei richtete Heinz K. die Waffe auf seinen Postenführer Langner. Er glaubte, seine Maschinenpistole sei gesichert. Als er den Abzug betätigte, löste sich ein Schuss, der Langner tötete. Durch Austauschen der Magazine und Waffen versuchte Heinz K. zunächst eine Selbsttötung des Postenführers vorzutäuschen, gab aber in der Vernehmung dann den tatsächlichen Ablauf des Zwischenfalls zu.[144]

Der Kompaniechef der 10. Grenzkompanie Frankenheim meldete seiner vorgesetzten Dienststelle im Grenzregiment Dernbach (Rhön) am späten Abend des 20. Mai 1974 einen „fahrlässigen Umgang mit Schußwaffen mit tödlichem Ausgang". Feldwebel Heinz Starke erhielt an diesem Abend gegen 20.45 Uhr unmittelbar vor seinem Einsatz zur Standortstreife in der Waffenkammer der 10. Grenzkompanie eine „Pistole – M – Nr. 6001" und begab sich mit der Waffe zur Dienstvorbereitung auf seine Unterkunft. Dort legte er die Pistole mit eingeführtem, gefülltem Magazin und dem Reservemagazin auf sein Bett. Zu diesem Zeitpunkt befanden sich zwei Unteroffiziere bereits in der Stube. Während Starke vor seinem Spind stand und sich auf seinen Dienst vorbereitete, nahm einer der Unteroffiziere die Pistole zur Hand. Ohne zu beachten, dass die Waffe bereits unterladen war, hielt er die Waffe in Richtung des zwei Meter entfernt stehenden Feldwebels Starke, zog den Verschluss zurück und betätigte den Abzug. Der Schuss traf Starke ins Genick. Als der alarmierte Bereitschaftsarzt des Landambulatoriums Frankenheim gegen 21.40 Uhr vor Ort eintraf, lebte Heinz Starke nicht mehr. Der Unteroffizier, der den tödlichen Schuss aus Achtlosigkeit abgab, erklärte gegenüber dem Militärstaatsanwalt, er habe die Waffe zur Hand genommen, um sie auf ihre Sicherheit zu überprüfen.[145]

Am 14. Juli 1977 um 4.00 Uhr begab sich der 19-jährige Grenzsoldat Andreas Weihmann mit seinem Postenführer Andreas Fehder zu ihrer Postenstellung an einer Autobahnunterführung etwa einen Kilometer vor Gerstungen. Von hier aus war die Grenze nach Hessen noch zweieinhalb Kilometer entfernt. Zuweilen wurde der Durchlass, den sie bewachen sollten, von Waldarbeitern und Bauern benutzt, deren Zugangsberechtigung zu kontrollieren war. Die beiden Posten müssen bald unter einer drückenden

---

143 Kühn, HA I: Chiffriertelegramm über einen schweren Unfall mit tödlichem Ausgang. BStU, ZA, MfS, HA I Nr. 108. MfS, Kreisdienststelle Eisleben: Einschätzung vom 15. März 1969 über einen Wehrpflichtigen, der für eine Spezialeinheit bzw. für den Dienst an der Staatsgrenze vorgesehen ist u. a. Dokumente. BStU, ZA, MfS AIM 734/71.
144 MfS, HA IX, Kerblochkartei: Fahrlässige Tötung. BStU, ZA, MfS – HA IX Nr. 4143.
145 MfS, HA I: Schreiben des Bereiches Abwehr GKS vom 16. Dezember 1974 an die HA I/AIG und HA I/KGT betr. „Fahrlässiger Umgang mit Schußwaffen mit tödlichem Ausgang". BStU, ZA, MfS, HA I, Nr. 14582.

Langeweile gelitten haben. Die Temperatur stieg am Vormittag bis auf 32 °C an. Holger Weihmann und Andreas Fehder waren befreundet und mussten nicht misstrauisch das Verhalten des anderen beobachten. Kleine Disziplinverstöße waren möglich, man war sich wohlgesonnen. So war es vorschriftswidrig, Luftsitzkissen beim Grenzdienst zu benutzen, die Weihmann und Fehder aber bei sich hatten. Ebenfalls verboten waren „Anschlagübungen", bei denen die Soldaten die Kalaschnikows durchluden, um ihre Schnelligkeit zu trainieren. Auch das Postenpaar an der Autobahnunterführung vertrieb sich auf diese Weise die Zeit. Um 11.00 Uhr meldeten sie sich letztmalig über das Grenzmeldenetz bei der Führungsstelle. Als um 12.20 Uhr die Ablösung eintraf, lag Holger Weihmann tot auf dem Rücken an der Autobahnböschung, Andreas Fehder war geflohen. Die Rekonstruktion des Tatablaufs ergab, dass Weihmann in aufrechter Haltung aus zwei Metern Entfernung ins Herz getroffen wurde. Der Schuss hatte ihn sofort getötet. Spuren eines Kampfes waren nicht festzustellen, nichts wies auf eine vorsätzliche Handlung oder eine beabsichtigte Fahnenflucht hin. Um 13.00 Uhr griffen Beamte des Bundesgrenzschutzes Andreas Fehder bei Richelsdorf auf. Er hatte seine Waffe in den Wald geworfen. Die Grenzsicherungsanlagen konnte er an einer durch Brand beschädigten Stelle überwinden. Der BGS übergab den NVA-Angehörigen der westdeutschen Kriminalpolizei. Er sagte aus, dass er und Holger Weihmann sogenannte „Anschlagübungen" gemacht hätten, wobei er unbeabsichtigt an den Abzug gekommen sei. Weihmann sei sofort nach dem Schuss zu Boden gestürzt. Dann habe er über das Grenzmeldenetz Hilfe rufen wollen, doch das Wechselsprechgerät sei gestört gewesen. In Panik habe er nach etwa zehn Minuten die Flucht ergriffen. Das Amtsgericht für den Kreis Hersfeld-Rotenburg erließ Haftbefehl. Nachdem noch am 14. Juli ein Mitarbeiter der Ständigen Vertretung der Bundesrepublik dem Ministerium für Auswärtige Angelegenheiten der DDR eine offizielle Meldung über die Verhaftung Fehders übermittelt hatte, bemühte sich der Generalstaatsanwalt der DDR mehrmals um dessen Auslieferung und übergab zur Begründung Beweismaterial. Da der im Untersuchungsgefängnis in Fulda Inhaftierte sich nach Gesprächen mit einem Mitarbeiter der Ständigen Vertretung der DDR und mit seiner Mutter gegen eine Rückkehr entschieden hatte – er fürchtete in der DDR als Mörder eine hohe Strafe zu erhalten –, erhob die Staatsanwaltschaft Kassel Anklage wegen fahrlässiger Tötung. Am 3. Oktober 1977 verurteilte das dortige Jugendschöffengericht Andreas Fehder zu einer Freiheitsstrafe von acht Monaten, die zur Bewährung ausgesetzt wurde.[146]

---

146 MfS: Information Nr. 470/77 über einen Tötungsdelikt an dem Angehörigen der Grenztruppen der DDR, Soldat WEIHMANN, Holger, am 14.7.1977. 15.7.1977. BStU, MfS, ZAIG, 2719 und MfS, HA I, Nr. 27. / HA I/IAK an HA I/GK-Nord/Abwehr UA GAR-7 (Halberstadt), 22.03.1978. BStU, ZA, MfS, HA I, Nr. 28. / HA I/GK Süd/Abwehr, UA GR-1 Mühlhausen: Bericht über die Fahnenflucht des Gefr. Fehder, Andreas in die BRD unter Anwendung der Schußwaffe am 14.7.1977. 14.7.1977. BStU, MfS, HA I, Nr. 46. / HA I/GK Süd/UA Abwehr – Mühlhausen: Abschlußbericht zur erfolgten Fahnenflucht im Sicherungsabschnitt IX, III. Grenzbataillon Herda, Grenzregiment 1 Mühlhausen. 15.8.1977. BStU, MfS, HA I, Nr. 46. / Formular „Fahnenflucht". BStU, ZA, MfS, HA I, Nr. 13076. / Bezirksbehörde der Deutschen Volkspolizei Erfurt, Abteilung Kriminalpolizei: Tatortuntersuchungsprotokoll zur Tötung des Weihmann, Holger, im Raum Gerstungen, am 14.7.1977. BArch Berlin, DP3/1532. / GSG Mitte: Vorkommnis Grenze im GA 34 e – Flucht eines Gefreiten der DDR-GrTr mit Schußwaffengebrauch. BArch Koblenz, B/369/88. / BMI: Verdacht eines Tötungsdeliktes an DDR-Soldaten Weihmann, tatverdächtiger DDR-Soldat Fehder, Andreas. 15.7.1977. BArch

Nach dem Grenzeinsatz am 16. August 1980 übergab der Offizier für Grenzaufklärung in der Waffenkammer der Grenzkompanie Oebisfelde seine Pistole Makarow dem Waffenunteroffizier Michael Sch. zur Reinigung. Wenig später, gegen 14.00 Uhr kehrten mehrere Posten vom Grenzeinsatz zurück und lieferten ebenfalls ihre Waffen ab. Frank Abel übergab als letzter seine Maschinenpistole dem Waffenunteroffizier. Der ledige Wehrdienstleistende wurde am 5. Juli 1959 in Stendal geboren und gehörte seit Februar 1979 den Grenztruppen an. Als Michael Sch. ihm den Rücken zuwandte, versuchte Abel ihm einen Streich zu spielen, indem er die Gittertür zur Waffenkammer schloss und Anstalten machte, sie mit dem Schnappschloss zu verriegeln. Sch. drehte sich um und nahm Abel das Schloss aus der Hand. Dann nahm er die Pistole des Offiziers für Grenzaufklärung, mit deren Reinigung er zuvor beschäftigt war, vom Tisch. Er richtete sie auf Abel, der sich etwa zwei bis drei Meter von der Gittertür entfernt hatte und äußerte, er solle bloß nicht noch einmal versuchen, ihn einzuschließen. In der Meinung, die Waffe sei entladen, betätigte er den Abzug. Ein Schuss fiel und traf Frank Abel in der Magengegend. Nach seiner Überführung in das Kreiskrankenhaus Gardelegen stellten die Ärzte multiple Organ- und Gefäßverletzungen an Nieren, Milz und Darmtrakt fest. All ihre Bemühungen, den 21-jährigen Grenzsoldaten am Leben zu halten, blieben vergebens. Frank Abel starb am frühen Morgen des 17. August 1980. Das Militärgericht Magdeburg verurteilte Michael Sch. im Mai 1981 wegen fahrlässiger Tötung im schweren Fall zu einer Freiheitsstrafe von vier Jahren und drei Monaten.[147]

Der Grenzsoldat Andreas Funke und sein Postenführer Udo S. vom Grenzregiment Halberstadt versahen in der Nacht vom 21. auf den 22. September 1981 in der Nähe von Sorge den Wachdienst an der Grenze. Da eine besondere Fahndungslage bestand und die beiden Posten Angst vor einem Angriff hatten, unterluden sie ihre Maschinenpistolen. Weil dies eigentlich verboten war, sagte der Gefreite Udo S., als sich die Wachablösung kurz vor 5.30 Uhr annäherte, die Waffen sollten nun besser leise entladen werden. Am Postenpunkt 555,7 setzten sich beide nebeneinander auf einen Baumstamm und entluden ihre Waffen. Dabei berührte Udo S. versehentlich mit dem kleinen Finger den Abzug seiner Waffe. Der dadurch ausgelöste Schuss traf Andreas Funke in die Hüfte, links unterhalb der Rippen. Eine erste medizinische Versorgung erfolgte im Kurheim Benneckenstein. Aufgrund der dort festgestellten schweren Verletzung sollte Andreas Funke in das Krankenhaus nach Wernigerode gebracht werden. Im Sanitätswagen erlag er noch auf der Fahrt seinen Verletzungen. Andreas Funke hinterließ eine Ehefrau und ein Kind. Am 28. September 1981 wurde er auf dem Friedhof in Pulsnitz mit militärischen Ehren beigesetzt. Udo S. wurde vom Militärgericht Magdeburg am 13. November 1981 wegen „fahrlässiger Tötung in Tateinheit mit Verletzung der Dienstvorschriften über die Grenzsicherung" zu einer

---

Koblenz, B/137/6687. / Haftbefehl gegen geflüchteten DDR-Soldaten. In: *Frankfurter Allgemeine Zeitung*, 18.07.1977. / DDR ersucht um Auslieferung von Andreas Fehder. In: *Frankfurter Allgemeine Zeitung*, 03.08.1977. / Geflüchteter DDR-Soldat angeklagt. In: *Frankfurter Allgemeine Zeitung*, 08.08.1977. / Auslieferungsersuchen des Generalstaatsanwalts der DDR bleibt bestehen. In: *Neues Deutschland*, 05.10.1977.

147 MfS, HA I: Fernschreiben Nr. 65 „Meldung über fahrlässigen Schusswaffengebrauch mit Todesfolge". BStU, ZA, MfS, HA I, Nr. 14870, Teil 1 von 2. MStA, GK Nord: Beschuldigtenvernehmung des Unteroffiziers der Grenztruppen Sch., Michael wg. fahrlässiger Tötung des Soldaten Abel, Frank. BArch Freiburg, DVW/13/85788.

Freiheitsstrafe von einem Jahr und acht Monaten verurteilt, die im Mai 1982 zur Bewährung ausgesetzt wurde.[148]

Auf einer ehemaligen Ortsverbindungsstraße bei Lauchröden (Kreis Eisenach), 200 Meter westlich der Grenzsäule 1508 versahen der Grenzsoldat Gerald Ißleib und der Postenführer Gefreiter Dietmar D. am 15. Dezember 1983 Dienst als Fußstreife. Als sie sich um 20.35 Uhr kurz vor Dienstschluss auf dem Rückweg befanden, lief Ißleib in einer Entfernung von drei Metern hinter dem Postenführer. Dieser hörte plötzlich, wie Ißleib seine Maschinenpistole entsicherte. Daraufhin entsicherte er ebenfalls seine Waffe, lud sie blitzartig durch und fuhr herum. Dabei kam er aus Versehen an den Abzug seiner MPi und löste einen Feuerstoß aus. Gerald Ißleib stürzte getroffen zu Boden. Dietmar D. alarmierte den diensthabenden Oberleutnant der Kompanie und leistete Ißleib Erste Hilfe. Gegen 20.54 Uhr brachte ein Geländewagen der Grenztruppen den Verletzten in die Kaserne der 9. Grenzkompanie nach Lauchröden. Eine Ärztin aus der Nachbarschaft wurde herbeigerufen. Nach notdürftiger Versorgung der schweren Schussverletzungen Ißleibs – zwei Geschosse hatten ihm beide Lungenflügel zerfetzt – forderte sie einen Rettungswagen des Kreiskrankenhauses Eisenach an. Dort versuchten die Ärzte vergeblich, den 19-Jährigen am Leben zu erhalten. Um 23.05 Uhr erlosch im Operationssaal sein Herzschlag. Vernehmungen anderer Soldaten der 9. Grenzkompanie ergaben, dass Posten während ihrer Grenzstreifen häufiger das „schnelle Ziehen" übten. Diese vorschriftswidrige Spielerei trieben offenbar auch Ißleib und sein Postenführer, als es zu dem Zwischenfall kam. Das Militärgericht Erfurt verurteilte Dietmar D. im März 1984 wegen fahrlässiger Tötung zu einer Freiheitsstrafe von drei Jahren und sechs Monaten.[149]

Am 13. Dezember 1985 kam es gegen 13.45 Uhr in der Waffenkammer der Grenzkompanie Pötenitz zu einem tödlichen Schusswaffenunfall. Mehrere vom Einsatz zurückgekehrte Soldaten gaben zu dieser Zeit gerade ihre gereinigten Waffen zurück. Unter den Wartenden befand sich auch der 20-jährige Gefreite René Tobe. Er bat Oberfähnrich S. ihm die Funktionsweise der Dienstpistole vorzuführen. Der Oberfähnrich kam Tobes Bitte nach und steckte die Waffe anschließend wieder in die Pistolentasche. Einem Bericht des MfS-Abwehroffiziers aus Stendal zufolge nahm Oberfähnrich S. dann eine andere Pistole mit eingeführtem Magazin vom Ausgabebrett und lud sie durch. Dabei habe sich ein Schuss gelöst, der René Tobe in den Unterleib traf. Der herbeigerufene Regimentsarzt konnte nur noch den Tod Tobes feststellen. Nach

---

148   MfS/HA I: Chiffriertelegramm vom 22.9.1981 an HA I/Berlin und HA I/KGT Pätz von HA I Kdo GT Grenzkdo Nord/Stendal, Ergänzung und Abschluss zum FS 250, vom 22.9.1981 Fahrlässiger Umgang mit Schußwaffen mit tödlichem Ausgang, BStU, ZA, MfS, HA I, Nr. 24, Teil 2 von 3. MfS/BV Magdeburg, Abt. IX: Karteikartensammlung SVK 3. BStU, MfS, BV Magdeburg, Abt. IX, Nr. 1316. MStA DDR: Fahrlässige Tötung. BArch Freiburg, DVW 13/83979.

149   MfS, HA I: Fahrlässiger Umgang mit Schußwaffen im Grenzdienst mit Todesfolge. BStU, ZA, MfS, HA I Nr. 14537. Tagesmeldung Nr. 14/12/83 über den Tod des Soldaten Gerald Iszleib durch fahrlässigen Schusswaffengebrauch des Postenführers Gefr. Dietmar D. BStU, ZA, MfS, HA I, Nr. 17310. Militärstaatsanwalt Grenzkommando Süd: Fahrl. Tötung im schw. Fall u. Verl. der DV über den Grenzdienst. BArch Freiburg, DVW 13/68207.

Untersuchung und Anklageerhebung durch die Militärstaatsanwaltschaft wurde Oberfähnrich S. zu einer Freiheitsstrafe von vier Jahren verurteilt.[150]

Der gelernte Dreher aus Tribsees (Landkreis Vorpommern-Rügen) Günter Darmer war bereits mit 18 Jahren der Grenzpolizei beigetreten und wurde zunächst im Grenzkommando Kneese eingesetzt. 1956 stieg er zum Feldwebel im Kommando Jützenbach auf, 1980 wurde er Stabschef, später Kommandeur des I. Grenzbataillons Klettenberg in Thüringen. Bis 1956 hatte er unter dem Decknamen „Walter Eichholz" inoffiziell an das MfS berichtet. Durch seine Beförderung wurde die Zusammenarbeit mit der Staatssicherheit offiziell. Mit seiner Familie wohnte er in Silkerode. Günter Darmer hatte einen großen Bekanntenkreis und galt im Grenzgebiet als beliebt. Weil die Anforderungen seines Dienstes allmählich die Kräfte des 52-Jährigen zu übersteigen begannen, wurde zu Beginn des Jahres 1986 die Entscheidung gefällt, Oberstleutnant Darmer in die Reserve zu versetzen. Sein Nachfolger, Major Rolf Z., der von Darmer selbst eingearbeitet worden war, sollte ihn am 28. November 1986 endgültig ablösen und selbst Bataillonschef werden. Am 19. November 1986 fand gegen 15.00 Uhr im „Naherholungszentrum Pferdebachtal" die Abschiedsfeier statt. Neben einem kalten Buffet standen für die 19 Gäste acht Flaschen Kognak, zwei Flaschen Doppelkorn und 75 Flaschen Bier bereit. Um 19.30 Uhr beendete Darmer die Feier. Rolf Z. hatte dem Alkoholangebot reichlich zugesprochen. Ein Dienstwagen sollte ihn gemeinsam mit Günter Darmer heimbringen. Der Oberstleutnant setzte sich auf den Beifahrersitz neben den Fahrer, Rolf Z. stieg hinten ein. Kurz vor dem Ortsausgang von Heiligenstadt hörte der Fahrer einen Knall im Fahrzeug und stoppte. Rolf Z. beugte sich vor und befahl ihm augenblicklich ins Pferdebachtal zurückzukehren und zum dortigen Lazarett zu fahren. Im Pferdebachtal angekommen, erklärte Rolf Z. dem Leiter des Med.-Punktes, dass er den Kommandeur erschossen habe und übergab sein Koppel mit der entsicherten Pistole im Halfter. Anschließend wurde Günter Darmer tot aus dem Auto geborgen. Eine Kugel, die aus der Waffe von Rolf Z. stammte, hatte die Sitzlehne durchschlagen, war in seinen Rücken gedrungen und hatte eine Lunge und die rechte Herzkammer zerrissen. Gegen Rolf Z. eröffnete die Militäroberstaatsanwaltschaft Berlin ein Ermittlungsverfahren wegen des Verdachts der fahrlässigen Tötung. Bei den Vernehmungen wurde jedoch deutlich, dass Rolf Z. sich nur noch bruchstückhaft an den Vorfall erinnern konnte. Auch ein Motiv für die Schussabgabe war nicht festzustellen. Es gab keine Anhaltspunkte dafür, dass zwischen ihm und Günter Darmer Streit bestand. Die Militäroberstaatsanwaltschaft folgte einem psychiatrischen Gutachten der Humboldt-Universität, die Rolf Z. alkoholgedingte Unzurechnungsfähigkeit bescheinigte, und stellte das Ermittlungsverfahren am 29. Januar 1987 ein. Der Major wurde wegen grober Verstöße gegen die militärischen Bestimmungen zum Soldaten degradiert und aus dem aktiven Wehrdienst entlassen. Oberstleutnant Günter Darmer wurde auf dem Dorffriedhof in Silkerode mit militärischen Ehren beerdigt. Doch sowohl unter den Armeeangehörigen als auch unter den Bewohnern der nordthüringischen Grenzgemeinden blieb der Vorfall ein Gegenstand von Gerüchten und Spekulationen. Laut einem Bericht des MfS schwankten die Meinungen „von

---

150 HA I, GKdo. Nord, Abt. Abwehr Stendal, Stellv. Leiter der Abteilung, Oberstleutnant Meitzner: Chiffriertelegramm vom 13. Dezember 1985 an Hauptabteilung I Berlin AKG und HA I KGT Pätz. BStU, ZA, MfS, HA I, Nr. 14412, Teil 1 von 2. Tagesmeldung Nr. 12/12/85 für die Zeit vom 13.12. 1985, 14.00 Uhr bis 14.12.1985, 10.30 Uhr, vom 14.12.1985. BStU, ZA, MfS, HA I, Nr. 17312, Teil 1 von 3.

vorsätzlichem Mord bis zur Tat eines Verrückten". Die in der Truppe umlaufenden Gerüchte mussten sogar in einer dienstlichen Versammlung der 18. Ausbildungskompanie durch höhere Offiziere zurückgewiesen werden. Das MfS meldete danach seiner Berliner Zentrale, "die Stimmungsmacher wurden bestraft und alle anstehenden Fragen der Lehrgangsteilnehmer einer sachlichen Klärung zugeführt". Die Familie von Rolf Z. sah sich in ihrem Heimatort Anfeindungen ausgesetzt und zog schließlich nach Sachsen-Anhalt um. Als sich die Zentrale Ermittlungsstelle für Regierungs- und Vereinigungskriminalität 1991 mit den Todesumständen von Günter Darmer befasste, wurde das psychiatrische Gutachten, auf dessen Grundlage die Ermittlungen gegen Rolf Z. 1987 eingestellt worden waren, als unzureichend bewertet. Zwei nun in Auftrag gegebene Sachverständigengutachten kamen zu dem Ergebnis, dass bei Rolf Z. „nach Aktenlage zwar eine erhebliche Alkoholintoxikation vorgelegen habe", dennoch sei er noch fähig gewesen, „sich zum Tatzeitpunkt nach den durch die Tat berührten Regeln des gesellschaftlichen Lebens zu entscheiden". Unter Berücksichtigung der Tatfolgen, die für den Angeklagten „erhebliche persönliche Schwierigkeiten" nach sich zogen, darunter eine längere Haft im Stasi-Untersuchungsgefängnis, stellte das Amtsgericht Mühlhausen das Verfahren gegen Rolf Z. 1994 gegen Zahlung einer Geldbuße von 3000,- DM ein.[151]

Unfälle bei Schieß- und Festnahmeübungen

In fünf von dem Forschungsteam erfassten Fällen kamen Soldaten der Grenzpolizei und der Grenztruppen durch Unfälle bei Schieß- und Festnahmeübungen ums Leben. Sie waren als Gegnerdarsteller eingesetzt oder sollten die Schießscheibe kontrollieren. In diesen Fällen ermittelten der Militärstaatsanwalt, die Mordkommission der Volkspolizei bzw. der Regimentskommandeur, da oftmals Fahrlässigkeit bei der Unterweisung bzw. im Umgang mit den Waffen vorlag. Als Beispiele folgen zwei dieser Vorfälle.

Am 7. September 1954 gegen 10.50 Uhr wurde der Gefreite Oskar Rolf Kröckel bei einer grenzfachlichen Schulung der Kommandantur Köppelsdorf (Landkreis Sonneberg) beauftragt, die Rolle eines Grenzgängers einzunehmen. Als ihn der Gefreite T. festnehmen wollte, legte er seinen Karabiner auf ihn an und betätigte den Abzug. Der dadurch ausgelöste Schuss traf Oskar Rolf Kröckel in den Unterleib. Der 22-jährige

---

151 Generalmajor Gabriel, Grenztruppen der DDR, Kdo. der Grenztruppen, Stellvertreter und Chef Technik und Bewaffnung an den Stellvertreter des Ministers und Chef der Grenztruppen. O.U., 20.11.1986. BStU, ZA, MfS, HA I, Nr. 13077. Oberstleutnant Benewitz, HA I, Abt. Abwehr, Grenzkommando Süd: Maßnahmeplan zur Klärung des Abflusses von Informationen in die BRD über das schwere besondere Vorkommnis vom 19.11.1986 im Grenzregiment-4 Heiligenstadt. Erfurt, 18.12.1986. BStU, ZA, MfS, HA I, Nr. 13077. Hauptabteilung I, Kommando Grenztruppen, Unterabteilung OHS: Stimmungs- und Meinungsbild November 1986. Suhl, 28.11.1986. BStU, MfS, HA I, Nr. 5707. Kurzauskunft Darmer, Günter. BStU, MfS SAA, AIM 2620/69; MfS SAA, AGMS, 22107/80; MfS, AGMS, 2210/80; MfS AIM 620/69. ZERV: Ermittlungsunterlagen wg. Totschlags z.N. Günter Darmer. LAB, D Rep. 120–02, Acc. 8346, 27 AR 789/84. Staatsanwaltschaft bei dem Landgericht Erfurt: 520 Js 3789/92 Totschlag. LATh – HstA Weimar Freistaat Thüringen, StA Erfurt 772–781. Hummel, Bernd: Wie starb der hohe Offizier der „DDR"-Grenzer? In: *Die Welt*, 17.12.1986. Zietz, Rudolf: Erlebnisse an der Grenze im Harz. Ein Zollbeamter erinnert sich. Duderstadt 2003, S. 111f.

Familienvater verstarb kurz darauf im Krankenhaus Sonneberg. Da der Gefreite T. nicht überprüft hatte, ob seine Schusswaffe geladen war, wurde er vorläufig festgenommen und in der Kommandantur arretiert.[152]

Auf dem Schießplatz des Grenzbataillons Heiligenstadt verklebte am 29. August 1962 gegen 14.25 Uhr der 23-jährige Stabsgefreite Alfred Unglaube die Einschusslöcher der Anschussscheibe. Zugleich unterwies der Feldwebel N. einen Gefreiten im Gebrauch der MPi, die geladen in der Anschussmaschine lag. Dabei kam der Feldwebel an den Abzug und löste einen Schuss aus. Alfred Unglaube brach im Bauch getroffen zusammen. Der Verletzte wurde ins Kreiskrankenhaus Heiligenstadt gebracht, wo er am 5. September 1962 starb.[153]

Selbstbeigebrachte unbeabsichtigte Schusswaffenverletzungen mit Todesfolge

Eine weitere Fallgruppe stellen Angehörige der Grenzpolizei und der Grenztruppen dar, die sich selbst unfreiwillig tödliche Schussverletzungen beibrachten. Dies geschah oft aufgrund von Fehlfunktionen der Waffen oder aus Unachtsamkeit. Zuweilen lassen die Überlieferungen der Grenztruppen und des MfS eine Unterscheidung zwischen einem fahrlässigen Schusswaffengebrauch und einer Selbsttötung nicht mit letzter Sicherheit zu. Aussagen von Kameraden und die Umstände des Geschehens boten den Ermittlern wichtige Hinweise für die Rekonstruktion des Vorfalls. Insgesamt erfasste das Forschungsteam 27 solcher Todesfälle, von denen hier drei exemplarisch beschrieben sind.

Gemeinsam mit seinem Posten Günter J. hatte der Gefreite Waldemar Weiß am 25. Oktober 1957 um 12.00 Uhr die Dienststelle Neuendorf bei Teistungen verlassen, um einen Beobachtungsturm nahe der Straße nach Etzenborn zu übernehmen. Doch das Postenpaar, das abgelöst werden sollte, war bereits auf dem Rückweg nach Neuendorf. Waldemar Weiß sah sie am Ortseingang. Er rief ihnen hinterher, aber sie konnten ihn nicht hören. Da nahm er seine MPi und gab einen Signalschuss ab. Nun kehrten die beiden Grenzpolizisten zurück und das Streifengebiet konnte ordnungsgemäß übernommen werden. Auf dem Beobachtungsturm waren Waldemar Weiß und Günter J. bis 18.00 Uhr. Die beiden Freunde hatten als gemeinsames Hobby den Fußball. Waldemar Weiß spielte als Torwart beim SG Dynamo Neuendorf und hatte sogar eine Delegierung zur Sportschule des SV Dynamo in Dresden erreicht. Wahrscheinlich freute sich der 19-Jährige auf die nächsten freien Tage – im nur 40 Kilometer entfernten Mühlhausen war der gelernte Tischler zu Hause, dort lebte auch seine Freundin. Um 18.00 Uhr verließen die beiden Grenzpolizisten den Beobachtungsturm und gingen zum Schlagbaum zurück. Auf die Ablösung wartend, setzten sie sich an einem Transformatorenhäuschen nieder. Während sie sich miteinander unterhielten, nahm Waldemar Weiß die MPi zwischen seine Knie mit der Laufmündung nach oben

---

152 HV Deutsche Grenzpolizei: Meldung Nr. 215/54 über den Stand der Grenzsicherung der DDR für die Zeit vom 7.9.54, 18.00 Uhr bis 8.9.1954, 18.00 Uhr. O.U., 8.9.1954. BArch Freiburg, DVH 27/130345. ZERV: Auswertung „Tote an der innerdeutschen Grenze". LAB, D Rep. 120–02, Acc. 8346, StA II LG Berlin 27 AR 84/96.
153 NVA, Kdo. d. GT: Tagesmeldung Nr. 241/62 für 28.8.1962 bis 29.8.1962. BArch Freiburg, DVH 32/112569. NVA, Kdo. d. GT: Tagesmeldung Nr. 248/62 für 4.9.-5.9.1962. BArch Freiburg, DVH 32/112570.

und überprüfte die Munition in der Trommel. Wie es kam, dass aus der Waffe plötzlich ein Schuss brach, konnte später nicht geklärt werden. Wahrscheinlich hatte er nach dem Einführen der Trommel den Abzug berührt. Man nahm an, dass er, ohne es zu bemerken, seit dem Signalschuss am Vormittag mit durchgeladener MPi seinen Dienst verrichtet hatte. Der Schuss traf Waldemar Weiß in den Kopf und verletzte die Hirnschlagader. Günter J. verband die starke Blutung und alarmierte die Dienststelle. Ein Sanitätsfahrzeug brachte den Bewusstlosen ins Kreiskrankenhaus Worbis. Der Chefarzt schätzte aufgrund der gravierenden Verletzung die Überlebenschancen als gering ein. Dennoch entschied er sich für eine Notoperation. Um 21.00 Uhr wurden die Eltern des Verletzten mit einem Fahrzeug in Mühlhausen abgeholt. Doch als sie kurz nach 22.00 Uhr im Krankenhaus eintrafen, war ihr Sohn bereits gestorben. Der Untersuchungsbericht der Deutschen Grenzpolizei Nordhausen zu diesem Unfall betont, der Vorfall sei in allen Abteilungen der Grenzbereitschaft Nordhausen ausgewertet und „zum Gegenstand einer eingehenden Belehrung gemacht" worden.[154]

Ein Telegramm, das MfS-Oberstleutnant Wolf, Bereich Abwehr im Grenzkommando Nord Stendal, am 25. Januar 1977 seiner Berliner MfS-Zentrale übermittelte, enthält die Mitteilung über „einen fahrlässigen Schusswaffengebrauch" mit Todesfolge. Demnach erschoss sich Unteroffizier Bernd Stache, geboren am 7. Mai 1955 in Grevesmühlen, beim Waffenreinigen im Wachgebäude am Fahrzeugpark des Stabes. Gegen 19.55 Uhr rief der wachhabende Unteroffizier Ralf S. noch seinen Kameraden Stache dort an und teilte ihm mit, dass er gleich mit dem Reinigen seiner MPi fertig sei und wenn er in der Wache eintrifft, noch einen Kaffee ausgibt. Als zehn Minuten später die beiden zur Wachablösung eingesetzten Gefreiten am Fuhrpark eintrafen, sahen sie durch das Fenster des OvP-Zimmers [Offizier vom Parkdienst] Unteroffizier Stache nach hinten übergebeugt im Stuhl sitzen. Daraufhin betraten sie sofort das Zimmer und stellten unter der linken oberen Jackentasche ein ca. drei bis vier Zentimeter großes Loch fest sowie eine Blutlache auf dem Fußboden. Staches Maschinenpistole lag auf dem Tisch und daneben das Waffenreinigungsgerät. Gegen 20.07 Uhr traf der Arzt Major Lüdemann ein. Er leistete Erste Hilfe und veranlasste die sofortige Überführung Staches in das Krankenhaus Schönberg. Dort wurde bei der Notoperation festgestellt, dass Staches Herzspitze durchschossen sowie die Lunge und Rückgrat verletzt waren. Gegen 23.00 Uhr erlag Bernd Stache im Krankenhaus Schönberg seinen schweren Verletzungen. Spätere Ermittlungen ergaben, dass sich beim Reinigen aus der Waffe ein Geschoss gelöst hatte, das den Brustkorb des Unteroffiziers sowie den hinter ihm befindlichen Waffenständer durchschlug und schließlich in der Wand des Wachzimmers stecken blieb.[155]

Der ledige Unterfeldwebel Udo Gosse diente seit dem 5. Mai 1987 bei den Grenztruppen als Berufsunteroffizier. Der gelernte Maurer war stellvertretender Zugführer in der 6. Grenzkompanie Gandow, Grenzregiment 8 Grabow. Nach Auslösung einer

---

154 Deutsche Grenzpolizei Nordhausen: Abschließender Bericht zum Unfall mit Todesfolge durch fahrlässigen Gebrauch der Maschinenpistole am 25.10.1957 gegen 18.10 Uhr in der Kompanie Neuendorf. O.U., 29.10.1957. BArch Freiburg, DVH 27/130230. DGP-Nordhausen/Kp. Neuendorf: Beurteilung des verstorbenen Gefr. Weiß, Waldemar, geb. 1.9.38 in Loos. O.U., 28.10.1957. BArch Freiburg, DVH 27/130230.
155 HA I/ GK-Nord Stendal, Leiter Bereich Abwehr, i.V. OSL Wolf: Chiffriertelegramm vom 25. Januar 1977 „Fahrlässiger Schußwaffengebrauch mit Todesfolge" an HA I/ Berlin und HA I/ KGT Pätz, von BStU, ZA, MfS HA I, Nr. 104.

Grenzsignalanlage hielt sich Gosse am 13. Januar 1989 um 2.55 Uhr gemeinsam mit anderen Grenzern im Speiseraum der Kaserne in Bereitschaft. Der 19-Jährige spielte dort mit seiner Pistole, indem er sie an den Kopf hielt. Er wollte den „kalten Schuss" vorführen. Dabei wird das Magazin nur zum Teil eingeführt, sodass beim Durchladen keine Patrone in den Lauf gelangt. Andere Soldaten forderten ihn auf, die Spielerei zu unterlassen. Er habe ihnen geantwortet, da könne doch nichts passieren. Gegen 4.05 Uhr wurde die Bereitschaft aufgehoben und die Waffen zurück in die Waffenkammer gebracht. Dort sah Unteroffizier S., wie Udo Gosse vor dem Waffenschrank stand und mit einer Pistole hantierte. Er setzte sie an den Kopf und schrie „jeee", dann fiel ein Schuss. Gosse wurde schwer verletzt ins Bezirkskrankenhaus nach Schwerin gebracht, wo er gegen 15.30 Uhr verstorben ist.[156]

Unfälle mit Splitterminen und Signalgeräten

Tödliche Folgen hatten auch Unfälle mit Splitterminen und Signalgeräten. Unbeabsichtigt und unvorhergesehen explodierten diese Geräte bei ihrer Installation, Kontrolle oder Reparatur durch wehrpflichtige Soldaten. Die scharfkantigen Metallsplitter und Leuchtraketen verursachten meist schwere Oberkörper- und Gesichtsverletzungen. Die Militärstaatsanwaltschaft, die diese Unfälle untersuchte, beantwortete die Schuldfrage je nach Geschehensverlauf unterschiedlich. Unterlassene Belehrungen für den Umgang mit Signalmitteln durch Vorgesetzte wurden ebenso festgestellt wie defekte Geräte oder die Mitschuld des Getöteten durch Fahrlässigkeit. Insgesamt fielen der Forschungsgruppe bei ihren Recherchen sechs Todesfälle durch Unfälle mit Splitterminen und Signalgeräten auf, von denen hier zwei exemplarisch geschildert werden.

Am 31. August 1978 waren nach einem Gewitter um die Mittagszeit mehrere SM-70-Splitterminen an den Grenzzäunen im Sicherungsabschnitt des Bataillons Schattin explodiert. Unterfeldwebel G. fuhr daraufhin gemeinsam mit einem ihm unterstellten Wartungstrupp zu den Grenzanlagen. Unter den Soldaten war auch der gelernte Elektriker Detlef Groschke aus Rostock. Als Unterfeldwebel G. bei Groß Thurow mehrere fehlerhaft ausgelöste Minenschaltungen feststellte, befahl er dem 20-jährigen Gefreiten die Fehlschaltung an einer Splittermine zu beseitigen und so die Anlage wieder scharf zu machen. Groschke stieg auf eine Leiter, um den Schalter auszudrehen. Dabei kam er mit dem Kopf unmittelbar vor den Schusstrichter. Plötzlich detonierte das Gerät und feuerte scharfkantige Stahlsplitter mit starker Streuwirkung aus dem trichterförmigen Gehäuse ab. Mehrere davon trafen Detlef Groschke in den Kopf. Der Schwerverletzte wurde zunächst ins Kreiskrankenhaus Wismar eingeliefert und später in die Chirurgische Universitätsklinik Rostock überführt. Die Mine hatte ihm das Gesicht zerrissen, die Augäpfel zerstört und mehrere Trümmerbrüche der Schädelknochen zugefügt. Nach zehn Tagen führte eine schlecht verheilte Wunde an der Schlagader zu seinem Tod. Gegen Unterfeldwebel G. ermittelte die Militärstaatsanwaltschaft des Grenzkommandos Nord wegen Verletzung der Dienstaufsichtspflicht. Tatsächlich war

---

156 MfS, HA/KGT; I/GKN: Fahrlässiger Umgang mit Schußwaffe, Todesfolge, 13.1.1989, 4.14 Uhr, GK Gandow, Krs. Ludwigslust, GR-8 Grabow. BStU, ZA, MfS – Sekr. Neiber Nr. 600. MfS, BV Schwerin, Abt IX: Information über den Tod unter verdächtigen Umständen des Angehörigen der Grenztruppen der DDR, Unterfeldwebel Gosse am 13.1.1989. BStU, Ast. Swn, MfS BV Schwerin, Abt IX 1677. Bereich 2000: Tagesmeldung Nr. 1/1/89. BStU, ZA, MfS, HA I Nr. 4361 Bd. 2.

die Minenanlage entgegen der Dienstvorschrift nicht außer Betrieb gesetzt worden, als G. ihre Reparatur befahl. Eine Untersuchungskommission begründete jedoch die Explosion mit einer atmosphärischen Entladung als Nachwirkung eines bereits abgezogenen Gewitters. Der Militärstaatsanwalt stellte deshalb fest, „daß die Mine auch bei außerbetrieb gesetzter Anlage detoniert wäre" und schloss das Ermittlungsverfahren. Unterfeldwebel G. habe weder vorsätzlich noch schuldhaft fahrlässig die Sicherheitsbestimmungen verletzt.[157]

Am 26. Oktober 1964 gegen 14.35 Uhr ereignete sich im Verantwortungsbereich des Grenzregiments Eisenach, Grenzkompanie Untersuhl, ein „Dienstunfall mit tödlichem Ausgang". Eine „Operative Tagesmeldung" der Grenztruppen enthielt die knappe Mitteilung, der Gefreite Bernd Jeschke, Jahrgang 1945, aus Demitz, Kreis Bischofswerda, sei durch ein Signalgerät mit Leuchtpatrone ums Leben gekommen. Er sei angeblich fahrlässig mit dem Gerät umgegangen. „Maßnahmen zur Bestattung und Benachrichtigung der Eltern wurden eingeleitet".[158]

Weitere Todesfälle im Grenzdienst

Insgesamt 75 tödliche Unfälle fanden sich in den durchgesehenen Überlieferungen, die sich bei der Ausübung grenzdienstlicher Aufgaben zugetragen hatten. In diese Kategorie fallen Verkehrsunfälle beim Truppen- und Gütertransport, bei Chauffeurdiensten oder Meldefahrten, Unfälle mit Zügen, die das Grenzgebiet durchquerten, und Schiffsunglücke in Grenzgewässern. Angehörige der Grenzpolizei und der Grenztruppen, die beim Entladen von Bauteilen tödlich verletzt wurden, waren ebenso zu beklagen wie Wehrpflichtige, die den Strapazen der Gepäckmärsche gesundheitlich nicht standhielten. Die Soldaten waren zumindest zeitweise in den Beobachtungstürmen nicht durch Blitzableiter geschützt, kamen mit ungesicherten Starkstromkabeln in Berührung oder ertranken bei der Verfolgung von Flüchtlingen bzw. bei Rettungsversuchen. Nicht zuletzt war die Beseitigung von Minen und Granaten eine Unfallquelle. Zwölf dieser Unfälle, die zum Teil mehrere Todesopfer forderten, enthält der folgende Abschnitt.

Bei der Hauptverwaltung der Deutschen Volkspolizei, Hauptabteilung Grenzpolizei ging am 13. März 1952 die Meldung über einen schweren Unfall mit Todesfolge ein. Volkspolizei-Wachtmeister Hans Kotte von der Grenzbereitschaft Pirna sollte am 11. März 1952 um 10.41 Uhr einen Güterzug vom Grenzbahnhof Schöna nach Krippen begleiten. Er versuchte, auf den bereits anfahrenden Zug aufzuspringen, stürzte vom Trittbrett und geriet mit beiden Unterschenkeln unter den Zug. Der 20-Jährige wurde in das Krankenhaus Bad Schandau eingeliefert, wo er seinen Verletzungen erlag.[159]

---

157 Militärstaatsanwalt Grenzkommando Nord: Verletzung der Dienstaufsichtspflicht durch Vorgesetzte. BArch Freiburg, DVW 13/56777. Grenztruppen der Deutschen Demokratischen Republik/Kommando der Grenztruppen: Operative Tagesmeldungen Nr. 243/78 und Nr. 253/78. BArch Freiburg, DVH 32/113246. forum-deutsche-einheit.de, Beitrag von: student, 7.6.2010. http://neues-forum.info/forum/viewtopic.php?t=456&p=7065 (Zugriff am 1.10.2015).

158 NVA: Operative Tagesmeldungen Nr. 276–305, Okt. 1964 – Nov. 1964. BArch Freiburg, DVH 32/112585.

159 DGP, Abteilung Operativ: Meldung besonderer Vorkommnisse Nr. 62/52 für die Zeit vom 12.3.1952 06.00 Uhr bis 13.3.1952 06.00 Uhr. BArch Freiburg, DVH 27/130329.

Am Freitagabend des 14. Juni 1957 hatte der Gefreite Artur Grimm um 18.00 Uhr seinen Postendienst angetreten. Gegen 19.40 Uhr vernahm er bei Viehle Hilferufe von der Elbe her. Der 13 Jahre alte Friedrich Seeger, der dort mit anderen Kindern gespielt hatte, war ins Wasser gefallen und rief verzweifelt um Hilfe. Ohne seine Uniform abzulegen, sprang der Gefreite hinterher, um den Jungen zu retten. Dieser umklammerte in Panik den Grenzpolizisten und nahm ihm jede Bewegungsfreiheit. Artur Grimm und Friedrich Seeger ertranken in der Elbe.[160]

Nach der Tagesmeldung der DDR-Grenztruppen vom 26. August 1965 verlegten Fachkräfte der Nachrichtenkompanie vom 25. August 1965 an eine Scheinwerfer- und Klingelanlage im Abschnitt der Grenzkompanie Limlingerode. Der Gefreite Peter Quelms hatte den Montagetrupp als Kraftfahrer zum Einsatzort gebracht. Er wartete am 26. August 1965 im Fahrzeug auf seine Kameraden. Nach einer ersten Funktionsprobe der neu verlegten Alarmanlage sollte der 26-Jährige das Stromaggregat ausschalten. Dabei erlitt er einen tödlichen Stromschlag. Peter Quelms war verheiratet und Vater von zwei Kindern. Er gehörte der FDJ an und diente als Kraftfahrer seit dem 4. Mai 1964 in der Nationalen Volksarmee.[161]

Auf dem Weg von Westberlin nach Hamburg bemerkte der Führer des Tanklastschiffs „Lichterfelde Detmar-Tank 47" am Vormittag des 10. Dezember 1973 bei Dömitz ein NVA-Schnellboot mitten im Fahrwasser, das ebenfalls in seine Richtung fuhr. Als er versuchte, dieses zu überholen, änderte das Boot der Grenztruppen seine Fahrrichtung und geriet quer vor das Tanklastschiff. Bei der unvermeidlichen Kollission wurde das NVA-Schnellboot 110 unter Wasser gedrückt und sank sofort auf den Grund der Elbe. Von der dreiköpfigen Besatzung rettete sich nur Bootsführer Detlef D. Der 19-jährige Funker und MPi-Schütze Otfried Balschuweit und der 20 Jahre alte Motorenmeister Hans-Joachim Kunath konnten die Kabine des Bootes nicht mehr verlassen und ertranken. Bei der Vernehmung erklärte Detlef D., dass er mit der Besatzung in einen Streit über „Probleme der Klubarbeit" geraten war. Während dieser heftig geführten Diskussion habe der Funker das nahende Tanklastschiff nicht bemerkt. Sie seien sich der Gefahr erst bewusst geworden, als der Tanker bereits mit dem Bug ihr Boot überragt hatte. Otfried Balschuweits Grundwehrdienst hatte am 4. Mai 1973 begonnen. Bei der NVA wurde er zum Funker und MPi-Schützen ausgebildet. Er sei, so heißt es in einer Beurteilung der Dienststelle Dömitz, trotz positiver Einstellung zur DDR gegenüber Vorgesetzten des Öfteren aufmüpfig aufgetreten. Sein Kamerad Hans-Joachim Kunath diente bereits seit Oktober 1972 bei der NVA und hatte den Rang eines Maats. Seine Vorgesetzten lobten seine „positive Einstellung zu der Politik unserer Partei und Regierung". Sein Hobby war das Bergsteigen. Doch vor allem lag dem ausgebildeten Anlagenmonteur die Musik am Herzen. Er gehörte der „Klampfengruppe" des Bergsteigerverbandes an und engagierte sich auf dem Gebiet des politischen Liedes als Mitglied des Dresdner Singeclubs „Pasaremos" und bei den Grenztruppen in der Singegruppe seiner Ausbildungskompanie. Anstoß nahm man allerdings daran, dass seine

---

160 DGP: Tagesrapporte Juni 1957. BArch Freiburg, DVH 27/130374. Oberfinanzdirektion Hannover: Wichtige Grenznachrichten Juni 1957. NLA Hannover, Nds. 220 Acc. 144/95 Nr. 51.
161 Grenztruppen der DDR, Abteilung Operativ: Tagesmeldung Nr. 239/65, 25.8.1965 bis 26.8.1965. BArch Freiburg, DVH 32/112591. Oberfinanzdirektion Hannover: Lagebericht von der SBZ-DL für den Monat September 1965. NLA Hannover Nds. 220 Acc. 27/91 Nr. 44/1.

Leidenschaft für die Musik auch das westdeutsche Radioprogramm einschloss, das die Grenzer eigentlich nicht empfangen durften. Nach der Militärzeit wollte Kunath ein Ingenieurstudium aufnehmen. Wenige Minuten nach dem Zusammenstoß bot ein Oberstleutnant des Bundesgrenzschutzes den hinzugekommenen Offizieren der DDR-Grenztruppen an, eine dreiköpfige Tauchergruppe, die mit einem Hubschrauber am Unglücksort eingetroffen war, zur Bergung der Vermissten einzusetzen. Generalmajor Bär vom Grenzkommando Nord erklärte sein Einverständnis. Die Taucher des Bundesgrenzschutzes bargen wenig später die Leichen von Otfried Balschuweit und Hans-Joachim Kunath. Einem Großaufgebot des Bundesgrenzschutzes, des Zolls der Bundesrepublik und der Wasserschutzpolizei gelang es nach sechs Stunden, das NVA-Schnellboot zu heben und die blockierte Wasserstraße wieder für den Verkehr freizugeben. Ein Ermittlungsverfahren wegen fahrlässiger Tötung gegen den Führer des Tanklastschiffs wurde von der Staatsanwaltschaft in Lüneburg wieder eingestellt.[162]

Sechs Wochen nach seiner Einberufung zur Bootsausbildungskompanie der Grenztruppen nahm Dietmar Neuland aus Kälberfeld (Wartburgkreis) an einer Übung auf dem Gelände des Grenzausbildungsregiments 40 teil. Das Regiment trug seit 1976 den Ehrennahmen des in der NS-Zeit ermordeten Kommunisten „Hans Coppi". Was genau am 17. Mai 1979 geschah, teilte die MfS-Hauptabteilung I in ihrer Sofortmeldung nicht mit. Angeblich seien zwei Matrosen der Bootsausbildungskompanie „wegen der Hitze (17 bis 28 Grad)" zusammengebrochen. Einer von ihnen, der 23-jährige Dietmar Neuland, starb um 14.40 Uhr, laut MfS an einem „Hitzschlag".[163]

Am 24. Juli 1983 verließ Jörg Krüger mit sieben seiner Kameraden gegen 22.30 Uhr das Kulturhaus „Kurt Bürger" in Boizenburg. Auf dem Weg zum Standort der Einheit ging Wilfried G. in einigem Abstand hinter den anderen. In einer Gartenanlage verloren sie ihn aus den Augen. Da sie ihn auch nach einer etwa zehnminütigen Suche nicht auffanden, setzten sie den Rückweg ohne ihn fort. Am Standort der Einheit angekommen, meldeten sie dem diensthabenden Offizier das Verschwinden von Wilfried G. Der diensthabende Unterleutnant L. nahm an, G. werde mit anderen noch fehlenden Ausgängern bis Mitternacht zurückkehren. Als er jedoch auch um 0.02 Uhr noch nicht eingetroffen war, kommandierte der Unterleutnant den Alarmzug zur Suche in die Gartenanlage, wo G. zuletzt gesehen worden war. Außerdem meldete L. die Ausgangsüberschreitung dem vorgesetzten Grenzkommando. Um 0.30 Uhr löste der Grenzsignalzaun Alarm aus. Da die Soldaten des Alarmzuges bereits zur Suche nach dem vermissten Soldaten ausgerückt

---

162 Bericht über die Havarie auf der Elbe zwischen dem Tankschiff „Lichterfelde Detmar-Tank DT47" und dem Grenzsicherungsboot 110 der 1. Bootsabteilung Dömitz des Grenzregimes 8 Grabow. BStU, Ast. Swn, MfS, Abt. IX, 110. Bericht über die Havarie am 10. 12. 1973 gegen 10.50 Uhr auf der Elbe am Elbkilometer 505,5 im Bereich Dömitz, Kreis Ludwigslust, zwischen dem Tankmotorschiff „Lichterfelde DT 47" und dem Grenzsicherungsboot der DDR G 110 der Bootsabteilung Dömitz des Grenzregiments 8 Grabow. BStU, ZA, MfS – AS 15/75. Eignungsprüfung von Kunath durch MfS. BStU, ZA, MfS – AP 1475/74. Eignungsprüfung von Kunath durch MfS. BStU, ZA, MfS – AP 1475/74. Wasserschutzpolizeiamt – WS-Revier 9: Vernehmung. Lauenburg, 11.12.1973. NLA Nds. 220 Acc. 4/84 Nr. 31. o.A. [dpa]: Gemeinsame Ost-West-Aktion nach Kollision auf der Elbe. In: *Hannoversche Allgemeine*, 11.12.1973. K.F.: Zwei Tote auf der Elbe. Westberliner Tanker rammte Zonen-Streifenboot. In: *Berliner Morgenpost*, 11.12.1973. lni: DDR wünscht keine Aufklärung. Ermittlungen über Schiffsunfall auf der Elbe eingestellt. In: *Hannoversche Allgemeine*, 8.8.1974.
163 MfS: Todesfall bei GAR-40, Grenztruppen, BStU, ZA: MfS HA I, AKG-VSH 1.

waren, befahl der Diensthabende Unterleutnant alle in der Einheit anwesenden Kräfte zur Abriegelung des Geländes an die Staatsgrenze, darunter auch die sieben Grenzer, die den Abend in der Gaststätte verbracht hatten und noch immer unter Alkoholeinfluss standen. Um 0.45 Uhr entdeckte eine Kontrollstreife Fußspuren am ersten Grenzzaun. Die neu eintreffenden Kräfte erhielten den Befehl, der Spur zu folgen. Unter der Führung eines Unterfeldwebels nahmen Jörg Krüger und drei weitere Soldaten die Verfolgung der Spur hinter dem Grenzzaun I auf. Dort stießen sie am Ufer der Sude unweit der Elbeinmündung auf die Uniformbluse und die Hose des Gesuchten. An der Stelle, an der die Spur am Ufer endete und der Gesuchte offenbar ins Wasser gestiegen war, versuchten sie in voller Montur den Fluss zu durchqueren. Dabei unterschätzten sie die Tiefe des Wassers und dessen Strömung. Jörg Krüger gelang es im Unterschied zu seinen Kameraden nicht mehr, sich von seiner Ausrüstung zu befreien. In Sekundenschnelle trieb er ab. Möglicherweise führte auch ein Kreislaufkollaps zu seinem Untertauchen. Die Leiche des 21-Jährigen wurde am Morgen des 25. Juli 1983 von Tauchern der Grenztruppen nahe der Sudemündung der Elbe geborgen. Der gelernte Agrotechniker hinterließ Frau und Kind. Nach der Untersuchung des Vorfalls kam die MfS-Hauptabteilung I zu dem Ergebnis, die Befehlsgebung durch Unterleutnant L. sei unzweckmäßig gewesen. Sieben zur Suche eingesetzte Grenzer seien „unter Alkoholeinfluß stehend zum Einsatz an die Staatsgrenze" kommandiert worden. „Diese Kräfte waren zum Teil, wie die Untersuchung herausarbeitete, nicht handlungsfähig." Der Berliner *Tagesspiegel* meldete am Dienstag, den 26. Juli 1983, dass einem DDR-Soldaten und einem 18-jährigen Arbeiter am Wochenende die Flucht nach Niedersachsen gelungen war.[164]

Am 29. August 1983 gegen 8.45 Uhr verunglückte der Offiziersschüler der Offiziershochschule „Rosa Luxemburg" Plauen Steffen Büscher mit seinem Dienstmotorrad TS 250 in der Ortslage Straßberg, Kreis Plauen, tödlich. Er war als Regulierer seiner Kolonne eingesetzt, überholte in einer unübersichtlichen Linkskurve die Kolonne und stieß mit einem entgegenkommenden PKW Lada frontal zusammen. Büscher erlag gegen 11.45 Uhr im Bezirkskrankenhaus Plauen seinen Verletzungen.[165]

Am 28. November 1983 um 22.30 Uhr wurden Unteroffizier Jörg B. und Militärkraftfahrer Thomas Ebert von der 1. Grenzbrigade Selmsdorf, Grenzregiment 6 Schönberg, zur Reparatur des Grenzzauns im Sicherungsabschnitt Raum Grevesmühlen eingesetzt. Sie waren mit einem Lkw W 50 am Einsatzort. Am Morgen des nächsten Tages beendeten sie ihre Arbeit gegen 4.15 Uhr. Unmittelbar danach fuhren sie zurück zum Objekt. Auf der Rückfahrt schlief der 20 Jahre alte Gefreite Thomas Ebert vermutlich am Steuer ein, das Fahrzeug kam gegen 4.45 Uhr von der Fahrbahn ab und prallte gegen einen Baum. Thomas Ebert erlitt tödliche Verletzungen, B. einen schweren Schock.[166]

Der gelernte Bergbaufacharbeiter Eberhard Kolditz arbeitete von 1972 bis 1977 in der Passkontrolleinheit am Grenzübergang Marienborn. Im Juni 1977 erfolgte seine Versetzung vom Dienstbereich Autobahnkontrolle zur Eisenbahnkontrolle in Mari-

---

164 MfS: Untersuchungsberichte zur Fahnenflucht in der 3. GK Bahlen. BStU, ZA, MfS, HA I, Nr. 14756, Teil 2 von 2. MfS: Untersuchungsbericht FF G. BStU, ZA, MfS HA I/ Abw. GKN-VSH. BStU, MfS Sekr. Neiber, Nr. 105. Militärstaatsanwalt Stendal: Tod unter verdächtigen Umständen Gefr. Krüger, Jörg. BArch Freiburg, DVW 13/49855.
165 NVA: Tagesmeldung Nr. 241/83 für die Zeit vom 28.08.1983 18.00 Uhr bis 29.08.1983 18.00 Uhr. BArch Freiburg, DVH 32/112515.
166 MfS: Chiffriertelegramm über einen Verkehrsunfall mit Todesfolge. BStU, ZA, MfS, HA I Nr. 14536 Bd. 4.

enborn. Kolditz war mit einer Lehrerin verheiratet, das Ehepaar hatte zwei Kinder. Im Abschlussbericht des Staatssicherheitsdienstes vom 29. November 1984 heißt es: „Der Mitarbeiter der PKE Marienborn, Kolditz, Erhard, wurde auf dem Grenzübergangsbahnhof Marienborn vom Steuerwagen erfaßt und schwer verletzt. Er erlitt schwere Schädelverletzungen linksseitig, hervorgerufen durch einen Anprall an den beim Steuerwagen vorn rechts angebrachten Rangiergriff. Der Geschädigte ist am 27.11.1984 seinen Verletzungen erlegen. Der Zug fuhr aus dem Bahnhof Marienborn aus und befuhr den Gleisbereich in zulässiger Geschwindigkeit von etwa 35 km/h. Bei der Annäherung gab der Triebfahrzeugführer Achtungssignal. Als er sich dem Geschädigten auf etwa 5 m genähert hatte, sah er plötzlich, wie diese Person in Richtung seines Fahrzeuges schwankte. Zum Zeitpunkt des Geschehens herrschten starke Sturmböen, wodurch eine Bewegungsänderung des Verunfallten ausgelöst werden konnte." Die Medizinische Akademie in Magdeburg stellte am 30. November 1984 den Totenschein für Eberhard Kolditz mit der Todesursache „schweres Schädel-Hirn-Trauma" aus. Der Ehefrau wurde zunächst mitgeteilt, dass ihr Ehemann während seines Dienstes einen Unfall erlitt und sich schwer verletzt in der Medizinischen Akademie Magdeburg befindet. Einzelheiten zum Unfallhergang und zu anderen Details wurden nicht mitgeteilt. Auf Nachfrage schloss sie aus, dass der 37-Jährige einen Suizid begangen habe.[167]

Oberstleutnant Bonewitz, MfS-Abwehroffizier bei den Grenztruppen, meldete am 19. Dezember 1985 per Chiffriertelegramm an die Berliner Stasi-Zentrale einen „Unfall mit Todesfolge bei der Bergung von beschossenen Munitionsteilen (waffentechnischer Schrott)". Demnach verluden die Zivilbeschäftigten Martin Strecker und Herbert H. gemeinsam mit Stabsfeldwebel Ulf Kuckla von der Waffeninstandsetzungsgruppe „Spezialschrott" auf dem Truppenübungsplatz Friedrichslohra, Kreis Nordhausen. Während der Bergungsarbeiten, die auf Anordnung des zuständigen Waffenoffiziers der Einheit erfolgten, detonierte eine Hohlladungsgranate des Typs PG-2. Diese panzerbrechende Granate gehörte seit 1965 nicht mehr zur Bewaffnung der Grenztruppen. Einheiten der Volkspolizei und der Kampfgruppen verschossen sie aber bis zum Mai 1983 weiterhin bei ihrer Ausbildung auf dem Truppenübungsplatz Friedrichslohra. Die PG-2 verfügte im Gegensatz zur der damals von den Grenztruppen verwendeten PG-7 über keine Selbstzerlegungseinrichtung, was die drei Männer, die mit der Bergung des Schrotts beschäftigt waren, nicht wussten. Die Granate tötete Kuckla und Strecker auf der Stelle. Herbert H., der schwere Splitterverletzungen erlitt, gelang es nach der Detonation noch den Kommandanten des Schießplatzes zu benachrichtigen. Im Krankenhaus von Nordhausen stellten die Ärzte bei dem 25-jährigen Ulf Kuckla starke Verletzungen der Lunge und des linken Bauchraumes und eine Zertrümmerung des linken Unterschenkels fest. Ulf Kuckla hatte im VEB Kraftwerk Boxberg den Beruf eines Instandhaltungsmechanikers erlernt. Im Mai 1979 verpflichtete er sich zum Dienst bei den Grenztruppen der DDR und kam ein Jahr später als Waffenmeister des Grenzregiments 4 „Willi Gebhardt" Heiligenstadt zum Einsatz. Der Berufsunteroffizier war ledig. Martin Strecker, der in das gleiche Krankenhaus kam, wurde bei dem Unfall der Schädel zertrümmert. In seinem Leichnam entdeckten die Ärzte Reste des Zünders der Panzergranate. Martin Strecker hatte von 1980 bis 1985 als Waffenmechaniker bei der Nationalen Volksarmee in Rostock gedient. Seit März 1985

---

167 MfS: Abschlußbericht vom 29. November 1984, Auskunftsbericht der MfS-Bezirksverwaltung Magdeburg vom 30. November 1984. BStU, ZA, MfS GH 105/86 1. MfS: Personalunterlagen zu Eberhard Kolditz. BStU, Ast. Magdeburg, BV Mgdb., KS II, 21/85.

arbeitete er als zivilbeschäftigter Schlosser in der Waffenwerkstatt des Grenzregiments 4 „Willi Gebhardt". Der 28-Jährige war verheiratet und hatte einen Sohn.[168]

Der Soldat Jens Förderung fuhr mit Unteroffizier Olaf Kurz mit einem Lastkraftwagen W-50 vom Stab des Grenzregiments-1 „Eugen Levine", Hildebrandshausen, zum Betonwerk Eisenach. Sie holten dort Fertigbeton zum Bau des Grenzzaun-Tores 56 im Grenzabschnitt III ihres Grenzregiments ab. Auf der Rückfahrt von Eisenach ins Grenzgebiet stürzte der beladene Lkw von der Werrabrücke. Der Unfall ereignete sich ohne Verschulden des Fahrers Jens Förderung. Durch einen Bruch im Schwenklagergehäuse der Vorderachse kippte das rechte Rad des Lasters vermutlich nach rechts ab und machte das Fahrzeug manövrierunfähig. Es durchbrach das Brückengeländer und stürzte 5,10 Meter in die Werra. In dem nur 1,50 Meter tiefen Fluss kam das Fahrzeug auf dem Dach zu liegen. Bei beiden 20 und 23 Jahre alten Soldaten wurden später nur geringfügige Verletzungen festgestellt, der Tod trat durch Ertrinken ein.[169]

Auf dem Rückweg vom Ausbildungsgelände Hildburghausen zur Grenzkompanie Hindfeld verlor der Fahrer des Geländewagens UAZ auf der Verbindungsstraße Hildburghausen – Römhild die Kontrolle über das Fahrzeug. Er stürzte eine drei Meter tiefe Böschung hinab. Im Fahrzeug befanden sich fünf Soldaten der Grenzkompanie. Der Gefreite Andreas Conradi aus Döbern wurde tödlich verletzt. Der 23-Jährige diente als Militärkraftfahrer seit Mai 1988 bei den Grenztruppen. Die anderen Insassen erlitten nur leichte Verletzungen.[170]

Ohne Fluchthintergrund von eigenen Kameraden getötete Grenzsoldaten

In drei Fällen wurden Grenzsoldaten während eines Streits erschossen oder fielen einem Verbrechen zum Opfer.

Auf den 22-jährigen Unteroffizier Wolfgang Paul Wirth schoss der Unteroffizier Wolfgang W. während eines Streifenganges mit einer Kalaschnikow am 3. April 1969

---

168 MfS, HA I, Abt. Abwehr, GK-Süd – Erfurt; OSL Bonewitz: Chiffriertelegramm, Unfall mit Todesfolge bei der Bergung von beschossenen Munitionsteilen (waffentechn. Schrott). BStU, ZA, MfS, HA I, Nr. 14412, Teil 1 von 2. MfS, HA I, Abt. Abwehr, GK-Süd – Erfurt: Chiffriertelegramm, Erste Ergänzung zum cfs 766 vom 19.12.85 über Unfall mit Todesfolge. BStU, ZA, MfS, HA I, Nr. 14412, Teil 1 von 2. MfS, HA I: Tagesmeldung Nr. 16/12/85 für die Zeit vom 18.12.1985, 14.00 Uhr bis 19.12.1985, 14.00 Uhr, vom 19.12.1985 sowie Tagesmeldung Nr. 18/12/85 für die Zeit vom 20.12.1985, 14.00 Uhr bis 21.12.1985, 10.30 Uhr, vom 21.12.1985, an Mielke, Streletz, Brünner, ZAIG. Besondere Vorkommnisse: Tödliche Unfälle bei Detonation auf Truppenübungsplatz. BStU, ZA, MfS, HA I, Nr. 17312, Teil 1 von 3. Grenztruppen der Deutschen Demokratischen Republik, Grenzkommando Süd, Stellvertreter des Kommandeurs für Technik und Bewaffnung: Abschlußbericht vom 27. Dezember 1985 über einen Unfall mit Todesfolge beim Abtransport beschossener Munitionsteile auf dem StÜP FRIEDRICHSLOHRA, Grenzregiment 4. BArch Freiburg, DVH 32/112336.
169 MfS, HA I: Schwerer Verkehrsunfall mit Todesfolge im GR-1 Mühlhausen (Cfs 442), Ergänzungsmeldung zum Verkehrsunfall mit Todesfolge am 12.05.88 im GR-1 Mühlhausen (Cfs 647). BStU, ZA, MfS, HA I, Nr. 13299, Teil 2 von 2. MfS, HA I: Schwerer Verkehrsunfall mit Todesfolge im GR-1 Mühlhausen. BStU, ZA, MfS – HA I 13386.
170 MfS, HA I/KGT, I/GKS: Schwerer Verkehrsunfall. BStU, ZA, MfS – Sekr. Neiber Nr. 600.

bei Ummerstadt (Landkreis Hildburghausen). Anschließend verletzte sich W. mit seiner Waffe an der linken Hand, um vorzutäuschen, er habe die gewaltsame Fahnenflucht Wirths verhindert. W. wurde zu einer Freiheitsstrafe von 25 Jahren verurteilt. Wirth war gelernter Dachdecker und diente seit dem 2. Mai 1966 als Soldat auf Zeit in der NVA. Von September 1966 an berichtete er als IM „Monika" dem MfS über Soldaten und Offiziere seiner Einheit.[171]

Die Gefreiten Helmut Fittkau (21) und Siegfried Tilscher (19) reparierten gemeinsam mit Unteroffizier Manfred Alte am 17. April 1963 nahe Eisfeld eine schadhafte Drahtsperre. Siegfried Tilscher hatte Schlosser gelernt, bevor er am 25. August 1961 zum Grenzdienst eingezogen wurde, am gleichen Tag wie der Traktorist Helmut Fittkau. Manfred Alte, der als Waffennarr galt, hatte sich schon mit 17 Jahren freiwillig zur Grenzpolizei gemeldet. 1960 wurde von Kameraden entdeckt, dass Alte als GI ‚Walter Beyer' Berichte für das MfS schrieb. Während des Reparatureinsatzes an der Drahtsperre feuerte er unvermittelt mit seiner MPi auf die beiden Gefreiten. Anschließend tötete Manfred Alte sich selbst.[172]

Jan Kostka

Edgar Winkler

geboren am 3. Dezember 1943 in Schöngleina

erschossen am 15. August 1962

Ort des Zwischenfalls: bei Rotheul (Thüringen)

Am Mittwoch dem 15. August 1962 fällten Waldarbeiter im DDR-Grenzstreifen bei Rotheul Bäume. Eine sechsköpfige Sicherungsgruppe der DDR-Grenzkompanie Rotheul bewachte die Arbeiter. In den fränkischen Nachbargemeinden ruhte wegen Mariä Himmelfahrt die Arbeit. Ein Ehepaar aus dem im Kreis Kronach gelegenen Dorf Burgstall näherte sich der Grenze und winkte den Waldarbeitern zu. Das Paar kam mit einem bayerischen Grenzpolizisten ins Gespräch, der die Arbeiten auf der Ostseite beobachtete. Sie fragten ihn, ob sie näher zur Grenze gehen könnten, um mit einem Verwandten zu sprechen, der zu den Waldarbeitern gehörte. Der bayerische

---

171 MfS, HA I, Operativ Gruppe Abwehr UA Hildburghausen: Einstellung des IM-Vorganges „Monika". BStU, ZA, MfS AIM 15071/69. ZERV: Auswertung der „Toten der Grenze". LAB, D Rep. 120-02, Acc. 8346, StA II Berlin 27 AR 40/97. Filmer, Werner und Heribert Schwan [Hrsg.]: Opfer der Mauer. Die geheimen Protokolle des Todes. München 1991, S. 219.

172 Richter (BVfS.-Suhl) an Erich Mielke: Fernschreiben Nr. 309, Betr.: Besonderes Vorkommnis an der Staatsgrenze West, Grenzkompanie Steudach. Suhl, 18.4.1963. BStU, MfS ZA, HA I Nr. 5855, Bl. 15–17. OLT Bieber und H Bohl (HA I / Kommando Grenze / Abwehr U.-Abtlg. 13. Brig.): Abschlußbericht. Rudolstadt, 29.04.1963. BStU, MfS ZA, HA I Nr. 5855. Müller, Rolf (HA I): Einschätzungen des GI ‚Walter Beyer'. 6.10.1958. Personalakte des GI „Walter Beyer". BStU, MfS ZA, AIM Nr. 2295/61. Schurbaum, Günther: Abschlussbericht. GI-Vorgang „Walter Beyer". 16.3.1961. Personalakte des GI „Walter Beyer". BStU, MfS ZA, AIM Nr. 2295/61. Wittiger und Kahlfeld (Kriminaltechnisches Institut/Gerichtliche Ballistik): Gutachten über zwei Feuerwaffen und Spuren an den Patronenhülsen sowie einem Projektil. o. O., 11.5.1963. BArch DO/1/35099.

Polizeimeister rief das dem befehlshabenden DDR-Unteroffizier Gerhard Z. zu und dieser erlaubte dem 17-jährigen Waldarbeiter tatsächlich den 10-m-Kontrollstreifen zu einer kurzen Unterredung mit seinen Westverwandten zu betreten. Das Eheleute bedankte sich bei den DDR-Grenzern mit einem Kasten Bier und Zigaretten. Kurze Zeit später nutzte der junge Waldarbeiter einen unbeobachteten Moment und flüchtete auf bayerisches Gebiet. Die Soldaten der Sicherungsgruppe berieten völlig verunsichert, was nun zu tun sei. Sie befürchteten hohe Strafen, da sie eine Flucht zugelassen und außerdem Bier und Zigaretten von Westdeutschen angenommen hatten. Spontan vereinbarten sie eine gemeinsame Fahnenflucht. Unteroffizier Gerhard Z. begab sich zum Kontrollstreifen und teilte zwei dort patrouillierenden bayerischen Grenzpolizisten mit, er werde in der Mittagspause mit seinen Leuten über die Grenze kommen.

Gegen 12.50 Uhr als die Männer der Sicherungsgruppe sich zum Mittagessen niedergelassen hatten, entfernte sich ein Gefreiter, um auszutreten. Als er nach einer Weile nicht zurückkehrte, befürchtete Gerhard Z. Verrat. Er sprang auf und gab das verabredete Signal, indem er mit seiner MPi in die Erde schoss. Dann hastete er in Richtung Grenze. Ein Soldat der Sicherungsgruppe gab daraufhin einen Feuerstoß in die Luft ab. Hinter der Grenze warf Gerhard Z. seine Waffe weg und ging am Waldrand in Deckung. Grenzsoldat Edgar Winkler richtete in diesem Moment unvermittelt die MPi auf seine Kameraden und rief: „hier haut keiner mehr ab, sonst wird geschossen". In diesem Augenblick fielen zwei Schüsse aus nördlicher Richtung. Edgar Winkler stürzte mit einem tödlichen Kopftreffer zu Boden. Ein DDR-Grenzer, der in etwa 100 Meter Entfernung auf Wache stand, hatte gezielt auf Winkler geschossen, da er einen Angriff des Soldaten auf die Sicherungsgruppe vermutete. Wenig später trafen mehrere Offiziere und etwa 40 Soldaten vor Ort ein. Man warf eine Plane über den Toten und zog ihn an den Füßen hinter einen Reisighaufen.

Gerhard Z. sagte bei seiner Befragung durch die bayerische Polizei, es sei ihm unerklärlich, warum seine Kameraden nach den verabredeten Signalschüssen nicht mit ihm losgerannt seien. Auch der 19-jährige Edgar Winkler habe sich an der Fahnenflucht beteiligen wollen. Er müsse im letzten Moment aber seine Meinung geändert haben. Zwei Tage nach dem Ereignis berichtete der *Telegraf* von einer „schweren Schießerei zwischen kommunistischen Grenzwächtern". Dabei sei „ein Zonensoldat von seinen eigenen Genossen erschossen worden". (Recherche: jk, MP; Autoren: jos., MP)

Quellen:

AP/dpa: Wieder ein Toter bei Schießerei zwischen Vopos. In: *Telegraf*, 17.8.1962, BArch Koblenz B 285/830.

Vorermittlungsverfahren gegen Unbekannt wegen Freiheitsberaubung u. a. – ZESt AR-ZE 685/62 – BArch Koblenz B 197/749.

Filmer, Werner; Schwan, Heribert: Opfer der Mauer. Die geheimen Protokolle des Todes, München 1991, S. 172.

Anhang

Todesfälle im innerdeutschen Grenzgebiet 1949–1989 nach Ereignisdaten

Jahr	Name	geboren	gestorben	Todesumstände	S.
1949	Karl Sommer	25.03.1906	16.10.1949	Bei der Rückkehr in die DDR erschossen	31
	Otto Machold	25.12.1888	23.10.1949	Bei Grenzüberschreitung von Ost nach West erschossen	32
	Gerhard Domeyer	17.05.1929	31.10.1949	Bei der Rückkehr in die DDR erschossen	33
	Kurt Zimmermann	14.01.1913	08.12.1949	Bei Fluchtversuch erschossen	34
	Emil Rakau	22.06.1905	10.12.1949	Bei Flucht nach Festnahme erschossen	35
	Otto Kirchberg	14.10.1903	21.12.1949	Bei der Rückkehr in die DDR erschossen	36
1950	Joachim Twardowski	20.12.1923	02.03.1950	Bei Grenzüberschreitung von West nach Ost erschossen	37
	Johannes Simon	23.03.1923	05.03.1950	Ohne Fluchtabsicht an den Folgen einer Schussverletzung gestorben	38
	Irmgard Stark	26.03.1928	16.03.1950	Bei Grenzüberschreitung von Ost nach West erschossen	39
	Rudolf Marquard	30.10.1916	30.03.1950	Bei Grenzüberschreitung von Ost nach West erschossen	41
	Erich Schmiedel	19.11.1905	01.04.1950	Ohne Fluchtabsicht im Grenzgebiet erschossen	42
	Gerhard Graf	26.10.1919	04.04.1950	Bei Grenzüberschreitung von Ost nach West erschossen	43

Jahr	Name	geboren	gestorben	Todesumstände	S.
	Ida Fuß	07.05.1932	15.04.1950	Im Grenzgebiet versehentlich erschossen	44
	Oskar Fertig	10.01.1905	09.06.1950	Bei Grenzüberschreitung von Ost nach West erschossen	44
	Horst Henniger	03.04.1925	22.06.1950	Bei der Rückkehr in die DDR erschossen	45
	Paul Höhle	03.02.1911	03.07.1950	Bei der Rückkehr in die DDR erschossen	47
	Helmut Gill	29.11.1931	17./18.7.1950	Bei Fluchtversuch ertrunken	48
	Bruno Fischer	28.11.1927	17./18.7.1950	Bei Fluchtversuch ertrunken	48
	Erich Bartsch	25.09.1902	06.08.1950	Bei Grenzüberschreitung von West nach Ost erschossen	49
	Günter Lippmann	14.12.1930	20.08.1950	Bei Flucht nach Festnahme erschossen	49
	Werner Heise	06.09.1926	01.09.1950	Bei der Rückkehr in die DDR erschossen	51
	Erwin Vogt	17.04.1920	03.09.1950	Bei Grenzüberschreitung von West nach Ost erschossen	51
	Paul Gullasch	16.03.1902	24.09.1950	Bei der Rückkehr in die DDR erschossen	53
	Herbert Muhs	27.11.1929	25.09.1950	Bei der Rückkehr in die BRD erschossen	54
	Gerhard Oelze	26.06.1926	27.10.1950	Bei der Rückkehr in die DDR erschossen	56
	Anneliese Walter	19.04.1920	28.10.1950	Bei der Rückkehr in die DDR erschossen	57
1951	Richard Hillebrand	31.12.1901	28.01.1951	Bei Grenzüberschreitung von Ost nach West erschossen	59
	Harry Krause	09.09.1940	31.01.1951	Bei Grenzüberschreitung von Ost nach West erschossen	61
	Erich Sperschneider	02.01.1923	25.02.1951	Bei der Rückkehr in die DDR erschossen	64

Jahr	Name	geboren	gestorben	Todesumstände	S.
	Elsa Grunert	29.06.1891	19.03.1951	Bei der Rückkehr in die DDR erschossen	66
	Paul Tippach	28.10.1909	07.04.1951	In der Grenzkommandantur erschossen	68
	August Kratzin	13.10.1897	06.06.1951	Ohne Fluchtabsicht im Grenzgebiet erschossen	71
	Ernst Riedel	08.06.1913	10.06.1951	Bei Grenzüberschreitung von Ost nach West erschossen	73
	Martin David	25.11.1909	15.06.1951	Bei Grenzüberschreitung von Ost nach West erschossen	73
	Leopold Rudolf	20.03.1931	20.06.1951	Suizid nach Festnahme im Grenzgebiet	75
	Dora Scheibel	11.08.1930	08.07.1951	Bei Grenzüberschreitung von Ost nach West erschossen	75
	Egon Zelsmann	14.08.1930	29.07.1951	Bei der Rückkehr in die DDR erschossen	76
	Schwester Sigrada (Maria Witte)	21.09.1899	10.08.1951	Bei Grenzüberquerung auf ungeklärte Weise ums Leben gekommen	77
	Helmut Eichel	08.02.1922	15.11.1951	Bei Flucht nach Festnahme erschossen	80
	Karl Hoffmann	28.01.1907	14.12.1951	Bei Grenzüberschreitung von Ost nach West erschossen	80
1952	Walter Brumbi	10.09.1909	12.02.1952	Bei der Rückkehr in die BRD erschossen	81
	Edmund Korschin	05.11.1916	03.03.1952	An den Folgen der Schussverletzung gestorben	82
	Günther Anderson	25.05.1922	13.03.1952	Bei Grenzüberschreitung von Ost nach West erschossen	84
	Hans-Joachim Damm	22.06.1930	13.03.1952	Bei Fluchtversuch im Grenzgebiet erschossen	85

Jahr	Name	geboren	gestorben	Todesumstände	S.
	Oskar Roschlan	23.02.1892	11.04.1952	Bei der Rückkehr in die DDR erschossen	87
	Erna Miosga	10.12.1896	16.05.1952	Bei Grenzüberschreitung von West nach Ost erschossen	88
	Martin Stehr	02.02.1933	16.05.1952	Bei Grenzüberschreitung nach Schussabgabe an Herzstillstand gestorben	89
	Manfred Seifert	25.12.1931	21.05.1952	Bei Grenzüberschreitung von West nach Ost erschossen	90
	Käthe Arndt	28.02.1903	31.05.1952	Bei Grenzüberschreitung von Ost nach West ertrunken	91
	Marianne Rogge	10.03.1905	31.05.1952	Bei Grenzüberschreitung von Ost nach West t ertrunken	92
	Anna Luther	25.11.1899	05.06.1952	Suizid wegen Zwangsaussiedlung	93
	Hildegard Rüger	31.10.1920	06.06.1952	Suizid wegen Zwangsaussiedlung	95
	Manfred Rüger	22.03.1940	06.06.1952	Suizid wegen Zwangsaussiedlung	97
	Werner Rüger	17.08.1913	06.06.1952	Suizid wegen Zwangsaussiedlung	97
	Klara Obkirchner	05.10.1906	06./07.6.1952	Suizid wegen Zwangsaussiedlung	94
	Kaspar Obkirchner	17.05.1906	06./07.6.1952	Suizid wegen Zwangsaussiedlung	94
	Herbert Fischer	03.10.1920	09.06.1952	Bei der Rückkehr in die DDR erschossen	98
	Gerhard Palzer	22.11.1925	29.07.1952	Zollbeamter, bei Entführungsversuch erschossen	100
	Vinzenz Mikysa	24.01.1905	28.08.1952	Bei Grenzüberschreitung von Ost nach West erschossen	104
	Siegfried Neumann	14.11.1929	02.10.1952	Bei der Rückkehr in die DDR erschossen	105

Jahr	Name	geboren	gestorben	Todesumstände	S.
	Karl Raß	29.05.1912	09.10.1952	Bei der Grenzkontrolle tödlich verunglückt	106
	Elsbeth Jurkowsky	28.03.1928	27.11.1952	Im Grenzgebiet ohne Fluchtabsicht erschossen	107
	Wilhelm Grehsmann	17.05.1892	19.12.1952	Im Grenzgebiet versehentlich erschossen	108
	Kurt Löber	18.04.1920	24.12.1952	Bei der Rückkehr in die DDR erschossen	109
1953	Günter Porzuckowiak	23.07.1936	10.04.1953	Bei Fluchtversuch im Grenzgebiet erschossen	110
	Franz Richter	01.04.1920	25.05.1953	Bei der Rückkehr in die BRD erschossen	111
	Walter Uhl	30.01.1913	01.06.1953	Zollbeamter, durch DDR-Grenzpolizisten erschossen	112
	Werner Thiemann	13.11.1935	08.08.1953	Bei Fluchtversuch im Grenzgebiet erschossen	114
1954	Siegfried Tittmann	15.02.1933	06.03.1954	Suizid nach gescheitertem Fluchtversuch	116
	Ernst Paatz	03.03.1923	16.05.1954	Bei Flucht nach Festnahme erschossen	117
1955	Robert Michalak	30.04.1905	17.05.1955	Bei Festnahme im Grenzgebiet erschossen	118
	Hellgard Stothut	10.07.1931	21.06.1955	Suizid nach Festnahme im Grenzgebiet	119
	Adolf Kohlus	29.03.1937	27.10.1955	Bei Fahnenfluchtversuch erschossen	120
	Max Grübner	09.05.1911	09.11.1955	Bei Fluchtversuch im Grenzgebiet erschossen	121
1956	Harry Moll	24.09.1934	20.04.1956	Bei Fahnenfluchtversuch ertrunken	124
	Hermann Hartmann	20.05.1921	25.04.1956	Bei Arbeiten an der Grenze durch Signalgerät getötet	125
	Günter Kerski	19.11.1935	30.06.1956	Bei Fahnenfluchtversuch ertrunken	125

Jahr	Name	geboren	gestorben	Todesumstände	S.
	Erich Bebensee	29.01.1924	23.07.1956	Bei Fluchtversuch im Grenzgebiet ertrunken	126
	Reginald Lehmann	10.03.1930	27.07.1956	Bei Fahnenfluchtversuch erschossen	127
1957	Maria Ahrens	26.08.1867	03.04.1957	Im Grenzgebiet versehentlich angeschossen und an den Folgen einer Schussverletzung gestorben	129
	Ditmar Pietsch	16.04.1935	25./26.6.1957	Bei Fahnenfluchtversuch ertrunken	130
	Folker Centner	28.01.1933	23.07.1957	Suizid nach gescheiterter Fahnenflucht	131
	Josef Baudig	06.02.1938	07.12.1957	Bei Fahnenfluchtversuch ertrunken	132
1958	Johann Laska	24.10.1925	09.01.1958	Suizid nach Festnahme im Grenzgebiet	133
	Hermann Schübele	12.09.1923	16.04.1958	Bei Fluchtversuch erschossen	134
	Helmut Hohlstein	05.01.1937	31.05.1958	Bei Fahnenfluchtversuch ertrunken	135
	Kurt Ebert	09.12.1934	12.07.1958	Bei der Rückkehr in die DDR erschossen	136
	Helmut Schwab	25.05.1935	01.08.1958	Bei einer Kontrolle im Grenzgebiet erschossen	137
	Willy Soßdorf	13.02.1935	21.12.1958	Bei Fluchtversuch ertrunken	140
1959	Karl Korte	22.09.1909	13.01.1959	Bei einer Kontrolle im Grenzgebiet erschossen	142
	Hans-Joachim Pfleger	22.05.1938	14.11.1959	Bei Fluchtversuch ertrunken	144
1960	Gustav Schröder	05.11.1925	13.06.1960	Bei Fluchtversuch ertrunken	145
1961	Siegfried Rau	29.02.1944	02.10.1961	Bei Fluchtversuch in einer GÜSt verunglückt	145
	Kurt Lichtenstein	01.12.1911	12.10.1961	Ohne Fluchtabsicht im Grenzgebiet erschossen	147

Jahr	Name	geboren	gestorben	Todesumstände	S.
	Kurt Schumacher	27.01.1942	Oktober 1961	Bei Fluchtversuch vermutlich ertrunken	155
1962	Rudolf Gerstendörfer	14.09.1925	08.01.1962	Bei Fluchtversuch ertrunken	155
	Walter Greiner	21.09.1939	Nach 22.02.1962	Bei Fluchtversuch ertrunken	156
	Klaus Kühne	28.06.1938	20.03.1962	Bei Fluchtversuch vermutlich erschossen	157
	Hans-Peter Mielau	24.01.1943	20.03.1962	Bei Fluchtversuch ertrunken	161
	Georg Fleischer	13.11.1932	28.03.1962	Bei Fahnenfluchtversuch erschossen	164
	Herbert Bergmann	06.01.1939	27.05.1962	Bei Fluchtversuch vermutlich ertrunken	166
	Manfred Schorlies	11.11.1942	31.05.1962	Bei Fluchtversuch ertrunken	167
	Joachim Weinhold	11.06.1931	10.07.1962	Bei Grenzüberschreitung von West nach Ost erschossen	169
	Peter Reisch	26.02.1943	13.07.1962	Nach Fluchtversuch an den Folgen einer Schussverletzung gestorben	172
	Gert Könenkamp	21.09.1946	05.08.1962	Bei Fluchtversuch ertrunken	173
	Hans-Joachim Jankowiak	11.05.1942	13.08.1962	Bei Fluchtversuch erschossen	174
	Werner Dobrick	27.04.1942	27.08.1962	Bei Fluchtversuch ertrunken	176
	Lothar Heller	17.01.1941	Oktober 1962	Bei Fluchtversuch ertrunken	178
	Erich Janschke	19.06.1941	15.11.1962	Bei Fluchtversuch durch Erdmine getötet	180
	Klaus Körner	21.07.1939	15.11.1962	Bei Fluchtversuch durch Erdmine getötet	181
	Peter Hecht	17.05.1937	24.12.1962	Bei Fluchtversuch erfroren	183

Jahr	Name	geboren	gestorben	Todesumstände	S.
1963	Helmut Breuer	04.06.1944	20.01.1963	Bei Fluchtversuch erschossen	184
	Rolf Fülleborn	01.08.1943	14./15.4.1963	Bei Fluchtversuch ertrunken	186
	Paul Hermann	31.07.1944	18.04.1963	Suizid nach Festnahme im Grenzgebiet	188
	Hans-Ulrich Kilian	02.05.1944	20.06.1963	Bei Fluchtversuch erschossen	189
	Helmut Kleinert	14.08.1939	01.08.1963	Bei Fluchtversuch erschossen	192
	Frieda Klein	13.10.1944	10.08.1963	Bei Fluchtversuch erschossen	195
	Bernhard Simon	30.09.1945	28.10.1963	Bei Fluchtversuch durch Erdmine getötet	197
	Bernd Ickler	30.06.1945	04.11.1963	Bei Fluchtversuch durch Erdmine getötet	199
	Dieter Fürneisen	26.06.1941	24.11.1963	Bei Fluchtversuch durch Erdmine getötet	201
	Hans-Werner Piorek	04.08.1929	06.12.1963	Bei Grenzüberschreitung von West nach Ost erschossen	203
1964	Heinz Schlett	08.05.1950	zw. 15.-17.4.1964	Bei Fluchtversuch ertrunken	205
	Armin Bogun	25.08.1943	30.04.1964	Bei Fluchtversuch vermutlich ertrunken	206
	Ulrich Rast	24.12.1941	30.04.1964	Bei Fluchtversuch vermutlich ertrunken	207
	Georg Zerna	17.04.1942	30.04.1964	Bei Fluchtversuch vermutlich ertrunken	208
	Werner Krause	27.07.1942	10.06.1964	Nach Festnahme im Grenzgebiet erschossen	209
	Peter Müller	15.05.1944	14.06.1964	Bei Fluchtversuch durch Erdmine getötet	211
	Fritz Zapf	26.08.1926	07.07.1964	Bei Fluchtversuch erschossen	213

Jahr	Name	geboren	gestorben	Todesumstände	S.
	Kurt Windzus	21.11.1937	20.07.1964	Nach Fluchtversuch an den Folgen einer Schussverletzung gestorben	215
	Karl Matz	03.07.1915	03.08.1964	Nach Fluchtversuch an den Folgen einer Schussverletzung gestorben	216
	Adolf Mahler	28.06.1941	05.09.1964	Bei Fluchtversuch durch Erdmine getötet	218
	Rudolf Reuter	17.02.1941	05.10.1964	Bei Grenzüberschreitung von West nach Ost durch Erdmine getötet	219
	Manfred Müller	06.03.1948	22.11.1964	Bei Fluchtversuch ertrunken	221
1965	Klaus Iwan	25.12.1943	01.04.1965	Bei Fahnenfluchtversuch ertrunken	223
	Rudolf Jochmann	25.03.1945	17.04.1965	Bei Fluchtversuch vermutlich ertrunken	224
	Manfred Glotz	25.01.1942	07.05.1965	Bei Fluchtversuch erschossen	226
	Hilmar Brinkmann	16.11.1939	08.06.1965	Bei Fluchtversuch vermutlich ertrunken	228
	Dietrich Peik	17.06.1939	13.07.1965	Bei Fluchtversuch ertrunken	229
	Klaus Noack	07.06.1940	04.08.1965	Bei Fahnenfluchtversuch erschossen	230
	Horst Ristau	02.03.1935	20.08.1965	Bei Fluchtversuch ertrunken	232
	Reinhard Brudöhl	11.11.1943	22.08.1965	Bei Fahnenfluchtversuch erschossen	234
	Erich Schmidt	03.03.1939	29.12.1965	Suizid nach gescheiterter Fahnenflucht	235
1966	Reinhard Dahms	19.05.1944	01.01.1966	Bei Fahnenfluchtversuch erschossen	238
	Alfred Lill	11.03.1933	01.01.1966	Bei Auseinandersetzung mit Grenzposten erschossen	241

Jahr	Name	geboren	gestorben	Todesumstände	S.
	Klaus Schaper	05.06.1948	11.03.1966	Bei Fluchtversuch durch Erdmine getötet	244
	Siegfried Selke	07.10.1946	01.06.1966	Bei Fahnenfluchtversuch ertrunken	245
	Hans-Adolf Scharf	16.11.1942	10.06.1966	Bei Fluchtversuch erschossen	247
	Karl Wurmser	02.11.1945	29.06.1966	Bei Fluchtversuch ertrunken	249
	Manfred Brandt	31.01.1945	01.07.1966	Bei Fluchtversuch ertrunken	251
	Werner Möhrer	29.07.1945	18.08.1966	Bei Fluchtversuch erschossen	252
	Dieter Reinhardt	15.01.1945	19.08.1966	Bei Fahnenfluchtversuch erschossen	255
	Hans-Joachim Bluhm	13.08.1948	September 1966	Bei Fluchtversuch ertrunken	257
	Walter Fischer	23.02.1938	11.10.1966	Bei Fluchtversuch erschossen	258
1967	Manfred Premke	18.12.1937	13.03.1967	Bei Fluchtversuch ertrunken	260
	Jürgen Kleesattl	07.02.1944	23.04.1967	Vermutlich bei Fahnenfluchtversuch erschossen	261
	Ernst Wolter	09.10.1886	11.06.1967	Bei Grenzüberschreitung von West nach Ost durch Erdmine getötet	263
	Bärbel Richter	21.12.1939	18.06.1967	Bei Fluchtversuch ertrunken	266
	Manfred Hube	05.02.1941	14.09.1967	Bei Fluchtversuch ertrunken	268
	Erich Tesch	20.07.1902	10.10.1967	Bei Grenzüberschreitung von West nach Ost durch Erdmine getötet	270
	Hasso Schüttler	29.05.1929	25.10.1967	Bei Grenzüberschreitung von West nach Ost durch Erdmine getötet	272
1968	Manfred Kerbstat	11.10.1949	12.02.1968	Bei Fluchtversuch erfroren	275

Jahr	Name	geboren	gestorben	Todesumstände	S.
	Hans-Georg Steinhagen	28.07.1949	12.02.1968	Bei Fluchtversuch erfroren	276
	Peter Eck	27.07.1944	22.04.1968	Bei Fluchtversuch durch Erdmine getötet	277
	Siegfried Henike	09.08.1941	07.07.1968	Bei Grenzüberschreitung von Ost nach West durch Erdmine getötet	280
	Karl-Heinz Bösel	12.11.1938	08.10.1968	Bei Fluchtversuch ertrunken	281
1969	Wolfgang Zill	05.05.1941	15.01.1969	Gestorben an Erschöpfung und Unterkühlung nach Flucht	284
	Rolf Held	11.02.1949	27.05.1969	Vermutlich Bei Fahnenfluchtversuch erschossen	286
	Hubert Klein	20.08.1935	25.07.1969	Bei Grenzüberschreitung von West nach Ost durch Erdmine getötet	288
	Uwe Preußner	09.01.1950	06.08.1969	Bei Fluchtversuch erschossen	291
	Hans Zabel	10.07.1949	11./12.8.1969	Bei Fluchtversuch vermutlich ertrunken	293
	Hans-Dieter Genau	15.03.1951	24.08.1969	Bei Fluchtversuch erschossen	296
	Wilhelm Dröger	14.10.1909	03.10.1969	Bei Fluchtversuch durch Erdmine getötet	299
1970	Rudi Fiedler	16.04.1930	05.03.1970	Suizid in Haft nach gescheitertem Fluchtversuch	301
	Burghard Fischbock	02.12.1952	27.10.1970	Bei Fluchtversuch tödlich verunglückt	303
	Joachim Zepernick	30.08.1951	27.10.1970	Bei Fluchtversuch tödlich verunglückt	304
	Rainer Balhorn	25.06.1955	18.12.1970	Nach Flucht an Unterkühlung gestorben	305
1971	Frank Möller	14.07.1946	17.02.1971	Bei Grenzüberschreitung von West nach Ost erschossen	307

Jahr	Name	geboren	gestorben	Todesumstände	S.
	Bernhard Sperlich	14.01.1952	24.03.1971	Bei Fluchtversuch erschossen	310
	Karl-Heinz Fischer	14.06.1934	29.03.1971	Bei Fluchtversuch durch Erdmine getötet	312
	Rudi Pokrandt	28.08.1929	04.04.1971	Bei Fluchtversuch ertrunken	315
	Klaus Seifert	14.03.1953	04.05.1971	Nach Fluchtversuch an den Folgen einer Minenverletzung gestorben	317
	Wolfgang Graner	17.09.1951	31.05.1971	Bei Fahnenfluchtversuch erschossen	320
	Hans Masuhr	14.03.1924	22.06.1971	Bei Grenzüberschreitung von West nach Ost erschossen	323
	Josef Obremba	22.02.1951	24.06.1971	Bei Fahnenfluchtversuch erschossen	325
	Heinz-Rudolf Köcher	23.07.1929	26.10.1971	Im Grenzgebiet erschossen	327
	Wilfried Komorek	22.11.1951	29.10.1971	Suizid nach gescheitertem Fluchtversuch und Festnahme im Grenzgebiet	328
1972	Jürgen Hainz	11.10.1950	14.01.1972	Nach Fluchtversuch an den Folgen einer Schussverletzung gestorben	330
	Alfred Görtzen	18.06.1941	22.02.1972	Suizid nach gescheiterter Fahnenflucht	331
	Manfred Burghardt	26.09.1935	24.03.1972	Suizid nach Festnahme im Grenzgebiet	332
	Gerhard Beil	19.06.1952	01.04.1972	Bei Fluchtversuch durch Erdmine getötet	333
	Heidi Schapitz	19.01.1956	07.04.1972	Bei Fluchtversuch erschossen	335
	Achim Bergmann	19.12.1940	10.10.1972	Bei Fluchtversuch ertrunken	337

Jahr	Name	geboren	gestorben	Todesumstände	S.
	Leo Hoffmann	25.08.1941	14.11.1972	Bei Fluchtversuch durch Erdmine getötet	339
1973	Hans-Friedrich Franck	20.12.1946	17.01.1973	Bei Fluchtversuch durch Erdmine getötet	342
	Fred Woitke	16.10.1949	21.04.1973	Bei Fluchtversuch erschossen	344
	Laszlo Balogh	07.10.1954	22.06.1973	Bei Fluchtversuch erschossen	349
	Rüdiger Neger	04.04.1950	01.10.1973	Bei Fluchtversuch ertrunken	353
	Barbara Schütz	06.11.1955	08.12.1973	Bei Fluchtversuch ertrunken	356
1974	Werner Schneege	22.05.1954	12./13.6.1974	Bei Fahnenfluchtversuch ertrunken	357
	Wolfgang Vogler	08.09.1948	15.07.1974	Bei Fluchtversuch durch Erdmine getötet	358
	Hans-Georg Lemme	01.07.1953	19.08.1974	Bei Fluchtversuch von DDR-Grenzboot überfahren	362
1976	Siegfried Biesel	16.06.1932	23.03.1976	Nach Fluchtversuch an den Folgen einer Schussverletzung gestorben	365
	Michael Gartenschläger	13.01.1944	30.04.1976	Bei Demontage einer Selbstschussanlage getötet	368
	Walter Otte	08.01.1936	11.06.1976	Bei Grenzüberschreitung von West nach Ost erschossen	374
	Uwe Siemann	02.07.1957	31.07.1976	Bei Fluchtversuch von einer Selbstschussanlage getötet	378
	Benito Corghi	26.05.1938	05.08.1976	Bei Grenzüberschreitung von West nach Ost in einer GÜSt erschossen	380
	André Rößler	04.12.1956	05.09.1976	Bei Fluchtversuch durch Erdmine getötet	384
1977	Emanuel Holzhauer	12.01.1977	02.07.1977	Bei Fluchtversuch erstickt	386

Jahr	Name	geboren	gestorben	Todesumstände	S.
	Wolfgang Schumann	07.03.1949	nach 06.09.1977	Bei Fluchtversuch erstickt	389
	Jürgen Fuchs	18.05.1947	04.11.1977	Bei Fluchtversuch ertrunken	392
1978	Joachim Erdmann	26.07.1960	02.04.1978	Suizid nach Festnahme im Grenzgebiet	395
	Hans-Erich David	31.12.1955	06.05.1978	Gestorben an Erschöpfung und Unterkühlung nach Flucht	396
	Michael Poppenhäuser	15.04.1951	04.07.1978	Bei Fluchtversuch in einer GÜSt verunglückt	398
	Peter Stegemann	09.12.1940	22.07.1978	Bei Fluchtversuch durch Erdmine getötet	399
	Rainer Burgis	14.09.1958	16.10.1978	Bei Fluchtversuch von einer Selbstschussanlage getötet	402
1979	Heiko Runge	29.04.1964	08.12.1979	Bei Fluchtversuch erschossen	404
1980	Wolfgang Bothe	09.01.1952	11.05.1980	Bei Fluchtversuch von Selbstschussanlage verletzt und an den Folgen der Verletzung gestorben	408
	Volker Mehlis	14.12.1964	24.05.1980	Suizid in Haft nach gescheitertem Fluchtversuch	410
1981	Andre Kolomoizew	01.09.1961	05.05.1981	Bei Fahnenfluchtversuch erschossen	413
	André Bauer	07.10.1963	07.08.1981	Bei Fluchtversuch von einer Selbstschussanlage getötet	415
1982	Heinz-Josef Große	11.10.1947	29.03.1982	Bei Fluchtversuch erschossen	417
	Jürgen Mischik	19.01.1954	25.05.1982	Bei Fluchtversuch ertrunken	419
	Anita Kusnatzky	26.06.1953	28.10.1982	Bei Grenzdurchbruch in einer GÜSt tödlich verletzt	421

Jahr	Name	geboren	gestorben	Todesumstände	S.
	Heinz-Jürgen Kusnatzky	11.03.1953	28.10.1982	Bei Grenzdurchbruch in einer GÜSt tödlich verletzt	423
1983	Peter Külbel	15.05.1957	08.01.1983	Bei Fluchtversuch von Selbstschussanlage verletzt und an den Folgen der Verletzung gestorben	423
	Klaus Schulz	23.12.1959	17.04.1983	Bei Fluchtversuch ertrunken	425
	Harry Weltzin	07.02.1955	04.09.1983	Bei Fluchtversuch von Selbstschussanlage getötet	427
1984	Nikolai Gal	09.11.1963	25.01.1984	Bei Fahnenfluchtversuch erschossen	429
	Frank Mater	01.05.1963	22.03.1984	Bei Fluchtversuch von Selbstschussanlage getötet	431
1985	Waleri Kirjuchin	24.03.1965	22.03.1985	Suizid nach gescheiterter Fahnenflucht	432
	Hans Brandt	16.04.1945	Oktober 1985	Bei Fluchtversuch von Selbstschussanlage verletzt und an den Folgen der Verletzung gestorben	433
1986	Olaf Gerbrandt	21.10.1966	15.04.1986	Bei Fluchtversuch ertrunken	435
1987	Detlev Armstark	30.04.1960	18.02.1987	Bei Fluchtversuch ertrunken	437
1988	Miloslav Varga	23.08.1951	29.03.1988	Suizid nach Festnahme im Grenzgebiet	438
	Detlef Bremer	20.05.1957	07.05.1988	Bei Fluchtversuch ertrunken	439
	Roland Feldmann	29.12.1956	16.05.1988	Bei Fluchtversuch in GÜSt tödlich verunglückt	441
	Klaus-Dieter Felsch	28.02.1964	23.05.1988	Bei Fluchtversuch in GÜSt tödlich verunglückt	445
	Jens Herfurth	24.01.1966	11.07.1988	Suizid nach gescheitertem Fluchtversuch	448

Todesfälle in Ausübung des DDR-Grenzdienstes

Jahr	Name	geboren	gestorben	Todesumstände	S.
1950	Siegfried Apportin	30.11.1930	02.07.1950	Von Fahnenflüchtigem erschossen	449
1951	Herbert Liebs	11.05.1929	21.02.1951	Von US-Soldaten erschossen	450
	Heinz Janello	21.12.1931	02.03.1951	Von US-Soldaten erschossen	452
	Werner Schmidt	26.06.1929	02.03.1951	Von US-Soldaten erschossen	455
	Rudolf Spranger	17.10.1921	07.08.1951	Von unbekanntem Zivilisten erschossen	456
	Manfred Portwich	07.05.1925	27.10.1951	Von zivilem Flüchtling getötet	457
1952	Ulrich Krohn	23.08.1931	16.05.1952	Von Fahnenflüchtigem erschossen	459
1953	Harry Kirschnik	04.05.1932	09.05.1953	Irrtümlich erschossen	461
1955	Eduard Kopp	23.02.1932	23.05.1955	Irrtümlich erschossen	464
1956	Waldemar Estel	05.02.1932	03.09.1956	Von Spanier erschossen	462
1957	Karl Ludwig Schweinhardt	14.09.1937	10.06.1957	Irrtümlich erschossen	465
	Klaus Deutschmann	20.03.1939	26.10.1957	Irrtümlich erschossen	466
1959	Walter Bödewig	17.11.1938	24.06.1959	Irrtümlich erschossen	467
	Otto Scholz	10.10.1937	13.09.1959	Irrtümlich erschossen	468
1962	Manfred Weiß	01.12.1943	19.05.1962	Von Fahnenflüchtigem erschossen	470
	Rudi Arnstadt	03.09.1926	14.08.1962	Von einem BGS-Beamten erschossen	473
	Edgar Winkler	03.12.1943	15.08.1962	Irrtümlich erschossen	635
1965	Hartmut Eisler	13.04.1944	30.09.1965	Irrtümlich erschossen	479
1972	Lutz Meier	20.10.1948	18.01.1972	Von Fahnenflüchtigem erschossen	480
1973	Hans-Harald Friese	01.05.1953	22.07.1973	Irrtümlich erschossen	485
1975	Jürgen Lange	08.12.1955	19.12.1975	Von Fahnenflüchtigem erschossen	486

Jahr	Name	geboren	gestorben	Todesumstände	S.
	Klaus-Peter Seidel	22.10.1954	19.12.1975	Von Fahnenflüchtigem erschossen	490
1981	Klaus-Peter Braun	21.10.1958	01.08.1981	Von Fahnenflüchtigem erschossen	493
1982	Eberhard Knospe	12.05.1958	05.05.1982	Von Fahnenflüchtigem erschossen	496
1985	Uwe Dittmann	08.08.1964	22.03.1985	Von sowjetischem Fahnenflüchtling erschossen	499

Todesfälle im kausalen Zusammenhang des DDR-Grenzregimes innerhalb und außerhalb des räumlichen Umfelds der innerdeutschen Grenze

Jahr	Name	geboren	gestorben	Todesumstände	S.
1951	Gerhardt Hinze	17.02.1930	18.04.1951	Hinrichtung in Moskau	501
	Egon Roth	11.06.1930	18.04.1951	Hinrichtung in Moskau	503
	Horst Schwieger	07.12.1931	18.04.1951	Hinrichtung in Moskau	504
	Werner Wendt	28.06.1913	18.04.1951	Hinrichtung in Moskau	505
	Walter Wrona	06.06.1926	18.04.1951	Hinrichtung in Moskau	506
	Heinz Krause	27.12.1931	24.04.1951	Hinrichtung in Moskau	507
	Hanns-Christian Witt	22.01.1916	31.12.1951	Hinrichtung in Moskau	508
1952	Julius Zürner	14.07.1909	08.07.1952	Hinrichtung in Moskau	509
	Walter Monien	14.07.1927	10.09.1952	Hinrichtung in Moskau	510
1960	Manfred Smolka	26.11.1930	12.07.1960	Hinrichtung in Lepizig	511
1961	Heinrich Niehoff	26.06.1917	07.09.1961	Bei Unfall durch Fluchtfahrzeug getötet	514
1964	Bernhard Winter	19.07.1932	18.02.1964	Suizid nach Minenverletzung	516
	Dieter Rehn	18.01.1940	15.09.1964	Von fahnenflüchtigen CSSR-Soldaten erschossen	517
1967	Kurt Schwerin	25.12.1941	23.12.1967	Von sowjetischem Fahnenflüchtling erschossen	518

Jahr	Name	geboren	gestorben	Todesumstände	S.
1971	Günter Michaelis	30.06.1933	24.12.1971	Von fahnenflüchtigem Grenzsoldaten erschossen	520
	Helmut Adam	25.01.1929	25.12.1971	Von fahnenflüchtigem Grenzsoldaten erschossen	520
1977	Fritz Porschel	17.01.1933	22.10.1977	Von Fluchtwilligen ermordet	522
1981	Gerhard Gergau	18.01.1949	15.01.1981	Von Fluchtwilligem erschossen	523
1982	Georgi Matjuscha	02.05.1962	01.05.1982	Beim Versuch der Fahnenflucht erschossen	524
1984	Klaus-Dieter Hebig	13.06.1948	06.03.1984	Von betrunkenem Grenzsoldaten erschossen	526
1987	Rolf Schmidt	23.05.1944	13.08.1987	Von Fahnenflüchtigem erschossen	527

Suizide von Grenzpolizisten und Grenzsoldaten mit dienstlichem Hintergrund

Jahr	Name	geboren	gestorben	Todesumstände	S.
1949	Günther Lehning	04.09.1930	08.11.1949	Suizid nach Arreststrafe und Entlassung aus dem Dienst	535
1951	Johannes Wojcik	07.08.1931	27.07.1951	Suizid wegen beruflicher Probleme	536
1952	Josef Jaskowitz	20.01.1934	20.12.1952	Suizid in Erwartung einer Disziplinarstrafe	536
1954	Werner Beck	28.02.1931	20.08.1954	Suizid in Erwartung einer Disziplinarstrafe	536
1955	Horst Schiller	23.07.1933	11.03.1955	Suizid wegen beruflicher Probleme	537
	Hans Gültner	08.03.1937	08.06.1955	Suizid wegen beruflicher Probleme	537
	Manfred Krause	18.06.1932	10.08.1955	Suizid in Erwartung einer Disziplinarstrafe	538
1957	Fritz Knauer	13.06.1939	22.10.1957	Suizid wegen beruflicher Probleme	539

Jahr	Name	geboren	gestorben	Todesumstände	S.
1958	Jürgen Peters	30.01.1936	05.04.1958	Suizid nach Arreststrafe und Erwartung einer Disziplinarstrafe	540
	Wolfgang Ziebold	07.03.1940	23.10.1958	Suizid in Erwartung einer Disziplinarstrafe	540
1959	Hans-Joachim Blume	10.07.1929	22.03.1959	Suizid aufgrund beruflicher Probleme und politischer Differenzen mit Vorgesetzten	541
1961	Gerhard Schwenzer	19.02.1941	20.11.1961	Suizid in Arrestzelle	542
1962	Udo Neumann	19.12.1939	19.10.1962	Suizid aufgrund persönlicher und beruflicher Probleme	543
1964	Klaus Grimm	31.03.1941	24.01.1964	Suizid aufgrund beruflicher Probleme	545
1970	Rainer Weiß	09.08.1949	13.01.1970	Suizid wegen beruflicher Probleme, Drangsalierung	546
	Peter Rothamel	25.03.1951	29.09.1970	Suizid aufgrund beruflicher Probleme, Drangsalierung	548
	Fritz Schneiderling	19.11.1929	01.11.1970	Suizid aufgrund beruflicher Probleme	549
	Elmar Werrmann	25.10.1950	17.02.1970	Suizid aufgrund beruflicher Probleme	551
1971	Konrad Rinderknecht	18.01.1952	23.09.1971	Suizid nach gescheiterter Fahnenflucht	552
1973	Andreas Kaiser	18.04.1954	30.06.1973	Gestorben nach Suizidversuch, Widerwillen gegen den Dienst	553
1976	Dietmar Scholz	10.10.1947	19.05.1976	Suizid in Erwartung einer Disziplinarstrafe	555
1977	Hans Neuber	18.04.1949	02.02.1977	Suizid aufgrund beruflicher Probleme	555
1978	Günter Dohrmann	25.06.1940	07.06.1978	Suizid nach Verfehlung im Dienst	556
	Christian Theurich	15.41937	10.11.1978	Suizid aufgrund beruflicher Probleme	557

Jahr	Name	geboren	gestorben	Todesumstände	S.
1979	Gerd Radewagen	14.03.1952	17.03.1979	Suizid aufgrund persönlicher und beruflicher Probleme	558
	Donald Querfurth	14.01.1960	23.06.1979	Suizid aufgrund beruflicher Überforderung	559
	Bodo Panke	09.04.1957	17.08.1979	Suizid wegen Westkontakten und persönlichen Problemen	560
	Frank Bretfeld	06.03.1960	21.08.1979	Suizid nach Schock über Minenverletzung eines Flüchtlings	562
1980	Henry Kubatz	31.08.1960	06.12.1980	Suizid wegen beruflicher Überforderung und Drangsalierung im Dienst	565
1981	Henry Falk	22.11.1961	04.02.1981	Suizid wegen beruflicher Probleme und politischer Differenzen	566
	Roland Müller	27.12.1957	04.05.1981	Suizid wegen Überforderung im Dienst	567
	Torsten Feige	16.05.1962	17.07.1981	Suizid wegen psychischer Belastung	567
1982	Frank Lott	26.01.1961	23.06.1982	Suizid nach verweigertem Entpflichtungsantrag	569
1983	Bodo Brandt	17.04.1963	02.01.1983	Suizid nach Arreststrafe	570
	Thomas Heibeck	05.10.1963	26.11.1983	Suizid aufgrund beruflicher Probleme	572
1985	Rocco Sawatzki	08.07.1963	25.03.1985	Suizid wegen beruflicher Probleme	573
1986	Axel Lau	21.11.1966	24.10.1986	Suizid wegen beruflicher Probleme	574
1987	Michael Brandt	25.08.1966	26.11.1987	Suizid nach Degradierung	575
1988	Axel Stahnke	12.01.1969	12.02.1988	Suizid nach Androhung von Disziplinarstrafe	576

Jahr	Name	geboren	gestorben	Todesumstände	S.
	Steffen Dommel	07.12.1964	22.03.1988	Suizid nach Strafversetzung wegen Ausreisegedanken	577
	Norman Wolf	28.01.1967	22.04.1988	Suizid wegen Problemen im Dienst	578
	Hans Schmidt	31.07.1943	20.05.1988	Suizid nach Disziplinarverstoß	579
1989	Frank Scheffel	18.08.1965	03.11.1989	Suizid wegen dienstlicher Überforderung	579

Alphabetisches Register der 327 Todesopfer

Adam, Helmut 520
Ahrens, Maria 129
Anderson, Günther 84
Apportin, Siegfried 449
Armstark, Detlev 437
Arndt, Käthe 91
Arnstadt, Rudi 473

Balhorn, Rainer 305
Balogh, Laszlo 349
Bartsch, Erich 49
Baudig, Josef 132
Bauer, André 415
Bebensee, Erich 126
Beck, Werner 536
Beil, Gerhard 333
Bergmann, Achim 337
Bergmann, Herbert 166
Biesel, Siegfried 365
Bluhm, Hans-Joachim 257
Blume, Hans-Joachim 541
Bödewig, Walter 467
Bogun, Armin 206
Bösel, Karl-Heinz 281
Bothe, Wolfgang 408
Brandt, Bodo 570
Brandt, Hans 433
Brandt, Manfred 251
Brandt, Michael 575
Braun, Klaus-Peter 493
Bremer, Detlef 439
Bretfeld, Frank 562
Breuer, Helmut 184
Brinkmann, Hilmar 228
Brudöhl, Reinhard 234
Brumbi, Walter 81
Burghardt, Manfred 332
Burgis, Rainer 402

Centner, Folker 131
Corghi, Benito 380

Dahms, Reinhard 238
Damm, Hans-Joachim 85
David, Martin 73

David, Hans-Erich 396
Deutschmann, Klaus 466
Dittmann, Uwe 499
Dobrick, Werner 176
Dohrmann, Günter 556
Domeyer, Gerhard 33
Dommel, Steffen 577
Dröger, Wilhelm 299

Ebert, Kurt 136
Eck, Peter 277
Eichel, Helmut 80
Eisler, Hartmut 479
Erdmann, Joachim 395
Estel, Waldemar 462

Falk, Henry 566
Feige, Torsten 567
Feldmann, Roland 441
Felsch, Klaus-Dieter 445
Fertig, Oskar 44
Fiedler, Rudi 301
Fischbock, Burghard 303
Fischer, Bruno 48
Fischer, Herbert 98
Fischer, Karl-Heinz 312
Fischer, Walter 258
Fleischer, Georg 164
Franck, Hans-Friedrich 342
Friese, Hans-Harald 485
Fuchs, Jürgen 392
Fülleborn, Rolf 186
Fürneisen, Dieter 201
Fuß, Ida 44

Gal, Nikolai 429
Gartenschläger, Michael 368
Genau, Hans-Dieter 296
Gerbrandt, Olaf 435
Gergau, Gerhard 523
Gerstendörfer, Rudolf 155
Gill, Helmut 48
Glotz, Manfred 226
Görtzen, Alfred 331
Graf, Gerhard 43
Graner, Wolfgang 320

Grehsmann, Wilhelm 108
Greiner, Walter 156
Grimm, Klaus 545
Große, Heinz-Josef 417
Grübner, Max 121
Grunert, Elsa 66
Gullasch, Paul 53
Gültner, Hans 537

Hainz, Jürgen 330
Hartmann, Hermann 125
Heibeck, Thomas 572
Hebig, Klaus-Dieter 526
Hecht, Peter 183
Heise, Werner 51
Held, Rolf 286
Heller, Lothar 178
Henike, Siegfried 280
Henniger, Horst 45
Herfurth, Jens 448
Hermann, Paul 188
Hillebrand, Richard 59
Hinze, Gerhardt 501
Hoffmann, Karl 80
Hoffmann, Leo 339
Höhle, Paul 47
Hohlstein, Helmut 135
Holzhauer, Emanuel 386
Hube, Manfred 268

Ickler, Bernd 199
Iwan, Klaus 223

Janello, Heinz 452
Jankowiak, Hans-Joachim 174
Janschke, Erich 180
Jaskowitz, Josef 536
Jochmann, Rudolf 224
Jurkowsky, Elsbeth 107

Kaiser, Andreas 553
Kerbstat, Manfred 275
Kerski, Günter 125
Kilian, Hans-Ulrich 189
Kirchberg, Otto 36
Kirjuchin, Waleri 432
Kirschnik, Harry 461
Kleesattl, Jürgen 261
Klein, Frieda 195
Klein, Hubert 288

Kleinert, Helmut 192
Knauer, Fritz 539
Knospe, Eberhard 496
Köcher, Heinz-Rudolf 327
Kohlus, Adolf 120
Kolomoizew, Andre 413
Komorek, Wilfried 328
Könenkamp, Gert 173
Kopp, Eduard 464
Körner, Klaus 181
Korschin, Edmund 82
Korte, Karl 142
Kratzin, August 71
Krause, Harry 61
Krause, Heinz 507
Krause, Manfred 538
Krause, Werner 209
Krohn, Ulrich 459
Kubatz, Henry 565
Kühne, Klaus 157
Külbel, Peter 423
Kusnatzky, Anita 421
Kusnatzky, Heinz-Jürgen 423

Lange, Jürgen 486
Laska, Johann 133
Lau, Axel 574
Lehmann, Reginald 127
Lehning, Günther 535
Lemme, Hans-Georg 362
Lichtenstein, Kurt 147
Liebs, Herbert 450
Lill, Alfred 241
Lippmann, Günter 49
Löber, Kurt 109
Lott, Frank 569
Luther, Anna 93

Machold, Otto 32
Mahler, Adolf 218
Marquard, Rudolf 41
Masuhr, Hans 323
Mater, Frank 431
Matjuscha, Georgi 524
Matz, Karl 216
Mehlis, Volker 410
Meier, Lutz 480
Michaelis, Günter 520
Michalak, Robert 118

Mielau, Hans-Peter 161
Mikysa, Vinzenz 104
Miosga, Erna 88
Mischik, Jürgen 419
Möhrer, Werner 252
Moll, Harry 124
Möller, Frank 307
Monien, Walter 510
Muhs, Herbert 54
Müller, Manfred 221
Müller, Peter 211
Müller, Roland 567

Neger, Rüdiger 353
Neuber, Hans 555
Neumann, Siegfried 105
Neumann, Udo 543
Niehoff, Heinrich 514
Noack, Klaus 230

Obkirchner, Kaspar 94
Obkirchner, Klara 94
Obremba, Josef 325
Oelze, Gerhard 56
Otte, Walter 374

Paatz, Ernst 117
Palzer, Gerhard 100
Panke, Bodo 560
Peik, Dietrich 229
Peters, Jürgen 540
Pfleger, Hans-Joachim 144
Pietsch, Ditmar 130
Piorek, Hans-Werner 203
Pokrandt, Rudi 315
Poppenhäuser, Michael 398
Porschel, Fritz 522
Portwich, Manfred 457
Porzuckowiak, Günter 110
Premke, Manfred 260
Preußner, Uwe 291

Querfurth, Donald 559

Radewagen, Gerd 558
Rakau, Emil 35
Raß, Karl 106
Rast, Ulrich 207
Rau, Siegfried 145
Rehn, Dieter 517

Reinhardt, Dieter 255
Reisch, Peter 172
Reuter, Rudolf 219
Richter, Franz 111
Richter, Bärbel 266
Riedel, Ernst 73
Rinderknecht, Konrad 552
Ristau, Horst 232
Rogge, Marianne 92
Roschlan, Oskar 87
Rößler, André 384
Roth, Egon 503
Rothamel, Peter 548
Rudolf, Leopold 75
Rüger, Hildegard 95
Rüger, Manfred 97
Rüger, Werner 97
Runge, Heiko 404

Sawatzki, Rocco 573
Schaper, Klaus 244
Schapitz, Heidi 335
Scharf, Hans-Adolf 247
Scheffel, Frank 579
Scheibel, Dora 75
Schiller, Horst 537
Schlett, Heinz 205
Schmidt, Erich 235
Schmidt, Hans 579
Schmidt, Rolf 527
Schmidt, Werner 455
Schmiedel, Erich 42
Schneege, Werner 357
Schneiderling, Fritz 549
Scholz, Otto 468
Scholz, Dietmar 555
Schorlies, Manfred 167
Schröder, Gustav 145
Schübele, Hermann 134
Schulz, Klaus 425
Schumacher, Kurt 155
Schumann, Wolfgang 389
Schüttler, Hasso 272
Schütz, Barbara 356
Schwab, Helmut 137
Schweinhardt, Karl Ludwig 465
Schwenzer, Gerhard 542
Schwerin, Kurt 518

Schwester Sigrada (Maria Witte) 77
Schwieger, Horst 504
Seidel, Klaus-Peter 490
Seifert, Klaus 317
Seifert, Manfred 90
Selke, Siegfried 245
Siemann, Uwe 378
Simon, Bernhard 197
Simon, Johannes 38
Smolka, Manfred 511
Sommer, Karl 31
Soßdorf, Willy 140
Sperlich, Bernhard 310
Sperschneider, Erich 64
Spranger, Rudolf 456
Stahnke, Axel 576
Stark, Irmgard 39
Stegemann, Peter 399
Stehr, Martin 89
Steinhagen, Hans-Georg 276
Stothut, Hellgard 119

Tesch, Erich 270
Theurich, Christian 557
Thiemann, Werner 114
Tippach, Paul 68
Tittmann, Siegfried 116
Twardowski, Joachim 37

Uhl, Walter 112

Varga, Miloslav 438
Vogler, Wolfgang 358
Vogt, Erwin 51

Walter, Anneliese 57
Weinhold, Joachim 169
Weiß, Manfred 470
Weiß, Rainer 546
Weltzin, Harry 427
Wendt, Werner 505
Werrmann, Elmar 551
Windzus, Kurt 215
Winkler, Edgar 635
Winter, Bernhard 516
Witt, Hanns-Christian 508
Woitke, Fred 344
Wojcik, Johannes 536
Wolf, Norman 578
Wolter, Ernst 263
Wrona, Walter 506
Wurmser, Karl 249

Zabel, Hans 293
Zapf, Fritz 213
Zelsmann, Egon 76
Zepernick, Joachim 304
Zerna, Georg 208
Ziebold, Wolfgang 540
Zill, Wolfgang 284
Zimmermann, Kurt 34
Zürner, Julius 509

Alphabetisches Register der untersuchten Verdachts- und Zweifelsfälle

Amm, Herta 586

Bäckler, Klaus 590
Burkert, Rudolf 603

Crede, Anna 604

Delvoigt, Heinz 590
Dzemski, Norbert 595

Ellermann, Hans 585

Fischer, Werner 598
Fittkau, Helmut 534
Fretwurst, Olaf 601
Fröse, Erich 607

G., Hermine 603
Greifendorf, Werner 615

Klinkerfuß, Nadine 609

Krause, Dieter 614

Moldenhauer, Heinz 605
Mosbach, Ulrich 593

Neuheuse, Robert 604

Schmidt, Gustav 603
Schmidt, Sabine 612
Schröder, Falk 599
Senkel, Wilfried 596

Telling, Rolf 608
Tilscher, Siegfried 534

Varschen, Marlies 614
van der Veen, Hans 608

W., Hans-Jochen 603
Warkentin, Jürgen 589
Weigel, Kurt 592

Zöllner, Günter 606

Ausgewählte Literatur

Erschienen vor 1989

Barm, Werner: Totale Abgrenzung. Zehn Jahre unter Ulbricht. Honecker und Stoph an der innerdeutschen Grenze. Ein authentischer Bericht. Stuttgart 1971.

Bath, Matthias: Notwehr und Notstand bei der Flucht aus der DDR, Dissertation, Freie Universität Berlin. Berlin 1988.

Beck, Thomas: Politschulung der DDR-Grenztruppen. Sindelfingen 1989.

Beese, Klaus: Fluchthilfe. Ein Report aus Deutschland. Kiel 1984.

Borneff, Karl Friedrich: Zonengrenze 1945–1985, Grafik, Malerei, Fotos, Zonengrenze D–DDR. Coburg 1985.

Brönstrup, Rolf: Stacheldraht: Notizen und Mosaiken (= Schriften zur deutschen Frage 15). Leer 1966.

Bundesminister für Gesamtdeutsche Fragen (Hrsg.): Im Schatten der Zonengrenze. Bonn 1956.

Bundesministerium für Gesamtdeutsche Fragen (Hrsg.): Ulbrichts Mauer. Zahlen, Fakten, Daten. Bonn/Berlin 1962.

Bundesministerium für Gesamtdeutsche Fragen (Hrsg.): Verletzungen der Menschenrechte. Unrechtshandlungen und Zwischenfälle an der Berliner Sektorengrenze seit Errichtung der Mauer. Bonn/Berlin 1962.

Bundesministerium für Gesamtdeutsche Fragen (Hrsg.): Mitten in Deutschland – Mitten im 20. Jahrhundert: die Zonengrenze, 9., überarb. u. erg. Aufl. Bonn u. a. 1965.

Bundesministerium für innerdeutsche Beziehungen (Hrsg.): Zehn Jahre Deutschlandpolitik. Die Entwicklung der Beziehungen zwischen der Bundesrepublik Deutschland und der Deutschen Demokratischen Republik 1969–1979, Bericht und Dokumentation. Bonn 1980.

Bundesministerium für Innerdeutsche Beziehungen (Hrsg.): Die Grenzkommission: eine Dokumentation über Grundlagen und Tätigkeit, 5. Aufl. Bonn 1985.

Bundesministerium für Innerdeutsche Beziehungen (Hrsg.): Der Bau der Mauer durch Berlin: die Flucht aus der Sowjetzone und die Sperrmaßnahmen des kommunistischen Regimes vom 13. August 1961 in Berlin, Faksimile, Nachdr. d. Denkschrift von 1961. Bonn 1986.

Bundesministerium für Innerdeutsche Beziehungen (Hrsg.): Die innerdeutsche Grenze. Bonn 1987.

CDU/CSU-Fraktion des Deutschen Bundestages: Weißbuch über die menschenrechtliche Lage in Deutschland und der Deutschen in Osteuropa. Bonn 1977.

Der Minister des Landes Schleswig-Holstein in Zusammenarbeit mit dem Leiter der Presse- und Informationsstelle der Landesregierung (Hrsg.): „Die Grenze": Schleswig-Holsteins Landesgrenze zur DDR (= Schriften des Innenministers 24), überarbeitete 3. Aufl. Kiel 1985.

Der Niedersächsische Minister für Bundesangelegenheiten, für Vertriebene und Flüchtlinge (Hrsg.): Zonengrenze Niedersachsen. Der Niedersächsische Minister für Bundesangelegenheiten, für Vertriebene u. Flüchtlinge. Hannover 1967.

Doll, Eberhard: Die Grenztruppen der DDR, hrsg. von der AG Fortbildung der Grenzschutzschule, Lübeck 1982.

Dreiher, Albin: Deckname Sonnenschein. Boppard am Rhein 1962.

Eisenfeld, Bernd: Kriegsdienstverweigerung in der DDR – ein Friedensdienst? Genesis, Befragung, Analyse, Dokumente. Frankfurt am Main 1978.

Falk, Thomas (Hrsg.): Verbrechen am Stacheldraht. Eine Dokumentation. Bonn 1967.

Gerig, Uwe: Morde an der Mauer. Böblingen1989.

Gerig, Uwe: Wir von drüben. Asendorf 1989.

Hanisch, Wilfried: Grenzsicherung und Grenzpolizei der DDR. Die Politik von SED- und Staatsführung zur Sicherung der Staatsgrenze der DDR. Die Rolle der Grenzpolizei bei ihrer Verwirklichung (von den Anfängen bis 1961). Potsdam 1974.

Hanisch, Wilfried: Vom schweren Anfang. o. O. 1986.

Koenigswald, Harald von: Bauern auf der Flucht. Bonn 1953.

Koenigswald, Harald von: Sie suchen Zuflucht. Flüchtlingsschicksale. o. O. 1960.

Lapp, Peter Joachim: Frontdienst im Frieden – die Grenztruppen der DDR. Entwicklung – Struktur – Aufgaben, 2. überarbeitete u. aktualisierte Auflage. Koblenz 1987.

Petschull, Jürgen: Die Mauer. Vom Anfang und vom Ende eines deutschen Bauwerks. Hamburg 1989.

Politische Verwaltung der Deutschen Grenzpolizei: Der Grenzpolizist. Wochenzeitung der Deutschen Grenzpolizei. Berlin 1953–1961.

Preuschoff, Klaus-Jürgen: Suizidales Verhalten in deutschen Streitkräften. Regensburg 1988.

Ritter, Gert: Die innerdeutsche Grenze. Analyse ihrer räumlichen Auswirkungen und der raumwirksamen Staatstätigkeit in den Grenzgebieten, 2., ergänzte Auflage. Köln 1982.

Shears, David: Die hässliche Grenze. Aus dem Englischen von Marion Elsas und Ursula Shears. Stuttgart 1970.

Statistisches Bundesamt (Hrsg.): Statistisches Jahrbuch 1987 für die Bundesrepublik Deutschland. Stuttgart/Mainz 1987.

O. V.: Mitten in Deutschland – Mitten im 20. Jahrhundert. Die Demarkationslinie und ihre Auswirkungen, 10. Auflage. Bamberg 1969.

O. V.: Mitten in Deutschland. Die Sperrmaßnahmen der DDR und ihre Auswirkungen. Bamberg 1971.

Erschienen nach 1989

Ackermann, Volker: Der „echte" Flüchtling. Deutsche Vertriebene und Flüchtlinge aus der DDR 1945–1961. Osnabrück 1995.

Albert, Reinhold: Heimatkundler. Grenzerfahrungen kompakt. Das Grenzregime zwischen Südthüringen und Bayern/Hessen von 1945 bis 1990. Leipzig 2009.

Arbeitskreis Grenzinformation e. V. (Hrsg.): Gedenkstätte – Grenzmuseum „Schifflersgrund". Ort des Gedenkens, Ort der Begegnung, Ort des Lernens; Menschen im Aufbruch; zwischen Erinnerung und neuer Gemeinsamkeit, neu bearbeitet von Michael Dölle und Gustav Nolte. Bad Sooden-Allendorf 2010.

Aretz, Jürgen/Stock, Wolfgang: Die vergessenen Opfer der DDR. 13 erschütternde Berichte mit Original-Stasi-Akten. Berlin 2009.

Bauer, Hans (Hrsg.): Grenzdienst war Friedensdienst: Der 13. August 1961. Berlin 2011.

Baumgarten, Klaus-Dieter/Freitag, Peter (Hrsg.): Die Grenzen der DDR: Geschichte, Fakten, Hintergründe. Berlin 2004.

Baumgarten, Klaus-Dieter: Erinnerungen. Autobiographie des Chefs der Grenztruppen der DDR. Berlin 2008.

Behrendt, Hans-Dieter: „Guten Tag, Passkontrolle der DDR". Über die Tätigkeit der Kontroll- und Sicherheitsorgane an der deutsch-deutschen Grenze zwischen 1945 und 1990. Schkeuditz 2008.

Bennewitz, Inge: Das DDR-Grenzregime und seine Folgen. Die Maßnahmen im Hinterland. In: Deutscher Bundestag (Hrsg.): Materialien der Enquete-Kommission „Überwindung und Folgen der SED-Diktatur im Prozeß der Deutschen Einheit", (= 13. Wahlperiode des Deutschen Bundestages 8). Baden-Baden 1999.

Bennewitz, Inge/Potratz, Rainer: Zwangsaussiedlungen an der innerdeutschen Grenze. Berlin 1994.

Beth, Hans-Joachim: Die Militär- und Sicherheitspolitik in der SBZ/DDR. Eine Bibliographie (1945–1995), hrsg. im Auftrag des Militärgeschichtlichen Forschungsamtes von Hans Ehlert. München 1996.

Böckel, Herbert: Grenz-Erfahrungen. Der kalte Kleinkrieg an einer heißen Grenze. Berichte und Erlebnisse eines „West-Grenzers". Fulda 2009.

Böckel, Herbert: Der zweifache Tod im Schatten der Grenze. Dokumentation eines Dramas. Fulda 2012.

Borbe, Ansgar: Die Zahl der Opfer des SED-Regimes. Erfurt 2010.

Borchardt, Hans: Und am Ende stand die Teilung Deutschlands. Ein Streifzug durch die Geschichte Deutschlands des 20. Jahrhunderts unter besonderer Berücksichtigung der Entstehung und Beseitigung der Innerdeutschen Grenze im Landkreis Lüchow-Dannenberg. Lüneburg 2004.

Borutta, Hans Günter: Grenzer. Im Visier von Point Alpha. Föritz/Weidhausen 2008.

Braband, Alfred (Kreisoberamtsrat i.R.): Opfer an der unmenschlichen innerdeutschen Grenze zur DDR im Landkreis Lüchow-Dannenberg (Aufzeichnungen aus meiner dienstlichen Tätigkeit beim Landkreis Lüchow-Dannenberg). Dannenberg 1991.

Brinkmann, Jochen: „Können Sie mir sagen, wie man Heimweh ausmerzt?" Lebenswege an der Grenze im Gebiet Wernigerode. Magdeburg 2002.

Detjen, Marion: Ein Loch in der Mauer. Die Geschichte der Fluchthilfe im geteilten Deutschland 1961–1989. Berlin 2005.

Deutsch-deutsches Museum Mödlareuth (Hrsg.): Über Mauer, Zaun und Stacheldraht in den Westen. 20 Fluchtfälle im thüringisch, sächsisch, bayerischen Bereich der innerdeutschen Grenze von 1970–1989. o. O. 2007.

Diedrich, Torsten: Die Grenzpolizei der SBZ/DDR (1946–1961). In: ders.: Ehlert, Hans/Wenzke, Rüdiger (Hrsg.): Im Dienste der Partei. Handbuch der bewaffneten Organe der DDR, 2. Auflage. Berlin 1998, S. 201–223.

Diedrich, Torsten/Wenzke, Rüdiger: Die getarnte Armee. Geschichte der Kasernierten Volkspolizei der DDR 1952 bis 1956. Berlin 2002.

Diekmann, Kai (Hrsg.): Die Mauer. Fakten, Bilder, Schicksale. München 2011.

Doll, Eberhard: Die Geschichte des Grenzschutzkommandos Nord 1951–1991, hrsg. v. Grenzschutzkommando Nord. Hannover 1991.

Drechsler, Sigrid: Der Haß stirbt mit der Erinnerung. Die Geschichte eines Todesschusses an der innerdeutschen Grenze. Emsdetten 1998.

Dullau, Michael: [In Kooperation mit dem Deutschen Kuratorium zur Förderung von Wissenschaft, Bildung und Kultur e. V.] Chronik der deutsch-deutschen Grenze und der Grenztruppen der DDR 1945 bis 1990. Schweinfurt 2008.

Dunkhorst, Giordana: Hoher Preis für coole Klamotten. Jugendliche „Aussteiger" in der DDR um 1980. Eine Schülerarbeit im Rahmen des Geschichtswettbewerbs des Bundespräsidenten. Berlin 2007.

Ebner von Eschenbach, Georg-Friedrich. Wieviel Unrecht verträgt der deutsche Rechtsstaat? Verfassungsrechtliche Probleme der Verurteilung von „Mauerschützen". München 2000.

Effner, Bettina/Heidemeyer, Helge (Hrsg.): Flucht im geteilten Deutschland. Erinnerungsstätte Notaufnahmelager Marienfelde. Berlin 2005.

Eisenfeld, Bernd: Die zentrale Koordinierungsgruppe. Bekämpfung von Flucht und Ausreise. Berlin 1995.

Eisenfeld, Bernd: Formen widerständigen Verhaltens in der Nationalen Volksarmee und bei den Grenztruppen. In Neubert, Erhart/Eisenfeld Bernd (Hrsg): Macht Ohnmacht Gegenmacht. Grundfragen politischer Gegnerschaft in der DDR. Bremen 2001.

Eisenfeld, Bernd: Macht und Ohnmacht. Ausreise aus der DDR. o. O. 2002.

Eisenfeld, Bernd/Schicketanz, Peter: Bausoldaten in der DDR. Die „Zusammenführung feindlich-negativer Kräfte" in der NVA. Berlin 2011.

Emmerich, Klaus: Grenzen. Eine Auswahl staats-, völkerrechtlicher sowie zeitgeschichtlicher Aspekte der Grenzen am Beispiel beider deutscher Staaten und der Hauptstadt Berlin. Berlin 2009.

Engels, Julia Franziska: Helden an der Mauer. Die propagandistische Aufbereitung von Republikfluchten in der deutschen Presse. Münster 2004.

Erhard, Elke: Vermächtnis – Mahnung – Auftrag. Grenzdenkmale in Thüringen. Dokumentation zum Denkmalschutz an der ehemaligen innerdeutschen Grenze. Schweinfurt 2007.

Erhard, Elke: Denkmalprofile. Daten – Fakten – Analysen. Dokumentation zur Denkmalforschung an der ehemaligen innerdeutschen Grenze. Schweinfurt 2009.

Eyck, Lorenz: Die Grenzpolizei/Grenztruppen. In: Wolfgang Wünsche (Hrsg.): Rührt Euch! Zur Geschichte der NVA. Berlin 1998, S. 271–324.

Filmer, Werner/Schwan, Werner: Opfer der Mauer. Die geheimen Protokolle des Todes. München 1991.

Fingerle, Stephan: Waffen in Arbeiterhand. Die Rekrutierung des Offizierskorps der NVA und ihrer Vorläufer. Berlin 2001.

Flemming, Thomas/Koch, Hagen: Die Berliner Mauer. Geschichte eines politischen Bauwerks. Berlin 2008.

Förderverein Gedenkstätte Billmuthausen e. V. (Hrsg.): Gedenkstätte Billmuthausen – ein geschleiftes Dorf. Hildburghausen 2002.

Förderverein Gedenkstätte Heinersdorf-Welitsch e. V. (Hrsg.): Wider das Vergessen: 10 Jahre Grenzöffnung Heinersdorf-Welitsch. Kronach 1999.

Freundeskreis Braunschweiger Polizeigeschichte (Hrsg.): Mauerfall und Wendezeit. Zeitzeugnisse von Polizisten aus Ost und West. o. O. 2014.

Fricke, Hans: Davor – dabei – danach. Ein ehemaliger Kommandeur der Grenztruppen der DDR berichtet. Köln 1993.

Froh, Klaus: Chronik der NVA, der Grenztruppen und der Zivilverteidigung der DDR 1956–1990. Berlin 2010.

Frotscher, Kurt (Hrsg.): Aus dem Grenzeralltag. Episoden. Schkeuditz 1998.

Frotscher, Kurt/Krug, Wolfgang (Hrsg.): Im Namen des Volkes. Grenzer vor Gericht. Schkeuditz 2000.

Frotscher, Kurt: Opfer deutscher Teilung. Beim Grenzschutz getötet. Schkeuditz 2005.

Frotscher, Kurt: Grenzdienst im Kalten Krieg. Schkeuditz 2008.

Führ, Wieland: Berliner Mauer und innerdeutsche Grenze 1945–1990. Imhof 2008.

Gatow, Hanns-Heinz: Vertuschte SED-Verbrechen. Eine Spur von Blut und Tränen, 5. Auflage. Berg 1990.

Grafe, Roman: Die Grenze durch Deutschland. Eine Chronik von 1945 bis 1990. Berlin 2001.

Grafe, Roman: Deutsche Gerechtigkeit. Prozesse gegen DDR-Grenzschützen und ihre Befehlsgeber. München 2004.

Grandhagen, Wolfgang: Von der Grenzpolizei zu den Grenztruppen der DDR. Berlin 2004.

Grasemann, Hans-Jürgen: „Grenzverletzer sind zu vernichten!". Tötungsdelikte an der innerdeutschen Grenze. In: Jürgen Weber u. Michael Piazolo (Hrsg.): Eine Diktatur vor Gericht. Aufarbeitung von SED-Unrecht durch die Justiz. München 1995.

Grasemann, Hans-Jürgen: Das DDR-Grenzregime und seine Folgen. Der Tod an der Grenze. In: Materialien der Enquete-Kommission „Überwindung der Folgen der SED-Diktatur im Prozeß der deutschen Einheit", hrsg. vom Deutschen Bundestag, Bd. VIII/2: Das geteilte Deutschland. Baden-Baden 1999, S. 1209 ff.

Grashoff, Udo: „In einem Anfall von Depression ...". Selbsttötungen in der DDR. Berlin 2006.

Grashoff, Udo: Selbsttötungen in der NVA. In: Horch und Guck, Heft 4, 2010, S. 46–49.

Grenzlandmuseum Bad Sachsa e. V. (Hg.): Innerdeutsche Grenze im Südharz, Bad Sachsa 1994.

Grenzlandmuseum Eichsfeld (Hrsg.): Grenze – mitten durch Deutschland. Band 2 der Schriftenreihe der Bildungsstätte und des Grenzlandmuseums. Heiligenstadt 2002.

Grenzlandmuseum Eichsfeld (Hrsg.): Grenzlandmuseum Eichsfeld: Ausstellungsbegleitband. Teistungen 2010.

Grenzlandmuseum Eichsfeld e. V. (Hrsg.): Gezeichnetes Eichsfeld. Was Karten über innerdeutsche Geschichte erzählen können. Teistungen 2010.

Grenzschutzkommando Nord (Hrsg.): Die Geschichte des Grenzschutzkommandos Nord 1951–1991. Hannover 1991.

Gülzau, Jan: Grenzopfer an der sächsisch-bayerischen und sächsisch-tschechischen Grenze in den Jahren 1947–1989. Dresden 2012.

Gundlach, Horst: Die deutsch-deutsche Grenze im Südharz. Eine Dokumentation der Ereignisse von 1945 bis 1990. Bad Sachsa 2009.

Gundlach, Horst/Schlicht, Wolfgang: Die Grenzüberwachung der DDR. Beschreibung der Grenzanlagen und des Überwachungssystems, mit Bilddokumentation. Bad Sachsa 2006.

Hartmann, Andreas/Künsting, Sabine (Hrsg.): Grenzgeschichten. Berichte aus dem deutschen Niemandsland. Frankfurt am Main 1990.

Haßler, Frank: 44 Jahre gefangen im kommunistischen Käfig. „Grenz-Erfahrungen". Heilbronn 2009.

Heidemeyer, Helge: Flucht und Zuwanderung aus der SBZ/DDR 1945/1949–1961, Düsseldorf 1994.

Heigl, Rupert: Der Eiserne Vorhang. Eine Reise entlang der Zonengrenze. Fulda 2009.

HELP e. v.: HELP-REPORT. Fakten über drei Diktaturen. Berlin o. J.

Herbstritt, Georg: Entzweite Freunde. Rumänien, die Securitate und die DDR-Staatssicherheit 1950 bis 1989. Göttingen 2016.

Hermann, Ingolf: Die deutsch-deutsche Grenze. Von Posseck bis Lehesten, von Ludwigsstadt nach Prex. Eine Dokumentation, 4. unveränderte Auflage. Plauen 2001.

Hermann, Ingolf; Sroka, Karsten (Hrsg.): Deutsch-deutsches Grenzlexikon. Der Eiserne Vorhang und die Mauer in Stichworten. Zella-Mehlis 2005.

Hertle, Hans-Hermann/Jarausch, Konrad H./Kleßmann, Christoph (Hrsg.): Mauerbau und Mauerfall. Ursachen – Verlauf – Auswirkungen. Berlin 2002.

Hertle, Hans-Hermann/Sälter, Gerhard: Die Todesopfer an Mauer und Grenze. Probleme einer Bilanz des DDR-Grenzregimes. In: Deutschland Archiv, H. 4, o. O. 2006, S. 667–676.

Hertle, Hans-Hermann: Die Berliner Mauer – Monument des Kalten Krieges. Berlin 2007.

Hertle, Hans-Hermann: Chronik des Mauerfalls. Die dramatischen Ereignisse um den 9. November 1989, 2. Auflage. Berlin 2009.

Hertle, Hans-Hermann/Nooke, Maria: Die Todesopfer an der Berliner Mauer 1961–1989. Ein biographisches Handbuch, hrsg. vom Zentrum für Zeithistorische Forschung Potsdam und Stiftung Berliner Mauer. Berlin 2009.

Hertle, Hans-Hermann/Nooke, Maria (Hrsg.): Die Todesopfer am Außenring der Berliner Mauer 1961–1989. The victims at the Berlin-Brandenburg border 1961–1989. Berlin 2013.

Hildebrandt, Alexandra: Die Mauer. Zahlen, Daten. Berlin 2001.

Hildebrandt, Alexandra: 1613 Todesopfer – keine Endbilanz. Neue Zahl der ermittelten Todesopfer des Grenzregimes der Sowjetischen Besatzungszone/DDR/der sozialistischen Einheitspartei Deutschlands (= 162. Pressekonferenz des Mauermuseums – Museum am Checkpoint Charlie, 09.08.2011). Berlin 2011.

Hildebrandt, Rainer: Es geschah an der Mauer, 19. Auflage. Berlin 2000.

Hüls, Werner: Das Elbdorf Konau (=Weiße Reihe 10). Lüneburg 1998.

Jahntz, Bernhard: „Wie stellen sich die SED-Machthaber ihrer persönlichen und juristischen Verantwortung?" Referat. In: Dobrinski, Reinhard (Hrsg.): Die Aufarbeitung von DDR-Staatskriminalität und Justizverbrechen. Die Tagungsreferate zum 10. Jahrestag des FORUMs zur Aufklärung und Erneuerung e. V. am 4. Oktober 2002 in der Forschungs- und Gedenkstätte Normannenstraße, (Haus 1) Berlin-Lichtenberg. Berlin 2002, S. 65–79.

Janowitz, Axel/Löhn, Hans-Peter/Krauß, Gudrun (Redaktion): Flucht aus der DDR am Beispiel „Versuchter Grenzdurchbruch zweier Schüler", Auszug aus einer Akte des MfS [die Bundesbeauftragte für die Unterlagen des Staatssicherheitsdienstes der Ehemaligen Deutschen Demokratischen Republik, Abt. Bildung und Forschung, Sachgebiet Historisch-Politische Bildung 2., korrigierte Auflage. Berlin 2008.

Jüttner, Horst: Grenzalarm. Erinnerungen und Erzählungen ehemaliger Grenzsoldaten. Berlin 2007.

Kaminsky, Anna (Hrsg. im Auftrag der Stiftung zur Aufarbeitung der SED-Diktatur und derBundeszentrale für Politische Bildung): Orte des Erinnerns. Gedenkzeichen, Gedenkstätten und Museen zur Diktatur in SBZ und DDR, 2. überarbeitete und erweiterte Auflage. Berlin 2007.

Kaminsky, Anna (Hrsg.): Die Berliner Mauer in der Welt. Berlin 2009.

Karner, Stefan: Halt! Tragödien am Eisernen Vorhang. Die Verschlussakten. Wien 2013.

Keussler, Klaus Michael von: Fluchthelfer. Die Gruppe um Wolfgang Fuchs. Berlin 2011.

Kleindienst, Jürgen (Hrsg.): Von hier nach drüben. Grenzgänge, Fluchten und Reisen. Deutschland 1945–1961. 38 Geschichten und Berichte von Zeitzeugen. Berlin 2001.

Konferenz der Landesbeauftragten für die Unterlagen des Staatssicherheitsdienstes der ehemaligen

DDR und Stiftung zur Aufarbeitung der SED-Diktatur (Hrsg.): Über Grenzen und Zeiten – Für Freiheit, Recht und Demokratie, 7. Kongress vom 23. bis 25. Mai 2003 in Brandenburg an der Havel. Berlin 2004.

Koop, Volker: Ausgegrenzt. Der Fall der DDR-Grenztruppen. Berlin 1993.

Koop, Volker: „Den Gegner vernichten". Die Grenzsicherung der DDR. Bonn 1996.

Kortzfleisch, Albrecht von: Der eiserne Vorhang im Harz. o. O. 2014.

Kreicker, Helmut: Art. 7 EMRK und die Gewalttaten an der deutsch-deutschen Grenze. Baden-Baden 2002.

Küch, Paul: Ich hatte einen Schießbefehl. Gezählte Tage im Eichsfeld. Dülmen 2003.

Küchenmeister, Daniel (Hrsg.): Der Mauerbau. Krisenverlauf – Weichenstellung – Resultate. Berlin 2011.

Kufeke, Kay: „... dass es keinem Bürger möglich wird, sich in das Lager der Imperialisten zu begeben." Die innerdeutsche Grenze im Kreis Hagenow (1945–1989), hrsg. vom Heimatmuseum der Stadt Boizenburg/Elbe. Boizenburg 2008.

Kunze, Gerhard: Grenzerfahrungen. Kontakte und Verhandlungen zwischen dem Land Berlin und der DDR 1949–1989. Berlin 1999.

Labs, Simone: Keine Ausfahrt – Zarrentin, Grenzlandgeschichten aus Westmecklenburg. Landeszentrale für Politische Bildung Mecklenburg-Vorpommern. Berlin/Weist 2006.

Landkreis Wernigerode, Schulverwaltungs- und Kulturamt, Geschichtskommission des Landkreises Wernigerode (Hrsg.): Die innerdeutsche Grenze im Landkreis Wernigerode (=Kreisheimatblatt Landkreis Wernigerode). Wernigerode 1998.

Lapp, Peter Joachim: Gefechtsdienst im Frieden. Das Grenzregime der DDR 1945–1990. Bonn 1999.

Lapp, Peter/Ritter, Jürgen: Die Grenze. Ein deutsches Bauwerk, 5. Auflage. Berlin 2006.

Lapp, Peter Joachim: Die Mauer. Eine Grenze durch Deutschland. Erfurt 2011.

Lapp, Peter Joachim: Grenzregime der DDR. Aachen 2013.

Lauter, Gerhard: Chefermittler. Der oberste Fahnder der Kriminalpolizei in der DDR berichtet. Berlin 2012.

Lebegern, Robert: Mauer, Zaun und Stacheldraht. Sperranlagen an der innerdeutschen Grenze 1945–1990. Weiden 2002.

Lebegern, Robert: Zur Geschichte der Sperranlagen an der innerdeutschen Grenze 1945–1990, 2. unveränderte Auflage. Erfurt 2004.

Lienicke, Lothar/Bludem, Franz: Todesautomatik. Die Stasi und der Tod des Michael Gartenschläger. Frankfurt am Main 2003.

Lindenberger, Thomas: Volkspolizei. Herrschaftspraxis und öffentliche Ordnung im SED-Staat 1952–1968. Köln 2003.

Mählert, Ulrich: Die Mauer. Fakten, Bilder, Schicksale. München 2011.

Marxen, Klaus/Werle, Gerhard (Hrsg.): Rechtsbeugung. Band 5/1. Teilband Strafjustiz und DDR-Unrecht. Dokumentation. Berlin 2007.

Marxen, Klaus/Werle, Gerhard (Hrsg.): Die strafrechtliche Aufarbeitung von DDR-Unrecht. Eine Bilanz. Berlin 1999.

Marxen, Klaus/Werle, Gerhard (Hrsg.): Gewalttaten an der deutsch-deutschen Grenze. Band 2/1. Teilband Strafjustiz und DDR-Unrecht. Dokumentation. Berlin 2002.

Marxen, Klaus/Werle, Gerhard/Schäfter, Petra: Die Strafverfolgung von DDR-Unrecht. Fakten und Zahlen. Berlin 2007.

Maurer, Jochen: Dienst an der Mauer. Der Alltag der Grenztruppen rund um Berlin. Berlin 2011.

Melis, Damian van/Bispinck, Henryk (Hrsg.): „Republikflucht". Flucht und Abwanderung aus der SBZ/DDR 1945 bis 1961. München 2006.

Merkel, Gerhard/Wünsche, Wolfgang: Die Nationale Volksarmee der DDR – Legitimation und Auftrag – Alte und neue Legenden kritisch hinterfragt. Berlin 1996.

Mertens, Lothar/Voigt, Dieter (Hrsg.): Opfer und Täter im SED-Staat. Berlin 1998.

Meyer-Rebentisch, Karen: Grenzerfahrungen. Dokumentation zum Leben mit der innerdeutschen Grenze bei Lübeck von 1945 bis heute. Lübeck 2009.

Meyer-Rebentisch, Karen (Hrsg.): Grenzerfahrungen. Vom Leben mit der innerdeutschen Grenze. Schwerin/Helms 2009.

Mitter, Armin/Wolle, Stefan: Untergang auf Raten. Unbekannte Kapitel der DDR-Geschichte. Berlin 1993.

Mittmann, Wolfgang: Die Todesschüsse von Uckro. In: ders.: Tatzeit. Große Fälle der Volkspolizei, Bd. 1 und 2. Berlin 2000, S. 135–194.

Müller, Bodo: Faszination Freiheit. Die spektakulärsten Fluchtgeschichten, 4. Auflage. Berlin 2001.

Nass, Klaus Otto (Hrsg.): Die Vermessung des Eisernen Vorhangs. Deutsch-deutsche Grenzkommission und DDR-Staatssicherheit. Mit einem Geleitwort von Gerhart R. Baum (=Lebensformen 56). Freiburg 2010.

Neubert, Ehrhart: Geschichte der Opposition in der DDR 1949–1989, 2. erweiterte Auflage. Berlin 2000.

Neubert, Ehrhart: Unsere Revolution. Die Geschichte der Jahre 1989/90. München 2008.

Nooke, Maria/Hertle, Hans-Hermann: Die Todesopfer am Außenring der Berliner Mauer 1961–1989 (dt.-engl.). Berlin 2013.

Oschlies, Johannes: Entrissene Heimat. Zwangsaussiedlungen an der DDR-Grenze zwischen 1952 und 1961 im Bezirk Magdeburg. Magdeburg 2006.

Paulsen, Werner: Westreisen. Zum Reiseverkehr von Bürgern der DDR nach NATO-Staaten und Berlin (West). Berlin 2011.

Piehl, Ramona: Geschichte und Geschichten entlang der innerdeutschen Grenze in Nordwestmecklenburg (=Einblicke zwischen Schaalsee und Salzhaff 4), 2. Auflage. Grevesmühlen 2001.

Piepenschneider, Melanie/Arnold, Klaus Jochen (Hrsg.): Was war die Mauer? Die Errichtung der innerdeutschen Grenzanlagen durch das SED- Regime und ihre Folgen (=Handreichung zur Politischen Bildung 7). Eine Veröffentlichung der Konrad-Adenauer-Stiftung e. V. Sankt Augustin 2011.

Pollex, Sylvia (Hrsg.): Grenzfälle. Bielefeld 2009.

Potthoff, Heinrich: Im Schatten der Mauer. Deutschlandpolitik 1961 bis 1990. Berlin 1999.

Prokop, Siegfried: Die Berliner Mauer (1961–1989). Fakten, Hintergründe, Probleme. Berlin 2009.

Rathje, Wolfgang: „Mauer-Marketing" unter Erich Honecker. Kiel 2001.

Rätzke, Dorian: Zwischen Stacheldraht und Strandkorb. DDR-Alltag an der Lübecker Bucht. Boltenhagen 2015.

Reitel, Axel: Jugendstrafvollzug in der DDR am beispiel des Jugenhauses Halle. Berlin 2006.

Ritter, Jürgen/Lapp, Peter Joachim: Die Grenze. Ein deutsches Bauwerk, 8., aktualisierte und erweiterte Auflage. Berlin 2011.

Riedel, Joachim: „Schießbefehl" und Verjährung – Zum Problem der Strafverfolgungsverjährung bei Schußwaffengebrauch an der ehemaligen DDR-Grenze. In: Deutsch-Deutsche Rechtszeitschrift 6. München 1992, S. 162–169.

Roggemann, Herwig: Systemunrecht und Strafrecht am Beispiel der Mauerschützen in der ehemaligen DDR. Berlin 1993.

Rosenau, Henning: Tödliche Schüsse im staatlichen Auftrag. Die strafrechtliche Verantwortung von Grenzsoldaten für den Schußwaffengebrauch an der deutsch-deutschen Grenze. Baden-Baden 1996.

Rummler, Toralf: Die Gewalttaten an der deutsch-deutschen Grenze vor Gericht. Berlin 2000.

Sälter, Gerhard: Grenzpolizisten. Konformität, Verweigerung und Repression in der Grenzpolizei und den Grenztruppen der DDR 1952–65. Berlin 2009.

Sauer, Heiner/Plumeyer, Hans-Otto: Der Salzgitter-Report. Die Zentrale Erfassungsstelle berichtet über Verbrechen im SED-Staat. München 1991.

Schaefgen, Christoph: Vergangenheitsbewältigung durch die Justiz: die Strafverfolgung von DDR- Regierungskriminalität; Vortrag, gehalten vor der Juristischen Gesellschaft Mittelfranken zu Nürnberg e. V. am 27. November 1995 (= Schriften der Juristischen Gesellschaft Mittelfranken zu Nürnberg e. V.). Regensburg 1996.

Schätzlein, Gerhard: Grenzerfahrungen Band 1. Bayern – Thüringen: 1945 bis 1971, 4., unveränderte Auflage. Hildburghausen 2001.

Schätzlein, Gerhard/Reinhold, Albert: Grenzerfahrungen Band 2. Bezirk Suhl – Bayern/Hessen: 1972 bis 1988, 2., korrigierte Auflage. Hildburghausen 2004.

Scheler, Wolfgang/Ziegenbein, Rolf (Red.): Grenzschutz und Grenzregime an der deutsch-deutschen Grenze. Standpunkte zu einer andauernden Kontroverse. Dresden 2011.

Schilling-Werra, Georg J.: Eines Tages werde ich Dich töten. Ein Mord an der DDR-Grenze und die Abrechnung 40 Jahre danach. Freiburg im Breisgau1993.

Schilling-Werra, Georg J.: Flucht und Vergeltung. Trilogie. Die Rache schläft nicht. Ein Mord an der DDR-Grenze und die Rache danach. Berlin 2000.

Schmelz, Andrea: Migration und Politik im geteilten Deutschland während des Kalten Krieges. Die Ost-West-Migration in die DDR in den 1950er und 1960er Jahren. Opladen 2002.

Schmidt, Hans-Jürgen: „Wir tragen den Adler des Bundes am Rock ..." In Freiheit dienen, Bd. I: Chronik des Bundesgrenzschutzes, der innerdeutschen Grenze, der Grenztruppen der DDR und der US-Cavalry-Verbände 1972–1992. Coburg 1994.

Schmidt, Hans-Jürgen:"Wir tragen den Adler des Bundes am Rock ..." In Freiheit dienen, Bd. II: Chronik des Bundesgrenzschutzes und der innerdeutschen Grenze 1951–1971. Coburg 1995.

Scholze, Thomas: Halt! Grenzgebiet! Leben im Schatten der Mauer, 2., erweiterte Auflage. Berlin 1997.

Schöne, Jens: Ende einer Utopie. Der Mauerbau in Berlin 1961. Berlin 2011.

Schönfelder, Jan/Erices, Rainer: Todessache Rudi Arnstadt. Zwischen Aufklärung und Propaganda, hrsg. im Auftr. der Landesbeauftragten des Freistaates Thüringen für die Unterlagen des Staatssicherheitsdienstes der ehemaligen DDR. Jena 2012.

Schraut, Sylvia/Grosser, Thomas (Hrsg.): Die Flüchtlingsfrage in der deutschen Nachkriegsgesellschaft. Mannheim 1996.

Schultke, Dietmar: Die Grenze, die uns teilte. Zeitzeugenberichte zur innerdeutschen Grenze. Berlin 2005.

Schultke, Dietmar: „Keiner kommt durch". Die Geschichte der innerdeutschen Grenze 1945–1990 Berlin 1999 und 2008.

Schütze, Frank: Ich bin Bolle – Geschichte eines Kämpfers. Kommentiertes Tagebuch der Jahre 1959–1989. Zützen 1999.

Schwark, Thomas/Schmiechen Ackermann, Detlef/Hauptmeyer, Carl-Hans (Hrsg.): Grenzziehungen – Grenzerfahrungen – Grenzüberschreitungen. Die innerdeutsche Grenze 1945–1990. Niedersachsen und die innerdeutsche Grenze 1945–1990. Hannover 2011.

Seidel, Knut: Rechtsphilosophische Aspekte der „Mauerschützen"-Prozesse. Berlin 1999.

Siekmann, Hanno: Das Unrechtsbewusstsein der DDR-"Mauerschützen". Berlin 2005.

Sikorski, Werner/Laabs, Rainer: Checkpoint Charlie und die Mauer. Ein geteiltes Volk wehrt sich. Berlin 1997.

Spiegel, Siegbert: Das thüringisch-hessische Grenzmuseum „Schifflersgrund", hrsg. Vom Arbeitskreis Grenzinformation e. V. Bad Sooden-Allendorf 2008.

Stadt Duderstadt (Hrsg.): Die Grenze im Eichsfeld. Leid, Hoffnung, Freude. Eine Bild- und Textdokumentation zur Teilung des Eichsfeldes 1945–1990. Göttingen 2006.

Steffens, Heiko (Hrsg.): Lebensjahre im Schatten der deutschen Grenze. Selbstzeugnisse vom Leben an der innerdeutschen Grenze seit 1945. Opladen 1990.

Steiner, Eva und Walter (Hrsg.): Die Grenze war unser Schicksal. Föritz 2005.

Stiftung Gedenkstätte Berlin-Hohenschönhausen (Hrsg.): Die vergessenen Opfer der Mauer. Flucht und Inhaftierung in Deutschland 1961–1989. Berlin 2001.

Stoll, Klaus Hartwig: Das war die Grenze. Erlebte Geschichte an der Zonengrenze im Fuldaer, Geisaer und Hünfelder Land von 1945 bis zur Grenzöffnung. Fulda 1998.

Stoll, Klaus Hartwig: Dienst an der Grenze. Fulda 2000.

Strehlow, Hannelore: Der gefährliche Weg in die Freiheit. Fluchtversuche aus dem ehemaligen Bezirk Potsdam. Potsdam 2004.

Tannhoff, Peter: Sprutz. In den Fängen der NVA, 1. Auflage. Kiel 2003.

Tantzscher, Monika: Die verlängerte Mauer. Die Zusammenarbeit der Sicherheitsdienste der Warschauer-Pakt-Straßen bei der Verhinderung von „Republikflucht", 2. Auflage. Berlin 2001.

Tantzscher, Monika: Hauptabteilung VI: Grenzkontrollen, Reise- und Touristenverkehr, MfS-Handbuch, Teil III/14, hrsg von der BStU. Berlin 2005.

Taylor, Frederick: Die Mauer. 13. August 1961 bis 9. November 1989. Aus dem Englischen von Klaus-Dieter Schmidt. Berlin 2009.

Thoß, Bruno (Hrsg.): Vom Kalten Krieg zur deutschen Einheit. Analysen und Zeitzeugenberichte zur deutschen Militärgeschichte 1945 bis 1995. München 1995.

Thoß, Hendrik: Gesichert in den Untergang. Die Geschichte der DDR-Westgrenze. Berlin 2004

Thoß, Hendrik (Hrsg.): Europas Eiserner Vorhang. Die deutsch-deutsche Grenze im Kalten Krieg. Berlin 2008.

Trutkowski, Dominik: Der geteilte Ostblock. Die Grenze der SBZ/DDR zu Polen und der Tschechoslowakei. Köln/Weimar/Wien 2011.

Uhl, Matthias/Wagner, Armin (Hrsg.): Ulbricht, Chruschtschow und die Mauer. Eine Dokumentation. München 2003.

Ullrich, Maren: Geteilte Ansichten. Erinnerungslandschaft deutsch-deutsche Grenze. Berlin 2006.

UOKG e. V. (Hrsg.): Der Stand der juristischen Aufarbeitung des DDR-Unrechts. UOKG-Kongress „Mission erfüllt? 1990 – Die Rolle von Politik, Medien, Gesellschaft bei der Aufdeckung und dem Umgang mit DDR-Unrecht", 16. Oktober 2010. Mit Beiträgen von Christoph Schaefgen und Hans-Jürgen Grasemann. Berlin 2011.

Veigel, Burkhart: Wege durch die Mauer. Fluchthilfe und Stasi zwischen Ost und West. Berlin 2011.

Vogt-Müller, Christine: „Hinter dem Horizont liegt die Freiheit ...". Flucht über die Ostsee. Schicksale – Fotos – Dokumente. Bielefeld 2003.

Wagner, Armin: Walter Ulbricht und die geheime Sicherheitspolitik der SED. Der Nationale Verteidigungsrat der DDR und seine Vorgeschichte (1953–1971). Berlin 2002.

Wagner, Manfred: „Beseitigung des Ungeziefers ...". Zwangsaussiedlungen aus den thüringischen Landkreisen Saalfeld, Schleiz und Lobenstein 1952–1961. Erfurt 2001.

Walther, Achim: Hötensleben 975 Jahre. Hötensleben 1991.

Walther, Achim: Die eisige Naht. Die innerdeutsche Grenze bei Hötensleben, Offleben und Schöningen 1952 bis 1990. Halle (Saale) 2010.

Walther, Achim: Heringsbahn. Die innerdeutsche Grenze bei Hötensleben, Offleben und Schöningen. Bd. 1: 1945 bis 1952, vollständig überarbeitete und erweiterte Neuauflage. Halle (Saale) 2011.

Weber, Jürgen (Hrsg.): Illusionen, Realitäten, Erfolge. Zwischenbilanz zur Deutschen Einheit. München 2006.

Weisbord, Bernd (Hrsg): Grenzland. Beiträge zur Geschichte der deutsch-deutschen Grenze (=Veröffentlichungen der Historischen Kommission für Niedersachsen und Bremen, 38, Bd. 9). o. O. 1993.

Weisbrod, Bernd (Hrsg.): Grenzland. Beiträge zur Geschichte der deutsch-deutschen Grenze. Hannover 1993.

Wenzel, Otto: Kriegsbereit. Der Nationale Verteidigungsrat der DDR. 1960–1989. Köln 1995.

Wenzke, Rüdiger (Hrsg.): Staatsfeinde in Uniform? Widerständiges Verhalten und politische Verfolgung in der NVA. Berlin 2005.

Wenzke, Rüdiger: Ulbrichts Soldaten. Die Nationale Volksarmee 1956 bis 1971. Berlin 2013.

Werkentin, Falco: Politische Strafjustiz in der Ära Ulbricht. Berlin 1996.

Wilke, Manfred: Der Weg zur Mauer. Stationen der Teilungsgeschichte. Berlin 2011.

Wolf, Stephan: Hauptabteilung I. NVA und Grenztruppen, MfS-Handbuch, Teil III/13, hrsg. von der BStU, 2. durchgesehene Auflage. Berlin 2005.

Wolfrum, Edgar: Die Mauer. Eine Geschichte der Teilung, 2. Auflage. München 2009.

Wolter, Manfred: Aktion Ungeziefer. Die Zwangsaussiedlung an der Elbe. Erlebnisberichte und Dokumente. Rostock 1997.

Wunschik, Tobias: Hauptabteilung VII. Ministerium des Innern, Deutsche Volkspolizei, MfS-Handbuch, hrsg. von der BStU. Berlin 2009.

Wyden, Peter: Die Mauer war unser Schicksal. Berlin 1995.

Zácek, Pavel/Faulenbach, Bernd/Mählert, Ulrich (Hrsg.): Die Tschechoslowakei 1945/48 bis 1989. Studien zu kommunistischer Herrschaft und Repression. Leipzig 2008.

Zehrer, Eva-Maria (Hrsg.): Grenz-Erfahrungen. Ein Lesebuch, hrsg. von der Sächsischen Landeszentrale für Politische Bildung, 2., überarbeitete Auflage. Dresden 2002.

Zietz, Rudolf: Erlebnisse an der Grenze im Harz. Ein Zollbeamter erinnert sich. Duderstadt 2003.

Abkürzungsverzeichnis

ABV	Abschnittsbevollmächtigter
AKG	Auswertungs- und Kontrollgruppe [des MfS]
AU	Archivierter Untersuchungsvorgang [des MfS]
BArch	Bundesarchiv
BdL	Büro der Leitung [des MfS]
BdVP	Bezirksbehörde der Volkspolizei
BDVP	Bezirksdirektion der Volkspolizei
BGH	Bundesgerichtshof
BGS	Bundesgrenzschutz
BMF	Bundesfinanzministerium
BMI	Bundesministerium des Innern
BStU	Der Bundesbeauftragte für die Unterlagen des Staatssicherheitsdienstes
BV	Bezirksverwaltung [des MfS]
DGP	Deutsche Grenzpolizei
DL	Demarkationslinie
EK	Entlassungskandidat (EK-Bewegung = ältere Soldaten drangsalierten jüngere)
DSF	Gesellschaft für Deutsch-Sowjetische Freundschaft
EOS	Erweiterte Oberschule
FDGB	Freier Deutscher Gewerkschaftsbund
FDJ	Freie Deutsche Jugend
FF	Fahnenflucht
FIM	Führungs-IM [des MfS]
GB	Grenzbrigade
GI	Geheimer Informator [des MfS] bis 1968 danach IM
GKN	Grenzkommando Nord
GM	Geheimer Mitarbeiter [des MfS]
GMS	Gesellschaftlicher Mitarbeiter für Sicherheit [des MfS]
GPI	Grenzpolizeiinspektion (in Bayern)
GPP	Grenzpolizeipräsidium (München)
GrSo	Grenzsoldat
GSK	Grenzschutzkommando
GSSD	Gruppe der Sowjetischen Streitkräfte in Deutschland
GST	Gesellschaft für Sport und Technik
GT	Grenztruppen der DDR
GÜSt	Grenzübergangsstelle
HA	Hauptabteilung [des MfS]
HStAM	Hessisches Staatsarchiv Marburg
HVDVP	Hauptverwaltung der Deutschen Volkspolizei
IM	Inoffizieller Mitarbeiter [des MfS]
KD	Kreisdienststelle
KG	Kammergericht
KP	Kontrollpunkt

KVP	Kasernierte Volkspolizei
LAB	Landesarchiv Berlin
LASA	Landesarchiv Sachsen-Anhalt
LATh – HstA	Landesarchiv Thüringen – Hauptstaatsarchiv
LBdVP	Landesbehörde der Volkspolizei
LG	Landgericht
LHASn	Landeshauptarchiv Schwerin
LMG	Leichtes Maschinengewehr
LKA	Landeskriminalamt
LPG	Landwirtschaftliche Produktionsgenossenschaft
Ltn	Leutnant
MdI	Ministerium des Innern
MfS	Ministerium für Staatssicherheit
MGZ	Metallgitterzaun
MPi	Maschinenpistole
MStA	Militärstaatsanwaltschaft
NLA	Niedersächsisches Landesarchiv
NVA	Nationale Volksarmee
OFD	Oberfinanzdirektion
OHS	Offiziershochschule
OS	Offiziersschüler
OSL	Oberstleutnant
PAAA	Politisches Archiv des Auswärtigen Amtes
PGH	Produktionsgenossenschaft des Handwerks
PHS	Polizeihistorische Sammlung Berlin
POS	Polytechnische Oberschule
SBZ	Sowjetische Besatzungszone
SKS	Archivmaterial über Strafnachweise
StA	Staatsanwaltschaft
StäV	Ständige Vertretung
TP	Transportpolizei
VEB	Volkseigener Betrieb
VEG	Volkseigenes Gut
VP	Volkspolizei
VPKA	Volkspolizeikreisamt
VP-WM	Volkspolizei-Wachtmeister
ZA	Zentralarchiv
ZAIG	Zentrale Auswertungs- und Informationsgruppe [des MfS]
ZBO	Zwischenbetriebliche Bauorganisation
ZERV	Zentrale Ermittlungsstelle für Regierungs- und Vereinigungskriminalität
ZESt	Zentrale Erfassungsstelle der Landesjustizverwaltungen in Salzgitter
ZKG	Zentrale Koordinierungsgruppe [des MfS]

Danksagung

Zahlreiche Personen und Institutionen haben die Recherchen zu diesem Handbuch unterstützt. Der Forschungsverbund SED-Staat an der Freien Universität hätte ohne diese Unterstützung die Recherchen zu den einzelnen Biografien nicht ausführen können. Ein besonderer Dank gilt den Verwandten und Freunden von Opfern des DDR-Grenzregimes für die Überlassung von Dokumenten und Fotografien und die Bereitschaft, sich der Zumutung des Gesprächs über ihre schmerzhaften Erinnerungen an das damalige Geschehen gestellt zu haben. Ihre Mitwirkung wird in den jeweiligen Quellenangaben gewürdigt, sofern sie nicht mit der Bitte um Anonymität erfolgt ist.

Folgende Archive und Dienststellen suchte das Forschungsteam zu Recherchen auf. Besonderer Dank gebührt den Mitarbeiterinnen und Mitarbeitern dieser Einrichtungen, die durch wichtige Hinweise und die Bereitstellung des Archivgutes zum Gelingen der Untersuchung beigetragen haben:

- Brandenburgisches Landeshauptarchiv
- BStU Berlin
- Bundesarchiv Berlin
- Bundesarchiv Koblenz
- Bundesarchiv, Militärarchiv Freiburg im Breisgau
- Hessisches Staatsarchiv Marburg
- Landesarchiv Mecklenburg-Vorpommern
- Landesarchiv Sachsen-Anhalt
- Landesarchiv Schleswig-Holstein
- Landesarchiv Thüringen Hauptstaatsarchiv Weimar
- Niedersächsisches Landesarchiv Standort Hannover
- Politisches Archiv des Auswärtigen Amtes
- Polizeihistorische Sammlung Berlin
- Robert Havemann Gesellschaft, Archiv der DDR-Opposition
- Sammlung Marxen/Werle (Humboldt Universität Berlin)
- Staatsanwaltschaft Brandenburg/Havel
- Staatsanwaltschaft Erfurt
- Staatsanwaltschaft Magdeburg
- Staatsanwaltschaft Neuruppin
- Staatsanwaltschaft Schwerin
- Thüringisches Staatsarchiv Greiz
- Thüringisches Staatsarchiv Meiningen
- Universitätsarchiv der Freien Universität Berlin
- Unternehmensarchiv des Axel Springer Verlages.

Für Unterstützung der Recherchen und/oder weiterführende Hinweise gebührt ein besonderer Dank: Thomas Beck (Polizei Eschwege), Dr. Thomas Boghart (US Army Center of Military History) H. Jürgen Brandt, Erich Burmeister, Dr. Jens Dobler (Polizeihistorische Sammlung Berlin), Frank Drauschke (Facts & Files), Rüdiger Droysen von Hamilton (BStU), Frank Ebert (Robert-Havemann-Gesellschaft), Alfred Engelmann, Dr. Carmen Everts (Hessische Staatskanzlei), Dr. Bärbel Fest (Polizeihistorische Sammlung Berlin), Joachim Förster (BStU), Mathias Friedel (Hessische Landeszentrale für politische Bildung), Hans-Karl Gliem (Regionalhistoriker Wildeck-Obersuhl), Sven Hoffmann (Hessische Staatskanzlei), Rainer Laabs (Unternehmensarchiv, Axel Springer AG) Dr. Hans Joachim Lorenz, Hartmut Jennerjahn, Isolde Kalter, Marcus Lübbering (Hessische Staatskanzlei), Mira Keune (Grenzlandmuseum Eichsfeld), Bettina Kleinschmidt (Universitätsarchiv Rostock), Jürgen Klussmann, Dr. Henning Krüger (Niedersächsisches Ministerium für Bildung und Kultur), Wolfgang Lebe (Polizeihistorische Sammlung Berlin), Lothar Löbnitz (Universitätsarchiv Ernst-Abbe-Hochschule Jena), Prof. Dr. Klaus Marxen (Humboldt Universität Berlin), Annette Müller (BStU), Mareike Notarp (BStU), Frank Pergande (ehem. DDR-Grenzsoldat), Hans-Wilhelm Saure (*BILD*-Zeitung), Christoph Schaefgen (Generalstaatsanwalt a.D.), Gerhard Schätzlein (Regionalhistoriker Grenzland Rhön), Michael Schulz (UOKG), Dr. Christian Schulze, Harold Selowski (Förderkreis Polizeihistorische Sammlung Berlin), Dr. Thomas Wagner (Referatsleiter bei der Beauftragten für Kultur und Medien), Prof. Dr. Johannes Weberling (Europa-Universität Viadrina Frankfurt/Oder), Dr. Norbert Wehner (Landeshauptarchiv Sachsen-Anhalt), Prof. Dr. Gerhard Werle (Humboldt Universität Berlin), Gerald Zelder, Dr. Claudia Zenker-Oertel und Frau Teichmann (Bundesarchiv Koblenz), Dr. Rolf Ziegenbein (ehem. Oberst der Grenztruppen, stellvertr. Kommandeur der Offiziershochschule „Rosa Luxemburg"). Wir bitten alle, deren Namen hier aus Versehen nicht erwähnt sind, um Entschuldigung.

Folgende lokale und regionale Institutionen und Personen haben die Recherchen zu den Biografien von Opfern des DDR-Grenzregimes durch Auskünfte und weiterführende Hinweis unterstützt.

Standesämter

Allstedt, Alsdorf, Alsfeld, Amt Neuhaus, Apolda, Bad Colberg-Heldburg, Bad Liebenstein, Bad Lobenstein, Bad Salzungen, Bad Schandau, Bad Sooden-Allendorf, Ballenstedt, Beetzendorf-Diesdorf, Berka/Werra, Lichtenberg, Bleckede, Boizenburg/Elbe, Borna, Burg, Burg Stargard, Bürgel, Burgstädt, Chemnitz, Dannenberg (Elbe), Dermbach, Dömitz-Malliß, Dortmund, Dresden, Eilsleben, Eisenach, Erfurt, Ershausen/Geismar, Flechtingen, Freiberg, Freyburg, Friedrichshain-Kreuzberg, Gadebusch, Gardelegen, Gefell, Geisa, Gera, Gerstungen, Gößnitz, Grabow, Gräfenroda, Gräfenthal, Gransee, Greifswald, Grevesmühlen, Grimmen, Gumtow, Güstrow, Gütersloh, Hagenow, Halberstadt, Hanstein-Rusteberg, Heilbad Heiligenstadt, Helbra, Heringen (Werra), Herleshausen, Hitzacker, Ilsenburg, Jena, Kaltennordheim, Karstädt, Klütz, Kottmar, Kranichfeld, Krostitz, Küllstedt, Küsnacht, Landsberg, Lauenburgische Seen, Lauterbach, Verbandsgemeinde Leinetal, Lenzen/Elbe, Lindenberg/Eichsfeld, Lübbenau-Spreewald, Lübz, Ludwigsburg, Ludwigslust, Lützow, Magdeburg, Markkleeberg, Markranstädt, Meerane, Meiningen, Mirow, Neuenkirchen, Neukirch/Lausitz, Neustadt bei Coburg, Neustrelitz, Verbandsgemeinde Obere Aller, Oebisfelde-Weferlingen, Oelsnitz, Oranienbaum-Wörlitz, Oschatz, Oschersleben, Osterode am Harz, Osterwieck, Philippsthal, Pritzwalk, Rogätz, Römhild, Saalfeld, Samtgemeinde Elbtalaue, Salzwedel, Scharnebeck, Schönebeck/Elbe, Schönberg, Schwarza, Schwerin, Seehausen (Altmark), Seßlach, Sonneberg, Spremberg, Stendal, Sternberg, Südeichsfeld, Südliches Anhalt, Tann (Rhön), Treffurt, Ueckermünde, Unterbreizbach, Vacha, Gemeinde Uder, Vienenburg, Volkach, Walkenried, Waltershausen, Wanfried, Wansleben am See, Wedding, Wedel (Holstein), Wernigerode, Westerwald-Obereichsfeld,

Wettin-Löbejün, Wilhelmshaven, Wismar, Wittenberge, Wolmirstedt, Wutha-Farnroda, Zarrentin, Zeitz, Zittau

Einwohnermeldeämter

Bad Dürrenberg, Bad Gottleuba-Berggießhübel, Bad Salzungen, Bad Sooden-Allendorf, Barby, Bautzen, Bitterfeld-Wolfen, Boizenburg/Elbe, Bernburg, Boizenburg-Land, Chemnitz, Crimmitschau, Dermbach, Dömitz-Malliß, Eisenach, Amt Elsterland, Essen, Extertal, Finsterwalde, Gera, Gerstungen, Grabow, Grimma, Gütersloh, Hagenow, Halle (Saale), Heringen (Werra), Hünfeld, Jena, Jessen, Krostitz, Leipzig, Verbandsgemeinde Lindenberg/Eichsfeld, Lübeck, Lübtheen, Ludwigslust, Magdeburg, Malchow, Mansfelder Grund-Helbra, Meiningen, Mühlhausen, Neuenkirchen, Neustrelitz, Pasewalk, Pausa-Mühltroff, Penzlin, Philippsthal, Quedlinburg, Rehau, Riesa, Rotenburg, Schmalkalden, Schönbeck, Schorfheide, Schwerin, Senftenberg, Spremberg, Springe, Amt Stargarder Land, Sternberg, Teterow, Tiefenort, Treffurt, Waltershausen, Weißenfels, Wernshausen, Wittenberge, Wuppertal, Vacha, Verl, Zeulenroda-Triebes, Ziegenrück

Archive

Stadt- und Kreisarchiv Arnstadt, Kreisarchiv Aue, Kreisarchiv des Landkreises Barnim, Stadtarchiv Bautzen, Landesarchiv Berlin, Carl Zeiss Archiv, Archiv Crimmitschau, Sächsisches Staatsarchiv Hauptstaatsarchiv Dresden, Stadtarchiv Duderstadt, Kreisarchiv Eichsfeld, Stadtarchiv Eisenach, Archiv Elbtalaue, Stadtarchiv Erfurt, Stadtarchiv Friedrichroda, Stadtarchiv Fulda, Stadtarchiv Gartz (Oder), Kreisarchiv Gotha, Landesarchiv Thüringen – Staatsarchiv Gotha, Universitätsarchiv Greifswald, Stadtarchiv Greiz, Stadtarchiv Halberstadt, Kreis- und Stadtarchiv Haldensleben, Stadtarchiv Halle (Saale), Staatsarchiv Hamburg, Stadtarchiv Hann. Münden, Kreisarchiv Landkreis Harz, Eichsfelder Heimatmuseum, Stadtarchiv Heiligenstadt, Kreisarchiv Hildburghausen, Stadtarchiv Hoyerswerda, Stadtarchiv Jena, Universitätsarchiv Jena, Stadtarchiv Kelbra (Kyffhäuser), Staatsarchiv Leipzig, Stadtarchiv Leipzig, Stadtarchiv Löbau, Stadtarchiv Lübeck, Stadtarchiv Lübbenau/Spreewald, Stadtarchiv Ludwigsburg, Kreisarchiv Ludwigslust-Parchim, Stadtarchiv Lüneburg, Archiv der Evangelischen Kirche der Kirchenprovinz Sachsen – Magdeburg, Stadtarchiv Magdeburg, Stadtarchiv Meißen, Stadtarchiv Mühlhausen, Bayerisches Hauptstaatsarchiv München, Stadtarchiv Neustadt an der Orla, Kreisarchiv Landkreis Nordhausen, Kreisarchiv Nordhausen, Stadtarchiv Nordhausen, Kreisarchiv Nordwest-Mecklenburg, Stadtarchiv Oberharz, Stadtarchiv Oelsnitz, Kreisarchiv Oschersleben/Wanzleben, Stadtarchiv Oschersleben, Kreisarchiv Ostprignitz-Ruppin, Brandenburgisches Landeshauptarchiv Potsdam, Stadtarchiv Quedlinburg, Stadtarchiv Riesa, Universitätsarchiv Rostock, Stadtarchiv Rüsselsheim, Archiv Landkreis Saalekreis, Stadtarchiv Saalfeld, Landeshauptarchiv Sachsen-Anhalt, Kreisarchiv Landkreis Saale-Orla-Kreis Schleiz, Kreisarchiv Schmalkalden-Meiningen, Stadtarchiv Schmölln, Landeshauptstadtarchiv Schwerin, Kreisarchiv Landratsamt Sonneberg, Stadtarchiv Sonneberg, Niedersächsisches Landesarchiv – Standort Stade, Stadtarchiv Suhl, Kreisarchiv Uckermark, Stadtarchiv Waltershausen, Kreisarchiv Landkreis Wartburgkreis, Thüringisches Hauptstaatsarchiv Weimar, Stadtarchiv Wittenberge, Stadtarchiv Wuppertal, Stadtarchiv Zeulenroda

Bürgerbüros, Bürgermeister und andere

Ortsbürgermeister Badersleben – Olaf Beder, Bürgermeister Bülow – Klaus Aurich, Ortsteilbürgermeister Falken – Falk Hunstock, Ortsvorsteher Finowfurt – Wilhelm Westerkamp, Bürgerbüro Freyburg, Bürgermeister Gemeinde Gallin – Klaus-Dieter Müller, Bürgermeister Geschwenda – Ralf Groteloh, Gemeinde Gleichen, Gemeindeverwaltung Krayenberggemeinde, Gemeinde Grabfeld – Herr Neubert, Ortschronist Großburschla – Erhard Stockheim, Ehemaliger Bürgermeister von Harras – Herr Gleichmann, Gemeinde Judenbach, Ortsteilbürgermeister Lengefeld – Klaus Grübner, Oberbürgermeister Oschatz – Andreas Kretschmar, Bürgermeisterin Rehhorst – Birgit Gerritzen, Ortsteilbürgermeister Riebau und Jeebel – Wilfried Bettziche, Verwaltungsgemeinschaft Schlotheim, Bürgerbüro Schönfeld/Weißig, Bürgermeister Sponholz – Ralph-Günter Schult, Bürgermeister Stapelburg – Detlef Winterfeld, Stadtverwaltung Treffurt, Gemeinde Unterbreizbach, Ortsbürgermeister Weißenborn – Andreas Backhaus, Ortschronist Widdershausen – Bernd Koch

Museen, Heimatvereine und anderes

Friedhofsverwaltung Arendsee, Heimatmuseum Ditfurt, Heimatverein Festung Dömitz e.V., Grenzlandmuseum Eichsfeld, Heimatverein Oberes Allertal e.V. Eilsleben, Friedhof Ellrich, Bundesverwaltungsamt – Außenstelle Gießen, Standesamtliche Registerstelle und Generalregister Hamburg, Ev. Dietrich-Bonhoeffer-Kirchengemeinde Heringen, Ernst Abbe Hochschule Jena, Institut für Rechtsmedizin Universitätsklinikum Jena, Friedhofsverwaltung der Ev.-Luth. Stadtkirchengemeinde Ludwigslust, Universitätsklinikum Magdeburg, Caritas Altenpflegeheim Kardinal-Jaeger-Haus Oschersleben, Deutsch-deutsches Freilandmuseum, Kirchenkreis Salzwedel Pfarrbereich Rohrberg, Lokalredaktion Saalfeld der Ostthüringer Zeitung, Grenzmuseum Schifflersgrund, Pfarramt Steinbach, Heimat- und Trachtenverein Steinbach e.V, Justizvollzugsanstalt Tonna, Friedhofswaltung Treffurt, Heimat- und Geschichtsverein e.V. Vacha, Grenzmuseum und Grenzlehrpfad in Wildeck-Obersuhl, Christian-Weise-Bibliothek Zittau, Garten- und Friedhofsamt Zwickau.

Studien des Forschungsverbundes SED-Staat
an der Freien Universität Berlin

Herausgegeben von Klaus Schroeder und Jochen Staadt

Die Bände 1-14 sind beim Akademie Verlag erschienen.

Band	15	Jochen Staadt (Hrsg.): „Die Eroberung der Kultur beginnt!" Die Staatliche Kommission für Kunstangelegenheiten der DDR (1951-1953) und die Kulturpolitik der SED. 2011.
Band	16	Benjamin Schröder / Jochen Staadt (Hrsg.): Unter Hammer und Zirkel. Repression, Opposition und Widerstand an den Hochschulen der SBZ/DDR. 2011.
Band	17	Klaus Schroeder/ Monika Deutz-Schroeder / Rita Quasten / Dagmar Schulze Heuling: Später Sieg der Diktaturen? Zeitgeschichtliche Kenntnisse und Urteile von Jugendlichen. 2012.
Band	18	Jochen Staadt (Hrsg.): Schwierige Dreierbeziehung. Österreich und die beiden deutschen Staaten. 2013.
Band	19	Beate Kaiser: Die Pionierorganisation *Ernst Thälmann*. Pädagogik, Ideologie und Politik. Eine Regionalstudie zu Dresden 1945-1957 und 1980-1990. 2013.
Band	20	Steffen Alisch: Strafvollzug im SED-Staat. Das Beispiel Cottbus. 2014.
Band	21	Klaus Schroeder / Jochen Staadt (Hrsg.): Feindwärts der Mauer. Das Ministerium für Staatssicherheit und die West-Berliner Polizei. 2014.
Band	22	Klaus Schroeder / Monika Deutz-Schroeder: Gegen Staat und Kapital – für die Revolution! Linksextremismus in Deutschland – eine empirische Studie. 2015.
Band	23	Monika Deutz-Schroeder / Klaus Schroeder: Linksextreme Einstellungen und Feindbilder. Befragungen, Statistiken und Analysen. 2016.
Band	24	Klaus Schroeder / Jochen Staadt (Hrsg.): Die Todesopfer des DDR-Grenzregimes an der innerdeutschen Grenze 1949–1989. Ein biografisches Handbuch. 2., bearbeitete Auflage. 2018.
Band	25	Klaus Schroeder / Jochen Staadt (Hrsg.): Die Grenze des Sozialismus in Deutschland. Alltag im Niemandsland. 2018.

www.peterlang.com